軍縮辞典

日本軍縮学会 編

軍縮辞典

信山社

はしがき

日本軍縮学会は2009年4月に設立され，その後，年次研究大会の開催，機関誌の刊行，ニュースレターの発行，随時の研究会やシンポジウムの開催など，積極的な活動を実施してきた．学会設立の5周年において，新たな企画として『軍縮辞典』の刊行が提案され，2013年8月の学会理事会および総会においてその企画を実行することが承認された．

執行部において，編纂編委員会の委員長および6つの部会の部会長が決定され，その後さらに部会委員が選出された．第1回編纂委員会を同年11月8日に開催し，軍縮辞典編纂事業の今後の活動計画が承認された．その後，項目の選定，執筆者の選定，執筆の依頼，原稿のチェックなどの作業に関して7回の編纂委員会を開催し，作業を進めた．

『軍縮辞典』刊行の主要な目的は，軍縮に関する基本的な概念について，正確な情報を一般に広めるとともに，軍縮に関する議論に共通の基盤を提供することによって，日本における軍縮に関する議論が，共通の理解の下でいっそう活発になり，学問的にも，実践的にも軍縮問題の重要性が一般に認識されるのを促進することである．

この事業は日本軍縮学会の会員を中心としつつ，非会員の方々にも執筆を依頼し，現在における日本の最高レベルの内容を含むことを目標として，専門的な知識を有する多くの執筆者の積極的な協力を得ることができた．なお，各項目には執筆者名が付記されているが，それは執筆については，所属する機関とはまったく関係なく，執筆者の個人的見解であることを明確に示すものである．特に日本政府職員の執筆した項目については，必ずしも日本政府の見解を反映するものでないことを念のため注記しておく．

「軍縮」に特化した辞典の刊行は，日本においては初めてのことであり，本辞典に含まれる用語は，狭い意味での軍縮に限定することなく，広い意味での軍縮，さらに軍縮に関連する重要な用語を含むものとなっており，軍縮問題とその周辺分野の関連用語の辞典となっている．内容は基本的に2014年10月現在のものである．

2015年8月

軍縮辞典編纂委員会委員長　黒澤　満

辞典編纂委員会の構成 (*部会長)

編纂委員長

黒澤　満	大阪女学院大学大学院教授／大阪大学名誉教授

部会1［核軍縮］

*小川伸一	立命館アジア太平洋大学大学院アジア太平洋研究科客員教授
岩田修一郎	防衛大学校総合安全保障研究科·国際関係学科教授
太田昌克	共同通信編集委員
川崎　哲	ピースボート共同代表
広瀬　訓	長崎大学核廃絶研究センター教授
水本和実	広島市立大学広島平和研究所教授

部会2［核不拡散］

*秋山信将	一橋大学大学院法学研究科教授
菊地昌廣	元公益財団法人核物質管理センター理事
直井洋介	日本原子力研究開発機構核不拡散·核セキュリティ総合支援センター副センター長
山村　司	文部科学省研究開発局核不拡散科学技術推進室長

部会3［生物·化学兵器］

*浅田正彦	京都大学公共政策大学院／法学研究科教授
阿部達也	青山学院大学国際政治経済学部教授
天野修司	日本医療科学大学保険医療学部助教
杉島正秋	朝日大学法学部教授

部会4［ミサイル·宇宙］

*石川　卓	防衛大学校総合安全保障研究科·国際関係学科教授
青木節子	慶應義塾大学総合政策学部教授
戸﨑洋史	日本国際問題研究所軍縮·不拡散促進センター主任研究員
福島康仁	防衛研究所政策研究部グローバル安全保障研究室研究員

部会5［通常兵器］

*佐藤丙午	拓殖大学国際学部·海外事情研究所教授
一政祐行	防衛研究所政策研究部防衛政策研究室主任研究員
岩本誠吾	京都産業大学法学部教授
竹平哲也	防衛省航空幕僚監部首席法務官／元国連監視検証査察委員会技術分析官
福田　毅	国立国会図書館調査員

部会6［輸出管理］

*山本武彦	早稲田大学名誉教授
河野瀬純子	一般財団法人安全保障貿易情報センター副主任研究員
利光　尚	一般財団法人安全保障貿易情報センター理事

外務省リエゾン

西田　充	外務省軍縮·不拡散専門官

執筆者一覧

（50 音順，124 名）

会津賢治	相原素樹	青木節子	秋山一郎	秋山信将	浅田正彦
足立研幾	阿部達也	阿部信泰	天野修司	新井　勉	池島大策
石合　力	石川　卓	石栗　勉	一政祐行	伊藤淳代	稲垣知宏
稲谷芳文	岩田修一郎	岩本誠吾	梅林宏道	梅本哲也	浦田賢治
榎本浩司	榎本珠良	遠藤哲也	太田昌克	岡田美保	小川伸一
奥田将洋	奥村由季子	小倉康久	長有紀枝	金崎由美	神谷昌道
河合公明	川崎　哲	河野瀬純子	菊地昌廣	岸人弘幸	北野　充
木村泰次郎	久野祐輔	久保田ゆかり	倉田秀也	栗田真広	黒澤　満
小泉直美	河野　勉	小窪千早	小林直樹	小溝泰義	小山謹二
今田奈帆美	齊藤孝祐	笹島雅彦	佐藤史郎	佐藤丙午	佐藤雅彦
佐渡紀子	佐野利男	城　忠彰	須江秀司	杉島正秋	鈴木達治郎
千崎雅生	高槗敏哉	高橋尚美	高橋博子	高屋友里	竹内　悠
武田　悠	竹平哲也	田崎真樹子	田中極子	田中慎吾	谷内一智
常田光一	鶴岡路人	寺林裕介	堂之脇光朗	土岐雅子	戸﨑洋史
友次晋介	朝長万左男	内藤　香	直井洋介	中西宏晃	中村桂子
納家政嗣	西田　充	西原　正	野口　泰	橋本靖明	濱田和子
樋川和子	広瀬　訓	福井康人	福島崇宏	福島康仁	福田　毅
藤田紘典	藤幡健介	堀尾健太	堀越芳乃	堀部純子	松林健一郎
松山健二	水本和実	峯畑昌道	美根慶樹	宮坂直史	宮本直樹
宮脇　昇	村山裕三	目加田説子	山﨑正勝	山田寿則	山村　司
山本武彦	吉田文彦	利光　尚	渡邉浩崇		

凡　　例

1　編集の基本方針

⑴ 項目は軍縮に関連する用語を広い範囲で収集しており，解説はできるだけ平易な表現を旨とした．項目数は820である．

⑵ 各項目はその内容により，A，B，Cの3つのランクに分け，それぞれ1,500字，1,000字，500字を目途に執筆した．

⑶ 各項の本文中に本辞典の他の項目名が含まれる場合は，アステリスク（*）とアポストロフィ（'）で囲み，本文に含まれないが参照すべき他の項目名は，末尾に「→」で掲記した．

2　項目名の表記

⑴ 項目は50音順に配列した．アルファベットおよび数字で始まる項目は，通称の読みに従って配列した．

⑵ 各項目のあとに，欧文を付した．

3　条約・機構等の表記

⑴ 条約の表記は，日本語の通称を項目名とし，その後に英文の正式名と略称，日本語の正式名[正称]，さらに署名日，発効日，日本が関連する場合は[日本]の署名日，発効日，公布日等を記載した．

⑵ 機構等の表記は，日本語の通称を項目名とし，その後に英文の正式名と略称，日本語の正式名を記載した．

4　国名の表記

国名は，米国，英国，中国，ソ連，韓国，北朝鮮，豪州とし，各国の通称の頭文字で表記したものもある．その他はカタカナ表記とした．

5　人名の表記

人名は項目としては取り上げず，本文中にのみ現れるが，非漢字圏の外国人の場合，カタカナの後に欧文表記を入れた．

6　索　　引

⑴「事項索引」は，項目名のみならず，本文中の重要な用語をすべて含んだものである．

⑵「欧文略語等」は，本文中の重要な項目名の欧文略語および欧文項目を含んだものである．

⑶「人名索引」(和文)（欧文）は，本文中の重要な人名を含んだものである．

目　次

目次

目次

目次

あ

■**アイルランド決議**　Resolution 1665(XVI). Prevention of the wider dissemination of nuclear weapons : Irish Resolution

1961年12月,第16回国連総会は,アイルランドが提出した*核兵器'の拡散を禁止する条約に関する提案の決議案を採択した.この決議は,核兵器を保有する国が増加すれば,軍拡競争が激化し,戦争の回避や法の支配の下での国際の平和と安全を確立することが困難になると危機感を示す.そして,核兵器を保有する国は他国へ核兵器の移転をしたり,核兵器製造に必要な情報を提供しないこと,核兵器を保有しない国は新たに核兵器を製造しないことなどを含む国際的な協定を結ぶための努力をすることを,すべての国,特に核兵器国に対して求めた.アイルランドは,1958年以来,新たな国が核兵器の獲得することを禁止することを求める決議案を提出してきたが,米国が主導する北大西洋条約機構(NATO)による*多角的核戦力構想'(MLF)をめぐり米ソは対立,条約交渉開始には至らなかった.4回目の提出になる1961年,査察の条項などを削除した決議案が提出され,米ソも同意して決議案は採択された.この決議を受けて,米ソは*核兵器不拡散条約'(NPT)の交渉に本格的に取り組むことになった.　［秋山信将］

■**明らかガイドライン**　guideline for judging “When Apparent”

*キャッチオール規制'には,客観要件および*インフォーム要件'という2つの要件があり,さらに客観要件は用途要件と需要者要件の2つで構成されている.この客観要件のなかの需要者要件(需要者チェック)では,「当該貨物が核兵器等の開発等及び*核兵器等開発等省令'の別表に掲げる行為以外のために用いられることが明らかなときを除く」と規定されている.つまり明らかガイドラインとは,核兵器等の開発等または別表の行為以外に用いられることが「明らか」であるか否かを判断するために経済産業省が示しているガイドラインである.明らかガイドラインは,18項目から構成されており,「貨物等の用途・仕様」,「貨物等の設置場所等の態様・据付等の条件」,「貨物等の関連設備・装置等の条件・態様」,「表示,船積み,輸送ルート,梱包等における態様」,「貨物等の支払い対価等・保証等の条件」,「据付等の辞退や秘密保持等の態様」,「*外国ユーザーリスト'掲載企業・組織」などの詳細項目において「はい」か「いいえ」で答える形式となっており,項目のうち1つでも「いいえ」にチェックが入ると,経済産業省に輸出許可申請を行う必要がある.また,明らかガイドラインでいう懸念される用途の種別とは,*核兵器',*生物兵器',*化学兵器'およびミサイルの開発等のことをいい,これらの開発等に用いられるおそれが特に強い40の貨物(核兵器等懸念貨物例)およびシリア向けの輸出で考慮すべきおそれの強い貨物が,「大量破壊兵器等及び通常兵器に係る補完的輸出規制に関する輸出手続等について(通称,キャッチオール規制通達)の1.(3)の1」で規定されている.　［河野瀬純子］

■**悪の枢軸**　axix of evil

2002年1月29日,ジョージ・W・ブッシュ(George W. Bush)大統領の一般教書演説において,テロリストを支援する政権として北朝鮮,イラン,イラクに対し付された呼称である.一般教書演説は2001年の米国同時多発テロを受けて開始された対テロ戦争遂行の方針の1つとして,テロリストへの攻撃とともに,化学・生物・核兵器の入手を試みるテロ支援政権の脅威の阻止に言及した.悪の枢軸としてこれら3カ国が名指しされたことによって,*テロとの戦い'における*大量破壊兵器'(WMD)等の拡散という形で脅威となる国家が具体的に示されることとなった.3カ国には大量破壊兵器やミサイルの開発・保有疑惑があった.また,米国務省の公表する「テロリズムに関する年次報告書」(“*Patterns of Global Terrorism*”)にもテロ支援国家として掲載されていた.演説の中では,これらの国々の大量破壊兵器やミサイルの取得だけでなく,悪の枢軸を通じてテロリストが大量破壊兵器などを入手することへの危険も示された.これを防止するため,諸国との連携を通じテロリストやテロ支援国家が大量破壊兵器などの製造に必要な資機材,技術,知識を入手できないようにするという方針が示された. [奥田将洋]

■アジア太平洋保障措置ネットワーク Asia Pacific Safeguard Network : APSN

アジア太平洋地域の*保障措置'関連機関の保障措置運用・実施能力の向上を目的とするネットワークであり,2009年10月1日付で活動が開始された.APSNの原則に関する声明(Statement of Principles)により,活動の目的を,国の保障措置能力の整備を支援すること,保障措置運用に関する地域の協力を促進すること,効果的な保障措置の技術開発を促進すること,保障措置に関する知見を共有すること,地域における保障措置関連機関のネットワークを構築することとした.メンバー資格は,2007年6月の会合参加14カ国(インドネシア,豪州,カナダ,韓国,シンガポール,タイ,中国,日本,ニュージーランド,フィリピン,米国,ベトナム,マレーシア,ロシア)の保障措置に関連する政府機関・政府関係機関に与えられ,この他の国の機関については,メンバーのコンセンサスによりメンバーになることができる.日本からは,外務省,文部科学省・保障措置室,*核物質管理センター',*日本原子力研究開発機構'(JAEA)がメンバーとして登録されている.1年に1度の本会合の他に,5つのワーキンググループ(1.保障措置の基盤,実施,意識向上,2.能力構築,3.ITサポート,通信・情報,4.保障措置法令,5.核セキュリティ)を中心とした活動がなされている.

[濱田和子]

■アジア不拡散協議 Asian Senior-level Talks on Non-Proliferation : ASTOP

日本政府のイニシアティブにより2003年11月に第1回協議が開催された.2013年11月の開催によりこれまで10回の協議が実施されている.参加国はASEAN10カ国に日,中,韓,米国,カナダ,豪州,ニュージーランドが加わる.中国は第1回と第3回協議には不参加.この協議には不拡散問題を担当する各国の局長クラスの高官が出席し,アジア全域における*大量破壊兵器'(WMD)の不拡散について,個別問題をも含む広範な問題群を討議し,地域的な*軍備管理'レジームの可能性を探る協議が積み重ねられてきた.これらの問題群には*国際原子力機関'(IAEA)の*保障措置'の強化問題や,*拡散に対する安全保障構想'(PSI),*核セキュリティ',*燃料供給保証',北朝鮮とイランに対する国連安保理の制裁決議,*輸出管理'強化を含む不拡散体制の強化などが含まれる.この協議はアジアにおける不拡散体制の強化に向けた日本政府の意気込みを示す試みであり,アウトリーチ活動の一環としてスタートし,これまでの協議はすべて東京で開催されてきた. [山本武彦]

■アジア輸出管理セミナー Asian export control seminar

1993年に通商産業省(現経済産業省)の主導により始められた,アジア地域の輸出管理当局者を対象としたセミナーで,2014年までに合計21回実施されている.その目的は,*大量破壊兵器'の不拡散と*輸出管理'に対する共通理解,認識を高めるとともに,輸出管理制度の整備を促すことにより,各国の輸出管理能力を強化する点にある.セミナーでは,参加各国からの輸出管理制度やシステムの実施状況や課題などの発表を踏まえて意見交換が行われるとともに,税関や企業見学などの現場の視察もプログラムに組み込まれている.現在,アジアの多くの国・地域では経済成長が進展しており，その技術レベルも着実に向上している．このため，アジア諸国で生産される民生品の中には，軍事に転用できる*デュアル・ユース技術’が多く含まれるようになってきている．このような状況下，輸出管理の先進国である日本は，今まで日本が蓄積してきた知識，経験，制度などを活用し，輸出管理先進国や国際機関と協力しながら，輸出管理システムをアジア地域に根付かせることには安全保障上の意義がある．　［村山裕三］

■**アシロマ会議**　Asilomar conference on recombinant DNA molecules

1975年2月米国カリフォルニア州アシロマにおいて，組み換えDNA研究における科学的進歩を検討し，潜在的なバイオハザード（生物災害）に対応するための方法を討議するため，国際的に著名な分子生物学者を中心に法学者や物理学者を含む約140名の参加により開催された会議．その背景として，1970年代初頭に確立された組み換えDNA技術の急速な進歩があり，この技術の応用で改変された*ウイルス’や細菌への実験施設内での感染や，環境への事故的な放出といったバイオハザードが社会的に懸念された．それを受け，1974年，一部科学者コミュニティは特定分野の研究を一時的に自粛し，その翌年アシロマ会議を開催した．会議の概要に関しては，後にノーベル化学賞を受賞した分子生物学者ポール・バーグ（Paul Berg）らが，『米国科学アカデミー紀要』において「組み換えDNAに関するアシロマ会議の要約文書」（1975）を公表した．同会議においては，たとえ限定的な範囲の研究分野においても潜在的なバイオハザードの評価は困難であることが認識されたが，適切な管理措置（生物剤を封じ込めるのに十分な生物学的，物理的な障壁）が採用されるならば，一般的な組み換えDNAに関する研究を推進すべきであるという結論に至ったことを報告している．→合成生物学，バイオセキュリティ，バイオセーフティ　［峯畑昌道］

■**ASEANTOM**　ASEAN Network of Regulatory Bodies on Atomic Energy

東南アジア地域の原子力安全，*核セキュリティ’，および*保障措置’強化に向けた協力を促進することを目的として結成された東南アジア諸国連合（ASEAN）諸国の原子力関連の規制機関によるネットワークである．タイ原子力庁（OAP）の提案に基づき，2012年8月に付託条項が合意され，ネットワークが正式に結成された．核および放射性物質，関連活動の規制におけるベスト・プラクティスの共有，トレーニングの提供，*国際原子力機関’（IAEA）の指針および基準の適用の支援，原子力活動に関する信頼醸成のための情報交換，原子力緊急事態対応における地域協力の強化・促進を主な活動内容とする．2012年の結成後，1年に1度の本会合が開催されている．ASEANの議長がネットワークのコーディネーター役を担い，ASEAN事務局が活動の支援にあたる．メンバーはASEAN諸国の原子力規制機関であるが，IAEAを含む関連機関はオブザーバーとして活動に参加できる．

［濱田和子］

■**アボリション2000**　Abolition 2000

アボリション2000は，*核兵器’廃絶条約のために活動する90カ国以上の国々からの2,000以上の団体からなるネットワーク．1995年の*核兵器不拡散条約’（NPT）再検討・延長会議に集う市民団体やNGO団体によって結成された．核兵器廃絶へのプロセスに市民やNGOが参加することを訴えている．また核兵器と原子力発電との不可分性を指摘し，脱原発を訴えている．1995年4月25日に，すべての国々，特に核保有国に対して，すべての核兵器の段階的廃絶を求める核兵器廃絶条約の交渉を直ちに開始し，2000年までに締結することなどを求めた，アボリション2000設立声明が出された．1997年1月に，フランスの*核実験’場のムルロア環礁のあるタヒチでのアボリション2000の会議で採択されたムルロア宣言が追加された．市民やNGOは核兵器廃絶のための計画や監視の重要な役割を果たすが，核兵器製造と実験によって被害をうけた先住民や植民地支配下の人々こそが，このプロセスの中心とならなくてはならないことが謳われた．広島市長の提唱で開始され，*反核運動’のための世界の地方自治体で構成される*平和首長会議’にも積極的に関与している．　［高橋博子］

■アヤクーチョ宣言　Declaration of Ayacucho

1974年に，アルゼンチン，エクアドル，コロンビア，チリ，パナマ，ベネズエラ，ペルー，ボリビアの8カ国が，ペルーの首都リマにおいて採択した宣言である．この宣言には，「我々は，国際的な平和および協力のための永続的秩序の構築を促進・支持するとともに，軍備を効果的に制限して攻撃目的の武器入手に終止符を打つことが可能になるような条件を作り出し，それによって可能な限りのすべての資源をすべてのラテンアメリカ諸国の経済的・社会的開発に振り分けうるようにする」旨が盛り込まれた．採択の背景としては，中南米における*軍備競争’の過熱に対する懸念や，アルゼンチンやブラジルなどの武器生産能力増大に起因する地域内の軍事力の不均衡拡大を受けて，地域内で協調して各国の武器および武器生産技術の導入を抑制する必要性が認識されたことが挙げられる．宣言採択後，8カ国は，武器輸入の制限を含めた地域合意の作成を目指して交渉を重ねた．各国間の緊張関係の持続や利害の不一致を背景に交渉は頓挫したものの，この宣言は，その後の中南米地域における軍備や武器移転の規制に関する合意形成の先駆けとなった．　［榎本珠良］

■アルカイダ　Al Qaeda

1　組織の発展　1979年のソ連のアフガニスタン侵攻に対して，ソ連軍に抵抗するために世界中からイスラム教徒の義勇兵が参戦した．彼らの受け入れを担い，それを組織化した母体がアルカイダの発端であり，後に「首領」となるサウジアラビア出身のオサマ・ビン・ラディン(Usama bin Ladin)が資金面で多大な貢献をした．1989年にソ連軍がアフガニスタンから撤退し，1990年に湾岸危機(*湾岸戦争’)が発生すると，米軍の中東介入が活発化した．するとオサマ・ビン・ラディンは一転して，反米・反ユダヤ闘争に目的を改め，世界各地のイスラム過激派と連携して，死傷者を多数伴う大規模テロを重ねた．2001年の9.11テロが最も劇的で，米国中心の対テロ戦争を誘発した．オサマ・ビン・ラディンは，アフガニスタンにあった本拠地を追われパキスタンに潜んでいたが，2011年に米軍によってついに殺害された．9.11テロ後，世界各地のスンニ派の過激組織が「アルカイダ」を名乗り，「イラクのアルカイダ機構」(AQIその後ISIS，現在ISを自称)，「アラビア半島のアルカイダ」(AQAP)，「イスラム・マグレブ諸国のアルカイダ」(AQIM)などが勃興した．アルカイダを名乗っていなくても西アフリカの「ボコハラム」，東アフリカの「アル・シャバーブ」のように，カリフ制国家の樹立を目標とする過激派が続々生まれた．欧米やアジア各国からこれらアルカイダ系の組織に感化され，その「ジハード」に参戦する者が絶えず，あるいはテロの手法を学び，母国に戻ってテロを実行するなどグローバルな安全保障問題となっている．

2　武器　アルカイダ系の組織がテロに使用する武器は自家製の爆発物が多い．高層建築物を全壊するほどの高性能爆薬や，路肩に設置された即製爆破装置(IED)まで，その破壊力はさまざまである．内戦下では軍隊から強奪した大型の通常兵器や*小型武器’も行使する．自家製が容易に作れて，さらに武力紛争や破綻国家が存在する以上，*軍縮’・*軍備管理’の諸条約や*輸出管理’などの措置によって各国，各地域を漏れなく規制するにも限界がある．同時に，彼らの無差別大量殺傷を意に介さない過激性ゆえに，*大量破壊兵器’(WMD)の使用も懸念されている．各種の大量破壊兵器に関心を向け，それを追求しようとした痕跡は，アルカイダ指導者の声明，関連物質の押収，裁判での証言などで数多く存在する．ただし，実際に使用した事件はまだ確認されていない．［宮坂直史］

■**アルゼンチン・ブラジル原子力平和利用協定**　Agreement between the Republic of Argentina and the Federative Republic of Brazil for the Exclusively Peaceful Use of Nuclear Energy : Guadajara Declaration
［正称］平和利用に限定した原子力エネルギー利用のためのアルゼンチン共和国とブラジル連邦共和国の間の協定，［署名］1991.7.18（グアダラハラ），［発効］1991.12.12

20世紀初頭から続くアルゼンチンとブラジルの対立を背景に，第二次世界大戦後の両国の軍事独裁政権は一時*核兵器’の開発を目指したが，民主化の進展などに伴い，1980年に原子力の*平和的利用’の開発・応用のためのアルゼンチン・ブラジル協定を締結し，平和目的の原子力の研究開発，利用の協力などで合意した．その後両国は10年以上をかけて合意内容の検討を行い，1991年にアルゼンチン・ブラジル原子力平和利用協定が締結された．協定は全22条および附属書からなり，*核物質’および原子力施設の平和目的での利用，核兵器の製造および貯蔵の禁止などを規定するとともに，核物質の核兵器への不転用を*検認’するため，両国で共通核物質*計量管理’制度（SCCC）を設立すること，核物質をSCCC下に置くこと，SCCCの管理および実施機関として*ブラジル・アルゼンチン核物質計量管理機関’（ABACC）を設立することなどを規定している．なお協定は，潜水艦の推進力としての原子力利用を容認している．また協定は，ABACCの権能，機関，委員会および事務局の構成および機能，情報の守秘，財政的および技術的支援，特権および免除，協定違反などについて規定している．［田崎真樹子］

■**アルバニアの化学兵器**　Albania's chemical weapons

アルバニアは1994年5月に*化学兵器禁止条約’（CWC）を批准し，1997年4月の同条約の発効とともにその原当事国となった．1998年8月に同国が提出した冒頭申告には，*化学兵器’に関する申告も*化学兵器生産施設’に関する申告も含まれていなかったが，2003年になって，自国が16tの化学兵器を保有していることを知るに至った．条約上，*化学兵器の廃棄’期限は条約発効から10年後（2007年4月29日）とされていた（第4条6項）が，同時に，当該当事国が*化学兵器禁止機関’（OPCW）の執行理事会に要請を行い，同機関の締約国会議がそれを認める決定を行う場合には，廃棄期限を最長5年間延長することができるものとされていた（検証附属書第4部（A）第24項～第26項）．アルバニアはこの要請を行わなかったが，廃棄機器の故障のため廃棄作業に遅れが生じたため，廃棄期限の2日前になって廃棄期限を守れないことを化学兵器禁止機関に通報し，廃棄は約10週間後に完了した．アルバニアは，化学兵器禁止条約上，化学兵器の廃棄を完了した最初の国になったが，その廃棄期限に違反した最初の国にもなったといわれる．［浅田正彦］

■**安全保障貿易情報センター**　Center for Information on Security Trade Control : CISTEC

1 CISTECの設立と役割　CISTECとは，1989年4月に設立されたわが国で唯一の*輸出管理’に関する民間の非営利の機関である．国際的な平和および安全の維持・確保に寄与することを目指し，日本の経済活動と調和した合理的な輸出管理を実現するとともに，国際条約などに基づく法・規則の国際的な調和の確保の推進を図ることが事業の目的である．また，CISTECの役割は，輸出管理に関し「産・官・学のリンケージチャネル」として有効に機能することを通じて合理的で実効ある安全保障輸出管理を実現し，ひいては世界平和への貢献を目指すことである．具体的には，①各分野の専門家の集合体で

い

ある分野別の委員会を設置し，輸出管理に関する知識を蓄積し，政府への政策提言などを行う，②日本の産業界の自主的な輸出管理をあらゆる手段によりサポートする，③国内外の安全保障輸出管理に関する情報提供を実施する，④アジア，欧米などの国際的な輸出管理政策の遂行に関して日本を代表して協力するといった活動を行っている．

2 CISTECの事業活動内容　理事会の下，理事長，専務理事，理事がおり，その下に総務企画部，調査研究部，情報サービス・研修部がある．調査研究部においては輸出管理に関する調査研究・産業界の意見の集約などが行われており，具体的には貨物および技術の基礎的資料・情報の収集と調査・分析，輸出管理に関する内外法制度の調査・研究，効率的な輸出管理に役立つ手法，ツールの研究，産業界の意見取りまとめと政府への提言を行っている．情報サービス・研修部においては，企業の輸出管理業務の支援として，個別輸出相談，*コンプライアンス・プログラム' 相談，輸出管理ツール（パラメーターシート，ガイダンス等）の提供，研修会の開催，講師派遣，安全保障輸出管理実務能力認定試験の実施，該非判定支援サービス，自主判定結果公表・登録制度の実施を行っている．同部ではさらに，安全保障輸出管理に関する情報の提供として，関係法令，顧客などに関する情報提供，データベースサービスの提供，機関紙の発行，電子書籍，Webセミナーの提供なども行っている．

またCISTECでは，安全保障輸出管理に関する国際協力として，アジア諸国を対象とした輸出管理セミナーの開催，海外の政府・産業界・研究機関との意見交換，交流，関連カンファレンスにおける講演なども積極的に行っている．

［利光 尚］

■安定・不安定の逆説　stability-instability paradox

対立する両国が非脆弱な戦略核による報復能力を保持しており，そのことを両国が承知している場合，両国は通常戦争の始動や*核兵器' の限定的な使用を自己抑制しなくなるといわれる．通常戦力を発動したり，限定核攻撃を実行したりしても，それが全面核戦争に拡大する蓋然性は低いと想定するからだというのである．このように，戦略レベルにおける「安定」がより低いレベルにおける「不安定」を招来するという傾向を安定・不安定の逆説と称する．安定・不安定の逆説は「*戦略的安定' 」（strategic stability）の捉え方にも影響を与え得る．「危機における安定」（crisis stability）は双方における戦略レベルでの報復能力の確保を基本とするが，それではより低いレベルでの挑戦に関する「抑止に係る安定」（deterrence stability）が阻害されかねないということになるのである．安定・不安定の逆説を有名にしたのは，グレン・スナイダー（Glenn Snyder）による1965年の論考である．ただ，全面核戦争への拡大の可能性を皆無にすることはできないので，通常戦力による挑発や核兵器による限定的な攻撃はやはり*抑止' され得ると考えれば，戦略レベルでの安定を退ける理由はないということになり，実際スナイダーもその旨を併せて指摘している．→核抑止，相互核抑止

［梅本哲也］

い

■遺棄化学兵器　abandoned chemical weapons

1 定義と廃棄義務　*化学兵器禁止条約' によれば，遺棄化学兵器とは「1925年1月1日以降にいずれかの国が他の国の領域内に当該他の国の同意を得ることなく遺棄した*化学兵器' 」をいう（第2条6項）．このように定義される遺棄化学兵器の廃棄について，条約はその本文におい

て,当該化学兵器を遺棄した遺棄締約国と,遺棄化学兵器が所在する領域締約国の双方に廃棄義務を課している(第1条2項,3項).しかし,条約の検証附属書においてこの原則は実質的に修正され,遺棄化学兵器廃棄のための「すべての必要な資金,技術,専門家,施設その他の資源」は遺棄締約国が提供し,領域締約国は「適切な協力」を行うとされる(第4部(B)第15項).もっとも,遺棄国は,非締約国に遺棄した化学兵器の廃棄まで義務づけられるわけではなく,その廃棄義務は遺棄化学兵器の所在国が条約の締約国である場合にのみ生ずる.

2 廃棄手順　遺棄締約国と領域締約国(以下「関係締約国」)の双方は,遺棄化学兵器に関する情報を*化学兵器禁止機関'(OPCW)に提出する.その後OPCWの冒頭査察を経て,関係締約国は廃棄計画につき協議して合意する.OPCWの執行理事会は,条約目的に危険がないと判断するときは,領域締約国単独か関係締約国の共同の要請に基づき,例外的な状況において廃棄の期限および廃棄の規律を変更することができる.さらに,執行理事会は,遺棄化学兵器の廃棄を確保するものであると認める場合には,領域締約国単独か関係締約国の共同の要請に基づき,関係締約国間で締結した遺棄化学兵器の廃棄に関する協定または取決めが条約の定める遺棄化学兵器のための制度に優先することを決定することができる.

3 化学兵器の土中埋設と海洋投棄　遺棄化学兵器ではないが,外観的には遺棄化学兵器に類似するものとして,自国領域に土中埋設された化学兵器と海洋投棄された化学兵器がある.これらの化学兵器についても,化学兵器禁止条約で特別な制度が規定されている.すなわち,1977年より前に自国領域内に土中埋設され,そのまま埋設されている化学兵器と,1985年より前に海洋投棄された化学兵器は,条約上の申告義務も廃棄義務も免除される(第3条2項).→化学兵器の廃棄,中国の遺棄化学兵器　[浅田正彦]

■遺棄化学兵器訴訟　litigations concerning abandoned chemical weapons

旧日本軍は,第二次世界大戦中に中国に*化学兵器'を持ち込んだが,終戦時にその多くを中国に遺棄したとされる.それらの*遺棄化学兵器'から漏出した化学剤によって中国国民が負傷する事故が多発し,そのいくつかについて被害者が日本の裁判所において日本国を相手に損害賠償を求める裁判を提起した.これまでに4件の裁判が提起されている.

1　1次訴訟(1974年,1982年,1995年に黒竜江省で発生した事故について)と2次訴訟(1950年,1976年,1980年,1987年に黒竜江省で発生した事故について)の第1審では,同じ東京地裁による判決でありながら,結論が正反対となった.2003年9月の1次訴訟の判決では,国には関連情報の提供や調査･回収の申出が可能であったとして,結果回避の作為義務違反を認定したが,同年5月の2次訴訟の判決では,中国における回収活動の困難さなどを理由に結果回避可能性が認められないとして,作為義務を否定した.しかし,1次訴訟の控訴審では,東京高裁が2007年7月の判決で,関連情報の提供や調査･回収の申出によって事故防止の一般的･抽象的な可能性は高まったとしても,事故防止の高度の蓋然性があったとはいえないとして,請求を退けた.同高裁は,2007年3月の2次訴訟の控訴審判決で,第1審の判断を維持した.1次訴訟と2次訴訟はともに2009年5月に最高裁で上告が棄却され,判決が確定した.

2　3次訴訟は,2003年に中国黒竜江省チチハル市において発生した事故に関する裁判である.本件事故については,日本政府が遺棄化学兵器処理事業に係る費用として3億円を支払う旨を表明し,中国政府はこの費用を関係諸方面に適切に配分することを表明し,これをもって本件事故に係る善後処理の問題の最終的な解決が確認されていた.ところが,2007年12月に中国国民48名が本件事故について国を相手に提訴した. 東京地裁は2010年5月の判決で, 被告国に作為義務が発生したとは認められないとして, 請求を棄却した. 原告らは控訴したが, 東京高裁も2012年9月の判決で請求を棄却した. 原告らは最高裁に上告し, 2014年9月末現在係争中である.

3　4次訴訟は, 2004年7月に吉林省敦化市蓮花泡林場において発生した事故につき, 2008年1月に中国国民2名が国を相手に提訴したものである. 東京地裁は, 2012年4月の判決において, *化学兵器禁止条約' 成立前には遺棄化学兵器の処理は遺棄国が行うとする国際慣行は成立していなかったし, 同条約成立後も, 順次地域を選んで現地調査や発掘・回収作業を推進していたのであるから, 国に結果回避義務違反は認められないとして, 請求を棄却した. 原告らは控訴したが, 東京高裁も2013年11月の判決において請求を棄却した. →中国の遺棄化学兵器

［浅田正彦］

■イージス BMD　Aegis BMD

イージス・システムとは, AN/SPY-1 レーダーなど各種のレーダー, 火器管制・指揮統制システム, 垂直発射装置と各種ミサイルから構成される, 艦載用の戦闘システムを指す. このシステムに, *弾道ミサイル' を探知し, *SM-3' などの各種ミサイルを用いて迎撃する能力を付加したものが, イージス BMD である. 米海軍は2004年9月からイージス艦のシステム改修を開始しており, 2014年現在, 30艦にイージス BMD を搭載済みである. 一方, 日本の海上自衛隊は2007年より「こんごう型」護衛艦4艦の改修に着手し, すでに完了している. 現在では「あたご型」2艦の改修中であり, さらに2015年度以降にはイージス BMD を搭載した「あたご型」2艦の新造が予定されている. また近年, 米国はイージス BMD を陸上に配備する計画を進めている. これを地上型イージス (Aegis ashore) という. その具体例が, 欧州における*段階的適応型アプローチ' (PAA) であり, 2015年にルーマニア, 2018年にポーランドへの配備が計画されている. なお2014年8月には日本でも導入に向けた予備的研究が2015年度より開始されるとの報道がなされた. →米国のミサイル防衛システム, 弾道ミサイル防衛

［田中慎吾］

■イスラエルの核問題　Israel's nuclear issue

イスラエルは*核兵器不拡散条約' (NPT) に加盟しておらず, 同条約上の「核兵器国」ではないが, インド, パキスタン, 北朝鮮 (いずれも*核実験' を実施) とともに事実上の核保有国と位置づけられている. イスラエル自身は, 核兵器の保有を明言していないが, スウェーデンのシンクタンク, *ストックホルム国際平和研究所' (SIPRI) が2014年6月に発表した報告書では推計保有弾頭数80とされる. 開発は1950年代に始まり, 南部の砂漠地帯ディモナにあるネゲブ核研究センターの原子炉で兵器用*プルトニウム' を製造しているとみられる. ネゲブは完全非公開だが, 元核兵器開発技術者モルデハイ・バヌヌ (Mordechai Vanunu) が1986年に英紙サンデー・タイムズに内部告発した. イスラエルは, イランなど周辺国の核開発には強く反対し, 1981年にイラクで建設中のオシラク原子炉, 2007年にはシリアの核疑惑施設を空爆した. イスラエルの核保有は, 周辺アラブ・イスラム諸国の核開発を誘発するなど, 地域の*核不拡散' を進める上での障害となっている. 一方, 同国西部にあるソレク核研究所は, 米国の支援で1960年に完成した民生用の開発研究部門で, 放射線医学の研究や危険物探知機の開発などを担当する. 同国は*国際原子力機関' (IAEA) には加盟しており, ソレクは*査察' 対象になっている.

［石合 力］

■イスラエルのミサイル戦力　Israel's missile capabilities

イスラエルの主要なミサイル戦力は, ジェリコ (Jericho) シリーズである. *短距離弾道ミサイル' (SRBM) のジェリコ1, 準中距離弾道ミサ

イル(MRBM)のジェリコ2,*中距離弾道ミサイル'(IRBM)のジェリコ3がある.ジェリコ1は退役,ジェリコ2は配備されているといわれており,ジェリコ3が開発中なのか配備されているのかは明らかではない.ジェリコ1とジェリコ2は,単弾頭を搭載し固体燃料を用いる固定式地上配備*弾道ミサイル'であり,誘導方法は慣性誘導である.ジェリコ2は,通常弾頭と核弾頭を搭載したものがあるといわれている.イスラエルの弾道ミサイルと核戦力に関する情報は非常に乏しく報道は限られており,しかもその真偽は明らかではない.イスラエルは,潜水艦配備用の核弾頭搭載*巡航ミサイル'と航空機運搬用の核爆弾を保有しているといわれており,これらの指摘が確かならば,*大陸間弾道ミサイル'(ICBM),*潜水艦発射弾道ミサイル'(SLBM)および*戦略爆撃機'を*戦略三本柱'と呼ぶが,イスラエルの核戦力はこれらの構成に近いといえる.潜水艦配備用の核弾頭搭載巡航ミサイルは,イスラエルが保有するガブリエル(Gabriel)巡航ミサイルシリーズとする見方がある.　［松山健二］

■イスラエルのミサイル防衛システム

Israel's missile defense capabilities

1 多様なシステムの開発・保有　中東域内で対立関係にある国・集団を多く持つイスラエルは,ミサイル防衛システムを積極的に展開している.隣接した領域からは射程距離の短いミサイルやロケット弾,遠距離にある国からは射程距離の長い*弾道ミサイル'の脅威を感じており,後者については*湾岸戦争'においてイラクの弾道ミサイル攻撃を受けた経験がある.配備中のミサイル防衛システムには,迎撃対象の射程距離の短い方から,スパイダー(Spyder),アイアン・ドーム(Iron Dome),パトリオット(Patriot)・システム,アロー(Arrow)・システムなど,開発中のものには「ダビデの投石器」(David's Sling)などがある.パトリオット・システムとアロー・システムは,主に弾道ミサイルを迎撃対象とする.スパイダーとアイアン・ドームはイスラエルが開発し,「ダビデの投石器」とアロー・システムはイスラエルと米国による共同開発であり,パトリオット・システムは米国が開発した.スパイダーの迎撃体は,射程距離が15kmで弾頭には高性能爆薬破片爆弾を搭載する.誘導方法は慣性誘導と指令誘導で,終末段階に赤外線画像誘導とアクティブ・レーダー誘導のいずれかを用いる型がある.アイアン・ドームの迎撃体は,射程距離が18kmで弾頭には高性能爆薬破片爆弾を搭載する.誘導方法は指令誘導で,終末段階にアクティブ・レーダー誘導を用いる.「ダビデの投石器」の迎撃体は,射程距離が25kmで弾頭は直撃体である.誘導方法は慣性誘導と指令誘導で,終末段階に赤外線画像誘導とアクティブ・レーダー誘導を用いる.イスラエルが開発したミサイル防衛システムとしては,他にバラク(Barak)1がある.イスラエルでは水上艦船に配備され低空を飛翔する航空機などを迎撃するのに用いるが,輸出したものには地上発射型もある.

2 アロー・システム　アロー・システムは,アロー2迎撃体およびそれを複数搭載し発射する*発射機',レーダー,発射管制センター(Launch Control Centre : LCC),火器管制センター(Fire Control Centre : FCC)によって構成される.FCCはシェルターにあり,他は移動式である.レーダーには,500kmの範囲を監視するグリーン・パイン(Green Pine)・レーダーと,800kmの範囲を監視するスーパー・グリーン・パイン(Super Green Pine)・レーダーがある.アロー2迎撃体は,射程距離が100kmで弾頭には高性能爆薬破片爆弾を搭載する.誘導方法は慣性誘導と指令誘導で,終末段階に赤外線画像誘導とアクティブ・レーダー誘導を用いる.また,イスラエルと米国はアロー3迎撃体を共同で開発している.アロー3迎撃体は,射程距離が1,250kmで弾頭は高性能爆薬破片爆弾付きの直撃体である.誘導方法は慣性誘導と

指令誘導で，終末段階に赤外線と光学による画像誘導を用いる．［松山健二］

■123 協定　123 Agreement

1 概要　*2 国間原子力協力協定' の米国における通称である．*米国原子力法' 第 123 条で米国が締結する 2 国間原子力協力協定に求める*核不拡散' 上の条件を規定していたため，123 協定と呼ばれるようになった．123 協定は原子炉や核燃料の輸出といった原子力協力の法的枠組みを設定する取極めであり，そうした輸出の核不拡散要件は，機微な技術に関する協力を禁止し，*国際原子力機関' (IAEA)の*包括的保障措置' に加えて*追加議定書' の実施を求めるなど，他国の 2 国間原子力協力協定より厳しいものが多い．また移転した米国起源の核物質や原子力資機材，またはそれらから生じた核物質の*濃縮'，*再処理'，再処理のための第 3 国移転などは，日欧などの限られた国にのみ認めている．一方でエジプト，アラブ首長国連邦(UAE)などの中東諸国との協定では，保障措置に関する物質的な違反だけでなく核不拡散上懸念される状況が生じた場合にも*特殊核分裂性物質' を米国などで処分しうる規定を設けるなど，協定相手国の状況に合わせて核不拡散上の規定を変更している．これらの内容について行政府間で合意に至った後，協定案は米国議会に提出され，90 日間の審議期間が経過すると自動的に承認される．承認させないためには上下両院が不承認共同決議を可決し，大統領がこれを承認しなくてはならない．

2 歴史　1953 年にドワイト・アイゼンハワー(Dwight Eisenhower)大統領が*平和のための原子力' (Atoms for Peace)演説を行って以降，原子炉や核燃料の供給，技術や情報の提供といった原子力平和利用を促進するため，米国は東側陣営以外の国と相次いで 123 協定を締結した．その際，当初は移転した原子力資機材に対する米国の直接*保障措置' の適用や*使用済燃料' の再処理の禁止といった制約が受領国に課され，1957 年の IAEA 設立以降は IAEA 保障措置の実施が条件となっている．さらに 1974 年のインド*核実験' 以降はこうした規制の強化が米国議会において議論され，*米国核不拡散法' (NNPA)によって 123 協定に求められる核不拡散要件が詳細に規定された．以後，同法の規定に沿うよう日本や*欧州原子力共同体' (EURATOM)との間で協定改定交渉を進めた．冷戦終結以降はソ連から原子力関連資機材の供給を受けてきた旧東側諸国，新たに原子力発電の導入を計画している中東諸国，核実験を契機に原則として原子力貿易上の関係を断ってきたインドなどとも協定を締結し，原子力協力を進めている．［武田 悠］

■移転事案データベース　incident and trafficking database : ITDB

1 設立の背景と発展　冷戦終結後のソ連崩壊に伴う混乱により，1990 年代前半に欧州地域を中心に*核物質' の*不法移転' の事例が多発した．核物質のずさんな管理が明るみになったことを受け，*国際原子力機関' (IAEA)は 1995 年に，核およびその他の放射性物質が関係した不法移転等に関する国家間の情報交換の促進を目的として，不法移転データベース(ITDB)を構築した．ITDB に加入した国は，報告対象の情報を自発的に ITDB に報告することが求められ，その情報が他の加入国と共有される．開始当初，ITDB の役割はこうした情報交換に限定されていたが，その後，集積された情報から傾向分析や類型化が行われ，新たな脅威や*脆弱性' に関する報告も加入国に提供されるようになった．近年の事例では，懸念される事象が報告された国の治安当局や法執行機関に対し，当該国に特有の脅威等を踏まえた能力向上のための支援も行われている．こうした ITDB の活動の拡大に加え，ITDB が扱う情報の範囲も拡大されてきた．現在では，核およびその他の放射性物質の国境を越えた不法取引，移動，盗難などによる物質の不正な取得，供給，使用，廃棄などの事象のほか，売渡しをほのめかした詐欺なども対象となっている．このようにITDBが扱う事象は不法移転に限らず，規制管理下にない核およびその他放射性物質に関する事象全般であることから，2012年にはその名称が移転事案データベースへと変更された．2014年9月現在，126カ国がITDBに参加している．

2 報告事象　ITDBには1995年から2013年末までに2,477件の事象が報告されている．その事象別の内訳は，①無許可の所持および関連した犯罪行為が424件，②盗取または紛失関連が664件，③他の許可されていない活動および事象が1,337件であった．ITDBの開始から今日まで，核物質が関係した事例は一定の割合で報告されており，*高濃縮ウラン'または*プルトニウム'の無許可の所持については，1993年から2013年の間に16件が確認されている．このうち数件は国境を越えた密売等を試みた事例であったとされる．兵器に使い得るキロ単位の物質が押収された事例は極僅かであったとされるが，押収された物質は大きな取引のためのサンプルに過ぎないことを示唆する事例もあったという．また，*放射線源'については，ITDBに報告された放射線源の約半数はその後回収されていない可能性があり，悪意を持った行為に利用されたり，不法移転されたりしている可能性もあるとされる．ITDBの分析からは新たな脅威などの有用な情報が得られているが，報告事例は氷山の一角かもしれず，不法移転を防止するための国際的な取組の強化が求められている．

［堀部純子］

■イラクの化学兵器　Iraq's chemical weapons

イラクのサダム・フセイン(Saddam Hussein)政権は，1980年代のイラン・イラク戦争において，自国で生産したマスタード，タブン，サリンなどの*化学兵器'を交戦相手のイランに対して使用した．使用の事実は国連事務総長が数度にわたって派遣した調査団の調査によって明らかにされている．イラクは*ジュネーブ議定書'の当事国であり，化学兵器の使用は明白な国際法違反行為であった．フセイン政権はまた，1988年3月16日に自国東部のハラブジャ(Halabja)でクルド人に対して化学兵器を使用している．1991年の*湾岸戦争'の際には多国籍軍に対する化学兵器の使用の可能性が大きく取り沙汰されたものの杞憂に終わった．その背景には米国が化学兵器の使用に対して*核兵器'の使用も辞さないことを示唆したことがあったといわれている．湾岸戦争の終結後，イラクには*国連安保理決議687に基づく*大量破壊兵器'の廃棄義務が課された．イラクは，*国連イラク特別委員会'(UNSCOM)に約3,860tの化学剤と約3,920tの*前駆物質'の生産を申告し，UNSCOMおよびこれを引き継いだ*国連監視検証査察委員会'による厳格な査察の下で廃棄活動に従事した．しかし，完全な廃棄を主張するイラクと隠匿の可能性を追及する米国との間の溝は埋まらず，事態は2003年のイラク戦争へと展開していった．なお，イラクは2009年に*化学兵器禁止条約'に加入し，国連の査察時に廃棄が困難として掩蔽壕に残されたままの化学兵器を条約の規定に従って申告した．

［阿部達也］

■イラクの核兵器開発疑惑　Iraq's nuclear issue

1 疑惑の内容と経緯　イラクのサダム・フセイン(Saddam Hussein)政権は1991年4月，湾岸戦争の停戦条件として，核を含む*大量破壊兵器'(WMD)の完全廃棄を受け入れ，国連の査察組織*国連イラク特別委員会'(UNSCOM，1991〜98年)，*国連監視検証査察委員会'(UNMOVIC，2002〜03年)による査察が実施された．だが，イラク側が査察に非協力的な姿勢をとるなか，2002年9月の国連総会などで，当時のジョージ・W・ブッシュ(George W. Bush)米大統領は，その後も*核兵器'の開発を続けていると主張．翌年のイラク戦争を正当化する主要な根拠として使われた．これに対し，イラク側は，国連大使などが「根拠のない主張」として反発.査察継続による解明を求めるフランスなどと,武力行使を求める米国など国連安全保障理事会の対応が分かれるなか,2003年2月,コリン・パウエル(Colin Powell)米国務長官は,国連安保理で米情報当局の情報をもとにフセイン政権が「ウラン濃縮目的の*遠心分離'装置の部品になる高性能アルミニウム管を11カ国から入手しようとした」などと主張した.核兵器開発を裏付ける決定的な証拠はなかったが,翌月,米英などの有志連合は,関連安保理決議違反などを理由にイラク戦争に踏み切り,フセイン政権を打倒した.

2 背景と検証　ブッシュ大統領がイラクの核開発疑惑を主張した時期は,2001年の米同時多発テロ事件を受けて,米政府が,フセイン政権と国際テロ組織とのつながりに懸念を強めた時期と重なる.ジョージ・H・W・ブッシュ(George H. W. Bush)大統領は*湾岸戦争'の際,域内の不安定化を招きかねないとの懸念から,フセイン政権打倒には慎重だったのに対し,ジョージ・W・ブッシュ政権では,フセイン政権打倒を求める米国内のネオコン(新保守主義者)や,反イラクの立場をとるイスラエル政府関係者らの主張が政策に反映された.また,こうした主張に沿った形で,米中央情報局(CIA)など情報当局が情報分析を誤った.イラク戦争後の2004年7月,米議会上院の情報特別委員会は,イラク攻撃の大義とされた旧フセイン政権のWMD開発計画をめぐる情報を,CIAが誇張したと厳しく批判する報告書を発表.情報の収集分析に数多くの「誤り」があったと指摘した.イラクに大規模なWMD開発計画が存在するという憶測が分析官らによる失敗の連続を招いたとしたうえで,イラク戦争は「欠陥情報」に基づいて始められたと断定した.情報分析の誤りについては,英国でも独立検証委員会がトニー・ブレア(Tony Blair)元首相らの情報分析などを検証した.日本では,開戦直後に当時の小泉純一郎首相が,「米国による武力行使の開始を理解し,支持する」と表明.復興支援目的で自衛隊をイラク南部サマワに派遣したが,情報判断の誤りについての公式な検証はなされていない.　[石合 力]

■イラン制裁委員会　Security Council Committee established pursuant to Resolution 1737(2006): 1737 Committee / Iran Sanctions Committee

1 概要　2006年12月に採択された*国連安保理決議1737'に基づいて設立された,安全保障理事会の下で*国連の対イラン経済制裁'に関する事項を扱う下部機関である.国連の対イラン制裁措置を規定する4つの決議のすべてをカバーする.安全保障理事会の下に設置された他の制裁関連の委員会から区別する観点から「1737委員会」と通称されている.安全保障理事会理事国と同じ15の理事国の代表により構成され,意思決定は全会一致により行うこととされる.制裁委員会の議長は安全保障理事会理事国の交代に合わせて,安全保障理事会理事国間で協議され決定されることとなっており,初代の議長は日本の国連常駐代表(在国連代表部大使)である.その後,順次,コロンビアおよび豪州の常駐代表が議長を務めてきている.また,決議1929により,本委員会を補佐する専門家パネルが設立され,加盟国により執られた制裁措置や制裁違反・不遵守に関する情報収集・分析を行い,本委員会に報告している.

2 機能　本委員会に対しては,決議1737パラグラフ18およびその後の一連の制裁決議により,①すべての加盟国から制裁措置の履行のために執られた措置に関する情報を収集すること,②制裁措置違反の疑いに関する情報について適切な措置を検討・実施すること,③制裁措置の適用除外への要請を検討し決定すること,④*輸出管理'対象となる資機材・技術を必要に応じ追加指定すること,⑤資産凍結および出入国禁止の対象となる個人・団体を必要に応じ追加指定すること,などのマンデートが安全保障理事会から付与されている．また，制裁措置の効果改善のために実施された活動について，勧告とともに，安全保障理事会に少なくとも 90 日ごとに報告を行うこととされている．本委員会の会合は不定期的に開催されており，議長(常駐代表レベル)の下で，各理事国から実務者レベルの出席を得て行われているが，原則として非公式会合となるため，会合毎の議事録などは作成されない．その他の具体的な活動としては，制裁違反事案に関する加盟国への通報，専門家パネルの勧告を踏まえた履行支援通報発出，制裁違反事案への対応としての個人･団体の資産凍結･出入国禁止措置への追加指定の決定などを実施している．　［松林健一郎］

■イランの核開発問題　Iran's nuclear issue

1　経緯　2002 年，イラン在外反体制派団体が建設中の*ナタンズ' の地下ウラン濃縮施設およびアラクの*重水製造' 施設の存在を明らかにした．これを契機に 2003 年2月に開始した*国際原子力機関' (IAEA)の*査察' 活動によって，イランの過去の*保障措置' 協定不履行の数々が明らかになった．イランの保障措置協定の不履行は*核燃料サイクル' 全般にわたり，具体的には，ウラン濃縮試験施設の申告，レーザー濃縮施設の申告，これらの施設におけるウラン濃縮実験および付随する活動の報告，*プルトニウム' 分離を含む加工活動の報告，中国から入手した六フッ化ウランを含む 1.8t のウランを用いた 1990 年代の 100 回以上に及ぶ転換実験の報告などを怠ったことが挙げられる．これによりイランの原子力活動の意図に対する懸念が一気に高まることとなった．この懸念に対し外交的な解決を試みるために，当初は，英仏独の 3 カ国(EU3)，後には米国，ロシア，中国が加わり，*P5+1' の枠組みによるイランとの交渉がなされてきた．この枠組みは，経済協力などの見返り措置と引き換えにイランにウラン濃縮活動の停止を求め，他方で，イランが停止に応じない場合は安保理制裁決議の発動を警告するという「対話と圧力」の実践に中心的な役割を果たすことになる．しかし，イランの主張は，ウラン濃縮活動は*核兵器不拡散条約' (NPT)で約束されている*奪い得ない権利' でありその権利の放棄には応じられないというもので，その結果，4 度にわたりイランに対する制裁措置(*国連安保理決議 1737' , 1747, 1803, 1929)が拡大されていった．

2　交渉の進展　2013 年 11 月には，その後の 6 カ月の間に実施する第 1 段階の要素および 1 年以内に履行を開始する包括的解決の最終段階の要素を含む「共同行動計画」が合意された(ジュネーブ合意)．第 1 段階においては，イランは 5 %を超えるウラン濃縮を行わないこと，ナタンズとフォルドゥでのウラン濃縮施設および*重水炉' (IR-40)についての活動を進展させないこと，新たなウラン濃縮施設における活動を行わないこと，IAEA 保障措置にかかる監視措置を強化することなどを約束し，P5+1 側はイランの原油販売に関係する制裁措置を停止すること，核関連の新たな制裁を発動させないことなどを約束した．最終段階の要素としては，NPT および IAEA 保障措置協定における権利と義務の反映，ニーズに整合したウラン濃縮活動，IAEA*追加議定書' の措置を含む*透明性' 措置および強化された監視措置の完全履行，重水炉(IR-40)および*再処理' 関連活動に関する懸念の完全な解決，イランに対する制裁措置の包括的解除を含んでおり，1 年以内に履行を開始することとしている．この共同行動計画は 2014 年1月 20 日に第 1 段階の措置の履行が開始し 7月 20 日までの 6 カ月の内に最終段階の要素について合意を目指すこととしていた．しかし，イランのウラン濃縮に関する双方の主張の相違から合意に至らず，2014 年 11 月 24 日までの 4 カ月交渉期限が延期されたが，さらに 2015 年7月1日まで交渉期限が延長された．

3　2014 年における現状　2014 年9月 の

い

IAEA 事務局長報告(GOV/2014/43)において，共同行動計画における第1段階の措置の履行が確認されているが，他の未解決な問題として，爆縮型核兵器の起爆装置として使用可能な起爆電橋線型雷管に関する研究を含む軍事的用途の嫌疑のかかる活動の側面(possible military dimension：PMD)の嫌疑があり，この問題に関しては引き続き解決に向けた取り組みを行っていくこととなっている．この問題における進捗状況は，共同行動計画の最終段階の要素の中の懸念の完全な解決に関連することとして，引き続き注目されている．　［濱田和子］

■イラン のミサイル戦力 Iran's missle capabilities

1 弾道ミサイル開発の概要　イランの*弾道ミサイル'プログラムの起源は，イラン・イラク戦争中に，リビアからソ連製のスカッドミサイルを輸入したことに端を発する．1980年代から，イランは北朝鮮の協力を得る形で，国産の弾道ミサイル開発へと進んだ．2010年6月の国連安保理決議1929は，イランに対し「核兵器を発射する能力を有する戦略ミサイルに関するあらゆる行動」を禁じたが，イランは自国のミサイル開発は核兵器と無関係で，主権の範疇に含まれるとして開発を継続している．配備済の弾道ミサイル戦力の中核は，液体燃料式で車両移動型のシャハブシリーズであり，スカッドミサイルを転用した射程300kmのシャハブ1，射程500kmのシャハブ2と，北朝鮮のノドンミサイルを転用した射程1,300kmのシャハブ3がある．このうち，シャハブ3は核弾頭の搭載が可能と見られる．

さらに，シャハブ3を基にしたより射程の長いミサイルとして，2004年に新型のガドル1ミサイルの実験を行ったが，このミサイルが配備されているかは定かでない．2014年2月には，ガドル1の派生型と見られる弾道ミサイルの実験も行われた．

2 固体燃料式弾道ミサイルおよび巡航ミサイルの開発　イランはまた，国産の固体燃料式弾道ミサイルの開発も進めている．1990年代末に開発が始まったのがセジル弾道ミサイルで，車両移動型で核弾頭の搭載が可能，2,000kmの射程を持ち，イスラエルやサウジアラビア，トルコを射程に収めるほか，国境付近から発射すればイタリアやポーランドにも到達する．ただ，2008年以降の累次の発射実験にもかかわらず，技術的に充分信頼できるレベルに達しているのかについては疑問視されている．他方，2001年にウクライナからX-55空中発射型*巡航ミサイル'を輸入したのをきっかけに，巡航ミサイルの開発も行われてきた．既存の巡航ミサイル戦力の大半は射程200km以下のもので，イランの沿岸部または艦船に配備される対艦ミサイルとして運用されているが，近年，より射程の長い巡航ミサイルの開発を模索する動きもある．2012年にはイランの国防関係者が，射程2,000kmの地上・空中・海洋発射型巡航ミサイルのメシュカットがじきに公開されると述べたが，その後これについて目立った動きはない．2014年5月には，射程700kmのヤ・アリ地上発射型巡航ミサイルが公開され，戦闘機からの運用も可能であるとされたが，情報が少ない．　［栗田真広］

■イラン不拡散法 Iran Nonproliferation Act

2000年3月14日，米国はイラン不拡散法を制定した．この法は，イランの*大量破壊兵器'(WMD)開発を支援するために物資の供給を行う個人・団体に対して制裁を科す権限を大統領に与えるものである．この法の制定にあたっては，イランのミサイル開発へのロシアの関与の取り扱いが課題としてあった．1998年時点での法案は，ある個人・団体への制裁免除が米国の国家安全保障にとって不可欠であるとの大統領の決断が示されない限り，ミサイル開発に関与するロシアの個人・団体に自動的に制裁が科せられる内容となっており，大量破壊兵器の不拡散取組みにおけるロシアの協力を得る努力を損ないかねないとして，当時のビル・クリントン(Bill Clinton)大統領は署名を拒否したという経緯がある．制定された2000年のイラン不拡散法は1998年の法案よりも限定的な表現で緩和された内容になっている．本法においては，大統領は6カ月毎に，イランの大量破壊兵器開発を支援する物資を供給していると判断される個人・団体のリストを議会に提出し，その提出に基づき大統領に制裁発動の権限が委ねられるというもので，発動にあたっての大統領の権限が確保されている．［濱田和子］

■インドの核政策・核戦略　India's nuclear policy and nuclear strategy

1 インドの核政策の歴史的概観　初代首相のジャワハルラール・ネルー(Jawaharlal Nehru)は，非同盟諸国の指導国および非暴力を標榜し，*核軍縮'の課題に積極的に取り組み，自らは核保有国にはならないことも公言してきた．だが，ネルーの死後は一変して，核オプション維持へと移行した．インディラ・ガンディー(Indira Gandhi)首相は，1974年に，カナダ供与のCIRUS原子炉由来の*プルトニウム'を転用した*地下核実験'をダム建設などに用いる民生技術の発展を目的とした*平和目的核爆発'であると称して一方的に実施したり，1980年代には*弾道ミサイル'開発計画を採用した．その後も水面下の核開発は各政権を通じて継続された．その背景には，1962年の中印国境紛争においてインド軍が大敗したトラウマに由来する中国への対抗意識から，また，核のアパルトヘイトとみなす*核不拡散'体制に対する保険として，そして，隣国パキスタンの急激な核開発の進展などがあった．1996年には，核兵器国の核軍縮義務が明確ではないことと国家安全保障を理由に，*軍縮会議'(CD)における*包括的核実験禁止条約'(CTBT)草案の採択に反対するとともに，同条約に署名しないことを議会が決定した．

2 インドの核ドクトリンの概要　さらなる核実験や公然の核保有国化に長らく慎重であった理由の1つに，インド固有の核戦略がある．それは，核報復(第2撃)のための最小限度の核軍備能力を保有していれば戦略的曖昧性が生じ，それが*最小限抑止'となるというものであったからである．それに加え，*核兵器の先行不使用'という方針は非暴力という自身のモラルを満たすものとして受け入れられた．このような非好戦的な特徴は，地下核実験と核保有国化宣言が行われた1998年以降でも色濃く残る．国家安全保障諮問委員会が1999年に公表した『核ドクトリン草案報告書』は，いわゆる*戦略三本柱'と呼ばれるすべての運搬手段の保有を目的とする核開発をはじめとする，信頼可能な最小限抑止の維持ないし構築を標榜する一方で，①核兵器の先行不使用，②*核兵器'の偶発的な使用の防止，③核弾頭を搭載した弾道ミサイルの常時非配備，④非核兵器国に対する*消極的安全保証'，⑤核軍備競争への不参加，⑥普遍的核軍縮の追求，⑦核指揮管理体制の文民統制などを掲げる．他方で，安全保障閣僚会議が2003年に公表した『核ドクトリンの運用見直し』と題する報道声明では新たに，⑧*生物兵器'・*化学兵器'による攻撃に対しては核兵器の先行使用があり得ること，⑨大量報復を行う可能性があること，⑩*核実験モラトリアム'の維持などが示唆されたが，核ドクトリンの整合性についての論争は絶えない．何をもって最小限であり，また信頼可能かについては現実の安全保障環境に応じて可変的であるとしており，国産の*大陸間弾道ミサイル'(ICBM)や*弾道ミサイル搭載原子力潜水艦'(SSBN)の開発を継続している．→パキスタンの核政策・核戦略，米印原子力協力協定

［中西宏晃］

■インドのミサイル戦力　India's missile capabilities

1 プリトビ・アグニシリーズの開発　インドのミサイル戦力は，1983年の統合誘導ミサイル開発計画によって本格的に開発が開始され，主に中国とパキスタンを念頭に置く形で，戦力の

拡充が進んでいる.1988年に最初の発射実験が行われた車両移動式*短距離弾道ミサイル'(SRBM)のプリトビにはいくつかの派生形があり,射程150kmで陸軍に導入済のプリトビ1,射程250kmで空軍に導入済のプリトビ2のほか,海軍の艦船発射型であるダヌシュが実験中である.このうち,プリトビ1のみが核弾頭を搭載していると見られる.なお,2013年7月には,配備中のプリトビ1を,2011年7月に初めて実験が行われたプラハールSRBMに交換する方針が示されたが,このミサイルは射程150kmの車両移動式ミサイルで,小型の*戦術核兵器'しか搭載できないと思われる.より長射程の*弾道ミサイル'であるアグニシリーズでは,射程700-1,200kmのアグニ1,2,000kmのアグニ2,3,000kmのアグニ3が運用されているほか,4,000kmのアグニ4,5,000kmで*複数個別誘導弾頭'(MIRV)化も検討されているアグニ5が開発中となっている.ただ,アグニシリーズは,運用中のものも依然問題を抱えているとの指摘もある.

2 SLBM·巡航ミサイルの開発　*戦略三本柱'の獲得を目指すインドは,*潜水艦発射弾道ミサイル'(SLBM)の開発も進めてきた.2008年に最初の実験が行われた短距離SLBMのサガリカは,公式発表では射程700km(米情報機関の推定では350km)であり,2014年のアリアント原潜の運用開始によって運用が開始される見込みである.SLBMとしては,より長距離の射程3,500kmのK-4と呼ばれるミサイルも開発中とされるが,情報が少ない.*巡航ミサイル'開発面では,ロシアと共同開発した地上発射型超音速巡航ミサイルのブラーモスが2012年3月に運用開始されており,艦船発射型も運用されているほか,空中発射型が開発中であるが,通常弾頭しか搭載はできない.インド国産の巡航ミサイルとしては,2013年初頭に最初の実験が行われた射程800-1,000kmのニルバイが開発中であり,こちらは小型の核弾頭を搭載可能なものになると見られている.　[栗田真広]

■インフォーム要件　inform requirement

*大量破壊兵器キャッチオール規制'および*通常兵器キャッチオール規制'において,輸出する貨物や提供する技術が,*大量破壊兵器'(WMD)などや通常兵器の開発,製造,使用などに用いられるおそれがあると経済産業大臣が判断した場合,輸出者に対して許可申請の必要がある旨通知することになっている.この通知(インフォーム)を受けた者は,当該貨物·技術を輸出または提供する際には,経済産業大臣の許可を受けなければならない.*キャッチオール規制'の柱の1つである客観要件は,輸出者に最終用途と最終需要者についてチェック義務を課す一方で,その責任ある自主*輸出管理'に効果を委ねている.しかし現実には,輸出貨物や提供技術の安全保障上の機微度や最終需要者の懸念情報を知らない輸出者や,知りながら輸出を行う悪意の輸出者も想定される.こうした輸出を阻止することがインフォーム要件の目的である.キャッチオール規制導入後,日本ではインフォーム要件を積極的に活用する運用を実施している.経済産業省は,水際でチェックを行う税関に対し機微貨物の技術情報や懸念の最終需要者等に関する情報を提供し,税関からは問題のある輸出について照会を受けるなど,日常的に情報交換を行っている.　[久保田ゆかり]

■INFCIRC/66型保障措置協定

INFCIRC/66-type safeguards agreement

1 INFCIRC/66型協定の特徴　*国際原子力機関憲章'(IAEA憲章)に基づく*保障措置'制度を規定した協定のモデル文書.IAEAは,原子力開発利用の進展に呼応して,保障措置制度を標準化するために段階的にモデル文書を開発し公開した.最初のINFCIRC/66型の保障措置協定文書(1965年)は,研究炉を含むすべての規模の原子炉を対象としたが,その後Rev.1(1966年)にて再処理設備に対する保障措置を規定し,Rev.2(1968年)にて転換施設や加工施設も対象とした文書へと改定した.この文書の目的は,IAEA 加盟国の原子力平和利用活動についてIAEA が憲章上の任務を遂行できるような管理制度を確立することである.その権限は,IAEA が各国に供給した*特殊核分裂性物質'その他の物質,役務,設備,施設および情報がいかなる軍事目的をも助長する方法で使用されていないことを確保することであり,さらに,2 国間または多数国間の取極の当事国からの要請を受けたときには,供給国から受領国へ移転した核物質や原子力関連資機材などに権限が及ぶ.INFCIRC/66 型の保障措置協定では,保障措置の対象物は定められているが,具体的な保障措置の実施方法は規定されておらず主たる検証手段も規定されていない.記録制度も,当該国の記録を尊重するとしており,特に記録すべき内容等について規定していない.*査察'は,原子炉施設,再処理施設および転換,加工施設に対して,定期的な実施に加えて,保障措置の効果的な実施に必要な限度において事前通告を行わずに実施することもできるとしており,回数は,原子炉施設においては年 12 回を限度とし,その他の施設に対しては,保障措置の対象となる核物質の出荷量に基づき決定されることとしているが,具体的な回数は規定されていない.査察時のIAEA 査察員の立ち入り箇所は,限定されておらず,施設内のどこの場所にも立ち入ることができる.

2 INFCIRC/66/Rev.2 型の適用事例　日本も*核兵器不拡散条約'(NPT)に基づく保障措置協定発効以前の 1964 年5月に国内の研究炉に対し,IAEA 憲章による査察を受け入れており,その後 1968 年に日・米・IAEA との間で,米国から受領した核物質や原子力関連資機材の検証実施に関する移管協定を発効させ,IAEA が全面的に査察を実施することになった.INFCIRC/66/Rev.2 型の保障措置協定は,その後の NPT に基づく保障措置協定に代替されたが,締約国が NPT から脱退し,NPT に基づく保障措置の対象とならなくなった時には,INFCIRC/66/Rev.2 型の保障措置の適用に戻ることになる.また,NPT に加入していないインド,パキスタンおよびイスラエルには,このINFCIRC/66/Rev.2 型の保障措置協定に基づく保障措置が実施されている.　[菊地昌廣]

■INFCIRC/225　INFCIRC/225

1 成立の経緯と国際的な位置づけ　1969 年,米国が*核物質防護'に関する国内規則を制定したことを受け,同年東京で開催された*国際原子力機関'(IAEA)の会合で「IAEA も*核物質防護'について何らかの措置を採るべきである」との結論が示された.1972 年,IAEA 事務局長により招集された各国の専門家グループが,加盟国が整備すべき核物質防護の要件を包括的に示した「核物質の防護のための勧告」を出版した.その後見直しが行われ,1975 年に IAEA の文書番号「INFCIRC/225」を付して改めて出版された.以来,核物質防護に関する国際的な指針文書として,時代の要請を反映させつつ改訂を重ねてきた.2014 年9月末現在,2011 年1月に出版された改訂第 5 版(INFCIRC/225/Rev.5)が最新版となっている.INFCIRC/225 は法的拘束力を有しない国際的な指針文書である.しかし,多国間条約や*2 国間原子力協力協定'などにおいて INFCIRC/225 の防護要件を考慮することとされている例があり,核物質防護措置に関する実質的な国際基準を提供している.たとえば,*核テロ防止条約'では「国際原子力機関の勧告及び任務を考慮しつつ,(中略)防護を確保するための適当な措置を講ずる(後略)」との規定が,また*日米原子力協力協定'では「両国において適用されている防護措置は,国際原子力機関の文書 INFCIRC/225/Rev.1 に含まれる勧告を十分に考慮したもの(後略)」との規定がある.

2 最新版の主な防護要件　INFCIRC/225/Rev.5 では,防護要件が新規に追加されたり,記載の見直しが行われたりした.主な防護要件の第 1 は,外部からの新たな侵入方法や攻撃方法を想定した要件である.具体的には,防護措置を講ずる際に,外部からの侵入者が標的とする原子力施設に空から接近する脅威や,一定程度離れた距離から原子力施設を攻撃する「スタンドオフ攻撃」に対して考慮を払うべきであるとの要件が追加された.第2は,*内部脅威'者を想定した要件である.具体的には,定義を明確にした上で,脅威を考慮する際には,内部脅威者に対しても遅延措置を考慮すること,施設内の核物質防護上重要度の高い区域においては二人一組で相互に監視し合うような常時監視によって内部脅威者による不法行為を検知すること,などが要件化された.第3は,原子力施設に,接近が制限されかつ管理される「アクセス制限区域」を設けるとの要件である.この要件により,核物質や核物質防護上の枢要な設備をさらに多重に防護することが求められた.　　　　［宮本直樹］

う

■ウイルス　virus

ウイルスは,遺伝情報を持つ核酸(DNAまたはRNA)と,それを包み込むタンパク質の殻で基本的に構成されている.細胞がないため単独で増殖できず,他の生物の細胞に感染して増殖する.自然界において,長年,人類の脅威となってきたものは,天然痘ウイルスである.世界保健機関(WHO)による根絶計画の成功によって,1979年以降,感染者は報告されていない.天然痘ウイルスは,米国とロシアの研究施設各1カ所で保管されているが,兵器化を意図する組織や国家に流出した可能性が指摘されている.また,*合成生物学'の技術によって,ウイルスが人工的に創り出されることも懸念されている.天然痘ウイルスは,建物や電車の中など閉鎖された環境では,空気感染することもあるため,爆発的に感染が広がる危険性がある.致死率も30%と高い.天然痘ウイルスの他に,悪用のリスクが高いものは,出血熱ウイルスである.出血熱ウイルスは,体液に直接触れるなどの濃厚接触によって,人から人に感染するため,医療や公衆衛生基盤が整備された国では,大規模に感染が広がることは考えにくい.しかし,致死率が高く(種類によって20%から90%),治療法が確立されていないため,社会や経済に混乱を与えるという目的で*バイオテロリズム'などに使用される恐れがある.また,出血熱ウイルスを,エアロゾルの状態で散布することができれば,強力な*生物兵器'になるという指摘もあるが,そのための技術的ハードルはきわめて高い.→バイオセキュリティ,バイオディフェンス,生物剤のデュアル・ユース,リケッチア　　　　［天野修司］

■ウィーン文書(1999年)　Vienna Document 1999 of the Negotiations on Confidence- and Security-Building Measures: Vienna Document 1999

［正称］信頼・安全保障醸成措置交渉に関する1999年ウィーン文書,［採択］1999.11.16

*欧州安全保障協力会議'(CSCE)では,1989年3月から*信頼・安全保障醸成措置'(CSBM)に関する交渉が開始され,その成果は1992年3月に「ウィーン文書1992」として採択された.同文書には,東西ドイツ統一や冷戦の終焉など,この間に欧州で生じた劇的な安全保障環境の変化を受けて,軍事情報の年次交換や一定規模の軍事演習を通報・査察・制限することなどを含めた信頼醸成についてのさまざまな規定が盛り込まれることとなった.その後,1994年の改定を経て,1999年11月16日に「ウィーン文書1999」が採択された.そこでは,主要な兵器システムが使用されなくなった場合の通報,情報提供項目の追加,演習実施に参加する人員や装備の追加的な質的・数量制限,査察報告に関する取り決めなど,手続きの精緻化がはかられた.また,地域

的な措置として，2国間および多国間によるCSBMの加速が盛り込まれたことも新たな特徴である．ウィーン文書はその後も改定が続けられており，欧州におけるCSBMのあり方を規定し，軍事面での*透明性’を高める重要な指針の1つとなっている．［齊藤孝祐］

■ウォルツ＝セーガン論争　Waltz-Sagan debate

1　論争の概要　核拡散をめぐり，管理された*核兵器’の拡散はむしろ平和をもたらすと主張するケネス・ウォルツ(Kenneth Waltz)と，核兵器が常に適切に管理されているわけではなく，核兵器を保有する国が増えれば不測の事態によって核兵器が使用されるリスクが増大するため，核兵器の拡散は望ましくないとするスコット・セーガン(Scott Sagan)の間の論争．この論争は，1995年に両者の共著という形で，*The Spread of Nuclear Weapons : A Debate*として出版されている．

2　両者の主張　ウォルツは，合理的な現実主義の立場から，核兵器を保有する国家の行動を次のように説明する．核兵器は通常兵器と明確に区別され，核兵器を保有すれば，*抑止’と防衛により注力するようになる．また，その破壊がもたらすコストの高さゆえ，保有する国はその管理に責任を持つようになり，より注意深く行動する．したがって，核兵器を保有する国が増えれば，戦争のリスクは低くなる．核兵器を使用するのは国家の存続がかかった究極の事態に限られる．気を付けなければいけないのは，核兵器を保有する国を追い詰めて絶望させないことである．これに対して，セーガンは，むしろ核兵器を管理する国家内部の組織における意思決定や行動に着目し，核兵器の獲得や獲得後の管理面での不確実性へのリスクを強調しながら，核兵器ゼロが好ましいと論じる．セーガンによれば，核兵器を管理する軍の組織には，軍組織特有のバイアスがかかった見方や，硬直的なルーティン，自己の狭い組織利益など，抑止が失敗し戦争を招く可能性のある要因がある．また，これから核を保有しようとしている国では，適切なシビリアン・コントロールが効いていないこともありえる．したがって，国家が合理的に行動するかどうかはわからない．つまり，核兵器が拡散すれば，不測の事態や誤解による核戦争のリスクは高まることになる．したがって，核兵器の拡散は望ましくないと結論付ける．その後，国際社会における核をめぐる最新の動向を反映して2002年に2版，2012年には3版が出版されたが，その中では，バラク・オバマ(Barack Obama)大統領による2009年の「核なき世界」演説や，北朝鮮，イランの核疑惑などをめぐっても論争が展開されている．［秋山信将］

■迂回輸出　illegal roundabout export

*輸出管理’を効果的に行うためには，輸出した品目が最終的にどこに向かうかをチェックすることが必要になる．不正な輸入を行おうとする企業や個人は，さまざまな手法を使って，各国の輸出管理のシステムの穴をかいくぐろうとするからである．この代表的な手法が迂回輸出であり，第3国を経由して目的地に製品，部品などを届けようとする輸出の方法である．2003年の(株)明伸による不正輸出はこの典型であり，同社は，核兵器やミサイルの開発に転用できる直流安定化電源を，タイ経由で北朝鮮に輸出しようとした．これは，経済産業省が寄港予定の香港の輸出管理部署と連携し，またタイでの輸出業者の立ち入り検査なども実施して輸出を差し止めることができた．不正輸出を企てようとする者は，輸出管理の甘い国を経由して輸出するインセンティブを持つ．このため，迂回輸出を防ぐためには，セキュリティホールとなる国への輸出管理に関する啓蒙活動とともに，経済産業省，税関，外務省，警察などの国内の輸出管理関係機関，そして海外の輸出管理担当機関との情報交換を密に行い，緊急時に対応できる連携体制を構築しておくことが必要になる．

［村山裕三］

■**宇宙活動に関する国際行動規範**　International Code of Conduct for Outer Space Activities

1 背景　*冷戦' 期と比べ,現代の宇宙開発利用においては,宇宙活動国の飛躍的な増加,日常生活を含めた宇宙利用への依存度の高まり,軍事利用と民生利用の境界線の曖昧さ,長年の宇宙開発利用や対衛星兵器(ASAT兵器.衛星破壊兵器または衛星攻撃兵器ともいう)実験による*宇宙ゴミ' (デブリ)の増大といった特徴がある.特に,2007年に中国が自国の古い*人工衛星' を用いて行ったとされる対衛星兵器実験は,宇宙ゴミを爆発的に増大させ,国際社会の危機感を高めた.その一方で,国連における宇宙活動を律する国際的な法規範の形成は,1970年代までの国連宇宙諸条約の後停滞しており,新たな法規範の形成に向けた国際的な合意はいまだ形成されていない.このような状況を踏まえ,国連の外ではあるが,多くの宇宙活動国が集まる形で,宇宙活動の軍事利用も民生利用も含めた宇宙活動全般を包括的に律する法的拘束力のない行動規範の策定の必要性が認識されるようになった.そうした背景の下,「宇宙活動に関する透明性・信頼醸成措置(宇宙TCBM)」に関する国連総会決議(2005年以来,例年ロシアが提出)において,国連加盟国が宇宙TCBMに関する見解を国連事務総長に提出するよう求められたことを受けて,欧州連合(EU)は,現在議論されている国際行動規範案の基礎となる宇宙TCBMの要素をEUの見解として2007年に国連事務総長に提出した.これが本件に関する議論の直接の契機となった.

2 最近の動き　2008年,EUは,宇宙活動に関する国際行動規範の最初の案文を公表し,その後も,主要国との2国間協議を踏まえ,4度にわたって改訂版を公表した.国際的な議論が本格化したのは,2012年である.まず,同年1月には,ヒラリー・クリントン(Hillary Clinton)米国国務長官や日本の玄葉光一郎外相が国際行動規範の策定に関するEUのイニシアティブを歓迎し,国際行動規範の策定に参画する声明を出した.同年6月には,EUは,それまでの主要国との2国間協議から,すべての国連加盟国に開かれた多国間協議に議論の舞台を切り替えるため,ウィーンにおいて,「多国間会合」を開催した(約50カ国が参加).同会合で,EUは,国際行動規範案の概要を説明し,その後の取り進め方についてEUの考え方を示した.その後,2013年5月,EUは,ウクライナ政府とともに,すべての国連加盟国に開かれた同行動規範案に関する「第1回オープンエンド協議」をキエフで開催した(約65カ国が参加).同協議では,深刻な宇宙ゴミの現状,宇宙ゴミの低減や人工衛星同士の衝突を回避するために国際協力を通じて迅速に対応することの必要性についての認識の共有が図られた.その後も,EUは,各国の議論を踏まえ同行動規範案の改訂版を示しつつ,同年11月にはバンコクで「第2回オープンエンド協議」,2014年5月にはルクセンブルクで「第3回オープンエンド協議」を開催し,議論を進めてきている.

3 国際行動規範案の主な特徴　既存の国連宇宙諸条約などとの比較で,2014年8月時点の国際行動規範案が有する主な特徴としては次の4つが挙げられる.第1に,同行動規範は,民生利用や軍事利用といった特定の分野における宇宙活動のみに適用されるのではなく,あらゆる宇宙活動に包括的に適用される.これは,既存の国連のフォーラムが民生か軍事のいずれかにしか対応できないこと(たとえば,*国連宇宙空間平和利用委員会' は民生利用しか扱わない)に対する対処である.第2に,宇宙ゴミを増やさないために列挙されている措置の中で,人工衛星を破壊する行為を事実上禁止することが明記されている.これは,上述の対衛星兵器実験のような危険な行為に初めて国際的な規制の網をかけるものである.第3に,現時点で存在しない国際協力メカニズム,すなわち,事前通報・協議や情報共有に関するメカニズムが盛り込まれている.事前通報メカニズムでは,たとえば,他国の人工衛星に影響を与える可能性のある動きをする場合には相手国に事前通報することが求められている.第4に,国際協力メカニズムを実際に機能させるために,同行動規範への参加国による年次会合の開催や事務局的な機能を果たす「中央連絡ポイント」の設置などが規定されている.　[西田 充]

■宇宙活動の信頼醸成措置に関する政府専門家会合 Group of Governmental Experts on Confidence-Building Measures in Outer Space Activities

1 経緯 宇宙空間における信頼醸成措置(宇宙CBM)に関する政府専門家会合(GGE)は,1990年の第45回国連総会決議(A/RES/45/55 B)に基づいて,国連事務総長の下に設置された.同決議は,同GGEに対して,さまざまな*信頼醸成措置'(CBM)の*宇宙空間'への適用について研究し,その成果を第48回国連総会に提出するよう求めた.同決議は,アルゼンチン,ブラジル,メキシコなどの南米諸国やインド,イランなどが提出し,米国のみが棄権した(反対はなし).米国は,宇宙CBMの概念やその研究には反対しておらず,決議内容につき若干のコメントがあったので棄権したと別途表明した.同GGEは,国連事務総長が特定した米露を含む12カ国(注:日本は含まれず)の政府に推薦された専門家によって構成され,1991年7月から1993年7月まで計4回のセッションを開催した.

2 GGE報告書の主な内容 同GGEは,上記国連総会決議の要請にしたがって,1993年7月,国連事務総長に対してGGE参加者のコンセンサスによる報告書(A48/305)を提出した.同報告書は,①導入,②宇宙利用の現状と対衛星兵器(ASAT兵器.衛星破壊兵器または衛星攻撃兵器ともいう)などの技術面に特に着目した新しいトレンド,③軍事・民生面での宇宙利用に関わる既存の法的枠組み,④*核兵器'や通常兵器に関するものを含めた信頼醸成措置一般の特徴および基準,⑤宇宙空間への信頼醸成措置の適用可能性(政治的,法的,技術的,科学的観点からの分析),⑥宇宙CBMに関するこれまでの具体的提案,⑦宇宙CBMに関するさまざまな国際協力,⑧結論と勧告,という8つの章で構成されている.主な結論と勧告は次のとおりである.*冷戦'崩壊という新しい国際的文脈において,宇宙CBMを検討する新たな機会が到来している.宇宙技術の急速な進歩は,宇宙関連の既存の国際法枠組みの不断の見直しを要する.地上での軍事利用との密接な関係から,宇宙CBMは地域諸国間における適用も検討されるべきである.特定の宇宙技術が一方的または急速に進展すると,他国の疑念を惹起することになるので,*透明性'を伴うべきである.宇宙空間における兵器禁止も宇宙CBMとして検討に値する.すべての国は,既存の国連宇宙諸条約を遵守すべきである.国際衛星監視機構案といった提案を再検討すべきである.*人工衛星'衝突との関連で,国際警戒システムに関するアイデアを探求すべきである.行動規範に関する提案を継続して検討すべきである.世界宇宙機関のような考え方を探求すべきである.なお,最近議論されている*宇宙活動に関する国際行動規範'との関連では,宇宙活動における行動規範の概念について,この当時すでに詳細な分析が行われている.　[西田 充]

■宇宙活動の透明性・信頼醸成措置 transparency and confidence-building measures in outer space activities: TCBM in Outer Space Activities

1 TCBMとは 透明性・信頼醸成措置(TCBM)の概念・目的は1978年の国連総会決議33/91Bで明示された*信頼醸成措置'(CBM)とおおむね重なる.CBMは国家間での武力紛争のリスク低減を目的とし,法的拘束力は欠くものの,1970年代初頭から*軍縮'・*軍備管理'法の履行確保措置として発展してきた. 1991-1993 年, 宇宙の軍備競争防止(PAROS)の文脈において設置された*宇宙活動の信頼醸成措置に関する政府専門家会合' (GGE)はCBMの適用可能性を検討した. その最終報告書A/48/305は, 2011年に設置された宇宙活動のTCBMを検討するGGEにより参照されている. さらに, ジョージ・W・ブッシュ(George W. Bush)政権が2001年12月に*弾道弾迎撃ミサイル制限条約' (ABM条約)からの脱退を宣言し, *弾道ミサイル防衛' (BMD)の積極推進に踏み出すと, これに懸念を表明してきたロシアや中国は, *軍縮会議' (CD)で宇宙活動のTCBMならびにPAROSの条約化を提唱した. TCBMはロシアが発案国であり, 宇宙活動における透明性確保の必要性を強調した「宇宙活動におけるTCBM」決議草案を2005年10月に*国連総会第1委員会' (軍縮・安全保障)へ提出し, 同年国連総会決議60/66として採択された.

2 TCBMを検討するGGE　2011年の国連総会決議 65/68にもとづき宇宙活動のTCBMを検討するGGEが設置された. 2012-2013年に3回会合を開催したGGEは, 国連宇宙諸条約がすでにTCBMの要素を備えていると評価し, *国連宇宙空間平和利用委員会' (UNCOPUOS), CD, *国際電気通信連合' (ITU)といった国際レベルの取り組みを確認した. 2013年に国連総会に提出した最終報告書A/68/189では, TCBMのモデルとして, 欧州が主導する*宇宙活動に関する国際行動規範' 案, および中露が主導する*宇宙空間における兵器配置防止条約案' (PPWT案)を挙げたが, *宇宙兵器' の定義および法的拘束力を求める後者の支持国は少ない.

3 TCBMの内容　一般にTCBMとは, ①相互理解と信頼の構築および②誤解・誤算の低減を目的とした政府間の情報共有手段であり, 結果として軍事衝突の回避や地域・国際社会の安定化を目指す措置である. また, 平和に対する諸国家の意図を明確にすることで, 経済や安全保障といった戦略的分野においても, 相手国の目的を予見可能なものとする機能を有する. 法的拘束力はなく, 自発的な措置にすぎないが, GGEはすでに条約に盛り込まれているTCBMは拘束力を有するとの見解を示している. なお, 米国はTCBMが将来的に国際慣習法となる可能性を否定している. GGEが確認した既存のTCBMは, 以下の事項を含む. ①宇宙政策に関する情報公開, ②新たな宇宙システム開発計画に関する情報交換, ③*宇宙の平和利用' としての探査・利用に関する目的の明確化, ④地球軌道に配備された宇宙物体の機能に関する情報交換, ⑤宇宙飛行の安全性を高める行動規範の確立(*宇宙ゴミ' の発生を回避する目的での打ち上げ通達など), ⑥人材育成や持続可能な開発に関する情報提供を目的とした国際協力措置. しかしこれらのTCBMは必ずしも*宇宙の軍事利用' や安全保障の文脈で発展してきたわけではないため, GGEは新たなTCBMとして以下を提案している. ①宇宙政策・戦略および安全保障に関する情報の公開, ②宇宙活動における軍事予算の情報交換, ③軌道上の宇宙物体に関する情報交換, ④宇宙空間の自然災害予報に関する情報交換, ⑤打ち上げ予定の通達, ⑥宇宙飛行に危険をもたらしうる活動計画の通達, ⑦制御不能で危険性の高い大気圏再突入の通達・監視, ⑧緊急事態の通達, ⑨意図的な軌道上破壊の通達, ⑩打ち上げ射場施設の自発的な訪問, ⑪*ロケット' および宇宙技術の実証. これらのTCBMは軍縮・軍備管理法の分野でも履行確保に役立つことから, GGEは*国連軍縮部' (UNODA)と国連宇宙部との連携を提言している.

［高屋友里］

■宇宙活動の透明性・信頼醸成措置に関する政府専門家会合　Group of Governmental Experts on Transparency and Confidence-Building Measures in Outer Space Activities

1 経緯　*宇宙活動の透明性･信頼醸成措置'(宇宙 TCBM)に関する政府専門家会合(GGE)は,2010 年の第 65 回国連総会決議(A/RES/65/68)に基づいて,国連事務総長の下に設置された.同決議は,GGE は地理的に衡平な配分に基づいて設置されるとした上で,同 GGE に対して,2012 年から,*宇宙空間'における TCBM について研究し,その成果を第 68 回国連総会に提出するよう求めた.同決議は,2005 年以来,ロシアが国連総会に提出しているもので,従来,米国のみが反対票を投じていたが,2009 年に棄権に転じ,GGE の設置が決定された 2010 年も棄権票を投じた.しかし米国は,宇宙空間における TCBM は重要であるとして,決議案全体には棄権したが GGE の設置は支持する旨別途表明した.同 GGE は,国連事務総長が特定した米露を含む 14 カ国(注:日本は含まれず)の政府に推薦された専門家によって構成され,2012 年7月から 2013 年7月まで計 3 回のセッション(各セッションは5日間)を開催した.なお,EU は,2007 年に,宇宙 TCBM に関する国連加盟国の見解を求めている同決議に基づいて,現在議論されている*宇宙活動に関する国際行動規範'の基礎となる要素を国連事務総長に提出した.

2 GGE 報告書の主な内容　同 GGE は,上記国連総会決議の要請にしたがって,2013 年7月,国連事務総長に対して GGE 参加者のコンセンサスによる報告書(A/68/189)を提出した.*宇宙活動の信頼醸成措置に関する政府専門家会合'が設置された 1990 年代からの時代変化や当時の報告書も考慮に入れた.同報告書の主な結論･内容は次のとおりである.宇宙システム･技術に対する依存の高まりによって,宇宙活動の持続可能性およびセキュリティに対する脅威に対処する共同の努力が求められている.TCBM は,宇宙活動に関する誤解,不信や誤算の原因を緩和あるいは除去することができる.法的拘束力のない TCBM は,既存の国連宇宙諸条約にすでに盛り込まれているいくつかの義務的な TCBM や*軍備管理'･*軍縮'条約の*検証'措置を補完する.具体的な宇宙 TCBM としては,宇宙関連の軍事費を含む国家宇宙政策に関する情報交換,危機低減のための事前通報,宇宙関連施設への訪問,国際協力,協議メカニズムなどがある.GGE は,国連加盟国および国際機関に対して,同報告書に盛り込まれた TCBM を検討･実施すること,さらに,国連総会に対して,今後どのように宇宙 TCBM を発展させるか決定するよう勧告する.また,宇宙空間での責任ある行動や平和利用を促進するために,一方的宣言や 2 国間の合意と並んで,(宇宙活動に関する国際行動規範を念頭に)「多国間の行動規範」といった政治的約束の追求の努力を支持する.　［西田 充］

■宇宙基本法　Basic Space Law

［公布］2008.5.28(平 20 法律 43),［施行］2008.8.27

1 目的と成立の経緯　日本における宇宙開発･利用の基本的枠組みを定めるための法律であり,①内閣総理大臣を長とする宇宙開発戦略本部を内閣に設置し,同本部において国の宇宙開発の基本方針･総合的な施策を定めた宇宙基本計画を策定することにより,国家的な宇宙開発戦略を推進する体制を構築すること,② 1969 年の国会決議(宇宙の平和利用決議)以来「非軍事」と解されてきた*宇宙の平和利用'を諸外国並みの水準である「非侵略」に緩和することなどを目的とする.2005 年以降自民党が中心になり起草し,第 166 国会に自民･公明両党により議員立法の法案として提出され,その後継続審議扱いとされていたが,2008 年4月に民主党と与野党協議の末基本合意に至り,第 169 回国会に 3 党共同提案として改めて提出された.同年5月 13 日に衆議院本会議で可決し,同月 21 日に参議院本会議で可決,成立した.同月 28 日に公布,同年8月 27 日に施行された.

2 概要　まず基本理念として,宇宙開発･利用が*宇宙条約'などの国際約束と日本国憲法の平和主義の理念(専守防衛)にのっとり行われるものとしたうえで(第2条), 宇宙開発・利用を①国民生活の向上や防災・安全保障(第3条), ②産業の振興(第4条), ③先端宇宙開発や宇宙科学による人類社会の発展(第5条), ④国際協力(第6条)に資するよう行うべきこと, ならびに⑤環境に配慮して行うべきこと(第7条)を掲げる. また, 内閣総理大臣を本部長, 内閣官房長官および宇宙開発担当大臣を副本部長とし, 全国務大臣で構成する宇宙開発戦略本部の設置を定め(第25条など), 同戦略本部が, 国の宇宙開発・利用の基本的な方針と政府が総合的・計画的に実施すべき施策などを定めた宇宙基本計画を作成すべきことを定める(第24条). さらに, 民間宇宙活動を推進するための宇宙活動法を政府が速やかに整備すべきことを定めている(第35条). なお, 2012年に同戦略本部の下で宇宙開発・利用の企画立案と府省間調整を行う宇宙戦略室と, 予算など宇宙開発・利用に係る重要事項を調査・審議する宇宙政策委員会が内閣府に設置されている. また, 基本法附則第3条において宇宙航空研究開発機構(JAXA)の見直しを行うことが明記され, 2012年の独立行政法人宇宙航空研究開発機構法の改正(平成24年6月27日法律第35号)により, 新たに内閣総理大臣および経済産業大臣が主務大臣に加えられ, また基本法第2条の宇宙の平和利用に関する基本理念にのっとり業務を行うことが定められたほか, 緊急事態への対応や産業の振興に係る業務条項などが追加されている. ［佐藤雅彦］

■宇宙救助返還協定 Agreement on the Rescue of Astronauts, the Return of Astronauts and the Return of Objects Launched into Outer Space ［正称］宇宙飛行士の救助及び送還並びに宇宙空間に打ち上げられた物体の返還に関する協定, ［署名］1968.4.22(ロンドン, モスクワ, ワシントン), ［発効］1968.12.3, ［日本］〈加入書寄託, 公布〉1983.6.20(昭和58条約5)

1 意義と現状 この協定は, 事故などに伴い宇宙飛行士や宇宙物体が自国領域外に緊急着陸あるいは落下した場合における, 協定当事国による国際協力・人道の観点からの通報, 援助, 送還・返還などについて規定する. これらの規定は*宇宙条約' に定められた基本原則を詳細化するものである. 宇宙条約はまず第5条において, 宇宙飛行士を人類の使節とみなし, 遭難飛行士への援助, 他国または国連事務総長への情報提供, 飛行士が他国または公海に意図しない着陸を行った場合の登録国への返還義務を定め, また第8条後段において, 宇宙物体が登録国の領域外で発見された場合の返還義務を定めている. 遭難航空機および乗員に対する救援措置を定めた1944年の国際民間航空条約にならい, 宇宙物体・宇宙飛行士についても同様の保護措置が必要であるといった認識から, 1963年の*国連宇宙空間平和利用委員会' (UNCOPUOS)法律小委員会第1会期で検討が開始され, 1967年12月19日の第22会期国連総会において採択された. 日本は*宇宙損害責任条約', *宇宙物体登録条約' とともに, 国会承認を経て1983年6月20日に加入した. 2014年1月1日現在の当事国・国際機関は94カ国・2機関(欧州宇宙機関〔ESA〕および欧州気象衛星開発機構〔EUMETSAT〕)である. 主な内容は次のとおりである.

2 内容 協定の内容は, ①宇宙飛行士の救助・送還と②宇宙物体の返還に大別される. 前者については, 当事国は, 自国管轄下にある領域, 公海またはいずれの国の管轄下にもない地域において, 宇宙船の乗員が事故, 遭難または緊急事態により着陸した旨の情報を入手した場合, 直ちに打ち上げ国(国際機関を含む)および国連事務総長に通報するとともに, あらゆる救援措置を講じる. また, 緊急着陸を行った宇宙船の乗員は, 安全かつ迅速に打ち上げ国の代表者に引き渡される. 後者については, 宇宙物体が降下した旨の情報を入手した場合, 当事国は, 打ち上げ国および国連事務総長に通報する. 宇宙物体が発見された領域について管轄権を有する国は，打ち上げ国の要請により回収のための措置をとる．発見された宇宙物体は，打ち上げ国に引き渡されるかまたはその処理に委ねられる．これら宇宙物体の回収・返還義務の履行に要した費用は，打ち上げ国が負担する．また，宇宙物体が危険または害をもたらすおそれのある場合には，打ち上げ国は危害除去のため，領域国の規制の下で，直ちに効果的な措置をとらなければならない．　［佐藤雅彦］

■宇宙空間　outer space

地表を取り巻く領空または公空の外側に広がり，その大部分は人類未踏の領域である．*宇宙条約' は「月その他の天体を含む宇宙空間」(1条など)を定義せず，*国連宇宙空間平和利用委員会' (UNCOPUOS)における長年の議論を経ても宇宙空間の画定・定義はなされていない．学説は，航空機の最高到達高度または*人工衛星' の近地点高度などの物理的特性などに基づき，ある一定の高度で宇宙空間と領空または公空とを区分する空間説と，高度に関わらず宇宙活動の性質または形態に基づき宇宙空間を定義する機能説とに大別される．少なくとも人工衛星が地球を周回しながら機能を発揮する高度以上は宇宙空間であるという共通了解は存在し，赤道直下8カ国が静止軌道に対する主権を主張した1976年のボゴタ宣言などは認められないことになろう．宇宙条約第4条は宇宙を狭義の宇宙空間と月その他の天体とに分け，宇宙空間は*核兵器' および他の*大量破壊兵器' (WMD)を運ぶ物体を地球を回る軌道に乗せること，およびその他いかなる方法によっても宇宙空間に配置することのみを禁止する．この空間内において，自国の通常兵器を配置することや*大陸間弾道ミサイル' (ICBM)のような弾道飛行による兵器が地球を周回せず単に通過することは禁止の対象とはならない．　［相原素樹］

■宇宙空間における兵器配置防止条約案　Draft Treaty on the Prevention of the Placement of Weapons in Outer Space, the Threat or Use of Force Against Outer Space Objects : PPWT

1　PPWT案の背景　*軍備管理' に関する唯一の多国間交渉の場である*軍縮会議' (CD)ではこれまで9つの包括的な宇宙軍備管理条約案が提案されているが，7番目以降が2002年(CD/1679)，2008年(CD/1839)に続いて2014年6月に提出された露中提案(CD/1985)「宇宙空間における兵器配置および宇宙空間物体に対する武力による威嚇または武力の行使の防止に関する条約案」(PPWT案)である．2002年案と2008年案は，後者に詳細な定義規定が置かれているのみでそれ以外はほぼ同一規定であるのに対し，2014年案は規定ぶりに相当の変更が見られる．

2　PPWT案の概要　現行案の禁止事項は，①*宇宙空間' における兵器の配置，②条約当事国の「宇宙空間物体」(outer space objects)に対する武力による威嚇または武力の行使，③PPWTの趣旨・目的と合致しない宇宙活動への従事，④外国および国際機関・団体などがPPWTの趣旨・目的と合致しない活動に参加することへの援助または誘引，である(第2条)．「宇宙空間における兵器」とは宇宙空間および地球(大気圏を含む)の物体(objects)の通常の機能を破壊し，損害を与え，または妨害をするために製造され転換された「宇宙空間物体」またはその構成要素をいう(第1条(b))．2008年案にあった高度100kmを超える空間を宇宙空間とする定義(CD/1839，第1条(a))は消えた．国連宇宙諸条約で使用される「宇宙物体」という用語とは異なる概念としての「宇宙空間物体」は2002年案以来使用されているが，現行案では①地球を少なくとも1回周回する，②地球周回軌道の一部を通過した後軌道を離脱する，③宇宙空間に持続的に所在する(located)，④地球以外の天体に持続的に所在する，のいずれかの形態をとる装置(device)をいう(第1条(a)(c))．地上配備の*弾道ミサイル', レーザー兵器などの対衛星兵器(ASAT兵器)の開発, 実験, 生産, 貯蔵, 配備などが禁止されない反面, 米国が露中に比べて技術的に優位にある宇宙配備型の*弾道ミサイル防衛'(BMD)システムは禁止されることになるため, PPWT案がCD内で交渉に進むコンセンサスが得られる見込みはほぼまったくないであろう. →宇宙兵器　〔青木節子〕

■宇宙ゴミ　space debris

1 宇宙ゴミへの危機意識　①機能を喪失した*人工衛星', ②正常な打ち上げ活動に伴い放出される*ロケット'の上段, 衛星の連結具・保護用カバー, 複数衛星を同時に打ち上げる場合の敷居装置など衛星が軌道上に配置されるまでの間にゴミとして廃棄されるもの, ③固体燃料ロケットから出るススや太陽輻射により剥がれるロケットや衛星の外部塗料, ④残存推進薬や過充電による機能喪失衛星やロケット上段の偶発的な爆発により生じる破片などを宇宙ゴミといい, ①から④までの宇宙ゴミ同士の衝突によりその数は指数関数的に増加する. 宇宙ゴミについての国際的に定まった定義はないが, 国際機関間デブリ調整委員会(IADC)が2013年4月に公表した重要語句の定義では「『軌道ゴミ』とも称される『宇宙ゴミ』は, 地球周回軌道に存在しまたは大気圏再突入途上にある機能を喪失したすべての人工物(その破片と構成要素を含む)をいう」(IADC-13-02). 任意時刻における宇宙物体の位置, 軌道が確認できる場合に当該物体に番号を付して記録することをカタログ化というが, 米国防省が運用する宇宙監視ネットワーク(SSN)は, 低軌道(LEO)(IADC宇宙ゴミ低減ガイドライン3.3.2.〔1〕によると, 地球表面から2,000km高度までの球状領域)で直径約10cmより大きい物体をカタログ化する能力をもつ. その数は, *国連宇宙空間平和利用委員会'(UNCOPUOS)の科学技術小委員会での米国の毎年の公表資料によると, 2004年の9,148個以降, 9,233(2005年), 9,428(2006年), 9,948(2007年), 12,456(2008年), 12,743(2009年), 15,090(2010年), 16,108(2011年), 16,530(2012年), 16,596(2013年), 16,900(2014年〔7月2日現在〕)と増加してきた. そのうち, 宇宙ゴミが93%程度を占める. 2007年の1月の中国の対衛星兵器(ASAT兵器)実験と2009年の米露の衛星衝突により翌年にカタログ化された物体数が急上昇しており, 意図的破壊や衝突を防ぐことの重要性が認識されている. 機能する衛星や国際宇宙ステーションなどへの脅威となるのは, 自身の強靱化により宇宙ゴミ衝突に耐えることも, 事前に宇宙ゴミの軌道通過を探知して自身の軌道を地上からの管制により変更して衝突回避することも現在の技術では不可能な直径1～10cmの宇宙ゴミである.

2 IADC宇宙ゴミ低減ガイドライン　1986年のアリアンロケット第2段の爆発による488個の宇宙ゴミ放出を米国のSSNが正確に探知したことが契機となり, 主要な宇宙活動国の宇宙機関の宇宙ゴミ低減協力が開始され, 1993年にIADCが結成された. 2014年10月現在, 米英加独仏伊露, ウクライナ, 日中韓印および欧州宇宙機関(ESA)の13の宇宙機関が加盟する. 2002年に①計画, 設計段階でのミッション要求合致, ②正常な運用で放出される物体の制限, ③軌道上破砕(偶発的爆発と意図的破壊の双方を含む)可能性の最小化, ④運用終了後の廃棄(LEOと静止軌道〔GEO〕双方の衛星を含む)からなる初のIADC宇宙ゴミ低減ガイドラインを策定した. 低減技術の発展に応じて当該ガイドラインの補完や改正を行っている.

3 今後の課題　UNCOPUOSの科学技術小委員会では, IADC宇宙ゴミ低減ガイドラインを基礎として採択した2007年の*国連宇宙ゴミ低減ガイドライン'採択に続き, 2010年から宇宙ゴミ低減の強化策も含む*宇宙の長期持続的利用'を可能とする技術ガイドラインの作成に従事している. 将来の課題として, 特に①機能を喪失した大型衛星を中心に宇宙ゴミの積極的除去についての安全で確実な技術開発と，国連衛星登録を行い宇宙物体への管轄権および管理を保持する国の同意なしに第三者が宇宙ゴミ除去を実行した場合，対衛星（ASAT）攻撃と解しうることから，②宇宙ゴミ除去の国際ルール作り，が挙げられる．［青木節子］

■宇宙状況認識　space situational awareness：SSA

1　宇宙状況「監視」や「把握」とも言われているが，英訳と内容の観点からは「認識」の方が的確である．SSAとは，①*宇宙ゴミ' や運用中の*人工衛星' などの観測や監視，②衛星や通信に悪影響を及ぼす太陽風や磁気嵐などを観測し予測する宇宙天気予報，③地球に接近・衝突の可能性がある*地球近傍物体'（小惑星や彗星など）の観測や監視，主にこれら3つを行い，地球周辺の宇宙の状況を総合的に認識しようという活動である．とくに宇宙ゴミは，2007年1月の中国の対衛星兵器（*対宇宙兵器'）による衛星破壊実験と，2009年2月の米露両国の衛星衝突事故によって急激に増加した．このままでは，運用中の人工衛星や宇宙ステーションに宇宙ゴミが衝突して大きな被害をもたらす可能性がある．そのため，*国連宇宙空間平和利用委員会'（UNCOPUOS）における*宇宙の長期持続的利用' についての検討や，欧州提案を基本とした*宇宙活動に関する国際行動規範' についての議論が進められる一方，米国や欧州に加えて，ロシアや中国，日本がSSAに積極的に取り組み始めている．

2　SSAは，もともと米国が提唱した概念で，米国では米戦略軍の統合宇宙作戦センター（JSpOC）が中心となって担当している．地球上からは数十カ所に設置したレーダーと光学式の望遠鏡を使い，また*宇宙空間' から宇宙空間を監視する衛星を用いて，地球軌道上にある物体の検知・識別・追跡などを行い，観測された物体のリストを作成している．また米戦略軍は，衛星を保有・運用する各国政府や企業などと協定を締結して，宇宙物体の情報交換を行っている．一方，日本は，2008年5月の*宇宙基本法' に宇宙の環境保全を明記し，2015年1月の宇宙基本計画では，宇宙ゴミ対策と安全保障上の日米宇宙協力強化のために，SSA体制の構築を重要課題として位置づけている．これまで，宇宙ゴミの監視は一般財団法人・日本宇宙フォーラム（JSF）と宇宙航空研究開発機構（JAXA），宇宙天気予報は情報通信機構（NICT），地球近傍物体の監視はNPO法人・日本スペースガード協会などが行ってきた．しかし現在，内閣府の宇宙戦略室や宇宙政策委員会は，宇宙飛行安全の確保と自国衛星の防護は日本の安全保障上重要であるとの考えから，外務省，文部科学省，防衛省等と協力して，SSAの新たな体制や能力強化の検討を進めている．日米間では，2013年5月に「日米宇宙状況監視（SSA）協力取極」が締結されて，宇宙物体の軌道に関する情報共有などが開始された．［渡邉浩崇］

■宇宙条約　Treaty on Principles Governing the Activities of States in the Exploration and Use of Outer Space, including the Moon and Other Celestial Bodies：Outer Space Treaty　［正称］月その他の天体を含む宇宙空間の探査及び利用における国家活動を律する原則に関する条約，［署名］1967.1.27（ワシントン，ロンドン，モスクワ），［発効］1967.10.10，［日本］〈署名〉1967.1.27，〈批准書寄託・発効〉1967.10.10，〈公布〉1967.10.11（条約19）

1　宇宙のマグナ・カルタ　「宇宙活動のマグナ・カルタ」と称されることもある宇宙条約の条文は，1963年までにはほぼ確定したといいうるほど，宇宙秩序の形成は急速であり，基本的にはそれが現在まで維持されている．初の*人工衛星' 打ち上げから2カ月を経ずして，宇宙は「もっぱら平和的かつ科学的目的」で利用されることなどを規定する*軍縮' 条約を作成するよう国連総会決議1148（XII）が要請した．1959年には，*国連宇宙空間平和利用委員会'（UNCOPUOS）

が常設の国連総会補助機関となり，*宇宙空間'での活動を規律する国際法の研究や形成がUNCOPUOS法律小委員会の任務とされた．1966年12月に国連総会で採択された宇宙条約は，1963年に採択された国連総会決議1884(XVIII)と国連総会決議1962(XVIII)をほぼ踏襲するものである．決議1884は，宇宙空間に*大量破壊兵器'（WMD）を配置することを禁止し，決議1962の9原則は，若干の修文を経たのみですべて宇宙条約の規定となった．宇宙条約には，2014年4月現在，主要な宇宙活動国を含む103カ国が加盟する．

2 宇宙活動の自由と共通利益の確保　宇宙条約第1条は，宇宙の探査および利用はすべての国の利益のために行われなければならないという法的義務を確認しつつ，宇宙活動の自由を規定する．宇宙活動の共通利益確保と自由を両立させるためにどのような基準をおくべきかについてはUNCOPUOSで長く議論され，リモート・センシング衛星運用の結果得られたデータや情報をどのように配布すべきか，という具体的な論点などで南北対立を招いてきた．1996年に採択された国連総会決議51/122「スペース・ベネフィット宣言」は一応の調整基準をおき，活動結果を平等に配分することよりはむしろ宇宙活動参加機会の平等を国際協力で確保することを重視する合意を達成した．また，国際公域であることから，月その他の天体を含む宇宙空間のいかなる部分も国の領有権の対象とはならない旨が規定された（第2条）．宇宙物体を登録した国が管轄権および管理の権限を保持する（第8条）点では，船舶・航空機に類似するが，宇宙物体は国籍を保持しない点が異なる．条約当事国は自国の政府のみならず非政府団体の活動にも直接に国際的責任を負い（第6条），物体の打ち上げ国が他国に与える損害について損害責任を負う（第7条）．損害責任については，*宇宙損害責任条約'に詳述される．

3 宇宙の軍備管理　宇宙条約第4条は，宇宙を地球以外の天体と宇宙空間に分け，天体は「もっぱら平和的目的のために」利用しなければならず，①軍事基地，軍事施設，防備施設の設置，②あらゆる型の兵器実験，③軍事演習の実施を禁止すると明記する．「平和的目的」は，宇宙の完全な「非軍事」利用ではなく，自衛権の範囲内の軍事利用，すなわち「非侵略」利用を許容すると解されるが，具体的に広範な禁止事項が列挙されていることにより，天体では*南極条約'とほぼ同様の非軍事化が達成されたといえる．他方，宇宙空間で禁止されるのは，*核兵器'および他の種類のWMDを①地球周回軌道に乗せること，および②他のいかなる方法によっても同兵器を宇宙空間に配置することのみであり，通常兵器の配置や地球を周回しない*弾道ミサイル'による核兵器の使用は，宇宙条約によっては禁止されていない．この点が不十分とされて，1980年代以降*軍縮会議'（CD）で，宇宙*軍備管理'の議論がなされているが成果は上がっていない．

［青木節子］

■宇宙損害責任条約　Convention on International Liability for Damage Caused by Space Objects : Liability Convention　［正称］宇宙物体により引き起こされる損害についての国際的責任に関する条約，［署名］1972.3.29（ロンドン，モスクワ，ワシントン），［発効］1972.9.1，［日本］〈加入〉1983.6.7，〈批准書寄託・公布・発効〉1983.6.20（昭58条約6）

宇宙物体によって引き起こされた損害に対し，宇宙物体の打ち上げ国に損害賠償責任を課す国際宇宙法を構成する条約の1つである．打ち上げ国には，宇宙物体の打ち上げを行う国，打ち上げを行わせる国，当該国の領域もしくは施設から宇宙物体が打ち上げられた国の4種類がある．責任体制が損害の発生場所により異なり，自国の宇宙物体が地表や飛行中の航空機に損害を与えた場合，打ち上げ国は無過失責任を負うが，軌道上での宇宙物体同士の衝突などの地上以外で起きた損害については打ち上げ国に過失がある場合に限り責任を負う体制である．損害が生じた場合には，国家による外交ルートを通じて請求する方法と個人や法人などが直接打ち上げ国の裁判所などに提訴を行う方法の2通りの請求方法がある．ただし，同時に両方のルートで請求することは認められない．宇宙物体による損害の事例としては，1978年に，ロシアの原子力電源衛星コスモス954がカナダ北西部に落下した事故が挙げられる．人命被害はなかったものの，放射能を帯びた衛星の破片が周辺地帯にまき散らされ，破片回収などの作業にカナダは総額1,400万ドルを費したが，ロシアはカナダに対し，300万ドルを「見舞金」として支払うことで収束した．　［伊藤淳代］

■宇宙のウェポニゼーション　weaponization of outer space

＊宇宙条約’を超える＊宇宙の軍事利用’規制を考える上で，禁止すべき行為の基準として用いられる概念である．特に＊軍縮会議’(CD)において，許容範囲とされる＊宇宙のミリタリゼーション’と対比して多くの議論や提案がなされてきた．宇宙のウェポニゼーションを禁止するための具体的な条約案としての提案はこれまで9回行われており，そのうち6回はソ連，または露中によるものである．最新の提案は2014年の露中の＊宇宙空間における兵器配置防止条約案’(PPWT案)である．提案された条約案の禁止の範囲は，①攻撃の起点と終点の選択(宇宙から宇宙，宇宙から地上，地上から宇宙のうちどこを禁止するか)，②兵器として設計･製造したものに限るか，攻撃能力をもつ物体の利用を含めるべきか，③開発，実験，地上での貯蔵の扱い，④一時的に機能不全とする行為(ジャミングなど)の扱い，⑤検証議定書または検証条項の作成や挿入，などの点において相違点も少なくない．禁止範囲については，地上から宇宙への攻撃は除外して考える傾向，特に兵器として設計･製造したものに限定する傾向，そして，不可逆的に物体またはその機能を破壊する行為に限定する傾向を指摘できよう．　［奥村由季子］

■宇宙の軍事利用　military uses of outer space

1　＊冷戦’期における宇宙の軍事利用　＊宇宙空間’は古くから軍艦などの航法(天測航法)に用いられてきたが，20世紀中盤以降，＊弾道ミサイル’さらには＊人工衛星’の登場によって，宇宙の軍事利用は新たな段階に入った．弾道ミサイルが世界で初めて使用されたのは第二次世界大戦末期のことであったが，冷戦期には弾道ミサイルの長射程化が進み，宇宙空間はその飛行経路として使用されるようになった(弾道ミサイルが到達可能な高度は，射程の約半分である)．そして，1950年代末以降，多様な軍事衛星が地球上での軍事活動を支援するために開発･運用されるようになった．その中心を担ったのが米ソであり，両国は信号情報収集衛星や画像偵察衛星，海洋偵察衛星，軍用気象衛星，軍用通信衛星，核実験探知衛星，＊早期警戒’衛星，測位航法衛星などを打ち上げ，主に核戦力の運用や＊軍備管理’条約の＊検証’に利用した．

2　冷戦後における宇宙の軍事利用　冷戦後は実際の軍事作戦における宇宙利用が活発化している．その契機となったのが1991年の＊湾岸戦争’である．ベトナム戦争などでは主として通信や気象観測に一部の衛星が使用されたのみであったが，湾岸戦争では米国などの保有する多様な衛星が通信や気象観測のみならず偵察や早期警戒，測位航法といった用途に活用された．さらに1999年のユーゴスラビア空爆において米軍は，統合直接攻撃弾(JDAM)と呼ばれる全地球衛星測位システム(GPS)を活用した誘導弾を初投入した．こうしたGPS誘導弾は2000年代に入ってからアフガニスタンやイラクなどにおいて一層活発に利用されている．また，冷戦後における宇宙の軍事利用の特徴として，商用衛星の軍事利用の活発化を挙げることができる．その背景には，軍事衛星の整備が軍事作戦における衛星通信の需要増大に追いついていないことや，衛星通信や地球観測の分野において利用可能な商用衛星が増加していることがある．軍事作戦における宇宙利用を主導してきたのは米国であるが，米国以外の国家もこうした利用を徐々に活発化させている．

3　将来における宇宙の軍事利用　軍事作戦における宇宙利用への依存が進んでいることや，日々の経済社会活動に宇宙利用が浸透してきていることを背景として，攻撃対象としての宇宙システムの価値が上昇している．すでに2003年のイラク戦争においては，米軍のGPS利用を妨害するために，イラクがGPSシグナルへの電波妨害を実施している．また，2007年には中国が対衛星兵器（ASAT兵器）を用いた衛星の破壊実験に成功した．こうした*対宇宙兵器'の世界的な拡散とあいまって，今後，*スペース・コントロール'の重要性が高まる可能性がある．また，将来，人工衛星や*ロケット'技術の進歩に伴い，宇宙空間から地球上の目標などを攻撃する*宇宙兵器'が実用化された場合，宇宙の軍事利用は再び大きな転換点を迎えることになる．こうした潮流の変化は，宇宙の軍備管理をめぐる国際的な議論にも大きな影響を与えうるものである．とりわけ*宇宙のウェポニゼーション'については，より喫緊の問題として認識されるようになる可能性がある．→宇宙の平和利用，宇宙のミリタリゼーション　［福島康仁］

■宇宙の軍備競争防止アドホック委員会　Ad Hoc Committee of the Conference on Disarmament on the Prevention of an Arms Race in Outer Space

1　経緯　*宇宙空間'の諸問題については，人類が宇宙利用を開始した当時から長年にわたって，1959年の国連総会決議に基づいて設置された常設の*国連宇宙空間平和利用委員会'（UNCOPUOS）が対処してきた．その結果，1960年代および1970年代を通じて，*宇宙条約'をはじめとする国際法規範が形成され，*大量破壊兵器'（WMD）を宇宙空間に配置することは禁止された．しかし，それ以外の通常兵器については何ら対処されていないこともあって，既存の国際法規範は「人類の共同遺産」である*宇宙の平和利用'を担保するには不十分との認識が強まった．1978年の*第1回国連軍縮特別総会最終文書'でも，「宇宙空間における*軍備競争'を防止するために，さらなる措置がとられ，また，適切な国際交渉が行われるべき」ことが合意された．そのような背景の中，同最終文書で唯一の多国間軍縮交渉機関として設置されたジュネーブ*軍縮会議'（CD）は，1985年，宇宙の軍備競争防止（PAROS）に関する課題を特定し検討するためのアドホック（特別）委員会の設置に合意した．同アドホック委員会は，1994年まで，宇宙条約を補完する新たな条約の必要性などにつき議論を行ったが，実質的な成果は得られなかった．

2　主な提案・議論　9年間の同アドホック委員会では，主に，①PAROSに関連する課題の検討と特定，②PAROSに関連する既存の合意，③PAROSに関連する既存の提案と将来のイニシアティブの3部構成で議論が行われた．①については，*宇宙兵器'の定義の問題，既存の*軍備管理'・*軍縮'条約の検証において宇宙空間が果たす役割・重要性，宇宙空間における軍事活動にかかる*透明性'向上や*信頼醸成措置'（CBM）の有用性，宇宙空間における軍備競争が地球上の軍備競争一般にもたらしうる質的な影響などが主に議論された．②については，宇宙条約などの国連宇宙諸条約のみならず，武力の不行使原則および自衛権を定める国連憲章，さらには，2国間の軍備管理・軍縮条約もPAROSに関連することでは基本的に意見の一致が見られたが，既存の国際法が，宇宙空間における軍備競争を防止する上で十分かどうかについては意見が分かれた．③については，新たな条約の作成と信頼醸成措置の追求という主に2つのアプローチが見られた．前者では，対衛星兵器（ASAT兵器，衛星破壊兵器または衛星攻撃兵器ともいう)のみを禁止する条約の作成,さらには,宇宙空間において対衛星兵器を含むあらゆる兵器を包括的に禁止するための宇宙条約の改正や追加議定書,または,新たな条約を作成する提案が出された.後者では,*人工衛星'に対する攻撃を行わないことの約束(衛星免除)や人工衛星打ち上げの事前通報を含む行動規範,宇宙物体を監視するための国際宇宙監視機関や国際衛星軌道センターの設置,登録内容をより詳細なものとすることで透明性向上を図る*宇宙物体登録条約'の強化といった提案がなされた.

3 現状　PAROSは,初めてCDの議題となった1982年以来,同アドホック委員会の設置が合意されなくなった1995年以降も現在までCDの議題の1つであり続け,また,国連総会では同アドホック委員会(2009年以降は,「作業部会」)の設置を要請する決議が採択されている.しかし,PAROSの交渉開始を*兵器用核分裂性物質生産禁止条約'(FMCT)の交渉開始の条件としようとした中国やロシアと,それに反対する米国との対立,また,CD自体の機能不全,といったさまざまな要因を背景として,2009年にCDがPAROSを議論する作業部会の設置を含む作業計画に合意した時を除いて,同アドホック委員会または作業部会は設置されていない.

［西田 充］

■宇宙の商業利用　commercial uses of outer space

宇宙開発は従来政府によって行われ,政府がもっぱらその成果を利用してきたが,*冷戦'の終結後,軍事目的で利用されていた宇宙関連技術の自由化を背景に,1990年代頃より,非政府機関や民間事業者によって宇宙の商業利用を目的とした宇宙活動も行われるようになった.特に衛星通信,地球観測,*ロケット'の打ち上げ分野において商業サービスの提供が行われるようになり,利用者も政府機関だけではなく民間に拡大した.2000年代に入り,民間人が宇宙飛行士としてではなく,一般旅行者として*宇宙空間'に滞在し,また世界初の民間企業による有人宇宙飛行が実現するなど,宇宙の商業利用は新たな局面を迎えた.近年では,衛星放送,全地球衛星測位システム(GPS)を利用したカーナビゲーションなど,宇宙を利用したサービスを一般市民が享受できる環境にあるとともに,小型衛星,惑星探査,資源探査などの多岐にわたる分野で新しい宇宙ビジネスも創出されている.一般投資家による投資や情報通信などの宇宙分野以外の業界からの資本投入が活発化し,他業種よりの宇宙関連事業への新規参入も増加しており,宇宙の商業利用に拍車がかかっている.

［伊藤淳代］

■宇宙の長期持続的利用　long-term sustainability of outer space activities

1 宇宙の長期持続的利用の論理　著しく混雑している現代の*宇宙空間'における宇宙活動を見直し,将来にわたって持続可能な宇宙活動への転換を説く考え方である.混雑の主な原因は*宇宙ゴミ'のほか,宇宙活動を実施する国家や民間事業者が増えたことによる*ロケット'や*人工衛星'などの宇宙機の増加が挙げられる.近年は宇宙旅行のための弾道軌道を描くサブオービタル機も飛行を開始しているほか,自然由来の脅威,すなわち,彗星や小惑星といった*地球近傍物体'や主に太陽から放たれる強力な放射線も宇宙活動に重大な損害を与えうる要因として対応の必要性が認識されている.宇宙の長期持続的利用は,このような現象を宇宙環境の悪化ととらえ,開発問題における持続可能な開発とパラレルな考えとして議論されることもある.

2 宇宙の長期持続的利用のための国際的取り組み　宇宙の長期持続的利用の必要性が認識され始めた発端は宇宙ゴミの増加が判明してきた1980年代後半で,1990年代に入って宇宙機関間での宇宙ゴミの発生防止標準作成への努力が加速した.日米欧露の主要宇宙機関は2002年に国際機関間デブリ調整委員会(IADC)において宇宙ゴミの発生を抑止するための共通の技術基準(IADC 宇宙ゴミ低減ガイドライン)を作成し,これをもとに2007年,*国連宇宙空間平和利用委員会'(UNCOPUOS)において*国連宇宙ゴミ低減ガイドライン'が採択された.宇宙の長期持続的利用が明示的に今後の宇宙活動の目標として掲げられたのは,2007年の第62回UNCOPUOSにおいて,ジェラル・ブラッシェ(Gerard Brachet)議長がその重要性を説いたことに始まる.COPUOSではこれをきっかけとして2010年から科学技術小委員会の議題として,宇宙の長期持続的利用のための技術ガイドラインの採択のための議論が続けられている.この議論は,宇宙ゴミの問題を中心としつつ,宇宙活動に影響を与える宇宙環境の変化への対応,宇宙物体の大気圏への再突入および軌道上での衝突防止のための安全な運用方法,対衛星兵器(ASAT 兵器)実験などの宇宙での軍事行動への対応,宇宙活動へ影響を与える自然現象に対する宇宙天気予報などを通じた対応,これらへ国際的に対処するための協力枠組みおよび発展途上国への支援手法など,多岐にわたっている.宇宙の長期持続的利用は,*宇宙活動の透明性・信頼醸成措置'や宇宙交通管理などの概念の基本となる論理で,UNCOPUOSでの議論は,*宇宙活動に関する国際行動規範'案,*宇宙活動の透明性・信頼醸成措置に関する政府専門家会合'における議論などと並行して論じられることが多い.　[竹内 悠]

■**宇宙の平和利用**　peaceful uses of outer space

1「非軍事」対「非侵略」　初の*人工衛星'スプートニク1号打ち上げから2カ月を経ずして採択された1957年11月の国連総会決議1148(XII)(1)(f),1958年12月の国連総会決議1348(XIII)前文はそれぞれ,*宇宙空間'の「もっぱら平和的および科学的目的」,「もっぱら平和的目的」の利用の重要性に言及しており,後者の決議により設置された*国連宇宙空間平和利用委員会'(UNCOPUOS)は,平和的目的の宇宙探査および利用の国際協力促進が任務範囲と定められた.この時期,たとえば決議1348(XIII)をもたらした総会での議論で,スウェーデン代表がいかなる軍事的目的の利用からも宇宙を守るというのが「平和的目的」の意味であると発言したことに表れているように,宇宙の平和利用は「非軍事」利用であると強調される側面があった.しかし,米ソは地上の軍事力の増強を助ける軍事衛星の開発に余念がなく,1960年代前半までには,この分野で米国の後塵を拝したソ連も順調に軍事衛星の打ち上げに成功するようになった.そのため,2国間で宇宙の平和利用とは,自衛権の範囲内の軍事利用にとどまる「非侵略」利用であるという暗黙の合意が成立した.

2 宇宙条約における「平和的目的」の利用　米ソの合意が醸成されたため,*宇宙条約'の起草過程で「平和的目的」の定義が議論されることはほとんどなく,月その他の天体の利用条件として課される「もっぱら平和的目的」は「非侵略」利用を意味する(第4条)と解されるようになった.しかし,天体での活動については具体的な禁止事項が列挙されているため,実際上はほぼ「非軍事」利用が達成された.宇宙空間では*大量破壊兵器'(WMD)を地球周回軌道に乗せることおよびその他の方法によって配置することが禁止されるのみであり,非侵略利用にとどまる限り,*宇宙の軍事利用'が許容されることとなった.

3 日本の解釈　日本では,1968年の宇宙開発委員会設置法審議において当時の科学技術庁長官が,宇宙の平和利用は原子力の*平和的利用'と同趣旨であり非軍事利用にほかならないと明言した.翌年の宇宙開発事業団法(現宇宙航空研究開発機構法)制定に際して,衆参両院がそれぞれ平和利用は非軍事利用であるということを確認する意味の宇宙の平和利用決議を全会一致で採択した.そのため,1983年以降,自衛隊の国産通信衛星利用や海上自衛隊の米国派遣訓練時の米軍用通信衛星利用が国会決議違反となるかが議論された. 1985年, 政府は①自衛隊が衛星を直接, 殺傷力, 破壊力として利用することは認めない, ②利用が一般化していない段階の衛星利用は制約する, ③利用が一般化している衛星およびそれと同等の機能を有する衛星は自衛隊による利用が認められるといういわゆる「一般化理論」を用いた政府統一見解を発表し, 非軍事利用の範疇で可能な行動範囲を示した. したがって, 1998年, 北朝鮮のテポドン1号が日本上空を越えて太平洋に落下したことにより政府が導入を決定した情報収集衛星の解像度も, 一般化理論に合致するよう外国商用リモート・センシング衛星と同等の解像度にとどまるものとされた. 2003年に導入が決定された*弾道ミサイル防衛'(BMD)システムは, ①純粋に防御的であり, ②代替手段のない唯一の手段であり, かつ③弾頭にこそ攻撃能力がありミサイル自体には攻撃能力がないことから国会決議の趣旨に反しないとされた. 2008年の*宇宙基本法' 第2条により, 宇宙の平和利用解釈が国際標準の非侵略利用となった. ［青木節子］

■宇宙のミリタリゼーション　militarization of outer space

*宇宙条約' より厳格な*宇宙の軍事利用' の限界を設けようとする努力は, 宇宙条約発効直後から行われてきた. その際, すべての宇宙の軍事利用を禁止することは宇宙技術の汎用性が高いことや, すでに米ソが軍事衛星を使用している現実から不可能であったため, 許容すべき軍事利用と禁止すべき軍事利用を区分する概念の確定が重要となり, 特に*軍縮会議'(CD)内で多くの議論がなされた. 宇宙利用を「攻撃的利用」と「防衛的利用」,「能動的利用」と「受動的利用」などに分け, それぞれ後者のみを許容しようとする主張もあったが, 主観的な行動の性質での区分では, *宇宙空間' を媒介とする破壊・攻撃を止めることは困難と考えられた. そのため, 次第に地上の軍事力の増強・利用のために*人工衛星' などの宇宙資産を活用する「宇宙のミリタリゼーション」を許容し, それ自体が他の物体を攻撃する能力をもつ兵器の宇宙配備など(*宇宙のウェポニゼーション')を禁止することが最も効果的であると考えられるようになった.「宇宙のミリタリゼーション」という用語を「宇宙のウェポニゼーション」と同義に解する向きもあるが, 一般的ではない. ［奥村由季子］

■宇宙配備型弾道ミサイル防衛システム　space based ballistic missile defense system

米国は1970年代より*弾道ミサイル' の監視衛星を運用してきたが, 迎撃装置の宇宙配備計画は, 1983年3月にロナルド・レーガン(Ronald Reagan)大統領が打ち出した*戦略防衛構想'(SDI)に端を発する. ソ連からの大規模攻撃を想定したSDIには, レーザー兵器や, 衝突時の運動エネルギーで標的を破壊する迎撃体「賢い岩(smart rocks)」の宇宙配備計画が含まれていた. こうした宇宙配備は, 弾道ミサイルの*ブースト段階迎撃'(BPI)に特に必要であるとされた. なお, 1988年に「賢い岩」計画は, より小型の「ブリリアント・ペブルズ(輝く礫)」計画へと変更された. 1989年に誕生したジョージ・H・W・ブッシュ(George H.W. Bush)政権は当初, SDIを引き継ぎ, これを4600基ほど配備する計画であったものの, 後に大幅に縮小した. 迎撃装置の宇宙配備計画は1993年にビル・クリントン(Bill Clinton)政権によって廃止されたが, ジョージ・W・ブッシュ(George W. Bush)政権下で再び研究対象となった. しかし現バラク・オバマ(Barack Obama)政権では, 研究対象から再度除外されているようである. →弾道ミサイル防衛, 米国のミサイル防衛システム, 限定攻撃に対するグローバル防衛 ［田中慎吾］

■宇宙物体登録　registration of space objects

*宇宙損害責任条約' 第1条(d)および*宇宙物体登録条約' 第1条(b)は,「『宇宙物体』には,

宇宙物体の構成部分並びに宇宙物体の打上げ機及びその部品を含む」という不完全な形で「宇宙物体」を定義する. これは, *宇宙空間' に導入された人工物を指し, *ロケット', *人工衛星' やその部品などが, 宇宙物体の中心をなすものと解されている. 通説では, *宇宙ゴミ' も含むとされるが, 条約起草者には宇宙ゴミの存在が認識されていなかったことから, これを除外する解釈も存在する. 宇宙物体登録は, 国内登録と国連登録に大別される. そのうち, 前者は, *宇宙条約' 第6, 8, 11条などに留意して国内登録簿に記載するものであり, 後者は, *国連総会決議1721' (B)または宇宙物体登録条約によるものである. 従来, 国内登録と国連登録は連動するとされてきたが, 21世紀に入り, 国連登録により打ち上げ国責任を負うことを回避するため, 国連登録とは無関係の国内登録簿を設置し, 国連には「自国の活動」として(宇宙条約第6条), 自国民の管理する衛星の情報提供のみを行う英国, オランダなどの実行がみられるようになった.

［青木節子］

■**宇宙物体登録条約**　Convention on Registration of Objects Launched into Outer Space ［正称］宇宙空間に打ち上げられた物体の登録に関する条約, ［署名］1975.1.14(ニューヨーク), ［発効］1976.9.15, ［日本］〈加入書寄託・発効・公布〉1983.6.20(条約7)

1 *宇宙物体登録' 条約の意義と内容　1961年に採択された*国連総会決議1721'(B)は, 地球周回軌道またはそれ以遠に打ち上げられた物体の情報を, 当該物体を打ち上げた国が*国連宇宙空間平和利用委員会' (UNCOPUOS)に提供し, 国連事務総長がその宇宙物体の登録簿を公に保管することにより, 宇宙物体の識別を容易にする手段を提供することを企図していた. 提供する情報の内容は各国の裁量に委ねられていた. *宇宙条約' 第8条は, 宇宙に打ち上げられた物体を登録した国が当該物体に管轄権および管理の権限を保持するとしたが, これは国内登録を指すとともに, ①打ち上げ国以外の国が登録することの可否, ②2以上の打ち上げ国が存在する場合に登録する権利または義務をもつ国の範囲は明らかではなかった. その後, 1972年の*宇宙損害責任条約' が*宇宙空間' での宇宙物体同士の衝突や宇宙物体の地上落下に対する損害責任制度を規定したが, 責任追及のためには, 当該物体の打ち上げ国が明確となることが必要であるため, 3年後に採択した宇宙物体登録条約により, 登録を条約当事国の義務とした(第2条). 本条約は, 打ち上げ国が地球周回軌道および同軌道の外に打ち上げられた宇宙物体を国内登録しかつ国連登録すること, 2以上の打ち上げ国が存在するときには, そのうち1カ国のみが共同決定を経て登録をすべきことを規定する. もっとも打ち上げ国内部の取極により, 登録国以外が管轄権および管理の権限をもつことも可能である(第2-3条). 国連登録についての義務的記載事項は, ①打ち上げ国国名, ②宇宙物体の適当な標識または登録番号, ③打ち上げ日および打ち上げ場所, ④軌道要素(周期, 傾斜角, 遠地点, 近地点), ⑤宇宙物体の一般的機能である. また, 地球周回軌道に存在しなくなった宇宙物体については, 実行可能な最大限度, 可及的速やかに事務総長に通報する義務がある(第4条).

2 宇宙物体登録実行向上勧告　同条約の締約国数が宇宙条約, 宇宙損害責任条約と比較して少ない理由は, 国連登録により打ち上げ国責任が明確となるためである. 非締約国, 多国籍企業, 国際機関の衛星保有や締約国の私企業が外国*ロケット' で打ち上げた衛星が増加するに従い, 未登録衛星が看過しえないほど増加したため, 2007年に「国および政府間国際機関の宇宙物体登録実行向上についての勧告」が国連総会決議62/101として採択された. この勧告は, 未登録衛星や軌道上で売買された衛星など登録義務をもつ国がないかまたは不明瞭な宇宙物体の事務総長への情報提供を要請する. ［青木節子］

■**宇宙兵器**　space weapon

1　宇宙兵器の類型　国際的に合意された定義は存在しない. *宇宙空間' に配備する兵器以外にも, 地球から発射して宇宙空間を通過し再び地球上の目標を攻撃する兵器(*弾道ミサイル' など), 地球から宇宙空間上の目標を攻撃する兵器(たとえば, 直接上昇方式の対衛星兵器〔ASAT 兵器〕)を含める場合がある. このうち宇宙空間に配備する兵器に限ってみても, その攻撃対象としては①軌道上の*人工衛星', ②飛翔中の弾道ミサイル, ③地球上の目標が考えられる. ①は宇宙配備型の*対宇宙兵器' である. 理論上, 運動エネルギー兵器, 指向性エネルギー兵器, *電磁パルス兵器' (EMP 兵器), 電波妨害兵器は宇宙空間に配備することが可能である. ②は*宇宙配備型弾道ミサイル防衛システム' である. とりわけ迅速な対処を求められる*ブースト段階迎撃' (BPI)に有効であるといわれる一方で, 地球上のいかなる場所からの発射にも対応するためには, 低軌道上に数百の衛星を配置する必要がある. なお, 宇宙配備型弾道ミサイル防衛システムは, 飛翔中の衛星打ち上げ*ロケット' や, 軌道上の衛星を攻撃することも可能である. ③は宇宙配備型の対地攻撃兵器である. 理論上, 地球上のいかなる地点も攻撃可能であるが, 即応性を高めるためには, やはり多数の衛星を配置する必要がある.

2　宇宙兵器の開発動向　宇宙兵器の開発は, 人工衛星の軍事利用が始まった 1950 年代末頃には始められている. 米空軍は 1950 年代末から 1960 年代前半にかけて地上発射型の有翼型宇宙爆撃機ダイナソー(X-20)の開発計画を有していた. 同機は対宇宙兵器や対地攻撃兵器としての使用が想定されていたといわれる. また, 同計画に引き続いて 1960 年代末まで開発が行われた米空軍の有人軌道実験室(MOL)は, 偵察が主目的であったものの対宇宙兵器としても使用可能であるとしてソ連の批判を受けた時期があった. さらに, 1980 年代に米国が推進した*戦略防衛構想' (SDI)には宇宙配備型弾道ミサイル防衛システムが含まれていた. こうしたシステムの研究は, *冷戦' 後, 縮小されながらも, ジョージ・H・W・ブッシュ(George H.W. Bush)政権とジョージ・W・ブッシュ(George W. Bush)政権を中心に進められた. 米国はまた, 宇宙空間から金属棒を射出し, その運動エネルギーによって地球上の目標を破壊する対地攻撃兵器の構想を 1990 年代に有していた. 一方, ソ連は 1960 年代初頭から準軌道兵器(FOBS)の開発を行い, 1968 年に同兵器の配備を開始した. FOBS は地上発射後, 部分的に軌道を周回して再突入し地球上の目標を攻撃する兵器であった. 第 2 次*戦略兵器制限交渉' (SALT II)により, FOBS は 1980 年代前半には廃棄されたといわれる. また, ソ連が 1987 年に打ち上げに失敗したポリウス・スキフ(Polyus-Skif)は, 指向性エネルギーを用いた対宇宙兵器としての使用が念頭に置かれていたといわれる. このほか, 直接上昇方式の対衛星兵器については, 1980 年代に米国が開発した ASM-135 や, 中国が 2007 年に衛星を破壊する実験に使用した SC-19 などがある.

3　宇宙兵器に関する国際的な規制　1967 年に発効した*宇宙条約' は, *大量破壊兵器' (WMD)を宇宙空間に配置することを禁じているのみである. このため宇宙兵器に関するより厳しい規制を設けるための国際的な努力が行われてきた. とりわけ, 1985 年から 1994 年まで*軍縮会議' (CD)に設置された*宇宙の軍備競争防止アドホック委員会' において, *宇宙のウェポニゼーション' の規制に関して議論が行われた.　　　　[福島康仁]

■奪い得ない権利　inalienable right

1　一般的な定義　*核兵器不拡散条約' (NPT)第 4 条 1 項は, 「この条約のいかなる規定も, 無差別にかつ第 1 条及び第 2 条の規定に従って平和的目的のための原子力の研究, 生産および利用を発展させることについてのすべての締約国の奪い得ない権利に影響を及ぼすものと解してはならない」と, 原子力の*平和的利用' は締約国の奪い得ない権利であると規定している. 奪い得ない権利とは, 他人に対して引き渡したり, 売却したり, 移転することができない性質を持つ, 自然権のような権利を意味する. NPT 第4条に規定される原子力の平和的利用の奪い得ない権利をめぐっては, 具体的に原子力に係る活動のどの範囲までがその奪い得ない権利の対象となるのか解釈の相違が存在する. 従来, NPTの交渉過程や*国際核燃料サイクル評価' (INFCE)における議論の経緯などから, 原子力発電や医療, 工業, 農業分野などでの原子力技術の応用に加え, *濃縮', *再処理' など*核燃料サイクル' に係る活動も奪い得ない権利の対象と解されてきた.

2 異なる解釈 しかし近年, 奪い得ない権利が適用される範囲や制限をめぐり, *NPT 再検討会議' やその他の国際的なフォーラムにおいて途上国と先進国の間の対立が深まっている. インドやパキスタンに加え北朝鮮やイランのように, 自ら核分裂性物質を製造する能力を獲得する途上国による核拡散の懸念が高まるにつれ, *多国間アプローチ' や*原子力供給国グループ' (NSG)のガイドライン厳格化など, 核燃料サイクル技術の新たな保有や移転を制限するような政策の導入が進んでいる. そこで奪い得ない権利との関係が問題となるが, 米国などには, 奪い得ないのは, 原子力という技術の便益を享受する権利であり, その便益を生み出す過程に過ぎない濃縮, 再処理などの技術の移転を制限することは, 奪い得ない権利の侵害にはあたらないと主張がある. これに対して途上国などは, 核燃料サイクルを含む核技術の移転の規制強化は, 平和的利用の奪い得ない権利の侵害であると批判する. また, 平和的利用の奪い得ない権利は, NPT 第1条および第2条の規定に従うとされているが, これを担保する*保障措置' について規定した第3条についても当然従うべきとの議論があり, 保障措置協定に違反した場合には権利の行使は制限されることもあるという主張がある. 一方, イランなど途上国の一部は, 平和的利用の奪い得ない権利はあくまでも第1条, 第2条のみに従うことで担保され, 保障措置, すなわち第3条については奪い得ない権利に影響を与えないと主張する. ［秋山信将］

え

■永久平和論(カント) *Zum Ewigen Frieden*

イマニュエル・カント(Immanuel Kant)の『永遠平和のために』(*Zum Ewigen Friede*, 1795)は,「偉大な技巧家」である自然が, 人間の中に眠っている理性, 道徳的素質を通じて, 時には人間の意志に逆らっても平和を実現する過程(運命, 摂理)を理論構成した.

1 予備条項 予備条項6項は理性の発現に対する障害を除く禁止条項である. 将来の戦争の種を留保する平和条約を平和条約とみなしてはならない(第1条項). カントは革命後のフランスとプロシャの講和(バーゼル条約)が単なる休戦にすぎないと批判し, これが永久平和の条件を探るきっかけとなった. 第2条項, 他国は独立した国家を継承, 交換, 買収, 贈与によって取得してはならない. 第3条項は他国に常に脅威を与える常備軍を時とともに全廃すべきことを規定する. 第4条項, 対外紛争のために, 当座の請求を受けず権力者の戦争癖と結び付きやすい国債を発行してはならない. 第5条項は, 他国に対する暴力による干渉の禁止. 第6条項は, 暗殺, 毒殺, 降伏条約違反, 敵国での裏切りそそのかしなど卑劣な行為は平和時にまで不信を持ちこむから, 戦時であってもしてはならないという.

2 確定条項　確定条項は，なすべき積極的義務である．まず各国の市民的体制は共和的でなければならない（第1確定条項）．自由な市民，執行権と立法権の分離，代表制からなる統治形態（共和制）の下で，戦争の苦難を背負いこむ国民は戦争に慎重だからである．第2確定条項は，国際法は自由な諸国家の連合制度に基礎をおくべきという．社会契約によって法的体制を持つ国家は，さらに拡大された法的体制の下に入るよう強制されてはならない．また諸民族合一国家は権力者に受け入れられそうもないからその消極的代替物として民族間の契約による「市民的な体制と類似した体制」，つまり平和連合を通じて平和を目指すべきである．第3確定条項，世界市民法は普遍的な友好をもたらす諸条件に制限されなくてはならない．外国人が他国で求めることができるのは敵意を持って扱われることのない交際を申し込む訪問の権利であり，それを越える征服，略奪，奴隷化などは平和を妨げるもので権利として与えられてはならない．カントの議論は形而上学的な性格から時に「空想的理想論」のように言われるが，国際連合，民主主義的平和論，相互依存論など今日の重要な議論の先駆けとなった．　［納家政嗣］

■英国の核政策・核戦略　United Kingdom's nuclear policy and nuclear strategy

1 歴史的経緯　英国における*核兵器'開発の歴史は古く，第二次世界大戦中の米国の*マンハッタン計画'にも参画した．しかし*マクマホン法'により米国で外国との核協力が停止されると，英国は独自の核兵器開発の決定を行い，1952年10月に初めての*核実験'に成功する．それを受け米国も英国との協力の意義を再考し，米英間の核協力が1958年の相互防衛協定（MDA）により復活する．英国は独自開発の核兵器をまずは爆撃機用に配備したが，*潜水艦発射弾道ミサイル'（SLBM）の独自開発は断念し，1962年の米英間のナッソー協定に基づき，米国製のポラリス（Polaris）の購入を決定した．これにより，核弾頭は独自に開発・製造しつつ，主要な運搬手段は米国に依存する形式が定着し，これは「依存」による「独立」の確保と呼ばれる．しかし，米国と最も緊密な同盟国である英国が独自の核兵器を保有することの軍事的・戦略的必要性には曖昧な点が常に存在した．そうした背景もあり，英国においては核兵器廃絶論が政治の主流派のなかにも根強く存在するという，他の核兵器国とは異なる特徴を有してきた．また，英国の国力に鑑みれば，米ソとの均衡を目指すことは現実的ではなく，抑止のために最低限必要な戦力——冷戦期であればソ連からの先制攻撃を受けた後にモスクワに反撃する能力——を維持するとの*最小限抑止'の考え方がとられた．

2 今日の運用と課題　今日の英国はバンガード（Vanguard）級*弾道ミサイル搭載原子力潜水艦'（SSBN）4隻を保有し，それに米国から購入のSLBMであるトライデント（Trident D5）を搭載している．英国の有する核戦力はこの1種類のみで，保有核弾頭数は180発以下とされる．ポラリス導入の1960年代末以来，常に1隻を航海させパトロールを継続しており，この態勢は「常時航海抑止（continuous-at-sea deterrence：CASD）」と呼ばれる．今日，英国の核戦力は，将来の不確実性への究極の保険と位置づけられている．しかし，現行のバンガード級SSBNは2020年代末の退役が予定されており，その後継が課題となっている．非*脆弱性'の確保を中心に，信頼性に足る*核抑止'力を維持する観点では，SSBNが唯一の選択肢とされている．その上で，CASDの維持が必要であるのか，必要な場合，現行の4隻が不可欠なのか，またCASDを放棄する場合にいかなる運用態勢になり，どのような影響が生じるのかなどの議論が続いている．運搬手段やプラットフォームの更新にあたり，あらゆる選択肢を問い直し，核戦力保持の是非を含めて大きな論争となること自体，核兵器国としての英国の特徴といえる．加えて,これらの多くが費用計算の観点からの,すなわち「より安価な」核抑止力のあり方を探る議論になっている点も特徴的である.→中国の核政策・核戦略,フランスの核政策・核戦略,米国の核政策・核戦略,ロシアの核政策・核戦略

［鶴岡路人］

■英国のミサイル戦力 United Kingdom's missile capabilities

英国のミサイル戦力の多くは米国,フランスなどと共同開発され,空対地*巡航ミサイル'のストーム・シャドウ(フランスの汎用スタンド・オフ巡航ミサイル〔SCALP EG〕と同一機種),各種トマホーク巡航ミサイルが主要な配備済みミサイルとしてあげられる.両者とも対地速度は亜音速であり,前者の*投射重量'・射程は400kg・250-400km,後者は450kg・1,600kmであり,米国の場合と同様に,トマホークは遠距離攻撃に利用される.トマホークについては米国から各種タイプが調達され,1983年から今日まで艦船・潜水艦などの発射プラットフォームにより運用されている.その中でも最新のトマホーク・ブロックⅣは,巡航誘導に不可欠な*全地球衛星測位システム'(GPS)へのジャミング対策,攻撃損害評価が可能な電子光学センサーの装備により高度化されている.なお,米国の超音速巡航ミサイル(JSSCM/SHOC)は,開発予算削減のため開発が中止されたものの,英国では同ミサイルが実際に調達・配備されたかは不明である.また,英国の核ミサイルについては米国製の*潜水艦発射弾道ミサイル'(SLBM)トライデント(Trident)D5があげられ,バンガード級戦略原潜に搭載されて運用されている.射程は12,000kmに及び,*半数必中界'(CEP)90mという高精度の*複数個別誘導弾頭'(MIRV)化ミサイルである.→米国のミサイル戦力,フランスのミサイル戦力

［福井康人］

■ECOWAS行動計画 Code of Conduct for the Implementation of the Moratorium on the Importation, Exportation and Manufacture of Light Weapons in West Africa

1998年10月に西アフリカ諸国経済共同体(ECOWAS)加盟国によって採択された「西アフリカにおける軽兵器の輸入・輸出・製造に関するモラトリアム宣言」の実施を促進すべく,1999年12月に採択された行動計画である.モラトリアム宣言は,1998年11月1日以降3年間のECOWAS加盟国による軽兵器の輸出・輸入・製造を一時停止する内容であった.行動計画には,軽兵器の部品や弾薬の輸出・輸入・製造についてもモラトリアム宣言の精神に則って厳格な規制をすること,ECOWAS加盟各国において関係機関や市民社会を含めた国家委員会を設置してモラトリアム宣言の実施を促進すること,ECOWAS事務局内にモラトリアム宣言の実施を支援・監督するための組織を設けること,ECOWAS加盟国の法的・行政的措置を調和させることなどが盛り込まれた.また,行動計画は,正当な国家安全保障や国際平和活動のために武器が必要な場合には,ECOWAS加盟国はモラトリアムの免除を事務局に申請し,事務局はその申請について審査するとともにECOWAS加盟国に通知し,免除を許可することに対していずれかの加盟国が反対した場合には,ECOWASの仲介安全保障理事会に判断を委ねることとした.

［榎本珠良］

■ECOWAS小型武器条約 ECOWAS Convention on Small Arms and Light Weapons, Their Ammunition and Other Related Materials: ECOWAS Convention on Small Arms ［正称］小型武器・軽兵器,弾薬及びその他関連物資に関するECOWAS条約,［署名］2006.6.14(アブジャ),［発効］2009.9.29

1 条約成立の経緯 1998年10月に西アフリカ諸国経済共同体(ECOWAS)加盟国によって「西アフリカにおける軽兵器の輸入・輸出・製造に関するモラトリアム宣言」が採択され,ECOWAS加盟国による1998年11月1日以降3年間の軽兵器の輸出・輸入・製造を一時停

止することが合意された.その後,ECOWAS加盟国は,この停止期間を2001年と2004年に3年間ずつ延長する一方で,2003年のECOWAS首脳会議では,モラトリアム宣言に代わる法的拘束力のある文書の形成を目指すことに合意した.この条約形成の過程においては,欧州連合(EU),カナダ,スイスなどが資金的支援を行い,2005年にECOWAS事務局に指名されたナイジェリアのコンサルタントとベルギーのNGO職員が条約案の起草にあたった.この条約案に関して検討すべく,2006年にECOWAS加盟国の政府関係者などによる2回の会議が開催され,2006年6月のECOWAS首脳会議でECOWAS小型武器条約が採択された.

2 条約の目的と移転規制 この条約の第2条は,ECOWAS地域における*小型武器'・軽兵器,弾薬やその他の関連物資の過剰な蓄積を防止することや,条約加盟国間の信頼を醸成すること,1998年のモラトリアム宣言の成果を強固なものにすることなどを,条約の目的に掲げている.第3条は,条約加盟国による小型武器・軽兵器,弾薬やその他の関連物資の国際移転を禁止している.そのうえで,第4条から第5条は,加盟国は自国の正当な防衛・安全保障上の必要性がある場合などは,第3条の禁止の例外とすることをECOWAS事務局に要請することとしている.そして,第6条には,この要請をECOWAS事務局が審査する際の基準を定めており,人権の侵害や抑圧,*国際人道法'の重大な違反,ジェノサイド,人道に対する罪,最終目的地における武力紛争の誘発や長期化,テロ行為の実行や*テロリズム'の支援あるいは助長,暴力的ないし組織的な犯罪行為の助長に使用されたり,持続可能な開発を妨げたり汚職行為を伴ったりする場合などには,移転を許可しないことが記されている.また,第5条では,この要請に関する事務局の見解を全加盟国に通知し,この見解について全加盟国によるコンセンサスが得られなかった場合は,ECOWASの仲介安全保障理事会に最終判断が委ねられるとされている.ただし,第3条では,輸入側の条約加盟国による明示的な許可を受けることなく,*非国家主体'に対して小型武器・軽兵器,弾薬やその他の関連物資を移転する行為については,一切の例外なく禁止するものとしている.

3 条約におけるその他の規制 この条約は,小型武器・軽兵器,弾薬やその他の関連物資の製造や民間人による所持,回収・破壊,刻印,追跡,ブローカリング,国境管理,人々の意識啓発などに関する内容を盛り込んでおり,1998年のモラトリアム宣言よりも包括的な内容になっている.たとえば,第7条は,条約加盟国は自国領内の小型武器・軽兵器などの製造者のリストを作成し登録するものとしており,第8条は,製造する兵器の数,種類,刻印方法,国家の登録制度への登録方法,製造後の貯蔵・管理の情報などを提供しない製造者に対して,条約加盟国が製造許可を与えないこととしている.また,第18条は,小型武器・軽兵器,弾薬や主要な関連物資への製造時の刻印を義務付けており,第19条は,条約加盟国が製造,移転や在庫に関する情報を定期的に共有し,非合法な小型武器・軽兵器などの追跡のために協力すると定めている.

[榎本珠良]

■SM-3 Standard Missile-3

スタンダード・ミサイル(SM)とは,米海軍が開発した艦載用の防空ミサイルである.開発中も含めて,SM-2,SM-3,SM-6の3種類が存在する.配備中のSM-2は大気圏内での防空用で,弾頭には近接信管と爆薬が装填されている.SM-6は同じく大気圏内での防空用であるが,*弾道ミサイル防衛'(BMD)能力を付与するべく現在開発中である.2004年より配備が開始されているSM-3は,大気圏外での*弾道ミサイル'迎撃用であり,*イージスBMD'の中核を担っている.諸元表が機密扱いゆえに詳細は不明ながら,SMで唯一3段式ロケットと,*終末高高度地域防衛'(THAAD)ミサイル同様に,衝突時の運動エネルギーで標的を無効化するキネティック弾頭を装備する. これまで日米両国は, *短距離弾道ミサイル' (SRBM)を主たる迎撃対象としたブロック IA 型を配備してきたが, 2014 年からは*中距離弾道ミサイル' (IRBM)の迎撃にも対応可能なブロック IB 型の配備も開始した. 2014 年9月現在, 日米両国は合計 180 発以上の SM-3 を配備している. さらに両国は, 対 IRBM 迎撃能力の向上を目指したブロック IIA 型の共同開発を 2006 年より進めてきており, 2018 年度の実戦配備を目指している. → 米国のミサイル防衛システム, 日本のミサイル防衛システム　[田中慎吾]

■N 番目国問題　Nth country problem

次に核兵器を保有する国のことを N 番目国と言い, そのような国が出る可能性のあることを N 番目国問題と呼ぶ. *核兵器' を生産する技術や工業力, 意図があるか否かで, これまでに N 番目の国が議論されてきた. 1950 年代にはこの問題はあまり差し迫ったものとは見なされてはいなかった. 1953 年 12 月の米国のドワイト・アイゼンハワー(Dwight　Eisenhower)大統領の「*平和のための原子力' 」(Atoms for Peace)演説の時点では, 核兵器開発にも転用可能な民生用の核技術の本格導入はその当時多くの国ではまだ先のことと見越されていた. しかし, フランスが 1960 年2月, 中国が 1964 年 10 月に*核実験' を成功させると, これ以上核兵器国が増えることは望ましくないとの考えが国際社会でも次第に支持を得るようになり, 1968 年7月の*核兵器不拡散条約' (NPT)の署名に至った. 同条約は 1967 年1月1日前に核を持った国だけを核保有国と定義している. この問題は, インドが核実験を 1974 年に成功させて以来, 国際社会において一層の関心を呼ぶことになり, 潜在的に N 番目国の出現を招くような*機微原子力技術' の拡散に対して, より厳しい目が向けられるようになった.　[友次晋介]

■NPT 再検討・延長会議(1995 年)

1995 Review and Extension Conference of the Parties to the Treaty on the Non-Proliferation of Nuclear Weapons

1　条約上の規定　*核兵器不拡散条約' (NPT)第 10 条2項は, 条約発効の 25 年後に会議を開催し, 条約の延長について決定をすることを定めていた. この条約の延長を決める 1995 年 NPT 再検討・延長会議は, 1995 年4月から5月にかけてニューヨークの国連本部で開催された. なお, 1995 年の会議は, 延長問題とともに, 条約第 8 条 3 項に従い条約の運用の検討も行われたため, 再検討・延長会議と呼ばれる. NPT 第 10 条の規定によると, 条約の延長は, ①無期限延長, ②追加の一定期間延長を 1 回行う, もしくは③延長を複数回繰り返す, という選択肢の中から, 締約国の過半数による議決で決定されることになっていた.

2　会議の概要　1995 年の会議では, 1 回のみの延長では, 一定期間後条約が終了することになってしまうため, 選択肢からは外れ, 無期限延長か, 25 年の延長の後, 多数の国が反対しない限りさらに 25 年延長するという提案のいずれにするかをめぐって争われた. 無期限延長にすれば, 核兵器国と非核兵器国の不平等性が永久に固定化され, また完全な核軍縮, すなわち核廃絶への道を閉ざしかねないなど非核兵器国からの不満もあった. しかし, 1991 年に南アフリカが核兵器を廃棄し, 非核兵器国として NPT に加盟, 1992 年にはフランスと中国という, NPT 加盟を拒み続けてきた核兵器国も条約に加盟, さらに加盟国数も 170 カ国以上(当時)と普遍性も高まっている中, イラクや北朝鮮など新たな核開発の疑惑が持ち上がり, 核拡散の懸念が高まってきていた. こうした懸念の高まりの中, 国際社会として核不拡散を重視する観点から, 無期限延長が支持を集め, 議長提案として無期限延長が投票なしのコンセンサスで決定された. この再検討・延長会議では, いわゆる 3 つの決定と 1 つの決議が採択された. その決定の 1

つが無期限延長であるが，それ以外に，再検討会議に先立つ3年間，毎年準備委員会を開催することなどを含む，「条約の再検討プロセスの強化」と，*保障措置’の強化や*包括的核実験禁止条約’(CTBT)の交渉完結や*兵器用核分裂性物質生産禁止条約’(FMCT，カットオフ条約)の交渉開始，核兵器廃絶の究極的目標などを含む「核不拡散と核軍縮の原則と目標」が決定された．その中には，1995 年 NPT 再検討・延長会議に先立って国連安保理で決議された，核兵器国による*消極的安全保証’に関する国連安保理決議 984 および核兵器国の宣言に留意する点も含まれる．これらの決定には，法的拘束力はないが，政治的，道義的な拘束を受けると理解されている．さらに，「*中東決議’」が採択されたが，これは，*中東非核兵器・非大量破壊兵器地帯’について討議すること，イスラエルの NPT 加盟を促すことを求めている．　[秋山信将]

■NPT 再検討会議　NPT Review Conference

1 NPT 上の規定　*核兵器不拡散条約’(NPT)第 8 条 3 項には，「前文の目的の実現及びこの条約の規定の遵守を確保するようにこの条約の運用を検討するため，この条約の効力発生の5年後にスイスのジュネーブで締約国の会議を開催する．その後5年ごとに，締約国の過半数が寄託国政府に提案する場合には，条約の運用を検討するという同様の目的をもって，更に会議を開催する」とあり，これに基づいて，条約発効から5年ごとに再検討会議が開催されている．運用検討会議ともいう．条約発効から 25 年後に開催された*NPT 再検討・延長会議(1995 年)’は，同時に条約の延長についても決定することになっていた．会議では，条約の無期限延長が決定されたが，同時に再検討過程の強化も決定された．それまでの再検討過程は，再検討会議を5年に 1 度開催するのみであったが，これを，再検討会議に先立つ3年間に毎年 2 週間にわたって準備委員会(preparatory committee)を開催するよう改め，準備委員会では，再検討会議を効果的に進めるために，会議の手続きに関する事項だけでなく，1995 年の NPT 再検討・延長会議で採択された*核不拡散’と*核軍縮’に関する原則と目標を含む実質的な内容についても討議をすることとされた．

2 再検討会議の運営　再検討会議は，一般討論および会議としての正式な意思決定を行う全体会合，*核軍縮’を扱う主要委員会Ⅰ，*核不拡散’を扱う主要委員会Ⅱ，原子力の*平和的利用’を扱う主要委員会Ⅲから構成され，それぞれの委員会の下に特定の問題を扱う補助機関(subsidiary body)が，準備委員会の勧告に基づき設置される．再検討会議の議長は通常，非同盟諸国グループから選出される．また，核軍縮を扱う第 1 主要委員会の議長も非同盟諸国グループから選出されるが，通常第 3 回準備委員会の議長がそのまま就任することが多い．また，第 2 主要委員会および第 2 回準備委員会の議長は東側グループから，第 3 主要委員会および第 1 回準備委員会の議長は西側グループから選出される習慣となっている．再検討会議では，成果として最終文書が採択され，その中に条約の運用に関する検討結果，および条約の履行に関する勧告などが含まれる．最終文書は各国に対して法的な拘束力は持たないものの，政治的，道義的には各国はこの決定に拘束される．通常，最終文書は全体会合においてコンセンサスで採択される習慣になっている．そのため，最終文書の内容では，採択を目指して内容が薄められたものになる場合や，対立点が解消できない場合には，実質事項を含まない最終文書になる場合もある．

3 再検討会議の成果　1995 年の無期限延長後の再検討会議では，*NPT 再検討会議(2000 年)’で，核兵器廃絶の「明確な約束」という言葉を含む，核軍縮に関する 13 項目を含む最終文書が採択されているが，2005 年は核兵器国と非同盟諸国との間の対立が最後まで解消されず，実質的内容を含まない最終文書が採択された．

2010 年再検討会議の最終文書は, 核不拡散の面では, *追加議定書' に基づく保障措置を検証の標準とすることに合意できず, また核開発疑惑が取りざたされたイランへの言及がなされなかった. 一方, 核軍縮については, 核兵器国による軍縮措置の報告義務, *不可逆性の原則', *検証可能性の原則', *透明性' の原則の確認, 国連事務総長の発言の文脈の中ではじめて核兵器の保有, 使用を禁止する法的拘束力のある枠組みについて触れたり, 核兵器の使用における*国際人道法' などの遵守の必要性という形で核の非人道性について言及がなされるなど, 一定の進歩が見られた. [秋山信将]

■NPT 再検討会議(2000 年) 2000

NPT Review Conference

1 会議の全体的な評価 2000 年*NPT 再検討会議' は, 4 月 24 日から 5 月 30 日までニューヨークの国連本部で開催され, コンセンサスで最終文書を採択するのに成功した. 会議は条約に関する諸問題として, *核不拡散', *核軍縮', *消極的安全保証', *非核兵器地帯', 原子力の*平和的利用' などにつき, 条約の運用を検討した. 核不拡散については普遍性の確保, 不遵守への懸念表明と履行確保の強化を強調し, 核軍縮について「核兵器を全廃するという核兵器国による明確な約束」を含む 13 の軍縮措置に合意した. 消極的安全保証は核兵器の使用に対する絶対的保証であることを再確認し, *非核兵器地帯' は地域の平和と安全保障を強化するものと積極的支持を表明し, 新たな地帯の設置を歓迎している. 会議はまた原子力平和利用の権利を再確認し, すべての当事国が*追加議定書' を締結し発効させることを奨励している.

2 会議における核軍縮の議論 核軍縮については, *包括的核実験禁止条約' (CTBT)は署名されたものの米国が批准を拒否し, インドとパキスタンが 1998 年に*核実験' を実施し, 米露関係も悪化し進展が望めない状況であった. しかし*新アジェンダ連合' (NAC)のイニシアティブにより核兵器国との交渉が開始され, 以下のような 13 項目にわたる核軍縮措置に合意が達成された. ① CTBT の署名と批准の重要性と緊急性, ②*核実験モラトリアム', ③*兵器用核分裂性物質生産禁止条約' (FMCT)交渉の必要性, ④核軍縮を扱う補助機関の*軍縮会議' での設置, ⑤*不可逆性の原則' の適用, ⑥核兵器を全廃するという核兵器国による明確な約束, ⑦ START II 条約の早期発効と完全履行, ⑧米露*国際原子力機関' (IAEA)の 3 者イニシアティブの完成と履行, ⑨核軍縮措置として, 核兵器の一方的削減, *透明性' の増大, *非戦略核兵器' の一層の削減, 核兵器の運用状況の低下, 核兵器の役割の低減, すべての核兵器国の参加, ⑩不必要な核分裂性物質への国際検証, ⑪*全面完全軍縮' の再確認, ⑫軍縮措置の定期報告, ⑬検証能力の一層の開発. この会議は核兵器を全廃するという核兵器国の明確な約束を規定し, 具体的な核軍縮措置に合意したことで一般に成功であったと評価されている. [黒澤 満]

■NPT 再検討会議(2010 年) 2010

NPT Review Conference

1 背景 *核兵器不拡散条約' (NPT)第 8 条の規定により 1970 年の条約発効以来 5 年毎に条約の運用を検討するため加入国の会議を開催してきた. 外務省では条約の文言に忠実に「NPT 運用検討会議」と呼んでいるが, 一般にはしばしば再検討会議と呼ばれている. 2010 年 NPT 再検討会議はフィリピンのリブラン・カバクチュラン(Libran Cabactulan)議長の下で開かれた. 会議ではしばしば*核軍縮' の早期実現を求める非核兵器国・非同盟諸国と, *核不拡散' を確実にしつつ段階的に核軍縮を進めようとする核兵器国の主張が鋭く対立し, 会議の運営がコンセンサス方式を取っていることから会議の成果文書を採択できずに終わることがあり, 2005 年の会議は成果文書なしに終わって失敗と言われた.

2 概要 そのような背景で開かれた 2010 年

の会議では参加国が何とか会議を成功に導こうとする力学も幸いして，合意事項を「最終文書」という形でまとめて成功裏に終わった．最終文書には，核軍縮·核不拡散·原子力*平和的利用'の促進·確保に関する64項目の行動計画の他，*NPT再検討·延長会議(1995年)'で採択された*中東決議'実施のための国際会議を開催することなどが盛り込まれた．主な内容は以下のとおり．①*包括的核実験禁止条約'(CTBT)の早期発効，②*兵器用核分裂性物質生産禁止条約'(FMCT)の早期交渉開始と完結，③2000年の検討会議で採択された核軍縮達成のための「明確な約束」の再確認と，核軍縮の*不可逆性の原則'·*検証可能性の原則'·*透明性'の原則の確認，④核軍縮推進のため核兵器の役割を低減するなど具体的な措置が示され，2014年の準備委員会までに核兵器国に対する核軍縮の進捗状況についての報告の要求，⑤NPT未加入国に対するNPT加入の要求，⑥中東決議に盛られた*中東非核兵器·非大量破壊兵器地帯'設置に関する国際会議の開催，⑦*国際原子力機関'(IAEA)の活動支援のため今後5年間で1億ドルの追加拠出の奨励，IAEA保障措置*追加議定書'の締結促進，⑧核燃料サイクルに関する*多国間アプローチ'についてIAEAの場での検討，⑨核兵器の使用がもたらす甚大な人道上の影響について懸念を表明し，核兵器の使用にはいかなる場合においても常に国際人道法を含む戦時国際法が適用されることの確認，⑩北朝鮮に対する2005年の*6者会合'の「共同声明」実施の要求．この他，カバクチュラン議長がその責任においてまとめた文書には北朝鮮の核実験に対する強い非難が盛られたが，イランの核問題については直接的な言及はなされなかった．

［阿部信泰］

■エネルギー省　Department of Energy

1977年10月1日設立の，米国で12番目となる閣僚級の省である．その所掌事務は，エネルギー安全保障，環境保全，*核セキュリティ'の促進，科学技術革新の奨励，基礎物理学研究の支援，国内の*核兵器'関連施設の汚染除去の実施など多岐に渡る．とくに核セキュリティ分野には，安全な核兵器貯蔵の維持と強化，核拡散から生じる脅威の削減，米海軍への安全かつ効果的な核推進装置の提供などが含まれる．このように本省は，*米国の核政策·核戦略'に携わる重要省庁の1つである．本省設立の直接の契機は，リチャード·ニクソン(Richard Nixon)政権下の1973年に発生したオイル·ショックであった．それまで米国には，必要性は把握されながらもエネルギー全般を主管する省庁が存在せず，オイル·ショックによってその必要性が改めて認識されたのである．しかしその実現はさまざまな抵抗勢力により遅延し，ようやくジミー·カーター(Jimmy Carter)政権下のジェームズ·シュレシンジャー(James Schlesinger)エネルギー問題担当大統領補佐官の主導によって本省が設立された．なお，冷戦後に職員数は半減したものの2013年時点において国務省よりも4,000人ほど多い14,739人を擁している．［田中慎吾］

■エルバラダイ構想　ElBaradei Initiative

1 エルバラダイ構想の背景　モハメド·エルバラダイ(Mohamed ElBaradei)*国際原子力機関'(IAEA)事務局長(1997～2009年)が提唱した核拡散防止強化のための諸措置．エルバラダイはエジプト出身の外交官·国際法学者．1987年以来IAEAで法務部長，渉外部長などを歴任後1997年に事務局長就任．チェルノブイリ原発事故後の安全対策や北朝鮮·イラクの核問題を踏まえた*保障措置'強化などのため，エルバラダイは，IAEAの主要任務を①原子力の*平和的利用'，②原子力安全·*核セキュリティ'，③*保障措置'·*核不拡散'体制の三本柱に整理して課題設定を明確化し，事務局機能の統合·強化にも努めた．核不拡散分野では，*追加議定書'の普及などに力を注ぎ，また，核の闇市場や*テロリズム'の脅威を背景に核セキュリティ対策を強化した．その上でエルバラダイは，課題への効果的な対処には,IAEA の枠を超えた問題提起が不可欠であると考え,核不拡散,*核軍縮',国際安全保障の分野で幅広い問題提起を重ねた.こうした活動は時に主要国との軋轢を生んだが,責任感と実務能力に対する加盟国の幅広い信頼は揺るがず,2005 年には IAEA およびエルバラダイにノーベル平和賞が授与された.エルバラダイの諸提案は「エルバラダイ構想」として知られる.

2 エルバラダイ構想の内容　エルバラダイ構想の基本的な考え方は,①人間の安全保障を目指して,②国際社会の総意で,*核抑止' に過度に依存する安全保障体制に代わりうる,より幅広い安全保障体制を構築し,③核軍縮への現実的な道を開くと同時に,④核拡散への誘因を排除することであり,⑤喫緊の措置として,*核兵器不拡散条約'(NPT)および IAEA 保障措置を中核とする不拡散体制を補強(特に*濃縮'・*再処理' などの*機微技術' の規制)する枠組み作りを提唱した.代表的な構想は多国間核管理構想*多国間アプローチ' で,イランの未申告活動の発覚後,2003 年 10 月 IAEA 総会演説で言及し,2004 年に召集した多国籍の専門家グループが 2005 年に報告書「核燃料サイクルへのマルチラテラルアプローチ」を作成した.これは NPT が認める平和利用の権利を尊重しつつも,濃縮,再処理等の機微技術の軍事転用を防止するため,これら技術を一定範囲で多極的管理下に置くとともに,核燃料の供給保証も図ろうとする構想である.多国間管理に至る構想の第 1 段階とされた*燃料供給保証' については,ロシア,米国,英国などが独自提案を行っているが,本来の機微技術規制の実を挙げるには至っていない.

［小溝泰義］

■遠隔測定情報　telemetric information

*大陸間弾道ミサイル'(ICBM)や*潜水艦発射弾道ミサイル'(SLBM)の飛翔実験を行う際,ミサイルから発信されるデータのことでテレメトリーとも呼ばれる.飛翔する*弾道ミサイル' は,加速度,温度,ミサイルの切り離しの時間などに関する情報を発信するが,これらの情報を受信し分析することで弾道ミサイルの性能を把握することが可能になる.*戦略兵器制限条約'(SALT II 条約)以降,米ソ(露)は互いの開発する弾道ミサイルの*投射重量',再突入体の数などの情報にアクセスすることで条約の義務履行を確認する必要があった.遠隔測定情報は弾道ミサイルの開発状況や性能を知る上で重要なものであったため,両国は弾道ミサイルの実験の行うにあたり,遠隔測定情報を暗号化するなどして*自国の検証技術手段'(NTM)を妨害しないこと,遠隔測定情報を相互に交換することで合意してきた.なお,かつて SALT II 条約締結後,米国はソ連が遠隔測定情報を暗号化しており条約違反であると主張したこともある.*新戦略兵器削減条約'(新 START 条約)では,弾道ミサイルの開発が制限されていないため遠隔測定情報に関する規定は緩められ,米露で交換する遠隔測定情報の内容・量については,条約の履行機関である 2 国間協議委員会(Bilateral Consultative Commission : BCC)で毎年協議するとしている.→共同データ交換センター

［須江秀司］

■遠心分離法　centrifuge method

遠心分離法は,核分裂性ウランの分離に用いられる,原子の質量差を利用した同位体分離方法であり,現在のウラン濃縮技術の主流である.原子力発電燃料および核兵器原料として用いられるウラン 235 は,天然ウランのうち約 0.7% しか含まれていない.このためウランを利用するにはウラン 235 の割合を高める(*濃縮')する必要があり,天然ウランの大部分を占めるウラン 238 と中性子 3 個分のわずかな質量差を利用し,遠心力で分離して濃縮するのが遠心分離法である.遠心分離法では,およそ 57℃ で気化する六フッ化ウランを利用し,高速回転する円筒胴の中でガスの比重差によりウラン 235 を選り分ける.ウラン 235 は軸側に,ウラン 238

は円周側に集まる. 遠心分離機の分離係数は, 理論的には質量差の2乗と周速の4乗に比例し, 回転胴の長さに比例するといわれている. すなわち, 回転が速く, 長い回転胴を有する遠心機がより高性能ということになる. 1回の遠心分離操作で濃縮される割合は少ないため, 多数の遠心分離器を連結したカスケードを構成して濃縮作業が行われる. 遠心分離法に用いられる濃縮用機材には高度な技術が投入されており, 核拡散防止上および商業上の両方の観点から厳重な機密保持が行われている. ［田崎真樹子］

■**遠心分離法濃縮施設保障措置プロジェクト** Hexapartite Safeguards Project: HSP

HSPは, *遠心分離法' による商用ウラン濃縮施設に対する*保障措置' のあり方に関して, *国際原子力機関' (IAEA)および*欧州原子力共同体' (EURATOM)の査察当局ならびに豪州, 日本, URENCO(英国, オランダおよび当時の西ドイツ)および米国の遠心分離技術保有国が一堂に会し, 1980年11月から約2年間にわたって検討を行ったものである. 遠心分離技術が, 商業上および核拡散上の観点から機微な性質を有しているため, 査察官のカスケード室内への立ち入りが効果的・効率的な保障措置の実施上不可欠かどうかについて, 国際的な合意を得ることは困難であった. 技術保有国側は, 査察官のカスケード室への立ち入りは遠心機の詳細な技術情報が競争相手や核疑惑国に漏洩するリスクがあり, また, 立ち入らなくても保障措置の目的は達し得ると主張し, 立ち入りが不可欠とする査察当局側と対立した. 検討の結果, 頻度限定無通告立ち入り(LFUA)手法が合意され, 査察官のカスケード室への立ち入りを認めるものの査察頻度, 所要査察時間, カスケード室内外で実施し得る*検認' 活動が制限されるとともに, 個別施設毎にカスケード内における立ち入りルート, 具体的検認活動などが合意された. 現在, 商用遠心分離型ウラン濃縮施設ではこのLFUAを敷衍したアプローチが取られている.
［内藤 香］

お

お

■**欧州安全保障協力会議** Conference on Security and Co-operation in Europe: CSCE

欧州の東西同盟諸国, および中立の33カ国は, 冷戦下の1973年以降, 欧州の安全保障問題の協議を開始した. 1975年に合意(ヘルシンキ宣言)に達した後, その内容の詳細を詰め実行手続きを作成する継続的な会合(follow-up meeting)を続けた. この継続的会議のプロセスをいう.「*共通の安全保障'(協調的安全保障)」の典型的な方式である.

1 背景 1970年代初期の欧州のデタント(緊張緩和)の中で, 1973年, 西側案の*中部欧州兵力均衡削減交渉' (MBFR)と, ソ連・東欧諸国案の欧州安全保障協力会議が並行して始動した. 後者の会議が合意した1975年のヘルシンキ宣言は, その後の議題群(バスケット)として第1に安全保障(相互関係の原則, *信頼醸成措置'〔CBM〕), 第2に経済, 科学技術, 環境, 第3に人的接触(人道分野)を設定した. 第1バスケットは主に第二次世界大戦末期のポーランドの西方移動が覆されることを懸念するソ連に, 国境不可侵で応えたものであった. 西側の主張は人的接触, メディア・教育の交流など人道問題を扱う第3バスケットとなった.

2 活動と成果 その後のフォローアップ会合における成果の1つは, ヘルシンキ宣言で合意された演習の事前通告と相互参観など信頼醸成措置の発展である. 奇襲の恐怖に怯える東西双方が, 参観対象演習の範囲を拡大し, 事前通告時期を早期化するなど, *軍縮' の新しい分野を開いた. もう1つは, 先に述べたMBFRにほとんど進展がなかったため, フランスなどが全欧州を枠組みとする軍縮交渉を提案し, ストックホルム会合(1984年)以降, *欧州軍縮会議'(CDE)が発足し, ここで軍縮条約としては珍しい東西同盟間の*欧州通常戦力条約'(CFE条約, 1990年署名, ソ連解体後92年に改訂・発効, 99年に*適合条約'署名・未発効)に合意した. 最後に人的接触に関する第3バスケットは, 東側諸国における反体制派, メディアに対する人権抑圧を国際的に討議できる場を作り出した. 1990年パリCSCE首脳会議は冷戦終結を宣言したが, CSCEにおける討議が人権を弾圧する東側諸国の正統性を低下させ, 体制転換を促したことが重要な要因であった. その後, 懸念される東欧・バルカン諸国の体制転換, 少数民族問題に対して, すばやく「少数民族高等弁務官事務所」(1992年),「民主制度・人権事務所」(1992年)を設置し, 欧州の冷戦終結過程の安定に大きく寄与した. 1995年, 機構として制度化され, *欧州安全保障協力機構'(OSCE)となった. →西独・ポーランド関係正常化条約　[納家政嗣]

■欧州安全保障協力機構　Organization for Security and Co-operation in Europe: OSCE

1 目的と活動領域　欧州, 北米および中央アジア諸国57カ国が加盟する, 欧州の安全保障強化を目指した地域機構である. 政治および軍事分野に加え, 経済および環境分野, 人権分野での取り組みを通じて地域の安全を強化する, 包括的安全保障アプローチを採用している. 活動領域は, 紛争予防, *軍備管理', 信頼醸成, 人権, 少数民族の権利保護, 民主化, 対テロ, 経済および環境問題への対処など, 多岐にわたる. OSCEの主要組織として次があげられる. 日常的な政策協議・決定は, 常設理事会(PC)や*安全保障協力フォーラム'(FSC)で行われる. 行政機能の担い手として, 議長国, 事務総長, 事務局, *紛争予防センター'(CPC)がある. そのほか政治協議の場として, 首脳会合, 外相理事会, 経済・環境フォーラムが設定されている. また, 特定分野の活動を担う機関として, 民主制度・人権事務所(ODIHR), 少数民族高等弁務官(HCNM), メディアの自由に関するOSCE代表がある.

2 成立の背景　*冷戦'対立の中, 国家間武力紛争の回避は欧州諸国, 米国およびソ連の共通の課題であった. また, ソ連にとってはドイツの分断や東欧諸国が東側ブロック構成国となっている現状を西側諸国に認めさせつつ, 平和共存を図る必要性もあった. そのような状況の中, ソ連, 東欧諸国も含めた全欧州諸国と米国・カナダからなる35カ国は, 安全保障強化を目指して, 1975年8月にヘルシンキにおいて*欧州安全保障協力会議'(CSCE)を開催し, *ヘルシンキCBM最終文書'に合意した. 参加国は継続的にフォローアップ会議を開催することで, さまざまな取り決めを拡充していった. この会議の連続体はヘルシンキ・プロセスと呼ばれる. 1990年のCSCEパリ首脳会議では, 冷戦の終結が宣言され, CECEの常設化が決定された. そして1994年のブタペスト首脳会議において, CSCEの機構化が合意され, その名称を現在のOSCEへと変更した.

3 成果と課題　CSCE参加国は, 1国の安全保障は他の国の安全保障と切り離すことはできないという, 安全保障の不可分性を確認し, 国境線の現状承認や国家主権および武力不行使原則の再確認を行った. そのうえで, 包括的安全保障アプローチを採用した. CSCEは冷戦期を通じて, ソ連, 米国, カナダとすべての欧州諸国が参加する唯一の東西対話フォーラムとして重要な機能を果たした. たとえば, *信頼・安全保障醸成措置'(CSBM)の導入はその成果の1つである. CSBMは, 軍事活動や軍事能力に関する情報を公開し, 検証の機会を持つことで, *透明性'と予測可能性を高め, 国家間の信頼を強化する仕組みである. CSBMの履行を通じて偶発戦争の可能性は著しく低下したことが, *欧州通常戦力条約'(CFE条約)の成立の基盤となった.また,CSBMの一環として行われる人的交流も,加盟国間の軍事面での信頼構築と協力を促している.たとえば軍事ドクトリン・セミナーは,OSCE参加国間の軍事交流の重要なフォーラムの1つである.冷戦が終結したのちのOSCEは,旧ソ連構成国や東欧諸国が民主化する過程で,平和的な移行を促すための支援に取り組み,一定の成果を上げた.また,ボスニア・ヘルツェゴビナ紛争に際して紛争後の統治を支援し,また,紛争当事者間の信頼醸成や軍備管理を支援するなど,民族対立への対応においても,重要な役割を果たした.さらに近年では,*小型武器'の非合法取引規制や*大量破壊兵器'(WMD)の*非国家主体'への拡散防止にむけ,規範形成やそれらの履行確保のための支援活動において,その重要な担い手となっている.　[佐渡紀子]

■欧州安全保障協力機構安全保障協力フォーラム Organization for Security and Co-operation in Europe, Forum for Security Co-operation

1 設立の経緯 1990年までの間,*欧州安全保障協力会議'(CSCE)は,主として加盟国の政治的なコミットメントのもとで継続された会議や協議の集合体として機能していたものの,東西冷戦の終結を受け,1990年11月のフランス・パリ首脳会議でCSCEの新たな役割と制度・組織について合意が形成された.こうして制度化されたCSCEとして初の首脳会合が1992年7月にフィンランド・ヘルシンキで開催され(CSCEヘルシンキ再検討首脳会議),同首脳会議で合意された事項の1つが安全保障協力フォーラムの設置であった.そして,1992年9月,*軍備管理'・*軍縮',*信頼・安全保障醸成措置'(CSBM),安全保障の向上および協力をめぐる諸提案の検討を行う場として,安全保障協力フォーラムはオーストリア・ウィーンに設置された.その後,制度化のプロセスの一環として,1994年12月にハンガリー・ブダペストで開催された首脳会議において,CSCEを機構化し,名称も改めることが合意され,翌1995年1月に*欧州安全保障協力機構'(OSCE)が発足する.OSCEの発足後,安全保障協力フォーラムは毎週ウィーンで開催されるOSCE参加国の大使級会合として,欧州地域の安全保障と安定を強化する観点から,安全保障および紛争勃発のリスク低減にかかる事項について協議を行っている.安全保障協力フォーラムは,すべての参加国がいかなる時でも安全保障上の懸案について問題提起することが可能な対話の場として,2014年現在で57カ国にのぼる参加国の間での定期的なコンタクトや,協力関係の維持,そして軍事情報の共有などを所管している.

2 今日の役割 OSCE安全保障協力フォーラムはCSBMについて責任を負っており,各国の軍事ドクトリンに関する各種のセミナーや,CSBMの年次履行に関する評価会合などを実施している.今日,安全保障協力フォーラムでは主に防衛立案にかかる文書や軍事予算情報の交換,軍の施設への訪問・視察による防衛政策や防衛ドクトリンの説明,あるいは新兵器のデモンストレーションなど,多様な情報交換を行っているほか,行動規範や軍の民主的統制といったCSBMの実施支援や,参加国間での履行の検証の支援とともに,違法な*小型武器'の拡散にかかる規範形成や,実務的な支援の提供,*大量破壊兵器'(WMD)の拡散問題への対応を実施している.　[一政祐行]

■欧州軍縮会議 Stockholm Conference on Confidence- and Security-Building Measures and Disarmament in Europe : Conference on Disarmament in Europe, CDE [正称]欧州における信頼・安全保障醸成措置と軍縮に関するストックホルム会議

欧州軍縮会議とは*欧州安全保障協力会議'(CSCE)と不可分一体の会議体であり,1984年1月17日にスウェーデン・ストックホルムで開催され,1986年9月19日に*信頼・安全保障醸

成措置'(CSBM)にかかる文書(ストックホルムCSBM文書)を採択し閉会した.同会議では当初,ソ連側が申告に基づくアプローチで信頼醸成を図るよう主張した一方で,北大西洋条約機構(NATO)側は情報交換や軍事活動の事前通知,*現地査察'規定,監視員の受け入れなど具体的なアプローチを求めた.その後,1986年にソ連側が現地査察を受け入れたことで,CSCEマドリード再検討会議での終結文書(マドリード・マンデート)が求めた,適切な形態での検証を伴うCSBMという基準を満たす成果物として,ストックホルムCSBM文書の採択が実現した.この結果,17,000名以上の通知された軍事活動に対する監視員の受け入れが義務付けられ,40,000名以上の軍事活動は実施1年前までに,また75,000名以上の軍事活動では2年前までに年間軍事行動予定の通知を行わなければ活動を実施できなくなった.さらに上空と地上からの現地査察を規定し,被査察国側はこれを拒否できないものと定め,1個師団あるいは2個以上の旅団または連隊,もしくは13,000名または戦車300両以上の軍事活動は事前通告が義務付けられた.　[一政祐行]

■欧州原子力共同体　European Atomic Energy Community : EURATOM

1 設立の背景と目的　1957年3月に,フランス,西ドイツ,イタリア,ベルギー,オランダおよびルクセンブルグが署名した*欧州原子力共同体設立条約'(1958年1月発効)により設立された共同体である.1950年代に,石炭や石油など従来型エネルギー不足への対処および欧州におけるエネルギー安全保障確保の手段として原子力の導入が期待されたが,原子力は多額の初期投資費用を必要とするため,上記6カ国は,「原子力産業の迅速な確立および成長に必要な条件を創出することにより,加盟国における生活水準の向上および他国との関係の発展に貢献する」(同条約第1条)ことを目的とする共同体を設立し,共同で原子力の研究開発の推進と核燃料の供給確保に乗り出した.同条約と同日に署名および発効した欧州経済共同体設立条約により設立された欧州経済共同体(EEC)が,後に欧州共同体を経て欧州連合(EU)に継承されたのに比し,EURATOMは現在でもEU内で独立した地位を保っている.

2 役割および権能　EURATOMの役割は,①研究の推進,技術情報の普及の確保,②作業者および一般大衆の健康を確保するための一様な安全基準の確立とその適用の確保,③共同体における原子力開発のために必要な投資および基本的施設の設立の確保,④共同体のすべての利用者による鉱石および核燃料の定常的かつ公平な供給の享受の確保,⑤核物質の目的外転用がなされていないことの確認,⑥*特殊核分裂性物質'に関し委員会に与えられた所有権の行使,⑦原子力利用の市場拡大,⑧他国および国際機関との連携による原子力の*平和的利用'の進展促進であり,(欧州原子力共同体設立条約第2条),EURATOMの権能が平和目的の原子力民生利用に限定されていることに特徴がある.主に上記④のおよび⑥の実施機関としてEURATOM内に供給機関(ESA)が設置され,また⑤を確保するため*欧州原子力共同体保障措置'が導入されている.　[田崎真樹子]

■欧州原子力共同体設立条約　Treaty Establishing the European Atomic Energy Community : EURATOM Treaty　[署名]1957.3.25(ローマ),[発効]1958.1.1

現在の欧州連合における統合基盤の先駆けとして,フランス,西ドイツ,イタリア,ベルギー,オランダおよびルクセンブルグが1952年に設立した欧州石炭鉄鋼共同体(ECSC)と同様に,国際協力により,「原子力産業の迅速な確立および成長に必要な条件を創出することにより,加盟国における生活水準の向上および他国との関係の発展に貢献すること」(条約第1条)を目的とする*欧州原子力共同体'(EURATOM)を設立するため,上記6カ国が署名した条約のこと.署名日および発効日を同じくする欧州経済共同体(EEC)設立条約とともに署名地の名をとってローマ条約とも呼ばれる.条約は前文と6編で構成される全225条から成り,附属書および議定書が添付されている.条約の第1編はEURATOMの役割,第2編は原子力の利用等に関する規定,第3編はEURATOMの諸機関,第4編は財政規定,第5編および第6編はそれぞれ,一般規定およびEURATOM発足当初に関係する規定を扱っている. ［田崎真樹子］

■欧州原子力共同体保障措置 EURATOM safeguards

1 法的枠組み *欧州原子力共同体設立条約'第2条は,*欧州原子力共同体'(EURATOM)の役割の1つとして,核物質の目的外転用がなされていないことの確認を規定しており,当該規定を根拠にEURATOM保障措置が実施されている.また同条約第77条〜第85条は,EURATOM保障措置の目的,申告,記録,余剰*特殊核分裂性物質'の寄託,査察官の派遣,査察官の業務,違反に対する制裁,*保障措置'の適用原則および範囲などを規定している.1973年4月にEURATOMは,*国際原子力機関'(IAEA)と*核兵器不拡散条約'(NPT)に基づく保障措置協定を締結し,加盟国に対しEURATOM保障措置に加えIAEA保障措置が適用されることとなった.EURATOMが域内各国の保障措置を各国政府に代わって実施するため,地域独自の保障措置という意味で*地域保障措置'と呼ばれる.

2 EURATOM保障措置の特徴 EURATOM保障措置の目的は,核物質などが,使用者が申告した使用目的以外に転用されていないことの確認と,加盟国が締結した*2国間原子力協力協定'などの国際約束を遵守していることを保証することである(第77条).したがって,未申告核物質および未申告原子力活動に係る保障措置は対象外であり,核物質などが平和的利用から核兵器製造などの軍事的目的に転用されないことを確認することを目的とするIAEAによる保障措置と異なる.またEURATOM保障措置は,フランスおよび英国の国防目的の設備,物質を除いたすべての民生用核物質およびそれを取り扱う施設を対象としており,この点も核兵器国に対するIAEA保障措置が,核兵器国がIAEAに提供する施設リスト(適格施設)の中からIAEAが保障措置の対象とする施設を選択して保障措置を適用しているのと異なる.さらに特殊核分裂性物質の所有権はEURATOMにあり(第86条,実際にはEURATOM供給機関〔ESA〕が管轄),施設はその使用権を有するにすぎないので,加盟国の保障措置違反に対し,警告から*原料物質'または特殊核分裂性物質の全面的引き上げまでの制裁措置が存在する(第83条).なお,EURATOMは,EURATOM域内における査察の効率化のため,IAEAとの間で1992年4月にニュー・パートナーシップ・アプローチを締結し,1仕事1人,装置の共同利用,情報や知識などの交換,査察官の共同訓練,分析試料の共同利用などを行っている.

［田崎真樹子］

■欧州通常戦力条約 Treaty on Conventional Armed Forces in Europe : CFE Treaty ［署名］1990.11.19(パリ),［発効］1992.7.10

1 条約成立の背景 北大西洋条約機構(NATO)とワルシャワ条約機構(WTO)の2つの軍事同盟の間で,通常戦力を削減したうえで均衡させることを目指した軍縮条約である.*冷戦'期の欧州は,*核兵器'国を含む東西両陣営が直接対峙していたため,意図しない戦争の勃発と核戦争へのエスカレーションを防止することが,重要課題であった.そのため欧州では*戦略的安定'性を強化するために,通常戦力にかかる*軍備管理'・*軍縮'が模索された.1973年に東西間で*中部欧州兵力均衡削減交渉'(MBFR)が開始された.この交渉は具体的な成果をあげることなく終了したが,その後*欧州安全保障協力会議'(CSCE)に交渉の場は移され,1989年に*欧州通常戦力条約'(CFE条約)を策定するための交渉が開始された.CFE条約は1990年にNATOおよびWTO加盟国23カ国によって署名され,1992年に発効した.

2 条約の内容　大西洋からウラル山脈までの欧州全締約国の陸地領域および全島嶼地域に保有・配備される通常戦力が,規制の対象である.CFE条約における規制は大きく3つに区分できる.第1は兵器保有数の制限である.NATO加盟国グループとWTO加盟国グループのそれぞれについて,保有する5つの主要通常兵器(戦車,装甲戦闘車両,火砲,戦闘機,戦闘ヘリコプター)について保有数に上限を付した.これらの5つの兵器は,*条約制限兵器・装備'(TLE)と呼ばれる.条約では,東西がそれぞれ,戦車20,000,装甲戦闘車両30,000,火砲20,000,戦闘機6,800,戦闘ヘリコプター2,000を上限に,保有する兵器を削減することを定めている.さらに各締約国グループ内で1国が保有できる数量にも上限を設定した.第2は,配備兵器の地理的制限である.適用地域を4区域に分け,各地域への配備上限を付した.これにより東西の境界部分にあたる中欧地域に通常兵器が集中配備されることを禁じた.第3は,削減方法の制限と検証である.上限を超える兵器の削減は,原則として廃棄によることとした.また,条約の履行を確保するため,保有する兵器に関する情報交換と,検証措置(現地査察,抜き打ち査察等)が規定された.また,履行に関する検討の場として,合同協議委員会が設置された.

3 その後の展開　CFE条約の合意後にソ連が解体したが,旧ソ連構成国についての通常兵器保有上限が検討され,合意されたことで,CFE条約は発効した.CFE条約の履行状況は,2005年ころまで良好であった.締約国は通常兵器の削減を進め,保有する兵器量は条約が定める保有上限値を大きく下回った.また,CFE条約に基づく情報交換と現地査察は,履行状況の相互確認を可能にし,*信頼醸成措置'(CBM)としても機能してきた.冷戦の終結を受けて欧州では,CFE条約のほかにも軍備管理・軍縮条約の合意と信頼醸成措置の深化が実現した.具体的には,欧州に配備される兵員数の上限を定めた政治的合意であるCFE-1Aや,*オープン・スカイズ条約',*欧州通常戦力条約適合合意'(CFE-II条約)などである.これらの合意とともにCFE条約は,欧州の安全保障の基盤を形成するものとなった.CFE条約によって,欧州における通常兵力の*透明性'を確保したことの意義は大きい.このような役割を果たしたCFE条約だが,2007年にロシアが履行を停止した.これに対抗して2011年に米国もまた,CFE条約に基づく情報公開と査察受け入れをロシアに対しては行わないことを決定している.ロシアは履行停止の理由として,NATO諸国がCFE-II条約を批准しないこと,NATOの東方拡大によってロシアとNATO諸国の軍事力の均衡が崩れていること,米国による*弾道ミサイル防衛'(BMD)計画やNATO諸国への軍事支援計画により脅威が増大していることを挙げている.これに対してNATO諸国はCFE-II条約を批准しない理由として,ジョージアおよびモルドバからロシア軍の撤退が実現していないことを挙げている.　[佐渡紀子]

■欧州通常戦力条約適合合意　Agreement on Adaptation of the Treaty on Conventional Armed Forces in Europe: CFE-II Treaty　[署名] 1999.11.19(イスタンブール),未発効

1 条約成立の背景　1990年に作成された*欧州通常戦力条約'(CFE条約)を改正した条約である.CFE条約は,通常兵器を削減し,かつ北大西洋条約機構(NATO)加盟国とワルシャワ条約機構(WTO)加盟国の間でその保有量を均衡させることを目指したものであった.しかし,1991年にWTOが解散し,ソ連もまた解体したため,2つの軍事同盟の間で軍事力を均衡さ

せることで欧州の安全保障を強化するという，CFE条約がよって立つ根本的な前提が変化した．また，旧ソ連構成国や東欧諸国の中には，NATO加盟を求める国もあった(ハンガリー，ポーランド，チェコは1999年バルト3国，スロバキア，スロベニア，ブルガリア，ルーマニアは2004年にそしてアルバニア，クロアチアは2009年にそれぞれNATOに加盟した)．このような新たな安全保障環境において，通常兵器の均衡を通じた安全保障強化を実現するために，1996年の*欧州安全保障協力機構'(OSCE)首脳会議において，CFE条約の改定交渉開始が合意され，1999年11月に*欧州通常戦力条約適合合意'(CFE-II条約)が成立した．

2　条約の成果と課題　CFE-II条約は，NATO加盟国グループとWTO加盟グループのグループごとに設定されていた*条約制限兵器・装備'(TLE)の保有上限値を，国別に変更した．条約制限装備とは，戦車，装甲戦闘車両，火砲，戦闘機，戦闘ヘリコプターを指す．また，締約国全体で保有できる通常兵器の上限値や個別国家の保有上限値を，CFE条約と比べてさらに下方へと修正している．あわせて，外国軍の駐留，通過，演習，一時的展開には，受入国による承認が必要であると明記した．なお，NATO新加盟国であるハンガリー，チェコ，ポーランドに対しては平時には外国軍・兵器を配備しないことが決定された．また，チェチェン紛争に対応するために，ロシアについて，フランク地域(バルト3国に近いレニングラード軍管区およびチェチェン共和国を含む北カフカス軍管区)での配備制限の上方修正が認められるなど，ロシアの安全保障上の懸念に対応した規定が盛り込まれた．CFE-II条約によって，欧州域内に配備される通常兵器のさらなる縮小と，兵力に関する*透明性'・予測可能性の向上が期待された．また，NATOの東方拡大のもたらすロシアとNATO諸国との間の緊張関係を緩和する効果も期待できた．CFE-II条約は30カ国の締約国すべてが批准した時点で発効するが，多くのNATO諸国が，ロシアがジョージアとモルドバ国内にロシア軍を駐留させていることを理由として，批准をしていないため，CFE-II条約は未発効である．

［佐渡紀子］

■欧州通常戦力の多国間検証技術手段

multinational technical means of verification (Treaty on Conventional Armed Forces in Europe)

1　欧州通常戦力条約と検証　*欧州通常戦力条約'(CFE条約)は，検証を確実なものとするために，大きく①自国の通常戦力および，自国の領土内に駐留する他国の通常戦力と装備に関する通知および情報交換を規定し，また②情報交換で得たデータ，各種制限および，国別／領土別の配備上限，*条約制限兵器・装備'の廃棄手続きおよび，多目的攻撃ヘリコプターと攻撃能力を持つ訓練用航空機の再分類にかかる議定書の遵守の検証を目的に，*現地査察'の権利と義務を規定した．その上で，③国際法で一般的に認められる原則に基づき，締約国に自国のもしくは多国間の検証技術手段の利用を認めた．

2　自国の検証技術手段の趨勢　*自国の検証技術手段'(NTM)について他を圧倒する相対的優位を有していたのは米国とソ連であった．*人工衛星'および航空機によって撮影された画像を用いる画像諜報や，通信傍受による無線諜報といった，*早期警戒'・軍事監視目的で用いられた技術手段こそ，自国の検証技術手段の最たる例であった．ソ連は上空からの区域監視として航空写真撮影に長け，対する米国はキーホール(KH)光学偵察衛星や合成開口レーダーを搭載するラクロス(Lacrosse)衛星などから画像を電子転送し，画像諜報を行っていた．一方，赤外線センサーを用いた画像諜報も天候を問わずに効果を発揮し，レーダーと並んで秘匿・偽装された条約制限兵器・装備の探知に有効な手段であった．

3　米国への情報共有を巡る議論　こうした米

お

国の持つ情報に対して，欧州の北大西洋条約機構(NATO)加盟国のうち中小国を中心に，これを条約の定める多国間検証技術手段として共有すべきとの要請が高まった．しかし米国はたとえ同盟国とはいえ，機微な情報の共有には消極的であり，また条約上でも自国の検証技術手段から得た情報共有は義務ではなかった．最終的に，各国合同で実施する査察で得られる情報と引き換えに，米国の情報へのアクセスを要請するアプローチが採られた．他方，*軍備管理'・*軍縮'条約の検証での活用を目的に，西欧同盟が1990年に設置を合意した共同衛星解析センターでは，LANDSAT, SPOT, Helios, ERS-1などの人工衛星のデータを活用する新たなアプローチを採り，これがCFEにおける多国間検証技術手段の運用にも新たな道を開く結果となった．　［一政祐行］

■欧州ミサイル防衛配備計画　European missile defense plan

1　ブッシュ政権における配備計画　ジョージ・W・ブッシュ(George W. Bush)政権はイランの長距離*弾道ミサイル'の脅威から，米国本土，在欧米軍ならびに欧州の友好国および同盟国を防衛するために，東欧への*弾道ミサイル防衛'(BMD)システムの配備を計画していた．具体的には，ポーランドに地上配備迎撃体(GBI)を10基建設すること，チェコに固定式レーダー施設を建設すること，さらにイランの近隣国に移動式レーダーを配備することを内容としていた．2002年から非公式な交渉が開始され，2007年1月にはポーランドおよびチェコに正式な提案を行った．2008年夏，BMD施設の建設に関する2国間協定にそれぞれの当事国は署名したが，ポーランドおよびチェコはこの協定を批准することはなかった．

2　オバマ政権における計画の変更と新しい配備計画　2009年9月17日，バラク・オバマ(Barack Obama)大統領は，ブッシュ政権の計画を大幅に変更し，*段階的適応型アプローチ'(PAA)という新しい計画を採用することを表明した．PAAは，2011年から2020年にかけて4段階で整備される．第1段階(2011年)では，*SM-3'ブロック1A搭載のイージス艦を周辺海域に配備し，*短距離弾道ミサイル'(SRBM)および準中距離弾道ミサイル(MRBM)の脅威から主に欧州南部を防衛する．第2段階(2015年)では，SM-3ブロックIBの導入およびイージス艦に搭載されているイージス・システムを地上配備用に転換した地上型イージスのルーマニアへの配備などにより，SRBMおよびMRBMの脅威から防衛範囲を拡大する．第3段階(2018年)では，SM-3ブロックIIAの導入および地上型イージスのポーランドへの配備などにより，MRBMおよび*中距離弾道ミサイル'(IRBM)の脅威から欧州全域を防衛する．第4段階(2020年)では，SM-3ブロックIIBの導入により中東から発射される*大陸間弾道ミサイル'(ICBM)の脅威から米国本土を防衛する．なお，第4段階は，北朝鮮の長距離弾道ミサイルの脅威が顕在化したことから，GBIの増強を優先させるとして少なくとも2022年までの凍結が発表されたが，SM-3ブロックIIBの開発はキャンセルされた．2012年5月の北大西洋条約機構(NATO)のシカゴ首脳会合では，PAAと*能動的多層型戦域弾道ミサイル防衛'(ALTBMD)を連結することが合意された．→米国のミサイル防衛システム，地上配備ミッドコース防衛　［小倉康久］

■欧州連合小型武器共同行動　Joint Action on the European Union's Contribution to Combating the Destabilizing Accumulation and Spread of Small Arms and Light Weapons

1　共同行動採択の経緯　1990年代に*小型武器'の使用や取引が国際的な政策課題として取り上げられるようになり，1990年代後半には国連に政府専門家パネルや政府専門家グループが設置された．1998年には，2001年より遅くない時期に小型武器に関する国連会議を開催することを盛り込んだ国連総会決議が採択された. 2001 年の国連会議における合意文書の採択が見込まれる状況のなかで, 1998 年 12 月に欧州連合(EU)理事会において採択された小型武器共同行動は, EU が国際的·地域的な場において促進すべき問題認識や原則, 具体的な施策に関する EU 内の共通理解や, 関連の資金的·技術的支援に関する EU の方針を示したものである.

2 共同行動の内容 第 1 条は, 不安定をもたらすような小型武器の蓄積と拡散の停止に貢献することや, そのような蓄積によって引き起こされる問題の解決に資することなどを共同行動の目的に掲げている. 第 2 条から第 4 条は, 正当な自衛や安全保障上の必要性に見合うレベルでの小型武器の輸入·保持, 武器輸出に関する国際的·地域的な基準に則った小型武器輸出, 小型武器に関する地域的な登録制度などを通じた*信頼醸成措置' (CBM)の確立, 各国における効果的な国境·税関メカニズムを含む規制の実施, 暴力の文化への対処, 戦闘員の動員解除や社会復帰, 余剰の小型武器の破壊など, 多岐に渡る施策に関して, EU が国際的な場や地域的な文脈におけるコンセンサス形成を目指すこととしている. 第 5 条は, 動員解除, 元兵士の社会統合, 余剰兵器の除去に関する規定を, 紛争当事者間の和平合意や平和支援活動の任務に含めることを, 適切な場合には EU 加盟国が紛争解決の文脈において促進するものとしている. 第 6 条から第 10 条にかけては, 兵器回収, 治安部門改革, 動員解除·社会復帰や犠牲者支援を含む関連のプロジェクトに対して EU が資金的·技術的支援を行うことや, EU による活動の一貫性を確保すべく調整することなどが盛り込まれている.

3 その後の展開 1998 年の共同行動は, 小型武器と軽兵器に適用された一方で, それらの弾薬には適用されなかった. その後, 2002 年に, この共同行動を置き換える新たな共同行動が欧州理事会において採択された. この新しい文書には, 小型武器と軽兵器の弾薬の蓄積や非合法所持などの問題にも取り組む旨が明記された.

［榎本珠良］

■欧州連合の輸出管理制度 export control system in the European Union

1 EU の統一汎用品管理規則と共通輸出管理政策 現行の統一*輸出管理' 政策は 2000 年 9 月 28 日から施行された統一汎用品管理規則(Council Regulation(EC)No 1334/2000)に基づいて実施されている. EU ではマーストリヒト条約発効後, 共通外交安全保障政策推進を目的に理事会規則の一本化に踏み切り, 不拡散型国際輸出管理への貢献へと大きな一歩を踏み出したが, 既存の加盟国独自の輸出管理制度だけで輸出規制を効果的に行うことに限界が生じている. そこで EU は 1994 年 12 月に①共同体理事会規則(Council Regulation:EC3381/94:1994. 12.19), ② CFSP に基づく共同行動(Joint Action : Council Decision : 94/942/CFSP)を二本柱とする制度をスタートさせた. こうした EU レベルでの共同体理事会規則と CFSP に基づく共同行動に基づき, EU 加盟国はそれぞれの国内輸出管理法制を敷いている. 2000 年の規則では多国間輸出監理レジームの規制リストに基づいて, ①共通の規制品目リストを策定し, ②加盟国の輸出認可当局と EU 委員会との行政協力やライセンスの相互承認を促進し, *大量破壊兵器' (WMD)関連品目だけでなく, EU や*欧州安全保障協力機構' (OSCE), 国連安保理による武器禁輸の対象国向けに輸出される通常兵器関連品目にまで*キャッチオール規制' を拡大する, といった強化策が盛り込まれた. 域内貿易については, 付属書 IV のなかで「機微な汎用品目リスト」を域内回覧することによってリストの調整を行い, 規制の効果をあげることが謳われている.

2 EU の拡大と統一輸出管理制度の改訂 さ

らに,EU は加盟国の増加と国際的な不拡散戦略の強化に合わせて,2003 年7月に規則を改正することとなり,EU の輸出管理体制は厚みを増していくことになる.新規則と旧規則との相違点のうち,重要と思われる諸点に限って特徴をみてみると,①旧規則にはなかった点として,情報(IT)・通信革命の進展という事態の急速な進行を受けて,技術・ソフトウエアのいわゆる無形移転(intangible transfer)」についても新たな規制が定められた.無形技術移転については,すでに*原子力供給国グループ'(NSG)と*ワッセナー協約'(WA)で有形移転と並んで規制対象となっていたにもかかわらず,旧規則に基づく汎用品リストでは*技術移転規制'は「有形形態をとるものに限る」と規定され,規制対象とはされていなかった.②共同体統一輸出許可(ライセンス)制度の導入が盛り込まれ,これにより旧規則当時の各種障害が撤廃されて輸出許可制度の簡素化が達成されることとなった.この点は,EU の産業競争力の強化という目的が強く意識されたものであり,加盟国企業にとっては歓迎すべき制度改革である.③*大量破壊兵器'(WMD)関連物資・技術の移転規制については,EU の共通の立場・共同行動などの決定がなされた場合,欧州安全保障協力機構の決定もしくは国連安保理事会の拘束決議による制裁対象国については軍事的に最終使用されるかその恐れのある場合,*キャッチオール規制'の対象とし,キャッチオール規制の範囲が拡大されることとなった.

3 拡大する内部矛盾　しかし,2014 年現在,加盟国が 28 カ国に増加した EU は域内の輸出管理先進国と後進国との間に目指すべき方向性をめぐって対立が生じている.とくに汎用品の場合,加盟国間の技術格差と絡んで規制強化を嫌う比較劣位に立つ国と比較優位に立つ国との間で対立が醸し出されてきた.新規則に盛り込まれた輸出管理ステムの改善点が,輸出管理行政の簡素化や主要貿易国向け一般認可の供与方式の調整と調和,輸出許認可当局間のネットワークの構築といった改革程度にとどまらざるをえなかったのは,この点をよく示している.

［宮脇 昇］

■オウム真理教　Aum Shinrikyo

1 教団の経緯　1984 年に麻原彰晃(本名,松本智津夫)が東京渋谷に開設したヨガ道場「オウム神仙の会」が母体である.当時,一部の若者の間でオカルトがブームとなっていた風潮を利用し,超能力の開発を謳って急速にメンバーを獲得していった.1989 年に東京都によって宗教法人に認可され「オウム真理教」となる.教団の犯罪は,信者の事故死を隠蔽するための死体遺棄から始まり,信者の殺害,教団外での殺害,そして*生物兵器'・*化学兵器'の使用へと過激化する.1995 年以降,麻原以下主要な幹部がほぼ全員逮捕された.日本での信者数は 1995 年時点で 11,400 人であり,その後減少し,最近 10 数年間は 1,500〜1,600 人程度で推移しているが新規の入会者も少なくない.現在は「アレフ」と「ひかりの輪」に分かれて活動している.このように組織の名称を変更しても,米国は「外国テロ組織」と法律上指定しており,米国入国や資金援助などが規制されている.日本も「無差別大量殺人行為を行った団体の規制に関する法律」に基づき,監察処分下におき,公安調査庁が施設への立ち入りなどを実施して内情把握に努めている.

2 生物・化学テロ　同教団の特徴は,他のテロ組織には見られないほどの*大量破壊兵器'志向にあった.1990 年から 1993 年まではボツリヌス菌,*炭疽'菌を日本各地で散布した.それらで誰も殺傷できず失敗した後,化学兵器の製造に転換する.山梨県上九一色村(かみくいしきむら)(現,富士河口湖町)の教団本拠地は,サティアンという名称がつけられた複数の建造物が林立していたが,その中の「第 7 サティアン」が化学兵器製造工場で,そこでサリンの大量生産にとりかかろうとしていた.後にこの施設は*化学兵器禁止機関'の査察を受け,テロ組織のものとは思えないほどの製造規模が明らかにされ，その後*化学兵器禁止条約' に従って同兵器生産施設として廃棄された．1994 年6月に長野県松本市の住宅街で，サリンを無差別的に散布し，死者8名のほか600名以上の被害者が出た(松本サリン事件)．同年12月には，犯罪史上初めて，*神経剤' の中でも最も致死性が高いVXを使って殺人と同未遂事件を起こした．1995年3月の東京*地下鉄サリン事件' によって，世界でオウム真理教が知られるようになり，国内で*化学兵器禁止法' と*サリン法' が成立した．さらに同年5月，新宿駅のトイレに青酸ガス発生措置を仕掛けたが，偶然にも清掃員に発見されこの大量殺傷は未遂に終わった．　［宮坂直史］

■**大型再処理施設保障措置適用に関する技術的検討**　Large Scale Reprocessing Plant Safeguards : LASCAR

1990 年代に運転が開始されるか，開始が計画されている大型再処理施設の*保障措置' の検討に関し，1987 年日本政府は，*国際原子力機関'(IAEA)に対し財政支援を行った．これにより，米国，フランス，英国，西ドイツ，日本およびIAEA に*欧州原子力共同体' (EURATOM)が加わり，検討が行われた．目的としては，①新世代商業再処理施設について，*計量管理'，その他の保障措置技術および保障措置に係わる*再処理' 技術開発に対する相互の認識と理解を得ること，②保障措置関連情報および技術交換に貢献すること，③保障措置技術の適用性について，*査察' 者，国，あるいは必要に応じ施設者を含め分析を行うこと，④勧告をまとめることなどであった．検討の結果，当時開発中の高度な保障措置技術を含め既存の保障措置技術の適用によって，年間処理量が 800t 程度の大型商業再処理施設に対し，効果的かつ効率的な保障措置を適用することができると結論付けた．六ヶ所再処理工場の保障措置は，本会合の結論を踏まえ，効果的かつ効率的な保障措置適用のためIAEAと協力しつつ，*近実時間計量管理'，ソリューション・モニタリング，統合封じ込め／監視装置，自動査察データ収集・評価システムといった高度な保障措置技術が採用された．　［千崎雅生］

■**沖縄の核抜き返還**　reversion of the administrative right in the Okinawa Islands to Japan without nuclear weapons

1　核抜き本土並み返還　*核兵器' を「持たず，つくらず，持ち込ませず」の*非核3原則' を1967 年に提唱した佐藤栄作首相は自身の政治的悲願である沖縄(琉球諸島と大東諸島)の施政権返還をめぐって，「核抜き本土並み」という大方針を掲げ，対米交渉を展開した．1952 年のサンフランシスコ講和条約発効に伴い日本本土が独立を成し遂げる一方，沖縄は米国の施政権下にあり続けた．「核抜き」とは 1950 年代中葉から沖縄に搬入・配備された核兵器を完全撤去した形で返還を行うことを意味し，「本土並み」は日米安全保障条約下で定められた事前協議制度の適用を受けることを指した．佐藤政権は民主党のリンドン・ジョンソン(Lyndon Johnson)政権，共和党のリチャード・ニクソン(Richard Nixon)政権と交渉を進めた末，沖縄返還協定を米国と締結し，1972 年5月に沖縄の「核抜き本土並み」返還を実現した．

2　アジア最大の「核貯蔵庫」　第二次世界大戦の沖縄戦の終結以来，米軍の支配下にあった沖縄には*冷戦' 激化に伴い，核兵器の大量配備が進められた．1972 年5月の日本への施政権返還まで，沖縄に配備された核は大量かつ多様だった．核爆弾以外にも，核砲弾を充填する 280 ミリ砲や 155 ミリ榴弾砲，核*巡航ミサイル'「マタドール」，地対地核ロケット「オネスト・ジョン」，地対空核ミサイル「ナイキ・ハーキュリーズ」，短距離弾道核ミサイル「ラクロス」，核巡航ミサイル「メース B」，地対地核ミサイル「リトル・ジョン」，対潜核ミサイル「アスロック」など計 18 種類もの核兵器が 1966 年までに搬入され，その多くが 1972 年の本土復帰まで配備され続けた．累計 19 種類の核兵器が搬入されたグアムとドイツ連邦共和国(西ドイツ)にも匹敵する核配備実態は，沖縄がアジアにおける米核戦略の重要拠点だったことを如実に示している．ベトナム戦争がピークを迎える1967年には約1,300発もの核兵器が沖縄に存在し，その後，1972年の返還までその数は漸減していった．米軍はアジア・太平洋地域に最大3,200発の核兵器を配備していたが，沖縄はその3分の1以上を占め，同地域における最大の「核貯蔵庫」だった．

3 代償としての密約　1965年に沖縄を訪れ「沖縄の祖国復帰が実現しない限り，我が国の戦後は終わらない」と言明した佐藤栄作は，1967年11月と1969年11月の2度の日米首脳会談を経て沖縄の核抜き返還を実現させていった．前者のジョンソン大統領との会談では「両3年内」に返還時期について合意することで一致，後者の1969年会談ではニクソン大統領との間で「1972年中」の核抜き本土並み返還で合意した．ただ核抜き返還には代償が伴った．まず，施政権返還までに米国は沖縄に配備された核兵器をいったん撤去するが，将来，「重大な緊急事態」が生じた場合，沖縄に核兵器を再び持ち込むことを日本側が認めるという沖縄核密約が結ばれた．これは，極東有事における核戦力運用のフリーハンドを求める米軍部の要望を受けて取り決められた裏合意で，佐藤の密使である国際政治学者の若泉敬がニクソンの腹心であるヘンリー・キッシンジャー(Henry Kissinger)大統領補佐官と秘密裏にまとめ上げた．またニクソンはこの首脳会談で沖縄返還と並んで日本の対米繊維製品輸出自主規制を重視し，核抜き返還の見返りに日本側の大幅譲歩を要求，佐藤がこれに応じた経緯がある．「縄と糸の取引」と後に指摘される所以となった．さらに佐藤はこの会談で，朝鮮半島と台湾の平和と安全が日本の安全保障にとって非常に重要との認識を表明し，米軍が主導する地域防衛に日本が協力していく姿勢を示した．→核密約，日米安全保障条約と事前協議制度　［太田昌克］

■オーストラリア・グループ　Australia Group : AG

1 結成の背景　1984年，イラン・イラク戦争の際にイラクによる*化学兵器' 使用が国連の調査で明らかとなったことを契機に，各国は，化学兵器開発に用いうる化学剤の*輸出管理' 制度を国際的に整備する必要を認めた．それを訴えたのはオーストラリアである．その後議長国をオーストラリアとして15カ国の参加により1985年6月に第1回会合が開催された．この枠組みをオーストラリア・グループと呼ぶ．2014年現在，41カ国とEUが参加しており，毎年総会をパリで開催する．AGは，このように元来化学兵器規制の枠組みであったが，*湾岸戦争' 後のイラクの国連査察で*生物兵器' を製造していた事実が明らかになったため，1992年以降，特定の生物剤および生物兵器関連資機材・技術の規制も開始した．

2 規制対象と性格　次の4つが規制対象となる．①化学剤(化学兵器開発・製造に使用しうる*前駆物質')②化学兵器・製造に使用しうる化学品製造汎用機材および関連技術・ソフトウェア③生物剤(生物兵器開発・製造に使用しうる人，動物，植物に対する*ウイルス'・バクテリアなど)④生物兵器開発・製造に使用しうる関連汎用設備および関連技術・ソフトウェア，である．AG参加国は，生物・化学兵器の両禁止条約の遵守を目的として輸出管理の国際化を図る．すなわちAGの下で行われる情報交換，政策協調を国内の輸出管理に反映させている．具体的には，参加国は，生物・化学兵器関連汎用品・技術に関してAGの場で合意されたリストの品目を，特定の対象国・地域に的を絞ることなく世界中の国と地域を対象として，国内法令(日本においては，*外為法'，輸出貿易管理令，*外国為替令' など)にもとづき輸出管理を実施する．

3 *化学兵器禁止条約' (CWC)および*生物兵器禁止条約' (BWC)とAG　CWCとAGは，

化学兵器の国際的規制を行うという意味で共通の目的を有する. しかし参加国が異なるほか, 輸出管理の対象も同一ではない. CWC が, 化学兵器の完成品に近い部分(*毒性化学物質' そのもの)を規制しようとしているのに対し, AG は, その前段階の中間生産物(前駆物質, すなわち, 毒性化学物質の生産のいずれかの段階で関与する化学反応体), それらの生産に資する設備・技術をも規制の対象とする. すなわち軍民両用に用いられうる物質を対象としている. そもそも 1993 年の CWC の締結(1997 年発効)に際して, AG は解消することが想定されていた. しかし, CWC 参加国には監視機関の存在にもかかわらず遵守問題がつきまとい, また規制の範囲を広げることにより実効的な枠組みとして機能させる必要があるという認識が広がった. 紳士協定にすぎないはずの AG は, 国際法上の条約である CWC を補完する追加的努力が期待されている. 一方, AG が規制の対象とする生物剤を具体的に列挙しているのに対し, BWC は禁止対象とする生物剤の種類を特定していない. また BWC には締約国による条約遵守状況を *検証' する規定がない. AG は, 特定の生物兵器関連資機材の輸出管理を通じ, BWC の実効性を担保する役割も果たすことが期待されている. ところで, 2012 年 6 月に AG は,「注意を要する生物・化学物質の移転ガイドライン」を作成し, その中で「参加国に適用可能な追加的な規定」を定めた. その中で他の *大量破壊兵器' (WMD)や通常兵器の移転に係る *キャッチオール規制' と同様の規制の徹底を図るとともに, 法執行能力や査証審査方法の実施に関する情報共有を進めることで AG 参加国の国内輸出管理体制を強化していくことで合意をみた. また EU 域内の取引も規制の対象とする追加的な規定の導入が決定され, ブローカリングなどの巧妙な規制回避を封じ込めていくことでも一致をみた.　［宮脇 昇］

■オスロ・プロセス　Oslo Process

オスロ・プロセスとは, *クラスター弾' の規制を検討するため, ノルウェー政府のイニシアチブによって開始された条約交渉プロセスのことである. クラスター弾の規制を求める NGO と, クラスター弾規制に積極的な国とが協働している点が, 本プロセスの 1 つの特徴である. ノルウェー政府は,「クラスター弾問題に対処するための法的拘束力のある文書の交渉を行う準備がある国」のみがプロセスに参加するよう呼び掛けた. 会議へ参加するか否かの判断を各国政府にゆだねつつ, プロセスの趣旨に賛同する国のみで交渉を進め迅速に条約を形成しようとしたのである. NGO と規制に積極的な国とが協働し, プロセスの趣旨に賛同する国のみに会議参加を呼び掛ける交渉プロセスは, *対人地雷禁止条約' の形成に成功した *オタワ・プロセス' を参考にしている. そのため, オタワ・プロセスに倣って, 本プロセスはオスロ・プロセスと呼ばれている. ただし, 対人地雷の全面禁止を掲げていたオタワ・プロセスとは異なり, オスロ・プロセスは「受け入れがたい人道的災禍をもたらしているクラスター弾の禁止」を目指すものであった. プロセスでは, どのようなクラスター弾を禁止するのかをめぐって, 激しい交渉が繰り広げられるなど, オタワ・プロセスと異なる面も少なくない. →クラスター弾条約　［足立研幾］

■オタワ・プロセス　Ottawa Process

1 概要　1997 年 12 月に採択された *対人地雷禁止条約' (オタワ条約)の交渉・策定プロセスのことであり, 1996 年 10 月にカナダ政府主催で開催された戦略会議から, 1997 年 12 月の同条約署名式までの過程を指す. *特定通常兵器使用禁止制限条約' (CCW)再検討会議での交渉が進展しないことから, カナダ, ノルウェーなどの対人 *地雷' の全面禁止に賛同する有志国と世界 90 カ国以上の NGO の連合体である *地雷禁止国際キャンペーン' (ICBL)や *赤十字国際委員会' (ICRC)が連携し, 14 カ月という短期間に禁止条約を成立させた. 伝統的な軍縮交渉の場であるCCWや*軍縮会議'（CD）の枠外で中小国と市民組織が連携し，あらかじめ期限を設けて行われた，他に類をみないプロセスであり，その後の*軍縮'条約や市民運動に大きな影響を与えた．

2 過程と特徴　対人地雷の全面禁止ではなく部分規制にとどまった1996年のCCW再検討会議から5カ月後の1996年10月3〜5日，対人地雷の全面禁止に向けカナダ政府主催のオタワ戦略会議が開催された（50カ国参加，オブザーバー参加24）．この閉会式で，ロイド・アクスワージー（Lloyd Axworthy）外相は，たとえ10カ国しか参加しなくとも，カナダ政府は1997年12月にオタワで全面禁止条約の署名式を開催する旨を宣言した．これにより，明確なタイムフレームを設け，市民社会と連携しつつ賛同国のみで条約交渉を行うオタワ・プロセスが始動した．1997年2月12〜14日の条約草稿の起草会議（ウイーン，111カ国参加），4月24〜25日の査察条項をめぐる専門家会議（ボン，117カ国参加）を経て，ブリュッセルで6月24〜27日にプロセス初の公式フォローアップ会合が開催された．ここで97カ国がオタワ・プロセスへの参加を正式に表明し，続く9月1日，地雷廃絶に寄与した英国のダイアナ元妃（Diana, Princess of Wales）の交通事故死（8月30日）の余波の中，条約起草会議（オスロ）が開催され，条約が採択された（9月18日）．その後も参加国は増え12月3〜4日に開催された署名式には122カ国が参加した．この間の功績が認められ，ICBLとその世話人のジョディ・ウィリアムズ（Jody Williams）にノーベル平和賞が授与された．オタワ・プロセスの意義としては，大国抜きの中小の有志国だけで，伝統的な軍縮交渉のスタイルであるコンセンサス（全会一致）方式の意思決定システムと訣別し，CDやCCWの枠外で特定兵器の廃絶をめざし，軍縮交渉に新たな方式を取り入れた点，軍縮分野での政府とNGOとの協力・連携などがあげられる．日本はオスロ会議後にプロセスへの参加を表明，署名式に参加した．→クラスター弾条約　［長有紀枝］

■オープン・スカイズ条約　Treaty on Open Skies ［署名］1992.3.24（ヘルシンキ），［発効］2002.1.1

オープン・スカイズ条約は，条約締結国間の軍事活動の公開性と*透明性'をより増進させるとともに，*信頼・安全保障醸成措置'（CSBM）の強化のため，航空機を用いて条約締結国の領域内を空中から監視するための条約である．1955年のジュネーブ会議で，米国ドワイト・アイゼンハワー（Dwight Eisenhower）大統領が米ソ2カ国間で空中からの相互監視を提唱したがソ連の拒否により実現できず，その後，1989年に米国ジョージ・H・W・ブッシュ（George H.W. Bush）大統領がこの構想を多国間の構想として再度提唱し，1992年3月24日にフィンランドの首都ヘルシンキにおける*欧州安全保障協力会議'（CSCE）第4回検討会議において，北大西洋条約機構（NATO）およびワルシャワ条約機構（WTO）加盟の25カ国によって署名された．本条約は，2002年1月1日に発効し，現在の条約加盟国は34カ国を数える．前文には「バンクーバーからウラジオストックまでの安全保障環境を改善させた欧州における歴史的出来事」と記され，内容は，条約締結国間で航空機による相互*査察'のために自国の領空を開放し，収集されたデータを相互に利用できるよう，締結国の権利と義務を規定したものであり，具体的には，①査察領域，②査察航空機，③査察要領，④センサー，⑤収集データの取扱いなどについて規定されている．　［竹平哲也］

■オールハザード・アプローチ　all hazard approach

パンデミック，金融破綻，環境破壊，テロ，および*サイバー攻撃'など，自然災害から人的災害にいたる，あらゆる危害要因（ハザード）への予防・対応措置を準備する危機管理のアプローチである．リスクや脅威が発生すれば，その種類に関わらず，政府は必要となる意思決定や資源配分などあらゆる政策を準備し，国民の生命および財産を保護するために危機管理を行うという原則に基づいている（『アメリカ合衆国危機管理における教育研究開発—EMI と高度教育プログラム—』〔2011〕）．たとえば，生物学分野においては，自然発生の感染症から*バイオテロリズム'に至るまで，危害要因が広範囲にわたるため，オールハザード･アプローチを危機管理体制として整備することはきわめて重要である．国際的には，2001 年米同時多発テロ以降，米国における*バイオディフェンス'において，保健福祉省(HHS)を中心にオールハザード･アプローチの原則に基づいた体制整備が進められてきた．欧州連合も 2009 年，化学･生物･放射能･*核テロリズム'のリスクに対する *An EU CBRN Action Plan* において同アプローチの重要性を指摘している．また，軍縮条約の文脈において，*生物兵器禁止条約'でも 2009 年の諸会合においてその重要性に関する共通理解が示されている．→化学テロ，生物兵器禁止条約再検討会議の会期間活動　　［峯畑昌道］

か

■海外での原爆展　atomic bomb exhibitions overseas

1 日本政府による原爆展の支援　*核兵器'の使用による被害の悲惨さと，これを繰り返してはならないという願いを諸外国の国民に伝える目的で，日本政府は，在外公館による共催や後援名義の付与などを通じ，広島市や長崎市をはじめとするさまざまな団体が海外で開催する原爆展を側面的に支援している．2005 年以降毎年，国立長崎原爆死没者追悼平和祈念館が海外原爆展を開催しており，政府はこれを支援している．2010 年以降は海外原爆展の開催に際して，日本政府は*非核特使'の派遣を行っている．2011 年 11 月には，国連欧州本部(ジュネーブ)において広島市と長崎市が原爆常設展を開設した．日本政府は，国連と広島市･長崎市間の調整を側面支援した上で，広島市･長崎市に代わり本件常設展に関する覚書に国連欧州本部とともに署名した．なお，国連本部(ニューヨーク)には，第 2 回*国連軍縮特別総会'（1982 年 6 月）で決定した世界軍縮キャンペーンの一環として，広島，長崎被爆資料･写真パネル常設展が設置されている．

2 NGO などによる取り組み　広島市･長崎市と並んで活発に海外での原爆展を行っているのは，*日本被団協'など被爆者団体である．2012 年に制作された「原爆と人間」パネル(新版)は*被爆者'が描いた絵などを盛り込んだ 30 枚セットで，英語字幕がある．これを*核兵器不拡散条約'（NPT）の再検討会議や核兵器の人道的影響に関する国際会議などの機会に会議場に展示し各国の外交官に見てもらう取り組みが行われている．同種の展示セットとしては，*原爆被害'の実相と戦後の広島･長崎の復興を写真や図で紹介した「ヒロシマ･ナガサキ原爆写真ポスター」(30 枚セット)を広島市が制作しており，日，英，西，仏，独，露，伊，韓，中の各国語版の貸し出しが行われている．これとはべつに*平和首長会議'は原爆被害と核兵器廃絶に関するポスター･セットを制作しており，2012 年 5 月の*NPT 再検討会議'第 1 回準備委員会（ウィーン）を皮切りに 6,000 を超す全加盟都市をあげてポスター展を行う活動を展開している．（日本語のほか，英，独，仏，露，蘭，西，カタルーニャ語版がある）．NGO としてはピースボートがこれらを使って 2008 年以来世界一周航海の中で被爆者証言と合わせた原爆展を実施しているほか，創価学会が*核兵器廃絶国際キャンペーン'と連携し 2012 年以来欧州や中東で独自の展示を実施している．　　［川崎 哲］

か

■**海軍砲撃条約**　Convention(IX)concerning Bombardment by Naval Forces in Time of War ［正称］戦時海軍力ヲ以テスル砲撃ニ関スル条約,［署名］1907.10.18(ハーグ),［発効］1910.1.26,［日本］〈批准〉1911.11.13,〈批准書寄託〉1911.12.13,〈公布〉1912.1.13(明45条約9),〈発効〉1912.2.11

海軍砲撃条約は,武力紛争法における海戦法規の1つであり,1907年10月18日の第2回ハーグ平和会議において署名され,1910年1月26日に発効した.我が国では,1911年11月13日に批准,翌年1月13日に公布,2月11日に発効した.これは,1899年の第1回ハーグ平和会議による陸戦法規に関する規定などの考えを海戦における砲撃に適用したものである.前文には,「住民の権利を保障し,重要な建物の保存を確実にするべき一般規定を砲撃に適用する」とあり,具体的には,軍事目標主義により①防守されていない港,都市,村落,住宅,建物に対する海軍力をもってする砲撃の禁止,②宗教,技芸,学術および慈善のための建物,歴史上の記念建造物,病院および病人･負傷者の収容所などの保護,③砲撃の事前通告,④都市などにおける略奪の禁止などが規定されている.現在でも本条約は効力を有するが,その内容は実質的に,ジュネーブ諸条約および追加議定書などに包含される.　［竹平哲也］

■**外国為替令**　foreign exchange order

*日本の輸出管理制度'は,*外為法'(外国為替及び外国貿易法)において原則が定められており,下位の政令,省令,通達において,具体的な手続きおよび規制品目,規制仕様等の詳細が規定されている.外国為替令は通称,外為令と言い,*技術提供'に関する規定が定められた政令である.ちなみに,貨物に関する規定を定めた政令は輸出貿易管理令である.技術提供に関しては,①日本から国境を越えて海外に規制技術を持ち出し,それを外国において提供する場合,もしくは②国内において非居住者に規制技術を提供する場合には,経済産業大臣の事前の許可が必要とされている.その際,どのような技術を提供することが規制対象となるかについては,*外為令別表'において規定されている.さらに,外国為替令の下位には経済産業省が定める輸出貿易管理令別表第1及び外国為替令別表の規定に基づき貨物又は技術を定める省令(通称,貨物等省令)があり,当該省令において,規制される具体的な仕様が掲げられている.なお,外為法における技術とは,ソフトウェア(プログラム)とテクノロジーの両方を指すものであり,*ワッセナー協約'(WA)におけるTechnologyとは範囲が異なるので注意を要する.　［河野瀬純子］

■**外国ユーザーリスト**　foreign user's list

1 大量破壊兵器キャッチオール規制と外国ユーザーリスト　*日本の輸出管理制度'は,*キャッチオール規制'とリスト規制という2つの枠組みで構成されている.リスト規制では,*輸出貿易管理令別表第1'または*外為令別表'の1項から15項に掲げられている貨物もしくは技術を,輸出もしくは提供をする際には,経済産業大臣の許可が必要となる.一方,キャッチオール規制は,リストによって規制されている貨物や技術以外のものすべてを対象としており,客観要件と*インフォーム要件'によって輸出許可申請要否の判断を行うこととなる.つまり,キャッチオール規制では,リスト規制のように個別具体的に列挙されている貨物や技術が規制されているわけではなく,たとえ機微度の低い貨物や技術であっても,その(使用)用途および需要者(取引相手)によっては,輸出許可申請が必要となる仕組みである.このような制度のもとで経済産業省によって公表されている外国ユーザーリストとは,キャッチオール規制の需要者要件との関連において重要となる外国企業･組織のリストである.同リストに掲載されている企業等が需要者である場合は,次項の通り,明らかガイドラインチェックを行う必要がある.

2 外国ユーザーリストと*明らかガイドライン'　経済産業省は,2002年4月,*大量破壊兵器キャッチオール規制'の施行にあたり,企業等の輸出管理上の参照資料として外国ユーザーリストを公表した.外国ユーザーリストに掲載されている企業・組織は,「大量破壊兵器等の開発等のおそれのある貨物の需要者又は技術を利用する者」と定められており,貨物の輸出や技術の提供を行う者は,需要者が同リストに掲載されているかどうかを事前に確認する必要がある.外国ユーザーリストに掲載されている企業・組織との取引は,「当該貨物又は技術の用途,取引の態様,条件等から見て,大量破壊兵器等に用いられないことが明らかなときを除き,需要者要件に該当する」と通達に書かれてある通り,大量破壊兵器等に用いられないことを明らかにできない場合は,経済産業大臣の許可を要するものである.この大量破壊兵器等の開発等以外に用いられることが明らかであるか否かの判断については,明らかガイドラインをチェックする必要がある.なお,外国ユーザーリストに掲載されている企業・組織との取引であっても,大量破壊兵器等の開発等以外に用いられることが明らかな時は需要者要件には該当しないため,キャッチオール規制に基づく許可申請は必要ない.

［河野瀬純子］

■外在的措置(核拡散抵抗性の)　extrinsic measures

外在的措置は,*核拡散抵抗性'のレベルを高め,*核兵器'への*核物質'の転用と不正使用などの検知のため重要な措置であり,具体的には,*核不拡散'や*核軍縮'に関する国のコミットメント,義務,そして原子力政策などで構成される.制度面や法的枠組みでは,*核兵器不拡散条約'(NPT),*非核兵器地帯条約',*国際原子力機関'(IAEA)*保障措置'システム(*追加議定書'を含む),保障措置に係る国の規則や*計量管理'システム,*輸出管理'規制,原子力協力協定などである.核拡散抵抗性の強化には,この外在的措置と*内在的特性'の組合せおよびそれらの間の適度なバランスを保つとともに,経済性・安全性・環境適合性などを十分考慮することが必要である.なお,国レベルの*統合保障措置'下では,効果的,効率的な成立性の高い核物質の*検認'が期待され,秘密裏の核物質取得はほぼ起こり得ないと考えられている.このような状況にある国の場合には,内在的特性に比べ保障措置のような外在的措置に重点が置かれることになる.またNPT脱退というケースも考慮すべきではあるが,統合保障措置のレベルにある国では,そのような方向に転じる可能性は低いという見方をすることができる.　［千崎雅生］

■外為法　Foreign Exchange and Foreign Trade Law

［正称］外国為替及び外国貿易法,［発効］1949年12月1日,［最終改正］2014年6月13日

1 安全保障輸出管理の運用原則　外国為替及び外国貿易法(1949年法律第228号)(以下,外為法)は,日本と外国との間の資金やモノ・サービスの移動などの対外取引や,居住者間の外貨建て取引に適用される法律である.同法の目的として同法第1条は,対外取引に対し必要最小限の管理・調整を行い,対外取引の正常な発展や日本または国際社会の安全の維持等を促すことにより,国際収支の均衡と通貨の安定を図り,さらには日本経済の健全な発展に寄与することと規定している.1998年の抜本的改正で,法律の題名がそれまでの「外国為替及び外国貿易管理法」から「管理」という文字が削除されたが,*大量破壊兵器'(WMD)などの拡散防止および通常兵器の過剰な蓄積防止を目的として,安全保障*輸出管理'は必要最小限の管理または調整として位置づけられている.安全保障輸出管理は,条約および国際輸出管理レジームで合意されたガイドラインに従って,各締結国および各パートナー国の法令を通じて実施されるが,日本においては外為法がその法的根拠または運用原則となる.

2 許可申請義務の規定 貨物(モノ:装置,部品,材料,サンプル品,試作品など)の輸出については,第48条第1項で「国際的な平和及び安全の維持を妨げることとなると認められるものとして政令で定める特定の地域を仕向地とする特定の種類の貨物の輸出をしようとする者は,政令で定めるところにより,経済産業大臣の許可を受けなければならない」と規定されている.これと同様に,役務(技術:仕様書,マニュアル,図面,ソフトウェア,データ,技術支援など)の提供についても,第25条第1項で「政令で定める特定の種類の貨物の設計,製造若しくは使用に係る技術」を特定の外国において提供することを目的とする取引を行おうとする「居住者若しくは非居住者又は特定技術を特定国の非居住者に提供することを目的とする取引を行おうとする居住者」は,経済産業大臣に対する許可申請の義務を負う.外為法は原則を定めるのみであり,具体的な規制品目や手続等については下位の政令,省令,告示,通達により詳細に定められている.たとえば,経済産業大臣の承認が必要となる具体的な輸出品目は規制リストとしてまとめられており,貨物については*輸出貿易管理令別表第1'に,役務については*外為令別表'に示されている.このようなリスト規制の下では,すべての地域向けの輸出が規制対象となる.輸出されようとする貨物や技術が大量破壊兵器等や通常兵器の開発等に転用されることを防ぐことが規制の趣旨であり,外為法の目的であるので,たとえ輸出後の用途が民生用途であっても貨物が規制リストに該当する場合は,輸出者は経済産業大臣に輸出許可申請を行わなければならない.

3 違反行為に対する罰則規定 外為法では,無許可輸出等法律に違反して規制対象貨物の輸出または技術の提供を行った者に対し,通常兵器の場合,刑事罰として7年以下の懲役あるいは700万円(もしくは価格の5倍)以下の罰金,またはその両方の罰則が科せられることになっている(外為法第69条の6の第1項).大量破壊兵器等の違法輸出については,10年以下の懲役もしくは1,000万円以下の罰金,またはその両方の罰則が科せられる(外為法69条の6第2項).また行政制裁として,経済産業大臣は外為法に違反した者に対し,3年以内の期間を限り,①輸出,②技術の外国における提供,非居住者への提供を目的とする取引,③取引のための特定記録媒体の輸出,特定技術の情報送信,を禁止することができると規定されている(外為法第25条の2の第1項および第53条の1).外為法違反輸出等が疑われる企業がある場合,経済産業省は外為法にもとづく報告徴収(外為法第55条の8)や立入検査(外為法第68条第1項)により事実関係の調査を行う.これにより違法輸出の事実が判明した場合は,刑事告発または行政制裁もしくは貿易経済協力局長名の警告などを行っている.　[久保田ゆかり]

■外為令別表 Foreign Exchange Order, Annex

1 技術の提供 *日本の輸出管理制度'は,*外為法'(外国為替及び外国貿易法)において原則が定められており,下位の政令,省令,通達において,具体的な手続,規制品目や規制仕様等の詳細が規定されている.*輸出管理'上の技術提供に関しては,最上位に法律である外為法第25条があり,その下に内閣が定める*外国為替令'(外為令)がある.つまり,外為令における別表とは,技術の規制について定められている表であり,具体的な規制技術(特定重要貨物等とも言う)が列挙されているものである.技術提供者は実際に技術の提供行為を行うより以前に,まずは,外為令別表にて提供予定の技術が列挙されているかどうかのチェックを行い,次に,その下位にある輸出貿易管理令別表第1及び外国為替令別表の規定に基づき貨物又は技術を定める省令(貨物等省令)を確認して,当該技術が規制される仕様を持つものであるか否かを確認する行為,いわゆる該非判定作業を実施する必要がある.判定の結果,仮に提供予定技術が規制に該当する場合は，経済産業大臣に事前許可申請を行う必要がある．

2 規制される技術 外為法において規制される技術は，1992年12月に経済産業省貿易経済協力局が公布した，「外国為替及び外国貿易法第25条第1項及び外国為替令第17条第2項の規定に基づき許可を要する取引又は行為について（通称，役務通達）」において確認することができる．同通達(3)の用語の解釈において，「技術とは，貨物の設計，製造又は使用に必要な特定の情報をいう．この情報は，技術データ又は技術支援の形態により提供される．」とあり，またたとえば，設計（の技術）とは，「設計研究，解析，概念，プロトタイプの製作，あるいは設計データを製品に変化させる過程，外観設計，レイアウトを含む，製造過程の前段階すべての段階のことを指す」などが明示されており，規制される技術の範囲が非常に広いことがわかる．またこうした技術提供は，電話を含む口頭で行われることはもとより，メールやファックスなどで送信することも規制されているので注意が必要である．ただし，同通達や貿易外省令で規定されている通り，公知の技術を提供する取引または技術を公知にするために当該技術を提供する取引等や，基礎科学分野の研究活動（自然科学の分野における現象に関する原理の究明を主目的とした研究活動であって，理論的または実験的方法により，特定の製品の設計または製造を目的としないもの）に関しては，提供に際して経済産業大臣の事前許可を必要としない．［河野瀬純子］

■海底核兵器禁止条約 Treaty on the Prohibition of the Emplacement of Nuclear Weapons and Other Weapons of Mass Destruction on the Sea-Bed and the Ocean Floor and in the Subsoil Thereof ［正称］核兵器及び他の大量破壊兵器の海底における設置の禁止に関する条約，［署名］1971.2.11（ワシントン，ロンドン，モスクワ），［発効］1988.6.1，［日本］〈署名〉1971.2.11，〈批准書寄託〉1971.6.21，〈公布〉1972.6.2，〈発効〉1972.5.18（昭47条約4）

1 条約成立の経緯 1960年代頃から，海洋科学技術の発達により海底の軍事利用が検討されるようになった．この状況を受けて1967年12月の国連総会では，海底の開発や平和利用問題について討議するアドホック委員会が設立された．アドホック委員会では，法律作業部会と全体会議で海底の軍事利用禁止について協議を行ったが，全面的な非軍事化を主張する東側諸国と防衛的な軍事利用は許容されるべきであるとする西側諸国に意見が分かれた．1968年の国連総会で海底平和利用委員会が常設化されたことに伴い，海底の軍事利用問題については18カ国軍縮委員会（ENDC）が検討することとなった．ENDCにおいても，沿岸12海里以遠の海底の全面的軍事利用禁止を主張するソ連と，沿岸3海里以遠において*核兵器'を含む*大量破壊兵器'（WMD）およびミサイルを禁止対象としようとする米国が対立したが，1969年の軍縮委員会会議（CCD）の場で米ソの妥協が成立し，共同提案が提出され，1971年に署名開放に至った．

2 条約の内容と意義 締約国は，核兵器およびその他の大量破壊兵器ならびにこれらの兵器を貯蔵，実験，使用するための構築物，発射装置などを沿岸12海里以遠の海底に設置しないことを約する（第1，2条）．つまり，沿岸12海里まで（領海内）への核兵器などの設置はこの条約では禁止されていない．また，沿岸12海里以遠であっても艦船に搭載する核兵器・ミサイルなど海底に設置されないものは条約の適用外である．条約の*検証'は，各締約国が海底区域の外側の海底における他の締約国の活動を「観察」すること（観察は，当該活動を妨げないで行うものとされる）によって行われる．（第3条1項）．観察の結果，条約の遵守に妥当な疑惑が残る場合には，疑惑を提起する国と疑惑を引き起こした国との間で協議を行う．協議後，なお疑惑が残る場合には，関係締約国は，疑惑の原因となる物体・構造物や施設・設備の査察を含む合意可能な検証手続について検討する(第2項). 検証は, *自国の検証技術手段' (NTM), 他の締約国の支援, 国連の枠内での適切な国際的手続きを通じて行う(第5項). 合意された検証手続きの完了によっても疑惑が解明されない場合には, 関係国は国連安全保障理事会に付託する(第4項). 実際には, 核兵器を海底に設置する場合には大がかりなシステムが必要とされるため, 締約国の観察を逃れて海底に核兵器などを設置することは困難であると考えられている. 条約規定(第7条)に基づき, 条約発効(1972年)から5年ごと3度にわたって再検討会議が実施されたが, 1996年の*軍縮会議' (CD)で第4回目以降は不要と決定され, 現在に至っている. 海底核兵器禁止条約は, *南極条約', *宇宙条約', *トラテロルコ条約' などとともに, 核兵器の実戦配備に至る以前にその可能性を排除することに成功した軍縮条約として重要である.

3 国連海洋法条約との関係 1982年に成立した国連海洋法条約は, 深海底(国家の管轄外の海底)は, すべての国による平和的目的のための利用に開放されると規定している(第141条). 「平和的目的のための利用」は, 防衛的な軍事利用を禁止する趣旨ではないと理解されており, 海底核兵器禁止条約は, 核兵器を含む大量破壊兵器の設置を特に明文で禁止した点にその意義があると言える. ［岡田美保］

■外務省軍縮不拡散・科学部 Disarmament, Non-Proliferation and Science Department

1 部の沿革および所掌 外務省において, *軍備管理'・*軍縮', 不拡散, 原子力の*平和的利用' の問題を扱う部署である. 外務省組織令第4条第2項は, 同部が軍備管理および軍縮, 国際的な平和および安全の維持に関連する国際貿易, 原子力の平和的利用ならびに科学に係る外交政策に関することを所掌することを規定している(ただし, 宇宙については, 別部局で所掌). 組織上は, 総合外交政策局に所属している. 軍縮不拡散・科学部には, 軍備管理軍縮課, 生物・化学兵器禁止条約室, 通常兵器室, 不拡散・科学原子力課, 国際原子力協力室, 国際科学協力室の2課4室が置かれている. *核軍縮', 不拡散, 原子力の平和的利用の*核兵器不拡散条約' (NPT)の三本柱は, いずれも軍縮不拡散・科学部が扱っている. 1993年8月以前は, 国際連合局に軍縮課が, また, 科学技術審議官の下に科学課と原子力課が置かれており, NPTの三本柱を担当する体制が分かれている形であったが, 1993年8月の外務省の組織改正(国際連合局を廃止し, 総合外交政策局を設置したもの)によって, これらの部局が*輸出管理' を担当していた部局とともに, 軍備管理・科学審議官の下に統合され, NPTの三本柱を担当する部局が統合される形となった(当時は, 軍備管理軍縮課, 兵器関連物資等不拡散室, 科学原子力課, 国際科学協力室の2課2室の体制であった). さらに, 2004年8月の外務省の組織改正によって部に昇格し, 現在の姿となった.

2 部を構成する各課室の所掌 軍備管理軍縮課は, 部の総括課として, NPT, 2国間の軍縮・不拡散協議, *軍縮・不拡散イニシアティブ (NPDI)などを担当するとともに, 核軍縮決議, *国連総会第1委員会', *軍縮会議' (CD), *包括的核実験禁止条約' (CTBT), *兵器用核分裂性物質生産禁止条約' (FMCT)などを担当している. 生物・化学兵器禁止条約室においては, *生物兵器禁止条約' (BWC), *化学兵器禁止条約' (CWC)などを担当している. 通常兵器室においては, *対人地雷禁止条約', *クラスター弾に関する条約', *特定通常兵器使用禁止制限条約' (CCW), *武器貿易条約' (ATT), *国連軍備登録制度' などを担当している. 不拡散・科学原子力課においては, 原子力に係る外交政策, *保障措置' や輸出管理などによる不拡散, *核セキュリティ' などを担当している. 国際原子力協力室は, 2国間の原子力協力, 原子力安全などを担当している. 国際科学協力室は, 2国間の科学協

力，国際的な科学協力プロジェクトなど科学に係る外交政策を担当している．　［北野 充］

■**カウンターバリュー攻撃**　counter-value attack

主として*核抑止’戦略で使用される語句で，邦語では対価値攻撃とも称されている．自国に対する武力攻撃を*抑止’するために，敵対国の国民や産業基盤など，特に都市に対する核攻撃を婉曲に表現したものである．カウンターバリュー攻撃に対比される攻撃は，敵対国の核戦力など軍事力の破壊を企図する*カウンターフォース攻撃’である．カウンターバリュー攻撃は，*懲罰的抑止’の重要な手段であり，核抑止戦略の基盤の１つとなっている．しかしながらカウンターバリュー攻撃は非戦闘員を攻撃目標にすることから，道義上の疑義が呈され，抑止戦略としての信頼性や妥当性を疑問視する意見が見受けられる．さらに，抑止力の強弱の面からも疑問視する意見が見受けられる．すなわち，敵対国から自国の核戦力など軍事力に対する限定的なカウンターフォース攻撃を受けた後，報復核攻撃で敵対国の都市を攻撃しても，敵対国の核戦力は無傷で残り，敵対国に再報復の余地を残すからである．こうした理由から，*冷戦’時代の米ソは，非脆弱な対都市報復能力の保有だけでは満足せず，*核兵器’運搬手段の信頼性や精度を高めて一定程度のカウンターフォース能力の確保を志向した．なお，バラク・オバマ(Barack Obama)政権は，2013年6月に公表した*核運用戦略報告’で，核攻撃にあたっては，市民に対する副次的損害を最小限にするとともに，市民を核攻撃目標に置かないと述べている．→最小限抑止　［小川伸一］

■**カウンターフォース攻撃**　counter-force attack

主として*核抑止’戦略で使用される語句で，邦語では対兵力攻撃とも称されている．自国に対する武力攻撃を*抑止’するために，敵対国の核戦力やその基地，さらには指揮・統制施設などの軍事力を核攻撃の標的に置くものであり，都市や産業基盤を核攻撃の目標とする*カウンターバリュー攻撃’と対比される．カウンターフォース攻撃は，敵対国の核戦力を破壊し，報復攻撃能力の減殺をもたらすことから，*拒否的抑止’の手段となる．自国に対する核攻撃を抑止する基本抑止，あるいは同盟国を守る拡大核抑止であれ，核抑止の信憑性を高めるためにはカウンターフォース能力が不可欠である．とりわけ拡大核抑止，すなわち*核の傘’の信憑性は，軍事的にはカウンターフォース能力に裏打ちされた核エスカレーション能力に依拠するところが大きい．ちなみにバラク・オバマ(Barack Obama)政権は，2013年6月に公表した*核運用戦略報告’で，カウンターフォース能力を維持し続ける方針を明らかにしている．ところが，カウンターフォース攻撃には相手の核戦力など軍事力の破壊に必要な相当規模の核戦力の整備が求められるため，カウンターフォース能力を強化すれば，核軍備競争を招きやすい．また核戦力の配備上限が規定されている戦略環境にあっては，相手国の報復能力の漸減をもたらし，*相互核抑止’関係を不安定化させる．抑止の基盤を報復能力に求め，しかも配備できる核戦力の数量が規制されている今日の核時代にあっては，カウンターフォース攻撃は両刃の剣なのである．→米国の核政策・核戦略，損害限定　［小川伸一］

■**「化学・細菌(生物)兵器とその使用の影響」に関する報告書**　Chemical and Bacteriological(Biological)Weapons and the Effects of their Possible Use：Report of the Secretary-General

1　作成に至る経緯　1968年に18カ国軍縮委員会(ENDC)は，ウ・タント(U Thant)国連事務総長に対して，*化学兵器’と*生物兵器’が使用された場合の影響について研究するよう勧告した(A/7189-DC/231)．その年の年次報告で事務総長も，*核兵器’問題の陰に隠れ，化学・生物兵器の危険性が十分認識されていないことを指摘し，総会では決議2454A(XXIII)が採択された．決議は，化学兵器や生物兵器の使用可能性が人類に対する深刻な脅威であり，使用された場合の帰結を人々に認識してもらう必要があること，ENDCメンバーをはじめ各国が，化学・生物兵器を多角的に検討した報告書の作成に関心を有していることなどに触れたうえで，事務総長に簡便な報告書の提出を求めた．執筆作業は，事務総長が指名した米英ソなど15名の諮問専門家グループ(日本から川喜多愛郎博士が参加)が行い，翌年完成した(A/7575/Rev.1；S/9292/Rev.1)．同年の国連総会決議2603B(XXIV)は報告書を高く評価し，広く頒布するよう加盟国へ求めるとともに，化学・生物兵器廃棄問題を検討する際の基礎とするよう，軍縮委員会会議へ勧告した．

2 報告書の内容　報告書は，化学・生物兵器の特徴，兵器用生物剤と化学剤，それらの防護方法(第1章)，戦闘員と非戦闘員に対する使用の影響(第2章)，使用に影響する環境因子(第3章)，使用がもたらす健康・環境面での長期的影響(第4章)，開発・取得・使用の経済上・安全保障上の影響(第5章)を順次検討した．そのうえで，化学・生物兵器は，対象が生物に限定されるという特徴を有すること，一部の化学剤や生物剤，とくに生物剤は，効果の時間的・場所的な限定が困難であるため，大規模に使用すると生態系に不可逆的な悪影響を与えかねないこと，治安維持や農業用に開発された化学剤でも，軍事利用すれば大きな危険が生じうることなどを指摘する．そして，化学・生物兵器が大規模使用された場合の影響予測は不可能で，どのような防護措置をとっても使用国・被使用国双方に危険が生じると警告した．さらに，費用を度外視すれば，この種の能力はいかなる国でも開発・獲得できるとして，発展途上国への拡散の危険にも言及する．最後に，これらの兵器の使用は，すでに1925年*ジュネーブ議定書'が禁止し，一連の国連決議も非難するところであり，開発，製造，保有を効果的かつ無条件に禁止すれば，*軍備競争'が緩和されて*全面完全軍縮'への展望がひらけると結んだ．→「化学・生物兵器の保健的側面」に関する報告書　　［杉島正秋］

■科学者京都会議　Kyoto Conference of Scientists

科学者京都会議は，湯川秀樹，朝永振一郎，坂田昌一らが呼びかけ1962年5月京都で，*パグウォッシュ会議'日本版として発足した．パグウォッシュ会議は，戦争と*核兵器'の廃絶を求めた*ラッセル・アインシュタイン宣言'(1955年)から生まれたが，米ソ両陣営の科学者たちの議論は核兵器廃絶でなく「*核抑止'論」に傾いていった．日本の科学者はこれを批判し上記宣言の初心に立ち戻るとともに日本国憲法第9条の平和主義を人類の当為と位置づけた．また物理学者だけでなく自然科学者，人文社会科学者，作家，ジャーナリストなども参加して，広い視点でとりくむことにした．科学者京都会議は科学者の社会的責任を重視し，第5回までの声明で「核抑止論」を一貫して批判した．第2回(1963年)では原子力潜水艦寄港問題などで「日本が一切の核持ち込みを拒否することで世界平和に貢献を」と訴えた．第3回(1966年)では*部分的核実験禁止条約'(PTBT)のもとでの「使いやすい核兵器」と核抑止論の危険性を批判した．第5回(1984年)では米国の*戦略防衛構想'(SDI)で日本の科学・技術の軍事化がおこなわれようとしていることを警告した．→核密約，核の持ち込み，非核3原則，憂慮する科学者同盟［浦田賢治］

■「化学・生物兵器の保健的側面」に関する報告書　Health Aspects of Chemical and Biological Weapons: Report of a WHO Group Consultants

*『「化学・細菌(生物)兵器とその使用の影響」に関する報告書』'(1969)を準備していた国連事務総長の要請(1969年1月)に基づき，世界保健機関(WHO)の諮問グループ18名が執筆した報告書である．執筆者は欧米やソ連の専門家が

中心で，公衆衛生や医学の専門家向けの技術的内容を含み，1970 年に公刊された．専門家以外でも理解しうる平易な記述をめざした事務総長報告書との相互補完を意図している．本報告書は，*化学兵器' や*生物兵器' の効果が非常に不確実かつ予測不能で，既存の公衆衛生資源・設備の対応能力を超え，また，散発的な破壊工作目的でも，これらの兵器の使用が状況によっては効果的であると結論した．さらに 2004 年には，第 2 版（『生物・化学兵器への公衆衛生対策：WHO ガイダンス』）が刊行された．同版では，*生物兵器禁止条約' や*化学兵器禁止条約' の発効，*地下鉄サリン事件' や*炭疽菌郵送事件' などの生物剤や化学剤の使用事案，*バイオ技術' の発展などをふまえた検討が行われ，生物剤や化学剤の意図的放出への対抗策として，感染症サーベイランスをはじめとする既存の公衆衛生システムを強化・活用すべきと提言した． ［杉島正秋］

■化学テロ chemical terrorism

*化学兵器' の使用または毒性化学剤を散布するテロ行為．テロに最もよく使われてきたのが，塩素ガス（窒息剤の一種）やシアン化合物（血液剤の一種）など産業・民生用途があり，比較的簡単に入手できる*毒性化学物質' である．最近では 2007 年にイラクで立て続けに塩素ガスボンベが爆破されるテロが起きた．なお，シアン化合物で大量殺傷テロが行われた事例はない．これに対して，神経剤のサリンや VX ガスは*オウム真理教' が使用して化学テロの代名詞のようになっているが，これらに民生用途はないので，はじめから精製しなければならず，その安全な扱いも素人には難しい．ただし，兵器化された状態で使用される恐れもある．シリア内戦（2011 年～）では，サリンなどの化学兵器がおそらく政権側によって使われたが，内戦下では強取されたり非合法に取引されたりすることもあるので，テロ組織に行き渡っても不思議でない．化学テロ対策としては，テロリストに化学兵器や毒性化学剤を作らせないような規制をかけることが重要であるが（日本では*サリン法' がある），同時に，化学工場や化学物質を積載した車両が襲撃されたり，乗っ取られることを防止する措置も必要になる． ［宮坂直史］

■化学兵器 chemical weapons

1 背景と種類 化学兵器は*大量破壊兵器' の 1 つに分類される兵器である．かつては毒ガスという用語が一般的だったが，気体のものに限られるわけではなく，常温において液体または固体のものもある．化学兵器が実際の戦闘において初めて大規模に使用されたのは第一次世界大戦中の 1915 年 4 月のことで，ドイツ軍がベルギーのイープル（Ieper, Ypres）で連合軍に対して塩素ガスで攻撃を行った．以来今日までに，使用されまたは開発された化学兵器は大きく分けて 6 種類ある．①窒息剤（塩素ガス，ホスゲンなど）は吸入すると肺に作用して肺水腫をきたして窒息を起こす．②血液剤（青酸，塩化シアンなど）は，吸入すると細胞内に入り細胞の酸素代謝を阻害する．③糜爛剤（マスタード，ルイサイトなど）は皮膚に曝露を受けると水疱を起こし，吸入すると呼吸器症状が現れる．なお，マスタードはまたしてもイープルで使用されたことから別名イペリット（Yperite）と呼ばれている．④嘔吐剤（アダムサイト，ジフェニルクロロアルシンなど）は吸入すると上部気道を強く刺激して激しいくしゃみ，咳，吐き気，嘔吐を誘発する．⑤神経剤（タブン，サリン，VX など）は体内に吸収されると神経伝達作用を阻害し，呼吸停止や心肺停止を引き起こす．⑥無能力化剤（BZ など）は中枢神経に作用して一時的に著しい精神異常を引き起こす．

2 定義をめぐる問題 化学兵器を規制しようとするならば，まず初めに化学兵器を定義しなければならない．しかし，それは決して容易な問題ではなかった．①*暴動鎮圧剤' のような非致死性で国内の治安維持のために広く使用されている化学物質や植物のみに作用する*除草剤' を化学兵器の定義に含めるべきか否かという問題があった. 1925年の*ジュネーブ議定書’には暴動鎮圧剤を含めるか否かに関して解釈上の争いが残されているし, 国連事務総長の*『「化学・細菌(生物)兵器とその使用の影響」に関する報告書』’(1969)では暴動鎮圧剤と除草剤のいずれもが化学兵器に含まれていた. 世界保健機関の*『「化学・生物兵器の保健的側面」に関する報告書』’(1970)でも植物に対して作用する戦用化学剤が化学兵器と定義されていた. ②化学の発展により新たに開発されることのある化学兵器をいかに効果的に捕捉しつつ, 化学物質の平和利用への悪影響をいかに回避できるかという問題があった. 戦争目的にも平和目的にも利用できるという汎用性を有する化学物質はすでに多数存在しており, 今後も同様の性質を持つ化学物質が発見される可能性は十分にありえたのである.

3 *化学兵器禁止条約’上の定義 1993年の化学兵器禁止条約は, 化学兵器を次の①②③のいずれかまたはこれらを合わせたものと定義した. ①*毒性化学物質’およびその*前駆物質’(ただし, この条約によって禁止されていない目的のためのものであり, かつ, 種類および量が当該目的に適合する場合を除く), ②毒性化学物質の放出のために特別に設計された弾薬類および装置, ③②の弾薬類および装置の使用のために特別に設計された装置. 化学兵器の中心をなす毒性化学物質は別に定義され, この定義によって除草剤は除外されることになった. 暴動鎮圧剤も化学兵器とは別に定義された. 他方で, 毒性化学物質に加えて前駆物質が化学兵器の定義に含められることとなり, これによって*バイナリー兵器’(二成分型兵器)も発射して合成される前の段階から禁止されることになった. 化学兵器禁止条約はさらに, 一般目的基準を採用して,「条約によって禁止されていない目的」に該当しかつその種類および量が当該目的に適合するものについては毒性化学物質またはその前駆物質であっても化学兵器とはみなさないという規定を置き, 化学物質の平和利用を確保した.

[阿部達也]

■化学兵器禁止機関 Organisation for the Prohibition of Chemical Weapons : OPCW

1 概要 化学兵器禁止機関(OPCW)は, 1997年4月29日に発効した*化学兵器禁止条約’に基づいてオランダ・ハーグに設立された国際機関であり, 同条約の趣旨および目的を達成すること, 国際検証制度を含む同条約の規定の実施を確保すること, 加盟国間の協議および協力のための場を提供することを主な任務とする. 2014年8月末現在の加盟国は190カ国である. OPCWの計画・予算には次の7つの主目的が列挙されている. ①*化学兵器’および*化学兵器生産施設’の廃棄, ②化学兵器の不拡散, ③第10条に基づく援助および*化学兵器に対する防護’, ④第11条に基づく国際協力を通じた経済的および技術的発展, ⑤条約の普遍化, ⑥第7条に基づく国内実施規定の完全かつ実効的な実施, ⑦条約のすべての規定の完全, 実効的かつ無差別の実施. 2015年予算は約7,000万ユーロ, 技術事務局には約140名の*査察員’を含めて約480名のポストがある. 化学兵器禁止条約の署名開放から発効までの間はOPCW準備委員会が組織され, OPCWの設立のために必要となるさまざまな準備が行われた. 1997年に正式に発足して以来, 化学兵器の分野に特化して着実な実績を積み重ねながらも国際社会ではほとんど目立たない存在であったが, 2013年10月に*シリアの化学兵器’の関連でノーベル平和賞を受賞したことによって, その知名度が大きく向上した.

2 内部機関 OPCWには締約国会議, 執行理事会および技術事務局の3つの内部機関がある. ①締約国会議はすべての加盟国により構成され, OPCWの主要な内部機関として条約の範囲にあるいかなる問題についても権限を持っている. 年に1回の通常会期に加えて, 条約の規定に基づいて特別会期が開催される. 軍縮・軍備管理条約で標準化されている5年に1回の再検討会議は特別会期の形態をとる. ②執行理事会は5つの地域グループ別に選出される計41カ国により構成され, OPCWの執行機関として条約または締約国会議によって与えられた任務を遂行する. 年に3~4回の通常会期に加えて, 適時に会合が開催されている. ③技術事務局は締約国会議および執行理事会を補佐し, 条約の規定に従って検証措置を実施する. 技術事務局トップの事務局長は, 1997年から2002年まではホセ・ブスターニ(Jose Bustani), 2002年から2010年まではロヘリオ・フィルテル(Rogerio Pfirter)であり, 2010年以降はアフメット・ウズムジュ(Ahmet Üzümcü)が務めている. 陸上自衛隊出身の秋山一郎陸将補は10年間にわたり技術事務局の査察局長として現地査察を指揮した. [阿部達也]

■化学兵器禁止機関・国連共同ミッション OPCW-UN Joint Mission

化学兵器禁止機関・国連共同ミッションは, *シリアの化学兵器' 廃棄に関する*化学兵器禁止機関' (OPCW)執行理事会決定と*国連安保理決議2118'の履行を監視するために設立された組織である. 国連事務総長が国連安保理決議2118に基づいてOPCW事務局長との協力の上で安保理に提案したもので, 安保理はこの提案をそのままの形で承認した. OPCWと国連が密接に協力・連携して廃棄プロセスを進めてゆくことは極めて現実的な選択肢であった. OPCWは*化学兵器' の分野で専門的な知見を有する国際機関であるものの, 一連の決定・決議の採択時においてシリアとの間に正式な関係を持っておらず, シリアで早急に活動を開始するためには国連に頼るのが効率的であり, また, シリアの化学兵器廃棄プロセスは一連の決定・決議が一体的に実施されることによってはじめて実現する性格のものだからである. 共同ミッションは2013年10月16日に正式に発足し, その特別調整官にはシグリッド・カーグ(Sigrid Kaag)が任命された. 両国際機関の間では, OPCWは化学兵器・*化学兵器生産施設' の廃棄検証に従事し, 国連はシリア政府および反政府勢力との調整, 安全確保, 後方支援, 情報評価などを担当するという役割分担が図られた. 廃棄の進展により, その活動は2014年9月30日をもって終了した. [阿部達也]

■化学兵器禁止機関の将来計画に関する諮問委員会 Advisory Panel on Future Priorities of the Organisation for the Prohibition of Chemical Weapons

*化学兵器禁止機関' (OPCW)は, *化学兵器禁止条約' (CWC)を実施する国際機関として, 1997年の発足以来, 条約の大きな目的の1つである*化学兵器' の廃棄に取り組んできた. 化学兵器の廃棄は, 条約上の期限である2012年4月を控える時点で, 期限までに完了することは困難であるものの, かなりの進展をみせていた. 他方で, 条約を取り巻く環境は条約の作成時に比べて大きく変化していた. このため, 廃棄活動に関する事業の比重の相対的な低下を見越して, OPCWの事業のあり方を中長期的観点から見直すことが重要な検討課題となっていた. これを踏まえ, アフメット・ウズムジュ(Ahmet Üzümcü)OPCW事務局長は, 将来のOPCWの優先課題に関して, 外部有識者の見解を聴取し, 今後の検討の参考指針とするため, ロルフ・エケウス(Rolf Ekéus)元スウェーデン軍縮会議常駐代表を委員長とするパネルを設置した. 同パネルは2010年12月から2011年6月の間に計4回会合を開催して報告書を取りまとめ, CWCとOPCWが直面している新たな課題に対処していくための提言として, ①完全かつ効果的な条約の国内実施, ②化学兵器の再出現および毒性化学剤の誤使用の防止, ③化学兵器に関する知見の維持および化学兵器への対応能力の確保, ④化学の平和目的の利用の促進などを盛り込んだ. 同報告書は2011年7月に委員長か

ら事務局長に提出された後,事務局長からOPCW加盟国に配布された.その内容の一部は,2013年4月に行われた第3回CWC再検討会議の最終報告書に反映されている.

［常田光一］

か

■化学兵器禁止条約 Convention on the Prohibition of the Development, Production, Stockpiling and Use of Chemical Weapons and on Their Destruction：CWC ［正称］化学兵器の開発,生産,貯蔵及び使用の禁止並びに廃棄に関する条約,［署名］1993.1.13(パリ),［発効］1997.4.29,［日本］〈署名〉1993.1.13,〈批准書寄託〉1995.9.15,〈公布〉1997.4.21(平9条約3),〈発効〉1997.4.29

1 条約成立の背景 *化学兵器'の軍縮交渉は,1968年の*核兵器不拡散条約'の作成の後を受けて1960年代に開始されたが,交渉は遅々として進まなかった.化学兵器の拡散の危険を改めて示した1991年の*湾岸戦争'を契機として,*軍縮会議'において集中的に交渉が行われ,翌1992年9月に化学兵器禁止条約が合意されるに至った.条約は,24カ条の本文と3つの附属書(化学物質に関する附属書,実施及び検証に関する附属書(検証附属書)および秘密情報の保護に関する附属書)からなる.

2 化学兵器の定義 「化学兵器」は*毒性化学物質'と*前駆物質'を中心に一般的に定義され,それによって化学の発展で禁止が迂回されることがないように考慮されている.同時に,広範な化学物質を化学兵器と定義することによって民生用の産業活動を阻害することのないように,「条約によって禁止されていない目的」(工業,農業,研究,医療,製薬,その他の平和的目的,化学兵器防護,毒性を利用しない軍事的目的,法執行目的.第2条9項)のためのものであって,その種類と量が当該目的に適合する場合には,化学兵器とはみなされない(第2条1項).

3 使用の禁止 化学兵器の使用は「いかなる場合にも」認められない(第1条1項).1925年の*ジュネーブ議定書'における化学兵器の使用禁止に対しては多数の締約国が留保を付していたため,この条約においても使用の禁止を規定するとともに,留保も禁止した(第22条).さらに,使用疑惑に対しては,義務的な調査手続が設けられた(検証附属書第11部).

4 廃棄 締約国の所有しもしくは占有する化学兵器と,その管轄もしくは管理の下にある場所に存在する化学兵器は廃棄の対象となる.廃棄は当該締約国について条約が発効してから2年以内に開始し,条約自体の発効から10年以内に(締約国会議の決定があれば15年以内に)完了するものとされている(第4条6項).同様に,締約国が所有・占有し,その管轄・管理の下にある場所に存在する*化学兵器生産施設'も廃棄するか,例外的に締約国会議の決定があれば民生転換しなければならない.他の締約国の領域内に遺棄した化学兵器(*遺棄化学兵器')の廃棄については特別の制度が設けられている(検証附属書第4部(B)).

5 検証 民生用の化学産業施設においても化学兵器を製造することが可能であることから,化学兵器の不拡散の観点から,化学産業に対する広範な*検証'措置が規定されており,締約国は自国の産業活動について毎年,条約の実施機関である*化学兵器禁止機関'に申告するとともに,その*査察員'による査察を受けなければならない(産業検証).産業検証は申告を基礎としているが,条約違反の疑惑に対しては,申告されていない施設を含め対象を限定しないチャレンジ査察の制度が設けられている.

6 条約の実施と今後の展望 2014年9月末現在190の国が化学兵器禁止条約の締約国となっているが,そのうち8カ国(米国,ロシア,インド,韓国,アルバニア,リビア,イラク,シリア)が化学兵器の申告を行い,14カ国が化学兵器生産施設の申告を行った.化学兵器については,インド,韓国,アルバニアが廃棄を完了しているし,化学兵器生産施設については,12カ国が生産能力ゼロを達成している(2013年末). 化学兵器の最終廃棄期限は2012年4月29日であったが, 2014年9月末時点で廃棄が完了していない国が5カ国もあり, これらの国による廃棄の早期完了が目下の最大の課題である. 廃棄が完了した後の化学兵器禁止機関の任務は, 化学兵器の拡散防止に移るものと考えられている. なお, 条約の発効後5年ごとに再検討会議が開催されて, 条約の運用状況の検討が行われている(第8条22項). →化学兵器の廃棄期限問題, 化学兵器禁止条約のチャレンジ査察, 化学兵器禁止条約の産業検証, 化学兵器禁止条約の貿易規制, 化学兵器禁止機関の将来計画に関する諮問委員会　[浅田正彦]

■化学兵器禁止条約における化学兵器使用の疑いの調査 investigation of alleged use of chemical weapons under the Chemical Weapons Convention

*化学兵器禁止条約' は, *化学兵器' の使用の疑いがある場合に締約国が*化学兵器禁止機関' (OPCW)技術事務局に対して調査を要請する制度を設けている. この制度は, 他の締約国による条約の違反の可能性を明らかにするために援用される場合には第9条に基づくチャレンジ査察として実施され, 自国に対して化学兵器が使用されたときに援助および防護を受けるために援用される場合には第10条に基づく調査として実施される. いずれの場合にも, 化学兵器の使用の有無を調査するために技術事務局の*査察員' が関係締約国の領域に派遣される. 調査の結果はOPCW執行理事会によって検討される. もっとも, この制度が実施された例はこれまでない. OPCWは2013年8月と2014年4月にシリアにおける化学兵器の使用の疑いの調査に関わったが, いずれも別の根拠に基づいている. 最初の調査の時点でシリアは条約の締約国ではなかったため, 調査は*国連事務総長調査手続(化学・生物兵器)' の枠組で実施され, OPCWは条約の関連規定に従って国連事務総長に協力した. 次の調査の時点でシリアは条約の締約国になっていたが, 締約国からの要請はなく, 調査はシリアから同意を取り付けてOPCW事務局長が派遣したものである. なお, いずれの事案でも化学兵器の使用が明らかになっている. →化学兵器禁止条約のチャレンジ査察　[阿部達也]

■化学兵器禁止条約の改正 amendments to the Chemical Weapons Convention

*化学兵器禁止条約' は条約の規定を変更するための手続として改正と修正の2種類を定めている. 同条約が本文と3つの附属書によって構成される大部のものであることから, 厳格な改正手続を通じた条約の安定性の維持と柔軟な修正手続による条約の適合性の確保の両立が図られた. 両者で異なるのは対象規定と要件である. 改正は, 条約本文と附属書の規定の一部を対象とする. 改正会議における反対なしかつ過半数の締約国の賛成を要件とし, 賛成したすべての締約国が批准または受諾した30日後にすべての締約国について効力を発生する. 改正に賛成したすべての締約国に拒否権が与えられていることになり, 改正のハードルは極めて高い. 修正は, 附属書の規定であって運営上のまたは技術的な性質の事項にのみ関連するものを対象とする. 化学兵器禁止機関(OPCW)執行理事会による採択の勧告に対して90日以内に締約国からの異議が申し立てられない場合に承認されたこととなり, OPCW事務局長からすべての締約国に対する承認の通報から180日後にすべての締約国について効力を発生する. 異議が申し立てられた場合にはOPCW締約国会議が実質事項として決定する. 改正はこれまでに例がなく, 修正は3件の提案のうち2件(表1剤サキシトキシンの移譲通報に関する検証附属書第6部第5項の2, 化学兵器生産施設の転換期限に関する検証附属書第5部第72項の2)が承認されている.　[阿部達也]

■化学兵器禁止条約の管理されたアク

セス　managed access under the Chemical Weapons Convention

*化学兵器禁止条約' に基づく*検証' を実施するにあたり, 査察目的達成のための情報・施設へのアクセスは無制限が原則である. しかし, 同条約の秘密保護に関する附属書に規定されているとおり, 締約国には条約に基づく義務の遵守を果たす範囲内で必要な秘密保護の手段をとることが認められている. 管理されたアクセスとは, 特に化学産業施設への査察やチャレンジ査察で企業秘密や軍事秘密を保護するために*化学兵器' とは無関係な情報・施設へのアクセスを制限する方法であり, 被査察国は, たとえば, 秘密文書やコンピュータ・システムの非開示, 対象建屋などの限定, 試料採取場所の限定, 立ち入る*査察員' 数の制限などを提案できる. その場合, 被査察国はアクセスの制限を要請する正当な理由, 特に条約違反の可能性がない目的に使用されている旨を査察団に証明するあらゆる努力を払わなければならない. 査察団は査察の全過程を通じて「条約遵守を証明するには最小限どこまでのアクセスが不可欠か」を被査察国と協議しつつ, たとえば生産記録の必要不可欠な部分以外を覆い隠し, ランダムに抽出した保管容器に限定して点検し, または立ち入る査察員を団長以下2人に限定するなど, 査察要領を変更し, 管理されたアクセスの趣旨に合致させながら査察目的を達成する. →化学兵器禁止条約のチャレンジ査察　[秋山一郎]

■**化学兵器禁止条約の検証**　verification under the Chemical Weapons Convention

1 検証のしくみ　*化学兵器禁止条約' は条約上の義務の履行を確保するための手段として検証制度を導入し, これを実施する任務を*化学兵器禁止機関' (OPCW)に与えた. 検証はOPCW技術事務局の査察団による現地査察を基本とし, 締約国からの申告に基づいて実施する「通常査察」と, 他の締約国の要請に基づいて実施する「チャレンジ査察」の2種類がある.

2 通常査察　通常査察は, 締約国が条約上の義務を履行していることを確認するために行われる検証メカニズムであり, 締約国はこれを受け入れなければならない. 査察の対象となる施設は, *化学兵器' 関連の軍事施設(化学兵器生産施設, 同貯蔵施設, 同廃棄施設, 防護目的施設など)と化学産業施設(表1剤, 表2剤, 表3剤, その他の化学生産施設)に区分され, それぞれの対象施設はその特性と規模により, 条約に対するリスクの程度に応じた査察内容と頻度で現地査察が実施される. 査察団は, 査察対象施設の特性と規模に応じて*査察員' の専門分野(化学兵器・弾薬, 化学工学〔生産〕, 化学分析, 医師・看護士など)を組み合わせて編成される. たとえば, 防護目的や単一小規模の表1剤施設の場合は分析化学専門の査察員を中心に3~5名の査察団となり, 査察団が常駐する化学兵器廃棄施設の場合には化学兵器・弾薬専門の査察員と化学工学専門の査察員を中心に5~8名の査察団となる. なお, 締約国は査察員の「受け入れ拒否名簿」を通報することができ, この名簿に記載された査察員は査察団から除外される. また, 査察団長には被査察国の出身者を指名しない. 査察団の人員数は, たとえば1997年の条約発効時の化学兵器廃棄施設の冒頭査察では15名を要していたが, その後査察手続に練熟したため5~8名と効率化が図られている. もっとも, 近年, 世代交代の影響で特に化学兵器関連の熟練査察員が減少したため, これまで蓄積したノウハウをいかに継承していくのか, 退職した査察員の再雇用をどうするかなどについての検討が進められている.

3 チャレンジ査察　チャレンジ査察は, 締約国が他の締約国に条約違反の疑いありと認めた場合に要請することができ, 申告施設以外の施設へも技術事務局が現地査察を実施できるという, 軍縮条約史上初の強力な*検証' メカニズムである. チャレンジ査察の要請があった場合, 事務局長はその内容が発動の要件を満たしていれば速やかに被要請国に通告する. 査察団は, 要請から12時間以内に入国, 入国後36時間以内に対象施設に到着し, 査察地域の境界を確定などの協議を経て遅くとも108時間以内に査察を開始する. ただし, 執行理事会の4分の3以上の反対があれば査察は中止される. 査察団の規模は, 査察施設への出入りを監視する要員や独自の通信・ロジスティック要員などが必要となるため約50人程度とされる. 査察団長には, チャレンジ査察の国際政治上のインパクトを考慮して局長クラスの本部職員を当てるとされる. 要請国は原則としてオブザーバーを派遣することができ, 査察団長と適宜協議して査察の進捗に応じて詳細情報を追加提供する. 被要請国は受入団を現地に常駐させて査察団の業務に常時対応する. 執行理事会は事務局長から継続的に査察状況の報告を受けるとともに, 査察結果を検討して条約違反の有無を検討し, 違反と認定すれば適切な措置をとる. 技術事務局は派遣可能な査察員などを常時確保し, 抜き打ちの招集訓練や執行理事会での予行演習などを実施しており, 要請にいつでも対応できるよう即応態勢の維持に努めている. →化学兵器禁止条約のチャレンジ査察　［秋山一郎］

■**化学兵器禁止条約の産業検証**　industry verification under the Chemical Weapons Convention

1　導入の背景　我々の日常生活をより豊かにするために利用されている多種多様の製品(農薬, 殺虫剤, 医薬品, 染料など)の原料として, 無数の化学物質が使われている. そうした平和目的に利用されている化学物質の中には, サリンやマスタードなど*化学兵器' の開発・生産という軍事目的に転用されうる汎用性のある物質も存在する. 化学兵器の完全軍縮を目指し, 将来にわたり化学兵器が開発・生産されないことを確保していくためには, 既存の化学兵器を廃棄するだけでは十分ではなく, 化学産業を含めた諸々の平和目的活動にも監視・検証の網を広げる必要がある. *化学兵器禁止条約' (1997年発効)では, 第6条において, そのような平和目的活動への監視・*検証' を行うための体制を包括的に規定した. この第6条検証のことを, 一般的に産業検証と呼んでいる.

2　内容と実績　化学兵器禁止条約第6条は, *毒性化学物質', およびそれらの原料物質について, 条約により禁止されていない目的(産業その他の平和目的活動など)での使用を許容しているが, 同時に, 軍事目的に転用されうる化学物質については, これらを「化学物質に関する附属書」の表において掲載し, 条約の下での監視・検証体制に組み入れた. 同表に掲げられた化学物質は, 化学兵器に転用されうる危険度, 平和目的利用の程度, 産業活動に及ぼしうる影響などいろいろな要素を考慮して, いくつかの表剤(表1剤, 表2剤, 表3剤)に分類されている. そしてそれぞれの表ごとに, 列挙された化学物質やそれらの関連施設に対する検証・査察の方法を別々に規定した(査察の詳細については「検証附属書」に規定). サリンやその主要原料物質なども含まれる表1剤に関連した検証は最も厳しく, 以下表2剤, 表3剤へと徐々に緩やかな検証制度を採用している. 締約国は, それぞれの表に掲げられた化学物質およびその関連施設に関する情報(生産量, 輸出入量など)ならびに「その他の化学物質生産施設」に関する情報を毎年とりまとめて, *化学兵器禁止機関' (OPCW)に申告しなければならず, さらにはOPCWから通告や要請があれば関連施設への査察を受け入れる義務がある. OPCWのホームページによれば, 化学兵器禁止条約が発効して以来, 2014年9月までの間に全世界で4,913の産業施設が検証対象となってきており, また, 2,024の関連サイトをOPCW*査察員' が訪問している. ただし, 各締約国がOPCWに申告した内容, OPCWの査察対象とされた施設などについての情報は非公開である. →化学兵器禁止条約の表剤

［新井 勉］

■**化学兵器禁止条約の申告**　declarations under the Chemical Weapons Convention

*化学兵器禁止条約' は締約国に対して条約加盟時の「冒頭申告」とその後の「年次申告」の*化学兵器禁止機関' (OPCW)への提出を義務付けている. ①冒頭申告は, *化学兵器' (*老朽化化学兵器'・*遺棄化学兵器' を含む)および化学兵器生産施設の保有の有無, 保有している場合にはその詳細と廃棄計画などの廃棄に関する*検証' に不可欠な項目・内容(以上, 第3条), 条約によって禁止されていない目的のための活動の検証に必要な表1剤・表2剤・表3剤の集計データ, 表1剤施設・表2剤施設・表3剤施設およびその他の化学生産施設ごとに個々の施設の名称・住所, 活動内容と生産量, 輸出入記録などが含まれる(以上, 第6条). また, 国内の法執行目的のために保有する*暴動鎮圧剤' の名称, および化学構造式なども含まれる. ②年次申告は, 化学兵器関連施設の現況(在庫量, 生産施設の状況, 廃棄の進捗状況, 廃棄計画など)に加え, 条約によって禁止されていない目的のための活動に関連する冒頭申告の内容の更新が含まれる. 後者に関しては, 表1剤施設と表2剤施設は表3剤施設とその他の化学生産施設に比べてより詳細な項目・内容が要求されており, これらの情報は年間査察計画の策定に反映されている(表3剤施設とその他の化学生産施設はコンピュータによりランダムに査察対象が選定される). 技術事務局では, これらの申告に基づいて査察対象施設の選定や化学物質の国際的な流通状況の把握をしている. 締約国の正確かつ適時な申告は検証システムの基盤であり, OPCWが担う条約違反防止の最初のチェック機能といえる.

[秋山一郎]

■**化学兵器禁止条約のチャレンジ査察**
challenge inspections under the Chemical Weapons Convention

1 目的　*化学兵器禁止条約' は, 締約国に対して申告や廃棄を含めさまざまな義務を課している. それらの義務が実際に遵守されているか否かを確認するのが*検証' であり, *化学兵器' や*化学兵器生産施設' の廃棄に関しては廃棄検証が, 産業施設の申告に関しては産業検証が設けられている. しかし, それらの検証措置は基本的に申告された化学兵器・化学兵器生産施設や化学産業施設に対して行われるのであって, 申告義務に違反して申告されなかったものに対しては無力である. そこで, それらを含め, 条約違反の問題を解決することのみを目的として, 拒否権のないチャレンジ査察の制度が, この種の多数国間軍縮条約としては初めて設けられることになった(第9条8項以下). チャレンジ査察は, 化学兵器禁止条約の公定訳においては「申立てによる査察」とされており, それゆえ「申立て査察」と呼ばれることもある.

2 査察手続　チャレンジ査察の手続は, 他の締約国(被査察締約国)による条約違反の懸念を持った締約国(要請締約国)の要請によって開始されるが, 自動的に実施されるわけではなく, *化学兵器禁止機関' (OPCW)の執行理事会は, すべての理事国の4分の3の多数による議決(要請締約国および被査察締約国は参加できない)でチャレンジ査察の実施の中止を決定することができる(第9条17項). これは, 査察要請権の濫用を防止するための一種のフィルター機能である. 理事会が中止を決定しない限り, チャレンジ査察は自動的に実施され, 被査察締約国はこれを拒否することができない. 被査察締約国に対しては, 査察団の入国地点到着の12時間以上前に査察の通告が行われる(第9条15項). *査察員' は, 入国後ただちに査察施設へ移動して査察を実施するわけではない. チャレンジ査察は条約違反の問題を解決する目的でのみ行われるのであるから, 無関係な設備や情報などの保護のため, 被査察締約国は, 査察対象区域(範囲を外縁で示す)を最終的に確定すべく査察団と交渉を行うことができる. しかし, いずれにせよ被査察締約国は, 査察団の入国地点到着後

108時間(4日半)以内に，要請締約国が要請した外縁(要請外縁)内でアクセスを提供するよう義務づけられている(検証附属書第10部第39項).

3 アクセス　要請外縁内でのアクセスも無制限ではなく，いわゆる「管理されたアクセス(managed access)」の手法が適用される．すなわち，化学兵器とは無関係な設備や情報の保護のため，被査察締約国は査察団との交渉により，設備への覆い，サンプル分析の制限，無作為選定によるアクセスなどの措置をとることが認められる(検証附属書第10部第48項)．他方，このような措置がとられた場合には，被査察締約国は，それらの物件などが違反の懸念とは無関係であることを証明するため「あらゆる合理的な努力」を払うものとされる(同第10部第49項，第50項).

4 査察後の手続　査察の結果は，OPCWの技術事務局長を通じて執行理事会に報告され，違反の有無，査察要請権の濫用の有無などが検討される(第9条22項)．違反や遵守に関する疑義や懸念に関連して，執行理事会は適当と認める場合には，当該締約国に対して事態を是正するための措置をとるよう要請するものとされ(第8条36項)，是正措置が取られない場合には締約国会議が，当該締約国の条約上の権利・特権の制限や停止を含む措置を決定できる(第12条2項)．また，執行理事会も締約国会議も，特に問題が重大な場合には，国連総会と国連安保理の注意を喚起するものとされる(第8条36項，第12条4項)．他方，査察要請権の濫用があった場合には，執行理事会は要請締約国による査察費用の一部負担について検討することとされる(第9条23項)．→化学兵器禁止条約の検証，化学兵器禁止条約の産業検証，化学兵器禁止条約の管理されたアクセス　［浅田正彦］

■化学兵器禁止条約の表剤 scheduled chemicals under the Chemical Weapons Convention

1 化学兵器禁止条約の規定　*化学兵器禁止条約'の表剤とは，*化学兵器'への転用可能性ゆえに化学物質に関する附属書に掲げられ，それゆえ*産業検証'制度の対象となる計43種類の化学物質のことであり，それぞれ表1剤，表2剤，表3剤として類型化されている．一般的に，表1剤から表3剤に向かうに従い毒性は低くなり民生用途は多くなる.

2 分類　①表1剤は，化学兵器として開発，生産，貯蔵または使用されたことがありかつ条約によって禁止されていない目的のために使用されることがほとんどまたは全くない化学物質であって，その性質上条約の趣旨および目的に対し高度の危険をもたらすものをいう．サリン，ソマン，タブン，VX，マスタード，ルイサイトなど12種類が掲げられている．②表2剤は，条約によって禁止されていない目的のために商業上多量に生産される化学物質であって，その性質上条約の趣旨および目的に対し相当な危険をもたらすものをいう．アミトン，PFIB，BZ，三塩化砒素，チオジグリコール，ピナコリルアルコールなど14種類が掲げられている．③表3剤は，化学兵器として開発，生産，貯蔵または使用されたことがありかつ条約によって禁止されていない目的のために商業上多量に生産される化学物質であって，その性質上条約の趣旨および目的に対し危険をもたらすものをいう．ホスゲン，塩化シアン，シアン化水素(青酸)，クロロピクリン，三塩化リン，五塩化リン，一塩化硫黄，二塩化硫黄，トリエタノールアミンなど17種類が掲げられている.

3 化学兵器の定義との関係　表剤は化学兵器の定義とは直接関係がない．これは化学物質の汎用性に鑑みて化学兵器の定義として一般目的基準が用いられているためである．たとえば，表1剤は現在の化学兵器として中心的な化学物質であるサリンやマスタードなどを含むものの，これらの化学物質が必然的に化学兵器であるというわけではなく，*化学兵器に対する防護'などの目的で妥当な量であれば化学兵器とはみなされない.当該化学物質が化学兵器であるか否かは,あくまでも条約の定義に従って,条約によって禁止されていない目的のためのものであるか否か,種類および量が当該目的に適合するか否かによって判断されるのである.これに対して,表剤は*暴動鎮圧剤'の定義との関連では意味を持つ.すなわち,表剤に掲げられている化学物質を暴動鎮圧剤とすることは認められていない.　[阿部達也]

■**化学兵器禁止条約の貿易規制**　trade restrictions under the Chemical Weapons Convention

1 化学兵器禁止条約　化学産業は,国内における生産活動などを通じて*化学兵器'を生産する可能性を有しているだけでなく,化学物質の輸出などによって,他国における化学兵器の生産に寄与する可能性をも有している.こういった化学兵器の拡散の問題は,*化学兵器禁止条約'締結への大きな動因ともなったものである.化学兵器禁止条約では,「化学物質に関する附属書」に掲げられた表剤に関して,貿易制限措置を講ずることによって後者の化学兵器拡散問題に対処している.

表1剤(サリンやマスタードなど)に関しては,化学兵器禁止条約の非締約国への移譲(輸出)は禁止され(検証附属書第6部第1項),締約国に対する場合であっても,許容された目的(研究,医療,製薬,防護)のためである場合に限って移譲が認められる(同第6部第3項).

表2剤(三塩化砒素やチオジグリコールなど)に関しては,条約発効後3年間の猶予をおいて,非締約国への移譲(輸出)と非締約国からの受領(輸入)の双方が禁止された(検証附属書第7部第31項).非締約国からの受領の禁止は,化学兵器の拡散防止には必ずしも直結しないが,非締約国に条約加盟の誘因を与える(加盟すれば輸出先を確保できる)ことで,条約の普遍性を高めることに貢献し,そのことが延いては化学兵器の拡散の防止につながることになる.

表3剤(三塩化リンやトリエタノールアミンなど)については,非締約国に対する移譲(輸出)に最終用途証明書(条約で禁止されていない目的にのみ使用すること,再移譲しないこと,種類と量,最終用途,最終使用者を記載)を要請することが求められる(検証附属書第8部第26項).条約上は,条約発効5年後の締約国会議で,非締約国に対する表3剤の貿易制限措置の導入の必要性について検討するものとされているが(同第8部第27項),これまでに特段の決定は行われていない.

2 オーストラリア・グループ　化学兵器の拡散防止のための化学物質の輸出制限は,*輸出管理'レジームの1つである*オーストラリア・グループ'(AG)によっても実施されている.AGは条約に基づかない緩やかな国家集団であり,その措置にも法的な拘束力はない.内容的にも,西側諸国の民生用の輸出が途上国における化学兵器の開発・生産につながることを防止するために結成されたという歴史を反映して,AGによる規制は*毒性化学物質'ではなく*前駆物質'のみを対象とし,また輸出のみを対象としている.→化学兵器禁止条約の表剤　[浅田正彦]

■**化学兵器禁止法**　Law on the Prohibition of Chemical Weapons and Regulation etc of Special Chemicals　[正称]化学兵器の禁止及び特定物質の規制等に関する法律,[公布]1995.4.5(平7法律65),[施行]1995.5.5

1 目的　日本が1995年9月に批准書を寄託した*化学兵器禁止条約'の国内実施のための法律であり,条約上の義務の履行を担保するための義務づけと,その違反に対する罰則を定める.本法の成立当時には,条約の発効日は確定していなかったが,*地下鉄サリン事件'のような事件の再発防止の観点から,特定物質の厳格な管理を早急に行う必要があったため,条約の発効を待つことなく施行された.

2 条約における禁止への対応　条約における

禁止との関係では，第3条において，*化学兵器’の製造･所持･譲渡･譲受の禁止が定められている．ただし，本法律上の「化学兵器」の定義は，条約上の定義とは異なり，「砲弾，ロケット弾その他の政令で定める兵器であって，毒性物質又はこれと同等の毒性を有する物質を充てんしたもの(その他の物質を充てんしたものであって，その内部で化学的変化を生ぜしめ，毒性物質又はこれと同等の毒性を有する物質を生成させるものを含む．)」とされる(第2条2項)．

3 条約における申告義務への対応　条約における申告義務との関係では，サリンなどの「特定物質」(条約上の表1剤)については，その製造･使用に許可制を採用するとともに(第4条)，その所持から廃棄に至るまで厳格な管理手続が定められている(第16条以下)．これは，特定物質がその使用方法によっては化学兵器ともなりうるものの，条約上，研究･医療･製薬といった若干の産業用途と防護研究が認められていることから(化学兵器禁止条約検証附属書第6部第2項)，その製造･使用を一定の条件の下で認めることとしたものである．他方，三塩化リンなどの「指定物質」(条約上の表2剤，表3剤)については，その製造･抽出･精製に関して届出制を採用している(第24条以下)．これは，指定物質が化学兵器の原材料となりうるものの，特定物質とは異なり，多くの一般産業用途を有することから，生産活動そのものについて直接的な規制を及ぼすことなく，条約上の申告義務に対応するためにその製造予定数量，製造実績数量などについて届出義務を課すこととしたものである．

4 罰則等　以上の義務に違反した場合の罰則としては，たとえば化学兵器を使用して毒性物質を発散させた者については，無期もしくは2年以上の懲役または1,000万円以下の罰金に処する旨が定められている．その他，*化学兵器禁止機関’による査察に対応するための規定も置かれている．→サリン法　［浅田正彦］

■化学兵器生産施設　chemical weapons production facilities

*化学兵器禁止条約’(CWC)の定義によれば，1946年以降に，①表1剤(サリン，マスタードなど)や*化学兵器’のために使用可能な低用途剤(年間1t以下の用途)を生産するため，または②化学兵器を充塡するために，「設計され，建造され又は使用された」設備･建物をいう．ただし，生産能力が年間1t未満のものなどは除外される(第2条8項)．この定義によれば，*オウム真理教’の第7サティアンは，CWC上の化学兵器生産施設に該当することになる．日本政府は1997年に同施設を*化学兵器禁止機関’に申告し，査察を受け，1999年に廃棄が認証されている．このほか，化学兵器生産施設を申告した国は，米国，ロシア，英国，フランス，中国，インドなど14カ国にのぼる．CWCによれば，*化学兵器生産施設の廃棄’は，条約が自国について発効してから1年以内に開始し，条約自体の発効から10年以内に完了するものとされる(第5条8項)．もっとも，化学兵器生産施設は，例外的に締約国会議が決定する場合には，条約で禁止されていない目的(工業，農業，研究，医療，製薬その他の平和的目的に限る)に使用するために転換することが認められている(第5条13項〜15項)．→化学兵器生産施設の転換　［浅田正彦］

■化学兵器生産施設の転換　conversion of chemical weapons production facilities

*化学兵器生産施設’は*化学兵器禁止条約’において最もリスクが高いカテゴリーに該当することから，稼動の即時停止と速やかな廃棄が原則となっているが，保有国が一時的に化学兵器廃棄施設に転換することは認められており，当該施設はその後廃棄されることになる．保有国はまた，例外的に「条約によって禁止されていない目的」に転換することが認められている．この転換は，保有国からの要請を受け，*化学兵器禁止機関’執行理事会の勧告に基づいて締約国会議が決定する．転換が許可される施設は，工業･農業･研究･医療･製薬などの平和的目的に限定

され，化学兵器生産施設に再転換される可能性がないことが条件となる．転換された施設における表1剤や表2剤の生産・加工・消費などは禁止され，高*毒性化学物質' や有機リン化合物関連の活動は厳しく制限される．転換後の10年間は査察団へのサンプル採取を含めた無制限のアクセスが担保され，現地査察や現地監視装置による検証の対象となる．このように転換のハードルが極めて高いことから，申請に歯止めがかかり現在までに転換されたのは洗剤やプラスチック工場などへの20例余りにとどまる．条約は転換の条約発効後6年以内の完了を求めており，この期限以降に条約に参加した国は法的に転換を要請することが不可能であった．そこで，これを可能とするために条約の規定が修正された(検証附属書第5部第72項の2)．

［秋山一郎］

■**化学兵器生産施設の廃棄**　destruction of chemical weapons production facilities

化学兵器生産施設は*化学兵器禁止条約' において最もリスクが高いカテゴリーに該当することから，稼動の即時停止と速やかな廃棄が原則となっており，一時的な廃棄施設への転換と極めて例外的な「条約によって禁止されていない目的」への転換以外は認められていない．廃棄は条約の自国への発効後1年以内に開始し，条約自体の発効後10年以内に完了しなければならない．廃棄開始までの間は，48時間の事前通告により*化学兵器禁止機関' の査察団による現地査察で閉鎖状況が確認される．廃棄方法は化学兵器生産施設の保有国が決定するが，特別の設備・施設については復元不可能なように不可逆的方法で物理的に廃棄されなければならない(たとえば建造物は地下構造物も，埋設ではなく物理的な破壊が要求される)．何を特別の設備・施設に指定するかは査察団と保有国の協議で最も機微な交渉となる．保有国は，廃棄の全般計画，施設ごとの廃棄対象設備・施設に関する年次計画と年次進捗報告を提出し，執行理事会の決定に基づいた厳格な検証を受ける．廃棄は安全最優先とされ，初期段階には各施設の実態に合わせて経験を蓄積しつつ進めるよう規定されており，種類1の化学兵器を生産する施設の廃棄の場合は2～5年，6～8年，9～10年の3期に区分して生産能力に応じて廃棄を各期平均して進められる．可能ならば廃棄ペースは加速することができる．

［秋山一郎］

■**化学兵器に対する防護**　protection against chemical weapons

*化学兵器' は，呼吸器から浸透する窒息剤(塩素，ホスゲンなど)と血液剤(青酸)，呼吸器と皮膚から浸透する糜爛剤(マスタード，ルイサイトなど)と神経剤(サリン，VXなど)に大別される．呼吸器と顔面を防護するためには微粒子を阻止する紙フィルター層と活性炭層からなる吸収缶を備えた防護マスク，顔面以外の全身を化学剤の付着から防護するためにはゴム製または活性炭布などを用いた防護衣が使用される．吸収缶は防護対象化学剤によって型式が異なり，通常の工業用マスクでは効果がない場合が多い．また，青酸が併用されると破過時間が短くなるため交換のタイミングに注意しなければならない．そのため防護を完全にするには，化学剤の種類を特定するための検知器材との併用が不可欠である．防護衣は，高濃度汚染地域には長時間の着用には耐えないが耐浸透性に優れたゴム製の防護衣が，低濃度汚染地域には通気性があり長時間の着用が容易な活性炭布製の防護衣が適している．汚染地域の除染を行う場合にはゴム製の防護衣を着用し，通常の防護マスクに代えて空気ボンベが付いた空気マスクを使用する場合がある．また，移動時には大型の吸収缶付きの空気浄化装置を備えた装甲車両が，現地本部などにはエア・テント型の防護シェルターが使用される．

［秋山一郎］

■**化学兵器の使用**　use of chemical weapons

1　第一次大戦終了まで　硫黄などを混ぜて有

毒な煙を発生させ戦闘に活用する手法は，古代ギリシア時代から記録されている（トゥキュディデス〔Thukydides〕『戦史』2巻77章）が，大規模かつ組織的な化学物質の兵器利用は，19世紀後半からの有機化学と化学産業の発展によりはじめて可能になった．戦闘で化学物質が兵器として大規模使用された最初の例は，第一次世界大戦でのイープル（Ieper, Ypres）におけるドイツ軍の塩素ガス攻撃（1915年4月）である．その際ドイツ軍は，投射物によるガス攻撃を禁じた*毒ガス禁止宣言'（1899年）に抵触しないよう，地上に並べた5,000本以上のボンベから塩素ガスを放出した．ドイツの*化学兵器'使用にはノーベル賞受賞者（1918年）フリッツ・ハーバー（Fritz Haber）が指導的役割を果たし，同国はホスゲンやジホスゲン，そして1917年7月にはイープルでマスタード（別称「イペリット（Yperite）」はイープルに由来）を次々使用した．連合国も1915年9月にロースで塩素ガスを大量使用したのち，イペリット使用でもドイツに対抗し，化学兵器使用は1918年の停戦まで続いた．米国陸軍軍医総監編纂の『化学・生物戦の医学的側面』は，英国，フランス，ロシア，イタリア，ドイツ，オーストリアの死傷者2,600万のうち100万人が化学戦によるもの（約8割はイペリットが原因）と推定する．

2 戦間期から第二次世界大戦終了まで ベルサイユ条約第171条はドイツに毒ガスの使用禁止を義務づけ，1922年には*潜水艦及び毒ガスに関する五国条約'（未発効），1925年には毒ガスと細菌兵器の戦時における使用を禁止した*ジュネーブ議定書'が採択された．しかし，1935～36年にエチオピアへ侵攻したイタリア軍は，ジュネーブ議定書の批准国であったが，捕虜に対するエチオピア軍の残虐な処遇などを理由に，イペリットその他を使用した．また，日本軍が中国で化学兵器を使用しているとの情報を入手した米国は，フランクリン・ルーズベルト（Franklin Roosevelt）大統領が，1943年6月，使用が継続すれば米国への使用とみなして同種報復を行うと警告した．太平洋戦争末期には，米軍が日本本土上陸作戦での使用を検討したが，太平洋や欧州戦線での使用は確認されていない．

3 第二次世界大戦後 1960年代には，イエメン内戦に介入したアラブ連合軍に化学兵器使用疑惑が生じ，ベトナム戦争では米軍が*暴動鎮圧剤'や*除草剤'を使用した．米国は，国内で治安維持や農業用に利用されている化学物質の使用は国際法で禁止されていないと主張したが，この問題を契機に化学兵器・*生物兵器'禁止への国際的関心が高まり，国連事務総長の*『「化学・細菌（生物）兵器とその使用の影響」に関する報告書』'（1969）の刊行，米国のジュネーブ議定書批准，*生物兵器禁止条約'の成立などへ帰結した．1980年代以降は化学・生物兵器の発展途上国への拡散が懸念されるようになり，国連事務総長は*黄色い雨'問題（1981～82年）とイラン・イラク戦争での化学兵器使用問題（1984～88年）について事実調査を実施，後者での使用を確認した．イラクは1988年に同国北部のクルド人に対する軍事作戦（「アンファル作戦（Operation Anfal）」）でも化学兵器を無差別使用した．国連事務総長による事実調査は，2013年にも，シリア内戦におけるダマスカス・ゴータ地区での使用の疑いについて実施され，比較的大規模なサリン使用により，子どもを含む一般市民にも犠牲者が出たと結論したが，使用者特定は権限外として行わなかった．*非国家主体'では*オウム真理教'が松本（1994年）と東京（1995年）でサリン散布による無差別殺傷を実行している．→イラクの化学兵器，化学テロ，国連事務総長調査手続（化学・生物兵器），シリアの化学兵器，日本の化学兵器，地下鉄サリン事件

［杉島正秋］

■化学兵器の廃棄 destruction of chemical weapons

1 廃棄の定義と検証 *化学兵器禁止条約'に

か

よれば, *化学兵器' の廃棄とは, 化学物質を化学兵器の生産に適しないものに不可逆的に転換する過程, または弾薬・装置を使用不可能にする過程をいう(検証附属書第4部(A)第12項). 水中投棄, 地中埋設および野外焼却は禁止される. 同条約は化学兵器をそのリスクに応じて, ①種類1(表1剤と関連する部品と構成品), ②種類2(その他の化学物質と関連する部品と構成品), ③種類3(未充填の弾薬・装置など)に区分し, それぞれの廃棄の時期・順序と量を決めている. *化学兵器保有国' は, *化学兵器禁止機関'(OPCW)に対して詳細な廃棄計画を提出して執行理事会の承認を得る必要がある. 化学兵器保有国はまた, 廃棄施設の稼動前にはOPCW技術事務局による工学上の評価を受けるとともに, 稼働中は査察団の常駐査察の下に置き, 廃棄の進捗状況を毎年執行理事会に報告する義務を負う. 常駐査察は, 1ミッション6週間で行われており, 3週間ごとに*査察員' の半数を交代させて任務の継続性を担保している. 化学兵器禁止条約の規定によれば, 廃棄は原則として10年間で完了する予定であったが, 米国, ロシア, リビアの3カ国については資金不足や施設建設の遅れなどの事情により廃棄期限が条約の認める最大幅の2012年4月29日まで延長された. これら3カ国は2012年4月29日の廃棄期限を履行することができず, これ以降は*化学兵器の廃棄期限問題' に関する第16回締約国会議の決定に従って廃棄を継続している.

2 廃棄の方法　廃棄の方法は, 焼却法, 化学分解(中和)法, および爆破法などに大別される. ①焼却法(米国, ドイツなど)は中～大規模廃棄施設に適し, 砲爆弾や容器から抜き取った表1剤を1次燃焼(600℃)から2次燃焼(650℃)への2段階焼却炉で処理し, 弾殻や容器は別の焼却炉内で熱処理後に破砕する. ②化学分解法(米国, ロシアなど)は小～中規模廃棄施設に適し, 砲・爆弾や容器から抜き取った表1剤を化学分解して低毒性の化学物質に転換した後に2次処理を経て無毒化し, 弾殻や容器も化学処理後に破砕する. ③爆破法は移動式処理に適し, 爆薬で弾殻を破壊して化学分解するEDS法(米国), 加熱して化学弾を誘爆させて表1剤を熱分解させる加熱爆破法(スウェーデン), 爆薬を付加して化学弾を誘爆させて表1剤を高温・高圧で熱分解させる制御爆破法(日本)があり, 特に*老朽化化学兵器' の廃棄に多用されている.

[秋山一郎]

■**化学兵器の廃棄期限問題**　issue of the final deadline for the destruction of chemical weapons

*化学兵器禁止条約' では, 締約国に対して原則として条約発効から10年以内に*化学兵器' を廃棄するよう義務づけている(第4条6項). ただし, 10年以内の廃棄を確保できない場合には, *化学兵器禁止機関' の締約国会議は, 執行理事会の勧告に基づいて, 条約発効から15年(2012年4月29日)までの範囲で廃棄期限の延長を決定することができるものとされている(検証附属書第4部(A)第24項～第26項). 米国, ロシア, リビアの3国は, いずれも廃棄期限の延長を認められたが, 2012年4月29日までに廃棄を完了できない見通しとなった. このため, 2011年11月～12月に開かれた第16回締約国会議は, 最終廃棄期限に関する決定を101対1(イラン)で採択し, ①3国は可能な限り短期間のうちに廃棄を完了させること, ②3国は廃棄完了予定日を含む廃棄計画を執行理事会に提出すること, ③3国は廃棄の進捗状況を執行理事会, 締約国会議, 再検討会議に報告することなどを求めた. 2012年5月の執行理事会において, 化学兵器禁止機関の事務局長は最終廃棄期限が完全には守られなかったとの報告を行い, その後米国, ロシア, リビアはそれぞれ2023年9月, 2015年12月, 2016年12月を廃棄完了予定日として執行理事会に報告した. →米国の化学兵器, ロシアの化学兵器, リビアの化学兵器, 化学兵器の廃棄

[浅田正彦]

■**化学兵器保有国** chemical weapons possessor states

*化学兵器' とは, サリンなどの神経剤, マスタードなどの糜爛(びらん)剤に代表される有毒化学剤(物質)を砲弾などに充填したもの, すなわち兵器化したものであるが, そのような有毒化学剤そのものを化学兵器ということもある. 化学兵器の開発·生産·保有·使用は, *化学兵器禁止条約' (1997 年発効)によって禁止されている. 同条約の締約国(2014 年9月現在 190 カ国)は, 化学兵器を保有している場合には, 第3条に基づいてそれらのすべてを*化学兵器禁止機関' (同条約に基づきオランダのハーグに設置された国際機関:OPCW)に申告しなければならない. そして, このような申告をした締約国は OPCW による検証体制の下で一定期間内に申告した化学兵器を廃棄することが義務づけられている. 同条約上は, 「化学兵器保有国」に関する定義はないが, 第3条に基づく申告を行い, 廃棄に携わっている締約国は化学兵器保有国と考えることができる. 化学兵器禁止条約に基づいて化学兵器の保有を申告した締約国は現在まで 8カ国で, 米国, ロシア, リビア, インド, 韓国, アルバニア, イラク, シリアである. いまだ同条約の締約国となっていない国(6カ国)のなかには, 北朝鮮など化学兵器の保有が疑われてきた国もある. [新井 勉]

■**核·宇宙交渉** Nuclear and Space Talks: NST

核·宇宙交渉は, 米ソ間で 1981 年 11 月から開始されていた*中距離核戦力' (INF)削減交渉と 1982 年6月から開始されていた戦略兵器削減交渉の進捗を図るために, 中距離核戦力および戦略核戦力の削減と, ソ連が求めていた*宇宙兵器' の規制の3分野を包括的に進めた交渉である. ソ連は, 1983年11月に西独政府が*NATO の二重決定' に則りパーシングⅡ*中距離弾道ミサイル' と地上発射*巡航ミサイル' (GLCM)の配備を承認すると, INF 交渉を打ち切ったが, 宇宙兵器も対象に含めた米国の NST 提案を受けて 1985 年3月の INF 交渉再開に応じた. こうして NST の名称の下, 3分野の交渉が進められた. 3分野の交渉をいかに相互関連させるかについて米ソ間には意見の相違があったが, 1987 年2月にソ連のミハイル·ゴルバチョフ(Mikhail Gorbachev)政権は INF 交渉をほかの2分野から切り離して交渉を進めることに同意し, 同年 12 月の*中距離核戦力条約' (INF 条約)の署名につながった. 宇宙兵器の交渉は当時米国が進めていた*戦略防衛構想' (SDI)をめぐる交渉となったが, ソ連が SDI を自国の対米核抑止力を損なうものと捉え, 強く反発したため戦略核戦力の削減交渉は大きな影響を受けた. しかしながら, 国内の経済的苦境を克服するためには欧米との協調路線が不可欠と考えていたゴルバチョフ政権は, SDI に対する姿勢を和らげ, SDI 研究開発を進めるにあたって米国が*弾道弾迎撃ミサイル制限条約' (ABM 条約)に違反しないことを条件に, 戦略兵器削減交渉を進捗させるべく SDI の棚上げを受け入れたのである. →戦略兵器削減条約 [榎本浩司]

■**核運用戦略報告** Report on Nuclear Employment Strategy of the United States

1 報告の基本的内容 2013 年6月 19 日に米国防省が提出した本報告は, 2010 年*核態勢見直し報告' (NPR報告)の継続として, 国防省その他の関連省庁と協議しつつ, より詳細な分析を行ったものであり, 現在および将来の安全保障環境に対する米国の核計画を調整するため, 米国の*核抑止' の諸条件を詳細に見直すことを目的としている. まず戦略的環境としては, 世界的核戦争の脅威は遠のいたが, 核攻撃のリスクは増大しているとし, *核兵器' の役割をガイドする諸原則として, ①核兵器の基本的な役割は核攻撃を*抑止' することである, ②死活的利益を防衛するための極限的な状況においてのみ核兵器の使用を考える, ③信頼できる核抑止を維持する, ④最低限の核兵器の数により核抑止を達成する，を列挙する．また米国はカウンターフォース能力を維持すること，*戦略三本柱'を維持すること，前進配備核兵器能力を継続すること，技術的問題と国際環境の変化に対する十分なヘッジを維持することなど従来の核運用戦略の多くが継承されている．*消極的安全保証'および*唯一の目的'など，核運用計画指針および核兵器の役割の低減も基本的には2010年の核態勢見直し報告と同様の路線を採用している．

2 報告の新たな進展 2013年報告の新たな進展としては，武力紛争法の基本的諸原則に一致すること，たとえば区別および均衡性の原則を適用することへの言及が含まれている．また大規模奇襲核攻撃の可能性が大幅に減少したので，*攻撃下発射'が果たしている役割を低減するための一層のオプションを検討することが含まれている．さらに戦略核兵器の一層の削減に関して，*新戦略兵器削減条約'（新START条約）のレベルから最大3分の1の配備核兵器の削減を追求することが可能であり，ロシアとの交渉による削減を求めると規定されている．

［黒澤 満］

■核拡散抵抗性 proliferation resistance

核拡散抵抗性とは，*核兵器'または他の核爆発装置の獲得を目的とした国による未申告の*核物質'の生産や転用，技術の不正使用を妨げる原子力システムの特性である（*国際原子力機関'〔IAEA〕文書 *STR-332*, 2002.）核拡散抵抗性のレベルは，原子力システムの技術的設計特性，運転形式，そして制度的取決めや*保障措置'の組合せなどで決まる．核拡散抵抗性を高める*内在的特性'と*外在的措置'は，原子力システムが核兵器計画における核分裂性物質獲得の魅力的な手段とならないように，原子力システムの全寿命を通して堅持され，また内在的特性と外在的措置の両方が不可欠であり，どちらも十分に考慮されなければならない．核不拡散抵抗性の背景は，近年の原子力利用のグローバルな拡大にともなう，核拡散リスクの増大に対処するには，保障措置などの制度的な対策の適用だけでは核不拡散に限界があり，国際的に原子力平和利用を推進するためには，さらなる効果的な核不拡散対策が不可欠との考えに基づいている．近年，核拡散抵抗性については，IAEAの革新的原子炉および核燃料サイクル国際プロジェクト（INPRO），並びに第4世代原子力システム国際フォーラム（GIF）などにおいて，核拡散抵抗性評価手法に関する議論が精力的に行われている．

［千崎雅生］

■核革命 nuclear revolution

*核兵器'の登場が，軍事戦略ひいては国際関係を根底から変えたという考えを表す表現．最初の原子爆弾は第二次世界大戦末期に米国で完成し，最初に使われた広島，長崎では1個の爆弾で1945年末までに推定21万人前後が死亡，爆心から2kmの街区は壊滅，残留放射線により世代を超えて人々の健康を蝕んだ．バーナード・ブロディ（Bernard Brodie）は，早くからこの巨大な破壊力のため軍事力の機能は*抑止'以外になくなったと述べた（*The Absolute Weapon*, 1946）．この破壊力が強いる抑制効果は，米国で*大量報復戦略'（1954年），確証破壊戦略（1965年）として冷戦期軍事戦略の中心に据えられたが，この考え方が徐々に米ソで共有され，米ソ間およびその同盟国間でも一種の政治的膠着（手詰まり）状態が生まれた．この*相互核抑止'体制が東西の険しい対立を，*冷戦'にとどめた1つの大きな要因であった（「長い平和」）．ただし*軍備競争'，同盟など国際政治パターンは必ずしも変わったわけではなく，また東西同盟以外の途上国などでは大規模な武力紛争が発生したから，革命がどの程度のものかには議論がある．→核抑止，絶対兵器

［納家政嗣］

■核鑑識 nuclear forensic

核鑑識とは，捜査当局によって押収，採取された*核物質'および放射性物質について，核物質，放射性物質および関連する物質の組成，物理的

特徴(寸法,形状),化学的特徴(化学組成),元素的特徴(主要元素,微量元素),同位体組成などを分析し,従来の科学捜査における指紋や,DNA,花粉,繊維などの分析結果による鑑識技術と同様に,その物品の出所,履歴,輸送経路,目的などを推定・解析する技術的手段である.核鑑識活動には,対象物質のサンプリング,採取したサンプルの分析,分析結果とデータベースや数値シミュレーションとの比較による解析といった活動が含まれる.核鑑識活動の対象として,不正取引として押収された核物質などや,核や放射性物質を伴う破壊行為の残骸から採取された核物質などが想定されている.冷戦後の核物質の*不法移転'に対処するために,G8核不拡散専門家グループ(NPEG)の後援を受けて,1996年に核鑑識技術の開発,共通の手法や技術を提供するため「核物質の不法移転に関する国際技術作業部会」(ITWG)が設立され,各国の分析所が同一の試料を分析して結果を比較することで,それぞれの分析所の能力を検証するラウンドロビン・エクササイズなどの活動を行っている.また,ITWG,米国*エネルギー省'の支援を受けて,ローレンス・リバモア国立研究所,パシフィック・ノースウェスト国立研究所によって作成された「核物質鑑識活動および核的属性割り出しのためのモデル活動計画」に基づいて,*国際原子力機関'(IAEA)は2006年に核鑑識に関する技術指針を作成している.ITWGに参加する核鑑識に係る研究所が過去10年にわたって蓄積した経験をこの指針に反映している.我が国においては,2010年4月の*核セキュリティサミット'において核鑑識技術の開発を行う旨のコミットメントがなされ,2011年度より*日本原子力研究開発機構'がこの開発を担当している.すでに,基礎的な核鑑識技術の開発は終了しており,国内の原子力施設で扱われている核物質のデータベースの収集がなされている.

[直井洋介]

■**核脅威イニシアティブ**　Nuclear Threat Initiative : NTI

米国ワシントンD.C.に拠点を置く非政府組織であり,2001年に元米国上院議員サム・ナン(Sam Nunn)とCNN創業者テッド・ターナー(Ted Turner)により設立された.理事会では,この両氏が共同議長,またサム・ナンが最高経営責任者を務めている.理事会メンバーには,日本から小和田恆国際司法裁判所判事が参加している(2014年10月現在).*核兵器',*生物兵器',*化学兵器'の使用のリスクを低減し,それら兵器の拡散を防止することにより地球規模で安全保障を強化すること,*核兵器不拡散条約'(NPT)の目的を達成する前提条件である,信頼性,透明性,セキュリティを向上するために活動することをミッションとしている.このミッションに沿って,①*国際原子力機関'(IAEA)管理下での*低濃縮ウラン'備蓄計画の提案と資金拠出の表明(2006年),②*核セキュリティ'・プロジェクトの運営協力(2007年),③*世界核セキュリティ協会'(WINS)の設立(2008年)などのさまざまな活動を展開してきた.2012年と2014年には,公開情報に基づき独自の評価指標に沿って各国の核物質の管理状況を数値化し順位づけた「核物質セキュリティ・インデックス(Nuclear Materials Security Index)」を発表した.

[宮本直樹]

■**核軍縮**　nuclear disarmament

1 核軍縮とは　*核兵器'を対象とした*軍縮'のことで,核兵器の削減をめざす国際的取り組みを意味し,*核不拡散'や*核軍備管理'とは区別された概念である.通常兵器と比べて核兵器の持つ機能や政治的意味が巨大かつ複雑なため,核軍縮についての考え方や手段も複雑である.核兵器の非人道性ゆえに存在意義そのものを「絶対悪」として否定する立場に立てば,核軍縮とは核兵器の全廃をめざした削減を意味する.一方,核兵器に*抑止'機能など一定の存在意義を認める立場に立てば,核軍縮とは*戦略的安定'を損なわない範囲で段階的に行う削減を意味する．現実には，核軍縮は核兵器の全廃の手前までの削減の意味で用いられることが多い．核軍縮の交渉の場は，国連や*軍縮会議'(CD)，*NPT 再検討会議' などの多国間交渉，米露などの 2 国間交渉，地域国家間交渉などがある．核軍縮の手段も，保有する核弾頭の削減，ミサイルなど運搬手段の削減，核兵器の開発を制限するための核実験の禁止や*兵器用核分裂性物質生産禁止条約'(FMCT)，特定の地域から核兵器の存在をなくす非核兵器地帯の創設，核兵器そのものを非合法化する*核兵器禁止条約' など，未成立のものも含めて多様な方法が考えられている．また，核軍縮のための条約交渉は国家単位で行われるが，核軍縮を進める上で，核兵器の存在を否定する市民社会の活動はますます重要になっている．

2 核軍縮をめざす条約　これまでに成立した主要な核軍縮をめざす条約には以下のものがある．①核実験の禁止*部分的核実験禁止条約'(PTBT)(1963 年署名・発効)，*包括的核実験禁止条約'(CTBT)(1996 年国連採択，未発効)．②国際社会全体による核軍縮の取り組み*核兵器不拡散条約'(NPT)(1968 年署名，1970 年発効)．③米ソ・米露間の核弾頭および運搬手段の削減*中距離核戦力条約'(INF 条約)(1987 年署名，1988 年発効)，*戦略兵器削減条約'(START 条約)(1991 年署名，1994 年発効)，*戦略攻撃能力削減条約'(SORT)(2002 年署名，2003 年発効)，*新戦略兵器削減条約'(新 START 条約)(2010 年署名，2011 年発効)．④特定の地域から核兵器を取り除く*トラテロルコ条約'(1967 年署名，1968 年発効)，*ラロトンガ条約'(1985 年署名，1986 年発効)，*バンコク条約'(1995 年署名，1997 年発効)，*ペリンダバ条約'(1997 年署名，2009 年発効)，*セミパラチンスク条約'(2006 年署名，2009 年発効)．［水本和実］

■核軍縮キャンペーン Campaign for Nuclear Disarmament : CND

英国を代表する平和団体であり，ロンドンに本部がある．*核兵器' の撤廃をめざすテーマを中心としながらも，時代の要求に応えてさまざまな課題をテーマとした．*水素爆弾' の開発への懸念と*核実験' 反対の英国世論の高まりの中で，1957 年 12 月に作家ジョン・プリーストリー(John Priestley)が英国の一方的*核軍縮' を訴えた論文が大きな反響を呼んだことを契機として，1958 年初頭に CND は正式に設立された．CND は著名人の参加を得て政策変化を促す運動の性格をもって始まったが，非暴力を原則とした自主的な参加形態が広がることによって草の根大衆運動として急速に成長した．現在も世界中で使われる平和運動のシンボルマークを生み出したように，運動の文化的な影響は英国を超えて世界に広がった．しかし，1965，66，67 年のイースター・デモが米国のベトナム戦争反対デモであったことに象徴されるように，CND は課題を広げ政治化の傾向を強めた．70 年代は比較的低迷期であったが，米国のロナルド・レーガン(Ronald Reagan)大統領の*限定核戦争論' によって欧州が核の戦場になるという危機感が広がり，80 年代，CND は核軍縮運動として再び大きな高揚期を迎えた．1983 年の街頭デモは 40〜50 万人を記録している．今日，CND は英国の唯一の核兵器であるトライデント・システムの更新に反対している．→原水協(原水爆禁止日本協議会)，原水禁(原水爆禁止日本国民会議)

［梅林宏道］

■核軍縮と戦略的安定 nuclear disarmament and strategic stability

1 冷戦時代　米ソは激しい核軍備競争を続ける一方で，両国の*核兵器' に一定の相互規制を設ける外交交渉を行い，合意した内容を条約化していった．*戦略的安定' は，戦略核の*軍備管理' 交渉で米国が達成すべき目標の 1 つであった．放置すれば激化していく*軍備競争' に歯止めをかけること(軍備競争に係る安定)と，危機が生じたときに軍事的緊張のエスカレーションを抑えること(危機における安定)が目指された.核軍備管理交渉において米国はソ連の重*大陸間弾道ミサイル'(ICBM)を極力規制し,自国の戦略核の三本柱(ICBM,*潜水艦発射弾道ミサイル'(SLBM),*戦略爆撃機')を温存しようとした.1980年代に米国の*戦略防衛構想'(SDI)が大論争になった理由は,戦略的安定に与える影響(米ソ間の核軍備競争の激化,*相互核抑止'の不安定化,同盟国の防衛政策との関連性)が懸念されたからである.

2 冷戦後　冷戦後に受け継がれた米露間の核軍縮交渉においても,戦略的安定の維持が重視されているが,核兵器の大幅かつ迅速な削減を望む軍縮推進派と,信頼性ある*抑止'力が必要であるとする国防派の間に意見の相違がある.また,戦略的安定の概念は時代遅れとする見解と,戦略的安定を無視した核軍縮を危険と見る見方があり,米露間で成立した核軍縮条約に対する評価を分けている.一方,米国のミサイル防衛計画の推進は,自国の戦略核ミサイルの抑止力低下を恐れるロシアの戦略計算に影響を与え,米露核軍縮交渉に影響を及ぼしている.ロシアは*新戦略兵器削減条約'(新START条約)の批准時に声明を発表し,もし米国と北大西洋条約機構(NATO)のミサイル防衛がロシアの戦略兵力に脅威を与えるようならば,条約からの撤退を検討しなければならないと米国を牽制した.*弾道弾迎撃ミサイル制限条約'(ABM条約)の存在を前提にして進められた冷戦時代と異なり,同条約失効後の米露核軍縮と戦略的安定をめぐる問題の文脈は複雑になった.

3 米ソ(露)以外の核保有国と戦略的安定　1998年に相次いで核実験を実施して核保有国になったインドとパキスタンには,軍事的緊張と軍備競争の継続,軍事的危機の頻発など,冷戦時代の米ソ関係と共通する点があり,戦略的安定が問題になる.米ソ間の相互核抑止は大規模で多様な核戦力を背景にして成り立つと考えられていたが,印パ両国の核兵器は量・質ともに限定的である.新たに登場した2つの核保有国の間に相互核抑止と戦略的安定が成立するのか,対話を通じて信頼醸成や軍備管理・軍縮あるいは核兵器の放棄が可能かなどの問題が議論されている.戦略的安定は冷戦中の米ソ関係をめぐって形成された概念であるが,核兵器を保有する中国と北朝鮮が位置する北東アジアや,核拡散が懸念される中東における地域の戦略的安定も重要な課題である.→本土ミサイル防衛,ロシアの核政策・核戦略　［岩田修一郎］

■核軍縮の人道的アプローチ　humanitarian approach to nuclear disarmament

1 核軍縮への人道的アプローチの論理　*核兵器'のいかなる使用も壊滅的な人道的影響を与えるので,核兵器が決して使用されないことが人類の利益になるものであり,そのための絶対的な保証は核兵器の廃絶であるという考えに基づいている.伝統的な*核軍縮'へのアプローチは,*戦略的安定'を重視し,可能な措置から1歩ずつ進むというものであり,それとは大きく異なったものである.1996年の国際司法裁判所の勧告的意見は,「核兵器の使用は一般的に*国際人道法'に違反する」と述べていた.*赤十字国際委員会'も,核兵器のいかなる使用も国際人道法に合致するとみなすことは不可能であり,核兵器の使用に対する人道的対応能力は存在しないので,国際条約により核兵器を禁止し廃絶すべきであると主張していた.2010年*核兵器不拡散条約'(NPT)再検討会議でこの側面の議論が広く開始され,会議は,その最終文書において,核兵器のいかなる使用からも生じる壊滅的な人道的結末に深い懸念を表明し,すべての国が国際人道法を常に遵守する必要性を再確認した.

2 *核兵器の人道的結末'に関する共同声明および国際会議　2012年5月の*NPT再検討会議'準備委員会において,スイスを中心とする16カ国により「最も重要なことは核兵器がいかなる状況においても決して再び使用されないことであり,これを保証する唯一の方法は核兵器の全面的な廃絶である」とする共同声明が出された. 同年の国連総会では同様の声明が34カ国共同声明として出された. 2013年4月のNPT再検討会議準備委員会では南アフリカを中心に80カ国, 同年の国連総会ではニュージーランドを中心に125カ国の賛同を得て, さらに2014年には155カ国の賛同を得て, 同様の共同声明が出された. また核兵器の人道的影響に関する国際会議が, 2013年3月にノルウェーで, 2014年2月にメキシコで開催され, 核兵器の爆発の即時の人道的影響, 広範な影響および長期的影響として環境や気候変動や食糧に与える影響などが科学的な見地から, 事実に基づく議論として進められ, 壊滅的な即時のおよび長期的な影響が不可避であり, それに対応することは不可能であると結論している. なお米国, ロシア, 英国, 中国, フランスの5核兵器国はこれらの会議への参加を拒否した. 2014年12月に3回目の会議がオーストリアで開催され, 米国と英国は参加した. ［黒澤 満］

■**核軍縮・不拡散議員連盟** Parliamentarians for Nuclear Non-proliferation and Disarmament : PNND

*核軍縮'・*核不拡散' 問題に関心を持つ国会議員による国際的なネットワーク. 核問題に関する最新の情報・資料の相互提供や人的交流を通して, この問題に関連した議員活動を促進させることを目的としている. PNNDは, 2001年に国際NGO「*中堅国家構想'」(MPI)の提唱により設立された. 現在, 80カ国以上から800人を超える超党派の議員が参加している. エド・マーキー(Edward Markey)米上院議員ら11名が共同代表を務めている. PNNDはこれまで, 国連などの国際機関や市民社会との緊密な協力の下, 核軍縮・核不拡散に関する幅広いテーマにおいて, 各国・地方議会への働きかけ, 議員署名活動, シンポジウム開催などの活動を有志議員による取組みとして行ってきた. 近年に取り扱ったテーマとしては, 非核兵器地帯, *核兵器禁止条約', 米露の*戦略兵器削減条約' (START条約), 米国の戦術核兵器の欧州配備, *核兵器' 予算などが挙げられる. PNNDの日本支部であるPNND日本は2002年7月に結成された. 2014年9月25日現在, 河野太郎衆議院議員(自由民主党)が会長を務め, 衆参あわせて7党から39人が参加している. 識者を招いた議員勉強会の開催のほか, 国際的なPNNDの動きに呼応した署名活動などを行ってきた. 近年ではPNNDの韓国支部であるPNND韓国の参加議員との交流も活発になっている. →核不拡散・核軍縮に関する国際委員会, 大量破壊兵器委員会

［中村桂子］

■**核軍備管理** nuclear arms control

1 核軍備管理とは *核兵器' の分野における*軍備管理' をさす. もともと軍備管理という概念は1950年代後半から1960年代初めにかけ, 核兵器をめぐり米ソ対立が激化する中で, 核兵器を念頭に米国で体系化された. 核軍備管理とは, 核軍備を有して対立する国家もしくは国家同盟間で, 核戦争の勃発を回避し, 仮に核兵器が使用されても損害を最小限に抑え, かつ軍事費を抑えることを目的とし, *戦略的安定' が維持できる範囲で核兵器の運用に対して加えるさまざまな管理・制限政策の総体である. *核軍縮' と核軍備管理は並列で論じられることが多く, 核軍縮のための条約の多くは核軍備管理の目的にもかなっているが, 両者の考え方には以下の違いがある. ①前者は核軍備の存在自体を否定的に見る場合が多いが, 後者は一定の価値を認める. ②前者は核軍備の削減を目標とするが, 後者は必ずしも削減を目指さない. ③前者は*核抑止' を否定的に見る場合が多いが, 後者は核抑止の機能を認める. こうしたことから, 核兵器の問題を論じる際, 平和研究者や平和学の専門家, 市民社会やNGO関係者は核兵器の全廃や全面禁止を念頭に置いた核軍縮を重視する傾向にあるのに対し, 安全保障や外交・防衛の専門家, 実務家は核軍備管理を重視する傾向にある.

2 核軍備管理の具体例 核軍備管理政策には,単独で行う一方的な措置もあれば,2者または多数の当事者で行う措置もある.2010年の米国の*核態勢見直し報告'(NPR報告)には,核兵器の役割の低減などの単独措置が含まれている.だが,核軍備管理上の措置が最も多く取られたのは,東西*冷戦'期の米ソ2国間だといわれる.イデオロギー対立や社会体制の違いを背景に核軍拡を進めた両国は,*キューバ危機'により核戦争の危険が現実のものだと認識し,交渉と合意に基づく核軍備管理を受け入れたためで,1972年に米ソが署名し発効した*戦略兵器制限暫定協定'(SALT I暫定協定)が典型的な事例である.一方,多国間の軍備管理の取り決めの代表例としては1968年に署名され1970年に発効した*核兵器不拡散条約'(NPT)があげられる.冷戦終結後も米露間での核軍備管理措置は,*戦略攻撃能力削減条約'(SORT)および*新戦略兵器削減条約'(新START条約)の形で継続されているが,米中間やインドとパキスタンの間の核軍備管理の必要性などが指摘されている.　[水本和実]

■拡散対抗　counter-proliferation

*大量破壊兵器'(WMD)などの拡散や拡散活動がすでに発生していることを前提に行われる拡散の脅威に対抗するための措置やその実施のための国際枠組み形成,あるいは被害対応などを指す.ビル・クリントン(Bill Clinton)政権は,大量破壊兵器の不拡散を最重要の国防課題と位置づけ,外交や*経済制裁'などの予防手段(prevention)と抑止や被害軽減などの防護手段(protection)からなる拡散対抗政策を策定した.ジョージ・W・ブッシュ(George W. Bush)政権において拡散対抗の取り組みは拡大した.移転阻止の側面としては,*拡散に対する安全保障構想'(PSI)や*コンテナー安全保障構想'(CSI)のような強制力を用いた法執行措置が行われるようになった.またこれらを多国間で行う国際協力枠組みの形成や,拡散対抗措置を行う上で前提となるインテリジェンスの強化なども行われている.また*弾道ミサイル防衛'(BMD)や,拡散活動への関与が疑われる施設への武力行使のような防護策も拡散対抗に含まれるとされる.これらの措置は,条約などの遵守だけでは不拡散が担保できないため,それを補完する役割を有するとされる.拡散対抗は比較的新しい概念であり,実施される措置やその拡大は時々の政権の不拡散政策に左右される傾向がある.

[奥田将洋]

■拡散に対する安全保障構想　Proliferation Security Initiative : PSI

1 結成の背景 *懸念国'や闇のネットワークによるミサイル技術の流出の拡大にともない,2002年12月のソサン号事件を契機に「拡散に対する安全保障」構想とよばれるような国際的枠組みが形成されるようになった.イエメン沖における北朝鮮の不審貨物船「ソサン号」への臨検で発見されたのは15基のスカッド・ミサイルをはじめとする部品であった.しかしミサイル部品押収の法的根拠はなく,同船は「釈放」されることとなった.同じ頃,アメリカのジョージ・W・ブッシュ(George W. Bush)大統領は,「大量破壊兵器と闘う国家戦略」を明らかにし,2003年5月には訪問先のポーランドで,「拡散に対する安全保障構想」を発表し日本を含む10カ国に参加をよびかけた.その結果,同年9月に米国,英国,イタリア,オランダ,豪州,フランス,ドイツ,スペイン,ポーランド,ポルトガル,そして日本の11カ国によって「PSIのための阻止原則宣言」が出された.

2 PSIの具体的措置 PSIは,従来の各国個別の対策ではなしえなかった国境を越える輸送段階での拡散阻止を重視する.具体的には,不拡散に利害を有し,陸海空において*大量破壊兵器'(WMD)およびミサイルの流れを途絶させる措置をとる能力および意志を有する国家が何らかの形で関与することを求める.PSIの一環として他国より提供された機密情報を保持しつ

か

つ関連情報の迅速な交換のための手続きをとること，阻止作戦のために適切な対応をすることを目的に，関連国内法を強化するほか，具体的に次の措置をとることとした．①拡散懸念国の輸送協力を行わず自国の管轄権内でそれを許可しないこと，②自国籍船舶が拡散懸念国等との間で大量破壊兵器等を輸送する懸念がある場合，内水，領海，および他国の領海を越えた海域において乗船し検査する措置をとり関連貨物を押収する，③他国による自国籍船舶への同様な措置に同意を与える，④内水，領海，接続水域において停船および立入検査し発見した関連貨物を押収する，⑤自国領空を通行する航空機に検査のため着陸を求め貨物を押収する，ないしは事前に自国領空の通過を拒否する，⑥港湾，空港などが大量破壊兵器等の貨物運搬の中継地点として使用される場合には，当該輸送手段を検査し押収する．また，PSI 発足の翌年 10 月には，日本の主催により海上阻止訓練「チーム・サムライ 04」が実施された．［宮脇 昇］

■核実験　nuclear test

1 定義　核実験について，国際的に共有されている明文での定義は存在しない．一般的に，広義の核実験とは，*核兵器' の開発に必要な基礎的な実験を広く含み，その中には*核反応' や核分裂性物質を必ずしも含まない実験も含まれる．狭義の核実験とは，核爆発を含む実験を指す．*包括的核実験禁止条約'（CTBT）および*部分的核実験禁止条約'（PTBT）において禁止の対象となっているのは，狭義の核実験であり，通常，単に核実験といった場合には，狭義の核実験を指すことが多い．狭義の核実験についても，核爆発が具体的にどのような現象を指すのかを定義しないまま，CTBT および PTBT では「核兵器の実験的爆発及び他の核爆発」を禁止している．これは核爆発について詳細かつ具体的な定義を条文に含めようとした場合，その範囲をめぐって意見が対立し，交渉が難航することを回避するためと，禁止の範囲を具体的にすることで，かえって抜け穴が生じるリスクを避けるためであるとされる．現実には CTBT の*国際監視制度' および各国の国内的手段によって探知可能な限界よりも小規模な核反応は核爆発とはみなさないという暗黙の了解が成立しているという意見もある．

2 意義と目的　核実験は，核兵器の開発の成果を確認する上で，最も確実な方法であり，また，核兵器の開発，改良において最も有効なデータの収集方法である．したがって，核兵器の開発プロセスにおいて，技術的に極めて重要な意味を有している．実際の核実験を行うことなく実用的な核兵器を開発することが技術的にどこまで可能かについては議論があるが，核実験を行った場合に比べて，核実験抜きの開発がより困難であることは否定できない．また，核兵器は多くの場合，軍事的に「最後の切り札」と考えられていることから，その信頼性を実際の爆発実験により確認しておきたいという心理的な要因も大きい．技術的な必要性以外にも，核実験の実施は軍事的，政治的な意義を伴う場合が多い．軍事的には，核兵器を開発，製造する能力を明らかにすることで，相手国を威嚇し，軍事的な圧力としたり，*抑止' 力を誇示する目的のために核実験がしばしば用いられる．また，政治的には核兵器の開発，製造力を示すことで対外的に国威の発揚を行おうとする他に，国内的にも政府の威信を示す目的で核実験が用いられていると見られる場合もある．冷戦時に米ソの間で，技術開発の点からは必要性に乏しいとみなされる核実験が頻繁に繰り返されていたケースがあるが，これは抑止力の誇示と国威の発揚が主な目的であったと考えられる．

3 現状と課題　現在までに，米国は 1,000 回を超える核実験を実施しており，またソ連／ロシアが 700 回以上，フランスが約 200 回と，この 3 カ国の実験回数が多く，イギリス，中国がいずれも 50 回以下，インド，パキスタン，北朝鮮は 2〜3 回程度である．現在核実験を規制する国際的な枠組みとしては，*地下核実験' 以外の実験を禁止するPTBTや，地下核実験の規模を規制する米ソ間での*地下核実験制限条約'（TTBT），*平和目的核爆発条約'（PNET）がある．爆発を伴うすべての核実験を禁止するCTBTは未発効であり，現時点では近い将来発効する見込みは立っていない．しかし，5核兵器国およびインド，パキスタンは現在*核実験モラトリアム' を継続しており，イスラエルも核実験を実施することは考え難いので，今後近い将来実際に核実験を行う可能性を否定していないのは実質的に北朝鮮だけである．しかし，*未臨界実験' に代表される核爆発を伴わない実験は現在も継続されており，また，CTBTが発効しない限り，現在モラトリアムを継続している各国が，モラトリアムを撤回すれば，核実験の再開を規制することは難しいのが現実である．［広瀬 訓］

■核実験裁判 Nuclear Tests Cases（オーストラリア対フランス，ニューランド対フランス）〈国際司法裁判所（命令）1973.6.22，（判決）1974.12.20.〉

1 概要 大気圏内の*核実験' は，1954年の米国によるマーシャル諸島の水爆実験でその合法性に疑義がだされ，また1963年米・英・ソが締結した地下を除く*部分的核実験禁止条約'（PTBT）に違反するという異議申立てを受けた．フランスは同条約に加盟せず，1966年以来南太平洋にあるフランス領ポリネシアのムルロワ環礁で，1974年まで大気圏内核実験を実施した．その前年1973年5月9日豪州とニューランド両国はそれぞれ，フランス核実験の違法性確認と将来的差し止めを求めて国際司法裁判所（ICJ）に一方的に提訴した．また原告両国は本案判決まで実験を停止するよう指示する仮保全措置命令を要請した．フランスは応訴せず欠席する一方で，翌年6月から10月にかけて裁判所外の公開の場で，1974年度の実験以降は大気圏内核実験を行わない旨の一方的宣言を，大統領や国防相の発言，外相の国連演説などで発表した．ICJは本件提訴の翌月に出した仮保全措置命令で，フランスは原告国領域内に放射性物質を降らす核実験を回避するよう命じた．しかしICJは上記の一方的宣言で原告の訴訟目的が消滅したので，もはや本案を審理し何らかの決定をする要請をうけていないという判決を行った．

2 影響 この仮保全措置の命令で大気圏内（*宇宙空間' と水中をふくむ）の核実験は停止されたが，フランスは以後ムルロワ環礁で*地下核実験' を継続したため船舶での抗議行動が度々行われた．ICJは上記の一方的宣言は国際社会全体に対して公表されたもので，将来任意に変更・撤回できない拘束力のある国際公約だから，将来的差し止め請求は実効的に成就されているとして本案判決を回避した．しかし豪州はフランス核実験の違法性確認を請求し，その理由に大気圏内核実験禁止は一般慣習国際法になっていると主張したので，この主張の論理的整合性が論点として残った．さらに地下核実験や*未臨界実験' を含む包括的核実験禁止に向けた国際法規範（慣習法と条約）の形成がいまなお課題である．→慣習国際法，包括的核実験禁止条約

［浦田賢治］

■核実験に反対する国際の日 International Day against Nuclear Tests

国連は8月29日を「*核実験' に反対する国際の日」に制定し，*包括的核実験禁止条約'（CTBT）への各国の支持を集め，発効要件国への署名・批准を促すことで，CTBTの早期発効をめざしている．1949年8月29日，ソ連は現在のカザフスタンにあるセミパラチンスク核実験場で初めての核実験を行って以来，同実験場で計456回の核実験を行ったが，旧ソ連の崩壊により独立したカザフスタン政府は1991年8月29日，同実験場を閉鎖した．こうした経緯をふまえ，2009年12月の国連総会でカザフスタンはこの日を「核実験に反対する国際の日」に定める国連総会決議（A/RES/64/35）を提案し，全会一致で採択された．同決議は，国連や各国政府，

NGO, 市民社会, 学界, メディアが協力して, 核実験が人体や環境に与える危険性に関する啓発・教育に取り組むべきだとしており, 毎年この時期には, 国連や軍縮 NGO などが, 核実験に反対し CTBT の早期発効を呼びかける会合やセミナー, シンポジウムなどを開催して啓蒙に努めている. ［水本和実］

か

■核実験被害 damage caused by nuclear tests

1 地球規模の環境汚染 *核実験' は, はしけ上, 塔の上, 風船上, 地表, 航空機からの投下, ロケット発射などの方法による大気圏核実験のほか, 2,400m 以上の深さにまでおよぶ*地下核実験', 600m 以上の深さにおよぶ海中実験, ロケットでは 500km に達する宇宙核実験など, さまざまな環境で実施されてきた. いずれの実験においても核爆発によって発生する放射性物質による深刻な環境汚染を引き起こした. 1963 年に*部分的核実験禁止条約' (PTBT)が締結され, 大多数の核実験が地下核実験に移行することによって環境汚染は大幅に緩和された. これまで知られているデータでは, 1980 年 10 月に中国が行った大気圏実験を最後に, すべての核実験は地下に移行している. しかし, 地下核実験においても空中への放射能漏れや地下水・海水を通じた放射能汚染の拡散が認められている. 核実験の人的被害は放射能による健康被害と考えてよいが, 個々人の被害と核実験との因果関係が明確になるのは例外的であり, 大部分の場合は疫学的な被害推定となる. 今日もなお, プルトニウム 239, ストロンチウム 90, セシウム 137 が核実験由来の汚染物質として地球規模に存続している. これらによる呼吸や食物連鎖を通じた人的被害の大きさはいっそう推定が困難である.

2 住民被害 核実験場周辺の住民や核実験従事者は, 実験による*放射性降下物' (死の灰)によって甚大な被害をこうむった. 米国の場合, 不十分ながら一定の情報の入手が可能であり, 事例研究が行われているが, 他の国の核実験被害のほとんどは秘密の壁に閉ざされている. 1954 年3月のマーシャル諸島のビキニ環礁における米国の*水素爆弾' 実験ブラボーによる歴史的惨事はよく知られている. ビキニ住民はその後「核難民」となって居住地を転々としたあげく, 島は居住不可能と判断されて島自身を失った. 周辺のロンゲラップ島やロンゲリック島に降り注いだ死の灰も甚大な被害を生んだ. 近海で操業していたマグロ漁船の被曝は, *第五福竜丸事件' として知られている. 米国のネバダ核実験場における核実験に関しては風下住民の被曝が問題となった. 1984 年にはユタ連邦地裁が初めて米国政府を有罪とし, 50 年代の核実験が白血病死やガン患者を生んだことを認めた. 1997 年には米国の国立ガン研究所(NCI)が, ネバダ核実験から出た死の灰に含まれるヨウ素 131 の内部被曝が米国の全市民, とりわけ当時幼児であった市民に 11 万～21 万人の甲状腺ガンを引き起こしたと推定した. 旧ソ連のセミパラチンスク核実験場(カザフスタン)においても, 同様な風下被害が発生したと考えられる. イギリスのマラリンガ(南オーストラリア)やクリスマス島における核実験でも健康被害に対する補償と汚染除去の問題が発生している. フランス領ポリネシアの核実験場ムルロア環礁やファンガタウファ環礁においては, ラグーンの海底沈殿物から*プルトニウム' が検出されている. 2005 年にポリネシア議会が設置した調査委員会は, ハワイと比較したポリネシアの甲状腺ガンの発生率の高さや, 子どもの白血病の多さを指摘している. 中国の核実験場のある新疆ロプ・ノールにおいても深刻な被害を伝える情報はあるが, 分析のできる状態ではない. ［梅林宏道］

■核実験モラトリアム moratorium on nuclear tests

*核兵器' 保有国による自発的な核爆発実験の停止措置のことである. 歴史的には, 1958 年 11 月から 1961 年9月まで, 米英ソの 3 カ国は自

発的に*核実験' を停止することで合意, その間3カ国は核実験を行わなかったが, フランスはモラトリアムに参加せず, 核実験を実施した. また, ソ連は1985年8月から1987年2月まで, フランスは1992年4月から1995年9月までモラトリアムを行った. 現在, ロシアは1991年10月, 米国は1992年10月, フランスは1996年1月, また中国は1996年8月から核実験の停止を表明, 核実験の実施を米国の施設に依存している英国も実質的に加わる形で5カ国の実験停止が成立し, その後, 5カ国とも1996年9月に*包括的核実験禁止条約' (CTBT)に署名, 英仏露は批准も済ませ, モラトリアムから法的な禁止の実現へ向けての動きを見せている. インド, パキスタンは1998年の核実験の後, 新しい核実験の必要性は無いとして, モラトリアムを継続しているが, 両国ともCTBTにはまだ署名しておらず, 法的な禁止には慎重な姿勢を見せている. 北朝鮮は, 現在までのところ, 核実験の停止については否定的である. モラトリアムは, あくまでも政策もしくは政治的なコミットメントであり, 1国の判断で撤回できるため, 安定性と信頼性の点で, CTBTに替わるものではない. ［広瀬 訓］

■革新的原子炉・燃料サイクル国際プロジェクト International Project on Innovative Nuclear Reactors and Fuel Cycle: INPRO

INPROは, 21世紀のエネルギー需要への対応として, 安全性, 経済性, 環境, インフラ, *核拡散抵抗性', *核物質防護', 廃棄物管理等を備えた持続性ある原子力エネルギーの確保を目指し, 原子力技術保有国と利用国が共同で革新的な原子炉および燃料サイクルを検討するとともに, 当該システムの導入に向けた政策立案やインフラ整備などの主に制度面を支援するプロジェクトである. 2000年の*国際原子力機関' (IAEA)の総会決議に基づき開始された. 2014年9月現在の加盟国は, 39の国および欧州委員会(EC)で, 事務局はIAEAに置かれている. 2001年～2006年6月は, フェーズ1として, 革新的原子力システム(INS)評価手法の開発, 検証, 適用および改良を行い, 2006年7月からフェーズ2として, INS手法の改良, インフラ整備, 共同開発などを行った. 2009年にはINPRO活動を4つのテーマ別プロジェクト(各国の長期原子力エネルギー戦略とINPRO評価手法を用いた原子力エネルギーシステムの評価, グローバル原子力エネルギーシナリオ, 原子力技術の革新, 政策と対話)に再編成し, また2014年からは, プロジェクトをタスクと名称変更し活動を行っている. ［田崎真樹子］

■核セキュリティ nuclear security

1 概念と定義 原子力の*平和的利用' が開始された当初から, 各国の*核物質' や原子力施設を物理的に防護し, *非国家主体' などによる核拡散につながる核物質の*不法移転' や施設への*妨害破壊行為' を防止する*核物質防護' の概念は存在し, 対策は年々強化されていた. しかし, 2001年の9.11テロは, 原子力施設では非国家主体による同様のテロ攻撃への対策がとられておらず, こうした破壊行為に対応し切れないことを明らかにした. さらに, 非国家主体が放射性物質を盗取してそれを放出させることにより環境や公衆に放射線影響を与える*汚い爆弾' も新たな脅威となった. こうした脅威の深刻化や拡大は, 従来の核物質防護だけでは不十分であり, より広範で強固な対応が必要だということを国際社会に認識させた. このような国際環境下で登場したのが*核セキュリティ' という概念である. *国際原子力機関' (IAEA)は, 核セキュリティの概念を,「核物質, その他の放射性物質あるいはそれらの関連施設に関する盗取, 妨害破壊行為, 不法アクセス, 不法移動またはその他の悪意を持った行為に対する防止, 探知および対応」と定義づけている.

2 核不拡散体制と核セキュリティの関係

*核不拡散' という視点においては, *核兵器' や

核爆発装置の非核兵器国への拡散の防止と，核物質や放射性物質の原子力利用国から非国家主体などへの拡散の防止という二面性があり，前者は*保障措置'で，後者は核物質防護で対応してきた．核不拡散体制は，核兵器や核爆発装置の保有を意図する新たな国家の出現を防止することにより，国家間の核戦争の勃発を阻止する国際社会の体制である．一方核セキュリティは，非国家主体などによる核兵器，核物質や放射性物質の不法移転や原子力施設への妨害破壊行為を防止するための，国の責任において実施される国内の諸活動である．すなわち，核セキュリティは本来，各国の総合的なテロ対策の中に位置づけられるべきものである．しかし，非国家主体などによるテロ行為は国境を越えて実行される可能性があり，発生した場合の影響が周辺国にも及ぶことが予想され国際安全保障上も深刻な脅威だと認識されたことから，核セキュリティは国際社会の関心事項となってきた．

3 核セキュリティの現状　核セキュリティ確保の具体的方策は，その国を取り巻く脅威環境や国内の治安状況を勘案して各国が独自に判断する事項である．ただし，国際的に核セキュリティを強化するために何をどのように行うかは，関連条約や，IAEA が作成した指針文書に表れている．「何を」について，たとえば，2007 年7月に発効した*核テロ防止条約'は，①死または身体の重大な障害を引き起こす意図などをもって行われる核物質や放射性物質，核爆発装置の使用ならびに原子力施設の損壊などの行為を国内法上の犯罪とし処罰する義務，②核物質や放射性物質の防護を確保するための適当な措置を講ずるためにあらゆる努力を払う義務，などを規定している．「どのように」については，IAEA が 9.11 テロ以降整備している*核セキュリティ・シリーズ文書'の中で，①核物質や原子力施設の防護要件などを取りまとめた勧告文書，②放射性物質やその取扱施設を防護するための防護要件などを示した勧告文書，③核物質や放射性物質を用いて行う犯罪行為の未然防止，国境や税関での検知，*核鑑識'，治安当局の対処能力の強化などの国内体制整備に関する要件を示した勧告文書などが作成され，国際標準の要件を明示している．［宮本直樹］

■核セキュリティ基金　Nuclear Security Fund

2002 年3月に*国際原子力機関'(IAEA)理事会が承認した，*核テロ'防止のための包括的な行動計画の実施のために設立された基金である．2005 年以降は，次の4年間の IAEA の*核セキュリティ'活動を示した「*核セキュリティ計画'」が策定され，理事会は新たな計画および核セキュリティ基金(以下，基金)の継続を4年毎に随時承認してきている．核セキュリティ計画には，物質や施設の防護，輸送や国境のセキュリティ，*核物質'などの*不法移転'の検知能力，人材育成の強化など，各国の核セキュリティ向上を支援するためのさまざまな活動が含まれ，基金はこれらに使用されている．基金への拠出は任意であり，2002 年から 2011 年までに総額約 17,500 万米ドルの拠出がなされ，2012 年には約 2,500 万ユーロの拠出があった．2013 年には日本を含む 17 カ国および欧州委員会(EC)などが約 2,570 万ユーロの拠出を行った．基金の主要な提供国は米国および EC であり，米国は 2012 年から 2014 年3月までの期間だけでも 2,800 万米ドルを拠出し，EC は 2013 年 10 月に約 800 万ユーロの拠出を決定している．IAEA の核セキュリティ活動には通常予算の割当もあるが，増額された 2014 年予算においても5万ユーロ程度に留まっており，基金への依存は依然として高い．この点について IAEA は，基金への高い依存は事業計画や優先事項に影響があると報告している．［堀部純子］

■核セキュリティ計画　Nuclear Security Plan

2001 年9月 11 日の米国同時多発テロ発生後，*国際原子力機関'(IAEA)は，主に*核物質防護'の分野における勧告文書作成などに限定されていた従来の*核テロリズム'防止関連活動を抜本的に見直した.翌年3月,IAEA理事会は2002年~2005年を対象とした*核物質'および原子力施設の防護を含む8項目から成る核テロ防止のための包括的な行動計画を,その実施のための基金設立とともに承認した.その後,2005年9月には,2006年から2009年の期間を対象とした第2次行動計画が*核セキュリティ'計画として承認され,以降,核セキュリティ計画は4年毎に策定されている.2013年9月に承認された第4次計画(2014年~2017年)は,その目的を核または他の放射性物質および関連施設の効果的なセキュリティを達成するためのグローバルな取組への貢献であるとし,各国が国際的な義務や責任を果たし,リスクを低減し,脅威に適切に対処するための取組を支援することによって,これを達成するとしている.核セキュリティ計画の実施状況は,翌年の優先事項とともに「核セキュリティ報告」として,毎年9月に開催されるIAEA総会に報告されている.また2012年には,2002年からの10年間の実施成果を具体的な数字で示した「IAEA核セキュリティー:2002年から2011年までの達成事項」と題する冊子が作成されている.　[堀部純子]

■核セキュリティサミット Nuclear Security Summit

1 背景　ソ連の崩壊に伴う*核物質'の*不法移転'の増加,および2001年9.11の米国同時多発テロ後の*核テロリズム'の脅威の現実化を背景として,2009年4月,米国バラク・オバマ(Barack Obama)大統領は*プラハ演説'において,核テロの脅威に対処するための国際的な取組みを主導するために核セキュリティサミットを主催することを宣言した.この宣言に基づき,2010年4月,第1回核セキュリティサミットが米国ワシントンD.C.にて開催されるに至った.その後の2回の開催を経て,2016年に米国ワシントンD.C.において第4回核セキュリティサミットが開催される予定である.

2 各サミットの概要　第1回核セキュリティサミット(米国ワシントンD.C., 2010年4月12-13日)は,47カ国の政府代表,および3国際機関(国連,*国際原子力機関'〔IAEA〕,欧州連合〔EU〕)の代表の参加の下,核テロの脅威の認識が国際的に共有され,その脅威に対する対策を講ずることが重要であるとの合意に至った.また,各国のコミットメントとして,*核セキュリティ'のトレーニングを担う支援センターの設立,*核物質防護条約'への加入と改正核物質防護条約の批准,IAEAの*核セキュリティ基金'への拠出金の増額,核セキュリティに関するIAEAの指針文書作成への支援,およびIAEAの「核物質防護に関する勧告」への準拠などが表明された.第2回核セキュリティサミット(韓国ソウル,2012年3月24-25日)は,53カ国の政府代表,および4国際機関(国連,IAEA,EU,国際刑事警察機構〔INTERPOL〕)の代表の参加の下,*高濃縮ウラン'利用の低減化,核物質防護条約への加入と改正核物質条約の批准,核物質防護措置の強化などの各国のコミットメントの履行状況が報告されたとともに,核セキュリティ強化のためのさらなる取組みを約束した.原子力安全と核セキュリティの関連や,放射性物質のセキュリティも議題として取り上げられた.第3回核セキュリティサミット(オランダ・ハーグ,2014年3月24-25日)は,53カ国の政府代表,4国際機関(国連,IAEA,EU,INTERPOL)の代表の参加の下,高濃縮ウラン利用の低減化,核物質防護措置の強化などの各国のコミットメントの履行状況が報告され,核セキュリティ強化のためのさらなる取組みが約束された.また,日本の500kgにおよぶ高濃縮ウランと*プルトニウム'を除去することが宣言され,核セキュリティ強化へのコミットメントが35カ国によるバスケット提案として表明された.

3 成果　50以上の国々や国際機関のリーダー達が,核セキュリティを国際的に重要な政治課題であるとの認識を共有し,核セキュリティ強化のための取組みを政治的な意志として表明しまた実行したことは,このサミット・プロセスの意義として評価される.このハイレベルな政治的イニシアティブの下で,核セキュリティ上の脅威につながりかねない機微な高濃縮ウランの利用の大幅な低減,核物質防護条約への加入と改正核物質条約の批准の促進,核物質および関連施設の物理的防護に関するIAEAの勧告措置の普及,IAEAの*国際核物質防護諮問サービス'(IPPAS)の受け入れの促進,核セキュリティに関する法・規制体制の整備,*輸出管理'体制の強化,*国連安保理決議1540'報告などの取組みの促進,核セキュリティ分野の人材育成に係る支援活動の活発化,ならびに*核テロリズムに対抗するためのグローバル・イニシアティブ'(GICNT),*世界核セキュリティ協会'(WINS),および*グローバル脅威削減イニシアティブ'(GTRI)などの多国間のイニシアティブや自主的努力の促進など,さまざまのレベルにおいて核セキュリティ強化の取組みが促進されたことは,この一連の核セキュリティサミットの大きな成果であると言える.　[濱田和子]

■**核セキュリティ・シリーズ文書**　Nuclear Security Series documents

1 経緯　2001年の米国同時多発テロを受けて*国際原子力機関'(IAEA)は,加盟国による効果的な*核セキュリティ'確保体制の確立・維持を支援するための活動を強化するよう理事会から求められた.核セキュリティ・シリーズ文書の刊行は,こうしたIAEAの活動の一環として行われているものである.同文書は,*核物質',その他の放射性物質またはそれらに関連する施設に係わる盗取,*妨害破壊行為',不法なアクセス,*不法移転'その他の悪意ある行為の防止,探知および対応に関して加盟国が講ずべき措置についての指針として刊行されたものであり,加盟国がこれを遵守する法的な拘束力は無い.2006年以来2014年8月までに21の文書が刊行された.2012年6月に加盟国の代表からなる核セキュリティ指針委員会(NSGC)が発足して以降,同文書の刊行計画の策定,個別文書のレビューなどの業務は,NSGCが担うようになったが,それ以前は,IAEA事務局長に対する核セキュリティ問題に関する核セキュリティ諮問委員会(AdSec)が所掌していた.なお,NSGCと安全基準委員会(SSC)の一部構成員からなる調整グループ(Interface Group)が設けられており,核セキュリティ分野の指針類と原子力安全基準との整合性を図っている.

2 構成　同文書は,4階層からなっており,最上位の基本文書(Fundamentals),第2階層の勧告文書(Recommendations),その下の実施指針(Implementation Guide)と技術指針(Technical Guidance)で構成されている.基本文書は,国の核セキュリティ確保体制の目的とその必須要素を規定しており,勧告文書の土台となっている.勧告文書は,国が基本文書に則った効果的な核セキュリティ体制を構築し,維持するために講ずべき措置を記述している.実施指針は,勧告文書に示された措置を実施し得る方法についての指針となっている.したがって,実施指針は,核セキュリティの広い分野に関する勧告文書をどのようにして満たすかに力点が置かれている.技術指針は,実施指針に示された手引きを補完するための特定の技術的事項に関する指針となっている.したがって,技術指針は,所要の措置をどのようにして実施するかその詳細に力点が置かれている.　[内藤 香]

■**核セキュリティ文化**　nuclear security culture

1 定義　*国際原子力機関'(IAEA)の核セキュリティ・シリーズNo.7(Nuclear Security Series No.7),『核セキュリティ文化に関する実施指針』(*Implementing Guides on Nuclear Security Culture*(2008))において,核セキュリティ文化は,核セキュリティの支援,強化および維持に資する個人,組織および機関の特質,姿勢,および振る舞いの集合体と定義される.核セキュリティ・システムのほとんどは,人間によって設計,運用,および管理されるため,核セキュリティ・システムの有効性を確保するためには人的要因が非常に重要であり,強い核セキュリティ文化が求められる.IAEA はこの『核セキュリティ文化に関する実施指針』の中で,核セキュリティ文化の概念を示す核セキュリティ文化モデルとして,「信念・態度」を基盤とし,「原則」を次の階層とし,「マネージメント・システム」と「振る舞い(リーダー/個人)」を最上層とする3階層からなるモデルを紹介している.個人の振る舞いは既存の核セキュリティ文化の性質を示すものであり,また,マネージメント・システム,およびリーダーの振る舞いはその個人の振る舞いに大きな影響を与える要素であるとの認識に基づき,このモデルは,効果的な核セキュリティ・システムを担保するために有効な特性をそれぞれに示している.

2 核セキュリティ文化に対する国際的な認識の高まりおよび IAEA の取組み　近年,核セキュリティ文化の重要性についての認識が国際的に高まってきており,それに伴い,核セキュリティ文化を醸成し強化するための手法についても多くの関心が示されている.2005 年*改正核物質防護条約' は,セキュリティ文化を重要視することを基本原則の 1 つ(基本原則 F)と定めており,IAEA の核セキュリティ・シリーズ No.20 (Nuclear Security Series No. 20),『核セキュリティ基本文書:国の核セキュリティ体制の目的及び不可欠な要素』(*Nuclear Security Fundamentals : Objective and Essential Elements of a State's Nuclear Security Regime*(2013))は,堅固な核セキュリティ文化の構築,促進および維持を「不可欠な要素 12:核セキュリティ体制の継続」の構成要素の 1 つに挙げており,また,*核セキュリティサミット' (2010 年, 2012 年 2014 年)のコミュニケもセキュリティ文化の重要性について謳っている.このような国際的な関心の高まりを背景に,IAEA は現在,この核セキュリティ文化の概念についての理解促進のためのアウトリーチ活動に加え,核セキュリティ文化の概念を実践するための実用的ツールとして,核セキュリティ文化の自己評価手法に関する技術指針,および核セキュリティ文化の強化に関する技術指針を作成している.また,核セキュリティ文化の概念の実践的な適用を促進することを目的に,自己評価手法の開発,核セキュリティ文化強化のプログラム開発,セキュリティ文化の事例データベースの開発などを内容とした研究プロジェクトをメンバー国との協力の下で実施することを計画している.

[濱田和子]

■拡大結論(保障措置実施結果の)

broader conclusion

*国際原子力機関' (IAEA)は,*包括的保障措置協定' と*追加議定書' に基づき,*保障措置' を強化した.この 2 つの法的権限に基づく活動を効果的に組み合わせることにより,従来の保障措置活動を効率化することが可能となる*統合保障措置' が導入された.IAEA は,追加議定書を批准した包括的保障措置協定締約国が,統合保障措置に移行するに当たり,①当該国の平和利用下の核物質に転用を示す兆候が無い,②当該国内の申告されている原子力施設において目的外使用がされた兆候が無い,さらに③当該国内に未申告の核物質および原子力活動の存在を示す兆候が無い,との結論が得られることを条件としている.従来の結論は①および②が中心であったが,新たに③を含む拡大した結論が求められるようになった.拡大結論は,統合保障措置に移行する条件である.統合保障措置移行後も,毎年この結論導出が統合保障措置継続適用の要件とされており,この結論が得られた時に,当該国内のすべての核物質および原子力活動は継続して平和利用下に置かれているとIAEA は表明している.　[菊地昌廣]

■核態勢見直し報告　Nuclear Posture

Review Report : NPR Report

1 核態勢見直し報告の性格　バラク・オバマ(Barack Obama)政権の説明によれば，核態勢見直し報告(NPR Report)は，5年から10年先を見据えた米国の*核兵器'政策の大まかな方針を示す米国防省の報告であり，政策文書ではないとされている．冷戦が終結して以降，米国防省は3度にわたり核態勢見直しを実施している．ビル・クリントン(Bill Clinton)政権時の1994年9月およびジョージ・W・ブッシュ(George W. Bush)政権時の2001年11月にまとめられた核態勢見直し報告は，いずれも全文が公開されず，概要の説明のみで終わっている．これに対し2010年4月に発表されたオバマ政権の報告は全文が公開されている．1994年核態勢見直しの特徴は，冷戦終結という安全保障環境の変容を背景に，核兵器の削減を「主導」するとともに，将来が不確かな新生ロシアへの「備え」を講じるという2つの側面を備えていた．ブッシュ政権の2001年核態勢見直しは，ロシアがもはや敵ではないこと，そして新たに*ならず者国家'や中国への対応を重視する姿勢をみせていた．また，核・通常打撃力，戦略防衛，それに国防基盤から構成される*新戦略三本柱'の提唱から窺えるように，核兵器の削減と核兵器への依存の低減を志向していた．

2 2010年核態勢見直し報告　この報告では*核不拡散'，*核テロリズム'の防止，中露両国との*戦略的安定'，さらには同盟国の安全保障に資する地域的アーキテクチャの構築などを重視する方針が示されていた．また，信頼できる*核抑止'を維持しつつも究極的には核兵器のない世界を目指すとのオバマ大統領の方針を受けて，米国の核兵器の役割をさらに絞り込もうという姿勢も見受けられた．具体的には，それまでの米国の*消極的安全保証'を一歩踏み込み，*生物兵器'の脅威が高まった場合には見直すとしながらも，*核兵器不拡散条約'(NPT)締約国で条約を遵守している非核兵器国に対しては，米国や同盟国に生物・化学兵器攻撃を行っても，核兵器を使用しないと明言している．他方，核保有国やNPTを遵守しない非核兵器国からの非核攻撃に対しては，従来通り核の「先行使用(first use)」の可能性を排除しないと述べているが，米国が核使用を考慮するのは，米国や同盟国・パートナー国の「死活的利益」を守るという「極限状況」においてのみとくぎを刺している．さらに，核兵器の*唯一の目的'(sole purpose)が核攻撃を抑止することになるような状況を創り出すべく努力を続けることや通常戦力を強化して核兵器の役割を低下させるとの方針を打ち出している．オバマ政権は，この核態勢見直し報告を受けて2013年6月，核兵器の具体的運用に関わる*核運用戦略報告'を出している．→米国の核政策・核戦略　[小川伸一]

■拡大抑止　extended deterrence

拡大抑止とは，自国の核戦力や通常戦力から生じる*抑止'の効果を同盟国や友好国に及ぼすことをいう．拡大抑止は，核戦力を抑止の手段とする拡大核抑止，いわゆる*核の傘'と，通常戦力を抑止の手段とする拡大通常抑止の2つの抑止で構成される．拡大抑止政策をとっている代表的な国家は米国である．米国が北大西洋条約機構(NATO)諸国や東アジアの同盟国との間で締結した相互防衛条約や安全保障条約は拡大抑止を明文で規定していないが，米国による防衛義務を定めた条文から読み取ることができる．拡大抑止は，自国に対する武力攻撃を抑止する基本抑止と異なり，場合によっては自国が被る損害を覚悟の上で同盟国の安全保障にかかわる政策であることから，同盟国からみた場合の信頼性が常に議論の的になり，拡大抑止の供与国と受益国の間でさまざまな議論がなされた．その顕著な事例は，冷戦時代の米ソ*相互確証破壊'(MAD)状況の下で米国が提起した*柔軟反応戦略'をめぐる米国と欧州NATO諸国の議論である．なお，挑戦国からみた拡大抑止の信憑性は，挑戦国と拡大抑止の提供国との間の軍事バランスなどの物理的な能力のみならず, 拡大抑止の供与国と受益国の間の政治・安全保障, 経済・通商面での協力体制のありよう, さらには文化的, 人的絆の軽重など, 非軍事的要素によっても左右されるとみることができる. ［小川伸一］

■**核テロ防止条約**　International Convention for the Suppression of Acts of Nuclear Terrorism　［正称］核によるテロリズムの行為の防止に関する国際条約, ［署名］2005.7.07, ［発効］2007.7.7, ［日本］〈署名〉2005.9.15, 〈受諾書寄託〉2007.8.3, 〈公布〉2007.8.8, (平 19 条 7), 〈効力発生〉2007.9.2

1　条約成立の背景　ロシアが提出した国際テロリズム廃絶措置に関する国連総会決議(A/RES/51/210)に基づき, 1997 年 2 月から国連総会第 6 委員会の下に設置された国際テロ撲滅アドホック委員会において同条約の交渉が開始された. その後交渉は一時停滞したものの, 2001 年 9 月の米国同時多発テロの発生を受けて再開され, 2005 年 4 月同委員会において条約案が合意, 同年 9 月に国連総会において採択され署名開放された. なお, 同条約第 4 条 2 項に, この条約は, いかなる意味においても, 国による核兵器の使用またはその威嚇の合法性の問題を取り扱うものではないと同問題を除外する規定が設けられているが, これは, 非同盟諸国が核兵器の使用は*核テロリズム' であると主張し, 議論が紛糾したため妥協の結果として挿入された.

2　条約の内容　この条約は, 一定の意図をもって行われる放射性物質の所持または使用, 核爆発装置などの製造, 所持または使用, 原子力施設の使用または損壊などの行為を犯罪とし, かつ, 犯人または容疑者が刑事手続を逃れることのないよう, 締約国に対し, 裁判権を設定すること, このような行為を引渡犯罪とすることなどを義務付けることを定めるものである. 第 1 条はこの条約の適用の対象となる「放射性物質」, 「*核物質' 」, 「原子力施設」, 「装置」等について定義している. 第 2 条は不法かつ故意に行われる核テロリズム行為の犯罪化を規定しており, まず, 死または身体の重大な傷害, あるいは財産または環境に対する著しい損害を引き起こす意図をもって, 放射性物質を所持し, または装置を製造しもしくは所持すること(同条 1(a)項), 死または身体の重大な傷害を引き起こす意図, あるいは特定の行為を強要する意図をもって, 放射性物質もしくは装置を使用し, また放射性物質を放出するなどの方法で原子力施設を使用しもしくは損壊すること(同条 1(b)項), さらには上述の犯罪を行うことの脅迫(同条 2 項)および未遂(同条 3 項)も犯罪の対象とされている. また, 脅迫, または暴力を用いて, 不法かつ故意に, 放射性物質, 装置または原子力施設を要求すること(同条 2(b)項), さらには上述のすべての行為(同条 1 項～3 項)の犯罪に加担し, 組織し, 指示し, または寄与する行為もこの条約により犯罪とされている. その他の規定としては, 締約国は第 2 条に定める犯罪を自国の国内法上の犯罪とする義務を有すること(第 5 条), この条約上の犯罪を防止することを目的として放射性物質の防護を確保する措置(第 8 条), 裁判権の設定(第 9 条), 犯人または容疑者の所在を確保すること(第 10 条)が規定されている. また, 犯人または容疑者が刑事手続を免れることがないよう, 締約国に対し, 裁判権を設定すること, 犯人を関係国に引き渡すか訴追のため事件を自国の当局に付託するかのいずれかを行うことを義務付けている. 日本における放射性物質の管理と放射線の発散についての規制は, *原子炉等規制法' により行われているが, これらは主に, 原子力発電や放射線を用いる事業に携わる者に対する使用の許可や届出等の義務を定めたものであり, 悪意を持って放射性物質を使おうとする者の存在を前提としたものではない. そこで, 核テロ防止条約, *核物質防護条約' および爆弾テロ防止条約を担保する国内法として*放射線発散処罰法' が制定された.

3　その後の展開　核テロ防止条約は, 9.11 同時多発テロ事件を契機にモメンタムを得て交渉が妥結したテロ防止関連条約の１つであるが，近年は*核セキュリティ’が重要視されていることもあり，その一翼を担う核テロ防止条約の重要性も高まっている．このため，2014年3月にハーグで開催された*核セキュリティサミット’成果文書にも核テロ防止条約の実施強化が課題の１つとして明記されている．特に，日本では2014年6月に受諾をした*核物質防護条約の改正’や核セキュリティ勧告等とあわせ，輸送時の強化問題を始めとする核テロ防止のための強化策が実施されている．　[福井康人]

■核テロリズム　nuclear terrorism

1 内容　テロリストなどの個人や組織等の*非国家主体’が，核に関係する手段を使ってテロを行うこと．*国際原子力機関’(IAEA)のモハメド·エルバラダイ(Mohamed ElBaradei)事務局長は，その形態として，①*核兵器’の盗取，②核爆発装置の製造を目的とした*核物質’の取得，③放射線源の悪意を持った利用，④放射線影響を引き起こすような施設等への*妨害破壊行為’を挙げている(2005年3月講演録)．一方，*核テロ防止条約’では，次のような行為を犯罪とみなしている．悪意をもって放射性物質を所持，使用したり，核爆発装置や放射性物質発散装置を製造，所持，使用したり，それらを用いた脅迫などである(以上は条文の要約)．なお，論者によっては，国家による核兵器の使用をも核テロリズムと表現することもあるが，国際原子力機関でも核テロ防止条約でもそれは除外している．一般に，核テロ対策あるいは*核セキュリティ’といった場合，あくまでも悪意のある*非国家主体’の行為を防止することに主眼が置かれている．ただし，国家機関に所属する一部の軍人や公務員等が，国の意思や法令，あるいは正規の指揮命令に反して，核物質の強取や核兵器の使用などを私的な犯罪として行う可能性もあり得る．

2 脅威の背景　核テロリズムの脅威について国際的に議論が盛んになったのは，1970年代頃からである．当時からテロリストは過激化し，無差別的なテロが横行していた．核兵器の作り方が一般にも知られるようになり，核施設へのアクセスも今日に比べれば容易で，*核物質防護’のためにようやく国際的な取り組みが始まろうとしていた時期である．それでも1980年代頃までは，まだ主要な安全保障問題とはみなされていなかった．それが1990年代以降になると，実際に一部のテロリストが核兵器を製造あるいは購入しようとした動きが裁判などで明らかにされた．1991年のソ連崩壊後，ロシア国内での核の管理が杜撰となり(*ルース·ニュークス’といわれる)，核物質(*高濃縮ウラン’や*プルトニウム’も含む)の紛失や盗難，違法な売買などが数多く明らかになり，さらにはスーツケース型といわれる小型核兵器の紛失騒動までもが生じた(1997年)．また，各国の原子力施設で働く者，出入りする者による施設内での破壊行為も報告され，いわゆる*内部脅威’対策が重要になった．パキスタンのように，反体制の過激派が活発に活動し核施設の周囲を襲撃したり，テロ組織を支援している動きもある．このような政情の不安定な国への核拡散の動向や，今後アジアや中東諸国で新規に原発を導入する国が急増することも，核テロリズムが懸念される１つの背景になっている．

3 対処　核テロリズムの防止のためには，軍や民間の核関係施設の防護が第１に重要になる．民間とは，商業用原発等を保有する電力会社や核燃料加工事業所にとどまらず，研究炉を有する大学等の研究機関や放射線源を有するさまざまな業種(含む医療機関)まで対象は広い．防護には移動中の核物質も含まれる．不法な移転も防がねばならない．また核テロリズムが実行された場合を想定しての対処の実働訓練，図上訓練も世界各国で，さまざまな機関が主催，参加して行われている．　[宮坂直史]

■核テロリズムに対抗するためのグロ

ーバル・イニシアティブ　Global Initiative to Combat Nuclear Terrorism : GICNT

1 設立経緯　2001年9月11日の米国同時多発テロ事件以降, *核テロリズム' 対策の重要性が強く認識されるようになり, 2005年には, *核テロ防止条約' および*核物質防護条約の改正' が採択された. 翌2006年7月のG8サンクトペテルブルク・サミットにおいて, 米露両国の大統領は, 国際的な核テロ対策を目的として,「核テロリズムに対抗するためのグローバル・イニシアティブ(GICNT)」を提唱した. その後, 2006年10月に, モロッコでGICNT第1回会合が開催され, G8, 豪州, 中国, カザフスタンおよびトルコが当初参加国として参加し(*国際原子力機関'〔IAEA〕もオブザーバーとして参加),「原則に関する声明」および「付託事項」が採択された.

2 活動の内容　「原則に関する声明」において, GICNTの参加国は, 核テロ関連の以下の8点に関し, 国内法および国際法にしたがって自発的な措置をとることとされている. 具体的には, ①*核物質' その他の放射性物質に対する計量, 管理および防護システムを開発しおよびこれらを必要に応じて改善, ②民生原子力施設のセキュリティの向上, ③核物質その他の放射性物質の*不法移転' を防止するためこれらの物質の探知能力を改善することならびに国の探知能力の研究および開発における協力を実施, ④不法に所持された核物質その他の放射性物質またはそれら物質を使用する装置に関し, 捜索, 差押えおよび安全な管理を確立する能力を向上, ⑤核物質その他の放射性物質の取得および使用を追求する*テロリスト' に対し, 安住の地, 財政的および経済的資源を与えることを防止, ⑥テロリストおよび核テロリズム活動を助長する者に対する適切な刑事責任(必要に応じ民事責任)を追及するため, 国内における十分な法的および規制的枠組みを確保, ⑦核物質その他の放射性物質の使用を含むテロ攻撃発生時の対応, 事態緩和および調査に関する能力を向上, ⑧秘密情報を保護するために国内法および国際法上の義務に適合する適当な措置をとりつつ, 核テロ行為の防止およびその助長に関連する情報共有を促進することを内容とする. 2014年7月現在, 85カ国および4機関(オブザーバー:欧州連合〔EU〕, IAEA, INTERPOL, 国連薬物犯罪事務所〔UNODC〕)が参加している. 全体会合では2010年に核検知と*核鑑識' が優先分野とされ, 2011年には(テロ発生時の)対応と緩和も加えられ, 核検知, 核鑑識, および対応と緩和の3つの作業部会の活動が実施されている.

［福井康人］

■核凍結運動　nuclear freeze movement

特に1982年から1983年にかけて米国で盛り上がった*反核運動'. 核戦争への危機感に基づき, 米ソ両国が*核実験' や*核兵器' の製造・配備をまずは「凍結」するよう訴えた. 1979年12月に北大西洋条約機構(NATO)が*中距離核戦力' (INF)の配備を含むいわゆる*NATOの二重決定' を行い, ソ連との*限定核戦争論' が浮上すると西欧各地で数十万人規模のデモが頻発した. そのような状況下で1981年1月に就任したロナルド・レーガン(Ronald Reagan)大統領が*中性子爆弾' の配備を含めた核兵器増強計画を発表すると, 米国でも複数の反核団体が一致して反発. 1982年6月の第2回*国連軍縮特別総会' に合わせたデモ行進はベトナム反戦デモ以来の規模となった. 全米各地で「核凍結」を問う住民投票の実現を求めることなどが運動の柱であった. 下院決議でも1983年に5月に決議を可決するなど成功を収めた. それ以降運動の求心力は徐々に減じていった. 一方, 1981年の開始から中断を含む紆余曲折を経たINF交渉は1985年にミハイル・ゴルバチョフ(Mikhail Gorbachev)がソ連共産党書記長に就任すると進展に転じた. 1987年12月, 現状の「凍結」にとどまらず特定兵器の「廃棄」を定めた*中距離核戦力条約' (INF条約)に米ソが署名した.

［金崎由美］

■核燃料サイクル　nuclear fuel cycle

1　核燃料サイクルとは　原子力発電所の原子炉の中で*核分裂'により生じたエネルギーは，電気エネルギーに変換される．その原子炉に供給するための核燃料を製造し，その核燃料を原子力発電所で燃焼させた後取出した使用済燃料を処理する（*再処理'）などの一連のシステムが核燃料サイクルである．すなわち，原子力発電所の燃料となるのはウランであるが，鉱山から採掘した天然ウラン鉱石を製錬して，天然ウランの酸化物の粉（この粉をイエローケーキと呼ぶ）にする（製錬）．天然ウランでは，発電に利用できるウラン 235 の濃度が約 0.7% と低いため，さらにこの天然ウランをガス状（イエローケーキとなったウランをフッ素と化合させると六フッ化ウランになる〔転換〕．これは 70 度 C 以上でガス状になる）にして，ウラン 235 の濃度を高めるために*濃縮'を行う（ウラン濃縮）．さらにこれを二酸化ウランという粉状の物質にして（再転換），そしてこれを円柱状の形に焼き固め（ペレット）金属のサヤに入れて，原子力発電用の核燃料に加工する（核燃料加工）．これらを前工程（フロントエンド）という．さらに原子発電所で核燃料を燃やした後，原子炉から取り出した使用済燃料を*再処理'し，回収した*プルトニウム'や燃え残りのウランなどの核物質を原子力発電でリサイクルするとともに，発生した放射性廃棄物を処理，処分する．これらを後工程（バックエンド）という．このように使った核物質を再び元へ戻す循環使用が行われることから，核燃料サイクルと呼ばれている．核燃料サイクルが有効に働けば，核物質のリサイクル使用が可能になるため，現在日本の原子力施設にあるウランだけでも膨大なエネルギー資源として活用が可能となる．

2　核燃料サイクルの特性　原子力発電所から発生する使用済核燃料には，「燃えないウラン」である非核分裂性のウラン 238，ウランから生成されたプルトニウム，僅かながら「燃えるウラン」である核分裂性物質のウラン 235，そして各種の核分裂生成物が含まれる．この燃え残りのウランとプルトニウム（両方で約 97% も含まれている）を抽出し，核燃料として再利用すれば，単に使用済核燃料を廃棄処分することに比べ多くのエネルギーを産出できる．また，使用済核燃料のウランとプルトニウムを取り出し，燃焼させることになるため，放射能が減少し，廃棄物の量が減ることにもなる．さらにウランは比較的政情が安定した国に多いため，ウランを全面的に輸入に頼る国でもエネルギー・セキュリティ上のリスクは少ないが，核燃料サイクルで核燃料の有効活用と長期使用が出来れば，ウラン価格高騰などの際のリスクをより低減できることになる．一方，核燃料サイクルは核燃料などの輸送が増えること，またプルトニウムを取り出す再処理施設や MOX（ウランプルトニウム混合酸化物）燃料加工施設などが必要なことから，*核不拡散'や*核セキュリティ'の確保のため厳しい対応が必要となる．

3　核燃料サイクルのための施設　ウラン鉱山・製錬施設，トリウム製錬施設，転換施設，濃縮施設，核燃料加工施設，原子炉，再処理施設，使用済燃料貯蔵施設，廃棄物処理・処分施設などから構成されている．現在，日本の核燃料サイクル施設としては，フロントエンドではウラン濃縮施設，核燃料加工施設，原子力発電，そしてバックエンドでは，使用済燃料貯蔵施設，再処理施設，放射性廃棄物貯蔵施設，低レベル放射性廃棄物の埋設処理施設などがある．ウラン鉱の採鉱・精錬などは行われていない．　［千崎雅生］

■核燃料バンク　nuclear fuel bank

何らかの理由により原子力発電用の核燃料の供給が途絶した場合に，国際枠組みで核燃料の供給を確保するため*低濃縮ウラン'を備蓄する制度を指す．古くは*国際原子力機関'（IAEA）設立においてそのような機能を持つことが期待されたが，燃料供給に関して当時懸念されたほど市場による供給に問題はなく,むしろ低濃縮ウランの供給側に競争が起こるなど構想とは異なる状況となったため,核燃料バンク構想は断念された.近年,核拡散の懸念が再燃する中,モハメド・エルバラダイ(Mohamed ElBaradei) IAEA事務局長の提案を契機に,核拡散につながりかねない,*核燃料サイクル'技術の獲得を断念させるためのインセンティブを与える手段として*多国間管理構想',および核燃料の*供給保証'に関する議論が再燃した.ロシア提案によるウラン備蓄など,いくつかの核燃料バンク構想が実現に向けて動いている.　［久野祐輔］

■**核の学習**　nuclear learning

1 冷戦期と核の学習　米ソ*冷戦'下の*核抑止'による安定を,核の均衡だけに帰する国際関係学の現実主義に対して,その背景に両国間での紛争のエスカレートを防ぐ核ドクトリンや軍の配置,危機管理における政治指導者の合理的判断,*核兵器'使用への規範などの要素を指摘する立場がある.核の学習はこのような要素が国家や世代を越え,過去の経験を踏まえ継承されるかに着目した概念である.最初にこの概念を提示したのは1987年のジョセフ・ナイ(Joseph Nye, Jr.)論文である.彼は(社会的)学習という概念を導入し,国際関係での学習を政治エリートの国益に関する認識の変化と捉え,核の学習を,核に関する新しい情報と経験によって既存の信念が変わることと定義した.彼は米ソ間の核抑止の背景に,①核兵器の破壊力,②核の(危機)管理,③核拡散の危険性,④*軍備競争'下での安定,⑤抑止のための兵器配備の5つの核の学習分野をあげ,⑤を除き1980年代には一定の制度やルールが共有され,ロバート・ジャービス(Robert Jervis)のいう安全保障レジームが確立していたことを指摘した.

2 冷戦後の核不拡散問題と核の学習の限界　(社会的)学習は,1990年代から2000年代には,主として国際関係学でのコンストラクティビズムの中で理論化され,ナイの議論自体は十分な発展を見せていない.また,核兵器国の数と核抑止の安定性については,*ウォルツ＝セーガン論争'が議論を展開させてきた.しかし,冷戦後のインド,パキスタン,北朝鮮などの核兵器保持という現実の中で,核の学習の議論は,米ソ間で共有されてきた核抑止に関する知識と経験が,新しい核保有国においても共有され,核抑止が成立し得るかいう視点を提供する.この点につき,楽観主義と悲観主義で議論は分かれている.一方,2010年代に入り,ジェフリー・クノプ(Jeffery Knopf)は核の学習の概念自体の精緻化を試み,①核の学習は核兵器の所持に伴い自然に学習されるものなのか,②核の学習の範囲は技術的な知識に留まるのか,また道義的課題への知識も含まれるのか,③核の学習は政治エリートのみに求められるのか,それとも広く大衆レベルでの学習が必要なのかといった論点を提示した.核の学習は,核抑止の政治的社会的基盤に関し,複雑で現実的な理解へ視点を拡げるものであるが,ナイも認めるよう,核抑止自体に必要な知識の範囲はそもそも不明確である.学習が組織として行われる場合の難しさ,また新しい核保有国において過去の他国の経験が客観的に正しく学習されるかなどの課題が残る.　［髙橋敏哉］

■**核の傘**　nuclear umbrella

1 概念　「核の傘」とは,核報復の威嚇,さらには必要とあらばその後の核エスカレーションの威嚇によって,同盟国・友好国に対する第3国からの武力攻撃を*抑止'することである.拡大核抑止とも称され,*拡大抑止'を構成する.

2 抑止効果　核の傘の信憑性は,核報復と核の応酬のエスカレーションの威嚇に依拠するが,他の核保有国から同盟国に対する大規模通常攻撃や核攻撃を抑止する核の傘については,基本的に核報復の可能性があれば足りるとの見方がある.*核兵器'の巨大な破壊力や殺傷力に鑑み,核報復の危険性が残っている限り,挑戦国は自制を余儀なくされるはずとみるからである.こうした見方に対しては,楽観的に過ぎるとの批判もあろう．しかしながら，戦略レベルで米ソが核エスカレーションの優劣を語ることのできなかった冷戦時代の*相互確証破壊'（MAD）態勢において，米国の核の傘で守られていた主要同盟国のいずれもがソ連からいかなる武力攻撃も受けていない歴史的事実を思い起こせば，上述の核の傘の見方は，必ずしも的はずれとは言えない．しかしながら，核保有挑戦国が核の傘の供与国の対応を読み切れないという「不可測性」のみに依拠する核の傘では，受益国に十分な安心感を与えることができない．この欠陥を和らげるためには，核の傘の供与国が，単なる報復能力に留まらず，*カウンターフォース攻撃' 能力や戦略防衛能力など核の応酬を可能とする*損害限定' 手段を備えておくことが必要となる．なぜなら，核の傘の供与国が，挑戦国に比べ損害限定能力の面で優っていれば，それだけ核兵器の投げ合いに踏み切るという威嚇の信憑性，言い換えれば核の傘の信憑性が高まるからである．他方，非核兵器国に対する核兵器の抑止効果については，疑問が残る．朝鮮戦争，ベトナム戦争，1973 年の第 4 次中東戦争，1979 年の中越紛争，さらには 1982 年のフォークランド紛争など，非核兵器国と核保有国が戦争状態に入った例が散見されるからである．核保有国は，上記の紛争の幾つかにおいて核兵器の使用を検討したこともあったが，いずれのケースにおいても，断念している．この事実は，核使用をめぐる道義的，政治的ハードルがいかに高いか，言い換えれば，非核兵器国に対する*核抑止' の限界を示すことになったのである．同様の限界は核保有国からの限定的な通常攻撃を抑止するケースについてもあてはまる．

3 核不拡散・核軍縮との関係 核の傘は，安全保障上，核抑止を必要としている非核兵器国の核兵器開発の動機を鎮める効果があることから，*核不拡散' 政策に資する側面を有している．他方，*核軍縮' との関係では，核の傘を含む核抑止が核兵器の保有を前提としているため，一般的に核の傘と核軍縮は相容れないと見做されている．しかしながら，*生物兵器' や*化学兵器' の廃絶を万全にするとともに対立国間の通常戦力バランスを維持できるような安全保障環境，すなわち*核兵器の先行不使用' が可能となる安全保障環境の下では，核抑止を維持しながら核軍縮を図ることが可能となる．なぜなら，核抑止の対象を敵対国の核兵器に絞ることができれば，核保有国が相互に核兵器を削減しても安全保障上失うものがないからである．→米国の核政策・核戦略 ［小川伸一］

■核のタブー nuclear taboo

1 核兵器の使用に対する規範的抑制 タブーとは，ポリネシア語のタブ（tabu）あるいはタプ（tapu）に語源をもつもので，してはならないこと，見てはならないこと，触れてはならないことなどを意味する．禁忌もしくは禁止と訳される．核のタブーとは，*核兵器' を使用してはならないという規範のことである．核兵器の使用は，非人道的な結末をもたらすことから，道義に反する行為となる．その結果，政策決定者は核兵器の使用を思いとどまる．これは核のタブーによる影響にほかならない．核のタブーという概念を本格的に提起したのは，米国の国際政治学者であるニーナ・タンネンワルド（Nina Tannenwald）である．タンネンワルドは，その著書『核の禁忌（*The Nuclear Taboo*）』（2007 年）のなかで，「*核兵器' の第一使用に対する強力な事実上の禁止」を核のタブーと呼んでいる．彼女は，朝鮮戦争，ベトナム戦争，*湾岸戦争' の事例を取り上げて，核のタブーという核兵器の使用に対する規範的抑制が存在していることを主張している．タンネンワルドは，核兵器不使用の要因として*核抑止' の存在も挙げている．しかし，核兵器不使用の要因としては，核抑止よりも核のタブーのほうが影響力が強いと主張する．

2 核のタブーの意義と問題点 核のタブーはヒロシマ・ナガサキに起源をもつ．したがって，ヒロシマ・ナガサキにおける核兵器による惨禍とその非人道性を語ることは,核のタブーを強める効果をもつ.ヒロシマ・ナガサキを語ることは,核兵器が使用されにくい状況をもたらしているのである.また,核のタブーは,*核軍縮の人道的アプローチ'と連動することで,今後の*核兵器の人道的結末'に関する共同声明や国際会議に大きな影響を与えうる.核のタブーは,核兵器が使用されないための絶対的な保証は核兵器の廃絶であるという認識を強化させる可能性があるといえよう.ただし,核のタブーに問題がないわけではない.たとえば,タンネンワルド自身が指摘しているように,核のタブーが核抑止の正当化を促進させているという側面がある.核兵器の使用は道義に反する.それゆえ,核兵器を使用することはタブーである.しかしながら,核兵器の使用は道義に反するからこそ,敵対国による核兵器の使用から自国の国民を守るためには,自国の安全を核抑止に強く依存しなければならない,という正当化の論理である.

［佐藤史郎］

■核の冬と核の飢饉 nuclear winter and nuclear famine

1 核の冬 1983年に宇宙物理学者のカール・セーガン(Carl Sagan)らの報告書で提唱された,核戦争の火災による灰や煙などの微粒子で太陽光がさえぎられ,気温が下がり,動植物や人間に影響を与えるという理論.共著者の「リチャード・トゥルコ(R. Turco),オーウェン・トゥーン(O. Toon),トーマス・アッカーマン(T. Ackerman),ジェームス・ポラック(J. Pollack),セーガンの頭文字をとってTTAPS理論とも呼ばれている.核戦争により地球の気象に変動がおこるとの指摘は,すでに1950年代からあった.また,同理論をはじめ「核の冬」を想定したシミュレーションがほかの科学者によって行われ,日本でも黒い雨研究でも有名な気象学者の増田善信が『核の冬—核戦争と気象異変』(1985年)を出版している.セーガンらの「核の冬」理論に対する批判は「水爆の父」であるエドワード・テラー(Edward Teller)や1987年にオークリッジ国立研究所から発行された*民間防衛'のための教則本,クレソン・カーニー(Cresson Kearny)著『核戦争下の生き残り術(*Nuclear War Survival Skills*)』など,核兵器開発推進側によって主に行われた.

2 核の飢饉 「核の冬」の理論を引き継ぎ,核攻撃によって起こる大規模火災によって微粒子が放出され,気候が変動し,農作物に害を与え,限定核戦争であったとしても広い範囲に飢餓をもたらすという理論.「核の飢餓」については,2012年4月に発表された核戦争防止国際医師会議(IPPNW)と,社会的責任のための医師の会(Physicians for Social Responsibility)のアイラ・フェルファンド(Ira Helfand)医師が発表した報告書によって注目された.同報告の基礎となったのは米ラトガーズ大学のアラン・ロボック(Alan Robock)らの研究で,2007年に最新の地球規模の大気大循環モデルとシミュレーションを用いて導いた試算をベースにしている.インドとパキスタンで広島型原爆(約16kt)がそれぞれ50発ずつ使用された場合,約10年にわたって気候変動が起こり,食糧生産に打撃を与え20億人が餓死するとした.2013年3月にノルウェー・オスロで開催された核兵器の人道的影響に関する国際会議で発表され,戦争当事者でなくても地球規模での被害を受ける核兵器の非人道性を示す事例として,注目を集めている.

→核兵器の人道的結末 ［高橋博子］

■核の持ち込み nuclear introduction

1 イントロダクションとトランジット 核保有国が管理下に置く*核兵器'を同盟国など第3国の領内に持ち込むことを核兵器の持ち込みと言う.核弾頭付きのミサイルの搬入・配備や,核爆弾や核弾頭の搬入・貯蔵のことを指す.米軍は核兵器を相手国の領内に持ち込み,これを中長期的に配備・貯蔵することを「イントロダクション(introduction)」と定義する一方,艦船や航空機に搭載された核兵器が第3国の港湾や飛行場に一時的に立ち寄ることを「トランジット(transit)」と表現し，両者を明確に区別している．米国は*大陸間弾道ミサイル’(ICBM)や*潜水艦発射弾道ミサイル’(SLBM)を実戦配備していなかった1950年代中葉，ドイツ連邦共和国(西ドイツ)など北大西洋条約機構(NATO)同盟諸国に核兵器の実戦配備を開始した．当時のドワイト・アイゼンハワー(Dwight Eisenhower)政権は「大量報復」と呼ばれる核戦略を採用しており，ICBMやSLBMといった長射程の核戦力が未整備の中，紛争が勃発し得る地域の周辺に短距離核ミサイルや核砲弾などの戦術核兵器を展開，「核の脅し」を顕在化し，通常戦力で優位に立つソ連を抑止しようとした．

2 日本への核艦船寄港　アイゼンハワー政権は中国の人民解放軍と極東ソ連軍を抑止することを狙い，アジア・太平洋地域にも核戦力を持ち込んだ．1954年末から1955年初頭にかけ，米国の施政権下にあった沖縄への核兵器の搬入・貯蔵が進められた．1972年に日本に復帰するまで沖縄への核配備は続き，ピーク時の1967年にその数は約1,300発にも上った．またその種類は，核*巡航ミサイル’「メースB」や地対地核ミサイル「リトル・ジョン」，など18種類にも上った．アジア・太平洋地域には最大3,200発の核兵器が配備されたが，沖縄が最大だった．米軍は沖縄への核配備以外にも核兵器を搭載した海軍艦船を日本の港湾に寄港させることで核戦力投射を示し，日本を含む東アジアの同盟国に「*核の傘’」を供与した．日本を最初に訪れた核搭載艦船は1953年10月に横須賀に寄港した米海軍空母「オリスカニ(USS Oriskany)」である．オリスカニの日本寄港の目的は朝鮮戦争停戦後の不安定な状況の中で，共産勢力を*抑止’することにあったと当時の艦長は証言している．これ以降，ジョージ・H・W・ブッシュ(George H.W. Bush)大統領が各国に展開する米海軍艦船から戦術核兵器の撤去を決める1990年代初頭まで，米軍空母機動部隊を中心とした日本領海・港湾への核の通過・寄港が恒常的に続けられた．なお日本政府はこの間，「米政府から日米安全保障条約上の事前協議の申し出がない限り，米軍艦船による核の持ち込みはない」と国民に説明し続けた．しかし米軍は核搭載艦船の通過・寄港は「トランジット」であり，「イントロダクション」ではないとの立場を取っており，核艦船の寄港が事前協議の対象となることは現実的にあり得なかった．また核搭載艦船の日本寄港実態と乖離した説明が歴代日本政府によって続けられてきた背景には，*核密約’が存在した．

3 NCND政策　日本の世論は*冷戦’中，米軍による「核の持ち込み」を疑っていたが，持ち込みを「イントロダクション」に限定する米側の解釈と，核搭載艦船の通過・寄港を含めた広義の持ち込みはないとする日本政府の説明によって，その真相は長らく闇に包まれていた．「持ち込み」をめぐる解釈の使い分けに加え，真相をさらに糊塗したのが，米軍が1958年から採用してきた「肯定も否定もしない政策(NCND政策)」だった．1954年改正の*米国原子力法’に基づき，核兵器の「設計」「製造」に加えて「利用」に関する情報も機密扱いとされたことに伴い，個々の核兵器の所在や有無について対外的に明らかにすることができないNCND政策が確立した．現在も米軍はNCND政策を堅持している．
→日米安全保障条約と事前協議制度［太田昌克］

■核反応　nuclear reaction

核反応は，原子核に他の粒子が衝突することによって起こる現象をさす．ここで粒子とは，陽子，中性子，π 中間子，電子，光子などの素粒子，原子核などである．核反応の中でもよく知られているのが，*核分裂’(nuclear fission)と*核融合’(nuclear fusion)である．一般に，核分裂反応は重い原子で起こりやすく，逆に核融合は，軽い元素で反応しやすい．核分裂反応では，原子核に中性子などが衝突することにより，ほぼ同じ大きさの2つの原子核に分裂する．その際大きな発熱を伴う．核融合では，2つの原子核の間に働く引力(核力)が静電的な反発力(クーロン力)に打ち勝って1つに融合し, 新しい原子核が生まれるが, 核分裂と同様, その際大きな発熱を伴う. 現在, 産業界でも用いられている原子力発電は, ウランおよび*プルトニウム' の核分裂反応による発熱(エネルギー)を水などの媒体で取り出すものである. ウラン 233, 235 やプルトニウム 239, 241 が核分裂性物質とされる. ウラン 238 は核分裂性物質ではないが, 高速中性子にさらされると核分裂反応が起こるとともにプルトニウムを生成する. またトリウムは核分裂性物質ではないが, 核反応によりウラン 233 を生成するため核原料物質とよばれる. 核融合では, 一般に, 重水素, 三重水素が核融合反応の原料として用いられる. [久野祐輔]

■核不拡散　nuclear non-proliferation

1 核不拡散の定義　拡散とは, 特定の兵器などの保有が広がることである. 拡散には垂直拡散と水平拡散がある. 垂直拡散とは, ある1国の中で兵器の保有量や保有する兵器の質が向上することで, 水平拡散とは, 兵器を保有する国の数が増加することである. したがって, 核不拡散とは, すでに*核兵器' を保有している国についてはその質的, 量的な向上をしないこと／させないこと, および核兵器を保有する国を増加させないことを意味する. 現在では, 一般に核拡散といった場合には水平拡散をさす. したがって, 核不拡散とは, 核兵器を新たに保有する国を作らないことを意味する. *核兵器不拡散条約' (NPT)では, 第9条において 1967年1月1日前に核兵器その他の核爆発装置を製造しかつ爆発させた国を核兵器国として認め, 核兵器の保有を合法としている. したがって, それ以外の国は, 核兵器その他の核爆発装置の取得および管理が許されない非核兵器国として NPT に加盟することになり, 核兵器の保有は非合法とされる. 一方, インド, パキスタン, イスラエルのように NPT の締約国でない場合, NPT による拘束がないため核兵器の保有は合法となる. しかし, NPT に照らして合法か非合法かにかかわらず, 核兵器を保有する国家が増えることが核拡散である. 具体的には, *北朝鮮の核開発問題' や, *イランの核開発問題', シリアやリビアの核開発の試み, さらにはこうした拡散を促進するパキスタンのアブドゥル・カーン(Abdul Kahn)博士を中心とする核の闇市場の問題などがある.

2 NPT, IAEA と核不拡散　用語の一般的な説明としては, 以上のようなものになるが, 現実の政策上で核拡散を定義することは容易ではない. 単なる核兵器保有にとどまらず, 核兵器の保有につながるような核分裂性物質の獲得・保有, 核分裂性物質を製造するための*濃縮', *再処理' 技術の獲得・保有, 核兵器製造のための設計その他の技術情報の獲得・研究などは, 当該国を核兵器の保有に近づける活動であるという意味で, 核拡散につながりかねない. しかし, 核技術の*デュアル・ユース技術' としての特徴が, これらの活動を明確に核拡散か否かを断定することを困難にしている. NPT 第4条では, 原子力の*平和的利用' を*奪い得ない権利' として認めており, *国際原子力機関' (IAEA)憲章第2条は, IAEA の目的を,「全世界における平和, 保健及び繁栄に対する原子力の貢献を促進し, 及び増大」させることと規定している. したがって, 核不拡散の措置は, 原子力の平和的利用の促進を前提に講じられることになる. NPT 第3条は, 原子力が平和的利用から核兵器等へ転用されることを防止するために, 核分裂性物質などについて IAEA との*保障措置' 協定に基づいた保障措置を受けることを義務付けている. 保障措置によって平和利用目的の原子力が軍事目的に転用されないことを担保することで, 核不拡散を担保することになる. NPT 第3条の義務としての保障措置は, *包括的保障措置協定' に基づく保障措置と解されており, より浸透的かつ広範な*検認' を可能にする*追加議定書' に基づく保障措置は, それを受け入れる国は着実に増加しているものの, 標準として認められるに至っていない.

3 多様な核不拡散措置 この NPT の規定と IAEA の保障措置だけでは,核不拡散を担保するには十分だとは言えない.そこで,核不拡散を担保するためにさまざまな措置が講じられる.*供給サイド・アプローチ' は,核技術や核分裂性物質等の移転を,移転する側から管理するアプローチである.*原子力供給国グループ' (NSG) の輸出ガイドラインや*2 国間原子力協力協定' を通じた*機微原子力技術' や物質の移転や利用の規制などがこれに該当する.*需要サイド・アプローチ' は,*燃料供給保証' や*多国間管理' など,核兵器の保有を企図する側が濃縮・再処理などの機微技術獲得の動機を削ぐようなアプローチである.また,*拡大抑止' の提供を含む*積極的安全保証' や*消極的安全保証' も,核兵器獲得の動機を薄める措置とみることもできる.

［秋山信将］

■核不拡散・核軍縮に関する国際委員会

International Commission on Nuclear Non-proliferation and Disarmament : ICNDD

1 活動の概要 2008 年,当時の福田康夫総理大臣と豪州のケビン・ラッド(Kevin Rudd)首相との共同イニシアティブにより同年 10 月,川口順子・ギャレス・エバンス(Gareth Evans)両元外相を共同議長として活動を開始した.日豪の共同議長のほか,サウジアラビア,ロシア,ノルウェー,南アフリカ,フランス,パキスタン,インド,ドイツ,米国,中国,英国,インドネシア,メキシコの著名人・専門家を集めた委員会とこれを補佐する諮問委員・研究機関のネットワークを作って,8 回にわたる検討会議を世界各地で開催し,2009 年末に *Eliminating Nuclear Threats*(『核兵器の脅威を排除する』)と題する報告を提出した.報告書は*核軍縮'・*核不拡散' さらには*核セキュリティ' 問題をめぐる世界の現状を分析した上で,直後に控えた*NPT 再検討会議(2010 年)' を成功に導くための提言,さらには*核兵器' をまず可能な限り最小限まで減らす第 1 段階と最終的に核兵器をゼロにもっていく第 2 段階からなる 2 段階の核不拡散・核軍縮達成の提言を「行動計画」としてまとめた.

2 提言の主要点 提言はこれまで何度か出された核軍縮を求める提言が結局実現されずに終わっていることを踏まえて実際の政府指導者・実務家にも現実的・実現可能なものと受けとめられるような実際的な提案を提示することを目指した.このため提言は段階的アプローチを取り,まず① 2025 年までの第 1 段階「最小化段階」で世界の総核弾頭数を 2,000 発まで最小化,核兵器の目的を相手側による核兵器使用の阻止に限定,次いで*核兵器の先行不使用' の約束,非核兵器国に*消極的安全保証' の供与,*包括的核実験禁止条約' (CTBT)発効,*兵器用核分裂性物質生産禁止条約' (FMCT)交渉の完結,*国際原子力機関' (IAEA)*保障措置' *追加議定書' の普遍化,*核兵器禁止条約' の策定,*核燃料サイクル' の多国間管理などを実現することを目指した.②これに続く第 2 段階「廃絶段階」では,*核抑止' 力が不要と考えられるような地政学的・軍事的条件を創出し,*検証' と違反の可罰化を強化・整備,兵器用核分裂性物質の管理体制および核兵器の設計・組立にかかる個人の知識の不正使用を防ぐ管理体制を確立して核兵器の廃絶を達成することを目指した.第 1 段階は 2012 年までに早期に実施すべき短期的行動計画とその後 2025 年までに実施する中期的行動計画から構成された.

3 その後の展開 報告書は,これまで存在した類似の国際委員会(たとえば 1996 年に報告書を出した*核兵器廃絶キャンベラ委員会',同 1999 年の東京フォーラム,2005 年のブリックス委員会などが提言を出したものの十分なフォローアップがなされなかった経験を踏まえて①各国の指導者・有識者・NGO などを包含したネットワークを作って核不拡散・核軍縮を目指した活動を継続することと,②こうした活動を支援するため，これまでの国別の研究機関を超えた真に国際的な研究機関を作ること，③国際著名人パネルによる核軍縮・核不拡散の成績表の作成，④核兵器禁止条約の策定作業の開始などを提言した．②の研究機関については，エバンス委員長他の支援を募る活動にもかかわらず十分な支援が得られず実現せず，今のところはオーストラリア国立大学に籍を置く小規模な「核不拡散・核軍縮センター」が活動している．①の指導者ネットワークについては，これまでデズモンド・ブラウン(Desmond Browne)元英国防相を座長とする欧州核不拡散・核軍縮指導者ネットワーク(ELN)が2011年から，ギャレス・エバンスを座長とするアジア太平洋核不拡散・核軍縮指導者ネットワーク(APLN)が2011年から，アルゼンチンにあるNPSGlobal財団が事務局を務めるラテン・アメリカ・カリブ核軍縮・核不拡散指導者ネットワーク(LALN)が2013年から各々活動を開始している．→核不拡散・核軍縮に関する東京フォーラム，大量破壊兵器委員会
［阿部信泰］

■核不拡散・核軍縮に関する東京フォーラム Tokyo Forum for Nuclear Non-proliferation and Disarmament

1 1998年にインドとパキスタンが相次いで*核実験’をして核拡散の脅威が高まったことを反映して，日本政府がイニシアチブを取って国際的な著名人・専門家を集めた国際委員会「東京フォーラム」が当時の橋本龍太郎総理大臣のイニシアチブにより日本国際問題研究所と広島平和研究所によって松永信雄・日本国際問題研究所副会長と明石康・広島平和研究所前所長を共同議長として組織され，翌1999年に，*核兵器’の拡散を阻止し，*核軍縮’を達成する道を示す『核の危機に直面して:21世紀への行動計画』(1999年)と題する報告書をまとめた．その前の1996年に出された*核兵器廃絶キャンベラ委員会’の報告書が冷戦終結後，核兵器の必要性はなくなり，核兵器廃絶が実現に近づいたとの空気を反映して核廃絶色の濃いものだったのに比し，インド・パキスタン両国への核拡散という現実を目の当たりにしてまず核兵器の拡散をいかにして食い止めるかという緊急課題を中心に議論が進められた．

2 報告書は，まずインドとパキスタンの核問題を取り上げ，両国に対して国連安保理決議1172を実施して核兵器開発計画を放棄するよう求め，*包括的核実験禁止条約’(CTBT)加入，*弾道ミサイル’開発計画の停止，兵器用核分裂性物質の生産停止，*核実験モラトリアム’などを求めた．両国の核実験後間もない時期でG7共同声明・安保理決議などがこぞって両国の核兵器計画放棄，つまり両国への核拡散の巻き返しを求めたことを反映したものであったが，結局，両国は核兵器計画を放棄することはなく，実験後17年を経過して各々100発前後の核弾頭を保有し弾道ミサイル・航空機による運搬手段をもって核兵器を実戦配備する状況に至っている．

3 次いで報告書は，中東和平プロセスと*大量破壊兵器’(WMD)の軍縮を並行して進めて中東非大量破壊兵器地帯を創設すること，朝鮮半島非核化を早期に実現するため1994年の*米朝枠組み合意’を完全履行すること，*核兵器不拡散条約’(NPT)強化のため*保障措置’*追加議定書’の受け入れと核兵器の削減・透明性の向上，段階的削減による核兵器の廃絶，非核兵器国への*消極的安全保証’の供与，*兵器用核分裂性物質生産禁止条約’(FMCT)交渉促進とその成立前の核分裂性物質生産モラトリアム，米国・ロシアによる配備核弾頭の各々1,000発までの削減，米国・ロシアの核即時警戒態勢の解除，英国・フランス・中国が少なくとも核兵器を増大しないこと，CTBTの早期発効とそれまでの間モラトリアムの実施，テロ対策の強化，*軍縮会議’(CD)の活性化などを提言した．→大量破壊兵器委員会
［阿部信泰］

■核不拡散・核セキュリティ総合支援セ

か

ンター　Integrated Support Center for Nuclear Nonproliferation and Nuclear Security

2010年4月に開催されたワシントン核セキュリティサミットにおいて，日本はアジア地域を中心とした地域の*核不拡散'・*核セキュリティ'強化に貢献するために，*日本原子力研究開発機構'（JAEA）に核不拡散・核セキュリティ総合支援センターを設置し，人材育成支援や基盤整備支援などを実施していくというステートメントを行った．同センターは，これに基づき同年12月に設置された．主な業務は，核不拡散，核セキュリティ分野におけるアジアを中心とした地域への人材育成支援や基盤整備支援，および，*核鑑識'，核共鳴蛍光による非破壊測定の核物質の検知測定の技術開発である．人材育成支援ではアジア諸国や日本国内において核不拡散や核セキュリティのセミナー等を開催しており，設立後4年間で，日本も含め49カ国から2,100人が参加している．なお，2014年4月，JAEA内の組織改革により，同センターは核物質管理科学技術推進部と統合し，先進保障措置等の技術開発，政策調査，*包括的核実験禁止条約'（CTBT），核物質の輸送支援関連の業務等も加わることとなった．［小林直樹］

■核物質　nuclear material

1　核物質の定義　すべての*原料物質'または*特殊核分裂性物質'のことである．原料物質とは，ウランの同位体元素の天然の混合率からなるウラン，同位元素ウラン235の劣化ウラン，およびトリウムである．または，金属，合金，化合物または高含有物の形状において前掲のいずれかの物質を含有する物質である．特殊核分裂性物質とは，*プルトニウム'239，ウラン233，同位元素ウラン235または233の濃縮ウラン，および前記のものの1または2以上を含有している物質および国際原子力機関（IAEA）の理事会が随時決定する他の核分裂性物質をいう．ただし，特殊核分裂性物質には，原料物質を含まない．

2　日本の*原子力基本法'における定義　原子力基本法は，「核燃料物質」および「核原料物質」の用語を定義している．「核燃料物質」とは，ウラン，トリウムなど原子核分裂の過程において高エネルギーを放出する物質であって，政令で定めるもの．また「核原料物質」とは，ウラン鉱，トリウム鉱その他核燃料物質の原料となる物質であって，政令で定めるものをいう．政令（核燃料物質，核原料物質，原子炉及び放射線の定義に関する政令，昭和32年11月21日政令第325号）では，具体的に以下のように定められている．①核燃料物質は，ウラン235のウラン238に対する比率が天然の混合率であるウランおよびその化合物（天然ウランともいう），ウラン235のウラン238に対する比率が天然の混合率に達しないウランおよびその化合物（劣化ウランともいう），トリウムおよびその化合物およびこれらの物質の1または2以上を含む物質で原子炉において燃料として使用できるもの，ウラン235のウラン238に対する比率が天然の混合率をこえるウランおよびその化合物（濃縮ウランともいう），プルトニウムおよびその化合物，ウラン233およびその化合物，トリウムおよびその化合物の物質の1または2以上を含む物質．②核原料物質は，ウランもしくはトリウムまたはその化合物を含む物質で核燃料物質以外のものとする．［千崎雅生］

■核物質管理センター　Nuclear Material Control Center：NMCC

1　沿革　核物質管理センターは，*核物質'の*計量管理'，*核物質防護'など核物質管理に関する業務，研究開発および国際協力を推進し，原子力の*平和的利用'と原子力産業の健全な発展に貢献することを目的として1972年4月に財団法人として設立され，2012年4月に公益財団法人となった．日本は，原子力の開発利用を平和目的に限定することを*原子力基本法'に明定するとともに，1976年に*核兵器不拡散条約'（NPT）を批准して平和的利用に徹することを国際的に約束している．また，NPTに基づき*国際原子力機関'（IAEA）と*保障措置'協定を締結し，これにより，国内の核物質をすべて保障措置下に置くとともに，これらの所在，在庫量，変動量などを記録し，報告する制度である*国内計量管理制度'を確立し維持することが求められている．同センターは，創立以来，日本の核物質管理の中核機関としての役割を担ってきている．

2 任務 1977年12月に核原料物質，核燃料物質及び原子炉の規制に関する法律（*原子炉等規制法'）に基づく指定情報処理機関の指定を受け，計量管理報告などに関する情報処理業務を開始し，国際規制物資の在庫，変動などに関する情報などの整理および解析などを行っている．また，1999年12月にIAEAの保障措置強化手段である保障措置協定の*追加議定書'が発効したことに伴う情報処理も行っている．さらに，同年12月に原子炉等規制法に基づく指定保障措置検査等実施機関の指定を受け，2000年1月から原子力施設での保障措置検査，核燃料物質などの試料分析を行うとともに，国際的な保障措置技術などの進展を日本の保障措置に適切に反映させる調査研究を行っている．これら指定機関としての業務を実施するほか，国その他の機関からの委託などによって，原子力施設に適用する効果的かつ効率的な保障措置手法の確立のための調査研究，試験をはじめ，保障措置，核物質防護など核物質管理に関する調査研究および技術開発を実施している．さらに，IAEAなどとの国際協力を進めるとともに，広報・講習会などの事業を実施し，核物質管理に関する専門家の養成および知識の普及に貢献している．

［内藤 香］

■核物質防護 physical protection of nuclear material and nuclear facilities

1 経緯 使用中，貯蔵中および輸送中の*核物質'や原子力施設を物理的に防護し，*非国家主体'による核拡散につながる*核物質'の*不法移転'や施設への*妨害破壊行為'を防止する対策を意味する．原子力施設においては，施設が建設され原子力の平和利用が開始された当初から，核物質防護の措置が講じられてきた．初期の核物質防護は，原子力反対派などによる原子力施設内への不法侵入や原子力施設からの核物質の不法持出しの防止といった「核物質の防護」対策に主眼が置かれていた．その後，核物質の不法移転に加えて原子力施設に対する妨害破壊行為の発生が憂慮される状況を受け，「施設の防護」対策も同様に重要視されるようになり，核物質および原子力施設の防護の考え方が定着していった．9.11テロの発生以降注目されてきた核セキュリティとの関連は，核セキュリティが核物質防護の機能や措置を包含するという関係にある．*核セキュリティ'の概念には，*核物質'および原子力施設の防護に加えて，*放射性物質'の防護，核物質および放射性物質を用いた不法行為の未然防止，ならびに発生した不法行為の事後対応といった取組みも含まれるが，核物質防護は引き続き核セキュリティの本質的な要素として位置づけられている．

2 核物質防護の概念 *国際原子力機関'（IAEA）の核物質防護に関する勧告文書*INFCIRC/225'は，核物質防護に係る諸概念を説明している．それによると，各国の「核物質防護体制」は，①核物質および原子力施設の防護を管理する立法上および規制上の枠組み，②立法上および規制上の枠組みの実施を確実にする責任のある国内の機関および組織，③施設および輸送の核物質防護システム，から成り立つ．この核物質防護体制の目的は，①不法移転に対して防護すること，②不法移転された核物質を発見し回収すること，③妨害破壊行為に対して防護すること，④妨害破壊行為の影響を緩和し最小化すること，の4点である．次に，「核物質防護システム」は，悪意ある行為の完遂を防止する統合された一連の核物質防護措置であり，「核物質防護措置」は，職員，手続きおよび機器により構成

か

される. 核物質防護システムを構成する機器は,機能の観点から, 一般的には①侵入監視・検知システム, ②物理的障壁システム, ③出入管理システム(人物用, 禁制品用, 車両用), ④情報処理システム, ⑤補助システム(情報伝送, 電源など), ⑥通信連絡システム, に大別される.

3 具体的防護要件　2011年1月に出版されたINFCIRC/225の最新版(INFCIRC/225/Rev.5)は, 核物質防護システムを構成する機器の機能に関して以下のような要件を示している. ①「侵入監視・検知システム」: 侵入検知センサーによって生じた警報は, 迅速かつ正確に評価され適切な処置が講じられるべきである. ②「物理的障壁システム」: 不法移転や妨害破壊行為防止のため施設は多層的に防護されるべきである; 侵入に対する遅延措置が講じられるべきである. ③「出入管理システム」: 出入口数は最小限に維持し立入が管理され警報機器が取り付けられるべきである; 車両, 人, 荷物は, 禁制品の持込み, 核物質の持出しの検知および防止のために検査を受けるべきである. ④「情報処理システム」: コンピュータベースのシステムは侵害行為(*サイバー攻撃' など)に対して防護されるべきである. ⑤「補助システム」: 警報機器, 警報伝送機器は無停電電源が備わっているべきである. ⑥「通信連絡システム」: 盗聴防止機能のある音声連絡システムが供えられるべきである.　[宮本直樹]

■核物質防護条約　Convention on the Physical Protection of Nuclear Material

[正称] 核物質の防護に関する条約, [署名] 1980.3.3(ウィーン, ニューヨーク), [発効] 1987.2.8, [日本] 〈署名〉1988.10.28, 〈発効〉1988.11.27(昭63条約6)

1 条約成立の背景　核物質防護条約について国際的な検討を行うようになったのは, 1974年の第29回国連総会において米国のヘンリー・キッシンジャー(Henry Kissinger)国務長官が国際輸送時の*核物質' に対する防護措置協定の必要性について演説したことに端を発する. 1977年2月には*国際原子力機関' (IAEA)の*核物質防護' に関する勧告の見直し会合が始まり, 核物質の国際輸送時の防護や核物質が関係する国際間の犯罪の取扱いに関する国際協力が重要課題となった. 同年5月には米国が国際的検討のための原案をIAEAに送付し, 10月に第1回の政府間検討会議が開催された. 1979年10月の第4回政府間検討会議において条約草案が採択され, 1980年3月に署名のため開放された. 1987年1月には条約発効条件である21カ国が批准し, 同年2月8日に発効した(日本については1988年11月27日に発効). 2014年9月末現在, 150カ国および*欧州原子力共同体' (EURATOM)が締約国となっている.

2 条約の規定　核物質防護条約は, 締約国に対して国際輸送中の平和目的の核物質に関する防護措置などを義務づけた条約であり, 前文, 23の条文および2つの附属書により構成されている. 第1条は条約の適用上明確にしておくべき語句を定義している. 第2条は条約の適用範囲を明示している. 第3条は国際輸送中の核物質の防護義務について, 第4条は核物質の輸出入および通過の際の防護の保証について明記している. 第5条は核物質の防護および回収のための締約国間の協力を, 第6条は情報の秘密保護を, そして第7条は犯罪行為の処罰に関して定めている. 第8条から第11条は刑事裁判権に関する措置および犯罪人の引渡しについて, 第12条, 第13条は刑事訴訟手続きに関する措置について規定している. 第14条は寄託者に対する情報提供, 第15条は附属書が不可分の一部であること, また第16条は再検討のための締約国会議の招集について定めている. 第17条は条約の解釈または適用に関する紛争の解決を規定している. 第18条から第23条は条約の一般的な手続事項を明記している. 附属書Ⅰは「附属書Ⅱに区分する核物質の国際輸送において適用される防護の水準」, 附属書Ⅱは「核物質の区分表」と題するものである.

3 条約の義務　締約国が条約により明示的に負うこととなる主な義務は以下のとおりである. 第1に, 国際輸送中の核物質を防護する義務である. 締約国は, 国際輸送中の核物質が自国の領域内または自国の管轄下にある場合に, 附属書Ⅰに定める水準で防護されることを確保するために適当な措置をとらなければならない(第3条). 第2に, 情報の秘密を保護する義務である. 締約国は, 他の締約国からこの条約に基づいて秘密のものとして受領する情報の秘密性を保護するために, 適当な措置をとらなければならない(第6条). 第3に, 核物質に関する犯罪の処罰義務または引渡義務である. 締約国は, ①条約の明示する一定の行為を犯罪とし, 重大性を考慮して適当な刑罰を科す(第7条). ②犯罪についての自国の裁判権を設定するために必要な措置をとる(第8条). ③容疑者の訴追または引渡しのために所在を確実にするため, 拘禁を含む適当な措置をとる(第9条). ④容疑者を引き渡さない場合, 訴追のため自国の権限のある当局に事件を付託する(第10条). ⑤条約の明示する犯罪を引渡犯罪とする(第11条)こと, が求められている.　[宮本直樹]

■核物質防護条約の改正　Amendment to the Convention on the Physical Protection of Nuclear Material

1 条約改正の背景　1992年に開催された*核物質防護条約'(以下, 現行条約)の第1回再検討会議の最終報告書では, 現行条約への支持が表明され, 条約改正に言及されることはなかった. しかし, 条約が既存のままで十分か否かの議論が締約国の間で続けられた. その論点は, とりわけ現行条約では締約国に, 国内で使用, 貯蔵および輸送される*核物質'を防護する義務がないこと, ならびに核物質および原子力施設を*妨害破壊行為'から防護する義務がないことに関するものであった. その後, 条約改正の是非検討の具体的なプロセスが, 1999年11月に*国際原子力機関'(IAEA)事務局長が召集した非公式専門家会合によって開始され, 2001年5月に「条約改正案作成を含む現行条約強化のための様々な措置が講じられるべきである」との結論が出された. これを受け, 2001年末から2003年3月にかけて, 非公式専門家会合が改正案作成の作業を行ったが, 国の軍隊の公務としての活動の条約適用からの明示的な除外等の論点を巡って議論が収束せず, 一本化された改正案の作成には至らなかった. しかし, その後改正案作成の努力は続けられ, 2004年4月にオーストリアを中心とした日本を含む25カ国が, 共同で作成した改正案をIAEA事務局長に提出した. 2005年7月, これを審議するための外交会議が, 88の締約国および*欧州原子力共同体'(EURATOM)の参加を得て開催され, 条約の改正がコンセンサスで採択された.

2 改正条約の内容　改正された条約では, 条約の目的が, ①平和目的の核物質および原子力施設の効果的な防護, ②核物質および原子力施設に関連する犯罪の地球的規模での防止, ③これらに関する締約国間の協力の促進であることが明記された. 改正の内容は, これらの目的を達成するために現行条約の強化または締約国に新たな義務を課したものとなっている. まず, ①の目的に関しては, 条約の適用範囲が, 国内で使用中, 貯蔵, および輸送中の核物質, ならびに原子力施設に拡大されている. 適用範囲に「原子力施設」が加わり, 条約の名称は「核物質および原子力施設の防護に関する条約」とされた. また, 締約国は, 核物質の不法な取得からの防護, 核物質および原子力施設の妨害破壊行為からの防護等を目的として, 自国の管轄下にある核物質および原子力施設に適用される適当な防護制度を確立し, 実施し, 維持することが義務づけられた. さらに, 国の責任, 許認可取得者の責任などの12項目から成る「物理的防護の基本原則」を「合理的かつ実行可能である限りにおいて適用する」ことが法的コミットメントとして義務付けられた. 目的の②に関しては, 処罰すべき犯罪が

か

追加され, 締約国が自国の国内法によって処罰すべき犯罪として, 法律に基づく権限なしに行う核物質のある国への, または, ある国からの運搬, 送付または移動, 原子力施設に対する妨害破壊行為または原子力施設の運転妨害行為等が追加されている. 目的の③の協力の推進に関しては, 現行条約で規定された, 核物質の防護および回収のための協力に加え, 核物質または原子力施設に対する妨害破壊行為の現実的な脅威がある場合, または実際に行為が行われた場合の国際協力に関する規定が追加され, 協力内容が拡大された.

3 改正条約の発効に向けた状況　改正条約は, 現行条約の締約国の3分の2がこれを締結した日の後30日目に効力を生じる. 2014年9月現在, 現行条約の締約国数は150カ国であり, 改正条約の発効には100カ国以上の締約国による締結が必要であるが, 改正条約の締結国は81カ国のみであり, 改正条約は未発効である. 日本は, 2014年6月27日に改正条約を締結し, 77番目の締約国となったほか, 英, 仏, ロシア, 中国といった主要国が改正条約を締結している. その一方で, 米国は未締結である. 改正条約は, 核物質および原子力施設の*核テロリズム' に対する*脆弱性' を低減させ, 国際的な*核セキュリティ' の向上につながるものであり, 早期の発効が求められている.　[堀部純子]

■核物質防護の12の基本原則　Essential Elements of a State's Nuclear Security Regime

2001年秋の*国際原子力機関' (IAEA)理事会で承認された各国が採用することを推奨する「核物質及び原子力施設の物理的防護に関する核セキュリティ勧告」(*INFCIRC/225' /Rev.4)中に記載された12の基本原則. その内容は*核物質防護' について, ①国内体制の整備, 維持の責任は国家にあること, ②国際輸送時の責任は相手国に引き渡されるまで当事国にあること, ③国家は法律･規則体系を整備し, 維持する責任を負うこと, ④国家は規制当局を設置し, 維持すること, ⑤国家は主たる責任は事業者にあることを明確にすること, ⑥関係する組織は*核セキュリティ文化' を尊重し, 実現を図ること, ⑦核物質防護は脅威に関する国家の評価に基づくこと, ⑧脅威の評価, 魅力度等により, 段階的な手法を取ること, ⑨複数の防護の層により, 多重防護を図ること, ⑩円滑な運用を図るため, 品質保証を確立すること, ⑪盗取, *妨害破壊行為' に対応する計画, 訓練を実施すること, ⑫国家は情報管理について機密情報の防護用件を整備することである. この原則は現行の同勧告(「核物質及び原子力施設の物理的防護に関する核セキュリティ勧告」〔INFCIRC/225/Rev.5〕2011年1月発行)にも引き継がれている.　[小林直樹]

■核分裂　nuclear fission

核分裂では, 原子核が中性子の衝突(吸収)により, ほぼ同じ大きさの2つの原子核に分裂するとともに発熱する. この時に, 併せて2~3個の中性子を放出するため, この中性子が別の核分裂性物質の原子核に吸収される場合には連鎖反応が起きる. 同連鎖反応を適宜制御することにより一定のエネルギーを取り出すのが原子力の*平和的利用' である原子力発電である. 一方, 同連鎖反応を急激に起こすように利用すれば*核兵器' となる. 臨界事故は, 連鎖反応で中性子の制御ができなくなり核分裂が急速に増えるものである. 核分裂の連鎖反応を持続する能力を持つ物質を核分裂性物質とよび, 核分裂性物質のうち最も重要なものは, ウラン233, ウラン235, プルトニウム239, 241であり核燃料として利用されている. *国際原子力機関' (IAEA) *保障措置' による*特殊核分裂性物質' は, *プルトニウム' 239, ウラン233, ウラン235または233の濃縮ウラン, およびこれらの1つまたは2つ以上を含有している物質で「核原料物質」を除いたものとされている(「核原料物質」とは, 天然ウランとウラン235の含有量が天然ウランよりも少ないウラン[劣化ウラン]とトリウムで,これらを金属や合金や化合物などの形で一定の含有率で含有するものを指す).その他,ネプツニウム 237,キュリウム 244,アメリシウム 241 も核分裂性物質であるが,保障措置では代替核物質と称して上記の核種と区別して扱われている.　[久野祐輔]

■**核兵器**　nuclear weapon

一般に*原子爆弾'(原爆)とよばれるものは,*核分裂'反応を連鎖的に発生させることにより生じる膨大なエネルギーを利用した兵器,すなわち,爆風,熱放射,放射線などの作用により大量破壊を生じさせる兵器をいうが,これ以外にも*核融合'による原子核反応(一般に重水素や三重水素[トリチウム]の核融合反応)による*水素爆弾'(水爆),そして核爆発時の中性子線の発生割合を高め,生物への殺傷能力や影響を高めた*中性子爆弾'が知られている.これらを総称して核兵器と呼ぶが,実際の兵器としてはそれに運搬手段(ミサイルなど)を併せた形として初めて機能する.核兵器は,*生物兵器',*化学兵器'と合わせ*大量破壊兵器'(WMD)と呼ばれる.歴史的には,原子爆弾を開発・製造しようとする国家は,濃縮ウランによる原子爆弾および*プルトニウム'による爆弾を併行して開発しようとする傾向にある.これは,前者において,*高濃縮ウラン'の製造技術取得が容易ではない半面,兵器化技術(ガンバレル型爆弾製造)が比較的容易であること,後者では,プルトニウムの製造技術が照射済燃料の化学分離であり,ウラン濃縮に比べ相対的に容易であるものの,その兵器化技術(インプロージョン型爆縮爆弾製造)が困難であるという,両者とも一長一短の性格を有するということによる.第二次世界大戦で実戦使用された核兵器は,ウラン爆弾(広島)およびプルトニウム爆弾(長崎)である.　[久野祐輔]

■**核兵器開発サイクル**　nuclear weapon development cycle

*核兵器'は,*核分裂'を主とする*原子爆弾'と*核融合'を主とする*水素爆弾'の大きく2つに分類される.原子爆弾は大威力化に限界があり,水素爆弾の方が最大威力は大きくすることができる.核兵器の製造には核爆発の材料である*核物質',起爆装置,高性能火薬などさまざまな部品などが必要である.また核爆発することだけが目的の核爆発装置においても,一般的には兵器級核物質が使用される.原子爆弾にはウラン爆弾と*プルトニウム'爆弾がある.核兵器製造のために必要な核物質(主に*高濃縮ウラン',プルトニウム)を生産するためには,以下のプロセスをとる必要がある.

1　ウラン爆弾　天然ウランに含まれるウラン 235 の割合は,わずか 0.7% で残りは核分裂を起こしにくいウラン 238 である.ウラン爆弾にを製造するためには,ウラン 235 の濃度を通常 90% 以上に高めなければならない.濃縮ウランは,放射能が少ないために取り扱いは容易であるが,高濃縮ウラン製造には,大変高度な技術力と大規模な設備,大量のエネルギーが必要となる.ウラン濃縮の技術としては,*ガス拡散法',*遠心分離法'などがある.核兵器用の高濃縮ウラン製造のためには,まずサイクルはウラン採掘から始まり,ウラン鉱石を製錬して,天然ウランの酸化物の粉(イエローケーキと呼ぶ)にする.天然ウランでは,ウラン 235 の濃度が 0.7% と低いため,さらにこのイエローケーキとなったウランを,フッ素と化合させて六フッ化ウランにする.そしてこれを 70 度 C 以上で気体状態にし,ウラン濃縮設備を使用して,ウラン 235 の濃度を 90% 以上に高める.それを再転換して核兵器用の材料である金属ウランを製造する.

2　プルトニウム爆弾　核兵器用のプルトニウムを生産するする原子炉は,一般にプルトニウム生産炉と呼んでいる.この生産炉は,原子炉の中でウラン 238 に中性子を吸収させて,プルトニウム 239 を生成させる.この目的から,上述のウラン濃縮施設や転換施設,そして核燃料加工施設などが必要である.プルトニウム生産炉では，核燃料としては天然ウランや*低濃縮ウラン’を，また中性子減速材として黒鉛または重水など，そして原子炉冷却材として空気または炭酸ガス，軽水または重水などを使用している．これらのプルトニウム生産炉で燃やされた核燃料(使用済燃料)を再処理して，核兵器用のプルトニウム(通常プルトニウム239の濃度が94%以上)を回収する．なお，原子炉級プルトニウム(商業用の原子炉で生産されたプルトニウム)も核兵器用の材料になるといわれている．

以上，核兵器用の核物質を生産することを目的とした，*核燃料サイクル’を核兵器開発サイクルと呼ぶこととする．　［千崎雅生］

■核兵器禁止条約　nuclear weapons convention

1 概念・形成過程　最も広い意味では*核兵器’の使用禁止から全廃にいたる事項を規定する諸条約(案)の総称となるが，最も狭い意味では「モデル核兵器条約」(Model Nuclear Weapons Convention : mNWC)のことである．「核兵器の開発，実験，生産，貯蔵，移譲，使用及び使用の威嚇の禁止，ならびにその全廃に関する条約」とも呼ばれる．背景をたどると，*核軍縮’に言及する1961年のマックロイ・ゾーリン協定(国連総会採択)があり，1967年にソ連が第22回国連総会(1967年)に核兵器使用禁止条約の草案を提出したという記録がある．第2回*国連軍縮特別総会’(SSDII : 1982)には，国際平和ビューロと核政策法律家委員会が「核兵器の使用と使用の威嚇の違法性に関する国際条約」案を提出した．1996年国際司法裁判所(ICJ)は全員一致の勧告的意見で「(核保有国は)核軍縮交渉を誠実に遂行しかつ完結させる義務がある」と述べた．モデル核兵器条約(mNWC)は1997年4月，*国際反核法律家協会’(IALANA)，拡散に反対する技術者と科学者の国際ネットワーク(INESAP)，核戦争防止国際医師会議(IPPNW)，この3団体が共同で発表した．同年10月コスタリカが国連に提出した(UN Doc.A/C.1/52/7)．2007年には3団体が改訂版を発表し，コスタリカとマレーシアが国連に提出した(A/62/650)．その後国連総会ではマレーシアなどが提出した核兵器禁止条約の交渉開始を求める決議が採択されている．*核兵器不拡散条約’(NPT)第6条(核軍縮条項)に基づき交渉開始と条約締結を求める運動も続けられている．

2 内容　モデル核兵器条約(mNWC)は，前文と本文19カ条，2つの選択議定書で構成されている．前文は「核兵器の存在そのものが全人類に対する脅威」だという文章ではじまる核時代の至上命題を網羅している．本文規定の要点はつぎのとおり．締約国は核兵器の開発，実験，製造，備蓄，移譲，使用，使用の威嚇をすべて禁止される．核保有国は段階に沿った核軍備の廃棄と申告の義務を負う．全廃にいたる5段階の指定がある．①核兵器の警戒態勢を解除する，②配備核兵器を撤廃する，③核弾頭を運搬手段(ミサイルなど)から取り外す，④核弾頭を使用不能にし核ピットも使用不能にする，⑤核分裂性物質(ウラン235や*プルトニウム’)を国際管理下におく．初期の段階では，米露が核兵器数を大幅に削減する必要がある．この他，条約履行の検証；国内実施措置の制定義務；人(個人・法人)に国家と同等の権利と義務を付与；核兵器禁止機関(締約国会議，執行理事会，技術事務局)；核物質の指定；条約遵守の為の協力・遵守と紛争解決；他の国際協定との関係；財政に関する事項；紛争の義務的解決の諸条項があり，エネルギー援助に関する選択議定書などがある．核兵器禁止条約の最広義と最狭義の両者の間に，「モデル核兵器条約または同様の包括的な核兵器を禁止する法的な枠組み」という表現でいう条約がある．この「モデル核兵器条約または同様の包括的な核兵器を禁止する法的な枠組み」のことを，単に核兵器禁止条約(NWC)と呼んでおく．

3 交渉開始・締結に向けて　国連総会の次元でみると，加盟国の4分の3に近い国々が核兵器禁止条約(NWC)に向けた交渉開始を支持している. しかし5つの核兵器国(安全保障理事会の常任理事国:米･英･露･仏･中)は, 中国を別としてまだ交渉開始に同意していない. それ以外には4つの国家が事実上の核保有国とされている(イスラエル, インド, パキスタン, 北朝鮮). これら9つの国家が現在一致して核兵器禁止条約を締結する作業に参加する見通しはたたない. こうした現状認識から, 核保有国の参加がなくとも核兵器禁止条約の交渉は, 志を同じくする国々によって開始されるべきだという主張と運動もある. 世界的な規模におよぶ核兵器禁止条約は, 世界のあらゆる地域の国々が核兵器に異議申立てをしこれを公式に拒絶する手助けになる. この主張によると核兵器禁止条約は, 特定期間内の核兵器廃棄の合意を条件に, 核保有国の参加も認めるものとする. 核保有国が禁止条約に参加した後に, 備蓄核兵器を*検証' 可能かつ不可逆的な方法で破棄されることを保証するさまざまな合意が形成されてゆくことになる. →中国の核政策･核戦略　[浦田賢治]

■核兵器の威嚇･使用の合法性 legality of the threat or use of nuclear weapons

1 *原子爆弾' 投下から勧告的意見まで 1945年の最初の原爆使用から今日に至るまで, 核使用･威嚇の合法性については, *核兵器' のもつ政治的軍事的効果とその使用がもたらす壊滅的な人道的被害との評価をめぐり大きな対立がある. 核保有国は主に自衛を理由に合法とする立場を維持してきたが, 違法とする立場からは核使用は国際法, 特に*国際人道法' に反すると論じられてきた. 広島への原爆投下直後, 日本政府はその性能の無差別性残虐性を指摘し, 戦時国際法違反であるとの抗議文を米国に送付した. 1961年になると, 国連総会では, 核使用は国連憲章などの国際法に違反し, 人道に対する罪にあたるとの国連総会決議1653が採択された. 米英は自衛権などに基づきこの決議に反対した. これ以降成立した非核兵器地帯に対する*消極的安全保証' についても, 米露英仏は他の核兵器国と連携する侵略国に対する核使用を留保した. これに対し, 赤十字国際会議は1965年に戦争法の一般原則が核兵器に適用されるべきことを決議し, 1977年には*大量破壊兵器' (WMD)禁止の合意を諸政府に求める決議を採択した. また万国国際法学会も現行国際法は効果を軍事目標に限定できない兵器や盲目兵器を禁止していると決議している(1969年). さらに, 1977年の*ジュネーブ諸条約第1追加議定書' は自然環境に深刻な損害を与える兵器の使用をも禁じたが, 米英仏は同議定書の核兵器への不適用を主張している. なお1963年, 日本の*原爆裁判' では米国による広島･長崎への原爆投下は当時の国際法に違反していると判示された.

2 国際司法裁判所(ICJ)の勧告的意見 *冷戦' 終結後, 反核NGOと非核兵器国の連携を背景に, 1993年に世界保健機関(WHO)が核使用の合法性に関して, 1994年には国連総会が「いかなる状況においても核兵器の威嚇･使用は国際法上許されるか」につき, ICJに勧告的意見を求めた. 核兵器国を含む諸国が手続に参加し, この問題を国際裁判で初めて正面から論じた(なおICJとして核兵器に関連する問題を扱うのは*核実験裁判' に次いで2度目). 日本は, 核使用は国際法の思想的基盤にある人道主義の精神に合致しないと述べるにとどまった. 1996年7月8日, ICJはWHOについては管轄権を認めず, 総会の諮問に対してのみ回答を与えた. そこでは, 環境法や人権法などを検討しつつ国連憲章と国際人道法を主たる適用法とし, 違法な使用を前提とする威嚇は違法としたうえで, 結論として核兵器の威嚇･使用は, 国際人道法に一般的に違反するとしつつも, 国の存亡のかかる自衛の極端な状況において合法か違法かは確定的に判断できないとした(7対7で裁判長の決定投票). この結論は合法とも違法とも解釈し得る曖昧さを残したし, 小型核使用や核復仇についても明確に回答しなかった. なお, ICJは*核軍縮' 交渉を誠実に行いかつ完結させる義務が存在するとも結論した(全員一致).

3 勧告的意見以後　1998年の*国際刑事裁判所に関するローマ規程'では,起草過程で非同盟諸国が核使用を戦争犯罪とすることを提案したが,核兵器国などの反対から実現しなかった.2001年,*核抑止'政策の違法性を争う刑事裁判に関連して,英スコットランド刑事上級裁判所は,勧告的意見を踏まえて,英国の核抑止政策としての*潜水艦発射弾道ミサイル'(SLBM)トライデント配備は違法な威嚇に該当しないとの意見を出した.現在,英仏米は宣言政策として核使用を自衛の極端な状況に限定しており,勧告的意見の一定の影響がみられる.2010年には*赤十字国際委員会'総裁が核使用と国際人道法の両立困難性を主張し,スイスが核使用の違法性に基づく核軍縮を主張するなど,核使用の違法性の主張が*核軍縮の人道的アプローチ'をもたらす一因となっており,勧告的意見で曖昧にされた問題を含め*核兵器の人道的結末'の多面的法的評価の解明が課題である.→核態勢見直し報告　　　　　　　　[山田寿則]

■核兵器の解体　dismantlement of nuclear weapons

1 背景　核兵器の解体に伴って発生する余剰の兵器級*核物質'(*高濃縮ウラン'と*プルトニウム')の処理・処分を確実に行うことは,*核軍縮'上大変重要である.米国・ロシアは,*戦略兵器削減条約'(START条約)の合意の履行の結果,核兵器の解体から発生する余剰の高濃縮ウランについては,天然ウランなどで希釈する(ウラン235の濃度を下げる)ことにより,核兵器に利用できない形態に比較的容易に変換でき,希釈後の*低濃縮ウラン'は原子力発電の燃料として利用可能になる.一方兵器級プルトニウムは,同位体希釈ができないことなどからその処理・処分が簡単にできない.余剰プルトニウムの処理・処分については,両国ともいまだ準備段階にあって本格的実施には至っていない.

2 兵器級プルトニウムの処分　2000年,米国とロシアは,余剰プルトニウム34tを両国がそれぞれ処分する「余剰核兵器解体プルトニウム管理処分協定」(PMDA3)に合意した.そして2007年11月米国・ロシアの共同声明によって,ロシアにおけるプルトニウム処分は,高速炉(BN-600, BN-800)で行われることなどについて合意した.他方,米国のプルトニウム処分については,*エネルギー省'(DOE)は*混合酸化物'(MOX)燃料を製造する施設(MFFF)をサバンナリバーサイト(SRS)に建設し,この燃料を原子力発電で燃焼させて処分することとした.DOEは,2002年の段階ではMFFFの建設費用を10億ドルと見積もっていたが,2014年の予算要求で77億8千万ドルもかかる高額な試算を出し,進行中のMOX燃料プロジェクトは,最終的に300億ドルを超える可能性があると結論付けた.MFFFの建設費用の高騰と建設の遅れにより,米国のプルトニウム処分が進まないことが懸念されている.またMOX燃料以外の方法で処分する場合,米国はロシアとの再協議が必要となる.こうした状況を受け,バラク・オバマ(Barack Obama)政権は本プロジェクトの全面的な見直しを進め,当面次年度予算の凍結などを発表した.なお,余剰プルトニウムが再び軍事転用されないことが重要であることから,現在米国,ロシア,*国際原子力機関'(IAEA)の間で,このプルトニウムをIAEAの*検認'下に置くことについて交渉が行われている.

3 兵器級高濃縮ウランの処分　1992年8月米国・ロシアは,ロシアの核兵器の解体で回収される高濃縮ウランの買取りについて合意し,1993年2月米国がロシアの高濃縮ウラン500tを向こう20年間にわたって買い取る,「核兵器解体に伴う高濃縮ウランの処分に関する米国およびロシアの政府間合意」を締結した.ロシアは兵器級高濃縮ウランを希釈し,低濃縮ウランにして米国に引き渡し,そして米国は,それを原子力発電所向けに国際ウラン市場に放出することにした.この合意は2013年末に期限を迎え,高濃縮ウランはすでに低濃縮化され,米国内の原子力発電所の燃料として処分された.　[千崎雅生]

■核兵器の人道的結末 humanitarian consequence of nuclear weapons

1 広島・長崎の原爆と国際機関・団体の声明
世界初の無警告戦時核攻撃は,広島・長崎を完全に壊滅させ,民間人・軍人の区別なく住民を殺傷した.鈴木終戦内閣は,*原子爆弾'の使用は戦時国際法および*国際人道法'に背くとして米国に抗議した.広島に対して最も早く緊急人道支援を実施したスイスの*赤十字国際委員会'(ICRC)も,戦後早くからその非人道性を指摘している.*冷戦'中の1961年の国連総会における*核兵器'の使用禁止宣言には,はじめて「人道法に反する兵器」という文言が盛り込まれたが,顧みられことはなかった.1996年に至り,国連総会の要請に対して国際司法裁判所(ICJ)より,核兵器による威嚇と使用は「一般的には人道法に反する」とする勧告的意見が出された.しかし,1国が存亡の危機に瀕した場合の使用については判断が留保された.ICRCは2010年の*核兵器不拡散条約'(NPT)再検討会議に先立ち,ヤコブ・ケレンベルガー(Jakob Kellenberger)会長が国際人道支援団体として,核兵器の爆発にはいかなる予防体制も取り得ないこと,また爆発の規模の甚大さから,いかなる救護活動も不能となること,唯一の予防策は二度と使用されないこと,さらに根本的対応は核兵器の廃絶しかないことを表明した.*NPT再検討会議(2010年)'の最終文書においてスイス政府の提案により,はじめて「核兵器のもたらす耐えられない人道的結末」と「いかなる使用にも深い懸念」の文言が盛られた.

2 核兵器の人道的影響に関する国際会議 (International Conferences of Humanitarian Impact of Nuclear Weapons)2013年3月,世界で初めてノルウェー政府によりオスロで開催された.物理学・医学・環境学・気象学・食糧供給などの各分野の専門家により,核爆発の結末についての科学的知見が発表され,原爆の短期および中長期の人体影響,救護体制および救護要員の破綻,不可能な予防措置などについて,出席127カ国の政府代表による質疑が行われ,核兵器爆発の人道的結末が広く認識された.2014年2月,そのフォローアップ会議がメキシコ政府によりナジャリットで開催され,146カ国が出席し,核爆発の長期的影響,特に都市インフラ・マクロ経済の破綻が議論されるとともに,核爆発の偶発的・意図的・非国家組織による使用などの可能性が論じられた.またインド・パキスタン間の核戦争による気候変動のため,20億人を超える飢餓の発生が想定された.しかしこれらの会議にはNPT上の核保有国(P5)は出席を拒んだ.メキシコ会議では非人道性の確立が謳われ,核兵器の製造と使用の法的拘束を目指す多国間協議の枠組作りに進む時期が到来し,世界は「Point of No-return」に立ったと総括された.2014年12月にはオーストリア政府によりウイーンで第3回会議が開催された.

3 人道的結末に関する国際共同声明 2015年NPT再検討会議の第1回準備会議(2012年)および2013年の国連総会において,「人道的次元に関する声明」が次々と発表され,次第に賛同する国が増加した.日本はこれらへの署名を見送ってきたが,2013年10月のニュージーランド主導の125カ国人道声明に初めて賛同,署名した.政府は,非人道性を認める立場と*核の傘'政策で安全保障を保ちつつ,究極的核廃絶を長期的展望のもと多段階的に追求する政策は矛盾しないとしている.核兵器の爆発の被害は1国に止まらず,国境を越え,地球規模の被害をもたらし,核の飢餓は人類の生存にも関わる.このような人道的結末についての国際社会の認識の深まりは,これまで安全保障という政治面からのみ議論されてきた*核軍縮'と核廃絶への取り組みにおいて,新たな潮流を生みつつある.→核の冬と核の飢饉,原爆被害,被爆者　[朝長万左男]

■**核兵器の先行不使用** no first use of nuclear weapons：NFU of nuclear weapons

1 概念 *核兵器'の「先行不使用(no first use)」とは，武力紛争中，核兵器を相手より先に使用しないとする政策である．ただし，仮に相手が先に核兵器を使用した場合には，これに対して核兵器を使用する選択肢は残している．核兵器の先制不使用あるいは核兵器の第1不使用とも称される．これに対し核兵器の先行使用(first use)とは，核兵器以外の手段を用いて武力攻撃を加えてきた相手に対し，先んじて核兵器を使用することを意味する．核兵器を用いて戦端を開くことも語義的には核兵器の先行使用の範疇に入るが，冷戦時代にみられた北大西洋条約機構(NATO)の核の先行使用，先行不使用の議論は，武力紛争勃発後の核使用のあり方をめぐるものであった．

2 事例 中国は，1964年10月の最初の核実験直後から今日まで一貫して，いつ，いかなる場合においても核兵器を先に使用しないという無条件の核兵器の先行不使用を宣言している．加えて，他の核保有国に核の先行不使用政策の採用を促し，先行不使用体制の構築を訴えている．ソ連は，西側ではその信憑性に疑義が持たれていたものの，1982年6月以降，核の先行不使用を宣言していた．しかしながら，ソ連解体後に成立したロシアは，その通常戦力の弱体化を背景に，1993年11月，この宣言を撤回し，先行使用に回帰している．インドは，1999年8月に発表した核ドクトリン草案において，核兵器の先行不使用政策を採る意向を示していたが，2003年1月になると，*生物兵器'や*化学兵器'攻撃を受けた場合，核兵器による反撃があり得ることを示唆するようになり，限定的ではあるものの核の先行使用の選択肢を保持するようになった．他方，インドの優勢な通常戦力に悩まされているパキスタンは，核の先行使用政策を採っているものと推測される．1998年5月の印パ両国の核爆発実験後にインドがパキスタンに対して核の先行不使用を呼びかけた際，これを拒否していることからもこのことは窺える．米国は，2010年4月に発表した*核態勢見直し報告'(NPR報告)において述べているように，核兵器の使用を考慮するシナリオを絞り込みながらも，核兵器の先行使用の選択肢を維持している．英国およびフランスも米国の政策に類似した宣言を出している．

3 意義と課題 核の先行不使用は*核軍縮'を促す効果がある．*核兵器不拡散条約'(NPT)上の核兵器国も含め，すべての核保有国が核の先行不使用に同意し，グローバルな核の先行不使用体制を構築すれば，核兵器の役割は，単に他の核保有国の核使用を*抑止'するのみとなり，核保有国が一律に核兵器の削減に踏み切っても，安全保障上，失うものはないからである．また核の先行不使用は，非核兵器国に対する核攻撃を否定することになることから，NPT体制の基盤を強化することにつながる．NPT上の5核兵器国が核の先行不使用体制を構築すれば，その副次的効果として，非核兵器国は，原則的にNPT上の5核兵器国からの核威嚇や核攻撃を恐れる必要がなくなり，その結果NPT体制の最も大きな懸案事項である核兵器国と非核兵器国の間の政治·安全保障上の不平等性も緩和され，NPT体制の安定性や信頼性が格段に向上することになるからである．しかしながら，核の先行不使用は，外部から検証できない．先行不使用宣言に疑念が持たれる限り，先行不使用が持つ核軍縮効果やNPT体制の強化も期待できない．したがって，核の先行不使用宣言の信憑性を高めるべく，国際安全保障環境の改善に向けて努力を重ね，核の先行使用の必要性を極限化することが不可欠である．具体的には，地域毎にあるいは対立国間で通常戦力バランスの維持を図るとともに，生物·化学兵器の廃絶を徹底することである．→英国の核政策·核戦略，中国の核政策·核戦略，フランスの核政策·核戦略，米国の核政策·核戦略，ロシアの核政策·核戦略，インドの

核政策・核戦略　[小川伸一]

■「核兵器の全面的廃絶に向けた共同行動」決議 Resolution for "United Action towards the Total Elimination of Nuclear Weapons"

1　*冷戦' の終了により核戦争の恐怖の無い世界を構築する機運が高まった中, 日本は1994年に*国連総会第1委員会' で「核兵器の究極的廃絶に向けた核軍縮(Nuclear disarmament with a view to the ultimate elimination of nuclear weapons)」決議案を提出した. この日本の*核軍縮' 決議は, 国際社会における核軍縮の動きを反映し, 過去20年間, 毎年総会で大多数の加盟国の支持を得て採択されてきた. その名称と内容は*NPT再検討会議' の結果を踏まえて, 基本的に5年に1度(これまで3度)大幅に変更されてきた. 最近では, 2010年以降「核兵器の全面的廃絶に向けた共同行動」と題した決議として採択されている. 日本の核軍縮決議は, 非同盟運動(NAM)諸国が支持するミャンマーの決議, *新アジェンダ連合' (NAC)の決議とならんで, 毎年総会で採択されている核軍縮全般を扱う3大決議のひとつである. 日本の決議は核兵器国の立場も考慮し, 核軍縮を段階的に進めるステップ・バイ・ステップ・アプローチに基づいているところに特徴があり, 概ね核兵器国の支持を得て, 毎年幅広い支持を受けて採択されている.

2　1994年以来毎年総会に提出してきた「究極的核廃絶」決議は, 2000年の*NPT再検討会議' において最終文書が採択され, その中で核兵器国が「全面的核廃絶に向けての明確な約束」に同意したことで当面の役割を終えた. そのため2000年の国連総会では, 日本はそれまでの決議に代わり, 全面的核廃絶という目標にいかに到達するかを明らかにする道筋を具体的に示した「核兵器の全面的廃絶への道程(A path to the total elimination of nuclear weapons)」決議案を提出した. 2005年には原爆投下および国連創立60周年を機に従来の日本の核軍縮決議を再検討し, 2005年のNPT再検討会議の失敗, ならびに同じ年に開催された国連サミットにおいて軍縮問題に関する合意が成立しなかったことを踏まえて, 「核兵器の全面的廃絶に向けた新たな決意 (Renewed determination towards the total elimination of nuclear weapons)」決議案を提出した. 日本はこの決議において, 国際社会が現在のコンセンサスの欠如を克服しなければならず, 核兵器国を含めてすべての国家が核兵器の全面的廃絶に向けて団結し, この決議を支持するよう希望した. その後, 2010年のNTP再検討会議の最終文書において具体的な行動計画(action plan)が採択されたことを受け, 日本は2010年の国連総会で「核兵器の全面的廃絶に向けた共同行動」という新たな題名の決議案を提出した. この決議では核廃絶に向けて国際社会が取るべき具体的で実際的な共同行動に重点がおかれている.　[河野 勉]

■核兵器の非正当化 delegitimizing nuclear weapons

1　**古くて新しい非正当化の試み**　*核兵器' の非正当性を主張する試みは, 最近の核兵器廃絶に関わる諸展開のなかでも, 新しいアプローチとして注目されている. このアプローチは, 軍事, 政治, 法律, 道徳, そして人道などのあらゆる側面に関連し, *抑止' 力など核兵器がもつ価値を剥奪し, 役割を否定し, 名声や権威などのすべての概念を破壊することをめざしている. 核兵器の非正当化は, *核兵器禁止条約' の締結や核兵器の非人道性の訴えとならんで, 核兵器廃絶への重要なアプローチであるとされている. これらの異なるアプローチの相互関係性に着目することは, 今後の核廃絶の推進に欠かせない視点である. 一方, 核兵器の非正当性の議論の出発点は, 広島と長崎への原爆投下の正当性に対する評価にまでさかのぼるべきとの意見もあって, 核兵器の非正当性を主張することは, 「古くて新しい」アプローチであるともいえる. その意味で核兵器を非正当化する議論の基盤はすでに存在しており，核兵器の非正当性を主張することは，過去数10年にわたって失われたモメンタムを回復する動きであると主張されることもある．

2 神話からの脱却と今後の展望　核兵器の非正当化のアプローチは，国家の平和と安全保障に対する核兵器の有用性にかかわる伝統的な「神話」を矯正することを求めている．その中でも「*核抑止’の妥当性」への挑戦は，非正当化議論の中心課題となっている．具体的には，①核抑止が効果を発揮して大国間の戦争が防止された，②核抑止が効果を発揮して通常兵器による攻撃が抑止された，③核抑止が効果を発揮して*生物兵器’・*化学兵器’の使用が抑止された，④核抑止が効果を発揮して*核テロリズム’が抑止された，という神話への挑戦であり，また⑤核兵器は国家の名声と権威を高めた，⑥核兵器の知識は除去できないことから核兵器の廃絶は無意味である，などの神話を合理的に否定することである．他方，核兵器の非正当化アプローチの進展は，核廃絶に関心を有する国家のグループ化を促すと同時に，市民社会･NGOとの協力関係を強化させながら，合意可能な枠組みに基づく核兵器禁止条約の締結に向けたモメンタムを醸成させる役割を担っている．さらに核兵器の非正当化の試みは，核兵器のさらなる削減，*核実験’の禁止，兵器用核分裂性物質の生産禁止，非核兵器地帯の創設などの個別的措置の進展と，*核兵器の先行不使用’，*消極的安全保証’，核兵器の警戒態勢の解除などの宣言政策の実現への後押しにもなっている．［神谷昌道］

■核兵器廃絶キャンベラ委員会　Canberra Commission on the Elimination of Nuclear Weapons

1995年10月に豪州政府は，*核兵器’のない世界における安全保障の問題を検討し，その目標に向けての実際的な措置を提案するために核兵器廃絶キャンベラ委員会を設置すると述べた．世界中の専門家17名で構成される委員会は，1996年8月に報告書を提出した．その第1の要件は，5核兵器国による核兵器廃絶の明確な約束，その達成のために必要な実際的な措置の即時の交渉開始である．即時にとるべき措置として，①核戦力の警戒態勢解除，②弾頭の運搬手段からの取り外し，③*非戦略核兵器’の配備終了，④*核実験’の終了，⑤米露核兵器の一層の削減，⑥核兵器国間の相互的先行不使用および非核兵器国に対する不使用が提案されている．その後に①水平的拡散防止措置，②核兵器のない世界の*検証’の開発，③核爆発目的の核分裂性物質の生産停止を挙げている．最終段階はすべての国が核弾頭を100に削減し，その後ゼロに至るとされている．この報告書は，核兵器のない世界に向けての重要な初期の報告書であり，その後の同様の提案の基礎になっている．→核不拡散･核軍縮に関する国際委員会，核不拡散･核軍縮に関する東京フォーラム，核兵器の先行不使用，大量破壊兵器委員会［黒澤 満］

■核兵器廃絶国際キャンペーン　International Campaign to Abolish Nuclear Weapons : ICAN

*核兵器禁止条約’の早期締結を求めて活動している非政府組織(NGO)の国際的な連合体．2007年に核戦争防止国際医師会議(IPPNW，1985年にノーベル平和賞を受賞した国際的な医師団体)のプロジェクトとして発足した．2011年よりジュネーブに国際事務局を置いている．2014年8月現在，93カ国から360団体以上がパートナー団体として参加している．ICANはとりわけ2010年以降は，赤十字やスイス，ノルウェーなどの政府と協力して，核兵器の非人道性に関する世論喚起に力を入れている．*核兵器の人道的結末’に関する共同声明への賛同国を増やすための働きかけや，核兵器の人道的影響に関する国際会議への市民･専門家の参加促進などである．このように*核軍縮の人道的アプローチ’に沿った市民社会の活動を展開すること

で，核兵器を非人道兵器として禁止する条約の交渉への機運を高めようとしている．2014年7月現在，国際運営グループをIPPNW，婦人国際平和自由連盟（WILPF），アクロニム研究所（英国），ピースボート（日本）など9団体が構成している．ウェブサイトは，www.icanw.org.

［川崎 哲］

■核兵器不拡散条約 Treaty on the Non-Proliferation of Nuclear Weapons：NPT ［正称］核兵器の不拡散に関する条約，［署名］1968.7.1（ロンドン，モスクワ，ワシントン），［発効］1970.3.5，［日本］〈署名〉1970.2.3，〈批准書寄託・公布・発効〉1976.6.8（昭51条約6）

1 条約の主たる内容 核不拡散条約，核拡散防止条約，核防条約とも呼ばれる．*核兵器’の拡散を防止するための条約で，2015年5月現在，締約国数は191（脱退宣言をした北朝鮮を含む）．条約は，前文および11条から構成されている．条約の前提として，1967年1月1日前に核兵器その他の核爆発装置を製造しかつ爆発させた国（米国，ソ連，英国，フランス，中国）には核兵器保有が許され（核兵器国），それ以外の国は許されない（非核兵器国）という不平等性がある．この不平等性を緩和するために，非核兵器国の*核不拡散’義務と引き換えに，*核軍縮’交渉義務，および原子力の*平和的利用’の*奪い得ない権利’と国際協力を得るという*グランド・バーゲン’が存在すると解されている．第1条は核兵器国が非核兵器国による核保有を支援することを禁止する．第2条は，非核兵器国の不拡散義務で，核兵器等を他国から受領したり援助を求めないこと，核兵器を製造もしくは取得しないことを義務付ける．第3条は，平和的利用の核物質が軍事転用されないことを担保するため，非核兵器国が*国際原子力機関’（IAEA）の*保障措置’を受けることを義務付ける．第4条は，原子力の平和的利用の奪い得ない権利と平和的利用促進のための国際協力について規定する．第6条は，核兵器国による核軍縮の誠実な交渉の義務を規定する．

2 条約成立の背景と交渉 1953年のドワイト・アイゼンハワー（Dwight Eisenhower）米大統領による「*平和のための原子力’」（Atoms for Peace）演説以降，各国で原子力の利用が活発になり，核分裂性物質や核技術が先進国を中心に広がった．一方で，米国とソ連は核戦力を増強し，米国は西ドイツへの核の配備を開始するなど，米ソ核軍拡競争が激化した．さらに，1960年にフランス，1964年に中国が*核実験’を実施するなど，このまま核拡散が進めば核戦争の危険が増大する懸念が高まっていた．条約の構想は50年代から取りざたされていたが，米ソは*北大西洋条約機構’（NATO）の*多角的核戦力構想’（MLF）をめぐって対立したため交渉は停滞していた．その後，1961年の国連総会において*アイルランド決議’が採択され，*キューバ危機’，米ソ間のデタント，1964年の中国の核実験を経て，米国がMLF構想を放棄することで条約の交渉が進展した．1966年に米ソ両国が条約案を提示，1967年には両国が同一の条約案を提出するに至った．この同一条約案で，不拡散義務を定めた第1条，第2条が確定した．保障措置・査察について規定した第3条は，*欧州原子力共同体’（EURATOM）の保障措置の取り扱いについて交渉が難航した．その問題が解決すると，次は，原子力の平和的利用を定めた第4条，核兵器国の核軍縮義務に関する第6条をめぐって，ジュネーブの18カ国軍縮委員会（ENDC）における交渉で非核兵器国と核兵器国が対立し，いくつかの点で非核兵器国の主張に基づく修正がなされた．条約の最終的な審議は，1968年4月から6月にかけて開催された国連総会にて行われ，7月1日に署名のために開放，1970年3月5日に発効した．日本は，1970年2月に署名し，1976年6月に批准した．

3 その他の問題 条約に盛り込まれなかった論点としては，非核兵器国の安全の保証がある．非核兵器国が核兵器というオプションを放棄する代償として，核兵器国は非核兵器国に対して核兵器を使用しないという*消極的安全保証’を与える条項を条約に盛り込むべきかどうかが交渉時に焦点となったが，結局，条約には反映されなかった．その代わりに，核兵器国は核攻撃の犠牲になった非核兵器国へ援助を与えるという*積極的安全保証’を提供する宣言が，1968年の国連安保理決議255によって承認された．しかしこれは，核兵器国と重なる常任理事国の拒否権行使によって事実上積極的安全保証を受けることができないとの不満が残った．条約が定める延長は，交渉の末*NPT再検討・延長会議(1995年)’において無期限延長が決定されたが，核兵器国による核軍縮への取り組みや*中東決議’をめぐり対立の火種は残されることになった．　　　　［秋山信将］

■核密約　secret arrangement on nuclear weapons introduction into Japan

1「討議の記録(R·D)」　米軍による日本への*核兵器’持ち込みに関する日米間の秘密合意である核密約は，1960年の日米安全保障条約改定を機に結ばれた．日米安保改定に伴い，米国が日本の領内に核兵器を持ち込む(イントロデュース)場合は日本政府との事前協議が必要となった．旧安保体制下では米軍が日本に持ち込む兵器をめぐり，基本的に制約はなかった．そのため，同盟の平等性と相互性の観点から安保改定を志向した岸信介政権は，新たに事前協議制度を設けることで，米軍の核持ち込みに対する日本側の発言権確保を試み，その結果「米軍の日本への配置における重要な変更」「米軍の装備における重要な変更」など3点を事前協議の対象とすることで米側と合意した．事前協議制度の創設に伴い，日米両国は「日本への配置における重要な変更」や「装備における重要な変更」などが具体的に何を意味するかなど，事前協議の実施を想定した詳細を議論し，機密扱いの「討議の記録(Record of Discussion)」を1959年段階で作成．1960年1月19日の改定安保条約調印の直前，藤山愛一郎外相とダグラス・マッカーサー2世(Douglas McArthur, Jr.)駐日大使がイニシャル署名した．

2「第2項c.」　「討議の記録」は「米軍の装備における重要な変更」を「中・長距離ミサイルなど核兵器の日本への持ち込み(イントロダクション)，ならびにそうした兵器のための基地建設を意味する」と定義し，核連鎖反応に不可欠な核分裂性物質部分を含まない「短距離ミサイルなど」は協議対象外とした．さらに「討議の記録」には，「米軍用機の飛来や米海軍艦船による日本国領海及び同港湾への進入(entry)に関する現行の手続き(present procedures)に影響を与えると解釈されない」との記述がある．これは「討議の記録」の「第2項c.」に明記されており，事前協議制度の創設によって旧安保体制下で行われていた米軍の運用に支障が出ることを恐れた米軍部の意向を踏まえ，盛り込まれたものだった．米側が特に懸念したのは，日本への米軍艦船の自由な寄港や領海通過が妨げられることだった．そのため，核搭載艦船も含めた米軍艦船の通過・寄港が安保改定後も従前通りに行われることを担保しようと，「第2項c.」が挿入された．さらに米側は「核持ち込み」には艦船や航空機に搭載されている核兵器は含まれないとの解釈を採り，日本への米軍配置の問題を整理した「第2項c.」と合わせ，安保改定後もそれまで通り，核搭載艦船の日本への通過・寄港を*冷戦’終結まで続けた．

3 日米密約調査　こうした「討議の記録」の存在やその解釈をめぐる日米間のやり取りは長らく，国民に隠されてきた．しかし2009年春，元外務事務次官の村田良平はじめ複数の元外務省高官が核密約に関する証言を始め，同年9月に政権を取った民主党の鳩山由紀夫政権は核密約など4つの日米密約に関する本格調査を実施した．その結果，岡田克也外相が設けた外務省有識者委員会は2010年3月，核密約を「密約」と認定した．ただ同委員会は，「安保改定交渉時に両政府の交渉者が(核搭載艦船寄港が事前協議対象となるかどうか)問題を詰めることがなかった」として,「討議の記録」を「密約文書とまでは言えない」と判断,核密約を密約文書に依らない「広義の密約」と結論づけた.だが密約調査後,安保改定時点で岸首相と藤山外相が,「第2項c.」を盾に核搭載艦船の通過・寄港を事前協議対象外とする米側の立場を明確に認識していたことを裏付ける米公文書が新たに見つかった.またこの日米密約調査では,将来「重大な緊急事態」が発生した際に沖縄への核兵器再配備を日本側が認める「沖縄核密約」も対象となった.この密約は,佐藤栄作首相とリチャード・ニクソン(Richard Nixon)大統領が1969年11月の日米首脳会談で「1972年の*沖縄の核抜き返還'」で合意した際に署名した機密扱いの「合意議事録」に記されている.→核の持ち込み,日米安全保障条約と事前協議制度　　[太田昌克]

■核融合　nuclear fusion

核融合では,原子核の間に働く引力(核力)が静電的な反発力(クーロン力)に打ち勝って1つに融合し,新しい原子核が生まれるが,*核分裂'と同様,その際大きな発熱を伴う.核融合では,一般に,重水素,三重水素が原料として用いられる.核融合の平和利用の利点は,①二酸化炭素の放出がない,核分裂反応のような連鎖反応がなく暴走がない,③水素など資源が普遍的である,④高レベル放射性廃棄物を生じない,⑤*保障措置'上の問題が少ない,などがあげられる一方,欠点としては,①超高温など条件により,実現にむけた課題が大きいこと,②材料などの放射化への問題,③三重水素(トリチウム)など放射性物質を取り扱うことがあげられる.一方,重水素や三重水素[トリチウム]の核融合反応により膨大なエネルギーを発生させる核兵器を*水素爆弾'(水爆)とよぶ.なお,重水素(重水)は,保障措置の対象であるが,これは*特殊核分裂性物質'の生産に必要な物質「特定の非核物質」として考えられることによるものであり,核融合とは関連がない.　　[久野祐輔]

■核抑止　nuclear deterrence

1 核抑止の概念　核抑止とは,核戦力を発動する旨の威嚇を通じて,敵対的な行為――典型的には軍事的な攻撃――の実行を思い止まらせることである.核抑止を巡る議論が盛んに展開されたのは,冷戦期とりわけ1950年代後半以降の米国においてである.そこからは,「一般抑止」(general deterrence),「緊急抑止」(immediate deterrence),「基本抑止」(basic deterrence),「*拡大抑止'」,「*拒否的抑止'」,「*懲罰的抑止'」といったさまざまな言葉が生まれた.「緊急抑止」が差し迫った攻撃を自制させようとするものであるのに対し,脅威が切迫すること自体を防ぎ止めようとする営みは「一般抑止」と呼ばれる.また,自国に対する攻撃の*抑止'を「基本抑止」,与国に対する攻撃の抑止を「拡大抑止」と言う.さらに,「拒否的抑止」は敵が目標を達成するのを阻む能力の誇示を通じて,「懲罰的抑止」は報復によって敵に痛撃を与える態勢の明示を通じて,それぞれ脅威の発現を抑え込もうというものである.核抑止が効果を上げるには,核使用の威嚇に信憑性が伴うことが必要である.そのためには,実行を思い止まらせるべき行為が相当に重大なものでなければならない.また,核戦争を遂行し,これに勝利する能力を保持していることが望ましいが,それが叶わない場合でも,状況が制御不能に陥る可能性(「何がしかを偶然性に託する威嚇」)に依拠することはできる.

2 核抑止の政策　「*大量報復」戦略'から「*柔軟反応」戦略'に転じた米国は,1960年代後半には「確証破壊」(assured destruction)能力を重視するに至った.敵からいかなる形で*核兵器'による先制攻撃を受けた場合も,報復攻撃によって敵に「耐え難い」損害を確実に与える能力の保持を通じて,ソ連に先制攻撃を思い止まらせることを前面に掲げたのである.ほどなく米ソ双方が「確証破壊」能力を保持する「*相互確証破壊' 」(MAD)の状況が成立するに及び，米国では報復戦力の相互保全を「危機における安定」(crisis　stability)の基盤と捉える傾向が強まった．先制攻撃の誘因を相互に低減させるため，戦略ミサイル防衛の展開を抑え，敵の核戦力——ミサイル*発射機' などの「硬化目標」を含む——を破壊する「*カウンターフォース攻撃' 」能力の増大を控えるよう唱道されたのである．しかし，やがてソ連が米国流の核抑止を受容しているかに関して疑問が募り，また特に西欧侵攻の抑止をめぐって懸念が増大したため，米国はカウンターフォース攻撃能力をより積極的に位置づけるようになり，1980 年代には戦略ミサイル防衛に対する関心も高まった．

3 核抑止の限界　米ソ間に核戦争は起こらず，ソ連が西欧に侵攻することもなかった．このことは核抑止の政策が奏功したことを示すものであり得るが，それを証明することは難しい．ソ連に攻撃の意図がもともとなかったかも知れず，あるいは核抑止とは異なる要因が決定的に重要であったかも知れないのである．そもそも核抑止は核攻撃によって敵国民を大量に殺傷する旨の威嚇に依拠するものであり，したがってその倫理性には疑問が付きまとった．また，核威嚇に信憑性を与えるには，(カウンターフォース攻撃能力や戦略ミサイル防衛能力の構築を含め)核戦争を合理的に遂行するための方策を講ずることが有益という面があったが，それは「危機における安定」の低下や軍備競争の激化に繋がりかねなかった．冷戦後，米国は「無頼国家」(rogue　states)および敵性の*非国家主体' を主たる脅威と見なすようになったが，それらの中には核抑止の効きにくいものが含まれていると見られる．また，現在の中国における核抑止の捉え方が，米国のそれと整合するか否かについても曖昧な点がある．→米国の核政策・核戦略，ロシアの核政策・核戦略　　　　　　　　［梅本哲也］

■核リスク低減センター　Nuclear Risk Reduction Center : NRRC

1 設立の経緯　1980 年代前半，米ソの*冷戦' が激化するにつれ事故や誤認に基づく核戦争の懸念が高まった．こうした懸念を背景に，1982 年に米国上院のサム・ナン(Sam Nunn)およびジョン・ウォーナー(John Warner)上院議員は，*弾道ミサイル' の発射，核関連事故，さらには海洋での事故などの情報を米ソ間で交換する「危機管理センター」を米ソ両国の首都に設け，事故や誤認に基づく核戦争の防止に役立たせることを提案した．両上院議員の提案を受け入れたロナルド・レーガン(Ronald Reagan)政権は，ソ連に対し「危機管理センター」設立のための交渉を呼びかけた．設立交渉は 1987 年 9 月に妥結し，新たに「核リスク低減センター」(NRRC)と銘打って米国務省と旧ソ連の国防省にそれぞれ設けられ，1988 年 4 月 1 日より稼働した．NRRC は，設立からしばらくの期間，米ソ間の偶発的な核戦争の防止をより確かなものにするために，おもに両国の核軍備および*核軍備管理' 条約に関わる活動についての情報の授受に専念した．

2 現在の任務　設立以降ソ連との間で 2 国間の情報交換の任にあたっていた米国の NRRC は，1991 年 11 月から*欧州安全保障協力会議' (CSCE)に参加する国々の間の情報交換の結節点の役割を果たすようになった．現在では，透明性と相互信頼の向上を念頭に，55 カ国を超える国々と*軍備管理' ・*軍縮' 条約および*信頼醸成措置' (CBM)に関連する合意の実施に関わる情報の交換を行っている．交換される情報には，査察の通告，戦略攻撃兵器のデータ，大規模軍事演習や軍備再編の事前通告，それに軍備管理・軍縮条約で規定されている通告事項などが含まれる．得られた情報は，条約や合意の実施に役立たせるために米政府内の関係部署に伝達されるとともに，一部の同盟国にも供与されている．米国の NRRC は，交換する情報の精度の向上や新たな情報交換手段の開発などをめぐってロシアの核リスク低減センター，*欧州安全保障協力機構'(OSCE), *化学兵器禁止機関'(OPCW)と定期的に意見交換を進めている. 現在, 情報交換の対象となっている条約や合意は, *新戦略兵器削減条約'(新START条約), *中距離核戦力条約'(INF条約), *地下核実験制限条約'(TTBT), *欧州通常戦力条約'(CFE条約), 2011年*ウィーンCSBM文書'(Vienna Document 2011), *オープン・スカイズ条約', *化学兵器禁止条約'(CWC), *国際原子力機関'(IAEA)*追加議定書', *弾道ミサイルの拡散に立ち向かうハーグ行動規範'(HCOC), 弾道ミサイル発射通告協定(BML), *平和目的核爆発条約'(PNET), *戦略兵器削減条約'(START条約), それに1989年ワイオミング覚書(戦略データ交換)の13本を数える.

[小川伸一]

■**ガス拡散法**　gaseous diffusion method

核分裂性のウラン235の割合を高めるウラン濃縮法の1つ. 天然ウランにもっとも多く含まれるウラン238とウラン235のわずかな質量差を利用し, ガス化したウラン(六フッ化ウラン)を, 微小な空孔(細孔)をもつ隔膜の前後の圧力差を用い透過させることを繰り返すことによって(透過度の違いを利用し)徐々にウラン235の濃縮度を上げるという方法である. *濃縮'度を継続して高めるために, 隔膜が組み込まれた多数の濃縮塔をカスケード状に連結する. ガス拡散法は1950年代に米国において軍事利用技術として開発され施設が建設されたが, その後民生利用施設として運用された. 大規模な産業利用が可能であるためこれまで高い実績をもつが, 濃縮塔内を通過する六フッ化ウランガスの隔膜前の加圧と隔膜後の減圧に要する消費電力, 所要時間, ともに膨大になることから, 近年では他の方法である*遠心分離'法や*レーザー濃縮法'に置き換わる傾向にある. この他, ウラン濃縮にはノズル法, 化学法(イオン交換法)などがある.

[久野祐輔]

■**仮想核兵器庫**　virtual nuclear arsenal

核保有国が, *核兵器'として実戦配備をしてはいないものの, 組み立てやウラン濃縮を行うことで実戦配備が可能となる仮想の核兵器のことを指す. 仮想的核戦力とも称される. さらに, 日本やスウェーデンなど原子力発電技術を中心とした, 核兵器開発能力を有しているものの核兵器を保有しない国家が実際に核兵器を保有した場合の核弾頭数を推定する際にも用いられることがある. 核保有国にとって, *核兵器の解体'を行い兵器庫に保管しておくことで, 即戦力として使用することができないものの, 自国が保有する実弾頭数からは除外することができるため, *核軍縮'が確実に進んでいることを国際社会にアピールするための手段として用いられる可能性がある. 一方で, イランや北朝鮮など新たに核兵器保有の意欲をもつ国家(核保有意欲国)に対する*抑止'力として仮想核兵器庫は有効だとする, 核軍縮とは相反する側面もある. 仮想核兵器庫は核兵器としての体を成してはいないものの, いざとなれば核兵器としていつでも装填することが可能であることを核保有意欲国に提示し核開発を抑止する手段として用いられるのである. しかしながら, 仮想核兵器庫については推測の域を出ない部分もあり, 有効な抑止力とはならず, かえってその*脆弱性'を核保有意欲国にさらすことにもつながりかねない.

[福島崇宏]

■**ガラス固化体**　vitrified radioactive waste

一般に, *使用済燃料'を*再処理'した際に発生する高レベル液体廃棄物は, *濃縮'されたのち高温でガラス成分と混合され, キャニスターとよばれるステンレス製容器に注入固化される. 同固化体は発熱が高いため, 一定の期間(30-50年間)冷却貯蔵されたのち, 地下深い地層中に処分される. ガラスは水に溶けにくく化学的に安定しているため, ガラスを用いた固化体廃棄物は, 放射性物質を長期間にわたり安定して閉じ込めることができる. 現在, 約1,000年間の放射性物質の密封が想定されている. 極微量の

*プルトニウム' が含まれるが, 濃度的にみて*保障措置' 上終了の扱いとなる. 米露間の軍縮に係る議論の結果, 廃棄するプルトニウムをガラス固化もしくはセラミック化することも検討もされている. この場合, *核拡散抵抗性' や*核セキュリティ' を高める手段として, 核分裂生成物と混合した後, ガラス等で不動態化しキャニスターに充填, さらに処分では深深層(地下数 km)に処分するという考え方が提案されている. 回収可能性は低く核不拡散性は高いとされているが, 将来わたって核拡散のリスクは残る. 臨界事故防止のため, 1 廃棄体には数 kg 程度のプルトニウム装荷が上限であるなど, 実用性, 成立性について更なる検討が必要である. ［久野祐輔］

■カルタヘナ議定書 Cartagena Protocol on Biosafety to the Convention on Biological Diversity ［正称］生物の多様性に関する条約のバイオセーフティに関するカルタヘナ議定書, ［署名］2000.5.15(ナイロビ), 2000.6.5(ニューヨーク), ［発効］2003.9.11, ［日本］〈加入書寄託〉2003.11.21, 〈公布〉2003.11.27(平 16 条約 7), 〈発効〉2004.2.19

遺伝子組み換え生物(LMO)が生物多様性に与える潜在的な悪影響を予防するための措置を規定する目的で, 生物の多様性に関する条約の下, 2000 年 1 月 29 日に採択された. その後, 2001 年 6 月 4 日まで署名のために開放され, 103 カ国が署名した. 外務省による『生物の多様性に関する条約の*バイオセーフティ' に関するカルタヘナ議定書の説明書』(2003)が指摘するように, 本議定書作成に向けた作業部会は, 1996 年から交渉を開始したが, LMO の国際取引の規制に関しては, これに反対する米国, 豪州, カナダなどの LMO 輸出国側と規制を求める EU および開発途上国との間に意見の相違があったため, 採択には時間を要した. 2014 年 6 月現在, 166 カ国および欧州連合(EU)が加盟している. 本議定書において, 第 1 条は生物多様性とその持続可能な利用を目的に, 特に LMO の国境を越える取り扱いに関する安全確保を要求している. 第 4 条では, 本議定書がすべての改変生物に適用されると規定されているが, 第 5 条では医薬品は例外である点が示されており, 社会に対する潜在的な安全措置の確保と, 経済活動の自由を担保するバランスが講じられている. → 合成生物学, バイオセキュリティ ［峯畑昌道］

■カルタヘナ行動計画 Cartagena Action Plan 2010-2014 : Ending the Suffering Caused by Anti-Personnel Mines ［採択］2009.12.9(カルタヘナ)

コロンビアのカルタヘナで 2009 年に開催された*対人地雷禁止条約' 第 2 回検討会議における採択文書の 1 つであり, 2004 年の第 1 回検討会議以降の条約の履行状況報告書を受け, 残された課題に対応するための 5 年間の行動指針である. 大きく 6 つの項目に分かれており, ①条約の普遍化, *非国家主体' を含むいかなる者による対人*地雷' の生産, 移譲および使用の抑制, ②貯蔵対人地雷の速やかな廃棄とその実施状況の報告, ③汚染地域での迅速な地雷除去と地雷回避教育の実施, これらの活動を実施するための国家戦略や予算の見直し, および実施状況の報告, ④年齢・性別に配慮した包括的な犠牲者支援の実施と, 実施に向けた計画策定と予算確保, ⑤条約の目標達成に向けた国家戦略の策定と締約国による支援, および支援活動における国際機関, 地域機構, NGO との協力強化, ⑥条約の履行状況についての報告と, 国際機関, *地雷禁止国際キャンペーン' (ICBL), 地雷事故の生存者によるネットワーク等市民団体の条約実施への参加, について締約国が取るべき 67 のアクション(行動)を記載している. 第 2 回検討会議では, 行動計画と合わせ「2009 年カルタヘナ宣言」と第 1 回検討会議以降の条約の運用状況を記載した「履行状況報告書」が採択されている. ［堀越芳乃］

■環境改変技術禁止条約 Convention on the Prohibition of Military or Any Other

Hostile Use of Environmental Modification Techniques：ENMOD ［正称］環境改変技術の軍事的使用その他の敵対的使用の禁止に関する条約，［採択］1977.5.18（ジュネーブ），［発効］1978.10.5，［日本］〈加入書寄託，発効，公布〉1982.6.9（昭57条約7）

1 条約成立の背景 ベトナム戦争における枯葉剤の使用などをきっかけとして，1970年代には軍事行動が環境に及ぼす影響に対する関心が世界的に高まった．そうした背景を受けて米ソ間で環境を改変する技術の軍事的使用を制限することについて合意が成立し，両国は別個に同一内容の条約草案をジュネーブ軍縮委員会会議（CCD）に提出した．その後，1976年の国連総会第31回会期における決議で本条約が推奨されたことを受け，CCDにおいて条約草案が作成され，成立に至った．

2 条約の内容 本条約は，前文と10カ条からなる本文および専門家協議委員会に関する5項目の附属書によって構成されている．締約国は，破壊，損害または傷害を引き起こす手段として広範な，長期的なまたは深刻な効果をもたらすような環境改変技術の軍事的使用その他の敵対的使用を他の締約国に対して行なわず，そうした行動を取る国家や国際組織を助けないことを約束する（第1条）．ここで禁じられる環境改変技術とは，自然の作用を意図的に操作することにより地球（生物相，岩石圏，水圏および気圏を含む）または宇宙空間の構造，組成または運動に変更を加える技術をいう（第2条）が，他方で，平和目的での環境改変まで禁じるものではない（第3条）．また，各国は，自国内でこうした行為が行われないように必要な手続きを取ることも定められた（第4条）．なお，本条約に有効期限の定めは置かれていない（第7条）．

3 条約の意義と問題点 本条約が，軍事目的での環境改変を広く，かつ将来にわたって禁止した意味は大きい．しかも，地球上のあらゆる箇所だけではなく，適用範囲を*宇宙空間'にまで広げたことも重要である．ただし，この条約には不明瞭な部分がある．第1条の「広範な，長期的な又は深刻な効果」という用語の意味についてCCDでは一定の了解が得られたが，具体的にいかなる技術が禁止されるのかは明確でない．本条約が，条約作成当時の環境改変技術のみならず将来開発される可能性のある技術までも禁止対象とすることで，環境を改変する技術を将来にわたって使用させないための予防的な*軍備管理'措置を定めているためである．ただ，条約の目的や適用に関して問題が生じた時は締約国間で協議するとされ，専門家協議委員会の招集，条約違反に関する国連安保理への申立てを行えることも規定されており（第5条），一定の有効性は担保されている．　［橋本靖明］

■環境試料採取 environmental sampling

湾岸戦争後のイラクにおける*核兵器'開発に結びつく未申告活動の発覚（1991年）や，北朝鮮における核兵器開発活動疑惑など，これまでの*保障措置'のやり方では検知困難な事態が生じたことを契機に，未申告原子力活動探知能力向上を主とした保障措置強化策が検討された．その結果，*国際原子力機関'（IAEA）査察官のアクセス範囲拡大とともに新たに導入された機能の1つに環境試料採取（環境サンプリング）がある．そこでは原子力施設内外で採取された極微量の試料から可能な限り必要な情報を正確に引き出すことが求められる．環境試料を採取する代表的な方法として，スワイプ法とよばれる表面ふき取り法が開発された．スワイプ試料（布）に付着する粒子等に含まれるウラン・*プルトニウム'などの存在や同位体を分析するものであり，未申告の物質，たとえば申告を越える濃縮度のウラン粒子や申告にないプルトニウムの存在を検知するものである．査察時に拭き取られる試料中の核物質量は，通常10億分の1gから千兆分の1gとごく微量であるため，試料採取に先立つ採取用の材料（スワイプ等）の清浄度，査察以外の理由による試料の汚染の可能性のチェック，そして分析結果の評価(結果が本当に査察に帰属するものか)が極めて重要になる．
［久野祐輔］

■監　視　surveillance/monitoring

監視は*包括的保障措置協定'の第29項に「封じ込め(containment)と監視(surveillance)は，基本的に重要な*保障措置'手段である*計量管理'とともに，重要な補完的手段として使用される」と規定されている．一度*査察'時に計量*検認'された核物質に封じ込めと監視を適用し，その機能が健全であり続ければ，再度の計量検認が省略でき，査察を効率化できる．この概念が拡張されて，申告どおり施設の運転が行われていることを保証するために，運転状況を監視(monitoring)するようになった．*査察員'が介入しなくとも，自動的に長期間作動する非破壊測定装置や監視カメラで監視する，施設の溶液の流れを溶液計などにより監視する，あるいは原子炉の運転停止状態を確認するために，原子炉上部に放射線モニターを設置し，運転による放射線の放出が無いことを監視するなどにより，申告外の運転が行われていないことを確認できる．溶液計は，*プルトニウム'や*混合酸化物'(MOX)取り扱い施設へ*近実時間計量管理'(NRTA)を適用した場合に，工程内核物質滞留量の推定結果の補完手段として適用される．最近では，監視結果を通信手段で*国際原子力機関'(IAEA)本部や地域事務所に伝送しており，現場査察をより効率化している．
［菊地昌廣］

■乾式浮きドック輸出事件　export case of dryed floating dock to the former Soviet Union

1979年に石川島播磨重工(現IHI)が民生用の船舶修理ドックとして受注し，当時の通産省の輸出承認を受けてソ連に輸出した乾式浮きドック(PD-41)が，ソ連海軍の艦船修理用ドックに転用され，国内外から批判を受けた事件．このドックは8万t級の超大型ドックであり，ソ連極東艦隊に所属するキエフ級の空母を含む艦船の修理に用いられていたとされる．ロナルド・レーガン(Ronald Reagan)政権期の米国は，この件をめぐってキャスパー・ワインバーガー(Caspar Weinberger)国防長官が航空写真を示して日本政府に善処を求めたが，日本政府は通産省の輸出承認手続きに問題はなかったことを説明し理解を求めた．結局，日本の*輸出管理'政策の甘さが浮き彫りになり，その後1987年に明るみに出た東芝機械によるスクリューの精密加工機の対ソ不正輸出事件の事案にも重なり合う事件として内外に波紋を投げかけた．1987年に成立した*外為法'の改正をめぐる国内論議でも，*日本の輸出管理'の厳格化を求める声に反映された事件であった．
［山本武彦］

■ガーン修正条項　Garn Amendment

1987年に明るみに出た東芝機械㈱による対ソ不正輸出事件に衝撃を受けた米国政府が日本政府に厳重な抗議を行う一方，米議会でも対日批判が渦巻き，東芝機械に対する制裁を求める声が高まった．対ソ・タカ派であったユタ州選出のジェイク・ガーン(Jake Garn)上院議員は，こうした声を受けて議会で審議中であった包括通商競争力強化法案に，東芝のすべての製品の輸入を3年間禁止するという内容の修正条項を提出した．東芝機械の製品を含む東芝製品のすべてを3年間にわたって輸入を禁止するという厳しい内容に対して，日本政府も自由貿易推進の観点から異議を申し立てた結果，同修正条項のうち州政府を含む米国政府が東芝の全製品を3年間にわたって調達することを禁止する，という内容に変更して提出し直された．同法案は「1988年包括通商競争力強化法」として成立し，当初の内容が緩和されたとはいえ，米国市場を主要な輸出市場としてきた東芝は大きな打撃を受けることとなった．なお，同法案には米国の安全保障上の産業基盤を維持することを目的に外国企業による米国企業の買収を規制することを狙ったエクソン・フロリオ修正条項も盛り込まれた．
［山本武彦］

■完全性(申告の)　completeness

1　完全性保証の必要性　*核兵器不拡散条約'(NPT)に基づく*包括的保障措置協定'では，締約国が*保障措置'の対象となる自国の領域内にあるすべての核物質の種類とそれぞれの量およびその存在箇所を適宜把握できる*国内計量管理制度'(SSAC)を構築し，その制度から得られた情報を*国際原子力機関'(IAEA)に報告することが求められており，IAEAは，この報告による当事国からの申告の*正確性'を*査察'により確認している．1990年代の当初までは，包括的保障措置協定に従って締約国はIAEAに国内の核物質を申告し，IAEAはその申告の正確性を確認し，保障措置協定遵守を国際社会に保証して来た．冷戦終了後，イラクなど，NPTに加盟しIAEA保障措置を受諾していた国において，秘密裏の核兵器開発が明らかになった．それまで，協定締約国は，協定の義務に基づいて保障措置対象となるすべての核物質をIAEAに申告しているとの仮説に立って*検証'活動が実施されていたが，イラクなどの事例から締約国が，秘密裏の核兵器開発に繋がる原子力活動を行っているかもしれない，あるいは，締約国の瑕疵により申告から漏れた核物質があるかもしれないとの仮説に立った検証制度が必要となった．

2　追加議定書との関係　新たな仮説に立った検証活動をIAEAが実施する権限を規定した*追加議定書'が成立し，従来の包括的保障措置協定と一体不可分として運用されるようになった．追加議定書に基づく活動は，当事国が行う申告の完全性，すなわち申告漏れや意図した未申告が無いかどうかを確認するためのものである．このために，従来の保障措置協定の義務である核物質の申告に加えて，追加議定書では，当事国の保障措置に関連するすべての原子力活動が明らかになるように，さまざまな情報の申告を求め，この情報内容の確認のために必要に応じて対象箇所にIAEAの職員を派遣することができる*補完的なアクセス'の権限を規定した．当事国内に未申告の原子力活動(原子力施設を含む)や未申告の核物質が存在しないことの確認は，申告内容の自己矛盾を精査することだけでは困難なことから，IAEAは公開情報や*査察員'が査察時に収集してくる環境採取の分析結果などの情報，IAEA加盟国から提供を受ける保障措置に関する衛星監視情報などの客観的な情報を活用して相互比較検討(情報分析)を行い，加えて補完的なアクセスにより申告の完全性を確認している．このような活動の結果，申告が完全であるとの判断がなされた場合には，「未申告の核物質あるいは原子力活動の存在を示す兆候は発見されなかった」との結論を*保障措置実施報告書'で表明している．　［菊地昌廣］

■カーン・ネットワーク　A. Q. Khan's network

1　ネットワークの成立の背景　アブドゥル・カーン(Abdul Khan)博士は，大学卒業後の1970年にオランダのウレンコ社で働くことで*濃縮'技術を習得し同時に人脈を築いた．当時パキスタンでは，インドの核武装を懸念して将来の核武装が言及されるようになる．実際に1974年のインドの核実験に触発され，パキスタンの核開発は，自ら濃縮技術の提供を志願して帰国したカーン博士をはじめ多くの研究者の協力とパキスタン原子力委員会と中心とする総力を挙げたプロジェクトとして始まった．その中で彼は，幾多の抵抗にあいつつも，日本をはじめ世界各国の企業から核開発に必要な技術を獲得した．その結果，1980年代半ばにはパキスタンは核兵器開発の最終段階に到達し，1998年のインドの核実験の約2週間後には急ぎ核実験を成功させ，カーン博士は「パキスタン核実験の父」として国民的人気を博した．

2　ネットワークの展開　カーン博士は，1980年代半ばより，不要になった核技術を海外に移転するビジネスを始めた．これがカーン・ネットワークの始まりである．2003年の崩壊に至るまで，留学時に築いた人脈を含め10カ国の50名といわれるネットワークを構築し，イラン，リビア，北朝鮮に濃縮技術や核兵器の設計図を売却した．たとえば1980年代末にイランに対して「スターターキット」と呼ばれる初期開発用の分離機数台と，その設計図などが売却された．ただしこの際，より高度な技術移転は，アメリカの意向を受けたパキスタンのベナジル・ブット(Benazir Bhutto)首相の反対により失敗した．しかしその後もイランとの取引は続き，ウラン濃縮用の500台の遠心分離機等が売却され，イラクに対しても，1990年10月に代理人を送り核兵器開発計画を請け負う考えを打診した．しかし実際には1991年1月の湾岸戦争勃発により水泡に帰した．1997年にリビアは，このネットワークを通じて，ウラン濃縮用の遠心分離機を発注した．注文に対応して，新たに分離機製造工場が建設され，既存のネットワークにとどまらず全世界から機器や部品の調達が進められ，日本企業からも三次元測定機が届けられた(2002年，当該企業の関係者は*外為法’違反容疑で逮捕，翌年，有罪判決が確定)．北朝鮮との関係では，「核とミサイルの交換」によりパキスタンはノドンミサイルの設計図を入手し，北朝鮮は遠心分離機をパキスタンより入手した．ただしこの「交換」は国家間取引によるものであり，カーン・ネットワークに直接依拠したものではないとされる．

3　ネットワークの崩壊　1999年，パキスタンではクーデタで誕生したパルヴェーズ・ムシャラフ(Pervez Musharraf)大統領がカーン博士への監視を始めた．2001年カーン博士は，核開発の拠点であったカーン研究所長辞任に追い込まれる．2003年10月，イタリア南部のタラント港でリビアに向かう貨物船の臨検により，遠心分離機の部品が発見された．その後リビアは核開発計画の放棄を決定し，リビア査察によりカーン・ネットワークの存在が公になる．ムシャラフ大統領はこのネットワークを「闇世界」と表現し*国際原子力機関’(IAEA)もまた報告書を発行した．カーン博士は，2004年2月，パキスタンのテレビにて，国際的な核ネットワークを構築したことを認め，翌日，大統領による恩赦を受けたが，それ以降2009年の高等裁判所の決定で解除されるまで自宅軟禁となった．この核の「闇世界」は，国家間の拡散において*非国家主体’や個人が媒介となりうることを示し，核関連物質や資機材の国際的移転管理の困難を明らかにした．「管理された拡散」以外の拡散の事実は，*輸出管理’レジームの限界を露呈するとともに，同時に核拡散防止の新たな管理的方策として，*拡散に対する安全保障構想’(PSI)の設立にもつながった．

［宮脇 昇］

き

■黄色い雨　yellow rain

1　国連による事実調査　本件は，東南アジアとアフガニスタンにおける*毒素兵器’使用疑惑である．1980年の国連総会では，*化学兵器の使用’について加盟国から寄せられた情報を調査するよう国連事務総長に求める，フランスなど西側諸国が提案した決議案が採択された(決議35/144C)．事務総長はこの決議をふまえ，4名の専門家からなる調査チームを組織して，米国とカナダが寄せたラオス，カンボジア，アフガニスタンにおける毒性物質の使用情報について，翌年から1982年にかけて事実調査を行った．しかし決議は，西側諸国がソ連とその同盟国による化学物質の使用を非難する中で採択されたもので，ソ連など17カ国が決議に反対票を投じ(賛成78，棄権36カ国)，アフガニスタンとラオスは事実調査への協力も拒んだ．カンボジアについても調査チームの安全が保障されなかったため，調査はタイとパキスタンの難民キャンプに限定して実施された. 調査報告書(A/37/259)は, 化学物質使用の可能性を否定しなかったが, 確認には至らなかった. これは, 国連事務総長が*化学兵器' の使用申立てについて実施した最初の事実調査である.

2 米国政府の申立て 米国政府は事務総長へ情報を提供する一方, 1981 年9月にアレクサンダー・ヘイグ(Alexander Haig)国務長官が, 東南アジア(ラオス・カンボジア)とアフガニスタンで, ソ連製毒素兵器がソ連とその同盟国により反政府勢力へ使用されていると声明した. 翌年3月の国務長官報告書『東南アジアとアフガニスタンにおける化学戦』(特別報告書 98)は, 難民の証言や攻撃の現場で入手したサンプルなどを根拠に, ラオス・カンボジアでソ連製のカビ毒素(マイコトキシン)兵器が使用され, アフガニスタンについても毒素兵器使用の確証はないものの, 神経ガスなど各種化学兵器が使用されたと結論した. 本項目の名称「黄色い雨」は, タイへ逃れた難民たちが「黄色い雨」が降ったのち体に変調をきたしたと申し立てたことや, 攻撃の証拠として難民が提供した黄色い斑点の付着した植物サンプルから, トリコテシンなどカビ毒素が検出されたと米国政府が発表したことに由来する. ソ連その他の国々は一斉に反発したが, 彼らも説得力ある反証を提示できなかった. 他方, 黄色い斑点が大量の花粉を含んでいたことに注目したマシュー・メセルソン(Matthew Meselson)らは, 1984 年にタイの研究者らと現地調査を行い, 黄色い雨の正体はミツバチの糞だとする調査結果を翌年『サイエンティフィック・アメリカン』誌に発表した. しかし米国政府は黄色い雨が毒素兵器との主張を現在まで撤回していない. →国連事務総長調査手続(化学・生物兵器)

[杉島正秋]

■企業買収に対する安全保障規制 national security restrictions on foreign investment

1 外資規制の必要性 経済がグローバル化するにしたがい, ヒト, モノ, カネの国境を越えた動きが盛んになるが, これらは自由貿易の経済的な視点からみると, 各国に経済的な便益をもたらすことが一般的に認識されている. ただ, これらを安全保障の視点からみると, カネ, すなわち資金の移動により, 自由に企業買収がなされると, 1 国の安全保障を損なう場合も生じる. このため, 多くの国では, 企業買収に対する安全保障規制(外資規制)が行われている.

2 米国の動向 米国では, エクソン・フロリオ修正条項(Exon-Florio Amendment)が, 1950 年国防生産法第 721 条を修正する形で1988 年包括通商競争力強化法の中に盛り込まれ, 外資規制の枠組みが制度化された. この条項では, 案件の通報の後, 対米外国投資委員会が買収に与える安全保障上の影響を検討し, その内容を調査すべきかどうかを決定する. 調査を行う場合は 45 日以内に完了することを規定しており, 米国大統領はこの調査を受けて, 15 日以内に買収に対する措置を発表することを義務付けられている. エクソン・フロリオ修正条項では, 審査対象にはすべての業種が含まれる上に, 買収成立後も 3 年間は調査を行うことができ, 懸念がある場合は完了した買収取引を無効にできる権利を持つ. 条項の運用は自由貿易を担保する形で行われているため, この条項により取引が無効になるケースは少ないものの, 他国の外資規制と比べて強力な枠組みを持つ. なお, エクソン・フロリオ修正条項は, 2007 年に強化され, 米国外国投資委員会の構成メンバーへの*エネルギー省' や国家情報会議の追加, 議会によるチェックシステムの強化, エネルギー, クリティカル・テクノロジー, テロの観点からの審査基準の見直しが盛り込まれた.

3 日本の動向 経済のグローバル化を受けて, 外資規制の強化は米国以外でも進行しており, フランスやドイツの欧州諸国に加えて, ロシアや中国でも進展している. 日本では, *外為法' により「国の安全を損ない, 公の秩序の維持を妨

き

げ，公衆の安全保護に支障を来たすことになること」を理由に，外資による投資を変更，あるいは停止させることができ，これらに関わる業種の買収(株式の10％以上の取得)を事前届出の対象としてきた．ところが，外為法の規制業種は，産業･技術環境の大きな変化にも関わらず，長年にわたり見直しがなされてこなかったため，軍事転用が可能なエレクトロニクス部品，先端材料，工作機械などが，規制の対象には入っていなかった．このような外資規制の穴を埋める形で，2007年に外為法が見直された．これが，外国企業による買収規制法である．2007年の外為法の見直しは，①届け出対象となる業種の見直し，②規制対象になる取引形態の見直し，の2つに大きく分けられる．①については，防衛生産基盤に関わる業種については，従来の規制では「武器等の製造業」という形だったのが，武器等の「製造に不可欠な素材･部品等を含む」形に変更された．また，*大量破壊兵器'(WMD)などへの転用の蓋然性が大きい品目については，*輸出貿易管理令別表第1'のリストの中から選別的に規制される方式となり，大量破壊兵器の製造に転用される可能性のある工作機械や，同様に兵器への転用が可能なデュアル･ユースの貨物および技術である先端材料や部品などが届け出対象に加えられた．②については，2007年5月に株式交換による買収が可能となる三角合併が解禁されたことを受けて，それに伴う買収の抜け道を防ぐ形で規制対象となる取引形態に変更が加えられた．　[村山裕三]

■技術移転規制　control of technology transfer

1 規制の必要性　自由貿易の原則の下では，技術の国を超えての移転は自由に行われるべきであるが，これらの移転が1国の経済や安全保障に大きな影響を与える場合は規制の対象となりえる．第1は，知的財産権に基づくもので，第三者による国境を越えた不正な技術の取得を防ぐために，特許法や不正競争防止法などの適用により，技術移転を規制する枠組みがある．第2は，安全保障の観点からの規制であり，1国の重要技術が国境を越えて移転され，これが軍事目的，特に*大量破壊兵器'(WMD)の開発などに使用されることを防ぐ枠組みで，日本では*外為法'により規制されている．ここでは，モノの*輸出管理'だけではなく，モノの設計，製造，使用に関わる技術の提供を目的とする取引についても規制が行われている．

2 規制の枠組み　技術移転規制は，以前は居住者から非居住者に対する技術移転が規制の対象になっていたが，2009年に外為法が改正され，これに加えて，誰から誰に対する提供であるにかかわらず，国内から外国に向けて技術を提供する場合について，許可を受けなければならない枠組みとなった．また，技術を提供するために国外に技術を持ち出すこと自体も規制対象になった．この改正の背景には，経済のグローバル化の進展に伴う，ヒトの移動の頻繁化，複雑化により，*居住者･非居住者'の区別をベースにした規制に限界が生じたうえに，情報技術の発展により，USBメモリの持ち出しやインターネットなどを介して，海外に技術情報を流すことが容易になった環境変化が影響している．一方，個人が必要とする技術や情報を国外に持ち出し，それを誰にも移転せずに自分のためのみに使用する目的で出国する際には，規制の対象にはならない．また，新聞，書籍，雑誌などによりすでに不特定多数のものに対して公開されている技術情報･学会誌･公開特許情報，公開シンポジウムの議事録などのような不特定多数が入手可能な技術情報，講習会や展示会などにおいて不特定多数が入手できる技術情報，ソースコードが公開されているプログラム，学会発表用や雑誌への投稿原稿などの不特定多数が入手や閲覧ができる技術情報などのいわゆる公知の技術を提供する取引，または技術を公知とするために技術を提供する場合は，許可を必要とはしない枠組みになっている．　[村山裕三]

■**技術提供**　transfer of technology

日本の法令においては,貨物の輸出と技術の提供が規制の対象行為となっている.貨物の輸出については*外為法'第48条に,技術の提供については外為法第25条において,それらの行為が「国際的な平和及び安全の維持を妨げるものであると認められる場合には,経済産業大臣の許可を受けなければならない」ことが規定されている.技術提供の規制範囲は,外為法第25条第1項にあるとおり,特定の外国において特定技術を提供することを目的とする取引,もしくは,特定技術を特定国の非居住者に提供することを目的とする取引,と規定されている.またここでいう特定技術とは,貨物の設計,製造または使用に係る技術のことを指す.つまり,技術提供とは,日本にある規制技術が国境を越えて外国において提供される場合,もしくは,日本国内においても特定国の非居住者に提供される場合は事前に経済産業大臣の許可を受けなければならないというものである.なお,この場合の「提供」とは,設計図や製造図面,USBメモリーの受け渡し,といった目にみえる形のものだけでなく,口頭で伝えること,メールや電話・FAXでの伝達についても含まれていることに注意が必要である.　[河野瀬純子]

■**北朝鮮制裁委員会**　Security Council Committee established pursuant to resolution 1718

1　北朝鮮に対する安保理決議　国連安保理は,2006年10月9日に北朝鮮が実施した1回目の核実験を受けて,同月14日に国連憲章第7章に基づく*経済制裁'措置を定めた*国連安保理決議1718'を採択した.この決議に基づき,制裁実施を支援する目的で,安全保障理事会委員会(Security Council Committee:通称,北朝鮮制裁委員会)が設立された.制裁には,決議1718に加え,2009年の決議1874,2013年の決議2087と決議2094で内容が追加されており,これら決議により,北朝鮮に対する武器および*大量破壊兵器'(WMD)・ミサイル関連物質の輸出入禁止と,贅沢品の輸出禁止,そして特定の個人(入国禁止措置や資産凍結など)などへの制裁措置が課されている.制裁委員会はこれらすべての制裁の履行状況を監視し,年次報告を作成している.2009年の安保理決議1874では,制裁委員会の指示する任務を実施し,委員会の活動を支援する専門家パネル(Panel of Experts)が設置され,日本の浅田正彦(京都大学教授)ら7名が任命された.専門家パネルは制裁委員会と協力し,制裁の施行および適合性の評価などを実施している.

2　制裁委員会の機能と役割　制裁委員会の役割は,2007年6月20日に発表された業務ガイドラインで規定され,その任務は7つの主要業務から構成される.それらは,国連加盟国から決議1718のパラグラフ8(a)に関する情報収集,制裁違反情報に対する適切な行動の実施,決議のパラグラフ9と10の例外規定の判断,追加制裁の製品や技術の決定,追加制裁の人物や団体の指定,制裁強化に必要な措置の考慮,安保理に対し90日毎に制裁強化の方策に関する報告書の提出,とある.制裁委員会の主要な業務の1つに,国連加盟国に対する制裁履行支援通知の提供がある.制裁対象や内容の細目は,この通知文書で規定されており,この文書製作が制裁委員会の活動を総括するものとなっている.この通知文書は,委員会が必要に応じて随時更新しており,制裁内容が固定的になり,状況の変化に対応できなくなるのを防止している.

[佐藤丙午]

■**北朝鮮の核開発問題**　North Korea's nuclear problem

1　発端と経緯　朝鮮戦争中,国連軍が核使用を検討したこともあり,北朝鮮はそれに対抗すべく当初から*核兵器'開発を念頭に置いていた.北朝鮮は核物理学者をソ連(当時)のドゥブナ研究所に留学させ,1950年代後半から核関連技術を入手していたと考えられる.その後北朝鮮は,旧ソ連に原子力協力を求めたが,北朝鮮の核兵器開発を懸念した旧ソ連は,北朝鮮に*核兵器不拡散条約'(NPT)加盟を条件に5MW*黒鉛減速炉'を提供し,1985年末に北朝鮮はNPTに加盟した.北朝鮮は原子力の*平和的利用'の名目で寧辺に核施設を建設しながら,在韓米軍に戦術核が持ち込まれ,米国が核の脅威を与えているとし,*国際原子力機関'(IAEA)との*保障措置'協定締結を拒絶していた.北朝鮮が秘密裏に核兵器開発を行っている疑惑はもたれていたが,1991年9月にジョージ・H・W・ブッシュ(George H.W. Bush)米大統領が戦術核撤去宣言を発表すると,北朝鮮はIAEA署名に応じる姿勢をみせ始めた.また,別途南北間でもたれた協議を経て,1991年12月末には*プルトニウム'*再処理',ウラン濃縮を禁じ,南北間の相互査察を含む*朝鮮半島非核化共同宣言'が採択された.これを受け1992年1月,北朝鮮が拒絶していたIAEAとの保障措置協定に署名した.

2 プルトニウムによる核開発　それにもかかわらず,北朝鮮は朝鮮半島非核化共同宣言には,相互査察の実施には南北双方の合意が必要として拒否した.また,1992年5月からIAEAがもつ北朝鮮の核活動に関する数値との誤差が露見し,1993年2月にIAEAが特別査察を要求したのに対して,北朝鮮はNPT脱退宣言を発表した.その後,北朝鮮をNPTに留めるべく米朝高官協議が行われ,1994年10月には北朝鮮が核施設を凍結するのに対して,米国が「安全の保証」供与,代替エネルギーとして重油,*軽水炉'の支援,段階的な*経済制裁'解除を通じた米朝国交正常化などを謳った*米朝枠組み合意'が署名され,代替エネルギー支援の実践機関として*朝鮮半島エネルギー開発機構'(KEDO)も設立された.特別査察については秘密議定書で,軽水炉の主要な機器が提供される前に実施され,北朝鮮の核施設も軽水炉事業の完了とともに解体されるとされた.しかし,米議会の予算関係でKEDO事業が遅延すると,北朝鮮はしばしば凍結解除を仄めかし,この文書を履行するよう米国に促した.また,北朝鮮は放射科学研究所の液体廃棄物の計量,抽出されたプルトニウムの総量計測などを拒絶した.

3 高濃縮ウラン疑惑　米朝両国が米朝枠組み合意からの離脱したのは,北朝鮮の*高濃縮ウラン'(HEU)計画の疑惑からであった.ジェームズ・ケリー(James Kelly)米国務次官補が訪朝した際,HEU計画に関する証拠を提示したのに対し,北朝鮮はそれを認めたといわれる.その後,北朝鮮はウラン濃縮を否定しつつ,米朝枠組み合意でとられた核施設の凍結を解除してプルトニウムを蓄積し,NPTから脱退を発表した.これらは国連安保理の審議対象であるが,米中両国はこれを避けつつ,地域レベルでの解決を目指した.それは米朝中3者会談を経て6者会合として結実した.2005年9月,*第4回6者会合に関する共同声明'が採択されたが,米朝枠組み合意とは異なり,核施設の凍結に関する項目はなく,その後も核施設は稼働し続けた.米国の金融制裁で6者会合が空転すると,その抗議の意味を含め,北朝鮮は2006年10月に核実験を強行した.米朝枠組み合意からの離脱で蓄積したプルトニウムなしには,北朝鮮が核実験を行うことは不可能であったと考えられる.また,北朝鮮は2009年5月に2回目,2013年2月に3回目の核実験を強行した.その間,北朝鮮は当初は否定したウラン濃縮活動について,平和利用として*濃縮'施設を訪朝した米国人科学者にみせているが,そもそも北朝鮮は,朝鮮半島非核化共同宣言で,平和利用であれウラン濃縮を禁じられている.　[倉田秀也]

■北朝鮮のミサイル戦力　North Korea's missile capabilities

1 対韓攻撃能力　北朝鮮は旧ソ連からR-11,あるいはその改良型地対地短距離ミサイル「スカッド」(北大西洋条約機構〔NATO〕のコードネーム)を直接,間接的に入手し,改良を行っていた.北朝鮮は1986年に,射程約300kmの*短距離弾道ミサイル'(SRBM)「スカッド改B」を装備したミサイル大隊を創設し,1991年には「スカッド改C」を配備するに伴い,それをミサイル旅団に格上げしている.「スカッド改C」の射程は約600kmとみられ,この時点で韓国全土をミサイルの射程に収めたことになる.1962年末に金日成が提唱した「4大軍事路線」には「全国土の要塞化」が含まれており,軍事施設の多くは山岳地帯,地下に建設され,これらミサイルは,第2撃能力をもつべく輸送起立*発射機'(TEL)に装填されているとみられる.

2 対日攻撃能力　北朝鮮は*弾道ミサイル'の長射程化に取り組み,*核兵器不拡散条約'(NPT)脱退宣言直後の1993年5月末,「ノドン」(米国のコードネーム,以下同)発射実験を敢行した.「ノドン」は核弾頭搭載可能な単段式準中距離弾道ミサイル(MRBM)で,射程は約1,300km以上と推測され,沖縄を除く日本の主要都市を射程に収める.「ノドン」もTELに装填され,*半数必中界'(CEP)は約2kmと推測されていた.現在300基以上が実戦配備されているとみられる.その後「ノドン」は,北朝鮮1998年8月31日,東海岸舞水端里から「テポドン1」の発射実験を行った.北朝鮮は*人工衛星'「光明星」打ち上げのための*ロケット'と説明したが,1段目に「ノドン」,2段目に「スカッド改C」を用い,3段目も存在する3段式ミサイルとみられ,その第1段目はウラジオストク南方,第2段目は三陸沖に落下した.「テポドン1」の射程は約1,500km以上とされ,沖縄も射程内に収めた.CEPは約3kmと推定される.

3 対米攻撃能力　1999年9月の米朝ベルリン合意で,北朝鮮は米朝協議進行中は弾道ミサイル発射を凍結することを約したが,2006年7月,米国の金融制裁に抵抗して7発のミサイルを連射した.そこには発射に失敗したものの,3段式で射程約3,000から6,000kmをもつ*中距離弾道ミサイル'(IRBM)もしくは*大陸間弾道ミサイル'(ICBM)「テポドン2」が含まれていた.このミサイルは改良された上で2009年4月に発射された.発射は成功したが,3段目の分離に失敗し軌道投入には失敗したとみられる.北朝鮮はこれを人工衛星「光明星2号」打ち上げロケット「銀河2」と説明したが,射程からみて太平洋上の米軍基地を射程においていたとみてよい.さらに,北朝鮮は2012年4月,中朝国境に近い東豆里から「テポドン2」改良型に改良を重ねた弾道ミサイルを南方に向け発射した.その時は失敗したものの,北朝鮮は同年12月,その派生型を発射した.北朝鮮が「銀河3」と呼ぶこのミサイルは,1段目が黄海上,2段目はルソン沖に落下し,3段目を極軌道に投入することに成功したとみられる.このミサイルが北方に向け発射されれば,北極圏を通る最短距離で米本土を攻撃できる潜在的能力をもつ.その他,発射は確認されていないが,「ムスダン」も特筆される.これは旧ソ連のR27*潜水艦発射弾道ミサイル'(SLBM)を地上発射モードに改良したもので,射程約3,200kmから4,000kmのIRBMであり,グアムの米軍基地を射程に収める.「ムスダン」のCEPは1,300m程度と推測され,TELに装填されていることが2010年10月の軍事パレードで確認された.また,2012年4月の軍事パレードでTELに装填されたKN-08が確認されたが,この射程は約6,000kmから9,000km以上と推測される.これも発射は確認されていないが,米本土を脅かしうるICBMとして警戒される.なお,北朝鮮のミサイルは,パキスタン,イランなどに輸出されていることが確認されており,パキスタンの「ガウリ」,イランの「シャハブ」シリーズは,「ノドン」が基となっているとみられる.→イランのミサイル戦力,パキスタンのミサイル戦力　[倉田秀也]

■汚い爆弾　dirty bomb

1つの箱のなかに放射性物質と通常の爆薬をセットして,爆破することで放射性物質を散布する装置.*核テロリズム'の1つの手段.ただし,核爆発ではないので*大量破壊兵器'(WMD)

とは言えない.爆破の威力にもよるが装置の傍らにいれば死傷する可能性が高いが,効果から考えられる使用者の狙いは,放射性物質の散布によって特定の地域に立ち入れないようして,そこでの交通や経済活動を麻痺させたり,人々に不安と恐怖を植え付けることだと言われている.放射性物質は,医療や,建造物の検査,食品加工のためなど民生用途品として幅広く使用されており,また不法に売買される事案も多々ある.その意味で入手しやすい.このように手軽な割には実際に使用されたというケースは数えるほどしかない.1995年にチェチェンの過激派が,モスクワの公園でこれを埋め,実際に保持していることを誇示した事例がある.日本全国で実施されている国民保護訓練でも,汚い爆弾を想定した被害者の搬送や除染,不審物の処理といった訓練が各所で行われている.なお,英語ではRDD(radiological dispersal device)と表記されることも多いが,ここには汚い爆弾のみならず,爆発させないで放射性物質を発散させる装置,農薬散布機のような上空から撒く方法なども含まれている.　[宮坂直史]

■機微原子力技術 sensitive nuclear technology

*濃縮',*再処理'など,核物質を核爆発装置化するために使われうる技術.国際移転が特に厳しく規制される.

1 機微原子力技術規制の背景 核兵器拡散防止の方策は,第二次大戦直後から検討された.当初,米国が1946年の*米国原子力法'(*マクマホン法')で試みた米国政府による核物質・施設・技術の独占は,ソ連,英国の核実験や,原子力発電利用の要請もあって断念された.1953年の「*平和のための原子力'」(Atoms for Peace)提案を契機に,平和目的の国際移転は認め,*保障措置'により軍事転用防止を図る方法に転換した.米ソ冷戦下,米国は,1954年の原子力法により対象国を選別できる*2国間原子力協力協定'方式を採用し,他国もこれにならった.保障措置は,自国からの移転物質・施設のみを対象とした.一方,核拡散は,フランス,中国にも及び,また,研究炉や発電炉の国際移転が活発化する中,より包括的な核不拡散のため,1968年に*核兵器不拡散条約'(NPT)が作成(1970年発効)され,*国際原子力機関'(IAEA)による*包括的保障措置'が整備され始めた.この矢先,1974年にインドが核爆発実験をし,これにカナダ製の研究炉と米国起源の重水が利用された.原子力関連施設・機材および技術の国際移転の規制を一層強化するため,*原子力供給国グループ'(NSG)が発足し,機微原子力技術を含む規制品目の輸出管理を強化.また,2国間原子力協定の規制対象に機微原子力技術が付加された.

2 機微原子力技術規制の現状 機微原子力技術は,民生利用もされる*デュアル・ユース技術'だが,核兵器製造に直結するため,特に厳しく管理される.その中核は,濃縮および再処理に関する技術である.公開されている技術は含まない.核兵器製造に特化した技術は「秘密」(secret)技術で,機微原子力技術とは区別される.濃縮・再処理以外の対象技術には幅があり変動もある.インドの核実験後にできた1978年*米国核不拡散法'(NNPA)およびそれを踏まえた2国間協定では,重水技術を含める.機微原子力技術規制が特に問題化したのは,NPTの成立後であるため,NPTの規定上,締約国の平和利用の権利から,濃縮,再処理等の機微な施設や技術は除外されていない.このためNSGの輸出規制や2国間協定では,機微原子力技術が規制対象とされるが,NPTおよびNPTに基づくIAEAの包括的保障措置上,機微技術の法的規制には限界がある.ここに核燃料サイクルの*多国間アプローチ'(MNA)などの制度的試みが重ねられ,また,*追加議定書'によるIAEA保障措置の規制対象とアクセス拡大が必要とされる事情がある.　[小溝泰義]

■希望の星 "Star of Hope"

ロシア極東における退役原子力潜水艦(原潜)

の解体に関する日露間の協力事業を指す.解体作業が行われるズヴェズダ造船所の「ズヴェズダ」がロシア語で「星」を意味することから「希望の星」と命名された.*すずらん' の供与と共に*旧ソ連非核化協力' を代表する事業である.日本に近接するロシア極東では,1990年代末までにロシア太平洋艦隊から70隻以上の原潜が退役したがそのほとんどは解体されずに沿岸部に長期間係留されていた.多くの原潜は使用済み核燃料を搭載したままで,船体の腐食が進み,放置すれば深刻な放射能汚染を引き起こす危険性があった.また艦内の*核物質' が不法に持ち出され,テロリストなどの手に渡るリスクも存在した.これら退役原潜の迅速かつ安全な解体は,一義的にはロシアが取り組むべき問題であるが,早期の解決が喫緊の課題となっていたため,2002年のG8カナナスキス・サミットにおいて*大量破壊兵器' (WMD)および物質の拡散に対する*G8グローバル・パートナーシップ' の優先課題の1つに指定された.日本は*核軍縮'・*核不拡散' および日本海の環境保全の観点から,2003年から2009年まで計6隻の原潜の解体に協力した(総事業費約58億円).　［藤幡健介］

■キャッチオール規制　catch-all export control

1 リスト規制の補完　キャッチオール規制は安全保障*輸出管理' のリスト規制を補完するものであり,この点で補完的輸出規制とも呼ばれるが,リスト規制とは異なり,専ら需要者や用途に着目した規制である.*湾岸戦争' 終了後,*国連安保理決議687' に基づいて,同決議が設置した特別委員会と*国際原子力機関' (IAEA)がイラクに対して査察を実施した結果,国際的なリスト規制に該当しない製品,あるいは規制レベル以下の貨物・技術を使用して*大量破壊兵器' (WMD)等の開発を行っていた事実が判明したことから導入された.規制リストに定められたもの以外の品目であっても,その輸出が,拡散が懸念されるプロジェクトで大量破壊兵器の開発などに利用されることを輸出者が知っている("know"または"have reason to know")場合には輸出の許可を取らなければならないという規制を課している.このことから「ノウ(know)規制」と呼ばれたり,輸出の最終仕向地に着目することから「エンド・ユース/エンド・ユーザー規制」と呼ばれたりする場合もある.現在,*大量破壊兵器キャッチオール規制' と*通常兵器キャッチオール規制' が実施されている.

2 日本における規制の仕組み　日本におけるキャッチオール規制の法的根拠は*外為法' の第48条第1項(貨物)および第25条第1項および3項(技術)で,リスト規制と同じであるが,食料品,木材等の大量破壊兵器等の開発等とおよそ関係がないと考えられる一部品目を除き,原則すべての貨物・技術が規制対象となる.規制対象地域は,輸出管理の国際条約および4つの国際輸出管理レジームに参加し,厳格な安全保障輸出管理を実施しているホワイト国(輸出貿易管理令別表第3の地域(2014年7月時点で欧米27カ国))を除く全地域である.輸出に際して許可申請が必要となるのは,経済産業大臣からの通知に基づく*インフォーム要件',または輸出者の判断による客観要件に該当した場合である.客観要件の1つに用途要件があり,輸出者は,輸出に関する契約書もしくは商慣行の範囲内で入手した情報または当該輸入者からの連絡に基づいて,その貨物・技術が通常兵器や大量破壊兵器等の開発,製造,使用等に用いられるかどうか,または用途が核兵器等開発等省令(2001年経済産業省第249号,輸出貨物が核兵器等の開発等のために用いられるおそれがある場合を定める省令)の別表に掲げる行為,すなわち大量破壊兵器等の開発等とは直接は関係ないが関連性のある行為(「別表行為」という)に該当するか否かを判断しなければならない.たとえば重水製造がこれに該当する.もう1つの客観要件は需要者要件であり,ここではその貨物・技術の需要者が大量破壊兵器等の開発等を行うまたは行った旨の記載もしくは記録の有無についても確認が必要となる. なお, 通常兵器キャッチオール規制においては, 客観要件のうち需要者要件の規定はない. ［久保田ゆかり］

■93+2 計画 Programme 93+2

イラク, 北朝鮮の核開発問題を受けて, *国際原子力機関'(IAEA)事務局長の諮問機関である*保障措置' 実施に関する常設諮問委員会(SAGSI)は, 保障措置の強化策案を, 1995年の*核兵器不拡散条約' *(NPT)再検討・延長会議' までに検討するようにと事務局長に答申し, IAEA 事務局は検討グループを設け, 次の6つの事項について検討した. これが 93+2 計画である. ①保障措置のコスト分析, ②コスト削減に効果的な手段の評価, ③*環境試料採取' 技術の活用, ④保障措置の費用対効果を向上させるための*国内計量管理制度' (SSAC)との協力強化およびその他の方法, ⑤締約国内原子力活動に関する情報分析活動および⑥上記検討内容に関する IAEA 職員への訓練方法である. この結果は, 1995年3月に IAEA 理事会へ報告されたが, 報告に従来の法的権限で実施可能な活動と実施が困難な活動が混在していたために, これらを分離し, 整理して再報告するように求められた. 95年6月に, 従来の保障措置協定内で実施できる活動をパート 1, 新たな法的権限が必要な活動をパート 2 として整理された報告が理事会に提出された. パート 2 に係る新たな法的権限について, 96年6月の理事会で設置が決定された検討委員会「Committee 24」で行われた. Committee 24 には, 70 カ国以上が参加し, この議論を経て, 新たな法的権限は, 97年5月に*追加議定書' として, 公開された. ［菊地昌廣］

■旧ソ連非核化協力 denuclearization cooperation with the Former Soviet Countries

1 経緯 1991年12月にソ連が崩壊し, *冷戦' の負の遺産として旧ソ連諸国に残された*核兵器' や*化学兵器' などの*大量破壊兵器'(WMD), あるいはその製造に使用される核物質などの管理が厳格になされていないとの懸念が高まった. 本来, これらの核兵器の廃棄および不拡散のための措置は, ロシア等旧ソ連諸国が実施すべきではあるが, 経済の疲弊, 市場経済導入等に伴う社会混乱等の事情が重なり, 自助努力には限界があった. これらの迅速な廃棄や安全な管理は国際社会自身にとっても重要であるとの認識のもと, 1992年に開催されたミュンヘン・サミットにおいて日本を含めた先進 7 カ国(G7)がその解決に協力することに合意した. 日本は, この合意に基づき, 1993年4月, 東京サミットに先行して開催されたロシア支援に関する先進 7 カ国(G7)合同閣僚会議において, 宮沢喜一首相(当時)より旧ソ連諸国(ロシア, ウクライナ, カザフスタン, ベラルーシ)の非核化協力のために総額 1 億ドルの資金協力を発表した. また, 1999年6月のケルン・サミットにおいて, 小渕恵三首相(当時)は旧ソ連諸国に対する核軍縮・核不拡散協力として 93 年の資金協力の未使用分とあわせ 2 億ドルの資金協力を表明した. さらに, 2002年6月にカナダで開催されたカナナスキス・サミットにおいて,「*大量破壊兵器及び物質の拡散に対する G8 グローバル・パートナーシップ'」に合意し, WMD の廃棄や*不拡散', 原子力安全の取組みへの資金提供の国際的枠組みを強化した.

2 支援内容 日本は, ロシア, ウクライナ, カザフスタン, ベラルーシ各国との間で非核化協力を実施するために 2 国間協定を結び, 協力委員会(ロシアとは非核化協力委員会, その他の国とは, 核兵器廃棄協力委員会)を設置した. 対露支援では, 1993年にロシア海軍による日本海における低レベル放射性廃棄物の投棄が明らかになり, 日本海の環境汚染への懸念が高まったため, 原子力潜水艦の解体に伴って発生する低レベル放射性廃棄物を安全に処理するための施設(*すずらん')の提供を行った. すずらんは, 1998年に完成, 2001年から処理が開始された. 対露支援では, そのほか, 退役原潜解体協力事業「*希望の星'」,原子炉区画陸上保管施設建設への協力事業を実施した.ウクライナに対しては,*国内計量管理制度'(SSAC)確立支援,核兵器廃棄要員のための医療機器供与,ハリコフ物理技術研究所における計量管理および*核物質防護'支援を実施した.カザフスタンに対しては,SSAC確立支援,セミパラチンスク核実験場周辺地域の放射能汚染対策,*核セキュリティ'防護資機材整備計画,ベラルーシには,SSAC確立支援,旧軍人の職業訓練センターに対する機材供与,国境における核・放射性物質不法移転防止システム近代化支援を行った.　［秋山信将］

■キューバ危機　Cuban missile crisis

1962年10月,米国の偵察機がキューバにソ連の*中距離弾道ミサイル'(IRBM)の建設現場と判断される写真を撮影した.革命後にソ連の同盟国となったキューバへの核弾頭配備は,ごく短時間のうちに核攻撃に見舞われる危険を抱えることになる.そう判断した米国はソ連に撤去を求めるとともに,さらなる配備を抑えるためにキューバの周辺海域を事実上,封鎖することを宣言した.*冷戦'期で最も核戦争に近づいたと言われるほど緊張感が高まったが,両国首脳部の瀬戸際の外交のすえ,ソ連がミサイル基地の撤去に同意した.危機勃発の時点では米国の核戦力がソ連を大きく上回っており,*核抑止'が機能した事例として,たびたびこの危機が引用された.しかし,冷戦後に危機当時の米ソ,キューバの政府・軍関係者が集まって検証作業を行った結果,キューバには飛距離の短い*戦術核戦力'がすでに配備され,米国の軍事攻撃があれば核報復も辞さない状態であったことが判明した.米国が考えていたほどに核抑止が機能していなかった可能性が浮上したわけである.危機の際に米国の国防長官だったロバート・マクナマラ(Robert McNamara)は後年,核戦争回避は「幸運のたまもの」と述懐している.

［吉田文彦］

■キューバにおけるミナミキイロアザミウマ被害　*Trips palmi* infestation in Cuba

本件は,キューバで発生した農作物被害が,米国による意図的な害虫の放出によるものかが争われた事案である.キューバは,米国務省が運航するS2R航空機が1996年10月21日に同国上空を通過した際,霧状の物体を放出したという目撃証言と,その約2カ月後に,同国で未確認であったミナミキイロアザミウマによる農作物被害がマタンサス州で発生したことの関連を疑い,国連事務総長へ情報を提供した(A/52/128,A/52/213).そして1997年6月,同国は*生物兵器禁止条約'寄託国のロシアに,BWC第5条に基づく特別協議開催を求めた.この特別協議は同年8月25日〜27日に開催され,81締約国が参加した(議長イアン・スーター〔Ian Soutar〕英国大使,6締約国から副議長を選出).席上キューバと米国が情報提供を行い,閉会後に12締約国が本件に関する見解を寄せた.議長は締約国にあてた書簡(1997.12.15)で,協議自体の公正性と透明性を評価しつつも「とりわけ本件の技術的複雑さと時間の経過ゆえ…明確な結論には達しえない」と述べる一方,条約を強化するためには,実効性のある議定書が必要と指摘した.→生物兵器禁止条約の検証議定書交渉　［杉島正秋］

■供給サイド・アプローチ　supply side approach

1　核不拡散へのアプローチ　原子力は,平和目的(原子炉)にも軍事目的(*核兵器')にも利用可能であり,世界は,*核不拡散'を担保しつつ原子力の*平和的利用'を推進する方策を講じてきた.そのような方策には,条約や協定など制度的枠組みを構築する方法と,制度的枠組みを伴わず各国が任意に取り組む方法がある.前者の制度的枠組みには,*核兵器不拡散条約'(NPT)およびNPT第3条に基づき非核兵器国が義務として*国際原子力機関'(IAEA)と締結する*包括的保障措置協定',また核軍縮に関し核兵器国が締結する*部分的核実験禁止条約'(PTBT)や*包括的核実験禁止条約'(CTBT),さらに原子力利用国が締結する*核物質防護条約',*核テロ防止条約'および*非核兵器地帯条約'などがある.一方,後者の各国による任意の取り組みとしては,原子力供給国が核物質等の受領国(需要国)に核物質等を供給する際に諸条件を設定し,それらを受領国に遵守させることにより核不拡散を図るアプローチと,受領国の機微技術や施設の保有へのインセンティブを減じることにより核不拡散を図るアプローチがある.前者のアプローチは供給サイド・アプローチ,後者のアプローチは*需要サイド・アプローチ'と呼ばれる.

2 具体的な措置　供給サイド・アプローチには,原子力資機材および技術の輸出国が守るべき指針を定めた*原子力供給国グループ'(NSG)ガイドラインや,原子力供給国が核物質などの供給に関し受領国と締結する*2国間原子力協力協定'が含まれる.前者は2011年に改定され,従来のすべての原子力資機材および技術の移転にあたり受領国に求める要件に加えて,機微な原子力活動とされるウラン*濃縮'および*再処理'に係る品目の移転については,受領国に追加的な要件を課すことを要求している.また後者について,たとえば米国は,*米国原子力法'第123条に基づき協定対象核物質等の第3国移転や20%以上のウラン濃縮および再処理に関し米国の事前同意を求めるなど計9つの要件を課し協定相手国の核不拡散を担保しているが,2009年に締結したアラブ首長国連邦(UAE)との協定では,UAEがウラン濃縮および再処理を自国内で行わないことを法的義務として課し,UAEの核不拡散を担保している.このように,特に受領国のウラン濃縮および再処理活動等に関し追加的な要件を課すという昨今の供給サイド・アプローチに対しては,NPT第4条が規定するNPT加盟国の原子力の平和的利用の権利を阻害するものだと批判する声もある.　[田崎真樹子]

■協調的脅威削減計画 Cooperative Threat Reduction Program : CTR

1 概要　旧ソ連の崩壊により,軍の指揮命令系統の乱れ等から,*核兵器'を始めとする*大量破壊兵器'(WMD)や関連物質・技術の管理が懸念されたロシアおよび旧ソ連地域における管理体制の強化と核の廃棄を目的とする計画.1991年ソビエト脅威削減法(the Soviet Nuclear Threat Reduction Act of 1991;提案者である(サム・ナン(Sam Nunn),リチャード・ルーガー(Richard Lugar)両上院議員の名前からナン・ルーガー法と呼ばれる)に基づくものであり,通称,ナン・ルーガー計画とも呼ばれる.クリントン政権のもと,国防省だけではなく*エネルギー省'や国務省のプログラムとともに包括的に実施され,2004年までに予算ベースで62個のプログラムが計画された.米国以外の他のG7各国なども*G8グローバル・パートナーシップ'を通じて資金供与等を行ってきている.こうした支援は,引き続き核兵器の廃棄,核物質の貯蔵施設や運搬,*混合酸化物'(MOX)燃料リサイクルの研究などの面で強化される必要がある.日本では,攻撃型原子力潜水艦の解体や,低レベル液体放射性廃棄物処理施設,*国際科学技術センター'(ISTC)など旧ソ連科学者のための民間プロジェクトに資金を提供している.

2 プログラムの内容　具体的には,*核物質'に対する*保障措置'や防護措置が行われ,多くの核施設に対して延べ120km以上のフェンスが設置され,30カ所以上の核施設に対する安全対策の向上がなされた.また,余剰核物質の処分,特に*プルトニウム'34tの処分がこの枠組みの中で実施されている.核兵器の輸送に関しては,1992年,ウクライナにあったロシアの*戦術核兵器'を鉄道でロシアに運ぶのに際し,必要な輸送用機器を届けている.これには重量物である核兵器を輸送するための鉄道の線路の改修や,コンテナーのスペックの向上などが含まれている.また,*戦略核兵器'の解体では,ミサイルや原子力潜水艦の解体等がある.核兵器以外では,*化学兵器'や*生物兵器'の施設の解体も重要である.*高濃縮ウラン'の処分に関しては,米国企業が買い取り,希釈して発電所用の*低濃縮ウラン'として市場で売却するといったプログラムがあるが,これはCTRの枠組外で行われている.低濃縮ウランは非常にマーケット性が強いため,民間市場に混乱を来さないための配慮がなされているようである.協調的脅威削減計画には賛否両論あるが,ソ連崩壊という危機的な状況において,米露の協調により,核兵器を中心とした大量破壊兵器の拡散防止に一定以上の役割を果たしてきたといえよう.

［小林直樹］

■共通の安全保障　common security

スウェーデンの元首相オロフ・パルメ(Olof Palme)を委員長とするパルメ委員会(*軍縮'と安全保障に関する独立委員会)が,国連事務総長に対して1982年に提出した報告書において提起した安全保障概念である.共通の安全保障とは,他国の安全を犠牲にして自国の安全を確保することはできないとの安全保障認識を指す.*冷戦'構造のなか国々は,軍事同盟の形成と軍事的優位を確保することを通じて,自国の安全を確保しようと試みてきた.このようなゼロ・サム的発想による安全保障の強化は*軍備競争'の激化につながり,国々は安全保障のジレンマに陥った.ひとたび戦争が起これば深刻な事態となることは避けられず,また,いかなる国家であっても核戦争を生き残ることはできないことも明らかであった.パルメ委員会は,このような環境下では安全保障とは国々が共に達成すべき課題であり,協力して安全を確保すべきであると提起した.安全保障の強化を国々の共通課題ととらえ,協調して安全を強化するべきであるとの考え方は,東西の軍事ブロックの平和共存を目指して開始された*欧州安全保障協力会議'(CSCE)において採用された安全保障認識と共通するものである.CSCEでは共通の安全保障概念のもと,望まない戦争の回避をめざし,非軍事分野での取り組みを用いつつ,国々が協調して安全を強化するという,協調的安全保障アプローチを採用した.

［佐渡紀子］

■共同検証実験協定　Agreement Between the United States of America and the Union of Soviet Socialist Republics on the Conduct of a Joint Verification Experiment : JVE　［正称］共同検証実験に関するアメリカ合衆国とソビエト社会主義共和国連邦との間の協定，［署名］1988.8.17(モスクワ),［発効］1988.8.17

*地下核実験制限条約'(TTBT)および*平和目的核爆発条約'(PNET)によって認められた地下*核実験'の規模の*検証'手段の精度を確認する目的で,米ソが実施する共同実験のために米ソ間で結ばれた協定である.米ソは,1974年に地下核爆発の規模の上限を定めるTTBTおよびPNETという2つの条約を作成したが,その付属議定書の定めた履行確保のための検証手段について,技術的な信頼性に疑義があり,批准が遅れていた.そこで米ソ両国は,より信頼性の高い検証手段を盛り込んだ新しい議定書を作成することを決め,検証手段と爆発規模の計算の基礎となるデータの信頼性を確認するために,1988年に米国のネバダ実験場およびソ連のセミパラチンスク実験場で,両国の専門家立ち会いの下,共同で1回ずつ*地下核実験'を実施することで合意,この協定を作成した.この協定に基づいて実施された共同実験の結果を反映し,TTBTおよびPNETには新しい附属議定書が作成され,1990年に両条約は発効した.

［広瀬 訓］

■共同データ交換センター　Joint Data Exchange Center : JDEC

1990年代,ロシアの*早期警戒'能力の低下による*弾道ミサイル'の誤発射などのリスクを懸念した米国の提案により,米露両国は,1998年に早期警戒情報の交換とミサイル発射事前通告に合意した．これに続き，共同データ交換センターをロシア国内に設置することが2000年に文書で合意された．JDECは，課税のあり方や法的責任などの問題で合意できず設立には至らなかったものの，米国の*弾道ミサイル防衛'（BMD）が戦略核*抑止'力を損なうものであるとのロシアの懸念に応え，ロシアとの「ミサイル防衛協力」を検討する中で再び同様の提案がなされ，2010年には早期警戒情報の交換に関する米露首脳間の共同声明が署名されている．早期警戒情報の交換やJDECの設置は，実現すればロシアとの信頼醸成に一定程度役立つことが期待されるが，同盟国ではないロシアとの間では，早期警戒情報のリアルタイムでの共有や脅威認識・迎撃目標の統合などは本質的に不可能であり，BMDに関する懸念を払拭するには不十分なものにとどまらざるを得ない．飛翔するミサイルを捉えて迎撃するBMDにおいては，目標識別，状況判断，迎撃に関する意思決定が秒単位で行われるため，これらの高度な政治的・軍事的な判断を一元的に行うことになるからである．→米露ミサイル発射通報制度，遠隔測定情報

［岡田美保］

■恐怖の均衡　balance of terror

冷戦中の米ソは数千個の*核兵器'を保有したあとも，核兵器のバランスで劣勢になることを恐れて核軍備競争を続けた．核戦争が起これば米ソとも壊滅的なダメージを受けることが確実視され，両国は核の手詰まり状態（*相互核抑止'）に陥った．核戦争に勝利者はないとしつつ，いつか核戦争が起こるのではないかという恐怖に悩まされた*冷戦'時代の米ソ関係を象徴する言葉として使われる．米国はソ連の奇襲攻撃を警戒して危機のエスカレーションに応じた警戒態勢を準備し，有事の際には核兵器を実際に使用する計画を立てていた．1980年代にはロナルド・レーガン（Ronald Reagan）大統領が*戦略防衛構想'（SDI）を打ち上げ，恐怖の均衡に基づく抑止戦略から脱却するビジョンを提示したが，SDIは研究計画にとどまった．冷戦後に米露関係が変化し，両国間の戦略核軍縮が進展したことを受けて，米国は恐怖の均衡を背景にした核抑止戦略を変更した．一方，ロシアは米国のミサイル防衛（MD）システムを警戒しており，冷戦後も核大国であり続ける米露の核バランスが問題になっている．核拡散の進展（北朝鮮，インド，パキスタン）や*核テロリズム'などの新たな核脅威の浮上を受けて，抑止戦略と防衛戦略のあり方が問われている．→相互確証破壊，ロシアの核政策・核戦略

［岩田修一郎］

■居住者・非居住者要件　resident/non-resident requirement

従来の日本の技術に関わる*輸出管理'では，日本の居住者から非居住者への移転をベースとした規制体系となっていた．この場合の居住者とは，日本国内に居住している日本人や法人に加えて，日本国内にある事務所に勤務する外国人や日本に入国後6カ月以上が経過する外国人もこれに該当する．一方，非居住者は，外国に居住する外国人や法人に加えて，外国にある事務所に2年以上勤務する目的で出国してその国に滞在する人などもこれに含まれる．ところが，この居住者，非居住者をベースにした管理の枠組みではグローバル化した人の動きに対応できず，一時滞在の外国人が持ち出す技術は対象外となる，国外に出て非居住者になってからの提供は規制外になる，などの抜け穴が生じることが想定された．このため，2009年に*外為法'が改正され，技術が国境を超える事象をベースにしたボーダー規制の考え方が導入された．これにより，居住者，非居住者の関係なく，国内から外国に向けて技術を提供する場合については許可を受けなければならないこととなり，また，技術を提供するために国外に技術を持ち出すこと自体も規制対象となった．　［村山裕三］

■拒否的抑止　deterrence by denial

グレン・スナイダー（Glenn Snyder）は，1960年代初めにかけて，*懲罰的抑止'と拒否的抑止

という*抑止'の2類型を提示した.うち拒否的抑止は,計画している攻撃が成功しないと敵に思わせることで,その攻撃を思いとどまらせるというものである.「拒否」とは攻撃を成功させないことを意味し,そのための反撃能力は拒否力とも呼ばれ,実際に使用されれば*損害限定'に寄与する.拒否的抑止では,*弾道ミサイル防衛'(BMD)を含む通常戦力が中心になるとされるが,敵が侵攻してきた地点でこれを食い止め,押し返すための戦術核兵器なども拒否力となりうる.懲罰的抑止に比べ,軍事力行使の威嚇の信憑性が高く,限定的な攻撃の抑止や合理性の低い主体に対する抑止にも適しているが,軍事力行使の敷居が低く見えるため,先制攻撃の誘因を高めやすいともいわれる.また敵戦力の無効化を図る拒否的抑止は,しばしば軍拡を助長する可能性も高いとされる.現実の抑止態勢は,懲罰的抑止と拒否的抑止双方の側面を含むが,後者への傾斜が強まると,*軍備管理'交渉は停滞することが多い.米国でいえば,*柔軟反応戦略'への移行,*戦略防衛構想'(SDI)の追求,冷戦後のBMD推進などが,拒否的抑止への傾斜の例といえる.　［石川 卓］

■近実時間計量管理　near real time accountancy : NRTA

*包括的保障措置協定'の第28項に,*保障措置'の基本的な重要な手段として*計量管理'を使用することが規定されている.*低濃縮ウラン'のような*保障措置検知目標'の1つの適時性目標が12カ月と長く設定されている核物質取扱い施設では,*計量管理'による物質収支の結果である*在庫差'(MUF)の計算とその妥当性の評価は年1回実施するが,適時性目標が1カ月と短く設定されている*プルトニウム'取扱い施設では,少なくとも月1度の頻度でMUFを計算し,その妥当性を評価する.低頻度で物質収支を確定する施設のMUFの計算は,工程内の核物質をクリーンアウトして滞留する核物質を可能な限り計量する棚卸し時に連動させるが,高頻度での物質収支を確定する施設では,毎回工程をクリーンアウトし,在庫を計量することは困難であることから,確定時期に滞留する核物質量を計量測定,ないしは推定し,加えて工程の受払い量を毎回計量測定し,高頻度でMUFを計算し,その妥当性を評価する.この高頻度で実施する*計量管理'が近実時間計量管理(NRTA)である.NRTAは,連続した多数回のMUFの時系列変動傾向を監視し,転用の発生が疑われるような異常な変動を評価する.

［菊地昌廣］

■キンシャサ条約　Central African Convention for the Control of Small Arms and Light Weapons, Their Ammunition and All Parts and Components that Can Be Used for Their Manufacture, Repair and Assembly : Kinshasa Convention　［正称］小型武器・軽兵器,その弾薬,及びそれらの製造・修理・組立のために使用されうる部品・構成品を規制するための中央アフリカ条約,［署名］2010.4.30(キンシャサ),［発効］未発効

中部アフリカの安全保障問題に関する国連常設諮問委員会の枠組みで交渉され,この委員会の第30回閣僚会議で採択された条約である.第1条は,中央アフリカにおける*小型武器'・軽兵器,弾薬および部品・構成品の非合法取引の防止・撲滅などを目的に掲げている.第3条から第26条にかけては,国際移転,最終使用者証明書,民間人による所持,生産・流通・修理,ブローカリング,刻印・追跡,登録・回収・破壊,在庫管理,国境管理,教育・意識啓発を含む幅広い施策に関する締約国の義務を定めている.この地域の非国家武装集団への小型武器・軽兵器などの移転に対する交渉参加国の懸念を反映して,第4条には,締約国はこの条約の規制対象兵器を非国家武装集団に移転することを禁止する旨が明記されている.また,第5条には,規制対象兵器が輸入国や通過国において非合法貿易に流出する可能性がある場合や,国際人権法や*国際人

道法’の違反や戦争犯罪・ジェノサイド・人道に対する罪の実行に使用される可能性がある場合などには,締約国はその移転を許可しない旨が盛り込まれている.第36条によって,この条約は6カ国による批准・受諾・承認・加入の30日後に発効することになっている.　[榎本珠良]

く

■**空中配備レーザー**　airborne laser: ABL

*弾道ミサイル防衛’(BMD)システムの一環で,航空機搭載型の強力なレーザーで発射直後に上昇中のミサイルを破壊する兵器として,米空軍が開発してきた.ジョージ・W・ブッシュ(George W. Bush)政権の当初計画によると,高出力の化学レーザーを搭載した複数の航空機(ABL機)を10,000m以上の高高度で警戒飛行させておき,ABL機に搭載された*早期警戒’装置がミサイル発射を探知するとレーザーで迎撃する仕組みであった.飛来ミサイルの軌道のうち,発射直後のブースト段階(上昇段階)では,①炎が赤外線を出すので探知・追跡しやすい,②高空の中間段階よりもミサイルの速度が遅い,といった特徴がある.そこをねらう空中配備レーザーによって迎撃率が高まる可能性がある.米国は当初,2004年から05年にかけて初期配備を検討していたが,飛来ミサイルの追跡,レーザーの照準を合わせる技術などを短時間に集中して正確に作動させる技術的問題,コストダウンが足かせとなり,開発の遅れが続いた.BMDについて再検討を進めたバラク・オバマ(Barack Obama)政権は,ABLの開発予算を大幅に削減し,結局は事実上,棚上げにした.→米国のミサイル防衛システム,ブースト段階迎撃

[吉田文彦]

■**空爆禁止宣言**　Declaration(XIV)Prohibiting the Discharge of Projectiles and Explosives from Balloons [正称] 軽気球ヨリ投射物及ビ爆発物ノ投下ヲ禁止スルコトニ関スル宣言,[採択・署名] 1907.10.18(ハーグ),[発効] 1909.11.27

1 宣言成立の経緯　1907年の第2回ハーグ平和会議で採択された宣言.軽気球が小規模ながら戦争で使用されるとともに,将来戦争における航空機使用の懸念が認識される状況の中で,1899年の第1回ハーグ平和会議で軽気球より,またはこれに類似した新たな他の方法により投射物および爆発物を投下することを禁止する宣言が採択された.しかし,その宣言は5年間の期限付きのものであり,1905年に失効した.航空機の開発や使用が進展する国際情勢の中で開催された第2回ハーグ平和会議でこの宣言が改めて採択された.しかし,当時の有力国としては,英国,米国が締結したものの,フランス,ドイツ,イタリア,日本,ロシアは締結に至らなかった.

2 宣言の内容　宣言は,第3回ハーグ平和会議の終了までの期間,軽気球またはこれに類似した新たな他の方法により投射物および爆発物を投下することを禁止するものである.宣言では,第3回ハーグ平和会議の終了までその禁止に同意すると規定されているので,同会議が開催されていない現時点においてもこの宣言は効力を有していると考えられる.1907年の*ハーグ陸戦条約’付属規則第25条は,防守されていない都市,村落,住宅または建物は,いかなる手段によっても,これを攻撃または砲撃してはならないと規定しているが,この規定は空爆禁止宣言を恒久的なものにする意図が反映されたものと解される.宣言には2以上の締約国間の戦争においてこの宣言が拘束力を有するものとし,締約国間の戦争にこの宣言の非締約国が参戦にした場合は,締約国に対しても拘束力が失

われることが規定されている.　[木村泰次郎]

■国レベルコンセプト　state-level concept : SLC

1 統合保障措置との関係　*包括的保障措置協定’の第1項に「国の領域内もしくはその管轄下でまたは場所のいかんを問わずその管理下で行われるすべての平和的な原子力活動のすべての*原料物質’もしくは*特殊核分裂性物質’に*保障措置’を受諾する」とされており, この協定に基づく保障措置が開始された早い段階から, 締約国は保障措置対象の核物質をすべて漏れなく申告しているとの仮説に立った*検証’活動が行われた. 1980年代に開発された保障措置クライテリアでは, 施設タイプ別の実施だけでなく, 国全体を俯瞰(state as a whole)した保障措置の実施やその結果の評価を行っていたが, これは当該国内の個別の施設への保障措置実施結果を積み上げて国全体を評価するという観点に立っている. 1990年代のイラクや北朝鮮などの事例から, 未申告の核物質や原子力活動が存在するかもしれないとの新たな仮説に立って, 包括的保障措置協定の規定に沿ってすべての(未申告のものも含めて)原料物質および特殊核分裂性物質を保障措置下に置く(注:下線は筆者)ための制度開発が進められた. *追加議定書’が成立し, IAEAは未申告の核物質や原子力活動検知のための活動を実施できる権限を保有したことから, 従来の包括的保障措置協定の権限と効率的に組み合わせて, 申告／未申告によらずすべての核物質を対象とした*統合保障措置’を実施するようになった. 追加議定書発効国に対し, 包括的保障措置協定による権限で申告された核物質の転用や, 申告された施設の目的外使用(misuse)を示す兆候と, さらに, 追加議定書’による権限で未申告核物質や原子力活動を示す兆候とを検知する活動を行い, それぞれの結果を積み上げて結論を導出する国レベルアプローチが適用された.

2 国レベルコンセプトの特徴　IAEAは, 運用資源の効率化の観点からさらなる合理化を求められ, 保障措置アプローチをさらに進化させた効果的･効率的な方法論の開発が求められた. 国レベルコンセプトは, 査察開始前に対象国の原子力活動全体を分析し, 核拡散が発生する可能性のある経路(acquisition path)を特定し, その経路上にある核物質や原子力施設を優先的に*査察’や*補完的なアクセス’を行う考え方である. 実施に当たり, 次の対象国固有のファクターが考慮される. ①締結している保障措置協定の種類と*追加議定書’締結の有無, ②原子力活動全般, ③*国内計量管理制度’(SSAC)の機能と能力, ④既に適用されている保障措置手段のレベル, ⑤IAEAとの協力のレベル, ⑥過去の保障措置実施結果評価実績. 現在IAEAでは, 実施結果の評価方法を開発している.　[菊地昌廣]

■クラスター弾　cluster munitions

1 クラスター弾とは　クラスター弾とは, 数個から数千個の子弾を容器に詰めた弾薬である. 空中から投下される爆弾のみならず, ミサイルや榴弾砲なども存在する. その多くは, 目標上空で子弾を散布し, 広範囲を一度に攻撃する, いわゆるクラスター爆弾である. クラスター弾は, 第二次世界大戦以降, 本格的に使用されるようになった. 1つ1つの子弾の破壊力は大きくないが, 一度に広範囲を攻撃することができるため, 面制圧兵器として用いられることが多い. 火災を広範囲に発生させることを目的とするもの, 対人攻撃を目的とするもの, 対戦車攻撃を目的とするもの, 滑走路などの破壊を目的とするものなど, 子弾の種類によってさまざまなタイプのものがある. そのほかにも, 広範囲に子弾を散布するクラスター弾の性質を利用して, *地雷’散布を目的とするもの, 送電網破壊を目的とするもの, あるいは宣伝ビラをまくことを目的とするものなどもある.

2 クラスター弾の使用と問題点　ベトナム戦争において, 米国が大量のクラスター弾を使用したことを1つのきっかけとして, クラスター弾の使用が問題視されるようになった. 問題視されたのは, 特に以下の2点である. 第1に, 大量の子弾を広範囲に散布するため, とりわけ人口密集地では無差別性を有する点. 第2に, 不発率が高く相当数の不発弾を不可避的に生むため, 戦闘終了後にも多くの文民被害を発生させる点である. 1974年には, 政府専門家会議において, スウェーデンなどが対人クラスター弾の使用禁止を提案している. クラスター弾は, 重量に対する制圧面積が広く, 費用対効果に優れた兵器とみなされていた. そのため, クラスター弾の禁止提案に賛同する国はあまり多くなかった. その後も, フォークランド紛争, 湾岸戦争, コソボ紛争, 米国によるアフガニスタン攻撃などで, 大量のクラスター弾が使用された. 不発化したクラスター弾によって, 戦闘終了後に文民が死傷するケースも少なくない. そのため, 対人*地雷' が国際問題化し, *対人地雷禁止条約' が成立した後, クラスター弾を「第2の対人地雷」と呼び, その使用規制を求める声が高まった. こうした声を受けて, 2003年には, 不発弾および遺棄弾の処理を定める*特定通常兵器使用禁止制限条約' (CCW) 第5議定書が採択され, 2009年には*クラスター弾条約' が採択された.

［足立研幾］

■クラスター弾条約 Convention on Cluster Munitions : CCM

［正称］クラスター弾に関する条約, ［採択］2008.5.30(ダブリン), ［発効］2010.8.1, ［日本］〈署名〉2008.12.3, 〈受諾書寄託〉2009.7.14, 〈公布〉2010.7.9(平22条約5), 〈発効〉2010.8.1

1 条約成立の背景　*クラスター弾' とは, 親弾に複数の子弾を内包した兵器である. 使用時には親弾から子弾が広範囲に頒布されることから, 広範囲の制圧に効果を発揮する兵器であり, 湾岸戦争, イラク戦争, NATOによるコソボ空爆, また9.11後のアフガニスタン攻撃など, 広く実戦で使用されてきた. しかし, クラスター弾は市民への被害が生まれること, また, 不発弾として残った子弾が紛争後も市民に被害をもたらすことから, その非人道性が指摘されてきた. 特に2006年のレバノン紛争においてクラスター弾が使用されたことを受け, その非人道性に関心が高まった. クラスター弾については*特定通常兵器使用禁止制限条約' (CCW) の枠組みにおいて「*爆発性戦争残存物に関する議定書' 」が2003年に成立したことで, 一定の規制が実現していた. しかし同議定書は不発小弾問題への対応を目指したものであり, クラスター弾の使用・生産・開発を規制するものではなかった. クラスター弾自体の規制を求める提案が一部のCCW締約国からなされたものの, CCW締約国の間では新たな議定書策定に向けた交渉を開始することに合意は得られなかった. そのため, クラスター弾の全面禁止を求めるNGOが, 規制に前向きなオーストリア, アイルランド, メキシコなどの有志諸国とともに条約作りを目指した結果, クラスター弾条約の採択に至った. この有志諸国とNGOの協働による条約策定過程は, 「*オスロ・プロセス' 」と呼ばれる.

2 条約の内容　本条約はクラスター弾を, それぞれの重量が20 kg未満の爆発性の子弾を内蔵し, この子弾を散布・投下する弾薬と定義する. ただし5つの技術的要件(① 10個未満の爆発性子弾しか含まない, ②それぞれの爆発性子弾が4 kgより重い, ③単一の目標を探知し, 攻撃できるように設計されている, ④電子式の自己破壊装置を備えている, ⑤電子式の自己不活性機能を備えている)をすべて満たすものは, 条約上のクラスター弾からは除外される. 本条約はクラスター弾の使用, 開発, 取得, 貯蔵, 保有, 移譲を禁止した(第1条). また, 締約国が保有するクラスター弾につき, 条約が締約国において発効した後, 原則として8年以内に廃棄することを義務付けている(第3条). さらに, 自国の管轄下または管理下の地域に存在するクラスター弾残存物(不発の子弾等)についても, 条約が締約国において発効した後, 原則として10年以内に除去し,廃棄することも義務付けている(第4条).締約国は条約の遵守状況を報告する義務を負い(第7条),不遵守については,締約国会議において問題解決に向けた提案や勧告がなされる(第8条).また,条約上の義務の履行に向けて支援が必要な締約国は,国際的な援助や協力を受けることができる(第6条).なお本条約は,クラスター弾による被害者およびその家族・地域社会への支援を盛り込んでいる点が,特徴的である(第5条).

3 その後の展開 履行確保と条約の普遍化が,クラスター弾条約の重要な課題である.履行確保については,1年に1回開催される締約国会議において,履行状況の確認と履行支援の検討が行われている.2010年の第1回締約国会議では,*ビエンチャン行動計画'が採択され,履行に向けた「行動指針」が取りまとめられた.その後の締約国会議では「行動指針」を踏まえた履行状況の検討が重ねられ,2014年に開催された第5回締約国会議では,クラスター弾を保有していた締約国の多くで貯蔵弾の廃棄が進んでいることが確認されている.条約の普遍化については,条約採択後,114カ国が署名し,うち88カ国が批准を完了したことから(2014年11月時点),一定の成果を上げているといえる.

[佐渡紀子]

■クラスター弾連合 Cluster Munition Coalition : CMC

*クラスター弾'の廃絶や,クラスター弾による被害の防止や被害者への支援を目的にして,2003年11月にNGOなどにより設立された国際キャンペーンである.クラスター弾の規制は*特定通常兵器使用禁止制限条約'(CCW)の枠組みで議論が行われていたが,交渉の行き詰まりを受けて,クラスター弾連合(CMC)とアイルランド,ニュージーランド,ノルウェーなどの国々が協力し,CCWの枠組みの外でクラスター弾を禁止する条約の形成を目指す活動を開始した.この*オスロ・プロセス'と呼ばれる条約交渉プロセスを通じて2008年5月に*クラスター弾条約'が採択された後は,条約の普遍化のためのキャンペーン・アドボカシー活動や,条約実施状況のモニタリングなどを行っている.ハンディキャップ・インターナショナル(Handicap International)や*ヒューマン・ライツ・ウォッチ'(Human Rights Watch)など,CMCと*地雷禁止国際キャンペーン'(ICBL)を主導した団体には一定の重複がみられる.日本におけるCMCの活動においても,地雷廃絶日本キャンペーン(JCBL)が中心的な役割を担った.2011年1月にはこれら2つの国際キャンペーンが合併し,統合組織としてICBL-CMCが形成された.

[榎本珠良]

■グランド・バーゲン(NPTの) grand bargain (of NPT)

*核兵器不拡散条約'(NPT)の三本柱と呼ばれる3つの大きな目標,つまり*核軍縮',*核不拡散',原子力の*平和的利用'がNPTの基本的な利害のバランスを構成しているとの考え方.元々,NPTは,1967年1月1日前までに核兵器を獲得した国以上に拡散させないことを約束する条約として提案され,成立した.米国,ソ連(後にロシアがその地位を継承),英国,フランス,中国の5核兵器国についてはその*核兵器'を他の国・者に移譲しないことが求められ,その他の非核兵器国に対しては核兵器を受領または製造・取得しないことが求められた.条約交渉の過程で,核武装放棄を約束する非核兵器国の側からその反対給付として核兵器国が核軍縮を行うことと,核兵器は放棄するものの原子力を平和目的に利用することは妨げられてはならないという約束が強調され,おのおの条約の第6条,第4条の規定に盛り込まれた.グランド・バーゲンは,条約のこのような3つの基本的な要請がバランスをもって実現されることが条約の健全な運営・遵守確保のために必要であるとの考えである.実際,非核兵器国側には約束された核軍縮が遅々として進まず,核兵器廃絶の見通し

が立て難いとの不満があり，これが核不拡散面を強化しようとする努力に対する消極的反応としてしばしば現れる．［阿部信泰］

■**クリップリング・サンクション** crippling sanction

*経済制裁’を行う上で，その対象を政策決定者や制裁対象となる行為を行った個人・団体だけでなく，一般国民にも影響が出るような厳しい包括的な制裁を指す．90 年代半ば以降，包括的な経済制裁が無辜の市民に対して及ぼす影響などを考慮し実施された*スマート・サンクション’とは対照的な形態である．*イランの核開発問題’に対し，アメリカなどが実施した経済制裁は，金融関係の制限，資源取引の禁止をはじめ多様な分野に及んだ．強硬派のマフムド・アファマディネジャード(Mahmoud Ahmadinejad)政権下のイランに対して行われた包括的な制裁は，石油の禁輸による経済的な打撃や，医薬品，民間航空機の部品の不足等をもたらした．こうした経済・社会面での打撃はイラン国民の政権に対する不満を高め，2013 年の大統領選挙で穏健派のハッサン・ロウハニ(Hassan Rouhani)が当選した後，欧米との核交渉を促す一因となったとされる．一方，制裁対象国と実施国の間に経済・通商上の関係がある場合，制裁実施国にも市場や調達先の喪失といった経済面での影響が及ぶ可能性が考えられる．イランの制裁では，石油関連の金融取引の停止が行われたにもかかわらず，フランスの BNP パリバ等の金融機関がイランとの取引を継続するなど，経済・金融面での影響やそれを忌避する行為が見られた．

［奥田将洋］

■**グローバル脅威削減イニシアティブ** Global Threat Reduction Initiative : GTRI

1 目的 *冷戦’時代に米国や旧ソ連より各国に試験研究用原子炉の燃料として提供された*高濃縮ウラン’がテロリストの手に渡ることを防止するため，米露起源の高濃縮ウラン燃料などの米露への返還を中心に，国際社会の脅威となり得る*核物質’および放射性物質を削減するために，2004 年5月に米国*エネルギー省’が提唱したイニシアティブである．同年9月 18 日，19 日に米露両政府共催によりオーストリアのウィーンで開催されたパートナー会合において，米国は本イニシアティブの目的として以下を列挙した．①すべてのロシア起源の未使用高濃縮ウランの 2005 年までの返還およびすべてのロシア起源の使用済燃料の 2010 年までの返還，②すべての米国起源の試験研究用原子炉の使用済燃料の 10 年以内の返還作業の加速化(同年 12 月にエネルギー省は，返還期限を 2009 年から 2019 年に延長する旨発表)，③すべての国における民生用の試験研究用原子炉の燃料の高濃縮型から低濃縮型への転換，④既存の脅威削減対象に含まれない核物質および放射性物質ならびに関連機材の特定．

2 活動概要 本イニシアティブの下では大きく 3 つのプログラムが展開されている．第1は「転換プログラム」であり，米国国内および諸外国の民生用の試験研究用原子炉およびアイソトープ製造施設における兵器級高濃縮ウランの*低濃縮ウラン’への転換作業を支援する．第2は「核物質・放射性物質撤去プログラム」であり，世界規模で民間施設における兵器級の余剰核物質および放射性物質を撤去または処分する．第3は「核物質・放射性物質防護プログラム」であり，脅威低減に資するより良い解決方法が実施されるまで，世界各国で管理が杜撰な状態にある兵器級の核物質および放射性物質を*不法移転’や*妨害破壊行為’といった脅威から防護する．日本では 2008 年 12 月に，本イニシアティブの一環で京都大学の高濃縮ウランが米国に返還されたほか，2014 年3月にオランダで開催された*核セキュリティサミット’の際に発表された日米首脳の共同声明において，①*日本原子力研究開発機構’の高速炉臨界実験装置のすべての高濃縮ウランおよび*プルトニウム’を撤去すること，②米国が日本の試験研究用原子炉の使

用済燃料を継続して引き取ること，などが発表された．　［宮本直樹］

■グローバル・コントロール・システム

Global Control System for the Non-Proliferation of Missiles and Missile Technology：GCS

1999年6月にドイツで開催されたG8サミットで，ロシアは*弾道ミサイル'や*ロケット'の打ち上げにおける透明性確保を目的とした多国間制度としてGCSの構築を提唱した．その概念は1992年1月にロシアが国連安保理で提案した「ミサイル攻撃から国際社会を保護するグローバル・システム」に由来する．ロシアによるGCS提唱の狙いには，ミサイル不拡散を唱導しつつ，米国の進める*本土ミサイル防衛'（NMD）構想を牽制することにあったと考えられる．GCSの主な構成要素は，①ロケット，ならびに射程距離500km以上または最大飛翔高度500km以上のミサイルのための多国間事前・事後発射通報制度の設置，②*共同データ交換センター'（JDEC）または他の箇所に基盤をおく，ミサイル発射に関する透明性のための多国間レジームの設立，③*大量破壊兵器'（WMD）の運搬手段となり得るミサイルの取得・保有を放棄した国への安全保障を促進・保証する措置の導入，④ミサイル不拡散に関する多国間協議の実施，⑤GCS参加国の宇宙計画・活動に関する支援，などである．2000年3月および2001年2月に開催された専門家会合にはそれぞれ48カ国，72カ国が参加したが，その後はGCC構築に向けた進展はみられない．　［高屋友里］

■グローバル・ゼロ　Global Zero

増大する核拡散・*核テロリズム'の脅威に対処し，段階的かつ*検証'された形で*核兵器'の廃絶の実現に向けて努力する国際的かつ無党派の取組みとして，2008年12月にパリの創立会議で始まった運動である．2009年6月に「グローバル・ゼロ」委員会がワシントンで会合を行い，核兵器の廃絶に向けた2030年までの行動計画（第1段階：2010〜2013年に米国とロシアが核弾頭を1,000発以下に削減する交渉を実施，第2段階：2014年〜2018年に米国とロシア以外の核保有国が核兵器を凍結し2021年までに段階的に削減することを条件として，米国とロシアが核弾頭を500発に削減することに合意，第3段階：2019年〜2023年にすべての核保有国は2030年までの核兵器廃絶に向けて段階的な核兵器数の削減を目指すグローバル・ゼロ協定に調印，第4段階：2024年〜2030年に核兵器を廃絶）を発表．その後，2010年にパリ，2011年にロンドンで「グローバル・ゼロ」サミットが開催された．グローバル・ゼロには，元首脳，元外相，元国防相らの国家安全保障問題に関わった経験のある100人以上のリーダー（日本からは福田康夫元総理，佐藤行雄前財団法人日本国際問題研究所理事長）のほか，20人以上の各国の軍最高幹部経験者などが支持を表明している．　［佐野利男］

■グローバル・ヘルス・セキュリティ

global health security

グローバル・ヘルス・セキュリティとは，国境を越えて，人間の健康を脅かす深刻な公衆衛生上の事象に対する脆弱性を最小限に減らす取組みである．その概念は，時代と共に変化してきた．1995年の*オウム真理教'による*地下鉄サリン事件'や2001年の米国での*炭疽菌郵送事件'によって，化学，生物，放射線，核（CBRN）テロの脅威が現実的なものとして認識されるようになった．そして多くの国で，その脅威に備えるための事前準備が，既存の医療および公衆衛生システムを利用する形で進められた．その結果，健康と安全保障の融合を意味する「ヘルス・セキュリティ」という用語が広く使われるようになった．2001年に発足したグローバル・ヘルス・セキュリティ・イニシアチブ（GHSI）の「ヘルス・セキュリティ」は，その例である．GHSIは，CBRNテロの脅威への事前準備と対応を強化するための国際ネットワークである（2002年より，パンデミック・インフルエンザも脅威の対象に含まれている).GHSIの発足から10年以上が経過した現在,グローバル・ヘルス・セキュリティという用語は,*国際保健規則'(IHR)との関連で捉えられることが多くなってきている.世界保健機関(WHO)加盟国の約80%が,IHRで規定されている所定のコア・キャパシティの保有をいまだ達成していないため,冒頭で示した意味でのグローバル・ヘルス・セキュリティが必要であるという認識が国際的に高まっている.→生物学的脅威,生物兵器禁止条約再検討会議の会期間活動,CBRNセンター・オブ・エクセレンス

［天野修司］

■軍事的重要技術リスト Militarily Critical Technologies List : MCTL

1 MCTL導入の背景　米国国防総省の*輸出管理'部で作成される軍事的に重要な技術リストをいう.この中には多くの民生用のリストも含まれており,*デュアル・ユース技術'で米国の国防にとって最も重要な技術が網羅されたリストである.このリストが作成されるようになったのは,ロナルド・レーガン(Ronald Reagan)政権が発足した1980年代初期に,キャスパー・ワインバーガー(Casper Weinberger)国防長官を中心として対ソ競争力戦略を推進しようとしていたリチャード・パール(Richard Perle)国際安全保障担当国防次官補が提唱したことによる.その後の*ココム'のリストの改訂作業に際して,米国代表団はこのリストを基に新規規制技術や既存リストに掲載された品目の規制基準を高めるよう主張するようになった,と言われる.冷戦終結後,*原子力供給国グループ'(NSG)や*オーストラリア・グループ'(AG),*ワッセナー協約'(WA),*ミサイル技術管理レジーム'(MTCR)といった多国間輸出管理体制でのリスト見直し協議において,米国政府代表団はこのリストを基に新たな規制基準を提案したと言われる.

2 輸出管理の二重行政への批判　当初,このリストは「ソ連にショッピング・リストを提供するもの」という理由で非公開とされたが,現在では米国産業界の強い要求で公開されている.このリストは,米国商務省の作成する規制品目リストとは別個に作成されており,80年代は,2つのリストによって対外移転を規制される産業界から過剰規制の不満が寄せられ,海外のライバル企業との競争で遅れを取る原因の1つとして,輸出管理の二重行政が批判されてきた.また日進月歩の技術進歩に応じて,軍事技術の技術革新が急速に進むことを念頭に,開発中の軍事技術の兵器化を見据えて軍事的有望技術認知リストも作成されている.研究開発中の将来技術が海外に流出することを恐れて,このリストは非公開とされている.

［山本武彦］

■軍事における革命 revolution in military affairs : RMA

目ざましい技術の革新が戦争の本質や戦争の仕方に劇的な変化を与える状況をいう.RMAの最良の定義とされているのは,米国国防総省のネット・アセスメント(ONA)長を務めるアンドリュー・マーシャル(Andrew Marshall)によるもので,「新しい技術の革新的応用によってもたらされる戦争の本質の大きな変化であって,軍事ドクトリンや作戦および軍編成上の概念の劇的変化と併せて,軍事作戦の性格や仕法を根本的に替えるもの」である.1991年の*湾岸戦争'で,米国が見せた遠距離の攻撃目標を精確に破壊する*巡航ミサイル'などが戦争の仕方を激変させたのが,この代表的例である.革新的技術を兵器に適用することによって,多数の兵士が戦場に行く必要はなくなり,軍事ドクトリンと作戦面に革命的変化をもたらすことになった.20世紀末から始まった情報通信技術の飛躍的革新を基盤として宇宙軌道上の通信衛星,それと連携する地上のコンピュータ,多数者によるリアルタイムの情報通信共有,ステルス(隠密能力)による監視・攻撃が可能なミサイル,無人機など,多岐にわたる技術は今後も高質のものに

なるだろう.　　　　　　　　　　［西原 正］

■軍　縮　disarmament

原義は武装解除, 転じて国家間の合意による軍備の撤廃, 縮小を指す. 思想的には国家間の戦争が難しくなる程度の軍備撤廃を意味した. しかし19世紀以降, 多くの提案にもかかわらずほとんど実現せず, 国際連盟の軍縮会議(1932年), *国連軍縮特別総会’(1978, 82, 88年)などが目指した国際社会全体の一般軍縮も実現しなかった. 合意の多くは特定国間の特定兵器の規制である. この現実の中で軍縮は, 必ずしも軍縮に至らない多様な規制を包括する用語として使われる. その1つに戦時国際法(*国際人道法’)上の規制がある. ハーグ平和会議(1899, 1907年)は, 軍縮を目指して招集されたが合意できたのは陸戦法規, 空爆規制など戦時法の取り決めであった. 第一次大戦後の*化学兵器’・*生物兵器’使用禁止の*ジュネーブ議定書’(1925年)もこの系統の合意である. 戦時法は, 戦争は否定せず交戦下での人道的な配慮から戦い方, 兵器の使用を規制するが, 若干の軍縮が含まれることがある.

1 冷戦期　第二次世界大戦後は, *原子爆弾’(*核兵器’)の巨大な破壊力が他国を*抑止’する効果が認識され, 核兵器国の戦略に組み込まれたため, 核の勢力均衡(*相互核抑止’)を安定させる合意が多くなった. *部分的核実験禁止条約’(PTBT, 1963年), *核兵器不拡散条約’(NPT, 1968年)は核軍備競争の緩和, 核兵器国増加を防止する合意である. 1972年の米ソ間の*弾道弾迎撃ミサイル制限条約’(ABM条約)は, 抑止効果を維持するために*弾道ミサイル防衛’(BMD)を制限し, 核軍備競争を安定させる合意であった. これらの合意は米国を中心に*軍備管理’と呼ばれた(勢力均衡の安定という意味では, 歴史的に戦間期の*ワシントン海軍軍縮条約’[1922年]もある). その他もともと軍事利用が難しい南極, 宇宙, 海底の軍事利用(中心は核兵器設置)を禁止する条約や, 非核国のイニシアティブによる核兵器のない地域を核兵器から隔絶させる*非核兵器地帯条約’も核時代の政治環境を安定化させる意味が大きかった. 他方, 軍事機能が核のように単純ではない通常戦力の規制は, 例外的に*欧州通常戦力条約’(CFE条約)が冷戦終結期(1990年)に合意された(1992年発効). しかしソ連解体を受けた同適合条約(1999年署名)は発効していない.

2 冷戦後　冷戦2極構造の解体とともに合意内容が変化した. 米ソ(1991年以降ロシア)間では, 核軍備競争が緩和しABM条約が廃棄され(2002年), SALTおよび*戦略兵器削減条約’(START条約)を継承する*新戦略兵器削減条約’(新START条約, 2010年)により米露の戦略核戦力はピーク時の10分の1程度(双方1,550発)まで削減された. *核不拡散’では*懸念国’がイラク, イラン, 北朝鮮のような国家に移り, 国際社会は国連安保理による制裁, *6者会合’・*P5+1’(独)などのアドホックな外交体制, 核関連の資機材・物質の輸送を阻止する有志連合的な*拡散に対する安全保障構想’(PSI)など, NPT外で対応することが多くなった. 戦間期のジュネーブ議定書を引き継いだ交渉は, *生物兵器禁止条約’(BWC, 1972年)合意後に残された化学兵器についても冷戦後に開発・生産も禁止する*化学兵器禁止条約’(CWC, 1993年)となった. 他方, 冷戦後多発する内戦下の人々に対する人道的関心から*対人地雷禁止条約’(1997年), *クラスター弾条約’(2008年)が成立した. 戦時法(人道法)的な関心から生まれたが, 備蓄分廃棄も含む軍縮条約である. 安全保障問題が大国関係から内戦, *テロリズム’まで多元化したことが, 軍縮措置の多様化を促した. しかしバラク・オバマ(Barack Obama)米大統領が「核なき世界」ビジョン(2009年)を打ち出したように, 軍縮概念が重要性を失ったわけではない. 直ちに核軍縮を実現するというより, 軍縮理念は多様化する諸措置に意味を与え, 安全保障環境を全体として動かす上で重要な概念であ

り続けている.　［納家政嗣］

■軍縮会議　Conference on Disarmament : CD

1　軍縮会議とは　スイスのジュネーブにある唯一の多国間軍縮交渉機関である. 2014年9月現在の加盟国は65カ国であり, 西側グループ25カ国, 東側グループ6カ国, 非同盟運動(NAM)諸国を中心としたG21(Group of 21) 33カ国, いずれのグループにも属さない中国により構成されている. 日本は1969年に加盟した. 軍縮会議は, 第二次世界大戦後, 多国間軍縮交渉機関として国連総会決議に基づき設置された10カ国軍縮委員会(TNCD)(1959-1962)を起源とし, 18カ国軍縮委員会(ENDC)(1962-1969), 軍縮委員会会議(CCD)(1969-1978)といった名称の変遷を経て, 既存の軍縮機関の再活性化を目指した1978年の第1回*国連軍縮特別総会'の決定により設立された軍縮委員会(Committee on Disarmament)を直接の母体とする. 1984年に現在の名称に変更された.

2　軍縮会議の活動　軍縮会議は, 国連や他の国際機関からは基本的に独立した機関であり, その活動は年間を通じた1会期を3つに分ける3部制を採用している. 通年議題および作業計画を審議・採択し, 軍縮関連条約を交渉・作成し, 毎年国連総会に報告書を提出する本会議に加え, 本会議での決定前に各国の立場や見解の相違についての実質的議論を尽くす非公式会合や各グループの意見集約を図る地域会合が開かれている. 軍縮会議では, 年会期の冒頭で通年議題を採択する. 通年議題は, 1997年以降現在に至るまで, ①核軍備競争停止および*核軍縮', ②核戦争防止(*兵器用核分裂性物質生産禁止条約' :FMCT), ③宇宙の軍備競争防止(PAROS), ④非核兵器国に対する安全保証の供与, ⑤放射性兵器など新型*大量破壊兵器', ⑥包括的軍縮計画, ⑦軍備の透明性, ⑧国連総会への報告書の8つの議題が採択されている(この内①～④を主要4議題と呼ぶ). 軍縮会議は, 通年議題に基づき, 年間の作業計画を採択の上, 実質的事項に関する審議・交渉のための具体的なマンデートを有する特別委員会(ad-hoc committee)の設置や調整役(coordinator)の指名を行い, これらの下で実質的な条約交渉の作業を実施する. 軍縮会議の活動および決定は, 軍縮会議手続規則に従い, 加盟国の全会一致(コンセンサス)に基づく. なお, 軍縮会議議長は, 年間の会期を通じて, 加盟国のアルファベット順の6カ国が, 4週間交代で議長を務めることになっており, 年間を通じて6カ国議長団(P6)として協力する体制を取っている. また, 議長は, 対外関係において軍縮会議を代表し, 通年議題案, 作業計画案および国連総会への報告案を起案する. 日本からは, 最近では, 2014年に佐野利男大使が議長を務めた.

3　軍縮会議の課題　これまで軍縮会議は, *核兵器不拡散条約' (NPT), *生物兵器禁止条約' (BWC), *化学兵器禁止条約' (CWC), *包括的核実験禁止条約' (CTBT)など重要な軍縮関連条約を作成してきたが, 1996年にCTBTを交渉して以降, 軍縮関連条約作成に関する実質的な交渉は行われていない. また, 通年議題に基づく作業計画も, 2009年5月に全会一致で採択されたのを除き, 1996年以降採択されていない. その原因は, 主要4議題の中での交渉の優先順位をめぐるリンケージ問題, 主要4議題の中で最も交渉の機が熟したとされるFMCTに対するパキスタンの強硬な抵抗などが挙げられるが, そもそもCDの全会一致の合意に基づく方式がCD加盟国すべてに事実上の拒否権を与えているとの手続規則上の問題点を挙げる見方もある. 近年では, 長年のCD停滞を受け, CD内部で, 作業計画案策定に向けた非公式作業部会の開催, 手続規則の見直しや加盟国拡大および市民社会の参画といった議論が行われるとともに, CD外部では, 国連総会でCD再活性化に向けた各種決議が採択されるなど長年のCD停滞の打開に向けた措置が取られている.

［佐野利男］

■軍縮国際法 international disarmament law

1 軍縮国際法の定義 *軍縮' という用語の本来の語源的な意味は，欧米語では「軍備撤廃」であり，日本語では「軍備縮小」である．軍縮は歴史的には量的なレベルに焦点を当て議論されており，伝統的な軍縮の定義は，軍備の制限，削減，撤廃であった．しかしその後の発展において，軍縮という概念の下で，軍備の開発，生産，実験，保有，貯蔵，移譲，受領，配備などに関する行動を禁止するものをも議論するようになった．したがって，今日における軍縮の定義は「軍備に対する規制であって，量的には軍備の廃棄，削減，制限といった措置であり，質的には軍備の開発，生産，実験，保有，貯蔵，移譲，受領，配備など軍備に関する行動の禁止の措置である」となり，軍縮国際法の定義としては，それらの措置が条約など法的拘束力ある形で存在するものである．なお，*化学兵器禁止条約' (CWC)や*対人地雷禁止条約' などのように，条約の義務として使用の禁止が含まれているが，使用の禁止は武力紛争法あるいは*国際人道法' として別個の法体系を形成するものであり，学問的には区別するのが適切である．

2 軍縮国際法の内容 軍縮国際法は大きく量的規制と質的規制に分けられる．量的規制としては，①軍備の撤廃を規定する*生物兵器禁止条約' (BWC)，*中距離核戦力条約' (INF 条約)，化学兵器禁止条約(CWC)，対人地雷禁止条約，*クラスター弾条約' があり，②軍備の削減を規定する*欧州通常戦力条約' (CFE 条約)，*戦略兵器削減条約' (START 条約)，*戦略攻撃能力削減条約' (SORT)，*新戦略兵器削減条約' (新START 条約)があり，③軍備の制限を規定する*弾道弾迎撃ミサイル制限条約' (ABM 条約) *戦略兵器制限暫定協定' (SALT Ⅰ暫定協定)がある．質的規制としては，④国家領域外での規制として*南極条約'，*宇宙条約'，*海底核兵器禁止条約' があり，⑤*非核兵器地帯条約' として*トラテロルコ条約'，*ラロトンガ条約'，*バンコク条約'，*ペリンダバ条約'，*セミパラチンスク条約'があり，⑥核実験の禁止として，*部分的核実験禁止条約' (PTBT)，*地下核実験制限条約' (TTBT)，*平和目的核爆発' 条約' (PNET)，*包括的核実験禁止条約' (CTBT)があり，⑦核拡散の禁止として*核兵器不拡散条約' (NPT)，*保障措置' 協定，*追加議定書' がある．軍縮国際法は国際安全保障に関する条約であり，武力行使の禁止，紛争の平和的解決，集団的安全保障といった国際法の基本的枠組みと深く関わっている．

［黒澤 満］

■軍縮大使 Ambassador to the Conference on Disarmament

日本の場合，正式名称は，軍縮会議日本政府代表部特命全権大使(Ambassador Extraordinary and Plenipotentiary Permanent Representative of Japan to the Conference on Disarmament)と呼ばれ，スイス・ジュネーブに所在する*軍縮会議' (CD)に対して日本政府を代表する組織である軍縮会議日本政府代表部の常駐代表である．軍縮会議，*核兵器不拡散条約' (NPT)の再検討会議(5 年に 1 回)および会議間に 3 回開催される同準備委員会，さらには*国連総会第 1 委員会' をはじめとする軍縮関連の各種会議において，*大量破壊兵器' (WMD) (*核兵器'，*生物兵器'，*化学兵器')や通常兵器(対人地雷，*クラスター弾'，*小型武器'，*武器貿易条約' (ATT)など)の*軍縮' に関する日本政府の政策を踏まえ，各国と交渉を行う責任者である．唯一の戦争被爆国として*核軍縮' を進める日本にとって，軍縮分野での独立した代表部を持つことは，この分野で国際的なリーダーシップを発揮する上で極めて重要である．現在の軍縮会議日本政府代表部は，昭和 46 年(1971年)1月1日開設され(ただし，昭和 59 年[1984年]3月までは軍縮委員会日本政府代表部)，1971 年2月に初代大使が着任して以降，2014

年9月末時点までで17代の大使がその職を務めた. なお, オーストリアのウィーンには, 別途, *国際原子力機関' (IAEA)や*包括的核実験禁止条約機関' (CTBTO)を所掌する日本政府代表部大使が任命されている. なお, ジュネーブには, 現在, 13カ国が専任の軍縮大使を置いている.　[佐野利男]

■**軍縮・不拡散イニシアティブ**　Non-Proliferation and Disarmament Initiative: NPDI

1 沿革　日本が豪州とともに主導している*軍縮'・不拡散の取り組みを進めるためのグループである. *NPT再検討会議(2010年)' で行動計画がとりまとめられたことを踏まえ, *核軍縮'・不拡散の取り組みに関する現実的かつ実践的な提案を打ち出すことによって同行動計画の着実な実施を後押しするとともに, 中長期的に核リスクの低い世界, 核兵器のない世界を目指すために結成された. 外相会合を中心に運営されており, 各国の外相というハイレベルの政治的コミットメントによって軍縮・不拡散を推進しようとしている点に特徴がある. 初会合は, 2010年9月のニューヨークで開催された外相会合であり, 2014年6月時点までに8回の外相会合が開催されている. 2014年4月には, 広島において外相会合が開催され, 広島宣言が採択された. メンバー国としては, 当初は, 日本, 豪州の他, ドイツ, オランダ, ポーランド, カナダ, メキシコ, チリ, トルコ, アラブ首長国連邦の10カ国でスタートしたが, 2013年9月からナイジェリアとフィリピンが加わり, 12カ国となった. これらメンバー国は, かなり多様であり, 米国との同盟関係にある国(日本, 豪州, ドイツ, オランダ, ポーランド, カナダ)がいる一方, 多くの非同盟運動(NAM)に属する国(チリ, トルコ, アラブ首長国連邦, ナイジェリア, フィリピン. メキシコはNAMのオブザーバー)も参加している. また, メキシコは, *新アジェンダ連合' (NAC)のメンバー国でもある.

2 日本の関わり　日本は, 1994年以来, 核軍縮決議を提出するなど, 積極的な軍縮・不拡散外交を展開してきたが, 特定のグループを形成するということは行ってこなかった. 一方, NPT再検討プロセス, *国連総会第1委員会' などのマルチ外交においてより重要な役割を果たす上でグループ形成の必要性が認識され, 豪州とともに, NPDIの結成を主導した. なお, 豪州とは, 2008年から2010年の「*核不拡散・核軍縮に関する国際委員会' (ICNND)」(川口順子元外務大臣とギャレス・エバンス〔Gareth Evans〕元豪外相が共同議長)などで協力関係にあり, NPDIはこのような豪州との協力関係を発展させた意味合いもある.

3 国際的な位置づけと具体的な活動内容　国際的な核軍縮の議論の中では, 一方で核軍縮に慎重な核兵器国, 他方で時限を区切った核廃絶や*核兵器禁止条約' を推進するNAM諸国がいる中, NPDIは, 現実的かつ実践的な取り組みを重視する点で中道的と言える. NPDIの具体的な活動内容としては, NPT再検討プロセスにおいて, 軍縮・不拡散分野における広範なテーマで共同作業文書を作成, 提出してきた(2014年6月時点で, 17本の共同作業文書を作成, 提出). この中で, 2012年に作成, 提出された核戦力の*透明性' についての共同作業文書は, 2010年NPT行動計画が核兵器国に核軍縮措置の報告を求めたことに関連し, 詳細な報告フォームを提案し, 大きな注目を集めた.　[北野 充]

■**軍縮・不拡散教育**　disarmament and nonproliferation education

1　軍縮・不拡散教育は国連において, 1978年の第1回*国連軍縮特別総会' で初めて取り上げられ, その後ユネスコ軍縮教育世界会議の最終文書にも関連する推薦事項が数多く盛り込まれたが, 冷戦中は超大国間のイデオロギーの対立などから実質的な進展はほとんど見られなかった. 最も重要な進展は, 2002年10月*国連総会第1委員会' において「軍縮・不拡散教育に関する国連の*軍縮'に関する諮問機関」のメンバーであった，モントレー国際大学院のジェームズ・マーティン不拡散研究所(CNS)所長のウィリアム・ポッター(William Potter)博士が，軍縮・不拡散に焦点を当てた教育の必要性を事務総長に提案したことに端を発している．2002年に採択されたこの研究報告は約2年間にわたる政府専門家グループの研究努力の成果である．この政府専門家グループはエジプト，ハンガリー，インド，日本，メキシコ，ニュージーランド，ペルー，ポーランド，スウェーデン，セネガルの10カ国からのメンバーで構成されていた．*核兵器不拡散条約'(NPT)加盟の5核兵器国は1国も参加していなかった．この報告書には34項目に上る具体的な提案事項が含まれており，項目は大きく次の5項目に分かれている．①フォーマル，インフォーマルなすべてのレベルにおける教育において，軍縮・不拡散教育と訓練を推進する方法，③進歩し続ける教授法，情報通信技術革命の活用方法，③軍縮・不拡散教育を平和構築の貢献として，紛争後の状況に導入する方法，④国連システムと他の国際機関が軍縮・不拡散教育における努力を調和調整できるようにする方法，⑤今後の課題と実施方法についてである．この報告書の中で強調されているのは，教育のレベルに関わらず軍縮・不拡散教育の目的として，何を考えるかではなく，どう考えるかを学習するということと，学習者の批判的思考能力を伸ばすという指摘である．また1つの例としてその教育的効果の有益性から，参加型方式の教授法を採用することも推進している．

2 2002年以降，隔年で市民社会，国際機関，加盟国はそれぞれの軍縮・不拡散教育における活動の報告書を提出することになっている．これまで6回の報告書の提出があったが，提出国はほとんどの場合が1桁台といまだに少ない．それに反して，教育，研究機関を含む市民社会からの提出は毎年増加している．また2002年から*NPT再検討会議'の過程においても軍縮・不拡散教育の項目が最終文書に盛り込まれるなど，徐々に理解が深まりつつある．2012年8月には日本国政府外務省，国連大学の共催で，初めての軍縮・不拡散教育グローバルフォーラムが長崎市で開催された．また近年，ユース*非核特使'の任命など若い世代に向けての軍縮・不拡散教育の充実も進められている．さらには*被爆者'の証言を録画，多言語化し，ソーシャルメディアを有効利用して普及するなど，被爆体験を後世に伝えることも軍縮・不拡散教育の一環として取り組まれている．課題は核兵器国からの積極的賛同があまり見受けられないことと，喫緊の課題を背負った各国政府が，軍縮・不拡散教育の問題にあまり関心を示さず，教育の果たす役割が軍縮・不拡散を推進する上で，十分に理解されていないということがある．長期的展望にたった啓蒙活動を含め，市民社会，政府，国際機関，教育・研究機関が，しっかりと連携をとることも軍縮・不拡散教育を推進するためにも重要なポイントである．［土岐雅子］

■軍備管理 arms control

1 軍備管理の概念 一般に国連などの国際的合意により，兵器の開発，実験，製造，移譲，配置，廃棄などに関する規制や，*検証'・査察，危機回避のためのホットライン設置による信頼醸成など，軍備をめぐる諸活動を管理することをいう．軍備管理は2国間，複数国間での合意によるものも指す．1960年代ジョン・ケネディ(John Kennedy)米政権によって使用されたのが始まりとされる．軍備管理は理論上*軍縮'(disarmament)を含む広い概念であるが，軍縮が軍備の削減・撤廃を意味するのに対して，軍備管理は国際関係の安定化を図るため，関係国間の軍事力の均衡を考慮しながら規制・制限することに重点を置く．したがって軍備管理は軍拡を排除するものではないという点で，より現実的なアプローチである．

2 核兵器の軍備管理 軍備管理条約には核兵器を扱っているものが多い．核兵器の制限を決めた*弾道弾迎撃ミサイル制限条約'（ABM条約, 1972年）や*戦略兵器制限暫定協定'（SALT I暫定協定, 1972年），そして地上発射中距離ミサイルの全廃を決めた*中距離核戦力条約'（INF条約, 1987年），*戦略攻撃能力削減条約'（SORT, 2002年）などがある．核実験を規制した条約には*包括的核実験禁止条約'（CTBT, 1996年），*地下核実験制限条約'（TTBT, 1974年）がある．配備区域を禁止したものとしては，*宇宙条約'（1967年），*海底核兵器禁止条約'（1971年）が存在し，*非核兵器地帯条約'は，ラテンアメリカ（1967年），南太平洋（1985年），東南アジア（1995年），アフリカ（1996年），中央アジア（2006年）で成立している．また核兵器・物質の移転禁止を決めた*核兵器不拡散条約'（NPT, 1968年），*原子力供給国グループ'（NSG）ロンドン・ガイドライン（1978年, 1992年），ミサイル関連技術の移転を規制した*ミサイル技術管理レジーム'（MTCR, 1987年）などがある．ジョージ・W・ブッシュ（George W. Bush）米大統領提唱による*拡散に対する安全保障構想'（PSI）においては賛同国の間で合同演習を実施している．さらに北朝鮮やイランの核開発を牽制するための国連安保理の一連の制裁決議も軍備管理の文脈で見ることができる．

3　通常兵器の軍備管理と信頼醸成措置　通常兵器に関しては，*特定通常兵器使用禁止制限条約'（CCW, 1980年），*欧州通常戦力条約'（CFE条約, 1990年），*対人地雷禁止条約'（オタワ条約, 1997年）などがあり，また加盟国が兵器の輸出入状況を定期的に国連に報告することを決めた*国連軍備登録制度'（1992年），冷戦後の国際的な通常兵器輸出管理制度となった*ワッセナー協約'（1996年），そして非合法武器取引を禁止する*武器貿易条約'（ATT）などがある．*信頼醸成措置'（CBM）としては，米ソ間で冷戦中に*ホットライン協定'（1963年, 改正1971年），偶発核戦争防止協定（1971年），*米ソ海上事故防止協定'（INCSEA, 1972年）が成立した．*欧州安全保障協力機構'（OSCE）は東西ヨーロッパの緊張緩和のための*信頼・安全保障醸成措置'（CSBM）として，軍事演習へのオブザーバー交換などを実施している．

4　軍備管理の課題　軍備管理条約は基本的には紳士協定であり，法的拘束力が弱い．協定や条約の違反国に対する法的罰則はないことが多い．国連安保理か意思を同じくする同志国が違反国に制裁を科すが，制裁決議を遵守しない国もあり，制裁の効果が上がらないことが多い．また1996年のCTBTは米国の批准拒否によって発効していない．上記のATTも最大の武器輸出国米国が批准するか否かは不透明である．同時にさらにイラン，北朝鮮，シリアなど批准すべき問題国が批准を拒否する場合もある．

［西原 正］

■軍備管理・軍縮庁　Arms Control and Disarmament Agency : ACDA

1　設立経緯　1961年から1999年にかけて米国に存在した*軍備管理'・*軍縮'問題を主管する行政組織である．その前身はドワイト・アイゼンハワー（Dwight Eisenhower）政権が1960年に国務省内に創設した米国軍縮局であり，1961年9月26日にジョン・ケネディ（John Kennedy）政権が政権内外の軍拡圧力に対抗するため国務省より独立させた．その設置法「軍備管理・軍縮法（P.L.87-297）」は，所掌事務を，効果的な軍備管理・不拡散・軍縮措置についての研究，政策立案，他国との交渉，査察・*検証'の実施と広く規定していた．

2　冷戦期の活躍　ACDAのような軍備管理・軍縮を専門とする組織は，現在においても世界に例がない．この事実が示すように，設立当時は軍備管理が米ソ間の最重要事項であり，*冷戦'期のACDAは*核兵器不拡散条約'（NPT）や*戦略兵器制限条約'（SALT II条約）など多くの軍備管理・軍縮措置の作成・履行に携わってきた．ただし，ACDAの存在は設立時より常に賛否両論に晒されてきた．そのことは設置法の策定過程において，大統領と議会との交渉の結果，ACDA長官は国務長官の監督の下で権限を行使するとの規定が盛り込まれたことに象徴される．また，冷戦期を通じてACDAはその広範な所掌事務にも関わらず，わずか250名ほどの職員と40億ドル程度の低額予算しか与えられず，常に国務省と国防省の対立の狭間に置かれてきた．

3 国務省への統合　冷戦の終結や湾岸戦争の勃発といった国際環境の激変は，ACDAを国務省に統合するべきではないかとの議論を勢いづけることとなった．統合派の主張の根拠は，新たに喫緊の課題となった不拡散問題には，諜報機関とより一層の緊密な連携が必要であり，そのために省庁の整理・統合が望ましいというものであった．また，行政をスリム化して効率性の向上を図りつつ，連邦予算を削減するとの狙いも存在した．こうした議論はビル・クリントン(Bill Clinton)政権の誕生前後より行われてきたが，共和党多数議会が誕生したことも影響し，ついにクリントン政権は1997年4月18日，ACDAを1999年4月1日に国務省へ統合することを表明した．2014年8月現在，旧ACDAの機能は国務省において，軍備管理・国際安全保障担当国務次官の下，軍備管理・検証・遵守局，国際安全保障・不拡散局，政軍関係局の3局体制で担われている．［田中慎吾］

■軍備競争　arms race

1 軍備競争の概念　潜在的にしろ顕在的にしろ互いに自国への脅威と認識する対立国が自国の安全保障のために軍事力を競争して増強する状態をいう．軍備拡大競争，軍拡競争ともいう．一般に，対立国は政治的対立が武力対立に発展する場合を恐れて軍事力を強化し相手国に対する軍事的優位を追求するため，軍備競争となる．軍備競争は2国間だけでなく，*冷戦’時代の米国主導の北大西洋条約機構(NATO)加盟国とソ連主導のワルシャワ条約機構(WTO)加盟国との対立のように，対立する国家群の間でも発生する．対立関係が深刻になれば軍備競争を助長し，それが対立国間に一層の相互不信感を生むので，さらなる軍備競争を生む．第二次世界大戦後の米ソ間の*核兵器’における軍備競争はその典型であるが，軍備競争はインド・パキスタン間，中印間，イスラエル・イラン間，南北朝鮮間など多くの対立国の間で起きている．しかし軍備競争がどこまでも続くとは限らない．第二次世界大戦でのドイツや日本のように戦争での敗北によって決着がつく場合もあるが，冷戦時代の米ソ間の競争のようにソ連が米国による核兵器を無力化する新しい戦略兵器の開発構想(*戦略防衛構想’(SDI))に軍備競争の敗北を認めて一方的に*中距離核戦力’(INF)の廃棄を提案するなどして決着をつけた場合もある．しかし通常兵器による競争が高価につくこと，また核戦争の悲惨さが核兵器競争の勢いを挫くことにもなり，軍備競争が*軍縮’や*軍備管理’に代わる場合も多い．それでも弱小国にとっては多くの高価な通常兵器を保有するよりも数発の核兵器を保有すること(「貧者の兵器」)で自国の安全を確保することの魅力は強く，軍備競争は続く．現在の北朝鮮の核保有はその典型である．

2 軍備競争の歴史　軍備競争が対立する勢力(国)の間の現象だとすれば，その歴史は人類の歴史，戦争の歴史と重なる．それとともに軍備競争の様相も変化してきた．兵隊，馬，弓，刀，楯などお互いの兵力が単純である時代には彼我の軍事力の比較は容易であったが，陸海空の兵器の発達により，その大きさ，飛距離，破壊力など比較が困難になり，軍備競争を複雑にし始めた．攻撃力をもつ空母も潜水艦の魚雷1発で撃沈され，精鋭の戦闘機もミサイル1発で撃墜されるとなると，どちらが優勢なのか判断が難しい．同様に*核兵器’や*生物兵器’，*化学兵器’などの*大量破壊兵器’(WMD)，さらにはステルス機能を持つ戦闘機などの兵器，無人機，相手の情報通信能力を麻痺させる*サイバー攻撃’能力などは従来の軍備競争での軍事力の優劣判断をきわ

めて難しくしている. ［西原 正］

■**軍備の透明性に関する決議** United Nations General Assembly Resolution 46/36 L, Transparency in Armaments ［正称］国連総会決議46/36/L「軍備の透明性」,［採択］1991.12.9

1991年10月に日本と欧州共同体(EC)加盟12カ国が国連総会に提出し, 同年12月9日に賛成150, 反対0, 棄権2(キューバ, イラク)で採択された決議で, これにより*国連軍備登録制度'の創設が決定された. この決議は, 軍備の分野における公開性と*透明性'の増大が信頼を強化し緊張を緩和することや, 兵器移転が地域を不安定化し経済発展に悪影響を及ぼす可能性があることを確認した上で, 国連事務総長に対して, 国際的な兵器移転に関するデータと各加盟国が提供する兵器保有と兵器調達に関する情報を含む通常兵器登録制度の創設を要請するものである. また, 決議の附属書は, 毎年4月30日までに前年の兵器輸出入(贈与等も含むあらゆる兵器移転)に関するデータ(輸出入兵器の種別・数量や輸出入相手国)を提供するよう各加盟国に要求している. ただし, この申告は義務ではなく, 対象兵器も戦車, 装甲戦闘車両, 大口径火砲システム, 戦闘用航空機, 攻撃ヘリコプター, 軍用艦艇, ミサイルおよびミサイル発射装置の7カテゴリーに限定された. また, 兵器の保有・調達に関する規定は決議案の修正で新たに盛り込まれたこともあり, 要求ではなく勧誘というさらに弱い文言を用いて各加盟国に情報提供を呼びかけている. ［福田 毅］

け

■**経済制裁** economic sanctions

1 経済制裁の定義と目的 経済制裁とは外国などの対象に対して経済的損失を与えることにより政治的目的を達成するための措置である. より詳細には, 法的拘束力の有無にかかわらず国際法規範の違反国や義務不履行国に対して経済的なパワーを行使することにより, 当該国の不法行為を停止させ, 権利や利益を著しく侵害された国の法益や安全を回復することを目的とする行為をいう. 制裁は, 貿易制裁, 資産凍結, 金融制裁などの性格を有するが, それらは組み合わせられて用いられることが多い.

2 制裁の歴史 ①国際連盟によるイタリア制裁:1935年にアビシニアを侵略したイタリアに対する国際連盟による経済制裁は, 対伊武器輸出即時停止, 貸付停止, 輸入禁止へとエスカレートした. また, 第4の措置として, 対伊輸出禁止が決定された. ただし, 禁輸物資は, 制裁参加国が対伊供給を管理しうるもの(鉱物類と輸送用家畜類)に限定され, 石油, 鉄鋼, 石炭等は除外された. 石油禁輸は米国(非加盟国)の対伊石油輸出の動向に鑑みながら専門委員会で検討されねばならなかった. しかしその間, イタリアによるエチオピア併合が宣言され, 制裁停止を求める声が高まった結果, 1936年の連盟総会で停止が決定された. この歴史は, 国際連盟の失敗であると同時に経済制裁が頓挫した例として長く記憶されることとなる. ②戦後の国際連合による経済制裁:国際連盟と異なり国際連合の経済制裁は, 安全保障理事会が国際の平和と安全に一義的責任を有するという, より強力な憲章の規定により, 安保理を中心に科せられるものである. 朝鮮戦争に際しての対中国・北朝鮮制裁は, その嚆矢である. しかし常任理事国による拒否権行使を念頭に, 南アフリカのアパルトヘイトに対する制裁のように国連総会も補助的に機能してきた. 1962年, 安保理の決議を受けて, 総会が加盟国に対して南アフリカとの外交関係の断絶, 南アフリカの船舶・航空機の港・空港の使用禁止の要請を行ったのを契機に, 翌年安保理でもすべての国に武器・弾薬・軍用車両の販売・輸送中止を要請. 69年には貸付・投資の自粛, 貿易停止, 74年にスポーツ交流の禁止, 移民禁止, 76年には教育交流の禁止へと段階的に制裁が拡大された. レアメタル市場で影響力のある南アフリカに対して欧米は制裁に及び腰で効果は現れなかったが, 85年になってようやく本格的な制裁実施に乗り出し, 南アフリカは1991年にアパルトヘイト法撤廃方針を発表する. これに対して欧米は制裁解除を行い, 国連総会では1993年に制裁撤廃決議がなされた. ③大国等による制裁：国連の安保理の機能不全等の理由により, 1国ないしは有志国で行われる経済制裁も少なくない. 1979年にアフガニスタン侵攻に対して米国は対ソ経済制裁を発動し, 穀物禁輸にふみきり, 1981年のポーランド戒厳令発令に対しても, 高度技術の輸出規制を強化した. 冷戦後もロシアによるクリミア併合にともないG7による対露制裁とロシアによる対欧米の「逆制裁」も発動された. また, 制裁の対象や主体は民間企業にもおよんでいる. 2010年に尖閣諸島沖の衝突事件をめぐる日中の攻防に際して, レアアースの輸出停止をしたのは, 中国の民間企業の「自発的」決定による.

3 費用対効果　制裁はブーメラン効果, すなわち制裁発動国自身に影響がある手法でもある. 対ソ経済制裁は米国の穀物市場の価格を直撃し, 2014年の欧米とロシアの制裁合戦では, 欧露双方の食品産業・農産物流通に多くの損失を与えている. また制裁は短期間に目的が達成されない場合には, 身内同士のコスト負担紛争を惹起させかねない. しかし制裁の継続により制裁実施国の世論喚起と外交圧力が期待でき, それが制裁対象国に正の効果を伴うことも事実である.　［宮脇 昇］

■ゲイサー報告　Gaither Report

1957年11月, 米国がスプートニク・ショックで揺れる中, 国家安全保障会議文書68号(NSC 68)の中心起草者ポール・ニッツ(Paul Nitze)を含む専門家らで構成される「安全保障資源パネル」が, ドワイト・アイゼンハワー(Dwight Eisenhower)大統領に提出した文書NSC 5724のことをいう. このパネルは, フォード財団およびランド研究所の理事長ローウェン・ゲイサー(Rowan Gaither)が委員長を務めたため, ゲイサー委員会と呼ばれた. 元来同パネルは, 1957年3月提出のNSC 5709「*民間防衛’のための連邦シェルター計画」の妥当性を研究するために設置されたが, ゲイサー報告では初期の目的を拡大し, 安全保障戦略全体の見直しを迫った. これによれば, ソ連の*大陸間弾道ミサイル’(ICBM)による米戦略空軍の脆弱化に対処するため, 米国は, レーダー網の近代化, ICBMと*中距離弾道ミサイル’(IRBM)の配備計画を拡大し, 民間防衛策として全国規模のシェルター建設に着手しなければならないとされた. アイゼンハワー政権は巨額の費用が見込まれるシェルターの建設には応じず, ミサイル計画こそ拡大したが, 通常戦力の削減を通じ全体の軍事費を抑制する路線を継続した. 他方, ゲイサー報告は, 政権批判が展開されるミサイル・ギャップ論争の一契機にもなった. →米国の核政策・核戦略, 消極的防御　［友次晋介］

■軽水炉　light water reactor : LWR

原子炉の中でウラン235の*核分裂’連鎖反応を維持するには, 核分裂で発生する中性子を吸収・消滅・散逸しないようにうまく利用する必要がある. 核分裂で発生する中性子はエネルギーの高い中性子(速中性子)であるが, ウラン235の次の核分裂を起こすには中性子を減速し, すなわち中性子のエネルギーを低下させ, 熱中性子と呼ばれるエネルギーまで減速する必要がある. この減速材として何を使い, 冷却材として何を使うかで原子炉の炉型が決まる. 世界で最も多く運転されている原子力発電所は軽水炉と呼ばれる原子炉であり, 軽水炉には沸騰水型原子炉(BWR)と加圧水型軽水炉(PWR)の2種類がある. 普通の水分子の水素原子核は陽子1

個からなる原子で,これに中性子が付加した水素の同位体,重水素からなる重水との比較で普通の水分子のことを軽水と呼んでいる.中性子と同じ質量1の水素原子核を持った軽水を冷却材および減速材として用いるため,核分裂して生成する中性子が減速される効率は高いものの水素原子の吸収によって失われる確率が増し,結果としてウラン235を約0.7%しか含まない天然ウランでは核分裂連鎖反応を維持することができない.そのため,軽水炉に使われる核燃料にはウラン235を3～5%に*濃縮'した燃料が用いられている.　［直井洋介］

■携帯式地対空ミサイルシステム　Man-Portable Air Defense System：MANPADS

1 携帯式地対空ミサイルシステムの概要と特徴　携帯式地対空ミサイルシステムとは,戦闘員が携行し地上等から発射できる航空機撃墜用のミサイルシステムであり,英語表記では,Man-Portable Air Defense System(MANPADS),Portable Launchers of Anti-Aircraft Missile Systemsなどと記される.ミサイルではあるものの,弾道ミサイルなどとは違い,*ワッセナー協約'(WA)で取扱われる通常兵器に分類され,国連による定義(A/52/298, A/60/88など)では2～3名の人員で取扱いができ1人で操作が可能な軽兵器(light weapons)とされる.たとえばテロリストなどがMANPADSを使用して民間航空機を撃墜すれば甚大な被害が生じる恐れがあるため,国際社会においてその厳格な管理が求められている.また,MANPADSは,ミサイル本体および発射装置の2つの部位からなり,1人ないし数名で携行(運搬,組立,発射)が可能で,射程は数キロメートといわれる.ロシア,米国,中国,欧州をはじめ多くの国で製造され,軍隊が保有するものとは別に,闇市場などで安価に購入が可能であり,隠匿が容易で操作も簡単なため,適切に管理されないまま,内戦の当事者・テロリストなどを介して世界各地に拡散している.

2 国際社会による取組み　MANPADSに関する国際的な取組みとしては,1998年5月には主要8カ国(G8)外相宣言において「MANPADSの民間航空に対する犯罪的な使用が脅威と認識」され,2000年のWA総会ではMANPADS輸出管理原則文書が合意された.また,MANPADSは,*国連軍備登録制度'における「報告対象となる7カテゴリーの兵器」の1つとされ,その移転などに際し国連に報告をすることとされている.地域的な取組みとしては,2003年10月のアジア太平洋経済協力(APEC)首脳宣言で,MANPADSの厳格な貯蔵,輸出管理,製造・移転などにかかる国内規制の確立および*非国家主体'への移転の禁止について合意されたほか,*欧州安全保障協力機構'(OSCE)および米州機構(OAS)などでも議論されている.また,日本では,MANPADSを関係法令(*外為法',輸出貿易管理令など)により輸出管理の規制対象とし,WAの参加国として,それを厳格に管理している.　［竹平哲也］

■携帯式地対空ミサイルシステム輸出管理原則文書　Elements for Export Controls of Man-Portable Air Defence Systems

［正称］MANPADS輸出管理に際しての原則文書

*携帯式地対空ミサイルシステム'(MANPADS)の管理については,テロリストなどがMANPADSを使用して民間航空機を撃墜すれば甚大な被害を生じる恐れがあるため,特に,*ワッセナー協約'(WA)により,各国に対してその厳格な輸出管理が求められている.2000年のWA総会においてMANPADS輸出管理原則文書が合意され,参加国には,国内法によりMANPADS本体およびその構成品などの厳格な輸出規制を行うほか,MANPADSの輸出に際しては,政府による輸出許可を義務づけ,輸入国における目的外使用の可能性を考慮しつつ再移転に対する防護措置,取引および輸送に係る適切な処置などが求められた.また,2003年に

は,エビアン・サミットの「MANPADS管理強化に関するG8行動計画」を受けて,WA総会でMANPADS輸出管理原則文書を改訂してMANPADS管理が強化され,さらに2007年にも改訂されている.　[竹平哲也]

■警報即発射　launch on warning

*核兵器'を持つ国同士が,戦争の危機に直面したとする.その際,相手が核攻撃の実施を決定しているか,それに着手している恐れがあるとの情報があるものの,*弾道ミサイル'の発射や爆撃機の発進などの形で実際に戦争が開始されてはいない.その段階で相手に対してしかける核攻撃が警報即発射で,先制核攻撃(pre-emptive nuclear attack)とも呼ばれる.相手の核攻撃という行動がない段階で,相手を核兵器で奇襲攻撃する形で優位を確立するのが主たる目的である.警報即発射を行う場合には,相手の報復能力をできる限りそぐために,核兵器が配備された基地や潜水艦などに一斉攻撃をかけるシナリオが有力とみられている.こうした先制核攻撃の選択肢を持つことは,奇襲を誘発し安定性を危うくする.*冷戦'期から選択肢に入った核戦争計画のひとつだが,米国,ロシアとも冷戦後もこれを捨てていないとみられる.中国は*核兵器の先行不使用'を宣言しており,その限りにおいては先制核攻撃も選択肢にないことになるが,信頼性には疑問も向けられている.　[吉田文彦]

■計量管理　accounting for and control of nuclear material

*包括的保障措置協定'の第28項に,*保障措置'の目的は,*核兵器',あるいはその他の核爆発装置の製造,あるいは不明な目的のために,*有意量'の*核物質'の平和的利用からの転用を適時に検知することと記載されており,第29項に保障措置の基本的に重要な手段として,計量管理を使用するとされている.また,第30項に技術的な結論は,個々の物質収支区域(MBA)ごとの*在庫差'(MUF)を,事前に申告されている計量測定精度と関連付けて表明されるとされている.個々の施設にMBAを設定し,その区域への核物質の受入れと払出し量および在庫量とを計量測定し,その結果から在庫差を計算し,対象となった計量測定の誤差の限界と連動させて在庫差の妥当性を評価する.この概念は,核爆発装置などに必要となる量の核物質の損失が発生していないことを,個々の核物質の存在を量的に確認することによって保証するものである.包括的保障措置協定締約国は,当該国内のすべての核物質を計量測定し,あるいは計量測定が困難な場合にはその量を適切な方法によって推定し,この量を申告することが求められ,この機能を達成するために,*国内計量管理制度'(SSAC)を確立し維持することが求められる.

[菊地昌廣]

■懸念国　countries of concern

*大量破壊兵器'(WMD)の垂直および水平拡散が懸念される国のことを指す.米国は,懸念国を特定してはいないが,大量破壊兵器の脅威および大量破壊兵器等が*テロリスト'の手に渡ることを阻止し,大量破壊兵器等の拡散懸念国家・*非国家主体'への流れおよび拡散懸念国等からの流れを断ち切る手段の1つとして*拡散に対する安全保障構想'(Proliferation Security Initiative : PSI)の取組みを主導しており,日本もこのPSIの活動に参加している.また,日本の大量破壊兵器拡散防止のための輸出規制においては,イラン,イラク,北朝鮮を懸念国と特定して,輸出令別表第4の地域として規定されている.　[濱田和子]

■ケロッグ・ブリアン協定　Pact of Paris for the Renunciation of War as an Instrument of National Policy : Kellogg-Briand Pact　[正称]戦争抛棄ニ関スル条約,[署名]1928.8.27(パリ),[発効]1929.7.24,[日本]〈批准書寄託・発効〉1929.7.24,〈公布〉1929.7.25(昭4条約1)

フランスのアリスティド・ブリアン(Aristide

Briand)外相が米国に恒久的友好条約を提案したのに対し，フランク・ケロッグ(Frank Kellogg)米国務長官が一般的な不戦条約を逆提案，1928年，これに15カ国が署名した．不戦条約，パリ不戦条約とも呼ばれる(以下条約と表記する)．締約国は「国際紛争解決ノ為戦争ニ訴フルコト」を不法とし，かつ相互関係において「国家ノ政策ノ手段トシテノ戦争ヲ抛棄スルコト」を各自人民の名において宣言する(第1条)．また，第2条で締約国は「一切ノ紛争又ハ紛議ハ…平和的手段ニ依ルノ外之ガ処理又ハ解決ヲ求メザルコト」を約束した．

1　背景　第一次世界大戦後もフランスはドイツに大きな脅威感を抱いていた．ブリアン外相は，ベルギーとの覚書(軍事協定1920年)，ポーランドとの政治協定(1920年)，チェコスロバキア同盟友好条約(1924年)，ロカルノ条約の一環としてチェコスロバキアとポーランドとは相互保障条約(1925年)，小協商締結国のルーマニア，ユーゴスラビアとの友好条約(1926年)など，ドイツ包囲の体制作りに条約狂(パクトマニア)と呼ばれるほど奔走した．これに対してドイツは英国に，ベルサイユ条約のラインラント条項を受け入れる代わりに，フランス，ベルギー，ドイツがこの地域を巡る紛争を仲裁によって解決する保障を相互に与える「ラインラント相互保障条約」を打診した．これが1925年，ドイツおよび同国と国境を接するフランス，ベルギーをラインラント現状維持の当事国とし，英伊をその保障国とする「ライン条約」の調印へとつながった(狭義のロカルノ条約)．フランスはこのロカルノ条約の運用を中心とする欧州集団安全保障の体制を，国際連盟に加盟しなかった米国を巻き込むことによってさらに補強することを考えた．それが上に述べた恒久友好条約の提案であった．しかし米国では大戦後孤立主義がさらに強まり，フランスへの回答を数カ月遅らせた上，一般的な戦争抛棄の多国間条約を逆提案した．欧州の安全保障問題に自ら巻き込まれるのを避けたのである．フランスがこれを受け入れ，主要15カ国の賛同を得てこの条約の署名にこぎつけた．ケロッグ長官は1929年，この功績によりノーベル平和賞を受賞した．63カ国が当事国となった．

2　法的な問題　この条約については法的な曖昧さがしばしば問題とされた．1つは，仏英など主要国は自衛の権利を留保し，自衛戦争は合法と解された．禁止されるのは自衛以外の「侵略」戦争になるが，両者の区別が曖昧であった．もう1つ，法の実効性を担保する制裁手段の規定がなかった．協定違反国に対して他の締約国の不戦義務は解除されると解されたが，紛争を処理するための「平和的手段」(第2条)が武力行使の禁止ではなく，「『戦争』以外の手段」と解されれば復仇などの武力行使が認められることになり，この条約の下でも「事実上の戦争」は生じることになる(1928年9月に「国際紛争平和的処理に関する一般議定書」が成立)．条約の試金石となったのは日本の満州事変(1931年)であったが，米国が不戦条約に言及して不承認主義(スティムソン・ドクトリン)をとった以外に条約違反を問われることはなかった．この曖昧さを避けるために，第二次世界大戦後は国連憲章第2条4項で武力行使一般を禁止し，第7章に安全保障理事会による強制措置(制裁)を規定した．法的な曖昧さにもかかわらずこの条約は戦争違法観の否定しがたい時代の到来を告げ，自衛といえども違法でないことの立証を求めることによって規範的圧力を格段に強化した．

［納家政嗣］

■研究開発拠点／核セキュリティ支援センター　Centre of Excellence / Nuclear Security Support Centre

*国際原子力機関’(IAEA)は2010年に策定した*核セキュリティ計画’の中で，メンバー国に対して，*核セキュリティ’を強化するために関係者のトレーニングと技術的・科学的な支援を提供する「核セキュリティ支援センター

(NSSC)」を国内に設置することを奨励し,そのためにIAEAが支援を行うことをこの計画の中で述べた.これに基づきIAEAは,NSSCの国際ネットワークを2012年2月に設立し,協力と調整のワーキンググループ(WG),ベストプラクティスの共有WG,トレーニングのWGの3つのWGを設置して,年に1回の年会と年に1回のワーキンググループ会合を開催して各国のNSSC設立および運営の支援を行っている.このネットワークには2014年現在28カ国,3国際機関が参加している.一方の研究開発拠点(Center of Excellence : CoE)は,2010年の*核セキュリティサミット'の際に日本や中国,韓国,インド,カザフスタンなどが,国際的,地域的な核セキュリティ強化に向けてトレーニングや技術支援を国際的に提供するセンターとしてコミットしたもので,NSSCが国内向けであるのに対してCoEは国際的な支援を主な目的としているところが異なる.IAEAのNSSCネットワークにはこの各国のCoEも参加をしている.

[直井洋介]

■**堅固な地中貫通型核兵器**　Robust Nuclear Earth Penetrator : RNEP

RNEPとは,ジョージ・W・ブッシュ(George W. Bush)政権下の米国が開発を計画した*核兵器'である.通常兵器や地上で爆発する核兵器では対処できない地中にある硬化目標を破壊するために,地面に着弾後地中を貫通したところで核爆発が起きるようにした核兵器を地中貫通型核兵器という.米国が保有する唯一の地中貫通型核兵器は,B61シリーズのB61-11である.ブッシュ政権は,北朝鮮やイランなどの国家や*大量破壊兵器'(WMD)を入手した非公然組織が脅威になるという認識から,米国の核戦力には「硬化され地中深く埋められた目標」を破壊する能力が必要であるがB61-11では不十分とした.RNEPは命中精度の向上や付随的損害の抑制などより高い性能を求めて計画された地中貫通型核兵器で,具体的には自由落下型核爆弾のB61またはB83の改良が検討された.RNEP計画は,連邦議会などで,軍事的必要性,核兵器使用の敷居が低くなることへの懸念,核不拡散への悪影響,地中を貫通する深度の実効性といった観点から批判を受けた.RNEP計画については,2003会計年度と2004会計年度の予算で調査費が計上されたものの,2005会計年度と2006会計年度の予算ではブッシュ政権が要求した実現可能性研究などの経費を連邦議会は認めなかった.ブッシュ政権は2006年にRNEP計画の中止を公表した.→米国の核政策・核戦略

[松山健二]

■**原子爆弾**　atomic bomb : A-bomb

原爆は,ウランや*プルトニウム'などが起こす*核分裂'反応を利用した核爆弾であり,初めて実用化された核兵器である.*核融合'反応を使用した*水素爆弾'を含めて「原水爆」とも呼ばれる.原爆が実戦で最初に使われたのは1945年8月6日,広島に投下された*高濃縮ウラン'を用いたガンバレル(gun barrel)型のリトル・ボーイ(Little Boy)であり,最後に使われたのは3日後に長崎に投下されたPu-239を用いた爆縮(implosion)型のファットマン(Fat Man)である.これらの原爆は想像を絶する強力な破壊力(リトル・ボーイはTNT換算15kt,ファットマンは21kt相当)を持っていた.この破壊力はアルベルト・アインシュタイン(Albert Einstein)が1905年に発表した特殊相対性理論の中で明らかにした「質量とエネルギーは等価であり,$E=MC^2$の数式で結ばれている」こと実証したものである.ここで質量(M)をkg,光の速度(C)をm/secで与えれば,エネルギー(E)はTNTと等価な破壊力として与えられる.すなわち,1kgのウラン235(U-235)がすべて核分裂を起した時の破壊力はTNTの1t爆弾17,000発が同時に爆発したのと同等の破壊力をもつことになる.この爆弾は当初,原子エネルギーを使った新しい爆弾であるとして原子爆弾と呼ばれた.しかし,核分裂よって生じた核の質量欠損が

エネルギーとして解放されたものである事を考慮すると核爆弾(nuclear bomb)と呼ぶのが理にかなっているとも言える. →マンハッタン計画　［小山謹二］

■検出不可能な破片を利用する兵器に関する議定書

Protocol on Non-Detectable Fragments : Protocol I ［採択］1980.10.10(ジュネーブ), ［発効］1983.12.2, ［日本］〈受諾書寄託〉1982.6.9, 〈公布〉1983.9.16(昭53条約12), 〈発効〉1983.12.2

1 成立経緯とその内容　戦闘行為として破片効果を利用する爆発性弾薬は, 砲弾, 爆弾, 子爆弾, ロケット弾, *地雷', 手榴弾, 擲(てき)弾, 迫撃砲弾などすべての形態において開発され, 合法な兵器として戦場で使用されてきた. しかし, ベトナム戦争で北ベトナムの対空陣地に対して米国が用いた空中投下の対人用*クラスター弾' が戦闘員および文民に対して悲惨な被害を与えたことから, 1960年代後半から1970年代の*国際人道法' 関連の国際会議で法規制の議題として「破片兵器」が議論された. 破片兵器の中でも, 人体内に入るその破片がエックス線で検出不可能であれば, 人体からの摘出手術が極めて困難な作業となり, 当該兵器は人体に不必要な苦痛を与える兵器に該当すると考えられた. 当時, プラスチック製外包の地雷が探知の回避のために敷設されていたので, 議定書の起草者は, 砲弾や地雷などの兵器において, 軽量化, 防水加工, 製造効率, 経費節減の目的から, エックス線で検知不可能な非金属物質の部品が使用されていることを理解していた. その点も考慮に入れて, *特定通常兵器使用禁止制限条約' (CCW)の第1議定書として, 1カ条しかない本議定書が採択された. 条文は, 次の通りである. 「人体内に入った場合にエックス線で検出することができないような破片によって傷害を与えることを第一義的な効果とするいかなる兵器の使用も, 禁止する.」

2 議定書の解釈　エックス線で検出不可能な破片とは, プラスチック, ガラス, 木片などをいう. 禁止されたのは当該兵器の使用であって, その製造, 所有, 移譲などの*軍備管理' 措置の禁止は明文化されていない. 兵器の使用は, 攻撃的であれ防御的であれ, 締約国にとって違法である. 本条の解釈上最も重要な文言は, 「第一義的な効果」である. 前述のように, さまざまな理由からプラスチックなどの部品が使用されるので, プラスチック片が人体に入り傷害を与えることはあり得る. しかし, プラスチック片の傷害効果が, 第一義的な効果でなく, 第二義的か副次的効果にしか過ぎない場合, 当該兵器は使用禁止の対象に該当しない. 本議定書は, 起草当時に現存していた兵器を禁止したものではなかった. 実際上, プラスチック素材は, 空気抵抗が大きく, 爆発地点の直近でしか威力を示さず, 戦闘効果上適切な材料とはいえないので, 破片兵器の主材料として用いられる可能性は低い. 兵器の合法性に関して, 負傷効果よりも設計意図が重視された.　［岩本誠吾］

■検　証　verification

1 検証の意義と目的　検証とは国家が条約上の義務を遵守しているかどうかを確証することである. 軍縮関連条約においてはきわめて重要な役割を果たしており, 交渉では軍縮義務と共に検証問題が重要視されることが多い. 検証のプロセスには, 軍縮義務に関する情報の収集, 情報の分析, 条約規定が遵守されているかどうかの判断が含まれる. 完全な検証というのは困難であり, 検証の主たる目的は, 国家が適切な措置をとるのに間に合うように, 違反を探知することとなる. 検証の機能は主として条約規定の遵守を日々評価することや当事国間の信頼を醸成すること, また条約の履行および遵守に関する不確実な事実を処理する手続きを提供することである. さらに条約の不遵守を思いとどまらせることにより遵守への信頼を醸成することや, 潜在的な遵守問題への適宜の警告により不遵守を防止する機能もある. 全体として, 条約がすべての当事国により遵守されているという必要な信頼を構築する.

2 検証の態様　検証の態様は，対象物の存在する現地に赴くことなく外部から検証を実施する*自国の検証技術手段'（NTM）を用いるものと，現地に赴き検証を実施する*現地査察'とに大きく区別される．また現地査察は当事国が相互的に実施するものと国際機関が実施するものとに区分することができる．NTMとは，各国が有するあらゆる情報収集手段を意味するが，その中心は*人工衛星'からの偵察である．米国とソ連の当初の検証手段は主としてミサイルの発射台の制限であったためこれらの手段により検証が可能であった．米ソおよび米露の2国間軍縮条約もその後は2国間の相互的な現地査察を徐々に導入しており，*中距離核戦力条約'（INF条約），*戦略兵器削減条約'（START条約），*新戦略兵器削減条約'（新START条約）では詳細な現地査察の規定を備えて，条約の義務の検証を実施している．多国間軍縮条約では多くの場合に国際機関が検証を実施している．*核兵器不拡散条約'（NPT）の場合には*国際原子力機関'（IAEA）が検証を実施しており，これは*保障措置'と呼ばれている．*化学兵器禁止条約'（CWC）の場合には条約で設立された*化学兵器禁止機関'（OPCW）が検証を実施している．*包括的核実験禁止条約'（CTBT）では条約で設立された*包括的核実験禁止条約機関'（CTBTO）が検証を行うことになっている．また*非核兵器地帯条約'の場合は，*国際原子力機関'（IAEA）による*保障措置'を受諾することが中心であるが，関連の国際機関が検証の役割を果たしているものも存在する．なお*南極条約'および*宇宙条約'の場合には，当事国の相互的な現地査察が認められている．*部分的核実験禁止条約'（PTBT）および*生物兵器禁止条約'（BWC）は検証規定を含んでいないが，前者は外部から検証が可能な環境での核実験が禁止されており，後者は条約交渉時に*生物兵器'の軍事的意味が重視されなかったため検証規定が含まれなかった．また*戦略攻撃能力削減条約'（SORT）も，米国政府が検証などを含む詳細な規定の作成を嫌ったため，検証規定は含まれていない．

3 検証の今後の課題　検証問題の今後の課題の1つは，NPTとの関連における保障措置の強化の問題である．当初の包括的保障措置から*追加議定書'の適用に進み，さらに統合保障措置へと発展しているが，それでも北朝鮮やイランのケースなどのような抜け穴が指摘されており，新たな核兵器国の出現を防止するためにいかなる措置がさらに必要なのかが議論されている．米露の2国間交渉における検証，特に現地査察の一層の拡大がどこまで可能であるのか，また核軍縮交渉が多国間交渉へ移行した場合にどのような検証措置が必要でありかつ可能であるかが検討されなければならないであろう．

［黒澤 満］

■検証可能性の原則（核軍縮の）　verifiability principle

*検証'は，締約国が合意を遵守し，その義務を誠実に履行しているかどうかや，合意に基づいて申告された内容が正確であるかどうかを，情報の収集や*監視'によって客観的に確認することで行われる．*核軍縮'条約においては，適切な検証の実施を通し，締約国が誠実に合意を遵守し義務を履行しているかを確認することによってその実効性が確保される．また，検証を通して合意されたプロセスの*透明性'が高まることによって，当事国間の信頼醸成も進展する．検証には，このような合意の不遵守や違反を発見する目的や*信頼醸成措置'（CBM）としての役割だけでなく，検証能力をあらかじめ示すことによって不遵守や違反を抑止することも期待される．米ソ・米露間での*核軍備管理'と核軍縮においても，軍縮措置を相互で検証することは合意の実効性を確保する上でとりわけ重要なものであった．検証可能性の原則は，2000年の*NPT再検討会議'の最終文書をはじめとする多くの

関連文書において，核軍縮措置の実効性を担保するための不可欠な要素として，透明性および*不可逆性の原則'とならび言及されている.

［榎本浩司］

■原子力委員会 Atomic Energy Commission : AEC

1 米国および諸外国 国際的な原子力管理を目的に，米・英・カナダの提案で国連原子力委員会(UNAEC)が1946年1月に設置された.米政府は1946年6月にこの国連原子力委員会において，原子力技術・*核物質'の国際管理を目的とした*バルーク・プラン'を提示したが，ソ連の反対を受けて実現しなかった.これとは別に，米国が*マンハッタン計画'後，核政策全般(*平和的利用'も含む)についての意思決定を軍から切り離し，一括した政策権限を有する行政機関として1946年8月に政府内に発足させたのが原子力委員会である.当時は，米国内においても原子力に関する専門知識を有する政治家も官僚も少数であり，科学者を中心とした専門家が委員の中心であった.初代委員長はデビッド・リリエンソール(David Lilienthal).その後，原子力推進と安全規制も実施する責任を負うこととなったが，推進と規制の役割が同じ機関にあることは望ましくないとの理由で1974年に廃止された.規制部門は原子力規制委員会(Nuclear Regulatory Commission)となり，推進部門はエネルギー研究開発局を経て，*エネルギー省'となって現在に至る.原子力委員会という行政機関は，その後原子力開発を導入する国々で設立され，現在でもインド，パキスタン，日本などに今も存在している.しかし多くの先進国では原子力委員会という行政機関は今や存在していない.

2 日本 日本では，1954年*原子力基本法'のもと，原子力の*平和的利用'の推進のための最高意思決定機関として設立された.初代原子力委員長は正力松太郎氏.開発初期は，特に研究開発や発電所建設の長期計画を作成することで，国内の原子力関係者にとって重要な開発目標を提示してきた.1978年には，米国原子力委員会同様，規制部門が切り離され，原子力安全委員会が発足した.その後産業界の役割が大きくなってきた1980～90年代は，長期計画で決められたことがそのまま実現されることが少なくなってきた.そして，2001年1月の行政改革により，原子力委員会は内閣府に移設，事務局も縮小されて，政策決定機関としての役割は縮小された.2005年には長期計画の名称を「原子力政策大綱」に変更し，基本政策を示すこととなった.しかし，2011年の福島事故以降，原子力委員会は見直しの対象となり，2014年に原子力設置法が改正され，5人制から3人制へとさらにその規模と役割が縮小された.その中で，平和的利用の担保は依然重要な機能として残っている.また，原子力基本法に示された原子力委員会の役割(第4条「原子力利用に関する国の施策を計画的に遂行し，原子力行政の民主的な運営を図るため，内閣府に原子力委員会を置く」第5条「原子力委員会は，原子力利用に関する事項〔安全の確保のうちその実施に関するものを除く.〕について企画し，審議し，及び決定する.」)は変化しておらず，勧告権も残しているので，審議会ではあるものの重要な役割を果たすこともできる.

［鈴木達治郎］

■原子力基本法 Atomic Energy Basic Law

1 原子力基本法の成立 占領中に制定された旧教育基本法につぐ2番目の基本法として，1955年12月に制定された原子力政策の基本方針を定めた法律である.第1条(目的)では，原子力の利用推進が掲げられ，第2条(基本方針)では，原子力の*平和的利用'への限定と，民主，自主，公開の原則が示された.広島，長崎の被爆に続き，前年にビキニ被災を経験した日本では，原子力の軍事利用は行うべきではなく，平和利用こそ目指すものだとの認識がつよく，それを反映した内容になっている.当時は非核兵器政策を法律で定めた国は他にはなく，日本はその最初の国になった.原子力基本法の構想の起源は,日本学術会議の1954年4月の「原子力の研究と利用に関し公開,民主,自主の原則を要求する声明」(原子力三原則声明)にあった.1955年のジュネーブ原子力平和利用国際会議に出席した国会議員,中曽根康弘,前田正男,松前重義,志村茂治らの手で,学術会議原子力三原則に基づく原子力基本法の検討が,原子力合同委員会において進められた.当時の鳩山一郎自民党政府は,当初は1955年11月に調印した日米原子力協定の国会承認を優先させ,原子力基本法の審議は,次の国会で行う予定だったが,原子力に関する国の方針が未決定の段階で日米協定の審議は認められないとする日本社会党などの野党の反発に会い,急きょ,議員立法として準備されていた基本法など原子力関連法案を,日米原子力協定と抱き合わせで上程し,55年体制の両主役の賛成多数(労働者農民党と日本共産党は反対)で成立させた.

2 原子力基本法をめぐる動き　日米原子力協定の影響の下で,その後,原子力基本法の理念は,しばしば軽んじられることになったものの,1960年代の*非核3原則'の「持たず」,「作らず」は,原子力基本法が基礎になった.原子力船「むつ」の放射線漏れ事故を受け,1978年に,原子力安全委員会設置にとともに,第1条に「安全確保を旨とし」が加えられた.福島原発事故後,2012年4月の日本弁護士連合会の意見書のように,原子力基本法の廃止や改定を求める動きが生まれた.しかし,2012年6月に成立した原子力規制委員会設置法の付則によって,第2条に「我が国の安全保障に資する」という文言が加えられた.これは原子力の軍事利用に道を開く可能性があるとして,世界平和アピール7人委員会は撤回を求めた.東京新聞は「『原子力の憲法』こっそり変更」と一面で報じ,朝日,毎日両紙なども社説で文言の削除を主張した.→第五福竜丸事件　［山﨑正勝］

■**原子力供給国グループ**　Nuclear Suppliers Group : NSG

1 経緯　民生の原子力施設・活動に関連する資機材や技術の*国際原子力機関'(IAEA)*保障措置'外の核関連活動,核爆発活動,および核物質を用いたテロ活動への転用を防止することを目的とした*輸出管理'のための国際レジームである.原子力専用資機材およびその関連技術を対象とする「パート1」指針と原子力関連の汎用品およびその関連技術を対象とする「パート2」指針という法的拘束力を有さない2つの指針に基づき,加盟国の自主的措置を通じた効果的な輸出管理の実現を目指している.NSGは,1974年にIAEA保障措置の下にあった研究用民生原子炉の使用済み核燃料から抽出された*プルトニウム'がインド核実験に用いられたことを契機として日本を含む7カ国により設立され,1978年に原子力専用資機材および技術を対象とする指針を策定し,IAEA公式文書(INFCIRC/254)として公表した.その後,イラクによる*大量破壊兵器'(WMD)関連活動の*検証'活動などを通じて,原子力関連の汎用品の移転制限の必要性が認識されるところとなり,1992年,原子力関連汎用品および関連技術を対象とする指針が策定され,この時点で,原子力専用資機材・技術を対象とする指針は「パート1」,原子力関連汎用品および関連技術を対象とする指針は「パート2」と呼称されるようになった.現加盟国は48カ国で,日本の在ウィーン国際機関代表部が事務局機能(Point of Contact)を務める.

2 輸出管理措置　パート1に付属するリスト(トリガーリスト)に列挙された原子力専用資機材およびその関連技術については,非核兵器国に移転される際,受領国となる非核兵器国政府がIAEA*包括的保障措置協定'を発効させているとともに,①IAEA包括的保障措置の適用,②移転資機材・技術の核爆発装置への不使用,③移転資機材・技術への実効的な防護措置の実施,④第3国への再移転に際し,受領国から原供給国に与えたのと同様の保証の当該第3国からの確保，という4つの条件を満たすことが求められる．また，パート2に附属するリスト（汎用品リスト）に列挙された資機材およびその関連技術については，移転は輸出許可の対象とされ，許可に際しては，受領国政府のNPTまたは核不拡散に関する同様の国際約束の締結の有無，IAEA包括的保障措置協定発効の有無，受領国におけるIAEA保障措置適用外の施設の有無などを考慮するとともに，移転資機材・技術の用途と最終需要場所を記した最終需要者の宣言やそれら資機材・技術またはその複製が核爆発活動や保障措置下にない*核燃料サイクル'活動に使用されないとの保証を取得すべきとされる．また，パート2には，汎用品リストに列挙されていないが核爆発活動に使用される可能性のある資機材を輸出許可の対象とすべしとするキャッチオール条項が設けられている．

3　最近の動向　NSGは，*核不拡散'に関連するさまざまな動向に対応すべく継続的に指針見直しなどをおこなっている．具体的には，2011年にはウラン濃縮と使用済み核燃料の*再処理'に関連する核不拡散上機微な資機材・技術の移転に関する措置の強化を決定し，2013年までに技術専門家会合による指針の総合的見直しを通じて54カ所の技術的変更を加えるとともに，核テロ防止の観点から強化されてきた*核物質防護'措置に関するIAEA勧告（*INFCIRC/225'）の遵守を移転条件として新たに明記するなどの措置が取られてきた．また，2008年9月6日の特別総会では，NPT非加入国であるインドに対する，一定の条件下での，IAEA保障措置下にある民生用原子炉に対する協力に関する指針適用の一部例外化を主旨とする声明が発表された．　［松林健一郎］

■原子炉級黒鉛　reactor type graphite

原子炉燃料中のウラン235の核分裂によって発生するエネルギーの高い中性子（速中性子）を，次の核分裂を起こさせるエネルギーの低い中性子（熱中性子）まで低下させるための減速材料として用いられる黒鉛のこと．いわゆる黒鉛型炉'と言われる原子炉の中性子減速材として用いられる．炭素は中性子吸収が少なく，減速能力も高いので*プルトニウム'生産炉として利用されることも多い．原子炉級黒鉛とは，中性子を吸収するホウ素などの不純物含有量が5ppm以下で密度も$1.50g/cm^3$以上のものをいう．英国が開発したコールダーホール型の原子炉，旧ソ連のチェルノブイリ型も黒鉛を減速材に用いた原子炉であり，北朝鮮の核兵器開発のPu製造に用いられた寧辺の5MWの原子炉も黒鉛型炉である．原子炉級黒鉛は，機微な資機材としてロンドンガイドラインの規制対象になっており，また*国際原子力機関'（IAEA）の*追加議定書'においても報告対象物質に上げられている．　［直井洋介］

■原子炉等規制法　Act on the Regulation of Nuclear Source Material, Nuclear Fuel Material and Reactors

［正称］核原料物質，核燃料物質及び原子炉の規制に関する法律，［施行］昭和32年6月10日法律第166号，［最終改正］平成26年6月3日法律第69号

1　概要　日本の*原子力'利用全般を規制する法律として1957年に制定された．災害の防止といった安全の側面からの規制だけでなく，*核物質防護'に関する規制，*保障措置'や*2国間原子力協力協定'といった国際約束を履行するための規制を含む．製錬，加工，原子炉の設置・運転，*使用済燃料'の貯蔵，*再処理'，廃棄といった事業ごとの規制が導入されていることが特徴であるが，それ以外にこうした事業によらず核物質を使用する場合の規制，核物質の輸送に関する規制，国際規制物資に関する規制などが含まれている．2011年3月の東京電力福島第一原子力発電所事故以前は，原子力事業者に対して直接規制を行う行政庁（経済産業省の原子力安全・保安院，文部科学省など）とそれらを監視する原子力安全委員会による，いわゆるダブルチ

ェック体制がとられていたが,東京電力福島第一原子力発電所事故後,原子力利用の推進と規制の分離の徹底の観点から2012年9月,新たに原子力規制委員会が設置され,また,2013年4月には,従来は文部科学省が担当していた保障措置が移管されることにより,原子力規制委員会が原子力安全,核物質防護,保障措置に関する規制を一元的に担うこととなった.

2 保障措置,核物質防護等に関する規制　本法の「第6章の2「国際規制物資の使用等に関する規制等」およびこれに基づき定められた「国際規制物資の使用に関する規則」は日本が*国際原子力機関'(IAEA)との保障措置協定およびその*追加議定書'や2国間原子力協力協定を履行するために事業者に対し必要な義務を課すものとなっている.国際規制物資を使用する者は*計量管理'規定を定め,原子力規制委員会の認可を受けること,国やIAEAによる*査察'を受けること,計量管理上の報告等を行うこと,追加議定書附属書Ⅰに規定される国際特定活動を行う者は,原子力規制委員会への届出を行うなどが義務づけられている.また,核物質防護に関しては,各事業規制の中で核物質防護規定の原子力規制委員会による認可,核物質防護管理者の選任等が規定されている.また,核物質輸送に関しては,原子力規制委員会規則や国土交通省令で定める技術上の基準に従って保安のために必要な措置を講じるべきこととされている.

［山村 司］

■原水協(原水爆禁止日本協議会)　Japan Council against Atomic and Hydrogen Bombs

1 概要　1955年の第1回*原水禁(原水爆禁止日本国民会議)'世界大会を運営した実行委員会によって,同大会の開催を機に結成された全国組織.初代理事長は,第1回原水禁世界大会の実行委員長でもあり,東京都杉並区発祥の原水爆禁止署名運動で中心的役割を果たした安井郁法政大学教授.核戦争阻止,*核兵器'全面禁止・廃絶,*被爆者'援護・連帯の3つを基本目標にしている.毎年3月(ビキニ・デー)に静岡で,8月に広島・長崎で世界大会を開き,宣言を出している.第1回原水禁世界大会では,米国・豪州・中国・フランス・インド・イタリア・ポーランド・セイロン(現スリランカ)・インドネシア・マレー(現マレーシア)・韓国の11カ国からの50人以上の代表が出席した.採択されたヒロシマ・アピールでは,「将来もしも原子戦争がおこるならば,世界中が広島・長崎・ビキニとなり,私たちの子孫は絶滅するでしょう.原水爆被害者の不幸な実相を,広く世界に知られなければなりません.…私たちは世界のあらゆる国の人々がその政党・宗派・社会体制の相違を超えて,*原水爆禁止運動'をさらに強く進めることを世界の人々に訴えます」と宣言した.また「原子ロケット弾の持込み,原子兵器貯蔵,基地拡張がすべて原子戦争に関係しております」と基地反対運動との連携を訴えた.大会の最後には「原爆ゆるすまじ」が歌われた(今堀誠治『原水爆禁止運動』潮新書,1974年).

2 近年の活動　2014年「ヒロシマからのよびかけ」では「核兵器の残虐性・非人道性を告発し,その廃絶をもとめる共同声明が,125カ国へと急速に広がっています.残虐で非人道的な核兵器を『*抑止'力』として保持することは,一片の道理も道義もありません」とし,「核兵器廃絶デー(9月26日),第69回国連総会,第3回「核兵器の人道的影響に関する国際会議」(12月8-9日)などを節目に,草の根からの行動を展開し,国際共同行動を成功させましょう」と呼びかけている.日本政府に対しても*非核3原則'の厳守,「*核の傘'」からの離脱を求めている.原水協は,必ずしも原子力発電に対する批判的姿勢の立場ではなかったが,2011年の東日本大震災による東京電力福島第1原発事故後の放射能汚染を重大視し,脱廃絶への姿勢を明確にした.また*原爆症認定集団訴訟'への支援も積極的に呼びかけ,第五福竜丸の乗組員たちはもちろん,それ以外に被災したマグロ漁船の乗組員への支援も近年運動の中で高まっている.さらにマーシャル諸島の被爆者をはじめ世界のヒバクシャを世界大会に招き,連帯・支援活動を行っている.

［高橋博子］

■原水禁(原水爆禁止日本国民会議)

Japan Congress against A- and H-Bombs

1 発足の経緯と概要 広島・長崎への原爆投下から20周年にあたる1965年に発足した反核・平和運動のための全国組織.同年2月1日に,東京・神田の全電通会館で「各都道府県の原水禁組織代表,総評・中立・新産別等中央諸団体代表,婦人,民主団体,青年学生,学者文化人など52の中央団体,45都道府県から約500人が参加して新しい*原水爆禁止運動'の全国統一センターとして(原水爆禁止日本国民会議ホームページ)」結成された.その大きなきっかけは,とりわけ中国の*核実験'をめぐって,*原水協(原水爆禁止日本協議会)'の中で対立が生じ,一方が離脱したことである.大会宣言では,「『あらゆる国の核実験に反対する』立場を堅持し,原水爆の完全禁止と,完全軍縮への目的達成を追求するとともに,わが国の核武装への動きを阻止する力強い国民運動をつくりだすことを誓いたい」とし,日本の核武装に反対し,「非核武装宣言」を実現するための運動を呼びかけた.また「*原爆被害'の体験を,日本国民の共通遺産として確認するとき,それは一方で,原水禁運動の尽きることなきエネルギーの根源となるであろう」と原爆被害体験に基づいた活動であることを述べた.毎年3月には静岡で集会を,8月には広島・長崎で世界大会を開催している.原水禁としては,原水禁議長であった森滝市郎氏の「核と人類は共存できない」という言葉から,「核兵器であれ,発電用の原子力であれ,人間と「核」が絶対に相容れない」という立場をとっている.

2 近年の活動 *核兵器'廃絶と脱原発を訴えてきた原水禁であるが,2011年3月11日の東京電力福島第一原発事故以降はさらに反原発の立場を強くした.2014年8月6日のヒロシマ・アピールでは,すべての核兵器をなくし,核と戦争のない21世紀をつくること,*核兵器不拡散条約'(NPT)の再検討会議で,具体的行動計画の策定をめざすこと,*核兵器禁止条約'の実現,北東アジアの*非核兵器地帯条約'の実現,「フクシマを繰り返すことなく,全ての原発の再稼動に反対し廃炉をめざす」こと,原発の輸出を止めること,「原発事故の被災者と被曝労働者の健康と命と生活の保障」を政府にもとめること,「国是とした*非核3原則'」を守ること,「平和憲法を守り,集団的自衛権の行使容認に反対」すること,「ヒバクシャ援護施策の強化ですべてのヒバクシャ支援を実現」することが訴えられた.

［高橋博子］

■原水爆禁止運動 movement against atomic and hydrogen bombs

1 原爆禁止運動 原爆禁止運動自体は占領期から行われていた.1949年10月2日,広島女学院大学で行われた平和擁護広島大会では,「人類史上最初に*原子爆弾'を経験した広島市民として『原子爆弾の破棄』を要求します」との原爆廃絶のアピールを行った.1950年6月9日付で,広島・長崎の被爆写真を掲載した「平和戦線」が数万部発行された.また1950年からはマッカーサー指令によってデモ・集会が禁じられていたが,8月6日,広島市・福山市・三次市などで,「再び戦争を起こさせない.再び原爆を使わせまい」と「原子兵器禁止」の旗をかかげ,米国が朝鮮戦争で原爆を使用する可能性に対して,危惧の念を表明する平和集会が実施された.集会関係者は逮捕を覚悟しての企画であった.さらに1951年でも,京都大学の学生たちによる「総合原爆展」や同志社大学の学生たちによる原爆展も開催された.占領が終了した後,1952年8月6日号として,被爆写真を掲載した『アサヒグラフ』が発行された.同出版物は大きな反響をよび,海外へと発送する運動もおこった.これ以降原爆の実相を描いた出版物が続いた.

2 原水爆禁止運動　原水爆禁止運動は1954年3月1日にビキニ環礁での米水爆実験によってマグロ漁船の第五福竜丸の乗組員が被災したことを契機として広がった. 1954年9月23日, 第五福竜丸無線長の久保山愛吉が「原水爆による犠牲者は自分を最後にしてほしい」と言い残して亡くなると, 水爆実験に対する反発は一層高まった. 3,000万人以上の反対署名が集まり, 1955年8月6日には第1回原水禁世界大会が開かれ, 高橋昭博など*被爆者' や, 久保山愛吉の妻である久保山すずが出席し, 原水爆禁止を訴えた. また全国組織として*原水協(原水爆禁止日本協議会)' が発足した. 1961年まで毎年開催されていたが, ソ連および中国の*核実験' をめぐって, 運動の中で対立が生じた. またとりわけ1960年代のベトナム戦争によって, 米国の基地問題や「帝国主義」に対する批判が運動の中で高まっていった. その一方で, 米国以外の国による核実験・核保有への批判が軽視されているのではと懸念する声も高まってゆき, 1965年に*原水禁(原水爆禁止日本国民会議)' が発足し, 別の世界大会を開催するなど, 分裂していった.

組織としての原水爆禁止運動自体は, 分裂と統一のゆれがあったが, 全体的には, 日本の被爆者のみならず世界のヒバクシャと共同しての運動に広がっていった. また*原爆症認定集団訴訟', *劣化ウラン弾' 廃絶運動など, 残留放射線や内部被曝による被曝を重視した運動が高まってゆき, とりわけ東日本大震災による東京電力福島第一原発事故後, 原発反対運動との共同歩調が進んだ.　[高橋博子]

■現地査察(核軍縮の)　on-site inspection (of nuclear disarmament)

1 *検証' と現地査察　*核軍縮' の取組みにおいては, 締約国の合意遵守を判断するための情報収集と, 情報の正確性を検証する制度が設けられることがある. こうしたなかで, 相手国への干渉の度合いは高いものの, 合意遵守を判断する決め手となる検証手段の1つに現地査察がある. 核軍縮条約で現地査察が導入されたのは1987年の*中距離核戦力条約' (INF条約)が最初だが, その背景には当事国である米ソの相互不信感の存在があった. 実際に, 現地査察制度は諜報手段と同義の*自国の検証技術手段' (NTM)によって補完される措置に位置付けられ, また双方の*査察員' および監視員, 航空機搭乗員には外交関係に関するウィーン条約第29条に基づく査察団の特権免除が付与された. かかる特権免除により, 査察団は事務所, 住居, 文書および外交書簡の不可侵を享受する一方で, 非査察国から特権免除の濫用が指摘された場合は査察国と濫用の事実関係を協議し, もし濫用の事実が確定した場合には, 再発防止措置を講じることになる.

2 核軍縮条約と現地査察　核軍縮条約の定義にもよるが, ここでは米ソ・米露2国間での核軍縮条約に注目して, それぞれの現地査察制度の特徴を説明する. INF条約は, 特定の核兵器の運搬手段を全廃させ, そのために基礎データ査察, 施設閉鎖査察, 報告されたデータと実際のデータとの一致を検証する短期通告査察, ミサイル生産施設の出入り口の監視, 廃棄過程査察, その他の廃棄査察などを規定している. また, 1991年の*戦略兵器削減条約' (START条約)では, *戦略兵器運搬手段' および配備済みの核弾頭について一定数の削減を行う観点から, INF条約における規定をベースにしつつ, より詳細な査察規定を設けた. 具体的には基礎データ査察, データ更新査察, 新施設査察, 疑わしい場所の査察, 再突入体への査察, 演習終了後の移動発射式*大陸間弾道ミサイル' (ICBM)への査察, 転換・廃棄査察, 施設閉鎖査察など, 12種類の査察が規定された. 2011年の*新戦略兵器削減条約' (新START条約)では, 配備済みと未配備の戦略兵器システムについて, 申告データの*正確性' を検証する目的で, ICBM基地, 潜水艦基地, 航空基地で実施する査察(タイプ1査察)と, 未配備の戦略兵器についてのみ検証する目的で,同条約議定書が指定する施設での査察(タイプ2査察)とが規定されている.なお,新START条約のもとで米露双方は毎年10回のタイプ1査察と8回のタイプ2査察を実施している.　[一政祐行]

け

■現地査察(CTBT の)　on-site inspection (of CTBT)

1 現地査察制度　*包括的核実験禁止条約'(CTBT)の現地査察は,*核兵器'の実験的爆発または他の核爆発が条約の規定に違反して実施されたか否かを明らかにし,および違反した可能性のある者の特定に資する事実の収集を目的とする.手続的には,締約国の現地査察発動の要請に執行理事会が承認を与える方式を採る.*査察員'は執行理事会の決定後に査察員名簿から任命され,6日以内に被査察国の入国地点に集結,72時間以内に査察区域へ移動し,査察命令に基づき1,000km^{2}の査察区域で最大で130日間,40名で活動する.効果的に査察を遂行するため,外交関係に関するウィーン条約第29条に基づき査察団の特権免除が付与され,住居内や事務所,書類や通信,試料や装置などはいずれも不可侵とされる.

2 被査察国の権利義務と査察団の特権免除　被査察国は条約の遵守を証明するべく合理的努力を払い,査察団が査察命令を遂行できるようにする権利・義務を負う一方で,自国の安全保障上の利益を保護し,査察に無関係な秘密情報の開示防止措置をとる権利を持つ.一方査察団は被査察国への干渉の度合いを低くしつつ,査察命令を遂行しなければならない.こうしたなか,査察団が探す条約違反の証拠とは,核爆発で生じた地下空洞の崩落に伴う余震群や核実験に特有の放射性希ガスであり,いずれも時間の経過に伴い減少する.そのため,権利義務上の査察団と被査察国との対立が査察命令の遂行を阻害しないことが重要となるが,条約交渉時にはこうした争点を解消できず,その詳細は運用手引書で規定することとなった.

3 運用手引書整備と現地査察準備態勢　2001年に*包括的核実験禁止条約機関'(CTBTO)準備委員会作業部会Bで検討開始した運用手引書は,有効で効率的な現地査察を目指す立場と,被査察国の国家主権を擁護する立場とが衝突し,結果的に多数の注釈付きの運用手引書が作成され,整備が停滞した.また,暫定運用が可能な*国際監視制度'(IMS)とは異なり,現地査察は条約発効後しか発動されないため,訓練や査察機器整備などの側面でも準備態勢の遅れが問題視された.こうした問題点を解決すべく,2008年に現地査察準備態勢の構築を目的に統合野外演習が計画され,演習用に注釈のない運用手引書モデル文書が作成された.2014年には第2回統合野外演習が実施され,整備はさらに加速している.　[一政祐行]

■限定核戦争論　debate on limited nuclear war

米国政府が*冷戦'中に採用した核戦略では,ソ連の奇襲攻撃や東西間の核戦争のリスクを念頭に,*核兵器'の最大の役割は*抑止'であるとされ,抑止の信頼性の維持が最優先課題とされた.一方,抑止が万一崩れた場合には,直ちにソ連との全面戦争に踏み切る選択肢の他に,限定的な核攻撃の選択肢を準備することも米国の核戦略の課題の1つとされた.核戦争の様相を予想することは困難であったが,*相互確証破壊'(MAD)の状態にある米ソ間に限定核戦争は起こり得ないのでないか,ソ連の脅威に対処するために限定核攻撃力を持つべきではないか,核戦争はコントロールできるのかなど,民間の研究者を含めてさまざまに議論された.ソ連の核兵器の命中精度が向上し,西欧諸国を標的とする射程(米国本土には届かぬ)の戦域核戦力の配備が1970年代後半に進められた.1980年代初めには,欧州のみを舞台として限定核戦争が起こることへの懸念が高まった.西欧諸国では北大西洋条約機構(NATO)の*柔軟反応戦略'の信頼性に不安が浮上し,一般市民による大規模な*反核運動'が起きた.冷戦後は,軍事的に厳しく対立するインドとパキスタンの核保有と核軍備競争を受けて,南アジアで限定核戦争が起こる可能性が懸念されている.→米国の核政策・核戦略　[岩田修一郎]

■限定攻撃に対するグローバル防衛 Global Protection against Limited Strikes: GPALS

ジョージ・H・W・ブッシュ(George H.W. Bush)政権下の*弾道ミサイル防衛'(BMD)構想の名称である.ブッシュ政権は当初,前ロナルド・レーガン(Ronald Reagan)政権による,米本土への大規模攻撃に対する防衛を目指すとした*戦略防衛構想'(SDI)を継承するとしていた.しかし*冷戦'は終焉し,*湾岸戦争'においてソ連以外の*弾道ミサイル'の脅威が明らかになった.そこでブッシュ大統領は1991年1月29日,一般教書演説においてGPALS構想を発表し,SDIを下方修正した.この新構想は,偶発的・限定的な長距離弾道ミサイル攻撃からの米本土防衛と,在外米軍と同盟国に対する短・中距離ミサイル攻撃からの防衛に主眼を置くものであった.なお本構想には,地上・海上配備の各種レーダーと迎撃ミサイルに加えて,警戒監視衛星「ブリリアント・アイズ」や運動エネルギーで迎撃する「ブリリアント・ペブルズ」の宇宙配備が盛り込まれていた.しかし次のビル・クリントン(Bill Clinton)政権は迎撃装置の宇宙配備計画を廃止し,地上および海上配備のシステムのみから構成される,*戦域ミサイル防衛'(TMD)と*本土ミサイル防衛'(NMD)へと,ミサイル防衛をより限定・細分化した.→米国のミサイル防衛システム,宇宙配備型弾道ミサイル防衛システム　[田中慎吾]

■検　認 verification

*保障措置'遵守の確認のための*検証'活動を,検認と称している.保障措置の検証活動には,*計量管理'のような客観性が求められるが,計量管理の基礎となる核物質の計量測定には計量誤差という不確かさが同伴することから,申告の*正確性'を完全に保証することは科学技術的に困難である.*追加議定書'に基づく情報分析による申告の*完全性'の確認行為にも,対象となった情報が正確であるか,あるいは,対象とした情報以外の情報を見落としていないかなどのあいまいさがある.このような不可避なあいまいさを斟酌して,保証ではなく確認であるとの意味合いを含めて,保障措置における検証行為を検認と称している.検認の具体的な活動は,*包括的保障措置協定'に基づく*査察'と追加議定書に基づく*補完的なアクセス'である.査察は,定量的な現物確認行為であり,活動内容は,施設毎に取極められた施設附属書(FA)で規定されている.補完的なアクセスの実施方法は,包括的に追加議定書にて規定されているが,結果は定性的な判断となる.包括的に定めた理由は,補完的なアクセスは当該国全体のさまざまな箇所が対象となることから,詳細に規定できないとの理解による.　[菊地昌廣]

■原爆裁判 Tribunal on the Dropping of Atomic Bombs 〈東京地方裁判所(判決)1963年12月7日(下民集14巻12号2,435頁,判時355号17頁)〉

1 概要 東京裁判の戦犯弁護活動にかかわった弁護士岡本尚一が若き弁護士松井康浩とともに,ビキニ事件がおきた1954年,*被爆者'下田隆一らを原告とし国(日本政府)を被告として提起した裁判.原告は広島・長崎への*原子爆弾'投下が国際法違反だと主張し,国家賠償法により損害賠償を請求したが,被告はこれを認めず国際法専門学者による鑑定の結果に待つとした.判決は原告の損害賠償請求を棄却したが,原告の主張と学者たちの鑑定結果にそって原爆投下が国際法違反だと認定した.その要点は①原爆投下(無差別爆撃)とその効果(被害の残虐性・非人道性),②国際法による評価,③国内法による評価,④被害者の損害賠償請求権,⑤対日平和条約による請求権放棄,⑥請求権放棄による被告の責任に及んだ. 原告は主張が実質的に認められたとして控訴せず, また勝訴した被告も控訴せず, 東京地裁判決が確定した. 原爆投下が国際法違反だと初めて判断した本件は「下田事件(Shimoda Case)」として世界的に知られている.

2 影響　国内法ではこの裁判提起を契機に「原爆被害者医療法」(1957 年)が制定されが, 判決は一歩進んで戦争災害の結果責任に基く国家補償法(*被爆者援護法')の必要にも言及した. 国際法による評価の点では, 原爆投下時点での「戦争法」(慣習法と条約)の法理を適用している. 本件判決は, ハーグ法とジュネーブ法という基本枠組みを継承した「*国際人道法'」の発展過程において, *核兵器' それ自体と核兵器の使用に関する法理の原点を示したといえよう. このことは, 核兵器使用の一般的違法性を認めた国際司法裁判所(ICJ)の勧告的意見(1996 年)で実質的に継承され展開されている. なお付言すれば勧告的意見の問題点は自衛権論と核抑止論を取っている点である. →原爆被害, 原爆症認定集団訴訟　　　　　　　　　　　　　　　　［浦田賢治］

■原爆症認定集団訴訟　lawsuits for authorization of atomic bomb diseases

2003 年4月 17 日以降, 原爆症認定を却下された*被爆者' が全国各地の裁判所で国を被告としその処分の取消しを求める裁判を提起した訴訟である(原告 306 名, 17 地裁に係属). 原爆症とは特別な病気ではなく, 被爆者手帳保持者が, 原爆放射線の影響で病気にかかり(放射線起因性), その治療が必要な状態にある(要医療性)ことをいう. 厚生労働大臣によるこの認定をうけた被爆者には国から医療特別手当が支給される(*被爆者援護法' [1994 年制定]). 従来から認定の際の放射線起因性に関する審査基準は厳しく(爆心から 2km 以内の被爆など), 認定者数はごく限られてきた(2014 年3月末現在, 手帳保持者約 19.3 万人に対し認定者数 8,793 人). 裁判の主な争点は審査基準の妥当性であったが, 司法判断は国側に厳しく, 敗訴を続けた国は 2008 年に審査基準を爆心から 3.5km 以内などと緩和し, 最終的に 2009 年8月6日, 訴訟原告団との和解に合意した. 同年 12 月1日に原告救済の基金を補助する原爆症救済法が成立したが, 国はその後の訴訟でも敗訴し, 2013 年 12 月 16 日に審査基準をさらに改定した. しかし, これによる認定拡大は小幅とみられており, 新たな認定制度が求められている.　　　　　　［山田寿則］

■原爆被害　damage caused by atomic bombings

1 無差別大量殺戮　1945 年8月6日午前 8 時 15 分に広島に投下された*原子爆弾' (ウラン爆弾, リトルボーイ)は地上約 600m で爆発し, 当時約 35 万人の人口のうち約 14 万人が同年末までに死亡した. 8月9日午前 11 時 2 分に長崎に投下された原爆(*プルトニウム' 爆弾, ファットマン)は地上約 500m で爆発, 約 24 万人の人口のうち同年末までに約 7 万 4,000 人が死亡した. 爆発の瞬間, 強烈な熱線と放射線が四方へ放射されるとともに, 周囲の空気が膨張して超高圧の爆風となった. 熱線, 爆風, 放射線の 3 つが複雑に作用して甚大な被害をもたらした. 原爆被害の特質は, 大量破壊・殺戮が瞬時にかつ無差別に引き起こされたこと, 放射線による障害がその後も長期間にわたり人々を苦しめてきたことにある. 原爆の爆発は灼熱の火球を作り出し, 地表面の温度は 3,000 度から 4,000 度に達したと推定されている. 爆心地近くの人々は黒こげになり, 多くの人々が重度の火傷を負った. 高熱火災が発生し, 強大な爆風により周辺の家屋のほとんどは倒壊し, 爆心地から半径 2km 圏内はほぼ全壊, 焼失した. 爆風により人々は吹き飛ばされ, 即死者, 負傷者, 圧死者が相次いだ.

2 放射線の被害　原爆によって放出された大量の放射線は, 細胞を破壊し, 血液を変質させ, 骨髄などの造血機能を破壊し, 内臓を侵すなどの深刻な障害を引き起こした. 急性障害としては発熱, 吐き気, 下痢, 脱毛, 皮膚の出血斑点などの症状が現れた.1946年初めころからは火傷が治ったあとが盛り上がるケロイド症状が現れた.胎内被爆児は出生後の死亡率が高く,死を免れても小頭症などの症状が現れることもあった.被爆後5,6年が経過した1950年頃からは白血病患者が増加し,1955年頃からは甲状腺がん,乳がん,肺がんなど悪性腫瘍の発生率が高くなり始めた.固形がんの発症は今日でも続いており,近距離被爆者には多重がん発症の確率が高い.被爆二世への遺伝的健康影響は確認されていないというのが政府の公式見解であるが,被爆二世の白血病発症率は両親とも*被爆者'である場合には高くなるとの研究報告もある.被爆二世・三世は広く健康不安を抱えており,政府に対応を求めている.原爆はまた,人々から家族を奪い社会生活そのものを破壊することにより,鬱病や心的外傷後ストレス障害(PTSD)など多大な精神的被害をもたらしている.

［川崎 哲］

■**原料物質** source material

1 用語の定義 原料物質とは,*核兵器'や核燃料の原料となる物質のことを指し,*国際原子力機関'(IAEA)憲章20条3項では,「天然に生じる同位体混合率のウラン」(天然ウラン),「劣化ウラン」,「トリウム」,「前掲のいずれかの物質を含有する,金属,合金,化合物等の形状の物質」,「(IAEAの)理事会が随時決定する,前掲の物質の1つ以上を含有する物質」,「(IAEAの)理事会が随時決定する,その他の物質」と定義されている(ただし,鉱石等は含まれない).また,*原子力基本法'第3条3項では,核原料物質とは「ウラン鉱,トリウム鉱その他核燃料物質の原料となる物質であって政令の定めるもの」と定義され,具体的にはピッチブレンド,モナザイト,トール石などのことをさす.政令では,ウランもしくはトリウムまたはその化合物を含む物質で核燃料物質以外のものと定義されている.放射能が74Bq/gを超えるもの(個体状は370Bq/g)で,ウラン+トリウム×3の量が900gを超える量の核原料物質を使用する場合には,原子力規制委員会に使用の届出が必要とされる.

2 原料物質の原子力利用上の位置づけ 原料物質を核爆発装置に利用するためには,ウラン濃縮(天然ウラン・劣化ウラン→*高濃縮ウラン')や核変換(トリウム→ウラン233)などの処理を施す必要があり,IAEA*保障措置'上の間接利用物質(indirect use material)に含まれる.なお,核爆発装置にそのまま利用できる物質を直接利用物質という.間接利用物質の場合,直接利用物質に比べ有意量は大きく,物質を核爆発装置の金属構成要素に転換するために必要な転換時間も長くなる.また,発電用には,*重水炉'や黒鉛炉では原料物質(天然ウラン)をそのまま燃料に利用できるのに対して,*軽水炉'ではウラン濃縮(天然ウラン→*低濃縮ウラン')が必要となる.

［堀尾健太］

こ

■**攻撃下発射** Launch under Attack

相手の先制核攻撃を警戒して米国とソ連は,いつでも核ミサイルで報復する警戒態勢を取りいれた.相手の発射が*早期警戒'システムで探知すれば,着弾前に報復発射する攻撃下発射態勢である.警報が出てから発射までの決断は10分以下とされる.*冷戦'終結後,米国とロシアは,*戦略爆撃機'のすべてと,*大陸間弾道ミサイル'(ICBM)と*潜水艦発射弾道ミサイル'(SLBM)の一定部分について常時警戒態勢を解除した.それでも米露は今も,それぞれ800発を超える核弾頭を一触即発の状態に置いている.攻撃下発射態勢が*核抑止'力の裏付けになっているとの考え方がある一方で,機器の誤作動や人為的な判断ミスで*核兵器'攻撃が起こるリスクがある.バラク・オバマ(Barack Obama)大統領は警戒態勢の低減を課題にあげてきたが,2010年の*核態勢見直し報告'(NPR報告)では,将来的な可能性として「大統領が決定するまでの時間の最大化」を検討するとの方針を示すにとどまっている.それまでと同様に,多くのICBMとSLBMは常時発射できる態勢に置き続けるとした.ロシアは現状を明らかにしていないが,配備ICBMとSLBMは,同様の警戒態勢を維持しているとみられている.

［吉田文彦］

■**高信頼性弾頭置換計画**　Reliable Replacement Warhead Program：RRW

米国は1992年10月から,*核実験モラトリアム'を続けている.これと並行して,*核実験'なしで長期間にわたって*核兵器'備蓄の安全性と信頼性を維持していくため,弾頭の延命プログラム(LEP)を進めてきた.ジョージ・W・ブッシュ(George W. Bush)政権はLEPのもとで,新たに2005会計年度から「高信頼性弾頭置換計画」(RRW)を開始した.主な目的は,①備蓄核弾頭の安全性,信頼性などを改善するために既存のものに換わる核弾頭の研究を行うこと,②既存の核弾頭と同様な軍事的能力を確保して,将来の核実験の必要性を減じることとされた.具体的計画としては,*潜水艦発射弾道ミサイル'(SLBM)用のW76型を置換する核弾頭の研究を進めるものだった.これに対して,既存核弾頭の改善ではなく,新型の開発にあたるとの批判が相次いだ.2009年に就任したバラク・オバマ(Barack Obama)大統領は,選挙キャンペーン中からRRWに慎重な見方を示し,就任後初の2010年度予算教書でRRW計画を停止し,核弾頭の安全性・信頼性向上は,LEPの拡充で進める方針を表明した.　［吉田文彦］

■**合成生物学**　synthetic biology

合成生物学は,生物学,化学,ならびに工学といった学際的な科学技術を用いることで,生命現象を人為的に設計・構成する*ライフサイエンス'領域である.医学分野の基礎研究から環境分野の産業応用など幅広い領域で急速な進歩を遂げている.合成生物学が安全保障において近年注目を集めたのが,2002年エカード・ワイマー(Eckard Wimmer)とその共同研究者により科学誌『サイエンス』において公表された,合成ポリオウイルスの研究である.本研究は,化学合成したオリゴヌクレオチドを繋ぎ合わせ細胞内に移入することで,ポリオウイルスを人工的に再構築したと報告し,研究報告は報道メディアの高い関心を招いた.ただ,DNAの鋳型から生きたポリオウイルスを生成することができる一般的原則は1981年に既に知られており,科学としての新規性に欠ける一方,技術的な合成の方法を公表したことで,この実験はテロリストが*ウイルス'を製造するための雛形を提供したと指摘され,一部科学者コミュニティから懸念も表明された.*生物兵器禁止条約'との関連では,2008年の専門家会合において合成生物学セミナーを開催し,当該科学分野の革新的な進歩を考慮し,同条約の下における科学技術の評価を早急に進めるよう提言された.→アシロマ会議,カルタヘナ議定書,フィンク・レポート

［峯畑昌道］

■**高速増殖炉**　fast breeder reactor

高速増殖炉とは中性子を減速せずそのまま*核分裂'に利用することにより,炉心燃料として消費した以上の燃料を炉心の外側を囲むブランケット燃料に生成させる原子炉を言う.通常は炉心燃料として*混合酸化物'(MOX)燃料を使用し,ブランケット燃料として天然ウランまたは*劣化ウラン'を使用している.また,現在,運転されている高速増殖炉は冷却材として水の代わりにナトリウムを利用している.発電しながら消費した以上の燃料を生成させることができることから,資源の利用効率を飛躍的に高めることが期待され,原子力先進国においてその開発が進められてきた.現段階で実用化には至っておらず,米国やドイツは*軽水炉'に較べた

場合の経済性に課題があることなどを理由に開発から撤退し，また核拡散への懸念から開発に反対する見解もある．現在は，日本の他，フランス，ロシア，中国，インドにおいて開発が進められている．日本では*日本原子力研究開発機構'(JAEA)が高速増殖炉開発の役割を担っており，1977年に実験炉「常陽」，1994年に原型炉「*もんじゅ'」がそれぞれ初臨界に達したが，1995年12月にもんじゅで発生した二次系主冷却系におけるナトリウム漏洩事故などにより開発のスケジュールは遅れている．　[山村 司]

■**高濃縮ウラン**　highly enriched uranium : HEU

ウラン235を20%以上の割合で含むものを指す(IAEA保障措置用語集2001年版，*IAEA Safeguards Glossary 2001 Edition*)．天然に産出されるウランは，約99.3%が非核分裂性のウラン238であり，核分裂性のウラン235は約0.7%しか含まれていないため，ウラン濃縮によりウラン235の割合を高める必要がある．高濃縮ウランは，更なる処理を経ずに核爆発装置に利用できる直接利用物質(direct use material)であるが，一般に，兵器としての信頼性などの観点から，*濃縮'度90%程度以上が兵器級(weapon-grade)と認識されている．なお，広島市に投下された*原子爆弾'(リトル・ボーイ)には，濃縮度約80%の高濃縮ウランが使用された．また，研究用原子炉や，潜水艦など艦艇の推進システムとして原子炉を利用する場合にも，高頻度の核燃料交換が不要で長期の稼働が可能になる高濃縮ウランが燃料として利用されている．ただし，研究用原子炉では，近年高濃縮ウラン燃料は*核不拡散'上の観点から低濃縮化がすすめられている．　[堀尾健太]

■**高密度不活性金属爆薬**　dense inert metal explosive : DIME

高密度不活性金属爆薬は，2006年頃から使用され始めた比較的新しい兵器であり，低密度炭素繊維樹脂の外殻内に炸薬と高密度の不活性金属であるタングステン合金の粉末を充填した爆薬である．また，高密度不活性金属爆薬は，爆発時に飛散するタングステン合金の粉末が空気抵抗により直ぐに速度を失うため，爆発による殺傷効果などを低減させ被害を狭い範囲に限定するとともに，目標への命中精度を向上させた小直径精密誘導兵器で使用されることにより，着弾時の攻撃目標以外に対する被害を局限させたものである．現在，当該兵器を特定してその使用を禁止する国際条約はないが，タングステン合金の人体への影響などの懸念について議論がある．　[竹平哲也]

■**港湾規制**　port control

2006年10月の閣議決定により，特定船舶入港禁止特別措置法第3条第1項に基づきすべての北朝鮮船籍船舶の入港が禁止された．日本人拉致問題などで北朝鮮の姿勢が変化しないことなどを背景に，自民党の有志議員による北朝鮮に対する制裁強化の声が高まり，万景峰号のような北朝鮮籍船舶の入港禁止を求める動きが加速していく．2004年6月に特定船舶入港禁止法が議員立法で成立したことを受け，北朝鮮籍船の日本の港湾への入港が途絶えることとなった．しかし，2014年7月4日に同年5月の日朝合意に基づく対北朝鮮制裁措置の一部解除の決定がなされ，その中には人道目的の北朝鮮船舶の入港を認める旨の決定も含まれることとなった．入港が認められる際には，北朝鮮内にある者が個人で使用する食料，医療品，衣料などの人道物資に限られ，輸出全面禁止措置は維持される．また入港が認められる場合も，原則として事前に認められた人道物資の積み込み以外の活動は認められず，貨物検査法や船舶の入港に関する関係法令および手続きは通常どおり適用されることとなっている．　[山本武彦]

■**5核兵器国会合**　Five Nuclear-weapon States Conference : P5 Conference

5核兵器国の代表が*核軍縮'・不拡散を議論する会合を指す．*NPT再検討会議(2010年)'

を1年後に控えた2009年9月, 核軍縮の進展に対する非核兵器国の不満を緩和するため, 英国政府が, 5核兵器国間の*透明性' と*信頼醸成措置' について5核兵器国が議論する会合をロンドンで主催したのが始まりである. もともと定期化するものとして開催した訳ではないが, ロンドン会合後, 2010年NPT再検討会議から1年後の2011年7月にフランス政府がパリでフォローアップ会合を主催したのに続いて, 2012年6月にワシントンDC, 2013年4月にジュネーブ(ロシア代表部で開催), 2014年4月に北京で開催され, 毎年, 5核兵器国の間で持ち回り開催されるようになった. これまでのところ, *検証', 透明性, 核兵器に関する共通の用語集の作成が5核兵器国の主要課題となっている. 透明性に関しては, 2010年NPT再検討会議で「標準報告フォーム」に基づいて保有*核兵器' および核軍縮努力について報告することが求められたことを受けて, 2014年の5核兵器国会合で報告のための「共通の枠組み」に合意し, 直後に開催された2015年*NPT再検討会議' 第3回準備委員会で同枠組みに基づいた報告を行った. 用語集については, 2015年NPT再検討会議に提出する予定である. ［西田 充］

■小型武器 small arms and light weapons：SALW

1 小型武器の定義 1997年に発表された国連小型武器政府専門家パネル報告書で, 個人が個別に携行・使用する小火器と複数で運搬・使用する軽火器とを合わせたものが小型武器と規定され, 英語ではSALWと表記される. 小型武器の定義は各国毎に異なるが, *国連軍備登録制度' では, 回転式(リボルバー)および自動式拳銃, ライフル銃およびカービン銃, 短機関銃, アサルトライフル, 軽機関銃, およびその他を小火器, 重機関銃, 擲弾発射筒(グレネードランチャー), 携帯対空砲, 携帯型対戦車用砲および無反動砲, 携帯型対戦車ミサイルおよび発射装置, 携帯型対空ミサイルおよび発射装置, 口径100mm以下の迫撃砲を軽火器としている. それぞれの種類の小型武器には, 各国毎に異なった形式の兵器および兵器システムが含まれており, 国際的に統一基準を設けるのは困難である. また, 射撃競技や狩猟で使用されるスポーツライフルや, 護身用の小火器なども存在し, 国連の定義ですべての小型武器が包含されるものではない.

2 小型武器の軍縮 小型武器の軍縮では, 国連軍備登録制度の下で規定されるものと, 2005年の*トレーシング国際文書' で規定された刻印(マーキング), トレーシングなどの非合法取引規制措置が存在する. 小型武器のうち小火器は, 個人の武器携行の権利, 個人の自衛権(護身用など), さらには米国の憲法修正第2条に規定された民兵を組織する権利との関係から, 国際社会が一律に保有制限を課すことは出来ない. このため, 小型武器では移転の*透明性' の向上を図り, 不安定を招く貯蔵の有無を確認することが中心的措置になってきた. 国連軍備登録制度では, 2006年以降, 設立当初規定された7カテゴリーに加え, 各国が一定の形式の小型武器の移転を自発的に報告するよう推奨されている. また, *国連小型武器行動計画' に基づく, 小型武器非合法取引に対するトレーシングのための措置(刻印, 製造・移譲などに関する記録保持)は, 2003年の国連総会で非合法小型武器のトレーシングに関する国際文書の検討が合意され, 3回の検討会議を経た後に, 2005年に政治文書である国際トレーシング文書(ITI)として結実した. なお, 2014年に発効した*武器貿易条約'(ATT)でも, 小型武器は移転規制の対象として規定されている. ［佐藤丙午］

■小型武器・軽兵器に関するOSCE文書 OSCE Document on Small Arms and Light Weapons

2000年11月に*欧州安全保障協力機構'(OSCE)において採択された合意である. *小型武器'・軽兵器の過度な蓄積や拡散による武力紛争の激化・長期化の問題に対して包括的に取り

組むべく協力することを目的としている. 小型武器・軽兵器の製造規制, 製造時の製造年・製造国・製造者・シリアル・ナンバーなどの適切な刻印, 自国領域内の小型武器・軽兵器に関する包括的で正確な記録の長期保持, 自国の製造規制や刻印システムに関する情報共有, 共通の基準(人権および基本的自由の侵害や抑圧のために使用される可能性がある場合には移転許可を控えるなど)に基づいた輸出規制, 輸出・輸入・通過・ブローカリングの規制, 非合法な小型武器・軽兵器の追跡や非合法取引の訴追に関する参加国間の協力, 余剰兵器の特定・削減・破壊, 小型武器・軽兵器の過度の蓄積や拡散の事例の特定による紛争予防, 紛争後における小型武器・軽兵器の回収・管理の意義の検討, 治安状況の安定や治安部門に対する信頼確保が紛争後の小型武器・軽兵器の回収・管理や*武装解除, 動員解除, 社会復帰' (DDR)の成功のために重要であるという認識の確認などが盛り込まれている. ［榎本珠良］

■小型武器国際行動ネットワーク International Action Network on Small Arms : IANSA

1 小型武器国際行動ネットワーク(IANSA)の概要 小型武器国際行動ネットワーク(IANSA)は, ブトロス・ブトロス＝ガリ(Boutros Boutros-Ghali)国連事務総長が『平和への課題・追補』(1995年)の中で取り上げた*ミクロ軍縮' 問題の1つである*小型武器' 問題に関心を持つNGOによる, 統一的な運動体である. 対人*地雷' 問題に関心を持つ団体から構成される*地雷禁止国際キャンペーン' (ICBL)の活動を参考に構成された. IANSAの構成団体は対人地雷問題で活発な活動を展開したNGOと重複するものが多いが, *軍縮' や人道問題だけではなく, 開発, 女性の権利, 子供兵士問題などに関心を持つ団体も参加しており, 小型武器に起因する暴力に関連する諸問題を包括的に扱っている点に特徴がある. IANSAは, 2001年の*国連小型武器会議' を活動の1つの目標にしてきたが, 同会議および2006年の履行検討会議後は, 国連小型武器プロセスで開催される各種会議などでの活動を運動の中核に置いている. 2010年に運営指針を策定し, 小型武器によって引き起こされる暴力の問題に対する政治家および社会の関心の提起, 政策提言や教育・研究を通じて市民社会が武器拡散や武器暴力問題に対処する経験の共有と能力開発, 銃暴力の生存者とその家族の声を社会に届ける, 市民社会の国際および地域の諸活動の推進を活動目標と規定した.

2 IANSAの活動内容と課題 2010年の運営指針で参加者および団体の分類を規定する以前は, NGOから構成される運営委員会がIANSAの活動内容や主張内容を管理していた. 指針策定後は参加者のカテゴリーが明確になり, NGOによる正規メンバー, IANSAの運営に対する投票権が無い, 個人と団体から構成される支援者, 運営への参画は限定的であるが, IANSAが提供する情報を受け取る情報コンタクト, そして小型武器問題で実績がありIANSAの啓蒙活動を支援する意思がある名誉会員に分けられ, 運動体の組織運営と啓蒙活動の役割分担を明確にした. IANSAへの参加団体は, 小型武器問題の解決に向けて, ローカルからグローバルまでの各段階での措置によって人間の安全保障を向上させることを目標に活動などを進めるとしている. その活動目標の重要な柱が小型武器取引を強力に規制する国際条約の成立であり, 2014年に*武器貿易条約' (ATT)が発効したことで, 活動の目標の1つが達成されたといえる. ［佐藤丙午］

■黒鉛減速炉 graphite moderated reactor

原子炉の中でウラン235の核分裂連鎖反応を維持するには, *核分裂' で発生する中性子を吸収・消滅・散逸しないようにうまく利用する必要がある. 核分裂で発生する中性子はエネルギーの高い中性子(速中性子)であるが, U-235の次の核分裂を起こすには中性子を減速し, すなわち中性子のエネルギーを低下させ,熱中性子と呼ばれるエネルギーまで減速する必要がある.この減速材として黒鉛(グラファイト:炭,炭素のブロック)を利用する原子炉のことを黒鉛減速炉という.核分裂した中性子の質量は1に対し,黒鉛は質量が12であり,中性子と衝突しても完全弾性衝突にはいたらず,減速能力は水素には劣るが中性子の吸収は少ないため効率的に減速ができる.実用化した黒鉛減速炉としては冷却材に炭酸ガスを使ったイギリスのコールダーホール型炉があり,天然ウランを*濃縮'せずに燃料にすることができる.イギリスでは*低濃縮ウラン'を用いて出力密度を上げ,出口冷却材温度も高温化に成功した改良型炉も開発している.チェルノブイリ事故を起こした炉は,ロシア製の黒鉛減速沸騰軽水圧力管型炉であり冷却材として軽水を用いている.北朝鮮の寧辺に建設された5MWの原子炉も黒鉛減速炭酸ガス冷却炉である.　［直井洋介］

■国際ウラン濃縮センター　International Uranium Enrichment Center

1　国際ウラン濃縮センター設立の経緯　*エルバラダイ構想'を端緒とする,*燃料供給保証'や*核燃料バンク'を含む*核燃料サイクル'の国際管理等をめぐる一連の議論の中,ロシアにより提案され,設立された,*濃縮'役務の提供および供給保証用ウランの備蓄を行うためのセンター.エルバラダイ構想の第1の点「民生用原子力プログラムのための核兵器へ転用可能な物質(分離*プルトニウム'・*高濃縮ウラン')の生産および加工は多国間管理の施設に限定すべき」に対応するものである.2006年9月の*国際原子力機関'(IAEA)総会にて提案が公表され,2007年6月に概要が提出された.2007年8月,ロシアとカザフスタン政府が同年5月に締結した合意書に基づき第1回株主会合を開催,9月に法人登記がなされた.発足当初の出資比率は,ロシアのTENEXが90%,カザフスタンのカザトムプロムが10%であったが,2008年にアルメニアとウクライナが加盟したことでTENEXの出資比率が引き下げられ,株式が新規加盟国に譲渡された.2009年11月,ロシアとIAEA間の協定,ロシアと受領国間のモデル協定がIAEA理事会で承認された.

2　国際ウラン濃縮センターの概要　国際ウラン濃縮センター(IUEC)は,通常時の燃料供給を担う企業体と,緊急時(供給途絶時)のための濃縮ウラン備蓄の2つの機能を持つ.前者は,一見するとウラン濃縮に関する「多国間管理の施設」のように思えるが,実態としては,IUEC自身はウラン濃縮事業を行っておらず,IUECへの参加主体に対し,ロシアが保有する4つのウラン濃縮施設から,製品あるいは役務の安定供給を保証する,というものである.後者については,文字通り,一定量の濃縮ウランを備蓄することで,前者による安定供給をバックアップする形となっている.　［堀尾健太］

■国際衛星監視機構案　proposal on International Satellite Monitoring Agency

1　提案の背景と内容　1978年の第1回*国連軍縮特別総会'においてフランスが提唱した国際機関である.多数国間*軍備管理'・*軍縮'条約の履行を確保し,武力紛争状況を宇宙からモニターする国際衛星監視機構(ISMA)の設立を訴えるものであった.はじめは*人工衛星'を有する国家からの情報提供を受け,最終的にはISMA自身の衛星保有までを予定していたが,当時,高性能の偵察衛星を有していた米ソ両国がその技術を公開せず,提案は実現しなかった.

2　その後の展開　その後も,同種の提案をソ連,フランス,カナダ,欧州評議会などが行ったがいずれも実現しなかった.しかし,リモート・センシング衛星の技術進歩を受け,1993年に欧州独自の監視機関,西欧同盟衛星センターがスペインに置かれた.民生用リモート・センシング衛星と欧州の偵察衛星を用いて加盟国の要求に応じた紛争状況の監視などを行い,調査結果を加盟国間で共有する.センターは後に欧州連合に移管, 現在は欧州連合衛星センターとなっている. また現在は, 高精度になった民生用リモート・センシング衛星を利用してISMAと同様の活動を行う, 米国のグローバルセキュリティ・オルグ(GlobalSecurity.org)のような非政府機関もあらわれている.　[橋本靖明]

■**国際科学技術センター**　International Science and Technology Center : ISTC

国際科学技術センターは, *冷戦' 終結後, ソ連崩壊により*核兵器' をはじめとする*大量破壊兵器' に関する技術が, 科学者や技術者の流出を通じて拡散するのを防止するため, ロシアに設立された国際機関である. 日本, 米国, ノルウェー, 韓国, カナダ, EU, ロシア連邦が参加する. 支援対象国はロシア, ジョージア, アルメニア, ベラルーシ, カザフスタン, キルギスタンである. 1992年3月, 日本, 米国, EC, ロシアが設立を宣言した. 冷戦の終結後, 旧ソビエト連邦の崩壊により, ロシアや旧ソビエト連邦諸国の核兵器, *化学兵器', *生物兵器', *ミサイル' といった大量破壊兵器計画に従事する技術者の多くが経済的に不安定な状態となり, 彼らを通じて, いわゆる*ならず者国家' などへ技術が流出する危険が生じた. そのため, ①旧ソ連邦諸国の大量破壊兵器開発科学者などに平和活動に従事する機会を与えること, および, ②市場経済への移行を強め, 研究および技術開発(特に環境保全, エネルギー生産, 原子力安全の分野)を支援することで技術者の流出を防止するISTCが設立され, 欧米各国とロシアなどの技術者との共同プロジェクトの支援などを行っている.　[小林直樹]

■**国際核セキュリティ諮問サービス**　International Nuclear Security Advisory Service : INSServ

1　概要　*国際原子力機関' (IAEA)が, 国の要請に基づいて提供する, *核セキュリティ' 分野における諮問サービスの1つであり, 国が核セキュリティ上のニーズを特定し, 必要な措置の実施を計画することを支援することを目的としている. 国際核セキュリティ諮問サービス(INSServ)では, 国際的な専門家から成るミッションが, 要請国における核および放射線テロ防止のための国内措置の状況を評価する. 評価は関連する国際文書やIAEAの*核セキュリティ・シリーズ文書' に示される勧告や指針に照らして行われる. 従来のINSServでは, 国の核セキュリティ体制全体が広く評価されたが, 2010年以降はモジュールと呼ばれる項目から評価分野の選択が可能となり, 各国のニーズに応じた柔軟性のあるサービスとなった. モジュールには, ①核セキュリティに関するインフラ, ②検知および対応システムと措置, ③大規模行事の核セキュリティの3項目があり, 将来的には放射線犯罪現場管理および*核鑑識' 評価などの項目が追加される予定である. ミッションの終わりには, 改善のための勧告や助言, 良好事例なども含む報告書が作成される. 報告書で特定される一連のニーズは, *統合核セキュリティ支援計画' 作成の基礎としても使用され, 体系的に国の核セキュリティ体制の向上を図ることが可能となっている. また, ミッション受領の2, 3年後にはフォローアップのためのミッションを要請することが奨励されており, 現状を見直し, 継続的に改善を図ることが理想とされている. 2014年6月末までに, 63カ国がINSServを受入れ, 74のミッションが実施されている.

2　有用性　国家が核セキュリティ確保の責任を有することは国際的な原則である. よって, 各国の核セキュリティ実施状況を第三者が検査し, 国による責任や国際的義務の履行を*検証' するメカニズムは現時点において存在しない. 他方で, 核セキュリティ事象は国境を越えた影響を及ぼす可能性があり, ある国の核セキュリティ措置の欠如が他の国での*核テロリズム' を引き起こす可能性も否定できないため, 各国の核セキュリティ状況は国際社会の関心事となっている. 国は, INSServの受入れによって, 自国の核セキュリティ上の弱点や課題の把握が可能となるのみならず，自国の核セキュリティへのコミットメントを国内外に示すことができる．また，IAEA は INSServ による評価を通じて国のニーズに合った機器，訓練等のサービスを提供することが可能であり，INSServ は IAEA が効果的に国のキャパシティ向上を支援する上で有用なツールにもなっている．［堀部純子］

こ

■国際核燃料サイクル評価 International Nuclear Fuel Cycle Evaluation：INFCE

1 議論の経過 米国の提唱により，原子力の*平和的利用’と核拡散防止の両立を探求するための技術的検討を行うことを目的に 1977 年 10 月に約 2 年間の予定で開始された国際的な評価活動．INFCE では，*核燃料サイクル’にかかるさまざまな技術（*濃縮’，*再処理’，*高速増殖炉’，供給保証，使用済み燃料管理など）について 8 つの作業部会において検討が行われた．INFCE では，46 カ国と 5 国際機関から 500 名を超える専門家の参加を得て議論が行われた．日本は，英国とともに再処理・*プルトニウム’利用を検討する第 4 作業部会の共同議長国を務めるなど，INFCE の検討に積極的に参加した．

2 結果の概要 INFCE による核燃料サイクル評価の結果は広範囲におよぶが，その中でも核不拡散上注目すべき点として次のようなことが挙げられる．①基本認識として，原子力発電所を運転すれば，必ずプルトニウムが生産される．したがって，問題はプルトニウムの生産をいかに回避するかでなく，生産されたプルトニウムをいかに管理するかである．②原子力発電において生成される使用済燃料に関し，*ワンススルー’サイクル（直接処分）と再処理・プルトニウム利用サイクルの 2 つの選択肢の核不拡散リスクについては，現在および将来にわたって普遍的に正しい評価はできない．（ワンス・スルーサイクルにしても使用済燃料中にプルトニウムがある以上長期間貯蔵に伴ない核拡散の危険が存在し，再処理プルトニウム利用サイクルに比べて長期的にみて特に核不拡散上優位ではない）．③核物質転用リスクを軽減するためにいくつかの技術手段があるが，核不拡散の手段としては*保障措置’が最も有効である．

すなわち，さらなる保障措置技術の改良と，国際制度の整備や核不拡散に有効な技術手段の確立を図ることによって核不拡散と原子力の平和利用は両立しうるとした．当時，米国はワンス・スルーサイクルの絶対的優位を主張したが，INFCE における検討の結果，長期的にみてワンス・スルーサイクルの再処理・プルトニウム利用サイクル対する核不拡散上の優位性はないとの評価となった．このことから，再処理・プルトニウム利用という日本の原子力政策の方向性について，ある意味，国際社会の同意が得られる結果となった．一方で，核燃料サイクル推進においては，保障措置技術の向上などが求められることになり，その後，東海再処理工場をはじめとする日本の核燃料サイクルにおける保障措置の改良強化が進められていった．［久野祐輔］

■国際核物質防護諮問サービス International Physical Protection Advisory Service：IPPAS

*核物質防護’に関して，各国からの要請に基づいて実施される，*国際原子力機関’（IAEA）の*ピア・レビュー’・サービス．政府機関および原子力事業者の双方を対象としており，政府の体制や法規制，許認可，各施設における核物質防護の実施状況などについて，IAEA 核物質防護勧告（*INFCIRC/225’）や国際的なベストプラクティスを参照しながら，評価を行い，*核物質防護条約’や INFCIRC/225 に準拠した必要な防護措置を行う上で必要な助言や勧告を行う．IAEA が主導しているが，レビュー・チームの主体は各国の専門家から構成される．1996 年以降，2013 年末までに 39 カ国に 61 ミッションが派遣されている．レビュー・チームは出国までに報告書のドラフトをまとめ，それをもとに受入国と協議を実施し，受入国の意見を参考にし

ながら最終報告書を作成することになっている.報告書提出を受け,人材育成やトレーニング,法規制制度の整備,核物質防護の強化などフォローアップの活動が受入国もしくはIAEAによって実施される.なお,日本では2015年2月に初めてのIPPASミッションを受け入れた.　［堀尾健太］

■国際監視制度(CTBTの)　International Monitoring System of CTBT:IMS

1 制度の概要　*包括的核実験禁止条約'(CTBT)に違反する*核実験'の実施を監視,検出するための国際的な観測ネットワークシステムである.CTBTの*検証'制度の基礎となっており,国際監視制度(IMS)から検出されたデータおよび各国から提出されたデータにより,各締約国は核実験の疑いの有無を判断する.主に地下実験により発生する地震波を探知する地震学的監視観測所170カ所(常時観測データを送信する主要観測所50と要請に応じてデータを送信する補助観測所120),主に大気中の核実験によって発生する極低周波不可聴音を探知する微気圧振動観測所が60,主に海中核実験によって発生する水中音を探知する海中の水中音波観測所が6カ所と陸上の海中音波(T-Phase)観測所が5カ所,核爆発から発生する*放射性降下物'を観測する放射性核種観測所が80カ所(その中で40観測所は希ガスの観測機能有)と放射性核種実験施設16カ所の,世界27カ国に置かれた合計337の施設とデータの通信システムおよび各施設から送られるデータを集積,管理,解析するためにウィーンの*暫定技術事務局'(PTS)に置かれている国際データセンター(IDC)から成り立っている.各観測所は地球全体をカバーするように設置されており,地球上のどの地点であっても,1kt以上の核実験を探知することが可能とされている.

2 現状と課題　2014年8月の時点で,337施設のうち,すでに278の施設が設置,認証が完了しており,21が設置済み,19が建設中,そして19が計画中である.IDCと通信システムもすでに稼働しており,2000年から収集したデータの各国への送信作業を開始している.*現地査察'の実施訓練の進展と併せて,すでにCTBTの検証体制は実質的に機能していると言うことができる.しかし,CTBTの国際監視制度は,1990年代前半の技術を基に構築されており,条約が未発効のために,その後の技術の発達に応じた更新,改良作業に必要な条約や議定書の改正が難しいという問題が生じている.たとえば,条約交渉時には費用や信頼性の点で導入が見送られた*人工衛星'からの監視や電磁波観測などについて,再検討すべきとの指摘もある.また,2011年3月11日の東日本大震災の際には,IMSは本震,余震,津波および福島第一原発の爆発,放射能漏れに関する膨大な科学的データをリアルタイムで観測,収集したが,CTBT本来の目的とは異なるために,関連する他の国際機構や政府機関との間の連絡調整に手間取り,対応が遅れたとの反省から,データの他分野への応用についても現在検討が進められている.

［広瀬 訓］

■国際刑事裁判所に関するローマ規程

Rome Statute of the International Criminal Court:ICC Statute　［署名］1998.7.17(ローマ),［発効］2002.7.1,［改正］2010.6.11(検討会議決議5),2010.6.12(検討会議決議6),［日本］〈加入書寄託〉2007.7.17,〈公布〉2007.7.20(平19条約6),〈発効〉2007.10.1

1998年に成立した国際刑事裁判所に関するローマ規程は,国際的武力紛争における戦争犯罪の1つとして,「窒息性ガス,毒性ガス又はこれらに類するガス及びこれらと類似のすべての液体,物質又は考案物を使用すること」を挙げている.「窒息性ガス,毒性ガス又はこれらに類するガス及びこれらと類似のすべての液体,物質又は考案」は,1925年の*ジュネーブ議定書'に用いられた*化学兵器'の古典的な表現にほかならない.本規程は2010年の検討会議において改正され,「窒息性ガス,毒性ガス又はこれらに類するガス及びこれらと類似のすべての液体,物質又は考案物を使用すること」が非国際的武力紛争における戦争犯罪の1つとして追加された.ローマ規程の起草過程では*生物兵器'の使用と*化学兵器禁止条約'に定式化された化学兵器の使用を国際的武力紛争における戦争犯罪とする条文案が,ローマ規程の検討会議では*生物兵器禁止条約'に依拠した生物兵器の使用と化学兵器禁止条約に依拠した化学兵器の使用を国際的および非国際的武力紛争の双方における戦争犯罪に加える改正案が,別途提出されていたものの,これらは最終的に採択されなかった.

[阿部達也]

■国際原子力エネルギー協力フレームワーク International Framework for Nuclear Energy Cooperation : IFNEC

ジョージ・W・ブッシュ(George W. Bush)政権が主導した原子力に関する国際的な研究開発および*核不拡散'強化の枠組み,*国際原子力エネルギー・パートナーシップ'(GNEP)の米国内の活動は,2009年のバラク・オバマ(Barack Obama)政権の誕生により終了することとなったが,国際的な活動に関しては国際原子力エネルギー協力フレームワークに引き継がれることとなった.2010年6月にガーナで開催されたGNEPの運営グループ会合において,GNEPをIFNECに改組することが合意され,「ミッションに関する声明」が採択された.GNEPは核不拡散の観点から,既に*核燃料サイクル'を実施している国以外への*濃縮',*再処理'能力の拡散を防止し,そのためにこれらの国に対し燃料供給を保証するという,燃料サイクルの多国間管理の枠組みの構築を目指すことを前面に打ち出していた.これに対し,IFNECは「ミッションに関する声明」にも述べられているように,原子力の*平和的利用'が効率的に,かつ最高レベルの安全,セキュリティ,核不拡散の基準を確保しつつ行われるための国際協力の緩やかな協議体といった性格が強い.2014年9月現在,IFNECには32の国が正式メンバーとして参加するとともに,オブザーバーとして31の国,4つの国際機関が参加している.執行委員会(閣僚級)の下に運営グループ会合および2つのワーキンググループ(基盤整備,信頼性が高い核燃料サービス)が設置されている.

[山村 司]

■国際原子力エネルギー・パートナーシップ Global Nuclear Energy Partnership : GNEP

GNEPは,*核燃料サイクル'による原子力エネルギー供給の拡大を図りつつ,エネルギー,環境,開発,*核不拡散'上の諸問題への対応を図ることを目的として,2006年2月,ジョージ W. ブッシュ(George W. Bush)政権下の米国政府が提唱した構想である.サミュエル・ボドマン(Samuel Bodman)*エネルギー省'長官が発表した.GNEPは,核不拡散性の高い先進的核燃料サイクル技術の開発や,*濃縮'・*再処理'の放棄を表明するなどの条件を満たす国への核燃料供給,途上国向けの小型炉の開発などを検討対象とした.米国はまず,核燃料サイクル技術保有国である日本,フランス,ロシア,中国に参加を呼びかけ,これら5カ国がGNEPの原則を議論した.その後,米国主導で加盟国の拡大が図られ,構想も変化し,先進技術の開発よりは短期的な成果達成に重点が移った.2009年のバラク・オバマ大統領(Barack Obama)就任後,再処理施設などの米国内設置が否定され,2010年6月には,GNEPが「*国際原子力エネルギー協力フレームワーク'」(IFNEC)と改称され,安全や不拡散の高い基準を満たす原子力平和利用協力のあり方を議論するフォーラムとなった.

[小溝泰義]

■国際原子力機関 International Atomic Energy Agency : IAEA

原子力の*平和的利用'の推進と原子力の軍事転用防止を目的とする国際機関で本部はウィーンにある.2014年2月現在,加盟国162カ国.通常予算3億3千万ユーロ(2013年度).

1 設立の背景 広島, 長崎への原爆投下により核の時代が幕を開けると, 原子力の管理が国際的課題となった. 1945年11月, 米英加3カ国首脳の共同宣言(Three Nations Agreed Declaration on Atomic Energy)は, 戦争の防止によってのみ科学知識の破壊的利用を防げるとする一方, 原子力の平和的利用の有用性を認め, 原子力国際管理の検討を国連に求めた. 国連総会決議第1号(1946年1月)で「原子力エネルギーの発見から生じた諸問題を検討するための委員会の設立」が議決されたが, 同委員会は具体的な成果を出せず, ソ連, 英国が核兵器を開発. 原子力発電の要請も高まった. こうした状況下, 1953年12月米国大統領*ドワイト・アイゼンハワー' (Dwight Eisenhower)が国連総会で行った「*平和のための原子力'」(Atoms for Peace)演説を契機に, 1956年10月*国際原子力機関憲章' が作成され, 1957年7月発効, IAEAが発足した. IAEAは, 国連との連携協定(1957年11月発効)により, 国連システムに属する独立の機関と位置付けられ, その活動を国連総会, 安全保障理事会および経済社会理事会に報告する.

2 任務および組織 ①任務:IAEAは, 原子力の*平和的利用' 推進と軍事転用防止を目的とし(憲章第2条), その実現のため, 原子力平和利用の研究開発・実用化の奨励, 技術・機材等の供与, 情報交換, 科学者・専門家の交流及び訓練, 軍事転用防止の*保障措置' 実施, 健康保護・安全基準の設定等の権限を有する(憲章第3条). ②組織:総会, 理事会及び事務局. 総会は, 全加盟国の代表者で構成. 年1回の通常会期および要請により特別会期を開催. 議決は, 単純多数決が原則だが財政問題, 憲章改正等の特定事項は3分の2の多数決で決定する. 一般討論, 勧告を行うが, 憲章に定める任務は限定的で, 理事国選出, 加盟国承認, 予算承認, 国連への報告の承認, 事務局長任命の承認などである. 理事会は, 総会に対し責任を負うことを条件にIAEAのあらゆる任務を遂行する権限を有する. 議決は, 予算等の特定事項(3分の2の多数決)を除き単純多数決である. 実際にはコンセンサス議決が一般的である. 事務局は, 理事会が任命し, 総会が承認する事務局長(任期4年)が統括する. 現在は第4代天野之弥事務局長(日本). 職員数は約2500人(出身国120カ国以上)で, 6人の事務次長がそれぞれ管理運営, 原子力エネルギー, 保障措置, 技術協力, 原子力科学・応用および原子力安全・セキュリティの各局の長を務める. 本部事務局のほか, 東京に地域事務所, ニューヨークとジュネーブに連絡事務所, サイバースドルフ(オーストリア)とモナコに研究所を有する.

3 事業活動 原子力の平和的利用の推進と軍事転用防止の保障措置が中心. チェルノブイリ原発事故後, 安全基準や原子力安全諸条約等の原子力安全分野が強化され, 9.11米同時多発テロ後, *核物質防護' に加え, 他の放射性物質や施設の防護等を含む*核セキュリティ' 分野が強化された. 平和利用推進の分野では, 原子力発電に関する情報交換, 支援, 研究・開発等のほか, 保健, 鉱工業, 農業, 水資源, 環境等の幅広い分野で放射線技術の利用を促進し, 品種改良, ツェツェバエの駆除, がん治療行動計画等も推進している. 平和利用全般に技術協力が実施され, その主財源は技術協力基金である. 保障措置は, 1960年代IAEAを通ずる核物質等の供与や*2国間原子力協力協定' の実施に関し, 制度が整備され始め, 1970年発効の*核兵器不拡散条約' (NPT)が締約国である非核兵器国に, 平和的利用の核物質全体を対象とする*包括的保障措置協定' の締結を義務付けたことにより, IAEA保障措置の基盤が確立した. 1990年代初頭, イラク, 北朝鮮の核問題を契機に, 保障措置の対象範囲とアクセスの拡大を内容とする*追加議定書' が採択(1997年)され, その普及が図られている. 2005年には, 核不拡散等の活動が評価され, ノーベル平和賞がIAEAとエルバラダイ事務局長(当時)に授与された. [小溝泰義]

こ

■**国際原子力機関憲章** Statute of the International Atomic Energy Agency

1 国際原子力機関憲章の概要 *国際原子力機関'(IAEA)の構想は, 1953年12月8日米国ドワイト・アイゼンハワー(Dwight Eisenhower)大統領の国連総会における「*平和のための原子力'(Atoms for Peace)」演説で打ち出されたのが最初である. 基本的構想は, *平和的利用'のための原子力活動, 特に核物質が軍事転用されないよう監視するための国際機関として提案された. その構想に基づき, 1956年10月23日, 国連本部で開催された「IAEA憲章のための会議」にて81カ国が全会一致で決議され, 憲章に基づき, 1957年7月29日に発効した. 憲章は過去3回改正されてきた. 1963年1月31日, 1973年6月1日, そして最終改正は1989年12月28日であり, すべて第6条(理事会)についてであった. 憲章は全部で23条であり, 重要な条項としては, 目的(第2条), 任務(第3条), 総会(第5条), 理事会(第6条), 物質の供給(第9条), 機関の*保障措置'(第12条)等がある.

2 憲章の重要条項 「目的(第2条)」では, 原子力平和利用の促進(「原子力の貢献を促進し, 及び増大するように努力しなければならない」)とその援助活動が軍事目的利用を促進しないように「できる限り確保しなければならない」とされている. この目的に基づき, 重要なのが「任務(第3条)」である. ここには, A1~4項目で, 平和利用を援助するための任務が書かれているが, A5にそれらの活動が「軍事的目的を助長するような方法で利用されないことを確保するための保障措置を設定し, かつ, 実施すること」ならびに2国間や多国間協力の下で要請を受けた時に保障措置を適用することが明記されている. さらにA6では「健康を保護し, 並びに人命及び財産に対する危険を最小にするための安全上の基準(労働条件のための基準を含む.)を設定」することを明記している. またA7では, 関係国・地域でIAEAが用いる施設等が不満足なものである場合に, 自らが施設を取得・設置することができることも規定している. 「総会(第5条)」「理事会(第6条)」は, IAEAの意思決定を規定する重要な条項である. 「総会(第5条)」はIAEAの決定機関として, E項で決定すべき項目として, ①理事国の選出, ②加盟国の承認, ③権利の停止, ④年次報告の審議, ⑤予算の承認, ⑥国連総会への提出書類の承認, ⑦国連総会への勧告, ⑧借入, 拠出の受諾, ⑨憲章の改正, ⑩事務局長の任命承認, を上げている. 「理事会(第6条)」はAにて理事会の構成が規定されている. 理事国の選出は総会の任務であるが, A1で退任する理事国が次の理事国として「原子力技術(核物質の生産を含む)で最も進んでいる10カ国」とその国々が属していない地域から1カ国指定することができる. 」とするなど, 原子力先進国と途上国, および地域のバランスなどを考慮することが規定されている. 「物質の供給(第9条)」はあまり知られていないが, 加盟国が所有する核物質をIAEAに提供することができる, という規定である. 提供された核物質をIAEAが貯蔵, 管理することが規定されており, 濃縮ウランや*プルトニウム'の国際貯蔵といった*多国間アプローチ'の実施につながるものとして注目される. 「機関の*保障措置'(第12条)」は保障措置の実施に伴うさまざまな規定が書かれているが, 特に違反した場合「援助を停止し, 又は終止し, 並びに当該計画の促進のため機関又は加盟国が提供したいずれかの物質及び設備を撤収すること. 」(A7)と規定されている.

3 今後の課題 今後の課題としては, 原子力平和利用(推進)と核不拡散や安全(規制)という利益相反の可能性がある任務をどう考えていくか. また, 任務には含まれていないが, 今後期待される*核軍縮'や*兵器用核分裂性物質生産禁止条約'(FMCT), あるいは*非核兵器地帯'の*検証'における役割などを規定していくか, などが考えられる. ［鈴木達治郎］

■**国際原子力機関探知目標** IAEA Detection goal

*包括的保障措置協定'の第28項に,*保障措置'の目的は,*核兵器',あるいはその他の核爆発装置の製造,あるいは不明な目的のために,*有意量'の*核物質'の平和利用からの転用を適時に検知することと記載されている.ここには,「有意量」という量的目標と,「適時に検知」という検知までに許容される時間的目標とが含まれており,保障措置手段を設計し実施するために,この有意量と時間的な適時性目標を設定する必要があった.有意量は,1967年10月に公開された国連の文書を参照して設定した.「1個の核爆発装置が製造される可能性を排除できない核物質のおおよその量」とIAEA保障措置用語集に規定されている.適時性目標は,不法入手した核物質が核爆発装置の部品である金属形態に転換されるまでの転換時間を参照して,「1有意量の核物質が転用されていないと結論するまでに許容される時間」として設定されている.有意量は核分裂を起こさないプルトニウム238が80%以下の*プルトニウム'については8kg,ウラン235の*濃縮'度が20%以上の*高濃縮ウラン'は25kgと規定されており,適時性目標は,未照射の直接利用物質(核爆発装置に使用するために追加的な処理を必要としない高濃縮ウランやプルトニウム)の場合は1カ月と規定されている.　[菊地昌廣]

■**国際原子力機関年次報告書**　IAEA Annual Report

*国際原子力機関'(IAEA)憲章第6条Jに基づき,IAEA理事会は毎年IAEA総会に年次報告書を提出することとなっており,IAEA理事会は通常6月理事会にて年次報告書を採択し,9月のIAEA総会に提出している.同報告書は,IAEAの活動を①(発電および非発電分野における)原子力技術応用,②原子力安全および*核セキュリティ',③*検証',④技術協力の大きく4つに分けて,それぞれの分野における1年間の主な活動や成果などについて,データやグラフ,図などを用いながら網羅的に報告する内容となっている.特に,各国における原子力エネルギーの依存度や普及度,将来の見通し,保健,農業,食糧,水資源管理といった非発電分野における原子力応用の発展のためにIAEAが行っている活動や各国の需要などについても,年次報告の中で詳細に報告されており,幅広い分野におけるIAEAの活動の実態を知る上で有益な報告書となっている.なお,年次報告書は,IAEA憲章第3条B3に基づき,国連総会に対しても提出されることになっており,例年10月～11月にIAEA事務局長が国連総会に出席し,年次報告書の紹介を行っている.年次報告はIAEAウェブサイト上にて公開されている.

[樋川和子]

■**国際人道法**　international humanitarian law

1　概念　国際人道法は,第二次大戦前の「戦時国際法」や「戦争法」,また戦後の「武力紛争法」に取って代わり新しい内容を含むものである.その背景には,国連憲章で一般に戦争が違法化されたこと(違法戦争観により平時の国際法関係に一元化),また国際法も人の生きる権利を尊重すべきとする観念がある.国際人道法は現代の戦争・武力紛争において紛争当事国間の敵対関係(国際武力紛争)を中心に適用される.広義では「戦争法」のほか,経済戦の規制,条約法の若干の規制,中立規制などを含み,狭義ではハーグ法(害敵手段・方法の規制)とジュネーブ法(戦争犠牲者保護)がある.たとえば*赤十字国際委員会'(ICRC)は,1977年の*ジュネーブ諸条約第1追加議定書'のコンメンタールで,つぎのように定義した.「条約又は慣習によって確立された国際規則であって,国際武力紛争又は非国際武力紛争から直接生じる人道的諸問題の解決を特別に意図し,また,紛争当事国が選択する戦争の方法と手段を使用する権利を制限し又は紛争によって影響を受けることになる人と財産を保護するもの」である.人道法は人権法と混同されやすい. 人権法(国際人権規約など人権に関する国際文書)は, 一般に武力紛争時以外のときに適用を予定されているもので, そのまま人道法の一部とみなされるものではない.

2 形成・展開過程　戦後の人道法の形成は2つの作業に大別される. 1つ目は1949年ジュネーブ諸条約の成立である. これは大戦直後の1946年赤十字国際委員会が招集した各国赤十字社予備会議にはじまる. 以後, 傷病者・海戦・捕虜・文民という4つの問題に関する新条約案が審議され, 赤十字国際会議が統一草案を作成した. 翌年1949年ジュネーブ外交会議で, ジュネーブ4条約を採択した. これらは事実上の戦争にもその適用を拡大すると明示した. また内戦といった非国際武力紛争の場合に適用される共通条文(3条)がおかれた. ただしジュネーブ諸条約は, ハーグ法に直接及ぶものではなかった. 2つ目は1977年追加議定書にいたる作業である. 植民地体制の崩壊過程で1960年植民地独立付与宣言があり, 民族自決権の確立に向かう国連体制が進展する. アルジェリア独立闘争とベトナム戦争を背景に, ジュネーブ諸条約に対する2つの追加議定書案(ICRC最終草案)が作られ, 第三世界の諸国多数が参加する外交会議に提出された. 1977年の第1追加議定書は国際武力紛争について102カ条と2つの付属書からなり, 第2追加議定書は非国際武力紛争について24カ条を定める. 追加という形式をとりながらも, 内容上は同条約の体制や枠をこえる新しい方向を示している. 2つの追加議定書は1978年12月7日に発効した. その後内戦に適用される人道規則の拡充が図られた(*地雷' や焼夷兵器など). また*特定通常兵器使用禁止制限条約' (CCW, 1980年), 傭兵禁止条約(1989年), テロリスト関連条約(1997年)なども定められた.

3 機能・現代武力紛争　1977年時点の条約規定がその後現代武力紛争において一般的適用のなされる規定になったかどうか. つまり条約の慣習法化という問題がある. イラン・イラク戦争(1980年9月−88年8月20日)で, 国連やICRCによって人道法の適用可能性が模索された. たとえば①害敵手段・方法(爆撃・環境破壊・*化学兵器' 使用)の規制違反, ②戦争参加者・犠牲者(児童・捕虜・抑留者)の取り扱いである. 湾岸戦争(1990年8月2日−91年2月末)では, 上記①②のほかに, 戦争犯罪人の処罰が問題となった. 9.11事件とアフガン武力紛争・「反テロ戦争」では, 米・英の軍事行動は, 違法な武力干渉行為ではないかという問題を抱えたが, 武力行使の事実があるかぎりにおいて国際武力紛争とみなされる. アフガン武力紛争での米・英の空爆には, ハーグ法とくに軍事目標主義と無差別攻撃禁止の規則が適用される. 捕捉・抑留されたタリバン・*アルカイダ' 兵はテロ犯罪人か捕虜か, その取り扱いは国際武力紛争か非国際武力紛争かで差異が生じる. とくに600人以上の40カ国にのぼるグアンタナモ米軍基地の抑留は, 戦争犯罪行為とみなすか(捕虜条約の適用), テロ行為とみなすか(国内刑事法および*爆弾テロ防止条約' などテロ防止関連諸条約の適用)で, 裁判の場所も手続きも異なるはずである. 「反テロ戦争」では, 人道法と国際刑事法の競合関係があらそわれる. もし武力紛争状態であれば人道法が優先し, もし武力紛争状態でなければもっぱら刑事法(人権法をふくむ)の適用がある. イラク戦争での米・英軍のイラク領域への先制攻撃は, 国際法上違法性の強いものだったが国際武力紛争に該当する. 米・英側の戦争開始責任の有無および人道法違反の戦争犯罪の問題をどこでどう取り扱いできるか. これは難問として残っている. 2002年7月*国際刑事裁判所に関するローマ規程' が発効し, 翌年3月に開所した国際刑事裁判所(ICC)は, 発効日以後に行われた集団殺害犯罪(ジェノサイド), 人道に対する犯罪および戦争犯罪について管轄権を行使している.

[浦田賢治]

■**国際弾薬技術的ガイドライン**　International Ammunition Technical Guidelines : IATG

2005年の*トレーシング国際文書’においては, *小型武器’・軽兵器が規制対象とされる一方で, 小型武器・軽兵器用の弾薬は規制対象に含められなかった. しかし, 同国際文書が附属されていたオープンエンド作業部会の報告書に含まれた勧告には,「小型武器・軽兵器の弾薬の問題について, 別の国連プロセスのなかで包括的な形で取り組む」と記されていた. その後, 2006年の国連総会決議に基づき, 通常兵器の弾薬の余剰在庫に関する協力を促進すべくさらなるステップを検討するための政府専門家グループが2008年に設置された. 同年の国連総会に提出された同グループの報告書は, 各国が任意で利用することが可能な技術的ガイドラインを国連において作成することを勧告した. 2008年の国連総会決議にも, この技術的ガイドラインを作成する旨が盛り込まれ, *国連軍縮部’のもとで米国, ドイツ, ブラジルなどの国々の専門家などが参加してパネルが形成された. このパネルにより, 2011年に, 弾薬の在庫管理, 国際移転, 刻印, 追跡, 輸送, 破壊を含む多岐にわたる項目を扱う国際弾薬技術的ガイドラインが作成された.

［榎本珠良］

■国際電気通信連合 International Telecommunication Union : ITU

国際電気通信連合憲章に基づき無線通信と電気通信分野において各国間の標準化と規制を確立することを目的とする国連専門機関の1つである. 1865年に設立された万国電信連合を前身とするため, 世界最古の国際機関とされている. 放送や衛星通信などの無線通信で使用する電波の国際的な分配および混信防止のための国際的な調整, 国際的な電気通信の標準化の促進などを主な業務とし, 4年おきに開催される全権委員会議を最高機関とし, 理事会, 無線通信部門(ITU-R), 電気通信標準化部門(ITU-T), 電気通信開発部門(ITU-D), 世界国際電気通信会議, 調整委員会および事務総局からなる. 総加盟国は2014年現在193カ国で, ジュネーブに事務総局を置く. なお, ITUの議論には, 700以上の民間企業や学術・工業団体などが投票権をもたない「連合員」という立場で参加することが公式に認められている点が特徴的である. なかでも有限な天然資源である周波数と衛星軌道位置の国際調整を行う, 宇宙通信に関する無線周波数の調整は原則として「早い者勝ち」方式を採用しているため, 周波数を登録しながら実際には衛星の打ち上げを行わない「ペーパー衛星」問題が課題となっている. ITU事務総局は法務部のチェック機能の強化や申請料の有償化, 適正手続きの確認などの対策を取ってきているが, 依然として解決には至っていない.

［竹内 悠］

■国際バイオセーフティ学会連盟 International Federation of Biosafety Associations : IFBA

国際バイオセーフティ学会連盟(IFBA)は, 60を超える*バイオセーフティ’学会や関連組織が加盟する国際NGOである. 2001年の米国における*炭疽菌郵送事件’以降, 先進国にある実験施設では, 病原体を適切に管理するための体制が整備されつつある. 他方, 東南アジア, 中央アジアおよびアフリカなどの発展途上の地域にある実験施設では, 科学者が安全に作業を行うための機器や設備が充分ではないところも多くある. これらの地域は, 鳥インフルエンザやエボラ出血熱などの自然発生的な感染症の脅威が高い地域でもある. IFBAは, 世界保健機関(WHO)の『実験室バイオセーフティ指針(第3版)』(2004)などの国際的なガイドラインに示されている原則や実践を, 地域の必要性や条件に合わせて活用するための取組みを行っている. また, 感染性のある病原体を安全に扱うことができる実験施設の設計, 必要な器具の調達, および運営の支援なども実施している. そのほか, 設立して間もないバイオセーフティ学会のサポートおよび実験施設の運営に携わる関係者への教育や訓練なども行っている. IFBA の活動は, バイオセーフティに関連するものが多いが, それが実験施設バイオセキュリティ強化のための土台になると考えられている. →バイオセキュリティ, グローバル・ヘルス・セキュリティ, 生物学的脅威　[天野修司]

■国際反核法律家協会　International Association of Lawyers Against Nuclear Arms: IALANA

第3回*国連軍縮特別総会' (SSD Ⅲ)の前年1987年8月, 核政策法律家委員会(LCNP: 米国)とソビエト法律家協会がニューヨークで国際会議を共催し, 以後世界の法律家に呼びかけた. 翌年1988年4月ストックホルムで創立集会を開催して, 核戦争の防止と国際法の遵守を求める法律家の社会的責任を定めた規約を採択し, 米国・ソ連・スウェーデンを代表する3名の共同会長制で発足した. これを機会に日本反核法律家協会(JALANA)が結成されることになった. ソ連解体後の1992年, アムステルダムで開催の第2回総会でIALANAは世界保健機関や国連総会に働きかけ, 国際司法裁判所(ICJ)に*核兵器' の使用と使用の威嚇の合法性に関する勧告的意見を求める決定をした. このプロジェクトは「世界法廷運動」の名で展開され, 日本反核法律家協会は*マルテンス条項' にいう「公的良心の宣言」署名運動でおおきな成果をあげた. またハーグのICJ法廷で日本政府代表と並んでしかし別の資格で広島・長崎両市長が証言を行うことに貢献した. 1996年7月, ICJが核兵器使用の一般的違法性を認めた「核兵器勧告的意見」を出した後, IALANAはこの成果を普及する活動を展開した. また「モデル核兵器条約」の起草活動でも成果をあげ, これは国連文書にもなっている. 現在, マーシャル諸島政府による核兵器保有9カ国に対するICJへの提訴を支援する活動をしている. →核兵器禁止条約

[浦田賢治]

■国際武器取引に関する規則　International Trade of Arms Regulation: ITAR

1 ITARとは　米国武器品目リスト(USML)に列記された国防関連の貨物および技術の輸出と輸入を規制する米国連邦政府の規則である. 同規則は, 武器輸出管理法(AECA)の規定の実施細目を規定するものであり, 連邦規則集(CFR)の Title22, Chapter I, Subchapter M に規定されている. ITARを有権解釈し且つ執行するのは国務省である. その目標は, 米国の国家安全保障および外交政策目標を推進する事である. AECAとITARは, 冷戦時代の1976年に制定された. 当時, 西側各国を中心に結成された*ココム' では, 旧共産圏諸国に対して武器をはじめとする戦略物資の*輸出管理' を行ってきたが, ITARはココムでの取り決めを踏まえた上で, 米国独自の管理も施行するために制定された. また, 米国政府による当該輸出管理の執行件数は1999年以来劇的に増加しており, 米国政府は違反事例の公表も行っている.

2 ITARの規制対象　USML上で定義されている防衛品目や防衛技術を取り扱う米国のすべての製造者, 輸出者およびブローカーは, 米国国務省に自らを事前登録することが求められている. しかしこの登録によっていずれかの輸出権限または特権が与えられるというものではなく, 単にいずれかの輸出ライセンスまたはその他の輸出承認が発行される前提にすぎない. USMLに関しては, 2014年1月以降, 米国輸出規制改革の第3弾として, カテゴリーⅣ, Ⅴ, Ⅸ, Ⅹ, ⅩⅥおよび関連条項が見直され, 一部が商務省管轄の規制品目リストCCLに移管された. また, 輸出承認の態様は以下の内のいずれかである. ①米国政府がUSML品目を直接外国政府に販売する有償対外軍援助(FMS)の場合, ②(技術援助または防衛技術では無く)防衛品目および／または技術資料を外国人に対して一時的にもしくは永久的に輸出する事を承認する輸出ライセンス, ③防衛品目が, 承認された販売地域からさらに流通される場合に, 米国から輸出

される防衛品目の海外における倉庫または流通拠点を定める契約である「倉庫及び販売代理店契約」, ④米国の製造者／役務提供者が外国人に対して防衛技術を提供する事を許諾する技術援助契約, ⑤米国製造者が外国人に対して防衛品目に関する製造ノウハウを提供する事を許諾する「製造実施権契約」. また, ITAR は, 再移転が関係する輸出承認規定に基づいて特に承認されない限りは, USML 品目の外国人による再移転(再輸出)を禁止する効力も有する.　[利光 尚]

■国際プルトニウム管理指針　International Guidelines for the Management of Plutonium

民生*プルトニウム' 利用の国際的な透明性の向上に資するため, 民生プルトニウム利用を行っている 9 カ国(ベルギー, 中国, フランス, ドイツ, 日本, ロシア, スイス, 英国, 米国)はプルトニウム管理指針に合意し, 1997 年, *国際原子力機関'(IAEA)に通知した(1998 年3月, IAEA により INFCIRC/549 として公表). 同指針の対象となるのは, 分離され, あるいは未照射の*混合物酸化'(MOX)燃料などに含まれる民生用のプルトニウム(軍事目的に照らして不要とされたものを含む.)であり, これらに適用されるべき*核物質防護' 措置, *計量管理' 上の措置, 国際移転にあたって求められる措置, プルトニウム管理政策が規定されている. プルトニウム管理政策は各国の*核燃料サイクル' 政策に合致したものであるべきとされており, 核燃料サイクル政策の策定にあたっては, 核拡散リスクへの寄与を避けることの必要性, 環境, 労働者, 公衆の保護の必要性, プルトニウムの資源的価値, 費用対効果, 需要と供給のバランスを考慮に入れるべきことが規定されている. 9 カ国は, 同指針に基づき, 当該国の核燃料サイクル戦略や保有プルトニウムの管理計画を公表するとともに, プルトニウムの保有量および保有する使用済燃料に含まれるプルトニウムの推定量を毎年公表している.　[山村 司]

■国際プルトニウム貯蔵　International Plutonium Storage : IPS

1 国際プルトニウム貯蔵の議論　*国際原子力機関'(IAEA)において余剰*プルトニウム' を国際管理するという考え方についての検討が行われ, *再処理' から得られた余剰プルトニウムを IAEA の下に設けられる国際管理制度の下で貯蔵するというものである. この構想では, 加盟国が余剰分を自国内または他国に設置される国際プル貯蔵庫に預託する, 必要が生じたときには国際 IPS 委員会の承認を得て, そのプルトニウムを引き出して使うというものである.

*国際核燃料サイクル評価'(INFCE)の議論を受けて, 1978 年 12 月に IAEA 専門家会合が設置され国際プルトニウム貯蔵構想の議論が開始された. 当初, 西側先進国案をベースに議論が進められたが, 日本は現実的に再処理をはじめプルトニウム利用を推進するために厳格な*保障措置' 技術を導入していた時期であり, 保障措置制度との整合性を図りつつ過度な負担を強いられることのない範囲でプルトニウム利用政策が阻害されない枠組みの構築を目指し取り組んだ. しかし, 当時はプルトニウム利用を将来のオプションとして検討しようとする国が多かったこともあり, 各国の意見が対立するなどしたために, 最終的に, 西側先進国案, 開発途上国案, 資源国案という 3 案が併記される形で 1982 年に本検討を終了した.

2 国際プルトニウム貯蔵議論の結果およびその後の経過　本議論の結果, 併記されることとなった 3 案は下記のとおりである. 1 案: すべてのプルトニウム, 核兵器国のプルトニウムも含めてすべてのプルトニウムを登録. 2 案: ボランタリーな枠組みであるため, 賛同した国のみのプルトニウムを登録. 3 案: *平和的利用' のプルトニウムのみ登録. また預託したプルトニウムを引き出すときのクライテリアについても意見が分かれた. その後, IAEA で検討はなされたが, 予算上の理由で 1984 年2月に議論は打ち切

こ

られた．プルトニウム利用は，その後当時期待されたような進展は見られなかったが，IPSの概念は，プルトニウムの長期的な平和的利用におけるエネルギー源とする考え方において，今後の重要な核不拡散対策案の1つであるとする考え方もある．　［久野祐輔］

■国際保健規則 International Health Regulations : IHR

1 国際保健規則の概要　国際保健規則（IHR）は，世界保健機関（WHO）憲章第21条に基づく国際規則である．その目的は，国際交通に与える影響を最小限に抑えつつ，疾病の国際的伝播を最大限防止することである．IHRは，1969年の世界保健総会（WHA）で採択された．当時のIHRは，自国領域内でコレラ，ペスト，黄熱，天然痘，回帰熱，チフスの6疾患が発生した場合，WHOに報告する義務を課していた．1973年および1981年の改正を経て，報告対象となる疾患は，黄熱，コレラ，ペストの3つに絞られた．その後，海外旅行や国際貿易の増加，新興感染症やその他の公衆衛生上の脅威の高まりを受けて，2005年，IHRは抜本的に改正された．2005年版のIHRでは，「国際的な公衆衛生上の緊急事態（PHEIC）を構成する恐れのある全ての事象」が報告対象となっている．WHO加盟国は，IHRの附録第2に示された手順に従って，WHOへの報告が必要であるかどうかを判断する．報告を受けた後，WHOの事務局長が，専門家で構成される緊急委員会との協議を経て，最終的にPHEICに該当するかどうかを判断する．これまでにPHEICに該当するとされたものは，2009年の新型インフルエンザ（H1N1）や2014年の西アフリカのエボラ出血熱などである．

2 コア・キャパシティ　2005年版のIHRは，PHEICの適切な検知および対応に資する所定のコア・キャパシティの保有をWHO加盟国（2014年現在194カ国）に求めている．コア・キャパシティは，地域レベル，中間レベル，国レベルの3段階で設定されている（附録第1）．地域レベルでは，想定以上の傷病者や死者が発生する事象を検知し，中間レベルに報告する能力の保有を求めている．中間レベルで必要とされるものは，事象の状況の確認，制御措置の実施あるいはサポート，事象の評価および国レベルへの報告などの能力である．国レベルでは，48時間以内での事象の評価，国内の連絡窓口を通じたWHOへの報告，地域レベルの調査のサポート，関連機関との情報共有，公衆衛生緊急対応計画の策定と実施などの能力が求められている．2005年版のIHRは，2007年6月に施行されたが，加盟国は，それから2年以内（2009年6月まで）に自国のコア・キャパシティを評価し，5年以内（2012年6月まで）に保有することが義務付けられていた．しかし，2012年の期限までに，報告を行っていない，あるいは達成期限の延長を要求している国は，全体の約80%（154カ国）にものぼっている．→グローバル・ヘルス・セキュリティ，生物学的脅威，生物兵器禁止条約再検討会議の会期間活動　［天野修司］

■国際連盟規約第8条 Article VIII of the Covenant of the League of Nations

国際連盟規約第8条は，連盟国が自国の安全と国際義務に基づく共同行為による強制措置に支障なき最低限度まで軍備を縮小する必要があることを承認し，連盟理事会が，各国の地理的な地位と諸般の状況を考慮して，*軍縮' 案を作成すると定めた．この軍縮案は少なくとも10年ごとに見直しを行い，各国政府は理事会の軍縮案を採択した場合，理事会の同意なく軍備の限度を超えることができないことに合意した．また，第8条は民間企業による兵器弾薬および軍用機材の製造に伴う弊害を防止する方法を忠告する責任を連盟理事会に与え，さらに連盟国はその軍備の規模，陸海および空軍のプログラムならびに戦争目的に転用可能な工業の状況に関する情報を交換すべきことを約した．かくして，連盟規約はそれぞれの国の軍備縮小計画を作成する責任を国際連盟に与え，第9条において，兵力その他の軍備に関し連盟の定める準則を受諾する義務を定めた第1条と第8条の規定の実行および陸海および空軍問題全般に関し，連盟理事会に意見を具申する常設諮問委員会(Permanent Advisory Commission)を設置することを決めた.　［河野 勉］

■国内計量管理制度　state system of accounting for and control of nuclear material : SSAC

国内計量管理制度は，国レベルで整備された組織的な制度であって，国内の*核物質’の計量と管理を行うという国内的な目的，および当該国と*国際原子力機関’(IAEA)との間の*保障措置’協定の下でIAEA保障措置を適用するための基礎を提供するという国際的な目的の両方を持ち得るものである．*核兵器不拡散条約’(NPT)に基づく保障措置協定の7条において，当該国はその協定に基づき保障措置の対象となる核物質について計量管理制度を構築し，これを維持することが求められている．この制度は，物質収支区域の枠組みに基づくとともに，以下の各方策を確立するための規定を設ける必要がある．すなわち，①在庫変動と在庫に係わる核物質の量を確定するための測定体系，②測定の精度および正確さの評価，および測定の不確かさの推定，③払い出し側と受け入れ側の測定値の差を算定し，分析し，評価する手続き，④実在庫を確認するための手続き，⑤測定されていない在庫および測定されていない損失を評価するための手続き，⑥物質収支区域ごとに，核物質の在庫，ならびにその物質収支区域への受け入れおよびその物質収支区域からの移転を含む在庫変動を示す記録および報告の制度，⑦計量の手順・手続きが正しく運用されるのを確保する規定，⑧IAEAへの報告の提出に関する手続きに係わる規定である.　［内藤 香］

■国内実施義務　obligation of national implementation

1 条約における規定　*軍縮’に関する条約は基本的には国家間の義務を創設するものであるが，条約義務の内容が締約国内においても厳重に実施されることを確保するのが国内実施措置であり，多くの軍縮関連条約はその条項を含んでいる．*生物兵器禁止条約’(BWC)は，その領域内および管轄権または管理の下にある場所において，第1条が禁止する行為を禁止し防止するために必要な措置をとるよう義務づけている．*化学兵器禁止条約’(CWC)は，さらに詳細であって，以上の義務に加えて，罰則を規定する法令を制定すること，自国籍の自然人が場所のいかんを問わず行った行動にも適用することを規定している．*包括的核実験禁止条約’(CTBT)も同様に，条約で禁止された活動がその領域，管轄または管理下にある場所で，また国籍をもつ自然人によりあらゆる場所で行われることを禁止することを規定している．*対人地雷禁止条約’および*クラスター弾条約’は，同じ規定を含んでおり，禁止された活動が自国の管轄または管理下にある者によって，あるいは自国の管轄または管理下にある領域で行われるのを防止し抑止するために，立法上，行政上その他のあらゆる適当な措置(罰則を含む)をとることを義務づけている.

2 日本における実施　これらの条約の義務を国内的に実施するために，日本は生物兵器禁止法(1982年)および化学兵器禁止法(1995年)を制定している．また対人地雷禁止法(1998年)およびクラスター弾禁止法(2009年)を制定している．*核兵器不拡散条約’(NPT)は国内実施措置に関する規定を含んでいないし，*包括的核実験禁止条約’(CTBT)のための特別の法律は存在しない．しかし核兵器関連の条約義務の国内実施は，*原子炉等規制法’(1957年)の改正や爆発物取締罰則(1884年)の改正，放射線発散防止法(2007年)などにより行われている.［黒澤 満］

■国防高等研究計画局　Defense Advanced Research Projects Agency : DARPA

ソ連による世界初の*人工衛星’スプートニク

1号の打ち上げ成功に威信が傷つけられ,衝撃が広がっていた米国にあって,当時のニール・マッケロイ(Neil McElroy)国防長官らの主導で1958年2月に設立された,革新的な国防関連技術のための研究組織.当初は高等研究計画局(Advanced Research Projects Agency: ARPA)という名称であった.軍の作戦概念を変更するような革新的かつ挑戦的で予算化しにくい研究開発プロジェクトに資金を投じ,これにより軍事分野における米国の技術優位を維持することを目的とする.当初の活動の中心は宇宙開発に関するものであった.1960年代にはディフェンダー(DEFENDER)計画(対*大陸間弾道ミサイル' 防衛プログラム),ヴェラ(Vela)計画(核実験検知技術開発プログラム),およびアジャイル(AGILE)計画(対ゲリラ戦研究開発プログラム)などが推進された.その後1972年に国防高等研究計画局(DARPA)と改称,活動の焦点をエネルギー関連,情報処理,人工知能,音声認識,信号処理などに移した.インターネットの原型ともいうべきアーパネット(ARPANET)や無人飛行機,全地球衛星測位システム(GPS),微小電気機械システム(MEMS)など,民生機器にも応用しうる数々の技術を開発したことで知られる.プロジェクトが対象にする技術は,実証段階までをDARPAが担い,実用化,実装化段階で国防省などの他機関に移管される.→米国のミサイル防衛システム　[友次晋介]

■国連アジア太平洋平和軍縮センター

UN Regional Centre for Peace and Disarmament in Asia and the Pacific: UNRCPD

このセンターは1987年に国連総会決議42/39Dにより設置された.その付託事項はアジア太平洋諸国間で相互に確認された構想を支援し,国際社会で合意された平和*軍縮' 措置の域内実施を促進することである.他方,域内の提案を国際社会の作業に反映することもある.さらなる重要な機能として,域内の国々の間に対話と協力を奨励することである.また,センターは域内外の国やNGO間の情報共有や交換の中心となった.例年,非政府団体による*大量破壊兵器' (WMD)取得防止に関する*国連安保理決議1540' 実施など,時宜に則した事項を取り上げ地域会合を開いている.この関連で日本や韓国など域内国との長年の協力が注目される.日本では通算24回の軍縮会議を実施している.*セミパラチンスク条約' (CANWFZ)の交渉では,センターが当初から8年間にわたり深く関わり,技術的および実質的支援,問題点の解決への貢献など*核軍縮' のための国連と域内国の協力として高く評価された.センターの管轄下にある国はアジア太平洋を中心に43カ国であり,活動資金は各国の任意拠出による.2008年7月より本部はネパールのカトマンズにある.

[石栗 勉]

■国連安保理1540委員会

United Nations Security Council 1540 Committee

1 委員会成立の背景　国連安保理は2004年4月に国連憲章第7章の規定を踏まえた*国連安保理決議1540' を全会一致で採択,*核兵器',*化学兵器',*生物兵器' などの*大量破壊兵器' (WMD)やその運搬手段がテロリスト組織などの*非国家主体' に移転することを加盟国に禁止する決定を行った.これに先立ちアメリカの提唱により2003年5月に大量破壊兵器とその運搬手段が国際安全保障上の*懸念国' やテロリストなどの*非国家主体' に移転するのを阻止することを目的とする*拡散に対する安全保障構想' (PSI)が発足(原加盟国は日本を含む11カ国),これを受けて公海における不審貨物船の臨検措置を国際法的に合法化する試みの一環としてこの決議が採択された.アメリカがPSIを提唱したのは,2001年9月11日に発生した同時多発テロ事件に衝撃を受け,21世紀の新しい脅威が非国家主体によるテロ行為によってもたらされる危険性を未然に排除することを意識したためである.大量破壊兵器やミサイルの移転は陸・海・空の空間を利用して移転されるが,PSIではこれらの空間のうち特に海を想定して，関連物資を運搬する不審貨物船を公海でも臨検措置を実施することが主目的とされている．しかし，公海ではどの船舶でも無害航行権を保障されており，仮に停船命令を出して臨検措置を実施する場合，当該船舶の船籍国の許可を必要とする．そこでPSIの実行を容易ならしめるため，国際法上の合法性を担保する措置の一環としてアメリカが主導して決議1540が採択された．また，2007年10月に国際海事機関で海洋航行不法行為防止条約(SUA条約)改正議定書が採択されたことも，PSIを合法化するために決議1540を補強する材料となった．

2 1540委員会の活動　1540委員会は安保理の15カ国によって構成され，2014年6月までに60回の会合を開いてきた．また委員会は「監視および加盟国の決議履行」など4つの作業グループに分かれて国連加盟国の決議履行状況をチェックしたり，加盟国政府から提出される履行報告書の分析に当たり，その分析結果を委員会に報告する．委員会の安保理に対する活動報告は，原則として年1回提出されることになっているが，これまで3回(2006年，2008年，2011年)しか提出されていない．委員会には6名から成る専門家パネルが設置され，委員会の活動を専門的な立場から支えている．専門家パネルは，2005年に加盟国による決議履行状況を把握するための「1540マトリックス」を作成し，委員会がこのマトリックスの導入を決定したことにより委員会の監視活動に精密さが加わった．このマトリックスは，決議1540の履行に関する加盟国との対話の促進や技術的支援の提供のための資料として用いられ，加盟国の不拡散義務の履行を*検証’するための手段として用いられるものではなく，決議1540とその後の採択された国連安保理決議1673(2006年)，国連安保理決議1810(2008年)，国連安保理決議1977(2011年)の諸決議の履行を促進させることを目的としている．

3 委員会活動のジレンマ　加盟国に義務付けられている履行報告書は，一部の国を除きほとんどの加盟国から委員会に提出されてきた．しかし，過去1回しか提出していない国もあり，加盟国の決議履行状況には大きな差があって，決議の実効性を確保するのがいかに難しいかを示している．特に発展途上国の*輸出管理’体制の脆弱性が武器や機微な汎用品の密輸を横行させる原因の1つになっている．　［山本武彦］

■国連安保理決議 687　United Nations Security Council Resolution 687

1 採択と内容　国連安保理は，1991年4月3日に*湾岸戦争’の停戦に関する決議687を賛成12，反対1(キューバ)，棄権2(エクアドル，イエメン)で採択した．本決議は9項目全34項により構成され，イラクの*大量破壊兵器’の廃棄に関する規定が第7項から第14項に置かれている．①*生物兵器’，*化学兵器’および射程150kmを超える*弾道ミサイル’については，関連する品目および施設を含めてすべて廃棄，撤去または無害化することおよび将来にわたり使用，開発，建設または取得しないことが義務づけられた．このため，決議の採択から15日以内にすべての品目に関する申告書を国連事務総長に提出し，新たに設置された*国連イラク特別委員会’(UNSCOM)による緊急現地査察の受け入れに同意することが決定された．②*核兵器’については，関連する品目を含めていかなる研究，開発，支援もしくは製造のための施設の取得または開発も行わないことおよびすべての品目を廃棄，撤去または無害化することが義務づけられた．このため，決議の採択から15日以内にすべての品目に関する申告書を国連事務総長および*国際原子力機関’(IAEA)事務局長に提出し，IAEAによる緊急現地査察の受け入れに同意することが決定された．このように，本決議によって導入された大量破壊兵器廃棄に関する国際監視制度は，その対象の包括性および侵入度の高さの点で前例にない特徴を有している．

2 実施状況　イラクは本決議の採択から1997年半ばまでは現地査察に協力的であった. まず, 40,000以上の化学兵器, 800基以上のスカッド*ミサイル' など多くの大量破壊兵器およびその運搬手段が国際監視の下で廃棄された. また, *核兵器不拡散条約' やIAEAとの*保障措置' 協定に違反して秘密裡に核兵器の開発を行っていたことが現地査察から判明し, 後の保障措置協定*追加議定書' の作成の契機を与えた. さらに, 当初の否定に反して生物兵器の開発・製造にあたっていた事実も発覚した. しかし, イラクは1997年半ばを過ぎた頃から現地査察に対して非協力的な姿勢に転じ, 現地査察の拒否や妨害の事例が相次ぐようになった. 1998年10月には現地査察を全面的に拒否し, これが原因で12月の米国と英国による空爆を招いてしまった. 現地査察が実施されない状況の中で, UNSCOMは1999年12月に*国連監視検証査察委員会' (UNMOVIC)に改編されている. 2002年11月にイラクは, 現地査察を強化する安保理決議1441の採択を踏まえて, ようやく現地査察を受け入れた. しかし, 米国は依然として現地査察に対するイラクの姿勢を問題視し, 最終的に2003年3月のイラク戦争に踏み切った. なお, UNMOVICの任務は2007年6月に採択された安保理決議1762によって終了した.

［阿部達也］

■国連安保理決議 1209　United Nations Security Council Resolution 1209

1 決議の概要　国連安保理決議1209(S/RES/1209)は, 1998年11月19日に採択された, アフリカの紛争と*小型武器' の非合法移転に関する決議である. 安保理は, コフィ・アナン(Kofi Annan)国連事務総長が1998年4月に安保理に提出した,『アフリカにおける紛争の原因と, 永続的平和と持続可能な開発の推進』報告書の内容を考慮し, アフリカ諸国が国家安全保障や治安目的で武器を入手する権利があることに留保しつつ, 非合法な武器移転の問題に対処する必要を議決した. 11月19日には, アナン事務総長の前掲報告書に基づいた, もう1つの決議(国連安保理決議1208, アフリカの人道状況と難民キャンプ)も成立している. 決議1209では, 大規模な小型武器の非合法移転が, アフリカの安全保障, 開発, 人道的状況を悪化させることに懸念を表明し, アフリカ諸国には武器の使用を規制する国内法の創設や, 域内の武器移転の*透明性' を向上させるため*国連軍備登録制度' への参加を求めている. 決議では, 武器製造に関わる国連加盟国に対し, 武力紛争を誘発・長期化させ, 緊張や紛争を助長する武器移転を規制することの重要性を強調している.

2 小型武器問題への影響　安保理決議1209は, 2000年代初頭に活発化する小型武器問題に対する国際社会の取組みにおいて, 重要な契機となった. 同決議は国連事務総長に対し, 各国の国内法や国連の武器禁輸に違反する活動を行っている国際的武器取引業者を特定する方法を検討することを求めている. さらに, 武器の流通と, それが不安定化に及ぼす影響について, 情報を発信する方法と, 自発的な武器収集計画を推進する方法についても, 国連事務総長が検討すること. 同決議では, アフリカ諸国が武器の輸出入および再輸出を管理する法制度を構築する重要性を指摘しており, 2001年に開催された*国連小型武器会議' でも, 国家の行政執行力強化の重要性が再確認されている. その執行力の強化を進める上で, 決議は各地域で実施されている小型武器関連の各種プログラムとの連携を求め, 特に自発的な兵器の回収・廃棄・破壊計画への国際社会の支援強化が重視された. 行政執行力強化のための専門的な知見活用の重要性は, 2004年の*国連安保理決議1540' などにも引き継がれている.

［佐藤丙午］

■国連安保理決議 1540　United Nations Security Council Resolution 1540

1 概要　*大量破壊兵器' (WMD)の拡散を防止するため, *非国家主体' による*核兵器', *化学兵器'および*生物兵器'ならびにそれらの運搬手段を取得,開発,取引または使用する脅威が高まっていることを念頭に,国連加盟国が非国家主体に対してWMD取得のための支援をしないこと,WMDを規制する各条約の履行を強化するため,国内法を整備することなどを求める国連安保理の決議である.従来の軍縮·不拡散分野における条約が国家を規制の対象としているのに対し,非国家主体の行動の規制に焦点を当てている点が特徴的である.2004年4月28日に国連安全保障理事会において全会一致で採択された.

2 決議の背景　2001年の米国同時多発テロ以降,テログループをはじめとする非国家主体に対する脅威認識が高まり,非国家主体がWMDの拡散に関与するリスクへの懸念が深まった.米国同時多発テロは,テロリストが民間航空機をハイジャックして高層ビルに突入するという社会の規範から大きく逸脱する行為を行ったことで,彼らがWMDを使用する蓋然性を認識させた.また,パキスタンのアブドゥル·カーン(Abdul Khan)博士を中心とした核の闇市場は,核などのWMDや運搬手段,あるいはそれらに関連する機微な物資の拡散経路にさまざまな国の企業を含む非国家主体が関与していることを示した.既存の国際的な不拡散体制は,主として国家を規制対象としており,非国家主体を通じた拡散を規制するには不十分であった.当時,同決議を主導した米国のジョージ·W·ブッシュ(George W. Bush)政権は,WMD不拡散に対しては,多国間の条約よりも国家間の有志連合を通じた取り組みを重視しており,非国家主体による拡散の規制においても多国間条約ではなく,国連安保理決議を通じた各国の国内における法整備および執行の強化というアプローチが選択された.なお,安保理決議は国連加盟国すべてを法的に拘束するため,安保理メンバー以外の国がこのプロセスに参加する機会が極めて限られている状況下で加盟国の実施義務事項を法制化していることに対し,主権国家の条約締結権の侵害ではないかとの異議も唱えられた.

3 決議の内容　安保理決議1540は,すべての国に対し,①核兵器,化学兵器または生物兵器およびそれらの運搬手段の開発,取得,製造,所持,輸送,移転または使用を企てる非国家主体に対し,いかなる形態の支援も提供することを差し控えること,②自らの国内手続に従って,いかなる非国家主体も,特にテロリストの目的のために,核兵器,化学兵器または生物兵器およびそれらの運搬手段の製造,取得,所持,開発,輸送,移転または使用ならびにこれらの活動に従事することを企てること,共犯としてこれらの活動に参加すること,これらの活動を援助またはこれらの活動に資金を供することを禁ずる適切で効果的な法律を採択し執行すること,③関連物質に対する適切な管理を確立することを含め,核兵器,化学兵器または生物兵器およびそれらの運搬手段の拡散を防止する国内管理を確立するための効果的な措置を採用し実施すること,などを求めた.同決議の履行については,いわゆる「1540委員会」と呼ばれる専門家パネルが設けられ,各国に対して決議の実施状況に関する報告を求め,実施能力が限定的で支援が必要な国に対する能力構築支援を国連軍縮部とともに実施するなどの支援が行われている.［秋山信将］

■国連安保理決議 1695　United Nations Security Council Resolution 1695

2006年7月5日に北朝鮮が実施した*弾道ミサイル'の発射に対し,同年7月15日に国連安保理で採択された非難決議である.決議の成立には国連安保理の非常任理事国であった日本がミサイル発射の直後から主導的な役割を果たし,北朝鮮のミサイル発射に対する初めての安保理決議となった.

1 決議の背景　2006年7月5日,北朝鮮は国際社会からの自制の要請にも関わらず日本海に向けて7発の弾道ミサイルを発射した.その中にはテポドン2やノドン等の中·長距離弾道ミサイルが含まれており，日本政府は北朝鮮によるミサイルの発射は，2002年に合意した*日朝平壌宣言'でのミサイル発射モラトリアムの延長に違反するものであり，日本およびアジア地域の安全保障と国際社会の平和と安定を損なうものであるとともに，*大量破壊兵器'(WMD)の不拡散の観点からも重大な問題であるとして非難を行った．日本は万景峰号の入港禁止などの独自の制裁措置を実施するとともに，国連安保理非常任理事国として安保理に対し，北朝鮮のミサイル発射を非難する決議案を提出した．安保理では厳格な制裁措置を盛り込むことに慎重な中国，ロシアと日本や米国との間で調整が行われ，同月15日に，北朝鮮のミサイル発射を非難するとともに北朝鮮と加盟国の双方に具体的な措置の実施を求める内容の本決議が全会一致で採択された．

2 決議の内容　北朝鮮に対し，弾道ミサイルの発射は将来的に大量破壊兵器の運搬手段として用いられる可能性があり，地域内外の平和や安定を脅かすものとして非難している．その上で，①弾道ミサイル計画に関連するすべての活動の停止，②*6者会合'へ直ちに無条件で復帰することなどの要求とともに，③ミサイル発射モラトリアムの再確認を行っている．一方で加盟国に対しては，①北朝鮮のミサイルと関連する物資および技術の調達を防止するための厳格な*輸出管理'措置を継続していくこと，②ミサイルまたは大量破壊兵器計画に関連する資金の移転を防止するために必要な措置を講じることなどが求められている．この決議では，厳格な制裁措置を盛り込むことに慎重であった中ロに配慮し，国連憲章第7章の下での行動としての同第41条に基づく措置との文言は用いられず，代わりに「国際の平和及び安全の維持のための特別な責任の下に行動して」との文言が用いられた．　［榎本浩司］

■国連安保理決議1696　United Nations Security Council Resolution 1696

2006年7月31日に採択された，*イランの核開発問題'に関する国連安保理決議である．同年2月にイランの核問題が*国際原子力機関'(IAEA)から安保理に付託されて以降の，最初の国連安保理決議となった．決議では，イランに対して核開発計画の停止が要請され，期限までにウラン濃縮活動などが停止されない場合には，加盟国に対して国連憲章第7章41条に基づく制裁措置を実施するよう求めている．

1 決議の背景　国際社会からの度重なる停止要請にも関わらずウラン濃縮活動と*再処理'活動を続けてきたイランに対し，2006年2月，IAEAはイランの核開発問題を安保理に付託することを決定した．安保理は3月に議長声明を発出し，IAEAでの決定に従い，イランが研究開発目的を含むすべての*濃縮'および再処理活動を完全に停止するよう改めて求め，同時にIAEAに対し，核開発計画停止の要請に対するイランの履行状況を報告するよう求めた．イランはその後もウラン濃縮などを続けたため，IAEAはイランの履行状況を不十分であるとして安保理へ報告を行った．安保理では常任理事国にドイツを加えた6カ国で協議が進められ，同年6月6日にイランが核開発計画を停止した場合に提供される長期的な協力も含んだ包括提案が示された．しかしイラン側から提案に対して積極的な姿勢が示されなかったことから，6カ国はウラン濃縮と再処理活動の停止などを義務付ける決議と，それでも履行されない場合の措置を含む決議の採択も目指して協議を再開することで合意した．7月31日，イランの核問題に関連する最初の安保理決議として1696が採択された．

2 決議の内容　イランに対し，2006年8月末を期限として研究開発を含むすべてのウラン濃縮関連活動と再処理活動の停止およびIAEAによる検査の受け入れを行い，履行状況を安保理に報告するよう要求している．期限までに同決議の要求に従って核開発活動が停止されない場合には, 国連憲章第7章41条に基づく措置を含む決議を安保理において新たに採択することを警告している. 加盟国に対しては, イランのウラン濃縮と再処理の活動および*弾道ミサイル' 開発計画に貢献し得る物資や技術などの移転防止を要請している. 期限前の8月22日, イランは包括提案に対する回答として, ウラン濃縮活動の停止を前提とすることなく協議を再開するよう要求した. 安保理決議1696によって要求された核開発活動の停止や査察への協力などが示されなかったことから, 同年12月, 国連安保理はイランに対する制裁措置を定めた*国連安保理決議1737' を採択した.　[榎本浩司]

■国連安保理決議1718 United Nations Security Council Resolution 1718

北朝鮮が2006年10月9日に実施した*核実験' に対し, 国連安保理において同年10月14日に採択された非難決議である. 北朝鮮による核実験の実施を国際社会の平和と安全に対する脅威であると認定し, 国連憲章第7章第41条に基づく措置として, 国際社会による輸出規制, 資産凍結, 貨物検査を含む協力行動などの制裁措置が盛り込まれた.

1 決議の背景　北朝鮮は2006年7月の*弾道ミサイル' 発射に続き, 同年10月3日に*地下核実験' の実施予告を行った. これに対し, 国連安保理は, 核実験の実施は国際社会の平和と安全に対する脅威であり, 国際社会の要請に反して核実験が実施された場合には, 国連憲章に基づく行動をとるとした議長声明を全会一致で採択した. 10月9日, 人工的な爆発によるものと思われる地震波が観測され, 同日中に北朝鮮より核実験を実施した旨の発表がなされた. 9日中に安保理では北朝鮮への対応について協議する非公式会合が急遽開催され, 米国から制裁決議案が各国に示された. 国連憲章第7章第42条に基づく武力制裁の可能性が含まれていた米国案に対して中国やロシアが難色を示したため, 調整が重ねられ, 決議案は12日に安保理で基本合意がなされた後, 14日に全会一致で採択された.

2 決議の内容　北朝鮮による核実験は東アジア地域における緊張を高め, 国際社会の平和と安全に対する脅威であると認定して, *国連安保理決議1695' などの声明を無視する形で実験が行われたことを非難している. 北朝鮮に対しては, ①すべての核開発計画と*大量破壊兵器' (WMD)および弾道ミサイルに関する計画の完全かつ検証可能な不可逆的な方法での放棄, ②追加の核実験および弾道ミサイル発射の禁止, ③*核兵器不拡散条約' (NPT)脱退の発表を撤回し, *国際原子力機関' (IAEA)*保障措置' を適用し, *6者会合' に復帰することなどを求めている. 制裁としては, 国連憲章第7章第41条に基づく措置として, ①通常兵器, 核, 弾道ミサイル, 大量破壊兵器の開発計画に関連する物資や技術などの供給や移転の防止と, それらに関与または支援している個人や団体の資産の凍結と領域通過の防止, ②大量破壊兵器とそれらの運搬手段に関連する不正な取引を阻止するための船舶上および陸上での貨物検査を含む協力行動などがすべての国に対して要請された. さらに*北朝鮮制裁委員会' を設置し, 各国が行った措置を30日以内に安保理に報告することなどが要請されている.　[榎本浩司]

■国連安保理決議1737 United Nations Security Council Resolution 1737

2006年8月末を期限としてウラン*濃縮' と*再処理' 活動の停止と*査察' への協力などを求めた*国連安保理決議1696' に対し, イランが要求に応じることなく核開発計画を継続したため, 同年12月23日に制裁措置を含む国連安保理決議1737が採択された. 決議では, 研究開発を含むあらゆる濃縮関連と再処理に関わる活動の停止を改めて要求するとともに, 国連憲章第7章41条に基づく輸出規制や資産凍結などの制裁措置が定められている.

1 決議の背景とその後の展開　2006年, *国際原子力機関(IAEA)' において*イランの核開発問題' を安保理に付託する決定がなされた. 安保理では制裁措置に慎重な中国やロシアと米国などが調整を行い, イランがウラン濃縮活動を停止した際の見返りと拒否した場合の制裁措置のそれぞれを定めた包括案が取りまとめられた. イランがこれに対する回答を先延ばしする間の2006年7月, イランがウラン濃縮活動などを停止しない場合には制裁措置を含む新たな決議を行うことを示した国連安保理決議1696が採択された. イランはその後も, 安保理による制裁が行われないことを条件にウラン濃縮活動の停止をちらつかせる一方で活動を継続したため, 安保理ではイランが活動を続けた場合の制裁措置について協議が進められ, 同年12月, *国連安保理決議1737' が採択された. 2007年には, 資産凍結の対象者を拡大し, イランに対する武器輸出や移転の制限など, 制裁措置の範囲を拡大した国連安保理決議1747が採択された. 2008年に採択された国連安保理決議1803では, 軍事転用可能な物資や技術についても供与を禁じるとともに, 資金移転を防止する措置も盛り込まれた. 2010年6月に採択された安保理決議1929では, 通常兵器を含めた兵器全般のイランへの移転と供給が禁止され, 特定の人物や物流の通過を阻止し, 貨物等の検査を行う措置なども定められた.

2 決議の内容　イランに対し, 国連憲章第7章41条に基づき, 研究開発を含むすべてのウラン濃縮活動および再処理活動など即座に停止することが要請されている. 加盟国に対しては, ①ウラン濃縮および再処理に関する活動と運搬手段などの開発に寄与し得る物資, 機材, 技術の供給や移転の防止, ②核開発計画に関係する個人や団体の資産凍結や監視強化が定められた. その上で, イランが同決議に定められたすべての活動を停止したことがIAEAに対して報告されない場合には, 国連憲章第7章41条の下で追加的な制裁措置が要求されるとしている.

[榎本浩司]

■国連安保理決議2118 United Nations Security Council Resolution 2118

1 採択と内容　国連安保理は, シリアにおける*化学兵器' の使用という事態に対処するために, 米国とロシアの間の合意枠組を基礎として協議を重ね, 2013年9月27日に全会一致で決議2118を採択した. この決議には直前に採択された*化学兵器禁止機関' (OPCW)執行理事会第33回会合決定1が附属書として含まれている. その内容は異例づくしといってよい. まず, *シリアの化学兵器' を除去するという個別的文脈では, 迅速かつ安全な方法での廃棄を追求するために, シリアに対して厳しい義務が課された. すべての化学兵器は国際検証制度の下で2014年前半に廃棄しなければならず, これに関連して, 冒頭申告や*化学兵器生産施設'・混合充填装置の廃棄完了期限も定められた. これらの措置は, 国連憲章第25条に言及した本決議によって即時に法的拘束力ある義務となった. また, 化学兵器の禁止規範を発展させるという一般的文脈では, ①化学兵器の使用が国際法違反であること, ②化学兵器の使用一般が平和に対する脅威を構成すること, ③化学兵器の使用者は責任を問われなければならないことなどに言及があり, 化学兵器の将来の使用を強く牽制する意図がうかがえる.

2 実施状況　シリアによる決議の履行を監視するために*化学兵器禁止機関・国連共同ミッション' が設置され, OPCWと国連の両国際機関から提供された要員が特別調整官の下に役割を分担しながら任務の遂行にあたった. 2013年11月15日に採択されたOPCW執行理事会第34回会合決定1によって, シリアの化学兵器の大半は国外に搬出して廃棄され, 実際の廃棄は主として海洋上の米艦船内で行われることになった. もっとも, 同年末になるとシリアによる決議の履行が遅れはじめ, 化学兵器の国外搬出, 化学兵器廃棄施設の廃棄, 化学兵器の廃棄などの期限はいずれも守られず,国外搬出が完了したのは2014年6月23日であった.7月8日から11日に開催されたOPCW執行理事会は化学兵器と化学兵器廃棄施設のいずれについても廃棄活動が継続されることを留意している.決議2118が採択されてから2014年6月末の廃棄期限までの間,国連安保理は国連事務総長から月例報告書を受理し,また化学兵器禁止機関・国連共同ミッション特別調整官から定期的に説明を受けたものの,特段の措置がとられることはなかった.シリアによる化学兵器廃棄期限の不遵守という問題はOPCW執行理事会の下で穏便な形で扱われたと評価できるだろう.

［阿部達也］

■国連イラク特別委員会 United Nations Special Commission on Iraq : UNSCOM

1 設立の経緯と活動の概要 正式名は国連大量破壊兵器廃棄特別委員会,あるいは単に国連特別委員会とも呼ばれる.国連イラク特別委員会(UNSCOM)は,*湾岸戦争'の際のいわゆる停戦決議である*国連安保理決議687'(1991年4月3日採択)に基づき,イラクにある*化学兵器'などの*大量破壊兵器'(WMD)およびミサイルの脅威を除去することを目的に同年5月1日に設置された.初代委員長は,スウェーデンのロルフ・エケウス(Rolf Ekéus)大使,第2代目には,1997年より前豪州国連大使のリチャード・バトラー(Richard Butler)氏が就任した.委員は日本を含む21カ国22人で構成され,事務局はニューヨークにおかれた.またバーレーンとバグダッドに現地事務所を置いた.UNSCOMは,40,000以上の化学兵器,800基以上のスカッド・ミサイルをはじめ,多くの大量破壊兵器とその運搬手段に対する査察,その廃棄の監督などを実施した.

2 活動のその後 1997年10月,イラクはUNSCOMに対する非協力を打ち出し,1998年10月には,UNSCOMとのすべての協力停止を決定した.これを受けて安保理は1998年11月,イラクに対する非難と査察への協力再開を求める国連安保理決議1205を全会一致で採択.イラクは一時的に査察の無条件受け入れを表明したが,非協力的な対応を続けた.このため,同年12月,米英両国は湾岸戦争後で最大規模の空爆を実施.それ以降,現地事務所は閉鎖,イラクにおける監視・検証活動は停止した.活動はその後,新たに設置された*国連監視検証査察委員会'(UNMOVIC)に引き継がれ,2002年からイラク戦争開戦前まで実施された.UNSCOMの主任査察官を務めた元米海兵隊大尉スコット・リッター(Scott Ritter, Jr.)は,1998年8月,イラクに対する国連や米国の「弱腰」を批判してUNSCOMを辞任し,その後,米国の中東に関する外交政策(主に対イラク政策)を批判した.ジョージ・W・ブッシュ(George W. Bush)政権時にはイラク戦争反対運動に参加した.イラク戦争開戦前の2002年2月に訪日した際,「大量破壊兵器の製造施設の90~95%は検証可能な形で廃棄された」と説明,廃棄が確認できない化学物質は残るものの,「その後の厳しい査察で,依然として(イラクが)保有している兆候は発見されていない」と話し,解明のためには戦争ではなく査察を続ける必要性を訴えた.

［石合 力］

■国連宇宙空間平和利用委員会 United Nations Committee on the Peaceful Uses of Outer Space : UNCOPUOS

1 概要・設立経緯 国連宇宙空間平和利用委員会は,*宇宙空間'の研究に対する援助,情報の交換,*宇宙の平和利用'のための実際的方法および法律問題の検討を行い,これらの活動を国連総会に報告するために設置された国連総会の補助機関である.世界初の*人工衛星'スプートニク1号が打ち上げられた翌1958年,第13回国連総会は,宇宙空間は平和目的のみのために利用されることが共通目的であることを認識するとともに,宇宙の平和利用について国連が果たし得る役割を研究するための特別な(ad hoc)委員会の設置を決定する国連総会決議1348(XIII)を採択した．同特別委員会は，翌年会合を開き，宇宙活動から生じる法的問題点の指摘を含む報告書を国連総会に提出し，1959年の「宇宙空間の平和利用に関する国際協力」と題する国連総会決議1472(XIV)により，国連総会の常設委員会となった．同委員会は，その役員や運営方法などに関して東西の見解が一致しなかったが，1961年11月に暫定委員長により招集された初めての会合で役員を選出し，1962年3月にようやく第1会期が開催された．同会期では，コンセンサス方式を採用することが確認された．1959年の成立当初における委員会の構成国は，日本を含む24カ国であったが，数次の国連総会決議により構成国を拡大し，現在の構成国は77カ国である(2014年12月時点)．また，関連する国連機関や国際機関などがオブザーバーとして参加している．

2 開催方法・機能　国連宇宙空間平和利用委員会は，宇宙活動にかかわる諸問題について科学技術面から検討を行う「科学技術小委員会」と，宇宙活動から生ずる法律問題について検討を行う「法律小委員会」の2つの小委員会を有しており，「親委員会」と称される本体の宇宙空間平和利用委員会とともに，それぞれ年1回ウィーン(オーストリア)で開催されている．同委員会の報告書は国連総会に提出され，本委員会での決定は最終的には総会決議に盛り込まれることとなる．宇宙空間平和利用関連の議題は，1977年の第32回国連総会まで*軍縮'関連の議題とともに*国連総会第1委員会'で審議されていたが，1978年の第33回国連総会からは第4委員会で審議されている．同委員会における審議の結果，ほぼすべての宇宙探査および利用に関する条約や原則が作成されてきたが，構成国の拡大につれて容易にコンセンサスが得られない状況が発生しており，1979年に*月協定'が採択されて以降，条約は作成されていない．

[岸人弘幸]

■国連宇宙ゴミ低減ガイドライン

Space Debris Mitigation Guidelines of the Scientific and Technical Subcommittee of the Committee on the Peaceful Uses of Outer Space

1 ガイドライン採択の背景と内容　1957年のスプートニク1号(ソ連)の打ち上げ以来数千の*人工衛星'が打ち上げられたが，寿命の尽きた衛星や*ロケット'の一部，これらが何らかの理由で爆発して破片となり機能を失ったものは*宇宙ゴミ'と呼ばれ，その数は10cm以上のもので2万個を超えている．宇宙ゴミは低軌道では秒速7〜8km，静止軌道では秒速3km強で軌道上を周回しており，運用中の衛星に衝突すると致命的損害を与えかねない．こうした事情を勘案し，*国連宇宙空間平和利用委員会'(UNCOPUOS)科学技術小委員会は，2007年に国連宇宙ゴミ低減ガイドラインをコンセンサスで採択した．ガイドラインは，衛星の通常運用中のゴミ放出制限，運用段階での衛星破砕可能性の最小化，軌道上の偶発的衝突可能性低減，意図的衛星破壊の回避，運用終了後の破砕可能性の最小化，衛星やロケットの低軌道や静止軌道への長期間残留の制限を含んでいる．

2 その後の展開　その後も宇宙ゴミは増え続けており，その対応のため，米国は欧州，豪州，日本などと協力して*宇宙状況認識'(SSA)の向上を進め，欧州連合は宇宙活動の透明性を高めるべく*宇宙活動に関する国際行動規範'案を提案している．

[橋本靖明]

■国連監視検証査察委員会

United Nations Monitoring, Verification and Inspection Commission : UNMOVIC

1 設立の経緯　*湾岸戦争'後に行われてきた，*国連イラク特別委員会'(UNSCOM)によるイラクの*大量破壊兵器'(WMD)に関する*査察'活動は，イラク側が非協力の姿勢を示したため，1998年以降中断した．安保理は1999年

12月, イラク問題に関する安保理決議1284を採択. 国連イラク特別委員会に変わる新たな査察組織として, 国連監視検証査察委員会(UNMOVIC)を設置した. 安保理は, イラク側の協力次第では, *経済制裁' を解除する意向も表明した. 2000年3月, 委員長にハンス・ブリクス(Hans Blix)前*国際原子力機関' (IAEA)事務局長(スウェーデン)が就任. 委員は日本人を含む17人で構成された. 定期的にコミッショナー協議会が開催されるとともに, イラクにおける査察活動の準備を進めたが, イラクと国連の間で査察受け入れに関する合意は得られず, 当初, 査察活動は行われなかった.

2 活動の概要 2002年11月, 国連安保理は, イラクにおける大量破壊兵器の査察に関する国連安保理決議1441を全会一致で採択. イラクに対し武装解除の義務を遵守する「最後の機会」を与えた. イラクが長期にわたり査察の実施を妨害してきた実態を踏まえ, 強化された査察体制を構築するとして, ①イラクは決議採択から30日以内に, 大量破壊兵器, *弾道ミサイル' などの開発計画に関する性格, 十分かつ完全な申告書を提出, ② UNMOVICとIAEAは, 決議採択から45日以内に査察を開始し, 査察開始から60日以内に査察結果を安保理に報告, ③査察の対象範囲を拡大, ④査察団の権限強化──などを定めた. イラクにさらなる重大な違反があった場合には, 安保理会合を即時開催することにも言及する内容であった. これに対し, イラクは査察受け入れを表明. 査察活動は02年11月27日, 再開された. UNMOVICは*化学兵器', *生物兵器' およびミサイルを担当. IAEAは核兵器開発計画に関する査察を実施した. イラクの義務履行をいかに確保すべきかで意見が分かれるなか, 安保理の枠組みの外で米英スペインの3国が2003年3月17日を完全武装解除の期限に設定. 事務総長は同日の国連国際スタッフの撤退とすべての国連活動の停止を命じた. 米英軍主導の軍事行動は, 3日後の20日に始まった. ［石合 力］

■国連軍事支出報告制度 United Nations Report on Military Expenditure

1 設立の経緯 これは1978年の第1回*国連軍縮特別総会' で盛り上がった緊張緩和ムードのなかで, 軍事予算の削減と信頼醸成を目的とした1980年の国連総会決議35/142Bによって設立された各国が国連に毎年軍事費に関する情報を一定の様式にしたがって報告する制度であり, 1981年から運用されてきた. その頃に*欧州安全保障協力会議' (CSCE)の欧州東西間*軍縮' 交渉で話し合われていた*信頼醸成措置' (CBM)を国連決議で最初に採用したケースであったが, 決議採択に際しての表決結果は賛成113, 反対0, 棄権21とコンセンサスからはほど遠く, 実際の報告国数も1980年代を通じて北大西洋条約機構(NATO)加盟国など20カ国前後にとどまり, この制度は冷戦時代の「あだ花」といったところであった. 後に1991年の*国連軍備登録制度' 設立のための決議案を共同提案した日本と欧州共同体(EC)諸国の間でも, この失敗の轍を踏むことだけは避けたいと話し合われていた.

2 制度の概要とその後の進展 この制度により報告の対象とされる情報は, 陸海空3軍の予算額, そのなかで占める人件費, 武器調達費, 研究開発費などであるが, 実際に報告される情報の量, 質は国によりまちまちであり, それも各国通貨による申告で比較や検証の手段もないのが欠点である. しかし, 年数を重ねれば各国の軍事支出の増減などの動向を把握するのに役立つことも事実である. なお, この制度による報告国数は, 冷戦終了後の1990年代に入ると国連軍備登録制度の成功などにより信頼醸成・*透明性' 向上措置への認識が深まるにつれて30カ国前後へと増加した. 1994年からは従来は2本立てであった国連決議案が1本にまとめられて「軍事費の透明性を含め, 軍事に関する客観的情報」と題されるようになり, これが毎年の事務総長

こ

報告書の名称としても使われるようになった.その後,毎年の国連決議案の提出国であるドイツとルーマニアの担当官の熱意と努力により2002年からは「簡素化された報告様式」が導入され,報告国数は毎年80カ国前後にまで増大した.しかし,2009年以降は再び60カ国前後に減少している.日本はこの制度に基づき毎年報告書を提出しており,日本の防衛白書がそうであるように,きわめて透明性の高い報告内容であることが高く評価されている.

3 今後の課題　その後,2007年の国連総会決議62/13によりこの制度を見直すための政府専門家グループの設置が決まり,2011年夏には同グループによる報告書A/66/89が国連総会に提出された.この報告書はこの制度が設立された当初の2つの目的のうち,「軍事予算の均衡のとれた削減」は将来的な目標に過ぎず,「各国間の信頼醸成」が主たる目的であるとしたうえで,この制度の名称を従来の「国連軍事支出報告のための標準様式」から「国連軍事支出報告制度」へと変えるよう勧告し,そのように変更された.また,同グループは簡素化された報告様式を含め報告様式を見直し,軍事支出の項目に国連平和維持活動への参加関係の費用や災害救助関係の費用などを追加することや,データの比較可能性を高める必要性などを勧告するとともに,政府専門家会合の定期的開催を勧告した.なお,この制度の当面の課題は,国連軍備登録制度に比べればまだ少ない報告国数の増大である.2013年に採択された*武器貿易条約'(ATT)は2014年12月24日には発効したが,軍事支出に関するこの程度の情報公開にも応じない国連加盟国が半数以上という現状は決して好ましい状況ではないからである.　[堂之脇光朗]

■国連軍縮委員会　United Nations Disarmament Commission : UNDC

1952年の国連総会決議502により国連安全保障理事会の下部機構として,*軍縮'問題全般を扱うUNDCが設置されたが,1959年以降は時折開催されるのみであった.1978年の第1回*国連軍縮特別総会'において後継者として新たに国連総会の下にUNDCが設置された.この委員会には国連の全加盟国が参加し,軍縮分野におけるさまざまな問題を検討し勧告を行うことに加え,特別総会における決定,勧告のフォローアップも行う.会期は春に3週間で作業形態は総会と作業部会に分かれ,議長は国連の地域グループより選出される.UNDCの作業効率化に関し,国連総会は決議52/492(1998)によりUNDCの議題は,*核軍縮'も含むすべての軍縮問題から年2つの実質的項目とする旨を決定した.長期にわたりUNDCは個々の軍縮問題について「原則」,「指針」,「勧告」を全会一致で採択し,これらが国連総会で承認され,活用された.こうした事例としては,「*信頼醸成措置'(CBM)」,「地域軍縮」,「*検証'」,「非核兵器地帯設置」などがある.このところUNDCは核軍縮と不拡散,2010年を軍縮の10年とすること,通常兵器分野における現実的信頼醸成措置などの付託事項に関して成果を出しておらず,一部で再活性化のための大幅な改革を求める声もある.　[石栗 勉]

■国連軍縮委員会通常兵器管理ガイドライン　United Nations Disarmament Commission Guidelines on Conventional Arms Control/Limitation and Disarmament

1 成立の経緯　*国連軍縮委員会'(UNDC)が1994年から3年間かけて審議し,1996年に採択した通常兵器の国際取引などを規制するためのガイドラインである.これが作成されるに至ったのは1991年の国連総会決議46/36Hに応えてのことであった.それに先立ち,1988年の国連総会にコロンビアが提出した「軍備の国際移転」と題する決議43/75Iにより設立された政府専門家グループの報告書A/46/301(1991年夏)は,合法武器取引の国連登録制度設立を勧告すると同時に,非合法取引についても具体的な勧告をしていた.この勧告に応える形で1991

年に日本と欧州共同体(EC)諸国が共同提案した国連総会決議46/36L(*軍備の透明性に関する決議')により*国連軍備登録制度'が設立されたが,当初から*小型武器'の密輸入問題の方を重視していたコロンビアは合法取引の登録制度だけでは不十分であるとして1991年にも再び「軍備の国際移転」と題する国連決議46/36Hを成立させた.この決議は,1988年の43/75Iを親決議とすれば子決議であり,46/36Lとは兄弟関係となる決議であった.

2 概要と意義　ガイドラインは全部で5章50パラグラフからなる.小型武器に限らず武器の密輸を規制し,治安改善と*軍縮',経済開発を進めるためには自制と*透明性'の向上が必要などとしたうえで,国内法令整備などの国家レベル,密輸取締りなどの国際レベル,さらには国連レベルで必要とされる諸措置をガイドラインとして掲げている.偶然にも,ガイドラインは国連小型武器政府専門家パネルの活動開始とほぼ同時期に発表されたため,大いに注目を集めることとなった.とくに,パラグラフ7の「非合法武器取引とは通常兵器の国際取引で各国国内法または国際法に反するもの」との定義は,1991年政府専門家グループ報告書からの借用ではあったが,1997年の国連小型武器政府専門家パネルの報告書でも踏襲された(パラグラフ57).ところが,2001年の*国連小型武器会議'で議長が提出した「行動計画案」は,アフリカ諸国が前年12月のアフリカ統一機構(OAU)首脳会議で発したバマコ宣言に準拠して「小型武器の取引は政府または政府が許可した取引業者にかぎられる」としていた.これに米国は強く反発し,独裁政権に立ち向かう*非国家主体'に武器を供与する権限は伝統的に米国大統領に認められた権限であるとの理由からその削除を要求して交渉は決裂寸前となった.結局,米国とアフリカ諸国の間で妥協が成立し,このパラグラフを削除した*国連小型武器行動計画'が採択された.

[堂之脇光朗]

■**国連軍縮研究所**　United Nations Institute for Disarmament Research : UNIDIR

UNIDIRは国連システムの中にあって通常予算外に位置する独立した機関である.ただし,現在一部財政支援を通常予算より受けている.所在地はジュネーブである.主たる目的は,*軍縮'と安全の問題につき先進的な分析を行うことで平和と安全保障につき特定のまた実現可能な案を提示するものである.UNIDIRは研究計画策定,出版物刊行,会議開催などで,専門家と政策決定者,研究者,実務家,国連加盟国,国連諸機関の間を橋渡しする中心となる.それによって,現在および将来の安全保障上の挑戦に対応すべく創造的な考えと対話を促進する.2011年UNIDIRは今後の研究の指針として優先的に5分野を設定した.すなわち,①*大量破壊兵器'(WMD)計画(*核軍縮',*核不拡散',*生物兵器'および*化学兵器'禁止),②社会を混乱させる兵器計画(日常的に社会を害する兵器の管理,*小型武器',*地雷',弾薬),③脅威の台頭に対する計画(明日の安全上の挑戦への備え),④手続きと実行計画(軍縮および安全保障の構想を実現可能な措置に移行),⑤安全と社会(人間の安全保障は経済,社会開発を連結させる).最近の出版物には*軍縮会議'(CD)の改革と*消極的安全保証',*サイバー攻撃'に関するものなどがある.

[石栗 勉]

■**国連軍縮特別総会**　United Nations Special Session on Disarmament : UNSSOD

1 第1回国連軍縮特別総会の開催に至る背景と成果　1976年,国連総会は非同盟運動(NAM)諸国の提唱で,国連史上初めて*軍縮'問題のみを扱う特別総会を1978年に開催することを決定した.NAM諸国は,核軍備競争を危惧してかねてより*世界軍縮会議'の開催を提唱してきたが,核兵器国の合意が得られなかった.そこで(国連の外で開催される)世界軍縮会議ではなく国連の特別総会として開催することで,自動的にこれらの後ろ向きの諸国の参加も得られるの

こ

ではないか，という発想の転換があった. 第1回国連軍縮特別総会は，1978年5月23日から6月30日までの間，ニューヨークの国連本部で開催された. 東西デタントという時代背景の中で，総合的な見地から軍縮に関わるさまざまな課題が審議され，行動計画などについて記載された文書（最終文書と呼称）がコンセンサスで採択された. この最終文書は，序文，宣言，行動計画および機構の4部から構成されており，軍縮の分野で目指すべき最終的目標，原則および優先課題などが記されている.

2 第2回および第3回国連軍縮特別総会の開催と結果　第2回国連軍縮特別総会は，1982年6月7日から7月10日までの間，国連本部で開催された. その目的は，上述の最終文書に示された行動計画がどの程度実施に移されたかを明らかにし，今後の指針を示すことであった. しかし，第2回国連軍縮特別総会はソ連のアフガニスタン侵攻（1979年）以降の非常に厳しい国際情勢の中で開催されたこともあり，何らの合意文書も作成できず，会議での審議概要をとりまとめた報告書の採択をもって閉幕した. 第3回国連軍縮特別総会は，1988年5月31日から6月26日までの間，国連本部で開催された. 核軍備競争をいかに終結させるかという課題に関する議論のほか，すでに合意されたさまざまな軍縮措置の実施状況の検討，さらには軍縮および軍縮機構に係わる国連の役割などに関して審議が行われた. しかし，同特別総会においては，*核軍縮' を最優先課題とするNAMの立場と*核抑止' 論を重視する核兵器国の立場との隔たりが以前にも増して露呈し，また，軍縮によって生まれる資金は開発に回すべきとする途上国的立場なども強く表明され，軍縮に関する議論は一向に収斂しなかった. その結果，何らの合意文書の作成もなされず，会議での審議概要と上述の最終文書の再確認を記した報告書の採択をもって閉会した. その後，国連総会において一部NAM諸国より第4回国連軍縮特別総会の開催が提案されることもあるが，*冷戦' の終結に伴う国際情勢の劇的変化もあり，核兵器国を含む主要国の賛同が得られていない.　［新井 勉］

■国連軍縮年鑑　United Nations Disarmament Yearbook

国連軍縮局（現，*国連軍縮部'）は1976年以降，国連軍縮年鑑を発刊している. 1975年，国連事務総長を務めていたクルト・ワルトハイム（Kurt Waldheim）は，各国政府や民間レベルで軍縮関連情報の利用を進めることの重要性を取り上げ，加盟国による協議を経て年鑑の刊行を決定した. 同年鑑では，*国連総会第1委員会' で扱われた*軍縮'・不拡散・*軍備管理' 分野の決議文や決定，各国の投票行動を確認することができるほか，*大量破壊兵器'（WMD）や通常兵器の規制問題に関するグローバルな動向や地域的な取り組みなどについて，概要の説明や分析がなされている. また，ここでは軍縮にかかわる問題が国家間の外交・安全保障問題としてだけでなく，科学技術の発展やジェンダー問題，途上国開発などを含む多角的な観点からも扱われており，幅広い視点から近年の軍縮動向を把握する際にきわめて有用性の高いものとなっている. なお，同年鑑は印刷版を利用できるほか，現在は1976年当初から現在分までのものがすべて電子化されており，国連軍縮部のホームページからダウンロードすることができる.

［齊藤孝祐］

■国連軍縮部　United Nations Office for Disarmament Affairs：UNODA

1 国連軍縮部の任務　2007年の国連機構再編成時に，それまでの国連軍縮局が国連軍縮部（ODA）に名称変更された. ODAは，国連および関連機関，加盟国に対して*軍縮' 問題に関する作業を支援する国連事務局の1部門である. ODAの主要目的としては，①*核軍縮' および不拡散，②その他の*大量破壊兵器'（WMD）である*化学兵器'，*生物兵器' の軍縮体制の強化，③現在の紛争で使用される*地雷' や小火器を含む通常兵器分野における軍縮努力もある. このような目的を念頭にODAは以下のことに注目する. ①*国連総会第1委員会', *国連軍縮委員会', *軍縮会議' (CD)などの機関における規範設定のための手続上または実質的な支援, ② ODAは対話, 透明性推進および軍事に関する信頼醸成を通じて軍縮措置を勧める, ③*国連軍備登録制度' および地域フォーラムを通じ, 地域軍縮努力を奨励する, ④ ODAは次の者に対し多国間軍縮問題と国連の活動に関する客観的で公正な最近の情報を提供する. 情報を受ける者は, 国連加盟国, 多国間軍縮条約の締約国, 多国間政府機関研究所, 国連の部局および関連機関, 研究教育機関, NGO, マスコミなどである. ODAは紛争終結後に武装解除, 動員解除以前の兵員の社会統合のための現実的な軍縮措置を開発実施する.

2 国連軍縮部の構成 ODAは任務の重要性に基づき組織されており, 作業の重点を知る上で有益である. ちなみにODA本部はニューヨークにあり, 軍縮会議事務局, 会議支援部(軍縮会議への手続上の実質的支援), 大量破壊兵器部(核, 生物, 化学兵器部門への実質的支援, 大量破壊兵器不拡散に着目し*国際原子力機関' (IAEA)など他の国際機関との協力), 通常兵器部門(*小型武器' などに責任を持ち小型武器国連登録制度, *武器貿易条約' (ATT), 透明性の登録などに対する会議サービスと実質的支援), 地域軍縮部(地域軍縮に関する実質的支援, 諮問に回答. ラテンアメリカ, アジア太平洋, 南太平洋, 東南アジア, アフリカの地域センターを支援, *セミパラチンスク条約' ではアジア太平洋センターが条約交渉を主導)情報, 広報活動部(特定行事支援, 出版活動, *国連軍縮年鑑', 軍縮条約の現状, 国連総会決議集など), ウィーン支部支援(軍縮関連機関との連絡, 調整)から構成されている. ［石栗 勉］

■国連軍縮フェローシップ United Nations Programme on Disarmament Fellowship

1978年に開かれた*国連軍縮特別総会' は, より多くの加盟国, 特に開発途上国において*軍縮' の専門知識を高めるため, 国連軍縮フェローシップ・プログラムという研修制度を設置することを決定した. このプログラムは国連事務局が運営し, 加盟国の若手外交官および軍事関係者を対象に, 軍縮問題の審議および交渉により効果的に参加できる能力を養成することを目的としている. 毎年, 世界各国から選ばれた25人の研修者は, 8月下旬からジュネーブにおいて*軍縮会議' (CD)を傍聴し多国間の軍縮交渉に触れた後, *国際原子力機関' (IAEA)や*包括的核実験禁止条約機関(CTBTO)準備委員会', また*化学兵器禁止機関' (OPCW)などウィーンやハーグにある国際機関を訪れた後, 広島と長崎を訪問し, 10月にニューヨークで*国連総会第1委員会' の議論を傍聴する. この間, 研修者は国連事務局をはじめとする国際機関スタッフや他の軍縮専門家の説明を受ける. また, スイス, ドイツおよび中国の首都も訪問し, 政府関係者から各国の軍縮政策について説明を受ける. 1979年から2014年の間に, 合計160カ国から約900名がこのプログラムに参加し, 軍縮専門家の育成に重要な役割を果たしてきた. ［河野 勉］

■国連軍備登録制度 United Nations Register of Conventional Arms

1 制度設立の背景 これは1991年に日本と欧州共同体(EC)諸国が共同提案した「軍備の透明性」と題する国連総会決議46/36Lにより設立された信頼醸成・*透明性' 向上措置である(決議の当初の題は「軍備移転登録制度」). 同年はじめの湾岸戦争はクウェートを侵攻したイラクを制裁したものであったが, それに先立つ数年間に安保理常任理事国が中心となって争ってイラクへ武器輸出をしたことへの反省から, 少なくとも国際武器取引の国連登録制度を検討してはとの動きとなり, その口火を切ったのが3月20

日の日本政府発表であった.4月8日には,EC議長国英国もこれに追随する発表を行った.5月には,当時の海部総理が京都での国連軍縮会議で国連総会への決議案提出の意向を表明した.しかし,国連での日・EC共同提案には透明性や*信頼醸成措置'(CBM)に馴染みの少ない非同盟諸国からの抵抗が強く,支持獲得には多大な努力を要した.また,武器の国際取引だけでなく軍備保有,国内調達も登録に含めなければ不公平との声も強かったが,精力的な説得の結果,同年12月の国連総会でこの決議案は賛成150,反対0,棄権2(イラクおよびキューバ)で採択された.

2 制度の概要と実績　各国は大規模侵攻用の大型通常兵器であるI.戦車　II.装甲戦闘車両　III.大口径火砲システム　IV.戦闘用航空機　V.攻撃ヘリコプター　VI.軍用艦艇　VII.ミサイルおよびミサイル発射装置の7カテゴリーにつき,前年1年間の輸出入数,輸出入相手国などを定められた様式により国連事務局に登録し,軍備保有・国内調達に関する情報データも自発的提出が可能とした制度である.登録は1992年分から開始され,1994年からは3年毎に政府専門家会合による制度の運用状況の検討と見直しも行われてきた.登録国数は初年度の1992年から8年間は平均94カ国に達し,2000年には118カ国,2001年には126カ国へと増大するなど,この種の制度としては大成功を収めた.また,ほぼすべての大型武器輸出入国が登録に応じているので,実質的には*ストックホルム国際平和研究所'(SIPRI)年鑑に勝るとも劣らぬ実績をあげており,輸出側,輸入側の登録数値のクロス・チェックが可能であることも高く評価されている.なお,政府専門家会合での見直しの結果,2003年には「大口径火砲システム」の口径の100ミリから75ミリへの引き下げ,ミサイルのカテゴリーへの*携帯式地対空ミサイルシステム'(MANPADS)の追加,*小型武器'の輸出入についての追加情報の自発的提出が決定された.さらに,2006年の会合により「軍用艦艇」の敷居値の750tから500tへの引き下げが決定された.

3 今後の課題　登録範囲(スコープ)を拡大して軍備保有,国内調達のデータも含める(自発的提出でなく)問題は3年ごとの政府専門家会合で検討されてきたがいまだに実現していない.また,小型武器を8番目のカテゴリーとして追加する動きもある.大型通常兵器の輸出入とはほとんど無縁のアフリカ諸国などにこの制度を身近なものにするためとのことである.2003年の政府専門家会合が小型武器の輸出入についての追加情報の自発的提出を勧告し,2006年の会合が標準登録様式を用意したことから,2011年には49カ国,2012年には32カ国がこれに応じたが,大多数は類似の制度を有する*欧州安全保障協力機構'(OSCE)の加盟国であった.しかし,大規模侵攻用の大型通常兵器で数えやすく登録事務が煩雑でない武器のみを対象とすることにより多くの諸国が参加する信頼醸成措置を目標としたこの制度の本来の趣旨からすれば小型武器はそのような諸条件を満たしているとはいえず,小型武器問題は迂遠な信頼醸成・透明性向上措置よりも緊急で具体的な対応策を必要としていることも事実である.2013年の政府専門家会合でも小型武器を追加するかの問題は討議されたが結論は得られなかった.以上のほか,最近の登録国数の減少が大きな課題である.登録国数は2001年をピークに2007年には113カ国,2010年には86カ国,2011年には59カ国へと減少した(2012年は72カ国).制度疲労や*国連軍縮局'の人員・予算不足に加え,2012年分の登録の時期が翌年の*武器貿易条約'(ATT)署名式,小型武器隔年会合の時期と重なり,国連事務局および各国とも担当官は同一であるので手が回らなかったことなどが理由とされるが,信頼醸成・透明性向上措置である以上,その成否は多数国の参加による普遍性確保にかかっているからである.　[堂之脇光朗]

■**国連憲章第26条** Article 26 of the United Nations Charter

1 国連憲章は安全保障理事会に関する規定を定めた第5章第26条で,「世界の人的及び経済的資源を軍備のために転用することを最も少くして国際の平和及び安全の確立及び維持を促進する目的で,安全保障理事会は,軍備規制の方式を確立するため国際連合加盟国に提出される計画を,第47条に掲げる軍事参謀委員会の援助を得て,作成する責任を負う」と定めている.国連創設時に加盟国は国際平和と安全保障の維持(第1条)を誓い,この目的を推進するために人的および経済的資源の軍備への転用を最も少なくし,*軍縮'に関する特定の責任を安全保障理事会と総会に与えた.憲章署名後,*原子爆弾'が使用されると,加盟国は即座にこれに対応し,1946年1月に採択された総会決議第1号において,*原子力委員会'(AEC)を設立し,*核兵器'および他のすべての*大量破壊兵器'(WMD)を国家軍備から廃絶することを目的とした提案を作成するよう指示し,*核軍縮'の第一歩を踏み出した.また,安全保障理事会は1947年2月に*国連通常軍備委員会'(Commission for Conventional Armaments)を設立し,軍備および兵力の一般的な規制·削減の提案をまとめるよう指示した.こうした動きは,第26条の趣旨に沿ったものであったが,米ソ間の緊張が高まるにつれて,両委員会とも実質的な提案を提出できず,1952年に総会が設立した*国連軍縮委員会'(UNDC)がその作業を継承したが,冷戦の進行により国際的な合意は成立しなかった.その後,1959年に総会は*全面完全軍縮'(general and complete disarmament)を軍縮分野の基本的目的として宣言し,軍縮の交渉は国連内外で再開されたが,第26条の規定は今日に至っても実現されていない.

2 ただし,第26条にある人的および経済的資源を軍備のために最低限に転用して国際平和と安全を維持するという原則は幅広い支持を得ており,国連では軍事予算の制限,また軍縮と開発の問題として審議されてきた.総会は1950年に採択された総会決議第380号(A/RES/380(V))において,いずれの加盟国も人的および経済的資源の軍備への転用を最低限に抑え,低開発地域のニーズを配慮しつつ,一般的福利厚生のためにかかる資源を開発するよう努力すべきだと決定した.総会はその後も軍事予算削減の問題を頻繁に取り上げてきたが,冷戦終了後,この問題は主に軍事支出の透明性の問題として審議されている.一方,軍縮と開発の問題は国連が数多くの研究を実施し,1978年の第1回*国連軍縮特別総会'はこの2つの問題の関係の包括的研究を行うことを決めた.1981年に提出されたその研究報告書をもとに審議が活性化し,1987年に軍縮と開発の関係に関する国際会議(International Conference on the Relationship between Disarmament and Development)が開催され,行動計画が採択された.しかし,米国はこの会議に欠席し,2つの問題を関連づけることに反対した.また両問題の直接の関係を疑問視する西欧諸国もあり,総会は軍縮と開発の決議を毎年採択しているものの,この分野における国連の活動は滞っている.[河野 勉]

■**国連小型武器会議** The United Nations Conference on the Illicit Trade in Small Arms and Light Weapons in All Its Aspects

1 **開催にいたる経緯** ブトロス·ブトロス=ガリ(Boutros Boutros-Ghali)国連事務総長は1995年はじめの報告書「平和への課題·追補」で,冷戦後頻発する地域·国内紛争で甚大な被害をもたらす対人*地雷'や*小型武器'を規制する必要性を強調した.これに応えて1996年に日本が国連総会に提出した決議案により設立された政府専門家パネルは,1997年に小型武器問題の実情と問題解決のための方策につき報告書を提出した.1997年の国連総会は各国にこの提言の実施を求めるとともに,追加報告書を作成するための政府専門家グループの設置を決めた. 1998年の総会は2001年までに国連小型武器会議を開催することを議決し, 1999年に提出された政府専門家グループによる追加報告書は, この国連会議の目的, 議題などについても報告をおこなった. 2000年から2001年にかけて国連会議に向けての準備委員会が開催され, これと並行してラテンアメリカ諸国が「ブラジリア宣言」, *欧州安全保障協力機構' (OSCE)諸国が「*小型武器・軽兵器に関するOSCE文書' 」, アフリカ統一機構(OAU)が「バマコ宣言」を採択するなどして国連会議開催に向けての準備が整った. 以上の国連の取組みを1995年以降毎年のように国連決議を提出して主導した日本の役割も大いに注目され, 堂之脇光朗が政府専門家パネルおよびグループの議長をつとめるなどした.

2 国連会議の概要　会議は2001年7月9日から20日までニューヨークの国連本部で開催され, 準備委員会などで議論されてきた*国連小型武器行動計画' を全会一致で採択した. 会議全体の議長はコロンビアのカミーヨ・レイエス(Camilo Reyes)大使であった. 第1週の閣僚レベル一般討論は総会本会議場で開催され, 142名の各国代表などが発言したが, この「ハイレベル・セグメント」の議長は堂之脇光朗がつとめた. 第2週にはレイエス議長のもと行動計画の審議が別の会議場でおこなわれたが, 米国では同年初頭のジョージ・W・ブッシュ(George W. Bush)政権の発足にともない全米ライフル協会の発言力が強まり, レイエス議長が提案した行動計画案に米国が数多くの修正提案を提出するなどして, 野心的な行動計画案にはもともと消極的であったロシア, 中国などを喜ばせた. 最終段階では議長提案の行動計画案のうち「バマコ宣言」に準拠した民間人による小型武器の所持を禁止する項目と, 小型武器の輸出先を政府に限る(*非国家主体' への輸出を禁じる)項目は受け入れられないとする米国と, これに強く反発するアフリカ諸国の対立となり, 交渉は決裂寸前となったが, 最終日の徹夜交渉の結果, この2項目を削除した行動計画を全会一致で採択することで妥協が成立し, 会議は成功裡に終了した.

［堂之脇光朗］

■国連小型武器行動計画　United Nations Programme of Action to Prevent, Combat and Eradicate the Illicit Trade in Small Arms and Light Weapons in All Its Aspects　［採択］2001.7.20(ニューヨーク)

1 採択に至る経緯　2001年7月の*国連小型武器会議' で採択されたこの行動計画は, 1997年の国連政府専門家パネルと1999年の専門家グループの報告書, 2000年11月にラテンアメリカ諸国が採択した「ブラジリア宣言」, 同年同月に*欧州安全保障協力機構' (OSCE)諸国が採択した「*小型武器・軽兵器に関するOSCE文書' 」, 同年12月にアフリカ諸国が採択した「バマコ宣言」などを準備委員会が2000年から2001年にかけて検討し, その結果を踏まえて会議議長が用意した行動計画案を会議で審議して採択したものである. コンセンサス採択が前提であったので内容的には薄められ, 最大公約数的なものとなった. それに加え, 2000年初頭からのジョージ・W・ブッシュ(George W. Bush)政権登場で発言力を強めた全米ライフル協会の圧力もあり, 議長が提出した行動計画案に米国が数多くの修正提案を提案するなどして, 野心的な行動計画案にはもともと消極的であったロシア, 中国などを喜ばせるなど, 波乱含みの会議となった. しかし, 最終的には妥協が成立し, この行動計画が全会一致で採択された. 行動計画は条約や協定と違い法的拘束力はないが, 参加国が実施を約束した政治的拘束力のある文書である.

2 行動計画の概要　I章「前文」, II章「行動計画」, III章「実施のための国際協力」, IV章「フォローアップ措置」の4章からなり, II・III章が実質的な行動計画である. II章では先ず国家レベルでなすべきこととして小型武器の製造・輸出入などに関する法令の整備, 非合法取引を規制する機関の設置, これらの問題で諸外国との窓口となるコンタクト・ポイントの設置, 許可された製造業者による個々の*小型武器'への刻印, 小型武器の製造・保持・移転の正確な記録の保存, 輸出許可制度の整備, 国連安保理による禁輸措置の尊重, 軍や警察が保有する小型武器の厳重な保管, 余剰武器の廃棄, 元戦闘員の*武装解除, 動員解除, 社会復帰'(DDR)プログラムの立案・実施, 関連国内法令の国連への提出などを列挙している. 地域レベルでなすべきこととしては, 非合法取引規制のための条約交渉, 地域内での国境警備・税関当局相互間の協力, DDR プログラム支援などを列挙している. さらに, 世界レベルでなすべきこととして, 国連安保理による禁輸措置への協力, DDR プログラムへの支援, インターポールとの協力, 市民社会との協力,「平和の文化」の推進などを列挙している. Ⅲ章では小型武器非合法取引に関する諸問題を解決するのは第一義的には各国の責任であると断ったうえで, 国家, 地域, 世界レベルでのすべての機関, 市民社会などとの国際協力, さらに要請がある場合の支援などを強調し, いくつかの具体例も列挙している.

3 フォローアップ措置　行動計画はそのⅣ章で, 2006 年までに履行検討会議を開催するよう勧告した. さらに, 各国による隔年ごとの実施状況検討会議の開催も勧告したが, これは 2003 年7月に行われた日本の猪口邦子大使を議長とする第1回会議をはじめとして 2005 年, 2008 年, 2010 年, 2012 年とこれまでに5回開催された. 毎回 100 カ国前後から国別報告書が提出され, 各国による法令整備状況や小型武器廃棄状況などが熱心に検討されている. 同じくⅣ章で勧告された小型武器の非合法取引の経路を追跡する*トレーシング国際文書'は, 2003 年の政府専門家会合による報告書 A/58/138 の作成の後, *国連総会第1委員会'のオープンエンド作業部会において文案がまとめられ, 2005 年 12 月の国連総会決議 60/519 により採択された. 同様にⅣ章の勧告に応じて 2006 年に任命された政府専門家グループが作成した*ブローカリング政府専門家会合報告書'は 2007 年秋の国連総会に提出された.　［堂之脇光朗］

■国連小型武器行動計画履行検討会議

United Nations Review Conference on the Programme of Action on Small Arms and Light Weapons

*国連小型武器行動計画'はそのⅣ章においてフォローアップ措置として 2006 年までに行動計画の履行検討会議を開催するよう勧告していた. これに応えて 2006 年7月にはスリランカのプラサッド・カリヤワサン(Prasad Kariyawasan)大使を議長とする第1回履行検討会議が2週間の会期で開催されたが, 議長が用意した最終文書の採択には失敗した. それでも, 会議においては 50 カ国以上が国内法令を強化したことや, 60 カ国以上が多くの*小型武器'を破壊したことなどが報告され, 行動計画自体の重要性が否定されたわけではなかった. 同年の国連総会決議 66/47 に基づき, 6 年後の 2012 年8月に第2回履行検討会議が2週間の会期でナイジェリアのウ・ジョイ・オグ(U Joy Ogwu)大使を議長として開催され, 行動計画の「2012 年から 2018 までの強化された実施」と題する文書を含む成果文書が採択された. この成果文書では 2014 年と 2016 年の行動計画実施状況を検討するための隔年会合を踏まえて 2018 年に第3回履行検討を開催することも勧告された.

［堂之脇光朗］

■国連事務総長調査手続(化学・生物兵器)

United Nations Secretary-General's mechanism for investigation of alleged use of chemical and biological weapons

1 手続の導入と展開　1980 年代に, 国連総会決議に基づいて, *化学兵器'または*生物兵器'の使用が疑われる場合に国連加盟国からの要請によって国連事務総長の権威の下で事実調査を行う手続が導入された．この背景には，1960年代から1970年代にかけて国連総会を舞台に化学兵器または生物兵器の使用疑惑に関して東西両陣営の間で激しい非難の応酬があり，あくまでも客観的な立場からの事実調査の実施を求める動きが高まったことがある．本手続は調査対象国の同意に基づいて化学兵器または生物兵器が実際に使用されたか否かの事実を調査するものである．換言すれば，調査対象国に対して調査の受け入れを強制する性格や使用者の特定を目的とする刑事的な性格はない．最初に採択された1980年の国連総会決議35/144Cは化学兵器の使用疑惑のみを対象として1回限りの調査を求めるものであった．この決議に従ってタイとパキスタンで現地調査が実施されている．1982年に採択された国連総会決議37/98Dは調査の対象を拡張し生物兵器の使用疑惑も含めた．ただし，この手続は実際に利用されることがなかった．1987年には国連総会決議42/37Cが採択され，現行の常時利用可能な制度として国連事務総長調査手続が確立した．1988年の国連安保理決議620はこの手続を再確認している．

2 化学兵器禁止条約発効前後の位置づけ　本手続は，1997年4月に*化学兵器禁止条約'が発効するまでの間，化学兵器と生物兵器のいずれについても，その使用疑惑を調査する唯一の手続として位置づけられていた．1992年には，アルメニアがナゴルノ・カラバフ紛争の文脈で，モザンビークが自国の内戦との関連で，それぞれ本手続を援用して化学兵器の使用疑惑に関する調査を要請している．いずれも現地調査が実施されたものの，化学兵器が実際に使用された事実は確認されなかった．1997年4月に化学兵器禁止条約が発効すると，化学兵器の文脈における本手続の役割は大幅に低下した．化学兵器禁止条約は拘束力のある現地調査の手続を組み込んでいるからである．したがって，本手続は，化学兵器に関する限り，化学兵器禁止条約の非締約国における使用疑惑の場合に利用可能なものとして同条約を補完する手続へと位置づけが変わったことになる．化学兵器禁止条約には，そのような状況にありかつ要請がある場合には，*化学兵器禁止機関'（OPCW）が自らの資源を国連事務総長の利用に供する旨の規定が置かれている（検証附属書第11部第27項）．

3 シリアにおける使用疑惑の調査　2013年にシリアにおける化学兵器の使用疑惑に関して本手続が実施された．調査の結果，8月21日にダマスカス郊外のゴータでサリンが比較的大規模に使用されたこと，その他4カ所で化学兵器が小規模に使用されたことが判明した．本手続はその技術的な有効性が再確認されたことになる．もっとも，一定の問題も残された．まず，手続の非強制的な性格ゆえに，調査団がシリアに入国するまでに約5カ月の時間がかかってしまった．シリア政府は反政府勢力による使用疑惑についての調査は受け入れるものの，シリア政府自らによる使用疑惑についての調査は受け入れないという姿勢を取ったためである．8月21日のゴータにおける使用について適時の調査が行えたのは調査団がたまたま現地入りしていたからにすぎない．また，手続の非刑事的な性格ゆえに，今回のように内戦の両当事者がお互いに相手の使用疑惑を主張する場合には調査団の結論がどの程度の意味をもつか疑問である．もっとも，今回は，使用者について正反対の立場をとる米国とロシアの間で*シリアの化学兵器'の除去に合意があり，当該合意はOPCW執行理事会決定と国連安保理決議を通じて具体化されたのである．このような展開は使用者が特定されていれば実現しなかったように思われる．

［阿部達也］

■国連地雷対策サービス　United Nations Mine Action Service：UNMAS

国際的な*地雷'問題に対する関心の高まりを受け，国連平和維持活動（PKO）局内に1997年に設立された国連組織内の1部局である．国連地雷対策サービス(UNMAS)は, 地雷対策に取り組む14の国連機関, 部局, プログラム, 基金と連携し, 国連諸機関によるすべての地雷関連活動を調整する組織であり,「国連の地雷対策活動のフォーカルポイント(業務調整において中心的役割を果たす機関や部署)」である. また, 地雷対策における国際基準や政策の発展に取り組むとともに, 地雷除去, 地雷回避教育, 被害者支援を実施し, 地雷・不発弾の影響について調査・情報収集を行い地雷対策のさらなる実施を促進することもUNMASの任務である. 2014年7月現在, アフガニスタン, コロンビア, 南スーダンなど18の地雷対策プログラムを実施している. 国連PKOにおいて地雷対策活動を実施する場合には, UNMASが地雷対策活動を統括し, 自らも地雷対策を実施し, 現地国政府とともに地雷対策の管理・監督を行う. また, 国連の地雷対策支援信託基金の管理・運営を行っており, この基金を活用し, 政府機関やNGOによる地雷対策が実施されている.　[堀越芳乃]

■**国連総会核軍縮ハイレベル会合**
High-Level Meeting of the United Nations General Assembly on Nuclear Disarmament

第67回国連総会で採択された決議(A/RES/67/39)(非同盟運動〔NAM〕諸国提出)に基づいて, 2013年9月26日にニューヨークの国連本部で開催された*核軍縮' に関する首脳・閣僚レベルの会合を指す. これまで3回の*国連軍縮特別総会' が開催されてきたが, 核軍縮に焦点を当てた国連総会のハイレベル会合は初めてである. 同会合は, *核兵器' のない世界の達成・維持のための核軍縮に関する多国間交渉を前進させる提案を策定する「多国間軍縮交渉オープンエンド作業部会」と並んで, 核軍縮の進展に不満を抱く非核兵器国が推進した新たなイニシアティブの1つである. 各国は, 主に核兵器のない世界に向けた政治的意思の必要性や方途について発言した. 発言した74カ国のうち, 12カ国は首脳レベル(NAM諸国代表のイラン大統領, 日本の安倍晋三首相を含む), 48カ国は外相レベル(日本の岸田文雄外相や, 日本が参加する*軍縮・不拡散イニシアティブ' 〔NPDI〕12カ国代表のオランダ外相を含む)であった. 会合としての合意文書は作成されなかったが, 第68回国連総会では, 同会合フォローアップ決議が採択され, 9月26日を「核兵器の完全廃絶のための国際の日」と宣言すること, 遅くとも2018年までに次回のハイレベル会合を開催することを決定することなどを盛り込んだ決議案が採択された. [西田 充]

■**国連総会決議1721**　United Nations General Assembly Resolution 1721

1 経緯　1959年の総会決議1472(XIV)により国連総会の常設委員会となった*国連宇宙空間平和利用委員会' (UNCOPUOS)は, その役員や運営方法などに関する東西の見解の不一致のため, 1961年11月にいたってようやく初めての会合を開催したが, 役員を選出するのみで閉会した. 同年12月の*国連総会第1委員会' は, 同委員会構成国の24カ国共同提案の「宇宙空間平和利用のための国際協力」と題した決議案を採択し, 同決議案は12月20日の国連総会本会議において総会決議1721(XVI)として満場一致で採択された.

2 概要　本決議はAからEの5部から成り, (A)国連憲章を含む国際法が*宇宙空間' および天体に適用され, 宇宙空間および天体はすべての国が国際法に従い自由に探査および利用を行うことができ, これを国家の専有物としてはならないこと, (B)宇宙物体を軌道にまたはそれ以遠に打ち上げた国は, 登録のために国連事務総長を通じて国連宇宙空間平和利用委員会に情報提供し, 国連事務総長は本情報の公の登録簿を保持すること, (C)すべての国, 世界気象機関および適当な専門機関が, 気象科学・技術の水準を高め, 既存の気象観測能力を発展させるために, 早期かつ包括的な研究を行うこと, (D)*人工衛星' による通信が世界的かつ無差別に, できるだけ速やかに, すべての国で利用できなけれ

こ

ばならないことを信じ，効果的に運用される衛星通信を設立する方法を準備する必要性を確信して，*国際電気通信連合'（ITU）は国際協力が必要となる宇宙通信の側面について考慮すべきこと，(E)宇宙空間平和利用委員会の現メンバーを継続するとともに，チャド，モンゴル，モロッコおよびシエラ・レオネを新たに構成国に追加すること，1962年3月までに同委員会を開催すること，などを規定している．総会決議1721(XVI)(B)に基づく情報提供は，義務的なものではなく登録項目も定めていないなど宇宙物体の登録制度としては不十分ではあるが，現在においても*宇宙物体登録条約'とともに，特に同条約を締結していない国については，宇宙物体に関する情報を国連事務総長へ提供する根拠となっている．　［岸人弘幸］

■国連総会決議 2603 A　United Nations General Assembly Resolution 2603A

国際的武力紛争における戦用化学剤および戦用生物剤の使用が，慣習国際法規則に反することを宣言した国連総会決議である．第24回総会(1969年12月16日)でスウェーデン，メキシコなど21カ国が提案，採択された(賛成80，反対3，棄権36)．決議は，1925年*ジュネーブ議定書'が，あらゆる化学的および生物学的戦争手段の国際的武力紛争における使用を禁止した一般国際法規則を体現していると述べ，次の2つの使用は，その規則に違反すると宣言した．①あらゆる戦用化学剤，すなわち，気体，液体または固体のいずれの形状であれ，ヒト，動物または植物への直接的な毒性効果ゆえに使用されうる化学物質．②あらゆる戦用生物剤，すなわち，ヒト，動物もしくは植物に感染して，疾病を引き起こし，もしくは死に至らしめる生命体またはそれに由来する感染性物質であって，その効果が標的内部での増殖能力に依存するもの．決議には非同盟諸国と社会主義諸国が賛成したが，ベトナム戦争での*暴動鎮圧剤'や*除草剤'の使用は，ジュネーブ議定書に体現された一般国際法規則に反するとみなす内容であったため，使用合法論を主張していた米国や豪州などが反対，日本は，ジュネーブ議定書が使用を禁じる化学剤の範囲について普遍的合意は存在しないとして棄権した．　［杉島正秋］

■国連総会第1委員会　First Committee of the United Nations General Assembly

1　国連憲章第11条は，国連総会が軍備縮小および軍備規制を律する原則を審議し，かかる原則について加盟国もしくは安全保障理事会，またはこの両者に勧告できるとの旨定めている．この総会の機能を果たすため，総会は6つの主要委員会のひとつである第1委員会において，憲章に定められた範囲内で，国際平和・安全保障の維持における協力，*軍縮'・軍備規制や協力的取極と安定の強化を目的とする手段などを中心に審議している．また，1978年の*国連軍縮特別総会'では，第1委員会が軍縮および関連する国際安全保障問題のみを取り扱うことが決められた．総会は本会議(plenary meeting)においても軍縮問題を審議することもあるが，作業の効率化をはかるために，第1委員会で実質的な作業を行い，最終的に12月に開かれる本会議で決議案(draft resolutions)の採択を行っている．第1委員会は，*国連軍縮委員会'（UNDC）とジュネーブの*軍縮会議'（CD）とともに国連の軍縮機構(disarmament machinery)を構成している．

2　第1委員会は毎年各国の首脳や外相が集まる総会の一般討論の後，10月初めから約5週間の日程で開催されている．現在，その作業は一般討論(General debate)，テーマ別討論(Thematic debate)，決議案の採決(Action on drafts)の3段階に分けて進められている．一般討論では，第1委員会にあてがわれたすべての議事項目について，加盟国が自国の見解および立場を表明し，テーマ別討論では，核兵器，他の*大量破壊兵器'（WMD），宇宙問題(軍縮関連のみ), 通常兵器, 他の軍縮措置および国際安全保障, 地域軍縮, 軍縮機構の7つのクラスターに分けて審議するとともに決議案の紹介や説明を行う. また, 総会決議59/95に従い2005年から国連軍縮高等代表や軍縮分野における国際機関の高官との意見交換のほか, 専門家グループ, 3つの国連地域平和軍縮センター, *国連軍縮研究所', 国連事務総長の軍縮諮問委員会の作業報告やその作業に焦点を当てたパネル・ディスカッションもテーマ別討論の枠組みの中で行われている. 第1委員会は第3段階において決議案および決定案(draft decisions)を投票あるいは全会一致で採択する. 採択された決議案と決定案は, 12月に総会の本会議で正式に採択される. 毎年, あわせて50を超える決議案と決定案が採択されている.　[河野 勉]

■**国連通常軍備委員会** United Nations Commission for Conventional Armaments

1947年2月13日の国連安全保障理事会決議18は, 同理事会と同じ構成国からなる通常軍備委員会を設置し, 一般的な軍備と兵力の規制と削減, ならびに軍備の一般的な規制と削減に関する実際的かつ効果的なセーフガードの提案を安保理に3カ月以内に提出するよう指示した. 同委員会は, 総会決議第1号により設立された*原子力委員会'(AEC)の管轄外の問題を扱うことになっていたが, ソ連とウクライナが*核兵器'の禁止は軍備・兵力の規制と削減と不可分の問題だと主張したため, 議論は平行線をたどった. しかし, 1948年8月に採択された決議(ソ連, ウクライナは反対)において, 同委員会が*大量破壊兵器'(WMD)を除くすべての兵器を通常兵器と見なし, 大量破壊兵器の明確な定義を安保理に示したことは意義がある. 通常軍備委員会の決議および報告書は, 総会で議論されたが, 安保理常任理事国の全兵力の3分の1の削減と攻撃兵器としての核兵器の禁止を求めるソ連側と, 加盟国から提出された兵力と通常軍備に関する情報の管理と検証に重点を置くことを主張した西側との意見の違いにより, 具体的な軍備・兵力の規制・削減は進展しなかった. 総会は1952年に*国連軍縮委員会'(UNDC)を設置し, これにより通常軍備委員会は廃止された.　[河野 勉]

■**国連と化学兵器禁止機関の関係に関する協定** Agreement concerning the Relationship between the United Nations and the Organisation for the Prohibition of Chemical Weapons ［署名］2000.10.17(ニューヨーク), ［発効］2001.10.11

*化学兵器禁止機関'(OPCW)は*化学兵器禁止条約'に基づいて設立された国際機関であって, 国連の専門機関としての地位は有していない. しかし, 一方で国連は国連憲章に従って国際の平和および安全に関する問題を扱う国際機関であり, 他方でOPCWは国連憲章の趣旨・目的を共有しかつその活動がこれらの実現に貢献する国際機関であることから, 両機関の関係を協定によって規律することになった. 本協定では, 両機関の連携, 相手機関に対する報告(OPCW事務局長の国連第1委員会での報告を含む), 査察などでの国連レセパセの使用, 違反の場合のOPCWから国連総会・安保理への注意喚起, 国際司法裁判所に対する勧告的意見の要請, 人事交流, *化学兵器'使用の疑いの調査および*化学兵器に対する防護'に関連した協力などが規定されている. *シリアの化学兵器'問題は, 紛争地域での使用の疑いの調査および廃棄の検証において両機関の協力・連携が不可欠であることを示した.　[秋山一郎]

■**国連の対イラン経済制裁** economic sanctions against Iran by the United Nations

1 経緯 2002年, イラン反体制派グループが, イランが過去10年以上にわたって*国際原子力機関'(IAEA)に対して未申告のまま核関連活動を行ってきたことを衛星写真とともに公表した. これを受けて, IAEAはイランとの間で事実関係の究明に努めたが，イランにおける未申告の核関連活動の不在とIAEA*包括的保障措置協定'への違反の不在が確認できないとして，2006年2月，イランの核関連活動に起因する不拡散上の脅威につき，国連安保理に報告した．これを受けて，国連安保理は，2006年3月，イランに核開発中止を求める議長声明を採択し，同年7月には決議1696により，イランに対しウラン*濃縮'などの核関連活動の速やかな停止とIAEAへの全面的な協力を求めるとともに，同年8月末までに核開発を中止しない場合には国連憲章第7条第41条に基づく制裁措置をとる旨警告した．これに対し，イランのマフムード・アフマディネジャード(Mahmoud Ahmadinejad)大統領が同年11月，イランが完全な*核燃料サイクル'技術を獲得した旨発表するなど，*国連安保理決議1696'不遵守の姿勢を明確に示したことを受け，安全保障理事会は，2006年12月，*経済制裁'措置を含む決議1737を採択した．

2 制裁措置の継続的強化　イランに対する制裁措置は，イランによるIAEA理事会決議の不遵守などに応じて順次強化・拡大され，現時点では4つの制裁決議に基づくものとなっている．*国連安保理決議1737'においては，イランに対して遅滞なくウラン濃縮・*再処理'関連活動を停止することを義務付けるとともに，国連加盟国に対して，①原子力関連資機材および技術の移転を禁じるための措置，②核開発計画に関係する個人や団体の資産凍結の実施などを義務付けた．2007年3月採択の*国連安保理決議1747'および2008年3月採択の決議1803においては，イランによる武器輸出の禁止，指定された個人の出入国と通過を禁ずる措置の実施が新たに加盟国に義務付けられるとともに，資産凍結の対象となる個人・団体が拡大されるなど，制裁措置が拡大された．しかしながら，その後もイランのIAEA理事会決議や一連の安全保障理事会決議による遵守は達成されず，またさらに決議1747に規定されるイランによる武器輸出の禁止に違反する事案が複数報告されるに至り，安全保障理事会は，制裁措置を大幅に強化する決議1929を2010年6月に採択した．

3 決議1929以後　決議第1929号では，①イランによる*弾道ミサイル'関連活動の禁止，②イランに対する武器供与の禁止，③イスラム革命防衛隊(IRGC)およびイラン・イスラム共和国シッピング・ライン(IRISL)関連団体・個人の資産凍結・出入国禁止措置への追加を行った．これに加え，IRGCまたはIRISLに関連する可能性のある個人・団体との商業活動に警戒を呼び掛けることなどが加盟国に求められ，関連決議により禁じられている資機材・技術の運搬に従事していると信ずるに足る根拠がある場合に貨物・船舶を検査することを要請し，検査の結果違反資機材などが発見された場合にはそれを破壊・無効化することを加盟国に義務付けた．また，本決議では，制裁措置の履行監視を強化するための専門家パネルの設立を決定した．同パネルの制裁履行状況に関する年次報告書においては，複数のイランによる制裁違反またはその疑いのある事案について*イラン制裁委員会'に対して報告がなされてきたとされており，安全保障理事会は，これを受けて，資産凍結または出入国禁止措置の対象となる個人・団体の追加指定等を行ってきている．　[松林健一郎]

■国連の対北朝鮮経済制裁　economic sanctions against the Democratic People's Republic of Korea by the United Nations

1 国連安保理による対北朝鮮制裁決議　2006年7月に北朝鮮がミサイル発射実験を行ったことに対する制裁措置として国連は*国連安保理決議1695'を全会一致で可決したが，同年10月9日に第1回核実験を北朝鮮が行ったことに対して国連安保理は10月14日に*国連安保理決議1718'を採択し，決議1695では触れられなかった国連憲章第7章第41条の規定を盛り込んだ．この決議の主たる内容は，①北朝鮮に対して,すべての核実験または*弾道ミサイル'の発射の中止を要求し,②*核兵器不拡散条約'(NPT)と*国際原子力機関'(IAEA)の*保障措置'への復帰を要求し,③北朝鮮が既存のあらゆる核計画と*大量破壊兵器'(WMD)を,完全で検証可能な不可逆的な方法で放棄することを決定し,NPTとIAEAが定める条件に厳格に従って行動すること,④*国連軍備登録制度'上定義された戦車,戦闘用航空機などの通常兵器の北朝鮮による輸入および輸出を禁ずる,⑤大量破壊兵器および弾道ミサイルの製造に関連する物資の北朝鮮向け輸出を禁ずる,⑥北朝鮮向けの奢侈品の輸出を禁ずる,といった構成をとっている.この決議は安保理非常任理事国であった日本の主導により採択された.この決議が採択された後に国連安保理の15カ国によって1718委員会が結成され,加盟国と北朝鮮による決議の履行状況を監視し,その結果を安保理に提出することとなる.次いで,北朝鮮が2009年5月25日に行った第2回核実験を受けて安保理は国連安保理決議1874を全会一致で採択,憲章第7章第41条に基づく*経済制裁'のさらなる履行をすべての加盟国に求める決定を行った.同時に決議1718と決議1874で定める経済制裁の履行状況を監視し,加盟国の制裁履行を促す目的から7名のメンバーからなる専門家パネルが結成された.日本からも1名の専門家がこれに加わっている.決議の内容は決議1718を強化するものであり,①通常兵器の北朝鮮による輸出入禁止の範囲を拡大するとともに,加盟国による貨物検査の実施･押収･廃棄する権限ならびに輸送船舶への補給を拒否する権限が与えられ,②大量破壊兵器開発に関連すると思われるあらゆる金融資産と資源の転送を行う金融サービスを停止する,③加盟国と国際金融･国際信用機関に対して北朝鮮に対する新規の助成金の供与,金融支援および無利子融資を禁ずる,といった内容から成っている.さらに2013年1月には2012年12月12日に北朝鮮が実施したミサイル発射実験に対して国連安保理決議2087が採択されたのに続き,2013年2月12日に第3回核実験を行ったことに対して3月7日に国連安保理決議2094を全会一致で採択した.この決議は過去2回の核実験後に採択された決議1718と決議1874に盛り込まれた制裁をさらに強化し,加盟国に対して,①核兵器や弾道ミサイルの開発に関係があると判断された場合には,現金を含む金融資産の移転や金融サービスの提供を禁止すること,②不審船舶の貨物検査を義務付け,③禁輸物資を運搬した疑いのある航空機の離発着と領空通過を認めないよう要請することが盛り込まれた.

2 制裁の履行状況　これらの決議の履行状況については加盟国に毎年定期的に国別履行報告書の提出が義務付けられているが,報告書を1度も提出しない国が半数近くを占めてきた.特に東南アジアや南アジアの履行状況が悪く,国連制裁の実効性を確保する上で問題となっている.また,国境を接する中国からの禁輸物資の移転が不透明で有り続けているのも,対北朝鮮制裁の効果を図る上から多くの問題を投げかけている.　　　　[山本武彦]

■国連ミサイル専門家パネル　Panel of Governmental Experts on the Issue of Missiles in All its Aspects

2000年の国連総会決議55/33Aに基づき,2001年に国連事務局は23カ国の政府専門家から構成される国連ミサイル専門家パネルを設置した.提案したイランの意図は不明ながら,同パネルの参加者は,*大量破壊兵器'(WMD)の運搬手段としての*弾道ミサイル'の拡散に対する危機感,あるいは米国による*弾道ミサイル防衛'(BMD)推進への懸念などを有していた.第1回パネルは2001-2002年に3回開催され,その報告書では第二次世界大戦および*冷戦'中に開発が進んだミサイルの性能･種類および既存の関連諸条約が分析された.また,ミサイル不拡散に関する普遍的な多数国間条約がないなかで, 国連が果たす役割の重要性が指摘された. 第2回パネルは2003年の国連総会決議58/37に基づき翌2004年に設置され, 同じく3回の会合を経たが, 検討事項の複雑さより全会一致の合意が得られず, 最終報告書の作成には至らなかった. この教訓より, 2004年の国連総会決議59/67で設置された第3回パネルは, *国連軍縮研究所'(UNIDIR)の主導で進められ, 報告書では国際社会による継続的検討の必要性が提言された. 2008年6月に任期終了となったが, 特段の成果はなく, むしろ各国の主張の対立が浮き彫りとなった. [高屋友里]

■ココム Coordinating Committee for the Export Control to the Communist Countries : COCOM

日本では対共産圏輸出統制委員会と呼ばれた. 参加国は17カ国

1 結成の背景 *冷戦'がヨーロッパで深刻化しつつあった1949年11月22日に, 米国の提唱により西欧諸国と米国・カナダが参加してソ連を頂点とする共産圏諸国向けの戦略物資の輸出を規制する制度として発足し, 翌年1月から活動を開始した. この国際組織が発足したのは, 当時米国が単独で実施していた*輸出管理'法だけでソ連の軍事力強化を阻止することが困難と判断した米国が, 西欧の非共産諸国をも巻き込む必要性を強く意識して参加を呼びかけたためである. 米国の呼びかけに西欧が呼応したのは, 戦火にさらされた国土と経済の早期復興を果たすためには米国の経済援助を得ることを必須の条件と考え, その見返りとしてソ連圏の経済・技術封じ込めのための国際体制の確立を求める米国の強い要請に応じざるをえなかったからであった. 米国の軍事力は原爆保有に象徴されるようにソ連を圧倒しており, ソ連の軍事力増強に対抗するために西欧諸国の軍事技術や戦略物資が共産圏に移転するのを阻止することが不可欠の条件と考えられていた. したがって米国が「鉄のカーテン」に対抗する「技術のカーテン」を構築するために, 西欧諸国の糾合を図ったのは必然の流れであった.

2 ココム体制内部の対立 しかし西欧諸国が両手を挙げてココム結成に参加したわけではない. 共産圏諸国との貿易で輸出所得を増やすことを重要な国土復興の手段と考えていた西欧諸国は, ココムが結成された当初から米国と対立することになる. 対立の構図は, 戦略物資・技術の範囲をひろく取ろうとする米国と出来る限り狭く限定しようとする西欧との対立として描き出せよう. たとえば, ココム発足時における規制品目リストの作成作業の過程で米国は鉄鋼製品の輸出規制にくず鉄をも含めることを主張したのに対して, 英国が真っ向から反対したのは, その一例である. 米国の主張は戦前日本にくず鉄輸出を認めた結果, 日本の軍事力強化に使われた, というものであり, したがって共産圏への, くず鉄輸出が兵器生産に使われかねないとする. この主張に対して英国はくず鉄輸出が経済復興に不可欠の要素になるとして強く反発, 結局米国は英国の主張を容れて数量規制で妥協を余儀なくされた. この構図はココム解散まで続くことになる. また, フランスやイタリアなどの国内で共産勢力の強い国では, 国内の政治基盤が弱いこともあり, ココムに参加していることが明るみに出ることを恐れた結果, ココムを非公式の国際制度にすることを要求し, これに応ぜざるを得なかった米国はココムを非公式の国際制度にすることを余儀なくされる. その結果, ココムは解散に至るまで, 正式の国際組織として機能することはなかった. その本部はどこに所在することも明らかにされることはなく, 一般にパリの米国大使館別館に置かれていた, と伝えられるに過ぎなかった.

3 日本のココム加盟 日本は1951年にワシントンで開かれた極東5カ国経済会議で加盟が認められ, 翌年9月に正式に加盟した. 同時に中国向け輸出統制を強化するために米国の提案に基づいて対中国輸出統制委員会(CHIN-

COM)がココム内部に設置され, 中国差別扱い(China Differential)と呼ばれるいわゆるチンコム・リストに基づいて, ココムよりも厳しい輸出統制下に置かれたため, 日中貿易に大きな影響を及ぼした. しかし, 英国の提案によりココムとの二重構造を解消するために, チンコムは1957年に解散し, ココムに一本化されることとなった.

4 ココムの解散 1991年にソ連が崩壊して後, 1992年にソ連など旧共産圏諸国を取り込んでココム協力フォーラム(CCF)が開かれてココムの存在理由は薄れて行き, 1994年3月に正式に解散することとなり, 44年間の活動を閉じた. [山本武彦]

■国家安全保障戦略(米国の) *National Security Strategy*: NSS

1986年ゴールドウォーター＝ニコルズ国防省再編法により米国行政府が議会への提出を義務づけられた, 国家安全保障戦略の基本方針を示した文書である. 同法は毎年の提出を義務づけているが, 2001年までの15年間にはほぼ毎年の12回, ジョージ・W・ブッシュ(George W. Bush)政権期以降には1大統領任期で1回の公表にとどまっている. 大統領府下の国家安全保障会議(NSC)で作成され, 本来, 同一政権期に国防省下で作成される各種の国防・軍事戦略文書にとっての大方針となるべきものであるが,「4年期国防計画見直し」(QDR)報告などが先行することも少なくない. 記述内容・様式は都度異なるものの, その政権の核戦力に関する基本姿勢や, *軍縮'・*軍備管理' 分野における優先事項なども示される. 近年では,「関与と拡大の国家安全保障戦略」と名づけられた1994~96年のNSS, 先制攻撃論(ブッシュ・ドクトリン)を成文化した2002年のNSSが有名である. 後者は, *大量破壊兵器' (WMD)とテロ組織が結びつくことを最も深刻な脅威と位置づけ, WMD開発とテロ支援を行っていると目されたイラクへの攻撃を正当化しようとするものでもあった. 2010年のNSSでは, バラク・オバマ(Barack Obama)政権が前年に打ち出した「核兵器のない世界」という目標の追求も明記された. →イラクの核兵器開発疑惑 [石川 卓]

■国家核安全保障局 National Nuclear Security Administration: NNSA

国家核安全保障局(NNSA)は, 米国*エネルギー省' の下, 核技術の安全保障面での利用を統括, 管理する半自律的な組織である. 具体的には, 次のような役割が与えられている. 第1に, 核兵器の管理である. 核兵器の延命プログラム(LEP)や*備蓄弾頭維持管理計画' (SSMP)などを通じ, *核抑止' 力の安全性と信頼性を維持する. 第2に, 不拡散である. *大量破壊兵器' (WMD)の拡散を防止するため, エネルギー省管轄下の国立研究所などと協力しながら不拡散のための技術開発や政策立案をしたり, *国際原子力機関' (IAEA)や他国政府などの国際的なパートナーや米国政府の諸機関と協力して, 他国の不拡散, *核セキュリティ' 分野における能力構築支援プログラム, ベスト・プラクティスの共有などの事業を実施する. 第3に, *核テロリズム' 対策である. テロ対策や*拡散対抗' を進めるため, 専門的な知見, 実践的な政策ツール, 技術的知見に基づく政策提言などを提供する. さらに, 放射線・核災害への対処能力, 核テロの脅威への対策を提供する. 第4に, 海軍の原子力推進プログラムの統括がある. →米国の核政策・核戦略 [秋山信将]

■国家航空宇宙局 National Aeronautics and Space Administration: NASA

NASAは米国における民生分野(civil)の宇宙機関である. 本部はワシントンDCにあり, 各州に置かれた計9つのフィールドセンターとNASAから委託を受けたカリフォルニア工科大学ジェット推進研究所(JPL)が業務を担当する. 2015年度予算は180億1千万ドル, 職員数は16,907人(2014年5月現在)である. 1957年の「スプートニク・ショック」を受け, 当時のドワイト・アイゼンハワー(Dwight Eisenhower)大統領は,陸海空軍などがバラバラに宇宙開発に取り組む体制を改革し,指揮系統を一元化した民生用の宇宙機関を創設する方針を打ち出し,議会審議を経て,1958年7月29日に国家航空宇宙法が制定され,同法に基づきNASAは設置された.なお,同法により,軍事宇宙活動については国防省が管轄すると規定された.同年10月1日,国家航空評議委員会(NACA)を引き継ぎ,陸海軍の宇宙開発組織の一部を併合し,実務が開始された.NASAは特定の行政各省に属していない独立行政機関であり,文民の中から上院の助言と同意を得て大統領により任命された長官が,大統領の監督・指揮の下でNASAのすべての権限の行使と義務の履行について責任を有する.また,NASAは一定のレベルの国際約束締結権限を付与されており,この権限に基づき外国政府や国際機関と直接,国際協定を締結し国際協力を進めてきている.　[佐藤雅彦]

■ゴールドスタンダード　gold standard

1 概要　米国の*123協定'において,相手国に管轄域内での濃縮および再処理を法的に禁ずる方針.ジョージ・W・ブッシュ(George W. Bush)政権下で協定締結交渉が進められた*米アラブ首長国連邦(UAE)原子力協力協定'がバラク・オバマ(Barack Obama)政権下の2009年12月に発効した際,国務省の報道官がUAEにおける*濃縮'および*再処理'を法的に禁じた規定をゴールドスタンダートと呼んだのが発祥である.

2 位置付け　米国政府はこの方針を採用していない.そもそもオバマ政権はゴールドスタンダードを中東諸国との*2国間原子力協力協定'に限って適用することを考慮しており,米UAE協定で濃縮・再処理の禁止が規定されたのも既にUAEが自国内で濃縮・再処理を行わないことを決定していたためであった.しかし米国議会はこの方針を今後締結するすべての協定に適用するよう求め,2011年4月には下院外交委員会が,ゴールドスタンダードに沿わない協定については上下両院の合同承認決議がなければ発効しないとする法案を可決した.同法案は下院本会議で採決されず,廃案となったが,2013年12月には改めて類似する内容の法案が提出されている.こうした動きに対して行政府は,協定相手国が濃縮・再処理の法的禁止を受け入れないために協定が締結できず,結果として当該国における原子力ビジネスの機会を逸することなどを懸念し,ゴールドスタンダードの採用に反対してきた.2012年1月には国務省および*エネルギー省'が,協定相手国の状況に合わせて濃縮及び再処理の扱いを決めるケース・バイ・ケースの方針で協定締結交渉に臨むことを表明している.これに議会や核不拡散問題の専門家が強く反発したこともあって,同年5月にヒラリー・クリントン(Hillary Clinton)国務長官は方針の再検討を指示した.ただ,米ベトナム間の協定締結交渉は,2013年10月にベトナムが濃縮および再処理をしないという意思表示をした協定案で合意し,12月以降は米国議会および専門家などに対して柔軟な方針で協定締結交渉に臨むという説明がなされた.議会の一部議員はその後も,原子力協力に関する公聴会などにおいてゴールドスタンダードの採用を主張し続けているが,オバマ政権は柔軟な方針を維持している.　[武田 悠]

■混合酸化物　mixed oxide : MOX

1 定義　字義通りでは一般名詞であるが,原子力の文脈では,ウランおよび*プルトニウム'の混合酸化物を指す.発電用原子炉において,プルトニウムを燃料として利用する際の形態である.装荷する炉型によって組成比が異なり,高速炉用ではプルトニウムの割合が約20%であるのに対し,*軽水炉'(プルサーマル)用は4~9%程度となっている.

2 日本での利用状況(注:すべて2014年末時点)　日本には商業用高速炉は存在しないが,これまでには,*日本原子力研究開発機構'

(JAEA)のプルトニウム燃料技術開発センター(通称:プル燃)にて,高速実験炉「常陽」および高速増殖原型炉*もんじゅ'用のMOX燃料が製造された実績がある(プル燃は,新型転換炉「ふげん」用の燃料などを含め,累計約173tのMOX燃料を製造).

軽水炉でのMOX利用については,福島第一原発事故前までに計4基で開始され,2015年度までに計16〜18基での利用を目指していたが,事故を受けて計画は白紙に戻っている.また建設中の関連施設として,2008年5月に着工した日本初のフルMOX炉心の原発である大間原子力発電所(電源開発),2010年10月に着工した日本原燃のMOX燃料工場(J-MOX)がある.　[堀尾健太]

■コンテナー安全保障構想 Container Security Initiative: CSI

1 制度導入の背景　2001年9月11日の同時多発テロ事件に衝撃を受けた米国政府が2002年1月から発足させた制度で,米国に海・空・陸の空間を通して輸入されるすべてのコンテナー内部に*大量破壊兵器'(WMD)関連物資が積載されていないかどうかを精巧なX線照射装置を使って検査することにより米国の安全保障を確実なものにすることを目的としている.この制度は国内のすべての港湾と飛行場での貨物検査に適用されており,9.11事件後に導入された国土安全保障制度と密接な関連性を持つとともに,*拡散に対する安全保障構想'(PSI)とセットになったシステムでもある.当時,米国内に搬入されるコンテナーの総数は3億個に及ぶとされ,米国の税関当局だけで効果的に対処するのは不可能と見られたことから,関係諸国の税関当局の協力が不可欠の要件とされた.税関事務を所掌する米国財務省は,米国へのコンテナー搬入に関係する諸国と協定を結び,相互主義の原則により米国の税関官吏と関係国の税関官吏を派遣し合い,CSI制度を米国内制度にとどめることなく国際協調の枠組みで運用することとなった.

2 制度運用の実態　CSIの実施は米国税関・国境保護局(CBP)がその任に当たる.CSIは,①リスクの高いコンテナーを識別するために諜報と自動化された情報を用いること,②リスクが高いと判断されたコンテナーを米国に到着する前に出発地において事前スクリーンにかけること,③リスクの高いコンテナーを迅速に事前スクリーンにかけるための探知技術を用いること,④より強固で性能の高い探知機を用いることによって実施される.外国政府との協力に関しては,2003年3月にカナダ税関当局との合意に基づき米国向け貨物に対する事前スクリーン実施のため米側査察官をモントリオールなど3カ所に派遣し,カナダ側査察官を米国の2カ所に派遣することとなった.その後,オランダやフランスなど欧州7カ国との間で米国査察官を派遣することで合意し,さらに日本や韓国などのアジア諸国とも協定を結んで,いわばCSIのグローバル・ネットワークを形成していく.とくに米国は自国の港湾に限らず,世界の主要10港を世界交易システムのチョーク・ポイントとみなし,同時に荷役量トップ20に入る他の重要港湾に米国の査察官を常駐させるほど徹底したCSI作戦を展開してきた.　[山本武彦]

■コントロール・アームズ Control Arms

2003年10月に,アムネスティ・インターナショナル(Amnesty International),オックスファム(Oxfam),*小型武器国際行動ネットワーク'(IANSA)が設立した国際キャンペーンである.通常兵器の拡散と濫用に対して,コミュニティ・国家・地域・グローバルの各レベルで取り組むべきと主張したうえで,グローバル・レベルの方策の1つとして*武器貿易条約'(ATT)の策定を提案した.このATT構想は,1990年代後半に研究者やNGOなどが「国際武器移転に関する枠組み条約案」として提起した構想に修正を加えたものであった.そして,コントロール・

アームズは，移転される通常兵器が戦争犯罪・人道に対する罪・ジェノサイド・国際人権法や*国際人道法'の重大な違反・*テロリズム'行為・国際組織犯罪・ジェンダーに基づく暴力の実行や助長に使用される可能性がある場合や，受領国の持続可能な開発ないし社会・経済的開発を妨げたり，移転に際して汚職が伴ったりする可能性がある場合には，その兵器の移転を許可しないといった原則をATTに盛り込むことを求めた．2000年代末以降の組織改編により，100弱のメンバー団体(うち20団体弱が運営委員)で構成する形態となり，ニューヨークに事務局が設けられた．　［榎本珠良］

■**コンピュータウイルス** computer virus

1 広義のコンピュータウイルス　コンピュータウイルスとは，コンピュータの利用者に対して加害行為を行うことを目的としたプログラム全般をいう．また，コンピュータウイルス全般を指す言葉として，マルウェア(malicious software：悪意あるソフトウェアの略語)がある．加えて，通商産業省(現：経済産業省)は「コンピュータウイルス対策基準(1997年制定)」において，コンピュータウイルスの定義として次の3つの機能のうち，1つ以上を有するものとしている．その機能とは，ウイルス自身をコピーし，他の場所にも自らを伝染させ増殖を図る「自己伝染機能」，予め設定された特定の条件が満たされるまで自身の存在を隠し加害行為を行わない「潜伏機能」，利用者に対して悪事を行い，危害を及ぼす「発病機能」である．また，ウイルスがコンピュータのシステム領域，プログラム，およびデータファイルなどに組み込まれることを「感染」と表す．

2 コンピュータウイルスの種類　コンピュータウイルスはその感染手法において大きく2種類に分類される．1つは，ウイルス単体では存在できず，正規のファイルなどに感染することにより，利用者に不利益となる処理を実行するウイルスである．感染対象別に当該ウイルスを分類すると次の3つになる．それらは，オペレーションシステム(OS)を起動する際に情報が読み込まれるマスターブートレコードやブートセクタに感染する「システム領域感染型」，ソフトウェアやOSが利用するプログラムファイルに感染する「実行ファイル感染型」，マイクロソフト社のOffice製品の機能拡張機能を利用してデータファイルに感染する「データファイル感染型」である．もう1つのコンピュータウイルスは，ウイルス単体での存在が可能であり，感染対象となるファイルやプログラムが存在しなくても動作，増殖が可能なウイルスである．代表的なものに，ワーム，トロイの木馬などがある．ワームは，自己を複製することにより自己増殖できるのが特徴である．加えて，ネットワークを利用し，感染したファイルを添付した電子メールを送信することで他者のコンピュータに入り込んだり，OSの脆弱性を利用することで感染拡大していく．また，トロイの木馬は，何らかの有用または無害なプログラムと見せかけて攻撃対象者のコンピュータに入り込み，不正行為を実行するプログラムである．その特徴として，予め設定された条件が満たされるときまで破壊行為を行わない潜伏機能を持つものや，第三者がコンピュータを乗っ取るためのバックドア機能を持つものがある．ワーム同様，トロイの木馬は単体のプログラムとして動作するが，自己伝染機能を持たない．　［会津賢治］

■**コンプライアンス・プログラム** Compliance Program

1 CPの基本的要件　コンプライアンス・プログラムは略してCPとも呼ばれるが，経済産業省は正式には「輸出管理内部規程」としている．*輸出管理'におけるCPとは，*外為法'および関係法令の遵守のために，貨物の輸出や技術の提供に関する一連の手続きにおいて一定の規制を設け，法違反を犯す事や懸念のある調達活動に巻き込まれることなどを未然に防ぐことを目的とした組織内部の規程のことである.CPは1987年に通商産業大臣通達で輸出関連法規の遵守徹底を目的に示されて以来,2012年の外為法改正に伴い,新たに第55条の10第1項の*輸出者等遵守基準'でCPとして正式に記載されるに至った.CPの策定についての届出は任意であるが,*包括許可'取得の要件となっている.CPに係る政府の相談窓口および届出先は,経済産業省貿易経済協力局貿易管理部安全保障貿易管理課安全保障貿易管理検査官室である.CPを安全保障貿易管理検査官室に提出すると,「外為法等遵守事項」に基づき審査され,適正な内部規程であると確認された場合,輸出管理内部規程受理票(CP受理票)が発行される.CP受理票が発行された輸出者等は,毎年7月,CPの確実な実施を確認する為の,輸出者等概要・自己管理チェックリストを提出する義務を負う.その内容が適切な場合には,輸出者等概要・自己管理チェックリスト受理票(CL受理票)が発行される.なお,CP届出輸出者が,次の3要件を満たし,かつ希望する場合には,所定の様式を安全保障貿易管理検査官室に提出する事によって,経済産業省の安全保障貿易管理課のホームページに,当該輸出者の名称,所在地およびホームページアドレスが公表される.①輸出者等遵守基準およびCPに従って適切に輸出管理を実施している,②リスト規制,*大量破壊兵器キャッチオール規制'および通常兵器補完的輸出規制に対応し,用途・需要者審査を適切に実施している,③定期的に監査を実施している.

2 モデルCP　モデルCPは,輸出者等によるCP作成を支援する目的で,標準的なモデルとして2003年に*安全保障貿易情報センター'(CISTEC)が発行したものである.その後モデルCPは,2009年11月に施行された改正外為法,2012年4月施行の輸出者等遵守基準を定める省令に基づく見直しや,2012年4月施行のキャッチオール関連通達の改正,同年4月並びに2013年4月施行の*包括許可制度'関連通達の改正に基づく見直しが行われている.[利光 尚]

さ

■在外被爆者　overseas *hibakusha*

1 日本国外に居住する被爆者　1945年8月6日に広島で,8月9日に長崎で*原子爆弾'によって被爆した後,日本国外に居住するようになった人々のことを在外被爆者という.居住国により在韓被爆者や在米被爆者などと呼ばれる.日本政府は現在,国籍を問わず被爆者健康手帳を交付しており,手帳を所持している在外被爆者の数は2014年3月現在約4,440人.そのうち約3,000人が韓国人被爆者である.当時の植民地・朝鮮半島から生活のために日本に渡った人々または労働力として強制連行された人々が広島・長崎で多数被爆した.その総数は約3万から8万人など諸説がある.そのほか台湾出身の軍人・軍属,強制連行された中国人,東南アジア各地からの「南方特別留学生」,連合軍捕虜の人々(米,蘭,豪,英国人など)も被爆した.このうち生き残った人々がそれぞれの国に帰り在外被爆者となった.北朝鮮にも数百人の被爆者が生存するとみられるが全容は明らかでない.これら外国人被爆者とはべつに,被爆後に移民として北米や南米に移住した日本人被爆者がいる.米国に約1,000人,ブラジルに約150人いるほか,こうした*被爆者'が30数カ国に存在する.

2 裁判闘争から援護へ　日本に住む被爆者には1957年の原爆医療法,1968年の原爆特別措置法(1994年に*被爆者援護法'に一本化)によって医療給付と健康管理の援護策が講じられたが,在外被爆者は長い間そのような援護を受けられなかった.1974年に厚生省はこれらの援護は「日本国の領域を越えて居住地を移した被爆者には適用されない」との通達を出した. これに対し 1998 年, 広島で被爆した韓国人・郭貴勲が「被爆者はどこにいても被爆者」として, 日本国内での援護受給者が日本を出国したときに手当支給を打ち切られるのは違法として国を相手取り裁判を起こした. 2001 年の大阪地裁, 2002 年の大阪高裁ともに原告の主張が認められ, 2003 年, 国は上記通達を廃止した. それでも在外被爆者が国外で被爆者健康手帳の交付や手当支給を申請することはできなかったため, これを求める数々の裁判が起こされた. 2008 年に被爆者援護法が改正され, 海外からの手帳申請が可能となった. 在外被爆者の援護は, 当事者による裁判とこれを支える市民運動の力に押されて実現したといえるが, その過程で高齢により亡くなる被爆者も多かった. ［川崎 哲］

■在庫差(核物質の) material unaccounted for : MUF

*包括的保障措置協定' 第 30 項に, 技術的な結論は, 個々の物質収支区域(MBA)ごとの在庫差(MUF)を, 事前に*設計情報' などで表明されている計量測定精度と関連付けて評価するとされている. 個々の施設に特定の MBA を設定し, その区域の核物質の受入れ量と払出し量, および在庫量を計量測定し, 下式により MUF を計算し, その大きさを対象となった計量測定の誤差の限界と連動させて評価し, 妥当性を判断する.

$$\mathrm{MUF}=\mathrm{BI}+\mathrm{R}-\mathrm{S}-\mathrm{EI}$$

BI(Beginning Inventory) : 当該物質収支期間の期首在庫量(前期の期末在庫量), R(Receipt) : 当該物質収支期間の物質収支区域への受入れ全量, S(Shipment) : 当該物質収支期間の物質収支区域からの払出し全量, EI(Ending Inventory) : 当該物質収支期間の期末実在庫量. 右辺第 1 項から第 3 項までの計算で, 帳簿在庫(存在するはずの在庫量)が得られ, 第 4 項の実在庫との差から MUF を計算する. 国内法では, MUF を不明物質量と呼称しているが, 計算式の意味合いから最近は帳簿在庫と実在庫との在庫差と呼ばれる. すべて核物質が計量測定され, 上記式により計算されていれば, MUF の期待値はゼロである. 実際は経験上ゼロにはならず, 原因は, ①核物質の計量測定が不確実, ②計量測定精度が不適切, ③核物質の*不法移転' とされている. ［菊地昌廣］

■最終用途誓約書 end-use certificate

最終用途誓約書とは, 大量破壊兵器関連の品目または*ワッセナー協約' (WA)の Very Sensitive List に該当する品目を輸出する場合に取得が義務付けられている, 最終需要者による用途に関する誓約書である. この誓約書では, 輸出先から再輸出を行う場合には原輸出者による事前同意を義務付けている. この仕組みは, 国際輸出管理レジームにおける合意事項を国内法に反映したものである. 最終用途誓約書は,「輸出許可・役務取引許可・特定記録媒体等許可申請に係る提出書類及び注意事項等について(提出書類通達)」で規定されている. 最終用途誓約書には, 取引関係者の氏名, 住所, 品目の使用場所, 品目の説明, 契約書番号, 契約のサイン日等を記入し, 最終需要者が, 品目の用途, *大量破壊兵器' (WMD)などに使用しないこと, 民生用途であること, 最終需要者が使用すること, 最終仕向国にとどまるまたは費消されること, 再輸出しないこと, やむを得ず再輸出する場合には原輸出者から書面による事前同意を得ることなどを誓約する内容となっている. 日本の輸出者は, 最終需要者から再輸出のための事前同意を求められた場合には, 最終需要者からの事前同意相談書, 原許可証写し, 原許可時の最終用途誓約書, 再輸出先からの最終用途誓約書などを経済産業省に速やかに提出しなければならない.

［河野瀬純子］

■最小限抑止 minimum deterrence

基本的には*核抑止' の一形態であり, 必要最小限度の損害を報復攻撃で相手に与える能力に基づく*抑止' である. 最大の特徴は, *冷戦' 期の米ソ間の*相互確証破壊'(MAD)を前提とした核戦略とは異なる態様, 具体的には, 抑止に必要な最小限度の損害を与える核報復(第2撃)のみを確実に実施しうる能力に限定することで核抑止を確保しようとするところにある. 歴史的には, 英国やフランスの核戦略において採用され, その後は中国やインドといった新興国においても採用されている. 国家実行は多種多様であり, 何をもって最小限度であり, なおかつ信頼可能な核抑止が確保されるかは必ずしも明確ではなく, 可変的である. 核態勢の違いに着目すれば, たとえば, 英国とフランスは核弾頭を*潜水艦発射弾道ミサイル'(SLBM)に装着した状態にして先行使用を排除していないのに対し, 中国は核弾頭を運搬手段から切り離した状態にし, なおかつ無条件の*核兵器の先行不使用'を宣言している. インドも核弾頭を運搬手段から切り離した状態にして先行不使用を宣言しているが, *生物兵器'・*化学兵器'による攻撃に対しては*核兵器'の先行使用がありうることを示唆している. 次に, 運搬手段のオプションに着目すれば, たとえば, 英国がSLBMに特化しているのに対し, 中国とインドはいわゆる*戦略三本柱'と呼ばれるすべての運搬手段の能力の維持ないし構築を追求している. このような相違は, それぞれの国家が位置する地政学的条件, または, その国家が有する脅威認識などを反映しているといえる.　［中西宏晃］

■再処理　reprocessing

使用済核燃料から, 再利用が可能なウランと*プルトニウム'を分離するプロセスを再処理という. 実用化されている再処理方法はピューレックス(PUREX)法という. 初めに核燃料を硝酸溶液に溶かし込み, その後, 有機溶媒(ドデカンとリン酸トリブチル)によってウランと*プルトニウム'を有機溶媒側に分離し, その有機溶媒を, 還元剤を含む別の水溶液と接触されることによってプルトニウムのみを水側に移行させて化学的にウランとプルトニウムを分離する溶媒抽出法である. *軽水炉'の使用済み燃料には約1%の残存ウラン235および約1%の生成プルトニウムが含まれており, 日本では再処理によってこれらを取り出し軽水炉で再利用(プルサーマル)する政策が取られている. 再処理によって使用済核燃料に含まれる核分裂生成物などの放射性廃棄物も分離され, この廃棄物は*ガラス固化体'にされて高レベル廃棄物として処分される. 平和利用で使われる再処理技術も*核兵器'製造のための再処理技術と同じ技術が用いられるため, 再処理に使われる資機材は厳しい輸出規制の対象になっている. PUREX法のような溶媒抽出法とは異なり, 電気分解によってプルトニウムを他の核分裂生成物と混合してウランと分離回収する乾式プロセス(パイロプロセス:Pyroprocess)も研究されている.

［直井洋介］

■在日本朝鮮人科学技術協会(科協)

Association of North Korea-related Scientists and Engineers in Japan

1　不透明な組織の実態　1959年に設立された朝鮮総連の下部組織. 在日北朝鮮系の科学者や技術者によって構成され, 約1,200人の会員を擁するといわれる. 朝鮮労働党の対外連絡部の影響下にあり, 北朝鮮のミサイル・核開発関連の物資の確保や技術の取得に深く関係してきたと言われている. これまで明らかになった日本からの非合法な物資と技術の移転は, 1994年のジェットミルの不正輸出事件や2006年に陸上自衛隊の最新型地対空ミサイルに関する研究開発データを不正に移転した事件などがある. その他, 1998年に打ち上げられたテポドン1・ミサイルの開発に大阪大学出身の技術者が関与していたことも報じられたが, 未確認情報にとどまっている. 2003年に脱北した技術者が米国議会で北朝鮮のミサイル開発に必要な物資の90%は日本から調達したと証言し, 日本に衝撃を与えたが, この組織がどのように関与したかは不明のままである. *輸出管理'の観点から見る限り，この組織が在日北朝鮮系商社などの輸出商社とどのような関係を結んでいるのか，あまりにも不透明なのが実態であり，摘発される不正輸出事案ごとに解明していくほかないのが実情である．

2 大量破壊兵器(WMD)開発との関連　かねてから北朝鮮による核兵器などの*大量破壊兵器'(WMD)やミサイル開発に，この組織が深く関わってきたといわれる．たとえば，2010年11月に北朝鮮の寧辺にある原子力開発関連施設を訪れたスタンフォード大学のジーグフリード・ヘッカー(Siegfried Hecker)博士が濃縮ウラン製造用の遠心分離機を見せられた時の報告を発表し，この施設が六ヶ所村の*濃縮'技術をモデルにして作られたことを明らかにした．その直後に*北朝鮮の核開発問題'に詳しいデイビッド・オルブライト(David Albright)氏が，この情報を北朝鮮に流したのは六ヶ所村で働く科協のメンバーである旨の論文を発表した．真偽のほどは明らかではないが，この論文で触れられた科協のメンバーによる技術移転が事実とすれば，この組織に関する情報の収集と対策は，輸出管理強化の観点からも急がれる．　[山本武彦]

■サイバー攻撃　cyber attack

情報通信ネットワーク経由で他者の情報通信システムへ不正に侵入することにより，システムの機能不全，情報窃取，社会的混乱の惹起などの加害行為を目的として行われる攻撃である．サイバー攻撃が広く認識され始めたのは2000年ごろとされ，パスワード破りなどによるシステム侵入，ウェブページの書き換えなど，自己顕示，嫌がらせなどを目的とした愉快犯的な攻撃が多かった．一方，近年の情報通信技術の進展を背景に，サイバー空間は個人などの私的な空間から社会インフラ等の公的な空間まで広がりを見せている．また，このようなサイバー環境の変化に伴いサイバー攻撃の攻撃主体，対象，目的も多様化し，その手法もより高度で複雑になってきている．現代におけるサイバー攻撃手法は主に3つに分類される．まず，サイバー攻撃に用いられる第1の攻撃手法が，*分散型サービス拒否攻撃'(DDoS攻撃)である．DDoS攻撃は，標的とするコンピュータ，またはコンピュータネットワークに対して，複数のネットワークに分散するコンピュータから一斉にアクセスすることにより攻撃対象のシステムやサービスを機能停止させることを目的とした攻撃である．第2の攻撃手法は，標的型攻撃(APT)である．この攻撃は，特定の攻撃目標，対象，意志を持ち，目標達成のため段階的かつ継続的な攻撃を行うことがその特徴とされている．機密情報の窃取を目的として行われることが多く，標的型諜報攻撃とも呼ばれる．具体的な攻撃手段としては，まず特定の組織や個人に対し攻撃前の事前調査を実施する．そして調査情報を基にEメールなどのソーシャルエンジニアリングを利用することで攻撃対象のネットワークに侵入し，情報の不正取得や破壊行為などの攻撃目標を達成するまで攻撃を継続的に行うものである．第3の攻撃手法は，通常の軍事行動と一体化したサイバー攻撃である．2007年9月にイスラエルが行ったシリアへの空爆の際にレーダーシステムに対してサイバー攻撃が実施されたとされている．このようにサイバー攻撃はサイバー空間内を超え，現実世界に対しても大きな影響力を及ぼすようになっており国家安全保障上の深刻な脅威となっている．　[会津賢治]

■サイバー・セキュリティ　cyber security

サイバー・セキュリティについては，電子的方式，磁気的方式その他人の知覚によっては認識することができない方式により記録され，また発信され，伝送され，もしくは受信される情報の漏えい，滅失または毀損の防止その他の当該情報の安全管理のために必要な措置ならびに情報システムおよび情報通信ネットワークの安全性および信頼性の確保のために必要な措置(情報通信ネットワークまた電磁的方式で作られた記録に係る記録媒体を通じた電子計算機に対する不正な活動による被害の防止のために必要な措置を含む.)が講じられ,その状態が適切に維持管理されていることと定義されている(サイバー・セキュリティ基本法第2条).日本では,近年増加しつつある*サイバー攻撃'などへの対処を目的として,内閣官房情報セキュリティーセンター(NISC)が司令塔となりその対策を主導しており,2012年7月には新たにサイバー犯罪防止条約を締結した.また,サイバー・セキュリティにかかる国際的な取組として,サイバー関連首脳会議,国連総会決議により召集された情報セキュリティー政府専門家会合などにより強化策が検討されている(同会合報告書A/68/98*).　[福井康人]

■**査察(核不拡散の)**　inspection

1　国際条約における査察　査察は,*検証'活動の一環として実施される確認行為である.検証は,警察でいう捜査ではなく,公の場で当事者が約束した事項の遵守を確認し,その遵守状況を公に明らかにすることであり,最初に当事者が公に対し約束した事項を明らかにしておく必要がある.約束事項の確認のためには,まず当事者からの遵守状況に関する申告があり,その申告された事項や内容の是非が,査察という現場の行為により確認される.国際条約の遵守状況を確認する機能(検証機能)を設定する場合にも,まずその国際条約の目的を明らかにし,その目的を達成するための約束事項を明示し,その約束事項の遵守を保証するための確認事項を規定する必要がある.

2　核不拡散分野の査察概念の登場　1930年代から欧米諸国において核物理の研究が進み,ウランの核分裂反応を連鎖させることにより膨大なエネルギーを得られることが判明し,このエネルギーを最初に米国が*核兵器'として使用した.核エネルギーの強大な破壊力の拡散を恐れた米国は,戦後の世界においてこの技術の保持と管理のあり方について検討し,1946年にアチソン・リリエンソール報告として公表した.この報告書の中で査察(inspection)という用語が始めて使用された.この報告において,核兵器を使用しないとする国際約束の違反とその義務の回避を抑止し,かつ,これらを検知するための国際機関による査察制度創設に,政策を傾注すべきであるとしている.1957年に設立された*国際原子力機関'(IAEA)は,*国際原子力機関憲章'にしたがって*保障措置'を設定し,IAEA加盟国に対し査察を実施してきた(主として第12条).

3　IAEA保障措置の査察　1970年発効の*核兵器不拡散条約'(NPT)では,非核兵器国は同第3条に基づきIAEAとの間で保障措置協定を締結し,自国の領域内のすべての*核物質'を平和的利用に使用することを約束し,かかる核物質が軍事目的に転用されていないことを,IAEAが査察を通して確認することを受諾している.査察を受諾するに先立ち協定締約国は自国の核物質の管理状況をIAEAに申告する.当事国からは,核物質が存在する場所とその種類と量が*計量管理'報告として提出される.加えて査察実施時には核物質が存在する施設の存在状況(具体的な保管場所や保管の形態や個別の核物質量)が提供され,これら情報に基づいてIAEAは現物確認(査察)を行い,転用されていないこと,すなわち,当事国からの申告が正確であることを確認している.*包括的保障措置協定'では,査察活動を第71項～第82項にかけて,*通常査察',*特定査察',および,*特別査察'に分けて規定している.冷戦終了後のイラクや北朝鮮の問題に端を発した事例から,協定締約国の申告の*正確性'の確認だけでは,締約国の遵守状況の確認が不十分ではないか,すなわち申告がすべて行われていない可能性がある(秘密裏に核兵器開発を行っている可能性を排除できない)との仮説に立った検証活動の必要性が認識され,この仮説に対応するために保障措置協定の*追加議定書'が開発された.IAEAは,この議定書に基づいて締約国内の原子力活動全体に関するさまざまな情報を申告させ，その情報に基づき締約国の原子力活動を俯瞰し，申告に欠落がないことの申告の*完全性’の確認と，保障措置協定に基づいてすべての核物質を対象とした現物確認による申告の正確性の確認を実施している．核物質の転用の有無を確認するための現場確認行為を査察と称し，この申告が完全であるかどうかの現場確認行為を*補完的なアクセス’と称している．査察と補完的なアクセスは，ともに現場へ立ち入った確認行為であるが，その実施目的の違いから区別されている．

［菊地昌廣］

■査察員　inspectors

*軍備管理’・*軍縮’条約の*検証’制度上，最も干渉度の高いものの１つに位置付けられる*現地査察’に従事する専門家を査察員と呼ぶ．通常，現地査察では対象となる兵器の知識や，検証技術に関する専門的知見を持った複数の査察員で査察団が構成される．査察員について詳細を規定した２国間条約の代表例として，*中距離核戦力条約’(INF 条約)，*戦略兵器削減条約’(START 条約)，*新戦略兵器削減条約’(新 START 条約)などがある．他方，多国間の枠組みでは*国際原子力機関’(IAEA)の*保障措置’，*化学兵器禁止条約’(CWC)，*包括的核実験禁止条約’(CTBT)といった条約に基づく場合と，*国連イラク特別委員会’(UNSCOM)や*国連監視検証査察委員会’(UNMOVIC)のような安保理決議に基づく場合に大別される．また，地域の軍備管理として査察員の規定を設けた事例に，*欧州通常戦力条約’(CFE 条約)や*地域軍備管理合意’(フローレンス合意)などがある．査察員は，政府機関あるいは国際機関職員として定常的に査察に従事する場合と，査察員名簿からその都度任命されて査察活動を行う場合とに大別される．上記の２国間および多国間条約と安保理決議に基づく査察制度の事例では，いずれも適切な査察活動の遂行を目的に，査察員の特権免除規定を設けている．［一政祐行］

■サリン法　Law on the Prevention of Personal Injury by Sarin　［正称］サリン等による人身被害の防止に関する法律，［公布］1995.4.21(平 7 法律 78)，［施行］1995.4.21

*地下鉄サリン事件’等を受けて制定された特別刑法で，サリンおよびサリンと同等の毒性を有するものとして政令で定める物質の製造・輸入・所持・譲渡・譲受を原則として禁止し，それらの違反の処罰のほか，サリン等を発散させて公共の危険を生じさせた者の処罰，その未遂罪，予備罪の処罰などについて定める．日本は*化学兵器禁止条約’の批准に当たって，その国内実施のために*化学兵器禁止法’を制定し，条約上の義務の履行を担保するための義務づけとその違反に対する罰則を定めた．同法においても，サリン等の特定物質の無許可製造に対しては，一定の罰則(3 年以下の懲役もしくは 100 万円以下の罰金またはその併科．第 43 条)が定められているが，条約の履行確保のための行政刑罰にとどまり，サリン等による人身被害を防止するために必要な刑罰が定められているとまではいえず(サリン法ではサリンの違法製造は 7 年以下の懲役)，また，化学兵器禁止法ではサリン等を製造するための予備行為としての原料物質の所持やその提供などについて必要な規制が設けられていないため，新たな法律が必要となった．

［浅田正彦］

■ザンガー委員会　Zangger Committee

1 概要　ザンガー委員会は，1970 年7月にスイスのクロード・ザンガー(Claude Zangger)教授の提唱により設立された，*核兵器不拡散条約’(NPT)第 3 条 2 項に基づく*輸出管理’実現を目的とする委員会である．NPT 第 3 条 2 項は，①*原料物質’もしくは*特殊核分裂性物質’，または②特殊核分裂性物質の処理，使用もしくは生産のために特に設計もしくは製造された設備もしくは資材，を*国際原子力機関’(IAEA)*保障措置’が適用されない限り，いかなる非核兵器国にも供給しないこととしている．ザンガー委員会は，この条項の対象となる物質や設備・資材の範囲を明確化することを目的として協議を行い，1974 年9月に輸出管理の共通理解を策定し，IAEA 文書(INFCIRC/209)として公表した．現在の加盟国は 39 カ国であり，年に 1，2 回程度の会合を実施している．*原子力供給国グループ'(NSG)の指針と同様，本委員会の指針は法的拘束力を有さず，加盟国の自発的措置によって国際的輸出管理の実施を目指す．また，本委員会は，その設立の段階から，明確に自らを非公式なものと位置付けている．

2 共通理解内容　NPT 第 3 条 2 項の適用範囲の明確化を目的とするザンガー委員会は，自然，原子力専用の資機材のみを対象とし，その関連技術および原子力関連の汎用品およびその関連技術は輸出管理の対象としておらず，同じ原子力関連の*輸出管理' レジームとしては，NSG の方がより広範な対象範囲をカバーしている．本委員会の共通理解は，核物質および特殊核分裂性物質を対象とする「メモランダム A」と特殊核分裂性物質関連の資機材を対象とする「メモランダム B」に分かれており，それぞれ対象となる物質・資機材の範囲を「トリガーリスト」において明確化するとともに，いずれについても対象となる物質や資機材を NPT 締約国ではない非核兵器国に対して輸出，および当該国から再移転するに際し，輸出した物質・資機材に IAEA 保障措置を適用することを確保することが求められる．IAEA 保障措置の適用のみを移転・再移転の条件とすべきとしている点についても，IAEA との*包括的保障措置協定' 締結などの他の条件の充足を求める NSG と異なる．本委員会の「トリガーリスト」に列挙される物質・資機材の範囲と NSG のパート 1 指針の「トリガーリスト」の範囲は原則として整合性を保つこととされており，一方のリストの改正は他方のリスト改正の検討を導くことが想定される．　［松林健一郎］

■産業安全保障　industrial security

軍事安全保障との対比で，1 国の重要産業を守るための安全保障の意味で使われる，経済安全保障の一分野である．具体的な方法として，外資に対する安全保障に関連した投資規制が最も一般的であるが，企業を介して懸念用途に転用できる重要技術が海外に流出することを防ぐ方策も含まれる．外資規制は，会社自体が合併や買収により海外の企業に取得され，これに伴う技術の流出を防ごうとする枠組みである．これは，各国が安全保障上の利害を守るために定めているものであり，安全保障の定義から買収にかかわる審査の枠組みなど，国によりさまざまな制度が存在する．企業レベルの問題は，社員を通じての技術流出，合併や提携を通じた流出，企業退職者を通じた流出，スパイ活動による盗み出し，などさまざまな形態をとるが，流出した技術が軍事目的に使用されると安全保障問題となる．歴史的にみても，技術レベルの高い国から低い国へ技術が流出するのを防ぐことは難しく，企業，国，国際レジームのレベルで，さまざまな対策が取られているものの，これらを完全に止めることは，自由貿易を原則とする環境下では難しいのが現実である．　［村山裕三］

■サンクト・ペテルブルク宣言　Declaration Renouncing the Use, in Time of War, of Explosive Projectiles under 400 Grammes Weight : Saint Petersburg Declaration

［正称］戦時ニオケル 400 グラム未満ノ爆発性発射物ノ放棄宣言，［採択・発効］1868.12.11(サンクト・ペテルブルク)

1 宣言採択の経緯　フランス革命後のヨーロッパでは，徴兵された市民によって構成される国民軍が一般化した．また，19 世紀半ばには，通信技術の発達とジャーナリズムの普及により海外の戦場の様子が国内にも伝わるようになった結果，戦争の惨状に対する国民の関心が高まった．戦場における兵士・民間人の保護や*国際人道法' の発展に取り組む*赤十字国際委員会'(ICRC)が創設されたのも 1863 年のことである. 国家にとっても, 兵士が蒙る被害の緩和に努めることは, 徴兵に対する国民の支持や兵士の士気を維持するために重要であった. こうした背景から, 1868 年にロシアは, 人体に命中した際に爆発する弾薬の規制交渉を各国に呼びかけた. この種の弾薬は, もともとは集積された敵の弾薬を破壊するために使用されていたが, 人体のような柔らかい目標に着弾しても爆発するよう改良されたことで, 過度の負傷を兵士に与えるのではないかとの危惧が高まっていた. この結果, 同年に開催された国際軍事委員会においてサンクト･ペテルブルク宣言が採択され, 17 カ国が即座に署名した. この宣言は, 近代国際法の歴史において特定の兵器を規制･禁止した初の法的文書である.

2 締約国の義務　この宣言において締約国は,「400 グラム未満の発射物で爆発性のもの又は爆発性もしくは可燃性の物質が充填されたもの」の使用を放棄すると誓約している. ただし, この誓約が適用されるのは締約国間の戦争においてのみであり, 非締約国が締約国間の戦争に加わった場合には締約国間においても誓約の効力が停止される. これは, 非締約国の支援を受けた一方の締約国が, 他方の締約国に対して優位に立つことを回避するためである. また, 前文には, 締約国が検討したのは「文明国間の戦争」における特定兵器の使用であると明記されている. 事実, 条約に署名したのは, オスマン･トルコとペルシアを除けばすべてヨーロッパの国で, 非文明圏の兵士に対する配慮は存在しなかった. なお, 400g という基準が設定されたのは, 当時の対物攻撃用弾薬の大半が 400g 以上だったからである. 現在では 400g 未満の対物攻撃用爆発性弾薬が普及しているため, この基準の実効性は失われているが, 重量に関わらず人体に命中した際に爆発するよう設計された弾薬は現在でも違法だと一般に考えられている.

3 宣言の意義　この宣言で重要なのは, 特定兵器を禁止する際の基準として, 兵士に不必要な苦痛を与える兵器は違法との原則を提示した点にある. 宣言の前文は,「戦争中に国家が達成しようと努めるべき唯一の合法的な目的は敵の軍事力の弱体化」であり,「既に無力化された者の苦痛を無意味に増大し又はその死を不可避とする兵器の使用は, この目的を越える」ため,「そのような兵器の使用は人道の法に反する」と明記している. また, 技術発展により新兵器が登場する場合には, この原則に基づき「戦争上の必要性を人道の法に調和させる」ための合意を締約国が作成するとも謳われている. 事実, 1899 年のハーグ平和会議で採択された*ダムダム弾禁止宣言', 気球からの爆発物投下禁止宣言, *毒ガス禁止宣言' の前文は, サンクト･ペテルブルク宣言の精神に基づき各兵器を禁止すると述べている. さらに不必要な苦痛原則は, 1899 年および 1907 年の*ハーグ陸戦条約' の規則第 22 条でも確認され, 1977 年の*ジュネーブ諸条約第 1 追加議定書' の第 35 条 2 において「過度の傷害又は不必要な苦痛を与える性質を持つ」兵器の禁止として確立された. ただし, この原則は 1977 年以前から既に国際慣習法化していたと考えられている.　[福田 毅]

■暫定技術事務局(CTBTO 準備委員会の) Provisional Technical Secretariat of CTBTO : PTS

*包括的核実験禁止条約機関' (CTBTO)準備委員会の事務局であり, 将来条約が発効した際には技術事務局となる組織である. 所在地はウィーンで, 1997 年 3 月 17 日に設立された. 初代事務局長はウォルフガング･ホフマン(Wolfgang Hoffman)(ドイツ, 1997-2005), 2 代目事務局長はティボル･トート(Tibor Tóth)(ハンガリー, 2005-2013), 現在は 3 代目事務局長のラッシーナ･ゼルボ(Lassina Zerbo)(ブルキナ･ファソ)である. 暫定技術事務局は, 準備委員会および条約発効後は条約機関の事務局として機能する他に, *包括的核実験禁止条約の検証制度', 特に*国際監視制度' (IMS)の管理, 運営と

*現地査察' の実施も担当するため, 主要な内部組織として, 行財政局, 法務・対外関係局, 現地査察局, 検証・国際データセンター局, 検証・国際監視制度局を持ち, 関連する分野の専門技術者が多数所属している. 国際データセンター(IDC)では, IMS から収集したデータを集積, 解析し, 各国へ送信する業務を行い, 締約国からの要請に基づいて, データの解釈に関しての技術的な援助を行うが, そのデータが核実験を示すものであるかどうかの最終判断は各締約国に委ねられており, 事務局側には決定権はない. また, 現地査察の実施の決定も執行理事会であり, 事務局には決定権はない.　[広瀬 訓]

し

■**G8 グローバル・パートナーシップ**
G8 Global Partnership Against the Spread of Weapons and Materials of Mass Destruction

ソ連解体後, 旧ソ連諸国に残された*大量破壊兵器' (WMD)や関連資機材が適切に管理されず他国や*非国家主体' などに拡散する懸念が広がった. そこで米国は, *協調的脅威削減計画' (CTR)を通じ, ロシアの*戦略兵器削減条約' (START 条約)下での核兵器削減義務の履行や核物質等の管理の強化を支援してきた. 米国はこの協力体制を他の先進国との協調的取り組みへと拡大を図った. 主要 8 カ国(G8)は, 2002 年6月にカナダで開催されたカナナスキス・サミットにおいて,「大量破壊兵器及び物質の拡散に対する G8 グローバル・パートナーシップ」に合意し, まずロシアを対象に不拡散, *軍縮', *テロリズム' 対策および原子力安全に関する事業を実施することにした. G8 各国は, 2012 年までの10 年間に 200 億ドルを上限に資金調達を行う旨のコミットメントを行い, *化学兵器' の廃棄, 退役原子力潜水艦の解体, 核分裂性物質の処分, 兵器研究に従事した科学者の雇用問題を優先すべき事業として設定した. 200 億ドルのうち, その半分の 10 億ドルは米国が出資し, 残りの 10 億ドルを他の 7 カ国で負担した. 日本は, 2 億ドルを出資し, 1 億ドル余りを退役原潜の解体に, 残り 1 億ドルを余剰*プルトニウム' の処理に充てることとした. その後, 2003 年6月のエビアン・サミット, 2004 年6月のシーアイランド・サミットにおいて参加国の拡大が図られた. [秋山信将]

■**ジェノサイド条約**　Convention on the Prevention and Punishment of the Crime of Genocide　[正称] ジェノサイド罪の防止及び処罰に関する条約, [採択] 1948.12.9(パリ), [発効] 1951.1.12

1　条約採択の背景　ジェノサイド(集団殺害)という用語は, アルメニア人虐殺問題に触発され 1930 年代から大量虐殺の違法化を提唱していたユダヤ系ポーランド人の法律家ラファエル・レムキン(Raphael Lemkin)が 1944 年の著作で提示した造語である. ナチスによるユダヤ人虐殺を契機としてジェノサイドに対する国際社会の関心が高まり, 1945 年の国際軍事裁判所規約(ニュルンベルク憲章)では民間人の殲滅や政治的・人種的・宗教的理由に基づく迫害行為が人道に対する罪と規定された. 1941 年に米国に移住していたレムキンは, 国連が発足すると加盟国に対してジェノサイドを違法化する条約の採択を訴えかけた. 1946 年にはレムキンが作成した決議案が第 1 回国連総会に提出され, 修正を経て同年 12 月に決議 96(I)として採択された. この決議は, ジェノサイドを「国際法上の犯罪」と規定し, ジェノサイドの防止と処罰に必要な国内立法を加盟国に求めると共に, 次期国連総会へのジェノサイド条約草案の提出に向けた研究開始を国連に要請するものであった. この決議を受け，国連事務総長は，レムキンを含む専門家の助言を受けつつ条約草案の作成に取り組み，最終的に1948年12月の国連総会においてジェノサイド条約が全会一致（賛成56，反対・棄権0）で採択された．

2 条約の内容　まず第1条で締約国は，平時に行われたか戦時に行われたかを問わずジェノサイドが国際法上の犯罪であることを確認し，これを防止・処罰することを約束している．第2条は，ジェノサイドを，国民的，民族的，人種的または宗教的な集団それ自体の全部または一部を破壊する意図をもって行う次のいずれかの行為と定義する．その行為とは，集団構成員を殺害すること，集団構成員の身体または精神に重大な害を加えること，集団の全部または一部に対し身体的破壊をもたらすよう計算された生活条件を集団に故意に課すこと，集団内における出生の防止を意図した措置を課すこと，集団の児童を他の集団に強制的に移すことの5つである．さらに第3条は，ジェノサイド行為だけでなく，その共同謀議，直接かつ公然の教唆，未遂，共犯も処罰対象になると規定する．締約国は，これらの行為に刑罰を科すために必要な立法を行うとされるが（第5条），その一方で，犯罪者は行為発生国の裁判所だけでなく（将来設立されるであろう）国際刑事裁判所でも裁かれ得るとされる（第6条）．これは，ジェノサイドは国家の権力者によって為されることが多く，国内裁判では対応できない場合も多いと考えられたからである．第2条のジェノサイドの定義は1998年の*国際刑事裁判所に関するローマ規程’でも無修正で採用されており，ジェノサイド条約の基本原則は既に国際慣習法となっていると国際司法裁判所も判断している．なお，国連の2005年世界サミット成果文書は，国際社会はジェノサイドや人道に対する罪から人々を保護する責任を負っており，必要な場合には国連憲章第7章に基づく集団的行動をとる用意もあると宣言している．

［福田 毅］

■指揮・統制・通信・コンピュータ・情報・警戒監視・偵察 command, control, communications, computers, intelligence, surveillance and reconnaissance : C4ISR

C4ISRの強化と，それを効果的に機能させることについては，1991年の湾岸戦争で，特に米軍が高い情報技術と情報処理能力を使って戦果をあげたことから注目されてきた．その後，米軍は情報技術が軍事力の優劣を決める中核的な要素になるとして，敵に対する情報優位の重要性を指摘している．2003年1月，ジョージ・W・ブッシュ（George W. Bush）大統領は，米軍の各軍の任務・地域を規定する統合軍計画（Unified Command Plan : UCP）の変更を承認し，戦略核戦力の運用を行う戦略軍（Strategic Command : STRATCOM）に，全地球規模でC4ISRの強化を含む新たな任務を追加した（その他の任務は，*通常戦力による迅速グローバル打撃’〔CPGS〕，*弾道ミサイル防衛’〔BMD〕など）．なお，米核戦力に関する指揮，統制，通信については，国防省が核指揮・統制・通信システム（nuclear C3 system）を運用している．同システムは，核戦力の運用，*核兵器’の使用計画の作成，友好国・攻撃対象国・新興核兵器国に関する情報収集・分析・配布，専用電話・ビデオ回線，核兵器の使用決定・破壊・解体の実施などを目的としていることから，核爆発や*電磁パルス兵器’（EMP兵器）をはじめ*サイバー攻撃’に対する耐性を備えるが，テロ攻撃や自然災害発生時には，政府が必要な機能を果たすためのインフラとして使用も可能である．

［須江秀司］

■自国の検証技術手段 national technical means of verification : NTM

1 *軍備管理’・*軍縮’条約の*検証’手段　米ソ（露）間では*冷戦’期から現在に至るまで各種の軍備管理・軍縮条約が締結されたが，その履行を確保するためには査察を確実に行うことが必須である．査察には，軍備管理の対象となる武器などが存在する現地に査察官を相互に派遣しあって，条約の履行状況を実際に目視によって確認する*現地査察’という方法があるが，それと並んで認められている履行検証手段がNTMといわれる方法である．これは，それぞれの国家が保有する手段を利用することで一方的に条約の履行状況を監視するというもので，米ソ両国は冷戦期に結ばれた*弾道弾迎撃ミサイル制限条約’（ABM条約）（1972年）や*戦略兵器制限暫定協定’（1972年）で初めてこの検証手段を認め，*中距離核戦力条約’（INF条約）（1987年）や冷戦後に結ばれた*新戦略兵器削減条約’（新START条約）（2010年）でも採用されている．

2 NTMの内容　上記の各条約は，一般的に認められた国際法の諸原則に合致する検証方法としてNTMを認め，相手国がこの手段を行使する際に妨害をしないこと，条約の検証を妨げるような隠蔽を行わないことを定めたが，他方，具体的にどのような技術がNTMとなるかについては特に明示的に定めていない．しかし，航空機の上空飛行による査察，レーダーや地震計による査察，*人工衛星’を利用した*宇宙空間’からの査察などが想定されている．たとえば，廃棄，分解された兵器や武器を地上に並べておき，それらを空中や宇宙から相手国に観測させたり，兵器の爆発実験で発生する地震波を相手国が地震計で確認するといった形で査察がなされる．これらの各種査察の中でも中心的に用いられてきたのは人工衛星を利用した宇宙空間からの査察であり，米ソ（露）両国はそれぞれ，偵察衛星を含む各種の人工衛星をNTMとして利用して，相互に査察を行ってきている．

3 自国の検証技術手段を認めた効果　米ソ（露）は冷戦期から現在まで，両国間の軍備管理・軍縮条約履行を確認するためにNTMを相互に認め，その一手段として偵察衛星を利用してきた．このことは，国際法上その合法性について特段の定めがない曖昧な地位にあった偵察衛星に対して，一定の合法性を与えることを意味していた．　　［橋本靖明］

■実存的抑止　existential deterrence

1960年代前半にジョン・ケネディ（John Kennedy）米大統領などの国家安全保障問題担当特別補佐官をつとめたマクジョージ・バンディ（McGeorge Bundy）が1984年に公表した論文のなかで最初に用いた用語である．超大国間の核紛争は恐るべき，避けがたい不確実性のゆえに*抑止’論上の大問題で，このような不確実性は実存的*核抑止’とでも呼ぶべきものであり，1950年代の米ソ間のすべての危機でこの抑止が威力を発揮し，1962年の*キューバ危機’はその最たるものであった，と論じた．伝統的な勢力均衡による安定性は核抑止についてもあてはまり，先制攻撃を加えても相手方の*核兵器’による反撃能力までは奪えないのではないかとの不確実性，不透明性に加え，破壊力・コストの大きさが抑止効果を発揮するとされる．その後，米ソ間双方の核戦力の透明性が高まるなかでも勢力均衡による核抑止は引き続き維持された．また，超大国ではないインド・パキスタンの間で1990年に緊張が高まった際にも，両国ともに核兵器開発を疑われていたので，相手方の核戦力の不透明性，不確実性による実存的抑止により本格的な衝突が回避されたとされている．1998年5月の印パ両国による核実験以降は両国の核抑止は「実存的」ではなく，「防衛的」または「最小限の」抑止などと呼ばれている．　［堂之脇光朗］

■質的軍縮　qualitative disarmament

1 質的軍縮の定義　質的軍縮とは，軍備の撤廃，削減，制限を意味する量的*軍縮’とは区別されるもので，基本的には軍備の質的な規制，すなわち軍備に関する一定の行動を禁止する措置を意味する．伝統的には量的軍縮が中心的に議論されたが，最近では質的軍縮が広く議論され，多くの条約が作成されている．質的軍縮とは，軍備に関する行動を禁止することにより，状況の悪化を前もって防止することを目的としており，防止的軍縮とも呼ばれる．*軍備競争’が新たな領域あるいは分野に拡大していくことを防止す

し

ることは,国家間の信頼関係を醸成し,国際安全保障を強化するのに不可欠であり,質的軍縮の重要性は増加している.具体的な措置としては,軍備の開発,生産,実験,保有,貯蔵,移譲,受領,配備などの行動が禁止される.

2 質的軍縮の具体的措置　具体的な質的軍縮条約としては,①国家領域外における軍備競争を前もって防止し,国際公域としての性格を強化するために,そこでの軍事演習や*核兵器'の配備などを禁止する*南極条約',*宇宙条約',*海底核兵器禁止条約',*月協定',②核兵器国間の核戦争に巻き込まれることを回避し,地域の諸国家間で核兵器の完全な不存在を確保するために非核兵器地帯を設置する*トラテロルコ条約',*ラロトンガ条約',*バンコク条約',*ペリンダバ条約',*セミパラチンスク条約',③核兵器の新たな取得や核兵器の一層の質的開発を防止するために核実験を禁止する*部分的核実験禁止条約'(PTBT),*地下核実験制限条約'(TTBT),*平和目的核爆発条約'(PNET),*包括的核実験禁止条約'(CTBT),③新たな核兵器国の出現を防止するという核兵器の拡散を防止するための*核兵器不拡散条約'(NPT),*保障措置'協定,*追加議定書'がある.これらの予防措置はきわめて重要であるが,あくまでも現状を維持するものに過ぎないので,これらをベースとして新たな質的および量的軍縮措置を交渉し条約化することが必要である.　[黒澤 満]

■**失明をもたらすレーザー兵器に関する議定書** Protocol on Blinding Laser Weapons (Protocol IV to the 1980 Convention)　[採択] 1995.10.13(ウィーン),[発効] 1998.7.30,[日本]〈批准書寄託〉1997.6.10,〈公布〉1998.7.29(平10条約10),〈発効〉1998.7.30

1 成立の経緯と議定書の内容　レーザーが1960年に出現して以降,軍事面での実用化研究が進められてきた.1980年代後半に,ソ連艦船から米軍機操縦士へのレーザー照射事件が発生し,レーザーの直接的な敵対使用が現実化した.1995年の*特定通常兵器使用禁止制限条約'(CCW)の再検討会議の直前には,低出力の対人用レーザー兵器が開発され生産直前の段階に至った.その再検討会議で,不必要な苦痛を与える対人効果により*目潰し用(失明をもたらす)レーザー兵器'の使用禁止が,CCWの第4番目の議定書として採択された.本議定書は,戦闘機能として「視力の強化されていない眼(裸眼又は視力矯正装置を付けたものをいう)に永久に失明をもたらすように特に設計されたレーザー兵器」の使用を禁止するとともに,国または*非国家主体'への当該兵器の移譲も禁止した(第1条).移譲以外の*軍備管理'措置(生産や貯蔵)は,将来の検討事項として残された.永久の失明とは,「回復不可能かつ治癒不可能な視力の低下で回復の見込みのない重度の視力の障害」をいい(第4条),国家は,測距器や目標指示器のようなレーザー装置による失明障害を防止するために実行可能な予防措置をとる義務がある(第2条).たとえば,レーザー装置の操作要員の教育・訓練やアイセーフレーザーの活用などである.レーザー装置は,近代戦で標的の確定に不可欠で合法的な装備であるので,「レーザー装置(光学機器に対して使用されるものを含む)の正当な軍事的使用の付随的又は副次的な効果として」の失明は禁止の対象外とされた(第3条).

2 法解釈　永久の失明をもたらさず一時的な眩惑装置であれば,禁止の対象外であると解釈できる.そのため,現在,軍および法執行機関が*非殺傷兵器'としてレーザー眩惑装置を保有している.また,非電子的光学装置(双眼鏡,展望鏡または夜間暗視装置)へのレーザー使用は,必然的に使用兵士を失明させる.それゆえ,その失明は意図的・故意的であり付随的・副次的効果に該当せず,そのレーザー使用は正当化できないとの見解がある.他方,当該装置で視力を強化された眼に対するレーザー使用は,禁止対象ではないとの反対解釈もある.現在研究開発が進んでいる弾道ミサイル迎撃用の高出力対物用レーザー兵器も, 本議定書の対象外である. 本議定書は, 戦闘の方法として盲目化を一般的に禁止したとは言えないが, 実戦配備前にレーザー兵器という新兵器の使用を禁止した法的意義は高く評価できる. ［岩本誠吾］

■自動触発水雷禁止条約 Convention (VIII) relative to the Laying of Automatic Submarine Contact Mines［正称］自動触発海底水雷ノ敷設ニ関スル条約,［採択･署名］1907. 10.18,［発効］1910.1.26,［日本］〈署名〉1907.10. 18,〈批准書寄託〉1911.12.13,〈公布〉1912.1.13 (明治 45 条約 8),〈発効〉1912.2.11

1 条約成立の経緯 1907 年の第 2 回ハーグ平和会議で採択された海戦の規制に関する条約の 1 つ. 19 世紀半ばから海底に敷設される機雷などの水雷が艦艇の爆破のために戦争で使用されるようになった. 日露戦争においても日露双方により水雷が多用された. 一方で, 海運による国際通商が活発化し, 中立国の船舶による通商活動を保護する必要性に関する認識が高まり, 水雷の規制に関する検討が始まった. 本条約は, 国際法学会および国際法協会による準備作業を踏まえて作成された.

2 条約の内容 条約は, 戦争の災禍を軽減し, 平和的な航海を確保するために水雷の使用を一定の範囲で禁止するものである. 第 1 条では, 敷設者の管理を離れてから最長で 1 時間以内に無害になるものを除く無繋維の自動触発水雷や繋維を離れてから直ちに無害にならない繋維自動触発水雷を敷設すること, また, 命中しなかった場合に無害にならない魚形水雷を使用することを禁止している. 第 2 条では, 商業上の航海を阻止することを唯一の目的として敵の沿岸および港の前面に自動触発水雷を敷設することを禁止している. 第 3 条では, 締約国が繋維自動触発水雷を使用する場合, 平和的な航海を確保するための予防措置をとることを義務付け, 交戦国は可能な限り一定期間の経過後に水雷を無害化するための措置をとるべきことや水雷が監視下になくなった際に速やかに船舶所有者や関係国に対して危険地域を通報しなくてはいけないことを規定している. 第 4 条では, 中立国に対してもその沿岸に自動触発水雷を敷設する場合は戦争当事国と同一の規定に基づき予防措置をとることを義務付けている. 第 5 条では, 戦争が終了した後, 締約国は, 自国が敷設した水雷を除去するために可能な限りの手段を尽くさなければならないことを規定している. 第 7 条では, この条約の規定は交戦国がすべてこの条約の締約国であるときに限り締約国間においてのみ適用することが規定されている.

［木村泰次郎］

■自発的提供保障措置協定 voluntary offer safeguards agreement : VOA

1 背景 *国際原子力機関'(IAEA)と核兵器国との間で締結される*保障措置'協定をいう. *核兵器不拡散条約'(NPT)上, 保障措置の義務を負うのは非核兵器国だけであって, 核兵器国には, NPT が規定する条約上のその義務がない. これでは不平等だと非核兵器国側が主張し, 原子力の*平和的利用'の協力促進, *核軍縮'交渉の約束などが条約上の規定として明確に謳われるとともに, 核兵器国に対しても自発的にその国内の平和的原子力利用分野における*核物質'に, IAEA 保障措置を受け入れるよう非核兵器国側が強力に働きかけた. 現在では, NPT 上の核兵器国すべてが, その一部の平和目的の原子力活動に対して, 自発的に IAEA 保障措置を受けるべく, IAEA との間に自発的提供保障措置協定を結んでいる. また, 核兵器国は*追加議定書'を批准していることから, 自発的提供により保障措置が適用されている施設には, それによる保障措置の適用も受けている.

2 具体的内容 核兵器国は, IAEA との協定に従い, 保障措置の対象となり得る原子力施設(適格施設)リストを自主的に提示し, IAEA がその中から選択して保障措置を適用する. IAEA は, *包括的保障措置協定'に基づく協定の形式に従って, 本保障措置を適用するが, 対象とする核物質や原子力施設の範囲はさまざまである. たとえば, 核兵器国の安全保障上重要な原子力施設は除外される. また, 核兵器国は通告により特定の原子力施設を適格施設リストから外すことが可能である. 本保障措置協定下での保障措置適用のための施設の選択に関しては, 特にIAEA は次のことを考慮している. ①ある施設の選択が, 当事国と締約されているその他の協定から発生する法的義務を満足させるものか否か, ②新しい保障措置アプローチを実施するまたは新しい保障措置機器および技術を使用することで有益な経験が得られるか否か, ③包括的保障措置協定が発効している国が核兵器国に輸出する核物質に, 本保障措置を適用することによって, IAEA 保障措置の費用対効果が向上されるか否か.

なお, 2013 年 の IAEA 年次報告においては, 核兵器 5 カ国では本保障措置協定に基づき以下の施設に適用されている. 米国−分離貯蔵施設(KAMS Storage), 英国−濃縮工場(Urenco Capenhurst E22, E23, A3), 分離貯蔵施設(SNM Store9, Throp Product Store). フランス−核燃料製造工場(Melox Marcoule), 再処理工場(AREVA NC-UP2 et UP3), 濃縮工場(Gerges Besse II). ロシア−分離貯蔵施設(IUEC Storage Facility). 中国−原子発電(Qin Shan QSNPP), 研究炉(HTR-10), 濃縮工場(Shaanxi). [千崎雅生]

■CBRN センター・オブ・エクセレンス

CBRN Centres of Excellence : CoE

化学, 生物, 放射線, 核(CBRN)兵器の拡散は, 国際社会全体にとっての脅威であるため, 各国が, 原料となりうる物質を適切に管理する必要がある. 意図的, 偶発的, 自然発生的と原因が何であれ, CBRN 災害が起きた地域で事態が迅速に収束されなければ, その被害は, 近隣諸国にまで飛び火する可能性がある. ゆえに, 被害を効果的に低減する体制を整備することは, 国としての責務であるという認識が国際的に高まっている. しかし, 発展途上の地域にある国では, CBRN の脅威を削減するための知識や技術が不足しているところが多くある. 欧州連合(EU)は, アジア, 中東, アフリカなどの 43 の国で, CBRN センター・オブ・エクセレンス(CoE)を開設している. CoE では, その国の必要性に合わせて, 知識や技術の向上, 法制度の整備や政策立案のサポートなどを行っている. CoE の活動は, あくまでも自発的な取組みの支援であり, 現地の人材を活用した体制づくりが特徴となっている. *国際原子力機関' (IAEA), *化学兵器禁止機関' (OPCW), *生物兵器禁止条約の履行支援ユニット' (ISU), 世界保健機関(WHO), 国際刑事警察機構(INTERPOL), *国連安保理 1540 委員会' などの国際機関(その内部機関)からの協力も得ている. CoE は, 活動が行われている国にとって有益であるとともに, EU の安全保障アーキテクチャの強化にも役立っている. → グローバル・ヘルス・セキュリティ, 生物学的脅威, 国際保健規則

[天野修司]

■CVID complete, verifiable, irreversible dismantlement

CVID とは, *北朝鮮の核開発問題' をめぐる *6 者会合' において, 米国を中心とした参加国から主張された朝鮮半島の非核化に関する考え方の 1 つであり, 核の「完全な, 検証可能な, かつ, 不可逆的な廃棄」のことをいう. それ以前に北朝鮮は, 米国ビル・クリントン(Bill Clinton)政権との間の*米朝枠組み合意' に基づき, 核関連施設の「凍結」を実施していたが, 2002 年 12 月, 凍結解除を発表し, *国際原子力機関' (IAEA)の設置した封印を撤去した. こうした経緯から米国のジョージ・W・ブッシュ(George W. Bush)政権は, 安易に合意を反故にされることを危惧し, また, 2003 年 12 月にリビアが*大量破壊兵器' (WMD)の完全廃棄とその検証を確約したことも受け, 北朝鮮に対して*プルトニ

ウム'型,ウラン型を含む核開発のCVIDを求めた.しかし,北朝鮮はこの要求に反発し,6者会合における協議の結果,*第4回6者会合に関する共同声明'には,すべての核兵器および既存の核計画を「放棄」することが明記された.なお,2006年10月,北朝鮮による核実験の実施発表を受け,*国連安保理決議1718'など関連の決議においては,北朝鮮がすべての核兵器および既存の核計画を,完全な,検証可能な,かつ,不可逆的な方法で放棄することが決定されている.

［寺林裕介］

■**銃器議定書**　Protocol against the Illicit Manufacturing of and Trafficking in Firearms, Their Parts and Components and Ammunition, Supplementing the United Nations Convention against Transnational Organized Crime ［正称］国際的な組織犯罪の防止に関する国際連合条約を補足する銃器並びにその部品及び構成部分並びに弾薬の不正な製造及び取引の防止に関する議定書,［採択］2001.5.31(ニューヨーク),［発効］2005.7.3,［日本］〈署名〉2002.12.9

1 議定書成立の経緯　1990年代に入ると,グローバル化や通信技術の発達などに伴う国際組織犯罪の活発化が懸念され,この問題に各国が協力して取り組む方法が模索された.1994年にイタリアのナポリで開催された国連組織犯罪対策閣僚級会議で採択された「国際組織犯罪に対するナポリ政治宣言および世界行動計画」には,組織犯罪に関する国際条約の実現可能性を検討する旨が盛り込まれていた.その後,1998年の国連総会決議に基づいて設立された政府間特別委員会によって条約案が起草され,2000年11月15日の国連総会本会議において,「国際的な組織犯罪の防止に関する国際連合条約」(国際組織犯罪防止条約)およびこの条約を補足する人身取引議定書と密入国議定書が採択された後,2001年5月31日の国連総会本会議において銃器議定書が採択された.本体条約は2003年9月29日,人身取引議定書は2003年12月25日,密入国議定書は2004年1月28日,銃器議定書は2005年7月3日に,それぞれ発効した.各議定書の締約国になるためには,まず本体条約の締約国になる必要がある.

2 議定書の主な内容　第2条は,この議定書の目的を,銃器とその部品・構成部分や弾薬の不正な製造や取引の防止・撲滅のための締約国間の協力を促進・強化することとしている.第3条は,議定書が適用される銃器などの定義を定めている.そのうえで,第5条は,締約国に,銃器などの不正な製造,不正な取引,刻印の偽造,刻印の不正な抹消・削除・変更を故意に行うことや,これらの行為を幇助することなどを犯罪とするために必要な立法その他の措置をとるよう義務付けている.また,第6条は,締約国が不正に製造または取引された銃器などの没収・押収・破壊のために必要な措置を国内法制の範囲内において講じるものとしている.第7条は,締約国が,不正に製造または取引された銃器を(適当かつ可能な場合にはその部品・構成部分や弾薬も)追跡・特定・防止・探知するために必要な銃器(適当かつ可能な場合にはその部品・構成部分や弾薬)に関する情報を,10年以上の期間維持するものとしている.第8条は,銃器の特定・追跡を可能にするために,製造時や輸入時などの刻印に関する締約国の義務を定めている.その他,国内法で無可動銃を銃と見做さない締約国における無可動銃の不正な再可動化の防止,銃器などの輸出・輸入や通過の免許または許可に関する効果的な制度の整備・維持,締約国間の情報交換などに関する条項も盛り込まれている.

［榎本珠良］

■**重水製造**　heavy water production

重水素とは,陽子1個からなる水素原子核に中性子が付加した質量が2の水素の同位体であり,この重水素からなる水分子を重水という.*重水炉'の減速材として用いられるこの重水は,天然水の中にわずか0.014~0.015% しか存

し

在していない. 普通の水(軽水)と重水は沸点や融点などの物理的な性質に差がみられるほか, 水の電気分解のされやすさや化合物の反応定数や速度定数などにも差が見られ, これらの違いを利用して重水の製造が行われている. 実用化されている重水製造工程は化学交換法であり, 低濃縮度工程, 中濃縮度工程, 高濃縮度工程を3段階程度に分けて, また, 製造方法もいくつかの組み合わせで工程が構成されている. 低濃度濃縮法としては化学交換法で硫化水素と水の反応などがよく用いられる. 高温では, HDO(液体)+H_2S(気体)→H_2O(液体)+HDS(気体)の反応が進むことを利用して交換反応塔で重水素を硫化水素側につけ, 一方次の交換反応塔は低温にしてH_2O(液体)+HDS(気体)→HDO(液体)+H_2S(気体)の反応を進ませ, 重水を*濃縮' していく. これらを多段に構成すること, また, 反応塔に供給するフィード水も電気分解によって軽水の方が電解されやすいことを利用して電解槽の残っている水を供給するなど, 分離方法も組み合わせて工程が構成される. イランのアラクに化学交換法を使った重水製造工場が設置されている. [直井洋介]

■**重水炉**　heavy water reactor

原子炉の中でウラン235の核分裂連鎖反応を維持するには, *核分裂' で発生する中性子を吸収・消滅・散逸しないようにうまく利用する必要がある. 核分裂で発生する中性子はエネルギーの高い中性子(速中性子)であるが, ウラン235の次の核分裂を起こすには中性子を減速し, すなわち中性子のエネルギーを低下させ, 熱中性子と呼ばれるエネルギーまで減速する必要がある. この減速材として重水を用いる原子炉を重水炉という. 重水素とは, 陽子1個からなる水素原子核に中性子が付加した質量が2の同位体であり, この重水素からなる水分子を重水という. 普通の水に比べて比重も大きいため重水と呼ばれる. 重水素の質量は2であり, 中性子の吸収が少ない特長を有し, また, 質量が2であるので減速性能も良く, 全体として中性子を効率的に減速することができる. 実用化された重水炉としては, 減速材だけでなく冷却材としても重水を使ったCANDU炉があり, 天然ウランを燃料に核分裂連鎖反応を維持することができる. 減速材に重水を用い, 冷却材に軽水を用いた重水減速沸騰軽水冷却圧力管型炉としては日本が開発した「ふげん」がある. 重水炉の特徴として天然ウランを燃料にすることができることがあげられる. インドはカナダから輸入した重水炉で*プルトニウム' を製造し, それを*再処理' で抽出して原爆を製造したと言われている. [直井洋介]

■**柔軟反応戦略**　flexible response strategy

1960年代前半にジョン・ケネディ(John Kennedy)政権が提唱し, 1967年に 北大西洋条約機構(NATO)が採用した*核抑止' 戦略である. 1950年代に提示された*大量報復戦略' (核兵器による即時・大量の報復の威嚇)は, ソ連の戦力増強と米国本土の脆弱化が進むなかで, その硬直性と信憑性が問題視された. ソ連の攻撃の態様に応じた段階的対応を準備する必要があるとされ, ソ連の通常戦力攻撃には可能な限り通常戦力で抵抗し, 阻止できない場合は西欧配備の戦術核兵器の先行使用, 最終的には米国本土からソ連本土へ戦略核兵器の発射というエスカレーションの仕組みによって抑止の維持を図ろうとした. 柔軟反応戦略は, 西欧諸国の生存を米国の対ソ核使用にリンクするものであり(カップリング), 同盟国の防衛のための核抑止は拡大核抑止と呼ばれた. 1970年代後半にソ連の核戦力と通常戦力が増強され, ソ連の新型中距離核ミサイル(SS-20)の配備によって, 欧米間の戦略的連結が外れる可能性(ディカップリング)にNATO諸国は不安を強めた. 柔軟反応戦略の信頼性維持のため, NATOは1983年に米国製の最新ミサイル(パーシングII, 地上発射*巡航ミサイル')の配備に踏み切り, ヨーロッパの緊張は高まったが, 柔軟反応戦略は冷戦終結ま

でNATOの基本戦略として維持された.→米国の核政策·核戦略,核の傘　[岩田修一郎]

■重爆撃機 heavy bomber

重爆撃機は米露間で締結された*新戦略兵器削減条約'(新START条約)では,8,000km以上の航続距離を持つ爆撃機,または,長射程の核弾頭搭載型の空中発射*巡航ミサイル'(ALCM)を積載した爆撃機と定義され,これに該当するものとして,米国のB-52G,B-52H,B-1B,B-2A,ロシアのTu-95MS,Tu-160があげられている.重爆撃機は核弾頭搭載のALCMおよび重力落下核爆弾(多いものでは合計20弾頭)を積載することが可能であったことから,冷戦時代より*戦略三本柱'の一端を担い,米ソ(露)間で*戦略的安定'を維持する役割を担ってきた.こうした爆撃機は*大陸間弾道ミサイル'(ICBM)および*潜水艦発射弾道ミサイル'(SLBM)と異なり,先制攻撃用の兵器とは考えられておらず,ミッション途中でも引き返せるという柔軟性を備える.また,危機時において前方展開した場合,潜在的な敵および同盟国に対する*抑止'力を明示的に示すことができるという特徴もある.米ソ(露)間で重爆撃機の保有数の規制または削減については,未発効となった*戦略兵器制限条約'(SALTⅡ条約),*戦略兵器削減条約'(START条約),未発効となった第2次戦略兵器削減条約,新START条約でそれぞれ規定されている.「ザ·ブレンティン·オブ·ジ·アトミック·サイエンティスツ」(*The Bulletin of the Atomic Scientists*)(2014)誌によると,2014年9月現在,核搭載の重爆撃機数と配備可能な核弾頭数は,米国が約60機で約300発,ロシアが72機で約810発である.なお,米軍のB-2は1999年のコソボ紛争において,通常爆弾を投下する作戦にも参加している.

[須江秀司]

■終末高高度地域防衛 Terminal High Altitude Area Defense：THAAD

*米国のミサイル防衛システム'の一形態で,主として短·中距離*弾道ミサイル'を大気圏再突入段階という高高度において迎撃することを目指したものである.当初THAADのTは「Theater」であり,「戦域」高高度地域防衛という名称であった.ジョージ·W·ブッシュ(George W. Bush)政権時に「Terminal」へと変更され,「終末」高高度地域防衛へと改称された.ただし,システムの構成や目的に大きな変化は生じなかった.本システムはTHAADミサイルとその発射車両,火器管制·指揮車両,移動可能なAN/TPY-2レーダーから構成されており,高高度迎撃と移動可能な地上配備型という2点を特徴とする.THAADミサイルは,一般に宇宙と呼称される高度100km以上に到達可能な1段式ロケットを備え,射程距離は200kmに達する.その弾頭には*SM-3'同様にキネティック弾頭が搭載されている.米国では2008年にTHAAD砲兵中隊が陸軍内に創設され,実戦配備が始まった.2014年現在,米陸軍内には4つのTHAAD砲兵中隊が存在し,将来的には2つのTHAAD砲兵大隊(8中隊)にまで拡充予定である.なお,2011年にはアラブ首長国連邦への本システムの売却契約が成立した.→戦域ミサイル防衛,弾道ミサイル防衛　[田中慎吾]

■終末時計 doomsday clock

核戦争で地球が破滅する時を午前零時と想定し,その何分前にいるか,という表現で危険性を知らせるための概念上の時計.*マンハッタン計画'で*原子爆弾'の開発に参加した米シカゴ大学の物理学者らが,広島と長崎の被害に衝撃を受けたのを機に1945年12月に創刊した*The Bulletin of the Atomic Scientists*誌が管理している.専門家による同誌の委員会が毎年開催され,時計の針の進め方を決定している.初めて公表した1947年は「7分前」だった.最も「終末」に近づいたのは,米国に続きソ連が*水素爆弾'の実験に成功したことから2分前とした1953年.逆に最も遠のいたのは*冷戦'終結を受けた1991年で,針を17分前に戻した.しかしその後

し

は，インド，パキスタン，北朝鮮の*核実験'や*核テロリズム'の恐れなどを理由に，針を再び終末に近づけている．近年は*核兵器'使用の危険性に加え，地球温暖化など人類の生存を脅かす他のリスクも考慮している．2015年には，地球温暖化対策の遅れや核兵器削減の停滞，核兵器の近代化の動きなどを深刻に捉え，時計の針を3年ぶりに動かした．2分進めて「残り3分」とし，早急な行動を促した．

［金崎由美］

■ジュネーブ議定書　Protocol for the Prohibition of the Use in War of Asphyxiating, Poisonous or Other Gases, and of Bacteriological Methods of Warfare：Geneva Protocol ［正称］窒息性ガス，毒性ガス又はこれらに類するガス及び細菌学的手段の戦争における使用の禁止に関する議定書，［署名］1925.6.17（ジュネーブ），［発効］1928.2.8，［日本］〈批准書寄託・公布および告示・発効〉1970.5.21（昭45条約4）

1 成立　ジュネーブ議定書とは，窒息性ガス，毒性ガスまたはこれらに類するガスおよびこれらと類似のすべての液体，物質または考案ならびに細菌学的戦争手段の戦争における使用を禁止する多数国間条約である．毒ガスは第一次世界大戦において大規模に使用され多数の死傷者をもたらしたことから，その国際的な禁止が課題となっていた．1925年にジュネーブで開催された武器，弾薬および戦用資材の国際的取引取締りのための会議において，毒ガスの輸出禁止が米国から提案されたものの，支持は得られなかった．他方で，毒ガスの使用禁止については国際法上すでに禁止されているかまたは禁止すべきであるという立場が共有されており，米国はこれをとらえて，*潜水艦及び毒ガスに関する五国条約'第5条に依拠して，毒ガスの使用禁止を義務づける議定書の作成を提案した．米国の提案に細菌学的戦争手段の使用禁止を追加するよう求めたポーランドの提案を抱き合わせる形で採択されたのが本議定書である．なお，本議定書によって禁止される「窒息性ガス，毒性ガス又はこれらに類するガス及びこれらと類似のすべての液体，物質又は考案」と「細菌学的戦争手段」は，それぞれ今日にいう*化学兵器'と*生物兵器'を意味している．

2 限界　ジュネーブ議定書は1928年に発効し，米国，日本を除く多数の諸国によって批准された．しかし，その実効性には当初から次の限界が指摘されていた．①禁止の対象が戦争による使用に限定されていた．法的な意味での戦争は宣戦布告による開戦を条件としているため，用語を厳格に解釈すれば，本議定書は宣戦布告のない事実上の戦争の場合に適用できなかった．また，開発，生産，貯蔵などの活動は法的な規制を受けないため，各国は実際に化学兵器と生物兵器の開発に従事し，開発に成功した場合に貯蔵量を増やしていった．②留保が付されていた．多数の当事国は，化学兵器または生物兵器による攻撃を受けた場合の同じ兵器による復仇の可能性を明示的に留保していた．留保の効果によって，本議定書が禁止する射程は戦争における化学兵器または生物兵器の先行使用に狭められることになった．③履行確保手続が備えられていなかった．本議定書は実体的な義務を定めるのみで，義務違反またはその疑いが申し立てられたとしても，これに対してとりうる措置は既存の手続または新たに合意される手続に依拠するしかなかった．

3 第二次世界大戦後の展開　ジュネーブ議定書の限界は基本的に立法論によって解決が図られるべきものであるが，第二次世界大戦後の展開によって一定の改善があったことも事実である．① 1960年代後半以降の動きとしてジュネーブ議定書の内容は慣習法化した．1969年に採択された*国連総会決議2603A'は多くの論者によって慣習法化の証拠として援用されている．この関連において，少なくとも化学兵器については，今日までに国際的武力紛争にとどまらず，非国際的武力紛争においてもその使用を禁止する慣習法が確立したといわれている. 1988年に発生したイラクのハラブジャ事件および2013年のシリア内戦における化学兵器の使用の２つの事例では, 各国がこれらの行為を国際法違反として非難している. ② 1980年代に入ってからジュネーブ議定書または関連する慣習法の違反を調査する*国連事務総長調査手続(化学・生物兵器)'が導入された. この手続は国連総会決議に基づいて国連加盟国が事務総長に対して調査の実施を要請するものであり, 強制力や刑事的性格はないものの, ジュネーブ議定書の履行を確保するための手段として一定の意義を持つ. 本手続は1987年に常時利用可能な手続として確立して以来これまでに３回援用されている.　　　　[阿部達也]

■ジュネーブ諸条約第１追加議定書

Protocol Additional to the Geneva Conventions of 12 August 1949, and Relating to the Protection of Victims of International Armed Conflicts (Protocol I)　[正称] 1949年8月12日のジュネーブ諸条約の国際的な武力紛争の犠牲者の保護に関する追加議定書(第１追加議定書), [採択] 1977.6.8(ジュネーブ), [発効] 1978.12.7, [日本] 〈加入書寄託〉2004.8.31, 〈公布〉2004.9.3(平16条約12), 〈発効〉2005.2.28

1 規制範囲　本議定書は, 前文, 本文102カ条および２つの附属書(識別規則と報道関係者用身分証明書)から構成される. 1949年の戦争犠牲者保護に関するジュネーブ諸条約を補完するものとして作成された本議定書は, 海戦法規を取り扱わず, 具体的な通常兵器の法規制を後の国連会議(1980年に*特定通常兵器使用禁止制限条約' (CCW)を採択)に委ねた. 留保条項はないが, 多くの国が批准時や加入時に留保または解釈宣言をしている. その中に, 本議定書がもっぱら通常兵器に適用され, 核兵器の使用を規制し禁止する意図はないとの留保がある. それへの反対意見もなく, 核兵器への適用は除外されていると思われる.

2 本議定書の特徴　第１に, 第二次世界大戦後の非植民地化を反映して, 自決権の獲得を目指す民族解放戦争が従来の内戦または非国際武力紛争から国際武力紛争の地位に格上げされたことである(第１条４項). それに伴い, ゲリラ戦術で戦う自由の戦士への戦闘員資格の付与を要請する意見が多数となり, 戦闘員と文民の区別義務がゲリラ兵のために緩和された(第44条３項). しかし, 米国やイスラエルなどは, ゲリラ兵の戦闘員資格に反対し本議定書の批准を拒否している状況から, 当該条項が慣習法的地位を得たかは断言できない. 第２に, 戦争犠牲者の保護規定(ジュネーブ法)と害敵手段およびその使用方法の規定(ハーグ法)の統合である. 本議定書は, 文民保護の強化策として, 文民保護条約での限定的な文民概念を一般住民も含む非戦闘員すべてに拡大した. さらに, 文民, 傷病者および難船者の保護のために医療組織や医療用輸送手段の保護を拡充し, 文民保護(シビル・ディフェンス)制度も初めて導入した. 他方, 戦争犠牲者の保護のためにジュネーブ法の強化だけでは不十分であるとの反省から, ハーグ法の改正や強化にも取り組んだ. 軍事目標主義や無差別攻撃禁止原則を明確化し, 保護対象である民用物の中でも特別な保護対象(生存に不可欠な物, 自然環境, 危険な威力を内蔵する工作物など)を明記した. 復仇の禁止対象も拡大した. 第３に, 履行確保制度の強化である. 特に, 国際事実調査委員会(第90条)が1992年に発足した. いまだ調査依頼はないが, 本委員会の調査権限を事前に受諾宣言した国が76カ国を超え, その活用が期待される. 解釈上の論点はあるが, 本議定書の多くの規定が慣習法化しており, *国際人道法' の再確認と発展に大いに貢献したことは確かである.　　　　[岩本誠吾]

■ジュネーブ諸条約第２追加議定書

Protocol Additional to the Geneva Conventions of 12 August 1949, and Relating to the Protection of Victims of Non-International Armed Conflicts(Protocol II)［正称］1949年8月12日のジュネーブ諸条約の非国際的な武力紛争の犠牲者の保護に関する追加議定書(第2追加議定書),［採択］1977.6.8(ジュネーブ),［発効］1978.12.7,［日本］〈加入書寄託〉2004.8.31,〈公布〉2004.9.3(平16条約13),〈発効〉2005.2.28

1 成立の経緯　従来,国際法は,交戦団体承認の場合でしか,内戦または非国際武力紛争に関与しなかった.しかし,スペイン内戦での悲劇を経験して,1949年の戦争犠牲者保護に関するジュネーブ諸条約に,非国際武力紛争時に紛争当事者が遵守すべき最小限の人道規則が挿入された(共通第3条).しかし,第二次世界大戦以降に多発した非国際武力紛争を効果的に規律するのに,共通第3条だけでは不十分とみなされた.*赤十字国際委員会'(ICRC)は,1969年の第21回赤十字国際会議で非国際武力紛争の犠牲者保護に関する報告書を提出し,国際連合は,1969年および1970年の武力紛争における人権の尊重に関する国連事務総長報告書においてすべての武力紛争に基本的な人道的諸原則が適用される必要性を確認した.ICRCは,1973年に共通第3条を拡大した47カ条からなる第2追加議定書案を作成し,1974年から始まった人道法外交会議に提示した.外交会議の最終会期(1977年)で民族解放戦争を国際武力紛争と認める第1追加議定書が採択されると,第2追加議定書無用論が主張される中で,パキスタンによる第2追加議定書の簡略化案に従い,叛徒に政府と対等な地位を付与する規定や表現(たとえば,「紛争当事者」という用語)がすべて削除された.最終的に28カ条となり,そのうち最終規定が10カ条あるので,実質的な規定は18カ条にまで削減された.

2 議定書の内容　本議定書は,第1追加議定書第1条の対象外の非国際武力紛争で,軍隊と反乱軍(持続的にかつ協同して軍事行動を行い,一定の領域的支配権を有するもの)との武力紛争に適用されるが,暴動,散発的な暴力行為,騒乱および緊張事態には適用されない(第1条).適用の敷居を高く設定していることから,本議定書は,あまり適用されていない.しかし,1カ条のみの共通第3条を発展させて18カ条に及ぶ詳細な規定で補完したことは,著しい前進と言える.規定の具体的な内容は,共通第3条を拡大した敵対行為に直接参加しないすべての者に対する殺人,虐待,人質,強姦,奴隷制度,略奪などの禁止(第4条),捕虜待遇に類似した自由を奪われた者の人道的待遇(第5条),公平な裁判手続きや無罪推定などの刑事手続き(第6条),第1追加議定書の規定に類似した傷病者および難船者の保護(第7〜12条)や文民たる住民の保護(第13〜18条)である.叛徒を本議定書の義務を履行する他方の紛争当事者と規定する条項が削除されたために,本議定書は,政府側に一方的な義務を課す人権条約のような様相を呈している.　［岩本誠吾］

■ジュネーブ諸条約追加議定書　Protocols Additional to the Geneva Conventions of 12 August 1949

1 第1および第2追加議定書の成立　第二次世界大戦後,国連憲章上戦争が違法化されたことから,従来の戦争法はその存在意義を失ったとの世界的風潮があった.その影響で国連も,戦争法問題に正面から取り組もうとしなかった.現実は,絶え間なく武力紛争,特に,自決原則に基づく非植民地化運動や民族解放戦争が世界各地で勃発した.1960年代のベトナム戦争では,ゲリラ兵による戦闘行為,多様な新型通常兵器の大量投入,一般住民の被害拡大など戦争法上の諸問題が喫緊の検討課題となった.第二次世界大戦の経験をもとに大幅に改善された1949年の戦争犠牲者保護に関するジュネーブ諸条約でも,新たな課題に十分な対処ができなかった.ようやく国連は1968年にテヘラン人権国際会議を開催し,国連総会決議2444で公式に戦争法研究に着手した.国連事務総長報告「武力紛争における人権の尊重」(1969・1970)がその研究成果である.*赤十字国際委員会'(ICRC)も,武力紛争中の文民保護,不正規兵への捕虜待遇の拡大,履行監視制度の強化,内戦への*国際人道法'(＝戦争法)の適用拡大を主要目標としながら,1973年にジュネーブ諸条約を補完する2つの追加議定書案(国際武力紛争用と非国際武力紛争用)を作成した.

2 国際人道法外交会議(1974～77年) 4会期の外交会議を経て,国際武力紛争に関する*ジュネーブ諸条約第1追加議定書'および非国際武力紛争に関する*ジュネーブ諸条約第2追加議定書'が採択された.それらは,1949年のジュネーブ諸条約を約30年ぶりに補完するものと位置付けられる.具体的には,文民保護の拡大・強化だけでなく,害敵手段(兵器)の使用方法(軍事目標主義,無差別攻撃禁止原則,特定の民用物の保護など)に関する規定も導入された.その意味で,本議定書は,1907年の*ハーグ陸戦条約'を約70年ぶりに補完した側面も有する.特定通常兵器の規定は,ICRCの追加議定書案にはなく,1974年の第1会期で通常兵器特別委員会が設定され,通常兵器問題が審議され始めたことに端を発する.ICRCも,1974年と1976年に政府専門家会議を開催し,個々の通常兵器問題を議論した.しかし,追加議定書の作成が優先されたことから,特定通常兵器の規制条項は,第1追加議定書に挿入されず,1979年と1980年の2会期にわたる特定通常兵器規制国連会議(1980年に*特定通常兵器使用禁止制限条約'(CCW)を採択)に委ねられた.ジュネーブ諸条約共通第3条を補完する第2追加議定書は,民族解放戦争が国際武力紛争に格上げされたことから,その実質的条文が18カ条に削減された.しかし,採択が危ぶまれた状況からすれば,非国際武力紛争での犠牲者保護規定は,確実に補強された.

3 第3追加議定書の成立 戦時における衛生活動の保護のための特殊標章は,1864年の傷病兵保護条約で赤十字が初めて採用され,1929年の傷病兵保護条約で赤新月および赤の獅子と太陽が追認された.1949年のジュネーブ第1条約でそれら3つの特殊標章が確認されたが,イスラエルの主張するダビデの赤盾は認められなかった.その主張は,1974年からの外交会議でも認められなかった.本来,政治性や宗教性を持たない特殊標章が主要な宗教を容易に連想させることから,赤十字運動の中立性や公平性に対する疑念が生じ,実際,イスラエルのダビデの赤盾社は国際赤十字赤新月社連盟に加入できなかった.特殊標章問題を包括的に解決するために2005年12月8日の外交会議において,1949年8月12日のジュネーブ諸条約の追加の特殊標章の採択に関する追加議定書(第3追加議定書)が採択された(2007年1月14日発効).追加の標章は,赤のクリスタル(赤の正方形の枠)である.表示目的として赤のクリスタルにダビデの赤盾を組み込むことが条約で認められたことから,ダビデの赤盾社は,2006年に国際赤十字赤新月社連盟への加盟が承認された.

［岩本誠吾］

■需要サイド・アプローチ demand side approach

1 核不拡散へのアプローチ 原子力は,平和目的(原子炉)にも軍事目的(*核兵器')にも利用可能であり,世界は,*核不拡散'を担保しつつ原子力の*平和的利用'を推進する方策を講じてきた.そのような方策には,条約や協定など制度的枠組みを構築する方法と,制度的枠組みを伴わず各国が任意に取り組む方法がある.前者の制度的枠組みには,*核兵器不拡散条約'(NPT)およびNPT第3条に基づき非核兵器国が義務として*国際原子力機関'(IAEA)と締結する*包括的保障措置協定',また核軍縮に係り核兵器国が締結する*部分的核実験禁止条約'(PTBT)や*包括的核実験禁止条約'(CTBT),さらに原子力利用国が締結する*核物質防護条約',*核テロ防止条約'および*非核兵器地帯条約'などがある.一方,後者の各国による任意の取り組みとしては,原子力供給国が核物質等の受領国(需要国)に核物質等を供給する際に諸条件を設定し,それらを受領国に遵守させることにより核不拡散を図るアプローチと,受領国の機微技術や施設の保有へのインセンティブを減じることにより核不拡散を図るアプローチがある.前者のアプローチは*供給サイド・アプローチ',後者のアプローチは需要サイド・アプローチと呼ばれる.

2 具体的な措置　うち需要サイド・アプローチは,NPT 第4条が規定する原子力の*平和的利用'の権利を阻害するとの需要国の懸念を打開しつつ,需要国の原子力利用を支援する方策であり,核燃料*供給保証'や*核燃料サイクル'の多国間管理が含まれる.前者は,機微な技術や施設の保有国が需要国に対し核燃料の供給を保証することにより,また後者は,機微な施設を多国間で管理することにより,個々の需要国が単独で機微な施設を保有しようとするインセンティブを減じ,核不拡散を確保しようとするものである.前者に関しては,すでにロシアの*国際ウラン濃縮センター'(IUEC)での*低濃縮ウラン'備蓄が2010年に,また米国の解体核起源の*高濃縮ウラン'を希釈して得た低濃縮ウランの備蓄(AFS)が2012年に設立され,IAEA の*核燃料バンク'も2014年9月現在,カザフスタンで設立途上にある.一方後者については,すでにURENCO や Eurodif(現,アレバの子会社)などの組織がすでに存在するとともに,多国間で原子力施設を管理することにより,核不拡散のみならず核物質や施設の安全かつ的確な管理および信頼醸成の促進に寄与することができるものと考えられている.また,核兵器保有のインセンティブを減ずるために,安全保障上の懸念を解消する目的で,安全の保証を提供するという措置もある.　[田崎真樹子]

■巡航ミサイル　cruise missile

1 巡航ミサイルとは　有翼式で,発射から目標に到達するまでの間,吸気型推進システムを用いた空力浮力によって大気圏中を自らの推進力で飛翔する誘導型のミサイルをいう.ドイツが第二次世界大戦時に使用したV-1が,世界初の巡航ミサイルとされる.巡航ミサイルは,あらかじめ設定されたコースを飛行し,目標に到達するが,その間,数十mの低高度で,またタイプによっては地形を判別しながら飛行することが可能である.多くの巡航ミサイルがターボジェットエンジンを使用しているが,超音速飛行を可能にすべく,ラムジェットエンジンの開発および導入を進める国もある.低空を飛行することに加え,航空機に比べて機体が小さいため,レーダーで探知されにくい.慣性航法装置(INS)や地形等高線照合方式(TERCOM),デジタル式情景照合措置(DSMAC-2)などを用いて誘導されるが,近年では全地球衛星測位システム(GPS)による誘導も用いられ,命中精度の向上が図られている.巡航ミサイルは一般に命中精度が高く,重要目標に対する精確な攻撃を可能にしている.また,開発・製造に必要な技術・機材なども弾道ミサイルに比べて入手しやすいとされる.こうしたことが,巡航ミサイルの拡散をもたらしてきた.米ソの*中距離核戦力条約'(INF条約)で射程500〜5,500kmの地上発射巡航ミサイル(GLCM)の保有などが禁止されたのを除き,巡航ミサイルを禁止する条約はないが,搭載能力500kg以上かつ射程300km以上の巡航ミサイル,推進装置,誘導装置などは*ミサイル技術管理レジーム'(MTCR)の下で輸出管理の対象となる.

2 巡航ミサイルの種類　巡航ミサイルには,発射するプラットフォームによって空中発射巡航ミサイル(ALCM),海上発射巡航ミサイル(SLCM)およびGLCM,また攻撃目標によって対艦巡航ミサイル(ASCM)および対地巡航ミサイル(LACM)といった区分がある.このうち,多数を占めるのは短距離のASCMであり,80カ国以上が保有し,派生型も含めると100種類以上, また8万発あまりが存在すると見積もられている. 通常弾頭だけでなく*大量破壊兵器'(WMD)を搭載可能な巡航ミサイルもある. LACMについては, 米国は以前からトマホークSLCMを保有し, *湾岸戦争'やイラク戦争などで用いてきた. 核弾頭搭載可能なトマホーク(TLAM-N)は2013年に退役した. また米国は冷戦期にGLCMを開発し, 1979年の*NATOの二重決定'に基づき, 欧州に配備したが, INF条約の発効に伴い廃棄した. 近年, LACMの保有国が増えつつあり, 中国は中距離のHN-3やDH-10などを配備している. このほかにも, 韓国やパキスタンなどが, 短距離のLACMの配備を開始した. →イスラエルのミサイル戦力, イランのミサイル戦力, インドのミサイル戦力, 英国のミサイル戦力, 北朝鮮のミサイル戦力, 中国のミサイル戦力, パキスタンのミサイル戦力, フランスのミサイル戦力, 米国のミサイル戦力, ロシアのミサイル戦力 ［戸﨑洋史］

■巡航ミサイル防衛 cruise missile defense

飛翔する*巡航ミサイル'を迎撃する兵器体系である. 巡航ミサイルの拡散, 長射程化, 高性能化の趨勢の中で, これを迎撃するためのアセットを整備する必要性が論じられてきたが, *弾道ミサイル防衛'(BMD)とは異なり, 現在に至るまで, 体系的な防御システムの構築には至っていない. 巡航ミサイルの速度は亜音速で, 航空機などへの対処と類似しており, パトリオットPAC-3, 日本の中距離地対空誘導弾(中SAM)など一部の防空ミサイルには, 限定的ながらも巡航ミサイルへの対処が可能なものがある. しかしながら, 巡航ミサイル防衛には, 低高度を飛翔する小目標をいかに早期に探知・追尾するかという, BMDにはない難しさがある. 広範囲に及ぶセンサー網の構築が必要であり, 米国は, 繋留気球搭載の*早期警戒'レーダー・システムである統合対地攻撃巡航ミサイル防衛高空ネットセンサー・システム(JLENS)を開発している. また, *弾道ミサイル'よりも多くの巡航ミサイルが使用される状況が考えられる中, いかに十分な迎撃能力を保持しうるかも課題とされる. ［戸﨑洋史］

■遵守(核不拡散の) compliance

現在の国際的な核不拡散体制の要となっている*核兵器不拡散条約'(NPT)には, 遵守についても不遵守についても明確な規定はおかれていない. そうした中, *NPT再検討会議'をはじめとするNPT再検討プロセスの中では, 伝統的に, 核兵器を取得しないとの非核兵器国によるNPT上の義務の遵守という観点から, 北朝鮮やイランの核問題が遵守の問題として主に取り上げられてきた. これに対し, NPTの遵守は非核兵器国に対する義務を定めた条文のみならず, 第6条の核兵器国による軍縮義務を含むNPTの条文すべてにかかわるものであるとの立場が非同盟諸国の一部から強調され始め, 2007年に開催された*NPT再検討会議(2010年)'第1回準備委員会では, 準備委員会の議題採択に際し, 条約(NPT)の遵守はすべての条文の遵守を意味するとの注釈がつけられることとなった. なお*国際原子力機関'(IAEA)*保障措置'については, IAEA憲章第12条に不遵守に関連する規定が設けられており, IAEAは憲章に定められた手続きに従い, 保障措置協定の不遵守を国連安保理に報告できることとなっている. これまで, イランや北朝鮮による保障措置協定違反が不遵守として国連安保理に報告されている. ［樋川和子］

■焼夷兵器議定書 Protocol on Prohibitions or Restrictions on the Use of Incendiary Weapons(Protocol III) ［採択］1980.10.10(ジュネーブ), ［発効］1983.12.2, ［日本］〈受諾書寄託〉1982.6.4, 〈公布〉1983.9.16(昭53条約12), 〈発効〉1983.12.2

1 成立経緯とその定義 焼夷兵器は, 第二次世界大戦中, 空襲により日本の都市に壊滅的効果を及ぼした. ベトナム戦争では, 焼夷兵器のナパーム弾が対ゲリラ作戦に使用され，多大な文民被害を与えた．1970年頃から，焼夷兵器は不必要な苦痛を与え無差別的効果をもたらす非人道的兵器であるとの批判から，その全面的使用禁止論が主張された．他方，軍事的有用性を重視する立場からの反対論もあり，妥協的解決策として，焼夷兵器の使用を制限する*特定通常兵器使用禁止制限条約'（CCW）第3議定書が採択された．焼夷兵器とは，「物質の化学反応によって生ずる火炎，熱又はこれらの複合作用により，物に火炎を生じさせ又は人に火傷を負わせることを第一義的な目的として設計された武器又は弾薬類」（第1条）を指す．その形態は，火炎発射機，火炎瓶，砲弾，ロケット弾，擲(てき)弾，*地雷'，爆弾などである．照明弾，曳光弾，発煙弾または信号弾は，焼夷効果が付随的なので，それには含まれない．人に付随的な焼夷効果を与えるにせよ，火傷を負わせることを特に目的とせず，装甲車両，航空機，構築物その他の施設などの軍事目標に対して使用される徹甲弾，破片弾，炸薬爆弾なども該当しない．*白燐(りん)弾'は，本来の使用目的が発煙弾や照明弾であり，焼夷効果を有するとしても，それは付随的効果であり，議定書上，焼夷兵器とは位置付けられない．

2 文民の保護　議定書では，文民および民用物への焼夷兵器による攻撃の禁止が再確認されている．さらに，人口周密地域内に位置する軍事目標への焼夷兵器の空中投射攻撃が，文民の付随的損害との比較衡量による禁止ではなく，全面的に禁止された（第2条）．これは，二次火災を惹起する地域効果を有するという焼夷兵器の特徴を考慮した禁止規定である．人口周密地域内の軍事目標への空中投射以外の方法による焼夷兵器攻撃も禁止される．ただし，焼夷効果を軍事目標に限定し，巻き添えによる文民や民用物の被害を防止し最小限にする実行可能な予防措置が取られる場合を除く．森林や植物群落への焼夷兵器攻撃も禁止される．ただし，戦闘員や軍事目標を隠匿し偽装するために植物群落を利用している場合やそれ自体が軍事目標である場合を除く．一部の使用制限はあるが，戦場での戦闘員や軍事目標への焼夷兵器の使用は合法といえる．また，米国は，2009年の批准時に，一定の場合，人口周密地域内の軍事目標への焼夷兵器の使用権を留保している．［岩本誠吾］

■**消極的安全保証**　negative security assurance : NSA

1 発足当初の経緯　非核兵器諸国は1968年に署名された*核兵器不拡散条約'（NPT）の交渉当時から*核兵器'のオプションを放棄する代償として核兵器国は非核兵器国に対して核兵器を使用しないとの消極的安全保証を条約で明記すべしと主張してきたが，認められなかった．1978年の第1回*国連軍縮特別総会'の最終文書も核兵器国にそのための取極締結の努力を求めたが，米・英両国は「NPT締約国である非核兵器国が（他の）核兵器国と連携しまたは同盟して攻撃してくる場合を除き核兵器を使用しない」との宣言をおこない，ソ連は「領域に核兵器を配備している国を除き」との，フランスは「非核地帯の構成国に対してのみ」との条件つき宣言を，中国は非核兵器国一般に無条件で保証するとの宣言をおこなうにとどまった．その後のジュネーブの*軍縮会議'（CD）での条約交渉の努力も成功しなかった．他方，1967年に署名され1968年に発効した*トラテロルコ条約'（ラテンアメリカ及びカリブ核兵器禁止条約）の付属議定書IIは消極的安全保証を法的に約束し，1979年までに5核兵器国すべてがこれを批准した．地域的に限定され，*冷戦'終了後までブラジル・アルゼンチンは批准しなかったにしても，極めて注目に値する条約であった．また，1985年に署名され1986年に発効した*ラロトンガ条約'（南太平洋非核地帯条約）の付属議定書IIも消極的安全保証を規定しているが，冷戦終了時までにこれを批准したのはソ連，中国のみであった．

2 1995年前後の進展　冷戦終了後，*NPT再検討・延長会議（1995年）'に先立ち米国，英国, フランス, ロシアは上記の1978年の米・英宣言と同趣旨の宣言を, 中国は消極的安全保証を「非核兵器国または非核兵器地帯に」与える旨の宣言をおこなった. 続くNPT無期限延長の決定に際して採択された文書でも消極的安全保証条約作成の可能性が承認されたが, その後の軍縮会議(CD)での交渉は進展していない. 他方, *非核兵器地帯条約' では進展がみられ, 1995年には東南アジア(*バンコク条約'), 1996年にはアフリカ(*ペリンダバ条約'), 2005年には中央アジア(*セミパラチンスク条約')でも署名されたが, 消極的安全保証に関する付属議定書への核兵器国の対応は遅れがちで, 上記ラロトンガ条約にはその後英・仏が批准し, 米国は署名のみ, ペリンダバ条約にはフランス, 英国, ロシアが批准し, 米国は署名のみである. 中央アジア非核兵器地帯条約は2014年5月の*NPT再検討会議' 準備委員会に際して5核兵器国による署名がおこなわれたが, バンコク条約にいたっては5核兵器国すべてが未署名である. 結局, これまでのところ, すべての核兵器国により批准されているのは1968年発効のトラテロルコ条約のみである.

3 その後の進展と現状　1978年および1995年の米国の消極的安全保証に関する宣言では非核兵器国が*化学兵器', *生物兵器' などの*大量破壊兵器' (WMD)で攻撃してくる場合の核兵器使用の可能性については曖昧なままとされ, この点では他の核兵器諸国も同様であったが, バラク・オバマ(Barack Obama)政権が2010年4月に発表した米国の*核態勢見直し報告' (NPR報告)でNPTおよび不拡散義務を遵守する非核兵器国に対しては化学兵器, 生物兵器による攻撃を受けた場合でも核兵器は使用しないとの新政策が打ち出された. ただし, 生物兵器に関してはその破滅的可能性, バイオテクノロジーの発展の急速なペースにかんがみこの政策を再調整する権利を留保するとされた. 要するに, 基本的には通常兵器で対応可能との考え方である. 他の核兵器国の間では英国以外にこれに追随する動きはみられない. 現状では, 多くの非核兵器諸国が法的拘束力のある消極的安全保証を求めているのに対し, 核兵器諸国はこれまでおこなってきた政治宣言と非核兵器地帯条約で十分とする対立構造に大きな変化はないが, 国家間の核攻撃よりもテロリストからの核攻撃の危険性への対応に関心が移るにつれて消極的安全保証の重要性は弱まる傾向にある. →ロシアの核政策・核戦略, 中国の核政策・核戦略, 英国の核政策・核戦略, フランスの核政策・核戦略

［堂之脇光朗］

■消極的防御　passive defense

敵の攻撃の可能性および攻撃による被害を極小化するために, 主として非破壊的な手段を準備または受動的に行使することを意味する. 飛来するミサイルを迎撃する*弾道ミサイル防衛' (BMD)に代表される*積極的防御' と対置される. 冷戦期に, 欧米各国で*民間防衛' の一環として進められた核シェルターの設置は, 消極的防御の一例である. 近年では, *化学兵器'・*生物兵器' の使用を想定して, ガスマスクやワクチン, 解毒剤などの準備が消極的防御の方策として重視されるようになっている. イスラエルでは, 近隣国との緊張が高まるとガスマスクが国民に配給される光景が見られてきたが, 隣国*シリアの化学兵器' 廃棄を受け, 2014年初めに配給停止が決定された. 他方, 特に積極的防御との対比において, 消極的防御の軽視が指摘される場合もある. 日本も, 化学兵器弾頭を搭載可能な北朝鮮のノドン・ミサイルに対し, BMDに力を入れながら, ガスマスクの準備など十分な消極的防御策を講じていないと, しばしば批判されてきた.

［石川 卓］

■照準解除合意　de-targeting agreement

1 内容と意義　1994年1月, 当時のビル・クリントン(Bill Clinton)米大統領とボリス・エリツィン(Boris Yeltsin)露大統領は, 両国が保有する戦略*弾道ミサイル' の照準を相互に解除する

ことに合意した.この合意は同年5月末までに実行され,現在も米露は相手国内の攻撃目標に*大陸間弾道ミサイル'(ICBM),*潜水艦発射弾道ミサイル'(SLBM)の照準を合わせない措置をとっている.米国は,すべてのICBMおよびSLBMの照準を海洋上に設定(open-ocean targeting)している.ロシアについては明らかではないが,弾道ミサイルにフライトプログラムを事前には設定しないなどの措置が取られているとみられる.その結果,偶発的なミサイル発射に伴う危険が大幅に低減された.核時代が始まって以来,両国の国民が核攻撃の目標となっていた状態が緩和されたという点で,*冷戦'の終焉と米露関係改善を象徴する合意であった.この合意の背景には,冷戦後のロシアの核管理体制に対する懸念があった.ソ連崩壊とともに核兵器を引き継いだロシアでは経済状況が急速に悪化し,核管理体制の維持が経済的に重い負担となった.その結果,ロシア側の核戦力の管理能力が低下し,事故や誤算による,あるいは未承認での核攻撃の危険が高まることが憂慮された.照準解除は,このような「*ルース・ニュークス'」の危険を可能な限り回避することで偶発的な発射を防止するとともに,万一そのような事態が生じた場合にも両国が被害を受ける事態を避けることを目的としたものであった.

2 問題点　しかし,米露の照準解除合意は象徴的な意味合いの強いものである.有事の際の攻撃目標はミサイルの誘導システムから削除されるわけではなく,データは維持される.また,照準解除後も,ごく短時間で攻撃目標に再度照準を設定することが可能である.一説によると,両国とも再照準にかかる時間は10秒程度であるという.このため核攻撃の脅威が低減するわけではなく,偶発的な発射の危険が大きく緩和されるわけでもないとの指摘もある.また,照準解除についての*検証'措置は定められておらず,この合意が履行されているか否かを相互に確認する手段はない.とはいえ,1994年9月には,中国とロシアも戦略核兵器の相互照準解除に合意した.また英国も自国の戦略ミサイルの照準を一方的に解除する措置を決定し,実行している.さらに2000年には,5核兵器国が共通声明のなかで,すべての核兵器の照準解除を宣言した.　[今田奈帆美]

■常設協議委員会　Standing Consultative Commission : SCC

*弾道弾迎撃ミサイル制限条約'(ABM条約)第13条によって,この条約の規定の目的およびその履行を促進するため設置された委員会である.第1の任務は条約の遵守であり,委員会は引き受けた義務の遵守に関する問題や,不明確な関連状況を検討し,*自国の検証技術手段'(NTM)への意図しない妨害などを検討する.締約国は自主的に情報を提供する.第2は義務の実施であり,*弾道弾迎撃ミサイル'(ABM)システムの破壊または撤去の手続きと日時につき合意する.第3に今後の交渉の促進に関してさまざまな提案を検討する.1972年12月21日にSCCの設置に関する了解覚書が署名され,合意される期日に定期会合を開くこと,それは年2回以下であってはならないことなどが定められ,さらに翌年5月に委員会規則が制定され,議事は非公開であるとされた.1974年11月に米国は初めて違反の問題を提起し,その後多くの問題がこの委員会によって解決された.このような常設的な委員会は条約の履行確保を継続的に検討できる体制を整え,条約の実効性の確保を図るうえできわめて重要なものである.その後の米ソおよび米露の2国間条約においても同様の委員会が設置されており,それらのモデルとなっている.　[黒澤 満]

■条約制限兵器・装備　treaty-limited equipment : TLE

*欧州通常戦力条約'(CFE条約)は,欧州の通常戦力の安全で安定した低水準での均衡確立と,奇襲・大規模攻撃能力の除去を目的に,戦車,装甲戦闘車両,火砲,戦闘機および攻撃ヘリコプ

ターの5部門からなる攻撃能力の高い兵器を条約制限兵器・装備と位置付けた.北大西洋条約機構(NATO)およびワルシャワ条約機構(WTO)諸国における各部門の保有上限数は,戦車20,000両,装甲戦闘車両30,000両,火砲20,000門,戦闘機6,800機,攻撃ヘリコプター2,000機であり,1国が保有する兵器規模は条約制限兵器・装備の全体数の3分の1を超えないものと定められた.さらに条約の対象範囲を中心地域,中間地域,後方地域,周辺地域に区分した上で,欧州中央部,欧州拡大中央部,欧州広域部および欧州周辺部を定義し,条約制限兵器・装備の保有上限数を割り当てた.条約に参加する22のNATO加盟国の2007年1月時点までの条約制限兵器・装備保有総数は61,281(保有上限総数は101,697),一方ロシアの条約制限兵器・装備保有数は23,266(保有上限総数は28,216)と発表されている.なお,1999年の*欧州通常戦力条約適合合意'(CFE-Ⅱ条約)では国別,領域別に保有上限数を定めることで,領土内に駐留する外国軍の条約制限兵器・装備も対象とすることがおおむね合意されているが,この合意は未発効である. [一政祐行]

■少量議定書 Small Quantities Protocol: SQP

1 少量議定書成立の経緯 少量議定書とは,*核兵器不拡散条約'(NPT)締約国の非核兵器国であって,国内に*核物質'を保有しない,もしくは微量のみ保有する国(*包括的保障措置協定'第39条に規定された上限を越えない量のみ保有)が,*国際原子力機関'(IAEA)との間で包括的保障措置協定を締結する際に併せて締結することができる議定書を意味する.1974年に標準テキスト(IAEA文書GOV/INF/276)が作成され,以降,上記の条件を満たす国はこの標準テキストに基づいてIAEAとの間で同議定書を締結してきた.同議定書は,保有する核物質が微量ないしゼロであることを前提に,通常であれば包括的保障措置によって負わされることとなる保障措置協定上の義務の大半を停止する効果をもっている.停止される保障措置上の義務の中で主なものは,包括的保障措置協定の中心的項目である冒頭報告(主に国が保有する核物質の量をIAEAに申告するための報告)および*計量管理'報告の提出,査察受け入れなどである.

2 少量議定書の改正 1995年初頭以降,未申告の核物質核活動を探知することの重要性が高まったことなどを受け,少量議定書の是非についても議論がなされた.少量議定書の下では,IAEAの関与なく原子力施設の建設や核物質の保有が可能となってしまうことなどがその主な理由であった.こうした議論を踏まえ,2005年9月,IAEA理事会は少量議定書の標準テキストの改正などを決定した.この決定により,核物質をまったく保有していなくても,原子力施設を既に保有している,ないし建設する計画を有している国などは,少量議定書締結の対象外とされるとともに,少量議定書の内容面でも改正が行なわれ,①冒頭報告の提出,②原子力施設計画の早期提出,③必要とされる*検証'の実施などの義務はもはや免除されないこととなった.IAEAは現在,既に少量議定書を締結している国に対し,改正少量議定書の受け入れを求めている. [樋川和子]

■除草剤 herbicides

植物を枯らすなどの作用をもつ化学物質で,ベトナム戦争においてゲリラ戦に対抗する目的で米国が大量に使用したオレンジ剤(いわゆる枯葉剤)などがその代表例である.*化学兵器'と除草剤の関係は明確ではない.除草剤が1925年の*ジュネーブ議定書'の禁止する「窒息性ガス,毒性ガス又はこれらに類するガス及びこれらと類似のすべての液体,物質又は考案」に含まれるかについては争いがあり,たとえば米国は含まれないとの立場である.もっとも同国は1975年4月の行政命令で,米軍基地内の植物管理など一定の例外を除き,除草剤の先行使用を国家の政策として放棄した.*化学兵器禁止条約'交渉においても,除草剤を禁止対象に含めるかについては対立があった.禁止対象たる化学兵器の中核をなす「*毒性化学物質'」は,最終的に「人又は動物」に対し死や害を引き起こしうる化学物質と定義され,除草剤はその定義から外された.同条約では,わずかに前文において,「戦争の方法としての除草剤の使用の禁止が関連する協定及び国際法の原則において定められていることを認識」しているにとどまる.そのような「協定」の1つである1977年の*環境改変技術禁止条約'(ENMOD)は,除草剤との関連では,「広範な,長期的な又は深刻な効果」をもって地域の生態バランスを破壊するような環境改変技術の敵対的使用を禁止しているにすぎない.　［浅田正彦］

■**地　雷**　landmine

1 地雷の概要と特徴　地雷(landmine, mine)は,地表または地中などに設置する爆発物であり,人員もしくは車両の存在,接近または接触によって爆発するように設計され,その爆風効果・破片効果等によりそれらを殺傷または破壊し,あるいは,戦闘員の負傷や戦車などの作動不良を引き起こして戦力の低下を狙うほか,地雷があることによって敵の接近を回避・断念させることを目的として使用される兵器である.地雷はその用途に応じ,特に,人員を対象として危害効果を狙う地雷を対人地雷(anti-person mine)とし,戦車を対象とした地雷を対戦車地雷(anti-tank mine)と呼称される.作動原理としては,接触式(圧力感知),感応式(磁気,音響,振動,赤外線,電波等)などがある.地雷の特徴には,いわゆる「待ち受け兵器」であるため,①相手を選ばない「無差別性」,②地雷による被害の甚大さゆえの「残虐性」,③紛争後に兵器として不必要になっても地中等に残置される「残存性」,④武器市場等で安価に取得できる「取得容易性」などがあり,特に,世界各地の紛争中または紛争終了後の地域で,戦闘員のみならず非戦闘員である一般市民に対しても無差別な被害を与えるため,人道上問題になるとともに,紛争終結後の復興・開発にも障害となっている.

2 国際社会における地雷の取扱い　国連の定義により,地雷は,広義の「*小型武器'」の中の「弾薬・爆発物」に分類され,特に対人地雷については,1980年にジュネーブで採択(1983年発効)された*特定通常兵器使用禁止制限条約'(CCW)の*地雷議定書'および1996年に採択(1998年発効)された改正地雷議定書,ならびに,*対人地雷禁止条約'などの国際的な規制合意(規制条約)が存在する.日本は,周辺国のロシア,中国,韓国,北朝鮮が対人地雷の保有を続ける中,1998年9月に「対人地雷の製造の禁止及び所持の規制等に関する法律(対人地雷禁止法)」を成立させ国会承認を得たのち,対人地雷禁止条約の批准国となり,同条約の規定に従い,保有するすべての対人地雷(この条約で認められた必要最小限の例外的な保有分を除き)を2003年2月までに廃棄している.また,政府開発援助(ODA)の支援を受けて,日本の民間非営利団体(NPO)がカンボジア,アフガニスタンなどにおいて,紛争終了後の地雷除去活動を実施している.　［竹平哲也］

■**地雷議定書**　Protocol(II) on Prohibitions or Restrictions on the Use of Mines, Booby-Traps and Other Devices(Protocol II):CCW Protocol(II) prohibiting Mines, Booby-Traps and Other Devices　［正称］地雷,ブービートラップ及び他の類似の装置の使用の禁止又は制限に関する議定書,［採択］1980.10.10(ジュネーブ),［発効］1983.12.2,［日本］〈受諾書寄託〉1982.6.9,〈公布〉1983.9.16(昭58条約12),〈発効〉1983.12.2

Protocol on Prohibitions or Restrictions on the Use of Mines, Booby-Traps and Other Devices as amended on 3 May 1996(Protocol II as amended on 3 May 1996)　［正称］1996年5月3日に改正された地雷,ブービートラップ及び他の類似の装置の使用の禁止又は制

限に関する議定書(1996年5月3日に改正された議定書II), [採択] 1996.5.3(ジュネーブ), [発効] 1998.12.3, [日本]〈通告書通知書寄託〉1997.6.10,〈公布〉1998.12.2(平10条約17),〈発効〉1998.12.3

1 議定書の内容 *特定通常兵器使用禁止制限条約'(CCW)の5つの付属議定書のうちの2番目のもので, *地雷', ブービートラップ等の使用の禁止または制限に関する議定書である. 1980年に採択された本議定書は, 地雷やブービートラップ, 他の類似の装置の無差別使用を禁じ, 限定的ながら紛争当事者に地雷原の記録を義務付けた. しかし, 地雷が主に使用されていた非国際的紛争には適用されず, 探知不可能なプラスチック製地雷も適用外など, 欠陥も指摘されていた. これに対し1996年の改正議定書では, 適用対象の国内紛争への拡大(第1条2), 探知不可能な対人地雷の使用禁止(第3条), 対人地雷及び遠隔散布型地雷への自己破壊装置および自己不活性化機能付加の義務付け(第5条・第6条), 地雷が機能を停止した後も機能を継続するよう設計された処理防止装置(AHD)の付加禁止(第3条), 地雷の移譲規制の導入(第8条), 改正議定書の実施状況のレビュー制度の設置(第13条)等, 地雷の使用制限が大幅に強化された. 他方で, 探知不可能な対人地雷の禁止や自己不活性化機能が付いたいわゆる「スマート地雷」への移行に9年の猶予期間が与えられ, 高額なスマート地雷の喧伝の場となったことに全面禁止の立場や途上国から批判も集まった. 2014年11月24日現在, 改正地雷議定書に101カ国が加入している.

2 改定議定書の背景・意義 冷戦終了後, *地雷禁止国際キャンペーン'(ICBL)によって対人地雷問題が喚起され, 対人地雷の非人道性が世界的に注目されるようになると, 1980年の地雷議定書の改訂・強化が喫緊の課題となり, ICBLメンバーの締約国政府への働きかけにより, 1995年のCCW再検討会議の開催につながった. しかしCCWの意思決定がコンセンサス方式で行われていたこともあり, 改正議定書は全面禁止には程遠い内容であったことが, 全面禁止を目指す*オタワ・プロセス'誕生の契機ともなった. 他方, 地雷議定書, 改正地雷議定書に, *対人地雷禁止条約'には加入していない米国, ロシア, 中国, インド, パキスタン, イスラエルといった国々も加入しており, 同条約未締約国を含めた世界大の法規制として一定の役割を果たしている. 特に世界最大の対人地雷保有国である中国は, 改正議定書を忠実に履行し, 同国の貯蔵地雷の大半を占めていた探知不可能な対人地雷に9gの鉄片を付加する作業を終えている.

[長有紀枝]

■地雷禁止国際キャンペーン International Campaign to Ban Landmines : ICBL

1 地雷禁止国際キャンペーンの発足と発展経緯 対人*地雷'はその性格上, 紛争終結後も長期にわたり一般市民に犠牲を生み続けることから, 地雷埋設地域で除去や犠牲者支援を行っていた6つの非政府組織(NGO)を中心に, 対人地雷の全面禁止(使用, 貯蔵, 生産, 移譲などの禁止)を目指して1992年10月に地雷禁止国際キャンペーン(ICBL)を発足させた. その後, 短期間で世界各地に拡大し, 国際的ネットワークになった. ICBLは, 設立当初から対人地雷の非人道性や無差別性を訴えることによって人道主義を貫き, 国際的信用を得るに至った. ICBLの訴えに呼応したカナダやノルウェーなど, 複数の中堅国家と共に*対人地雷禁止条約'の成立に寄与し, ICBLはコーディネーターだったジョディ・ウィリアムズ(Jody Williams)と共に1997年のノーベル平和賞を共同受賞した. その後, 数度の組織編成を経て, 2011年には*クラスター弾'の全面禁止を目指す世界的NGOネットワーク, *クラスター弾連合'(CMC)と合併してICBL-CMCとなった. ICBL-CMCには100を超える国や地域のNGOが参加し, 対人地雷とクラスター弾の2つのキャンペーンを運営している.

2 条約履行状況の監視　対人地雷は手中に収まるほど小型なものが多いことから,対人地雷禁止条約成立当時より条約の履行監視が課題だった.そこで,ICBLは傘下のNGOや専門家をリサーチャーとした監視体制を築き,対人地雷禁止条約が発効した1999年以降,毎年『ランドマイン報告書(Landmine Monitor)』を発表している.同報告書は,締約国,非締約国,地雷埋設地域における地雷問題(使用の有無,備蓄地雷廃棄の進捗状況,被害の実態,敷設状況と除去完了地の解放,被害者支援,地雷活動に対する支援など)および爆発性戦争残存物(ERW)に関する包括的調査結果をまとめたもので,政府,国際機関,NGO,メディア,学者などにとって貴重な情報源となっている.条約の履行状況および未加盟国や地域の地雷問題に関する綿密な調査をNGO主導で実施するのは稀有で,同報告書は事実上,対人地雷禁止条約の監視制度の役割を果たしている.なお,*クラスター弾条約'が成立したのを受けて,2009年よりクラスター弾に関する同様の調査も行っていることから,名称を『ランドマイン・クラスター弾報告書(Landmine and Cluster Munition Monitor)』に改めた.

［目加田説子］

■地雷対策活動に関する国際基準　International Mine Action Standard : IMAS

1 概要　2001年9月26日に地雷対策国連機関間調整グループによって承認された,国連が実施もしくは管理・監督するすべての*地雷'対策に適用される基準である.*国連地雷対策サービス'(UNMAS)がジュネーブ人道的地雷除去国際センターと協力して作成したもので,必要に応じ更新し,IMASのホームページにて公開している.基準の一部は,非公式ではあるものの,国連公用語などに翻訳されている.また,IMASのホームページでは,現状に応じ基準を改訂するため,国連,NGOなど地雷対策実施機関からの提案を受け付けている.

2 基準の内容　IMASでは,地雷対策用語の定義,地雷対策の政策立案,機材の調達・テストおよび評価,人材のトレーニング,政府やUNMASによる除去活動実施機関(政府系除去機関,NGO,PKOに参加する各国軍,民間企業など)の承認(活動許可),政府やUNMASによる実施機関へのモニタリング,政府やUNMASによる貯蔵地雷廃棄活動の管理,危険地域の指定や除去活動実施前調査について,また,地雷・爆発性戦争残存物の除去,安全・衛生管理,貯蔵地雷および爆発性戦争残存物の廃棄,地雷回避教育,地雷対策プログラムの評価について,記載されている.地雷・爆発性戦争残存物除去の項目では,地雷探知犬の使用やテスト方法などについても記載されている.2014年10月時点のIMASのフレームワークを示すものとして,総則,調査,除去,安全と衛生などの項目別に,IMASの関連する章を分類したものがホームページに掲載された.この分類表を見ると明らかであるが,IMASの内容の大半は除去活動,廃棄活動であり,地雷回避教育については記載があるが,被害者支援に関しては十分な基準が記載されていない.

3 基準の活用　各国は,この地雷対策活動に関する国際基準を参照し,自国の地雷対策基準を作成している.IMASのホームページでは,アフガニスタン,コロンビア,モザンビークなどの政府が実際に作成した地雷対策基準が公開されている.地雷除去や地雷回避教育を行うNGOの多くは,この国際基準と活動を行う国の地雷対策基準を参照し,活動する国ごとに団体としての活動基準(Standard of Operation)を作成している.

［堀越芳乃］

■シリアの化学兵器　Syria's chemical weapons

1 使用疑惑　2012年末頃からシリア内戦における*化学兵器'の使用の疑惑がメディアを通じて報道されるようになった.2013年3月20日にシリア政府は反政府勢力による使用を,翌21

日に英国とフランスは逆にシリア政府による使用をそれぞれ申し立てて，国連事務総長に対して国連総会決議 42/37C に基づく*国連事務総長調査手続(化学･生物兵器)' の実施を要請した．国連事務総長はこれらの要請に応じて調査団の派遣を決定し，*化学兵器禁止機関'(OPCW)と世界保健機関に協力を求めた．国連とシリアの交渉は非常に長引いたものの，8月16日に国連調査団はシリアに入国し，調査を開始した．この時点で国連事務総長には10件以上の要請が寄せられていた．8月21日にダマスカス郊外のゴータで大規模な化学兵器の使用の疑惑が報道されたことにより，事態は急展開を見せる．国連調査団は調査の対象を急遽ゴータの事例に切り替え，9月16日に公表した報告書においてサリンが使用された事実を明らかにした．12月13日に提出された最終報告書ではさらに4カ所で化学兵器の小規模な使用が確認された．ただし，いずれの報告書においても，国連事務総長調査手続の任務外ということで使用者の特定につながる情報は記載されなかった．

2 廃棄活動　シリアにおいて化学兵器の使用が明らかになったことを踏まえ，国際社会はシリアから化学兵器を迅速かつ安全な方法で除去することで合意した．直接の契機となったのは9月14日に米国とロシアの間で発表された合意枠組である．当該合意枠組の内容を具体化させるため，9月27日にOPCW執行理事会は第33会合決定1を採択し，同じ日に国連安保理はOPCW執行理事会の当該決定を附属書に含む*国連安保理決議2118' を全会一致で採択した．シリアから申告されたのは約1,290tの化学兵器および約1,230発の未充填弾薬であり，シリアは2014年6月末までにこれらすべての化学兵器を廃棄する義務を負うことになった．廃棄は国際検証下で実施され，このために新たに*化学兵器禁止機関･国連共同ミッション' が設立された．11月15日にOPCW執行理事会は第34会合決定1を採択して廃棄対象となる化学兵器の大半をシリアから国外に搬出することとし，実際の廃棄は主として海洋上の米艦船の中で行われることになった．国外搬出は2014年6月23日までに完了し，米艦船における廃棄は6月30日の期限から約2カ月遅れて8月28日までに完了した．　［阿部達也］

■シリアの核開発問題　Syrian nuclear issue

シリアは*核兵器不拡散条約'(NPT)に加盟し，隣国イスラエルがNPTに加盟せずに核兵器を保有していることに強く反発する一方，条約の範囲内での原子力の*平和的利用' を目指していると説明してきた．だが，2007年9月にイスラエル空軍がシリア領内に侵入し，同国東部アルキバル近郊のデイル･エッゾールで核疑惑施設を空爆した．米紙ニューヨーク･タイムズは，米情報局員の情報として，建設中の核施設とみられる標的を攻撃したものだったと報じた．バシャール･アサド(Bashar Assad)大統領は「建設中の軍事施設だった」と述べ，*国際原子力機関'(IAEA)の現地調査を受け入れた．2008年2月，IAEAのモハメド･エルバラダイ(Mohamed ElBaradei)事務局長は，現地調査などで微量の人工ウランを検出したとする報告書を理事国に配布．シリア側は「イスラエルのミサイル(劣化ウラン弾)に含まれていた」と反論したが，報告書は「ミサイル爆撃による可能性は低い」とし，原子炉建設疑惑が一層深まった．2008年4月，米政府はこの施設が，北朝鮮の原子炉施設に極めて類似しているとIAEAに報告した．

2011年6月，IAEAはシリア核問題で理事会決議を採択した．内容は，未申告での原子炉建設等がIAEA*保障措置' 協定の不遵守(non-compliance)を構成することを認定し，全加盟国，国連安保理および国連総会にシリアの保障措置協定違反を報告するものであった．また，抜き打ち査察を認めるIAEAの*追加議定書' に署名し，これをすみやかに発効させ完全に履行することをシリアに要請した．翌7月には，安保理でも議論されたが，アサド政権寄りのロシア，中国の反発で協議は物別れに終わった．シリアは，2011年春に起きた民主化運動から内戦状態となり，核問題の進展は難しい状況にある．なお，シリアは，IAEAの追加議定書に署名していないが，シリアが追加議定書に署名すれば，自国だけを縛ることになるため，署名の条件として敵対する隣国イスラエルの核放棄を求める考えを示している．なお，シリアは*包括的核実験禁止条約'（CTBT）についても署名，批准を拒んでいる．

［石合 力］

■**自律型致死兵器ロボット**　lethal autonomous weapons systems：LAWs

1 定義　自律型致死性ロボットは完全自律で作動し，事前にプログラムされた攻撃目標を破壊する兵器である．1980年代に世界的に人気を博した映画『ターミネーター』で，自律型の人型ロボットが破壊行為を実施する姿が衝撃的であったため，二足歩行の人型ロボットが暴走して破壊・殺傷行為に及ぶイメージが強いが，自律型致死兵器ロボットが人型である必然性は無い．また，21世紀初頭のイラクやアフガニスタン戦争で，*無人航空機'のMQ-1プレデターやMQ-9リーパーなどが攻撃任務を実施したため，これらを致死性ロボットと見なす見方もあるが，これら無人航空機は遠隔誘導型兵器で自動攻撃機能は備わっていたとしても自律機能は無く，ロボットでもない．ロボットの定義とその構成要素に関する明確な定義はないが，人工知能などで自己判断・学習能力を備え，自律攻撃機能を有する兵器システムを，一般的に自律型致死性ロボットと呼んでいる．ただし，軍隊が運用するロボットであっても，戦闘用途ではなく，危険物の除去や偵察・哨戒・警備などに使用されるものも存在するため，ロボットと致死性が自動的に結び付くものではない．

2 殺人ロボット禁止キャンペーンと特定通常兵器使用禁止制限条約　2013年より，*ヒューマン・ライツ・ウォッチ'（Human Rights Watch）や日本の難民を助ける会等のNGOが中心となり，殺人ロボット禁止キャンペーンを立ち上げている．キャンペーンでは，完全自律型ロボットを攻撃用途に使用した場合，区別性，比例性，軍事的必要性など，兵器に関する*国際人道法'上原則の順守が難しく，人命の尊重や人間の尊厳の維持などの原則が脅かされると主張し，開発・生産・運用に関する予防的な禁止措置が必要と主張している．米国でも，無人航空機の攻撃による民間人への付随的被害の発生や，ロボット兵器技術の拡散に対する懸念から，国防総省は2012年11月21日に省令3000.09で開発のガイドラインを明確にしている．米国のガイドラインでは，一定の期間，指令から攻撃判断に至る一連の攻撃の過程に，人間の介在を排除する兵器の運用を行わない，としている．国際社会では，2013年に*特定通常兵器使用禁止制限条約'（CCW）の締約国会議で自律型致死性ロボットの問題が取り上げられたが，その際，それまで国連でも使用されていた致死性自律ロボット（LARs）ではなく，致死性自律兵器システム（LAWS）を使用するとした．

3 致死性自律兵器ロボットの将来　致死性自律兵器ロボットには，軍隊が関わる作業で，危険（Danger），汚い（Dirty），単調（Dull）な業務を担当することが期待され，単調な作業による人的ミスや，人的コストの削減を図ることが出来ると考えられている．さらに，航空戦闘などのような過酷な環境での任務を，人体の限界を超えた領域で実施することが出来るため，作戦運用上の幅も拡大する．また，米国の*国防高等研究計画局'（DARPA）が資金援助し，ボストン・ダイナミックス社などが開発した，自立歩行型陸上物資運搬ロボット（Big Dogの呼称）は，歩兵の携行品重量の緩和に大きく貢献している．このように，自律型ロボットには軍事作戦上の利点が指摘されており，米国だけでなく，各国の軍は導入を進めている．その反面，2011年にイランがMQ-1プレデターをハッキングして着陸させたように，人工知能が*サイバー攻撃' による被害を受けることへの懸念も高まっている．

［佐藤丙午］

■**新アジェンダ連合**　New Agenda Coalition : NAC

1　地域横断的な中堅国家グループ　*核兵器' 廃絶の実現に向けた共同行動をとっている，ブラジル，エジプト，アイルランド，メキシコ，ニュージーランド，南アフリカの非核兵器国6カ国による国家グループである．1998年6月，スウェーデンとスロベニアを加えた8カ国の外務大臣が「核兵器のない世界へ――新しいアジェンダの必要性」と題する共同宣言を発表し，その取り組みが開始された（その後スロベニアが米国の圧力でグループを脱退，スウェーデンは2013年に脱退した）．共同宣言は，核兵器国と*核兵器不拡散条約'（NPT）枠外の3つの核兵器能力国（インド，パキスタン，イスラエル）に対し保有核兵器および核兵器能力の廃棄を明確に誓約し，その実現に必要とされる具体的な措置を即座に講じるよう要求するものである．また，核兵器のない世界を維持するための包括的な法的枠組みの必要性にも言及している．この宣言に基づき，1998年以降，NACはほぼ毎年の国連総会に核軍縮決議案を提出し，賛成多数で採択させてきた．2013年の国連総会投票結果は，賛成171，反対7（米，露，英，仏，印，イスラエル，北朝鮮），棄権5（中国など）であった．

2　対立を乗り越える新しいアプローチ　NAC設立の背景には，1995年のNPT無期限延長と1996年の国際司法裁判所（ICJ）の勧告的意見がある．1998年にはインドおよびパキスタンが核実験を実施し，世界的な核不拡散体制への危機が増大した．同時に，核軍縮の深刻な停滞を受け，非核兵器国からは核兵器国の核軍縮義務の不履行に対する批判が高まっていた．こうした中，非核兵器国と核兵器国との伝統的な対立を乗り越え，核軍縮の実質的な前進を目指したのがNAC諸国であった．具体的には，非同盟諸国が掲げる時限付の核兵器廃絶要求では事態の打開は困難であるとの見通しから，より現実的な核軍縮措置の提案をもって核兵器国との建設的な議論を図ることがめざされた．NACのこうした姿勢は*NPT再検討会議（2000年）' の成果に大きく貢献し，核保有国による核兵器廃絶の「明確な約束」を明記した13項目の実際的措置を含む最終文書の全会一致採択へと結びついた．2015年の再検討会議に向けても，核兵器使用の非人道性をめぐる国際議論の高まりを背景に，核兵器禁止に向けた法的議論の開始を求める国々とそれを否定する国々の対立が顕著になっている．NACは2014年春の第3回準備委員会に核兵器禁止の枠組みのあり方について分類比較した作業文書を提出するなど，議論の前進に引き続き貢献している．

［中村桂子］

■**人工衛星**　artificial satellite

1　人工衛星の原理と特徴　衛星とは地球を含む惑星の周りを回る物体で，人工的に打ち上げられるものを人工衛星という．有人宇宙船や地球を脱出する探査機なども人工衛星と呼ぶこともあるが一般には区別される．人工衛星は，通常地球の大気の影響が小さくなる200km以上の高度に打ち上げられ，その軌道が維持される．地球の自転や重力場による摂動の効果を利用して，軌道の近地点や遠地点の高度，軌道傾斜角などを選ぶことで，地上に対して静止する軌道や，地上の全域を観測できる極軌道などをはじめ，目的に応じてさまざまな軌道に投入される．*宇宙空間' の高真空や過酷な熱や放射線環境などに耐えて人工衛星を機能させるための技術が必要であるが，実用に耐える状態まで成熟している．また特殊な場合を除いていったん故障すると修理不能な宇宙システム固有の特徴のため高い信頼性が要求される．人類最初の人工衛星は，第二次大戦後の米ソの宇宙開発競争の中で1957年ソ連によって打ち上げられたスプートニク1号で，以来，軍事・非軍事を含めさまざまな用途の人工衛星が実用に供されている．現在人工衛星の保有国は50カ国以上に上るが，自ら開発し打ち上げる能力のある国は10カ国ほどである．

2 人工衛星の用途と課題　初期の衛星は打ち上げること自身と科学的知見の拡大を目的としていたが，次の段階では軍事的な目的の通信やデータ中継，地上の偵察や監視，軍事的な通信状態の傍受，さらには衛星に対する攻撃や破壊などの目的にも使われるまでに発達した．同時に民生の分野でも通信，気象などを含めた衛星からの地上の観測，放送や地上における航法や測位などといった形で実用化され日常生活に不可欠の存在となっている．また軍事的な目的で配備された全地球衛星測位システム(GPS)のように，民生利用が拡大して経済活動を構成しており，軍事・非軍事の境界を明瞭にすることは困難な場合も多い．現在までに打ち上げられた人工衛星は数千に上るが，最終段の*ロケット'や，切り離し機構など軌道上に投棄する物体を含めると，宇宙空間にはさらに多くの人工物体が残存し，いわゆる*宇宙ゴミ'問題として，衝突の危険やその監視，発生防止および除去の方策などが世界的な課題となっている．従来の衛星利用は国家あるいは大規模な事業者が行ってきたが最近では技術の拡散と利用の拡大により，ナノ・マイクロ衛星などという超小型衛星を用いて，より広範囲の民間事業や研究教育など利用の一般化が進む状況も生まれている．　［稲谷芳文］

■**新戦略三本柱**　new strategic triad

2002年1月，ドナルド・ラムズフェルド(Donald Rumsfeld)米国防長官によって米議会に提出された2002年*核態勢見直し報告'(NPR報告)で打ち出された概念である．新戦略三本柱は，①核戦力と通常戦力からなる攻撃力，②*弾道ミサイル防衛'(BMD)などの防御システム，③技術・産業基盤などの国防インフラから構成される．*冷戦'後，確証破壊による*抑止'が効かないと考えられる国が*大量破壊兵器'(WMD)の獲得を進める中，新三本柱は，先進的な通常戦力による打撃力も重視し，地中深くに作られたWMD関連施設や軍の指揮所のような硬化目標をはじめ，移動目標，敵の生物・化学兵器などの無力化を目指した．また，BMDなどを通じて抑止を補強するが，抑止が失敗し攻撃を受けた場合には被害の局限化を行う．国防インフラは，新たな脅威の出現に対する新技術の開発や，核弾頭のアップグレードを行う産業・技術基盤である．通常戦力の強化により核戦力への依存が低減するものの，既存の*大陸間弾道ミサイル'(ICBM)や*潜水艦発射弾道ミサイル'(SLBM)に通常弾頭を搭載して運用する構想もあり，ロシアなどが核ミサイルの発射と誤認するという批判もある．　［須江秀司］

■**新戦略兵器削減条約**　Treaty between the United States of America and the Russian Federation on Measures for the Further Reduction and Limitation of Strategic Offensive Arms: New START Treaty ［正称］戦略攻撃兵器の一層の削減と制限のための措置に関するアメリカ合衆国とロシア連邦との間の条約，［署名］2010.4.8，［発効］2011.2.5

1 条約の交渉　2009年1月に大統領に就任したバラク・オバマ(Barack Obama)大統領は*核軍縮'に積極的な姿勢を示し，同年4月1日のドミートリー・メドベージェフ(Dmitri Medvedev)ロシア大統領との首脳会談で戦略核兵器の削減交渉を開始することに合意した．同年7月の首脳会談で両国は，条約発効後7年で運搬手段は500〜1,100，核弾頭は1,500〜1,675の範囲に削減することなどに合意した．交渉での対立点は，*弾道ミサイル防衛'(BMD)の取り扱い，ミサイルに搭載された弾頭数の増加可能性，通常兵器搭載の戦略兵器などであったが，新戦略兵器削減条約(新START条約)は2010年4月8日にプラハにおいて両大統領により署名され，2011年2月5日に発効した．

2 条約の内容　条約の目的は戦略攻撃兵器を削減することであり，その対象は，運搬手段としては*大陸間弾道ミサイル'(ICBM)とICBM発射機, *潜水艦発射弾道ミサイル'(SLBM)とSLBM発射機, *重爆撃機'であり, 弾頭としてはICBM弾頭, SLBM弾頭, 重爆撃機核兵器である. 条約は7年間で以下の3つのカテゴリーで削減することを規定する. まず弾頭に関して, 配備ICBMの弾頭, 配備SLBMの弾頭および配備重爆撃機で計算される弾頭の総数を1,550以下に削減する. 第2に, 配備ICBM, 配備SLBMおよび配備重爆撃機の総数を700以下に削減する. 第3に, 配備および非配備ICBM発射機, 配備および非配備SLBM発射機, 配備および非配備重爆撃機の総数を800以下に削減する. 弾頭数の計算として, ICBMとSLBM搭載のものは実数が数えられるが, 重爆撃機は6から20の核兵器を搭載できるが, すべて1と計算される. 条約義務の*検証'に関しては, 戦略攻撃兵器のデータベースを最初の通告で提出し6カ月ごとに通告する. 検証は*自国の検証技術手段'(NTM)および2種類の*現地査察'が認められている. タイプ1査察は, ICBM基地, 潜水艦基地, 空軍基地で行われるもので, 主として配備された弾頭が査察の対象となる. これは搭載された弾頭数を目視で査察する侵入的なものであり, 年間10回まで実施できる. タイプ2査察はそれ以外の施設で, 非配備戦略攻撃兵器のデータの正確性を確認するもので, 年間8回まで実施できる.

3 条約の意義　条約はオバマ大統領の積極的なイニシアティブとロシアの協力の下で, 交渉開始から1年で署名された. 署名10カ月後に発効したという迅速なプロセスは画期的であり, 厳格な検証を伴う核兵器削減条約の成立は20年ぶりのことである. 次に, 条約は*戦略攻撃能力削減条約'(SORT)による2,200への削減からさらに約3分の1の削減を行い, 非配備運搬手段にも初めて規制を加え, きわめて厳格な検証・査察制度を備えたものである. また条約は*核兵器不拡散条約'(NPT)第6条の核軍縮交渉義務に応えるものとなっており, 米露関係をリセットし改善するものであった. その後の進展としては, オバマ大統領が2013年6月に, さらにロシアとの交渉によって配備戦略弾頭を3分の1削減し, 1,000~1,100にする意思を表明したが, 米露関係の悪化などもあり進展はみられない.　［黒澤 満］

■信頼・安全保障醸成措置　confidence- and security-building measures : CSBM

1 信頼・安全保障の概念　信頼・安全保障醸成措置とは, 狭義においては, 冷戦時代後期および冷戦後において欧州全域で試みられてきた, 信頼醸成措置を安全保障措置によって補強する措置をさす. 広義においては, 欧州に限らずどこの地域においても採られるこの種の措置をさす. 1975年8月, 米ソを始め東西陣営の36カ国が集まった*欧州安全保障協力会議'(CSCE)は国境不可侵, 安全保障, 経済への協力, 基本的人権尊重などを謳った*ヘルシンキCBM最終文書'を採択したが, その文書に基づき開催された*欧州軍縮会議'(CDE)が1986年に, 信頼・安全保障醸成措置を盛り込んだストックホルム文書を採択した. 同文書の推進に関する交渉はその後1992年の*ウィーンCSBM文書'としてまとまり, さらにその後の新たな交渉で合意されたものを組み入れて1994年, 1999年, 2011年に更新されている. *信頼醸成措置'(CBM)とは, 敵対する国の間の不信感を取り除き, 相互信頼を醸成する措置である. 首脳会談や条約の締結, スポーツ交流, 音楽隊交流など友好関係の推進に役立つことはすべてCBMに入るとする考えもあるが, 通常は軍事活動面での公開性(*透明性')を推進し, 関係国間の信頼感を高め, 安全保障を担保しようとする分野を意味する.

2 欧州での実践　CSCEは1995年に*欧州安全保障協力機構'(OSCE, 加盟国57カ国)に名称変更したが, *ウィーン文書'では一貫して, 年次軍事情報交換, 防衛計画, 危険低減, 接触, 一定の軍事活動の事前通告, 一定の軍事活動の視察,年間計画，制限規定，遵守と検証，地域的措置，年次履行評価，OSCE 通信ネットワークに関して合意内容を記している．内容はたとえば，加盟国は，自国の軍隊の組織，兵力，主要兵器および装備システム，防衛政策，防衛ドクトリン，防衛予算などに関する情報交換を毎年行う，一定規模以上の軍事演習をする場合は加盟国の視察を招く，加盟国からの要請があり，他の加盟国が同意すれば紛争地に監視ミッションを送る，など細かな規定になっている．OSCE はサイバー分野の CSBM にも手掛けている．加盟国の多い OSCE が複雑な CSBM を運営しているのは見事であるが，もっとも困難な問題はロシアの協力が今後ともどれだけ得られるかであろう．

［西原 正］

■信頼醸成措置　confidence building measures : CBM

1 基本的な考え方　信頼醸成措置とは，国家間の信頼関係を強化するための取組みの総称である．信頼醸成措置に含まれる具体的な取組みは多様なものがあり得る．1981 年に出された国連事務総長による「信頼醸成措置に関する包括的研究」では，信頼醸成措置は「*軍縮’の発展の為に国際平和と安全を強化し，信頼と理解を深め，また国家間関係の安定化を計ることによって，実際的な国際協力の環境を作り，または改善する」ものと定義づけられた．このように信頼醸成措置とは，軍事的な要素のみならず，経済的な要素，社会的な要素をも含みうるものである．しかしながら，詳細な制度が構築され，かつ成果を上げた欧州の取組みが軍事的側面に着目したものであったことから，信頼醸成措置は経済・社会分野の取組みを含みながら言及される場面はありつつも，安全保障研究の文脈では軍事的側面に焦点をあてた取組みに関心があつまった．

2 具体的取組み　信頼醸成措置は，ASEAN 地域フォーラム（ARF）での導入にみられるように，さまざまな地域で活用されている．しかし信頼醸成措置への最も積極的な取り組みが行われたのは欧州であった．欧州諸国は*共通の安全保障’概念のもと，東西の軍事ブロックの平和共存を目指して*欧州安全保障協力会議’（CSCE）を開催し，1975 年のヘルシンキ最終文書において信頼醸成措置の導入を合意した．CSCE の信頼醸成措置は「ヘルシンキ最終文書」（CBM に関する部分は*ヘルシンキ CBM 最終文書’とも呼ぶ）を見ると，「参加国間に存在する緊張の原因を除去し，そしてそのようにして世界の平和と安全に貢献すること」，「参加国間の信頼を強化し，そしてそのようにして欧州における安定と安全の強化に貢献する」ことを目的としている．そして信頼醸成措置とは，「特に参加国間に軍事活動の性質についての明確で時宜にかなった情報が不足している状況において，武力紛争の危険や懸念を生じさせ得るような，軍事活動についての誤解または誤認の危険性を減少させることに貢献する」ものであると規定した．このような認識のもと欧州では，軍事活動の「*透明性’」と「*検証’の機会」を確保することによって，奇襲攻撃の可能性や偶発事故が国家間武力戦争にエスカレートする可能性を排除し，また，「軍事活動の予測可能性（計画性）」を確保することで軍事力が政治的な圧力として使用されることを防ぎ，その結果として国家間の信頼と安全を高めることを目指した．

3 取組みの成果　CSCE 参加国はヘルシンキ CBM 最終文書に合意して以降，「ストックホルム文書」（1986 年），「ウィーン文書 1990」（1990 年），「ウィーン文書 1992」（1992 年），「ウィーン文書 1994」（1994 年），「*ウィーン文書’1999」（1999 年），「ウィーン文書 2011」（2011 年），の合計 7 つの文書に合意し，信頼醸成措置を発展させてきた．「ヘルシンキ最終文書」では軍事活動の事前通告とそれへの視察にとどまっていたものの，文書を重ねる中で制度は精緻化された．「ストックホルム文書」では軍事活動の制限措置や年間計画の提供措置が導入され，査察制度も新たに加わった．その後，各「ウィーン文書」によって，防衛計画の交換，危機軽減措置，交流措置などが追加され，かつ基準値の厳格化がすすめられた．なお，「ストックホルム文書」以降の欧州の取組みは，*信頼･安全保障醸成措置'(CSBM)と呼ばれる．このように制度化された信頼醸成措置は良好な履行を重ね，国家間の信頼強化によって*欧州通常戦力条約'(CFE条約)が合意される素地が作られた．

［佐渡紀子］

す

■水素爆弾　hydrogen bomb：H-bomb

水爆は，水素(H:hydrogen)の同位体である重水素(D:deuterium)と三重水素(T:tritium)が起こす*核融合'反応(D-T反応)により放出される核エネルギーを利用した核爆弾であり，*核兵器'である．D-T反応は1億度にまで加熱したDおよびTの原子核が，互いに衝突する条件を満たさなければ起きない．この様な高温･高密度状態の場を作るには爆縮型の*原子爆弾'を起爆装置として用いる以外に道はない．つまり水爆を点火するためのマッチは原爆である．原爆の威力を決めるのは*核分裂'の連鎖反応を続ける条件を維持し，いかに多くの核分裂を起こさせるかで決まるが，水爆の威力は核融合を起こす1億度の環境中にいかに多くのDとT原子核を閉じ込めておくことのできる量で決まる．したがって水爆の威力を強化するには高温領域を広げ，多量のD-T反応を起こせればよく，原理的には限界がないことが確認され，核爆弾の威力強化競争は終わった．この核融合反応が1億度という高温状態で起きる熱核反応であることから水爆は｢熱核爆弾｣とか｢熱核兵器｣とも呼ばれる．さらに，(D-T)反応は14MeVと高いエネルギーを持つ中性子を放出する．この高エネルギー中性子はウラン-238をも核分裂性物質に変え，タンパー等に使用されている天然ウランが核分裂を起こし，爆発威力を増強するブースターの役割を担うことになる．しかし，この場合水爆とはいわない．→原子爆弾

［小山謹二］

■すずらん　“Landysh”

1　概要と経緯　ロシア極東の退役原子力潜水艦(原潜)の解体作業において発生する低レベル液体放射性廃棄物の処理を目的として，2001年に日本がロシアに供与した浮体型処理施設を指す．1993年4月，ロシア政府は1959年から1992年にかけて北方･極東海域において放射性廃棄物の海洋投棄を行ってきた事実を政府白書により公表した．さらに同年10月，ロシア太平洋艦隊の専用タンカーが日本海で液体放射性廃棄物の海洋投棄を行っている映像が環境保護団体によって公表され，日本海の海洋環境や漁業資源への影響について日本に深刻な懸念を惹起した．放射性廃棄物の大部分は，ロシア海軍による原潜解体が発生源と見られ，当時のロシアに十分な貯蔵施設がなかったことが投棄に至った原因のひとつと考えられた．かかる状況を受けて日本はロシアに対し海洋投棄の中止を強く求めるとともに，日露非核化協力委員会を通じて低レベル液体放射性廃棄物の浮体型処理施設の建造に協力することとした．同施設は1996年に建造を開始，1998年に完成し，試運転および稼働に必要なロシア国内の調整を経て2001年にロシア側へ供与された(総事業費約41.5億円)．なお，同施設は｢清らかさ｣,｢幸福の再来｣を意味する花言葉にちなんで｢すずらん｣と命名されており，原潜解体が実施されているズヴェズダ造船所(ウラジオストック近郊ボリショイ･カーメニ市)に係留され，低レベル放射性廃液の処理作業を行っている．

2　主な仕様　｢すずらん｣はバージ(艀)部分と処理プラント部分から成る．バージは長さ65

m,幅23.4m,深さ6.6m,喫水(最大)3.5m.処理プラントは処理前排水タンク,油水分離器,浮遊物分離器(1次,2次),溶解塩分離器,浄化器/脱塩装置,蒸発缶,セメント固化装置などの主要設備から構成される.対象廃液の最大放射能濃度は3.7×10^5Bq/l,処理能力は7,000m^3/年(設計値)である.これは,1990年代初頭にロシア極東に貯蔵されていた廃液に加え,その後の退役原潜解体から生じる廃液(1隻当たり約300m^3)を処理するうえでも十分な能力を有している.なお,「すずらん」は世界でも珍しい浮体構造の処理施設である.→希望の星 [藤幡健介]

■スタックスネット stuxnet

スタックスネットは*サイバー攻撃'を実施する際に用いられる*コンピュータウイルス'の1種である.2010年6月にベラルーシに拠点を置くアンチウイルス会社によりその存在が初めて報告された.このウイルスは原子力発電所で採用されている制御システムへの侵入,および制御システム上の関連外部機器に対して加害行為を行うことを目的としている.ネットワークに接続されていない情報システムでも,スタックスネットに感染したコンピュータに接続したUSBメモリなどの共有によりシステムへの感染を生じさせることができるのが特徴であるため,インターネットに接続されていないスタンドアローンのネットワークへの攻撃も可能である.また,外部の指令サーバと通信することによりウイルス自身を状況に応じた形態に更新できるプログラムや,ウイルスの存在が検知されないようにするためのソフトウェアなどが組み込まれており,攻撃目標を達成するまでの継続的な攻撃を可能にする構造となっている.スタックスネットが実際に利用された事例として,2010年9月に発生したイラン核関連施設に対するサイバー攻撃がある.一部報道では,米国とイスラエルがスタックスネットを共同で開発し,同施設に対してサイバー攻撃を行ったとされている. [会津賢治]

■ストックホルム国際平和研究所

Stockholm International Peace Research Institute : SIPRI

1 設立の経緯と活動 紛争,武器,*軍備管理'・*軍縮'などの分野における情報収集・分析で世界的に知られる研究機関.1964年,スウェーデンの150年にわたって続いた平和を記念して当時のターゲ・エルランデル(Tage Erlander)首相が平和研究所の設立を発案した.これを受けたスウェーデン王立委員会が同様の提言を行い,1966年7月にスウェーデン議会の決定により独立の機関として首都ストックホルムに設立された.SIPRIが目指しているのは,「不安定さの元凶が特定,理解され,紛争が予防され,平和が持続する世界」である.その実現のために,①安全保障,紛争,平和に関する研究および活動の実施,②政策分析および提言,③対話の促進や能力の開発,④*透明性'および説明責任の促進,⑤世界の人々に対する信頼性の高い情報の提供,などを実施している.具体的な研究分野としては,「地域およびグローバル安全保障」,「武力紛争と紛争管理」,「軍事支出と軍備」,「軍備管理,軍縮,不拡散」が挙げられ,それぞれにいくつものサブテーマがある.こうしたSIPRIの研究プロジェクトには世界各地から多くの専門家が参加し,また,各国の研究所や研究者,国連機関などとも緊密な連携が保たれている.2012年2月には,SIPRI North AmericaがワシントンD.C.に設立された.欧州・北米間での研究者や政策立案者の協力体制を強化し,SIPRIの調査研究能力のさらなる向上を図るとしている.また,北京においても「中国とグローバル安全保障プロジェクト」が立ち上げられ,中国の諸機関との連携の下,さまざまな取組みがなされている.客観性,中立性の維持のため,SIPRIの財源の大半はスウェーデン政府からの補助金という形で賄われている.加えて,デンマーク,ドイツ,スイス,英国,米国など各国政府やさまざまな財団などからも助成を受けている.

2 SIPRI年鑑　政策立案者,研究者,メディア,関心のある市民に対するSIPRIの情報発信は,セミナーや会議の開催,ウェブサイト,データベース,ニューズレター他の刊行物など多岐にわたるが,とりわけ長年にわたってその客観性や正確性で国際的に高く評価されているのが『SIPRI年鑑:軍備,軍縮および国際安全保障』(*SIPRI Yearbook : Armaments, Disarmament and International Security*)である.SIPRI年鑑は1969年に初めて出版され,最新は第44版となる2013年版である.世界の軍事費,国際的な武器移転,兵器生産,核戦力,主要な武力紛争などについて最新のデータとともに2012年内の動向が分析されている.概要はウェブサイト上で無料で閲覧できる.アラビア語,中国語,ロシア語,ウクライナ語の翻訳版も作成されている.→憂慮する科学者同盟　[中村桂子]

■スペース・コントロール　space control

1 戦略概念としてのスペース・コントロール

制海や制空と並ぶ概念であり,宇宙活動の自由を確保すると同時に,必要に応じて,敵対者による自由な宇宙活動を拒否することを指す.スペース・コントロールに関する議論は,1950年代末には登場している.一説には当時,米空軍参謀長であったトーマス・ホワイト(Thomas White)がその提唱者である.ホワイトは制空が陸海での自由な行動を可能とするように,スペース・コントロールが地球上での自由な行動を可能にするとの議論を展開した.スペース・パワーをめぐる議論においては,*宇宙空間'の完全なコントロール(space dominance)は不可能であり,相対的な宇宙優勢(space superiority)の確保に主眼を置くべきとの考えが大勢を占めてきた.スペース・コントロールは,主として米英の軍関係者や研究者の間で議論されてきた概念であるが,中国にも制天という用語が存在する.

2 米軍の任務分野としてのスペース・コントロール　確認できる限りロナルド・レーガン(Ronald Reagan)大統領以降,米国の歴代政権はスペース・コントロールを宇宙作戦における4大任務分野の1つとして位置づけてきた(他の3つは,宇宙支援〔space support〕,宇宙を利用した戦力強化〔space force enhancement〕,宇宙戦力運用〔space force application〕である).米統合参謀本部のドクトリン*JP 3-14, Space Operations*(2013)によると,スペース・コントロールは防勢作戦と攻勢作戦によって構成される.前者は衛星防護や敵対者の*対宇宙兵器'の無力化などを通じて,米国や同盟国による宇宙利用の自由を確保する作戦である.後者は敵対者による自由な宇宙利用を拒否する作戦であり,その攻撃対象には衛星の地上局や通信リンク,軌道上の衛星が含まれる可能性がある.また,*宇宙状況認識'(SSA)がこれらの作戦を実施する基盤として位置づけられている.なお,米空軍は対宇宙作戦(counterspace operations)という用語も使用していたが,最新のドクトリン*AFDD 3-14, Space Operations*(2012)ではスペース・コントロールに統一されている.→宇宙の軍事利用　[福島康仁]

■スベルドロフスク炭疽事件　Sverdlovsk anthrax outbreak

1 本件は1979年4月,旧ソ連のスベルドロフスク(現エカテリンブルク)で発生した*炭疽'の集団感染について,同国の*生物兵器'計画との関連が疑われた事案である.西独の亡命ロシア人コミュニティなどから感染に関する情報を得た米国情報機関は,*生物兵器禁止条約'(BWC)に違反したソ連の活動を原因とする,呼吸器からの炭疽菌感染を疑った.そして1980年3月の第1回BWC再検討会議で米国代表は,条約規定と両立しない量の致死性生物剤が,1979年の時点でソ連に存在していた疑いがあるため,BWC第5条に基づく協議をソ連と開始したと述べた.これに対しソ連代表は,炭疽の流行は,炭疽菌で汚染された食肉が販売前の検査を受けずに流通したためで,生物兵器とは無関係で,ソ連はBWCを厳格に守っていると反論した.本件や*黄色い雨' に関連して，米国など一部締約国が，検証制度を欠くBWCの実効性に疑問を投げかけたことは，*生物兵器禁止条約の信頼醸成措置' 導入や*生物兵器禁止条約の検証議定書交渉' の契機となった．

2　本件については，ソ連崩壊後，真相解明への手がかりが得られた．まず，1992年に米国へ亡命した*バイオプレパラート' 元副所長ケン・アリベック(Ken Alibek)が，著書『バイオハザード』(1999)で，当時スベルドロフスクの第19軍施設群では生物兵器用の炭疽菌乾燥粉末を量産していたと明かし，製造区画の換気フィルターが目詰まりした際，取り外したまま再度装着せずに作業を再開したため，外部に炭疽菌が漏洩したことが原因と説明した．また，マシュー・メセルソン(Matthew Meselson)らを中心とする米露の研究者チームは，1992年から1993年にかけて現地調査を実施し，遺体の解剖記録や残された組織標本の分析，関係者への聞き取り調査，気象記録の検討などを通じて，1979年の集団感染は軍施設から大気中へ放出された炭疽菌の吸入が原因であったと1994年に『サイエンス』誌上で発表した．さらに，事件当時スベルドロフスク州共産党第一書記であったボリス・エリツィン(Boris Yeltsin)元ロシア大統領も，集団感染の原因が同市における軍の活動であったことを認めた(『コムソモリスカヤ・プラウダ』〔1992.5.27〕)．彼の在職中，生物兵器分野での国際的義務の確実な履行を目的とした大統領令(390号〔1992.4.11〕)が発せられ，1979年の炭疽で死亡した遺族への年金支給を定めたロシア連邦法も制定された(連邦法2667-1号〔1992.4.4〕)．ただし，ロシア政府は現在まで集団感染の原因を含め詳細を明らかにしていない．

［杉島正秋］

■スマート・サンクション　smart sanction

対象を政策決定者や制裁の原因となる行為を行った人物・団体等に限定した形で実施する経済制裁を指す．人種差別政策や*大量破壊兵器'(WMD)の開発などを行う国に対して政策変更を迫る手段として*経済制裁' を実施する際，制裁対象国への医療品や食料品等を含む包括的な禁輸は，無辜の市民に対しても影響を与えるおそれがある．たとえば，1990年代前半にクウェートへの侵攻や大量破壊兵器開発に対して行われたイラクへの包括的な禁輸措置は，石油等の禁輸によりイラク経済に打撃を与えたものの，サダム・フセイン(Saddam Hussein)政権の政策変更には大きな影響を及ぼすことはなかったとされている．また，一般の市民が制裁の影響を受けても，制裁対象国の政策決定過程が民意を反映するようなシステムになっていなければ制裁による政策変更という効果は見込めない．このような人道的な側面と制裁の効果の側面から，1990年代半ば以降スマート・サンクションという概念の検討やこれに基づく制裁措置が行われている．具体的には，制裁対象となる人物や団体を特定するほか，制裁対象となる行為も制裁対象者の資産凍結や渡航制限，武器や貴金属類の禁輸等の手段がとられる．　［奥田将洋］

■3S(原子力の平和的利用の)　3S

safety(原子力安全)，nuclear security(*核セキュリティ')，およびsafeguards(核拡散防止のための代表的な対策である*保障措置')の頭文字を並べたもの．原子力の*平和的利用' を行うために原子力利用国は，そこから発生するあらゆるリスクを極小化する取組みが必要であることを示すための概念である．背景には，20世紀の終わりごろから新興国を中心にエネルギー需要が急増し，これを賄うために原子力発電を導入する機運が高まる原子力ルネサンスの潮流があった．こうした中，原子力災害，核物質の盗取などの*核テロリズム'，そして核拡散を防止するための政策や人材育成などが課題となった．そこで，原子力導入に際して確保しておくべき，いわば必要条件として3Sという概念が議論されるようになった．2008年の北海道・洞爺湖 G8 サミットにおいて,日本のイニシアティブにより首脳宣言が採択された.宣言では,化石燃料への依存や温室効果ガス排出を削減するための原子力の役割に留意し,そのために 3S を基礎とする原子力のインフラ整備を進めるべきと述べられている.これに対し一部の国から,3S は原発導入に保障措置に加えて新たな負担を強いるものだとして反対が示され,*国際原子力機関'(IAEA)を軸とする 3S の具体化は進んでいない.　［遠藤哲也］

せ

■正確性(申告の)　correctness

1　正確性の確認手段　*核兵器不拡散条約'(NPT)に基づく*包括的保障措置協定'では,締約国が*保障措置'の対象となる自国の領域内にあるすべての核物質の種類とそれぞれの量およびその存在箇所を適宜把握できる*国内計量管理制度'(SSAC)を構築し,その制度から得られた情報を*国際原子力機関'(IAEA)に報告することが求められており,IAEA は,この報告による当事国からの申告の正確性を*査察'により確認している.保障措置協定締約国は,協定の*補助取極'に従って,国内の各々の施設の定期点検に付帯した*核物質'の棚卸し(実在庫確認)時に確定した実在庫量と,引き続く次の棚卸し時までの運転期間内に行われた施設の核物質の出入り量(受入れ量と払出し量)を,月単位で IAEA に*計量管理'報告という形態で申告する.IAEA は,これら計量管理情報により,報告月末の帳簿在庫量を計算することができる.査察実施時には,前報告日から査察実施日までの核物質の出入り量を提出させ,この量と前報告月の帳簿在庫量とから査察実施時点の帳簿在庫量を更新し,さらにその時点で在庫される核物質の保管場所や保管形態などの詳細な情報の提示を求めて,保管場所に立ち入り,核物質の現物確認を行う.現物確認は段階的に行われる.①保管されている核物質貯蔵容器の個体数の確認(員数確認),②保管されている核物質の属性(たとえばウランであるか*プルトニウム'であるか)確認,③保管されている核物質の*濃縮'度あるいは含有率の確認である.③は査察現場において高性能非破壊測定(放射線測定)で実施されるが,追加的に少量の核物質のサンプルを採取し,本部に持ち帰り,保障措置分析所にて精密な化学分析に付され,申告されたとおりの種類の核物質が申告された量だけ確実に存在していることを確認する.この施設の受払い量と確認された実在庫量とにより,前回の棚卸しから今回の棚卸しまでの期間の*在庫差'(MUF)が確定される.

2　正確性の評価　申告の正確性は,施設が事前に表明している計量測定精度との関連で評価される.申告される数値は,施設の計量測定結果に基づいており,計量測定誤差を伴う.この数値に基づいて計算された在庫差が,計量測定に伴う誤算範囲内にあれば,概ね申告値は正確である,すなわち,転用された核物質は無く,申告は妥当であると判断する.IAEA は,このような確認ができた場合には,「平和目的の原子力活動からの申告された核物質の転用を示す兆候は発見されなかった」との結論を*保障措置実施報告書'で表明している.　［菊地昌廣］

■脆弱性　vulnerability

政治学では,一般的にロバート・コヘイン(Robert Keohane)とジョセフ・ナイ(Joseph Nye, Jr.)が *Power and Interdependence: World Politics in Transition*(1977)において示した概念を指す.一方,核戦略論においては,相手の第 1 撃で自国の都市や核戦力が壊滅的被害を蒙る可能性が高い状況を指す.米国では早くも 1950 年代より,自国の*戦略爆撃機'や*大

せ

陸間弾道ミサイル'(ICBM)が近い将来に脆弱化するとの懸念が生じていた.報復攻撃に必要な量の第2撃能力が第1撃後に残存しなければ,*核抑止'は成立しない.それゆえ米ソ両国は核兵器の攻撃力と残存性をさまざまな手段で高め,その結果,1960年代後半に*相互確証破壊'(MAD)状況が出現した.さらに両国は*戦略兵器制限交渉'(SALT)をとおして,その状況を安定化させるべく自国の都市を相手側の報復攻撃に対して無防備に晒す選択を行った.しかしソ連の重ICBM問題は残り,ロナルド・レーガン(Ronald Reagan)は自己の大統領選挙期間中より,自国のICBMがソ連の重ICBMにより無力化される危険を指摘し,そうした「脆弱性の窓」を閉じる必要性を訴えて当選した.

[田中慎吾]

■西独・ポーランド関係正常化条約

Treaty between the Federal Republic of Germany and Poland Concerning the Basis for Normalizing Their Mutual Relations

[正称] ドイツ連邦共和国とポーランド人民共和国との間の相互関係正常化の基礎に関する条約,[署名] 1970.12.7(ワルシャワ),[発効] 1972.5.17

西ドイツとポーランドにより調印された条約.同条約締結の背景には,欧州における緊張緩和,東独を承認する国とは外交関係を結ばないとする西ドイツのハルシュタイン原則の放棄,そして1970年8月12日に締結された*ソ連・西独武力不行使条約'の存在があった.西独・ポーランド関係正常化条約では,ポツダム宣言での決定第9章に基づくオーデル・ナイセ線をポーランドの西部国境とする旨,両国間で合意するともに,現状の国境線の不可侵を再確認し,将来にわたり領土に関する主張は行わない旨を宣言(第1条)した.また,国連憲章の第1条および第2条に基づき,いかなる紛争も平和的手段によってのみ解決し,欧州および国際の安全保障と両国の相互関係に影響する事項について,武力による威嚇や武力行使を慎み(第2条),両国間関係の完全な正常化のためにさらなる一歩を踏み出す(第3条)とした.同条約は東西両陣営間での和解と欧州の緊張緩和に重要な役割を果たし,その後のヘルシンキ・プロセスに至る重要な礎の1つとなった.

[一政祐行]

■生物学的脅威　biological threats

2001年の米国における*炭疽菌郵送事件'は,国際社会に*バイオテロリズム'の脅威が現実的なものであると認識させる出来事であった.続いて,2003年の重症急性呼吸器症候群(SARS)や2009年の新型インフルエンザ(H1N1)によって,自然発生的な感染症の脅威が,社会や経済に深刻な影響を与える可能性があることが明らかとなった.その後,各国で,危険性の高い病原体を取り扱うための実験施設の建設が進められたが,皮肉にも,それによって偶発的な漏えい事故のリスクが高まったという指摘がある.意図的,自然発生的,偶発的かを問わず,あらゆる生物学的脅威に備えるためには,原因が何であれ,迅速に事態を収束できる体制を整備する必要がある.また,*バイオセーフティ'および*バイオセキュリティ'の向上も同時に進められなければならない.特に,発展途上の地域においては,そのような取組みが,いまだ充分に行われていないという状況がある.米国の国防総省は,協力的バイオロジカル・エンゲージメント・プログラム(CBEP)を通じて,中央アジア,東欧,アフリカなどの地域にある国で生物学的脅威を削減するための取組みを行っている.英国やカナダも,米国のCBEPと同様のプログラムを実施している.これらのプログラムは,*国際保健規則'(IHR),*生物兵器禁止条約'(BWC),*G8グローバル・パートナーシップ'などの国際的な枠組みを踏まえたものである.→グローバル・ヘルス・セキュリティ,生物兵器禁止条約再検討会議の会期間活動,国際バイオセーフティ学会連盟

[天野修司]

■生物剤のデュアル・ユース　dual use

of biological agents
　伝統的にデュアル・ユースとは，民生用途の技術が軍事開発に応用可能な汎用技術の性質を持つことを指したが，生物学的分野においては，*ライフサイエンス'の発展に伴い，より広義に公共の福祉や利益のために生み出された知識や技術が，悪用または誤用されることを指す．特に21世紀に入り，*合成生物学'の急速な発展により，生物剤のデュアル・ユースの懸念が高まっている．2001年には，マウスの避妊ワクチンの研究開発において，既存のワクチンの効かない遺伝子改変マウスポックス*ウイルス'が製造され，この手法の天然痘ウイルスへの応用というデュアル・ユース問題が喚起された．翌2002年には，鋳型の遺伝子材料なしに感染性の合成ポリオウイルスが作成され，また，2005年には，人工的なスペイン風邪ウイルスの復元が成功した．理論的には，現存していなくても，遺伝子情報のみで，いかなるウイルスも合成することができるようになったことを示している．生物剤のデュアル・ユースの懸念が高まるにつれ，研究開発の成果の悪用または誤用を防ぐために，科学者の意識啓発や責任文化の醸成を含めた生命科学者の積極的な役割が求められている．→デュアル・ユース技術，バイオセキュリティ，バイオセキュリティ行動規範，フィンク・レポート
［田中極子］

■**生物兵器**　biological weapons
1 開発の歴史　生物兵器は，細菌，*ウイルス'，*リケッチア'などの病原体(生物剤)などの病原体を利用して，目標に感染症を惹起させる兵器である．兵器用生物剤には，医学・生物学など防疫，防護，その他の平和目的に使用されるものが利用でき，両者を区別することは困難であるため，*生物兵器禁止条約'(BWC)は第1条において目的基準を採用し，平和目的で正当化できない量・種類の生物剤の保有などを禁止している．生物兵器の開発・製造は，19世紀後半からの感染症に関する知識および予防・治療手段の普及を基礎としており，第一次世界大戦では，ドイツが米国などで家畜を対象に細菌を用いた破壊工作を実施している(結果不詳)．その後，フランス，旧ソ連，英国，カナダ，米国などが生物戦研究に着手し，日本も1932年，細菌戦研究を目的として陸軍軍医学校に石井四郎を首班とする防疫研究室を設立している．第二次世界大戦後になると，核保有国のうち，米国はリチャード・ニクソン(Richard Nixon)政権下の1969年11月に生物兵器の放棄，翌年2月には*毒素兵器'の放棄を決定した．英国も核実験成功後の1956年に生物兵器による攻撃能力放棄を決定，フランスも1960年代に生物兵器分野での活動を防護へ限定し，生物兵器禁止法を1972年6月に制定した(法72-467)．さらにカナダも，米国の*核の傘'による生物兵器抑止を選択，1970年3月に軍縮委員会会議(CCD)で生物兵器非保有を声明した(CCD/PV.460)．他方ソ連はBWC批准後も生物兵器製造を継続したため，ボリス・エリツィン(Boris Yeltsin)ロシア大統領が大統領令390号(1992.4.11)を発しBWC違反の活動を禁じた．このほかイラクについては，*国連イラク特別委員会'(UNSCOM)が第1次*湾岸戦争'前の生物兵器製造を確認し(S/1999/94)，南アフリカでは「真実と和解委員会」が白人政権下での生物兵器計画(プロジェクト・コースト)の遂行を確認した(委員会1998年報告書2章6節)．
2 兵器としての特徴　広域を攻撃する場合，これまでは液状または乾燥微粒子の生物剤をエアロゾルとして大気中へ放出する手法が主に採用され，生物剤ごとに長期保存や効果向上に最適な化学物質との調合方法(formulation)が研究されてきた．液体の場合，散布には爆弾，ミサイル弾頭や噴霧装置を用いる．第二次大戦中に英国は，*炭疽'菌液を爆弾に充填した炭疽菌兵器をスコットランド沖合のグリナード島で実験した．乾燥微粒子の場合，散布に適した形状である粒子径(1～10ミクロン)を得るためには粉体工学などの専門知識を要するが，郵便封筒を運

搬手段とした*炭疽菌郵送事件'(2001年)が示すように，散布は比較的容易で，消火器のような簡易な装置でも大気中への放出が可能と指摘する専門家もいる．開放空間で生物兵器を使用する場合は，目標地域の気象条件(天候，風力・風向，紫外線の強度，逆転層の有無)などを考慮する必要がある．このほか感染に媒介昆虫を使用する手法も研究されており，日本軍は，ペスト菌で汚染したノミを放出する方法を研究・実験した．

3 兵器化された生物剤　米軍は対人用として，*炭疽'菌，野兎病菌，ブルセラ属豚流産菌，Q熱コクシエラ(旧称Q熱リケッチア)，ベネズエラ馬脳炎ウイルス(VEE)，対穀物用に小麦さび病菌，イネイモチ病などの生物剤を選択した．また米国へ亡命した旧ソ連の兵器科学者ケン・アリベック(Ken Alibek)によると，同国はペスト菌，天然痘ウイルスなども兵器化したのみならず，薬剤耐性を有する生物剤の研究も行っていたとされる．1971年8月にソ連で発生した天然痘感染は，生物兵器実験施設があったアラル海のボズロズデーニエ島での実験が原因と疑われている．このように大気中への放出実験は感染事故の危険を有するため，性質の似た細菌や蛍光物質などの擬剤(simulant)も実際の生物剤に代えて使用されてきた．また生物兵器の研究・開発過程においては，破壊工作手段として水源，建造物，公共交通機関などを汚染する手法も研究・実験されており，*バイオテロリズム'の危険は早くから認識されていた．近年は，既存の病原体の遺伝的改変や，*合成生物学'の手法を利用した病原体の人工合成，さらには生物兵器関連技術が汎用技術であるため*非国家主体'への拡散も懸念されている．［杉島正秋］

■**生物兵器禁止条約**　Convention on the Prohibition of the Development, Production and Stockpiling of Bacteriological(Biological) and Toxin Weapons and on their Destruction : BWC　［正称］細菌兵器(生物兵器)及び毒素兵器の開発，生産及び貯蔵の禁止並びに廃棄に関する条約，［署名］1972.4.10(ロンドン，モスクワ，ワシントン)，［発効］1975.3.26，［日本］〈署名〉1972.4.10，〈批准書寄託・公布・発効〉1982.6.8(昭和57条約6)

1 成立にいたる経緯　1968年に英国は，国連設立以来，*化学兵器'と一括して軍縮交渉の対象になってきた*生物兵器'の分離禁止を提案し，翌年に禁止条約案を18カ国軍縮委員会(ENDC)へ提出した．分離の理由は，化学兵器の場合，過去に実戦使用されており，保有に軍事的な意義を認める国が存在するため，禁止合意の遵守を検証する制度が必要だが，実戦使用されていない生物兵器の場合，化学兵器に比べ軍事的価値は低く見られており，検証制度が不可欠ではない点に求められた．そして米国も，1969年11月に一方的な生物兵器(翌年には*毒素兵器')放棄を決定した後，他の西側諸国とともに分離禁止を支持した．米英など核兵器国は，*核抑止'の不安定化を防ぐため，途上国による生物兵器取得の阻止も狙っていた．化学兵器との一括禁止を主張していた旧ソ連・東側諸国も，1971年に分離禁止支持を表明し，分離禁止を化学兵器禁止の先送りと批判していた非同盟諸国も，最終的には分離に同意した．軍縮委員会会議(CCD)が合意した条約草案は，国連総会で推奨決議2826(XXVI)とともに採択された(1971年12月16日)．

2 条約の構造　BWCは，生物兵器および毒素兵器に関する包括的な軍縮条約である(2014年12月31日時点で締約国171)．略称として「生物・毒素兵器禁止条約(BTWC)」が使われることもある．まず締約国には，防疫目的，防護目的，その他の平和目的により正当化できない種類，量の生物剤や毒素，および生物剤や毒素を敵対的目的のために，または武力紛争において使用するために設計された兵器，装置，または運搬手段について開発・生産・保有・取得等の禁止が義務づけられる(第1条)．これまで締約国は*生物兵器禁止条約再検討会議' の最終宣言で, 人工的に製造·改変された微生物剤その他の生物剤, 毒素およびその構成部分も, 本条の対象となること, *化学兵器禁止条約' と異なりBWCは生物兵器と毒素兵器の使用禁止を規定していないが, 本条の下で正当化できない生物剤や毒素の使用は, 実際上は本条違反になることを確認してきた. さらに締約国は, 保有している生物兵器の廃棄(第2条), いかなる者に対しても, 生物剤, 毒素, 兵器, 装置, 運搬手段などの移転や取得を支援しないこと(第3条)を約束するとともに, 自国領域内での禁止·防止措置実施を義務づけられた(第4条). 同時に締約国は, 生物剤や毒素の平和利用分野で, 平和目的の使用に資する装置, 資材, 科学的および技術的情報の交換を容易にすること, 平和利用に関する国際協力を妨げないことを約束した(第10条). BWCは検証制度を有さず, 締約国間の相互協議(第5条), 安保理への苦情申立て(第6条), 条約違反による危険にさらされていると安保理が認定した国への, 当該国の要請に基づく支援(第7条)を規定するにとどまる.

3 条約の実施と課題　日本は, 条約が自国について効力を生じた日に, 国内的実施を目的とする*生物兵器禁止条約実施法' を施行した. 締約国は, 第12条に基づき5年に1度開催される再検討会議で条約の実施状況を検討しており, 条約実施に関連した情報を*生物兵器禁止条約の信頼醸成措置' として提供する制度が運用されている. また*生物兵器禁止条約再検討会議の会期間活動' として締約国会合とそれに先立つ専門家会合が2003年から毎年開かれている. ただし, 検証制度を追加するための*生物兵器禁止条約の検証議定書交渉' は2001年で中断したまま再開されていない. これまでに発生した条約違反に関する事案としては, *スベルドロフスク炭疽事件', *黄色い雨' 事件, *キューバにおけるミナミキイロアザミウマ被害' がある.

[杉島正秋]

■生物兵器禁止条約再検討会議 Review Conference of the Biological Weapons Convention

1 概要　*生物兵器禁止条約' 第12条が, 条約の運用を検討するための締約国会議の開催について, 条約発効から5年後と規定していることに基づき, 1980年に第1回の再検討会議がジュネーブで開催された. その後は締約国の合意に基づき, 再検討会議(運用検討会議ともいう)としてほぼ5年毎に開催されている. 第1回の再検討会議以降, 第5回目を除き, 最終宣言(Final Declaration)を採択している.

2 条約強化のための議論活発化　第1回以降さらに再検討会議を開催するかにつき締約国間で賛否両論があったが, 1984年に, 第2回会議を開催することが決定された. これには, バイオテクノロジーの発展もあり生物兵器の軍事的価値が見直されるようになってきたことに伴い, 条約強化の必要性への認識が高まったことが背景にある. 1986年の第2回会議では, 平和的な生物学的活動についての4つの情報提供を柱とする*生物兵器禁止条約の信頼醸成措置' の導入が決定された. 1991年の第3回会議では, さらに追加的な情報交換·提供, 申告等のほか, 「潜在的検証措置を科学的および技術的観点から識別し検討するための政府専門家アドホック·グループ(VEREX)」の設置も合意された. VEREXの最終報告書を検討するため, 1994年に締約国特別会議が開催され, その最終報告において*生物兵器禁止条約の検証議定書交渉' を行う新たなアドホック·グループ(AHG)の設置に合意した. 1996年の第4回再検討会議は, 法的拘束力のある議定書に関する議論をAHGでさらに強化することを指示した.

3 米国の政策転換後の展開　その後, 2001年7～8月のAHG会合で, 米国がそれまで6年以上継続していた議定書交渉に消極的な姿勢を鮮明にしたことなどを受け, 2011年11月の第5回再検討会議は混乱し, 2002年11月まで会議が一時停止された. 2002年11月の再開再検討会議は, 2006年の次回会議まで毎年会合を開き, 必要な国内措置, 病原菌・毒素の安全管理などのための国内メカニズム, 科学者のための行動規範など5つの事項につき議論する「3カ年作業計画」に合意した. 2006年の第6回再検討会議では, *生物兵器禁止条約の履行支援ユニット' (ISU)の設置, 次回再検討会議までの会期間活動の計画に合意し, 条約の普遍化確保のためのコミットメントを再確認した. 2011年の第7回再検討会議では, 次期会期間活動として3つの常設議題に合意したほか, 締約国間の協力・支援を促進するためISUがデータベースを立ち上げること, ISUの任期の延長などに合意した. 次回の再検討会議は, 2016年に予定されている. →生物兵器禁止条約再検討会議の会期間活動, スベルドロフスク炭疽事件　［谷内一智］

■生物兵器禁止条約再検討会議の会期間活動 intersessional activities of the Biological Weapons Convention Review Conference

1 2003～2005年の活動　2002年11月の第5回*生物兵器禁止条約再検討会議' において, 次回再検討会議までの間に, *生物兵器禁止条約' の禁止事項の実施のための国内措置, 病原性微生物・毒素の保安管理を確立するための国家メカニズム(以上, 2003年), 兵器使用の疑いのある場合における対応・調査の国際的能力向上, 伝染病の監視・探知などのための国内的・国際的制度(以上, 2004年), 科学者倫理規定(2005年)の5つの事項について, 2003年から毎年1週間年次締約国会合を開催すること, また, 準備のための専門家会合を2週間開催することが決定された. このような再検討会議と再検討会議の間の活動を会期間活動(intersessional activities〔または process〕)と呼んでいる.

2 2007～2010年の活動　2006年11月の第6回再検討会議では, 2007～2010年の会期間活動につき, 国内実施の強化手段, 条約履行のための地域的協力(以上, 2007年), *バイオセーフティ'・*バイオセキュリティ' 向上のための国内的, 地域的および国際的措置, バイオ科学技術の悪用予防のための監視・教育・行動規範(以上, 2008年), 平和目的の生物学的科学技術の国際協力向上のための能力開発の促進(2009年), *生物兵器'・*毒素兵器' の使用疑惑に際する支援提供と関係機関との連携(2010年)などに関する共通理解と実効的措置を議論・促進するための専門家会合・締約国会合の開催が決定された. また, 同再検討会議で設置が決定された*生物兵器禁止条約の履行支援ユニット' (ISU)によってこのような会期間活動を支援する体制が確立された.

3 2012～2015年の活動　2011年12月の第7回再検討会議は, 2012～2015年の会期間活動として, 毎年専門家会合を5日間, 締約国会合を5日間開催することとし, ①条約第10条に焦点を当てた国際協力・支援, ②科学技術の進展のレビュー, ③国内実施強化の3つを常設議題(Standing Agenda Item)として毎年議論すること, また, *生物兵器禁止条約の信頼醸成措置' への参加増加(2012～2013年), 第7条実施強化(2014～2015年)についても議論することを決定した. 専門家会合・締約国会合には地域ごとの輪番で各年の議長とそれを支援する2名の副議長を置くことが決められた. このような会期間活動によって, 速いスピードで進展する*バイオ技術' が条約の履行に及ぼしうる影響を継続して把握すること, 条約の履行のために必要な国際から個人のレベルに至るまでのさまざまな段階での関与が促進されるメリットがあるほか, 査察などの検証体制がない中で締約国間の信頼感の向上にも貢献しているといえる. →生物剤のデュアル・ユース, バイオセキュリティ行動規範, 生物学的脅威　［谷内一智］

■生物兵器禁止条約実施法 Law Implementing the Biological Weapons Convention

［正称］細菌兵器(生物兵器)及び毒素兵器の開

発, 生産及び貯蔵の禁止並びに廃棄に関する条約等の実施に関する法律, [公布] 1982.6.8(昭57 法律 61), [施行] 1982.6.8

*生物兵器禁止条約' (BWC)が定める義務を日本において実施するために必要な事項を定めた法律である. 本法律は, まず, 生物剤・毒素および*生物兵器'・*毒素兵器' の定義を定め(第2条), その上で, 生物兵器・毒素兵器の製造, 所持, 譲渡し, 譲受けについて罰則をもって全面的に禁止している(第4条, 第9条). それと同時に, 生物剤・毒素の開発, 生産, 貯蔵, 取得または保有を, 防疫の目的, 身体防護の目的その他の平和的目的に限定し(第3条1項), 主務大臣に対し, 生物剤・毒素を取り扱う者からの報告徴収の権限を認めている(第5条, 第7条). また, 外務大臣および主務大臣は, BWC および本法律の周知のための措置をとることとされている(第3条2項). 1995 年 12 月に制定された本法律施行令において, 周知のための措置の主務大臣は文部科学大臣, 厚生労働大臣, 農林水産大臣および経済産業大臣, 報告徴収の主務大臣は生物剤等取扱者が行う生物剤・毒素に係る事業を所管する大臣と定められている. 2001 年 12 月, *爆弾テロ防止条約' を日本が締結するにあたり, 生物剤および毒素にかかる爆発物その他の致死装置の設置を犯罪化するなどの義務を履行するために, 本法律が改正されている. →生物兵器禁止条約再検討会議, 生物兵器禁止条約の信頼醸成措置　[高橋尚美]

■生物兵器禁止条約の検証議定書交渉

negotiation on a Verification Protocol to the Biological Weapons Convention

1 検証議定書交渉の開始　*生物兵器禁止条約' (BWC)は, *検証' 制度を持たない条約として成立したが, その後の BWC 違反疑惑の発生を背景に, 条約に検証手段がないことが問題視され, 条約の実効性の強化にかかる取組みの1つとして, 1991 年第3回*生物兵器禁止条約再検討会議' において, 潜在的検証措置を科学的および技術的観点から識別し検討するための政府専門家アドホック・グループ(VEREX)が設置された. 1994 年には VEREX の最終報告書を受けて BWC 締約国特別会議が開催され, BWC 強化のための検証措置を含めた新たな法的枠組み, すなわち検証議定書を検討する新たなアドホック・グループ(AHG)が設置された. AHG は 1995 年から作業を開始し, 2001 年 11 月の第5回 BWC 再検討会議までに計 24 回の会合を開催した.

2 検証議定書交渉の中断　2001 年3月, AHG 議長からそれまでの議論をまとめた統合テキストが BWC 締約国に対して提示されたが, 2001 年7月に開催された第 24 回 AHG 会合において, 米国は統合テキストを支持できないことを表明した. 米国は当初から生物兵器の検証可能性そのものに懐疑的であり, 統合テキストに反対する理由として主に, ①統合テキストの内容では生物兵器にかかる疑惑を解明できないだけでなく, かえって安全保障上や商業上の秘密を危険にさらす, ②提案されているような訪問や査察では, 先進国にある平和的目的のための関連施設が過度の負担を負う, ③生物剤および関連機材・技術のきわめて高い汎用性のため, 生物兵器関連施設と医学など平和的目的の施設とを区別することはきわめて困難である, ④これまで有効に運用されてきた既存の*輸出管理' レジームを阻害する, といった点を述べている. *検証' 議定書交渉の事実上の中断を受け, 交渉目標期限とされていた 2001 年 11 月の第5回 BWC 再検討会議では, 今後の BWC 強化策について協議されたが, フォローアップのあり方や AHG の扱いなどについて議論が紛糾したため, 会議は中断された. 2002 年 11 月に再開された会議において, 検証以外の条約強化の措置について議論を行う会期間会合の開催が決定され, その後, 検証議定書にかかる協議は行われていない. →黄色い雨, スベルドロフスク炭疽事件, 生物兵器禁止条約再検討会議の会期間活動,

生物兵器禁止条約のピア・レビュー措置

[高橋尚美]

■生物兵器禁止条約の JACKSNNZ

JACKSNNZ Group of the Biological Weapons Convention

*生物兵器禁止条約'(BWC)の各種会議における，米国を除く非 EU 加盟西側 7 カ国(日本，カナダ，豪州，ニュージーランド，韓国，ノルウェー，スイス)からなる緩やかなグループを指す．BWC における伝統的な地域グループ(西側，東側，非同盟運動[NAM])に代わって，実質的なグループ分けとして EU，米，NAM，その他という流れができつつあったことを背景に，上記の国々が当初 2006 年4月の*生物兵器禁止条約再検討会議'準備委員会を契機に，情報・意見交換を主目的としてグループを形成し，徐々に会議の作業文書の作成でも協力する関係に発展してきた．JACKSNNZ は，EU と対照的にあくまで緩やかなグルーピングであることに特徴があり，時折米国が参加する形の会合を開催するなど西側諸国の意見調整の場としても活用されている．具体的な活動として，2007 年の締約国会合でグループとしての共同ステートメントを実施したのを皮切りに，2010 年の締約国会合から順次共同作業文書を提出するなど，徐々に存在感のあるグループとして認識されるようになっている．また，2011 年の第 7 回再検討会議において，穏健な NAM 諸国との対話を行うなどアウトリーチを拡大して，政策的な影響力の拡大も図っている．→生物兵器禁止条約再検討会議の会期間活動

[谷内一智]

■生物兵器禁止条約の信頼醸成措置

confidence-building measures under the Biological Weapons Convention

1 *信頼醸成措置'(CBM)の導入　*生物兵器禁止条約'(BWC)は，条約の遵守を検証する制度を持たないため，条約の規定の実施にかかる信頼性を向上させるための努力がなされている．その一環として，1986 年第 2 回*生物兵器禁止条約再検討会議'において，BWC 第 5 条(協議・協力)の下，条約の実施に関する疑義および疑念の発生を予防または減少させ，平和的目的による生物剤および関連技術の利用にかかる国際協力を促進することを目的として，締約国が任意で情報を交換すること，すなわち信頼醸成措置(CBM)の導入について合意された．1987 年には，CBM の形式を検討する科学・技術専門家による会合が開催され，その結果を受け，1991 年第 3 回 BWC 再検討会議において CBM の項目および様式について合意された．項目は，①研究および実験施設・国家生物防衛研究開発計画，②感染症および毒素に起因する事案の発生，③条約に直接関連する研究結果の公表・知識利用の促進，④交流の促進，⑤国内法・規制その他の措置，⑥過去の攻撃用・防御用生物研究開発計画，⑦ワクチン生産施設，である．提出された CBM の内容は原則非公開だが，公開に同意した締約国の情報は国際連合欧州本部のウェブサイト上に掲載される．

2 CBM の問題　締約国は，毎年4月 15 日までに前年の活動に関する CBM を*生物兵器禁止条約の履行支援ユニット'に提出することとされているが，提出率は全締約国の約 40% 程度と低い．その理由として，人的・資源的制約や国内関係機関間の調整の問題といった CBM 提出に要する事務的負担が指摘されている．また，CBM が提出後に締約国の間でほとんど利用されていない点や 1991 年以降の*ライフサイエンス'技術の進展が CBM 項目において考慮されていない点が，その有用性と提出の意義を疑問視させる点として指摘されている．さらに，法的拘束力のある措置ではない CBM に対する政治的関心の低さを指摘する声もある．2011 年第 7 回 BWC 再検討会議において CBM 提出を促進するために様式が一部改訂されたが，同時に，未提出国の抱える問題への理解，技術的支援，様式の更なる改訂などに向けて継続的に議論を行う必要性も確認され，2012~2015 年*生物兵器

禁止条約再検討会議の会期間活動' の議題の1つとしてCBM提出の促進が取り上げられている. →生物兵器禁止条約実施法, 合成生物学, 生物剤のデュアル・ユース　[高橋尚美]

■生物兵器禁止条約のピア・レビュー措置 peer review mechanism under the Biological Weapons Convention

フランスが2011年12月の第7回*生物兵器禁止条約再検討会議' において関連の作業文書で提案したもので, 条約上の検証体制がない中で, 締約国間の信頼醸成を図るためのメカニズムが意図されている. フランスは, 特に経済協力開発機構(OECD)の「資金洗浄にかかる金融活動作業部会」のような仕組みを想定している. あくまで締約国の自発的な要請に基づき, 各国の指名する専門家からなる調査団を当該国に派遣し, また, 提出された文書の審査を通じて, 条約の実施状況の評価を行うことが想定されている. たとえば, 関連の国内法制, *バイオセキュリティ' の状況, 科学者の行動規範の仕組みなどについて評価を行うことが想定されている. この取組みを通じて, 国内実施, 締約国間の信頼醸成, 国際協力の向上が期待されるもので, あくまで検証措置ではない. その後, 2012〜2013年の専門家会合・締約国会合でも徐々に協議が進められ, 各国の認識も一定程度高まってきている. 2013年12月にはフランスが主催し, ピア・レビューの試験的演習がパリで開催されている. 2016年の再検討会議でこのような自発的なメカニズムの活用の促進が図られるかが注目される. →生物兵器禁止条約再検討会議の会期間活動, バイオセキュリティ行動規範　[谷内一智]

■生物兵器禁止条約の履行支援ユニット Implementation Support Unit of the Biological Weapons Convention : ISU

事実上の条約事務局である*生物兵器禁止条約' の履行支援ユニット(ISU)は, 2006年11月の第6回*生物兵器禁止条約再検討会議' で設置が決定されたもので, 年次会合への行政的支援, 条約の包括的履行と普遍化, *生物兵器禁止条約の信頼醸成措置' (CBM)の促進を目的とする. ジュネーブの*国連軍縮部' 支部に設置され, 常勤職員3名より構成され, 締約国が資金を分担拠出している. 任期は当初2011年までとされたが, 任期が延長されて今日に至っている. ISUは, その任務遂行のための活動に関する年次報告を提出する. ISUによる行政的支援の内容としては, 年次会合のための行政的支援と書類作成, 締約国間の連絡促進, 締約国による第6回再検討会議の決定・勧告の履行への適当な支援など, また, CBM関連業務としては, 締約国からのCBMの受領, CBMプロセスへの参加促進のための活動の助長などが含まれる. 2011年12月の第7回再検討会議では, 西側諸国を中心としてISUの人員強化も提案され議論されたが成立せず, 3名のままでの任期の延長が決定された. また, 同会議では, 第6回再検討会議で決定した権限に加えて, 第7回再検討会議の決定事項の実施を任務とすること, および, 条約に基づく国際協力・支援促進のため, ISUがデータベースを立ち上げることも決定された. →生物兵器禁止条約再検討会議の会期間活動

[谷内一智]

■世界核セキュリティ協会 World Institute for Nuclear Security : WINS

世界核セキュリティ協会は, 非政府組織(NGO)として2008年9月ウィーンで発足した. 原子力施設や*核物質' をめぐる世界的な*核テロリズム' の脅威が高まっていること, また, *核セキュリティ' を実施する責任は, 施設を運営・運転する事業者や団体, 経営者らにあることを念頭に, これら核セキュリティ関係者間でベストプラクティスに関する議論や情報交換を行うためのユニークなフォーラムを提供している. 本協会は, 経営者から担当者まで各レベルにおけるリーダーシップとコミットメントの奨励と促進のほか, 「ベストプラクティスに関する議論や意見交換は, 機微な情報や機密を漏洩する

せ

ことなく実施することができる」という認識の普及にも努めている. 2014年9月現在, 33項目のベストプラクティスガイドが10カ国の言語でWINSのサイトで会員に提供されている. また, 2014年3月の第3回*核セキュリティサミット'では, 電力事業者, 規制当局, 科学者・技術者, 警備当局, 放射性物質取扱機関など, さまざまな分野の経営者, マネージャー, 担当者クラスの能力認証を行うWINSアカデミーの創設を発表した. 基礎モジュールと8つの選択モジュールで構成され, e-ラーニングシステムで学習モジュールを受講し, 最後に試験会場に出向き試験を受けて所定の成績を収めて合格すれば, その分野・クラスのプロフェッショナルとして認証されるシステムである. すでに一部モジュールが利用可能となっており, 2015年中に全モジュールが提供される予定である.　[直井洋介]

■世界軍縮会議　World Disarmament Conference

1　会議開催の背景と主要国の思惑　戦間期の1932年から1934年にかけて実施された世界軍縮会議は, 世界的な*軍縮'を実現するための対話促進を目指した枠組みである. 同会議はスイスのジュネーブにおいて開催されたため, ジュネーブ軍縮会議と呼ばれることもある. 同会議には国際連盟の加盟国にとどまらず, 米国が参加するなど, 世界的に広く関心を集めるものとなった. この背景には, 第一次世界大戦の経緯から, 軍縮が重要な外交上の問題として認識されるようになったことだけでなく, 1929年に世界恐慌が発生したことによって軍備に伴う負担が各国に重くのしかかるようになっていたという事情がある. しかしそれにもかかわらず, 軍縮に対する各国のスタンスは, 必ずしも一致していたわけではなかった. 英米が欧州における戦争を繰り返さないという観点から攻撃兵器に関する軍縮を熱心に支持していた一方, フランスはドイツの脅威への対処を念頭に置いており, 大規模な軍縮には消極的な姿勢を示していた. その結果, この会議を通じて軍縮に向けた具体的な筋道を示すことが困難な状況が生じていた.

2　各国の国内事情と会議の解体　1933年1月30日, ドイツではアドルフ・ヒトラー(Adolf Hitler)が首相に就任すると, まもなくベルサイユ条約の見直しを進めはじめた. ヒトラーは再軍備を加速させつつ, ジュネーブにおける一連の軍縮へのアプローチから距離を置き, 国際連盟からも脱退するなど, 軍縮に向けた取り組みへの関与を大きく後退させていった. 同時期, 米国においては不況打開策の1つとして軍縮の推進を掲げていたハーバート・フーバー(Herbert Hoover)から, フランクリン・ルーズベルト(Franklin Roosevelt)へと政権が移行した. ルーズベルトも当初, 軍縮については同様の立場をとっていたが, 国内の孤立主義的な空気も手伝ってこうした国際的枠組みへの関与は希薄化していった. 世界軍縮会議自体は1934年まで続いたものの, このように各国の国内情勢が変化したことによって, 軍縮への取り組みに関する成果を何ら生み出すことはないまま事実上の解体に至った. 世界軍縮会議をめぐる一連の経緯は, 軍縮を希求する世界的なトレンドの存在を明らかにする一方, 国内政治や地域的な国家間対立を背景とする各国個別の事情が, 多国間協調に基づく軍縮へのアプローチに大きな影響を及ぼしうることを示すものとなった.

[齊藤孝祐]

■世界の主要原子力企業　major world atomic industries

原子力関連企業, 特に原子炉メーカは, 1990年代後半からの原子力利用の低迷で事業の合理化と企業自身の統合化が, また2000年代以降の原子力ルネサンスを背景に, 日米協力の緊密化を含む国際的な提携が進み, その結果, 世界規模での主要原子力企業が生み出されることとなった.

1　米国および日本　米国の主要原子炉メーカーは, ゼネラル・エレクトリック(GE)およびウェスティングハウス(WH)である.沸騰水型原子炉(BWR)を開発,実用化したGEは,2007年に日立製作所の原子力事業部門と統合して,米国ではGE Hitachi Nuclear Energy,日本では日立GEニュークリア・エナジー株式会社を設立した.一方,加圧水型原子炉(PWR)を開発,実用化したWHは,1998年に英国原子燃料会社(BNFL)に商用原子力部門を売却したが,2006年にBNFLが東芝機械にWH株を売却し,東芝の傘下に入っている.燃料製造に関しては,2000年にGE,日立および東芝が国際燃料合弁会社「グローバル・ニュークリア・フューエル社(GNF)を設立してBWR燃料製造を強化する一方で,WHは2009年に日本の原子燃料工業株式会社の筆頭株主となっている.上記の他,日本の主要原子炉メーカでは三菱重工業があり,米国の原子炉以外の主要原子力企業としては,ウラン*濃縮'を行うユーゼック(USEC),転換を行うコンバーダイン(ConverDyn)がある.なお,ユーゼックは,2013年に自己破産を申請し,2014年からセントラス・エナジー(Centrus Energy Corp)として再出発した.

2 欧州　フランスでは,政府がそのほとんどの株式を保有するアレバ(AREVA)が,ウラン探鉱,採掘,製錬,転換,ウラン濃縮,燃料製造および*再処理'を行うAREVA NC(旧COGEMA),PWRの設計,建設,機器製作などを行うAREVA NP(フランスの原子炉メーカのフラマトム社とドイツのシーメンス原子力部門が統合),発電・送電プラント部門であるAREVA T&Dの他,ウランの転換を行うComurhexや,フランス,イタリア,ベルギー,スペインなどの共同濃縮会社のEurodifなどを傘下に置き,*核燃料サイクル'のフロントエンドからバックエンドまでを網羅する原子力活動を国際展開している.うち原子炉に関しては,AREVAは発電,送電,配電,電力輸出入を行うフランス電力会社(EDF)と連携して,事業の展開を図っている.またAREVA NPは,2007年に三菱重工業との出資で合弁会社ATMEAをフランスに設立し中型炉の開発を行うとともに,日本の三菱原子燃料株式会社の株式も保有している.さらに欧州のウラン濃縮企業としては,英国,ドイツおよびオランダが1/3ずつ出資して設立したウレンコ(URENCO)がある.

3 ロシアおよびカザフスタン　ロシアでは,2007年にロシア連邦原子力庁(MINATOM)から再編された国営企業ロスアトム(ROSATOM)が,民生および軍事用原子力施設の運営および管理,原子力に係る研究開発,原子力安全などすべてを管轄しており,ROSATOMがその株式すべてを保有するアトムエネルゴプロム(ATOMENERGOPROM)が,ウラン採鉱,転換,ウラン濃縮,燃料製造,原子炉,再処理など,核燃料サイクルすべての工程および国内外で事業を展開している.また世界最大のウラン生産国カザフスタンでは,国営企業のカザトムプロム(KAZATOMPROM)がウラン採鉱などの採掘事業を展開している.

4 韓国および中国　近年実績を拡大しつつある主要原子力企業としては,韓国では,アラブ首長国連邦(UAE)の原子炉1号機を製作した斗山重工業,中国では中国核工業集団(CNNC)などがある.　　[田崎真樹子]

■世界平和評議会　World Peace Council

1 概要　東西*冷戦'を背景に,ソ連を中心とする東側諸国の主導で1950年11月に発足した国際的な平和組織.事務局は当初パリに設けられたが,いくつかの都市への移転を経て,2000年からはアテネに置かれている.今日では,反帝国主義,民主主義,独立・非同盟の大衆行動による国際運動を掲げ,国連経済社会理事会(ECOSOC)や国連教育科学文化機関(UNESCO)などに,非政府組織(NGO)として登録されている.第1次ベルリン危機(1948~49年)を背景に,1949年4月,第1回平和擁護世界大会がパリとプラハで開催され,世界平和評議会の前身となる平和擁護世界委員会が設立された.

1950年11月には, ワルシャワで開催された第2回平和擁護世界大会において, 平和擁護世界委員会に代わる世界平和評議会の設置が決定された. 58カ国の代表からなる220名で構成され, 初代議長は, フランスの原子物理学者でありノーベル賞受賞者でもあるジャン･ジョリオ＝キュリー(Jean Joliot-Curie)が務めた.

2 活動 1950年3月, 平和擁護世界委員会は, ストックホルム･アピールを発表した. それは, ①*原子爆弾' の禁止, ②禁止措置のための国際管理の確立, ③原子爆弾の最初の使用者を人道に対する罪を犯した戦争犯罪人として扱うこと, ④アピールに署名すること, を求めるものであった. 朝鮮戦争の勃発(1950年)を背景に, 署名活動は世界的な反響を呼び, 同年12月までに約5億人の署名が集まったとされる. その多くは, 東側諸国から寄せられたものであった. 1950年代から1980年代にかけては, 平和や*軍縮', 独立などをテーマにした大規模な世界大会が, モスクワやプラハ, ブダペストなどで開催された. これらの大会でも, 東側諸国からの参加者が多数を占めた. 1975年には, *軍備競争' の終結を呼びかける大規模な署名運動が展開され, 4億5,000万人の署名が集まったとされる(新ストックホルム･アピール). 世界平和評議会は, スエズ動乱(1956年)における英国やフランス, 朝鮮戦争やベトナム戦争における米国に対し, その軍事行動を批判した. 一方で, ハンガリー動乱(1956年)やアフガニスタン紛争(1979年)に関しては, ソ連の軍事行動を批判する態度をとらなかった.

3 評価 共産主義からの政治的独立を標榜していたものの, 世界平和評議会には設立当初よりソ連との深い繋がりが指摘されていた. その設立の背景には, 東西冷戦の最中にあって, *核兵器' をはじめ圧倒的な軍事力を有する米国に対する恐怖心と, 平和運動を通した政治的プロパガンダの思惑があると考えられた. こうしたことは, 西側諸国の政治指導者の世界平和評議会に対する警戒心につながった. 世界平和協議会は, 国際的に著名な知識人や芸術家, 科学者の参加や動員に積極的であった. しかし一方で, 西側諸国の市民や科学者, 宗教者による平和運動には, 世界平和協議会に対する疑念からその国際キャンペーンに距離を置く姿勢が見られた. ソ連によるハンガリー動乱弾圧とそれに対する世界平和協議会の態度は, こうした疑念を決定的なものとした. 世界平和協議会による世界大会は, 大規模な動員をともなっていた. それは参加者に対する資金援助によって可能になったと考えられている. しかし, 東西冷戦の終結とソ連の崩壊(1991年)とともにその後ろ盾を失った世界平和評議会は, 往時のような国際的影響力を失ったとみられている. 一方で, 1960年代から1980年代にかけての平和運動, とりわけ*反核運動' に対し, それを大衆運動として行うにあたっての雛型を提供したという見方もある. → 核軍縮キャンペーン, 原水禁(原水爆禁止日本国民会議), 原水協(原水爆禁止日本協議会), 原水爆禁止運動　[河合公明]

■赤十字国際委員会 International Committee of the Red Cross : ICRC

アンリ･デュナン(Henry Dunant)により1863年にスイス･ジュネーブに創設された, 戦時における中立かつ人道的な活動を行う機関である. のちに各国に設立された赤十字社･赤新月社, およびその連合体である国際赤十字･赤新月社連盟(International Federation of the Red Cross : IFRC)と共に国際赤十字･赤新月運動を構成する. 国際赤十字･赤新月運動の7つの基本原則である「人道･公平･中立･独立･奉仕･単一･世界性」に基づき, 紛争犠牲者への支援･保護および*国際人道法' の普及活動を行っている. ICRCは, スイスの国内法人であるが, 1949年のジュネーブ諸条約により人道的活動を行う法的権限を与えられた国際人道支援組織であり, 国際赤十字･赤新月運動規約においても, 国際人道法の守護者としての役割が規定されている.

1990年には国連総会決議により総会オブザーバーの地位を付与された.世界約90カ国で,12,000人以上の職員が活動している.日本には,ICRCの国際的支援のための戦略的パートナーとして,2009年にICRC駐日事務所が開設されている.　[田中極子]

■積極的安全保証 positive security assurance : PSA

1968年の*核兵器不拡散条約'(NPT)交渉の過程で非核兵器諸国は*消極的安全保証'を求めたが,米国,ソ連,英国はNPT締約国である非核兵器国が核攻撃による被害を受けた場合には援助するとの積極的安全保証の宣言を行い,これが国連安保理決議255で確認された.当時は中国が国連の代表権を持っていなかったので,これは中国による核兵器の使用または威嚇への対応としての意味もあったが,中国が国連代表権を持つにいたった1971年以降は中国も安保理で拒否権も持つようになり,この決議は実質的意味を失った.しかし,イスラエル,インド,パキスタンがNPTに加入せずに*核兵器'開発を進めたことから,これら諸国からの脅威に対抗するための積極的安全保証が新たに求められるようになり,1995年*NPT再検討・延長会議'の直前の4月11日の安保理決議981により核兵器による攻撃または威嚇を受けている非核兵器国に対し安保理,とくに核兵器国は国連憲章にしたがって迅速に援助することが保証された.
→核の傘　[堂之脇光朗]

■積極的防御 active defense

敵の攻撃に対して,限定的な攻撃や反撃を行うことで,敵がその攻撃の目標を達成することを阻止し,被害の回避・縮小を図ることを意味する.*損害限定'の一形態である.ミサイル攻撃に対する*弾道ミサイル防衛'(BMD)システムを用いた迎撃・撃墜は,積極的防御の典型であり,シェルターなど,主として非破壊的な手段によって被害の縮小を図る*消極的防御'と対比される.*相互確証破壊'(MAD)状況のように,報復攻撃の信頼性に大きく依拠した状況では,報復攻撃に適用できる積極的防御は,その信頼性を低下させうると同時に,防御の突破・無効化をめざした軍拡を惹起しうるもの,すなわち*戦略的安定'の阻害要因とみなされやすくなる.このような積極的防御の捉え方は,1972年の*弾道弾迎撃ミサイル制限条約'(ABM条約)や,その後のBMDへの反対論・慎重論にも通底しているといえる.積極的防御を敵の対抗する意思を挫き,*軍縮'を促すものと位置づける向きも見られるが,これまでは概して軍縮との相性が良くないものと捉えられてきたといえる.[石川 卓]

■設計基礎脅威 design basis threat:DBT

1 定義 *核物質防護'に関する*国際原子力機関'(IAEA)の勧告,*INFCIRC/225'/Rev.5(IAEA*核セキュリティ・シリーズ文書'No13)によると,設計基礎脅威とは,「*核物質'の不法移転または*妨害破壊行為'を企てるおそれのある潜在的な内部者および(または)外部からの敵対者の属性ならびに特性であって,これらに対して核物質防護システムが設計され,評価される」と定義されている.

2 実際の運用 DBTは,核物質防護を担当する規制当局(日本の場合,原子力規制庁)が脅威情報や治安情報を保有する治安当局(日本の場合,警察庁および海上保安庁)と協議して策定される.規制当局は,DBTの適用対象となる原子力施設(日本の場合,原子力発電所,再処理施設など)を保有する原子力事業者に対してこのDBTを提示し,原子力事業者は,これに対応する防護措置を講ずることとなる.具体的には,防護対象の核物質の区分に応じて,仮想敵の種類(内部者か外部者か),人数,能力(知識,武器,道具,爆薬などの有無)など現実的・合理的に想定し得る複数の脅威を設定した上で,それらをまとめて1つのDBTとして策定し,原子力事業者が核物質防護システムを構築する際の設計の基礎とするものである.構築後も原子力事業者は,自らの核物質防護システムがDBTに対応したものとして維持されているか適宜評価を行うことが求められている. 一方, 規制当局は, 定期的に(毎年)施設に立ち入って核物質防護検査を実施し, DBT に対応した防護措置が講じられているかどうか評価を行っている. DBT は, 原子力施設の防護措置構築の前提となる脅威の水準に関する情報であることから, 法令上機微情報としての扱いが求められ, 一般には公開されない. また, これを取り扱う者などには, 守秘義務が課せられ, 違反した場合には*原子炉等規制法'により刑事罰の対象となる. DBT は国内治安状況に変化があった場合には, その状況を反映して, 適宜見直されることとなっている.

[内藤 香]

■設計情報　design information : DI

*包括的保障措置協定'の第 8 項に, *保障措置'の対象となる*核物質'やそれを取り扱う施設の設計情報の提供が求められ, 第 42 項から第 48 項までに詳細内容が規定されている. 設計情報は, 適切な*検証'活動を, *国際原子力機関'(IAEA)が実施するために, *査察'開始前に締約国に必要な情報の提供を求めるもの. 締約国は必要最小限の情報を質問書に回答し, IAEA は回答内容が適切であるかどうかの設計情報審査(DIE)を行い, その是非を確認するために, IAEA 職員が施設を訪問して設計情報検認(DIV)を実施する. 施設構造や使用目的が変更された時には, 設計情報の再提出が求められ, 再審査／再確認される. *補助取極'により, 施設への核物質搬入 180 日前に提出されることになっていたが, 事前の検討に十分な時間的猶予が無いとの判断から, 1990 年代当初の保障措置強化策の一環として IAEA 理事会から設計情報の早期提供が勧告され, 今は①建設の公式認可時点, ②設計段階, ③建設段階, ④核物質搬入の 180 日以前の段階に分けて提供される. 既存施設の申告外使用検知目的で, 未報告の設計変更が無いことも継続して確認され, また, 施設の解体段階で核物質が除去され査察対象から外れた後も, 未申告の核物質を使用した施設の再利用を検討するため, 施設機能が失われるまで情報提供が求められ, 確認される.　[菊地昌廣]

■絶対兵器　the absolute weapon

絶対兵器とは*核兵器'を指す. この語句の由来は, フレデリック・ダン(Frederick Dunn), バーナード・ブロディ(Bernard Brodie), アーノルド・ウォルファーズ(Arnold Wolfers), パーシー・コルベット(Percy Corbett), それにウイリアム・フォックス(William Fox)が寄稿しブロディが編集した著書, *The Absolute Weapon : Atomic Power and World Order*(1946)の書名に求めることができる. この著書は, 核兵器が第二次世界大戦後の国際秩序形成に与える影響など, 国際政治全般に及ぼす核兵器の影響を分析しているが, 核兵器を絶対兵器と称した背景には, 広島, 長崎で示された核兵器の未曾有の破壊力や防御の難しさ, さらには著書で述べられているように核兵器の国際的規制が困難であるとの判断があったためであろう. 核兵器を革命的な軍事手段であり絶対兵器と見做したのは, 核兵器が軍事戦略の根本的な変容, すなわち軍事戦略の目的が戦争での勝利を追求することから戦争を回避することに変容する, との指摘からも窺える. ただし, 破壊力が強大すぎるがゆえに使用し難いという兵器としての自己矛盾を指摘する声や, T・V・ポール(T. V. Paul)やジョン・ミューラー(John Mueller)のように核兵器の革命性に疑義を呈する意見, さらには核兵器に対する国際的規制が困難であるとのブロディなどの見方に対する異論など, 核兵器の絶対性を問う意見も散見される. →核革命　[小川伸一]

■セミパラチンスク条約　Treaty on a Nuclear Weapon Free Zone in Central Asia :CANWFZ Treaty

［正称］中央アジア非核兵器地帯条約, ［署名］2006.9.8, ［発効］2009.3.21

1　非核兵器地帯とは　①特定地域の非核兵器国が集まり, 自らの発意でそれぞれ領域を*核兵器' のない地帯とすることを条約本体で明らかにし, ②これを確保するため, これら諸国は核兵器またはその他の核爆発装置の研究, 開発, 製造, 貯蔵, 取得, 保有, 管理などを行わず, 研究, 開発面で他国の支援を受けないことを約束し, ③さらに, 域内において核兵器国は核の使用または使用の威嚇を行わないこと, すなわち*消極的安全保証' を提供するものである. 非核兵器地帯は*核兵器不拡散条約' (NPT)に根拠を持つものである. NPT 第7条は「この条約のいかなる規定も, 国の集団がそれらの国の領域に全く核兵器が存在しないことを確保するため地域的な条約を締結する権利に対し, 影響を及ぼすものではない」として非核兵器地帯を肯定している. これは見方を変えれば非核兵器国が進める核軍縮措置として評価しうるものである.

2 条約締結過程　この条約作成のきっかけは1997年2月の中央アジア首脳会談の結果, アルマータ宣言が出されたことである. 内容は, ほとんどが環境改善であったが一部に非核兵器地帯への言及があった. 同年9月, ウズベキスタンは, タシケントで大規模な国際会議を開催し非核兵器地帯構想を正式に打ち上げた. 会議の結果5カ国外相声明が採択され, 声明は「特定の国連機関に対し, 域内の専門家も含む専門家グループを設立し, CANWFZ 設置合意の準備や実施に関する形式および必要要素を念入りに準備することを要請した. 同年の国連総会は声明の内容を含む決議52/38 S を採択した. *国連アジア太平洋平和軍縮センター' が専門家グループを設け, 会合がタシケント, ビシケック, 札幌で複数回開かれた. その後の作業の中心は, 将来の条約案文の列記から始まり主としてニューヨークで行われた. 2006年9月条約本体の署名がセミパラチンクス外相会議で行われた. 条約交渉は*核物質' の移転, 核兵器の配備問題と既存の条約(安保条約など)との関係で対立したが, 最終的にそれぞれの立場を崩すことなく解釈することで妥協が成立した. 消極的安全保証に関しては, フランス, 英国, 米国が条文交渉内容や議定書の文言に難色を示した. 条約本体は2009年3月に発効し, その後中央アジア5カ国と核兵器国間の長期交渉の結果2014年5月6日, 5核兵器国が付属議定書に署名した. 各国の批准の問題が残るものの条約の作業として一応の完結を見た. 核兵器国は一部留保を付している.

3 条約の特徴　条約の特徴は次のとおりである. ①北半球で初の非核兵器地帯である. ②かつて核兵器が配備されていた国を含んでいる. ソ連崩壊時のカザフスタンにはソ連の核兵器が残されたが, これをロシアに返還し, その後 NPT に加入し, 責任ある非核兵器国となった. これは非核化を目指す勇断である. ③内陸国のみで構成する非核兵器地帯のため海を含まない. ④ソ連の核活動で保健衛生上, 環境汚染で甚大な被害を受けた5カ国は環境改善で相互支援する条項を設けた. これは他の*非核兵器地帯条約' には見られず, 被害の深刻度の表れである. ⑤*包括的核実験禁止条約' (CTBT), *国際原子力機関' (IAEA)*保障措置' 協定, *追加議定書' など未署名の条約に言及し, 加入を促している. ⑥長年の被害により5カ国は強固な反核意識を共有していた. ⑦交渉の重要な局面で高いレベルから指導力が発揮された(ウズベキスタンのカリモフ, カザフスタンのナザルバイエフ両大統領の交渉促進, 署名式挙行). ⑧国連の深い関与があった. ソ連時代からの習慣で5カ国代表団に横のつながりが全くなく, センターは「対話の習慣」を導入し, 信頼醸成と情報交換に努め, 真摯な仲介者として技術的, 実質的な支援を提供し, 問題の解決を図った.　［石栗 勉］

■戦域ミサイル防衛　theater missile defense : TMD

1 TMD とは　飛翔する短距離, 準中距離および中距離ミサイルを迎撃する*弾道ミサイル防衛' (BMD)システムであり, これまでに, 主として, 地上または海上配備の迎撃ミサイルに搭載された衝突破壊方式の運動エネルギー弾頭, あるいは敵の弾頭の近傍で爆発する近接信管方式の弾頭を用いて，飛来するミサイルをミッドコース段階や終末段階で迎撃するシステムが開発あるいは配備されてきた．米国は非戦略ミサイル迎撃能力を持つBMDシステムをTMDと称していたが，ジョージ·W·ブッシュ(George W. Bush)政権以降は公式にはこの言葉を用いていない．また，ここでいう「戦域」が多分に米国にとってのそれを意味することもあり，BMDを配備する他の国々は，自国のBMDシステムを公式には「TMD」とは称していない．現在も，長距離*弾道ミサイル'への迎撃能力を持つBMDシステムと区別する意味で「TMD」という言葉が用いられることはあるが，その頻度は少なくなっている．

2 米国のTMD構想と動向　1980年代，ロナルド·レーガン(Ronald Reagan)大統領が*戦略防衛構想'(SDI)を打ち出した際に，北大西洋条約機構(NATO)によって研究されていたソ連の戦術弾道ミサイルへの対抗策が，TMDとしてその一部に組み込まれた．1991年の*湾岸戦争'では，迎撃実績には諸説あるが，米国によるサウジアラビアおよびイスラエルへのパトリオットPAC-2の配備が少なくとも一定の政治的効果を挙げた．また，冷戦後，地域紛争が頻発するとともに，その一部の当事国が弾道ミサイルの取得，保有，強化を積極的に推進する中で，こうした新しい脅威に対抗するものとして，ビル·クリントン(Bill Clinton)政権は，第三世界諸国の弾道ミサイル攻撃から米国の海外展開部隊，ならびに同盟国·友好国を防御するTMDの推進を最優先課題に据えて，研究開発を活発化させた．同政権のTMD構想では，低層防衛システムとして地上配備のパトリオットPAC-3および中距離拡大防空システム(MEADS)，ならびに海上配備の海軍地域防衛(NAD)が，また高層防衛システムとして地上配備の戦域高高度地域防衛(THAAD)および海上配備の海軍戦域防衛(NTWD)が挙げられるとともに，航空機からレーザーを照射してブースト段階で弾道ミサイルを迎撃する*空中配備レーザー'(ABL)も含まれた．続くブッシュ政権は，*本土ミサイル防衛'(NMD)とTMDの区分をなくして「ミサイル防衛」と称する方針を明らかにしたが，その背景には本土防衛を重視するという姿勢に加えて，一部のTMDシステム，具体的にはNTWDなどを将来的には戦略弾道ミサイルに対する迎撃能力をも持つように改良するという計画があった．NTWDは，海上配備ミッドコース防衛(SMD)あるいは*イージスBMD'と改称された．バラク·オバマ(Barack Obama)政権も，公式には「TMD」という言葉は用いていない．

3 既存のTMD　米国はこれまでに，PAC-3，THAADおよびイージスBMDを配備してきた．またPAC-3は，日本，NATO諸国，韓国，および中東の友好国にも配備されている．イージスBMDは日本が配備，および米国との共同開発を進めてきた．米国は，欧州NATO諸国に，イージスBMDに搭載されてきた迎撃ミサイル*SM-3'の能力向上型を地上配備する地上型イージス計画を進めている．さらにTHAADは，米国，カタールおよびアラブ首長国連邦に配備された．イスラエルは米国と共同で開発したアロー2迎撃ミサイルの配備を2000年に開始した．西側諸国以外では，ロシアがソ連時代から開発を進めてきた弾道ミサイル迎撃能力を持つ地対空ミサイルS-300に続いて，S-400を配備し，さらにS-500を開発している．中国は2013年に，地上配備型ミサイルを用いたミッドコース段階での弾道ミサイル迎撃実験を実施したと発表した．また翌年7月には，中国国防部が，THAADに類するミサイル防衛の飛翔実験を実施したことを明らかにした．→米国のミサイル防衛システム，日本のミサイル防衛システム，イスラエルのミサイル防衛システム，ロシアのミサイル防衛システム，中国のミサイル防衛システム

［戸﨑洋史］

■前駆物質　precursors

前駆物質とは，*化学兵器禁止条約' の定義によれば，*毒性化学物質' の生産のいずれかの段階で関与する化学反応体をいうものとし，二成分または多成分の化学系の必須成分を含む．化学兵器禁止条約は，毒性化学物質とともに前駆物質を，条約によって禁止されていない目的のためのものでありかつ種類および量が当該目的に適合する場合を除き，*化学兵器' と定義している．この定義により，弾頭内に充塡された比較的無害の2種類の前駆物質が発射後に混合することによって毒性化学物質を生成するよう設計されたいわゆる*バイナリー兵器' (二成分型兵器)は，発射前の段階から化学兵器として禁止されることになった．この定義はまた，将来の化学の発展にも十分対応できるよう意図されたものと思われる．*化学兵器禁止条約の産業検証' のために特定された前駆物質は，化学物質に関する附属書の表に表剤として掲げられている．具体的には，①表1B剤として4種類，②表2B剤として，三塩化砒素，チオジグリコール，ピナコリルアルコールなど11種類，③表3B剤として，三塩化リン，五塩化リン，一塩化硫黄，二塩化硫黄，トリエタノールアミンなど13種類の計28種類の化学物質が前駆物質として特定されている．→化学兵器禁止条約の表剤［阿部達也］

■**潜在的核保有国**　potential nuclear weapons state

*核兵器不拡散条約' (NPT)に規定された非核兵器国の中で，核兵器開発に転用可能な原子力技術の保有や秘密裏の核開発計画などによって，核兵器の開発・製造能力を獲得できるだけの潜在的な能力を有する国々のことである．これらの中には，*核燃料サイクル' を有する日本のように原子力の*平和的利用' を目的とした高度な民生用原子力技術・設備と*核物質' を保有する国々のほか，安全保障上の脅威の存在から核兵器の開発・製造能力の獲得を試みる(もしくは過去に試みた)国々が含まれる．事実上の核保有国であるイスラエルに対して1950年代から核開発研究を行っていたとされるエジプトや，近年秘密裏のウラン*濃縮' 計画を進めてきたイランなどがこれに当たる．また，台湾と韓国も安全保障上の目的から1960年代から1970年代にかけて核開発を試みたものの，米国からの圧力と拡大*核抑止' の提供によってそれぞれ計画を放棄し，NPTに加盟している．多国間の枠組みにおいても，核開発の意思を持つ国が秘密裏に核兵器の研究開発を行うことを防ぎ，原子力の平和的利用のための技術や物質などが軍事目的に転用されることを阻止するため，*保障措置' などによる*核不拡散' の取組みが行われている．［榎本浩司］

せ

■**戦術核戦力**　tactical nuclear force

1　戦術核戦力は，*非戦略核兵器' と同義で使用される場合が多い．戦術核戦力はこれまで*軍備管理'・*軍縮' 条約の対象となっていないことからその*検証' 方法が確立されておらず，数量や種類を含めた実態を把握することは難しい．*冷戦' 時代，米国は1950年代頃から欧州およびアジア地域に多数の戦術核弾頭を配備しソ連圏に対する通常戦力の劣勢を補っていた．北大西洋条約機構(NATO)諸国域内に配備された米国の戦術核はピーク時だった1970年代には約7,300発にのぼり，核兵器の先行使用を打ち出すことで，同盟国・友好国への武力攻撃を*抑止' する*核の傘' (拡大核抑止)を提供していた．冷戦後の1990年代初頭，ソ連(ロシア)の戦術核がテロリストなどへ拡散することの懸念もあり，*大統領の核兵器削減イニシアティブ' (PNI)により米ソ(露)両国が自主的に戦術核を削減したが，それ以前には，米国は約5,000発を海外に配備，ソ連は約12,000~21,700発を保有・配備していたとの試算もある．*The Bulletin of the Atomic Scientists* 誌(2014)によると，世界には約2,800発の戦術核があり，内訳はロシア約2,000発，米国760発，フランス50発，中国数発で，パキスタンも開発中である．なお，累次の*NPT再検討会議' やその準備委員会等において，戦術核の削減･撤去や透明性向上に関する提案が締約国から出されている．

2 米国は，2010年の*核態勢見直し報告'(NPR報告)で戦術核を搭載した海洋配備型トマホーク*巡航ミサイル'(TLAM-N)を退役させると宣言しているが，NATO防衛のため，戦術核のB-61約200発をベルギー，ドイツ，イタリア，オランダ，トルコに配備しているとみられている．また，巨額の費用をかけてB-61の延命プログラム(LEP)を進めており，より精密誘導が可能で，低出力で*放射性降下物'が少ない戦術核の生産が検討されている．こうした中で，米国のバラク･オバマ(Barack Obama)政権は戦術核兵器の削減を軍備管理上の重要な政策として掲げロシアと交渉する意向を示した．

一方，ロシアは同国を取り巻く安保環境の悪化から，近年，戦術核兵器の役割を再評価しつつある．この背景には，1999年にはNATOが旧ソ連の衛星国だったチェコスロバキア，ハンガリー，ポーランドを取り込み東方へ拡大し，同年採択されたNATO新戦略概念による域外活動の方針があげられる．この間，米国およびNATOが精密誘導兵器などのハイテク兵器を開発し，湾岸戦争(1991年)，コソボ紛争(1999年)，イラク戦争(2003年)で使用したことは，ロシア指導部に衝撃を与えた．また，グルジア紛争(2008年)において，ロシア軍は指揮通信能力および精密攻撃能力の低さを露呈，このほか，米国による*弾道ミサイル防衛'(BMD)施設の欧州配備や，極東地域における中国の通常戦力の増強などに対する懸念もある．このため，ロシアは戦術核兵器の使用を前提とした核政策の見直しを1990年代以降進めており，その削減には消極的であるとみられる．

[須江秀司]

■潜水艦及び毒ガスに関する五国条約

Treaty between the Five Powers concerning the Use of Submarines and Noxious Gases in Time of War ［正称］潜水艦及毒瓦斯ニ関スル五国条約，［署名］1922.2.6，未発効，［日本］〈署名〉1922.2.6，〈批准〉1922.8.5

1921～22年のワシントン会議で採択された潜水艦と毒ガスの使用制限に関する条約である．潜水艦に関する規定を不服としたフランスが批准せず発効しなかった．最初に毒ガスの使用制限問題を検討した分科会では，禁止に消極的な米国，英国，フランスと積極的な日本，イタリアが対立したが，全体委員会に議論が移ると米国から，窒息性ガス，毒性ガスおよびその他のガスの戦時における使用禁止決議案が提出された．米国陸軍省の化学戦サービス(Chemical Warfare Service)は使用禁止に消極的であったが，これを積極的に支持した同国の諮問委員会と海軍将官会議の意見，そして*化学兵器の使用'に批判的な米国世論をふまえての提案であった．決議案は全会一致で採択され，潜水艦の使用に関する決議とあわせて1つの条約にまとめられた．日本の批准について枢密院の審査委員会は，条約が「人道的規制ノ確立普及ヲ企図」するもので，履行により「戦争ノ禍害ヲ減殺」できるゆえ批准は「当然ノ措置」と結論した．→ジュネーブ議定書　[杉島正秋]

■潜水艦発射弾道ミサイル　submarine launched ballistic missile : SLBM

1 SLBMの登場　潜水艦に配備される*弾道ミサイル'をSLBMという．概念的には潜水艦の種類を問わないが，実際には長期の水中航行が可能な原子力潜水艦に配備される．SLBMが配備される原子力潜水艦を*弾道ミサイル搭載原子力潜水艦'(SSBN)という．最初にSLBMを配備したのはソ連で1959年のことであり，米国の配備開始は1960年である．SLBMは，*大陸間弾道ミサイル'(ICBM)とともに迎撃困難な核運搬手段として，*冷戦'で対立関係にあった両国の政治･軍事関係に大きな影響を与えた．SLBMは，ICBMおよび*戦略爆撃機'と並ぶ*戦略戦力'であり，あわせて*戦略三本柱'と呼ばれる．SLBMは残存性，ICBMは即応性，戦略爆撃機は柔軟性において他の戦略戦力より優位にあるといわれる.米ソ(露)のSLBMは,他の戦略戦力とともに*戦略兵器削減条約'(START条約),*第2次戦略兵器削減条約'(STARTⅡ条約),*戦略攻撃能力削減条約'(SORT),*新戦略兵器削減条約'(新START条約)などの*核軍備管理'条約による規制の対象である.なお,START条約,STARTⅡ条約,新START条約で規制されるのは,射程距離が600kmを超えるSLBMである.

2 SLBMの特徴と種類　SLBMは射程距離が長いほど,攻撃目標国の対潜戦力から影響を受けにくい海域などSSBNが展開できる範囲が広くなる.他方,SLBMは,海洋に展開するSSBNから発射されるので,地上配備弾道ミサイルと比して命中精度の確保が特に求められる.SLBMの誘導方法は基本的には慣性誘導であるが,1970年代には天測誘導により命中精度を高くする方法も登場した.現在配備中のSLBMはすべて核弾頭を搭載しており,単弾頭,複数の弾頭が同じ目標に向かう複数弾頭(MRV),複数の弾頭が別々の目標に向かう*複数個別誘導弾頭'(MIRV)がある.米国はMIRVを搭載するトライデント(Trident),ロシアはMIRVを搭載するSS-N-18(RSM-50),SS-N-23(RSM-54),SS-NX-32ブラバ(RSM-56),中国は単弾頭を搭載するJL-1,英国は単弾頭またはMIRVを搭載するトライデント,フランスはMRVを搭載するM-45,MIRVを搭載するM-51を配備している.単弾頭またはMIRVを搭載する中国のJL-2も運用開始が近いとみられている.また,インドはSLBMを開発中といわれている.米国の最初のSLBMは固体燃料,ソ連の最初のSLBMは貯蔵可能な液体燃料を用いていた.現在配備中のSLBMのうち,SS-N-18,SS-N-23は貯蔵可能な液体燃料,トライデント,SS-NX-32,JL-1,JL-2,M-45,M-51は固体燃料を用いている.→米国のミサイル戦力,ロシアのミサイル戦力,英国のミサイル戦力,フランスのミサイル戦力,中国のミサイル戦力,インドのミサイル戦力　　　　［松山健二］

■全面完全軍縮　general and complete disarmament:GCD

1　*大量破壊兵器'(WMD)だけでなく,通常兵器も含めたあらゆる軍備を完全に撤廃するための*軍縮'のことであるが,国内秩序維持のためのものは例外とされる.国際連盟期では,ソ連がGCD案を提起したが諸国の受け入れるところとならず,またGCDそのものも目標とはされなかった.国際連合期に入り,1950年代末から60年代初めにかけて,GCDの問題が国連および10カ国(後に18カ国)軍縮委員会において審議されるようになった.1959年当時の加盟82カ国すべてが共同提案国となって採択された国連総会決議1378は,GCDの問題は今日世界が直面する最重要問題であることを考慮して,諸国に対してこの問題の建設的解決達成のためあらゆる努力をなすよう求めた.米ソは,1961年9月に軍縮交渉の基礎となる原則に合意し,それぞれGCDに関する条約案を提示した.その後,前記軍縮委員会や国連総会において審議が続けられたが,具体的進展はみられず,いくつかの部分的措置が条約化されるにとどまっている.

2　他方1959年以降GCDは国連総会の議題となっており,また条約その他の国際文書に基づき,国際社会の究極目標として確立してきている.GCDを目標とする条約としては,*部分的核実験禁止条約'(PTBT),*包括的核実験禁止条約'(CTBT),*核兵器不拡散条約'(NPT),非核兵器地帯諸条約(中南米,南太平洋,アフリカ,東南アジアおよび中央アジア),*海底核兵器禁止条約',*生物兵器禁止条約'(BWC),*化学兵器禁止条約'(CWC),*環境改変技術禁止条約'(ENMOD),*特定通常兵器使用禁止制限条約'(CCW)がある.なお,近年成立した*対人地雷禁止条約',*クラスター弾条約',*武器貿易条約'(ATT)はGCDに言及していない.さらに,

NPT 第6条は, 締約国に対して厳重かつ効果的な国際管理の下におけるGCDに関する条約に向けた交渉義務を定めている. 加えて, 同条に言及する軍縮条約があり, 例として, *弾道弾迎撃ミサイル制限条約' (ABM条約), *戦略兵器削減条約' (START 条約), *中距離核戦力条約' (INF条約), *戦略攻撃能力削減条約' (SORT) および*新戦略兵器削減条約' (新START条約) がある. 同様にGCDの交渉義務を規定する文書としては, 1970年に国連総会でコンセンサス採択された友好関係原則宣言(決議2625)がある. 1978年の*第1回国連軍縮特別総会最終文書' では, GCDの交渉は部分的措置の交渉と並行すべきであるが, それに続く軍縮の究極目標と位置づけられている(19, 38項). なおGCDの下では国内秩序維持・国連平和軍への提供のための非核兵力の維持が認められる(111項). GCDと核軍縮の関係については, *NPT再検討会議 (2000年)', *NPT再検討会議 (2010年)' の最終文書に見る限り両者は別個に扱われている. また, 人権との関係では, GCDは軍縮により解放された資源を活用する観点から必要とされる(1986年発展の権利宣言).

［山田寿則］

■戦略攻撃能力削減条約　Treaty between the United States of America and the Russian Federation on Strategic Offensive Reductions : SORT ［正称］戦略攻撃能力削減に関するアメリカ合衆国とロシア連邦との間の条約, ［署名］2002.5.24(モスクワ), ［発効］2003.6.1, ［失効］2011.2.5

1 条約成立の背景　2001年1月に大統領になったジョージ・W・ブッシュ(George W. Bush)は, 同年5月の国防大学での演説において, ロシアはもはや敵ではなく脅威ではないと宣言し, *核兵器' の削減のため迅速に動くが, それは条約によらないで一方的に実施すると述べた. 同年11月のウラジーミル・プーチン(Vladimir Putin)大統領との首脳会談で, 米国は実戦配備戦略核弾頭を今後10年で1,700-2,200のレベルに削減すると伝えた. プーチン大統領は大幅な削減決定を評価し, ロシアも同じように対応するとしつつも, *検証' や管理を含む条約の形にすべきだと主張した. 米国はロシアとの交渉による条約ではなく, 一方的な削減で実施すると述べ, 同年12月の核態勢見直しにおいても一方的削減を規定していた. その後同年12月に米国が*弾道弾迎撃ミサイル制限条約' (ABM条約)からの脱退を通告したことなどを背景として, 米国が譲歩し, 条約交渉の開始に合意が成立した. しかし, 条約は本文5条からなるきわめて簡潔なものとなっている.

2 条約の内容　核兵器の削減に関する条項は第1条だけであり, 「各締約国は, 戦略核弾頭を削減し制限するものとし, 2012年12月31日までに各締約国の総数が1,700-2,200を超えないようにする」と規定する. これは米国がすでに予定している一方的削減と同じである. 他の核兵器削減に関する条約と比較して, 本条約には戦略核弾頭の定義が存在せず, 核弾頭の計算ルールも含まれていない上, 削減過程での中間段階なども設定されておらず, 総数制限の中での各運搬手段の構成を規定することもなく, 実戦配備から撤去された運搬手段や弾頭の処理についても規定がない. また軍縮に不可欠な検証に関する規定はまったく含まれていない. ただ第2条が, 「締約国は, *戦略兵器削減条約' (START条約)がその条項にしたがって有効であり続けることに合意する」と規定しており, START条約の有効期限である2009年12月5日まではSTART条約の検証規定に依存することが可能である. 第3条は, 2国間履行委員会の設置を規定する. 第4条において, 条約は批准を必要とすること, 有効期限は核弾頭の削減期日と同じ2012年12月31日とすること, 脱退は3カ月の事前通告で可能であることが規定されている. この条約は戦略攻撃力削減条約とも言われる.

3 条約の意義　ビル・クリントン(Bill Clinton)政権の後半期には*核軍縮' に関する進展がみられなかったことから，ブッシュ政権下でロシアとの新たな戦略兵器削減に関する条約が成立したことは評価すべきである．米国が一方的措置として予定していた削減を実施するこの条約の特徴は，その柔軟性にある．それは自国の行動の自由を最大限確保し，条約による厳格な規制を好まないブッシュ政権の姿勢が反映されたものである．その結果，条約は詳細な規定をまったく含んでいない簡潔なものとなり，検証規定もなく，削減の目標達成日に条約が終了するというものであった．条約の履行は，米国とロシアが自己の定義に依存しつつ核弾頭の削減を実施し，検証はSTART条約の有効期間にはそれに依存して実施された．その後2011年2月5日に*新戦略兵器削減条約' (新START条約)が発効したことにより，新START条約の規定により本条約は失効した．　［黒澤 満］

■戦略三本柱　strategic triad

核戦力は概ね戦略核戦力と非戦略核戦力に分類されるが，戦略核戦力は，①*大陸間弾道ミサイル' (ICBM)，②*潜水艦発射弾道ミサイル' (SLBM)および③*重爆撃機' で構成され，これが戦略三本柱と呼ばれるものである．冷戦時代，米ソがともに核戦力を増強する中で，敵国の都市・産業施設に対する攻撃のみならず，抗堪化されたICBM発射施設を即時に破壊する硬化目標即時破壊能力など，幅広い攻撃目標に対する*カウンターフォース攻撃' 能力が追求された．三本柱はこのような攻撃的かつ報復的な戦力から構成されていることから，米ソ間で*相互確証破壊' (MAD)と呼ばれる状況をもたらした．米戦略軍司令官の1人は三本柱が持つ特徴を次のように述べている．ICBMは即時の発射態勢を整えており，SLBMは最も残存性が高く，重爆撃機は最も柔軟性がありミッション途中でも引き返すことが可能である．各柱が備え持つ特徴を組み合わせることで敵の戦略計算を複雑にし，柱の1つが機能しなくなった場合にはその他の手段で補う．2002年に出された*新戦略三本柱' では，攻撃戦力の一要素として吸収された．　［須江秀司］

■戦略戦力　strategic forces

1 冷戦時代　冷戦中は米ソの，冷戦後は米露の戦略核兵器(*大陸間弾道ミサイル'〔ICBM〕，*潜水艦発射弾道ミサイル'〔SLBM〕，*戦略爆撃機')を指して使われることが多い．米ソ(露)間の軍事バランスと*戦略的安定' を左右する基本要素として重視されてきたが，厳密な定義はなく，米ソ(露)以外の国の核戦力に関しても使われることがある．米ソは戦略戦力のバランスで少しでも優位に立とうとしため核軍備競争が続いたが，*核軍備管理' 交渉(SALTおよびSTART)を通じて戦略戦力の大まかな均衡(パリティ)を認め合う条約が作成された．ICBMではソ連が数的優位，SLBMでは米国が数的優位であったが，1972年に成立した*弾道弾迎撃ミサイル制限条約' (ABM条約)によって戦略防御の可能性が閉ざされたため，冷戦中は両国間の相互*脆弱性' が制度化されていた．米ソは核奇襲攻撃を受けても，相手に破滅的な核報復攻撃を行える態勢にあり，核攻撃の決断に極度に慎重さが求められたことが，両国間の*核抑止' が崩れなかった理由の1つと考えられる．

2 冷戦後　冷戦後の米露関係においても，戦略戦力は両国間の軍事バランスと戦略的安定の基本要素とされ，戦略核軍縮交渉が進められている．米国は戦略戦力の三本柱(ICBM，SLBM，戦略爆撃機)を維持しつつ，その量的削減を進めている．戦略戦力には米国本土に対する核攻撃の抑止と同盟国への拡大核抑止という役割が与えられており，冷戦中と冷戦後の政策に継続性がある．ロシアは米国のミサイル防衛と通常兵器の開発(非核の精密誘導兵器で世界各地の目標を即時・同時に攻撃する能力)によって，自国の戦略戦力が脅かされることを警戒しており，米露核軍縮に影響が及んでいる．なお，米国の上·下院軍事委員会の戦略戦力小委員会では，ミサイル防衛や宇宙システムなども含めて戦略戦力問題が議論されており，戦略戦力の語義が拡大している．冷戦後は中国の戦略戦力も問題にされている．米国本土に届く射程の中国の戦略核ミサイルの数はまだ限られているが，中国は米国のミサイル防衛に強く反対しており，東アジア地域における海洋進出や宇宙開発の進展との関連で，中国の戦略戦力が議論されることがある．1998 年に核実験を実施して核兵器を保有したインドとパキスタンの核兵器と運搬手段（戦闘機や弾道ミサイル）の規模と能力は米中露より小さいが，陸続きの隣国同士であるため核奇襲攻撃の可能性が問題視されており，両国の戦略戦力と戦略的安定も注目されている．→戦術核戦力，核の傘　［岩田修一郎］

せ

■戦略的安定　strategic stability

1　戦略的安定の諸次元　戦略的安定は元来，*冷戦' 期の米ソ関係に即して発達した概念であり，大規模な核戦争の起こる可能性の小さい状態を表すものである．戦略的安定には少なくとも「危機における安定」(crisis stability)，「軍備競争に係る安定」(arms race stability) という 2 つの次元があるとされる．「危機における安定」とは，両国の関係が極度に緊張した際にも他方の領土や*戦略戦力'（戦略攻撃兵器および戦略防衛体系）に対して先制攻撃を加える誘因の生じにくい状態を指す．「軍備競争に係る安定」とは，戦略戦力の量的拡大および質的向上の誘因が抑えられた状態を言うものである．また，「*抑止' に係る安定」(deterrence stability) ── または「政治における安定」(political stability) ── という次元に注意が向けられることもある．そこでは核戦争の原因となり得るような政治的な強制や冒険，圧力を確実に思い止まらせることができるかどうかが問題となる．

2　*核抑止' と戦略的安定　米ソ両国の核戦力集積によって，1970 年代までには「*相互確証破壊' (MAD)」の状況が成立し，*相互核抑止' が強固になったと捉えられた．これを受けて，米国においてはかかる状況の維持こそが戦略的安定の基礎となるとの考え方が有力となった．相互の報復戦力が脅かされないように，他方の核戦力を攻撃する*カウンターフォース攻撃' 能力の拡充に制動を掛け，また戦略ミサイル防衛体系の展開を厳しく規制することを掲げて，ソ連との*軍備管理' に臨んだのである．「相互確証破壊」状況の保全を前面に据える戦略政策は「危機における安定」，「軍備競争に係る安定」を増進したかも知れないが，「抑止に係る安定」を保証するものではなかった．双方の国土，国民が核攻撃に対して脆弱である状態よりも，抑止する側の国土，国民が非脆弱である一方，抑止される側の国土，国民は脆弱である状態の方が，「抑止に係る安定」にとっては好適と言えたからである．また，戦略的安定に関する米国の考え方の妥当性は，ソ連も同様の立場を取っているかどうかに依存するところが大きかった．しかし，やがてソ連が「相互確証破壊」状況の下で限定核戦争を遂行する能力における優位，さらには「相互確証破壊」状況そのものからの脱却を企てているのではないかとの疑念が募ることとなり，米国における戦略的安定をめぐる議論は拡散していった．逆にソ連は 1980 年代後半，相互核抑止に基盤を置く戦略的安定を支持するようになった．

3　米中間の戦略的安定　冷戦終結によって戦略的安定をめぐる議論は低調となったが，近年に至り，米中間の戦略的安定に関心が寄せられるようになった．それは，中国の軍備増強が継続する中で，米国が戦略的安定を確保するためロシアのみならず中国との対話を促進する方針を示したことによる．米中関係において戦略的安定という言葉の指し示す内容は，往時の米ソ関係においてそれが有した内容とはかなり相違し得る．抜き差しならぬ敵対と軍事力の対称性を基調とした米ソ関係とは異なり，当今の米中関係は競争と協力との複雑な交錯および戦力態勢の非対称性を特徴としているからである．実際，米中間の戦略的安定をめぐる議論においては，大規模な核戦争の回避に加えて，全般的な政治関係の悪化や限定的な軍事衝突の発生——もちろん，それによって核戦争の可能性が高まることもあり得る——を防止することに焦点が据えられる場合が多い．そこでは，「危機における安定」も——*核兵器' による先制攻撃に限らず——広く武力行使に訴える誘惑の抑制を軸として定義される傾向が見られるのである．

［梅本哲也］

■戦略爆撃機　strategic bomber

戦略爆撃機とは元来，戦争を遂行する上で，戦略的な目的を達成することを任務とした爆撃機であるといえる．第一次大戦で航空機が初めて戦争に導入されて以来，爆撃機に期待された役割は，敵国の軍事拠点および産業施設を直接攻撃(場合によっては，市民に対する攻撃も含む)することで，敵国の戦争遂行能力や抗戦意思を挫くことであり，その結果，戦争を迅速に終結させることであった．なお，第一次大戦後，爆撃機による都市攻撃への有効な防護手段がなかったことを考慮し，英国では爆撃機による打撃部隊を建設することで潜在的な敵に対する*抑止' 機能を期待した時期もあったが，このような戦略爆撃思想は後の*核抑止' 理論の起源ともいわれる．こうした戦略目的を達成する爆撃機は，軍事技術の進展とともに大量の爆弾を搭載し，敵国領土に侵攻するために航続距離が長く，ステルス機能を備え精密爆撃を行えるものとなった．戦略兵器である*核兵器' の登場とともに，核攻撃が可能な大型爆撃機が開発され，これらのうち*重爆撃機' と呼ばれるものは，軍備管理・軍縮条約で保有数が規制・削減の対象となっている．

［須江秀司］

■戦略兵器運搬手段　strategic nuclear delivery vehicles

*冷戦' 中，米ソは相手の国土に届く戦略核兵器の運搬手段を次々と開発・配備した．地上配備の*大陸間弾道ミサイル' (ICBM)は高速で飛翔し，迎撃困難で命中精度が高いが，固定サイロは相手国の核攻撃に対して脆弱である．*潜水艦発射弾道ミサイル' (SLBM)はICBMより命中精度が劣るが，核攻撃から生き残る能力が高い．*戦略爆撃機' は防空システムで迎撃されるリスクがあるが，呼び戻しが可能である．米ソの戦略核規制交渉では，これら運搬手段の配備量が協議された．両国の核兵器運搬手段の規模と能力は不均衡であったが，合意された条約では全体的に大まかな数的均衡(パリティ)が制度化された．冷戦後の米露の戦略*核軍縮' が進められるなかで，米国は*抑止' の安定と将来のヘッジのため戦略兵器の3つの運搬手段を維持してきた．*新戦略兵器削減条約' (新START条約)では米露ともにICBM，SLBM，戦略爆撃機を維持する結果になった．核弾頭と同様に，戦略兵器運搬手段に関しても老朽化・近代化問題や戦略的役割をめぐる議論がある．米露核軍縮の新たな課題として，短射程の核砲弾，核爆弾，核地雷などの戦術核兵器の扱いも浮上している．核兵器国(英，仏，中)や核拡散国(北朝鮮，インド，パキスタン)の核兵器運搬手段も問題になっている．

［岩田修一郎］

■戦略兵器削減条約　Treaty between the United States of America and the Union of Soviet Socialist Republics on the Reduction and Limitation of Strategic Offensive Arms：START Treaty ［正称］戦略攻撃兵器の削減および制限に関するアメリカ合衆国とソビエト社会主義共和国連邦との間の条約，［署名］1991.7.31(モスクワ)，［発効］1994.12.5，［失効］2009.12.5

1　条約の交渉　1981年に大統領に就任したロナルド・レーガン(Ronald Reagan)大統領は，1979年署名の*戦略兵器制限条約' (SALT II 条約)は致命的な欠陥をもつとして，新たな交渉を提唱し名称も戦略兵器削減交渉(START)と改めた．交渉は当初は進展せず，その後交渉は*核・宇宙交渉' (NST)の一部として1985年に再開され,同年11月のミハイル・ゴルバチョフ(Mikhail Gorbachev)書記長とのジュネーブ首脳会議で,「核戦争に勝者はいないし,核戦争は決して戦われてはならない」ことに合意され,核兵器の50%削減にも共通の認識があった.1986年1月にゴルバチョフ書記長は核兵器廃絶の包括的提案を行った.同年10月のレイキャビク首脳会談で,両国は戦略攻撃兵器の半減,戦略運搬手段の上限1,600,核弾頭の配備上限6,000に合意したが,*戦略防衛構想'(SDI)を巡る対立のため正式な合意とはならなかった.1989年にジョージ・H・W・ブッシュ(George H. W. Bush)が大統領となり,12月のマルタ首脳会談で両国は事実上*冷戦'に終止符を打った.その後対立点を解消し,1991年7月に両国は戦略兵器削減条約に署名した.

2 条約の内容と意義　条約の基本的義務は,*戦略兵器運搬手段'すなわち*大陸間弾道ミサイル'(ICBM),*潜水艦発射弾道ミサイル'(SLBM)および*重爆撃機'の配備総数を1,600に削減し,それらの配備弾頭数を6,000に削減することである.さらに戦略運搬手段のうちICBMとSLBMの総数を4,900にすることが規定されている.またソ連のみが保有している重ICBMの50%削減および移動式ICBMの弾頭数の上限1,100が定められた.なお重爆撃機は弾道ミサイルに比べて軍事的脅威が小さいことから,重爆撃機に搭載された空中発射*巡航ミサイル'(ALCM)の数は実際の半数程度に計算される.条約義務の*検証'については,きわめて詳細で厳格な規定を備えており,*現地査察'についても基礎データ査察から継続的監視活動まで13種類にわたる措置が規定されている.また両国は条約の目的および履行を確保するために合同遵守査察委員会を設置した.条約の背景として,ゴルバチョフ書記長の出現によるソ連の外交政策の大幅な変更と核廃絶の提案があり,レーガン大統領も核兵器の大幅削減を主張していたことがあり,それらは*冷戦'の終結を促進するものであった.条約は冷戦期の両国の核兵器を大幅に削減し,核をめぐる両国の関係を大きく変更させるものであり,また両国は多くの現地査察を相互に認めることで信頼の醸成を進め,冷戦後の新たな関係を構築するものであった.

3 その後の条約の変遷　1991年7月に条約は米ソにより署名されたが,同年12月25日にソ連が崩壊し,12の共和国に分かれた.この条約で規定する戦略核兵器がロシア以外にウクライナ,カザフスタン,ベラルーシに配備されていたため,対応が必要となり,1992年5月23日に米国および旧ソ連4カ国との間でSTART条約の議定書として*リスボン議定書'が署名された.これにより,これらの5カ国を当事国とすること,ウクライナ,カザフスタン,ベラルーシはできるだけ早く非核兵器国として*核兵器不拡散条約'(NPT)に加入することが合意された.さらにこれら3カ国は,米国への書簡において,その領域に存在する核兵器を7年以内に撤去し,ロシアに移送することに合意した.その後1994年12月5日に条約は発効した.条約および議定書の義務は7年以内,すなわち2001年12月5日までに完全に履行され,15年の有効期間をもつ条約は2009年12月5日に失効した.　　　　[黒澤 満]

■**戦略兵器制限交渉**　Strategic Arms Limitation Talks:SALT

1 交渉開始の背景　まず戦略的状況として,核軍備競争は1950年代,60年代と米国の優位という形で推移してきたが,米国が質的な増強に移行したこともあり,1960年代末にはソ連が*大陸間弾道ミサイル'(ICBM)の数において米国に追いつき追い越す状況となり,*潜水艦発射弾道ミサイル'(SLBM)でも追いつきつつあった.また防御兵器である*弾道弾迎撃ミサイル'(ABM)ではソ連が1964~65年に先行して配備し始めた.このような状況で米国は*戦略的安定'を求めていた.次に政治的状況として,1968

年7月に*核兵器不拡散条約'(NPT)が署名され,核兵器の不拡散が定められるとともに,条約第6条は核軍縮に向けての誠実な交渉を継続することを義務づけていた.米ソはNPT署名の日にSALT交渉の開始を発表している.第3に軍事衛星の発達により,*現地査察'なしに戦略兵器の削減を*検証'できることが技術的に可能になったことがある.これは*自国の検証技術手段'(NTM)といわれる.

2 SALT I 交渉 1969年から開始された交渉では,まず戦略防御兵器の制限に集中して1972年5月に*弾道弾迎撃ミサイル制限条約'(ABM条約)が署名された.この条約はABMシステムの展開を一般的に禁止し,首都防衛用とICBM基地防衛用に各1カ所を例外的に認めるものである.1974年7月には現状をふまえて両国に1カ所のみ認めるものとなった.戦略攻撃兵器に関しては,現状を凍結するという内容の*戦略兵器制限暫定協定'(SALT I 暫定協定)が1972年5月に署名された.これはICBMとSLBMの数を増やさないという形の規定であり,5年間の有効期間をもつ暫定的なものであった.

3 SALT II 交渉 交渉は1972年11月から開始された.新しい兵器の開発,その検証の困難さ,ICBMシステムの脆弱性の認識,米ソ関係の悪化などにより,交渉は難航したが,1979年6月に両国は*戦略兵器制限条約'(SALT II 条約)に署名した.条約の基本的内容は,1974年11月のウラジオストック合意によるもので,両国に対し,第1にICBM発射機,SLBM発射機,*重爆撃機'などの総数を2,400に制限し,さらに2,250に制限する.その内訳として*複数個別誘導弾頭'(MIRV)などを搭載するものの総計を1,320に制限し,さらにMIRV化ICBMを820に制限するものである.数的制限の総数は現状維持のものであるが,中心的な最新の兵器体系には現状より高い制限が課されている.SALT II 条約は,戦略攻撃兵器を包括的に規制の対象とし,両国に同数の規制を適用して一定の制限を設定したことは有意義であった.上限があまりに高いこと,質的な規制がほとんど含まれないこと,*巡航ミサイル'が実質的に規制されないことなどの欠陥はあったが,将来の戦略体系の予測可能性を増加させ,戦略的安定の確保には一定の役割を果たした.この条約は署名されたが,その後,ソ連によるアフガニスタン侵攻を直接の契機とし,また米国内で条約はソ連の優位を認めるものであるとの批判が高まり,結局この条約は批准されず発効しなかった.

4 SALT 交渉の意義 1960年代の終わりから1970年代の終わりにかけて実施されたSALT交渉は,戦略兵器に関する米ソ間の初めての軍備管理交渉であり,無制限な核*軍備競争'に歯止めをかけ両国の戦略的安定を確保するという意味では重要なものであった.防御兵器ではABM条約によりその配備を大幅に制限し,防御兵器における軍備競争を凍結したことは,*相互確証破壊'(MAD)理論からして,また攻撃兵器の制限および削減の前提として有意義であった.攻撃兵器については,5年間のSALT I 暫定協定でICBMとSLBMの数を凍結し,さらにSALT II 条約で爆撃機を含めた詳細な数的制限を定めた.これらは基本的には現状維持であり,また一定の増強を認める上限設定であったが,戦略的安定や*透明性'の観点からは重要であった.　　　　[黒澤 満]

■戦略兵器制限暫定協定 Interim Agreement between the United States of America and the Union of Soviet Socialist Republics on Certain Measures with Respect of the Limitation of Strategic Offensive Arms: SALT I Agreement [正称] 戦略攻撃兵器の制限に関する一定の措置についてのアメリカ合衆国とソビエト社会主義共和国連邦との間の暫定協定:SALT I 暫定協定,[署名] 1972.5.26(モスクワ),[発効] 1972.10.3,[失効] 1977.10.3

せ

1 協定交渉の背景 1960年代後半に米国とソ連との間で戦略攻撃兵器の数でおおよそのパリティが確立したこと，1968年7月に署名された*核兵器不拡散条約'(NPT)が，第6条で*核軍縮'の誠実な交渉義務を規定していたこと，*人工衛星'による*検証'が可能になったことなどを背景として，1969年に米ソの間で*戦略兵器制限交渉'(SALT)が開始された．当初は戦略兵器のうち，攻撃兵器と防御兵器のどちらを優先するかの議論があったが，防御兵器の交渉が優先され，戦略攻撃兵器の交渉は少し遅れて開始された．交渉での最初の問題点は，1つは米国の前進基地システムを含むかどうか，もう1つは*複数個別誘導弾頭'(MIRV)を規制するかどうかであったが，協定では両者とも排除されることとなった．

2 協定の内容 戦略攻撃兵器制限の中心は*大陸間弾道ミサイル'(ICBM)の凍結であり，第1条は，1972年7月1日以後に追加的な固定式地上基地のICBM発射機の建造を開始しないことを規定している．ICBM発射機とは射程5,500kmを超えるミサイルと定義され，条約には数は明記されていないが，ICBM発射機の数は米国は1,054，ソ連は1,618であると米国が発表している．米国の主要な目的はソ連の新型重ICBMの増強を停止することであり，第2条は，軽ICBMまたは旧型ICBMを新型の重ICBMに転換しないことを規定している．*潜水艦発射弾道ミサイル'(SLBM)と潜水艦につき，第3条はSLBM発射機および新型弾道ミサイル潜水艦を協定署名の日に運用中および建造中のものに制限すると規定している．これらの弾道ミサイル発射機は，米国が656，ソ連が740であると規定されている．さらに協定は旧型ICBM発射機または旧型潜水艦の発射機の代替として建造される発射機(管)および潜水艦に対する制限を規定し，その数はSLBMについては米国710，ソ連950，潜水艦については米国44，ソ連62と規定されている．これは*戦略的安定'の観点から「陸から海への一方的転換の自由」を取り入れたものである．この協定の義務の検証は，*弾道弾迎撃ミサイル制限条約'(ABM条約)と同様に，*自国の検証技術手段'(NTM)を用いて実施される．協定で規定されている制限数は一般にソ連の方が多くなっているが，それは米国が優越している爆撃機が含まれていないこと，米国が質的にソ連をリードしていると考えられたからである．

3 協定の意義 これは戦略攻撃兵器に関する初めての条約であり，無制限な核軍備競争を規制する第1歩として評価すべきものである．しかし爆撃機は含まれず前進基地も含まれないというように範囲は限定されたものであり，規制の対象も*発射機'に限定されており，搭載される弾頭の数は規制されていない．また質的規制については，重ICBMへの転換の禁止のみであり，発射機の近代化および代替は認められている．核軍縮の側面からはきわめて限定的なものであるが，政治的な側面からは，米ソがその後長く継続される交渉プロセスを開始したという点から重要である．この協定は暫定的な性格をもち有効期間も5年間のもので，法的には5年で失効したが，*戦略兵器制限条約'(SALT II条約)の交渉が継続されている間，米ソとも一方的宣言によりこれを遵守するという政治的約束を行っている． ［黒澤 満］

■**戦略兵器制限条約** Treaty between the United States of America and the Union of Soviet Socialist Republics on the Limitation of Strategic Offensive Arms SALT II Treaty ［正称］戦略攻撃兵器の制限に関するアメリカ合衆国とソビエト社会主義共和国連邦との間の条約，［署名］1979.6.18(ウィーン)，未発効

1 条約の交渉 1972年5月に*弾道弾迎撃ミサイル制限条約'(ABM条約)と*戦略兵器制限暫定協定'(SALT I暫定協定)が署名された後，SALT II交渉は同年11月から開始され，

1974年11月にジェラルド・フォード(Gerald Ford)大統領とレオニード・ブレジネフ(Leonid Brezhnev)書記長はウラジオストック首脳会談で条約の枠組みにつき以下のように合意した.両国が保有できる戦略運搬手段は2,400,そのうち*複数個別誘導弾頭'(MIRV)を搭載できるのは1,320で,運搬手段には*大陸間弾道ミサイル'(ICBM)と*潜水艦発射弾道ミサイル'(SLBM)のほかに*重爆撃機'をも含む.その後ジミー・カーター(Jimmy Carter)大統領は,ウラジオストック合意は現状維持的で*核軍縮'としては不十分であるとして,1977年3月に包括的提案を行い,2,400の上限を1,800〜2,000に,1,320の上限を1,100〜1,200に引き下げ,MIRV搭載ICBMおよび重ICBMなどに制限を課すことを提案した.しかしソ連はこの提案はソ連のICBMを一層規制するものであるとして拒否した.1977年5月および9月の外相会談で枠組みはほぼ決定されたが,*巡航ミサイル'の問題などで交渉は1979年6月まで長引いた.

2 条約の内容と意義 条約の基本的構造はウラジオストック合意を基礎とする数的制限で,米ソに同数の制限を課している.第1にICBM,SLBM,重爆撃機および空対地弾道ミサイル(ASBM)の総計を2,400に制限し,その後2,250に制限する.第2に内訳制限として,MIRV搭載ICBM,MIRV搭載SLBM,MIRV搭載ASBMおよび射程600kmを超える巡航ミサイル搭載の重爆撃機の合計に1,320の上限を設定し,そのうち前3者の合計に1,200,さらにMIRV搭載ICBMに820という上限を設定する.第3に,それぞれの兵器に搭載しうる弾頭数は現状に凍結される.これらの数的制限を条約締結時の実際の兵器と比較すると,総枠においてはほぼ現状維持であるが,内訳で規制される中心的兵器になると,たとえばMIRV搭載ICBMは,米国が550,ソ連が608保有しているのに対し820という高い制限が課されており,かなりの増強が認められている.また新型ICBMを1種類に限り飛行実験し配備すること,それに10弾頭を搭載することが認められている.このように戦略兵器制限条約(SALT II条約)は戦略兵器を包括的に規制し上限を設けてはいるが,上限があまりにも高いこと,質的規制がほとんどないこと,議定書による巡航ミサイルの制限も短期的であることなど,米ソの軍備調達計画にほとんど影響を与えるものではない.ただ将来の戦略兵器体系の予測可能性を増加し,*戦略的安定'の維持には一定の役割を果たすものであった.しかし条約署名後,1979年末にソ連によるアフガニスタン侵攻があり,米国内において条約はソ連に一方的優位を与えるとの強い批判があり,この条約は批准されず,発効しなかった.　[黒澤 満]

■**戦略防衛・安全保障見直し(英国の)**

The Strategic Defence and Security Review : SDSR(United Kingdom)

1 文書の位置付けと特徴 現行のSDSRは2010年10月に,保守党と自由民主党との連立政権であるデビッド・キャメロン(David Cameron)政権によって策定された.英国の防衛政策の基本文書との位置づけであり,防衛見直し(defence review)はこれまでにも,不定期ながら歴代政権によって実施されてきた.前回は,1998年にトニー・ブレア(Tony Blair)政権が発表した戦略防衛見直し(SDR)である.今回の新しい点は,2010年5月に発足したキャメロン政権が国家安全保障会議(NSC)を創設し,NSCにおいて,国家安全保障戦略(NSS)とSDSRの2つの文書が,いわばセットとして作成されたことである.NSSが英国の置かれた戦略環境とそこでの国としての目標を示した文書であるのに対し,SDSRは目標を達成するための手段とそのために必要となる軍の装備などに触れた,より具体的な文書と位置付けられている.発生の蓋然性と影響の大きさの観点から,NSSが第1の優先リスクとしたのは,国際テロ,*サイバー攻撃',自然災害,国家間の軍事的

せ

危機であり，安全保障上のいわゆる新たな脅威へのシフトが明確に示された．ただし，新政権による政策見直しの常として，前政権批判の要素も強く，労働党政権におけるアフガニスタンとイラクへの関与の在り方，そしてその結果としての英国軍の疲弊を強く批判し，軍の立て直しを掲げた文書になっている．能力面では，空母建造計画の継続や核戦力の維持，対テロ能力の強化などが示された．

2　その後の状況と改定に向けての課題　2010年SDSRによる英国軍の立て直しの前提には，アフガニスタンとイラクでの作戦の縮小・終了があった．実際，それらの遠征任務への派遣兵力数は減少したが，2011年のリビア作戦，さらには2014年からの過激派組織「イスラム国」に対する作戦など，新たなコミットメントも存在する．加えて，国防予算の削減は当初の想定以上に深刻であり，SDSRの計画を大きく超える兵員数削減が不可避となっている．2015年5月に予定される下院議員選挙後には，（政権交代の有無にかかわらず）新たなSDSRが作成される予定であり，1つの論点は，より高額化する主要装備品と必要な兵員数維持を限られた予算の中でどのようにバランスさせるかである．加えて，「国力以上の影響力行使（punching above its weight）」と言われてきた英国の外交・安全保障政策のコストを今後とも負担し続けるべきか，ないしそもそも可能かという根本的な問題も問われている．　［鶴岡路人］

■戦略防衛構想　Strategic Defense Initiative : SDI

1　構想の基本的内容　戦略防衛構想（SDI）と呼ばれるようになった*弾道ミサイル防衛’（BMD）システムづくりの契機となったのは，1983年3月23日のロナルド・レーガン（Ronald Reagan）米国大統領のテレビ演説である．1982年当時，*大陸間弾道ミサイル’（ICBM）搭載用の弾頭数はソ連が約6,000に対し，米国は約2,000であった．演説は，*核抑止’力による*懲罰的抑止’の有効性を認めつつも，BMDによる*拒否的抑止’を前面に打ち出すことで脅威の削減をはかる戦略的意図を示した．レーガンが呼びかけたのは，*弾道ミサイル’迎撃システムの構築に向けた大がかりな研究開発の推進で，具体的なシステムの配備計画が示されたわけではない．それでも演説を受けて国防総省内に戦略防衛構想局（SDIO）が設置され，研究開発予算は膨らんだ．宇宙配備レーザーなどの指向性エネルギー兵器（DEW）も研究対象になったことから，スターウォーズ計画とも呼ばれた．

2　米ソ軍備管理への影響　新型のBMDシステムの研究開発能力で劣っていたソ連は，SDIを強く警戒した．レーガンのSDI演説以前は新たな*軍備管理’交渉が暗礁に乗り上げていたが，1985年1月の米ソ外相会談で，両国は*戦略核兵器’や*中距離核戦力’（INF）に*宇宙兵器’を含めた*核・宇宙交渉’（NST）を開始することで合意した．この後の交渉過程で，SDIの扱いをめぐって根本的に立場が異なる両国が鋭く対立したのは，1972年に発効した*弾道弾迎撃ミサイル制限条約’（ABM条約）の遵守期限，条約の解釈である．ソ連は，双方とも少なくとも15年間はABM条約を順守する，米国のSDIは実験室での研究に限定する，との提案を行った．米国は，SDIに基づく宇宙防衛兵器の研究・開発をソ連が認めるならば，宇宙防衛兵器の配備を7年間は遅らせる用意があるとの対抗案を示した．1986年10月のレイキャビクでの米ソ首脳会談では，戦略核からINF，SDIにいたるまで広範囲に提案を出し合い，大胆な核軍縮合意の寸前まで進んだ．しかし，最後はSDIの扱いでの対立が解けず，物別れに終わった．その後，ソ連の方がSDIは早期に結実する可能性が低いとの見方を強め，ABM条約をめぐる食い違いを事実上，棚上げにして核軍縮・削減条約交渉にのぞみ，1987年に*中距離核戦力条約’（INF条約），1991年には*戦略兵器削減条約’（START条約）の調印にいたった．

3 SDIのその後　1989年の*冷戦'終結，戦略核削減の進展という情勢変化を受けて，ジョージ・H・W・ブッシュ(George H.W. Bush)政権は核戦略におけるSDIの位置づけを大幅修正した．宇宙兵器，地上発射式迎撃ミサイルを併用する「*限定攻撃に対するグローバル防衛'」(GPALS)を提唱した．GPALSの特色は，①SDIが，数千発のソ連核弾頭への迎撃システムを想定したのとは異なり，数十発から200発の核弾頭を迎え撃つことを目的とする，②高速の砲弾で核ミサイルを迎撃する「ブリリアント・ペブルス」を宇宙配備するが，配備数を当初予定の約4分の1の1,000基に減らす，といった点であった．背景には国際情勢の変化だけでなく，技術上の制約もあった．米国の財政事情が悪かった時期でもあり，予算上の制約もSDI失速の要因でもあった．レーザーや粒子ビームを使った兵器の宇宙配備も想定したレーガン時代の構想から，実現可能性が相対的に高い迎撃システムをまず配備していく方向に重点を移した．GPALSでは最高200発の核弾頭しか迎撃できない想定で，START Iが実現されても，3,000発を超す弾道ミサイル用核弾頭を保有できるソ連が抑止力を喪失する可能性はなく，米ソ間の*戦略的安定'を損なわないとの判断も米国政府内にあった．SDIをソ連側が警戒したことが，米ソの核軍縮を促したとの見方もある．SDIが与えた影響については論議が続いているが，少なくともSDIが打ち出された直後はそうした見方が繰り返し強調された．　［吉田文彦］

そ

■早期警戒　early warning

核大国である米国とロシアは*冷戦'時代から，相手の核ミサイル攻撃をただちに探知する早期警戒システムを整備してきた．早期警戒衛星や軍事偵察衛星などの衛星システム，地上や海上配備の各種レーダーを駆使したシステムで，双方の核戦略，核戦争計画にとって，今なお不可欠な存在である．冷戦時代の米ソ，現在の米露は*攻撃下発射'(LUA)態勢をとっている．こうした戦略を物理的に可能にしているのが早期警戒システムで，そこから発せられる警報に依拠して攻撃下発射の核戦争計画を実施する手順になっているとされる．早期警戒システムは米国とその同盟国が進めている*弾道ミサイル防衛'(BMD)でも重要な機能を担っている．探知された情報がミサイル追跡衛星などに伝達され，迎撃ミサイルが発射される流れとなるが，その端緒となる情報をキャッチするのが早期警戒システムである．北朝鮮の弾道ミサイルの早期警戒には，沖縄にある米空軍嘉手納基地に配備された電子偵察機コブラボール(RC135S)があたっている．京都府の丹後半島では，米軍がXバンド・レーダー基地整備を進めている．北朝鮮や中国などからの弾道ミサイルから米国本土を防衛する迎撃ミサイル能力の向上に必要とされる早期警戒レーダー基地である．　［吉田文彦］

■相互確証破壊　mutual assured destruction : MAD

1 冷戦時代　ソ連との核戦争を回避するため，米国は1960年代初めに確証破壊という戦略概念を考案し，西欧または米国がソ連から先制攻撃を受けた場合には，ソ連に対して耐え難い規模の核報復攻撃を確実に行える能力を確保することによって，米ソ間の*抑止'を維持しようとした．ソ連も戦略核戦力の大幅な増強を続けた結果，両国間に核戦争が起これば互いに破局的な結果になることが確実となり，この戦略状況が相互確証破壊と呼ばれた．生き残り能力のある第2撃力を確保することが，米国の核政策の目標とされた．1972年に米ソ間で合意された*戦略兵器制限暫定協定'(SALT I暫定協定)によって米ソの戦略核兵器はほぼ同じ水準で凍結され, 大まかな均衡(パリティ)が生まれた. 同時に調印された*弾道弾迎撃ミサイル制限条約'(ABM条約)によって戦略核攻撃に対する防御の可能性が失われた. 米ソが互いに確証破壊能力を持つ状態が制度的に固められ, 相互確証破壊'(MAD)の関係ができあがった. MADを前提にした米国の核戦略は, 米ソの国民と国土を互いに人質に取りあうことを意味し, その危険性, 信憑性, 非倫理性が批判されたが, 核攻撃に対する防御の道がなかったため, 米国は核使用のための目標選定の工夫によって抑止を維持しようとした. *軍備競争' を激化させず, 危機における安定を維持するためにソ連との*核軍備管理' 交渉が続けられた.

2 冷戦後　米露関係の変化と両国間の*核軍縮' の進展, ABM条約の失効などの新たな戦略環境下で, 米国は新たな核戦略への転換を求められた. MAD型戦略は, ソ連の指導者は米国と同様に重要な価値(国土, 社会, 国民など)を守る考えに立ち, その価値に耐え難いダメージが加えられるなら, 米国や西欧への軍事攻撃計画を断念するはずだという論理に基づいていた. 西欧とソ連の戦略環境に大きな変化がおこり, ミサイル防衛計画の推進によって戦略核攻撃に対して米国は無防備な状態ではなくなったため, MAD型戦略は時代遅れになった. 冷戦中は, 大規模な核戦争のリスクと共倒れのリスク(*恐怖の均衡')によって, 東西両陣営は武力行使に慎重にならざるを得ず, 相手方の自制を期待できる基盤はあった. 米ソの影響力とMAD型の抑止戦略によって, 米ソの同盟国と友好国で軍事紛争の芽が封じ込められた面もあった. 自爆攻撃を実行するテロリスト, *生物兵器'・*化学兵器' の拡散, 世界各地で起こる内戦など, 今日噴出している新しい安全保障問題に対する*核抑止' の効果は疑問視されており, インテリジェンス能力や防護力などの多様な対策が求められている. →新戦略三本柱, 戦略三本柱, 本土ミサイル防衛　　　　　　　　　　　　[岩田修一郎]

■**相互核抑止**　mutual nuclear deterrence

1 冷戦時代　*抑止' とは, ある国家あるいは勢力に, ある行動(たとえば軍事攻撃)をとることを思いとどまらせる作用であり, そのための力を抑止力と呼ぶ. 冷戦時代, 米国をはじめとする西側陣営諸国は, 攻撃されれば*核兵器' を使用するという威嚇をかけることによってソ連の侵攻を止めようとした(*核抑止' 戦略). 米ソの大規模な核戦力の増強が続くなか, 1972年に*戦略兵器制限暫定協定'(SALT I暫定協定)と*弾道弾迎撃ミサイル制限条約'(ABM条約)が成立した. 米ソの核攻撃力は過剰な水準(オーバーキル)で制度化され, 有効な戦略防御システムの構築が不可能になったため, ソ連に対する核報復攻撃の威嚇に依存する核抑止戦略(懲罰型の抑止)が米国の政策として定着した. 米ソは*相互確証破壊'(MAD)の状況に置かれ, 核報復に対する警戒と恐怖を共有することを通じて, 核抑止が相互に機能することが見込まれた. 米国は自国の戦略核戦力がソ連の核奇襲攻撃で無力化されるシナリオを警戒しつつ, 危機における安定の維持を念頭にソ連との*核軍備管理' 交渉を継続した. 相互核抑止は冷戦中の米ソ間の*戦略的安定' の基礎とされたが, 万一核戦争が起これば, 両国と同盟国が共倒れになる極めて危険な構図になっていた.

2 冷戦後　*冷戦' 後の米国の核戦略は, 相互核抑止への過度の依存から離れて, ミサイル防衛計画を前提として新たな抑止戦略を目指しているが, ミサイル防衛計画は米露の核軍縮に複雑な影響を与えている. 冷戦後に登場した核保有国(インド, パキスタン, 北朝鮮)のうち, 印パに関しては冷戦期の米ソと共通する要素(恒常的な軍事対立, 軍事衝突の可能性, 核軍備競争の継続, 有効な防御システムの欠如)があり, 両国間に相互核抑止が成り立つかが問題にされることがある. 核保有国の間に軍事的緊張が高まれば, 核戦争のリスクを前に両国の行動が慎重になる反面，相手国から核攻撃を受ける前に先に自国の核兵器を使う誘因が働く可能性もある．中国は，米国本土に届く戦略核兵器を保有しているが，核戦力の規模と能力において米国側が圧倒的に優勢であるため，両国間の相互核抑止が問題になることはまだ少ない．テロリストが核兵器を入手・使用する脅威に対しては，冷戦時代のような核抑止の効果を期待しがたいため，核兵器の不拡散体制の強化とテロの未然防止が重要と考えられる．→新戦略三本柱，戦略三本柱，戦略防衛構想，本土ミサイル防衛，戦域ミサイル防衛　［岩田修一郎］

■即席爆発装置　improvised explosive device : IED

1 IEDの概要　テロ攻撃などに用いられている，あり合わせの火薬や爆発物などを用いた手製の爆発装置．簡易爆弾と称されることもある．その構成はさまざまであるが，おおむね，爆発物，起爆装置，スイッチ，スイッチの電源，容器から成っている．爆発物としては，市場で流通しているような肥料や火薬，過酸化水素などが用いられ，具体的には硝安油剤爆薬や過酸化アセトン，セムテックス，ニトログリコール，硝酸尿素などがある．起爆装置には，ガレージ・オープナーや玩具のリモコン，セキュリティ・アラームなどが流用されている．また，爆発時の威力を高めるため，爆発物の周りを釘やガラス，金属片，有害物質で覆っているものも見受けられる．形状や大きさと，爆発の威力にも幅があり，トリニトロトルエン(TNT)火薬換算で1ポンド程度の手紙爆弾もあれば，より多量の火薬を詰めるために大型の車両を容器として用いた，TNT火薬換算で10,000ポンド程度の爆発力を有する車爆弾まで存在する．IEDの爆発による犠牲者の死因で最も多いのは，肺や耳，腹部などの圧迫による損傷であり，爆発により飛散する投射物の貫通，爆発時の風圧で身体を強く打ち付けることによる衝撃，熱による肌や口，肺などの損傷が続く．

2 IEDの使用状況　爆発物を何らかの容器に詰めて用いるという手法は新しいものではなく，1500年代には既に爆発物を大量に詰めた船舶を衝突させるといった手法が用いられていたし，IEDという語自体も，1970年代にアイルランド民族主義派がこの種の爆発物を用いたことを受けて，英陸軍が使用し始めたものである．だが，IEDが注目を浴びるようになったのは，2000年代以降，アフガニスタンとイラクにおいて，反乱勢力側が米国主導の多国籍軍に対する非対称戦争上の有効な手段として，これを多用するようになったことによる．2013年5月のワシントン・ポスト紙の報道では，2001年以降の両国での米軍の戦闘に起因した死傷の6割超がIEDによるもので，3,200人が死亡，33,100人が負傷しているとされる．一方，アフガニスタン・イラク以外でのIEDの使用も急増しており，シリアやマリ，アルジェリア，ソマリアなどで用いられているほか，1995年の米オクラホマでのビル爆破事件や，2004年のスペイン・マドリードでの列車爆破事件，2005年のロンドンでのテロ事件など，先進国でのテロにも使用されている．　［栗田真広］

■ソ連・西独武力不行使条約　Treaty between the Federal Republic of Germany and the Union of Soviet Socialist Republics
［正称］ドイツ連邦共和国とソビエト社会主義共和国連邦との間の条約，［署名］1970.8.12（モスクワ），［発効］1972.5.17

ソ連と西ドイツが締結した条約．条約締結の背景には，中ソ国境対立の深刻化や，東西経済格差の拡大のなか，東西和解のニーズが高まっていたソ連と，東方政策のもとに東側との関係改善に意欲を示す西ドイツとの思惑の重なりがあった．同条約では，国際平和の維持と緊張緩和を目指すべく，欧州地域の現状のもとで両国が地域情勢の正常化と欧州諸国家間の平和的関係の促進を確証する（第1条），欧州および国際の安全保障への影響に鑑み，国連憲章第2条のもと，いかなる紛争も平和的手段によってのみ解決し，かつ両国間の相互関係においても武力による威嚇や武力行使を慎む(第2条)，欧州諸国の国境線の現状を無条件に尊重し，将来にわたって領土に関する主張を双方行わない旨宣言し，特にオーデル・ナイセ線を不可侵と見なす(第3条)旨合意された．東西両陣営間の緊張緩和のなか，同条約は後のヘルシンキ・プロセスに繋がる重要な礎となった．［一政祐行］

■損害限定　damage limitation

損害限定は戦時において自国が被る損害を極小化することを指す．損害限定の1つの手段は敵対国の攻撃に対する防御手段であり，2つ目は自国の攻撃戦力で敵対国の軍事力を破壊し自国への攻撃能力の弱体化を図る手段である．核時代に入る前の通常戦力の時代においては，優越した損害限定能力の追求，すなわち戦時において可能な限り相手の攻撃能力を破壊し，もって戦争を勝利に導くことが軍事戦略の要諦であった．しかしながら，核時代に入ると，損害限定の追求は核戦争の危険を高めることが想定された．冷戦時代の米ソ*相互核抑止'関係にみられたように，核戦争の*抑止'が核報復能力に依拠し，しかも*核軍備管理'条約によって配備できる核戦力の上限を規定する戦略関係にあったからである．こうした核時代における損害限定の特徴は，1972年5月に米ソが*弾道弾迎撃ミサイル制限条約'(ABM条約)を締結して戦略*弾道ミサイル'に対する防衛能力に制限を加えたことに如実に表されている．しかしながら，米ソともに相手の核戦力を破壊する攻撃能力，すなわち一定程度の*カウンターフォース攻撃'能力の維持に努めたことも事実である．こうした政策は，自国に対する武力攻撃を抑止する基本抑止のみならず，*核の傘'の信憑性・信頼性を維持するためにも必要と考えられたのである．

［小川伸一］

た

■第1回国連軍縮特別総会最終文書

Final Document of the First Special Session of the United Nations General Assembly Devoted to Disarmament

1978年に国連史上初めて*軍縮'問題のみを討議するための特別総会(第1回*国連軍縮特別総会')がニューヨークの国連本部で開催された．その特別総会において，参加国のコンセンサスにより採択された合意文書のことを(軍縮特別総会の)最終文書と呼ぶ．同最終文書は，序文，宣言，行動計画および機構の4部(第1項～第129項)から構成され，軍縮分野で目指すべき最終的目標，原則，優先課題などが明らかにされている．国連軍縮特別総会は，1978年，1982年および1988年の計3回，国連本部において開催されたが，具体的成果として合意文書が採択されたのは1978年の特別総会のみである．その内容は多岐にわたるが，各部の主要項目としては，［序文］①真の軍縮措置を達成するためには，審議機関と交渉機関が必要である(第10項)，［宣言］②核戦争の脅威をなくすことが最も緊急な課題であるが，軍縮における最終目標は*全面完全軍縮'であり，*核兵器'，その他の*大量破壊兵器'(WMD)(*化学兵器'，*生物兵器')の軍縮，軍隊の削減および通常兵器の軍縮の交渉も行うべきである(第18～22項)，［行動計画］③軍縮交渉の優先課題は，核兵器，化学兵器を含むその他の大量破壊兵器，通常兵器である(第45項)，*国連軍縮委員会'に対し，すべての措置を含む包括的軍縮計画を作成するよう要請する(第109項)，［機構］④核兵器国を含めて限定されたメンバーによって構成される唯一の多数国間軍縮交渉フォーラムとして，軍縮委員会（The Committee on Disarmament : CD）（現在の*軍縮会議'）をジュネーブに設置する（第120項），などがある．［新井 勉］

■対宇宙兵器 counterspace weapon

1 対宇宙兵器の類型 敵対者の宇宙利用を妨害するための兵器である．対宇宙兵器には，①運動エネルギー，②指向性エネルギー，③電磁パルス（EMP），④電波妨害を用いるものなどが存在する．①は軌道上の*人工衛星'を運動エネルギーで破壊するものである．このうち直接上昇（direct-ascent）方式のものは，*ロケット'で運動エネルギー迎撃体を弾道軌道に打ち上げ，その直撃で衛星を破壊する．一方，同軌道（co-orbital）方式のものは，ロケットで地球周回軌道に投入した迎撃体が自ら目標までマヌーバを行い，衝突や金属片の散布で衛星を破壊する．②は衛星のセンサーなどをレーザーやマイクロ波で攻撃するものであり，その出力によって一時的な機能麻痺から恒久的な損傷まで与える影響が変化する．③は軌道上の衛星を攻撃対象とするものであり，高高度核爆発などで発生するEMPによって衛星の電子機器を破壊するものである．④は衛星と地上局を結ぶ通信リンクに電波妨害を行うものである．衛星の物理的破壊を伴わず攻撃の効果は一時的である．このように対宇宙兵器には，軌道上の衛星を攻撃対象とする対衛星兵器（ASAT兵器）に加えて，通信リンクを攻撃するものが存在する．また，攻撃の効果に注目した場合，一時的に機能を麻痺させるものから恒久的に機能を喪失させるものまで存在する．

2 対宇宙兵器の開発動向 対宇宙兵器の開発は，衛星の軍事利用が始まった1950年代末頃には開始されている．*冷戦'期にその中心を担ったのが米ソであり，両国は運動エネルギーを用いたものから，指向性エネルギー，EMP，電波妨害を用いたものまで多様な対宇宙兵器の開発を行い，その一部を実際に配備した．また米空軍が1960年代に開発していた有人軌道実験室（MOL）については，対宇宙兵器としても使用可能であるとしてソ連の批判を受けた時期があった．冷戦後は中国による対宇宙兵器の開発が活発化している．中国は2007年に運動エネルギー迎撃体の直撃で衛星を破壊する実験に成功したほか，指向性エネルギーや電波妨害を用いた対宇宙兵器の開発も行っているといわれる．さらに，電波妨害装置については，中小国や*非国家主体'への拡散が進んでいる．2003年のイラク戦争ではイラクが 全地球衛星測位システム（GPS）に対する電波妨害を実施している．

3 宇宙利用を妨害するその他の方法 専用の対宇宙兵器がない場合でも宇宙利用を妨害することは可能である．たとえば，衛星を管制する地上局に対して，空爆や地上部隊による攻撃を行ったり，*サイバー攻撃'を行ったりすることが考えられる．さらに，宇宙利用の妨害手段は軍事的なものに限定されるわけではない．敵対者が他国の衛星や商用衛星を利用している場合，外交的·経済的な手段によって宇宙利用を妨げることが可能である．［福島康仁］

■対抗措置（ミサイル防衛の） counter-measures

1 対抗措置の種類 *弾道ミサイル防衛'（BMD）によるミサイルの迎撃を回避するために講じられる対抗措置として，米国の「*憂慮する科学者同盟'（UCS）」などは，以下のようなものを挙げている．①BMDシステムを構成するアセット（迎撃ミサイルの*発射機'，*早期警戒'衛星やレーダーなどのセンサー，指揮命令系統など）の破壊あるいは無力化，②BMD能力を凌駕する攻撃能力の保持（ミサイルの保有数の増加，*生物兵器'·*化学兵器'の小弾〔submunition〕化など），③ミサイル·弾頭以外の物体を用いたBMD能力の凌駕（囮〔デコイ〕弾頭，金属箔を貼ったバルーン〔そのいずれかに弾頭を収納〕，金属片〔チャフ〕などを，ミサイル発射の際に合わせて飛翔），④飛翔するミサイルの探知·

追尾の妨害(弾頭の低放射率コーティング, 冷却化シュラウドなどを用いたセンサーによる探知の回避, あるいは迎撃体センサーなどへの電子妨害〔ジャミング〕), ⑤スクリーンや大きな風船を用いて弾頭を隠すことによる, 衝突破壊の防止, ⑥*複数個別誘導弾頭'(MIRV), 機動性再突入体(MaRV)の装着, ⑦軽量の*大陸間弾道ミサイル'(ICBM)によるブースト段階の時間の短縮, ⑧*巡航ミサイル'についてはステルス性の強化, である.

2 迎撃への影響 迎撃実験時とは異なり, 実戦では上述のような対抗措置が複合的に用いられる可能性もあり, 特にBMD反対派はBMDの実際の迎撃能力を疑問視している. 対抗措置は安価かつ容易であり, BMDの推進は従前と同様に勝ち目のない競争に挑むことに等しいと論じるのである. 他方, 推進派は, *弾道ミサイル'が飛翔するブースト段階, ミッドコース段階または終末段階のいずれか複数の段階で迎撃する多層防衛網を構築するなどして対応できると主張する. たとえば, ミッドコース段階では本物の弾頭と分別が難しいとされる囮弾頭は, ターミナル段階では分別可能である. また, *ブースト段階迎撃'(BPI)は, 囮弾頭が分離される前の迎撃により対抗措置を相殺しようとするものでもある. この論議は続いているが, ロシアによるMIRV化ICBMの重視やMaRVの開発, あるいは中国による衛星破壊実験の実施などは, 米国が構築するBMD網の突破を多分に企図したものだと考えられており, BMDの推進が*軍備管理'・*軍縮'の阻害要因になっているとも論じられている. ［戸﨑洋史］

■第五福竜丸事件 Lucky Dragon incident

1954年3月1日に太平洋のビキニ環礁で米国が*水素爆弾'実験を行った. 広島に投下された原爆の約1,000倍の威力を持つ水爆は甚大な量の「死の灰」(*放射性降下物')をまき散らした. 水爆実験の爆心地から約160km離れたところにいた, 焼津港を母港とするマグロ漁船「第五福竜丸」にも「死の灰」が降ってきた. 乗組員23人が被曝し, 半年後には無線長の久保山愛吉さん(当時40)が死亡した. 1955年1月, 米国政府は「見舞金」として200万ドルを日本政府に支払うことで「政治決着」させた. 実験場となったビキニ周辺では多くの島民が故郷を追われた. 爆心地から約200kmに位置していた, ロンゲラップ環礁では60年たっても帰還定住困難の状態が続いている. 日本では「放射能マグロ」が築地市場で廃棄されたほか, 死の灰を含む雨が国民に不安を広げた. 水爆時代の到来を告げるような*核実験'でもあったことから, *原水爆禁止運動'が高まるきっかけとなった. 広島, 長崎の*原爆被害'への関心も改めて国際的に高まった. 第五福竜丸は1967年に廃船となって埋め立て地の東京・夢の島で放置されたが, 市民の保存活動の結果, 東京都が1976年に展示館を設けた. ［吉田文彦］

■対人地雷禁止条約 Convention on the Prohibition of the Use, Stockpiling, Production, and Transfer of the Anti-Personnel Mines and on Their Destruction: Ottawa Treaty

［正称］対人地雷の使用, 貯蔵, 生産, 移譲の禁止並びに廃棄に関する条約, ［採択］1997.9.18(オタワ), ［発効］1999.3.1, ［日本］〈署名〉1997.12.3, 〈受諾書寄託〉1998.9.30, 〈公布〉1998.10.28(平10条約15)

1 条約成立の背景 対人*地雷'は第一次世界大戦で初めて使用され, 第二次世界大戦, 朝鮮戦争, ベトナム戦争でも使用され続けた. 安価で運搬容易なこともあり, カンボジア, アフガニスタン, アンゴラ, 旧ユーゴスラビア, 湾岸戦争などでも大量に使用された. 1990年代半ばには65カ国で約6千万個が敷設されたと言われ, 年間2万4千人の被害者を生んでいた. その大半が, 子供や女性, 年配者などの一般市民であった. 対人地雷を制限した条約としては, 1980年に成立した*特定通常兵器使用禁止制限条約'(CCW)

の第2議定書があるが，国内紛争には適応されない，プラスチック製地雷など探知困難な地雷は対象外，譲渡や移転に関する管理条項が不在，条約履行および監視手段が不在，といった問題が指摘されていた．1990年代に第2議定書の改正交渉が進められ1996年に改正されたものの，対人地雷の禁止には至らなかったことから，国際的な非政府組織(NGO)および禁止に積極的な複数の諸国と共に新しい条約作りが始動した．

2 条約の成立過程　対人地雷禁止条約は，通常の条約交渉とは異なる過程を経て成立した．まず，対人地雷の早期全面禁止を求める諸国を中心に，既存の場を離れて新しい交渉の場を作った．これは，CCWの全会一致原則が弊害となり，禁止賛成派と反対派の対立によって禁止に至らなかったことから，禁止を推進する諸国(カナダ，ノルウェー，ニュージーランド，アイルランド，南アフリカなど)のみで条約交渉を牽引したのである．2つには，対人地雷の全面禁止を求めるNGOの連合体，*地雷禁止国際キャンペーン'(ICBL)と推進派諸国による類例のないパートナーシップによって成立した点である．ICBLは，創設当時より対人地雷の全面的禁止，すなわち使用はもとより生産や貿易，備蓄などをすべて禁止することによって地雷のない世界を求めて活動していた．こうしたICBLの主張に呼応する形で新条約の交渉を牽引したのがカナダ政府であったことから，対人地雷禁止条約の成立過程は通称*オタワ・プロセス'と呼ばれている．数十カ国で開始した条約交渉は徐々に参加国が増え，1997年の成立時には122カ国が署名した．日本は1997年に署名，1998年に批准した．2014年9月現在，世界の約8割の国が加盟している一方，米国，ロシア，中国，韓国，北朝鮮，インド，パキスタン，イスラエルなど35カ国が未加盟である．

3 条約の内容とその後の展開　条約は対人地雷の使用，貯蔵，生産，移譲を全面的に禁止すると同時に，貯蔵地雷の4年以内の廃棄，埋設地雷の10年以内の除去を義務づけている．この条約の特徴は，軍縮条約としては初めて犠牲者支援を盛り込んだ点にあり，そうした意味で人道条約とも呼ばれている．第6条(国際協力と援助)では，犠牲者の治療やリハビリテーション，社会的経済的復帰と地雷回避教育計画の援助を規定している．これは，地雷被害の現場で活動するICBLが強く求めていた点で，オタワ・プロセスならではの産物である．なお，犠牲者に関する支援条項は2008年に成立した*クラスター弾条約'により厳密な形で反映された．条約発効後5年ごとに招集される検討会議は2004年(ケニア・ナイロビ)，2009年(コロンビア・カルタヘナ)，2014年(モザンビーク・マプト)で開催され，それぞれ行動計画および宣言を採択し5年間の具体的行動を打ち出している．ICBLが毎年発行する『ランドマイン報告書』によれば，1999年の条約発効以降，少なくとも90以上の国・地域で地雷敷設地域1,100km^{2}および戦闘地域2,100km^{2}の地雷を廃棄した．また，87の締約国が4,800万個以上の備蓄地雷を廃棄した一方，中国やミャンマー，北朝鮮，シンガポールなどの11カ国が製造を継続している可能性が指摘されている．　［目加田説子］

■大統領の核兵器削減イニシアティブ
Presidential Nuclear Initiative : PNI

1 経緯と第1次削減イニシアティブ　ソ連が解体する約3カ月前の1991年9月，クーデタ騒ぎなど内政の混乱に伴うソ連の*核兵器'管理体制の崩壊を恐れた米国のジョージ・H・W・ブッシュ(George H.W. Bush)大統領は，ソ連のミハイル・ゴルバチョフ(Mikhail Gorbachev)政権に呼び掛ける形で戦術核兵器，戦略核兵器にまたがる広範な自主的*核軍縮'措置および核軍縮提案を発表した．戦術核兵器においては，ソ連の戦術核兵器の撤去を促すために，西欧や韓国に配備されていたすべての地上発射の戦術核兵器の撤去と廃棄，海洋に展開されていたすべての戦術・戦域レベルの核兵器の撤去とその一部の廃棄，欧州に配備していた空中発射戦術核兵器の半減などを打ち出した．また，戦略核兵器に関しては，ピースキーパー*大陸間弾道ミサイル'（ICBM）の移動式化の中止，ミニットマンIIの警戒態勢の解除，それに10隻のポセイドン*弾道ミサイル搭載原子力潜水艦'（SSBN）の警戒態勢の解除を明らかにした．さらに核軍縮提案としては，*複数個別誘導弾頭'（MIRV）搭載ICBMの全廃交渉を求めたのである．これに対しゴルバチョフ大統領は，ブッシュ大統領の核軍縮イニシアティブに呼応するように，1週間後の10月5日，すべての地上発射戦術核兵器の撤去と廃棄，戦術・戦域レベルの海洋核と地上を基地とする海軍作戦機が搭載する核兵器の撤去と一部の廃棄，それに防空ミサイル搭載核弾頭の撤去と一部の廃棄を宣言した．戦略核兵器に関しては，*戦略兵器削減条約'（START条約）で規定された核弾頭の配備上限からさらに1,000発の削減，SS-24・ICBMの生産を36基で中止するとともに基地に固定化，さらには503基のICBMの警戒態勢の解除を表明した．さらに核軍縮提案として，START Iで配備が許容された核弾頭数の半減を目指す交渉の開始を提案したのである．

2　ソ連の解体と第２次削減イニシアティブ　ゴルバチョフ大統領が自主的核軍縮措置を発表してわずか3カ月弱の1991年12月末，ソ連は解体した．国家の解体という未曾有の事態を受けて，米国内では旧ソ連の核兵器の保全管理についての懸念が再び高まった．こうした懸念を背景にブッシュ大統領は，1992年1月末，「一般教書」演説のなかで，主に戦略核兵器の近代化計画の中止を柱とする第2弾の自主的核軍縮を発表したのである．具体的には，小型ICBMの生産・配備の中止，*潜水艦発射弾道ミサイル'（SLBM）用核弾頭W-88の生産中止，B-2爆撃機を20機で調達中止，などである．これに対し，新生ロシアの大統領に就いたボリス・エリツィン（Boris Yeltsin）は，ブッシュ大統領による発表の数時間後に，*重爆撃機'の生産の中止や爆撃機に搭載する核弾頭搭載空中発射*巡航ミサイル'（ALCM）の生産中止，さらには戦術核兵器に関してより具体的な一方的核軍縮措置を発表した．

3　成果　こうした米ソ（露）の自主的核軍縮措置により，戦術・戦域レベルの核兵器において，米国は約4,650発，ロシアは約11,100発の核弾頭を撤去あるいは解体するものと見積もられた．なお，アジア・太平洋地域に配備されていた米国の戦術・戦域レベルの核兵器は，1992年7月初頭までにすべてが撤去された．このなかには韓国に配備されていた地上発射の戦術核兵器および作戦機搭載の核兵器も含まれている．

［小川伸一］

■第２次戦略兵器削減条約　Treaty between the United States of America and the Russian Federation on Further Reduction and Limitation of Strategic Offensive Arms：START II Treaty　［正称］戦略攻撃兵器の一層の削減および制限に関するアメリカ合衆国とロシア連邦との間の条約，［署名］1993.1.3（モスクワ），未発効

1　条約の交渉と内容　*戦略兵器削減条約'（START条約）の署名に引き続いて，米ソ両国は第2次戦略兵器削減交渉（START II）を継続し，1992年6月17日ジョージ・H・W・ブッシュ（George H.W. Bush）大統領とボリス・エリツィン（Boris Yeltsin）ロシア大統領は，START II条約の枠組みに合意し，両国は1993年1月3日に条約に署名した．条約の主要な義務は，2003年1月1日までに両国の弾頭数をそれぞれ3,000～3,500の間に削減すること，*複数個別誘導弾頭'（MIRV）搭載の*大陸間弾道ミサイル'（ICBM）を全廃すること，重ICBMを全廃すること，*潜水艦発射弾道ミサイル'（SLBM）を1,700～1,750の間に削減することである．

2 条約を巡るその後の進展　米露両国は1997年9月に条約の議定書に署名し，START Ⅱ条約の実施期限を5年間延長し，2007年末とした．また1997年3月のヘルシンキ米露首脳会談において，START Ⅱ条約が批准されたらすぐにSTART Ⅲ条約の交渉を開始することが合意され，その条約により，両国の戦略核弾頭をそれぞれ2,000～2,500に削減すること，さらに運搬手段のみならず核兵器弾頭の廃棄をも実施するとされていた．米国は1996年1月にSTART Ⅱ条約を批准した．その後関連するいくつかの議定書が両国間で1997年に合意され，それらは条約と一体のものとされたが，米国はそれらの議定書には批准していない．ロシアは全体を2000年3月に批准したが，関連文書の米国による批准をSTART Ⅱ条約の発効条件としていた．ところが2001年12月にジョージ･W･ブッシュ(George W. Bush)大統領が*弾道弾迎撃ミサイル制限条約'(ABM条約)からの脱退を表明し，新たな枠組みを求めて*戦略攻撃能力削減条約'(SORT)の締結の方向に進んで行った．そのため，START Ⅱ条約は発効しなかった．→弾道弾迎撃ミサイル／戦域ミサイル防衛峻別合意　［黒澤 満］

■第２層の拡散　second tier proliferation

従来*核兵器'を保有する能力を持つとみられた先進工業国を第1層とすると，第2層の拡散とは，先進国ほど高い技術水準に達しているとみられていなかった途上国のレベルで核兵器やその運搬手段である*弾道ミサイル'の拡散が起きており，しかもそのような核拡散が，これら途上国間での取引や協力などを通じて拡散が進んでいる状況をさす．*湾岸戦争'直後に*イラクの核兵器開発疑惑'が持ち上がり，その後*北朝鮮の核開発問題'や*イランの核開発問題'などが表面化した．のみならず，シリア，リビアなどでも相次いで核開発の試みが明るみに出ている．また，途上国間での弾道ミサイルの拡散も進んでいる．いわゆる第2層で核拡散の懸念が高まったのは，これらの国々の間の協力や，カーン･ネットワークのような核の闇市場での取引を通じて機微な核技術や物資が入手できるようになったためである．こうした拡散の連鎖は「拡散の輪(proliferation ring)」とも呼ばれる．こうした態様の拡散に対しては，供給側で技術や物資の移転を規制するアプローチでは拡散を防ぐことは困難であるとの懸念が高まっている．　［秋山信将］

■第２の核時代　second nuclear age

冷戦後の第三世界地域における核やミサイルの拡散といった軍事力の向上に対する懸念とそれに対する対処の困難さを表す概念である．なお，時代区分の定義については，1998年のインド，パキスタンによる*核実験'以降とすべきとの議論もあるが，明確ではない．第2の核時代の特徴は次の通りである．第三世界地域，特に北朝鮮をはじめとするアジア諸国の中で，*弾道ミサイル'の技術に手が届く国の数は増加し，米国の軍事的なプレゼンスの優位性を脅かす．さらに，米国の軍事上の技術的な優位が揺らぐことによって米主導で構築された戦後の国際政治が構造的に挑戦を受けることになる．また，拡散の要因として，地域の軍事的対立やナショナリズムが指摘されるところも，冷戦期の国際構造を規定した米露関係と異なる点である．そして，その状況への対応としては，既存の*核兵器不拡散条約'(NPT)レジームでは有効な対処を取ることが難しいため，*弾道ミサイル防衛'(BMD)などの*拡散対抗'や，*軍備管理'を通じた核をめぐる関係の安定化を優先すべきとする．　［秋山信将］

■太平洋諸島フォーラム　Pacific Islands Forum : PIF

太平洋諸島の国々が政治･経済･安全保障など同地域の諸問題について幅広く協議を行う場として設立した地域機構である．事務局はフィジーの首都スバにある．加盟国は，豪州，ニュージーランド，パラオ，ミクロネシア連邦，パプアニ

た

ューギニア, ソロモン諸島, ナウル, バヌアツ, フィジー, マーシャル諸島, キリバス, ツバル, サモア, トンガ, クック諸島, ニウエの16カ国である. 1971年に始まったフランスのムルロワ環礁における核実験に対して結束して抗議活動を行うために発足したのが, 前身の南太平洋フォーラム(South Pacific Forum：SPF)である. 同年, 第1回諸国会議がニュージーランドのウェリントンで開催され, 以来毎年会議が開催されている. 議長は1年ごとに加盟国が持ち回りで務める. 1970年代後半の日本の放射性廃棄物投棄計画への反対運動にも一致団結して抗議した. また, 同フォーラムは*ラロトンガ条約'(南太平洋非核地帯条約)の運用機関としても機能する. 1989年には日本や米国など同地域に影響力がある域外国も会議のオブザーバーとして加えることで対話の窓口としての機能も果たすようになった. 2000年11月の総会で現在の太平洋諸島フォーラムに名称を変更. 現在は, NGOなど非政府組織との連携も強化し, 太平洋諸島の平和と安定に寄与している. [福島崇宏]

■第4回6者会合に関する共同声明 Joint Statement of the Fourth Round of Six-Party Talks

*北朝鮮の核開発問題' を中心議題として開かれた6者会合で, 初めて採択された合意文書を指す. 2005年7月末から開かれた第4回会議において, 休会後再開された同会議第2セッションで9月19日に採択された. 共同声明は包括的な内容をもつが, そこで北朝鮮は「全ての*核兵器' および既存の核計画」を放棄し, *核兵器不拡散条約'(NPT)への復帰を約束した. ここでいう「既存の核計画」には, 米国の解釈では*高濃縮ウラン' 計画も含まれるとされる. これに対し米国は, 北朝鮮に「核兵器または通常兵器による攻撃や侵略を行う意図をもたない」ことを確認した. さらに共同声明では, 原子力の*平和的利用' の権利を主張する北朝鮮に対し, それを「尊重する」とし, 「適当な時期に」北朝鮮への「*軽水炉' 提供問題」を議論することに合意したと述べられた. またその他, 共同声明では, *朝鮮半島非核化共同宣言', *日朝平壌宣言' に触れ, 2者(国)間関係の改善を謳ったほか, 朝鮮半島の停戦体制を平和体制に転換するため「直接の当事者」による協議の場を設けるなど, 韓国, 北朝鮮, 米国, 中国で構成された4者会談のように, 朝鮮半島固有の問題を議論する小規模の多国間協議の開催を試みていた. [倉田秀也]

■第4世代原子力システム国際フォーラム Generation IV International Forum：GIF

安全性·信頼性, 経済性, 持続可能性, *核拡散抵抗性' と*核物質防護' に優れ, 2030年代に基幹エネルギーを担い得る「第4世代原子力システム」の研究開発に関する国際協力のための多国間枠組みである. 1999年に米国が提唱, 2001年にアルゼンチン, ブラジル, カナダ, フランス, 韓国, 日本, 南アフリカ, 英国, 米国がGIFの理念を定めたGIF憲章に署名して正式に発足, その後, スイス, *欧州原子力共同体'(EURATOM), 中国, ロシアが加盟している. GIF加盟国は, 研究開発協力の基本的枠組みに関する政府間の国際約束である「第4世代の原子力システムの研究及び開発に関する国際協力のための枠組み協定」を締結するとともに, システムおよびプロジェクト取決めを作成し, 研究開発に参加する. 2002年7月, 第4世代原子力システムとして6つの炉型(ナトリウム冷却高速炉, 超高温ガス冷却炉, ガス冷却高速炉, 超臨界圧水冷却炉, 鉛冷却高速炉, 溶融塩炉)が選定され, 同年12月に研究開発ロードマップが作成された. 現在, 6つの炉型ごとの参加国により研究開発が進められている. 事務局は経済協力開発機構原子力機関(OECD/NEA)に設置されている.

[田崎真樹子]

■大陸間弾道ミサイル intercontinental ballistic missile：ICBM

1 ICBMの登場 5,500kmを超える射程距離の*弾道ミサイル'をICBMという.この定義は米ソ(露)間の*核軍備管理'条約によるものであるが,米露以外の国の弾道ミサイルを分類する際にも用いられる.最初にICBMが実用段階であることを明らかにしたのは,1957年にICBMのSS-6(R-7)を改良した*ロケット'で*人工衛星'スプートニクを打ち上げたソ連である.米ソにとって,相手国領域から発射され自国に着弾する弾道ミサイルは,迎撃困難でかつ核弾頭を搭載できることから大きな脅威であり,*冷戦'で対立していた両国の政治·軍事関係に大きな影響を与えた.ICBMは,*潜水艦発射弾道ミサイル'(SLBM)および*戦略爆撃機'と並ぶ*戦略戦力'であり,あわせて*戦略三本柱'と呼ばれる.ICBMは即応性,SLBMは残存性,戦略爆撃機は柔軟性において他の戦略戦力より優位にあるといわれる.ICBMを保有しているのは,米国,ロシア,中国であり,インドと北朝鮮が開発していると考えられている.米ソ(露)のICBMは,他の戦略戦力とともに*戦略兵器削減条約'(START条約),*第2次戦略兵器削減条約'(STARTⅡ条約),*戦略攻撃能力削減条約'(SORT),*新戦略兵器削減条約'(新START条約)などの核軍備管理条約による規制の対象である.ICBMの誘導方法は基本的には慣性誘導であるが,初期には無線誘導も利用され,後には全地球衛星測位システム(GPS)により命中精度を高くする方法も登場した.

2 ICBMの種類　現在配備中のICBMはすべて核弾頭を搭載しており,単弾頭,複数の弾頭が同じ目標に向かう複数弾頭(MRV),複数の弾頭が別々の目標に向かう*複数個別誘導弾頭'(MIRV)がある.またICBMには,*弾道ミサイル防衛'(BMD)に対抗するために,囮(デコイ)や,通常の弾頭と異なる飛翔経路をとる機動性再突入体(MaRV)を搭載するものがある.ICBMには固定式と移動式があり,固定式は地下に配備され,移動式は鉄道か車両で運搬される.移動式ICBMは,固定式ICBMに比して*武装解除的第1撃'の回避について優位にある.移動式ICBMはSTARTⅠでは数量について規制が課せられ,複数の弾頭を有するICBMはSTARTⅡでは条約履行期間の最終段階で全廃とされていたが,ともにSORTと新START条約では規制されていない.また,STARTⅠおよびSTARTⅡでは一定の発射重量または投射重量を超えるICBMを重ICBMと定義してその数量を規制していたが,これに該当するのはソ連(ロシア)のSS-18(RS-20)とSS-19(RS-18)だけであった.貯蔵困難な液体燃料を用いる弾道ミサイルは即応性に欠けるが,米ソともに最初のICBMは貯蔵困難な液体燃料を用いていた.現在配備中のICBMは,貯蔵可能な液体燃料または固体燃料を用いている.→米国のミサイル戦力,ロシアのミサイル戦力,中国のミサイル戦力,インドのミサイル戦力,北朝鮮のミサイル戦力

[松山健二]

■大量破壊兵器 weapons of mass destruction : WMD

1 WMDの定義と国際的関心の高まり　大量破壊兵器(WMD)とは,*核兵器'·*化学兵器'·*生物兵器'およびそれらと同等な破壊効果を有する兵器の総称である.他の兵器は,通常兵器(conventional weapons)として分類される.核·生物·化学の頭文字をとってNBC兵器と表されることもある.1947年に国連安全保障理事会·*国連通常軍備委員会'は,*原子爆弾'のみならず,過去の戦争で使用された生物·化学兵器がもたらした惨劇を念頭に,「原子爆発兵器,放射性物質兵器,致死的化学·生物兵器および破壊効果において原子爆弾や前述のその他の兵器に匹敵する性質を持ち将来的に開発される兵器」を大量破壊兵器と定義した.また,世界に核危機の克服を訴えた「*ラッセル·アインシュタイン宣言'」(1955年)はその冒頭で,大量破壊兵器の開発がもたらす危機について警鐘を鳴らしている.第二次世界大戦以後,核·生物·化学兵器の拡散傾向が継続的に見られることから,大量破壊

た

兵器の生産や使用禁止，拡散問題への対抗が国際的な関心事になっている．

2 WMD 群の拡大　1980 年代のイラン・イラク戦争で実際に使用されたことによって，化学兵器に対する国際社会の関心が一時期高まった．しかし壊滅的な破壊力と放射線被害の悲惨さから，大量破壊兵器といえば核兵器に大きな関心が注がれていた．ところが冷戦が終結した 1990 年以降，*ならず者国家’やテロリストが化学・生物兵器を手中にすることへの危惧が高まってきたこともあって，国際社会の関心が再び化学・生物兵器に向けられることとなった．他方，戦場で実際に多くの人命を奪い，人体に障害を与える対人*地雷’や*クラスター弾’などへの関心が集まり，それらの武器が「スローモーションの大量破壊兵器」と称されることもある．また，世界各地の紛争で最も多くの人命を奪っている*小型武器’を「事実上の大量破壊兵器」と呼ぶ場合もある．

3 法的規制の動きと今後の展望　国際連盟の時代である 1925 年に，生物・化学兵器の使用を禁止した「*ジュネーブ議定書’」があった．第二次世界大戦後の大量破壊兵器に関する法的規制としては，1963 年に*部分的核実験禁止条約’(PTBT)，1968 年に*核兵器不拡散条約’(NPT)，1972 年に*生物兵器禁止条約’(BWC)，そして 1993 年に*化学兵器禁止条約’(CWC)がそれぞれ署名され，のちに発効した．ただし 1996 年に採択された*包括的核実験禁止条約’(CTBT)は署名のために開放されたものの，発効要件国(同条約第 14 条に規定)とされる国々の署名・批准が整わず，発効に至っていない．また，1997 年に*対人地雷禁止条約’，2008 年に*クラスター弾条約’が署名された．大量破壊兵器の中で唯一，核兵器を禁止する条約がいまだ成立していない．それゆえ，包括的な禁止を求めるか使用のみの禁止に限定するかの議論はあるものの，「*核兵器禁止条約’」の締約が 21 世紀における大量破壊兵器に関わる重要な課題となっている．また，大量破壊兵器が脅威となるにはミサイルなどの運搬手段が欠かせないことから，運搬手段の開発や拡散問題も大量破壊兵器の問題を考える上で重要な課題とされている．大量破壊兵器の関連物質・技術の*輸出管理’の問題もまた同様である．対人地雷，クラスター弾，さらには小型武器をも大量破壊兵器とみなす最近の傾向は，大量破壊兵器の軍縮を軍事的・政治的な側面のみならず，人間の安全保障や人道性の観点から検討すべきであるという新たな視点を示唆している．［神谷昌道］

■大量破壊兵器委員会 Weapons of Mass Destruction Commission : WMDC

大量破壊兵器委員会(WMDC)は，ジャヤンタ・ダナパラ(Jayantha Dhanapala)国連事務次長(当時)の要請に応じたスウェーデン政府が，2003 年 12 月に発足させた．*国連監視検証査察委員会’(UNMOVIC)と*国際原子力機関’(IAEA)の元責任者だったハンス・ブリクス(Hans Blix)が委員長に就任し，地域と政治的立場のバランスが考慮されて専門家 13 名がメンバーとなった．日本から西原正・元防衛大学校長が選ばれた．委員会は 2006 年 6 月，*Weapons of Terror : Freeing the World of Nuclear, Biological and Chemical Arms* と題する報告書を国連事務総長に提出した．60 項目の具体的勧告を含む報告書の概要は，国連の公式文書(A/60/934)になった．西原委員監訳による日本語版『大量破壊兵器　廃絶のための 60 の提言』(2007 年)もある．*核軍縮’と*核不拡散’に焦点を当てた *Report of the Canberra Commission on the Elimination of Nuclear Weapons*「キャンベラ委員会報告書」(1996 年)や「*核不拡散・核軍縮に関する東京フォーラム’報告書」(1999 年)に対比して「ブリクス報告書」とも呼ばれるこの報告書は，核兵器のみならず*生物兵器’・*化学兵器’を含めた*大量破壊兵器’(WMD)の課題を包括的に検討したことで知られる．［神谷昌道］

■大量破壊兵器キャッチオール規制

catch-all export control of weapons of mass destruction

1 大量破壊兵器の拡散防止レジームの強化策 *大量破壊兵器'(WMD)等の拡散防止は国際社会が取り組むべき安全保障上の最重要課題の1つと位置づけられる.そのための国際的枠組みについては,条約として,*核兵器不拡散条約'(NPT),*生物兵器禁止条約'(BWC),*化学兵器禁止条約'(CWC)がある.また,大量破壊兵器そのものだけではなく,大量破壊兵器等の開発,製造,使用,貯蔵に転用される可能性の高い貨物・技術(汎用品)の輸出を国際的に規制するため,*原子力供給国グループ'(NSG),*オーストラリア・グループ'(AG),*ミサイル技術管理レジーム'(MTCR)の3つの国際輸出管理レジームが存在する.条約の各締約国は国際法を遵守しつつ,また国際輸出管理レジームの各パートナー国はガイドラインに準拠して,自国の法令を通じて輸出規制を実施し,大量破壊兵器等の拡散防止に努めている.*湾岸戦争'後,国連決議に基づいて,イラクに対して*国際原子力機関'(IAEA)が査察を実施したが,その結果,国際的な輸出規制の枠組みでの規制レベル以下の貨物・技術がイラクの大量破壊兵器等の開発プロジェクトに利用されていた事実が判明した.このような事態の発覚を契機として,米国,英国,ドイツなど,従来から厳格な*輸出管理'を実施してきた欧米諸国において,大量破壊兵器等の拡散防止を強化するため,*キャッチオール規制'が導入された.

2 日本の規制の概要 日本も大量破壊兵器等の拡散防止における国際的な責務を果たす必要があるとの認識から,2002年4月にキャッチオール規制を導入した.ここでの規制の対象貨物・技術は,*輸出貿易管理令別表第1'または*外為令別表'の16項に掲げられており,原則,リスト規制貨物以外の貨物・技術である.ただし,食料品,木材などの大量破壊兵器の開発等とはおよそ関係がないと考えられる一部の品目は除かれる.規制対象貨物・技術を輸出あるいは提供しようとする際,客観要件と*インフォーム要件'に該当した場合には,経済産業大臣に対する許可申請が必要となる.まず,客観要件の1つに用途要件があり,輸出者が契約書や当該輸出に関し入手した文書および記録媒体または当該輸入者からの連絡に基づいて,輸入先あるいは提供先において,当該貨物・技術が大量破壊兵器等の開発等に用いられるかどうかを判断することが求められる.もう1つの客観要件として需要者要件があり,輸入者あるいは需要者が大量破壊兵器等の開発等を行う,あるいは行っていたかどうかについても輸出者が判断しなければならない.用途要件に該当するのは,たとえば,中東にあるA国から輸出貿易管理令別表第1の16項に該当するポンプ100セットの引き合いを受けたので,用途を尋ねたらVXガスやサリン製造に使用すると連絡を受けたような場合である.また,需要者要件としては,経済産業省が大量破壊兵器の開発等への関与が懸念される企業・組織を掲載し公表しているリスト(*外国ユーザーリスト')に掲載されている企業(懸念用途はミサイル)から輸出貿易管理令別表第1の16項に該当する大型クレーン車10台の引き合いを受けたようなケースが想定される.次に,インフォーム要件として,輸出される貨物・技術が大量破壊兵器等の開発等に使用されるおそれがあるとして,経済産業大臣から輸出許可・役務取引許可の申請をすべき旨の通知を受けた場合にも許可申請が必要になる.また,規制対象地域はホワイト国を除く全地域となっている.ホワイト国は,輸出管理に関する国際条約および4つの国際輸出管理レジームに参加し,大量破壊兵器キャッチオール規制を実施している国であることから,規制の対象外とされている.

[久保田ゆかり]

■大量破壊兵器と戦う国家戦略 National Strategy to Combat Weapons of Mass Destruction

1 経緯　2001年9月に米国を襲った同時多発テロは,テロの脅威と*大量破壊兵器'(WMD)の脅威を結び付け,通常の*抑止'が効かない相手に対しWMDを拡散させないことが,米国にとって重要な安全保障上の課題となった.「大量破壊兵器と戦う国家戦略」は,こうした脅威に対処するための政策の指針であった.2002年9月,米国政府は「米国の*国家安全保障戦略'」を発表した.この中でジョージ・W・ブッシュ大統領(George W. Bush)は,テロの脅威が米国本土に到達する前にその脅威を発見し,破壊するために単独での先制攻撃も辞さない,テロ支援国家に対してもそれを許さない,そしてWMDの「*ならず者国家'」やテロリスト集団への拡散・移転を阻止するために,積極的な*拡散対抗'政策を推進する,といった方針を打ち出した.この「米国の国家安全保障戦略」を政策の指針としてより具体化させたのが,「大量破壊兵器と戦う国家戦略」であった.同戦略は,国家安全保障大統領令17(NSPD 17)の公開版として,2002年12月に発表された.この戦略の三本柱は,①WMD使用と戦う拡散対抗,②WMD不拡散体制の強化,そして③WMDによる攻撃への対処としての結果管理である.

2 戦略の概要　拡散対抗は,拡散・移転の阻止,先制攻撃をも視野に入れた抑止,およびと脅威からの防衛と軽減措置からなる.阻止は,この戦略の中核的概念で,WMD関連物資,技術および専門知識の敵対国家やテロ組織への移転を防止するために,軍,情報,技術および法執行機関の能力を強化する必要性を強調する.ここから導き出された政策が,*拡散に対する安全保障構想'(PSI)である.PSIは,国土安全保障(homeland security)体制の構築,先行していた*コンテナー安全保障構想'(CSI)と合わせ,WMD拡散やテロの脅威を水際で阻止する拡散対抗政策の柱となった.*抑止'においては,先制攻撃を示唆することに抑止効果を期待し,WMDによる攻撃にはWMDで反撃する可能性を示している.不拡散体制の強化策としては,不拡散外交のほか,①*核兵器不拡散条約'(NPT)体制の強化,*国際原子力機関'(IAEA)*追加議定書'の署名と批准の促進,および*原子力供給国グループ'(NSG)と*ザンガー委員会'の強化を通じた*輸出管理'の強化,②*化学兵器禁止条約'(CWC)体制と*生物兵器禁止条約'(BWC)体制の強化と輸出管理体制としての*オーストラリア・グループ'(AG)の強化,③「*弾道ミサイルの拡散に立ち向かうためのハーグ行動規範'(HCOC)」の推進といった*ミサイル技術管理レジーム'(MTCR)の強化などが挙げられている.　　[秋山信将]

■大量報復戦略　strategy of massive retaliation

米国が初めて公に宣言した*核抑止'戦略である.米ソ*冷戦'の激化を受け,1940年代後半に米軍はソ連の都市部に対する大規模な核攻撃計画を策定したが,これは抑止ではなく実際の戦争における勝利を主目的とした秘密計画であった.しかし,1950年に朝鮮戦争が勃発しても,米国が核を使用することはなかった.その後,1953年に発足したドワイト・アイゼンハワー(Dwight Eisenhower)政権は,米国以外の国への通常兵力を用いた攻撃に対しても大量の核攻撃で報復するとあらかじめ宣言することで,ソ連を抑止しようと試みた.この大量報復戦略は,1954年1月のジョン・ダレス(John Dulles)国務長官による演説で明らかにされた.この演説でダレスは,米国の軍事力と*抑止'力は「我々の選ぶ手段と場所で即座に報復するための強大な能力に主として依存する」と宣言した.大量報復戦略は荒削りではあったが,絶対的な破壊力という*核兵器'の特質を反映した戦略であった.このような戦略を米国が採用した背景には,当時のソ連がまだ米国本土への本格的な核攻撃能力を有していなかったことと,国防費削減を優先課題とするアイゼンハワー政権が欧州正面において通常兵力で圧倒的優位に立つソ連軍に対抗する上で,通常兵力よりも安価だと考えられた核戦力への依存度を増やそうとしたことという2つの要因が存在した.しかし,1950年代後半以降にソ連の核戦力が増強されると,ソ連から核報復を受ける危険があるにも関わらず米国は先制核攻撃を行うのかという点が疑問視されるようになり,大量報復戦略の信憑性は低下していった.→米国の核政策・核戦略　［福田 毅］

■台湾の輸出管理制度　export control system of Taiwan

台湾の*輸出管理'を管轄するのは経済部国際貿易局であり,輸入管理と同時に輸出管理を所掌している.台湾は1994年7月1日から輸出制限品目表(ネガティブ・リスト)に基づく輸出管理制度を運用している.ネガティブ・リストは,①輸出制限品目として国際貿易局の個別認可により輸出許可証が発行されないと輸出できないものと,②条件付き輸出許可品目で一定の条件を満たしたうえで,国際貿易局から輸出許可証が発行されるもの,の2種類に分かれる.台湾の輸出管理は貿易法を根拠法規としており,1993年に同法を改正し第13条と第27条を追加して戦略的ハイテク物資(SHTC)の管理体制を新たに敷いた.それに伴い1998年以降,*オーストラリア・グループ'(AG),*原子力供給国グループ'(NSG),*ミサイル技術管理レジーム'(MTCR)などの多国間輸出管理レジームの決定した規制規準をSHTC制度に組み込んで,不拡散に向けた体制整備を行い現在に至っている.また,2004年1月には*キャッチオール規制'を導入し,日本などと歩調を合わせた制度改正を行った.しかし,こうした制度面での輸出管理政策の強化にもかかわらず,台湾経由で北朝鮮などの拡散懸念国家への流出事案が後を絶たず,台湾の国際法上の地位の曖昧さと相俟って問題を複雑化させている.　［山本武彦］

■多角的核戦力構想　multilateral force: MLF

ドワイト・アイゼンハワー(Dwight Eisenhower)政権からジョン・ケネディ(John Kennedy)政権にかけて米国が提案したもので,核弾頭搭載ポラリス・*潜水艦発射弾道ミサイル'(SLBM)を装備する*弾道ミサイル搭載原子力潜水艦'(SSBN)や洋上艦船に米国軍人のみならず欧州の北大西洋条約機構(NATO)諸国の要員も同乗させ,運用させる構想である.こうした多国籍艦隊を創設しようとした背景には,当時,西欧防衛に必要と見做されていた戦略核兵器や戦術核兵器の使用を米国が専決的に決定することに欧州のNATO諸国が不安感を高めたことがある.その後,MLF構想は艦隊編成をめぐって変化し続けたが,米国を含むNATO諸国が政治的に受け入れ可能な*核兵器'の多国間運用のあり方に合意できなかったことなどが原因となり,西独を除く欧州NATO諸国の関心は次第に下火になっていった.とりわけ1960年2月に*核実験'を成功させたフランスは,独立核戦力の構築を志向しており,米国主導のNATOの核戦力部隊という構想には消極的であった.この結果,一部の艦船に多国籍の要員を配置する計画まで作成されたものの,結局この構想は実施に移されることはなかった.他方,西欧防衛の柱の1つである核使用への関与を求めようとする欧州NATO諸国の要求は,1966年末の「核計画グループ(Nuclear Planning Group)」の創設に見られるように,*NATOの核シェアリング'につながっていった.なおソ連は,西独を核兵器の運用に関与させるとして,多核的核戦力構想には反対し続けた.　［小川伸一］

■多国間アプローチ(核燃料サイクルに対する)　multilateral approaches to nuclear fuel cycle: MNA

1　基本的な概念　多国間アプローチ(MNA)とは,核拡散防止を目的とした多国間ベースの*核燃料サイクル'の管理構想である.核拡散において最も懸念されるウラン*濃縮',使用済み燃料の*再処理'などを多数国間で共同管理あるいは共同で保有することなどを通じ,これらの技術が軍事転用されにくい環境を整えること，また，何らかの事情により核燃料の供給が途絶した際には，この多国間の枠組みを通じて供給が保証されることで，各国が独自の濃縮，再処理能力を持つ必要性を減じ，核燃料サイクル技術の保有を断念させることを目的としている．MNA というと，広義には，従来から提案されてきた核燃料サイクルの多国間管理のアプローチ一般を指すが，一般的には，*国際原子力機関'(IAEA)のモハメド・エルバラダイ(Mohamed ElBaradei)事務局長によって 2003 年に提唱された構想(*エルバラダイ構想')を指すとみなされている．

2 経緯 冷戦後，*核兵器不拡散条約'(NPT)と IAEA を中心とした核不拡散体制は，内外からの厳しい挑戦にさらされた．NPT に入らずに核を保有するインド・パキスタン・イスラエル(外部からの挑戦)，NPT/IAEA の規制をくぐり核兵器開発を目指した北朝鮮，イラク，リビア，イラン(内部からの挑戦)，さらにパキスタンのアブドゥル・カーン(Abdul Khan)博士を中心とする核の闇市場(*非国家主体'による挑戦)など，核拡散の脅威が高まる中で，さまざまな核不拡散体制の強化策がはかられた．IAEA の*追加議定書'の採択と普遍化，輸出管理の強化などである．これらの措置は，ある程度の効果をあげているものの万能薬ではない．そこで核兵器開発と直結しかねない*ウラン濃縮'と*プルトニウム'抽出のための使用済み燃料の再処理に国際的な規制をかけるべしとの考えが浮上してきた．核の国際管理という概念は，IAEA 設立の基本理念でもあり，以前から存在していた．核燃料サイクルの規制と多国間の枠組みでの実施という考え方は，1970 年代後半の*国際核燃料サイクル評価'(INFCE)や，1980 年代の供給保証委員会(CAS)などで議論されてきた．しかし，冷戦後，核拡散の懸念が高まる中，原子力利用が拡大するとの見通しから，再び核燃料サイクルの規制に対する多国間のアプローチが具体的に取り上げられるようになった．その口火を切ったのが，エルバラダイの構想であり(2003 年)，もう 1 つは，ジョージ・W・ブッシュ(George W. Bush)米大統領の*国際原子力エネルギー・パートナーシップ'(GNEP)構想である(2004 年)．エルバラダイ構想が提唱されて以降，各国からさまざまな多国間管理の提案がなされた．これらの提案の核不拡散上の効果は，あるとしても間接的であろう．しかし，これまで繰り返されてきた国際的議論に一定の回答を提示したという意義はある．なお，肝心の濃縮，再処理の国際管理の方は，特に権利制限的な要件等について国際合意が得られず，実質的な議論は進んでいない．　　　　　　　　　　　　　　　　[遠藤哲也]

■**ダムダム弾禁止宣言** Declaration(IV, 3) concerning Expanding Bullets ［正称］外包硬固ナル彈丸ニシテ其ノ外包中心ノ全部ヲ蓋包セス若ハ其ノ外包ニ裁刻ヲ施シタルモノノ如キ人體内ニ入リ容易ニ開展シ又ハ扁平ト爲ルヘキ彈丸ノ使用ヲ禁止スル宣言，［署名］1899.7.29(ハーグ)，［発効］1900.9.4，［日本］〈署名〉1899.7.29，〈公布〉1900.11.22(勅令)

1 ダムダム弾禁止宣言の概要 ダムダム弾禁止宣言は，武力紛争法における陸戦法規の 1 つとされ，1899 年7月 29 日の第 1 回ハーグ平和会議において日本を含む 16 カ国が署名・締結した宣言書のことをさす.「戦争の必要が人道の要求に譲歩すべき技術上の限界」を定め特定の非人道的武器の使用を禁じた*サンクト・ペテルブルク宣言'(1868 年)の趣旨に沿い，「弾丸の堅固な外包に裁刻を施し，その破片が人体の中で容易に変形(展開または扁平)する弾丸」の使用を禁止した宣言である．

2 ダムダム弾禁止宣言に関する議論 本宣言の名称にあるダムダム弾(Dum Dum Bullets)は，旧英領インドのダムダム(西ベンガル州コルカタ近傍)の造兵工廠において製造され，本宣言締結前に英陸軍に配備されていた．特に，ダムダム弾については，戦闘員に対して不必要な苦痛を与える兵器として,その後1907年10月18日の第2回ハーグ平和会議において署名され1910年1月26日に効力発生した*ハーグ陸戦条約'の第23条ホ項に該当する兵器として戦闘時の使用を禁止された.1899年にダムダム弾禁止宣言を批准しなかった英国は,1907年に同陸戦法規を批准している.なお,陸戦法規が適用されない警察用,狩猟用としては,ダムダム弾が現在でも使用されている.　[竹平哲也]

■段階的適応型アプローチ　phased adaptive approach : PAA

1 概要　2009年9月17日,バラク・オバマ(Barack Obama)大統領はジョージ・W・ブッシュ(George W. Bush)政権が2007年に採用したミサイル防衛の欧州配備計画を大幅に変更し,PAAという新しい計画を採用することを表明した.PAAとは,*弾道ミサイル防衛'(BMD)能力を地域の脅威および状況に合わせて段階的に向上させていくというアプローチである.このようなアプローチを欧州に適用した理由として,①情報機関が「イランの*大陸間弾道ミサイル'(ICBM)能力の潜在的な脅威は以前の推定よりも発展の速度は遅いが,*短距離弾道ミサイル'(SRBM)および準中距離弾道ミサイル(MRBM)の脅威は以前の予測よりも急速に発展している」と脅威の評価を変更したこと,②BMD能力および技術が大幅に向上したことを挙げた.欧州PAAでは,SRBM, MRBMおよび*中距離弾道ミサイル'(IRBM)に対する防衛を優先し,ICBMに対しては長期的に防衛体制を整備するとした.具体的には,第1段階(2011年)で,*SM-3'ブロック1A搭載のイージス艦を周辺海域に配備し,第2段階(2015年)では,SM-3ブロックIBの導入およびイージス艦に搭載されているイージス・システムを地上配備用に転換した地上型イージスを配備する.第3段階(2018年)で,SM-3ブロックIIAの導入および地上型イージスのポーランドへの配備などを行い,第4段階(2020年)では,SM-3ブロックIIBの導入によりICBMへの対処能力を整備する.ただし,第4段階はその後,2022年までの凍結が発表された.

2 欧州以外の地域への適用　2010年2月に米国が公表した*弾道ミサイル防衛見直し'(BMDR)報告では,PAAを欧州以外の地域にも適用することが表明された.各地域により*弾道ミサイル'の脅威の範囲,量および技術水準,さらには米国の役割および国益が異なっていることが主な理由とされた.東アジアでは重要なパートナーとの2国間同盟を通じて協力するとされた.国際的なミサイル防衛の最も重要なパートナーと位置づけられる日本とは,BMDの高度な相互運用性を有する協力関係にあり,米国は日本に*イージスBMD'を配備するとともに,SM-3ブロックIIAの共同開発を行っている.韓国や豪州もBMDのパートナーと位置づけられている.中東では,地中海東部およびペルシャ湾におけるBMD強化のために,安全保障上のパートナーと協力している.米国とイスラエルは,アロー(Arrow)2ミサイル防衛システムを共同生産しており,ミサイル防衛の研究開発も共同で行っている.また米国は,湾岸協力会議(GCC)諸国とも協力を開始し,パトリオットPAC-3などを配備するとともに,*終末高高度地域防衛'(THAAD)の導入を予定している.
→欧州ミサイル防衛配備計画,米国のミサイル防衛システム　[小倉康久]

■短距離弾道ミサイル　short-range ballistic missile : SRBM

1 SRBMの登場　準中距離弾道ミサイル(MRBM)より射程距離が短い*弾道ミサイル'をSRBMという.SRBMの射程距離について確立した基準はないが,米軍備管理協会は1,000km未満,米統合参謀本部は600海里(1,111km)以下と定義している.最初に実用化されかつ実戦で使われた弾道ミサイルはSRBMであり,第二次世界大戦でドイツが英国への攻撃に使用したV-2である.SRBMの誘導方法は基本的には慣性誘導であるが，初期には無線誘導も利用され，後にはレーダー誘導，画像誘導や，全地球衛星測位システム(GPS)により命中精度を高くする方法も登場した．貯蔵困難な液体燃料を用いる弾道ミサイルは即応性に欠けるが，V-2 は貯蔵困難な液体燃料を用いていた．

2 SRBM の現状　米露は*中距離核戦力条約'(INF 条約)によって 500〜5,500km の射程距離の地上配備ミサイルの保有を禁止されているが，その規定に反しない射程距離の SRBM として，米国は ATACMS(Army Tactical Missile System)，GMLRS(Guided Multiple Launch Rocket System)，ロシアは SS-21(OTR-21)と SS-26 イスカンデル(Iskander)をそれぞれ保有している(いずれも固体燃料を用いる移動式 SRBM)．ATACMS と GMLRS は米国の友好国，SS-21 と SS-26 は旧ソ連諸国なども保有している．中国も多数の型の SRBM を開発し保有している．B-611，DF-11，DF-15 などがあるが，これらは固体燃料を用いる移動式 SRBM である．ソ連が開発し 1960 年代に配備したスカッド(Scud)B(R-17)は，弾道ミサイル拡散の源流の 1 つである．スカッド B は単弾頭を搭載する移動式 SRBM で，貯蔵可能な液体燃料を用いている．スカッド B は，東欧，中東諸国，北朝鮮などの旧ソ連の友好国に拡散し，イラク，イラン，エジプト，北朝鮮，シリアではスカッド B およびその改良型が生産されたといわれている．スカッド B とその改良型はイラン・イラク戦争や*湾岸戦争' などでも使用された．特に湾岸戦争での使用は，米国の*弾道ミサイル防衛'(BMD)推進の契機の 1 つとなった．また，北朝鮮がスカッド B から発展させて開発した SRBM・MRBM は，中国の SRBM とあわせて，シリア，イラン，パキスタンが保有する SRBM・MRBM との関係を指摘されている．

［松山健二］

■炭　疽　anthrax

炭疽菌により引き起こされる人獣共通感染症である．炭疽菌自体は世界の土壌のどこにでも存在する．動物では世界各地で発生し，ヒトでは獣疫管理が未発達の地域で発生することが多い．ヒト炭疽の主な病型には，皮膚炭疽，腸炭疽，肺炭疽(吸入炭疽)がある．病型により異なるが，水疱の形成，呼吸困難，悪心，嘔吐，吐血，チアノーゼなどを伴う．個体から個体への直接伝播はほとんどない．治療せず放置した場合や病型によっては，高い致死性を持ち，国家による*生物兵器' 製造や*バイオテロリズム' に使用されることが懸念されている．旧ソ連の生物兵器開発，製造のための秘密ネットワークである*バイオプレパラート' において，生物兵器としての使用が研究されていたと言われている．1979 年 4 月には，旧ソ連のスベルドロフスクの炭疽菌生産施設において，人為的ミスによって炭疽菌芽胞が大量に施設外へ漏えいした．正確な死傷者数はなお不明であるが，少なくとも 66 名以上が死亡したとみられる(*スベルドロフスク炭疽事件')．米国では 2001 年の 9 月から 10 月にかけて，致死性の高い炭疽菌芽胞が入った手紙がテレビ局や新聞社，ワシントン D.C.の上院議員事務所に送られるという*炭疽菌郵送事件' が発生し，5 人が死亡した．

［友次晋介］

■炭疽菌郵送事件　anthrax attacks；Amerithrax

致死性病原体である*炭疽' 菌に見せかけた物質を，脅しやいたずらで送付する事件は世界中で多数発生しているが，この事件は複数の死傷者が出た 2001 年の米国での事件である．捜査当局はこの事件を，米国と炭疽菌を併せた造語を用い Amerithrax と命名した．同年 9 月と 10 月の 2 回に分けて，少なくとも 5 通の炭疽菌入りの手紙が，ニュージャージー州から，報道関係者，連邦議会の上院議員などを宛先にして投函された．最初の犠牲者は 10 月初旬にフロリダ州で発生した．その人物が炭疽菌に感染しうる環境(養羊場など)に身を置いていなかったこと，9.11 テロの直後であったことなどから*バイオテロリズム'ではないかとメディアで大騒ぎになった．のちに，兵器級に加工された菌が封入されていたことが判明した．炭疽菌は，肺炭疽（吸入炭疽），皮膚炭疽，腸炭疽をもたらすが，死亡した5名は全員肺炭疽を患い，これら死者を含めて22名が発症した．特殊な技能を必要とする犯行であることから捜査対象者の絞り込みは容易ではあったが，物証に乏しく捜査は非常に難航した．最終的に捜査当局が単独犯と特定した米国陸軍感染症研究所（USAMRIID）の研究員ブルース・アイビンス（Bruce Ivins）は，2008年7月，逮捕される直前に自殺してしまい，動機も不明なまま捜査は打ち切られた．→生物兵器，バイオセキュリティ　［宮坂直史］

■弾道弾迎撃ミサイル　anti-ballistic missile：ABM

1 概要・経緯　ABMは，広義には，*弾道ミサイル'を迎撃するための兵器体系を指す．狭義には，冷戦期に米国およびソ連が敵の戦略弾道ミサイルを迎撃すべく開発したミサイル防衛システムをいう．以下では，後者について言及する．米ソは，他方の本土に到達し，核兵器を搭載可能な*大陸間弾道ミサイル'（ICBM）および*潜水艦発射弾道ミサイル'（SLBM）を開発，取得し，その増強を進める一方，これら戦略弾道ミサイルを迎撃する手段として，1950年代からABMの開発を積極化させた．契機となったのは，1957年のソ連によるスプートニク打ち上げと，ICBM能力の取得であった．長距離，高高度を高速で飛翔する戦略弾道ミサイルに対する防御がきわめて困難であるなか，米ソは，飛翔する敵の弾道ミサイルの近傍で迎撃ミサイルに搭載した核弾頭を爆発させ，敵の核弾頭を無力化するというABMをそれぞれ構想した．

2 米ソのABM開発・配備　ソ連は，ガロッシュ迎撃ミサイルを，首都防衛用としてモスクワに1972年より配備した．これに対して米国は，1958年にナイキ・ゼウス，また1963年にはナイキX（その後，センチネルに改称）の開発に着手したが，当時の政権は配備には慎重だった．1967年には，中国向けの限定的な配備が決定される．その後1971年になり，リチャード・ニクソン（Richard Nixon）政権はICBM基地の防御を目的として，全米12カ所に，大気圏外（高度数百キロ）で迎撃するスパルタンと大気圏内で迎撃するスプリントという2種類の迎撃ミサイルを配備するというセーフガード計画を発表した．このようなABM計画の進展は，逆に*戦略兵器制限交渉'（SALT）を促すこととなった．1972年5月には*弾道弾迎撃ミサイル制限条約'（ABM条約）が締結され，ABMの配備は首都およびICBM基地の2地域にそれぞれ100基までに制限されることになった（1974年にいずれかの1地域に制限することで合意）．米国は，ノースダコタ州のICBM基地にセーフガード・システムを配備し，1975年10月に運用を開始したが，自国領域内で核弾頭を爆発させるABMシステムのコスト的・技術的な有効性が疑問視されるなどして，翌年2月には運用が中止された．その後，米国では核弾頭を使用せずに敵の核弾頭を無力化する迎撃方法の研究が続けられ，これが*戦略防衛構想'（SDI）へとつながった．これに対してロシアは，ガロッシュの改良を重ね，1995年には首都防衛用として，高高度迎撃ミサイルのゴーゴン，および低高度迎撃ミサイルのガゼルからなるA-135システムの運用を開始した．これらの迎撃ミサイルには，いずれも核弾頭が搭載されている．→米国のミサイル防衛システム，ロシアのミサイル防衛システム　［戸﨑洋史］

■弾道弾迎撃ミサイル制限条約　Treaty between the United States of America and the Union of Soviet Social Republics on the Limitation of Anti-Ballistic Missile Systems：ABM Treaty　［正称］弾道弾迎撃ミサイルシステムの制限に関するアメリカ合衆国とソビエト社会主義共和国連邦との間の条約：ABM条

た

約, [署名] 1972.5.26(モスクワ), [発効] 1972.10.3, [失効] 2002.6.13

1 条約成立の背景 *冷戦' の開始とともに米ソ間においては*戦略兵器' の開発競争が展開された. それは米国の圧倒的なリードにソ連が追いつく競争であったが, *弾道ミサイル' についてはソ連が先行し, 1957 年に最初に*人工衛星' を打ち上げた. 1960 年代後半には*大陸間弾道ミサイル' (ICBM)と*潜水艦発射弾道ミサイル' (SLBM)の数で両国間におおよそのパリティが成立し, *弾道弾迎撃ミサイル' (ABM)ではソ連が先に配備を開始した. 1969 年に*戦略兵器制限交渉' (SALT)が開始され, 最初に問題となったのは戦略兵器のうち攻撃と防御のどちらを優先的に交渉するかということであった. 常識的には攻撃兵器の制限を優先させるべきだと考えられるが, 大量の核兵器が存在する米ソ間で核戦争を防止するには, 防御を制限して両国とも第 2 撃に対して脆弱な状態にすることにより, 第 1 撃の動機を減少させるという*相互確証破壊' (MAD)理論が採用され, ABM システムを制限する交渉が開始された. ただし署名は, 攻撃兵器を対象とする*戦略兵器制限暫定協定' (SALT I 暫定協定)と同じく, 1972 年5月のリチャード・ニクソン(Richard Nixon)米大統領訪ソ時に行われた.

2 条約の内容 条約は ABM システムの展開を一般的に禁止し, 一定の範囲内で例外的に認めるものである. この条約は, 対弾道ミサイル制限条約ともいわれる. 第 1 条では, 締約国はその領域の防衛のための ABM システムを展開しないことを約束している. したがって両国は国土全体をカバーする ABM システムを展開することは禁止されている. 例外的に, 第 3 条で両国は首都防衛用 1 カ所と ICBM 基地防衛用 1 カ所に ABM システムを展開することが認められたが, それぞれにつき展開地域の範囲, 配備しうるミサイルおよびレーダーにつき数的および質的に詳細な制限が規定されている. 条約の*検証' につき, 第 12 条は, 一般的に認められた国際法の諸原則に合致する方法で, *自国の検証技術手段' (NTM)を自由に使用すると規定し, 主として偵察衛星による監視によることが合意された. また条約規定の遵守を確保し, さまざまな問題を検討するために*常設協議委員会' (SCC)が設置され, 違反の疑いなどが協議された. 当時 ABM システムが実際に展開されていたのは, ソ連は首都防衛用に 1 カ所, 米国は ICBM 基地防衛用に 1 カ所においてのみであった. その結果, 1974 年7月3日に弾道弾迎撃ミサイル制限条約議定書が米ソ間で締結され, 2 地域の展開地域を 1 地域に制限することとし, 両国とも 2 番目の地域に展開する権利を行使しないことに合意した. さらに米国はその後 ICBM 基地の ABM システムを一方的に解体した.

3 その後の展開 1983 年3月にロナルド・レーガン(Ronald Reagan)大統領は*戦略防衛構想' (SDI)を提唱したが, これは宇宙空間に大規模な*弾道ミサイル防衛' (BMD)システムを展開し, レーザー兵器などの先端防衛技術を用いて, ソ連の ICBM を発射直後に破壊しようとするものであった. ABM 条約は第 5 条において, 海上基地, 空中基地, 宇宙基地および移動式地上基地の ABM システムまたはその構成要素の開発, 実験および展開を禁止していたため, SDI と ABM 条約との関連について鋭く対立する議論が行われた. 冷戦後も米国の BMD 計画と同条約との関係に関する対立は続き, 1997 年には米露間で「*弾道弾迎撃ミサイル／戦域ミサイル防衛峻別合意' 」が成立した. さらにジョージ・W・ブッシュ(George W. Bush)大統領は, さまざまな脅威に対抗するためにミサイル防衛の必要性を強調し, ABM 条約は米国のミサイル防衛の開発および展開の妨げになると主張し, 2001 年 12 月 13 日に ABM 条約からの脱退をロシアなどに通告した. その結果, 条約は 2002 年6月 13 日に失効した. ロシアは ABM 条約は*戦略的安定' のために不可欠であるとして強硬に反対したが，その後米国は積極的にミサイル防衛を展開していった．→ロシアのミサイル防衛システム，米国のミサイル防衛システム，ロシアの核政策・核戦略，米国の核政策・核戦略

［黒澤 満］

■弾道弾迎撃ミサイル／戦域ミサイル防衛峻別合意　ABM/TMD Demarcation Agreement

1 合意の背景および経緯　1972年10月に発効した*弾道弾迎撃ミサイル制限条約' (ABM条約)は，規制の対象となる*弾道弾迎撃ミサイル' (ABM)システムを「飛翔軌道にある戦略*弾道ミサイル' またはその構成部分を迎撃するためのシステム」と定義していたが，戦略弾道ミサイルとその他の弾道ミサイルとの相違や，戦略弾道ミサイルを迎撃するためのミサイルとその他の弾道ミサイルを迎撃するミサイルとの相違を明確に規定していなかった．こうしたABM条約上の曖昧さは，*戦域ミサイル防衛' (TMD)の推進を打ち出したビル・クリントン(Bill Clinton)政権にとって，システム配備の障害となり得たため，ロシアとの間でABMとTMDとを峻別するための合意に向けた交渉が開始された．ABM/TMD峻別合意の交渉は，1993年11月にABM条約の*常設協議委員会' (SCC)で開始され，1996年6月に，低速の迎撃ミサイル(秒速3km以下)を用いるTMDシステムに関し，TMDとして展開可能な迎撃ミサイルとABMとの区別を明確にする合意が実現され，次いで，1997年3月のヘルシンキ首脳会談では，高速の迎撃ミサイル(秒速3km超)を用いるTMDシステムに関し，ABMと峻別する合意に至った．これら2つの合意は，同年9月に「ABM条約に関する第1合意声明」，「ABM条約に関する第2合意声明」として，米国，ロシア，ベラルーシ，カザフスタンおよびウクライナの5カ国により署名された．

2 合意の内容とその後の展開　第1合意声明は，秒速5kmを超える標的または射程3,500kmを超える標的に対して迎撃実験を行わない限り，秒速3km以下の迎撃ミサイルの配備を可能とするものであった．第2合意声明は，第1合意声明と同様の条件の下で秒速3kmを超える迎撃ミサイルの配備を認めるとともに，宇宙配備の迎撃ミサイルおよび他の物理的原理に基づく宇宙配備迎撃体の開発，実験および配備を禁止することなどを内容とした．米国のTMD推進が米露間の*戦略的安定' を害することを防ぐための*軍備管理' 合意であったといえる．一方，当時の米議会では*本土ミサイル防衛' (NMD)の推進を主張する共和党が多数を占め，ABM条約の撤廃を主張する意見なども見られた．そのため，議会での批准の目処が立たず，クリントン政権はこの合意を議会に送付しなかった．続くジョージ・W・ブッシュ(George W. Bush)政権は，2001年12月にABM条約からの脱退を表明し，2002年6月に正式に脱退したことから，この合意は結局発効には至らなかった．→弾道ミサイル防衛　［藤田紘典］

■弾道ミサイル　ballistic missile

1 定義と分類　弾道ミサイルは，主にロケット・エンジンにより大気圏高層または圏外まで上昇した後，慣性で飛翔し，目標地点に到達するミサイルであり，弾道弾ともいう．飛翔経路の大部分が放物線弾道となる．最小のエネルギーで最大の飛翔距離を有するともいわれる．*ロケット' とはほぼ同じものであるが，目標地点での加害を目的とする弾頭を搭載する点で大きく異なる．ただし，広く合意された定義はなく，保有国の数え方などにもばらつきがある．弾道ミサイルはしばしばその射程によって分類されるが，やはり統一的な分類基準はない．米国では一般的に，射程5,500km以上が*大陸間弾道ミサイル' (ICBM)，3,000～5,500kmが*中距離弾道ミサイル' (IRBM)，1,000～3,000kmが準中距離弾道ミサイル(MRBM)，1,000km以下が*短距離弾道ミサイル' (SRBM)とされる．IRBMと

MRBMをまとめても,戦略・戦域・戦術の区分とは一致しない.以上のような地上発射ミサイルに加え,*潜水艦発射弾道ミサイル'(SLBM)が存在する.一般的にSLBMはIRBM程度の射程であっても戦略兵器に分類される.空中発射弾道ミサイルの研究開発も行われてきたが,実戦配備には至っていない.また発射までに時間を要するが,比推力が高く,発射後の推力調整も可能な液体燃料型と,より高い即応性・非脆弱性を確保しやすいが,開発の難しい固体燃料型とに分けられる.なお弾道ミサイルの飛翔経路は,発射後のブースト段階,上昇段階,中間段階,着弾までの終末段階に分けられる.

2 特性 弾道ミサイルの最大の特徴は,航空機や*巡航ミサイル'をはるかに凌ぐ高速性である.1,000kmを10分未満,1万kmを約30分で飛翔する.遠方から発射され,対応するための時間が極端に短く,高速であるため,迎撃はきわめて難しくなる.長射程のミサイルほど,より高高度(ICBMで約1,000〜1,500km)から落下してくるため,終末段階の速度が速くなり,迎撃はますます困難になる.他方,弾道ミサイルはそれなりに高価であるが,*半数必中界'(CEP)で示されるその命中精度は,巡航ミサイルや精密誘導弾に比べ,かなり低い.通常弾頭を搭載した場合,特定の建造物を狙うような攻撃には適さないことが多い.弾道ミサイルそれ自体は通常兵器であるが,以上のような特性ゆえに,*核兵器'をはじめ*大量破壊兵器'(WMD)弾頭を搭載し,効用を最大化しようという誘因が働きやすいともいわれる.そのため,弾道ミサイル拡散はWMD拡散と不可分の脅威と捉えられてきた.他方で,対艦弾道ミサイル(ASBM)や*通常戦力による迅速グローバル打撃'(CPGS)など,近年,弾道ミサイルの通常兵器としての活用も改めて試みられるようになっている.

3 拡散と規制の経緯 最初の弾道ミサイルは,ナチス・ドイツが英国攻撃に用いたV-2ロケットであり,射程は約300kmであったといわれる.V-2を原型にソ連,やや遅れて米国が開発を進め,1957年にはソ連がSRBMスカッドAの配備を始めるとともに,ICBMの発射実験およびスプートニクの打ち上げに成功した.その後,特に米ソは,弾道ミサイルを核兵器の主な運搬手段として,SLBMの開発,射程の延伸,命中精度・信頼性の向上,再突入体の複数化,*複数個別誘導弾頭'(MIRV)化などの質的改善と,劇的な量的拡大を競うように進めた.また*冷戦'期にソ連が第三世界諸国に輸出したスカッドBは,弾道ミサイル拡散の重要な要因として今日に至るまで影響を及ぼし続けている.拡散の危険が広く認識されたイラン・イラク戦争を機に,1987年,米ソも参加して*輸出管理'枠組みである*ミサイル技術管理レジーム'(MTCR)が作られるが,ミサイルの開発・保有や使用への規制強化はほとんど進まないままとなった.冷戦後,MTCR枠外での拡散が進み,2002年,*弾道ミサイルの拡散に立ち向かうハーグ行動規範'(HCOC)が採択された.法的拘束力はなく,特定国のミサイル脅威の深刻化を止められてもいないが,ようやく弾道ミサイルについても広く合意された不拡散規範が形成され始めたといえる.翌年に始まった*拡散に対する安全保障構想'(PSI)でも,ミサイルは移転阻止の対象に含まれている.→イスラエルのミサイル戦力,イランのミサイル戦力,インドのミサイル戦力,英国のミサイル戦力,北朝鮮のミサイル戦力,中国のミサイル戦力,フランスのミサイル戦力,米国のミサイル戦力,パキスタンのミサイル戦力,ロシアのミサイル戦力,弾道ミサイル防衛［石川 卓］

■弾道ミサイル搭載原子力潜水艦 ballistic-missile submarine nuclear powered : SSBN

*冷戦'時代より弾道ミサイル搭載原子力潜水艦(SSBN)は*戦略三本柱'の一端を担ってきた*潜水艦発射弾道ミサイル'(SLBM)を発射するプラットフォームとして,米ソ(露)間で*戦略的安定'を維持する役割を担ってきた.SSBNはそ

の残存性を高めるために静粛性が追求されてきた結果，敵による第1撃から逃れることができるようになり，報復攻撃を行う第2撃力としての*抑止’力を維持することが可能となった．米国が2010年に出した*核態勢見直し報告’(NPR報告)では，SSBNは*大陸間弾道ミサイル’(ICBM)および*重爆撃機’に比べ「最も残存性が高い」としている．SSBNの代表例として，たとえば，米海軍は14隻のオハイオ級SSBNを運用している．1隻あたり24のSLBM発射機があり*複数個別誘導弾頭’(MIRV)を搭載した核弾頭も搭載している．オハイオ級SSBNは通常77日間海洋で活動した後帰港し，約1カ月のメンテナンスを受ける．米海軍はオハイオ級よりも大型なSSBNの設計を開始しており，新型SSBNには16のSLBM発射機が搭載されることが検討されている．2014年9月現在，ロシアはボレイ級およびデルタIII，IV級SSBN，英国はバンガード級SSBN，フランスはル・トリオンファン級SSBN，中国は晋級SSBNを配備しており，インドはアリハント級SSBNの導入を進めている．［須江秀司］

■弾道ミサイルの拡散に立ち向かうハーグ行動規範　Hague Code of Conduct against Ballistic Missile Proliferation : HCOC

1　結成の背景　1980年代末以降の米ソ*核軍縮’により*弾道ミサイル’数が減少する一方，*冷戦’後に北朝鮮，パキスタンなどの諸国が核開発とセットでミサイル開発ないしはミサイル技術の入手に努めていた．*大量破壊兵器’(WMD)の運搬手段となる弾道ミサイルの拡散防止に関しては，1987年にG7が中心となって発足した*ミサイル技術管理レジーム’(MTCR)の*輸出管理’協調の枠組みがすでにあったものの，MTCR非参加国間のミサイル拡散や*懸念国’内におけるミサイル開発に対応を迫られた．とりわけ，1998年4月にパキスタンがガウリ・ミサイルの発射実験を行い，その後，イラン，北朝鮮，インドなどでミサイル発射が続いた．そこで2001年のMTCRのオタワ総会の議論以降，ミサイル拡散防止を普遍的なプロセスとするべく議論が積み重ねられ，2002年11月にオランダのハーグで「弾道ミサイルの拡散に立ち向かうための国際行動規範」が96カ国の参加を得て採択される．

2　HCOCの内容　HCOCは4つの部分すなわち，①原則，②一般的措置，③*信頼醸成措置’(CBM)，④組織的事項からなる．①原則では，(1)大量破壊兵器を運搬可能な弾道ミサイルの拡散を防止および抑止し，国際行動規範を含む国際的努力の追求，(2)多数国間の*軍縮’・不拡散の規範強化および支持の拡大，国際的*軍備管理’，軍縮・不拡散の規範遵守，(3)国際行動規範への参加の自主性と開放，(4)*宇宙の平和利用’にあたって，弾道ミサイル拡散に貢献しない，(5)宇宙打ち上げ機(SLV)計画が弾道ミサイル計画の隠蔽に利用されるべきではない，(6)弾道ミサイル計画および宇宙打ち上げ機計画に関する適当な透明性措置が必要，とされた．②の一般的措置では，SLV計画が弾道ミサイル計画を隠蔽するのに利用される可能性に鑑み，他国のSLV計画への支援には必要な警戒を払うこと，大量破壊兵器の開発・取得を行っている可能性のある国の弾道ミサイル計画に貢献，支持，支援しないことが明記された．③の信頼醸成措置では，弾道ミサイル・SLV政策や発射・実験施設に関する年次報告および発射場への国際的オブザーバの自発的招待が定められた．但し，CBMの実施は，措置が適用される計画の正当化に資するものではない．この点およびSLVに関する点は，北朝鮮のテポドン発射を念頭に，日本の提案が反映されたものであった．また，HCOC参加国は137カ国(2014年3月現在)である．中央連絡国であるオーストリア政府が参加国の新規受付を担う．［宮脇 昇］

■弾道ミサイル防衛　ballistic missile defense : BMD

1　概要　主に，飛来する*弾道ミサイル’を撃墜するための兵器体系を意味する．より広く，敵ミサイル基地への攻撃のような策源地攻撃や*消極的防御'をも含め，ミサイル攻撃に対する*損害限定'措置全般を意味することもあるが，主に迎撃ミサイル，各種センサー，指揮・統制・戦闘管理・通信(C2BMC)システムからなる迎撃システムを指して使われることが多い．報復力に対置される拒否力の典型とされ，BMDの推進は概して*懲罰的抑止'から*拒否的抑止'への傾斜を意味する．*巡航ミサイル'を標的に含める場合，意識的に「ミサイル防衛」という言葉を使って差異化されることもあるが，BMDという言葉で括られることも少なくない．かつては*弾道弾迎撃ミサイル'(ABM)のように核爆発により敵ミサイルを撃墜するものであったが，今日では，精密誘導技術などの進歩によって，通常弾頭爆発を用いる近接信管方式，また迎撃体の一部を直接敵ミサイルに衝突させ運動エネルギーにより破壊する衝突破壊方式が可能になっている．とはいえ，技術的にきわめて難しいことに変わりはない．特に，落下速度の速い長距離ミサイルになるほど，地表から迎撃体を発射して撃墜するのは困難になる．そのため，落下段階前のブースト段階などで，宇宙・空中から迎撃する技術も模索されてきたが，現時点では実用には至っていない．

2 配備・運用の概況　能力格差は大きいが，現在，米国，ロシア，フランス，インド，イスラエルなどが，自前の迎撃システムを開発し，保有するに至っており，これに中国が加わりつつあると目されている．また日本や韓国，アラブ首長国連邦やカタールのように，米国が開発した迎撃システムを導入済み，または導入予定の国や，迎撃システムを運用する米軍部隊を受け入れる国も漸増してきている．米国は，日本や北大西洋条約機構(NATO)加盟国の一部と共同開発・研究も進めている．所詮，撃ち漏らしなしのBMDなどあり得ないが，米国や日本，NATOは，高高度で迎撃するシステムの撃ち漏らしに，より低層で迎撃するシステムで対処するという多層防衛をめざしてきた．効果的な多層防衛には，高層迎撃システムより防衛範囲(迎撃ミサイルの射程を使って表現される場合もある)の小さな低層迎撃システムを相当数配備することが必要になるが，そもそも低層迎撃システムでは長射程の標的ミサイルを撃墜できない可能性が高くなる．そのため，多層化の効果は自明ではない．

3 軍縮・軍備管理との関係　BMDは，*大陸間弾道ミサイル'(ICBM)や*潜水艦発射弾道ミサイル'(SLBM)を用いた報復の確実性を低下させるため，米ソ／米露間ではしばしば*相互核抑止'を不安定させるものとみなされてきた．1972年の*弾道弾迎撃ミサイル制限条約'(ABM条約)は，部分的にはその懸念に促されたものであった．他方で，攻撃力に依拠し，相互*脆弱性'を放置するような状況を脱するための手段としてBMDを追求する向きも見られてきた．防御力を中心とした，より倫理的な*抑止'態勢への移行を図ることで，戦略核戦力を中心とする攻撃力を削減できるといった主張も展開されてきた．*冷戦'後の米国単極状況下では，米国が*拡散対抗'の一環として推進するBMDが，*大量破壊兵器'(WMD)や弾道ミサイルの不拡散だけではなく，その削減にも寄与すると喧伝された．しかし，米国のBMDにより，WMD・ミサイル保有の無意味さを認識し，その放棄や削減を決めた国はおそらく存在しない．むしろ，米国の攻撃力を懸念する国，特にロシアの反発を買い，対抗措置としての軍拡を助長するという側面が顕著に見られてきたように思われる．冷戦末期の*戦略防衛構想'(SDI)と同様に，米国のBMDは，米露の*核軍備管理'交渉を繰り返し停滞させる要因にもなってきている．

→ブースト段階迎撃，米国のミサイル防衛システム，ロシアのミサイル防衛システム，イスラエルのミサイル防衛システム，中国のミサイル防衛システム，日本のミサイル防衛システム，欧州ミサイル防衛配備計画

［石川 卓］

■弾道ミサイル防衛見直し Ballistic Missile Defense Review : BMDR

1 経緯 バラク・オバマ(Barack Obama)政権下の米国防省は，大統領指令および議会の権限付与に基づき，2009年3月から2010年1月にかけて，米国の*弾道ミサイル防衛'(BMD)政策，戦略，計画および実施プログラムを包括的に検討するものとして，BMDRを実施した．その結果として，2010年2月に，米国として初めてとなる「BMDR報告」がとりまとめられ，公表された．

2 概要 BMDR報告では，*弾道ミサイル'の脅威が質・量の両面で拡大しており，①北朝鮮やイランといった国からの限定的な弾道ミサイル攻撃の脅威に対する米本土防衛を継続すること，②明白な脅威である*短距離弾道ミサイル'(SRBM)・*中距離弾道ミサイル'(IRBM)攻撃から米軍および同盟国・友好国を防衛すること，③新しい能力の配備の前に現実的な作戦条件下における評価を可能にする試験を実施すること，④長期間にわたって財政的に持続可能なものとすること，⑤脅威の変化に対応可能な柔軟性の維持を重視すること，⑥国際的なBMD協力の拡大を追求すること，といった戦略・政策枠組みが示された．ロシアおよび中国に関しては，米本土に対する弾道ミサイル攻撃の可能性は低く，BMDの重点的対象ではないと述べつつ，*中国のミサイル戦力'の発展による中台間の軍事バランスの変化に懸念を示した．両国のBMDに対する懸念に配慮して，ロシアとはミサイル発射の*早期警戒'など運用上の協力を含めた幅広いアジェンダを，また中国とは戦略問題についての一層の対話を，それぞれ追求するとしつつ，米国のBMDに制約を加えるような交渉は拒否する方針を明確にした．米本土の防衛に関しては，前政権の計画を縮小して30基の地上配備迎撃体(GBI)を配備して即応態勢を維持するとした．他方，地域的な脅威に対する防衛については，脅威の拡大に対して米国のBMD能力は不十分だとし，予算の増加，および新しい能力の開発などを打ち出すとともに，地域の状況に合わせてBMD能力の段階的な向上をはかる*段階的適応型アプローチ'(PAA)を採用するとした．特に欧州に関しては，まずは北大西洋条約機構(NATO)同盟国の防衛能力を拡充し，最終的には中東からの米本土に対する*大陸間弾道ミサイル'(ICBM)攻撃に対応するものとして，2020年までに4段階でミサイル防衛能力の向上を図るというPAAが示された．BMDR報告では，日本を最も重要な国際的BMD協力のパートナーと位置づけ，*イージスBMD'に搭載される迎撃ミサイルの*SM-3'ブロックIIAの日米共同開発は最も重要な協力だとした．→米国のミサイル防衛システム，欧州ミサイル防衛配備計画　［戸﨑洋史］

ち

■地域軍備管理合意 Agreement on Sub-Regional Arms Control Concerning Yugoslavia(Serbia and Montenegro), Bosnia and Herzegovina and Croatia : Florence Agreement

1 地域軍備管理合意とは 紛争当事国間での*軍備管理'について定めた1995年12月のデイトン合意付属書1-B第4条に基づき，1996年1月にオーストリア・ウィーンで*欧州安全保障協力機構'(OSCE)の援助下で交渉が行われ，同年6月14日にイタリア・フローレンス(フィレンツェ)で署名された地域(準地域)軍備管理合意．フローレンス合意，あるいはデイトン包括和平合意に基づく軍備管理協定などとも呼ばれる．当事国はボスニア・ヘルツェゴビナ，クロアチア共和国，ユーゴスラビア連邦共和国(現在のセルビア共和国とモンテネグロ), ボスニア・ヘルツェゴビナ連邦とスルプスカ共和国である. これら当事国の国土全域にて, 戦車, 装甲戦闘車両, 口径 75mm 以上の火砲, 戦闘機, 攻撃ヘリコプターという5部門からなる通常兵器について, それぞれの保有数に上限を設けることで, 各国の通常戦力の均衡をはかることが目指された. さらに, 各部門で上限を超える兵器の削減方法および, その削減のタイムラインとして, 1996年7月1日を起点として6カ月以内に必要な削減措置の 40% を完了せねばならないフェイズ1と, 1996年7月1日を起点に16カ月以内に必要な削減措置のすべてを完了せねばならないフェイズ2とが設定された. また, 毎年12月15日までの実施が義務づけられた年次情報交換とともに, 当該合意の遵守に関する監視および合意を巡る紛争解決に責任を負う地域(準地域)協議委員会が設置された. 合意遵守の検証のために, すべての当事国は*現地査察'を実施する権利と受け入れの義務を負う. 現地査察は情報交換で得られたデータの検証, 兵器の削減手続きの監視, 該当する兵器の輸出監視, そして戦闘行為が可能な訓練用航空機の再分類の監視を目的とする.

2 兵器部門毎の各国保有上限　同合意第4条が定める各国の保有数上限は, ユーゴスラビア連邦共和国が戦車 1,025 両, 装甲戦闘車両 850 両, 火砲 3,750 門, 戦闘機 155 機, 攻撃ヘリコプター 53 機, クロアチア共和国が戦車 410 両, 装甲戦闘車両 340 両, 火砲 1,500 門, 戦闘機 62 機, 攻撃ヘリコプター 21 機, ボスニア・ヘルツェゴビナも同様に戦車 410 両, 装甲戦闘車両 340 両, 火砲 1,500 門, 戦闘機 62 機, 攻撃ヘリコプター 21 機, そしてボスニア・ヘルツェゴビナ連邦が戦車 273 両, 装甲戦闘車両 227 両, 火砲 1,000 門, 戦闘機 41 機, 攻撃ヘリコプター 14 機, スルプスカ共和国が戦車 173 両, 装甲戦闘車両 113 両, 火砲 500 門, 戦闘機 21 機, 攻撃ヘリコプター 7 機となる.　[一政祐行]

■地域保障措置　regional safeguards

1 地域保障措置とその実例　地域保障措置は, 既存の*国際原子力機関'(IAEA)*保障措置'による*核不拡散'を強化する手段の1つとして考えられるもので, 限定的な地域での*計量管理'を含む地域の保障措置を指す. 具体的なものとしては, *欧州原子力共同体保障措置'や, アルゼンチン−ブラジルによる保障措置がある. 前者では, *欧州原子力共同体'(EURATOM)加盟国は単独ではIAEAとの*包括的保障措置協定'を結ばず, 各国政府に代わりEURATOMが結ぶIAEA-EURATOM保障措置協定(INFCIRC/193)に基づき地域内の保障措置をIAEAとEURATOMが実施する(かつて各国別にIAEAと結んでいたものもINFCIRC/193に統一). また後者についても, アルゼンチンとブラジルはそれぞれ単独にIAEAとの間で*包括的保障措置協定'(INFCIRC/153型)を結んでおらず, *ブラジル・アルゼンチン核物質計量管理機関'(ABACC)／IAEAの間で4者間協定(INFCIRC/435)を締結し保障措置を実施している. ただし, 後者においては, 一部を除き実質的にINFCIRC/153の内容を網羅しているが, 前者IAEA-EURATOM保障措置においては, IAEA保障措置の目的「その国のすべての*核物質'が*核兵器'またはその他核爆発装置に転用されていないことの確認」と異なり,「核物質が意図(申告)された目的以外に転用されていないことの確認」となっている.

2 地域保障措置の利点　地域保障措置を形成することの利点は以下のとおりである. 第1に, 1国を対象としたIAEAによる保障措置に比べ透明性や隣国の信頼性向上が期待できる. すなわち, 加盟国間で核物質の核兵器への不転用につき相互監視を行いつつ, 原子力利用の透明性や信頼醸成を促進することができる点である. また, 地域保障措置活動とIAEAの査察活動の協力と適切な役割分担および保障措置の機器の開発・共同利用により, 人的および経済的資源の効率化と有効活用を図ることができる．上記の2例においては目的に差があることを示したが，いずれにしても，核不拡散という目的において，効率的な保障措置と地域内の*透明性'信頼性向上のために，地域保障措置は有効な手段と考えられている．［久野祐輔］

■**地下核実験** underground nuclear test

第五福竜丸などが被曝した1954年の太平洋上での水爆実験をきっかけに，*核実験' 禁止の国際世論が高まった．放射能による環境汚染の防止にとどまらず，核軍拡や核拡散の禁止を目指す動きだった．とくに環境汚染への批判が強かったことから，米国は1957年から地下核実験を本格的に実施するようになった．大気中の核実験とは異なり，設計上は大量に放射能放出することなく，核開発を進めることができたからである．ソ連もこれに追随した．米ソを中心に，地下核実験以外の核実験を禁止する*部分的核実験禁止条約'（PTBT）が交渉され，1963年に合意，発効した．米国は全面禁止を提案したが，地下での核爆発の*検証' に限界があり，PTBTでの合意にとどまった．PTBTにはすでに大気中核実験をしていたフランスは参加せず，中国もこれに背を向けて1964年に大気中で核実験をした．フランスは1974年，中国は1980年まで大気中での核実験を続けた．仏中とも，その後もPTBTを締結していない．米ソは1974年に*地下核実験制限条約'（TTBT）を締結し，地下核実験での最大核出力を150kt（高性能火薬換算）に制限した．同条約は1990年に発効した．［吉田文彦］

■**地下核実験制限条約** Treaty Between the United States of America and the Union of Soviet Socialist Republics on the Limitation of Underground Nuclear Weapon Tests：TTBT ［正称］地下核兵器実験の制限に関するアメリカ合衆国とソビエト社会主義共和国連邦との間の条約，［署名］1974.7.3（モスクワ），［発効］1990.12.11

*部分的核実験禁止条約'（PTBT）の禁止対象外であった地下*核実験' に関し，米ソ間で，1回（10分の1秒以内に2km以内で行われた複数の爆発も「1回」とカウントする）の実験の規模の上限を150kt以内とし，また，実験の回数を最小限にすることを目的として結ばれた条約である．相手国の遵守状況を確認するために，地震波の分析による実験の規模の測定を可能とするための核実験場の位置や地質学上の特性，実験の日時などのデータの交換を義務付ける議定書を有する．しかし，条約の署名当初作成された議定書に規定されていたデータの提出義務のみでは，*検証' の信頼性が不十分であるとして米国が批准に難色を示したため，1988年に米ソ両国内において共同で検証技術に関する実験が行われ，その結果を踏まえて，現地での測定と査察を含む新しい議定書を作成することにより批准にこぎつけた．条約で定められた上限の150ktは核兵器の開発，性能維持には十分な規模と考えられ，また実験の回数に具体的な規制が無いことから，*核軍縮' への効果は疑問である．なお，*平和目的核爆発' はTTBTの対象外であり，同時期に作成された*平和目的核爆発条約'（PNET）により規制されている．［広瀬 訓］

■**地下鉄サリン事件** Tokyo Subway chemical attacks

1995年3月20日，早朝の通勤時間帯に，*オウム真理教' のメンバーが，東京の営団地下鉄（現，東京メトロ）の日比谷線，丸ノ内線，千代田線の3路線を走行する5列車の車内でサリンを散布し，13人の死者と約6,200名の負傷者を出した同時多発テロ事件．実行犯たちはサリン溶液の入ったビニール袋を新聞紙で包み，それを床に落として傘の先端で刺してサリンガスを発散させた．彼らはすぐに下車して，送迎役の信者の車で教団施設に逃走した．オウム真理教の犯した最大の事件であり，テロリストによる初の*大量破壊兵器' テロ（*化学テロ'）として世界中で大きく報道され，各国で大量破壊兵器テロ対策を進めるきっかけになった. 麻原彰晃以下, 多数の幹部が逮捕され有罪が確定した. *サリン法' が事件直後に制定された. 事件発生時, 営団地下鉄は「築地駅で爆発が起きた」という誤報を繰り返し流していた. また, サリンが車内で散布されてすぐに5列車とも運行停止したわけではなく(サリンだとわからなかった), いくつか先の駅まで進み(散布後, 最長1時間40分運行し続けた列車もある), その結果, 被害者が多くの駅に分散することになった. 自ら防護をせずに被害者を病院に搬送した運転手や, 応診や看護した医療関係者の多数が2次被害を被った.

[宮坂直史]

■**地球近傍物体**　near earth object : NEO

地球に接近する軌道を持つ彗星, 小惑星などの天体の総称である. 人工物由来のものは*宇宙ゴミ' という. 地球へ接近するため, 探査機による到達も比較的容易である反面, 地球に衝突する可能性もある. 日米欧を含む多くの国でNEOを観測し, リスト化するスペースガード活動が行われており, 2013年現在ですでに1万個程度の物体がリスト化されている. 米国の*国家航空宇宙局' (NASA)はNEOのうち直径50m以上のものを地球近傍小惑星(NEA)というが, 衝突時に地上にも被害をもたらし得るのは直径1km以上のものと考えられており, NASAはこのうちの8,500個を継続的に監視が必要なものとしている. ただし, そのほとんどが軌道計算の確定によって衝突しないことが分かりつつある. なお, 直径1kmほどの小惑星の地球への衝突は100万年に数回, 5kmほどの小惑星の衝突は1,000万年毎に起こっていると考えられており, NEAの衝突が恐竜の絶滅を引き起こしたとする仮説もある. 他方, NEOは人類の小惑星探査の重要な目的地であり, 2001年にはNASAの探査機NEARシューメーカーが小惑星エロスに, 2005年には宇宙航空研究開発機構(JAXA)の探査機「はやぶさ」が小惑星イトカワに着陸している. 「はやぶさ」が世界で初めて持ち帰った小惑星のサンプルは, 天体の成立過程をたどる重要な研究材料として世界中で研究されている.

[竹内 悠]

■**地上配備ミッドコース防衛**　Ground-based Mid-Course Defense : GMD

*米国のミサイル防衛システム' のうち, 地上配備のミッドコース段階迎撃用のシステムで, 長距離の*弾道ミサイル' から米国本土を防衛するものである. ビル・クリントン(Bill Clinton)政権下では, *本土ミサイル防衛' (NMD)として計画されていたが, NMDと*戦域ミサイル防衛' (TMD)の区分を廃したジョージ・W・ブッシュ(George W. Bush)政権によりGMDと呼称されるようになった. GMDのシステムは, 地上配備迎撃体(GBI), *早期警戒' 衛星, 地上配備の早期警戒レーダーなどで構成される. 2002年12月にブッシュ政権が発表した初期配備計画では, 戦略ミサイルの偶発的発射・限定的使用に備え, フォート・グリーリー(アラスカ州)に16基, バンデンバーグ空軍基地(カリフォルニア州)に4基のGBI配備が決定された. これを受けて, 2004年7月にフォート・グリーリーに最初のGBIが配備された. その後, 2007年春に44基を配備する目標が掲げられ, 2010年末までに30基の配備が完了し, さらに2013年3月には, 2017会計年度までに14基をフォート・グリーリーに追加配備することが決まっている. システムの実用化に当たっては, 1999年以降, GBIによる迎撃試験が繰り返され, 近年では失敗が相次いでいたが, 2014年6月に2008年12月以来の成功を収めた. →弾道ミサイル防衛

[藤田紘典]

■**地層処分**　geological disposal

原子力発電により発生した*使用済燃料' やそれを*再処理' してウランや*プルトニウム' を取り出した後の高レベル放射性廃棄物は長期間にわたり放射線を発生し続けることから, 人間が生活する環境から隔離することにより処分することが必要になる. これらを処分する方法につ

いては,ロケットによる宇宙への処分や海底への処分なども含め,さまざまな概念が国際的に検討されてきたが,現状では地下数100mの深地層に埋設処分する方法,すなわち地層処分が主流になっている.関係各国により地層処分の検討が進められているが,処分場の立地場所が決まるなど計画が具体化しているのはスウェーデン,フィンランドのみである.日本においては,2000年6月に特定放射性廃棄物の最終処分に関する法律が制定され,3段階からなる立地選定プロセスを規定するとともに,地層処分の実施主体として原子力発電環境整備機構(NUMO)が設立された.NUMOでは,地層処分場の設置可能性を調査する区域の公募を全国の市町村を対象に行っている.2007年1月,高知県東洋町が文献調査の応募書類の提出を行ったが,同年4月,議会の反対などを理由に応募は撤回され,その後,進展は見られていない.2014年4月に策定された「エネルギー基本計画」においては,最終処分地の選定にあたって,国が前面に立った取組みを行うことを求めている.

［山村　司］

■仲介貿易規制　brokering control

1　基本的事項　従来,外国相互間の貨物の移動を伴う売買に関する取引(仲介貿易取引)の規制は,*輸出貿易管理令別表第1'の1項で規制される貨物,すなわち武器に限定されていた.しかしながら,2007年6月1日より,新たに*大量破壊兵器'(WMD)などに係る仲介貿易取引が規制されることとなった.次いで,2009年11月1日施行の*外為法'第25条の改正では,*国連安保理決議1540'に基づき,技術の仲介取引および貨物については売買に基づく仲介貿易取引に加えて,貸借及び贈与が新たに規制対象とされることとなった.規制の要件は,①武器(輸出貿易管理令別表第1の1項で規制される貨物)または武器に関する技術の仲介を行う場合,②非ホワイト国間での貨物の仲介貿易取引または技術の移転を行うものであって,当該貨物または技術が核兵器等の開発等に用いられるおそれがある場合,である.

2　根拠法令　技術の仲介取引に関しては,根拠となる法律の規定として独立したものはなく,外為法第25条第1項および*外国為替令'第17条第1項の「特定の外国において提供することを目的とする取引」に含まれると,経済産業省より説明がなされている.また貨物の仲介貿易に関しては外為法第25条第4項,外為令第17条第3項に規定されており,外国相互間の貨物の移動を伴う売買,貸借または贈与であって,居住者が非居住者との間で行う以下の①～⑥の行為の双方の当事者となる場合,事前に経済産業大臣の仲介貿易取引許可が必要になる場合がある.①「売り」と「買い」,②「貸し」と「借り」,③「贈与」と「受贈」,④「売り」と「受贈」,⑤「貸し」と「買い又は受贈」,⑥「贈与」と「買い」.ただし,輸出貿易管理令別表第1の1項に該当する貨物の移動を伴う外国相互間の売買,貸借,贈与を行うときは,すべての国・地域に対して,仲介貿易取引許可が必要となる.また,輸出貿易管理令別表第1の2項から16項に該当する貨物であって,大量破壊兵器等の開発等のために用いられるおそれがある貨物の移動を伴う外国相互間の売買,貸借,贈与を行うときは,仲介貿易取引許可が必要となる.　［河野瀬純子］

■中距離核戦力　intermediate-range nuclear force

1　中距離核戦力の代表例は,1987年に米ソ間で締結された*中距離核戦力条約'(INF条約)によって廃棄が決まった射程500~5,500kmの地上発射核ミサイル戦力である.INF条約では,これらの核ミサイル戦力を長射程中距離ミサイル(射程1,000~5,500km)と短射程中距離ミサイル(射程500~1,000km)に大別している.前者の主な戦力としては,米国のパーシングII,トマホーク型*巡航ミサイル',ソ連のSS-20,後者は,米国のパーシングI A,ソ連のSS-12,SS-23などがある.また,中距離核戦力の範疇に入る航空機の代表例としては,米国のF-111およびソ連のバックファイア爆撃機がある.冷戦時代の一時期,中距離核戦力は戦域核戦力と呼ばれていたが,米ソ間の核戦争が欧州に限定されることを恐れる欧州では「戦域」という用語が嫌われ,また,中距離核戦力条約交渉を進めたロナルド・レーガン(Ronald Reagan)政権が「中距離核戦力」という新たな用語を好んだことからこの用語が使用されるようになった.

2　中距離核戦力で注目すべきは,ソ連がSS-4,SS-5に代わり1977年頃から欧州およびアジア地域に新たに配備したSS-20(射程約5,000km)である.命中精度が改善され,*複数個別誘導弾頭'(MIRV)を搭載するSS-20には3発の核弾頭を搭載することができた.また,移動式であったことから敵からの攻撃に対する残存性も高かった.SS-20の配備により,東西間の中距離核戦力の不均衡が生じ,北大西洋条約機構(NATO)諸国ではSS-20によってNATOの中距離核戦力の大半が無力化される危惧が高まった.その上,米ソの戦略核戦力のレベルでは実質的にパリティ(均衡)が達成されていたことから,米国とNATOが安全保障上切り離される不安(ディカップリングの不安)が生じたのである.このため,米国はパーシングII(射程約1,800km)と地上発射巡航ミサイル(GLCM)(射程約2,500km)を西欧に配備することを決定した.パーシングIIは,西ドイツに配備されていたパーシングIA(射程約740km)を代替し,ソ連本土を攻撃する能力を持った.こうした中距離核戦力をソ連と対峙する西欧の前線地域に配備することで,仮にソ連からの攻撃を受けた場合には,それが破壊される前に発射せざるを得なくなる.このようにあえて核使用の敷居を下げ,核使用の威嚇を前面に出すことでソ連の侵略を*抑止'しょうとしたのである.さらに,ソ連の中心部を狙える2種類のミサイルの配備はソ連にとって戦略的脅威となったことから,戦術核・戦域核の使用から戦略レベルへの核エスカレーションを再構築し,米国と西欧の安全保障上の連携(カップリング)を確認・強化する狙いがあった.　［須江秀司］

■中距離核戦力条約　Treaty Between the United States of America and the Union of Soviet Socialist Republics on the Elimination of Their Intermediate-Range and Shorter-Range Missiles: INF Treaty

［正称］中射程,及び短射程ミサイルを廃棄するアメリカ合衆国とソビエト社会主義共和国連邦の間の条約,［署名］1987.12.8(ワシントンD.C.),［発効］1988.6.1

1　条約成立の背景　*中距離核戦力'(INF)は,米ソが直接に相互を攻撃し得る戦略兵器ではなく,ソ連と西欧との間で到達し得る戦域核戦力である.*冷戦'期の西欧諸国には,ソ連の脅威に対処するための米国の軍事的関与の根幹として戦域核戦力が前方展開されていた.西欧諸国では,ソ連が1977年に配備を開始したSS-20について,西欧諸国のみを射程に収める一方,米国を射程外に置くものであることから,特に1970年代後半に米ソ間でパリティが成立し相互*抑止'の体制が構築されると,米国と西欧諸国の安全保障上の利害の齟齬を生むものだとの不安(ディカップリングの不安)が高まり,米国の*核の傘'の信頼性を疑問視する見解が唱えられるようになった.北大西洋条約機構(NATO)は,米欧の結束を確保し,同時にソ連との中距離核戦力の削減交渉を試みるべく,1979年12月に中距離核戦力の近代化とソ連との軍縮交渉の開始とを内容とする二重決定を行った.INF交渉は1981年に開始されたものの,SS-20の削減幅を可能な限り小さくしようとするソ連と,そのようなソ連の姿勢も考慮しつつ新たな軍事計画を推進する米国との溝は埋まらなかった.1983年に米国が*戦略防衛構想'(SDI)を公表し,またパーシングIIおよび地上発射*巡航ミサイル'(GLCM)の西欧への配備を開始したことにより交渉は中断されたが,ソ連で1985年にミハイル・ゴルバチョフ(Mikhail Gorbachev)が書記長に就任したことにより, 対外政策全般の見直しの中でINF交渉が再開され, 特に1987年に入り, ソ連がSDI問題などとINF交渉とを切り離しての交渉を受け入れたことで交渉が進展し, 同年末に署名に至った.

2　条約の内容と意義　中距離核戦力条約は, 条約発効から3年以内に米ソが欧州諸国およびソ連国内に配備していた地上発射型の長射程中距離ミサイル(射程1,000-5,500km)および短射程中距離ミサイル(射程500-1,000km)を廃棄することを約したものであり, ミサイルおよびミサイル発射基のほか, 支援構造物・支援装置も廃棄の対象とした. 実際に廃棄されるミサイルは, 非配備分も含め米国が866, ソ連が1752, ミサイル*発射機' は米国が282, ソ連が845であった. また, 条約では, *自国の検証技術手段'(NTM)のほかに, さまざまな*現地査察' により廃棄を検証することも取り決められた. INF条約は, 相互の核戦力の上限設定を中心とするそれまでの米ソ間の条約と異なり, 地上配備型の中距離核戦力に限定したものではあるがすでに配備された核戦力を削減・全廃する実質的な*核軍縮' 条約となった. さらに, INF交渉過程においては, 西側諸国の結束の象徴としてパーシングII配備が決定される一方で, 東側陣営の対抗措置として計画されたソ連領外へのSS-23の配備をめぐっては社会主義陣営諸国間の亀裂が露呈されるなど, ソ連の対外政策の在り方に関する認識の変化を促す契機となり, 冷戦終結への布石となった点も重要である. また, 条約の直接の当事国は米ソであったものの, 西欧・東欧諸国ばかりではなく, 日本もSS-20のソ連領アジア部への配備を回避するため米国と緊密に連携し, 長射程および短射程中距離ミサイル全廃という結果の実現に貢献した.

3　近年の動向　冷戦終結後, 中国をはじめとする国々がINFを開発・生産・配備するようになり, また, 米国やNATOがミサイル防衛システムの配備を進めるなか, ロシアでは, 安全保障上このクラスのミサイルの保有が必要である(INF条約は誤りであった, ロシアは条約から脱退すべきである)とする見解も2007年頃から表明されてきた. こうした経緯もあり, 公式には射程が300kmとされている地上発射型巡航ミサイルについて, 条約上禁止されている500km以上の射程での開発・実験が進められているのではないか, あるいは*大陸間弾道ミサイル'(ICBM)として開発中のミサイルの発射実験が2,000km前後の距離で行われたことは条約に違反しているのではないのかなどの疑惑が提起されてきた. 2014年7月には米国国務省が, 軍縮・不拡散に関する議会向け年次報告書の中で,「ロシアがINF条約を遵守していない」と指摘するに至っており, 今後の米露政府間でこの問題がどのように扱われるのかが注目される.　　［岡田美保］

■中距離弾道ミサイル　intermediate-range ballistic missile : IRBM

*弾道ミサイル' を射程距離で分類するとき, 射程距離が*大陸間弾道ミサイル'(ICBM)と準中距離弾道ミサイル(MRBM)の間にある弾道ミサイルをIRBMという. IRBMとMRBMの射程距離について確立した基準はないが, 米軍備管理協会は3,000〜5,500kmでIRBM, 1,000〜3,000kmでMRBMと, また米統合参謀本部は, 1,500〜3,000海里(2,778〜5,556km)でIRBM, 600〜1,500海里(1,111〜2,778km)でMRBMと定義している. なお, *中距離核戦力条約'(INF条約)では, 1,000〜5,500kmの射程距離で中距離ミサイル, 500〜1,000kmで準中距離ミサイルと定義している. 米国とロシアは, INF条約によって弾頭の種類にかかわらず500〜5,500kmの射程距離の地上配備ミサイルの保有を禁止されている. イスラエル, イラン, インド, 北朝鮮, シリア, 中国, パキスタンなどが, MRBM・IRBMを開発・保有しているといわれている. 現在配備・開発中のMRBM・IRBMは,

貯蔵可能な液体燃料か固体燃料を用いており，弾頭には高性能爆薬や*大量破壊兵器'（WMD）を搭載しているといわれている．また，固定式のものと移動式のものがある．→イスラエルのミサイル戦力，イランのミサイル戦力，インドのミサイル戦力，北朝鮮のミサイル戦力，中国のミサイル戦力，パキスタンのミサイル戦力

［松山健二］

■**中堅国家構想**　Middle Powers Initiative：MPI

ち

カナダの上院議員・元*軍縮大使'であったダグラス・ロウチ（Douglas Roche）の提唱によって1998年に創設された国際的NGOである．*国際反核法律家協会'（IALANA），核戦争防止国際医師会議（IPPNW）など8個の国際NGOの連合体として運営されている．その目的は，核軍縮に熱心な中堅国家の活動を政策提言などを通じて支援し協力することにある．中堅国家の定義は厳密なものではないが，政治的および経済的に影響力のある国で，軍縮分野の国際政治において信頼されている国々をそう呼んでいる．たまたま創設と同じ1998年にアイルランド，ブラジル，メキシコ，ニュージーランド，エジプト，南アフリカなど8カ国（2014年現在は6カ国になっている）が*新アジェンダ連合'（NAC）と呼ばれる国家グループを結成し，*核軍縮'に指導的な役割を担い始めた．そこで初期のMPIはNACを支える活動に取り組んだ．MPIの主要な取組みは，権威ある専門家をまじえた代表団を中堅国家に派遣して政策対話を行うこと，政府代表，外交官，専門家が一堂に会する協議会を中堅国家の首都で開催すること，時局に合ったブリーフィング・ペーパーなど政策提言文書を発行すること，などである．*核兵器不拡散条約'（NPT）第6条の履行をテーマとした「第6条フォーラム」や核兵器禁止の法的枠組みを模索する「枠組みフォーラム」の開催で注目されてきた．

［梅林宏道］

■**中国の遺棄化学兵器**　chemical weapons abandoned in China

旧日本軍は第二次世界大戦の終戦時に，中国に持ち込んでいた*化学兵器'を同国に遺棄した．戦争の過程で他国に遺棄された兵器の処理については，従来より必ずしも遺棄国に処理の義務があるものとはされてこなかったが，*化学兵器禁止条約'の交渉過程で，中国は*遺棄化学兵器'の廃棄義務は遺棄国にあるとの主張を展開した．

1　化学兵器禁止条約の制度　1993年に署名された化学兵器禁止条約によれば，締約国は，「他の締約国の領域内」に遺棄した化学兵器を廃棄する義務を負うものとされており（第1条3項），遺棄国と領域国の双方が化学兵器禁止条約の締約国となってはじめて，遺棄国による廃棄義務が生ずる．中国の遺棄化学兵器については，日中両国が化学兵器禁止条約の締約国となったため，日本は中国に遺棄した化学兵器の廃棄の義務を負うことになった．日本は1997年に，中国に「約70万発」の化学兵器を遺棄した旨を*化学兵器禁止機関'に申告したが，その後2005年に，「推定30～40万発」に修正申告している．条約上，遺棄締約国は，「すべての必要な資金，技術，専門家，施設その他の資源」を提供し，領域締約国は「適切な協力」を行うものとされる（検証附属書第4部（B）第15項）．

2　中国における遺棄化学兵器の処理　中国の遺棄化学兵器については1999年7月に，日中間で廃棄に関する基本的な枠組みを定めた「中国における日本の遺棄化学兵器の廃棄に関する覚書」が署名された．それによれば，旧日本軍のものと確認された化学兵器について日本は化学兵器禁止条約に従い遺棄締約国としての義務を履行すること，廃棄作業を進めるに当たっては中国の法律を遵守し，環境保全・安全確保を最優先すること，廃棄の対象・規則・期限については，化学兵器禁止条約に基づき協議により確定することなどが合意されている．廃棄作業は，発掘，回収，保管，廃棄という手順で進むが，2013年末ま

でに中国各地において約5万発の遺棄化学兵器が発掘・回収されている．廃棄は，中国の南北で1基ずつの移動式処理設備を移動巡回させながら進められるほか，ハルバ嶺においては固定式処理施設を建設して廃棄作業が行われる．移動式設備を利用した本格的な廃棄作業は2010年10月に南部の南京において開始され，2013年8月に全約3万6,000発の廃棄が完了している．北部においても，2012年12月に河北省石家荘市において移動式設備による廃棄が開始され，ハルバ嶺では，2012年11月に発掘・回収作業が開始されたのち，2014年12月には廃棄作業が開始された．→遺棄化学兵器訴訟

［浅田正彦］

■中国の核政策・核戦略　China's nuclear policy and strategy

1 毛沢東の考えとソ連の協力　毛沢東は*原子爆弾'を「張子の虎」と言ったこともあったが，実際には入手したいと強く望んでいた．中国が朝鮮戦争に参戦し（1950年10月），また国民党の支配下にあった金門島など島嶼を攻撃（1954～55年，58年）すると，米国では中国に対し原爆で攻撃するべきだという主張が出るようになり，中国の*核兵器'取得の願望が強まった．毛沢東はソ連に核開発の技術協力を求め，ヨシフ・スターリン（Iosif Stalin）は応じなかったが，後継者のニキータ・フルシチョフ（Nikita Khrushchev）は1957年10月，国防新技術協定の締結に応じ，原爆の製造データの提供にも同意した．しかし，間もなく中ソ論争が始まり，1959年6月，ソ連は同協定を一方的に破棄し，ソ連人技術者を引き上げた．

2 核実験　それ以来中国は自力で核兵器を開発し，1964年10月，最初の*核実験'を行い，その約10日後には，核弾頭搭載ミサイルの発射実験を行った．1967年6月には水爆実験に成功した．中国は*包括的核実験禁止条約'（CTBT）の交渉に積極的に参加し，1996年9月に同条約に署名した．その直前の7月，最後の核実験（地下）を行うとともに実験の停止を宣言した．中国は計46回核実験を実施し，被害が広範囲に及んだが，とくにウイグル系住民のなかに被害者が多かった．楼蘭遺跡の近くでは「核の砂」が大量に発生した．

3 核戦略　厳しい*冷戦'が続く中で，中国は米ソ2超大国の全面戦争は不可避との考えに立ちつついかに生き残るかを最重要課題とし，そのため核・ミサイル戦力の増強を急いだ．また，各種の軍縮レジームは核戦力で劣る中国の手を縛る恐れがあるので参加せず，*核兵器不拡散条約'（NPT）についても，核兵器国と非核兵器国の間で権利義務が不公平でバランスがとれていないとして署名しなかった．しかし，1980年代には改革開放政策の実施とあいまって軍縮関係の会議に参加し始め，*国際原子力機関'（IAEA）に加盟した．1985年，鄧小平は世界戦争は避けられるという国際情勢観を打ち出し，これが契機となり，また，冷戦が終了したこともあり，中国は核政策を転換し，1992年にNPTに加盟した．中国は核・ミサイルを国防の重要な柱としている．核兵器の数は，複数の異なる推定があるが，200ないし400発程度と見積もられている．運搬手段としては*大陸間弾道ミサイル'（ICBM），*中距離弾道ミサイル'（IRBM），*短距離弾道ミサイル'（SRBM）および*潜水艦発射弾道ミサイル'（SLBM）を備えており，かりに核攻撃を受けても残存能力で反撃可能という確証報復の考えである．一方，中国は最初の核実験以来*核兵器の先行不使用'を強調し，また他の核兵器国にも同様の立場に立つことを提案し，そのための条約締結を呼びかけたこともある．この中国の原則自体は明確に表明されているが，実際には証明できないことを掲げているに過ぎないという懐疑的な見方もある．また，中国は核兵器を保有しない国に核攻撃しないと宣言（*消極的安全保証'）しているが，これは政治宣言に過ぎず法的な拘束力はない．中国は核兵器の国外への持ち出しは行わず，核物質につい

ても厳格な*輸出管理'の下に置いているが,パキスタンには原子炉に関する協力を行っている.核に限られたことでないが中国の軍事力については透明性が低いことが問題であると指摘されている.

4 核軍縮 核兵器の廃絶に関し,中国は「もっとも大きな核軍備を保有している国々が*核軍縮'への特別かつ第一義的な責任を有しているとの立場を維持し続ける.彼らは,核兵器の完全な廃絶に必要な条件を創り出すために,*検証'可能で不可逆的かつ法的拘束力のある方法によって,その核軍備をさらに大幅に削減すべきである.条件が整えば,他の核兵器国も核軍縮に関する多国間交渉に加わるべきである」として(国務院新聞弁公室「2010年中国の国防」)米露両国にまず核軍縮の実行を求めている.→米国の核政策・核戦略,ロシアの核政策・核戦略,英国の核政策・核戦略,フランスの核政策・核戦略,インドの核政策・核戦略,パキスタンの核政策・核戦略

[美根慶樹]

■中国のミサイル戦力 China's missile capabilities

1 低い透明性 公式に*核兵器'を保有する5大国の中で,中国のミサイル戦力は最も透明性が低い.中国が公表している国防費は総額のみで,具体的な内訳は示されておらず,すべての装備購入費や研究開発費が含まれているわけではない.とくに,ミサイル戦力の規模や内容は明らかにされていない.そうした制約要件があることを前提として概観すると,核の運搬手段としては,米露同様,陸上配備の*弾道ミサイル',潜水艦発射の弾道ミサイル,爆撃機という三本柱から構成されている.このうち,核搭載も可能な陸上配備の弾道ミサイルは,戦略ミサイル部隊である「第二砲兵」(兵力10万人以上)が役割を担っている.中国のミサイル開発は,旧ソ連の技術支援を受けながら,1950年代半ばからスタートした.80年代末以降,軍の近代化方針に従って能力向上を進めてきた.その特徴はまず,液体燃料型から固体燃料型への転換を図ってきたことである.固体燃料型は液体燃料型よりも小型で,ミサイルを車体に搭載することができ,移動式として即時発射も可能となる.また,打撃力の向上のため,弾頭の小型化や,1基で複数の核弾頭を個別に誘導することが可能な*複数個別誘導弾頭'(MIRV)化を進めている.これによって,同時に複数の目標を攻撃することが可能になれば,相手国の*弾道ミサイル防衛'(BMD)に対抗することもできる.弾道ミサイル発射後の誘導制御技術の開発も進めており,より精度の高い攻撃が可能となっている.

2 さまざまな種類を開発・配備 現在,開発・配備されている弾道ミサイルは,戦略・戦域・戦術レベルを合わせて10種類以上ある.攻撃対象別に見ると,主に米国を射程内に置く*大陸間弾道ミサイル'(ICBM),日本などアジア太平洋地域を射程内に置く*中距離弾道ミサイル'(IRBM),台湾や尖閣諸島など南西諸島の一部を射程内に置く*短距離弾道ミサイル'(SRBM)と,広範囲にわたってカバーしている.主な種類を見ると,ICBM=DF(東風)-5シリーズ,DF-31シリーズ(計50〜75基),DF-41(開発中),IRBM=DF-4,DF-3シリーズ(計5〜20基),DF-21シリーズ(75〜100基),SRBM=DF-15シリーズ,DF-11シリーズ(計1,100基以上),*潜水艦発射弾道ミサイル'(SLBM)=夏級潜水艦に搭載するJL(巨浪)-1シリーズ(基数不明),宋級潜水艦に搭載するJL-2(開発中)などがある.このうち,DF-41は,DF-31シリーズの改良型として中国が開発を進めてきた新型ICBMである.2014年6月の米国防省報告によると,MIRV能力を付与される,と見られている.また,同じくDF-31シリーズの改良型で,潜水艦に搭載するSLBMのJL-2が運用段階に入ったと見られている.このJL-2もMIRV能力を有すると見られている.JL-2が実用化されれば,中国の戦略核戦力は大幅に向上するものと考えられる.

3「A2/AD」能力のためのミサイル　中国は，台湾有事などの際に，米国など第3国の介入を阻止する能力の向上を最優先課題に置いている．これは，第一列島線の東シナ海側への米軍の接近を阻止し，地域介入を拒否する「A2/AD」戦略として示されている．このため，西太平洋に展開する米軍基地や米海軍部隊を遠方からミサイルで攻撃する方策を検討しているものと見られている．2013年の米国防省報告によると，中国はDF-21を基にした命中精度の高い通常弾頭の弾道ミサイルを保有しており，空母など洋上艦艇を攻撃するための対艦弾道ミサイル(ASBM)DF-21Dを配備している．また，中国はIRBM，MRBMに加えて射程1,500km以上の*巡航ミサイル' DH-10を保有している．こうしたミサイルが弾道ミサイル戦力を補完する武器として注目されており，日本を含むアジア太平洋地域を射程に収める戦力となる可能性がある，と指摘されている．このため，米国側では，「エア・シーバトル構想」が対抗戦術として研究されている．［笹島雅彦］

■**中国のミサイル防衛システム**　China's missile defense capabilities

中国は従来，米国とその同盟国による*弾道ミサイル防衛' (BMD)の開発・配備に対し，BMDを突破するため，核ミサイルの量的拡大や，*複数個別誘導弾頭' (MIRV)化など攻撃能力の向上に重点を置いていると見られてきた．ところがその一方，中国は2010年1月，ミッドコース段階における地上配備型BMD技術の実験に成功した，と公表した(新華社電)．続いて，2013年1月，2014年7月にも実験を行い，「所期の目的を達成した」と，成果を強調した．これが，中国版BMDの開発を意味するのかどうかは不明である．時期的には，米国による台湾への武器売却やミサイル開発の動きに対抗意識を強めていた可能性がある．中国の防空ミサイルには，旧ソ連の長距離地対空ミサイルを基に1990年代に独自開発したHQ(紅旗)-9などがある．これは米国のパトリオットPAC-2レベルの能力と見られている．また，中国は2007年1月，*弾道ミサイル' 技術を応用して自国の*人工衛星' を破壊する実験を行った．BMDと対衛星兵器(ASAT兵器)は別個のシステムだが，中国が他国の人工衛星の機能を妨害する装置を開発している可能性もあり，米国のBMDシステムを妨害するための兵器を準備している恐れもある．［笹島雅彦］

■**中国の輸出管理制度**　export controls in China

1　制度全般　中国の*輸出管理' の規制全般は商務部が管轄している．外国貿易法の下で，核，生物，化学，ミサイル関連の輸出規制条例や規則を定めており，それぞれに国際レジームに基づく規制リストが添付されている．ただし，*ワッセナー協約' (WA)に基づくリスト規制は実施されていない．個々の規制リストを1つにまとめたリスト(以下，両用品リスト)を添付した両用品及び技術輸出入許可証管理規則(以下，両用品規則)でリスト規則全般を規定するとともに，*大量破壊兵器' (WMD)の*キャッチオール規制' も規定している．両用品リストの品目には税関コードが付され，通関時に許可証の提示が必要とされる．また，両用品リストは個々の規制リストと完全に同一ではないが，両者が異なる場合は，個々の規制リストが優先されることが規定されている．両用品リストは毎年末，税関総署と商務部の連名で改正リストが公布され，翌年初から施行される．また，日本のような*包括輸出許可制度' はないが，輸出許可申請を包括的に行うことのできる制度が2009年に導入されている．

2　法的枠組み　中国の輸出管理制度の根拠となる法律は，外国貿易法であり主な条例／規則は，核輸出規制条例，核両用品及び関連技術輸出規制条例，ミサイル関連品目および技術輸出規制条例，監督規制化学品管理条例，特定化学品及び関連設備・技術輸出規制規則，易制毒化学品管理条例, 生物両用品及び関連設備・技術輸出規制条例, 軍需品輸出管理条例, 両用品及び技術輸出入許可証管理規則, 両用品及び技術輸出包括許可管理規則である. これらの所管官庁は, 規制全般に関しては商務部が, 執行については税関が行う. 規制リストは, 両用品及び技術輸出入許可証管理リストに規定されている. 懸念顧客情報と*懸念国' 情報に関する規定はない. ただし, *国連の対イラン経済制裁', *国連の対北朝鮮経済制裁' 中国語版情報については商務部のホームページに論評抜きで掲載されている. *キャッチオール規制' については, 輸出貨物・技術が大量破壊兵器用途に用いられるおそれがあることを知っている, 知りうる, 当局の通知を受けた場合には許可が必要となる. *通常兵器キャッチオール規制' は実施されていない. また, 技術は規制対象となっているが, 無形技術の提供が規制対象となるか否かの規定やガイドラインはない. その他, 中国独自の規制としては, 暗号の研究, 暗号製品の生産や販売には許可が必要となる点である.　[利光 尚]

■中性子爆弾　neutron bomb

放射線強化型核爆弾(Enhanced Radiation bomb:ER)とも称される. 中性子爆弾(ER)はその核爆発エネルギーのうち 14Mev 高エネルギー中性子線が放射される割合を高め, 透過性の高い中性子線照射による殺傷能力を戦術核兵器として活用するために開発されたものである. 使用後, 占領した市街地の建造物やインフラ設備を利用するために爆風などによる破壊力を弱め, 自軍の地上部隊の進行を有利にすることを視野に入れた運用を図ることを前提に設計された. そのため, 核弾頭の威力は*核兵器' としては小さく, 残留放射能も少なくなるように設計された. ER の有効性は爆発により敵兵が致死量の被爆を浴びる致死半径によって算定するが, 米軍の致死量にかかる算定基準は遮蔽体を装備した戦車で攻撃してくる兵士が被爆後, 直ちに戦力を回復しない被爆線量とし, 国際放射線防護委員会(ICRP)の定める半数致死被爆線量 4 Sv の 200 倍も強い 800Sv を採用している. このように多量の中性子線照射の可能な致死半径を 1km に設定すると, 必要となる ER の威力はもはや 1kt 規模の中性子爆弾では足りず, 致死半径を満たす中性子爆弾を使用すれば「攻撃目標とした施設は高エネルギー中性子線により放射化され, 占領直後には侵入できなくなる」という戦術上の有効性にかかる問題が浮上した. 最終的に米国は 3 種類の ER を開発し配備したが 1992 年にはすべて退役させ, 解体した. ソ連, 中国そしてフランスも ER を開発しているが詳細は不明である. →原子爆弾, 水素爆弾

[小山謹二]

■中東決議　Resolution on the Middle East

1995 年核兵器不拡散条約(*NPT)再検討・延長会議' において, 同条約の無期限延長決定を含む 3 つの決定とともに採択された決議である. 中東地域に*大量破壊兵器' (*核兵器', *化学兵器', *生物兵器')ならびにそれらの運搬手段(ミサイルなど)が存在しない地帯を設立することや, 同地域の NPT 未加盟国(実際にはイスラエルを指す)が NPT に加盟することなどが求められている. しかし, イスラエルの核保有や*イランの核開発問題' などを理由に, その後長年にわたって同決議の履行は進まなかった. 事態が動いたのは*NPT 再検討会議(2010 年)' である. 会議の成果として, 2012 年内に中東地域の全国家の参加の下, *中東非核兵器・非大量破壊兵器地帯' の設立に関する国際会議を開催することなどを含めた, 中東決議の完全履行に向けた実際的措置が合意されたのである. その後, 2012 年会議の開催国としてフィンランド, 会議の準備にあたるファシリテーターとして同国のヤッコ・ラーヤバ(Jaakko Laajava)外務次官補が任命された. 関係各国との協議が進められた. しかし, 2015 年 NPT 再検討会議までに会議は開催されず, エジプトなどを筆頭に地域国家か

らは強い不満が示されている.　[中村桂子]

■**中東非核兵器地帯に関する国連総会決議**　Resolution on the establishment of a nuclear-weapon-free zone in the region of the Middle East

1　決議の採択とその内容　国際の平和と安全を地域レベルで強化する措置として，核兵器の存在しない地帯である*非核兵器地帯'を拡大しようとする試みが世界各地で進められている．そのなかでも長い歴史を持つものが，中東地域における非核･非大量破壊兵器地帯の設立に向けた国際努力である．中東非核兵器地帯の設立要求は，1974年にエジプトがイランとともに国連総会に「中東非核兵器地帯の設立に関する決議」案を提出し，採択させたことに始まる．以後，この内容の決議案が毎年の国連総会で採択されてきた．1978年の*第1回国連軍縮特別総会最終文書'も同様の勧告を盛り込んだ．1990年4月には，エジプトのホスニ･ムバラク（Hosni Mubarak）大統領が中東に核兵器のみならず，生物･化学兵器やミサイルも存在しない地帯を創設する非大量破壊兵器地帯構想を打ち出した．翌年4月の湾岸戦争の停戦決議（*国連安保理決議687'）は，イラクによる*大量破壊兵器'（WMD）およびその運搬手段である弾道ミサイル（射程150km以上）の保有禁止や廃棄義務を定めたが，その義務が中東非大量破壊兵器地帯の創設に向けた措置であることを明記している．1995年の*核兵器不拡散条約'（NPT）再検討･延長会議においては，同条約の無期限延長決定とともに，中東非大量破壊兵器地帯の設立を求める*中東決議'が採択された．2010年*NPT再検討会議'の最終文書はこの決議の完全履行に向けた実際的措置として，*中東非核兵器･非大量破壊兵器地帯'の設立に関する国際会議を2012年に開催すること決定した．しかし，2015年8月現在においても会議開催の見通しは立っていない．

2　イスラエルの反応　核兵器の保有について肯定も否定もしない核の「曖昧政策」を継続しているイスラエルの反応は複雑である．イスラエルはエジプト提出の国連決議に賛成を示してきたように，中東非大量破壊兵器地帯構想に対する一般的な支持は繰り返し表明している．しかし，その立場は，あくまで中東各国が自国の正統性を認め，中東和平が達成されることが先であるというものであり，イスラエルの非核兵器国としてのNPT加盟が中東非大量破壊兵器地帯化の第1歩と考えるエジプトやイランらとの間には大きな隔たりがある．実際，*国連総会第1委員会'でのコンセンサス採択後の投票説明（2013年10月31日）において，イスラエルは中東非大量破壊兵器地帯設立の前提条件として「包括的かつ永続的な地域の平和」と「すべての地域国家による軍備管理，*軍縮'，不拡散義務の完全履行」を挙げ，地域国家間の信頼醸成に向けた努力が不十分であるとの従来通りの主張を繰り返した．　[中村桂子]

■**中東非核兵器･非大量破壊兵器地帯**　Middle East zone free of nuclear weapons and other weapons of mass destruction

1　地帯設置の構想　中東地域における非核兵器地帯の設置が国連の場で最初に提唱されたのは，1974年の総会である．イランは，中東地域の核軍拡競争を防止する必要がある，すでにアフリカが非核地帯宣言を行っている，発効した*核兵器不拡散条約'（NPT）に地域のすべての関係国が加盟する必要があることを理由に，地帯設置を提案し，エジプトの支持のもと，中東非核兵器地帯設置を求める総会決議が採択された（A/9693/Add.2）．それ以来毎年のように同種の決議が採択されてきており，1980年以降はイスラエルも，原則同意している．1988年には専門家グループによる具体的な検討が開始された．想定されている地帯の範囲は，アラブ連盟加盟22カ国にイランとイスラエルを加えたものである．地理的には西のモロッコから東のカスピ海までも含むものであり，地中海･大西洋･インド洋の一部，ジブラルタルやホルムズの国際海峡，国際水路のスエズ運河などを適用範囲にしているほか，関係国の中には*ペリンダバ条約'の加盟国と重複するものもある．中東地域に地帯を設置する機運が盛り上がった背景には，数次にわたる中東戦争およびその後の紛争の中で*核兵器'が実際に使用される危険性が認識されたためであるが，1990年にはエジプトのホスニ・ムバラク(Hosni　Mubarak)大統領が地帯内では*化学兵器'，*生物兵器'のような*大量破壊兵器'(WMD)の禁止も検討すべきであると提唱した．1995年の*NPT再検討・延長会議'で，核兵器と並行して他の大量破壊兵器も規制すべきであり，早期実現のための協力を求めるとの米露英共同提案が*中東決議'として採択され，今日では「中東非核兵器・非大量破壊兵器地帯」とセットした名称が一般化している．

2 構想の展開　1995年に採択された中東決議は，NPTの無期限延長を認める前提条件としての意味もあり，事実上はイスラエルがNPTに加盟し，その核施設を包括的な*国際原子力機関'(IAEA)の*保障措置'の管理下に置くことを念頭に置いていたが，地帯設置をめぐってはほとんど進展がなかった．2010年の*NPT再検討会議'では全会一致で最終文書が採択され，行動計画として具体的な指針が合意された．①国連事務総長および中東決議提案国の米露英3カ国の4者が，2012年にすべての関係国が参加する中東非核兵器・非大量破壊兵器地帯創設のための国際会議を招集する，②4者は中東諸国と協議の上で，ファシリテーター(調整・進行役)を任命し，開催に向けた準備と会議での合意事項の確認を担当させる，③この間の経過報告を2015年の再検討会議に提出する，がその骨子である．2011年には開催地をフィンランドとし，ファシリテターは同国のヤッコ・ラーヤバ(Jaakko Laajava)外務次官とする決定を行ったが，その後の中東情勢の激変のために2012年に会議の開催を延期することが決定し今日至っている．

3 条約成立の可能性　できるだけ早期に「中東非核兵器・非大量破壊兵器地帯」を創設する条約が成立することが望ましいが，そのためには中東にはいくつかの克服すべき課題が存在する．1つは，中東地域での政情不安が継続していることである．チュニジアに始まる「アラブの春」の余波，シリア内戦の長期化，「イスラム国」の動向，パレスチナ紛争による中東和平プロセスの硬直化，などにより刻々と地域の状況が変化しており，創設のための環境が醸成されていない．2つには*イスラエルの核問題'がある．イスラエルは事実上の核兵器保有国とみなされており，中東で唯一NPTに加盟していない国である．同国自身は核兵器に関して「曖昧政策」を採用したままであるが，「核の不存在」を立証することが地帯創設の鍵を握っている．3つには*イランの核開発問題'の推移であり，開発疑惑が解消される必要がある．高い技術水準にある同国の参加なくしては創設の目途は立たない．

［城 忠彰］

■中部欧州兵力均衡削減交渉　Mutual and Balanced Force Reduction Talks : MBFR

中部欧州兵力均衡削減(MBFR)交渉は，中部欧州での通常戦力の削減と均衡を目指し，北大西洋条約機構(NATO)，ワルシャワ条約機構(WTO)加盟国によって1973年10月30日にオーストリア・ウィーンで開始された．中部欧州にはベネルクス諸国，東西ドイツ，ポーランドおよびチェコスロバキアが含まれていたが，兵力均衡削減の対象地域と均衡削減のアプローチに対する東西両陣営間の思惑は異なっていた．交渉の過程で，一度は両陣営の陸上兵力700,000名，航空兵力200,000名の削減で暫定合意に達したものの，最終的に合意は形成されなかった．1986年，WTO側が欧州全域にまたがる兵力削減を提唱したのに対して，NATO側では対案としてMBFR交渉に代わり，新たな欧州全域での兵力削減交渉のためのフォーラムを提示した. その結果, 1986年以降は*欧州安全保障協力会議'(CSCE)の枠組み内で欧州通常戦力の水準について協議が行われることとなり, 1989年1月10日にNATOとWTOが*欧州通常戦力条約'(CFE条約)の交渉マンデートについて決定したことを受けて, 1989年2月2日にMBFR交渉が閉幕された. ［一政祐行］

■朝鮮半島エネルギー開発機構 Korean Peninsula Energy Development Organization : KEDO

1 設立の経緯とプロジェクトの開始・終了 朝鮮半島エネルギー開発機構(KEDO)は, *北朝鮮の核開発問題' に関して1994年10月に作成された「*米朝枠組み合意'」を実施するため, 翌1995年3月9日, 日米韓3カ国が「朝鮮半島エネルギー開発機構の設立に関する協定」を締結して設立された国際機関である. 米朝枠組み合意においては, 北朝鮮が*核兵器不拡散条約'(NPT)にとどまることのほか, 既存および開発中の核施設を凍結・解体する代わりに, 米国が国際コンソーシアムを通じて出力合計約2,000メガワットの2基の*軽水炉' を北朝鮮に供与するとともに, 第1基目の軽水炉の完成までの間, 代替エネルギーとして年間50万tの重油を北朝鮮に供与することなどが定められた. ここでいう国際コンソーシアムとして設立されたKEDOは, 1995年12月, 北朝鮮との間で, 2基の軽水炉と一定のインフラ供給, 完成時点から20年間(3年間の据置期間を含む)の無利子返済条件などを内容とする軽水炉プロジェクト供給取極を締結し, 軽水炉建設に向けた工事は1997年8月から開始された. しかし, 2002年10月に北朝鮮の*高濃縮ウラン' 計画が発覚したことにより, KEDOは同年12月から北朝鮮への重油供与を停止し, 翌2003年12月から軽水炉の建設を停止した. その後, 2006年5月, KEDO理事会において軽水炉プロジェクトの終了が決定された.

2 組織と経費負担 KEDOの本部はニューヨークに設立され, 加盟国は日本, 韓国, 米国, EU, ニュージーランド, 豪州, カナダ, インドネシア, チリ, アルゼンチン, ポーランド, チェコ, ウズベキスタンの12カ国1機関である. 日米韓3カ国およびEUで構成される理事会はKEDO任務の遂行権限を持ち, また, 全加盟国で構成される総会は理事会への勧告権限を持つ. KEDO設立以降, 経費負担に関する協議が行われ, 1998年7月, KEDO理事会の大使級会合において軽水炉プロジェクトの総経費と理事国負担額の大枠が合意された. しかし, 同年8月に北朝鮮が*弾道ミサイル' を発射したため, 日本はKEDO進行を当面見合わせる方針を決定した. その後, 日本はKEDOへの協力を再開させ, 同年10月21日, 軽水炉負担に関するKEDO理事会決議が採択された. この決議においては, 軽水炉の総経費見積もりを46億ドルとし, 各理事国の負担について, 韓国はその70%の約32.2億ドル, 日本は10億ドル相当(1,165億円), EUは1997年の加盟以降5年間にわたり計7,500万ユーロ(約8,000~8,500万ドル)の拠出を約束し, 米国は重油供与のための拠出に加え, その他の拠出も探求することとされた. なお, KEDO理事会は, 軽水炉プロジェクト終了の決定とともに, 北朝鮮に対して金銭上の損失の支払を求めることを決定している. ［寺林裕介］

■朝鮮半島非核化共同宣言 Joint Declaration of the Denuclearization of the Korean Peninsula

1 共同宣言成立の背景 1991年9月に国連同時加盟を果たした韓国と北朝鮮は, 同年12月13日, ソウルで開催された第5回南北高位級会談において「南北間の和解と不可侵および交流・協力に関する合意書(南北基本合意書)」に署名した. 南北関係は統一に向けた特殊な関係であるとして互いの体制を認め, 南北の不可侵を初めて誓ったこの合意書を実行に移す上で, *北朝鮮の核開発問題' が最大の障害として残っていた.*国際原子力機関'(IAEA)による*査察'の受入れを拒否していた北朝鮮は,核問題を南北関係の枠内で扱おうとし,在韓米軍の核兵器撤去を含めた朝鮮半島の非核化を提案した.1991年9月のジョージ・H・W・ブッシュ(George H. W. Bush)米*大統領の核兵器削減イニシアティブ'の発表,同年12月の盧泰愚韓国大統領による核兵器不在宣言など緊張緩和に向けた一連の動きを受け,同年12月31日,韓国と北朝鮮は「朝鮮半島の非核化に関する共同宣言(朝鮮半島非核化共同宣言)」に合意し,翌1992年2月19日,平壌で開催された第6回南北高位級会談においてこの共同宣言を発効させた.

2 共同宣言の内容　共同宣言においては,朝鮮半島の非核化について,第1に北朝鮮と韓国は,*核兵器'の試験,製造,生産,接受,保有,貯蔵,配備,使用をしない,また,第2に核エネルギーを平和的目的にのみ利用する,など核兵器に関することに加え,第3に核*再処理'施設とウラン*濃縮'施設を保有しないこととしており,核関連施設にも言及してこれを禁止している点で,これまで署名された*非核兵器地帯条約'より進んだ内容となっている.相互査察については,相手側が選定したすべての核関連施設への査察を主張した韓国側と,在韓米軍の核兵器撤去の確認を求めた北朝鮮側との間で意見が対立したが,共同宣言では第4として,朝鮮半島の非核化を*検証'するため,相手側が選定し,双方が合意する対象に対し,南北核統制共同委員会が規定する手続きと方法で査察を実施することとされた.しかし,その後の南北間においては,共同委員会は開催されたものの査察の対象や方法をめぐり合意に達することはなく,1993年3月に*核兵器不拡散条約'(NPT)脱退を宣言した北朝鮮が米国との交渉を求めたこともあり,南北相互査察は実施されなかった.［寺林裕介］

■懲罰的抑止　deterrence by punishment

グレン・スナイダー(Glenn Snyder)は,1960年代初めにかけて,懲罰的抑止と*拒否的抑止'という*抑止'の2類型を提示した.うち懲罰的抑止は,攻撃で得られるであろう利益を上回る損失を報復によって被ると敵に思わせることで,その攻撃を思いとどまらせるというものである.抑止という言葉はしばしば懲罰的抑止のみを指して使われる.*冷戦'期の米ソ間でいえば,懲罰的抑止は主に戦略核戦力に依拠した抑止であり,*相互確証破壊'(MAD)状況は米ソともに懲罰的抑止を基調にした状況といえる.欠点としては,大規模報復の威嚇では,特に小規模な攻撃を抑止するには信憑性が低くなるということがある.また敵の戦力ではなく人口・産業密集地を報復の標的とするため,非倫理的であるともいわれる.しかし,拒否的抑止に比べ,*戦略的安定'を低下させる可能性は低く,当事者双方が懲罰的抑止に与する場合には,*軍備管理'との両立もより容易になることが多い.また威嚇の信憑性が低くても,抑止は機能すると見る向きもある.今日,状況によっては主に通常戦力に依拠した懲罰的抑止もより現実的になっており,拒否・懲罰双方の機能を果たしうる兵器も増えている.それが,*軍縮'・軍備管理の課題をより複雑化させている面も見られる.［石川 卓］

つ

■追加議定書　Additional Protocol

1 追加議定書成立の背景　追加議定書は,正確には*包括的保障措置協定'(もしくはその他の保障措置協定の)追加議定書とよばれるべきものであり,1997年に*国際原子力機関'(IAEA)が採択し,IAEA文書INFCIRC/540(Corrected)として発表された「モデル追加議定書」に基づき締結される国際約束で,保障措置協定と一体をなす法的文書のことである.1990

年代初頭,北朝鮮による核開発の発覚やイラクによる秘密裏の核開発をIAEAが探知できなかったことなどを受け,IAEA加盟国による未申告の活動をIAEAが探知する能力を高める必要性が叫ばれるようになった.1993年12月,こうした要請を踏まえ,IAEA事務局は,1995年までの2年間でIAEA*保障措置'強化のための新たな措置を策定する*93+2計画'を理事会に提出.この提案の下,IAEAが有する既存の法的権限の中で可能な措置と追加的な権限が必要となる措置について検討が行われることとなった.その結果,保障措置の手段としての*環境試料採取'(環境サンプリング)の導入や,*設計情報'の早期提出など,既存の法的権限の中で可能な措置については1995年に理事会にて承認がなされたが,新たな法的権限が必要とされるものについてはその後も議論が続き,1996年には具体的な法的文書の交渉を行うための委員会(IAEAにおいて設置された24番目の委員会であったことから24委員会とよばれる)が設置され,精力的な交渉が行われた結果,1997年9月,「モデル追加議定書」としてIAEA総会にて正式に承認されることとなった.

2 追加議定書の概要　IAEAは,モデル追加議定書の序文にも書いてあるとおり,包括的保障措置協定締結国に対し,モデル追加議定書に含まれるすべての措置を取り入れた形で同追加議定書を締結することを求めている.同時に,核兵器国およびその他の国(包括的保障措置協定を締結していないインド,パキスタン,イスラエルなど)に対しても同様の追加議定書を締結するよう呼びかけている.なお,モデル追加議定書はその名のとおり,モデルとしてすべての措置がそのままの形で議定書に取り入れられるよう,テンプレートの体裁をとっており,包括的保障措置協定締結国は,基本的にモデル追加議定書のテキストをそのままの形で採用し,IAEAとの間で追加議定書を締結することが期待されている.このモデル追加議定書が包括的保障措置締結国に適用されることにより,IAEAは,未申告の核物質や核活動を探知するために,より多くの情報を締結国から入手できるようになったのみならず,より広範な場所へのアクセスも認められることになった.たとえば,包括的保障措置協定の下では,原子力施設といった核物質が存在する場所にしかIAEAはアクセスできなかったが,追加議定書の導入により,たとえば原子力活動を行うための機材の製造施設など,定められた一定の条件を満たせば,核物質が存在しない場所でもIAEAはアクセスできるようになった.さらに*補完的なアクセス'という形で,24時間前という短時間の通告で,保障措置上の疑問点などを解消することを目的にした立ち入りを行うことが可能となったことも追加議定書の特色の1つである.

3 追加議定書の意義　また,IAEAが包括的保障措置協定に基づいて協定締結国の申告の*正確性'(申告が正しく行われているか)と*完全性'(すべての核物質が申告されているか)を検証するにあたり,正確性については包括的保障措置協定の下で,*計量管理'などを行うことにより検証可能であるが,完全性の検証については,追加議定書が果たす役割は大きいとされている.追加議定書の導入により,IAEAの未申告の活動探知能力は高まり,その実施により「未申告の核物質および核活動はない」との信頼できる保証をIAEAは与えられることができるようになったというのがIAEAの立場である.

[樋川和子]

■通常査察　routine inspection

*包括的保障措置協定'では,査察活動を第71項から第82項に,通常査察,*特定査察',および,*特別査察'に分けて規定している.通常査察は,①*国際原子力機関'(IAEA)に提出された報告の施設の記録との照合,②*保障措置'の対象となるすべての核物質の所在,同一性,量および組成の確認,③*在庫差'(MUF)や受払い間差異(SRD)発生の原因,物質収支計算の不確かさ

(σMUF)発生の原因に関する情報の確認を目的としている. 通常査察は, 定期的に行われる核物質の在庫変動検認(受入れ量と払出し量の確認)と, 実在庫検認(PIV)とに分かれ, 在庫差の計算式に繰り込まれる個々の核物質量の申告の*正確性'を*検認'する. 定期的な*計量管理'報告を作成するために使用された計量管理記録や操業記録と照合し, 一致を確認し, その後施設の記録(査察実施時点の在庫状況)に基づき在庫核物質の現物確認を行う. 保管体の数や, 貯留されている核物質溶液の容量の確認, 在庫されている保管体の記録との一致, 保管体内もしくは貯留溶液の量および組成が確認され, 当該期間のMUFが確定された場合には, その妥当性の評価や不一致が起こった場合の原因究明も, 通常査察として実施される. 通常査察は, 適時性目標を達成する頻度で実施される.　[菊地昌廣]

■**通常戦力による迅速グローバル打撃** Conventional Prompt Global Strike : CPGS

米国が進める, 1時間以内に地球上のあらゆる場所にある目標を非核兵器でピンポイント攻撃する能力の獲得を目指す構想. 米国の既存兵器体系の中では, 即応性, 正確性, 長射程の面でこれらを満たすのは戦略核戦力であるが, 使用のハードルが極めて高く, 一方で通常戦力面での米国の戦力投射能力を支えてきた前方展開兵力や空母戦闘群が, 敵対国の接近阻止・領域拒否(A2/AD)能力(*弾道ミサイル'・*巡航ミサイル'や潜水艦など)の伸長などにより使いづらくなる中で,「使いやすい長距離攻撃能力」として追求されている. *テロリスト'や非合法に運搬される*大量破壊兵器'(WMD)関連物質, さらには発射寸前の状態にある「*ならず者国家'」のミサイルなどが攻撃目標になると目される. この構想を本格的に開始したジョージ・W・ブッシュ(George W. Bush)政権は当初, 核弾頭を搭載したトライデントD-5*潜水艦発射弾道ミサイル'(SLBM)の通常弾頭化を目指していたが, 最近では弾道ミサイルを転用したロケットと加速滑空体(Boost-Glide Vehicle)の組み合わせや, 潜水艦発射型の*中距離弾道ミサイル'(IRBM)が有力な手段として浮上している. 核戦力の残存性を大きく損ねる潜在力を持つとしてロシアなどは警戒しており, *新戦略兵器削減条約'(新START条約)の交渉過程でも火種の1つとなった.　[栗田真広]

■**通常兵器開発等省令・告示/核兵器等開発等省令・告示** Ministerial Ordinance for Conventional Arms/Notice for Conventional Arms/Ministerial Ordinance for WMD/Notice for WMD

通常兵器開発等省令とは, 輸出貿易管理令第4条第1項第三号ハおよび第四号ハの規定に基づき, 輸出貨物が*輸出貿易管理令別表第1'の1の項の中欄に掲げる貨物(*核兵器'等に該当するものを除く)の開発, 製造または使用のために用いられるおそれがある場合を定める省令である. 通常兵器開発等告示とは, 貿易関係貿易外取引等に関する省令(貿易外省令)第9条第2項第七号ハの規定に基づく経済産業大臣が告示で定める提供しようとする技術が輸出貿易管理令別表第1の1の項の中欄に掲げる貨物(同令第4条第1項第一号イにおいて定める核兵器等に該当するものを除く)の開発, 製造または使用のために利用されるおそれがある場合を定める告示である. 次に, 核兵器等開発等省令とは輸出貿易管理令第4条第1項第三号イの規定に基づき, 輸出貨物が核兵器等の開発等の為に用いられるおそれがある場合を定める省令のことを指す. また, 核兵器等開発等告示とは, 貿易関係貿易外取引等に関する省令第9条第2項第六号イの規定に基づき, 貿易関係貿易外取引等に関する省令第9条第2項第六号イの規定により経済産業大臣が告示で定める提供しようとする技術が核兵器等の開発の為に利用されるおそれがある場合を定める告示のことである.　[利光 尚]

■**通常兵器危険貨物** concerned items of the conventional arms

通常兵器危険貨物とは，2008年11月の*通常兵器キャッチオール規制'の導入時に指定された*キャッチオール規制'の対象品目の中の特別な33品目のことである．この33品目は，キャッチオール規制品目の中でも，通常兵器の開発・製造・使用等に用いられる可能性の高い貨物としてリスト化されたものであり，通常兵器キャッチオール規制における経済産業省のインフォーム（*インフォーム要件'）の際に勘案されるものであった．しかしながら，近年，通常兵器危険貨物として指定されていないキャッチオール規制品目が，通常兵器の開発・製造・使用に用いられる事例が散見されており，33の品目のみを通常兵器危険貨物として指定することに意味をもたなくなった．したがって，2013年9月の政省令改正において，キャッチオール規制品目のすべてをインフォームの対象品目とする改正が行われ，特別な33品目という指定は削除された．ちなみに，通常兵器キャッチオール規制では，国連武器禁輸国向けの輸出の場合には，用途要件またはインフォーム要件に該当する場合に経済産業大臣の許可が必要となり，国連武器禁輸国以外の国向けの輸出の場合には，インフォーム要件に該当した場合に経済産業大臣による許可が必要となる．［河野瀬純子］

■通常兵器キャッチオール規制　catch-all control of conventional arms

1 *ワッセナー協約'（WA）の補完的輸出規制　通常兵器の国際輸出管理レジームである*ワッセナー協約'では，地域の安定を損なうおそれのある通常兵器の過度の移転や蓄積を防止する観点から，リスト規制を中心とした輸出規制について合意している．*冷戦'後，国際地域紛争が多発する中，汎用品が通常兵器の製造等に使用されることから，同レジームの目的を補完するため，2003年12月の総会において，リスト規制対象品目以外の品目についても，国連および各地域の武器禁輸国に対して軍事用途に用いられるおそれがある貨物等を輸出する場合には規制対象とする非リスト品規制の導入が合意された．これを受けて日本では，輸出貿易管理令および*外国為替令'を改正し，2008年11月から通常兵器キャッチオール規制（「通常兵器に係る補完的輸出規制」）が施行されている．欧州ではEUが2000年に武器禁輸国向けに通常兵器関係のキャッチオール制度を導入しており，また国によっては独自に追加的制度を導入している国もある．米国は，2007年に規制対象仕向地を中国のみに限定した通常兵器の軍事用途規制を導入した．さらに，米国は2014年9月に対ロシア制裁の一環として，ロシア向けの軍事エンドユース・エンドユーザ規制を導入した．

2 日本における規制の概要　日本における通常兵器キャッチオール規制は，仕向地によって輸出の許可申請の要件が異なる．輸出案件が，①国連武器禁輸国・地域（輸出貿易管理令別表第3の2の地域）で，*インフォーム要件'あるいは客観要件のうち用途要件に該当する場合，および②一般国（ホワイト国および国連武器禁輸国・地域を除くすべての国）で，インフォーム要件に該当する場合は，経済産業大臣に対する許可申請が必要となる．また，リスト規制に該当しない全品目（ただし，食料品，木材等は除く）が規制対象であり，具体的な規制対象貨物・技術は，*輸出貿易管理令別表第1'または*外為令別表'の16項に掲げられている．たとえば①については，国連武器禁輸国のコンゴ民主共和国にある貿易会社から輸出貿易管理令別表第1の16項に該当する鉄の鋼材10tの注文があったので，用途を確認したところ，戦車を製造すると回答があったような場合，経済産業大臣に対する許可申請が必要となる．②については，台湾の企業から輸出貿易管理令別表第1の16項に該当する数値制御工作機械10台の注文を受けたので，輸出の準備をしていたところ，経済産業省から輸出許可申請を行うよう輸出者宛てに文書で通知があったようなケースが想定される．

［久保田ゆかり］

■**通常兵器軍備管理に関するブリュッセル宣言** Brussels Declaration on Conventional Arms Control

1 ブリュッセル宣言とその背景 北大西洋条約機構(NATO)加盟国は1986年12月11日，ブリュッセルにおいて東側陣営に対して通常兵力に関する新たな*軍備管理’交渉を始める意思があることを表明した．同宣言は，先だって発出されたハリファクスにおけるNATO閣僚会合の合意を実施するために高官レベルのタスクフォースを設置し，東西間の兵力不均衡の是正，奇襲や大規模先制攻撃に係る能力の排除，信頼醸成や軍事の*透明性’の向上，効果的な*検証’体制の確立などを含め，「大西洋からウラルまで」を対象に東西両陣営間における通常兵力の均衡を安定的かつ低水準で実現させようというものであった．この背景には，かねてから懸念されていた欧州における通常兵力の均衡問題が存在していた．1970年代には緊張緩和の流れを受け，東西間で*中部欧州兵力均衡削減交渉’(MBFR)が進められていた．この交渉の進捗はきわめて緩やかなものであったが，それと同時に米ソを中心に進められていた*核兵器’やその運搬手段に関する*軍縮’交渉は，欧州における通常兵器分野の著しい不均衡をますます大きな問題として浮かび上がらせることとなった．というのも，核兵器分野の軍縮が先行することによって，それと切り離された形で通常兵器分野の不均衡状態のみが欧州に残されてしまうためである．そのため，欧州における核軍縮への取組みが徐々に進められていく中，通常戦力についても安定的かつ低水準での均衡を実現することが，軍縮という観点のみならず，*抑止’関係の維持という点でも大きな課題となっていた．

2 軍縮交渉の進展とCFE条約への帰着 1980年代後半には*中距離核戦力条約’(INF条約)が成立するなど，米ソ間で軍縮分野における協力の見通しが示された．さらに1988年12月の国連総会演説において，ミハイル・ゴルバチョフ(Mikhail Gorbachev)が一方的兵力削減を表明すると，欧州における安全保障環境は大きく変容していった．こうした東西間の緊張緩和，そして冷戦終焉に至る過程と並行して，北大西洋条約機構(NATO)とワルシャワ条約機構の間では通常兵器分野の軍備管理に関する対話も積み重ねられていった．こうして，ブリュッセル宣言以降に進められた通常兵器をめぐる軍備管理の取組みは，1990年の*欧州通常戦力条約’(CFE条約)へとつながっていった．［齊藤孝祐］

■**月協定** Agreement Governing the Activities of States on the Moon and Other Celestial Bodies ［正称］月その他の天体における国の活動を律する協定，［署名］1979.12.18(ニューヨーク)，［発効］1984.7.11，［日本］非加盟国

1 意義と内容 月の探査・利用の自由，月の領有禁止，平和的利用，管轄権・管理の帰属，国際的責任の帰属，月の環境保全，訪問査察などについて，*宇宙条約’が規定する宇宙活動に関する基本原則を踏襲しつつ，月の探査・利用の観点から詳細化する条項に，月の天然資源の開発など月の探査・利用などについて新たに固有の条項を加えた協定である．本協定において，「月」とは，地球の唯一の自然の衛星である「月」に加え，地球以外の太陽系のあらゆる天体をいい，また，協定はそれらの天体の周回軌道やその他の飛行経路という空間部分にも適用される(第1条1，2項)．月協定は，宇宙条約第2条に定める宇宙の領有禁止の規定をより具体化し，月の表面と地下，さらにそこに眠る天然資源はいかなる場合であっても国や企業，個人など一切の所有権の対象にはならないとする．月の平和的利用に関しては，宇宙条約第4条の規定を具体化し，*核兵器’などの*大量破壊兵器’(WMD)を運ぶ物体を月の周回軌道，月または月の周回軌道に到達する飛行経路に乗せることや，月面上または月内部でのWMDの使用を禁止する(第3条)．*宇宙空間’と異なり，月においては軍事基地な

どの設置, 兵器実験や軍事演習の実施を禁止しているが, 科学的研究その他の平和的目的のために軍の要員を使用することなどは禁止せず, また, 自衛のための通常兵器の使用は許容されると解されている. 月におけるすべての施設, 基地などは当事国相互に開放され, 合理的な予告を条件に, 自由に訪問査察が可能とされる.

2「人類の共同財産」概念が阻む主要活動国の批准　2015年1月1日現在の当事国は16カ国である. 発効からすでに30年経つが, 米国, ロシア, 日本, 欧州主要国, 中国, インドなどの主要な宇宙活動国は1国も批准していない. その理由の一端は, 月およびその天然資源を「人類の共同財産」("common heritage of mankind")と位置づけ, 自由競争による資源獲得を許容せず, その開発を規律するために適当な手続きを含む国際レジームについては月の天然資源の開発が実行可能となった時点で, 国連事務総長が招集する協定の再検討会議において設立するとされた点にあると考えられている. この国際レジームの目的には, 月の天然資源の秩序ある開発・合理的な管理・使用の機会の拡大, ならびに月の天然資源から得られる利益のすべての当事国による衡平な分配(開発途上国の利益と月の探査に直接・間接に貢献した国の努力に特別な考慮が払われる)が含まれる. もっとも, 国際レジーム設立までの間, 月の天然資源の開発は凍結されるわけではないと解されている.　[佐藤雅彦]

て

■低濃縮ウラン　low enriched uranium: LEU

核分裂性のウラン235を20%未満の割合で含むウランを指す(IAEA保障措置用語集2001年版, IAEA Safeguards Glossary 2001 Edition). 天然に産出されるウランは, 約99.3%が非核分裂性であり, *濃縮' によりウラン235の割合を高める必要がある. *軽水炉' 用の核燃料には, 約3~5%の低濃縮ウランが使用されている. また, 従来研究用原子炉では, 濃縮割合が20%以上の*高濃縮ウラン' を燃料として使用してきたが, 高濃縮ウランは核兵器への転用が可能なことから, 研究炉の燃料の低濃縮化が米国の主導によって進められてきた. なお, 研究炉の性能を維持しながら低濃縮ウランを使用するためには, 燃料芯材中のウラン濃度を高める必要がある.　[堀尾健太]

■適応型抑止　tailored deterrence

*冷戦' 期には, 東西陣営の国家グループ間の対立が安全保障上の基本構図として存在し, *核兵器' を軸とする抑止力もそこに立脚して作成, 運用された. 冷戦終結によって*抑止' すべき脅威の多様化が進んだ. 新たな脅威として対応の重要度が増したのは, *大量破壊兵器' (WMD)や*弾道ミサイル' の拡散, 国際テロ組織の非合法活動, 「民族浄化」などの非人道的行為などで, 国家を対象にした旧来の抑止の限界が指摘されるようになった. 米国では2001年9月の同時多発テロを受けて, こうした認識がさらに高まり, 脅威の内容と仮想敵の特徴に応じて装備や軍事作戦, 情報収集などを柔軟に組み合わせる適応型抑止が導入された. たとえばテロ集団が相手であった場合, リーダーや組織・ネットワークの特徴を分析し, そのテロ活動を抑えるために資金ルートを規制したり, 武器密輸を監視したりする. テロ集団が犯罪行為にいたらないように明確な警告を出し, 無視した場合には懲罰行為に出る決意を示して相手を抑止することも適応型抑止である. ジョージ・W・ブッシュ(George W. Bush)時代の2006年の「4年期国防計画見直し」(QDR)で適応型抑止が明記され, バラク・オバマ(Barack Obama)政権でも基本方針は引き継がれている.　[吉田文彦]

■デュアル・ユース技術　dual-use technologies

1 技術の特質と実例　軍事用にも商業用にも使える技術をさし，軍民両用技術，汎用技術，汎用品などの呼称を用いる場合もある．軍事分野から商業分野に技術が転用される場合を技術のスピンオフ，逆に商業分野から軍事分野に転用される場合を技術のスピンオンと呼ぶ．デュアル・ユース技術の典型例としては，商業用のコンピュータなどとともに，スマート兵器にも使われる半導体などのエレクトロニクス部品，商業用の製品や部品の製造とともに兵器の製造にも使用されうる工作機械や検査機器などがあげられる．技術は，大なり小なり軍民両用性を持っており，定義の範囲を広げると，兵士の靴などもこのカテゴリーに入ってしまうため，使用に際しては注意を要する場合がある．なお，一般的にみると，製品のレベルよりも部品や材料のレベルの方が，また，プロダクト技術よりもプロセス技術の方が軍民両用性は高くなる傾向があるため，日本が国際競争力を持つ技術の中にはデュアル・ユース技術が多く含まれる．

2 米国が動きを先導　デュアル・ユース技術が注目された背景には，米国の国際経済や技術環境への対応が関係している．1970年代までの米国では，*冷戦'を背景にした巨額の軍事費に支えられ，兵器の研究開発，生産は，米国企業により米国内で行うことが一般的であった．ところが，1980年代に入ると，ヨーロッパに加えて，日本が経済的な成長を遂げ，これらの地域から国際競争力を持つ技術が生まれてきた．たとえば，日本が1980年代に国際競争力を獲得して世界シェアを高めた半導体メモリは，軍事にも転用できる部品であり，米国はこのような商業技術の軍事分野での意味合いに注目した．そして，1990年代に入ると，米国はこれらの商業技術を積極的に軍事分野に取り入れる軍民融合政策を打ち出した．これは，商業技術や商業分野のビジネス手法を軍事分野に導入することにより，兵器の調達・維持コストを抑えながら性能を向上させ，また，兵器の開発期間を短縮する意図があり，1990年代を通じて，多くのデュアル・ユース技術に関する政策が導入された．ただ，現在では，部品や材料レベルでは商業技術を使うことにより，一定のコスト低減や性能向上効果が認められる一方，兵器生産全般を商業技術で代替することには困難が伴うことも明らかになってきている．なお，米国に端を発したデュアル・ユース技術を軍事分野で活用する動きは，現在では中国や韓国などの国にまで広がりをみせている．　　［村山裕三］

■テロとの戦い　war on terror：WOT

1 軍事的側面　2001年9月11日，テロ組織*アルカイダ'のメンバー19名が米国内で4機の国内線に分乗，それぞれをハイジャックし，うち2機がニューヨークの世界貿易センタービルの2棟に，1機が国防省に激突し，1機はペンシルバニア州に墜落し，計2,800名もの死者が出た．この9・11テロを契機に，米ジョージ・W・ブッシュ(George W. Bush)政権は，アルカイダを匿っているとみなしたアフガニスタンのタリバン政権に対して同年10月より軍事行動(不朽の自由作戦)に入った．タリバン政権は崩壊したが，その指導者たるムラー・オマール(Mullah Omar)師や，オサマ・ビン・ラディン(Usama bin Ladin)らアルカイダの主要幹部は隣国パキスタンへ逃走した．米国は，2002年の*国家安全保障戦略'(NSS)でテロリストによる*大量破壊兵器'(WMD)の取得への強い脅威認識を示すとともに，イラクのサダム・フセイン(Saddam Hussein)政権が違法にWMDを所持していると主張し，それがテロリストに引き渡される危険を強調しながら，2003年3月，イラク戦争に突入した．フセイン政権は約1カ月で倒れるが，暫定統治下のイラクでテロが急増し，反乱鎮圧は困難を極めた．新政権発足後もテロは終息せぬまま，米軍は2011年末にいったん全部隊を引き揚げた．このような9・11テロ以後のアフガニスタンとイラクを中心とする軍事的対応を一般的に「テロとの戦い」と称する．ただし，この2国以外にも，空爆中心であるがパキスタン，イエメン，ソマリアなどに介入し，軍事顧問や情報将校を多数の国に派遣している．

2 非軍事的側面　「テロとの戦い」は軍事的手段に限らず，外交，法執行機関や情報機関の協力，人的･資金的･技術的協力などを2国間および多国間で行っている．その協力分野も，国境警備や出入国管理，テロ資金規制，輸出入管理，重要インフラ防護，公共交通機関の警備など多様である．「テロとの戦い」という呼称はブッシュ政権によって盛んに使われたが，「戦い(war)」という表現が軍事偏重の表れとしてしばしば批判されてきた．バラク･オバマ(Barack Obama)政権になってからは，イラクやアフガニスタンからの地上部隊の撤収を重要な課題とし，前政権との違いを出すために，「暴力的過激主義との闘い」(struggle against violent extremism)と呼称するようになった．なお，米国以外の国が，国内での反乱鎮圧または弾圧を「テロとの戦い」と呼び，正当化を図るケースも少なくない．

［宮坂直史］

■テロリズム　terrorism

1 定義と性質　世界共通の普遍的な定義は存在しない．一般的には，政治的な目的を有する団体や個人が，計画的に暴力を行使したりその脅しをかけることで，その被害者と「標的」としての国や社会全体，あるいは政府や企業を，恐怖，混乱させたり，過剰な反応を引き出したりすること．ここで政治的な目的とは，統治構造(法制度や機構)の変更や破壊，あるいは特定の政策の維持や変更，立案に関することである．ただし政治的な目的を有する団体や個人による暴力が，すべてテロ行為になるとも限らない．たとえば，一時的な資金調達のために銀行強盗を行ったりするが，それは外見的に一般の強盗と変わりない．また政治的な目的を有しているといえども，個別の行為が，国際テロリズム関連条約や議定書および各国の国内法によって犯罪にもなる．その行為に及んだ者は，逮捕，起訴される容疑者になり，政治犯として国家間での引き渡しが不適用にされることはない．また，法令上，ある団体がテロ組織として認定されれば，その法令が定める制裁対象となる．その組織に所属している者は，たとえ個々に犯罪容疑がなくても，たとえば出入国や資金の規制を受けることがあるし，組織の存在そのものが違法とされる国もある．

2 類型　テロリズムはさまざまな観点から区分できる．掲げる目標やイデオロギーなどから，左翼テロ，右翼テロ，宗教的テロ，分離独立主義に基づくテロ，過激な環境保護主義によるテロなどがある．また発生場所によって航空テロ，港湾テロなど，使用武器や手法によって爆弾テロ，*核テロリズム'，*化学テロ'，*バイオテロリズム'，自爆テロなどがある．テロリズムは多種多様であり，時代や国によっても異なるために，その原因に関する一般理論はまだ構築されていない．政治経済的な環境要因のみならず，テロリストの認知心理的な側面も研究されている．ところで，テロリズムの語源がフランス革命期のロベスピエールの恐怖政治にあり，さらに為政者による弾圧を一般的に「白色テロ」と描写してきた歴史があるので，今日でも国家機関による弾圧や抑圧を「国家テロ」だと考える者も少なくない．ただし，いまテロ対策という場合，国際通念上，そのような強権的な国家への対応ではなく，*非国家主体'のテロ組織や個人に対する施策を指している．

［宮坂直史］

■電磁パルス兵器　electromagnetic pulse weapon : EMP weapon

電磁パルス(EMP)は，瞬時に発生する強力なエネルギー場で，電力サージに敏感な電気システムやハイテク小型回路などをオーバーロードさせたり混乱させたりする効果を持っており，これを利用して，電子機器に依存した軍用装備品, 指揮通信システム, および社会の基幹インフラなどを麻痺させることを意図してEMPを発生させるのがEMP兵器である. EMPを発生させる手法は大きく分けて2つあり, 1つは地上30km以上の高度で*核兵器'を爆発させることでEMPを発生させる高高度電磁パルス(HEMP), もう1つは高周波兵器など, 強力なバッテリーや反応性の高い化学物質を用いる高出力マイクロ波(HMP)である. 前者はより強力なEMPを発生させることができ, たとえば米国の中心部の上空400kmで1発の核兵器が爆発すれば, 米国本土全域とカナダ・メキシコの一部に影響が及ぶ. EMPは人体に直接の影響はないものの, 電気システムの機能を停止させることから, これに依存する程度の大きい現代社会や近代的軍隊の機能を事実上停止させる効力を有する. 中国やロシア, 北朝鮮, イランなどが軍事ドクトリンにEMP攻撃を組み込んでいるほか, テロ組織によるHMP兵器の使用の可能性も懸念される. ［栗田真広］

と

■東海再処理施設改良保障措置技術実証　Tokai Advanced Safeguards Technology Exercise : TASTEX

東海再処理工場の運転開始に際してのいわゆる日米再処理交渉において, *保障措置'をより効果的なものにすることを目的に提案された技術開発. 日本, 米国, フランス, *国際原子力機関'(IAEA)の4者の協力により, 1978年2月, 13の研究項目について検討が開始された. 日米再処理交渉においては, *国際核燃料サイクル評価'(INFCE)などにおける積極的な国際的な取組みとともに, 本TASTEXのような技術開発面での貢献により, 日本の保障措置に対する積極的な姿勢を示したことが大きく影響した. TASTEXでは, *再処理'工程の運転に係るもの, 分析・測定に係るものなど多岐にわたる先進的な保障措置技術について研究された. 1981年5月, 3年半にわたる研究と再処理工場での実証試験の末, 所要の成果が達成されたとの結論が得られ終了した. そのうち,「高分解能γ線スペクトロメータによる同位体分析システム」,「Kエッジ法による*プルトニウム'濃度測定システム」など重要かつ引き続き開発すべきものについては, 日本・IAEA保障措置支援計画(JASPAS)に組みこまれ入れ, その後多くは, IAEAによる*通常査察'において利用されるに至っている. ［久野祐輔］

■統合核セキュリティ支援計画　Integrated Nuclear Security Support Plan : INSSP

*国際原子力機関'(IAEA)が国の要請に基づいて作成する, 当該国の*核セキュリティ'確保に必要な措置やニーズ, ならびにその実施状況を記した文書であり, 国による核セキュリティ向上ための取組の体系的, 長期的かつ持続可能な形での実施を可能とするためのツールである. 必要な措置やニーズは, *国際核セキュリティ諮問サービス'などの評価ミッションを通じて特定され, ①法規制枠組, ②予防措置, ③検知, ④対応, ⑤持続性の5つの分野毎にまとめられる. 統合核セキュリティ支援計画(INSSP)の作成は, 国内の関係省庁や機関が関与して行われ, 必要な措置の実施者についても明記される. 核セキュリティ向上の取組は一過性ではなく持続可能な形で進められる必要があるため, INSSPを更新し, 定期的に見直し,「生きた文書」として活用することが奨励されている. 核セキュリティの確保は各国の責任であるが, 国がなすべき事項は多く, また関係する国内省庁や機関も多いため, 必要な措置や関係機関の特定, 調整および連携が容易ではない. よって, 多くの途上国が

INSSPを用いて核セキュリティ向上に取り組んでおり，2014年6月末時点において，54カ国がINSSPをすでに保有し，30カ国以上の国が作成の途上にある．［堀部純子］

■**統合保障措置** integrated safeguards：IS

1 開発の経緯 冷戦終了後，*核兵器不拡散条約'（NPT）体制や*国際原子力機関'（IAEA）の*保障措置'に綻びが見え始めた．サダム・フセイン（Saddam Hussein）政権下のイラクや北朝鮮で核兵器開発の実態が，*湾岸戦争'後の*国連イラク特別委員会'（UNSCOM）による査察や北朝鮮に対するIAEAの*特定査察'により明らかとなった．このことから，NPTに加入しIAEAと保障措置協定を締結し，*保障措置'を受諾している国においても，IAEAに申告し*検証'下に置かれている核物質や原子力施設以外にも，未申告の*核物質'や施設が存在するかもしれないとの新たな仮説に基づく保障措置を設計し，運用する強化策の必要性が認識されるようになった．IAEAでは，事務局内部で*93+2計画'を発動し，強化策を検討し，従来の保障措置協定の法的権限で実施可能な強化策と，新たな法的権限を必要とする強化策を策定した．追加的な法的権限は，*追加議定書'として成立した．この新たな法的権限により，活動範囲も，従来からの核物質とその取扱い施設に限定し，申告された核物質の取扱い状況を*計量管理'手段により確認するという狭義の検証手段に加えて，申告されていない核物質や原子力関連活動を検知するために対象国内のすべての原子力活動に範囲を拡大した検証活動を実施できるようになった．この2つの法的権限による活動を統合保障措置と称している．

2 統合保障措置の特徴 統合保障措置は，「従来の*包括的保障措置協定'と追加議定書に基づき実施可能な保障措置活動を効果的に組み合わせて実施すること」と規定されている．追加議定書を締結した国は，その国の保障措置に関連する原子力活動に関する情報を申告し，その情報内容の確認のために，IAEA職員は関連箇所への*補完的なアクセス'や，IAEAが入手可能な他のさまざまな情報との比較検討による情報分析を行う．これは，従来の現場査察だけではなく，現場査察実施以前に，取り扱われる核物質やその取扱い箇所など対象国全体の原子力活動を十分に分析し，優先順位をつけて効果的かつ効率的に検証活動を行うことを意味する．この活動を通して，従来の保障措置協定に基づいて実施されていた査察活動を効率化することができるようになった．保障措置対象国の原子力活動全般を俯瞰して，直接核拡散に繋がるような箇所から優先順位をつけて査察活動を集中する，あるいは査察の実施時期と場所をランダムに選択し，事前通告無し，あるいは短期の通告によって実施し，被査察者に対して，転用を思いとどまらせる抑止効果となるような*ランダム査察'を導入することにより，査察回数の低減などの合理化が可能となった．［菊地昌廣］

■**東芝機械不正輸出事件** illegal export of milling machine tool to the Soviet Union by Toshiba Machine Tool Corporation

1 事件の経過 1987年4月にロナルド・レーガン（Ronald Reagan）政権当時のフレッド・イクレ（Fred Ikle）国防次官が訪日し，東芝の子会社である東芝機械が同時9軸制御の精密プロペラ加工機械をソ連に輸出したことに関連して日本政府の*輸出管理'行政の甘さを指摘し，厳重な調査とその結果を米国政府に通知するよう要請した．当時のココムにおけるプロペラ加工機械の輸出規制基準は，同時2軸制御の性能を有する機械以上と決まっており，同時9軸制御の機械の輸出は，むろん*ココム'規制によって輸出が認められない．ところが，東芝機械は同時2軸制御の工作機械をソ連に輸出する旨の不実記載を行って通産省の輸出許可を取得し，沼津工場からソ連に輸出した．この輸出に関与した日ソ貿易の専門商社である和光交易の社員が，当該輸出がココム規制違反の違法輸出である旨をココムに直訴し，これを受けて米国政府が調査した結果，ソ連のレニングラードにある造船所に当該工作機械が搬入されていることが判明した．この経緯を踏まえ，日本政府に厳重に抗議した結果，当時の中曽根政権は*外為法'の改正を決断，国内世論は賛否両論に分かれて激しい論争を巻き起こした．結局，違法行為を犯した個人および企業に対して，従来よりも重い刑罰を科す外為法の改正が同年7月31日に成立し，日米関係を揺るがし，当時の東芝会長の辞任に至るほど政界はもとより産業界に激震をもたらした．もちろん東芝機械の関係者は起訴され，有罪判決が下されてこの事件は収束した．

2 米国が激怒した理由　なぜレーガン政権は東芝機械のプロペラ加工機械の対ソ輸出に対して激怒したのか．当時の米国でさえ所有していない同時9軸制御の工作機械は，プロペラの精密加工と同時に潜水艦のスクリューの精密加工用にも使用できる世界最高レベルの技術であった．当時の米国の対ソ軍事戦略は，潜水艦技術の圧倒的な対ソ優位を前提とする第2撃報復能力の優位に基づいていた．ソ連の潜水艦は攻撃型であれ戦略型であれ，スクリュー音が高く，米国の対潜哨戒機によって位置情報がたちどころに分かってしまうほど劣悪な技術であった．言い換えると，米国の対ソ戦略はソ連の潜水艦攻撃能力を相殺して余りある対潜水艦作戦(ASW)能力の圧倒的優位を前提にして組み立てられていたのである．東芝機械による同時9軸制御の工作機械をソ連に輸出したとなれば，ソ連の新型潜水艦のスクリュー音が静音化し，米国のASW能力に大打撃を与えることになりかねない．米国が激怒した理由はこの点にあった．米国政府は特に国防省のリチャード・パール(Richard Perle)次官補らの対ソ強硬派の発言力が強く，同時に米国政府に呼応して議会も厳しい反応を示し，当時審議されていた競争力強化法にジェイク・ガーン(Jake Garn)上院議員が東芝の全製品の州政府を含む政府調達を3年間禁止する法案を提案，1988年に可決された．

3 東芝事件の余波　東芝機械による違法輸出事件は日本の輸出管理行政を一変させると同時に，輸出企業に法令遵守意識の高まりをもたらした．事実，通産省は各企業に対して社内の法令遵守規則の策定を強く求め，これに応じて輸出関連企業は社内の*コンプライアンス・プログラム'の徹底に務めるようになった．東芝機械事件が生み出した副産物と言ってよい．しかし，事件収束後ソ連に搬入された東芝機械製の精密加工機械を使って潜水艦のスクリュー音の静音化に用いられた形跡がないことを，米国国防省の高官が議会で証言し，ソ連の技術者がこの機械を操作できずにレニングラードの造船所に放置されているとの報告を行った．日米関係を揺るがしたこの事件も，米国が憂慮する事態を引き起こすことなく終わってしまい，「泰山鳴動すれど，ネズミ一匹」という結果を軍事技術の流出史に刻んでしまった．　［山本武彦］

■投射重量　throw weight

一般的にはミサイルの弾頭部分の重さを表し，ミサイルの能力を示す指標の1つである．米ソ間の核*軍備管理'交渉では，*弾道ミサイル'の数的規制に加えて本指標を規制に用いるべく，より厳密な定義が行われた．それが1979年6月に締結された*戦略兵器制限条約'(SALT II条約)の，第2条第7項の第2合意声明である．本声明において「投射重量」は，大気圏内への再突入体とそれを大気圏外で射出する機構，再突入体の迎撃率を低下させる囮(デコイ)とその射出機構の合計重量と定義された．こうした重量規制が導入されたのは，ソ連のSS-9やSS-18といった重ICBMのさらなる開発と配備を制限するためであった．ちなみに同項の第1合同声明では，「発射重量(launch weight)」を発射時のミサイル全体の重さと定義している．結局SALT II条約は発効しなかったが，これらの定義は*戦略兵器削減条約'(START 条約)交渉へと継承された．なお，米国製*大陸間弾道ミサイル'(ICBM)ミニットマン3の投射重量は 1,150kg，ソ連の SS-18 は 7,200 kg，同じくソ連製 ICBM・SS-25 は 1,000〜1,200 kg，中国製 ICBM・DF-31/31A は 1,050〜1,700 kg と推定されている．［田中慎吾］

■東南アジア平和自由中立地帯　Zone of Peace, Freedom and Neutrality in South East Asia : ZOPFAN

東南アジア諸国連合(ASEAN)は，東南アジア諸国の平和と繁栄のために，国連憲章にしたがって平等と友好の精神で協力し合うことを目指し，バンコク宣言によって 1957 年に設立された．最初の構成国はインドネシア，シンガポール，マレーシア，タイ，フィリピンの5カ国であった．その後インドシナ戦争で東南アジア地域の緊張が長く続くなかで，5カ国は東南アジアにおける国際的な緊張緩和と恒久平和の理念の実現をめざして 1971 年 11 月にマレーシアのクアラルンプールにおいて平和自由中立地帯(ZOPFAN)宣言を発した．宣言は，前文においてラテンアメリカにおける*トラテロルコ条約'の成立やアフリカの非核地帯化の動向を認識していると述べつつ，次のように声明している．①「我々5カ国は，東南アジアが外部の大国によるいかなる形や方法の干渉からも自由な平和自由中立地帯(ZOPFAN)として認知され尊重されるべく，初期に必要な努力をおこなう決意である．」②「東南アジア諸国はその力と連帯と緊密な関係を高めるよう協力分野を拡大することに一致して努力すべきである．」1995 年に東南アジア非核兵器地帯が*バンコク条約'によって設立されるが，それは ZOPFAN に不可欠な一要素であると位置づけられている．［梅林宏道］

■透明性　transparency

*軍備競争'や軍事的対立の背景には，安全保障上の不安や疑念，相手国への不信が往々にして存在する．そして，この不安や疑念，不信は，相手国の意図，行動，軍事力の不透明性に起因する場合が多い．したがって，各国が情報交換や自発的な情報公開などを通じて軍事に関する透明性を高めることは，*信頼醸成措置'(CBM)の重要な一要素と見なされる．透明性向上の対象となる事項は，兵力構成，兵員数，保有兵器の種類や数，兵器の調達や輸出入，軍隊の配置や活動(演習や大規模な部隊移動の日時・場所・目的等)，国防予算，兵力計画，安全保障戦略，軍事ドクトリンなど極めて多岐に渡る．もちろん国家が意図的に誤った情報を発信する可能性も否定できないため，相互視察等を通じた交流や*検証'も重要となる．透明性向上の目的は，他国の軍事的な意思決定や行動の予測可能性を高め，異常な事態や行動の早期探知を可能とすることにより，相互不信や誤解・誤算に起因する対立激化や軍備競争を回避することにある．こうした考え方は，*欧州安全保障協力会議'(CSCE)によるヘルシンキ・プロセスの中で体系化されていった．*国連軍備登録制度'や*オープン・スカイズ条約'も透明性向上措置に位置づけられる．なお，透明性の向上は地域の緊張緩和に貢献し得るが，その一方で緊張の高い地域では自国の軍事力の公開に消極的な国も存在するため，演習の事前通告や相互視察といった初歩的な措置から始めることが必要となる．また，透明性の向上は，*軍縮'・*軍備管理'条約の遵守状況の検証においても重要となる．［福田 毅］

■透明性向上の原則(核軍備の)　transparency principle

*核軍備管理'および*核軍縮'のプロセスにおいて，透明性の向上は，当事国間の*信頼醸成措置'(CBM)として不可欠な要素である．核軍備管理や核軍縮の合意プロセスを進める中では，自国が誠実に合意上の義務を果たした場合でも，相手国が合意を遵守しなかった場合に軍事力の不均衡が生じるとの安全保障上の懸念が生じ，合意された措置を実効的に進める上での妨げとなる．こうしたことを避けるため，当事国間

と

の懸念を取り除き双方の行動の予測可能性を高める信頼醸成措置として，透明性の向上が必要となる．透明性の向上には，国際機関に対し軍備の数や内容を申告する措置の他，締約国間で合意された*検証’措置の実施や，自国の核政策や核兵器の役割を明らかにすることなどが含まれる．*冷戦’期には，米ソ間で双方の軍備に関する透明性の欠如から誤解や不安が生じ，意図しない形での大規模な軍事対立や偶発的な核の使用が起こりかねない状態にあった．こうしたリスクを低減させる必要から，透明性向上の重要性が認識されるようになり，核軍備管理と核軍縮における透明性向上の原則は，2000 年の*NPT 再検討会議’の最終文書を始め，以降の関連文書においても繰り返し言及されている．

［榎本浩司］

■**毒ガス禁止宣言**　Declaration concerning Asphyxiating Gases ［正称］窒息セシムヘキ瓦斯又ハ有毒質ノ瓦斯ヲ散布スルヲ唯一ノ目的トスル投射物ノ使用ヲ各自ニ禁止スル宣言，［署名］1899.7.29(ハーグ)，［発効］1900.9.4，［日本］〈署名〉1899.7.29，〈批准書寄託・発効〉1900.10.6，〈公布〉1900.11.22(勅令)

1899 年の第 1 回ハーグ平和会議において採択された条約で，窒息性ガスまたは毒性ガスの散布を「唯一ノ目的トスル投射物」の使用を禁止する．禁止対象の兵器を厳格に解すれば，その範囲は極めて限定されることになる．実際，第一次世界大戦の際にドイツは，円筒を利用してガスを放出した場合には，投射物ではなく筒を利用したので条約違反ではないと主張し，投射物を用いた場合にも，ガスの放出は唯一の目的ではなく，砲弾の爆発に付随するものであるなどと主張した．こうして第一次世界大戦後の 1925 年には，より包括的に*化学兵器’の使用を禁止する*ジュネーブ議定書’が作成されることになった．なお，同じ第 1 回ハーグ平和会議で採択されたハーグ陸戦規則第 23 条イには，類似の禁止として，「毒又ハ毒ヲ施シタル兵器」の使用禁止が規定されている．後者の兵器の使用は，1998 年の*国際刑事裁判所に関するローマ規程’第 8 条において，処罰対象の犯罪として列挙されている．

［浅田正彦］

■**特殊核分裂性物質**　special fissionable material

*国際原子力機関憲章’(IAEA 憲章)において特殊核分裂性物質とは，*プルトニウム’239，ウラン 233，同位元素ウラン 235 またはウラン 233 が*濃縮’されたウラン，これらの内，単一または複数を含む物質および IAEA 理事会が決定するその他の核分裂性物質と定義されており(第 20 条)，主に天然ウラン，劣化ウランおよびトリウムを意味する*原料物質’と合わせて*核物質’という概念を構成する．非核兵器国は*核兵器不拡散条約’(NPT)第 3 条 1 項に基づき，すべての原料物質および特殊核分裂性物質に対し，IAEA による*包括的保障措置’を受入れることを義務づけられている．また，NPT 第 3 条 2 項において，非核兵器国に対し，原料物質，特殊核分裂性物質および「特殊核分裂性物質の処理，使用，生産のために特別に設計，準備された装置や資材」を非核兵器国へ輸出するにあたっては，そうした原料物質や特殊核分裂性物質への IAEA*保障措置’の適用が要件とされている．この「核分裂性物質の処理，使用，生産のために特別に設計，準備された装置や資材」の範囲については*ザンガー委員会’が合意したトリガーリストに規定されており，原子炉，*再処理’施設，燃料製造施設，濃縮施設およびこれらの関連装置，部品や減速剤が含まれる．

［山村　司］

■**毒性化学物質**　toxic chemicals

毒性化学物質とは，*化学兵器禁止条約’の定義によれば，生命活動に対する化学作用により，人または動物に対し，死，一時的に機能を著しく害する状態または恒久的な害を引き起こし得る化学物質をいい，原料および製法のいかんを問わず，また，施設内，弾薬内その他のいかなる場所において生産されるかを問わない．化学兵器禁止条約は,毒性化学物質をその前駆物質とともに,条約によって禁止されていない目的のためのものでありかつ種類および量が当該目的に適合する場合を除き,*化学兵器'と定義している.*化学兵器禁止条約の産業検証'のために特定された毒性化学物質は,化学物質に関する附属書の表に表剤として掲げられている.具体的には,①表1A剤として,サリン,ソマン,タブン,VX,マスタード,ルイサイトなど8種類,②表2A剤として,アミトン,PFIB,BZの3種類,③表3A剤として,ホスゲン,塩化シアン,シアン化水素(青酸),クロロピクリンの4種類の計15種類の化学物質が毒性化学物質として特定されている.→化学兵器禁止条約の表剤

[阿部達也]

■**毒素兵器**　toxin weapons

毒素とは,動植物や菌類などの生命体が生産した毒性の化学物質のことである.無生物なので散布された後で増殖したり死滅したりすることはない.由来した生物の違いから便宜上,①細菌毒素,②カビ毒素,③その他の毒素に分類され,これらの毒素をエアロゾル化するなどして兵器化したものを毒素兵器と呼ぶ.①細菌毒素の中で猛毒のものとしてはボツリヌス毒素がある.②カビ毒素は総称してマイコトキシンと呼ばれ,その中でもT2毒素は兵器化の有力候補である.③植物から派生する毒素は,微生物毒に比べて毒力は劣るが高度に安定した毒素であり,その中でも特にエアロゾル化に適していることから最も警戒されているのが蛋白質毒素のリシンである.リシンは下剤などに用いられるひまし油の原料(トウゴマ)の種子から採れ,サキシトキシン(強力な貝毒)とともに,化学兵器に似た効果をもたらすとの理由から*化学兵器禁止条約'(1997年発効)においても規制対象とされている.毒素兵器の戦時における使用は,*ジュネーブ議定書'(1928年発効)で禁止された.さらに,毒素兵器の廃棄および開発・生産などの禁止は,*生物兵器禁止条約'(1975年発効)により義務づけられた.ただし,ジュネーブ議定書および生物兵器禁止条約では,具体的にいかなる毒素兵器が条約上の規制・禁止対象となっているのか分からず,また,条約の遵守を確保するための何らの手段も規定されていない.

[新井 勉]

■**特定査察**　ad hoc inspection

*包括的保障措置協定'では,*検証'行為としての査察活動を第71項から第82項にかけて,*通常査察',特定査察,および,*特別査察'に分けて規定している.特定査察は,以下の3つの目的のために実施される.①保障措置協定締結時点の当該国の核物質保管状況を報告する冒頭報告に含まれる情報の確認,②冒頭報告から保障措置対象施設の査察態様を取極めた施設付属書が合意するまでの間の確認,③核物質の海外移転の際の移転核物質の確認である.日本も1977年に保障措置協定が発効した段階で大量の冒頭報告を*国際原子力機関'(IAEA)に提出し,順次各施設に対して特定査察が行われた.北朝鮮では,1992年4月に保障措置協定が発効し5月から冒頭報告が提出され特定査察が行われたが,不十分であるとの結論が出された.施設付属書合意前*査察'の事例として,人形峠ウラン濃縮施設がある.当時ウラン*遠心分離法濃縮施設保障措置プロジェクト'が開催され,包括的保障措置協定締結後もしばらく標準化された*保障措置'手段が確立されていなかったことから,施設付属書が合意されるまでの間,特定査察が実施された.国際移転時の特定査察の事例として,海外からの*軽水炉'用*混合酸化物'(MOX)燃料の受け入れ時に特定査察が実施されている.

[菊地昌廣]

■**特定通常兵器使用禁止制限条約**　Convention on Prohibitions or Restrictions on the Use of Certain Conventional Weapons which may be deemed to be Excessively Injurious or to have Indiscriminate Effects: CCW　[正称]過度に傷害を与え又は無差別に

効果を及ぼすことがあると認められる通常兵器の使用の禁止又は制限に関する条約，[採択] 1980.10.10(ジュネーブ)，[発効] 1983.12.2，[日本]〈署名〉1981.9.22，〈批准書寄託〉1982.6.9，〈公布〉1983.9.16(昭 58 条約 12)，〈発効〉1983.12.2

1 条約採択の経緯　非人道的な効果を有する兵器の使用禁止をめぐる国際社会の歴史は古く，ジュネーブ諸条約や 1899 年のハーグ国際会議で合意された*ダムダム弾禁止宣言' など，不必要な苦痛をもたらす兵器の使用禁止に合意した例が見られる．20 世紀以降の国際社会では，*核兵器' などの*大量破壊兵器' (WMD)の使用禁止措置が関心を集めたが，通常兵器をめぐる非人道性の問題を国際法で規制しようとする動きは継続していた．*ジュネーブ諸条約追加議定書' (1977 年採択，1978 年発効)が採択される過程で，国際社会の合意が得られなかった兵器の使用禁止問題について，1977 年の国連総会で，「過度に傷害を与え又は無差別の効果を有することがあると認められる通常兵器の使用禁止又は制限に関し合意を達成する目的で国連会議を招集する」とする決議が採択され，1979 年と 1980 年に開催された国連会議を経て特定通常兵器使用禁止制限条約(CCW)が成立した(発効は 1983 年)．条約採択時には，3 つの議定書も同時に採択されている．

2 条約の概要と議定書　CCW は，手続など基本的事項を規定した本体条約と，特定の兵器を規制・禁止する議定書から構成される．参加国は，条約と議定書をそれぞれ個別に締約・批准する．第 1 議定書は，*検出不可能な破片を利用する兵器に関する議定書' (1983 年発効)であり，検出不可能な破片で障害を与えることを第一義的な効果とする兵器の使用を全面的に禁止している．第 2 議定書は，*地雷議定書' (1983 年発効)である．第 2 議定書では，禁止措置が内乱に適用されず，一定の*地雷' (探知不可能なものまたは自己破壊機能を有さないもの)の使用制限や移譲の規制が規定されていない点が問題として指摘され，1996 年に改正地雷議定書が採択された(1998 年発効)．第 3 議定書は，*焼夷兵器議定書' (1983 年発効)である．この議定書では，焼夷兵器などによる文民および民間施設を攻撃することを禁止し，人口密集地の軍事目標を攻撃することも禁止した．第 4 議定書は，*失明をもたらすレーザー兵器に関する議定書' (1995 年採択，1998 年発効)で，第 5 議定書は，一般的に不発弾と言われる*爆発性戦争残存物に関する議定書' (2003 年採択，2006 年発効)である．

3 条約の意義と NGO　CCW では，人道上の理由から特定の通常兵器の一部もしくは全面的な禁止を規定するため，戦争の非人道性を訴える NGO はこれまでたびたび，CCW および議定書の強化を求めてきた．第 2 議定書が改正される際，対人地雷の使用禁止が部分的に留まったため，一部の NGO は*地雷禁止国際キャンペーン' (ICBL)を立ち上げ，有志国と共に CCW の枠外で別個の条約交渉を行った．この条約交渉は*オタワ・プロセス' と呼ばれ，*対人地雷禁止条約' (オタワ条約)に結実した(1997 年採択，1999 年発効)．特定の通常兵器の全面禁止・廃絶を求める動きは*クラスター弾' をめぐる問題に拡がり，NGO は国際キャンペーンの統合体として*クラスター弾連合' (CMC)を立ち上げた．この運動も，*クラスター弾条約' (オスロ条約)へと結実した(2008 年採択，2010 年発効)．CCW は締約国のコンセンサスに基づいて運営されるが，その枠外で進む条約交渉は有志国の同意で条約が成立する可能性が高い．このため，CCW の枠内で進められる交渉では，国際的に実効力が高い条約が成立するが，枠外で交渉される条約には普遍性が欠けるという特徴がある．しかし，一部締約国による条約成立が先行すると，未締結国に対する規範圧力が高まり，結果的に軍縮が達成されるとの評価も存在する．

［佐藤丙午］

■**特別査察(IAEA の)**　special inspection

*包括的保障措置協定'では,*検証'行為としての査察活動を第71項から第82項に,*通常査察',*特定査察',および,特別査察に分けて規定している.特別査察は,以下の場合に実施される.①特別報告(*保障措置'対象となる核物質の損失について異常な出来事または状況が生じた時,あるいは核物質の*不法移転'の可能性を排除できない封じ込め状態の変化が見られた時に報告される)に含まれる情報の確認,②*国際原子力機関'(IAEA)が,協定締約国からの説明を含む提供を受けた情報および通常査察によって得られた情報によって,IAEAが協定の義務の履行責任が果たせないと判断したとき.しかし第77項に特別査察を実施する際にはIAEAと協定締約国が協議することが規定されており,協議の結果締約国が特別査察の実施を受諾しなければ,実施は困難である.特別査察が発動された事例は少ない.過去に日本において施設の火災等により微量の核物質が損失したときに特別報告をIAEAに提出し,その状況を特別査察として確認されたことがある.北朝鮮では,*特定査察実施'時にIAEAが協定の義務を履行できないとして特別査察の実施を決定したが,北朝鮮政府との協議の結果実施を受諾されずに,不調に終わった.　[菊地昌廣]

■**トラテロルコ条約**　Treaty for the Prohibition of Nuclear Weapons in Latin America and the Caribbean: LANWFZ, Tlatelolco条約　[正称]ラテン・アメリカおよびカリブ地域における核兵器の禁止に関する条約,[署名]1967.2.14(メキシコ・シティ),[発効]1968.4.22 [改正]1990.7.3, 1991.5.10, 1992.8.26

1　条約の経緯と内容　ラテン・アメリカの軍事的非核化の理念は,当初1958年5月の米州機構(OAS)におけるコスタリカ提案,1962年9月の国連総会におけるブラジル提案などによって表明されていたが,条約化への動きが加速されたのは,1962年10月に勃発した*キューバ危機'であり,核戦争に巻き込まれるのではないかとの危機感が地域全体に共有されたためである.具体的な条約交渉は1964年に開始され,1967年に条約が成立した.条約は人口稠密地帯に設定された世界最初の*非核兵器地帯条約'であり,その後の地帯創設のモデルになった.トラテロルコという名称は,交渉の舞台となったメキシコ外務省の地名による.条約の締約国は自国の管理下にある核物質と核施設を平和目的のためにのみ利用し,*核兵器'を方法のいかんを問わず実験・使用・製造・生産・取得・配備することが禁止される(1条).条約の履行確保のために*ラテンアメリカ核兵器禁止機関'(OPANAL)を設立(7条)して条約の実効性を担保し,原子力の*平和的利用'を確認するために*国際原子力機関'(IAEA)の*保障措置'を適用し(13条),締約国に半年ごとの報告を義務づけている(14条).また条約には2つの附属議定書がつけられている.

2　条約の特徴　条約の成立と運用の難航が予想されたため,いくつかの工夫が導入されている.まず第1に,条約適用の地理的範囲をめぐってである.条約は地帯内の国家の領域外にまで拡大され,大西洋・メキシコ湾などの公海部分が含まれている(4条)が,核兵器搭載艦船の通過・輸送への対応は条約に規定されなかった.地帯には米国,英国,フランス,オランダの領域が含まれるためにこれらの国の承認が不可欠であり,附属議定書Iが作成された.これには1992年までに4カ国すべてが批准し,地域の非核の地位を尊重することを約束している.また,条約にはキューバが反対していたため,当初は「ラテン・アメリカ」の名称であったが,キューバなどのカリブ海諸国が加入資格を得たので,1992年以降,現行名に変更されている.第2に,議論の多かった平和的目的のための爆発を禁止せず*平和目的核爆発'を認め(18条),核兵器国の*消極的安全保証'を制度化した.消極的安全保証は核兵器国が条約締約国に対し核使用や使用の威嚇を行わないと約束するものであるが,このために附属議定書Ⅱが作成され，すべての核兵器国が1979年までに批准を完了している．これらは，*核兵器不拡散条約'(NPT)にはないものである．第3に，条約の発効要件を段階的に設定したことである(29条)．条約は，①すべての域内国の批准，②すべての国による附属議定書Ⅰの批准，③すべての国による附属書Ⅱの批准，④保障措置協定の締結の4要件を満たすことで批准国間で発効するが，その一部を放棄することも認められており(2項)，実際にも多くの国がこの放棄条項を用いて順次条約に加入した．第4に，締約国による条約の履行状況を監視し，条約の機能を確固たるものにするために，ラテン・アメリカ核兵器禁止機関(OPANAL)という恒常的・客観的な執行機関を置いたことである．

3 発効後の動向　1968年に条約は不完全ながらも発効したが，これを完全な形に整備していく努力がなされた．中でも南米の軍事大国であるブラジルとアルゼンチンの間の確執を克服する必要があった．両国は核開発の意向を断念していない疑惑国と考えられていたからである．しかし，両国は*アルゼンチン・ブラジル原子力平和利用協定'を経て，1991年7月に*ブラジル・アルゼンチン核物質計量管理機関'(ABACC)の設置に合意した．その結果，1994年1月アルゼンチンが条約を批准し，両国間にも条約が適用されるようになった．また，2002年10月のキューバの批准をもって，地帯の33カ国すべてに条約が完全に発効した．→セミパラチンスク条約，バンコク条約，ペリンダバ条約，ラロトンガ条約　［城 忠彰］

■鳥インフルエンザ問題　avian influenza(H5N1) research issues

1 問題の発端　鳥インフルエンザ(H5N1)の保有宿主は，その名の通り鳥類である．人に感染することはほとんどないが，感染したときの致死率は59%ときわめて高い．それゆえに，突然変異によって，人から人に容易に伝播する新型インフルエンザ*ウイルス'の誕生が懸念されていた．2011年，米国の国立衛生研究所(NIH)の委託研究において，エラスムス医療センター(オランダ)のロン・フーシェ(Ron Fouchier)教授らは，鳥インフルエンザウイルスの遺伝子を人工的に改変し，哺乳類のあいだで空気伝播させることに成功した．同じくNIHの委託研究で，河岡義裕教授(ウイスコンシン大学)らは，鳥インフルエンザと2009年に流行した豚インフルエンザ(H1N1)の遺伝子を用いて，感染性の高いウイルスを合成した．どちらも，自然のなかで起こりうる遺伝的な変化である．それぞれの研究についてまとめた論文は，『サイエンス』と『ネイチャー』に投稿された．しかし，米国バイオセキュリティ国家科学諮問委員会(NSABB)は，2011年12月，*バイオセーフティ'および*バイオセキュリティ'上の懸念から，実験のデータ，手法，および結果について詳細を掲載しないよう論文執筆者と両誌の編集部に求めた．

2 問題の帰結　フーシェ教授と河岡教授を含む39名の著名なインフルエンザの研究者は，問題の重要性を考慮し，研究の必要性と公衆衛生上のリスクについての議論が成熟するまで60日間，鳥インフルエンザウイルスを用いた同様の実験を自主的に停止するという共同声明を2012年1月に発表した．この研究停止期間は，H5N1研究モラトリアムとして知られている．その後，鳥インフルエンザ問題は，各国のメディアでも大きく取り上げられ，幅広い議論が行われた．そして，2012年2月の世界保健機関(WHO)の専門家会合では，どちらの論文もパンデミック対策に有益であり，全文を掲載すべきであるという結論が出された．その結論を踏まえて，2012年3月，NSABBは，実験のデータ，手法，および結果について詳細の掲載を認める決定を下した．その決定が出される前日，米国政府は，デュアル・ユース性のある研究を監視するための新たな政策を打ち出している．その後，フーシェ教授らの論文と河岡教授らの論文は，それぞれ『サイエンス』と『ネイチャー』に掲載された. H5N1研究モラトリアムは, 開始から約1年後の2013年1月に終了となった. 研究再開の理由として, 研究の重要性および潜在的なリスクを低減するための方法が, 出版物や国際会議を通じて充分に説明されたことなどが挙げられている. →合成生物学, 生物剤のデュアル・ユース

［天野修司］

■**トレーシング国際文書**　International Instrument to Enable States to Identify and Trace, in a Timely and Reliable Manner, Illicit Small Arms and Light Weapons : International Tracing Instrument ［正称］非合法小型武器・軽兵器の特定と追跡に関する国際文書

1 文書形成の経緯　2001年7月に採択された*国連小型武器行動計画' には, 非合法な*小型武器'・軽兵器を各国が適切に識別し追跡するための国際的な合意文書策定の実現可能性を国連において検討することが盛り込まれた. そして, 2001年の国連総会決議により, 国際的な合意文書の実現可能性に関する政府専門家グループが設置され, 2003年には, このグループによる報告書が国連総会に提出された. この報告書の提案を受けて, 同年に採択された国連総会決議は, 非合法な小型武器・軽兵器の特定と追跡に関する国際的な文書の策定は可能であるとしたうえで, 文書策定に向けた交渉のためのオープンエンド作業部会を設置することを決定した. ただし, 文書の性格(条約か政治的文書か)は, その後の交渉の中で決定するものとされた. そして, オープンエンド作業部会を通じた交渉の結果として, 2005年にトレーシング国際文書が政治的文書として取り纏められた. この文書は, オープンエンド作業部会の報告書に附属され, 2005年の国連総会の決定により採択された.

2 文書の内容とその後　この文書には, 各国は自国の管轄・管理下において小型武器・軽兵器が製造される際に, 製造者, 製造国, シリアル・ナンバーを示す独自の刻印あるいはその他の特定可能な刻印が施され, 小型武器・軽兵器の輸入時にも, 輸入国などを示す適切な刻印が可能な限り施されるものとする旨が盛り込まれた. また, 各国が自国領域内の刻印された小型武器・軽兵器に関する正確で包括的な記録を確立・維持するともに, その記録を可能な限り無期限に(最低限でも製造記録を30年間・輸出入記録を20年間)保持することも定められた. 加えて, 各国が非合法な小型武器・軽兵器の追跡のための情報提供などの国家間協力を行うことや, この文書の実施のために適切な場合は国際刑事警察機構と協力することや, この文書の実施状況について隔年で国連に報告することも合意された. なお, この文書に関する交渉の段階では, 規制対象に弾薬を含めるかが大きな争点になっていたが, 最終的に弾薬は規制対象外とされた. その後, 2011年に, この文書の実施に関するオープンエンド政府専門家会合が開催され, 議論の要点を含めた報告書が採択された.　［榎本珠良］

な

■**内閣衛星情報センター**　Cabinet Satellite Intelligence Center : CSICE

1 情報収集衛星の運用と解析機関として
1998年8月の北朝鮮のテポドンミサイル発射を契機として, 日本では*宇宙空間' からの情報収集と*弾道ミサイル防衛' (BMD)の必要性が認識された. 宇宙空間から日本周辺地域の情報を取得するための情報収集衛星導入は同年12月に閣議決定されている. この決定を受けて1999年に情報収集衛星導入準備室が開設され, 2001年には内閣衛星情報センターとなった. 2003年以来打ち上げられている光学およびレ

ーダー情報収集衛星を運用し,取得データなどを解析する機関である.

2 内閣衛星情報センターの概要　センターは内閣官房内閣情報調査室に付属し,所長は自衛官の将を退官した事務官である.所長と次長の下には,中央センター,副センター,北受信管制局(北海道),南受信管制局(九州)が置かれる.中央センター内には,管理部,分析部,技術部,統括開発官の各部署があり,衛星管制を行うのは技術部である.情報収集衛星やその他の民生用衛星などから取得したデータを収集,解析しているのは分析部であり,その結果は内閣や関係省庁に随時伝達されて各種の政策決定などに利用される.年間予算は平均して600億円程度である.　[橋本靖明]

■内在的特性(核拡散抵抗性の)　intrinsic features

内在的特性は,*核拡散抵抗性' のレベルを高める重要な特性で,*外在的措置' の実施を容易にするものを含む原子力システムの技術的設計上の特性である.内在的特性には,①*核兵器' に適さないような同位体組成にする,②純粋な*プルトニウム' を容易に取得できないような化学的形態にする,③*核物質' の取得や施設への接近を困難にするなどの,物質バリアと技術バリアがある.物質バリアの例は,その発熱,放射線,化学形態,同位体組成,質量,核物質の検知しやすさなどである.技術バリアの例は,原子力施設の非魅力度,施設へのアクセス性,核物質の存在量や検知性,核兵器への転換時間,保障措置適用性などである.高い内在的特性はテロリストの攻撃にも効果的であり,低いグレードのプルトニウム同位体などの場合,核兵器製造への技術的な難しさは,テロリストに対して有意な効果をもたらすことが予想される.内在的特性を高める技術が,逆に*保障措置' 手法に代表される外在的措置の成立を困難にする場合もある.核拡散抵抗性の強化には,この内在的特性と外在的措置の間の適度なバランスを保つとともに,経済性・安全性・環境適合性などを十分考慮することが必要である.　[千崎雅生]

■内部脅威(核セキュリティの)　insider threat

1 定義と対抗策　*国際原子力機関' (IAEA)の*INFCIRC/225' /Rev.5では,内部者(insider)を「*不法移転' または*妨害破壊行為' を企てることができる,または外部敵対者がそうしようとすることを支援できる,原子力施設または輸送中の*核物質' に対して許可されたアクセス権を有する1人またはそれ以上の者」と定義している.内部脅威に対抗する方策には,アクセス権の付与にあたって作業者の信頼性確認を行うこと,2人ルール(two-person rule:アクセス権の付与が必要な区域での作業にあたって,少なくとも2人のアクセス権を有する者が存在することを求めること)を適用すること,モニターによる行動監視を強化することなどがある.

2 重要性　内部脅威を考慮することが*核物質防護' システム構築の上で極めて重要であるのは,内部脅威者は,そのアクセス権(すなわち,入域する権限,機会)を悪用する可能性を有しており,また,職権(すなわち,服従を強いる権能)および原子力施設の知識(すなわち,教育・訓練または経験によって得られた理解または熟知)で補完することによって,核物質防護システムの構成要素ならびに安全,*計量管理' および運転上の措置・手続きなど,その他の備えを省略し得るからである.さらに内部脅威者は,許可されたアクセス権および信任された地位を有する個人であることから,最も脆弱性を有する目標物,および悪意ある行為を実施しあるいは実施を企てるのに最適の時期を選択する上でより多くの機会(すなわち,より有利な状況)を有している.内部脅威者は,目的達成の可能性を最大限とするために悪意ある行為を長期間にわたって継続的に行うことが可能である.たとえば,攻撃の試みまたは妨害破壊行為の準備のために,安全設備を不正に操作して無効化すること,あるいは

少量の核物質を繰り返し盗取するために計量管理記録を偽造することがあり得る.　[内藤 香]

■ナイロビ行動計画 Nairobi Action Plan

2004年11月から12月にかけて,*対人地雷禁止条約'の第1回検討会議がナイロビで開催された.この会議において,その後5年間の行動指針であるナイロビ行動計画が合意された.行動計画には,条約の普遍化,貯蔵対人*地雷'の破壊,埋設地雷の除去,犠牲者支援などを含む幅広い分野について,条約への参加レベルが低い地域での条約の普遍化(行動4),PFM(通称バタフライ型)地雷の破壊に伴う問題の解決方法の調査(行動14),地雷破壊完了期限までの破壊完了のための努力(行動17),地雷回避教育の促進(行動21),地雷被害者に対する身体的リハビリテーション·サービスや心理的ケア,教育支援,職業訓練の提供の推進(行動30-32)などを含む,合計70項目の行動が盛り込まれた.対人地雷禁止条約の採択後に議論の争点となっていた,締約国と非締約国による共同軍事行動における対人地雷の使用や移転,敏感な信管(フューズ)や取扱い防止機能のついた対車両地雷,訓練·研究用に保有できる対人地雷の具体的な数量といった問題については,議論が進展せず,行動計画のなかに具体的合意は盛り込まれなかった.その後,2009年の検討会議では*カルタヘナ行動計画'が,2014年の検討会議ではマプト行動計画が合意されている.　[榎本珠良]

■ナタンズ Natanz

ナタンズには,商業規模ウラン*濃縮'施設(FEP)およびウラン濃縮試験施設(PFEP)が存在し,イランのウラン濃縮活動の中心的な役割を担う.2002年半ば,イラン在外反体制派団体,イラン抵抗国民評議会(NCRI)により当時建設中であったナタンズの地下ウラン濃縮施設が明らかになり,*イランの核開発問題'が国際的に注目されるようになったという経緯がある.イランは,2000年頃にはナタンズにおけるウラン濃縮試験施設(PFEP)と商業規模ウラン濃縮施設(FEP)の2つの地下ウラン濃縮施設の建設に着手し,PFEPでは2006年2月に,FEPでは2007年2月に,それぞれIR-1型遠心分離機による六フッ化ウランを用いたウラン濃縮が開始した.イランの核開発問題に関する2014年9月の*国際原子力機関'(IAEA)事務局長報告(GOV/2014/43)によれば,ナタンズにおいては,濃縮ウランを増加させない条件でPFEPにおける研究開発は継続しているが,FEPでのウラン濃縮活動は停止している.　[濱田和子]

■NATOの核シェアリング nuclear sharing of NATO

北大西洋条約機構(NATO)の核シェアリングは,米国がNATOの非核兵器国内に持ち込んだ*核兵器'の戦時における共同運用を指す.広義には,そうした核兵器の情報共有,協議,それに核使用計画の共同立案も核シェアリングに含む.ソ連の解体後は,核シェアリングの対象となっている米国の核兵器は垂直落下核爆弾B-61のみとなっており,今日合計180から200発がドイツ,オランダ,ベルギー,イタリア,トルコに配備されている.これらの核爆弾は平時には米国が管理し,戦時にはその一部がこれらの核爆弾を受け入れている国家の核·通常両用作戦機に搭載され,使用されることになっている.近年,ドイツやオランダにおいては,米国の核爆弾B-61の撤去を求める声が高まり,NATOの核シェアリングのあり方をめぐって議論になったが,2012年5月にシカゴで開催されたNATO首脳会議で,当面,米国の核兵器を配備し続けることで合意した.他方,非同盟諸国の多くは,NATOの核シェアリングを核兵器の授受を禁じた*核兵器不拡散条約'(NPT)第1条および第2条に違反すると批判している.これに対し米国は,平時には米国の核兵器がNATOの非核兵器国に移譲されず,NPTが効力を失う戦時においてのみ移譲されると述べて批判をかわしている.　[小川伸一]

■**NATOの二重決定**　NATO dual track decision, NATO double track decision

二重決定とは, *中距離核戦力'(INF)の近代化とソ連との軍縮交渉の開始を内容とする決定のことであり, 1977年以降, ソ連がSS-20の配備を進めたことに対処する方針として1979年12月に北大西洋条約機構(NATO)が打ち出したものである. ソ連が配備を進めたSS-20は, 射程が約5,500kmと, ソ連欧州部に配備された場合に西欧諸国を射程に収める一方, 米国は射程に入らないものであることから, 特に1970年代後半に米ソ間で均衡が成立し相互*抑止'の体制が構築されて以降, 米国と西欧諸国の安全保障上の利害の齟齬を生み出すものと認識され(ディカップリングの不安), 米国の*核の傘'の信頼性を疑問視する見解が唱えられるようになった. 二重決定は, SS-20の脅威に対抗するための中距離核戦力の近代化により, 後に米国による西欧諸国へのパーシングII配備および地上発射*巡航ミサイル'(GLCM)につながる西側の軍事的な結束を推進したと同時に, 米国がソ連との間で中距離核戦力削減交渉を試みることをも内容としており, *中距離核戦力条約'(INF条約)に連なる流れを生み出した. 条約交渉でソ連の譲歩を引き出すにあたって, パーシングII配備は1つの重要な契機となっており, 二重決定は同条約成立の前提として重要であったと言える.　[岡田美保]

■**NATOの2010年戦略概念**　NATO 2010 Strategic Concept

1 経緯　北大西洋条約機構(NATO)は2010年11月のリスボンでの首脳会合において, 新しい戦略概念を採択した. NATOの戦略概念とは, 同盟の基本的な目的や任務を規定した, NATOの活動の指針となる文書である. 2010年の戦略概念は, 1991年そして1999年に続く新しい戦略概念の採択にあたる. 先の戦略概念が採択された1999年以降, 国際安全保障環境は大きく変容し, 同時にNATOの任務も大きく変貌を遂げた. このような変化を受けて, NATOの役割や任務を新たに規定し, 新たに採択されたのが2010年の戦略概念である. 起草にあたってはアナス・フォー・ラスムセン(Anders Fogh Rasmussen)事務総長(当時)のリーダーシップに負うところが大きいと言われており, 以前の戦略概念に比べると全体的に簡潔な構成となっている.

2 特質　2010年戦略概念の大きな特徴の1つは, NATOの基幹任務として, 集団防衛, 危機管理, 協調的安全保障の3つを挙げている点である. NATOは冷戦終結以降, 主として域外への遠方展開に深く関与し, 元々の任務であった集団防衛(5条任務)についてはあまり注意を割いてこなかった. しかし欧州地域においても危機が顕在化するにつれて, 本来の任務である集団防衛にもっと関心を割くべきとの声が中東欧諸国を中心に起こっていた. 2010年の戦略概念では従来よりも集団防衛の重要性が強調されており, こうした懸念に応える形となっている. また, 危機管理については, 域外の紛争予防や危機管理に引き続き関わっていくと謳われており, 新しい脅威を念頭に置いて文民分野との協力の重要性が強調されているが, これまでの遠方展開任務の多大な負担を受けて, 遠方展開については全体的に慎重なトーンが見て取れる. さらに協調的安全保障については, NATOが*軍備管理', 不拡散, *軍縮'について積極的に貢献していくことが謳われている. 特に*核軍縮'については, *核兵器'が存在する限りNATOは核の同盟であり続ける, と集団防衛の箇所で述べつつも, さらなる核軍縮のための環境形成を探っていく旨が強調されている. また, 国連や欧州連合(EU)など他の国際機関などとの協力の重要性について強調されているのも新しい戦略概念の特徴のひとつである. 2010年戦略概念は, ポスト・アフガニスタン時代のNATOの新たな方向性を示すものとなる. →NATOの抑止と防衛態勢に対する見直し　[小窪千早]

■NATOの抑止と防衛態勢に対する見直し　Deterrence and Defence Posture Review of NATO

1 経緯と位置付け　北大西洋条約機構(NATO)は2012年5月にシカゴで開かれた首脳会合において,「抑止と防衛態勢に対する見直し」と題する文書を採択した.この文書は,2010年に採択された戦略概念では必ずしも詳しく触れられなかったNATOの*抑止'と防衛のあり方について,改めて再検討したものである.その基本的な内容は,NATOは抑止と防衛のために*核兵器',通常兵器,ミサイル防衛という3つの手段を確保するとともに,同時に*軍備管理',*軍縮',不拡散の推進を図る,というものである.その点で大きな変化はないが,いくつかの特徴が見て取れる.

2 内容　まず核兵器については,2010年の戦略概念と同様に,核兵器が存在する限りNATOは核の同盟であり続けると述べる一方,「核シェアリング(nuclear sharing)」のあり方についても検討がなされ,欧州配備の*非戦略核兵器'の削減の可能性について言及している.また*消極的安全保証'の考え方にも言及がなされ,NATOの核兵器国はこの原則について留意すると述べられている.また,通常兵器についても,効果的な通常兵器による抑止と防衛の重要性を指摘しつつ,財政上の制約について言及されており,多国間協力などを通じて,また欧州連合(EU)との協力強化などを通じて,費用対効果を高めることの必要性が謳われている.さらに,ミサイル防衛について,NATOがミサイル防衛の暫定的能力を達成したことを表明し,抑止において核兵器の役割を(代替しうるものではないが)補完しうるものとしてミサイル防衛を位置づけている.そしてNATOのミサイル防衛はロシアに対抗したものではないと述べたうえで,可能な範囲でロシアとの協力を追求するという立場が示されている.この「見直し」は軍備管理,軍縮,不拡散についても記述を割いている.ロシアとの間で信頼醸成や*透明性'向上を進め,ロシアとの相互的削減を前提にNATOの非戦略核兵器の削減を検討する用意がある旨が謳われており,通常兵器についても*欧州通常戦力条約'(CFE条約)の重要性を再確認して欧州地域における通常兵器削減に関わって行くと述べられている.結論において,この「見直し」は現状におけるNATOの能力の「ミックス」を健全なものと判断しつつ,新しい脅威や新しい状況にも対応できるように,核兵器,通常兵器,ミサイル防衛の「適切なミックス(appropriate mix)」の維持のために引き続き見直していくと述べられている.→NATOの核シェアリング,NATOの2010年戦略概念　[小窪千早]

■731部隊　Unit 731

大日本帝国陸軍関東軍防疫給水部本部の通称号である満州第731部隊の略称である.ハルビンに本部を置き,兵士の感染症予防,給水体制の研究を行ったほか,*生物兵器'の研究および開発を行ったとされる.731部隊の名称は,1940年8月から45年5月までのものであるが,現在では一般にその前身・後身機関を含めた総称となっている.初代部隊長の石井四郎陸軍軍医中将の名にちなんで,石井部隊と呼ばれることもある.本部隊の活動実態に関する公式資料は多く残されていないが,生物兵器の研究開発にあたり人体実験を行っていたことや,生物兵器を実戦使用していたことなどを示す資料が発見されている.1997年には,中華人民共和国の180名が原告となり,日本軍による生物兵器の実戦使用の損害を受けたとして,日本政府を相手に被害者への謝罪と賠償を求める裁判を起こしている.裁判は最高裁まで争われ,原告が求めた謝罪文の官報掲載・損害賠償請求などは棄却されたものの,2002年の東京地裁,2005年の東京高裁判決はいずれも,731部隊などが生物兵器を中国各地で実戦使用したことを事実として認定している　[田中極子]

■ならず者国家　rogue state

1 起源と背景 ビル・クリントン(Bill Clinton)政権期, 国内的には人権を抑圧するなど強権体制を敷き, 対外的には米国が主導する国際的な規範に順応しない国家群を総称して用いられた語である.「悪漢国家」,「無頼国家」とも訳される. その直接の起源は, クリントン政権で国家安全保障担当大統領補佐官の任にあったアンソニー・レイク(Anthony Lake)が, 米誌*Foreign Affairs*(1994)に寄稿した論文にある. レイクはここで, キューバ, 北朝鮮, イラン, イラク, リビアの5カ国を「逆行国家(backlash states)」と称した. レイクによれば, これらの国々は国内的には強権体制を敷き, 人権を蹂躙して急進的なイデオロギーを追求している上, 対外的な目標を達成するため, *大量破壊兵器' (WMD)と運搬手段(特に*弾道ミサイル')を開発・保有するという共通項があるという.「ならず者国家」という用語は, 当時のクリントン政権が「関与と拡大」の下に, 人権などの市民的価値を共有する民主主義の共同体を拡大しようとするリベラルな国際政治観を強く反映していた. その後,「ならず者国家」は, 上記の5カ国にシリア, スーダンを加えた7カ国を指して多用されることになる. これらは, 米国務省が作成する*テロリズム'支援国リストに挙げられる国々とも重複していた.

2 その後の系譜 「ならず者国家」には, *弾道ミサイル防衛' (BMD)を正当化するための修辞との批判もあったが, クリントン政権がこの語を用いなくなった最大の理由は北朝鮮であった. クリントン政権は, 北朝鮮と1994年10月に*米朝枠組み合意' に署名し, 北朝鮮の国内変革よりも核計画の放棄を優先したが,「ならず者国家」という語が使われなくなった直接の契機は2000年6月13日から15日の南北首脳会談であった. マデレイン・オルブライト(Madeleine Albright)国務長官は, 南北首脳会談を受けて「ならず者国家」の使用を止めることを明らかにし, 以降「懸念国家(state of concerns)」が用いられることになった. しかし,「9・11同時多発テロ」を経て, ジョージ・W・ブッシュ(George W. Bush)大統領は一般教書演説で, 北朝鮮, イラク, イランが「*悪の枢軸' (axis of evil)」を構成しているとし, これらの国々が強権体制を敷き, WMDを生産し, テロを支援しているとして批判した.「悪の枢軸」の修辞も「ならず者国家」の系譜に属すると考えてよい. 後にブッシュ政権は, これらの国々には必ずしも*抑止' が有効とは限らないとして「先制攻撃論」を掲げ, これらの国々がWMDを拡散することに対しては, 不拡散だけでは不十分として, 武力行使も含む*拡散対抗' の必要性も唱えた.
→国家安全保障戦略(米国の)　［倉田秀也］

■南極条約

Antarctic Treaty ［署名］1959.12.1(ワシントン), ［発効］1961.6.23, ［日本］〈署名〉1959.12.1, 〈批准書寄託〉1960.8.4, 〈発効〉1961.6.23, 〈公布〉1961.6.24(昭36条約5)

1 南極条約の成立 南極地域に関する事項を規律するための多数国間条約. 南極大陸は, 分厚い氷に覆われ厳しい気象・地理的条件の下にあって, 長らく国家による実効支配を免れてきた. 科学技術の進歩に伴い, 20世紀初頭から各国が南極の探検やその領有の主張を本格化させることになった. 特に, 英国, ニュージーランド, フランス, ノルウェー, 豪州, チリおよびアルゼンチンの7カ国(クレイマント)はセクター主義, 地理的近接性, 発見, 探検, 捕鯨などを法的根拠として南極大陸への領土権の主張を行ってきたが, こうした主張を米国やソ連は否認しつつも, 自国の請求権を留保してきた. 第二次世界大戦終了後にこれらの国の間で領土権を巡る緊張が高まると, 1957～58年の地球観測年(IGY)をきっかけに科学調査・観測における国際協力が進展し, 南極における国際紛争の予防とその平和的利用が提唱されるようになった. 1959年には米国の呼びかけで上記9カ国を含め, 南アフリカ, ベルギーおよび日本(対日平和条約第2条(e)で請求権を放棄)が参集した国際会議において，本条約は採択された．2014 年 9 月現在，その当事国数は 50 である．

2 南極条約の諸原則　南極条約には以下のように 4 つの基本的な原則がある．①第 1 条により，南極地域は平和的目的のためにのみ利用され，軍事基地・防備施設の設置や軍事演習・兵器実験などの軍事的性質の措置が特に禁止されている（南極の非軍事化）．②第 5 条では，南極地域ではすべての核爆発・放射性廃棄物の処分が禁止されている（南極の非核化）．③第 2 条と第 3 条の下では，従来の科学的調査の自由とそのための国際協力を継続・促進することが謳われている．④第 4 条では，南極地域に対する領土権・請求権（を巡る争い）を棚上げすることが規定され，紛争の予防が意図されている．①や②に関連して，第 7 条で，条約の目的の促進と規定の遵守を確保するために監視員が指名され，監視員は南極地域のすべての地域，基地の施設，備品，船舶，航空機などに対して南極条約の*現地査察’（空中監視を含む）をいつでも自由に行うことができる．第 9 条により，条約を実施する上で情報交換，関連事項の協議，実施措置の立案・審議・勧告のために定期的な会合として*南極条約協議国会議’（ATCM）が開かれる．ATCM は法的には国際組織とは言えず，南極条約自体に事務局についての規定はないが，2004 年に常設の南極条約事務局がアルゼンチンのブエノスアイレスに置かれ，条約の趣旨・目的の促進のために行政上の任務を遂行することになった．

3 南極条約の発展とその影響　南極条約には生物・非生物資源の開発や環境保護に関する規定が乏しいため，ATCM において関連規定の実施のための協議や勧告，条約の採択を通じて，南極に関連する事項を規律する法制度ともいうべき*南極条約体制’（ATS）の拡充が図られてきた．この ATS には，1964 年の南極動植物相保存のための合意措置，1972 年の南極あざらし保存条約，1980 年の南極海洋生物資源保存条約，1988 年の南極鉱物資源活動規制条約（未発効）ならびに 1991 年の環境保護に関する南極条約議定書およびその附属書が含まれる．こうした法制度の拡充や地球規模で進む気候変動により，ATS は資源開発やその規制だけでなく環境・生態系の保護・保存の点を重視するようにもなっている．南極条約に有効期限はなく，条約発効後 30 年を経過した後に条約の修正・改正を含む運用検討会議の開催がありうる旨第 12 条 2 項に規定されているが，その機運は今のところない．南極の平和的利用，領土紛争の凍結や科学の国際協力が進展した現状を鑑みるに，冷戦時に南極条約が先駆けとなって宇宙や深海底といった国際的な公共空間の平和的利用やそこでの*軍縮’・非核化をもたらす上で貢献をしていると評価できる．［池島大策］

■南極条約協議国会議　Antarctic Treaty Consultative Meeting: ATCM

*南極条約’は，1959 年に原署名国 12 カ国が南極地域の平和的利用，科学調査における国際協力，領土権（の紛争）の凍結を主要原則として南極に関する諸事項を規律することに合意した多数国間条約であり，この半世紀間に資源保存・管理や環境・生態系の保護・保存に関する条約などの諸合意をその傘下に擁し，*南極条約体制’（ATS）と呼ばれる包括的な法制度の中心となっている．ATS では，当初から上記の原署名国が情報交換，南極に関する諸事項の協議と実施措置の立案・審議・勧告のために定期的な会合を開き，条約の運用を担ってきた．この会議は，南極条約協議国会議（ATCM）と呼ばれ，同条約の締約国のうち科学的基地の設置や探検隊の派遣など実質的な科学的研究活動を南極地域で実施している国に対してのみ協議国（2014 年 9 月現在，29 カ国）の地位を付与する．ATCM はコンセンサスによる議事進行を原則とする，持ち回りの協議フォーラムとして運営されてきたが，その採択する措置には勧告という形式をとりながらも強い拘束力を有するものが含まれる．会議の性格の変化と共に，オブザーバーの資格が

非協議国や非政府団体(NGO)にも開放され，また条約発効後40年余を経て2004年に常設の南極条約事務局がアルゼンチンのブエノスアイレスに置かれた．［池島大策］

■南極条約体制 Antarctic Treaty system：ATS

1 南極に関連する法制度の拡充 1959年に署名された*南極条約'は，当事国間の領土権をめぐる対立の調整，南極の平和的利用や科学調査のための国際協力などを規律することに主眼を置き，生物・非生物資源の開発や環境保護に関する詳細な規定を置いていない．*南極条約協議国会議'（ATCM）において関連規定を実施するために積み重ねられてきた協議，勧告，条約の採択といったプロセスを通じて，事実上，南極に関連する事項を幅広く規定する法制度として拡大・発展してきている．この法制度は一般に南極条約体制(ATS)と呼ばれ，1964年に南極動植物相保存のための合意措置，1972年の南極あざらし保存条約，1980年の南極海洋生物資源保存条約，1988年の南極鉱物資源活動規制条約(未発効)ならびに1991年の環境保護に関する南極条約議定書およびその附属書に代表される諸合意の蓄積を基盤とする．有効期限のない南極条約では，条約発効後30年を経過した後に条約の修正・改正を含む運用検討会議の開催がありうる旨規定されるが，その機運は今のところない．

2 南極条約体制の発展とその影響 制度上の拡充や地球規模で進む気候変動の深刻さを背景に，南極地域はその資源開発・規制よりも，「特別保存地域」として環境・生態系の保護・保存を重視し，そのための措置の実施確保を大きな焦点とするようになってきた．当初から行われている南極条約の*現地査察'も，*軍備管理'や非核化のための*検証'措置に止まらず，科学調査・観測に関連した環境保護のために取られた措置の実態報告(基地・観測船，各種環境保護計画，採取した植物などの報告)といった形態でも実施され，ATCMにおける条約の適正な運用に必要不可欠な手段として機能している．ATCMを中心としたATSの運用・発展がはたして国際社会全体の利益となるか否かという1980年代半ばの論争は，ATSの拡充とともに克服されてきた．ATCMが平和的利用，科学分野における協力や環境・生態系の保護といった普遍的な価値を維持する上で特別の責任を負うことを前提に，ATSが人類全体の利益のために南極地域全体を包括的に管理することに対しては国際社会の理解がほぼ定着したといえる．領土紛争の凍結の結果達成された南極の平和的利用や科学協力の促進などの諸原則がATSの発展に伴って確保されてきた経緯に照らせば，ATSがこの半世紀間に宇宙や深海底といった国際的な公共空間の平和的利用やそこでの*軍縮'・非核化に関しても先駆けとして貢献していると評価できる．［池島大策］

に

■2国間原子力協力協定 bilateral nuclear cooperation agreement

1 概要 2国間で*核不拡散'を法的に担保しつつ原子力の*平和的利用'に関する協力を推進するための国際取極めである．原子炉，その設備，*核物質'の供給，公開情報や技術援助，役務の提供，専門家の交換などが規定される．また同時に，これらの協力が平和目的以外の用途で利用されないよう，さまざまな核不拡散・*核物質防護'上の措置が義務付けられている．そうした条件には，協定対象品目の核爆発への利用や軍事目的での利用の禁止，*国際原子力機関'(IAEA)による*保障措置'の実施，移転した資機材を第3国に移転する際の事前同意権の規定,移転した*核物質'の*再処理'および20%以上の*濃縮'といった形状･内容の変更に対する事前同意権の規定,適切な核物質防護の維持,核爆発やIAEAとの保障措置協定の終了といった重大な違反が起きた場合の協力停止,協定終了,移転した核物質の返還請求の権利の規定などがある.

2 歴史 1953年に米国のドワイト･アイゼンハワー(Dwight Eisenhower)大統領が行った*平和のための原子力'(Atoms for Peace)演説を契機に原子力平和利用は本格化し,これを促進するため米国,英国,ソ連を中心とした原子力供給国は研究炉および研究炉で使用する核燃料を供給するための2国間原子力協力協定を締結した.さらに1950年代末からは発電炉と核燃料の移転を目的とした協定が締結されるようになり,西側では1960年代後半からウラン資源国であるカナダ及び豪州,再処理･濃縮などの技術を保有するフランス,西ドイツなどの新たな供給国も受領国との間で協定を結んだ.また東側ではソ連が原子炉および燃料を供給し,使用済燃料を引き取る形で協定が締結された.これらの協定における核不拡散上の措置は当初,移転した核燃料などに対する供給国の直接保障措置であったが,1957年のIAEA発足以降はIAEAによる保障措置がこれに代わり,1970年の*核兵器不拡散条約'(NPT)発効後は*包括的保障措置'の適用を一部の供給国が求めるようになった.さらに1974年にインドが平和的利用を目的にカナダ,米国等から移転された原子力資機材を利用して核爆発実験を実施したため,1975年に発足した*原子力供給国グループ'(NSG)でこうした核不拡散規制の強化が検討された.1978年に同グループはNSGガイドラインを公表し,すべての供給国が包括的保障措置の適用,移転資機材の平和的利用への限定,防護措置の実施,第3国移転の際の事前同意権の受け入れなどを協定に求めるようになった.

3 最近の趨勢 冷戦終結以降は旧東側諸国と米欧などとの間で協定が締結され,近年では日本,韓国等が技術の供給国として,またカザフスタンがウラン資源国として,新たに原子力発電の導入を計画している途上国などと活発に協定を締結している.これらの協定では,ウラン資源の探鉱や原子炉の設計,建設および運転,放射性廃棄物の処理および処分,放射線防護および環境監視,*核セキュリティ'といった分野での協力も規定されている.また同時に,冷戦後にはNPT加盟国であるイラクおよび北朝鮮の核開発をきっかけにIAEA保障措置の強化が進められ,包括的保障措置に加えて*追加議定書'を協定の要件とする案が供給国間で議論されている.その反面,NSGは2008年,米国の要請によって包括的保障措置を受け入れていないインドへの原子力資機材供給を例外的に容認し,これを受けて米国はインドとの間で協定を締結した.これに対してNPTを中心とした国際核不拡散体制に悪影響を及ぼすという批判がなされたが,米国政府はインドを孤立させるよりも2国間原子力協力協定などによって国際核不拡散体制に取り込むべきであると主張している.→日米原子力協力協定,日本の2国間原子力協力協定,米アラブ首長国連邦(UAE)原子力協力協定,米印原子力協力協定　[武田 悠]

■日 IAEA 保障措置協定 Agreement between the Government of Japan and the International Atomic Energy Agency in implementation of Article III. 1 and 4 of the Treaty on the Non-proliferation of Nuclear Weapons ［正称］核兵器の不拡散に関する条約第3条1及び4の規定の実施に関する日本国政府と国際原子力機関との間の協定,［署名］1977.3.4,［発効］1977.12.3

1 協定締結の経緯 日本は1976年,*核兵器不拡散条約'(NPT)を批准し,同第3条の規定に従い,*国際原子力機関'(IAEA)との間で保障措置協定を締結した.*保障措置'を受諾する

に

にあたり，原子力開発利用を推進する上で，先にIAEAと保障措置協定を締結していた欧州諸国との間で不平等が生ずるのではないかとの懸念が出された．欧州諸国は，NPT成立以前から*欧州原子力共同体'（EURATOM）を設立し，ローマ条約の下，*地域保障措置' を実施していた．IAEAとの保障措置協定は，このEURATOM保障措置体制を尊重する形で締結されている．IAEAとの保障措置協定はEURATOMが締結し，欧州各国はEURATOMと保障措置実施取り決めを締結している．欧州内施設へのIAEAの査察は，一義的にはEURATOMが実施し，IAEAはこれを観察するという二重構造をもち，各施設にIAEAの*査察' が直接及ばないという状況が，欧州各国の原子力活動に利することになり，わが国の施設が直接IAEAの査察を受けた場合に不利益が生じ，国際競争力に悪影響を及ぼすのではないかとの懸念が原子力業界から示された．そこで，EURATOM域内の原子力施設との間で不平等が生じない，「EURATOM並み」の権益が保持できるような形で保障措置協定をIAEAと締結すべしとの強い要請の下，交渉が開始された．NPT下の保障措置協定のモデル文書（INFCIRC/153 Corrected）が既に1972年6月に公開されており，政府は，この文書に沿って交渉した．

2 日IAEA保障措置協定の特徴　モデル文書と日IAEA保障措置協定の大きな差異は，NPTに先行した*2国間原子力協力協定' などの国際約束において，保障措置実施の基本となる*国内計量管理制度'（SSAC）は既に確立されており，これを基礎としてIAEAの保障措置を受諾すると規定した点である．モデル文書第7項には，保障措置協定を締結するにあたり，「国はこの協定の対象となるすべての核物質の…この国内計量管理制度を確立し，維持する」と記載されているが，日IAEA保障措置協定第3条の(a)項には，「確立」という用語は含まれず，日本国政府は，この協定に基づく保障措置の対象となるすべての核物質についての計量管理制度（その核物質についての独立の*検認' を含む．以下「国内制度」という．）を維持するとされ，日本国政府は，国内制度を「国内保障措置制度」と称することができると記載されている．また，日IAEA保障措置協定には議定書が付帯しており，国内制度としての独立検認機能（国内査察）が規定されている．議定書第13条(a)においてIAEAの査察と国内査察が同時に行われるように調整し，(b)項にIAEAが*通常査察' の目的を達成できるときには，日本国の*査察員' が行う査察活動を観察することによって実施するとされている．

3「EURATOM並み」と官民一体となった国内体制　国内制度の存在を日IAEA保障措置協定に規定し，IAEAと施設との間に日本国政府が介在することによって，IAEA・EURATOM保障措置協定で実施されるEURATOMによる域内の施設への査察と同様な条件を獲得した．しかし，IAEAは，多国間の相互監視機能を有するEURATOMの機能と締約国単独の国内査察機能との政治的な差異を指摘し，議定書第13条(b)項の(ii)に「IAEAの査察員が，査察中に不可欠かつ緊急であると認めるに至ったときには，日本国の査察員が行う査察活動の観察以外の方法による査察活動を行う」と規定し，IAEA査察員による独立検認機能を留保している．IAEAと政府との関係は，日IAEA保障措置協定で規定し，政府と事業者との間の権利義務関係は，*原子炉等規制法' で規定している．このような階層構造を設けたことから，IAEA保障措置は，官民一体となって対処するとの考え方が生まれた．　［菊地昌廣］

■日米安全保障条約と事前協議制度

Japan-U.S. Security Treaty (Treaty of Mutual Cooperation and Security between Japan and the United States of America) and prior consultation

1 旧日米安保条約　サンフランシスコ講和条

約と同じ1951年9月に署名された旧日米安全保障条約は，米軍占領統治の名残が色濃い差別的な条約だった.「アメリカ合衆国の陸軍，空軍及び海軍を日本国内及びその附近に配備する権利を，日本国は，許与し，アメリカ合衆国はこれを受諾する」と第1条に明記された旧安保条約は，外国の教唆や干渉によって日本で引き起こされた「内乱」に米軍が介入し，鎮圧することを認めていた．また旧条約は日本の「希望」に基づき，「日本国に対する武力攻撃を阻止するため日本国内及びその附近にアメリカ合衆国がその軍隊を維持する」とする一方，米国の明確な日本防衛義務は規定されていなかった．さらに差別的だったのは「アメリカ合衆国の軍隊の日本国内及びその附近における配備を規律する条件は，両政府間の行政協定で決定する」とした第3条だった．これにより米軍による各種兵器の日本への持ち込みや日本を拠点とした戦闘作戦行動に関する取り決めは日米行政協定によってルール化され，米国は自分たちが受諾可能な制約のみを受け入れた．その結果，米軍は特段の制約のないまま日本に*核兵器'を持ち込むことすら可能となった．

2　1960年の安保改定　こうした不平等性の強い旧安保条約を問題視した岸信介政権は1958年以降，条約改定の対米交渉を進めた．岸政権が重視したのは，米軍の日本国内への核兵器の搬入と，日本を拠点とした日本域外への米軍戦闘作戦行動に対する発言権確保だった．前者は被爆国特有の国内世論，後者は国外の紛争に日本が「巻き込まれる」ことを恐れた世論を反映したものだった．改定交渉の結果，新たな日米安全保障条約（正式名称：日本国とアメリカ合衆国との間の相互協力及び安全保障条約）が1960年1月に署名された．署名に合わせ，岸信介首相とクリスチャン・ハーター（Christian Herter）国務長官が「岸・ハーター交換公文」を交わし，事前協議制度が新設された．これにより，①米軍の日本への配置における重要な変更，②米軍の整備における重要な変更，③日本から行われる米軍の戦闘作戦行動，は日米間の事前協議の対象となった．②は日本領内への核兵器の持ち込みを具体的に指した．しかし事前協議は日本側に拒否権までを認めた制度ではなかった上，核兵器を搭載した米軍艦船や軍用機の日本への通過・寄港・飛来は*核密約'によって協議対象外となった．事前協議は一度も行われていない．

［太田昌克］

■日米原子力協力協定

Agreement for Cooperation Between the Government of Japan and the Government of the United States of America Concerning Peaceful Uses of Nuclear Energy　［正称］原子力の平和利用に関する協力のための日本国政府とアメリカ合衆国政府との間の協定．［署名］1955.11.14（ワシントン），［発効］1955.11.27，［現協定の署名］1987.11.4（東京），［発効］1988.7.17，［日本］〈公布〉1988.7.2（昭63条約5），〈発効〉1988.7.17

1　経緯　日本と米国の間で締結されている*2国間原子力協力協定'．日本の原子力*平和的利用'に対する米国の支援のため，両国間では1955年に研究炉とその核燃料の貸与を定めた協定が，1958年に更なる核燃料の供与や発電炉の開発に向けた情報，資材などの提供を定めた協定が締結された．さらに日本での発電炉建設計画の本格化と日米両国での*濃縮'ウランなどの民有化に伴い，1968年に民間主体の核燃料取引や日本国内での*再処理'を可能とする協定が締結された．その後1973年に協定が改正され，原子力発電計画の更なる進展に合わせて濃縮ウランの供給枠を拡大し，協定の有効期間を2001年まで延長した．しかし1974年のインド*核実験'を契機に米国が協定の核不拡散要件を大幅に厳格化したため，これに対応するため1982年8月から日米間で協定改定交渉が行われ，1987年1月に両国政府間で実質合意に達した．核不拡散上の規制強化と共に日本に再処理，再移転等を認める*包括同意'を付与する内容も含んでいたため米国議会には反対論もあったが，1988年7月に発効した．

2 特徴　全16条の条文と附属書，合意議事録等からなる本協定の最大の特徴は，米国が日本に対して包括同意を付与したことにある．米国は*保障措置'および*核物質防護'上の要件を満たすことを前提に，予め日本側が提出したリストに記載されている施設において，再処理，*混合酸化物'（MOX）燃料の製造といった形状・内容の変更，*プルトニウム'の貯蔵等を行うことに包括同意を与えた．英国およびフランスへの再処理のための使用済燃料の移転についても，核物質防護に関する要件を満たせば，*欧州原子力共同体'（EURATOM）に対して輸送に関する包括同意を付与することを約束した．加えて日本国内で将来建設される原子力施設についても，要件を満たせばこの包括同意の対象リストに追加することが可能とされた．これらの包括同意に関する規定に加えて，本協定では1978年に成立した*米国核不拡散法'（NNPA）の規定に沿って日本側が核不拡散上の規制強化を受け入れた．たとえば20％以上の濃縮には米国の同意が必要となり，核物質防護の水準が厳格化され，協定における米国の規制権の対象も*核物質'やその派生核物質だけでなく移転された原子炉等の使用で生じた派生核物質も含むといった規定が追加されている．本協定は30年間有効とされているが，その後も日米いずれかが6カ月前に文書で協定の終了を通告しない限り有効であるとされており，日米原子力協力の基礎となっている．　［武田 悠］

■日露海上事故防止協定　Agreement between the Government of Japan and the Government of the Russian Federation Concerning the Prevention of Incidents at Sea beyond the Territorial Waters and Air Space above Them ［正称］領海の外側に位置する水域及びその上空における事故の予防に関する日本国政府とロシア連邦政府との間の協定，［署 名］1993.10.14（東 京），［発 効］1993.11.12，［日本］〈告示〉1994.1.13（平成6外務省告示10）

1 協定締結の背景　1980年代後半には，西側諸国とソ連の間で，1972年の*米ソ海上事故防止協定'をモデルとした協定が相次いで締結された．日ソ間でも冷戦終結の過程で平和条約締結に向けた協議が進展し始め，安全保障分野での交流も活発化したこともあり，1990年代初頭から海上事故防止協定の締結が検討され始めた．当初は1992年9月のボリス・エリツィン（Boris Yeltsin）大統領来日時に協定締結が予定されていたが，ロシアが内政問題を理由に大統領訪日を直前になって延期したため，協定締結も持ち越された．エリツィン訪日は1年後の1993年10月になって実現し，同月13日の首脳会談に際して協定への署名が行われた．

2 条約の内容　協定の規定の多くは，米ソ海上事故防止協定に倣っている．第1条では，領海の外側およびその上空における軍用の艦船・航空機に協定が適用されることが確認されている．第2条では，1972年の国際海上衝突予防規則を実施する義務を両国は有するといった原則が定められ，続く第3条で両国の艦船がとるべき具体的行動が列挙されている．それらは，相手国艦船に近接して航行する艦船は衝突の危険を避けるのに十分な距離を保つこと，相手国艦船の陣形に近接して航行する艦船は当該陣形の運動を妨害するような行動を回避すること，相手国艦船の監視に従事する艦船は衝突の危険を避け得る距離にとどまり，相手国艦船の航行を危険に陥らせるような運動を回避すること，両国の艦船が視野の範囲内にある場合には信号等を用いて自らの行動と意図を相手国艦船に示すこと，相手国の艦船・航空機に対して武器を指向することによる模擬攻撃を行わないこと，艦船の航行に危険となる恐れのある物体を発射しないこと，潜行している潜水艦と共に訓練を行っている艦船は訓練水域に潜水艦が存在することを相手国艦船に信号を用いて警告すること等である．第4条は航空機に関して，模擬攻撃や艦船上空での曲技飛行，艦船の航行に危険となる恐れのある物体の発射を禁止し，相手国の領空および艦船·航空機に接近する際には必要に応じ特定の周波数で交信すると定めている．第3条と第4条で禁止された行為は，相手国の民間船舶·航空機に対しても行ってはならない(第5条)．また，公海における交通に危険を及ぼす恐れのある活動に従事する場合には遅くとも3日前までに無線通信組織を通じて海員·航空従事者に通告を行うこと(第6条)，艦船·航空機間で衝突等が発生した場合には可能な限り十分な関連情報を速やかに交換すること(第7条)も規定されている．さらに，協定の実施状況等を検討するための会合も年1回開催される(第9条)．1999年の年次会合では協定の改善が議題となり，2000年10月には艦船·航空機の通信システムに故意に電波妨害を引き起こすことなどを禁じた補足議定書が発効した．　［福田 毅］

■**日韓偶発事故防止書簡**　Correspondence on Measures to Prevent Accidents between Aircraft of Japanese Self Defense Forces and Aircraft of Republic of Korea Armed Forces ［正称］日本国自衛隊の航空機と大韓民国の軍用機との間の偶発事故の防止についての書簡，［書簡交換］1995.6.5，［発効］1995.7.1

日韓両国の防空識別圏(ADIZ)は近接しており，特に対馬海峡付近では日韓両国の軍用機が同時にスクランブルをかける事態等が発生していた．そのため，韓国は1990年12月7日の日韓防衛相会談において，ADIZ内の事故防止を目的とする飛行情報の事前交換等を提案した．当時の日本は米国以外と防衛関連の取極を結んだことがなかったことなどもあり慎重な姿勢を示していたが，*北朝鮮の核開発問題' などによる地域情勢不安定化を受け韓国との防衛協力に前向きになり，1994年に本格的な検討が開始され，1995年6月5日に日本の防衛庁と韓国の国防部の間で書簡が交換された．この合意は，同一内容の自主的運用方針を両国が相互に表明するという形式をとっている．その主な内容は，北緯37度以南の公海上空で相手国のADIZ内に進入予定の軍用機は飛行計画を相手国に事前通報すること，通報どおりに飛行する軍用機にはスクランブルを行わないこと，相手国のADIZに進入する軍用機は緊急無線周波数を常時聴取すること，やむを得ずスクランブルを実施する場合には国際民間航空条約で定められた民間航空機に対する要撃基準に準じた行動(武器使用を控え，機体の動き等を用いて相手の意図を確認する)をとることである．なお，両国は竹島の領有権が問題化することを回避するため，適用地域を北緯37度以南とし，その以北にある竹島を合意の対象から除外した．　［福田 毅］

■**日朝平壌宣言**　Japan-DPRK Pyongyang Declaration

2002年9月17日，小泉純一郎首相が日本の総理大臣として初めて北朝鮮を訪問し，金正日国防委員長(朝鮮労働党総書記)と会談した．この首脳会談を受け，両首脳が合意し，署名した政治文書が日朝平壌宣言である．宣言には，日朝国交正常化に関することのほか，*北朝鮮の核開発問題' やミサイル問題を含む安全保障上の諸問題が盛り込まれた．小泉訪朝以降，日本政府は対北朝鮮政策の基本方針として，この宣言に基づき，拉致，核，ミサイルの諸懸案の包括的な解決に向けて取り組んでいく考えを示している．宣言の主な内容は以下のとおりである．第1に，2002年10月中に国交正常化交渉を再開する．第2に，日本は過去の植民地支配によって朝鮮の人々に多大の損害と苦痛を与えたという歴史の事実を謙虚に受け止め，痛切な反省と心からのお詫びの気持ちを表明し，北朝鮮に対して国交正常化の後，経済協力を実施する．また，双方は戦前の財産および請求権を相互に放棄する．第3に，日本国民の生命と安全にかかわる懸案問題について，北朝鮮は今後再び生じることがないよう適切な措置をとる．第4に，双方は朝鮮半島の核問題の包括的な解決のため，関連するすべての国際的合意を遵守する．また，核問題およびミサイル問題を含む安全保障上の諸問題に関し，関係諸国間の対話を促進し，問題解決を図る．北朝鮮はミサイル発射のモラトリアムを2003年以降も延長する．　［寺林裕介］

■日本原子力研究開発機構　Japan Atomic Energy Agency：JAEA

1　経緯　日本の原子力分野における研究開発は，1956年6月に発足した日本原子力研究所（以下，「原研」という），1967年10月に発足した動力炉・核燃料開発事業団（原子燃料公社を改組，以下「動燃」という）という2つの特殊法人が主に担ってきた．原研が原子力施設の安全性に関する研究，革新的原子炉の研究開発，*核融合'研究開発，放射線利用に関する研究といった原子力の基礎研究を担っていたのに対し，動燃は，*高速増殖炉'（FBR），新型転換炉，ウラン探鉱，*濃縮'，*再処理'，高レベル放射性廃棄物処分といった*核燃料サイクル'の確立に向けた研究開発を主要業務としていた．動燃では1990年代の半ば以降，高速増殖炉*もんじゅ'におけるナトリウム漏洩事故（1995年12月）や東海事業所アスファルト固化処理施設における火災爆発事故（1997年3月）といった不祥事が続いたことにより，業務の見直し，安全確保の徹底，社会に開かれた組織への変革などの観点から組織の見直しが行われ，1998年10月，核燃料サイクル開発機構として新たに発足した．2001年12月に閣議決定された特殊法人等整理合理化計画により両法人は統合することとされ，2005年10月，新たに原子力研究開発を総合的に実施する独立行政法人として日本原子力研究開発機構（以下，「原子力機構」という）が発足した．

2　役割　原子力機構は，統合前の2法人がそれぞれ担っていた，高速増殖炉サイクル研究開発，高レベル放射性廃棄物処分技術研究開発，核融合研究開発，量子ビーム応用研究開発を主要な事業と位置づけて研究開発を実施してきた．FBRサイクル研究開発に関する取組みとして，「もんじゅ」の運転再開に向けた取組みやFBRサイクル実用化研究開発が，高レベル放射性廃棄物処分技術研究開発の取組みとして，東濃，幌延で建設中の地下研究所における深地層の科学的研究が含まれる．核融合研究開発には国際核熱融合実験炉（ITER）プロジェクトへの参画や「幅広いアプローチ（BA）」に関する活動が，量子ビーム応用研究開発には大強度陽子加速器施設（J-PARC）を用いた研究が含まれる．2011年3月の東京電力福島第1原子力発電所事故以降，これらの事業に加え，事故からの復旧対策，復興に向けた取組みへの貢献を優先課題と位置づけ，福島第1原子力発電所の廃止措置等に向けた研究開発および環境汚染への対処に係る研究開発に取り組んでいる．また安全とともに原子力利用の基盤となる*核不拡散'，*核セキュリティ'分野の活動に関しては，2010年の核セキュリティサミットにおける日本のコミットメントに基づき設置された*核不拡散・核セキュリティ総合支援センター'において，アジア諸国等に対する核不拡散・核セキュリティ分野における人材育成支援や基盤整備支援，核不拡散・核セキュリティに関する政策研究，技術開発，*包括的核実験禁止条約'（CTBT）国際監視観測施設の運営，核物質の輸送や研究炉燃料の調達，返還に関する支援，調整といった業務を実施している．

3　改革の動き　2013年に「もんじゅ」の保守管理上の不備の問題やJ-PARCにおける放射性物質の漏洩事故が立て続けに発生したことを踏まえ，徹底的な原因分析と抜本的対策を検討するとともに，今後，原子力機構が果たすべき使命を再定義した改革計画を同年10月に策定した．改革計画においては，トップマネジメントによるガバナンスが十分に機能する体制の構築や「事業部門制」の導入等，強い経営の確立，安全確保・安全文化醸成の取組み，事業の合理化，「もんじゅ」改革の断行, が挙げられている. 原子力機構では2013年10月から2014年9月までを集中改革期間と位置づけ, 徹底した改革に取り組んでいる.　[山村 司]

■日本の化学兵器　Japan's chemical weapons

1 研究開発および製造　日本陸軍はシベリア出兵を契機に, 毒ガス研究のため1918年に臨時毒瓦斯調査委員を任命した. その後, 陸軍科学研究所(1922年～), 第6陸軍技術研究所(1941年～)が研究にあたり, 化学戦の運用・教育を目的とした千葉県の習志野学校(1933年)やチチハルの関東軍化学部(満州第516部隊, 1939年)など関係機関も設立された. 化学剤の製造は, 瀬戸内海の大久野島(広島県竹原市忠海町)に開所(1929年)した陸軍造兵廠火工廠忠海兵器製造所(1940年「東京第二陸軍造兵廠忠海兵器製造所」に改称)で行われた. 砲弾, 爆弾への充填(「填実」)は, 小倉の陸軍造兵廠火工廠曽根兵器製造所(1937年開所, 1940年「東京第二陸軍造兵廠曽根兵器製造所」に改称)が担当した. 海軍では, 1923年に設立された海軍技術研究所の化学兵器研究室が1934年に海軍技術研究所化学研究部となり, 1943年には相模海軍工廠(神奈川県寒川町)が設立された. 化学剤は, ①*暴動鎮圧剤' のクロロアセトフェノン(陸軍の呼称でみどり1号, 海軍の呼称で1号特薬)とブロムメチルベンゾール(陸軍の呼称でみどり2号), ②嘔吐剤のジフェニールシアンアルシン(陸軍の呼称であか1号, 海軍の呼称で2号特薬), ③糜爛剤のイペリット(Yperite)(陸軍の呼称できい1号, 海軍の呼称で3号特薬甲)とルイサイト(陸軍の呼称できい2号, 海軍の呼称で3号特薬乙), ④血液剤のシアン化水素(陸軍の呼称でちや1号, 海軍の呼称で4号特薬), ⑤窒息剤のホスゲン(陸軍の呼称であを1号)が製造された.

2 規範意識と実戦使用　国際会議の場で日本政府は, *潜水艦及び毒ガスに関する五国条約' や1925年*ジュネーブ議定書' を, 人道的見地から積極的に支持した. しかし1930年の霧社事件では, 自国領域内ではあるが暴動鎮圧剤使用をうかがわせる記述が台湾軍参謀部の陣中日誌に残されている. また日本政府は, 嘔吐剤など非致死性剤の日中戦争における使用は戦史資料から明らかであるものの, 致死性剤の使用は資料が断片的で確認不可能とする(参議院外務委員会・秋山昌廣防衛局長答弁〔1995年11月30日〕). しかし致死性剤についても, きい剤の使用例を紹介した『支那事変ニ於ケル化学戦例証集』(習志野学校, 1942年)などの資料が確認されている. なお米ソとの関係では参謀総長が, *化学兵器' の報復使用準備を命じる一方, 敵を刺激して化学戦を誘発することを厳に戒めている(大陸指1822号〔1944年1月29日〕). 戦後は, 旧軍の化学兵器が原因とみられる死傷事故や環境被害が日本国内外で発生しており, 日中間では*遺棄化学兵器' の処理が外交問題化した. →老朽化化学兵器, 遺棄化学兵器訴訟　[杉島正秋]

■日本の核実験監視観測施設　monitoring facilities of nuclear test in Japan

1 背景　*包括的核実験禁止条約' (CTBT)は, 締約国が条約上の義務を履行していることを確認するために, 条約違反の*核実験' を検出する*国際監視制度' (IMS)を設けている. そして各締約国は, IMS監視施設の国内への設置がCTBTの議定書で規定されている場合, 監視施設を設置, 運用する義務を負う. 日本には, 議定書に基づき, 地震学的監視観測所6カ所(主要観測所1, 補助観測所5), 微気圧振動監視観測所1, 放射性核種観測所2および放射性核種実験施設1の合計10の施設が設置されている. なお, 水中音波監視観測所は日本国内には設置されていない. 現在までに, 日本国内に設置が義務付けられている施設の設置と認証はすべて完了している.

2 施設の概要　日本の場合, CTBTが規定する「国内当局」には外務省が該当し, 条約発効までは, 外務省が責任官庁として国内における条約運用体制の整備に当たっており，CTBT 国内運用体制事務局は(財)日本国際問題研究所軍縮・不拡散促進センターが担当している．また，ウィーンのCTBT*暫定技術事務局'(PTS)の国際データセンター(IDC)から送られてくるデータの解析，評価を行う国内データセンター(NDC)には，(財)日本気象協会と独立行政法人*日本原子力研究開発機構'(JAEA)が委託されている．地震学的監視観測所としては，IDC に24時間オンラインでデータを送信する主要観測所が長野県松代に気象庁の既存の施設に必要な機器を追加する形で設置され，すでにPTSの認証を受け，暫定的運用が始まっている．また，大分，国頭(沖縄県)，八丈島(東京都)，士別市朝日町(北海道)，父島(東京都)には，気象庁の既存の施設を利用し，IDC の要請に応じてデータを送信する補助観測所が設置されている．微気圧振動監視観測所は，いすみ市(千葉県)に新規に設置され，すでにPTS の認証を受け，暫定的運用が始まっている．放射性核種監視観測所は，高崎市(群馬県)と沖縄に，いずれも新規に建設，設置され，すでに両観測所ともにPTSの認証を受け，暫定的運用が始まっている．さらに高崎市の観測所については，その後，希ガス測定装置が新しく増設されている．また，実験施設は，茨城県東海村の日本原子力研究開発機構の東海研究所内に必要な機器を設置し，PTS の認証を受け，暫定的運用が始まっている．　　　　［広瀬 訓］

■日本の核兵器不拡散条約加盟　Japan's accession to the Treaty on Non-Proliferation of Nuclear Weapons

1 署名前の慎重論　日本は1968年7月に署名開放された*核兵器不拡散条約'(NPT)に1970年2月に署名し，1976年6月に同条約を批准した．署名が1970年3月の条約発効の直前となった背景には，NPT 早期署名に対する国内の慎重論があった．慎重論の主な理由としては①核保有国の*核軍縮'義務規定が不十分，②原子力の*平和的利用'をめぐる不平等性への懸念，③非核保有国に対する安全保障の不備，④中国とフランスの未加盟―が主に挙げられる．こうした慎重論にもかかわらず，当時の佐藤栄作政権は署名を決断するが，その導因としては，すでに約100カ国が署名を済ませる中，これ以上署名を遅らせれば，日本に*核兵器'開発の意図があるとの無用な誤解を招くとの懸念があった．日本政府は署名に際して声明を発表し，核保有国による核軍縮措置の促進や中国とフランスの条約参加，非核保有国に対する核兵器の使用や威嚇の禁止，原子力平和利用をめぐる差別的取り扱いの防止などを訴えた．

2 批准までの動き　署名後もこうした慎重論を踏まえ，日本政府は批准を急がず，国会の承認を得るまでに6年の歳月を費やした．懸案の原子力平和利用に関しては，NPT が義務づける*国際原子力機関'(IAEA)の*保障措置'協定をめぐり，IAEA との交渉が進められ，1975年に*査察'の合理化と簡素化で日本とIAEA が合意．日本政府は*国内計量管理制度'(SSCA)をIAEA 査察に援用し，*欧州原子力共同体'(EURATOM)同等の制度を確立することで平等性の確保を図ることに成功した．また政府は米ソ間に核軍縮努力が見られたことや，国連安全保障理事会における非核保有国の安全保障に関する決議採択などを評価，1976年の批准にこぎ着けた．日本政府は批准に合わせ声明を発表し，中国とフランスの条約参加や NPT 第6条に基づく核軍縮の進展，原子力平和利用活動における差別排除などを求めた．日本の批准が遅れたことには米政府も懸念を募らせ，1976年に入って米側が日本側に早期批准を働き掛けていたことが解禁された日本の外交文書で明らかになっている．　　　　［太田昌克］

■日本の2国間軍縮・不拡散協議　Japan's bilateral disarmament and non-proliferation consultations

1 総論　日本は，*軍縮'・不拡散の分野で重要な役割を果たす各国との間で，2国間軍縮・不拡散協議を行っている．これは，*核兵器不拡散条約(NPT)の再検討プロセス'，*国連総会第１委員会'，G8/G7 プロセスなどのマルチ外交と相互補完関係にあり，日本の軍縮・不拡散外交の重要な構成要素となっている．通常は，日本側は，外務省の軍縮不拡散・科学部長が代表となり，相手国のカウンターパート(外交当局の軍縮・不拡散分野の担当責任者)との間で行われる．こうした２国間軍縮・不拡散協議を継続的に行ってきている相手国としては，米国，ロシア，中国，インド，パキスタン，イスラエル，韓国，メキシコ，イランなどが挙げられる．協議の相手国は固定的なものではなく，必要に応じて新規の国とも行われる．2013 年 12 月にミャンマーとの間で協議が行われたのは，そうした例である．定例的に協議を行う国との間では，1 年に 1 回，日本と相手国との間で持ち回りで行うのが通例である．米国との間では，1 年に 2 回，「軍縮・不拡散委員会」として開催されている．

２ 協議の主な内容・目的　協議の中では，*核軍縮' についてのさまざまな動向(NPT 再検討プロセスの状況，主要な核兵器国の核軍縮の取組，国連総会第１委員会の諸決議，*包括的核実験禁止条約' (CTBT)，*兵器用核分裂性物質生産禁止条約' (FMCT)，核兵器の非人道性，核戦力の*透明性' など)，不拡散についてのさまざまな動向(IAEA*追加議定書' など*保障措置'，*輸出管理' レジームなど)，*生物兵器'・*化学兵器' や通常兵器に関わる問題，原子力の*平和的利用' に関わる問題(原子力政策，原子力安全など)とともに，地域問題が討議されるのが通常である．こうした協議の場を通じて，日本の軍縮・不拡散についての取組みや立場を伝達するとともに，先方の取組みや立場を聴取している．特に，CTBT，IAEA 追加議定書など，軍縮・不拡散分野の重要な法的枠組みへの積極的な取組みを働きかける場として重要であり，たとえば，2013 年 12 月に行われたミャンマーとの軍縮・不拡散協議においては，同国による IAEA 追加議定書の締結を支援する方途を話し合うとともに，CTBT や*化学兵器禁止条約' (CWC)の締結を働きかけた．

３ イランとの協議　イランとの軍縮・不拡散協議は，イランの核開発問題について，同国と協議を行う貴重な場となっている．イランとの軍縮・不拡散協議は，マフムード・アフマディネジャード(Mahmoud Ahmadinejad)大統領時代に*イランの核開発問題' が膠着状況となったこともあり，2007 年以来，こうした協議が行われない状態が続いていたが，2013 年 8 月にハッサン・ロウハニ(Ḥassan Rouhani)大統領が就任し，核問題についての交渉が動き始めたことも踏まえ，2014 年 1 月に 7 年振りに開催され，イランが EU3+3 や IAEA との協議に建設的かつ柔軟な姿勢で望むように求めるとともに，同国が IAEA 追加議定書や CTBT を締結するように促した．　[北野 充]

■日本の２国間原子力協力協定　bilateral nuclear cooperation agreements concluded by Japan

１ 定義　*2 国間原子力協力協定' は原子力資機材(原子炉や燃料など)，技術の他国への移転にあたって，移転された資機材，技術やその派生核物質などが軍事目的，核爆発目的に転用されないことを確保するために供給国，受領国間で締結される法的拘束力を有する枠組みである．その内容は，当該 2 国間の交渉によって合意され，その内容は個別の協定によって異なるが，協力の範囲や態様，軍事目的や核爆発目的への利用の禁止，そのための*保障措置' の適用，*核物質防護' 措置などの条項が含まれるのが一般的である．

２ 概要　日本は 2014 年末現在までで，米国(1955 年に最初の協定を締結，1958 年，1968 年，1988 年に改定)，英国(1958 年に最初の協定を締結，1968 年，1998 年に改定)，カナダ(1960 年)，豪州(1972 年に最初の協定を締結，1982 年に改定)，フランス(1972 年)，中国(1986 年)，

*欧州原子力共同体'(EURATOM)(2006 年), カザフスタン(2011 年), 韓国(2012 年), ベトナム(2012 年), ヨルダン(2012 年), ロシア(2012 年), トルコ(2014 年), アラブ首長国連邦(UAE)(2014 年)との間で原子力協力協定を締結してきている. 日本が原子力利用を進める過程において米国, 英国, フランスといった先行国やカナダ, 豪州といったウランの産出国との間で締結した協定は主に日本が原子炉やウラン燃料などの提供を受けるためのものであり, これらの 2 国間原子力協力協定を通じて供給国側から多くの規制が課せられることになった. 特に, 日本が*濃縮' ウランの大部分を依存していた米国は協定上の同意権を基に, 日本の原子力計画に大きな影響力を有することとなり, 東海再処理工場の運転開始の際の*再処理' に関する制限つきの合意や現行の*日米原子力協力協定' の下で*包括同意' を米国に認めさせるにあたり, 困難な外交交渉を必要とした. 他方, 最近, 日本が締結した協定は近い将来, 原子力発電を導入する国との間でのものが多く, 日本のメーカーが原子炉やその他の設備を輸出する可能性を見越してそのための法的枠組みを整備する目的で締結されたものである. 日本が供給国としての立場から最近, 締結した原子力協力協定の特徴としては, 協定下で移転された核物質等の*濃縮', *再処理' 等に関する同意権や*追加議定書' を含む*保障措置' の適用などの*核不拡散' 関連の条項, *核物質防護' の条項の他に,「*3S'」を重視する観点から, 原子力安全に関する条項も含まれていることが挙げられる. ［山村 司］

■日本の反核 NGO anti-nuclear non-governmental organizations in Japan

1 原水爆禁止運動　日本の*反核運動' の歴史は 1954 年 3 月の*第五福竜丸事件' にさかのぼる. 同年 5 月から東京・杉並の主婦らが進めた原水爆禁止署名運動は大きな広がりをみせ, 翌年 8 月に第 1 回原水爆禁止世界大会が開催され, 9 月に*原水協(原水爆禁止日本協議会)' が発足した. 1956 年には*日本被団協' が結成された. 1960 年の日米安全保障条約改定への反対運動の高まりのなかで, *原水爆禁止運動' は日本共産党の影響を受けながら政治色を強めていった. これに対し 1961 年, 民社党系の核兵器禁止日本国民会議(核禁会議)が結成された. 1965 年, ソ連の核実験をめぐって「いかなる国の原水爆にも反対」との立場の*原水禁(原水爆禁止日本国民会議)' が発足し, 原水禁運動は分裂した. 共産党系の原水協, 社会党(後に民主党・社民党)系の原水禁, 旧民社党の核禁会議という 3 極構造は今日まで続いている. かつては, 原子力の*平和的利用' に理解を示す原水協に対し反原発運動にコミットする原水禁という対立構図があったが, 今日ではそうした政策面での両者の違いはかなり小さくなっている. 一方, 1980 年代後半に労働組合の総評(社会党系)が連合(現・民主党系)に再編されて以降, 連合・原水禁・核禁会議の 3 団体合同大会が開催されてきた. だが 2011 年の福島原発事故以降は原発政策をめぐって 3 団体の路線が一致せず, 足なみが乱れている.

2 NGO　上述の原水禁団体が主に労働組合に支えられ政党と系列化しているのに対して, 1990 年代以降は, 日本においても政治から独立した提言型の NGO が生まれるようになった. その代表格は 1998 年に発足した NPO ピースデポ(横浜市)である. 同年の*核不拡散・核軍縮に関する東京フォーラム' を機に, これらの NGO は政府と対話を持つようになり, アボリション 2000 や*核兵器廃絶国際キャンペーン'(ICAN)といった国際ネットワークとの連携を深めながら, 日本の NGO の連絡組織を作っていった. こうして 2010 年に発足した核兵器廃絶日本 NGO・市民連絡会は, 日本反核法律家協会, 核戦争防止国際医師会議(IPPNW)日本支部, 反核医師の会, 広島・長崎の市民グループ, キリスト教や仏教団体, ピースボート, ピースデポ, 世界連邦運動などの NGO に加え, 日本被団協, 原水協, 原水禁が参加する枠組みとなっている.同連絡会は日本政府と定期的な意見交換会を続けている.これらのNGOはまた,広島や長崎の大学などの軍縮研究者とも連携している.

［川崎 哲］

■**日本のミサイル防衛システム** Japan's missile defense capabilities

1 経緯 日本は1986年9月に,米国の招請を受けて,*戦略防衛構想'(SDI)研究への参加を表明し,1988年12月には日本が民間レベルで参加する西太平洋ミサイル防衛構想研究(WESTPAC)を開始した.ただし,当時の政府の関心は,*弾道ミサイル'の脅威への対応というよりも,米国との同盟管理・強化を主眼としていた.冷戦後,北東アジアにおける弾道ミサイル戦力の脅威の高まりを受けて,日本は,北朝鮮による1993年のノドン・準中距離弾道ミサイル(MRBM),1998年のテポドン・*中距離弾道ミサイル'(IRBM)の発射実験などを契機としつつ,米国との*弾道ミサイル防衛'(BMD)に関する共同研究を進める一方,自国が配備するBMDシステムの検討を行った.そして,2003年12月の安全保障会議および閣議において,弾道ミサイルの脅威が日本の安全保障の大きな課題となっていること,技術的な実現可能性の高さが確認されたこと,弾道ミサイル攻撃に対する防御的かつ他に代替手段のない唯一の手段であること,専守防衛という日本の防衛政策にも合致することなどを挙げて,多層的なミサイル防衛システムを整備することが決定された.

2 迎撃システム 日本のBMDシステムは,弾道ミサイルをミッドコース段階で迎撃するイージス護衛艦搭載の海上配備型上層システム(以下,*イージスBMD'),終末段階で迎撃するパトリオットPAC-3,弾道ミサイルを探知・追尾するセンサーシステム,ならびにこれらを連接する指揮統制・戦闘管理・通信(C2BMC)システムである自動警戒管制システム(JADGE)により構成される.このうち,イージスBMDについては,4隻のイージス艦にBMD機能を付加するとともに,迎撃ミサイルとして*SM-3'ブロックIA(13.5インチ型)を米国から導入した.また,米国と能力向上型のSM-3ブロックIIA(21インチ型)の共同開発を進めている.前者は,*短距離弾道ミサイル'(SRBM)およびMRBMに対処できるが,後者は,最終到達速度が増すことなどにより,迎撃できる範囲が格段に広がるとともに,IRBMへの対処能力も向上するとされる.2013年12月に閣議決定された「防衛計画の大綱」および「中期防衛力整備計画」では,BMD能力が付与されたイージス艦を新たに2隻建造する方針が示された.一方,PAC-3も2007年3月より入間基地を皮切りに,16個高射隊に導入された.PAC-3の防衛範囲は20km程度とされる.さらに,2013年12月の「中期防衛力整備計画」では,「*巡航ミサイル'や航空機への対処と弾道ミサイル防衛の双方に対応可能な新たな能力向上型迎撃ミサイル(PAC-3 MSE)を搭載するため,…更なる能力向上を図る」とし,2個群および高射教導隊への配備が示された.

3 センサー 飛来する弾道ミサイルを追尾するセンサーに関しては,BMDを含む防空対処を目的とした航空自衛隊のFPS-5レーダー(通称「ガメラ・レーダー」)およびFPS-3改レーダーが各地のレーダーサイトに,また米軍の移動型Xバンド・レーダーであるAN/TPY-2レーダーが航空自衛隊車力分屯基地に,それぞれ配備された.BMDは,弾道ミサイル発射の探知,飛翔する弾道ミサイルの追尾,ならびにその迎撃というプロセスを経るが,日本は「探知」にきわめて重要な役割を果たす赤外線センサー搭載の*早期警戒'衛星を保有していないため,この情報を米国からの提供に依存している.また,日米が収集する各種のセンサー情報は,横田基地にある共同統合運用調整所を通じて共有される.→米国のミサイル防衛システム ［戸﨑洋史］

■**日本の輸出管理関連政省令** Japanese Regulations for Export Control

1 輸出管理関連政省令 *日本の輸出管理制

度'は，*外為法'(外国為替及び外国貿易法)において原則が定められており，下位の政令，省令，通達において，具体的な手続きや規制品目，規制仕様といった詳細が規定されている．輸出者は，規制に該当する貨物を輸出(あるいは技術提供)する際には，経済産業大臣の許可を受けなければならない．これを輸出許可制と呼ぶ．根拠法令は，まず最上位の，外為法第48条においては貨物の輸出に関して，外為法第25条では技術の提供に関して輸出許可の原則が定められている．次にその下位の内閣が定める政令であるが，貨物の輸出は輸出貿易管理令，技術の提供は*外国為替令'において，輸出管理の手続きや，規制される貨物や技術等が定められている．また，これらの政令の別表には，規制される貨物や技術が一覧表として掲げられている(これを，規制〔品目〕リストともいう)．さらに下位の省令，すなわち，貨物等省令(正式名称は，輸出貿易管理令別表第1及び外国為替令別表の規定に基づき貨物又は技術を定める省令)では，政令で定められている規制貨物や規制技術の詳細な規制スペックや規制仕様が規定されている．そして，通達(貨物は運用通達，技術は役務通達)においては，政令や省令における用語の解釈が記載されている．日本の輸出者は，輸出する貨物や提供する技術が，規制リストや規制仕様等に該当するか非該当であるかを判定する，いわゆる該非判定という作業を実施し，該当である場合は輸出の事前に経済産業大臣の許可を取得する必要がある．

2 貨物の輸出における注意点　国境を越えて貨物を出すという行為は，その形態・方法が何であれ「輸出」と呼ばれ，外為法で規制される行為である．それは商取引上の輸出行為はもとより，展示会への出展に伴う展示品の持ち出し，修理を行ったものの返品，個人の出張用のパソコンの持ち出し，国際宅配便を利用する海外発送等，およそすべての行為が含まれる．輸出の当事者は事前に，*輸出貿易管理令別表第1'の1項から15項に輸出する貨物が該当か非該当であるか，貨物等省令で掲げられている規制スペックに該当であるか非該当であるかを確認するという該非判定作業を実施する必要がある．該当する場合は経済産業大臣の許可を取得しなければ，輸出をすることはできない．また非該当の場合も，*キャッチオール規制'に基づく審査を実施し，キャッチオール規制の要件に該当する場合には，やはり経済産業大臣の許可を受けなければならない．ただし，リスト規制品であっても，輸出許可申請が不要となる特例もあるのでその適用可否についても審査する必要がある．こうしたリスト規制およびキャッチオール規制のいずれにも該当しない輸出であれば，輸出許可申請は一切不要であるため，所定の通関手続きを実施して輸出することが可能である．(技術の提供に関しては，*外国為替令'や，*技術提供'を参照のこと)

3 輸出管理における特例　日本の輸出管理制度には，輸出許可を要しないいくつかの特例措置がある．貨物に関しては，輸出貿易管理令第4条に規定されており，たとえば，航空機に搭載される修理のための部品(無償)や，少額特例という，いわゆる少額取引の輸出の場合に適用可能なものがある．また技術に関しては，貿易関係貿易外取引等に関する省令(貿易外省令)で定められている通り，新聞，書籍，カタログ等により既に不特定多数の者に対して公開されている技術を提供する取引や，学会誌，公開特許情報，公開シンポジウムの議事録等の，不特定多数の者が入手可能な技術を提供する取引は，公知の技術を提供する取引となり，技術提供のための許可取得は不要である．　［河野瀬純子］

■日本の輸出管理制度　export control system of Japan

1 輸出管理略史　戦後の日本の*輸出管理'の歴史は，1952年に*ココム'のメンバー国になったことに始まる．そして，日本の輸出管理が強化されるきっかけになったのが，1987年の*東芝機械不正輸出事件’である. この事件を受けて日本政府は, 法令改正を行って輸出管理制度の強化を図るとともに, 輸出管理にかかわる人員を増加させ, また産業界からの協力も得て*安全保障貿易情報センター’(CISTEC)が設立された. このCISTECが輸出管理における経済産業省と企業の橋渡しの役割を担い, 輸出管理の重要性の啓蒙とともにその実施方法についての情報提供活動を行うことなどにより, 日本の特徴的な輸出管理システムを構築するに至った. 一方, 1990年代に世界の輸出管理がココム体制から不拡散型に移行する一方, 技術や人のグローバル化が急速に進展した. これにより, 国内にいる非居住者が外国に技術を提供する場合であっても, 許可を得なければならない制度となった. また, USBメモリの持ち出しや電子メールの送信などについても, 規制の対象に入れることにより, 技術の進展とグローバル化に対応した制度を整えた. 政府の時代に即した対処方策の導入に加えて, 大企業を中心にして企業内でもこれに対応した輸出管理の体制が整備されることにより, 日本の輸出管理制度は世界的にも高評価を受けるに至っている.

2 管理の方法と課題　日本の輸出管理制度は, 国際的な輸出管理レジームの決定を受けて, 国内法の*外為法’で管理する方式をとっており, 品目の仕様を*規制リスト’と照らし合わせてチェックする*リスト規制’, リスト規制品以外を対象とした品目に関して, 用途と需要者の両方から*大量破壊兵器’(WMD)などに転用されないように取引を審査する*キャッチオール規制’が二本柱となっている. 審査は企業が自主的に行うことが基本であるが, 輸出管理の担当官庁である経済産業省は, 企業に*コンプライアンス・プログラム’を作成し, これを同省に届け出ることを推奨している. しかし, 届け出を行っているのは大企業が中心であり, 中小企業の登録は限定的であり, また大学における輸出管理の浸透度の遅さとともに, 日本の輸出管理が抱える課題となっている. また, 日本の最大の貿易相手である中国では民生技術と軍事技術を隔てる壁が低く, 輸出された製品や技術が軍事転用される潜在性は高い. このため, 中国向けの輸出管理をどのようにして効率的かつ効果的なものにするかも課題となっている.　［村山裕三］

■日本非核宣言自治体協議会　National Council of Japan Nuclear Free Local Authorities

日本非核宣言自治体協議会は非核都市宣言を行った日本の自治体有志の協議体であり, 1984年に「非核都市宣言自治体連絡協議会」の名称で広島県府中町において設立された. 1990年に現在の名称に変更された. 2015年3月1日現在, 会員自治体数は307. 会則はその目的を「非人道的*核兵器’の使用が, 人類と地球の破滅をもたらすことにかんがみ, 生命の尊厳を保ち, 人間らしく生活できる真の平和実現に寄与するため, 全国の自治体, さらには全世界のすべての自治体に核兵器廃絶, 平和宣言を呼びかけるとともに, 非核宣言を実施した自治体間の協力体制を確立することを目的とする」と述べている. 協議会はそのために非核都市宣言に関する情報・資料の収集, 調査・研究, 非核都市宣言呼びかけのための活動, 各自治体の平和事業推進などに取り組んでいる. 2000年以降, 長崎市長が協議会の会長を務め, 長崎市平和推進課に事務局をおいている. 最近の具体的な活動には, 広島の被爆アオギリ・長崎の被爆クスノキの苗木配布, 巡回原爆展・ミニミニ原爆展など原爆展の各地開催, 各自治体から小学生親子を長崎に招いて取材させる親子記者事業, 核爆発実験・*未臨界実験’・*プルトニウム’を用いた核兵器性能実験の実施情報を得たときの関係国政府への抗議文の送付などがある.　［梅林宏道］

■日本被団協　Japan Confederation of A- and H-Bomb Sufferers Organizations: Nihon Hidankyo

正式名称は日本原水爆被害者団体協議会. 47

都道府県それぞれにある*被爆者'の団体の協議会で, 被爆者の唯一の全国組織である. 1956年結成. 主たる目的は*核兵器'廃絶と*原爆被害'への国家補償要求であり, 日本政府への要請, 国連への代表派遣, *核兵器禁止条約'の締結や非核法制定の要求, 被爆者対策の充実と, *被爆者援護法'(1994年成立)を国家補償の法律に改正することの要求, 原爆被害の実相を国内外に普及する活動などを行っている. 被爆者の相談・援護のための中央相談所を設けている. 1984年に発表された「基本要求」文書は「ふたたび被爆者をつくらないために」として, 「核戦争起こすな, 核兵器なくせ」と「原爆被害者援護法の即時制定」の二大要求を掲げている. このなかで米国による原爆投下が非人道的な「国際法に違反するもの」であったとしつつ, 戦争を遂行した日本政府の責任を指摘し, 日本政府による被爆者への国家補償を求めている. 2003年から17地裁で306原告による*原爆症認定集団訴訟'を進め, 2009年に国は原告全員と和解した. 日本被団協は過去何回もノーベル平和賞候補として推薦されている.　　　　　　　　　　　　［川崎 哲］

■**ニュージーランドの非核政策**　non-nuclear policy of New Zealand

1 非核政策に至る経緯　ニュージーランドは, 豪州とともに, 第二次世界大戦後は米国と太平洋安全保障条約(ANZUS条約)を締結し, *核の傘'の下で安全保障を推進してきた. 豪州に米軍基地が置かれたのとは対称的にニュージーランドに基地は置かれず, 燃料補給のための米国艦船の寄港受け入れのみが求められた. ニュージーランドは1980年代初頭までの間, 米国艦船の無条件寄航は認めてきたが, 1984年に労働党のデビッド・ロンギ(David Lange)が首相となることで転機を迎える. 彼は核搭載および原子力推進艦船のニュージーランドへの寄航は認めないと宣言し, ANZUS同盟は維持しつつも, 同同盟の非核化を掲げたのである. 1987年には, 「ニュージーランド非核地帯, 軍縮および軍備管理に関する法律」を制定し, 豪州とも同盟関係にあった米国の核兵器搭載艦船の入港を阻止することで, 核兵器の偶発的爆発による放射能被害を回避することを国内法で定めた. これに対し米国は, *核兵器'搭載可能な駆逐艦ブキャナンの寄航許可を求めてきた. ニュージーランドは艦船の入港に際して非核証明書を提示するよう要求したものの, 米国はこれに応じなかったことからニュージーランドは同艦の寄航を拒否した. 一連の経緯から, ニュージーランドは米国からANZUS同盟における防衛上の義務を打ち切られることとなる.

2 *ラロトンガ条約'(南太平洋非核地帯条約)との関連　ニュージーランドが非核政策へと傾倒していく中でその締結が進められたのが, ラロトンガ条約である. 太平洋島嶼国はフランスの相次ぐ核実験から自国を守るための非核政策を検討していた. その推進役としてニュージーランドは豪州と並んで主導的な役割を果たしてきた. さらに1970年代から南太平洋への放射性廃棄物の投棄を計画していた日本に対する, 投棄を阻止するための対応にも迫られていた. そのような中で発足したのが, ロンギ政権であった. 同政権は, 南太平洋を非核化するための国際条約の締結に尽力した. 1960年代に中南米で締結された*トラテロルコ条約'を手本としつつ, 兵器のみならず核物質そのものによる被害の拡大の防止が必要だとの観点から第7条に投棄の防止の項目を設け, 核関連物質全般に関する防止規定を設けた点で斬新な国際条約として評価された. その一方で, 核の傘からの脱却による軍事技術などの供与中止や国防費の増加などといった, 米国に依存する安全保障体制の転換を迫られることとなった. 米国との軍事同盟解消による負の側面は日本など他の同盟国の安全保障政策にも影響を与えた. なお, ニュージーランドの非核政策の推進には国民の支持が後押ししており, 世論の影響力を測る先例ともなった.　　　　　　　　　　　　［福島崇宏］

ね

■燃料供給保証　assurance of fuel supply

1 基本的概念　核燃料供給保証は，核燃料を供給する国際的なシステムを構築することにより，ウラン*濃縮'といった*機微原子力技術'の拡散を防止するという考え方であり，*核燃料サイクル'における*多国間アプローチ'(MNA)と呼ばれる考え方のうち，フロント・エンドに関する部分を対象とするものである．原子力を導入する国に対し燃料の供給が保証される環境が整っていれば，あえて各国がウラン濃縮技術を導入する必要がなくなるという考え方に基づくものであり，核不拡散の観点では，機微原子力技術を獲得しようとするインセンティブが減少し，これにより機微技術の1つであるウラン濃縮技術の拡散が抑止できるという効果が期待できる．過去の供給保証の提案のなかには，ウラン濃縮を諦めることを供給保証の条件にするものもある．透明性の確保により，核不拡散を向上すると同時に，合理的かつ経済的に原子力エネルギーの*平和的利用'が推進できるというものである．

2 MNA　原子力発電の導入において，それに付随して必要となる核燃料サイクルのウラン濃縮技術や使用済燃料再処理技術は，一般にそこで扱われる技術が，*核兵器'の材料である濃縮ウランや*プルトニウム'の獲得に直結することから機微原子力技術とされる．そのため，同機微技術が拡散しないための対策の1つとして，核燃料サイクルの国際的共有化，すなわちMNAという考え方が提案された．近年その議論は活発化の兆しを見せているが，現在，国際的に議論されている多国間アプローチ提案のほとんどが，核燃料サイクルのフロント・エンドである燃料供給保証に焦点が置かれている．しかし，同時に重要な課題となるのが，「使用済燃料」の扱いであり，すなわち，再処理技術を含む核燃料サイクルのバックエンドである．これには，貯蔵・管理や処分の議論も含まれる．増大化する原子力国において個々の国による「使用済燃料」の蓄積は，安全上の問題のみならず，核拡散上のリスク(使用済燃料としてプルトニウムが各国に拡散するというリスク)を伴うからである．よって，燃料供給保証(フロント・エンド)と同様に，バック・エンドへの対策を国際管理のもと多国間で講じることは，基本的に核不拡散問題を解決する上で重要な手段と考えられている．フロント・エンドとバック・エンドの両者のパッケージからなる多国間管理が望ましいが，国際的な燃料の供給システム構築の議論に比べ，原子力発電の廃棄物でもある使用済燃料の管理や処理・処分という難しい問題の国際化を自ら提案する，または積極的に議論する国は多くないのが実情である．

3 過去の供給保証の提案　供給保証の考え方は，多国間管理(MNA)として幅広い枠組み提案の中で議論されているものが多いが，古くは1946年の*バルーク・プラン'(Baruch Plan)，1970年代後半に米国主導で設立され国際的な核燃料等の管理を目指した*国際核燃料サイクル評価'(INFCE)，また，1980年代初頭にIAEAに設立された供給保証委員会(Committee on Assurances of Supply, CAS)などがあるが，いずれも実現に至っていない．

IAEA前事務局長のモハメド・エルバラダイ(Mohamed ElBaradei)が2003年秋以来，国連総会や世界の主要メディアを通して原子力の多国間管理を提案(*エルバラダイ構想')したことをきっかけに，この議論が再燃した．これに応える形で，ロシア，日本，英国，ドイツ，米国，*核脅威イニシアティブ(NTI)，世界原子力協会(WNA)，6カ国(米露仏蘭英仏)，など12の提案がなされるとともに，核燃料サイクル MNA 専門家グループ(エルバラダイ氏委託)が結成され，検討結果が，INFCIRC/640 としてまとめられた．供給保証については，NTI 提案に基づく IAEA*核燃料バンク'，ロシア提案によるウラン備蓄，英国による提案が IAEA 理事会で承認されるなど，以前は実現性の乏しかった燃料サイクルの国際化が，徐々に現実のものになりつつあると見ることができる．　[久野祐輔]

の

■濃　縮　enrichment

1 ウランの同位体と濃縮とは　天然ウラン(NU)は，3 つの同位体，ウラン 234，ウラン 235 およびウラン 238 により構成される．このうち，ウラン 235 が核分裂性の同位体で，熱中性子の衝突により*核分裂' し，大量のエネルギーを放出する．一方，ウラン 238 は非核分裂性である．天然ウランは，99.28% のウラン 238，0.711% のウラン 235 で構成され，残りがウラン 234 である．天然ウランに比べて，ウラン 238 に対するウラン 235 の割合を高めるプロセスを，「ウラン濃縮」という．*軽水炉' では，通常，3～5% の濃縮ウランを燃料として使用する．一方，*核兵器' 製造の目的では，93% 以上の濃縮度が要求される．軽水炉による発電および核兵器の需要の両方にとって「濃縮」が必要となるが，用いられる技術は*平和的利用' も軍事利用も同じである．ウラン濃縮技術には，*遠心分離法'，*ガス拡散法'，ノズル法，レーザー法などが実用化されている．*国際原子力機関' (IAEA) 憲章では，20% 以上に濃縮されたものを*高濃縮ウラン'，また，20% 未満まで濃縮されたものを*低濃縮ウラン' と定義している．

2 ウラン濃縮技術をめぐる国際動向　ウラン濃縮技術は，原子力平和利用における主要技術であるとともに，*核不拡散' の観点から*再処理' などと並び極めて*機微原子力技術' として位置づけられている．過去に，核兵器国以外で，本技術を用いて，南アフリカが，核兵器の材料となる高濃縮ウラン(以下「兵器級ウラン」)の製造に成功し，パキスタンにおいては，自国で濃縮を行った兵器級ウランを用いて核実験も行われている．本技術は，輸出規制の強化や*保障措置' の強化が進められる中で，依然として拡散が懸念されている．2004 年にパキスタンの アブドゥル・カーン(Abdul Khan)博士を中心としたウラン濃縮機器のブラックマーケット(*カーン・ネットワーク')の存在も明らかとなった．2003 年末に核開発を放棄するまでリビアにおいてもこのブラックマーケットを通じて調達した技術で開発が行われたことが明らかになっており，また，イランにおいても，2002 年に反体制派に暴露されるまでの間，ブラックマーケットで調達した技術を使って IAEA には未申告で濃縮活動を実施していた．イランはその後，IAEA には申告をしているが 2014 年時点でも保障措置協定の要求に対する完全な履行の確認がなされていない状況にある．本技術の拡散を防止するために核燃料の供給を保証する制度の構築や，米国においては*2 国間原子力協力協定' において，「濃縮」，「再処理」を禁止する条項(*ゴールドスタンダード' と呼ばれている)を盛り込む国(たとえば米・UAE 協定)が出てきているなど，輸出規制の強化や新たな枠組みの提案に関する国際的な議論も活発に行われている．

3 遠心分離法　遠心分離法は，ウラン 238 とウラン 235 の原子数の差(重量差)を利用し，ガス化した 6 フッ化ウラン(UF_6)を高速回転体の中で生じる遠心力および重力を利用して同位体分離(濃縮)する手法であり，現在，軽水炉燃料の濃縮ウランはほとんどがこの遠心分離法によって濃縮されている．遠心分離機のなかの縦方向に設置された回転胴の中心近くの軸に沿った1つの点に原料の6フッ化ウランガスが供給される. 回転胴の中で, ウラン238のUF_6ガスに比べてウラン235のUF_6ガスに対しては僅かに異なった圧力がかかる. 温度の違いや, 内部摩擦を利用することによって, 回転胴内でガスの循環が引き起こされる. UF_6ガスは, 回転胴壁付近で軸に平行な方向に動き, 中央軸付近で逆の方向に動く. これら2つの流れの間で, ウラン同位体の濃縮度の勾配が確立される. 最大の濃縮度の勾配は, 回転胴の両端で生じ, そこから濃縮されたUF_6ガスと劣化されたUF_6ガスを, スクープによって取り出す. 1台の遠心分離機の処理量が小さいため, ある程度の処理量を得るために, 多数の遠心分離機を並列につなぐ必要があり, さらに, 目標とする濃縮度を達成するために, 複数の遠心機を直列につなぐ必要がある(直列に接続する数を「段」と呼ぶ). 遠心分離機を直列および並列に, 相互に結合した配列をカスケードと呼んでおり, 通常, 1つのカスケードは, 数百台または数千台の遠心分離機で構成される. ［直井洋介］

■能動的多層型戦域弾道ミサイル防衛

Active Layered Theatre Ballistic Missile Defence : ALTBMD

2005年3月, 北大西洋条約機構(NATO)の最高意思決定機関である北大西洋理事会は, 射程3,000km以内の*短距離弾道ミサイル'(SRBM)および準中距離弾道ミサイル(MRBM)の脅威から展開中の部隊を防衛するためのALTBMDと呼ばれるシステムの開発を決定した. これは, NATO加盟国が独自に保有しているミサイル防衛システムをつなぐシステム(system of systems)により, 統合運用を図るものである. 加盟国はレーダーや迎撃ミサイルなどを提供する一方, NATOはそれらをつなぐ戦闘管理・通信・指揮・統制・情報(battle management, communications, command, control and intelligence : BMC3I)システムを提供する. 2010年11月のリスボン首脳会合では, ALTBMDの防衛範囲をNATOに加盟している欧州諸国の国民, 領土および軍隊に拡大することが合意された. ALTBMDの開発は予定通り進められ, 2011年1月にはNATOの軍事機構に引き渡され, 同年11月には実際の迎撃ミサイルを使用した発射実験に成功した. 2012年5月のシカゴ首脳会合では, ALTBMDが暫定的能力を獲得したことが宣言され, ALTBMDと米国の*段階的適応型アプローチ'(PAA)を連結することも合意された. →欧州ミサイル防衛配備計画, 弾道ミサイル防衛, NATOの抑止と防衛態勢に対する見直し, 米国のミサイル防衛システム ［小倉康久］

■能力ベース・アプローチ capabilities-based approach

米国に脅威を与えうる「能力」を想定し, 敵がいかに戦うかという側面を重視し, これに対応しうる「能力」をドクトリン, 兵力構成, 調達, 技術開発などの側面から整備するものとしてジョージ・W・ブッシュ(George W. Bush)政権が打ち出したアプローチを意味する. 個別具体的な脅威を特定してこれに対処するための軍事力・態勢を整備するという「脅威ベース・アプローチ(threat-based approach)」に代わって, 米国の新しい防衛戦略を構築する概念として, 2001年9月の「4年期国防計画見直し報告」(QDR)で示された. 同政権の核態勢およびミサイル防衛政策も, 能力ベース・アプローチに基づいて構築された. ブッシュ政権は, このアプローチを採用した理由として, 同月の9・11テロに象徴されるように, 米国に対する脅威がどこから生じるかを特定あるいは予見し難い安全保障環境に直面しているとの認識を挙げた. 兵器調達との関係では, 能力ベース・アプローチの下, 2年ごとに脅威の評価を行い(ブロック・アプローチ), これに応じて研究開発, 配備, 改良などを柔軟に行っていくという「スパイラル・モデル」が導入された. *弾道ミサイル防衛'(BMD)などの兵器開発

を，歯止めとなりうる脅威評価から解放するものでもあったといえる．［戸﨑洋史］

は

■バイオ技術　biotechnology

生物学と技術を組み合わせた用語で，生物，あるいは生物の構成成分の機能を利用し，人間の生活や環境保全に役立たせる技術である．先端的なバイオ技術には，遺伝子解析の急速な発展に伴い，バイオ技術とコンピュータ・シミュレーションによる遺伝子解析を組み合わせて生命体を構築する*合成生物学’がある．また，ヒトゲノムの解析技術（ゲノミクス〔genomics〕），有機体の無数のタンパク質の構造や機能を分析するプロテオミクス（proteomics）など，「オミクス（-omics）」と名のつく新興学問領域も急速に発展している．それらは，バイオ技術の発展を利用して，農業や医薬品関連部門における産業新興にも結びついており，科学技術先進国だけでなく，アジア，中南米，中東などの新興経済圏にも拡大している．バイオ技術の発展に伴い，医薬品や治療の分野に飛躍的な改善をもたらす半面，これらの技術が悪用または誤用される可能性があり，デュアル・ユース・ジレンマを生み出している．→デュアル・ユース技術，生物剤のデュアル・ユース［田中極子］

■バイオシュアリティ　biosurety

シュアリティという用語は，もともと*化学兵器’や*核兵器’の原料になりうる物質への不正なアクセスを防止するためのプログラムで使用されていた．シュアリティ・プログラムを構成するものは，物理的安全，適切な取扱い，職員の信頼性，適切な管理の4つである．2001年の*炭疽菌郵送事件’以降，その概念が病原体の実験施設でも取り入れられ，バイオシュアリティという用語が使われるようになった．米国の国防総省（DOD）は，2001年12月よりバイオシュアリティ・プログラムの導入をはじめている．DODのプログラムは，従来のプログラムと同じく，実験施設*バイオセキュリティ’，*バイオセーフティ’，職員の信頼性，適切な管理の4つで構成されていた．しかし，その後，米国の国立衛生研究所（NIH）などの軍事部門以外の研究機関がはじめたバイオシュアリティ・プログラムでは，職員の信頼性に焦点が当てられた．米国では，もともと法律によって，危険性の高い病原体を扱う職員のバックグラウンド調査（犯罪歴，精神衛生遍歴，滞在資格や出生国など）が義務付けられているが，NIHのプログラムでは，独自のスクリーニングに加えて，身体および精神の健康状態の定期的なチェックなどが行われている．その影響もあって，米国の科学コミュニティでは，バイオシュアリティという用語が，職員の信頼性とほぼ同じ意味で使用されている．その概念は，米国以外の国々にも広がりつつある．→生物剤のデュアル・ユース，バイオテロリズム［天野修司］

■バイオセキュリティ　biosecurity

1　脅威の本質　バイオセキュリティとは，病原体および*ライフサイエンス’技術の悪意や敵意のある使用という脅威から人間，家畜，農作物の安全を確保することである．バイオセキュリティの重要性を浮き彫りにしたものは，2001年の米国における*炭疽菌郵送事件’である．この事件によって，専門的な知識と経験があれば，個人であっても，致死性の高い病原体の兵器化が可能であるということが示される形となった．*生物兵器’の原料となる微生物や毒素は，感染宿主や土壌など自然環境のなかにも存在している．兵器化のために必要な装置や機材は，汎用性が高く，大学や企業で日常的に使用されているものが多い．ライフサイエンスの進展に伴って，技術的ハードルは下がる傾向にあるため，テロ組織が，病原体を用いて大規模な攻撃を行う能力を得ることが懸念されている．他方，通常兵器において優位性がある欧米諸国に不満を持つ国が，生物兵器の開発を秘密裏に進める可能性も否定できない．*合成生物学' という新たな研究分野の出現によって，バイオセキュリティに対する脅威は，今後，ますます高まると予想される．

2 科学コミュニティにおける予防措置　病原性の高い微生物や純度の高い毒素を扱う実験施設では，紛失，盗難，転用，および意図的な悪用を防ぐための実験施設バイオセキュリティの取組みが不可欠となる．実験施設バイオセキュリティには，病原体のリスク評価，アクセス制限，研究試料の管理など*バイオセーフティ' と共通する部分が多くある．くわえて，職員のバックグラウンド調査，情報セキュリティ，物理的セキュリティ，保安部門との連携などの措置が必要とされている．2001 年の炭疽菌郵送事件以降，多くの国で，実験施設バイオセキュリティに関連する法律，規則および基準が整備された．病原体およびライフサイエンス技術が，実験施設の内部あるいは外部の人間によって不正に使用されるリスクを低減するためには，トップダウンによる規制の強化だけではなく，科学者の意識の向上を促すボトムアップの取組みも重要と考えられている．具体的な例としては，*バイオセキュリティ行動規範' の策定や教育プログラムの導入などが挙げられる．科学コミュニティによる積極的なボトムアップの取組みが，ライフサイエンス分野における責任文化の醸成に寄与すると期待されている．

3 予防の包囲網　生物兵器の軍縮および不拡散の国際的な合意としては，*生物兵器禁止条約' や*国連安保理決議 1540'などがある．実験施設レベルから国際社会全体に至るまで重層的に予防措置を講じることで，バイオセキュリティのリスクを最小限に抑えることができると考えられている．しかし，病原体の意図的な放出を完全に防止できるという保証はないため，各国で，*バイオディフェンス' の強化が進められている．迅速に被害を低減できる体制が整備されれば，攻撃者にとって生物兵器を使用するメリットがほとんどないという状況を作り出すことができる．バイオディフェンスの強化には，そのような「*抑止' 」の意味も含まれている．重層的な予防措置と被害低減措置を合わせて，予防の包囲網(web of prevention)を形成することが，多様な行動主体がもたらす脅威を削減することにつながると考えられている．つまり，バイオセキュリティとは，広い意味で，予防の包囲網の形成とほぼ同義である．予防の包囲網の形成には，*生物学的脅威' 全体を対象とする取組みも多く含まれているため，バイオセキュリティという言葉自体にも，自然発生的あるいは偶発的なバイオハザードからの安全の確保という意味が含まれることがある．→バイオテロリズム，オールハザード・アプローチ，生物剤のデュアル・ユース，バイオシュアリティ　　［天野修司］

■**バイオセキュリティ行動規範**　A Code of Conduct for Biosecurity

1 国際的な検討経緯　*バイオセキュリティ' は，病原体・毒素の破壊的利用への予防・対応措置であるが，その強化には生命科学者による責任ある研究文化の醸成が不可欠であるという理解に基づき，近年バイオキュリティ行動規範の重要性が国際的に議論されてきた．2006 年 12 月，各国の国立科学アカデミーのネットワークであるインターアカデミーパネル(IAP)は，「バイオセキュリティについての IAP 声明」を発表し，日本学術会議(SCJ)を含む 68 カ国の科学アカデミーが署名を行っている．本声明は，科学者コミュニティが独自の行動規範を策定するための基本原則を，*生物兵器禁止条約' (BWC)の理念に基づいて示している．ここでは科学者の責任として，生命科学研究に内在する社会的なリスクの認識，病原体・毒素の安全な管理，バイオセキュリティに関する国内措置・国際法の理解，またそれらに関する意識啓発・教育の実施，ならびに科学研究の監視責任が示されている．BWC

は

においては，2005年に科学者の行動規範に関する諸会合を実施し，2008年にはさらに議論を拡大し，「監視，教育，意識啓発及び行動規範の採択若しくは開発」，そして，2012から2015年までの年次会合である会期間活動（ISP）では，その常設課題の1つとして行動規範が検討されている．

2 各国における取り組み　米国においては政府のバイオセキュリティ政策に関する助言を目的に2004年に設置されたバイオセキュリティ国家科学諮問委員会（NSABB）が，米国における教育機関や実験施設によるバイオセキュリティ行動規範の策定，および科学者の意識啓発を補佐するツールとして*A Code of Conduct Tool Kit*（2012）を公表している．全米科学アカデミー（NAS）も責任ある科学研究の推進に向けて，*On Being a Scientist* という研究倫理ガイドの第3版を2009年に公表している．欧州では2007年，オランダ王立芸術科学アカデミー（KNAW）が生命科学者のためのバイオセキュリティ行動規範を策定した．本行動規範は，デュアル・ユース問題に関する原則的な責任を示しており，その詳細に関しては，各研究機関が独自の目的に沿って内容を変更できるよう設計されている．本行動規範の日本語訳も公表されている（『バイオセキュリティ行動規範』〔2010〕）．また，2013年1月，日本学術会議は，2006年度に策定された科学者の行動規範を一部改定し，科学の不正利用への対応が科学者の社会的責任の一部であると明記し，日本学術会議によるBWCとの連携強化を提言した．→生物剤のデュアル・ユース，生物兵器禁止条約再検討会議の会期間活動　［峯畑昌道］

■バイオセーフティ　biosafety

1 バイオセーフティの概要　バイオセーフティとは，実験施設の関係者や周辺の環境が，微生物や毒素に偶発的に暴露されることを防ぐための原則および実践である．国際的に高い評価を得ているバイオセーフティのガイドラインは，世界保健機関（WHO）の『実験室バイオセーフティ指針（第3版）』（2004）と米国の『微生物学および生物医学実験室におけるバイオセーフティ（第5版）』（2009）である．先進国では，長年，実験施設における偶発的な暴露のリスクを最小限に抑えるための取組みが行われてきた．他方，アジア，中東，アフリカなどの発展途上の地域にある実験施設では，科学者が安全に病原体を扱える環境がいまだ整備されていないところが多くある．バイオセーフティの重要性を浮き彫りにしたものは，2003年から2004年にかけてシンガポール，台湾，中国で起きた実験施設内での重症急性呼吸器症候群（SARS）*ウイルス’の感染事故である．中国の事例では，感染した学生の両親，看護師やその家族にまで感染が広がり，北京と安徽省で，合計8名が感染し，1名が死亡した．幸いにも，感染拡大の規模は小さかったが，実験施設内での事故が，*バイオテロリズム’や自然発生的な感染症のアウトブレイクにも匹敵する脅威であることが示される結果となった．

2 バイオセーフティレベル　バイオセーフティは，病原体のリスクや実験の手順などに応じて，4つのレベルに分類される．WHOのガイドラインによると，バイオセーフティレベル（BSL）1の実験では，人や動物に疾患を引き起こす可能性のない生物剤を扱うので，特別な安全機器の使用は必要とされていない．BSL2では，病原性のある生物剤が実験の対象となるので，安全キャビネットの使用や保護衣の着用が望ましいとされている．BSL3では，空気感染の可能性のある病原性の高い生物剤が扱われる．ゆえに，気流の流れをコントロールする仕組みや，特別な安全機器を有する「封じ込め実験施設」のなかで実験を行う必要があるとされている．BSL4で扱う生物剤は，致死性が高く容易に伝播し，しかも有効な治療法や予防法が利用できないものとされている．科学者は，クラスⅢの安全キャビネット（グローブボックス）や宇宙服型の防護服によって病原体から完全に隔離された状態で実験を行う必要がある. エボラやマールブルグなどの出血熱*ウイルス' は, これに該当する. また, 施設から出る空気や廃棄物は, 除染したのちに排出しなければならない. このような設備を有する施設は「高度封じ込め実験施設」と呼ばれている. 日本では, 国立感染症研究所と理化学研究所が, 高度封じ込め実験施設を保有しているが, 地域住民からの合意が得られていないため, どちらの施設でも BSL4 の実験は行われていない. →バイオセキュリティ, バイオシュアリティ, バイオリスク・マネジメント　[天野修司]

■バイオディフェンス　biodefense

1　バイオディフェンスの概要　バイオディフェンスとは, *生物兵器' 攻撃から市民および軍人を防護するための措置である. 具体的には, 諜報活動, 重要インフラの防護, 攻撃者の特定, 検知, サーベイランス, 診断, 医学的対処などが含まれる. 諜報活動によって, 生物兵器の開発を早期に探知できれば, 攻撃そのものを防止することができる. 攻撃が, 社会や経済に与える影響を最小限に抑えるためには, 医療, 水道, 物流, 電力, 公共交通, 行政サービスなど重要インフラの防護が不可欠となる. 微生物鑑識の技術の向上などによって, 攻撃者の特定が容易となれば, 報復攻撃や犯人逮捕につなげることが可能となる. それら以上にバイオディフェンスの中核となるものは, 検知から医学的対処に至るまでの被害低減措置である. 環境中に放出された病原体をほぼリアルタイムで発見するためには, モニタリング型の検知器の配備が必要とされている. 感染症の異常なアウトブレイクを早期に認識するためには, サーベイランスシステムの運用が有効とされている. 臨床および実験室診断によって, 原因となる病原体が特定されれば, 被害者に適切な処置を施すことができる. 事前準備によって, 攻撃のあとでも犠牲者の数を大幅に減らせるというところが, バイオディフェンスの最大の特徴である.

2　医学的対処　米国では, 天然痘*ウイルス', 出血熱ウイルス, *炭疽' 菌, 野兎病菌, ペスト菌, ボツリヌス毒素が, 生物兵器として使用される可能性がもっとも高い病原体として分類されている. なかでも, 天然痘ウイルスと炭疽菌は, 壊滅的な被害を与えうる病原体として, 国際的にも広く認知されている. 天然痘ウイルスの場合, 暴露された後3日以内にワクチンを接種すれば, 死亡率を低下させることができるので, 日本を含む多くの国で天然痘ワクチンが備蓄されている. 出血熱ウイルスには, 効果的なワクチンや治療薬がないため, 多くの先進国で医薬品の研究開発が積極的に進められている. 炭疽菌, 野兎病菌, ペスト菌, それぞれに効果のある抗菌薬は, 医薬品市場に広く流通している. ボツリヌス毒素のトキソイドや抗毒素は, 通常, 入手が困難であり, 備蓄状況は国によって異なる. 生物兵器として使用される可能性のある病原体は, 平時には, 公衆衛生上の脅威として認識されていないものが多いため, バイオディフェンスという枠組みのなかでの事前準備が必要となる. 他方, 遺伝的な改変によって, 幅広い種類の病原体が生物兵器の原料になる可能性があるため, *生物学的脅威' を包括的に捉えて, 医学研究全体の底上げや公衆衛生基盤の強化を図ることも重要になる. →炭疽菌郵送事件, バイオテロリズム, オールハザード・アプローチ, 合成生物学, リケッチア, バイオセキュリティ　[天野修司]

■バイオテロリズム　bioterrorism

1　バイオテロリズムの概要　テロリストなどの*非国家主体' が病原性の高い微生物や生物に由来する毒素を用いて, 政治的・社会的・経済的パニックを引き起こすことを指す. 使用される懸念の高い微生物には, *炭疽' 菌, 天然痘*ウイルス', ボツリヌス菌などがある. バイオテロリズムの特徴として, 生物剤や毒素の生産が比較的容易であること, 被害が広範に及ぶこと, 秘匿性が高く*検証' および捜査が困難であることなどが挙げられる. バイオテロ事案とされる例には,1984年米国オレゴン州におけるサルモネラ菌混入により751名の患者が発生した事件や,2001年9月11日の米国同時多発テロ後に発生した,米国連邦議会議員などを狙い5名が死亡した*炭疽菌郵送事件'がある.また,日本では,被害者は出ていないが,1990年代に*オウム真理教'がボツリヌス毒素や炭疽菌を散布したことが明らかになっている.このほか,家畜や農作物を狙った農業テロ(アグロテロリズム)もバイオテロリズムの1つの類型である.農業テロとして懸念される病原体には,口蹄疫ウイルス,ブタコレラウイルスや牛疫ウイルスなどがある.その一方で,生物剤を兵器化することや,運搬して散布するための技術開発は難しいことから,バイオテロリズムの蓋然性は低いとも考えられている.

2 バイオテロ対策　バイオテロ発生後の対応は,感染症流行時の対応と類似する一方で,バイオテロリズムに対抗する手段は,事後対応を中心とした感染症対策では十分ではない.バイオテロ対策には,大きく分けて事態発生前に行うリスク軽減(mitigation)および予防(prevention),事態発生時に行う防護(protection)および対応(response),事態発生後の早期回復(recover)の3段階がある.いずれの段階での活動も,事態発生後に被害を最小限にとどめることを目的としていることから,一連の活動を含めてバイオプリペアドネス(biopreparedness)と呼ばれることもある.特に,生物剤がテロリストなどの手に渡ることを防止し,発生リスクを軽減する措置として,研究所や実験室からの流出を防止する*バイオセキュリティ'の強化が求められる.また,感染症対策が,主には公衆衛生分野で行われるのに対して,バイオテロ対策は,警察や消防が初動対応者になる可能性が高いことから,警察,消防,保健所,医療機関などが連携して取り組む必要性が高まっている.→バイオセキュリティ,バイオディフェンス,生物学的脅威

[田中極子]

■バイオプレパラート　Biopreparat

ソ連が1971年の政令と,これを明確化した1973年の政令により,秘密裏に*生物兵器'を開発,生産するため構築したネットワークである.薬剤開発など表向きは民生活動を装い,国内数十カ所に関連施設を擁した.米国に亡命したケン・アリベック(Ken Alibek)の暴露で実態が相当程度明らかになった.ソ連ではトロフィム・D・ルイセンコ(Trofim Lysenko)がスターリン政権の下で学界に君臨し,反対する科学者を多数追放したため,遺伝子研究が西側諸国より著しく遅れた.科学者ユーリ・オフチンニコフ(Yuri Ovchinnikov)が,このような停滞状況を打破するため,遺伝子研究と生物兵器開発を党に働きかけたことが上記政令の背景にあったとされる.オボレンスクと呼ばれた国家応用生物学研究センターでは,*炭疽'菌,ペスト菌などの研究・生産が行われた.またモスクワ郊外ザゴルスクの研究所や,同研究所の資産を継承したシベリアの全連邦分子生物学研究所では天然痘*ウイルス'の生産が行われた.レニングラードの高純度生物剤研究所では,生物兵器のためのさまざまな病原体培養が行われたとみられる.ソ連は1975年に*生物兵器禁止条約'を批准したが,これに反し生物兵器の開発を進めていたことになる.→スベルドロフスク炭疽事件,生物兵器禁止条約の検証議定書交渉　[友次晋介]

■バイオリスク・マネジメント　biorisk management

1 バイオリスク・マネジメントの概要　バイオリスクとは,偶発的な暴露や漏えい事故などの*バイオセーフティ'上のリスクと,紛失,盗難,転用,悪用などの実験施設バイオセキュリティ上のリスクの両方を合わせたリスクである.近年,多くの研究機関で,バイオリスクを包括的に捉えてマネジメントするという体制が整備されている.そのガイドラインとして,欧州標準化委員会(CEN)の「CENワークショップ協定(CWA)15793:実験施設バイオリスク・マネジ

メント」(2008)が有名である. CWA15793には, バイオリスクを効果的に特定し, 管理するための体系的なマネジメントシステムを創出および維持するための必須事項が示されている. それらを遵守することで, バイオセーフティおよび実験施設バイオセキュリティ向上のための計画の策定(Plan), 実行(Do), 評価(Check)および改善(Action)というPDCAサイクルを組織内で継続的に循環させることができる. バイオリスクの高い実験を行うためには, 適切なマネジメントシステムの確立が必要とされている.

2 CWA15793について　CENは, 材料, 製品, サービス, 作業工程などの標準化を促進するための機関である. CENの取組みの多くは, ワークショップを通じて関係者の意見を集約するという形で進められる. そのプロセスを経て作成されるのが, CWAである. CWAには, 法的拘束力はないものの, 国際貿易の効率化やベストプラクティスの共有など遵守する側にとって利益となることが多い. CWA15793は, 2008年に初版が作成され, 2011年に改訂された. CWA 15793の作成において, 専門知識を提供した機関は, 欧州バイオセーフティ学会(EBSA)と米国バイオセーフティ学会(ABSA)である. 世界保健機関(WHO)およびリスク管理に関連する業務を行うデット・ノルスケ・ベリタスも関わっている. その他にも, 日本を含む24カ国の76名の専門家がプロジェクトに参加していた. CWA15793は, その作成過程において, 主要な国際機関や各国の専門家からのコンセンサスが得られているので, バイオリスク・マネジメントの国際標準として高い評価を受けている. バイオセーフティや実験施設バイオセキュリティに関連する法律や規制は, 国によって異なる. しかし, CWA15793の遵守によって, 各国の研究機関で, 高いレベルのマネジメントシステムの確立が自発的に進められることが期待される. それは, *生物兵器' の不拡散という意味においても飛躍的な進歩といえる. CWA15793は, 2014年9月末で期限切れとなったが, 国際標準化機構(ISO)での適用に向けて, 準備が進められている. →バイオセキュリティ, 生物学的脅威, バイオシュアリティ　[天野修司]

■バイナリー兵器　binary weapons

バイナリー兵器とは, 砲弾などに*毒性化学物質' (通常は神経剤)の原料となる比較的無害の2種類の化学物質を仕切板で隔てて別々に充填した兵器で, 発射の衝撃で仕切板が破壊されて, 砲弾などの内部でそれらの化学物質が化学反応を起こし, 毒性化学物質を合成するよう考案されたもので, 二成分型兵器ともいう. 砲弾などの内部に当初から毒性化学物質を充填する兵器をユニタリー兵器(unitary weapons)というが, バイナリー兵器にはユニタリー兵器と比較して取扱いが格段に安全という利点がある. バイナリー兵器の具体的な例としては, 唯一大量生産されたバイナリー兵器として, 米国が1987年から生産を開始したM687がある. これは, サリンの原料であるDF(メチルホスホニルジフルオリド)を一方に, 他方にイソプロピルアルコールとイソプロピルアミンの混合物を充填して, 発射後にサリンを生成する構造になっていた. *化学兵器禁止条約' では,「*化学兵器'」の定義に毒性化学物質のほか, その「*前駆物質'」を加え, また,「毒性化学物質」の定義において「原料及び製法のいかんを問わず, また, 施設内, 弾薬内その他のいかなる場所において生産されるかを問わない」としているが, それはバイナリー兵器を化学兵器の定義に取り込むためである(第2条1項, 2項).　[浅田正彦]

■パキスタンの核政策・核戦略　Pakistan's nuclear policy and nuclear strategy

1 パキスタンの核政策の歴史的概観　パキスタンは, 英領インド帝国においてイスラム教徒が多数を占めていた西側地域と東側地域の一部が1947年に分離独立して誕生した国家である. それゆえ, ヒンドゥー教徒が多数を占め, 国土の大きさだけでなく国力においても圧倒的な差を有する隣国インドに対して，パキスタンは国家安全保障上の脅威を抱いている．国境未画定地域であるカシミール地方の帰属をめぐり，独立期から2度インドと戦争を起こしたが敗北に終わり，長らく膠着状態にあった．3度目にあたる1971年の戦争では，インドがバングラディシュ分離独立運動に干渉したことで東パキスタン地域を失うとともに，1974年にはインドが*地下核実験' を実施したことを受け，アリ・ブット（Ali Bhutto）首相は「草を食べてでも*核兵器' を」というスローガンを掲げ，核開発に着手するに至った．それ以降は，増大するインドの軍事力を牽制する目的で，中国やイスラム諸国から技術的・財政的支援を受けながら水面下の核開発を継続してきた．

パキスタンの核兵器に対する姿勢は，インドとは異なり，かなり積極的で好戦的である．同国の核開発を担った高官や軍人の間では，凄まじい破壊力を有する核兵器を保有すれば国家安全保障が確保できるとして，核兵器に絶対的な信頼を置いている者が多い．1999年のカールギル紛争の際には，パキスタンが核弾頭を搭載した*弾道ミサイル' （ガウリ）を配備しようとするところまで至っていた．

2 パキスタンの核政策・核戦略の概要　パキスタンは，インドとは異なり，核ドクトリンを公表していないし，*核兵器の先行不使用' も公約していない．政府高官や軍人の発言によれば，パキスタンの核戦略は，隣国インドによるパキスタンに対するいかなる侵略の試みに対しても核兵器の先行使用が排除されず，また，大量報復となりうる．それは，インドとの通常戦力における圧倒的な非対称性から，*核抑止' を通常兵器による侵略の抑止にも求めるからである．核軍備能力を概観した場合，保有ないし開発している運搬手段は核兵器が搭載可能な高速戦闘機や*短距離弾道ミサイル' （SRBM），*中距離弾道ミサイル' （IRBM）に留まり，また，近年，核弾頭数の保有数はインドを少し上回る程度で推移している．このことに着目すれば，核抑止の主な対象はインドであろう．他方で，パキスタンの核政策は，インドとの戦略的な安定性ないしは均衡性の維持に主眼を置いている．そのため，*核兵器不拡散条約' （NPT）や*包括的核実験禁止条約' （CTBT）に署名しない理由や*軍縮会議' （CD）における*兵器用核分裂性物質生産禁止条約' （FMCT）草案の交渉開始に反対する理由として不平等性の拡大を主張している．→インドの核政策・核戦略　　［中西宏晃］

■パキスタンのミサイル戦力　Pakistan's missile capabilities

1 2000年代前半までの開発　パキスタンのミサイル戦力は，1980年代に海外から獲得したミサイルのリバース・エンジニアリングの形で開発が始まった．今日では主たる核弾頭運搬手段としての位置付けに加えて，拡大しつつあるインドとの通常戦力面，特に空軍力での格差を埋め合わせる手段としての役割も与えられており，核・通常弾頭両用のものとして拡充が進められている．パキスタンのミサイル戦力増強は，主たる脅威であるインドの核・ミサイル戦力や通常戦力の増強，さらにはミサイル防衛計画の進展などを受けて，今後も継続されるものと思われる．長射程の*弾道ミサイル' としては，北朝鮮のノドンをベースにした液体燃料式のガウリ・シリーズがあり，1998年に初実験が行われたガウリ1は射程1,200km，その改良型のガウリ2は1,800kmの射程を有する．同じく長射程のミサイルで，固体燃料式のシャヒーン・シリーズは，中国のM-11がベースであるとされており，1999年に初実験が行われたシャヒーン1は射程900km，改良型のシャヒーン2は射程2,500kmである．ガウリ，シャヒーンのいずれも，車両移動式で核弾頭の搭載が可能であり，既に運用されているものと見られる．

2 2000年代後半からの開発　2000年代後半からは，より短射程で精度の高いミサイル開発に力点が置かれているようである．特に，*戦術核兵器'としての運用が念頭にあると見られるミサイルが注目される. 2011年4月に最初の実験が行われたナズルは, 射程が60kmで核弾頭の搭載が可能で, かつ精度の高い移動式多連装ランチャーから発射する形の戦場短射程弾道ミサイルであり, 現在開発が進められている. これよりやや射程は長いものの, 既に就役済のアブダリは射程が180kmで, 同様に命中精度が高いとされているが, 核弾頭を搭載できるかは見方が分かれている. 加えて, *巡航ミサイル'の開発も進んでいる. 2005年に初実験が行われた地上発射型巡航ミサイルのバブールは, 射程750kmで核弾頭の搭載が可能, 低軌道で飛翔するためレーダー探知を回避できる. 地上発射型は就役済で, 潜水艦発射型, 空中発射型, 艦船発射型が現在開発中である. 空中発射型巡航ミサイルとしては, 2007年に初実験が行われ, すでに就役済のラードも存在しており, こちらは射程350km, 核弾頭搭載可能である.　[栗田真広]

■**パグウォッシュ会議**　Pugwash Conferences on Science and World Affairs

パグウォッシュ会議の原点は, 1955年哲学者バートランド・ラッセル(Bertrand Russell)と物理学者アルベルト・アインシュタイン(Albert Einstein)が, *核兵器'と国際紛争の廃絶を訴えた「*ラッセル・アインシュタイン宣言'」にある. この宣言がきっかけとなり, 1957年, カナダの漁村パグウォッシュ村で世界の科学者が集まって核兵器の危険性や廃絶に向けて, 科学者の社会的責任などについて議論を行った. 会議には, 米国, カナダ, 西欧, 豪州, ソ連, 東欧, 中国, 日本など世界各地から22名の科学者が参加した. 日本からは湯川秀樹, 朝永振一郎, 小川岩男の3名が参加した. その後, パグウォッシュ会議は世界に拡大し, 2013年11月のトルコ大会が60回目の世界パグウォッシュ会議であった. パグウォッシュ会議の*核軍縮'・*核不拡散'に果した役割は大きく, 1960年代の*部分的核実験禁止条約'(PTBT)や, 1970年の*核兵器不拡散条約'(NPT)の成立, 1980年代の米ソ核軍縮交渉などの局面で, 科学的根拠の提供や東西対話の促進に貢献したとされている. その貢献が評価され, 1995年にはノーベル平和賞を受賞している. 1955年のラッセル・アインシュタイン宣言に参加し, その後パグウォッシュ会議の中心的役割を果たしてきたジョセフ・ロートブラット(Joseph Rotblat)も, その功績の大きさから, パグウォッシュ会議と一緒にノーベル平和賞を受賞している. 日本でのパグウォッシュ会議の活動は, 1957年に湯川秀樹, 朝永振一郎両名が中心になって発足し, 1962年から1980年代末までは, 「*科学者京都会議'」の名の下に, 国内外での対話と発信を続けた. 日本で開催されたパグウォッシュの国際会議は, 第25回パグウォッシュシンポジウム「完全核軍縮に向けての新しい構想」(1975年京都), 第39回パグウォッシュシンポジウム「東北アジアの平和と安全保障」(1989年東京), そして1995年には第45回世界パグウォッシュ会議(広島), 2005年には第55回世界パグウォッシュ会議(広島)を開催している. 2015年には第61回世界パグウォッシュ会議が長崎で開催される予定である. これまでに, 日本からは豊田利幸, 小沼通二, 大西仁, 鈴木達治郎, 高原孝生, 栗田禎子の6名がパグウォッシュ会議評議員に選出されている. 2014年9月現在, パグウォッシュ会議会長は元国連事務次長のジャヤンタ・ダナパラ(Jayantha Dhanapala), 事務総長はイタリアの物理学者パウロ・ラムジーノ(Paolo Ramusino), 執行委員会議長は米国のスティーブン・ミラー(Steven Miller), 評議員会議長はイランのサイーデ・ラトフィアン(Saide Latfian)である.

[鈴木達治郎]

■**爆弾テロ防止条約**　International Convention for the Suppression of Terrorist Bombings　[正称] テロリストによる爆弾使用の防止に関する条約, [採択] 1997.12.15(ニューヨーク), [発効] 2001.5.23, [日本]〈署名〉

は

1998.4.17,〈批准書寄託〉2001.11.16,〈公布〉2001.11.21(平13条約10),〈発効〉2001.12.16

約20ある国際*テロリズム' 関連条約・議定書の1つで,テロリストの爆弾使用を防止するための条約である.ここで爆弾とは,いわゆる通常兵器に仕分けられる火薬類によって作られた爆発物のみならず,毒性化学剤,生物剤,毒素,放射線や放射性物質などを放出,発散させる兵器や装置も対象となっている.このような爆発物を,人を死傷させたり物的な破壊をもたらす意図で,公共の用に供される場所,国や政府の施設,公共輸送機関,インフラ施設の中で,あるいはそれらに向けて,運搬,設置,放出,爆発させる行為を条約上の犯罪としている.また,政治犯の不引き渡し原則をこの条約に適用しないことも定められている.日本は2001年に同条約に関連する7法(生物兵器禁止法,化学兵器禁止法,爆発物取締罰則,核原料物質・核燃料物質及び原子炉規制法,放射線障害防止法,火炎瓶使用等の処罰法,サリン等人身被害防止法)の一部改正をして批准した.この条約が発効したことで世界から爆弾テロが減少したわけではなく,しかも処罰しようにも世界的にみれば,現状では年間に発生するテロ事件の約7割は,実行犯(あるいは実行グループ)の特定にさえ至っていないのが現実である.　[宮坂直史]

■爆発性戦争残存物に関する議定書

Protocol on Explosive Remnants of War to the Convention on Prohibitions or Restrictions on the Use of Certain Conventional Weapons Which May Be Deemed to Be Excessively Injurious or to Have Indiscriminate Effects(Protocol V): Protocol on Explosive Remnants of War ［正称］過度に傷害を与え又は無差別に効果を及ぼすことがあると認められる通常兵器の使用の禁止又は制限に関する条約の爆発性戦争残存物に関する議定書(第5議定書),［採択］2003.11.28(ジュネーブ),［発効］2006.11.12,［日本］未署名

1 背景 爆発性戦争残存物(ERW)とは,不発弾と遺棄弾を総称したものである(第2条4項).不発弾とは,武力紛争において使用されたものの爆発には至らなかった爆発性弾薬を指し,一方,遺棄弾とは,武力紛争中に使われずに放置あるいは投棄された爆発性弾薬を指す.爆発性戦争残存物の中でも,対人*地雷' や*クラスター弾' などは,戦後に現地住民に無差別的な被害をもたらしている点が人道的に問題視されてきた.地雷は本議定書が策定される前に,すでに*対人地雷禁止条約' によって使用や生産などが全面的に禁止されている.一方で,クラスター弾は,たとえば1999年のコソボ紛争で大量に投下され,戦後も民間人の被害を続出させていたが,この議定書の策定途上では,クラスター弾の生産,開発,貯蔵,使用等の禁止にまで踏み込むことはできなかった(それは後に*クラスター弾条約' で規定される).

2 議定書の内容 全10条からなるこの議定書は,ERWの除去や,戦後の被害者を出さないような防止措置に重点が置かれている.第3条で,ERWの処理はその所在国が領土内で行う責任をもち,兵器使用国が当該領域を実効支配していないならば,紛争後に2国間でまたは相互に合意した第三者を通じて,技術的,財政的,物質的,人的な処理支援を提供するものとされた.ERWの処理には,信管の除去,信管の不活性化,解体や爆破などの方法がある.また,当該国は爆発物の使用や遺棄弾の情報を,実行可能な限り最大限,記録し,保持し,提供しなければならない(第4条).一般市民に対して事前の注意を促す義務もあり,リスク教育,マーキング,立ち入り禁止の設定,モニタリングなどを行うことが求められている(第5条).同様に人道支援活動に従事する者への保護も求められている(第6条).なお,この議定書は,1980年に採択され1983年に発効した*特定通常兵器使用禁止制限条約' (CCW)の5つある付属議定書のなかで最新のものになる.　[宮坂直史]

■**ハーグ陸戦条約**　Convention(IV)respecting the Laws and Customs of War on Land and its annex : Regulations concerning the Laws and Customs of War on Land [正称] 陸戦ノ法規慣例ニ関スル条約とその付属規則, [署名] 1907.10.18(ハーグ), [発効] 1910.1.26, [日本]〈批准書寄託〉1911.12.13,〈公布〉1912.1.13(大正元　条約 4), [発効] 1912.2.12

1 条約成立の経緯　1907 年の第 2 回ハーグ平和会議で採択された戦争法に関する条約. その内容は 1899 年の第 1 回ハーグ平和会議で採択されたハーグ陸戦条約(1900 年発効)に若干の修正が加えられたもの. 戦争の法規慣習についての条約化の取組の最初の成果は, 1874 年のブリュッセル宣言案である. 同宣言案は交渉参加国により批准されなかったが, 国際法学会により戦争の法規慣例(オックスフォード提要)の作成に生かされた上, 1899 年の第 1 回ハーグ平和会議で採択されたハーグ陸戦条約に反映された.

2 条約の内容　条約は陸戦に関して既に慣習国際法になっていると考えられていた規則を法典化したものであり, 条約本体の 9 つの条文と付属規則(ハーグ陸戦規則)の 56 の条文からなる. 条約の第 1 条では, 締約国はその陸軍に対し付属規則に適合する訓令を発しなければならないと規定している. 第 2 条は, 全交戦者が条約の締約国であるときに限り, 条約が締約国間に適用されると規定している. 第 3 条には, 条約に違反した交戦者が, 損害賠償の責めを負うことが明記されている. 第 4 条では, 条約が 1899 年の条約に代わるべきものとされているが, この条約を締結していない 1899 年条約の締約国の間では 1899 年条約が効力を有するとされている. 付属規則では, 交戦者の資格, 俘虜や傷病者の扱い, 害敵手段・攻囲・砲撃などの戦闘行為, 敵国の領土における軍の権力について包括的な規定を設けている. 同規則の第 22 条は, 交戦者は害敵手段の選択につき無制限の権利を有するものではないこと, また, 第 23 条(e)では, 不必要な苦痛を与える兵器, 投射物, その他の物質を使用することが明示的に禁止されている. これらの規定は, 1977 年の*ジュネーブ諸条約追加議定書' の規定に反映された.　[木村泰次郎]

■**白燐弾**　white phosphorus shell

白燐弾は, 空気中で白リンが燃焼する際に, 酸素と結合して五酸化二リンを生成する性質を利用して煙を発生させる発煙弾である. その際, 燐光を発生するため, 照明弾としても利用される. 白燐弾に関する議論の際によく言及される国際条約として, *特定通常兵器使用禁止制限条約' (CCW)の*焼夷兵器議定書' があるが, 同議定書の定義によれば, 焼夷兵器とは「目標に投射された物質の化学反応によって発生する火炎, 熱又はこれらの複合作用により, 物に火災を生じさせ又は人に火傷を負わせることを第一義的な目的として設計された武器又は弾薬類」であり, また「焼夷効果が付随的である弾薬類, 例えば, 照明弾, 曳光弾, 発煙弾又は信号弾」は焼夷兵器に含まれないと規定されている. したがって白燐弾は焼夷兵器ではなく, 焼夷兵器議定書の規制対象兵器ではないと整理され, 1993 年の*化学兵器禁止条約' (CWC)の規制対象にも分類されていない. ただし, 白燐弾が市街地で使用された場合の戦闘員以外への被害等については議論がある.　[竹平哲也]

■**発射機**　launcher

ミサイル(や*ロケット')を発射するための装置. 発射するミサイルや, 搭載するプラットフォームなどに応じて, さまざまな発射機がある. *弾道ミサイル' などの発射機には, 飛行データの入力, あるいは燃料の注入など, 発射準備のための機能を持つものもある. 移動式のミサイルについては, その運搬車両がそのまま発射機として用いられるものもあり, このうち輸送起立発射機(TEL)は, 輸送された場所でミサイルを起立させ, これを発射できるような装置が統合された車輌である. 発射前のミサイルを標的とする策源地攻撃は，広い意味での*弾道ミサイル防衛'（BMD）の一環となりうるが，発射前のTEL搭載ミサイルの破壊は，命中精度の高い*巡航ミサイル'を使っても困難となる．また，潜水艦を含む艦艇では，垂直に保管されたミサイルが，この状態から垂直方向に発射されるという，垂直発射装置（VSL）を採用するものもある．米露の*核軍備管理'条約では，上限を超えた*大陸間弾道ミサイル'（ICBM）および*潜水艦発射弾道ミサイル'（SLBM）の配備を防止すべく，それらの発射機に対する保有数などの制限が重視されてきた． ［戸﨑洋史］

■**バルーク・プラン** Baruch Plan

1946年に米国によって示された原子力の国際管理の構想案である．同年3月，米国では*核兵器'開発に関わる科学者との協議を踏まえ，原子力エネルギーおよび核兵器の開発・研究と*核物質'を国際的に管理するための国際機関を設置する構想がアチソン・リリエンソール報告としてまとめられた．この報告書を土台に，米国の政府代表であったバーナード・バルーク（Bernard Baruch）が6月に開かれた国連原子力委員会で原子力の国際管理構想を提案した．バルーク案では，原子力の国際的な管理に違反する国への制裁措置や，原子力に関する議題に限り国連安保理における5カ国の拒否権を無効とするなどの規定が定められた．米国は，こうした厳格な措置を条件として，自国の核開発技術を国際機関へ提供するとしていたが，実際には国際機関を通じて各国の原子力活動を管理する一方で核開発の独占を試みていたといえる．こうした米国の提案に対し，独自の核開発計画を進めていたソ連は反対する姿勢を示し，核兵器の全面的な国際管理と廃棄を定めたグロムイコ案を提出して対抗した．両案による米ソの対立の結果，国連原子力委員会での交渉は具体的な成果を上げることなく停滞した． ［榎本浩司］

■**反核運動** anti-nuclear movement

1 冷戦期の反核運動 1945年の広島・長崎への原爆投下の後1949年にソ連が原爆実験を行い米ソ核軍備競争が始まると，科学者らが先頭に立って反核運動を切り開いた．1950年のストックホルム・アピール運動，1951年の*世界平和評議会'，1955年の*ラッセル・アインシュタイン宣言'，1957年の第1回*パグウォッシュ会議'と続く流れである．この背景には，放射能の発見から原爆製造に至る過程に関わった科学者らの責任意識や，くり返される*核実験'による*放射性降下物'がもたらす環境汚染への懸念があった．日本の*原水爆禁止運動'もこの時期に端を発する．1970年代半ば以降米ソ核対立が激化すると，反核運動は欧州を中心に高まりをみせた．英国の全国組織・*核軍縮キャンペーン'（CND）は大きな影響力をもち，女性たちによる*巡航ミサイル'配備反対のグリーナムコモン運動が展開され，*非核自治体'運動が生まれた．米国では*核凍結運動'が広がり，第2回*国連軍縮特別総会'が開かれた1982年にはニューヨークで100万人規模の反核デモが行われた．これらの運動はしかし，1989年の冷戦終結とともに，世論の関心が薄れ退潮となった．

2 冷戦後の反核運動 冷戦後の反核運動は，大衆動員型から専門化した提言型へとシフトした．1990年代前半には*核兵器の威嚇・使用の合法性'を国際司法裁判所に問う世界法廷運動が取り組まれ，1996年の勧告的意見を導いた．1995年の*NPT再検討・延長会議'に集まった世界のNGOはネットワーク「*アボリション2000'」を発足させ，*核兵器禁止条約'の締結を優先事項に掲げた．この時期から提言型の*日本の反核NGO'も生まれている．1998年に*新アジェンダ連合'が誕生すると，これを支援するNGO*中堅国家構想'が登場するなど，政府とNGOのパートナーシップが形成されている．2007年以降は*核兵器廃絶国際キャンペーン'（ICAN）が広がりをみせている．反核運動と反原発運動の関係は一様ではない．1970年代以降，世界の反核運動を支えてきたのは核実験，原発事故, ウラン採掘や放射性廃棄物の問題など放射能全般への懸念である. 英国や豪州では反核運動と反原発運動が密接に結びついている場合が多いのに比べ, 日本では, 2011 年の福島原発事故までは, 反核兵器と反原発が別々に取り組まれる傾向があった. ［川崎 哲］

■潘基文国連事務総長の核軍縮５項目提案 The Five-Points Proposal by the UN Secretary-General Ban Ki-moon

1 事務総長の提案 国連事務総長潘基文(Ban Ki-moon)は, 2008 年 10 月 24 日に東西研究所主催のシンポジウムの講演において「国連と*核兵器' のない世界における安全保障」と題する講演を行い, 軍縮議題を再活性化するために以下の５項目を提案した. ①すべての*核兵器不拡散条約' (NPT)当事国, 特に核兵器国に対し, *核軍縮' に導く効果的な措置を交渉するという条約の義務を履行するよう要請する. これらの国は, 別個だが相互に強化する文書の枠組みに関する合意によりその目標を追求することができるだろう. あるいは強力な*検証' 体制に支えられた*核兵器禁止条約' の交渉も検討できるだろう. ②安全保障理事会の常任理事国は, 核軍縮プロセスにおける安全保障問題の議論を開始すべきである. ③法の支配に関して, 一方的モラトリアムは不十分であり, *包括的核実験禁止条約' (CTBT)を発効させ, *軍縮会議' (CD)が*兵器用核分裂性物質生産禁止条約' (FMCT)の交渉を開始するための新たな努力が必要である. ④説明責任と*透明性' に関して核兵器国は情報を流しているが, 核兵器国に対しそれらの資料を国連事務局に送付すること, およびその広範な配布を奨励することを要請する. ⑤他の*大量破壊兵器' (WMD)の廃棄や大量破棄兵器テロへの新たな努力など多くの補完的な措置が必要とされている.

2 核兵器禁止条約の議論 この提案の第１項, すなわち核兵器禁止条約に関する提案が広く支持されるようになり, *NPT 再検討会議(2010 年)' で議論され, その最終文書は, すべての国は核兵器のない世界の達成および維持に必要な枠組みを設置する努力が必要であることを承認すると述べた後に,「会議は核兵器禁止条約に関する交渉の検討を提案している国連事務総長の５項目提案に注目する」と規定している. 核兵器禁止条約に関しては, 国際 NGO により提案され国連文書となっているモデル核兵器禁止条約が詳細な規定を含めて提案されているし, *グローバル・ゼロ' 委員会が４段階で 2030 年までに核兵器をゼロにすることを提案している. また*平和首長会議' は, 2020 年までに核兵器廃絶を目指す「2020 ビジョン」を展開し, 非同盟諸国は, 2025 年までに３段階で核兵器を廃絶することを提案している. 最近では, 国際 NGO が当初は必ずしも核兵器国を含まなくてもいい核兵器の使用と保有を禁止する条約の交渉を始めるべきであると主張している. ［黒澤 満］

■バンコク条約 Treaty on the Southeast Asia Nuclear Weapon-Free Zone : SEANWFZ Treaty, Bangkok Treaty ［正称］東南アジア非核兵器地帯条約, ［署名］1995.12.15(バンコク), ［発効］1997.3.27.

1 条約成立の背景 *冷戦' 終結後初めて締結された*非核兵器地帯条約' であるが, 1967 年にインドネシア, シンガポール, マレーシア, タイ, フィリピンの５カ国によって東南アジア諸国連合(ASEAN)が誕生したときからの平和と協力の理念の実現の１つという性格がある. 1971 年に*東南アジア平和自由中立地帯' (ZOPFAN)宣言が発せられたが, その中において非核兵器地帯が直接に言及されている. その後の展開においても, ASEAN は ZOPFAN というより大きな構想の一部として非核兵器地帯を位置づけている. インドシナ戦争, カンボジア内戦などの冷戦下における困難が続いたが, 1983 年のバンコクにおける ASEAN 外相会議が ZOPFAN 実現に向けてワーキンググループを再結成し, 翌年のジャカルタでの外相会議はZOPFANの具体化の第1段階として東南アジア非核兵器地帯を設立することを支持した.このような経過を経て,1987年12月のASEAN首脳会議のマニラ宣言によって,地帯の早期設立に努力することが正式に謳われた.8年後,すなわち1995年のマニラ宣言記念日に,バンコクにおいて当時のASEAN加盟10カ国すべてによって非核兵器地帯条約は署名された.上記5カ国にブルネイ,カンボジア,ラオス,ミャンマー,ベトナムを加えた10カ国である.条約の発効要件により,7番目の国としてカンボジアが批准書を寄託した1997年3月27日に条約は発効した.

2 条約の内容　条約の前文には,バンコク条約が,ASEANが目標とするZOPFANというより大きな構想の一要素であることが述べられている.他の既存の非核兵器地帯条約と比較したとき,バンコク条約の大きな特徴は,非核兵器地帯の範囲に締約国の領域(領土,領海,領空)に加えて大陸棚と排他的経済水域(EEZ)をも含めていることである(第1条).締約国は,地帯の内外を問わず核兵器の製造,取得,保有,核兵器の管理の取得,核兵器の配備,輸送,実験,使用をしてはならない.締約国はまた,その領域内で他の国が核兵器を使用や使用の威嚇をしてはならないと定めている.条約の議定書は*核兵器不拡散条約'(NPT)上の5核兵器国に対して,バンコク条約締約国に対して核兵器を使用もしくは使用の威嚇をしないことを求めるとともに,地帯内において核兵器を使用もしくは使用の威嚇をしないことを求めている.議定書における後者の要求が,条約の適用範囲が締約国のEEZに及ぶことと関係して核兵器国の議定書署名を困難にしている.

3 その後の展開　条約は,締約国外務大臣で構成する東南アジア非核兵器地帯委員会を設置し,委員会の下に執行委員会を設置した.ASEANは2008年12月にASEAN憲章を発効させ,ASEANの諸活動の組織全体における位置づけを明確にしたが,その際,憲章の中に政治·安全保障コミュニティ(APSC)が設置され(他に経済コミュニティなどがある),非核兵器地帯委員会はこのAPSCの中の1機関となった.バンコク条約の整備と履行は,政治·安全保障コミュニティの優先事業の1つであるとされている.条約は発効の10年後に,履行状況を点検するために再検討会議を実施することを定めたが,2007年7月,マニラにおいてそれが開催された.再検討会議では2007~12年の5カ年行動計画を採択した.2013年6月,それにつぐ2013~17年の行動計画がバンダルスリブガワン(ブルネイ)で採択された.5核兵器国の議定書署名を促すために,締約国と5核兵器国との協議が行われていたが,2011年10月,現在に続くシリーズの協議が再開された.それ以後2年毎の国連総会において協議の継続を求める決議が全会一致で採択されている.　[梅林宏道]

■半数必中界　circular error probability: CEP

ミサイルの命中精度を表す指標の1つである.CEPの訳語は定まっておらず,円形誤差確率や半数命中半径などとも訳される.この値の直接的意味は,複数のミサイルを同一の標的に一斉発射した際の,標的を中心とした半数のミサイルの着弾地点を囲んだ円の半径である.CEPの値が小さければ着弾地点にバラツキがないこと,すなわち命中精度が高いことを表す.また,仮にCEPが50mのミサイルを半径50mの標的に向けて単発発射した場合,50%の確率で命中するであろうことを意味する.しかしCEPは,照準ミスなどの各種エラー要素をまったく考慮に入れておらず,きわめて曖昧な指標であることに留意が必要である.初期の*弾道ミサイル'はCEPが総じて大きく,精確な弾着は不可能であった.それゆえ初期の核戦略は,望む望まざるを別にして,*カウンターフォース攻撃'ではなく*カウンターバリュー攻撃'を基軸とした.ちなみに1944年運用開始のドイツ製

*短距離弾道ミサイル'(SRBM)V-2のCEPは15～20km, 1970年運用開始の米国製*大陸間弾道ミサイル'(ICBM)ミニットマン3は200m(後に120mに改良), 1985年運用開始のソ連製ICBM・SS-25は150～200m, 1999年運用開始の中国製ICBM・DF-31/31Aは100～300mほどとされている.　[田中慎吾]

ひ

■ピア・レビュー(各国の原子力安全核セキュリティ制度の)　peer review

1 定義　同分野の専門家が*検証'や評価を行うこと(ピア〔peer〕は仲間や同僚の意). 国内においても, 国際的にも, 法的拘束力は持たないものの, 同業者から良好事例や助言, 勧告などの指摘(ピア・プレッシャー)を与えることにより, 実質的に規範を設定する仕組み. その本質が自主的な改善を促すことにあるため, レビューを受けるだけでなく, その後フォローアップすることが重要. 目的は若干異なるものの, 学術雑誌における査読もピア・レビューの一種.

2 ピア・レビューの実施　原子力関係では, 安全あるいはセキュリティの分野において, 国際的あるいは国内のピア・レビュー制度が整備されている. 原子力安全条約や使用済燃料管理及び放射性廃棄物の安全に関する合同条約などでは, 締約国に対し, 国家間のピア・レビューを受けることを義務付けている. *国際原子力機関'(IAEA)による総合規制評価サービス(Integrated Regulatory Review Service : IRRS)や運転安全調査団(Operational Safety Review Team : OSART), *国際核物質防護諮問サービス'(IPPAS), あるいは世界原子力発電事業者協会(WANO)による各種レビューは, 各国や各事業者の自主的な要請に基づいて実施される. 米国においては, スリーマイル島原発事故後に国内事業者間のピア・レビューをミッションとした原子力発電運転協会(INPO)が設立され, 日本も, 福島第一原発事故後に原子力安全推進協会(JANSI)を設立し, ピア・レビューの強化を図っている.　[堀尾健太]

■ビエンチャン行動計画　Vientiane Action Plan

1 ビエンチャン行動計画とは　*クラスター弾条約'第1回締約国会議には, 40カ国の条約締約国, 47カ国の条約署名国, および34カ国の条約未加入国に加え, 多くの国際機関やNGOのメンバーが参加した. 本会議において, クラスター弾条約の実効性を確保するための方策について検討した結果採択されたのが, 66項目のビエンチャン行動計画である. この行動計画では, クラスター弾条約を着実に実施していくため, ①パートナーシップ, ②条約の普遍化, ③備蓄している*クラスター弾'の廃棄, ④クラスター弾の残存物(いわゆる不発小弾)の除去, 破壊, およびリスク軽減活動, ⑤被害者支援, ⑥国際協力・支援, ⑦実施支援について, 具体的な措置, 行動, 目標を設定している. 備蓄クラスター弾の廃棄や, クラスター弾の残存物の除去関連活動, あるいは, 各国の法制度や条約上の義務履行計画の見直しなどを, その国において条約の効力が発生してから1年以内に行うよう求めている.

2 ビエンチャン行動計画の意義　この行動計画は, クラスター弾条約において定められた法的義務を, 明確な予算的裏づけの下, 迅速に行動に移すことを各国に求めるものである. クラスター弾条約の実効性を確保するため, 多くの項目において明確な期限を定めている. クラスター弾条約の特徴の1つは, 被害者支援が明記されている点である. この行動計画においても12項目にわたって具体的な行動を求めるなど, 被害者支援を促進することを重視している. また, クラスター弾条約上の義務を履行していくにあたって，技術や資金面での各国間の協力だけでなく，国際機関や地域機構，市民社会と協働していくことの重要性が強調されている．この行動計画は，締約国にとっての，優先的にとるべき行動のリストであると同時に，実施の進捗状況をモニターするツールでもある．また，現場に迅速に効果をもたらし，現在直面する課題に取り組み，今後発生する問題に対応していこうとするものである．この行動計画に法的拘束力はない．しかし，本行動計画採択により，各国は，クラスター弾条約の迅速な実施を進めていくという強い決意を示したといえる．　［足立研幾］

■非核３原則　Three Non-Nuclear Principles

1　被爆国の国是　*核兵器' を「持たず，作らず，持ち込ませず」とした日本政府の政策．1945年の広島，長崎への原爆投下，1954年の太平洋ビキニ環礁での米水爆ブラボー実験で静岡の漁船「第五福竜丸」などが「死の灰」を浴びた*第五福竜丸事件' を踏まえ，世界唯一の被爆国の国是として国民の間に定着した．佐藤栄作首相が1967年12月の衆議院予算委員会で正式表明し，1971年11月の衆議院本会議において沖縄返還との関連で非核３原則に言及した決議が採択された．以降，歴代政権はこれを継承してきた．なお佐藤は1974年，非核３原則の提唱などで太平洋地域の平和に貢献したとして，日本人初のノーベル平和賞を受賞した．

2　*核の持ち込み' 問題　しかし，３原則のうちの「持ち込ませず」をめぐっては*冷戦' 中，国民の間で疑念が高まった．国会では野党勢力から，米軍艦船による日本の港湾，領海内への核兵器持ち込みが再三指摘され，1974年にはジーン・ラロック(Gene La Rocque)米退役海軍少将が「核兵器を積載する能力がある艦艇は，どんな艦艇でも核兵器を積載している．これら艦艇は日本なりその他の国なり，外国の港にはいるとき，核兵器をおろさない」と米連邦議会で証言した．この「ラロック証言」が日本で報じられると，国民の疑念と不信は一気に高まり，当時の世論調査によると，「日本に核兵器を持ち込ませたことはない」との政府の説明を「信じない」と答えた人は73％にも上った．1981年には，多くの日本人に馴染み深いエドウィン・ライシャワー(Edwin Reischauer)元駐日米大使が，核搭載艦船の寄港・通過は日米安全保障条約が定めた事前協議を必要とする核の持ち込み(イントロダクション)に当たらず，日米間にそうした了解があると明言した．当時の鈴木善幸政権は日本国内を大きく動揺させたこの「ライシャワー発言」を全面否定，火消しに追われた．実際，冷戦後に解禁された米公文書などによると，米軍は1953年から冷戦終結まで，核搭載した海軍艦船を半ば恒常的に横須賀や佐世保へ寄港させていた．こうした実態は，非核３原則を提唱した佐藤自身も認識していたと見られ，「非核３原則はナンセンス」「非核３原則は余計だった」と首相在任中に言及していたことが日米の公文書から明らかになっている．

3　法制化は見送り　日米間の事前協議を経ることなく，米軍核搭載艦船が日本へ寄港していた背景には*核密約' の存在がある．2009年に政権の座に就いた鳩山由紀夫政権は核密約の実態解明を進め，密約の存在を政府として初めて認めた．また米国は冷戦終結を受け，海軍艦船から戦術核兵器を撤去しており，日本への艦船による核持ち込みはすでに実際的な問題ではなくなっていた．そうした実情を踏まえ，「非核３原則を法制化すべき」との意見も台頭したが，日米密約調査を進めた民主党政権は法制化の議論を見送った．一方，核密約が解明されたことで，過去の核搭載艦船の日本寄港が事実上裏付けられたとして，非核３原則を見直し，将来の有事持ち込みを認めるべきだとの声も一部から上がった．なお密約調査後の2010年春，当時の岡田克也外相は「非核３原則を堅持するが，将来，緊急事態において３原則を守るという選択と，場合によっては例外を作ってでも国民を守るという場面が来た時に(どうするかは)時の政権が政権の命運をかけて判断する」と明言した．将来の有事持ち込みの可能性を公に認める内容で，従来の政府方針から踏み込んだ発言と言える．この発言は，冷戦後も米国の「*核の傘’」に依存する日本の安全保障政策を反映している．

［太田昌克］

■**非核自治体**　nuclear free local authorities : NFLA

1　非核自治体とは　地方自治体が，*核兵器’廃絶や，行政区域内への核兵器の貯蔵，配備，通過を認めないなど，核兵器を否定する目標を定め，それを議会の議決や首長の決定を経て宣言する行為を，非核都市宣言または非核自治体宣言といい，そうした宣言を行ったり，核兵器の通過を禁止する非核条例を定めたりした自治体のことを非核自治体と呼ぶ．日本で最初に非核自治体を宣言したのは 1958 年の愛知県半田市とされ，1970 年代までに日本に 6 の非核自治体を数えた．海外では 1980 年の英国マンチェスター市が最初だとされ，それ以降，欧州，北米，オセアニアを中心に非核自治体が広がり，日本でも 1980 年代を中心に数が増えた．日本では 1984 年，非核都市宣言自治体連絡協議会が広島県府中市で結成され，1990 年に日本非核宣言自治体協議会と改称した．会長は長崎市長，会員自治体数は 307(2015 年3月1日現在)である．同協議会によると，日本国内で非核都市宣言を行った自治体数は 1,587(2015 年3月1日現在)で，全国の自治体の 88.8% にのぼる．1985 年の時点で世界の非核自治体の数は 16 カ国 2,016(西田勝編『非核自治体運動の理論と実際』)で，正確なデータはないが現在は 4,000 以上と見られ，*平和首長会議’に加盟する 6,585 自治体(2015 年3月1日現在)の多くが非核自治体だと推定される．非核自治体で構成する組織として英国に Nuclear Free Local Authorities がある．

2　非核自治体の背景と活動　非核自治体運動が最初に盛り上がったのは 1980 年代で，東西*冷戦’を背景に欧州で英国やそのほかの北大西洋条約機構(NATO)加盟国への核兵器の配備・貯蔵・持ち込みが懸念され，住民の安全を守る立場から自治体レベルの非核政策が市民から支持された．冷戦終結後は核兵器の違法性に関する国際司法裁判所の勧告的意見が出される1996年前後の時期や，バラク・オバマ(Barack Obama)米大統領が登場する 2009 年前後の時期にも，増加している．欧州を中心に原子力平和利用の危険性を問題にする非核自治体も多い．日本非核宣言自治体協議会は平和首長会議との連携を強化し，北東アジア非核化促進，米国の*未臨界実験’および新型核性能実験への抗議などを行っている．

［水本和実］

■**非核特使**　Special Communicator for a World without Nuclear Weapons

日本政府は，核兵器の惨禍の実相を国際社会および将来の世代に継承することが人類に対するわが国の責務であるとの認識の下，また，*軍縮・不拡散教育’の促進における政府と市民社会との効果的な連携に資するなどの観点から，平成 22 年(2010 年)9月，「非核特使」制度を開始した．これは，同年8月の広島平和記念式典および長崎平和祈念式典において菅首相が発表したもの．具体的には，*外務省軍縮不拡散・科学部’長が，日本の*被爆者’などに「非核特使」の称号を付与し，各種国際会議，原爆展やイベントなどのさまざまな国際的な機会などを通じて，自らの実体験に基づく被爆証言を実施する業務を委嘱している．「非核特使」は*核軍縮’・不拡散政策に関する日本政府の立場を必ずしも代弁するものではない．平成 26 年(2014 年)8月現在，計 63 件，延べ 134 名に「非核特使」を委嘱した．政府は，平成 25 年6月，被爆者の高齢化が進む中で，被爆の実相の次世代への継承と活動の後押しを行うことを目指し，核軍縮・不拡散分野で活発に活動する若い世代の人々に対して「ユース非核特使」の称号を付与する制度を新たに開始した．これは，同年4月のハーグでの第 6 回*軍

縮・不拡散イニシアティブ'（NPDI）外相会合で，岸田文雄外相が発表したものである．［西田 充］

■**非核兵器地帯条約** nuclear weapon free zone treaties : NWFZ

1 非核兵器地帯（NWFZ）の定義 非核兵器地帯（NWFZ）の目的は，特定地域の非核兵器国が集まり，自らの発意の下，各々の領域を*核兵器'のない地帯とすることを条約本体で明らかにすることである．これを確保するため，これら諸国は核兵器またはその他の核爆発装置の研究，開発，製造，貯蔵，取得，保有，管理などを行わないこと，研究，開発などに対する他国の支援を受けないことを約束する．また，域内において核兵器国（NWS）による核の配備を禁止する．なお，NWSとは，*核兵器不拡散条約'（NPT）第9条3項において1967年1月1日前に，核兵器またはその他の核爆発装置を製造し，爆発させた国を指す．NWFZをさらに実効あらしめるために，条約の付属議定書において，「核兵器を保有しない国に対して核兵器の使用又は使用の威嚇を行わない」こと，すなわち*消極的安全保証'を提供する．NWFZはNPTに根拠を持つ．NPT第7条は「この条約のいかなる規定も，国の集団がそれらの国の領域に，全く核兵器が存在しないことを確保するため地域的条約を締結する権利に対し，影響を及ぼすものではない」として地域的な核軍縮措置，たとえばNWFZを肯定している．これは見方をかえれば，NNWSが進める核軍縮措置として評価されよう．

2 現存するNWFZ 現在世界で5つのNWFZが存在する．まず，ラテンアメリカ及びカリブ地域核兵器禁止条約である（*トラテロルコ条約'）．*キューバ危機'を契機に条約作成機運が高まり，1968年4月22日に発効した．世界で初のMWFZであり，条約運用には*ラテンアメリカ核兵器禁止機関'（OPANAL）が当たり，*検証'には*国際原子力機関'（IAEA）を活用する．地帯内に領域を有する国々に非核の地位を求めている（付属議定書1）．次に，南太平洋非核地帯条約（*ラロトンガ条約'）は，1986年12月11日に発効している．域内におけるフランスの核実験の継続から条約交渉の機運が高まった．禁止対象に放射性廃棄物の投棄も含まれ，「非核地帯条約」と呼ばれる．東南アジア非核兵器地帯条約（*バンコク条約'）は，1972年の*東南アジア平和自由中立地帯'構想を発端に交渉が進められ，1997年3月27日に発効した．アフリカ非核兵器地帯条約（*ペリンダバ条約'，2009年7月15日発効）は，核を保有していた南アフリカによる核兵器の廃棄とNPT加入が契機となって成立した．中央アジア非核兵器地帯条約（*セミパラチンスク条約'，2009年3月21日発効）は，中央アジア5カ国対象に，ソ連時の核活動からほうはいとして湧き上がった核廃絶の意図を条約にしたもので，条約作成に国連が直接関与している．また，非核兵器地帯ではないが，モンゴルは単独で非核兵器地帯を宣言し，認められている．［石栗 勉］

■**非国家主体** non-state actor

国際関係を構成する主体の中で，国家（政府など国家意志を代行する主体），国際機構（国際機関）以外のもので，特定の分野や問題において国際的に何らかの影響を与えている組織や個人を非国家主体と総称している．他方，法的には，特定の活動を行うにあたり，いかなる国の法律の下でも行動していない個人，団体と定義されることもある．非国家主体の代表的なものは，国際支援活動に取り組むNGO，多国籍企業，宗教団体，政治・経済・社会・環境問題などにかかわる運動・キャンペーン，調査研究・情報提供を主とする機関，武力紛争の仲介に乗り出したり，莫大な寄付金を拠出したりするような傑出した影響力をもつ個人などである．武力紛争や違法な武器流通との関係でいえば，反政府武装勢力，テロ集団，武器商人，越境犯罪組織，海賊など多数の非国家主体が問題となる．軍縮の分野では，*パグウォッシュ会議'，*核兵器廃絶国際キャンペーン'，*世界核セキュリティ協会'（WINS），*小型武器国際行動ネットワーク', *地雷禁止国際キャンペーン' (ICBL), 国際バイオセーフティ学会連盟など政策推進, 世論啓発型のものが多数ある. [宮坂直史]

■非殺傷兵器　non-lethal weapon

1 定義　非殺傷兵器は, 相手を無力化することを目的とした兵器であり, 殺傷を目的としない. 化学剤を使用する兵器では, 五感1つを麻痺させる催涙ガス, 催涙スプレー, スタングレネード(閃光発音筒), 嘔吐剤(くしゃみ剤), 麻酔銃, 発煙弾などが存在する. これに加え, 殺傷を目的としないまま物理的な影響を加える, スタンガン, ゴム弾, 音響兵器, そして接近阻止を目的とした, 刺又, 放水砲, 機動阻止システムなども存在する. 米軍は, ミリ波の電磁波を対象物(人間)に直接放射して, 火傷を負った感覚を与えるアクティブ・ディフェンス・システムを開発している. 非殺傷兵器は, 主に警察などの国内治安組織がデモや暴動の鎮圧を目的に使用するものである. 戦闘目的に化学剤を使用する兵器は*化学兵器禁止条約' (CWC)で禁止されているが, 暴動の鎮圧を含む法執行を目的とする*暴動鎮圧剤' の使用は禁止されていない. 人体の無力化を目的とした非殺傷兵器に加え, 電波障害や*サイバー攻撃' を行い, 相手側の社会システムを無力化させる手段も開発されている. ただし, 原子力発電所など, 社会的に重要で, なおかつ攻撃を受けた場合に回復が困難な損害が生じる社会インフラへの攻撃は, 第1次的には殺傷を目的としないが, 結果的には人体に重大な影響を及ぼすと指摘される.

2 非殺傷兵器の軍縮　化学剤を使用する非殺傷兵器を, 警察が法執行目的で使用することが認められており, そこでの使用規制は法執行機関の人道性の基準が重要になる. また, デモや暴動の鎮圧を目的とした他の非殺傷兵器の使用も, 致死性が伴わない限り広範に認められており, 究極的には使用する法執行機関側の判断が問われる問題である. また, スタンガンなどは一般的に護身用に使用されており, 使用者に用途規制を課すことは困難である. ただし, これら兵器の使用に際し, 法執行機関が人道性を重視したとしても, 至近距離での使用, 非殺傷兵器使用に関連する事故, 化学剤を使用する非殺傷兵器であれば使用状況の如何により, 殺傷に至る事例が数多く報告されている. *特定通常兵器使用禁止制限条約' (CCW)の第4議定書では失明をもたらすレーザー兵器の使用禁止と予防措置の実施等が規定されている. 非殺傷兵器であっても, 生体的に回復不可能な障害をもたらす兵器を規制する実例となっている. [佐藤丙午]

■非戦略核兵器　non-strategic nuclear weapon

非戦略核兵器に関する定まった定義はないが, *戦術核戦力', 戦域核戦力(theatre nuclear forces), 準戦略核戦力(sub-strategic nuclear forces), 戦場核兵器(battlefield nuclear weapons)などの名称で呼ばれる場合が多い. たとえば, 米国が2010年に出した*核態勢見直し報告' (NPR報告)では,「非戦略核または戦術核(non-strategic [or "tactical"] nuclear weapons)」と表記される一方, 北大西洋条約機構(NATO)では準戦略核との用語が使用され, 英国では非戦略核兵器は準戦略核および戦術核に分類されていた. 国により定義は異なるが, 飛距離, 爆発威力, 運搬手段, 使用目的などから戦略核兵器とは区別され, *中距離核戦力条約' (INF条約)を除けば, これまで*軍備管理'・*軍縮' 条約の対象となっていない. 戦略核兵器が*大陸間弾道ミサイル' (ICBM), *潜水艦発射弾道ミサイル' (SLBM), *重爆撃機' などに搭載され, 敵本土の都市・軍事施設を狙い戦争遂行能力の破壊を目的としている一方, 非戦略核兵器は, 個々の戦域・戦場で戦闘の局面を優位に導くための兵器である. 種類も核地雷, 核砲弾, 水中核爆雷, 重力落下核爆弾, *巡航ミサイル' 搭載型核爆弾などがあり, 出力は0.1ktから1MT程度と幅広いが, 一般的に戦略核兵器に比べ小さい. 冷戦時代, 東側陣営の通常戦力に対する劣勢を補うために, 米国は欧州およびアジア・太平洋地域に非戦略核兵器を多数配備していたが, 1991年以降, 米ソ(露)は, *大統領の核兵器削減イニシアティブ'(PNI)により相次いで同地域に配備していた非戦略核兵器の大半を自主的に撤去した. ［須江秀司］

■**備蓄弾頭維持管理計画**　Stockpile Stewardship and Management Plan : SSMP

1　背景と目的　*核兵器' の弾頭は老朽化が避けられないため, 核兵器を保有し続ける国は核弾頭の安全性(偶発事故のリスク低減)と信頼性(計画された破壊効果)の維持という課題を抱える. 冷戦中, 米国はソ連と激しい核軍拡競争を続けるなかで*核実験' を頻繁に行った. *部分的核実験禁止条約' (PTBT)の成立(1963年)後は, 核実験は地下に限定されたが, 地表および地下で行われた核実験の総数は1,000回を超えた. 冷戦後, 1992年の核実験を最後に, 米国は核実験を自発的に停止(モラトリアム)し, 1996年には*包括的核実験禁止条約' (CTBT)が国連総会で採択された. 米露*核軍縮' により米国の核兵器が削減されていくなか, ビル・クリントン(Bill Clinton)政権は備蓄弾頭維持計画(SSP)に着手し, コンピュータ・シミュレーションなどの利用により, 地下核実験なしの核弾頭の寿命延長に取り組んだ. バラク・オバマ(Barack Obama)政権の「*核態勢見直し報告' (NPR報告)」(2010年)では, 政策課題の1つとして米国の核兵器の安全性と信頼性の維持が掲げられ, 米露核軍縮を通じた核削減を進めつつ, 核の役割を軽減していくことが明らかにされた. 米*国家核安全保障局' (NNSA)が取り組む備蓄弾頭維持管理計画(SSMP)では, 地下核実験なしの核弾頭の寿命延長と安全性・信頼性に必要な新技術開発や人材確保に向けて, 科学技術・工学基盤や開発施設・研究所などの核兵器関連組織の強化が盛り込まれた. 新たな核弾頭は開発されないが, 計画実行にさらなる資源投入が必要であると説明されている. *新戦略兵器削減条約' (新START条約)で進められる米国の核兵器削減においてはSSMPの実施が前提とされた.

2　問題点　SSMPに対する評価は分かれている. SSMPは核戦力の温存と核軍縮の遅延につながり, オバマ大統領の「核兵器のない世界」というビジョンに矛盾するという批判がある一方, 核実験に頼らぬSSMPによって核兵器の安全性・信頼性を本当に確認できるのかと疑問視する見解もある. 米国の拡大核抑止に依存する同盟国においては, *抑止' の信憑性の観点からSSMPを肯定的に捉える見方がある一方, 核兵器の大幅削減・廃絶を望む人々はSSMPに批判的である. 米国以外の核兵器国(露, 英, 仏, 中)にとっても, 自国の核兵器の安全性・信頼性の維持は共通の課題であるが, 核削減・核廃絶に積極的に取り組まずに核戦力の近代化を続ける国もある. *核兵器不拡散条約' (NPT)第6条の核兵器国の義務(全面的かつ完全な軍縮条約について誠実に交渉を行う)が果たされているとはいいがたい. →米国の核政策・核戦略

［岩田修一郎］

■**非同盟諸国の核軍縮政策**　nuclear disarmament policy of the non-aligned countries

*核兵器の威嚇・使用の合法性' に関する1996年の国際司法裁判所(ICJ)の勧告的意見を生み出すことになった1994年国連総会決議(A/RES/49/75 K)は, 非同盟運動(non-aligned movement : NAM)諸国の決定的な働きによって成立した. これに象徴されるように, 非同盟諸国は冷戦後の*核軍縮' を推進する中心的な国家グループの1つである. 国連総会, *軍縮会議' (CD), *核兵器不拡散条約' (NPT)関係会議などの多国間会議において, 参加するNAM諸国がそれぞれの国家グループを形成して意思統一を図っている. 1996年8月には, CDに参加する非同盟諸国28カ国が包括的な*核兵器' 撤廃の行動計画を発表した. それは, 第1段階:核の脅

威の削減, 第2段階:核保有量の削減と信頼の増進, 第3段階:核兵器のない世界の定着, という3段階を経て2020年までに核兵器全廃を目指すものである. 1996年, NAMはICJ勧告的意見をフォローアップする国連総会決議(A/RES/51/45M)を提出し, *核兵器禁止条約' に導かれる交渉を翌年中に開始することを求めた. 同様の決議は, その後毎年の国連総会で採択されており, マレーシア決議と呼ばれている. 現在, NAMは, 法的拘束力のある*消極的安全保証', 核兵器の近代化や寿命延長計画への反対, CDを通じての包括的な核兵器禁止条約の交渉, 原子力の*平和的利用' に関する*奪い得ない権利', などを主張の中心に据えている. また, 2013年に初めて*国連総会核軍縮ハイレベル会合' を実現し, 9月26日を核兵器廃絶国際デーとすることに貢献した.　[梅林宏道]

■**被爆者** *Hibakusha*, atomic-bomb survivors

1 原爆被害者　被爆者とは, 1945年8月に広島と長崎に投下された*原子爆弾' の被害者の生存者をさす. *被爆者援護法' (1994年)が定める被爆者とは, ①直接被爆(広島・長崎市内および周辺で直接被爆した人), ②入市被爆(原爆投下から2週間以内に爆心地から2km以内に立ち入った人), ③救護被爆(被災者の救護や死体処理などにあたった人), ④胎内被曝(上記①~③の被爆者の胎児であった人)の4種類のいずれかで被爆者健康手帳を保持している人をさす. 被爆者の数は2013年末現在で約19万5,000人(ピークは1980年の37万人). 同時期の平均年齢は78.9歳. 高齢化に伴い年間で5,000人から1万人近く減少している. 被爆者健康手帳所持者は, 無料で診察, 治療, 投薬, 入院などを受けられる. それとはべつに原爆被爆に起因する健康障害(固形がん, 白血病, 甲状腺障害など)は原爆症とされ特別手当が支給されるが, その認定基準が厳しすぎるとして*原爆症認定集団訴訟' が提起されている. また原爆投下直後に放射能を帯びた「黒い雨」が広範囲に降ったが, 降雨地域で援護対象に指定された地域が限定されているとして, 広島市は指定地域拡大を国に求めている.

2 被爆の実相を伝える　被爆者らは*原爆被害' の実相を若い世代や世界に伝え核兵器廃絶を求める活動を推進してきた. 国内では修学旅行生への被爆証言活動や原爆資料館のガイド, 国際的には国連総会や*NPT再検討会議' などへの代表派遣, *海外での原爆展' や証言会などである. 広島市では広島平和文化センター, 長崎市では長崎平和推進協会がこれら継承活動を促進しているほか, *日本被団協' を中心とする全国の被爆者団体が活動を展開している. 1982年の第2回*国連軍縮特別総会' に参加した日本被団協代表委員の山口仙二は, 自らのケロイドの写真を掲げ「ノーモア・ヒバクシャ」と核の非人道性を訴えた. こうした活動を通じてヒバクシャ(Hibakusha)の語は国際共通語となった. 日本政府は2010年に「*非核特使' 」制度を開始し, 国際社会に対し核兵器使用の惨禍を伝える被爆者らを政府の特使に委嘱している(2013年1月現在で計88人が委嘱). 2013年にはユース非核特使制度が開始されている. 日本政府はまた, 被爆証言の映像や体験記を外務省ホームページで公開するなど, 被爆証言の多言語化の取り組みを*軍縮・不拡散教育' の一環として進めている.

3 グローバル・ヒバクシャ　元来「被ばく者」とは, 放射線に「被曝」するという意味では, 広島・長崎の原爆に限らず, 広く放射線の影響を受ける人々をさす言葉である. 被爆者あるいはHibakushaという言葉は, 上記のように広島・長崎の被害者をさす言葉として定着してきた. これに対し, 広島・長崎以外の核被害者も含める意味で「ヒバクシャ」という言葉が使われることがある. *核実験' の被害者や従事した兵士, 核施設の風下住民, ウラン採掘鉱の作業者や周辺の先住民に加え, 原発事故の被害者を含めて使われる場合もある.世界に広がる核の被害者という意味で「グローバル・ヒバクシャ」とも呼ばれる.共通する問題として,健康被害や環境汚染のみならず,完全な情報が被害者に提供されないこと,被害の認定や補償基準が厳しいこと,核被害と社会的な差別や格差が重なっていることなどがある.フランスの核実験の場合,アルジェリアやポリネシアで1960年代から90年代に行われた核実験の被害調査は2000年代に入ってようやく始められ,政府による補償法が公布されたのは2010年であった.実態解明と対策は今後の課題である.　［川崎 哲］

■被爆者援護法 Law concerning Relief to Atomic Survivors

1 国の「責任」で実施　「*原子爆弾'*被爆者'の医療等に関する法律」(1957年施行)と「原子爆弾被爆者に対する特別措置に関する法律」(1968年施行)を一本化し,1995年より施行されている「原子爆弾被爆者に対する援護に関する法律」.原爆投下の結果として生じた放射能による健康被害が他の戦争被害とは異なる特殊の被害であることを考慮し,被爆者に対する保健,医療および福祉にわたる総合的な援護対策を講じるよう規定している.健康管理手当などの手当支給をめぐる所得制限を撤廃し,それまで予算措置として行われてきた相談事業(健康相談,生活相談など)や養護事業(原爆養護ホームなどへの入所事業),居宅生活支援事業を法定化した.原爆死没者の犠牲を銘記し恒久平和を祈念するため,原爆投下の惨劇への理解を深め,被爆体験の継承を図る平和記念事業の実施も盛り込まれた.なお法案作成過程では,国策の誤りが招来した先の大戦への反省と*核兵器'使用が2度と繰り返されてはならないとの精神から,被爆者団体が「国家補償」に基づく援護措置実施を求め,運動を展開した.しかし政府はこれを認めず,「国の責任において」援護対策を講じていく方針を前文に明記するにとどまった.

2 集団訴訟と新基準　原爆の放射線が原因で病気を患い,治療が必要と認められると,国は医療特別手当として月額約13万5千円(2014年現在)を支給しているが,申請を却下された被爆者が2003年以降,日本原水爆被害者団体協議会(*日本被団協')の呼び掛けで全国の地裁に却下処分の取り消しを求める集団訴訟を起こした.国は敗訴が続いたため,2008年に,爆心地から約3.5km以内で被爆するなど一定の条件を満たせば,がんや白血病,放射線白内障など特定疾病を積極的に認定する審査基準を導入,2013年末にも新たな見直しを行った.こうした審査基準導入後も処分取り消し請求訴訟で原爆症と認める判決が相次ぐなど,司法と行政の基準の隔たりが依然解消されていない.→被爆の実相普及/被爆体験の継承　［太田昌克］

■被爆の実相普及/被爆体験の継承 conveyance of the reality of the atomic-bombing experience

1 被爆の実相/被爆体験とは　通常兵器と異なる*核兵器'の危険性や非人道性を考える上で,最も重要な拠り所とされるのが,被爆の実相/被爆体験であり,実際の戦争において核兵器の使用によりもたらされた被害の全体像をさす.人類史上,広島と長崎における原爆投下に伴う被爆の事例のみが存在する.被害の対象は個人だけでなく地域コミュニティなどの集団,また人間だけでなく動植物や自然環境も含まれる.放射線による被害など,科学的にまだ未解明の部分も含まれており,物理学や医学,社会学,心理学,歴史学をはじめとするさまざまな専門分野からの検証が必要とされる.被害の全体像解明のための分析の対象は,個々の*被爆者'の体験にとどまらず,原爆開発から原爆投下にいたるプロセス,原爆による被害の物理的側面,人体への医学的影響,放射線が人間や環境に与える影響,被爆者の心理的影響,地域社会が受けた破壊とそこからの復興・再生,さらには文学や音楽,芸術などに表現された被爆体験なども含まれ得る.

2 ますます重視される被爆の実相普及／被爆体験の継承　被爆地で被爆の実相解明の重要性が叫ばれ始めたのは，*原水爆禁止運動' が分裂した1960年代はじめである．まだ未解明だった*原爆被害' の実態を明らかにしようと，市民団体や研究者，メディア関係者らにより，原爆被災白書作成や爆心地復元，被爆ドキュメンタリー映画作成などの活動が広がった．研究者らによる原爆被害の物理的・医学的解明も進んだ．だが，被爆後70年以上が経過した現在，全国に生存する被爆者の数は20万人を切り，平均年齢も79.44歳(2014年3月)と高齢化し，広島・長崎では被爆体験の継承の危機が叫ばれている．広島市は2012年度から「被爆体験伝承者養成事業」により，自らの被爆体験を語る「証言者」と，証言者の体験を学んで伝える「伝承者」の育成を開始した．個人の被爆体験を伝える手段は，被爆証言活動や証言ビデオ，手記・体験記などがある．だが，被爆実相の普及／被爆体験の継承とは，原爆投下の被害の全体像を内外に知らせ，次世代に継承する活動である．広島平和記念資料館や長崎原爆資料館をはじめとする資料館での展示の充実，国内や海外での原爆展の開催，各専門分野の研究者による地道な研究，その成果の社会や学校教育での活用など，重層的な活動が必要だ．被爆者だけでなく行政，市民，研究者，メディアなどが一体となった取組みが求められている．→海外での被爆展，原水協(原水爆禁止日本協議会)，原水禁(原水爆禁止日本国民会議)，在外被爆者　［水本和実］

■P5+1　P5 plus one

1 P5+1の成り立ち　P5+1とは，*イランの核開発問題' について，イランと協議するために2006年に結成された6カ国の枠組みのことで，国連安全保障理事会(安保理)常任理事国5カ国(米国，英国，中国，ロシア，フランス)にドイツを加えた枠組みを指す．枠組み形成の経緯から，しばしばP5+1の代わりにE3/EU+3と表現される．イランの核開発問題をめぐっては，イランの*保障措置' 未申告活動の発覚に続くイランに*追加議定書' の署名，ウラン*濃縮' 関連・*再処理' 活動の停止を求める2003年9月の*国際原子力機関' (IAEA)理事会決議の採択を受け，外交的解決を目指し，当初は，英国，フランス，ドイツ(英仏独)の3カ国(EU3)の枠組みができ，この枠組みの下で，イランのウラン濃縮活動の一時的停止を約束するテヘラン合意，停止対象をイランのすべてのウラン濃縮関連活動及び*プルトニウム' 分離関連活動に拡大したパリ合意が結ばれた．しかし，その後のイランのウラン濃縮を含む活動の再開を受け，2006年3月，IAEAはイランの*核兵器不拡散条約' (NPT)保障措置の履行状況について安保理に伝達し，事態の悪化を懸念した米国はEU3と共に交渉のテーブルにつく用意がある旨を明らかにし，米国の他にロシア，中国がEU3に加わり，P5+1の枠組みが構築されるに至った．

2 交渉の経緯　その後の交渉においては，P5+1側からは，ウラン濃縮活動の停止をイランに求める一方で，ウラン濃縮停止の代償としてのイランへの経済協力などの見返り措置が提案され，イランが提案に応じない場合においては安保理による制裁決議の発動が繰りかえされた．これまで4つの安保理制裁決議(*国連安保理決議1737' (2006年12月)，1747(2007年3月)，1803(2008年3月)，1835(2008年9月)，1929(2010年6月))が採択されている．2013年11月には，イランのウラン濃縮活動の停止やP5+1側の制裁の緩和措置などを含むその後の6カ月の間に実施する第1段階の要素および1年以内に履行を開始する包括的解決の最終段階の要素を含む共同行動計画が合意された．最終段階の要素としては，ニーズに整合したウラン濃縮活動やイランに対する制裁措置の包括的解除を含んでおり，1年以内に履行を開始することとしている．この共同行動計画は2014年1月20日に第1段階の措置の履行が開始し7月20日までの6カ月の内に最終段階の要素について合意を目指すこととしていたが，イランのウラン濃縮に関する双方の主張の相違から合意に至らず，2014 年 11 月 24 日までの 4 カ月交渉期限が延期され，さらに 2015 年7月1日まで期限が延長された．［濱田和子］

■ヒューマン・ライツ・ウォッチ　Human Rights Watch：HRW

1　設立の背景　人権問題を専門とする国際 NGO であり，現地調査，分析，発信，政策提言を通じて，人権問題の解決に取り組んでいる．その前身は，1978 年に設立されたヘルシンキ・ウォッチである．ヘルシンキ・ウォッチは，1975 年に*欧州安全保障協力会議’(CSCE)が*ヘルシンキ CBM 最終文書’を採択したことを受け，そこで合意された人的側面に関する取り決めについて，ソ連ブロックに属する国々の履行状況を監視する市民活動であった．国家による人権侵害を監視するというヘルシンキ・ウォッチの活動形態は，1980 年代に各地に広がり，アジア・ウォッチ(1985 年)，アフリカ・ウォッチ(1988 年)，そして中東ウォッチ(1989 年)が形成された．世界各地に設立された活動は「ウォッチ委員会」を形成し，1988 年に各地の組織を統合して「ヒューマン・ライツ・ウォッチ」の名称を採用した．

2　活動内容　ヘルシンキ最終文書には「参加国の相互関係を律する諸原則」として，10 原則が規定された．具体的には①主権平等，②武力による威嚇または武力行使の抑制，③国境の不可侵，④国家の領土保全，⑤紛争の平和的解決，⑥内政不干渉，⑦思想，良心，宗教，信条の自由を含む人権と基本的自由の尊重，⑧人民の同権と自決，⑨国家間協力，⑩国際法の尊重，である．また，第 3 バスケットと呼ばれる「人道的およびその他の領域での協力」として，①人的接触，②情報の流通，③文化分野での協力と交流，④教育分野の協力と交流，が取り決められた．ヘルシンキ・ウォッチは，これらの 10 原則のうち，特に人権に関する第 7 原則や第 3 バスケットの履行を監視した．ヘルシンキ・ウォッチは，これらの取り決めの違反にあたる情報を収集し，報告書を作成し，CSCE 参加国や市民に向けて公表した．このような監視と発信は，東側諸国の人権侵害への圧力となり，また西側諸国が軍事的側面での成果を得るために東側の人権を犠牲にするという妥協を阻む効果を生んだ．ヘルシンキ・ウォッチの活動は，1980 年代の欧州における民主化に大きな影響を与えた．近年では，ヒューマン・ライツ・ウォッチは人権問題の監視と発信に加え，*地雷禁止国際キャンペーン’(ICBL)や*クラスター弾連合’(CMC)，ストップ・キラー・ロボット・キャンペーンに参加するなど，軍縮分野でも積極的なアドボカシー活動を展開している．［佐渡紀子］

■標的殺害　targeted killing

標的殺害は，2000 年頃から使用され始めた比較的新しい用語で，「特定の個人に目標を定め殺害することを目的とする軍事行動」のことであり，暗殺とは区別される．2000 年のイスラエル軍によるパレスチナ活動家への標的殺害，2002 年のロシア軍によるチェチェン独立派テロリストに対する標的殺害，2002 年の米軍による*アルカイダ’のテロリストに対する標的殺害などが国連人権理事会において報告(A/HRC/14/24/Add.6)されている．標的殺害には，砲撃，射撃などによる方法もあるが，主に*無人航空機’，ミサイル，精密誘導弾等が利用される．標的殺害に関しては，①遠隔操作による殺害の場合，標的以外の民間人に被害が及ぶなどの人道上の問題，②軍事的必要性，③標的殺害の合法性などが議論されている．［竹平哲也］

ふ

■フィンク・レポート　Fink Report

2004年に公表された『*テロリズム'の時代における生命工学研究(*Biotechnology Research in an Age of Terrorism*)』は，全米科学アカデミー(NAS)が生命科学と国家安全保障を特別に取り扱った最初の報告書である．本報告書を作成した「バイオテクノロジーの破壊的利用防止のための研究水準および研究実践に関する委員会」の委員長を務めたのが，世界的な遺伝子研究拠点であるマサチューセッツ工科大学ホワイトヘッド研究所の前所長ジェラルド・フィンク(Gerald Fink)であったため，通称フィンク・レポートと呼ばれる．2001年の*炭疽菌郵送事件'，バイオテクノロジーの急速な進歩，ならびに先端科学技術へのアクセスの高まりなどを受け，本報告書は，今後米国の安全保障に潜在的な脅威をもたらす7分野の懸念対象実験を定義した．具体的には，ワクチンの無効化や病原体の伝染性の強化に関する研究内容が想定されている．同時に，本レポートは脅威削減に向けた提言も行っており，その1つが政府に対し*バイオセキュリティ'問題に関する助言の実施，教育戦略の開発，ならびに科学研究監視・評価ガイドラインの策定などを実施するためのバイオセキュリティ国家科学諮問委員会(NSABB)の設立であった．NSABBは2004年3月，保健福祉省(HHS)傘下の国立衛生研究所(NIH)内に設置された．→合成生物学，鳥インフルエンザ問題，バイオ技術　［峯畑昌道］

■風船爆弾　balloon bomb

風船爆弾は，気球爆弾とも呼ばれ，爆弾を風船または気球に懸下させ，その飛翔により爆弾を遠方まで運搬する原理の爆弾である．条件によっては長距離の飛翔が可能となるが，風にのみ任せた飛翔である場合，精密な誘導は困難である．これまで実用に供した例として，第二次世界大戦時，旧日本軍が開発し実用化させた風船爆弾があり，日本本土から偏西風を利用してアメリカ大陸まで飛翔したため，大陸間を飛翔する爆弾であった．古くは，1899年7月29日の第1回ハーグ平和会議において署名・締結された宣言書(一)において「軽気球上又は類似の新たな方法により投射物及び爆裂物を投下することを5年間禁止」するとされ，また1907年10月18日の第2回ハーグ平和会議で署名された*空爆禁止宣言'(同年11月27日発効，日本は未締結)でも同様に禁止された．同宣言は現在でも効力を有するとされるが，現在では実用化された風船爆弾が存在しないため，軍縮・軍備管理の対象としての実体はない．　［竹平哲也］

■不可逆性の原則(核軍縮の)　irreversibility principle

*核軍縮'において，*軍縮'措置の有効性を高めるためには，削減対象となった核弾頭などが廃棄された後に削減前の状態に逆戻りしてしまわないように講じる技術的・政策的な措置が不可欠である．削減された*核兵器'が廃棄・解体された際，核爆発装置や核物質が再び軍事目的に利用され得ないよう，解体後の装置の破壊や*核物質'の転換によって無能力化を行い，それらの過程を第三者が監視することなどによって，措置の不可逆性を高めることができる．核軍縮プロセスの実施過程において不可逆性の確保は，*透明性'および*検証'可能性の確保とともに措置の実効性を高める上で欠かすことのできないものとして，*NPT再検討会議'の合意文書を始めとする多くの*軍備管理'と軍縮関連の文書に盛り込まれてきている．2000年代に入り，ジョージ・W・ブッシュ(George W. Bush)米国大統領が，削減した核弾頭の解体・廃棄を行わずに保管することで再配備の可能性を残すと発表した際には，こうした措置は不可逆性の原則に反するものであり実効的な軍縮措置とはならないとして国際社会から非難がなされた．［榎本浩司］

■武器と弾薬の貿易規制のための条約

Convention for the Control of the Trade in Arms and Ammunition　［採択・署名］1919.9.10(サン・ジェルマン・アン・レー)，［発効］批准書を寄託した国に対しては寄託日より効力が発

生する

1919年に,国際連盟の枠組みのなかで,1890年の*ブリュッセル協定'の武器関連規定を見直す形で作成された条約である.背景としては,第一次世界大戦後に,各国に存在する余剰兵器の流出が懸念されたとともに,欧米諸国において防衛産業を批判し軍縮を求める世論が興隆したことが挙げられる.この条約の第1条は,締約国政府の許可を受けていない武器輸出を禁止し,第5条は,国際連盟のもとに事務局を設け,各締約国が自国の武器輸出の数量や輸出先に関する年次報告書を事務局および国際連盟事務総長に提出し,事務局が年次報告書を収集・保管することとした.また,第6条は,アルジェリア・南アフリカ連邦・リビアを除いたアフリカ大陸全域に加えて,アラビア半島,オスマン帝国の一部,グワーダル,トランスコーカシア,ペルシア,アデン湾,オマーン湾,紅海,ペルシア湾などへの武器輸出を基本的に禁止した.しかし,武器輸入国は,第1条や第5条は国家主権や国家安全保障を侵害するとして反発した.また,この条約は,第6条の武器輸出禁止地域のみならずすべての非締約国に対する武器輸出も禁じていたため,武器輸出国の多くは他国に先駆けて批准することを躊躇した.結局,各国の批准が進まない状況を受けて,この条約に代わる新条約の策定が試みられた.→武器貿易取締条約［榎本珠良］

■**武器貿易条約**　Arms Trade Treaty: ATT［採択］2013.4.3(ニューヨーク),［発効］2014.12.24,［日本］〈署名〉2013.6.4,〈批准書寄託〉2014.5.10

1　条約採択の経緯　武器貿易条約(ATT)は,2013年4月3日に国連総会で採択された,通常兵器の国際移転を規制する条約である.1990年代後半より,コスタリカのオスカル・サンチェス(Óscar Sánchez)元大統領やノーベル賞受賞者たちが,通常兵器の国際移転を規制する法的措置の必要性を主張していた.さらに,2001年の*国連小型武器行動計画'の中で,グローバルなレベルで非合法な小型武器の取引を規制する法的措置の必要性も指摘された.これら動きを受け,軍縮や開発問題などに関心を持つNGOが国際的なキャンペーンである*コントロール・アームズ'を立ち上げ,ATTの必要性を訴えた.そして,2006年に117カ国が共同で提出した国連総会決議が採択され,国連の場でATTの議論が開始された.2009年には,2012年7月にコンセンサス方式での採択を目指して,国連オープンエンド作業部会(OEWG)を中心に条約作成交渉を開始するとの国連総会決議が採択された.2012年のATT国連会議では合意が得られなかったが,2013年3月から4月にかけて再交渉が行われ,そこでもコンセンサスが得られなかったため,推進国は有志連合方式に切り替えて国連総会に条約案を上程し,4月3日に多数決で採択された.採決では,日本や米国を含む156カ国が賛成した.

2　条約の内容　ATTは,2014年9月に批准国が50カ国を超え,同年12月に発効に至った.ATTが目標とするのは,国際・地域の平和および安全に寄与するために,通常兵器の国際的な貿易(移転)についての可能な限り高い共通の国際的な基準を設定することである.条約の規制対象となったのは,*国連軍備登録制度'で規定された7カテゴリー(戦車,装甲戦闘車両,大口径火砲システム,戦闘用航空機,攻撃ヘリコプター,軍用艦艇,ミサイルおよびミサイル発射装置)の武器と小型武器の8種類である.条約会議で論点の1つとなった,弾薬および部品・構成品についても,輸出規制の対象と規定された.ATTが規定する規制行為は,輸出,輸入,仲介取引,通過・積替えであるが,締約国が使用目的に国境外に持ち出す所有権の移転を伴わない通常兵器の国際的な移動は規制の対象外となった.ATTでは,移転許可基準を規定し,国連憲章第7章に基づく国連安保理決議に反する場合や,*国際人道法'・国際人権法の重大な違反やテロ関連条約上の違反行為に使用される可能性などを考慮し,否定的なリスクが重大な場合は輸出を許可しないとした.

3 条約の意義　ATTは武器貿易を禁止することを目的としておらず,締約国の輸出の可否に関する判断に影響を与えることを想定していない.条約の1つの目的として,高い国際規範の結晶化があるため,締約国は自国の政策として整備する,移転に係る規制リストの整備を含む管理制度の強化が求められている.締約国は,規制措置の執行強化を支援することを目的に設置された事務局に,それぞれの状況を報告することになっている.条約では,各国が*透明性'が高く,責任ある行動をとることで信頼醸成が図られるとしている.その趣旨の下,条約では最低10年間の移転の記録保存を求めている.ATTでは,前文で国連憲章第51条に基づく個別的および集団的自衛権の行使を認め,各国が政策目的で実施する武器移転の権利を尊重することになっている.このため,ATTでは事実上移転規制を強制できないとの指摘もある.ただし,従来通常兵器の移転規制は各国の政策的判断に委ねられ,それゆえに非合法取引の規制強化が進まなかった側面があるため,ATTによる国際基準の設定には,*軍縮'への貢献という意味で意義がある.　［佐藤丙午］

■武器貿易取締条約　Convention for the Supervision of the International Trade in Arms and Ammunition and in Implements of War ［正称］武器,弾薬,及びその他の装備品の国際貿易の取締に関する条約,［採択・署名］1925.6.17(ジュネーブ),［発効］未発効

1919年の*武器と弾薬の貿易規制のための条約'は,武器輸出禁止地域のみならずすべての非締約国に対する武器輸出も禁じていたため,武器輸出国が他国に先駆けて批准することを躊躇した.この条約の批准が進まない状況を受けて,新たな条約の策定が検討され,1925年に44カ国が参加した会議において,「武器,弾薬,及びその他の装備品の国際貿易の取締に関する条約」が採択された.この条約は,締約国が非締約国への武器輸出を許可することを容認していたため,その点では武器輸出国の懸念は解消された.ところが,武器移転を禁止する領域にペルシア湾が含まれることに反発したペルシアは,交渉から離脱した.また,1919年の条約と同様に,この条約にも,締約国政府の許可を受けていない武器輸出を禁止する(輸出を許可制にする)旨の文言や,武器の輸出入に関する情報を公開する規定が盛り込まれていた.これについて,武器を輸入に頼る国々は,小国が軍備を整える能力を削ぎ,小国の国家主権と国家安全保障を侵害し,小国を大国による事実上の管理下に置くことを可能にするものだとして反発した.結局,武器輸入国の批准は進まず,武器輸出国も,他の輸出国に効力が発生した場合に限って自国にも効力が発生することを認めるといった条件(留保)を付けて批准の意思を示すなどしたため,発効要件が満たされることはなく,条約は発効しなかった.　［榎本珠良］

■複数個別誘導弾頭　multiple independently-targetable reentry vehicle : MIRV

1 MIRVとは　1基の*弾道ミサイル'に複数の弾頭を搭載し,弾頭を切り離す速度や角度を変えたり,終末誘導を行ったりすることで,それぞれが個別に異なる目標を攻撃できる再突入体を意味する.複数弾頭(MRV)では個別誘導はなされない.核弾頭の小型化,ならびに弾道ミサイルの*投射重量'の増大によって可能になった.中国を除く4核兵器国はMIRV化*大陸間弾道ミサイル'(ICBM)あるいは*潜水艦発射弾道ミサイル'(SLBM)を配備しており,中国もこれを開発中とみられる.米国のピースキーパーICBMやロシアのSS-18などには,1基に10個の核弾頭が搭載された(SS-18は投射重量も大きく,重ICBMとも称された).米国のトライデントD5・SLBMは,最大で14発の弾頭を搭載できる(実際の搭載数はこれより少ない).弾頭を装着するポストブースト・ビークル(PBV)

は,「バス」とも称される.

2 米露(ソ)*核軍備管理'　MIRV は高価な弾道ミサイル本体をいわば共用する形で弾頭を搭載するため,配備される弾頭数に比してのコストを低減できる.また,1 基の弾道ミサイルでもたらし得る破壊力の総量を分散できるため,効率的な攻撃を可能にする.さらに,飽和攻撃を可能にすることなどにより,*弾道ミサイル防衛'(BMD)に対する有力な*対抗措置'にもなる.他方,特に MIRV 化 ICBM は,命中精度の向上によって 1 基で敵の複数の ICBM サイロを攻撃できるなど*カウンターフォース攻撃'の有力な手段と目されたこと,ならびに単弾頭 ICBM よりも「使用するか失うか(use them or lose them)」のディレンマに陥りやすいと考えられたことから,緊張状態では先制攻撃の誘因を高め,危機における安定を脅かすものとも位置づけられた.こうしたこともあり,米国は*戦略兵器制限暫定協定'(SALT I 暫定協定)の成立以降,MIRV 化 ICBM の制限を米ソ核軍備管理の重要な目標に位置づけてきた.*戦略兵器制限条約'(SALT II 条約)で MIRV 化戦略弾道ミサイルの上限が規定され,*戦略兵器削減条約'(START 条約)'で重 ICBM に一定の制限が課された後,1993 年に署名された*第 2 次戦略兵器削減条約'(START II 条約)では MIRV 化 ICBM の全廃が定められた.しかしながら,START II 条約は発効せず,その後に締結された米露間の*戦略攻撃能力削減条約'(SORT)および*新戦略兵器削減条約'(新 START 条約)では,戦略核戦力の構成は各自で決定するとされ,MIRV 化 ICBM そのものに関する制限は盛り込まれていない.ロシアは,米露間の戦略核戦力に係る均衡を維持し,また米国の BMD に対抗する手段として MIRV 化 ICBM を重視し,引き続きこれを保有するとともに新型ミサイルの開発・配備を進めている.これに対して米国は,ICBM を脱 MIRV 化(de-MIRVed)するとの政策を採り,ミニットマン 3・ICBM から 2 個目以上の核弾頭を取り外している.ただし,物理的には再搭載が可能である.　[戸﨑洋史]

■ブースト段階迎撃　boost-phase intercept : BPI

*弾道ミサイル防衛'(BMD)のうち,*弾道ミサイル'の発射直後,*ロケット'エンジンが燃焼し加速しているブースト段階での迎撃を行うものである.BPI には,ミサイルの速度が低速で,かつロケットエンジンの切り離し前で標的が大きいため迎撃が容易であることや,弾頭が分離する前であるため複数の弾頭や囮(デコイ)もまとめて迎撃できることなどの利点が挙げられる.一方,欠点として,迎撃手段を相手のミサイル発射地点付近まで運搬する必要があること(ゆえに中露が内陸に配備した戦略核ミサイルには使えないことは,時に利点とされる)や,発射されたミサイルの飛翔方向が確認できず,自国を照準としないミサイルも迎撃する恐れがあることなどがある.ジョージ・W・ブッシュ(George W. Bush)政権は,BPI の意義を特に強調した.具体的なシステムとしては,航空機に搭載する*空中配備レーザー'(ABL)および運動エネルギー迎撃体(Kinetic Energy Interceptor : KEI)の研究が進められた.しかし,2010 年の BMD 関連予算の見直しに際し,ABL は計画が再構築され,2 機目の航空機の開発は中止,現存の航空機は保持するものの技術実証計画へと転換されることとなった.また KEI は,予算および技術上の問題から実現可能性が低いとして,計画が中止されることとなった.→米国のミサイル防衛システム,対抗措置(ミサイル防衛の)　[藤田紘典]

■武装解除的第 1 撃　disarming first strike

*核抑止'理論において,第 1 撃とは核保有国が他の核保有国に対して行う先制核攻撃を,第 2 撃とは核攻撃を受けた国による報復的な核攻撃を,武装解除的第 1 撃とは敵の第 2 撃(核報復)能力を無力化する大規模な先制核攻撃を意

ふ

味する. 理論的には武装解除的第1撃という概念はあらゆる兵器に適用可能であるが, 現在の技術では, それほどの規模の攻撃を*核兵器' 以外で行うことは事実上不可能である. 武装解除とは敵の*大陸間弾道ミサイル' (ICBM)のほぼすべての破壊を意味することが多いが, 何をもって武装解除と見なすかの客観的基準は存在しない. たとえば, 少数の*潜水艦発射弾道ミサイル' (SLBM)が残存していれば核報復は可能と考えるなら, 武装解除のためにはSLBMも含めた相手の全核戦力を破壊しなければならない. 一方, 核戦力をすべて破壊せずとも, 核攻撃に不可欠な指揮統制システムを壊滅するだけで敵の武装解除は可能と考えることもできる. いずれにせよ, 片方の核保有国が武装解除的第1撃能力を有している状況は, その国にとっては先制攻撃を行う誘因が高まり, 相手国にとっては敵に無力化される前に核使用に踏み切る誘因が高まるため, *戦略的安定' 性が低い. 敵の武装解除的第1撃能力への不安は, 核兵器の破壊力の強大化, ICBMや*複数個別誘導弾頭' (MIRV)の登場, ミサイルの命中精度向上といった技術の進歩によって増大することが多い. この不安を解消するためには, 自国の第2撃能力を確保・強化すること, 具体的には, 核兵器の数の増加と分散配備, 硬化サイロへのICBM配備, 移動式ICBMやSLBMの配備といった手段により核戦力の残存可能性を高めることが必要となる. ただし, これらの措置を相手国が第2撃ではなく第1撃能力の強化と認識し, 同様の対抗措置をとる可能性もある. その場合は, 第2撃能力の確保という戦略的安定性を高めるための措置が, 逆に核軍拡のスパイラルを引き起こすこととなってしまう.　［福田 毅］

■武装解除, 動員解除, 社会復帰　disarmament, demobilization, reintegration : DDR

1 平和構築での重要性　冷戦後の安全保障では, 内戦などで政府が統治能力を失った「崩壊国家」にどう対応するかが, 人道的観点からもテロ集団の温床化防止の目的からも大きな課題となった. このため, 内戦が終結した後に平和構築を進める数々の方策が検討された. その結果, 武力衝突の再発防止策や, 持続可能な開発に必要な治安回復への対策として武装解除, 動員解除, 社会復帰(DDR)の重要性が注目されるようになった. 和平合意締結後に, 武装組織が残ったり, 武装解除, 動員解除しても元兵士が生活の糧を得られなくなったりすると, 困窮や不満から武装勢力の再結集につながりかねないからである. 2000年の主要国(G8)外相会議は「紛争予防」に関するG8宮崎イニシアティブをまとめ, 紛争後の状況でのDDRの中核的重要性を強調した. 国連は2007年に, 平和構築プロセスにおける治安部門改革(SSR)とDDRの専任部門として, 法の支配・保安機構室(OROLSI)を設置した.

2 DDRの進め方　近年の和平合意にはDDRが含まれることが多い. DDRを効果的に進めるには, まず武装解除に関して, *小型武器' の回収や管理・保管, さらには破壊のための効果的な規定を和平合意に盛り込むことが必要となっている. 武装解除を促すには, 武装組織から除隊するとともに, 武器を手放した方が自分の生活設計, 人生設計にプラスに作用するとの判断が働くような工夫が不可欠となる. たとえば, 手持ちの武器を現金と交換して一回限りの利益に終わらせるのではなく, 元兵士が武装解除をすれば, 社会復帰の一環として教育や医療サービスなどを受けられるようにするなど, 市民生活に戻るための奨励措置を効果的に活用することが重視されている. 社会復帰の事業では, 国や社会の特性を考慮した職業訓練と雇用機会の拡大も必用な手当てである. このようにDDRは, 一貫した流れ作業で実施されてこそ, 効果が高まる. 紛争によっては女性や児童が兵員として武装するケースも相次いでおり, DDRにおいても女性の人権, 児童の教育に特段の配慮が求められることが少なくない.　［目加田説子］

■**ブッシュ提案** Seven Proposals to Strengthen the World's Efforts to Stop the Spread of Deadly Weapons

1 提案の背景 2004年2月11日，ジョージW.ブッシュ(George W. Bush)大統領は国防大学において行った演説の中で，*大量破壊兵器'の脅威に対抗するための新たな施策として7項目の提案を行った.2001年に開始された対テロ戦争以降，*悪の枢軸'として名指しされた北朝鮮，イラン，イラクなどの国家を通じてテロリストなど*非国家主体'が大量破壊兵器などを取得することへの懸念が以前にも増して強くなった.また，この演説が行われる1週間前には，*遠心分離'機など核関連資機材の不正調達ネットワークである核の闇市場の存在をパキスタンのアブドゥル・カーン(Abdul Khan)博士が明らかにした.こうした拡散活動が明らかになる中で，これまで*核兵器不拡散条約'(NPT)などの国際的なルールを加盟国が遵守することを通じて実現が図られてきた*核不拡散'には，ルールの対象とならないテロリストのような主体への拡散や，不正調達の抜け穴の発生など，その限界が認識されつつあった.ブッシュ政権下では，2002年に発表された「*大量破壊兵器と戦う国家戦略'」の下，*拡散に対する安全保障構想'(PSI)などの*拡散対抗'や2国間外交，不拡散レジームを活用した不拡散の強化を行ってきた.ブッシュ提案もこれらを補完する施策を提示したものである.

2 提案の内容 提案の内容は次のとおりである.①PSIの拡大，②拡散阻止のためのルールや国際管理の強化を各国に呼びかけ(米国は前年秋，厳格な輸出管理法の制定，拡散活動の犯罪化，機微な資機材が各国の国境を出ないことを加盟国に要求する決議を国連安保理に提案)，③2002年G8サミットで採択された大量破壊兵器及び物質の拡散に対するG8グローバル・パートナーシップの拡大，④平和目的で原子力利用を行う国の濃縮・*再処理'技術の放棄，*原子力供給国グループ'(NSG)参加国による*濃縮'・*再処理技術'の売却拒否，⑤平和目的の原子力関連資機材の提供先をIAEA保障措置*追加議定書'の加盟国のみに限定，⑥*国際原子力機関'(IAEA)の*保障措置'・*検証'の強化に特化した模範国により構成される特別委員会をIAEA理事会に設置，⑦不拡散義務の潜在的な違反者のIAEA理事国入りの禁止.このうち，①〜③はブッシュ政権が2002年以降実施してきた拡散対抗や国際レジームの機能を拡大・強化するものである.②の国連安保理への決議案は，同年*国連安保理決議1540'として採択された.④および⑤は濃縮・再処理をはじめとする*機微原子力技術'の供給を国際的に管理することによって，既存の不拡散措置が有する抜け穴に対応することを試みるものである.　［奥田将洋］

■**部分的核実験禁止条約** Treaty Banning Nuclear Weapon Tests in the Atmosphere, in Outer Space and Under Water: PTBT ［正称］大気圏内，宇宙空間及び水中における核兵器実験を禁止する条約，［署名］1963.8.5(モスクワ)，［発効］1963.10.10，［日本］〈署名〉1963.8.14，〈批准書寄託，公布，発効〉1964.6.15(昭39条約10)

1 条約成立の背景 核軍備競争が拡大し開発のための核爆発実験が相次いでいた状況の中で，1963年に米国，英国，ソ連の3核兵器国が世界で最初に*核実験'を禁止することに成功したのが本条約である.しかも，7月15日の交渉開始からわずか3カ月以内で発効するという，この種の条約としては異例の早さであった.核開発を温存しながらも3カ国が合意に達した要因として，まず第1に，核実験に反対する広範な国際世論の高まりがあったことである.核実験が派出する放射性物質による実験場周辺をはじめとする地球環境の悪化，*第五福竜丸事件'に象徴されるような放射能被曝の危険性などへの知見が集積されるにつれて，従前のような核実験は国際社会の厳しい批判にさらされ，核兵器国が黙殺し得なくなるレベルにまで達したのである．ちなみに，発効までの短期間に100カ国以上が条約に署名したのは，世界が条約を待望していたことを物語っている．第2に，米英ソの原締約3国はすでに*地下核実験'のみで核開発を持続できる技術を取得しており，地下以外での核実験を禁止しても痛痒を感じなくなっていたことである．むしろ，条約により新たな*核兵器'開発国の出現を困難にするとともに，地下核実験技術が未完成なフランスと中国の核兵器開発を減速化させる効果を意図したとも観測されている．

2 条約の内容　条約は5条からなる極めて短いものであり，実体規定は第1条のみである．まず締約国は自己の管轄または管理下にある場所において核兵器の実験的爆発および他の核爆発を禁止すること，防止すること，実施しないことを約束するが(1項)，それは「大気圏内，宇宙空間を含む大気圏外並びに領水及び公海を含む水中」という3つの環境に適用される(1項a号)．すなわち，地下核爆発実験は禁止の対象外である．また，水中という環境も内水や領海だけでなく，そこが自国の管轄または管理の下にないという口実を排除するために公海を含めた表記になっている．「地下」における実験であっても，実験国の領域外に「放射性残滓」が存在する結果を伴う場合にはすべて禁止される(b号)が，その残滓の敷居については，いかなる量の放射性物質が該当するのか，「危険な放射能」に限定されるのか，明確な基準は明記されていない．本条約はまた，締約国に「条約の対象である事項に関連する異常な事態が自国の至高の利益を危うくしていると認めるときは」3カ月前の通告を条件に，脱退権を認めている(4条)．

3 条約の評価　条約には，地下核実験を禁止対象から外すという「抜け道」を用意しているために，核兵器国による核軍備競争を阻止する効果はなかったとの批判がある．しかし，条約は合意できる範囲で核実験を規制する「暫定的で部分的な」措置から出発したのであり，「核兵器のすべての実験的爆発の永久的停止」を究極的目的と捉えている(前文)．完全な核実験禁止を志向する動きは1974年の*地下核実験制限条約'(TTBT)や1976年の*平和目的核爆発条約'(PNET)を経て，現在の*包括的核実験禁止条約'(CTBT)に至っている．他方，条約成立以降，核爆発から生じる放射性物質による環境汚染の防止に少なからぬ役割を果たしてきたこと，1973年の*核実験裁判'における国際司法裁判所の見解をはじめ，自然環境や人体の健康に有害な核実験は非締約国を含めもはや許されないとの国際了解が形成されたことは，評価されるべきである．　［城 忠彰］

■不法移転(核物質の)　unauthorized removal (of nuclear material)

*国際原子力機関'(IAEA)*核セキュリティ・シリーズ文書'No.13(Nuclear Security Series No.13)，『核物質及び原子力施設の物理的防護に関する核セキュリティ勧告(*INFCIRC/225'/Revision 5)』(*Nuclear Security Recommendations on Physical Protection of Nuclear Materialand Nuclear Facilities*(2011))，およびIAEA核セキュリティ・シリーズ文書No.14(Nuclear Security Series No.14)，『放射性物質及び関連施設に関する核セキュリティ勧告』(*Nuclear Security Recommendations on Radioactive Material and Associated Facilities*(2011))においては，(核物質およびその他の放射性物質の)盗取またはその他の不法な持ち出しと定義される．国の核セキュリティ体制の目的は，核セキュリティ事案の有害な影響から，人々，財産，社会，環境を防護することであり，核セキュリティ事案には核物質およびその他の放射性物質による*核兵器'，即席核爆発装置，*汚い爆弾'または放射性被ばく装置(RED)を用いた悪意のある行為も含まれる．したがって，国の*核セキュリティ'体制には，これらからの防護するために核物質およびその他の放射性物質の

不法移転を防ぐことも目的に含まれる. IAEAは, *物理的防護' システムの設計の基礎となる*設計基礎脅威' (DBT)には, (核物質およびその他の放射性物質の)盗取またはその他の不法な持ち出しを企てる恐れのある潜在的*内部脅威' 者および・または外部からの敵対者の属性および性格を含めることを勧告している.

［濱田和子］

■**ブラジル・アルゼンチン核物質計量管理機関** Brazilian-Argentine Agency for Accounting Control of Nuclear Materials: ABACC

ABACCは, 1991年にアルゼンチンとブラジルの間で締結された*アルゼンチン・ブラジル原子力平和利用協定' に基づき設立された機関であり, 最高意思決定機関である委員会と執行機関である事務局で構成される. ABACCの役割は, *核物質' 等が核兵器に転用されていないことを*検認' するため, 両国が設立した共通核物質計量管理制度(SCCC)の管理および実施である. 両国の原子力施設への査察は, ブラジル, アルゼンチン, ABACCおよび*国際原子力機関' (IAEA)間の*包括的保障措置協定' (4者協定)に基づき実施される. 2012年には, IAEA査察官と, 両国の計約100名の査察官の中からABACC事務局が選択したABACC査察官および査察対象国の規制当局の国内査察官が, 両国のウラン濃縮施設, 転換施設, 燃料加工施設, 発電炉, 研究炉等の計約70の施設につき, 計約120回の査察を実施している. ABACC査察官は査察結果の評価を行い, さらにABACC本部で査察報告および結果の全体的評価を実施し, 計量報告と査察の結果の不一致や, 異常が認められた場合はABACC委員会に報告される. ABACC本部はリオデジャネイロにあり, ブエノスアイレスに事務所がある. ［田崎真樹子］

■**プラハ演説** Prague Speech

1 演説の背景 米国のバラク・オバマ(Barack Obama)大統領は就任後間もない2009年4月5日にチェコの首都プラハにおいて, 米国は*核兵器' のない世界を目指して努力する, 達成には時間はかかるであろうが「プラハの春」と同じで夢は達成できる, "Yes, we can."などとする感動的な演説を行った. その背景にはヘンリー・キッシンジャー(Henry Kissinger), ジョージ・シュルツ(George Shultz), ウィリアム・ペリー(William Perry), サム・ナン(Sam Nunn)が2007年と2008年の1月に『ウォール・ストリート・ジャーナル』に発表した*4賢人の提案' がある. 同提言はテロ対策に重点が移った今日では核兵器への依存度を減らして核兵器なき世界を目指すべしとし, 10年前に上院が共和党の反対で否決した*包括的核実験禁止条約' (CTBT)についても共和党の大物2人がその批准を求めたことで注目された. この4賢人の提案とプラハ演説が掲げた*核軍縮' の具体的目標はほぼ同じであることから, オバマ大統領が選挙運動中からこの4賢人の提案に準拠した核軍縮政策を打ち出す決意であったことが伺われる. なお, 核被爆国のわが国では, 同演説が「核兵器を使用した唯一の国として米国は行動する道義的責任がある」としたことがとくに注目された.

2 その後の成果と現状 プラハ演説が掲げた目標の若干については当初の2年以内にかなりの成果がみられた. まず, 核兵器への依存度を減らす点については, 2010年4月に発表された*核態勢見直し報告' (NPR報告)により*核兵器不拡散条約' (NPT)加盟の非核兵器国に対しては*核不拡散' 義務を遵守するかぎり*化学兵器' や*生物兵器' での攻撃を受けた場合でも核兵器は使用しないとの従来よりも徹底した*消極的安全保証' を約束した. 第2に, 同じ4月に署名され, 12月に米上院で批准された*新戦略兵器削減条約' (新START条約)により米露両国は7年以内に配備戦略核弾頭の数を30%減の1,550発以下とすることに合意した. 第3に, 同じ4月にはプラハ演説で約束された*核セキュリティサミット' がワシントンで成功裏に開催

ふ

された. 第4に, 同年5月の*NPT 再検討会議(2010年)' も前向きの「行動計画」を採択することができた. その反面, 同年秋の中間選挙以降はオバマ政権は米議会での共和党保守派の抵抗により国内政策だけでなく核軍縮に関しても極めて困難な状況におかれ, 現在では CTBT 批准の見通しも立っていない. ジュネーブの*軍縮会議' (CD)での*兵器用核分裂性物質生産禁止条約' (FMCT)交渉も全く進展していない. 最近では中東情勢も混乱の度合いを増している折から, 低迷状態にある核軍縮への機運が勢いを取り戻すのは早くても 2016 年の米国の大統領選挙以降であろうとされている. [堂之脇光朗]

■フランスの核政策・核戦略 France's nuclear policy and nuclear strategy

1 冷戦時代 フランスは英国より 8 年遅れた 1960 年2月の*核実験' により 4 番目の核兵器国となったが, これは過去 3 世紀にわたりヨーロッパと世界をリードしてきた大国の地位を維持し, 1940 年の敗戦の屈辱を 2 度と繰り返すまいとするフランス国民の選択であったとされる. 1958 年に権力の座に復帰したシャルル・ドゴール(Charles de Gaulle)大統領は対米関係を念頭にフランスの核戦力は国家的独立と同義語で完全に独立したものであると強調したが, 具体的な核戦略としてはソ連に対し弱者対強者の立場からする壊滅的反撃能力を確保することを目標とし, 1964 年から 1971 年にかけて空対地ミサイル, 地対地*弾道ミサイル', *潜水艦発射弾道ミサイル' (SLBM)の三本柱を整備した. 相手方の攻撃を*抑止' するに必要な「合理的十分性(reasonable sufficiency)」が原則とされたが, 予算的には 1967 年の最大時には GDP の 1.2%, 国防予算の 26.2% にも達する負担であった. 配備された核弾頭数は 1991 年の最大時に 540 発に達した. なお, 1950 年代に核兵器開発を進めていた当時米ソ両国が核不拡散の立場からこれに反対したことから, フランスは 1968 年の*核兵器不拡散条約' (NPT)に強く反発し, 核軍縮交渉にも冷戦が終わるまで不参加の方針を貫いた.

2 冷戦終了後の状況と現状 ところが, 3 年後に*NPT 再検討・延長会議' を控えた 1992 年には NPT に中国とともに加入して核兵器国としての地位を確保した. *核軍縮' についても前向きの姿勢に転じ, 1992 年には*核実験モラトリアム' を宣言し, 1991 年から 1995 年にかけては*核兵器' を 15% 削減した. 1993 年からは*包括的核実験禁止条約' (CTBT)交渉にも参加し, 条約締結が迫った 1995 年から 1996 年には核実験を再開(6 回のみ)したものの, 条約締結後は率先してこれに署名, 批准した. 1996 年には兵器用核分裂性物質の生産停止を発表し, 南太平洋およびアフリカ地域の*非核兵器地帯条約' を批准した. 1996 年から 1997 年にかけては核戦力の三本柱のうち地上配備弾道ミサイルを撤去した. 他方, 22 年ぶりに発表された 1994 年『国防白書』ではフランスは史上はじめて仮想敵国は存在しなくなったものの万一に備えて「合理的十分性」のある防衛的核抑止力は維持するとの方針を表明し, 最近では 2013 年の『国防白書』でもこの方針を再確認した. 核弾頭の数は現時点で 300 発以下にまで削減されたが, その反面, ここ数年来核弾頭および搭載航空機・潜水艦の近代化を進めているところである.

[堂之脇光朗]

■フランスのミサイル戦力 France's missile capabilities

フランス製のミサイルで有名なものは, 1982 年のフォークランド紛争の際にアルゼンチンが使用し英国海軍に大打撃を与えたエグゾセ対艦ミサイル(原型は MM-38)である. その派生型として潜水艦発射型(MN-39), 航空機発射型(AM-39)も開発・配備され, いずれも対地速度は亜音速で, 最新型(MM40 ブロック 3)は 180 km と長射程である. 同ミサイルは実戦での使用実績などを理由に欧州諸国など多くの国で採用され, フランスの主要輸出兵器となっており,

ふ

2011年までの40年間にのべ3,600基が生産されている.また実戦配備中の*巡航ミサイル'としては,対滑走路攻撃用巡航ミサイル(APACHE AP),空対地巡航ミサイル(ASMP/-A),汎用スタンド・オフ巡航ミサイル(SCALP EG〔英国での呼称はストーム〕),開発中の長射程1,000km以上の艦対地ミサイル(SCALP Naval〔MdCN〕)があげられる.さらに,核ミサイルとしては,1996年に地上配備の核ミサイルを退役させて以降,*核抑止'力の維持を目的とした4隻体制で運用される戦略原潜搭載用の*潜水艦発射弾道ミサイル'(SLBM)M-45およびM-51があげられる.初期のM-45に代わり,2010年には6～10弾頭を搭載可能なM-51.1(推定射程8,000km)が配備され始めた.これらについては新型核弾頭(TNO)(推定威力150kt)を搭載可能なM-51.2への更新が2015年に予定されているほか,さらに数百km長射程化されたM-51.3が研究開発中である.

［福井康人］

■ブリュッセル協定 The General Act of the Brussels Conference Relative to the African Slave Trade ［正称］アフリカの奴隷貿易に関するブリュッセル会議一般協定,［採択・署名］1890.7.2(ブリュッセル),［発効］1891.8.31

1 協定成立の背景 1889年から1890年にかけて,ブリュッセルにおいて列強諸国による会議が開催され,ブリュッセル協定が採択された.19世紀後半のヨーロッパ列強諸国は,アフリカへの進出と列強諸国間の「分割」を進めていた.当時の列強諸国では,列強がアフリカを効果的に統治し,貿易会社の活動を促進することを通じて,アフリカに文明をもたらし奴隷貿易を撲滅すべしという論が広範にみられた.他方で,19世紀の列強諸国においては,銃器の開発・改良が急速に進展しており,各国による新型銃の採用によって大量の旧式銃が余剰兵器となり,列強諸国の進出に抵抗したアフリカの人々に対して,ヨーロッパ製の銃器や弾薬が大量に流出していた.

2 協定の主な内容 この協定は,前文において「アフリカ人奴隷の取引がもたらす犯罪と破壊に終止符を打ち,アフリカの原住民を効果的に保護し,その広大な大陸が平和と文明の恩恵を受けることを確保する確固たる意思」を確認し,第1条で,アフリカ内陸部の奴隷貿易を防ぐ最も有効な方策として,文明国の主権や保護のもとにアフリカの行政,司法,宗教,軍事サービスを漸進的に組織化することを謳ったうえで,第8条において,アフリカの北緯20度線から南緯22度線までの地域への高性能の銃器や弾薬の移転を原則禁止した.また,条約は,列強のアフリカ進出・統治に必要な武器の移転を認めたうえで,移転された武器を公営倉庫で保管することや,武器の個人所有を制限し,個人所有の武器を刻印・登録することなどを定めている.

3 協定の実効性とその後 概してブリュッセル協定は,アフリカの人々への武器の流入を防ぐことにはつながらなかった.その要因としては,アラブの武器商人による貿易や,禁止地域の現地行政官による武器の密売,締約国による条約不遵守,非締約国からの武器の流入,協定の禁止地域に含まれなかった地域からの密輸なども指摘されているが,最も根本的な原因としては,当時の列強各国において輸出規制のための法制度が整備されていなかったことが挙げられる.その後,第一次世界大戦後の1910年代末から1930年代にかけて,この協定を基礎にした新たな条約の形成が数回にわたり試みられたが,未発効に終わるなどした.→武器と弾薬の貿易規制のための条約,武器貿易取締条約　［榎本珠良］

■武力紛争の際の文化財保護条約 Convention for the Protection of Cultural Property in the Event of Armed Conflict ［正称］武力紛争の際の文化財の保護に関する条約,［採択］1954.5.14(ハーグ),［発効］1956.8.7,［日本］〈署名〉1954.9.6,〈批准書寄託〉2007.9.

10,〈公布〉2007.9.12(平19条約10)

1　条約採択の背景　1899年および1907年の*ハーグ陸戦条約'は,軍事利用されていない歴史的建造物や宗教･芸術施設等への被害を極小化するための措置を攻撃時にとることや(第27条),敵領域内の歴史的建造物や芸術作品等を押収･破壊してはならないこと(第56条)を締約国に義務づけていた.さらに1935年には米州の20カ国が美術･科学施設と歴史的建造物の保護に関する条約(レーリヒ条約)を採択し,1938年には国際連盟でも文化財保護条約の検討が開始された.しかし,この検討は第二次世界大戦の勃発により中断され,しかも大戦では大規模な歴史的建造物の破壊や美術品の掠奪が行われた.この反省に基づき,国連創設後にはユネスコの場で条約の検討が再開され,1954年5月に条約および実施規則,議定書が採択された.

2　条約の内容　本条約における文化財とは,文化遺産として極めて重要な動産･不動産(芸術的･歴史的な記念工作物,考古学的遺跡,芸術品等),動産文化財の保存･展示施設(博物館,武力紛争時に動産文化財を収容するための避難施設等),文化財が多数所在する地区(記念工作物集中地区)を意味する(第1条).これらの文化財について,締約国は保全義務(武力紛争の影響から保全するため平時において「適当と認める措置をとる」こと:第3条)と尊重義務(軍事利用,敵対行為,盗取･掠奪･損壊の禁止等:第4条)を負う.ただし,軍事利用･敵対行為の禁止義務は,絶対的な「軍事上の必要」がある場合には免除され得る.また,一定の条件を満たした文化財には特別の保護が与えられる.その条件とは,大規模な工業中心地や重要な軍事目標と文化財の間に「十分な距離」があること,軍事利用されていないこと等である(第8条).軍事利用･敵対行為の禁止義務が生じるのは第4条の尊重義務とほぼ同様だが,義務の免除は「やむを得ない軍事上の必要がある例外的な場合」に限られ,この必要性の認定は師団レベル以上の指揮官が行わねばならない(第11条).また,特別保護下の文化財は,国際的な管理の下に置かれる(第10条).しかし,「重要な軍事目標」には重要な港湾,鉄道,道路等も含まれるため第8条の条件を満たすことは容易ではなく,特別保護の適用が認められた文化財はごく僅かにとどまっている.その後,1990年代の旧ユーゴ紛争で多数の文化財が破壊されたこと等を受け,ユネスコで条約の見直しが議論され,1999年3月に第2議定書が採択された.この議定書では,国内的な保護措置の実施や軍事利用しないとの宣言を条件として,軍事目標等との距離のいかんにかかわらず「人類にとって最も重要な文化遺産」に特別保護よりも手厚い「強化保護」を与える制度が新設された.また,軍事上の必要に基づく尊重義務の免除が認められる条件も詳細に規定された.なお,1998年の*国際刑事裁判所に関するローマ規程'第8条は,軍事目標ではない芸術施設や歴史的建造物に対する故意の攻撃を戦争犯罪と規定している.　　　　　　　　　　　　　　　　　　［福田 毅］

■プルトニウム　plutonium

自然界には存在しない超ウラン元素の1つで,原子番号は94,元素記号はPu.ウラン238が中性子を吸収することにより,プルトニウム239に核変換される.質量数の大きな高次の同位体は,さらに中性子を吸収して生成される.基本的に奇数質量数のプルトニウムが核分裂性.一般に,核兵器に使用されるプルトニウムは核分裂性プルトニウム(主としてPu-239)の割合が90%程度以上なのに対し,発電用原子炉(*軽水炉')から発生する使用済燃料に含まれるプルトニウムは,プルトニウム239の割合が60%程度であるため,前者を兵器級(weapon-grade)プルトニウム,後者を原子炉級(reactor-grade)プルトニウムと区別する呼称もある.ただし,原子炉級プルトニウムの兵器利用については,兵器としての信頼性などの観点から,さまざまな立場の意見がある.IAEA*保障措置'上は,プルトニウム238(非核分裂性)の割合が80

ふ

%以上でない限り，すべて直接利用物質に分類される．［堀尾健太］

■プルトニウム輸送　plutonium transportation

1　概要　*プルトニウム'は1940年代初頭に*核兵器'開発が始まって以来，軍事および民生の双方の目的で利用されてきた．その過程で*再処理'施設と核関連施設，燃料製造施設などの間の国内輸送や，再処理施設を有する英国などの供給国と再処理を委託した国の間の国際輸送が実施されてきた．プルトニウムは*核物質'の中でもとりわけ軍事利用が容易であるため，輸送にあたっては厳重な警備や秘密の保持，慎重な輸送経路の選定が求められる．そのため旧ソ連や欧州，米国などにおいては，相対的に輸送時間が短く警備のしやすい航空輸送のほか，域内では厳重な警備の下での車両ないし列車による地上輸送が，域外へは船舶による海上輸送がしばしば実施された．ただ，1970年代後半からは航空機の墜落事故が起きた際の環境汚染を懸念する環境保護団体などの反対が強まり，航空輸送の割合は減りつつある．

2　日本の取組み　日本は当初，航空機によって海外からプルトニウムを輸送していた．1960年代後半からは核燃料の開発などに使用するプルトニウムを航空輸送し，1970年代には英国から導入した東海発電所の使用済燃料の再処理を英国に委託し抽出されたプルトニウムを日本まで航空輸送した．しかし1970年代後半から米国内で航空輸送への懸念が高まり，*国際原子力機関'（IAEA）が輸送手段に関わらず設定していた輸送容器の一般的な安全基準の他に，米国原子力規制委員会（NRC）がより厳しい航空輸送容器の安全基準を1977年に設定した．加えて輸送すべきプルトニウム量が増大したこともあり，1984年には輸送船晴新丸によって二酸化プルトニウム粉末280kgを日本まで海上輸送した．しかし本輸送は，核物質の強奪などを懸念する米国の要請に沿って海上保安官が晴新丸に同乗し，米仏両国の海軍が護衛にあたるなど，*核物質防護'上の負担が大きかった．このためNRCの基準を満たす航空輸送容器を開発し，航空輸送を再度実施することが日米間で検討された．輸送容器の開発は順調であったが，輸送ルートの選定が難航したほか，1988年に*日米原子力協力協定'が改定された際の米国議会審議で輸送容器の基準が再度厳格化され，これに合致する輸送容器の早期開発は困難と判断された．以上の経緯から再度海上輸送が実施されることとなり，1992年10月から1993年1月にかけて輸送船あかつき丸が二酸化プルトニウム粉末1.7tをフランスから日本へ輸送した．その後は，日本の電力会社が英仏両国に委託した再処理役務で抽出されたプルトニウムが，*混合酸化物'（MOX）燃料に加工された上で日本へ海上輸送されている．［武田 悠］

■フレシェット弾　flechette

フレシェット弾とは，砲弾等の弾頭から1度に多数の金属製の矢弾（flechette）を散布させ，一定範囲の戦闘員および部隊を攻撃するために開発された爆薬である．なお，爆発性の小弾を散布する弾薬ではないため，*クラスター弾'には含まれない．フレシェット弾に関する議論の際に言及される国際条約として，*特定通常兵器使用禁止制限条約'（CCW）の*検出不可能な破片を利用する兵器に関する議定書'があるが，同議定書が禁止するのは「人体内に入った場合にエックス線で検出することができないような破片によって傷害を与えることを第一義的な効果とする」兵器とされ，エックス線や金属探知装置で検出が可能なフレシェット弾はこれに該当しない．また，フレシェット弾を特定してその使用を禁止する国際条約は存在しない．［竹平哲也］

■ブローカリング政府専門家会合報告書　Report of the Group of Governmental Experts Established Pursuant to General Assembly Resolution 60/81 to Consider Further Steps to Enhance International Co-

operation in Preventing, Combating and Eradicating Illicit Brokering in Small Arms and Light Weapons

1 報告書の背景 2001年7月に採択された*国連小型武器行動計画' においては, *小型武器'・軽兵器の非合法な仲介を防止し撲滅するための国際協力を強化することを目的とした措置について検討する旨が盛り込まれた. 2001年の国連総会では, この措置について2002年に検討を行うことが決定され, 2003年には, この措置に関して国連加盟国や地域的・準地域的・国際的組織, 専門家による幅広い協議を行う旨の国連総会決議が採択された. その後, 2004年には, この措置の内容を検討する政府専門家グループを2007年より遅くない時期に設置することを視野に入れつつ幅広い協議を継続する旨の国連総会決議が採択された. この決議に基づき, 2004年から2005年にかけて, 政府, 地域的組織, NGO, 研究者が参加する協議会合がジュネーブおよびニューヨークで開催された. 2005年には, 上記の政府専門家グループが2007年の国連総会に報告書を提出する旨の国連総会決議が採択された. この政府専門家グループは, 2006年から2007年にかけて3回の会合を開催し, 報告書を作成した.

2 報告書の内容とその後 報告書は, ブローカーを, 資金的あるいは他の形での利益と引き換えに, 関係者間を取り次ぎ, 小型武器・軽兵器の取引を手配あるいは促進する仲介者として活動する個人あるいは法人として定義した. 報告書の勧告セクションにおいては, 小型武器・軽兵器のブローカリングを規制するための法律・規則・行政手続きが未整備である国はそれらを整備することや, 各国が最終使用者証明書やその他のブローカリングに関連する文書の偽造や不正使用を防止するための措置を講じることが奨励された. また, 勧告には, ブローカリングに関する合法性の審査や非合法ブローカリングの捜査・訴追のために各国が協力することが奨励され, ブローカリング規制のための支援の要請を受けた国および国際機関は支援を検討すべきことも盛り込まれた. 加えて, 勧告においては, 各国が国連小型武器行動計画の実施報告にブローカリング規制に関する内容を含めることも奨励された. その後, 2007年に採択された国連総会決議は, この報告書に留意する旨を述べ, 国連加盟各国に対して報告書の勧告の実施を奨励した. ただし, 報告書にも国連総会決議にも法的拘束力はなく, 勧告の内容を実施するか否かは各国の裁量に委ねられている. ［榎本珠良］

■分散型サービス拒否攻撃 distributed denial of service attack : DDoS attack

分散型サービス拒否攻撃(DDoS攻撃)は, 標的とするコンピュータ, またはコンピュータネットワークに対し, 複数のネットワークに分散するコンピュータから一斉にアクセスすることにより攻撃対象のシステムやサービスを機能停止させることを目的とした*サイバー攻撃' の1種である. DDoS攻撃はその手法として主に2つに分類される. 1つ目の手法は電子掲示板などを通して攻撃への参加者を募り, 多数の攻撃者が意図的に攻撃を行う方法で, もう1つの手法は, 攻撃を首謀するものが*コンピュータウイルス' などの攻撃プログラムを不特定のコンピュータに感染させ, 感染した不特定のコンピュータの集合体(ボットネット)を通して対象に攻撃を仕掛ける方法である. 後者の攻撃の場合, 攻撃プログラムに攻撃開始時間がプログラミングされていることが多く, 特定の時間になると標的のコンピュータシステムに一斉にアクセスするようになっている. その結果, 攻撃を受けたコンピュータシステムは機能停止に追い込まれる. 攻撃目的は, 主にサービス提供の妨害や, 攻撃側の主義・主張を表明することを目的として行われる. また, この攻撃は感染したコンピュータが実際の攻撃を行うため, 攻撃の首謀者を割り出すことが難しく, 対策を施すうえでのいわゆる帰属問題となっている. ［会津賢治］

■紛争予防センター Conflict Prevention Centre(OSCE):CPC

1 設置の背景 *欧州安全保障協力機構'(OSCE)の機関の1つである.OSCEの機構強化の取り組みの中で,1990年の「新しい欧州のためのパリ憲章」において,設置が合意された.設立時のCPCの主たる役割は,国家間武力紛争を回避するために導入された*信頼·安全保障醸成措置'(CSBM)の履行を支援することであった.その後,欧州において民族紛争が多発し地域的な緊張が高まったことを受けて,CPCは早期警報,紛争予防,危機管理,紛争後の復興にむけた取り組みを包括的に支援する役割を担う,OSCEの主要機関の1つとなった.

2 活動内容 CPCはCSBMの履行支援を通じて加盟国間の政治対話促進を担っている.OSCEのCSBMは,軍事活動や軍事力の*透明性'と予測可能性を高めることで国家間の信頼を強化する取組みである.具体的には,軍事情報の年次交換,防衛計画の交換,危機軽減措置,交流,軍事活動の事前通告,軍事活動に関する視察,年間計画の交換,軍事活動の制限措置,*検証'措置,年次履行評価会議等からなる.CPCはこのCSBMをOSCE加盟国が履行する際,情報共有に使用する通信網の提供や,危機軽減措置としての緊急会議の開催等を担っている.また,CPCは政治·軍事的な取り決めを協議·策定する安全保障協力フォーラム(FSC)の活動を支援し,加盟国がそれらの取り決めを履行できるよう,履行支援や能力強化支援を行う.紛争の早期警報,紛争予防,復興支援に関して,CPCは現地に展開するフィールドオフィスを立ち上げ,情報の収集,分析を行い,OSCEならびに加盟国に提供するとともに,紛争当事者間の対話促進等を通じて紛争の平和的解決を促している.そのほか近年は,*小型武器',弾薬の余剰備蓄の管理および廃棄や,非合法取引規制に向けた制度強化についても,CPCが加盟国支援を行っている.また,*大量破壊兵器'(WMD)の*非国家主体'への拡散防止など,*軍備管理'·*軍縮'分野での履行支援も,CPCの重要な活動領域に含まれている.

[佐渡紀子]

■文民条約 Convention(IV)relative to the Protection of Civilian Persons in Time of War,［正称］戦時における文民の保護に関する1949年8月12日のジュネーブ条約(第4条約),［採択］1949.8.12,［発効］1950.10.21,［日本］〈加入〉1953.4.21,〈公布·発効〉1953.10.21(昭28条約26)

1 条約の成立経緯 紛争犠牲者の保護を規定した1949年のジュネーブ諸条約(ジュネーブ4条約)のうち,文民の保護に関して詳細な規定を置いた第4条約を指す.第一次世界大戦の惨禍を経て,1899年および1907年の*ハーグ陸戦条約'における一般住民の保護の規定が不十分であることが認識されるようになり,1920年代に赤十字国際会議を通じて戦時における文民の保護に関する補完的な規則の策定に向けた取組が開始され,第二次世界大戦で一般住民が受けた多大な損害を踏まえて,1949年に文民条約を含むジュネーブ4条約が採択された.

2 条約の内容 条約は,武力紛争が生じた場合に文民を保護することによって,武力紛争による被害をできる限り軽減することを目的としている.条約にいう文民とは,基本的には,武力紛争時または占領の場合において紛争当事国または占領国の権力内にある者でその紛争当事国または占領国の国民でないもの(被保護者)を指す.条約の159カ条に及ぶ条文は被保護者の地位および取扱に関する規定である.被保護者は,その身体,名誉,家族として有する権利などを尊重される権利を有し,人道的に待遇されなければならず,とくにすべての暴行または脅迫ならびに侮辱および公衆の好奇心から保護されなければならないと規定されている(第27条).また,被保護者の殺害,拷問,肉体に加える罰,身体の切断や医療上必要でない医学的または精神的実験などの措置が禁止されている(第32条).

被保護者に対する殺人, 拷問または非人道的な取扱いは, 条約の重大な違反(grave breaches)とされ, 締約国はこれらの行為に対する有効な刑罰を定めるため必要な立法を行うこと, これらの行為を行い, または行うことを命じた疑いのある者を捜査すること, また, その者の国籍のいかんを問わず, 自国の裁判所に対して公訴を提起すること等を義務付けている.

［木村泰次郎］

■**分離プルトニウム** separated plutonium

金属や合金, 酸化物等の形で存在する*プルトニウム'. プルトニウムは, ウラン238を原子炉で照射するなどして生成され, 単体で存在するためには, 使用済燃料などから分離する必要があることから, このように呼ばれる. 分離プルトニウムは, 核兵器への転用が比較的容易であるため, *核不拡散' 上の懸念が指摘されてきた. 1970年代, 日本の東海再処理工場の稼働にあたっては, 分離プルトニウムが生成されるか否かが日米間で懸案となったが, 最終的にはプルトニウムを単体で分離することなく, ウランと混ぜた形で抽出(混合脱硝)することで解決をみた. 最近, 日本の*核燃料サイクル' 計画では, *高速増殖炉' 計画の遅延や, *混合酸化物' (MOX) 燃料工場の完成までのタイムラグがあるため, 分離プルトニウムの貯蔵量が増加している. これに対しては懸念の声も上がっており, 分離プルトニウムの貯蔵・管理にあたっては十分な透明性と説明責任をはたすよう要請が高まっている.

［堀尾健太］

へ

■**米アラブ首長国連邦(UAE)原子力協力協定** Agreement for Cooperation Between the Government of the United states of America and the Government of the United Arab Emirates Concerning Peaceful Uses of Nuclear Energy ［正称］原子力の平和利用に関する協力のためのアメリカ合衆国政府とアラブ首長国連邦との間の協定, ［署名］2009.1.15(ワシントン), ［再署名］2009.5.21(ワシントン), ［発効］2009.12.17

1 概要 2009年5月に米国とアラブ首長国連邦(UAE)の間で発効した*2国間原子力協力協定'. UAEが2008年に原子力発電の導入を表明したことを受けて締結された. *核不拡散' 上の規定が厳しいことが特徴で, UAEが自国内で*濃縮', *再処理', *重水製造', *プルトニウム' を含む燃料の製造といった機微な活動を行うことが法的に禁じられている. これはUAEが2008年に原子力発電の導入を表明した際, 自国内で濃縮・再処理を行わず, 長期の契約に基づく他国からの燃料供給に依存することを決定したためである. 2009年1月に署名された協定案では協定前文にこの内容が記載されていたが, 同年5月にこれを協定本文に移した協定案で再署名が行われている. この他に, 米国起源の使用済燃料については両国が認めるUAE以外の国で再処理することが可能であるが, 再処理によって回収されるプルトニウムなどをUAEに返還することは想定されていない. また米国が他の中東諸国との協定においてUAEとの協定以上の権利を認めた場合, UAEは協定改定により同様の権利を要求できると規定されている.

2 その後の展開 両国間ではその後, 米国企業がUAEの原子力の*平和的利用' 計画の策定や関係機関の設立準備などを支援した他, 韓国企業が落札した同国初の原子炉建設に関して設備・役務などを提供している. また米国内では, 本協定で規定された協定相手国内における濃縮および再処理の法的禁止が*ゴールドスタンダード' と呼ばれ, 米国内では今後締結する他の協定にも同様の規定を求めるべきとの意見が議会や核不拡散問題の専門家の間に拡がった. 2011年には米議会下院において, ゴールドスタンダードに沿わない協定については上下両院の合同承認決議がなければ発効しないとする法案が審議され, 最終的に廃案となったものの, 2013年には類似する法案が再度提出された. しかしバラク・オバマ(Barack Obama)政権はこうした議会の意向に反対しており, 相手国の状況に合わせてゴールドスタンダードを求めるかどうかを決定する柔軟な方針を採用している.

［武田 悠］

■**米印原子力協力協定**　Agreement for Cooperation Between the Government of the United States of America and the Government of India Concerning Peaceful Uses of Nuclear Energy ［正称］原子力の平和利用に関する協力のためのアメリカ合衆国とインド政府との間の協定, ［署名］2008.10.10(ワシントン), ［発効］2008.12.6

1 発効の経緯　2008年10月に米国とインドの間で発効した*2国間原子力協力協定'. インドは2度核実験を行い, *核兵器不拡散条約'(NPT)にも加盟していなかったため, それまで国際的な原子力協力の枠外に置かれていた. しかし米国はインドが戦略的にも原子力市場としても重要であるという判断から, 2005年にインドとの原子力協力に向けた枠組み作りを開始した. またインドも原子力施設を軍民間で分離して民生用施設を*国際原子力機関'(IAEA)の*保障措置'下に置くなどの*核不拡散'上の措置を約束した. これを受け, 2006年12月には米国で米印原子力協力法(ヘンリー・ハイド法)が成立し, 包括的保障措置の適用を原子力協力の条件とする*米国原子力法'の規定についてインドを例外扱いすることが決定された. 2007年7月には両国政府間で協定締結交渉が妥結に至り, 2008年8月にインド政府が国内の反対を押し切ってIAEAと保障措置協定を締結し, 9月に*原子力供給国グループ'(NSG)が*包括的保障措置'を原子力資機材供給の条件とするNSGガイドラインの規定についてインドを例外扱いすることを承認した. これらの措置を受けて米議会の上下両院が本協定案の合同承認決議を可決し, 同年12月に協定は発効した.

2 本協定に関する議論　本協定に関しては当初から, 国際核不拡散体制へ悪影響を及ぼすのではないかとの批判があった. まず一般論として, NPTに加盟せず包括的保障措置も適用されなくても原子力協力を得られるという前例をつくることでNPTの規範性を損ない, NPT未加盟のパキスタンやイスラエルもインドと同様の扱いを求める恐れがあると指摘された. またより具体的に, 核燃料をインドに供給すればその分インド国内の天然ウランが核兵器製造に使用される, 2005年以降のインドによる核不拡散上の措置が不十分であるなどの批判もなされた. これに対して米国政府は, 過去にインドを孤立させることで同国の核開発に影響を及ぼすことができなかったことを踏まえれば, むしろ国際核不拡散体制に取り込むべきであると主張している. その後, 協定発効後にインドへの原子炉等の輸出を期待していた供給国は, 2010年8月に成立したインドの原子力損害賠償法に, 移転された原子力資機材の瑕疵が原因で事故が発生した場合に供給者が賠償を求められる規定が含まれていた点について懸念を表明している. 国際的には運転者が賠償責任を負うことが一般的であるため, 米国, ロシア, フランスなどの供給国はインド政府に対応を求めている.　［武田 悠］

■**兵器用核分裂性物質生産禁止条約**
Fissile Material Cut-off Treaty : FMCT

1 FMCT問題の経緯　*冷戦'終結後の1993年の国連総会において米国のビル・クリントン(Bill Clinton)大統領がFMCTの交渉開始を提案し, 同年の国連総会は,「*核兵器'またはその他の核爆発装置のための核分裂性物質の生産を禁止する, 無差別で多国間の, 国際的かつ効果的な検証可能な条約」の交渉開始を要請した. ジュネーブの*軍縮会議' (CD)は本件に関する特別調整官にジェラルド・シャノン(Gerald Shannon)カナダ大使を任命し, 1995年「シャノン・マンデート」と呼ばれる付託事項が決定された. しかし交渉は行われず, インドとパキスタンの*核実験' を契機として1998年に設置されたアドホック委員会も実質的交渉を行わなかった. バラク・オバマ(Barack Obama)大統領の登場とともに, 2009年5月にFMCT交渉を行う作業部会の設置を含む作業計画がCDで合意された. この作業計画を実施する段階においてパキスタンが手続事項に関する問題にも反対し, 実質的交渉には入れなかった. 2010年以降は, パキスタンの反対により作業計画それ自体に合意することができず, 交渉は開始されていない. 交渉が進展しなかった理由の1つは他の問題とのリンケージであり, FMCTの交渉と同時に, *核軍縮' の交渉を行うべきであるとする非同盟諸国の主張, 宇宙の軍備競争防止についての交渉を行うべきであるとする中露の主張があった. もう1つは, 条約の対象は将来の生産の禁止のみならず, 現在の核分裂性物質のストックに対しても規制を行うべきであるとする主張であった.

2 FMCTの内容 FMCTとは兵器用の核分裂性物質の生産を禁止することを目的としており, 兵器用の核分裂性物質とは具体的には*高濃縮ウラン' と*プルトニウム' である. その生産を禁止することは, 核兵器の材料となる物質を生産しないということであり, *包括的核実験禁止条約' (CTBT)が核軍備競争の質的停止の措置であるのに対して, FMCTはその量的停止の措置である. これが基本的な措置であり, 核兵器国は条約の基本的義務は将来の生産の禁止のみであると主張している. しかし多くの非同盟諸国は, それだけでは*核不拡散' 措置にすぎず, *核軍縮' に向けての措置も含まれるべきであると主張し, 現存する核分裂性物質のストックに対する規制を行うことを主張している. 前者の立場はFMCTあるいはカットオフ条約という用語を用いるが, 後者の立場からは核分裂性物質条約(FMT)という用語が用いられる場合もある. なお, *冷戦' 終結後米露の核兵器削減が実施されている状況において, 米国, ロシア, 英国, フランスは核分裂性物質生産停止を一方的に宣言し実施している. しかし中国はこのモラトリアムに反対している.

3 今後の課題 2009年のCDの決定は, FMCTの交渉を開始すること, 他の3つの問題, すなわち宇宙における*軍備競争' の防止, *核軍縮', *消極的安全保証' については協議を始めることとなっており, 交渉の妨げとなっていたリンケージの問題は解決されている. 残された最大の問題は条約の範囲に関するもので, 核兵器国が主張するように将来の生産のみを禁止するのか, 現存の核分裂性物質のストックに対する規制を含めるのか, またどのような規制を含めるのかというものである. シャノン・マンデートは, 交渉の中でそれらの問題を議論すべきであるとしているが, 非同盟諸国は交渉の前に核分裂性物質のストックをも含めるべきであると主張している. 今はインドとの対抗という点からパキスタンが強硬に反対しているが, 2つのアプローチの妥協を図る方法, たとえば段階的な実施あるいは枠組み条約への合意などが探求されるべきとの意見もある. なお国連総会はこの問題に対応するため, 2012年12月に総会決議を採択し, 兵器用核分裂性物質生産禁止条約につきそれを交渉するのではなく, それに貢献できる諸側面に関する勧告をするために, 25名からなる兵器用核分裂性物質生産禁止条約に関する政府専門家グループを設置するよう事務総長に要請し, 2014年と2015年に2週間の2回の会期を開催することとなった. FMCTは核兵器用核分裂性物質生産禁止条約とも言う.

[黒澤 満]

■**米国核不拡散法**　Nuclear Non-proliferation Act：NNPA

1 概要　1978年3月に成立した国内法で，*米国原子力法'を改正し，*2国間原子力協力協定'や原子力資機材を輸出する際の核不拡散要件を大幅に厳格化した．協定に関しては，非核兵器国の場合には包括的*保障措置'の実施を求めるなど，9つの核不拡散要件が設定された．また米国政府は既に締結されていた協定についてもこの要件に適うよう改定を求めなくてはならなくなったため，協定相手国の反発を招いた．中でも移転した*核物質'や原子力資機材によって生産された核物質の濃縮および*再処理'について米国の事前同意権を求めるとした規定は，当時こうした規定のなかった*欧州原子力共同体'(EURATOM)との協定の改定をめぐって米欧間に摩擦を引き起こした．なお，本法では濃縮および再処理という*機微原子力技術'に関する協力は実施しないとされ，以後現在に至るまで，別個に協定を締結してレーザー濃縮に関する協力を行っている豪州のみがこの原則の例外となっている．

2 背景　本法の背景には，1974年のインド核実験によって米国で原子力の*平和的利用'における核拡散リスクが問題視されるようになったという事情がある．インドが核爆発装置の製造に利用した*プルトニウム'はカナダから供与された重水減速炉で製造されており，米国は重水をインドに提供していたため，以後米国議会においては原子力協定や原子力貿易に関する核不拡散規制を強化するための法案が審議された．これに対して1977年に発足したジミー・カーター(Jimmy Carter)政権も独自の核不拡散法案を提出し，核拡散問題に熱心な議員が提出していた法案との調整の末，1978年3月に本法が成立した．こうした経緯ゆえに本法の内容には複雑かつ曖昧な部分があり，その規定に沿って行政府が既存の協定の改定などを進める中で議会と行政府の間に論争を惹起した．特に問題となったのが，協定相手国に再処理を認める内容の後になされる取極めを締結する場合，再処理の過程で回収されるプルトニウムが軍事転用された場合にタイムリーな警告が発され，これを阻止しうることを求めた規定である．1988年に改定された*日米原子力協力協定'が議会で審議された際にも，このタイムリーな警告が確保されているかどうかを純粋に技術的に評価するのか，それとも日米間の安全保障関係や日本の政治的安定性といった他の要素も踏まえて評価するのかが問題となり，議論が紛糾した．そのため本法は1978年の発効以来何度か改定が検討されたものの，核不拡散要件の緩和を求める行政府と厳格化を求める一部の議員の間で意見が対立し，現在に至るまで改定はなされていない．

［武田 悠］

■**米国原子力法**　Atomic Energy Act

1 概要　米国の原子力活動を規定する法律である．1946年に制定された際には原子力委員会(AEC)を設立し，軍から核開発に関する権限を移し，民間企業の原子力の*平和的利用'への参入を目指した．その後幾度かの改定を経て，米国の防衛と安全保障を損なわない範囲での原子力平和利用に関する国際協力，そうした協力全体の条件を定めた*2国間原子力協力協定'，協定に必要な9つの核不拡散上の要件等を定めている．ただし核不拡散上の9つの要件を満たさない協定についても，要件のいずれかを含めることが米国の核不拡散上の目標達成に悪影響を及ぼすか，米国の防衛と安全保障を損なうと大統領が判断した場合，議会がこの判断を承認すれば協定の発効は可能である．

2 改正の歴史　本法は幾度かの改正を経ているが，とりわけ大規模だったのは以下の3回である．まず1954年には，原子力発電への民間企業参入を促すため，いわゆるプライス・アンダーソン法による改正で事故などが発生した際の損害賠償額に上限が設けられた．同時にドワイト・アイゼンハワー(Dwight Eisenhower)大統領が前年に行った「*平和のための原子力'」(Atoms for Peace)演説を受けて，原子力平和利用に関する国際協力を進める際の規定が設けられた．次に1974年には，エネルギー再組織法によってAECが廃止され，安全や核不拡散に関する規制を担当する原子力規制委員会(NRC)と平和利用推進を担当するエネルギー研究開発局(ERDA)が設置された．なおERDAは1977年に*エネルギー省'に改編されている．さらに1978年には，1954年の改正で定められた協定や原子力貿易の核不拡散要件が*米国核不拡散法'(NNPA)によって大幅に厳格化された．この改正は，1974年のインドの核実験を契機に米国内で活発化した，原子力平和利用に対する核不拡散上の規制強化に関する議論の集大成であった．これによって行政府は他国と既に締結している協定についてもNNPAに沿うよう改定交渉を行うことを強いられたため，日本および西欧諸国といった協定相手国から一方的な核不拡散規制強化であるとの反発を招いた．［武田 悠］

■米国再輸出規制　re-export control of the United States

1 *米国の輸出管理制度'　一般的に輸出規制とは，ある国から貨物や技術が輸出または提供される場合にのみ適用される国内法であるが，米国は*迂回輸出'を防止する観点から，米国から一旦輸出された品目などが輸入国から再び輸出される場合にも規制を行っている．これを再輸出規制と呼び，国際社会において米国のみが実施している規制である．米国の国内法であるが米国以外の国でも適用されるため，域外適用であるとして日欧諸国は米国政府に是正措置を求めている．米国の法律体系は複雑であり，以下の通り所管の官庁が決められている．まず，武器品目については，武器輸出管理法(AECA)および*国際武器取引に関する規則'(ITAR)に基づく輸出管理が実施されており，国務省が所管している．武器品目の再輸出，移転，廃棄は基本的には事前の米政府の許可が必要である．また，原子力専用品目については，原子力法(AEA)に基づく輸出管理が実施されており，米国*エネルギー省'および原子力規制委員会が所管している．原子力専用品目を再輸出する場合には基本的には事前の米政府の許可が必要である．国務省，エネルギー省および原子力規制委員会が規制している以外の品目について，米国輸出管理法(EAA)および米国輸出管理規則(EAR)に基づいて輸出管理が実施されており，商務省の産業・安全保障局(BIS)が所管している．以下では，EARに基づくデュアル・ユース貨物および技術の再輸出規制について記述する．EARの規制対象品目は規制品目リスト(CCL)に規定されており，軍事用途および民生用途の両方に使用できるデュアルユース品目が列挙されている．なお，2009年8月にバラク・オバマ(Barack Obama)大統領が表明した輸出管理制度の改革に基づいて，機微度の低い武器品目についても，米国武器品目リスト(USML)からCCLに移管され，EARにおいて規制されることになった．

2 再輸出規制の実務　EARに基づく再輸出規制は，米国からの輸出と同等の規制が課せられ，再輸出者は必要な場合には米国政府に輸出許可申請を行わなければならない．EARに基づく再輸出規制の主な特徴は，以下の通りである．まず，①規制は米国原産の品目だけでなく，米国原産品目を組み込んだ非米国製品や，米国原産の技術・ソフトウェアに基づいて直接的に製造された品目(直接製品と言う)も対象となる．その為，米国の輸出者とは異なり，再輸出者は米国から輸出された品目以外に，それらの品目を組み込んだ品目や直接製品についてもEARの規制を考慮する必要があり，複雑な管理が必要となる．②規制品目は米国の独自規制品目があるため日本やEUと比べて広範囲である．*外為法'では国際輸出管理レジームで合意された品目が*輸出令別表第1'および*外為令別表'に列挙されているが，EARでは米国の外交政策や*経済制裁'の対象としている独自規制品目も規制対象となっているため，日本においてはリスト規制品目となっていない品目がEARのリスト規制品目となっている．③リスト規制に該当しても仕向先によっては許可の不要な場合や，法令で定められている例外措置（許可例外と言う）を適用することにより許可不要となる場合が多い．外為法ではリスト規制品目を輸出する場合には許可が必要であるが，米国法では輸出しようとしている品目と仕向先の組み合わせ次第では，許可の不要な場合が多く規定されている．また日本に比べて許可不要の特例が多く規定されていることも大きな特徴である．さらに，④禁輸国やテロ支援国向けの場合には，ほとんどの場合に許可が必要であり，許可されない場合が多い．⑤米国法に違反した場合には，Denied Personsに指定・公表され米国原産品目などの取引が禁止される．なお，以上で説明したEARに基づく輸出管理の基本法であるEAAは2014年9月現在失効しており，大統領が国際緊急経済権限法（IEEPA）に基づいて，「EARに基づく輸出管理を継続する」と毎年宣言することで米国の安全保障と輸出管理制度は維持されている．〔河野瀬純子〕

■米国の化学兵器　US chemical weapons

米国は1997年4月に*化学兵器禁止条約'を批准し，同年同月の同条約の発効とともにその原当事国となった．1997年5月に同国が提出した冒頭申告には，約2万8,000tの*化学兵器'の保有が申告されていた．その大部分がサリン，VX，マスタードなどのいわゆる種類1の化学兵器であった．米国では，廃棄施設近隣の住民の安全や健康，環境面における強い懸念のほか，化学兵器の州間の移動を禁止する法律の制定，焼却による廃棄に反対する州の出現などのため，*化学兵器の廃棄'は予定通りには進まなかった．2006年には，*化学兵器禁止機関'の締約国会議によって米国の化学兵器の廃棄期限の延長が認められ，最終的な廃棄期限は2012年4月29日とされた．その後の廃棄作業によって，2011年末の段階で約90％の廃棄が完了していたが，新たな廃棄施設の完成が遅れたため，米国は延長後の最終廃棄期限も守ることできなかった．2011年12月の第16回締約国会議の決定によって，最終廃棄期限時に未廃棄の化学兵器については可能な限り短期間のうちに廃棄を完了することが求められるとともに，廃棄の完了予定日を含む廃棄計画の提出が求められ，米国は2023年9月を廃棄完了予定日として報告した．
→化学兵器の廃棄期限問題〔浅田正彦〕

■米国の核政策・核戦略　US nuclear policy and nuclear strategy

1　冷戦時代　米国は世界で最初に*核兵器'を開発したが，宇宙開発ではソ連に先を越され（1957年のスプートニク打ち上げ），1950年代後半に「ミサイル・ギャップ論争」（*大陸間弾道ミサイル'〔ICBM〕の開発でソ連に立ち遅れたのではないか）が起こった．ソ連との戦略バランスに対する米国の強い警戒はその後も継続し，核軍備競争が恒常化する原因の1つになった．米国の課題は，ソ連の戦略核攻撃から米国本土を守る戦略（核）*抑止'と，米国の同盟国をソ連の軍事攻撃（核戦力および通常戦力）から守る拡大核抑止であった．1950年代前半に*大量報復戦略'（核兵器による即時・大量の報復の威嚇）が提示されたが，破滅的な核戦争の抑止効果に全面的に依存する硬直性と信憑性が問題視され，1960年代にジョン・ケネディ（John Kennedy）政権は*柔軟反応戦略'を採用し，「通常戦力による抵抗→西欧配備の戦術核兵器の先行使用（first use）→米国本土の戦略核兵器の使用」というエスカレーションの梯子を準備した．その後，核戦争が起こった場合に全面核戦争以外の可能性を残すための限定核報復オプションを準備する試みや，ソ連に核戦争勝利の幻想を抱かせぬように，核使用のための目標選定を多様化する努力など，抑止戦略の修正努力が見られた．ロナルド・レーガン（Ronald Reagan）大統領は，戦略防御の実現可能性に期待して*戦略防衛構想'(SDI)を打ち上げたが,SDIは研究計画に終わる.結局,米ソは硬化目標(抗堪化された相手の軍事力)を破壊する核攻撃力の追求を続け,*恐怖の均衡'から抜け出せなかった.

2 冷戦後 米露関係と欧州情勢の変化,*大量破壊兵器'(WMD)とテロの拡散などを受けて,米国の核政策の見直し作業が始まった.核報復の威嚇に大幅に依存せずに,ミサイル防衛の配備を前提にした新たな抑止戦略が検討されている.2010年にバラク·オバマ(Barack Obama)政権が発表した「*核態勢見直し報告'」(NPR報告)では5つの目標が示された.①核拡散が起こった地域の不安定化の防止と*核不拡散'体制の維持強化.テロリストの*核兵器'·*核物質'の入手阻止により*核テロリズム'を未然に防止する.②米露*核軍縮'の推進(戦略核の三本柱は維持),ミサイル防衛と高度な通常戦力開発,軍事インフラ強化を通じた核兵器の役割の低減.*生物兵器'·*化学兵器'の脅威に対する核の役割の低減(1997年の大統領決定命令60では生物·化学兵器攻撃に対する核使用が記載されたといわれる).③核戦力の規模を縮小しながら米国と同盟国·友好国に対する敵対国の核攻撃を抑止し,ロシア·中国との*戦略的安定'を維持する.④同盟国·パートナーとの2国間関係と地域的安全保障関係の強化,新たな脅威への対処.⑤新しい核兵器開発や*核実験'を行わずに米国の核兵器の安全性と信頼性を維持するため*備蓄弾頭維持管理計画'を実施する.

3 変化と継続 米国政府は冷戦型思考からの決別を掲げているが,米国とその同盟国に対する核攻撃を抑止する役割を核兵器に与えている点では継続性があり,*核抑止'の信憑性という問題も引き継がれている.「9.11テロ」以降,米国は核テロリズムの脅威を重大視し,*核セキュリティサミット'を主催して,核物質(*プルトニウム'やウラン)の維持管理を厳格に行うことを世界各国に呼びかけている.*核軍縮'の推進と核兵器の役割低減という潮流は定まっているが,核抑止力の規模とあり方に関する見解は政権によって異なり,政権内のコンセンサス形成も容易ではない.米国は*核不拡散'体制の強化にイニシアティブを発揮しつつ核兵器の規模と役割を減らしているが,核兵器削減が不十分でペースが遅いという批判がある.抑止力の信頼性確保という名目の核兵器研究の予算は増加傾向にあり,核軍縮の*不可逆性の原則'に反するという批判も向けられている.→核の傘,ロシアの核政策·核戦略,中国の核政策·核戦略,英国の核政策·核戦略,フランスの核政策·核戦略,インドの核政策·核戦略,パキスタンの核政策·核戦略

［岩田修一郎］

■米国のミサイル戦力 US missile capabilities

1 核ミサイルの分類 米軍が保有するミサイルのうち,*抑止'力の主力となるのが核弾頭搭載可能なミサイルである.*核兵器'は大別して,戦略核兵器と,戦域核兵器,戦術核兵器に分類される.戦略核兵器は5,500kmを超える射程を持つ*大陸間弾道ミサイル'(ICBM)と,600kmを超える射程距離を持ち,潜水艦で輸送されるか潜水艦から発射される*潜水艦発射弾道ミサイル'(SLBM),それに,8,000kmを超える航続距離を持つか,核を搭載した長距離射程の空中発射*巡航ミサイル'(ALCM)を装備した*戦略爆撃機'(長距離爆撃機)によって構成される.これらの3つを*戦略三本柱'と呼ぶ.戦域核兵器のうち,その射程が500~5,500kmの地上配備のミサイルは*中距離核戦力条約'(INF条約)で廃棄された.戦術核は射程距離が500km以下のものをさしている.しかしこれは,米ソ間の地政学的な視点に基づく2国間条約上の分類であって,必ずしも普遍的な定義ではない.

2 各ミサイル戦力の利点と特徴 戦略核でも,ICBM,SLBM,戦略爆撃機は異なった特性を持っている.地下の固定サイロに配置されているICBMは*攻撃下発射'(LUA)態勢にあり,三本柱の中で最も短時間のうちにいっせい

に攻撃開始できることから，相手の地下 ICBM 基地を無力化する手段としては三本柱の中では最も重視されている．初期の ICBM はいずれも液体燃料を用いていた．大きな推力を出せるため，ミサイルの大型化には好都合であったが，発射直前に燃料を注入しなければならなかったため，即応性では課題を抱えていた．ソ連はそれでも液体燃料方式にこだわり，燃料を充塡したまま地下基地に保管できるように ICBM の改良を重ねて多数配備した．米国は 1960 年代に入って固体燃料方式の ICBM を実用化し，液体燃料方式を退役させていった．海洋に展開し，浮上することがまれな潜水艦に配備された SLBM は，相手に発見されて攻撃を受けるリスクが固定配備式の ICBM より，はるかに小さい．このため，核戦争の際の残存能力が高く，報復攻撃力としての存在価値が高いと位置付けられている．戦略爆撃機は，飛び立った後も核兵器を発射するまでは作戦変更が可能で，核攻撃決定までの時間的余裕を持たせることができる．こうした異なる特性を持つ核戦力を保持することで，相手の核攻撃に対する報復力の信頼性を高め，抑止力の確保をはかっている．1970 年代になって ICBM と SLBM の*複数個別誘導弾頭'(MIRV)化が進んだが，米国はソ連(崩壊後はロシア)に比べて，全核弾頭のうち，SLBM 搭載分の比率を高めた．ICBM による先制攻撃能力よりも，SLBM による報復能力に力点を置いた選択と説明されることが多い．

3 保有量の内訳　米国の三本柱として配備されているミサイルは何か．2014 年8月1日現在でみると，ICBM はミニットマン 3 で 450 基，SLBM はトライデント D5 で 288 基である．戦略爆撃機には B-52H と B-2 があるが，核弾頭搭載の*巡航ミサイル'を装備しているのは B-52H で計 200 基の巡航ミサイルが配備されている．米国は核弾頭，通常弾頭のいずれも搭載可能で，水上艦艇および潜水艦から発射できる巡航ミサイル(SLCM)トマホークを 1970 年代から開発し，80 年代に本格配備した．SLCM の核弾頭については 1991 年以降に本土の施設へ撤収し，解体作業も進んでいる．バラク・オバマ(Barack Obama)政権になって，*通常戦力による迅速グローバル打撃'(CPGS)の開発が加速している．ICBM，SLBM を改造し，弾頭を核から高性能火薬に替えて，世界各地の標的を破壊できるようにするねらいである．退役した*弾道ミサイル'を使うものの，弾道ミサイルとは異なる低い軌道を描くので核兵器搭載型との混同を防げると米国政府は説明するが，ロシアや中国は見分けがつきにくいと警戒している．

［吉田文彦］

■米国のミサイル防衛システム　US missile defense capabilities

1 冷戦期の迎撃能力　ミサイル迎撃システムの研究は*弾道ミサイル'が出現した第二次世界大戦直後に始まるが，米国の迎撃能力は冷戦期を通じてほぼ皆無であり続けた．*弾道弾迎撃ミサイル制限条約'(ABM 条約)締結後の 1975 年に，セーフガード計画の下でスプリントとスパルタンという 2 種類のナイキ ABM システムがノースダコタ州グランドフォークス基地に配備された．*大陸間弾道ミサイル'(ICBM)基地の拠点防衛を目的としていたが，費用対効果が低すぎると判断され，1 年足らずで撤去された．その後，ロナルド・レーガン(Ronald Reagan)政権が*戦略防衛構想'(SDI)を打ち出し，宇宙配備のレーザー兵器など先進的な迎撃システムも追求されたが，1993 年5月にその終焉が宣言されるまで，新たな迎撃システムが実戦配備されることはなかった．1991 年の*湾岸戦争'でスカッドの迎撃に使われたのは，防空システムとして開発・配備されていたパトリオット PAC-2 であった．その後，米国は短・中距離ミサイル用を中心に迎撃システムの開発を急ぐこととなる．

2 冷戦後の戦域防衛能力拡大　1993 年に SDI を終結させたビル・クリントン(Bill Clinton)政

権は，*戦域ミサイル防衛'（TMD）と*本土ミサイル防衛'（NMD）からなる*弾道ミサイル防衛'（BMD）計画を打ち出した．最優先とされたTMDについては，主に地上配備・低層迎撃用のパトリオットPAC-3，同・高層迎撃用の戦域高高度地域防衛（THAAD〔後に「*終末高高度地域防衛'」に改称〕），海上配備・低層迎撃用の海軍地域防衛（NAD），同・高層迎撃用の海軍戦域防衛（NTWD）の4システムが追求された．うちNADは2001年末に中止されたが，後にNADに使われるはずだったSM-2ブロックIVの改良型の開発が進み，2006年には短距離ミサイルの迎撃実験に成功している．同じく短距離ミサイル用のPAC-3は2002年までに配備開始に至り，ミサイル迎撃能力を付与されたPAC-2改良型とともに2003年のイラク戦争でも使われ，若干数ながら迎撃にも成功している．最も遅くに始まったNTWD計画は，2005年には中間段階迎撃・中距離ミサイル用の*SM-3'ブロックIAの実用化をもたらした．2014年にはSM-3ブロックIBも配備開始に至り，*段階的適応型アプローチ'（PAA）の一環として欧州への展開，および地上型イージスの展開準備も始まった．*イージスBMD'については，日本も開発に参加しているSM-3ブロックIIAなど，その後も高性能型の開発が続いている．またTHAADは，終末段階迎撃用ではあるが，中距離ミサイル用のシステムとして2008年に実用化に至っている．その防衛範囲はPAC-3の約10倍の半径200kmに及ぶという．ただし防衛範囲は，SM-3ブロックIAでは半径約500kmとさらに広く，同ブロックIIAでは半径1,000km以上にもなるとされる．米国は，実用化された迎撃システムを自ら前方展開するとともに，北東アジア，中東，欧州の同盟・友好国にその売却も進めてきた．こうして整備・強化されていく地域抑止態勢も，米国のグローバルなミサイル防衛網に大きく寄与する要素になっているといえる．また，同盟国への安心供与手段として，*大量破壊兵器'（WMD）およびミサイルの不拡散に寄与するとも見られている．

3 戦略防衛能力の行方　クリントン政権が配備決定を延期したNMDは，ABM条約脱退を決めたジョージ・W・ブッシュ（George W. Bush）政権下で*地上配備ミッドコース防衛'（GMD）へと改編され，2004年には早くも配備が始まった．2010年までに計30基が配備され，2017年までに14基の追加も予定されているが，戦略防衛能力としてはかなり限定的なものにとどまるといえる．ただし，脅威となる戦域ミサイルの射程が漸進的ながらも延伸されてきており，それを見越した迎撃システムの性能向上もあって，たとえば，戦域防衛用システムにICBM迎撃能力があると懸念される，あるいはイージスBMDを米本土防衛に用いることが構想されるなど，戦域防衛能力の質的・量的拡大が戦略防衛能力の増大とますます重なり合うようになってきている．これにより，米露の核戦力削減交渉がさらに難航することも予想される．

→欧州ミサイル防衛配備計画　［石川 卓］

■米国の輸出管理制度　export controls in the United States of America

1 多元的な窓口　米国の*輸出管理'は，わが国の様に所管官庁が一元化されていない．*デュアル・ユース'品および機微度の低い一部の軍事品目は商務省，軍事関連品は国務省，核関連専用の資機材は原子力規制委員会が所管する．また，財務省では，特定の国や個人に対して禁輸措置・金融制裁などの規制を行っている．この他，核関連の技術移転については*エネルギー省'が所管する．省庁間の品目の管轄については，商務省の輸出管理規則（EAR）の大改正が行われた1996年に，民生用暗号品目および商用衛星通信関連品目の管轄が，国務省から商務省に移るなど，商務省の管轄が広げられる傾向にあった．しかしその後，衛星通信技術の中国への流出疑惑が表面化したことなどに伴い，1999年には同技術の管轄が国務省に戻されるといった，揺り戻しの動きも見られた. 最近の動向としては, 2009年バラク・オバマ(Barack Obama)大統領が国家安全保障および経済外交策強化のため, 輸出管理制度の包括的見直しを命じ, 2013年4月に商務省が管轄する輸出管理規則と国務省が管轄する*国際武器取引に関する規則'(ITAR)を大幅に改正する最終規則が公布され, 同年10月15日に運用が開始された.

2 法的枠組み 汎用品(デュアルユース品目および機微度の低い軍事品目)の輸出および再輸出に関しては, 米国商務省が管轄しており, 根拠となる法律は輸出管理法(EAA), 規則は輸出管理規則(EAR)である. ただし, 輸出管理法は現在失効中である. 輸出管理規則の中には, 商務省規制リストと呼ばれる規制品目リストがあり, 輸出者は同リストに従って輸出管理を行う. 武器取引に関しては国務省が管轄しており, 武器関連の機材の輸出, 再輸出およびテロ組織支援国との取引について規制を行う. 武器輸出管理法, 国際武器取引に関する規則が根拠法令である. 原子力関連は, エネルギー省などが管轄しており, 根拠法令は原子力法, 核関連輸出入規則, 原子力関連対外活動規則である. また, 米国には日本の*外国ユーザーリスト'に相当する懸念顧客リストが複数ある. たとえば, *米国輸出管理規則違反禁止顧客リスト'(Denied Persons List)は, 過去に商務省の規制に違反した個人・企業等が掲載されており, これらの顧客との取引は禁止されている. またエンティティー・リストでは, 米国の安全保障・外国政策上の利益に反するが掲載されている. また, 輸出者は商務省が発表しているRedフラグにも注意して輸出の事前審査を行う必要がある. これは, 不正転売・転用などの兆候を調べるためのチェックリストとして商務省が発行したもので, 最終用途の説明が無いなど13項目が例示されたものである.

3 見なし輸出 EAR対象の技術またはソフトウェアのソースコード(暗号関係を除く)を米国内の外国籍者(米国永住権者を除く)に開示することは, その外国籍者の母国への輸出と見なされる. これを見なし輸出という. 見なし輸出の場合, 二重国籍・永住権の保有者への開示については, 最新の国籍・永住権が基準となる. また, EAR対象の技術またはソフトウェアのソースコードを米国以外の国においてその外国籍者(当該開示がなされる国の永住権者を除く)に開示することは, その外国籍者の母国に対する再輸出と見なされる. これを見なし再輸出という. なお, 見なし再輸出の場合, 二重国籍, 永住権の保有者への開示については, 見なし輸出の場合と同様に, 最新の国籍・永住権が基準となる. →見なし輸出規制　　［利光 尚］

■米国輸出管理規則違反禁止顧客リスト Denied Persons List : DPL

米国商務省の産業・安全保障局(BIS)が米国輸出管理規則(EAR)違反を理由に輸出特権剥奪を含む種々の禁止命令を指定した違反者のリストのこと. 重度のEAR違反者に対しては, 行政執行手続きに基づき, 禁止命令(Denial Orders)が出され, 官報(FR)およびBISのウェブサイト上で公表される. リストには, 取引禁止業者名, 住所, 発効日, 禁止期限日, 禁止概要, 掲載官報番号が記される. DPLに掲載された取引禁止業者自身は, EAR対象品目の輸出・再輸出を行うことを禁止・制限される. さらに, 当該取引禁止業者以外の者も, この取引禁止業者に対し, 禁止命令で示されるいかなる行為にも関与してはならない. 具体的な禁止項目は次のような内容となる. ①EAR対象品目を, 取引業者に対して, あるいはその代理人として輸出, または再輸出を行うこと, ②米国から輸出されたEAR対象品目を, 取引禁止業者が所有, 所持, 管理することの実現を補助すること, ③過去に米国から輸出されたEAR対象品目を, 取引禁止業者から入手すること, またはそのような入手を支援すること, ④米国在住の取引禁止業者から, EAR対象品目を, 米国から輸出されることを承知の上で入手すること，⑤米国から輸出された，または輸出されようとしているEAR対象品目が取引禁止業者の支配下にあるときに，そのEAR対象品目に関する技術を提供すること，⑥原産国にかかわりなく取引禁止業者の支配下に有る品目に関して，米国から輸出されたEAR対象品目を用いて技術を提供すること．

［利光 尚］

■米州火器条約 Inter-American Convention against the Illicit Manufacturing of and Trafficking in Firearms, Ammunition, Explosives, and Other Related Materials : Inter-American Convention on Firearms ［正称］火器，弾薬，爆発物及び他の関連物質の非合法製造及び取引に関する米州協定，［採択］1997.11.14(ワシントンDC)，［発効］1998.7.1

1 条約成立の背景 小火器，弾薬および爆発物の国境を越えた非合法な移転取引を防止および撲滅することを目的として，米州機構(OAS)において採択された条約である．*小型武器'の流通に対して規制を強化するべきであるとの認識は，1990年代初頭に内戦に関心が集まったことによって強まった．内戦においては保護されるべき市民が戦闘に巻き込まれるばかりでなく，市民自身が武装集団を形成し，内戦の主要な担い手になることが明らかとなった．さらに内戦が勃発した地域に国境を越えて小型武器が流入することで，戦闘の深刻化や長期化につながっていた．このような認識を受け，国連事務総長報告『平和への課題・追補』(1995年)では，対人*地雷'や小型武器は「事実上の大量破壊兵器」と呼ばれた．もっとも，小型武器の非合法な製造や取引が国内の治安や人々の安全を脅かす事態は，内戦状況に限らない．OAS諸国においては小型武器の非合法な製造と取引が，国家の安全保障と地域の安全，そして人々の安寧や平和的生存権，社会経済の発展に深刻な影響を与えるため，規制の必要性があるとされたが，それは，非合法な小型武器の製造と取引が，麻薬密売，*テロリズム'，国際的な組織犯罪，金銭目的の犯罪行為と密接につながっていることが懸念されていたからである．

2 条約の内容 本条約の規制対象には小火器，弾薬，爆発物および関連物質が含まれる．これらの兵器に関する本条約の主要な規制内容は次の5つである．第1に，国内法の整備である(第4条)．締約国は，非合法な武器製造や売買を刑法上の犯罪と規定する国内法を整備しなければならない．第2に，小火器への刻印である(第6条)．非合法取引で流通する小火器の追跡を可能にするため，武器の製造時には製造者，製造地，シリアルナンバーを，輸入時には輸入者およびその所在地を特定するための刻印を，小火器に行うことを定めている．第3に，輸出入および通過に関する免許制度の確立である(第9条)．正当な使用者にのみ小型武器がわたるように，輸出入や通過に関する効果的な免許制度・許認可制度を自国内で確立し維持することを定めている．また受領国ないしは経由国からの適切な認可なしに自国領域からの輸出を許可しないことも求めている．第4に，情報共有である(第13条)．免許・許認可を受けた製造，取引，輸出入業者に関する情報，非合法な製造や取引の隠ぺいに用いられる手段やそれらを発見する手法についての情報，非合法取引にかかわる犯罪組織が取引に用いるルートに関する情報，非合法製造・取引に伴うマネーロンダリングに対抗するための技術・実践・立法措置に関する情報を，締約国間で共有することを定めている．第5に，相互支援である(第15条，第16条，第17条)．非合法製造・取引に関する法執行支援，追跡・捜査などにかかわる技術支援を，締約国は相互に行うとしている．

3 その後の展開 小型武器の非合法取引を規制する取組みは，OAS以外の地域機構やグローバルレベルでも進展がみられる．たとえば2001年には*国連小型武器会議'が開催され，小型武器の非合法取引の防止，除去，撲滅に向けた*国連小型武器行動計画'が採択された. 行動計画には, 非合法取引を規制するための法制度整備, 輸出入に関する許認可制度の確立, 小型武器の追跡制度の確立, 実効性強化のための国際協力等が盛り込まれている. 欧州地域においても, *欧州安全保障協力機構'(OSCE)や欧州連合(EU)によって, 小型武器の非合法取引規制や, 余剰兵器の削減支援が進められている.

［佐渡紀子］

■米州透明性条約 Inter-American Convention on Transparency in Conventional Weapons Acquisitions ［正称］通常兵器取得の透明性に関する米州条約, ［採択］1999.6.7(グアテマラ・シティ), ［発効］2002.11.21

1 条約採択の背景 米州機構(OAS)は1997年6月5日に, *国連軍備登録制度'の対象兵器の取得について事前通告を法的に義務づけることの妥当性を検討するよう加盟国に要請する総会決議を採択した. その後, 同年8月には米国が約20年間控えていた中南米諸国に対する先進兵器の輸出を解禁し, これに対して域内の一部からは, 教育等に使うべき貴重な資源が浪費され, 地域の緊張も高まるとの懸念が表明された. 一方で, 米州はたとえば中東やアジアに比べれば国家間の対立が激しくないため, 保有兵器の情報公開を制度化することが比較的容易であった. こうした背景から, 1999年6月のOAS総会で条約が採択された. この条約の意義は, 国連軍備登録制度と異なり, 輸出入だけでなく国内生産を通じた取得も対象とした点と, 兵器取得に関する情報の提出を法的義務とした点にある. ただし, この義務を遵守していない締約国も複数存在し(毎年遵守している国はブラジルやチリのみ), 提出された報告書についても報道などで判明している輸出入が記載されていない場合があるといった問題点が指摘されている. また, 1997年の決議が言及していた事前通告の義務化は, 米国が支持したものの中南米諸国の多くが反対したため見送られ, 締約国の自発性に委ねられることとなった.

2 条約の内容 本条約の目的は,「米州諸国間の信頼を促進するため, 兵器取得に関する情報を交換することにより, 通常兵器取得の地域的な公開性と*透明性'」を高めることにある(第2条). 条約の対象兵器は, 国連軍備登録制度の7カテゴリー(戦車, 装甲戦闘車両, 大口径火砲システム, 戦闘用航空機, 攻撃ヘリコプター, 軍用艦艇, ミサイルおよびミサイル発射装置)に限定される(附属書1). 締約国は, 毎年6月15日までに, 前年の兵器輸出入について輸入元国または輸出先国, 当該兵器の量と種類を記載した年次報告書をOAS事務局に提出する義務を負う(第3条). また, 締約国は, 輸入および国内調達を通じた兵器取得に関する情報(兵器の量・種類, 輸入の場合は輸入元国)を, 当該兵器を軍の兵器庫に組み込んだ時から90日以内にOAS事務局に通告しなければならない(第4条). いずれの報告についても, 兵器の名称などの追加情報を自発的に提出することが可能である. また, 国内生産については, 兵器の改修や次年度予算における兵器取得に関する情報の自発的報告も推奨されている. なお, OAS非加盟国も, 締約国向けの兵器輸出に関する年次報告書を提出することができる(第5条). これらの情報は, OASにより直ちに締約国に送付され(第14条), OASの公式サイトでも公開されている.

［福田 毅］

■米ソ海上事故防止協定 Agreement between the Government of the United States of America and the Government of the Union of Soviet Socialist Republics on the Prevention of Incidents on and over the High Seas: INCSEA ［正称］公海及び公海上空における事故の防止に関するアメリカ合衆国政府とソビエト社会主義共和国連邦政府との間の協定, ［署名］1972.5.25(モスクワ), ［発効］1972.5.25

1 協定締結の背景 1960年代にソ連の海軍力

増強が進むと洋上における米ソ海軍の対立が激化し,1967年頃から艦船や航空機による深刻な衝突が頻発するようになり,死傷者も発生した.こうした事態が本格的な紛争に発展するのを懸念した米国は,1968年3月に事故防止枠組みの策定をソ連に提案した.ソ連側も1970年11月になって提案に同意したため,1971年10月にモスクワで第1回交渉が開催された.交渉団の代表は米国がジョン・ワーナー(John Warner)海軍次官,ソ連がセルゲイ・ゴルシコフ(Sergei Gorshkov)海軍総司令官で,その他のメンバーも軍人が大半を占めた.1972年5月にワシントンで行われた第2回交渉で協定草案が合意され,直後にモスクワで開催された首脳会談に際してワーナーとゴルシコフが協定に署名し,即日発効した.この協定は,1980年代後半に多くの西欧諸国がソ連と結んだ同種の協定や1993年の*日露海上事故防止協定'のモデルとなった.

2 協定の内容　協定は,公海および公海上空における軍用の艦船・航空機の行動を対象とし,まず第2条において,艦船の指揮官は1972年の国際海上衝突予防規則を遵守するといった原則を定めている.そして第3条では,両国の艦船がとるべき具体的な行動が列挙されている.それらは,近接して航行する艦船は衝突の危険を回避すること,相手国の艦隊に近接して航行する艦船は艦隊の展開を妨害する可能性のある行動を回避すること,相手国の艦船の監視を行う艦船は衝突のリスクを回避するために一定の距離を保ち,相手国艦船を危険にさらす行動をとらないこと,両国の艦船が視野の範囲内にある場合には信号等を用いて自らの行動と意図を相手国艦船に示すこと,相手国艦船に対して武器を指向することによる模擬攻撃や物体の発射を行わないこと,潜行中の潜水艦と演習を行う艦船は適切な信号を用いて潜水艦の存在を警告することなどである.また,第4条は航空機に関して,相手国の艦船・航空機に接近する際には最大限の注意を払うことや,艦船・航空機に対する模擬攻撃,艦船上空での曲技飛行,相手国艦船の近傍に向けた物体投下を行わないことを定めている.さらに両国は,公海上で航行・飛行に危険を及ぼす行動をとる場合には遅くとも3ないし5日前に無線通信を通じて海員に向けて通告し(第6条),また,艦船・航空機間で衝突などが発生した場合には適切な情報の交換を行う(第7条)とされる.加えて重要なのは,協定の実施状況に関する協議を最低年1回開催するとされたことで(第9条),この定例協議は米ソ間の*信頼醸成措置'(CBM)として効果的に機能した.なお,1973年には民間船舶に対する模擬攻撃の禁止等を定めた議定書が発効し,1989年には陸上や領海も対象とする*米ソ危険な軍事行動防止協定'が締結されている.　[福田 毅]

■米ソ化学兵器協定　Agreement on Destruction and Non-production of Chemical Weapons and on Measures to Facilitate the Multilateral Convention on Banning Chemical Weapons　[正称] 化学兵器の廃棄および不生産ならびに化学兵器禁止に関する多数国間条約を促進するための措置に関する条約,[署名] 1990.6.1,未発効

1 成立に至る経緯　*化学兵器禁止条約'(CWC)に先立ち米国と旧ソ連が合意した*化学兵器'の削減に関する協定である.1989年9月25日ジョージ・H・W・ブッシュ(George H.W. Bush)米大統領は国連総会で化学兵器全廃に向けた段階的廃棄案を示し,化学兵器の8割以上を相互に削減する米ソ2国間協定の締結を提案した.その翌日,エドゥアルド・シェワルナゼ(Eduard Shevardnadze)ソ連外相はこの提案を歓迎し,化学兵器の生産停止,無条件での使用放棄,生産停止と廃棄に関する厳格な*検証'などを,米ソ間の相互的な義務として化学兵器禁止の多数国間条約に先立ち受諾する用意があると述べた.翌年米ソ両国は,化学兵器削減協定に合意した.協定の交渉では,米国が主張した「2%

解決」(化学兵器能力保有国すべてが多数国間条約に署名するまで現貯蔵量の 2% について保有を認める), および協定成立後も化学兵器生産を継続して貯蔵量の 2% を*バイナリー兵器' 化することの可否が論点となった. 最終的にソ連が「2% 解決」を受け入れ, 米国が協定発効後の化学兵器生産を断念することで決着した. 米国は協定成立に伴い, バイナリー兵器関連の費目を 1991 年度予算から削除して兵器実験を停止した.

2 協定の概要　協定成立の前年に米ソは, 化学兵器に関する両国のデータを交換し, 検証に関する実験を行う旨の了解覚書(MOU)を交しており(1989 年9月 23 日), そこで申告された化学兵器, 貯蔵施設, 生産施設が本協定の対象とされた. 両国は, 協定発効にともない化学兵器生産を即時停止し(第 3 条), 2002 年末までに貯蔵量を 5,000t へ削減する(第 4 条)とともに, 協定の実施を確認する現地査察を行う(第 5 条). さらに化学兵器禁止の多数国間条約発効後 8 年目の終了までに 500t を超えない水準へ貯蔵量を削減すること, その時点で多数国間条約締約国による特別会議を開催し, 条約への参加状況を勘案して全廃の可否を決定すること(第 6 条), 協定と多数国間条約の義務が両立できない場合, 多数国間条約が優先すること(第 8 条)で合意した. 多数国間条約成立後も米露は, MOU や本協定が多数国間条約を補完するものと位置づけ, MOU の実施と並行して協定発効に向けての協議を行った. しかし, 1996 年にロシアが本協定はその役割を果たしたとの見解を示し, 翌年両国は CWC を批准した. そののち, それぞれが貯蔵する化学兵器の廃棄作業は, 本協定ではなく CWC の枠組みにおいて行われている.

→米国の化学兵器, ロシアの化学兵器

[杉島正秋]

■米ソ核戦争防止協定　Agreement Between the United States of America and the Union of the Soviet Socialist Republic on the Prevention of Nuclear War ［正称］米ソ核戦争防止協定, ［署名・発効］1973.6.22

米ソ核戦争防止協定は*冷戦' 期のデタントを象徴する協定である. 核の均衡のみに頼る*核抑止' はリチャード・ニクソン(Richard Nixon)政権における懸念であった. *戦略兵器制限交渉'(SALT)を進める一方, 偶発的事故や誤認, 現場での無許可の核の先行使用による意図しない核戦争をいかに防止するかに関し, かかる事態での相互通報を行う米ソ核戦争危険減少協定が 1971 年に結ばれた. また, 西側同盟国の間でも同様の懸念が共有され, 同協定をモデルにフランスは 1976 年に仏ソ核兵器偶発使用防止協定を, 英国は英ソ偶発核戦争防止協定を 1977 年に締結した. 一方, 核抑止を維持しながらも, 米ソの 2 国間レベルで核使用の優先度を下げることが検討された. 1972 年のモスクワ首脳会談で交渉が始まり, 翌年に合意されたのが米ソ核戦争防止協定である. 核使用と核戦争を政策目的から外すことを宣言するとともに, 危機での武力の行使や威嚇を相互に慎むこと, 外交政策においてこの点を留意すること, 両国あるいは他国との関係で核戦争などの危険が高まった際の緊急協議および国連や第 3 国との情報共有を定めている. *信頼醸成措置'(CBM)として位置づけられるが, 両国間での*軍備管理' 自体の進展を意味するものではなかったとの評価がある.

[髙橋敏哉]

■米ソ危険な軍事行動防止協定　Agreement between the Government of the United States of America and the Government of the Union of Soviet Socialist Republics on the Prevention of Dangerous Military Activities: DMA Agreement ［正称］危険な軍事行動の防止に関するアメリカ合衆国政府とソビエト社会主義共和国連邦政府との間の協定, ［署名］1989.6.12(モスクワ), ［発効］1990.1.1

1979 年に発生したソ連のアフガニスタン侵

攻を契機として米ソは新冷戦時代に入り, 1980年代前半には2国間の軍事的緊張が大きく高まった. この時期に共有された偶発的事態への懸念を背景に, 1989年6月12日に米ソ間で危険な軍事行動防止協定が署名され, 1990年1月1日に発効した. 同協定は, 米ソ間で軍事衝突につながるような危険を伴う軍事行動を回避し, さらに危機時に2国間の協力を促すことを目的としたものである. そこでは, 相手国領域への侵入やレーザー照射, 特別警戒地域における活動防止, 指揮統制ネットワークの阻害に関する規定が盛り込まれるなど, 偶発的な軍事衝突に至るような行動を規制するための一連の取り決めがなされている. さらに, 危険な軍事行動に帰結するような事案が発生した場合に, 武力に頼ることなく平和的な手段を通じて迅速に処理することが謳われるなど, 同協定では武力の使用を回避し, それによって紛争リスクを低減させることの重要性が示唆されており, 米ソ間で1980年代後半の緊張緩和を後退させないための配慮が共有されていたことを示すものとして位置づけられる.　［齊藤孝祐］

■米中原子力協力協定　Agreement Between the United States of America and the People's Republic of China Concerning Peaceful Uses of Nuclear Energy ［正称］原子力の平和利用に関するアメリカ合衆国と中華人民共和国との間の協定, ［署名］1985.7.23（ワシントン）, ［発効］1998.3.18

米国と中華人民共和国との間の原子力協力協定は1985年7月23日に署名され, 7月24日, 米国議会に提出された. 本協定は, 協定の下で移転される原子力資機材や派生核物質に対する*国際原子力機関'（IAEA）*保障措置' の適用が義務づけられていない点, 協定下で移転される*核物質' や派生核物質の*濃縮', *再処理', 形状・内容の変更に関する米国の同意権が明確に規定されていない点において, 米国が締結する他の協定と異なる. こうした点や中国がパキスタンやイラン等との間で核兵器開発関連の協力を行ってきた点が, 米国における議会審議の過程で本協定の締結の是非に関する議論を引き起こすこととなり, 本協定の履行には条件が課せられることになった. すなわち, 本協定の履行には, 本協定の下で移転される原子力資機材等が平和利用目的にのみ利用されることが取極めにより効果的に保証されること, 中国がその*核不拡散' 政策に関する追加的な情報を提供し, 原子力法第129条に規定する核拡散関連活動に従事していないこと, などに関する大統領認定が行われることが必要とされた. その後の米中関係の悪化の影響などから本協定の履行には時間を要したが, ビル・クリントン（Bill Clinton）大統領による認定を得て1998年3月18日, 協定は発効に至った.　［山村 司］

■米朝ミサイル協議　US-DPRK missile negotiations

北朝鮮を*ミサイル技術管理レジーム'（MTCR）に加入させることを主目的として開かれた1996年4月の第1回協議に始まる. 北朝鮮は当時, 公式にはミサイル輸出を否定していたが, 1998年6月16日の朝鮮中央通信論評で, ミサイル開発と輸出を公言し, 米国にミサイル輸出中止のためには*経済制裁' 解除, ミサイル開発中止のためには米朝平和協定締結に応ずることを求めた. 北朝鮮が同年8月末,「テポドン1」と呼ばれる*弾道ミサイル' を発射したのは, これらの要求を米国に迫る示威行為でもあった. その後, 米朝ミサイル協議では, 米国が北朝鮮にミサイル技術の移転はもとより, 弾道ミサイル発射の自制も求め, 北朝鮮は米国に経済制裁の解除などを求めるかたちとなった. 1999年9月には, 米朝ミサイル協議で, 北朝鮮は米朝協議が進行中は弾道ミサイル発射を凍結すると約束した（米朝ベルリン合意）. その後, 北朝鮮は弾道ミサイル発射を自制していたが, 2007年7月,「ノドン」を含む7発を日本海に向けて連射した. 当時, 北朝鮮は米国による金融制裁の解除のため米朝協議を申し出ていたが，米国がこれを拒絶したため，同時に米朝ベルリン合意も無効となったと説明した．→北朝鮮のミサイル戦力　［倉田秀也］

■米朝枠組み合意　Agreed Framework between the United States of America and the Democratic People's Republic of Korea

1　経緯　北朝鮮の*核兵器不拡散条約'（NPT）脱退宣言（1993年3月12日）以降の米朝高官協議を経て，1994年10月21日に署名された合意文書を指す．北朝鮮はNPT脱退宣言で，寧辺の核施設への*国際原子力機関'（IAEA）の*特別査察'を拒み，IAEAの中立性と公正性が米国によって奪われていると主張した．しかし，北朝鮮は対米協議を提議し，米国は核問題に限定した協議に応じた．北朝鮮はNPT脱退宣言が有効となる前日の1993年6月11日，第1ラウンド協議共同声明でNPT脱退宣言を「一方的に留保する」とし，米国は「核兵器を含む武力の行使をしない保証」を与えた．米朝第2ラウンド協議では北朝鮮が*軽水炉'支援に固執し，米国も「核問題の最終的解決の一環として」それを約束した．北朝鮮はその間，NPT脱退意思はあるが脱退していないという特殊な地位を駆使し，*保障措置'協定上の義務を回避した．さらに，北朝鮮は1994年6月にはIAEAから脱退し，緊張が高まったが，ジミー・カーター（Jimmy Carter）元米大統領が訪朝し，危機は回避された．金日成が同年7月に急死して協議も危ぶまれたが，第3ラウンド協議が開催された．

2　合意内容と実践機関　北朝鮮は第3ラウンド協議でも，NPT上の特殊な地位を主張し，早期の特別査察受入れを拒絶した．北朝鮮は米朝枠組み合意でも，核施設を最終的に解体するとしながら，当面は核施設凍結に合意したにすぎなかった．北朝鮮はIAEAから脱退していたが，IAEA要員が凍結監視のため寧辺に常駐する措置がとられた．一方，米国は北朝鮮が保障措置協定を遵守していないにもかかわらず，北朝鮮に「*核兵器'による威嚇や核兵器を使用しない公式の保証」を与えた．また，米国は軽水炉建設中，代替エネルギーとして重油年間50万tを供給するとし，北朝鮮が保障措置協定を完全遵守するのは，軽水炉事業の大部分が完了し，重要な原子炉機器が提供される前とされ，核施設の解体は軽水炉事業と同時に完了するとされた．なお，米国が*経済制裁'緩和から大使級関係樹立に至る米朝関係の改善措置をとるとした．米朝枠組み合意で，実践機関として言及された「国際コンソーシアム」は，1995年3月，*朝鮮半島エネルギー開発機構'（KEDO）として成立したが，2002年10月，北朝鮮の*高濃縮ウラン'計画が発覚したのを受け，KEDOは事業を段階的に停止し，米朝枠組み合意も崩壊した．［倉田秀也］

■米露ミサイル発射通報制度　US-Russia Pre- and Post-Missile Launch Notification System : PLNS

1998年9月，当時のビル・クリントン（Bill Clinton）米大統領とボリス・エリツィン（Boris Yeltsin）露大統領の間で，両国の*弾道ミサイル'発射に関する情報を交換する制度の設立が合意され，2000年12月16日に署名された「ミサイル発射通報に関する覚書」で細目が取り決められた．覚書では，米露の領域から発射される，または米露が所有する弾道ミサイル（計画された射程距離または高度のいずれかが500kmを超えるもの）および*人工衛星'などを打ち上げるための*ロケット'につき，発射予定日の30日前から24時間前の間の発射前通報と，発射後48時間以内の発射後通報を行うことが定められた．制度はこのような協力を通じて米露間の*戦略的安定'を強化し信頼醸成を促進すること，さらに誤ったミサイル攻撃警報から「報復」のためのミサイル攻撃が行われないようにすることが目的であった．さらには，国際的なミサイル発射通報制度を創設し，ミサイルの不拡散体制を強化することが掲げられた．2000年6月には，制度の一環として*早期警戒'システムや通報制度から得られたデータを交換するための*共同データ交換センター'(JDEC)をモスクワに設立することが合意された.JDECの設立は*弾道ミサイル防衛'(BMD)における米露協力の一環でもあったが,現在のところ実現していない.　[今田奈帆美]

■平和首長会議　Mayors for Peace

1982年の第2回*国連軍縮特別総会'で荒木武・広島市長が,核兵器廃絶へ向けて世界の都市の連帯を呼びかけ,同年,広島,長崎両市により「世界平和連帯市長会議」として設立された,世界の自治体で構成する機構で,1991年に国連経済社会理事会のNGOに登録された.2001年に「平和市長会議」,2013年に「平和首長会議」に改称された.広島市長が会長,長崎市長が副会長を務め,公益財団法人広島平和文化センターに事務局が置かれている.加盟数は1990年代まで500以下だったが,2005年に1,000を超えて1,253都市(114カ国)に達した.2008年から国内の都市にも参加呼びかけを開始した結果,2015年3月現在の加盟数は6,585都市(160カ国・地域),うち国内は1,545都市にのぼっている.4年に1度総会を開いて活動方針を決める.主な活動として2020年までの核兵器廃絶を目指す「2020ビジョン」を掲げているほか,2013年の総会では2017年までの行動計画を策定し,*核兵器禁止条約'の交渉開始を求める署名活動,加盟都市と被爆地をスカイプで結んだ被爆体験証言活動,世界の地域ごとのリーダー都市選定による活動強化などが盛り込まれた.

[水本和実]

■平和宣言(広島市・長崎市の)　peace declaration

1　平和宣言とは　毎年8月6日の広島市の平和記念式典と8月9日の長崎市の平和祈念式典で,それぞれの市長が「平和宣言」を読み上げる.内容には,*核兵器'廃絶と恒久平和の実現への訴えを基調にしつつ,被爆体験の継承や*被爆者'への支援,核兵器をめぐる現状,その時々の世界が直面する平和の課題などが盛り込まれる.最初の平和宣言は,広島市は被爆2周年にあたる1947年の「第1回平和祭」,長崎市は翌1948年の「文化祭」で読み上げられた.以来,朝鮮戦争勃発で両市の式典が中止された1950年を除いて毎年,発表されている.広島市の平和宣言は,市長が有識者などから平和に関する意見を聴取し,それを参考に市長が内容を決めているが,松井一実市長が就任した2011年以来,平和宣言に被爆者の体験談を公募して盛り込むため,被爆者や有識者ら10名からなる選定委員会が選定している.長崎市の平和宣言は1974年以降,有識者による平和宣言文起草委員会が起草しており,1980年からは長崎市長を委員長とし被爆者や市民代表らを含む計15名の委員で話し合って内容を決めている.両市の平和宣言はテレビやラジオで中継され,複数の外国語に翻訳されて両市のウェブサイトで公開されている.分量も最初の10年前後は400字前後だったが,次第に増えて最近は2,000字前後になり,文体も長崎が1981年から,広島が1999年から「です・ます」体にして分かりやすい表現を目指している.

2　訴えの内容の変遷　平和宣言の訴えは,その時々の国内・国際情勢を反映している.1952年までの日本は占領下で原爆に関する表現が厳しく制限され,訴えも「世界平和」に力点がおかれた.1954年の*第五福竜丸事件'と*原水爆禁止運動'が流れを変え,1955年に広島が初めて被爆者の原爆傷害と放射線の危険性を指摘し,長崎も初めて原子兵器の廃棄を訴えた.1958年には広島が核兵器の製造・使用禁止を,長崎が核兵器の全面的廃止と*核実験'の即時停止を訴え,その後の基調となる.両市に共通する訴えとして,1960年代には*部分的核実験禁止条約'(PTBT)成立への評価,1970年代には*国連軍縮特別総会'への期待など,テーマが国際化し,広島・長崎の連携を重視した.1980年代からは*被爆者援護法'制定,*非核3原則'堅持など政府への要求も盛り込まれた.1990年代には日本の戦争責任への反省や*在外被爆者' 支援,2000年以降は*NPT再検討会議' の成果や原発事故問題をはじめ,ますますテーマは多様化·具体化し,*核軍縮' の動向を見据えつつ,被爆体験に基づき核兵器の非人道性を訴えている.

［水本和実］

■平和的利用(原子力の) peaceful use of nuclear energy

1 歴史的経緯 原子力エネルギーの利用は不幸にも軍事利用で始まったが,その直後から平和利用,すなわち発電用の技術開発も進められた.1951年8月に世界最初の高速増殖実験炉EBR-Iが米国アイダホで初臨界を達成した.1954年6月には世界初の原子力発電所が旧ソ連のオブニンスク原子力発電所が運転を開始している.本格的に平和利用が世界規模で進められるようになった転機は,やはり1953年12月8日国連総会におけるドワイド·アイゼンハワー(Dwight Eisenhower)米国大統領の*「平和のための原子力」' (Atoms for Peace)演説である.1955年には国連主催の原子力平和利用会議がジュネーブで開催された.こういった世界的な動きを背景に,当時西側諸国は主に米国の*軽水炉' 技術,東側諸国は旧ソ連の黒鉛ガス炉技術を導入して,原子力の本格的利用が拡大することとなった.その後,世界の原子力発電所建設は1973年の石油危機もあって,1970年代に急速に拡大した.しかし,1979年の米国スリーマイル島原発事故,1986年の旧ソ連チェルノブイリ原発事故の影響もあり,1980~90年代は新規原子力発電所の建設ペースは停滞することとなった.2000年以降,特に中国やインドといった新興国のエネルギー需要の急増,温暖化対策の対応といった観点から,再び原子力発電の役割が重要視され始め,1970年代に建設した原発の更新需要もあって,「原子力ルネサンス」と呼ばれるほど,原子力の復活気運が高まった.事実,中国やインド,さらには東南アジアや中東でも新規の原子力発電導入計画が進み,米国·英国では30年ぶりに新設の原子力発電所の建設計画が進められるようになった.

2 福島第一原子力発電所事故の影響と今後の見通し このように原子力ルネサンスへの期待は高まっていたが,2011年3月11日に東京電力福島原子力発電所の事故が発生した.*国際原子力機関' (IAEA)によると,2014年9月現在,世界で437基(3億7,450万kW)の原子力発電所が運転中であり,さらに71基が建設中である.しかし,福島事故の影響を受けて,世界の原子力発電の見通しは以前より不透明となった.ドイツ,スイス,ベルギー等のように脱原発へと政策転換した国,米国,英国等推進の政策は変化ないものの自由化市場で新規建設の伸びが不透明となった国,中国,インド,ベトナムのように事故後もさらに拡大·導入を継続する国,といったように,世界の原子力の平和的利用を巡る動きは,大きく変化してきている.なお,原子力平和利用には,発電利用のみならず,放射線を利用した工業製品,がん治療といった医療利用,食品照射や品種改良など,多方面での利用も拡大しており,IAEAではこの分野での利用拡大も援助の対象としている.

3 核軍縮·不拡散との関連 原子力の平和的利用の拡大と*核軍縮'·*核不拡散' との関係では,軍事利用可能な核物質の取扱いが重要とされる.核兵器の材料として利用されている主な核物質は*高濃縮ウラン' と*プルトニウム' である.高濃縮ウランは25kg,プルトニウムは8kgで核爆発装置が作成可能とされており,その管理·防護は核不拡散や*核セキュリティ' 上重要な課題となっている.濃縮ウランやプルトニウムを生産する技術,すなわちウラン*濃縮' 技術と*再処理' 技術,を*機微原子力技術' と呼び,この技術の管理も核拡散防止上,重要な課題である.再処理して分離されたプルトニウムを*分離プルトニウム' と呼び,IAEAではこの分離プルトニウムを所有する国に対し,透明性向上を目的とした「*国際プルトニウム管理指針'」(在庫量を毎年公表する)を作成している. 原子力発電の拡大とともに, この機微な技術の拡散防止と核物質*在庫量' の削減が大きな課題となっている. →高速増殖炉　［鈴木達治郎］

■平和のための原子力　Atoms for Peace

1 演説の概要　1953年12月, 当時の米国大統領ドワイト・アイゼンハワー(Dwight Eisenhower)は, 国連第8回総会において「平和のための原子力」(Atoms for Peace)と題する演説を行った. これは, *冷戦' が激化し, 米国とソ連の核開発競争が進み, 核戦争の恐怖が広がる中, 国際社会が*核兵器' の恐怖を取り除き, 核技術の便益を共有するべきという理念と構想を打ち出すものであった.

2 演説の内容　演説では, 米国による核の独占体制が終わり, 核兵器の恐怖, 核兵器や核に関する知識が拡散していく可能性, そして核を持つ2つの大国が対峙する世界の危険性について懸念が示され, もし米国に対し核攻撃がなされた場合, 迅速かつ断固たる対応をすることになるが, それは米国の真の期待ではなく, 国家間の合意を通じて核軍事力増強の傾向を反転させ, 原子力を人類すべてに利益をもたらす, 普遍的で, 効率的で経済的な用途に活用するべきとの理念が示された. そのために取るべきステップとして次のような提案がなされた. すなわち, 中心的なかかわりを持つ政府は, 国際的な原子力機関に対し, 自らの備蓄の中から許容できる範囲内で, 自ら保有する標準ウランおよび核分裂性物質を寄付すること. この国際機関が核分裂性物質等の保管, 貯蔵, および防護の責任を持つこと. そして, これらの核分裂性物質が, 人類の平和の希求のために役立てられるようにすること, すなわち, 原子力を, 電力の不足している地域に電力を供給すること, その他, 農業, 医療などの平和的な用途のために活用すること. そして演説は, 米国は,「恐ろしい核のジレンマ」の解決に力を尽くすこと,「人間の驚くべき創意」が人間の命のためにささげられるための方法を見つけ出すことに取り組むことを約束すると述べた.

3 演説の影響　その後, この演説を受ける形で, 1957年に*国際原子力機関' (IAEA)が設立され, また1970年に成立した*核兵器不拡散条約' (NPT)では,「平和のための原子力」で述べられた*平和的利用' の推進と核不拡散を両立させるという理念がその基盤となった. IAEAの活動は, 原子力の平和的利用の恩恵を世界に広げること, および恩恵を受ける国は平和的利用に限って核分裂性物質を使用することを*検証' する*保障措置' の実施が2つの重要な柱となっている. しかし, 演説の柱の1つである, 各国が核分裂性物質をIAEAに寄付し国際管理に委ねるという構想については, *IAEA憲章' 上規定されてはいるが, 実態としては実現を見なかった.「平和のための原子力」演説は, 以降の国際社会における核の恐怖と平和的利用の恩恵への期待という二面性の共存という基本的な構図を示し, 核不拡散レジームの中心的国際機関であるIAEAの設立につながった. また, それまで米国やソ連など限られた国が厳格に管理し秘密を保ってきた核が, 平和的利用の名の下に世界各国で共有される流れを促した. これは, 原子力の平和的利用の推進と同時に, 核拡散の源泉となったともいえる. 同時に「平和のための原子力」演説は, 米国の安全保障政策の一環としての側面もあった. 同演説は, 広島や長崎への原爆投下や米ソ間の核開発競争の激化の中から国民の間に生まれた核の恐怖を, 平和的利用の希望を示すことで緩和し, 対ソ封じ込め政策の一環としての核政策への支持を得ようとする政権のメディア・キャンペーンの一環としての意味があった. 第2に, 欧州の同盟国に対し, 米国の核戦略への支持を得つつ, 欧州において核戦争の引き金を引く意図を持っていないことを担保するためのメッセージでもあった.　［秋山信将］

■平和博物館　peace museum

1 平和博物館とは何か　もともと平和博物館と呼ばれる施設には多様な定義があり，一般的に戦争や平和をテーマにした歴史展示を行う博物館や資料館をさす．1990年代以降，戦争の美化や軍人の顕彰，武器の展示などを主目的とする博物館を「軍事博物館」とし，平和文化の創造や平和的価値の普及，平和教育などを目的に戦争や虐殺の体験の継承，史料・遺品の展示，調査研究や啓蒙活動を行う博物館や資料館のみを「平和博物館」ととらえる動きが市民社会や平和研究者に広がり，世界の平和博物館のガイドブックも発行されている．

2 平和博物館の拡大とネットワーク化　世界で最初の平和博物館は，1902年，スイス・ルツェルンに実業家で平和研究者のジャン・ブロッホ(Jean de Bloch)が開設した国際戦争平和博物館だとされる．その後，豪州戦争記念館(1916年)，ハンガリーのブタペスト戦争博物館(1918年)，英国の帝国戦争博物館(1920年)など，第一次世界大戦を伝える戦争博物館が開館される一方で，1925年にはドイツ・ベルリンで平和活動家エルンスト・フリードリッヒ(Ernst Friedrich)が反戦博物館を開設した．第二次大戦後，欧州ではポーランドのアウシュビッツ国立博物館(1947年)などナチスのホロコーストを伝える博物館，アジアでは中国や韓国，東南アジアに日本の侵略や植民地支配をテーマにした博物館などが開設された．国内では戦後，広島平和記念資料館(1955年)，長崎原爆資料館(1955年に長崎国際文化会館として開設，1996年に改称)，沖縄県平和祈念資料館(1975年)をはじめ，展示を通じて原爆体験・戦争体験の継承に努める博物館が各地に建てられた．1990年代以降に設立された平和博物館には，日本の加害の歴史も展示する館が出てきたが，自治体の運営する平和博物館の展示に加害の歴史が含まれることへの批判も一部で存在する．国連が出版した*Peace Museum Worldwide*(1995)には13カ国計49館の平和博物館が紹介された．現在，世界に200以上の平和博物館があるといわれ，その約3分の1が日本に存在する．世界の平和博物館の連携をめざして1992年，英国で10カ国約30館により平和博物館国際ネットワーク(International Network of Peace Museums : INPM)が設立された．2005年には，より幅広い平和関連施設の連携を図るため「平和のための博物館国際ネットワーク」(International Network of Museums for Peace : INMP)と改称し，定期的に国際会議を開催している．　　　　［水本和実］

■**平和目的核爆発**　peaceful nuclear explosion : PNE

核爆発を兵器化という軍事的目的ではなく，運河建設や地下資源掘削といった大規模な土木工事などの民生用に用いること．1970年に発効した*核兵器不拡散条約'(NPT)は，核爆発のあらゆる平和的応用から生ずる利益が，国際的監視のもとで無差別の原則に基づいて締約国である非核兵器国に提供されるよう定めている(第5条)．核兵器国と非核兵器国の平等性を高めるためにNPTに第5条が盛り込まれたが，実際にこれに基づいて平和目的核爆発が実施されたことも，利益提供が行われたこともない．核大国である米ソは，ともに平和目的の核実験を繰り返した．しかし，土木工事では地表に影響を与えることから，放射能汚染という問題が残った．このため米国は平和目的核爆発の利用計画をたてたものの，実用化しなかった．ソ連は河川流域の変更の土木工事に一時期利用したが，国際的な批判を受けて中止した．米ソは1976年10月に，*平和目的核爆発条約'(PNET)を締結した．1回の核爆発は150kt(高性能火薬換算)を超えてはならない，連続した核爆発では合計1,500ktを超えないことなどが義務付けられた．

［吉田文彦］

■**平和目的核爆発条約**　Treaty Between the United States of America and the Union of Soviet Socialist Republics on Underground Nuclear Explosions for Peaceful

Purposes : PNET ［正称］平和目的の地下核爆発に関する米国とソ連との間の条約,［署名］1976.5.28(モスクワおよびワシントン),［発効］1990.12.11

*部分的核実験禁止条約'(PTBT)第5条に規定されている*平和目的核爆発'が*地下核実験制限条約'(TTBT)の規制の抜け穴として利用されることを防止するために, TTBTの規制の対象外である平和目的核爆発を規制することを目的として米ソ間で同時期に交渉, 締結され, 同時に発効した条約である. TTBTと相互補完の関係にあり, TTBTの有効期限内は終了しない旨が規定されている. TTBTで定める核爆発実験場の区域外で実施される地下核爆発の1回の規模の上限を, TTBTと同じく150kt以内としているが, 短時間に連続して実施される爆発については, TTBTと異なる「グループ爆発」という定義により, それぞれの爆発が150kt以下であることが識別できる限り, 1度に合計1.5MTまでの爆発が容認されている. TTBTと類似した*検証'に関する議定書を有する. PNETで規定する平和目的核爆発は, 単なる非軍事的な核爆発ではなく, それぞれの核爆発がもたらす具体的な利益を有するものとされており, 平和利用のためのデータ収集を目的とする開発実験は平和目的とはみなされない. PNETに基づく平和目的核実験が実施された例はない.

［広瀬 訓］

■ペリー・プロセス　Perry Process

ビル・クリントン(Bill Clinton)政権末期の1999年9月, 北朝鮮政策調整官のウィリアム・ペリー(William Perry)が米国の対北朝鮮政策の見直しを勧告する報告書を提出したが, そこで示されたロードマップを指す. 1994年10月の*米朝枠組み合意'後, 北朝鮮が地下核施設を建設している疑惑に加え, 1998年8月に「テポドン1」を発射したことで, 米国が核問題だけでなく, ミサイル問題なども含めた包括的枠組みで協議する必要性が指摘された. ロードマップは, 北朝鮮がミサイル発射の凍結を約束した米朝ベルリン合意を受け, 1999年10月に部分的に公表された. ペリーはここで, 北朝鮮を改革するのに要する時間は北朝鮮が核・ミサイル開発に要する時間よりも長くなるであろうとし, 北朝鮮を「あるがままの存在」として捉え,「包括的かつ統合的アプローチ」を提唱した.「包括的」は議題の包括性を指し,「統合的」は日米韓政策調整グループ(TCOG)等を通じた日米韓3国間の協調, 中国との協議を指す. ペリーは, 北朝鮮が米国の関与に応ずる場合, *経済制裁'緩和から米朝国交正常化に至る段階的な関係改善措置を示す一方, それを拒絶した場合の制裁の意思を同時に示していた.

［倉田秀也］

■ペリンダバ条約　African Nuclear-Weapon-Free Zone Treaty : ANWFZ Treaty, Pelindaba Treaty

［正称］アフリカ非核兵器地帯条約,［署名］1996.4.11(カイロ),［発効］2009.7.15

1　条約の背景　ペリンダバ条約はアフリカ地域の*非核兵器地帯条約'である. 1960年のサハラ砂漠でのフランスの*核実験'は, 同地域が放射能汚染される危機感とアフリカ諸国への核拡散への懸念を生んだ. 同地域の非核兵器地帯構想は非同盟運動と結びつき, 1960年代より活発に提案された. 1961年の国連総会で, アフリカ諸国は同地域での核実験, *核兵器'の貯蔵や運搬を控えることを国連加盟国に求める非核地帯決議を行った. アフリカ統一機構(OAU)は創設以来同構想に関与し, 1964年の第1回サミットにおいてアフリカ非核化宣言を採択した. これは地域レベルでの非核兵器地帯宣言として最も早いものであり, 1965年の国連総会での支持を得て, アフリカ非核兵器地帯条約の基本理念となった. しかし, 構想の実現は*冷戦'後となった. その原因として, ①フランスが1966年にサハラ砂漠での核実験を止め短期的な脅威が取り除かれたこと, ② 1960年代後半から*核兵器不拡散条約'(NPT)締結の動きが活発化しアフリカ諸国の議論がそこに集中したこと,③南アフリカの核開発が1970年代から行われたこと,④冷戦期において核兵器国は戦略面から同構想へ消極的であったこと,⑤同大陸のウラン資源へのアクセス制限への懸念などが指摘できる.1990年代に入ると南アフリカの核放棄と同国の支持もあり,条約交渉が始まり,1996年に同条約は署名開放され,2009年に発効した.

2 条約の内容　*ラロトンガ条約' 以降の動向を受け,平和目的の爆発も含む核爆発装置が禁止の対象である.禁止の範囲はより包括的になり,地帯内外での締約国の核爆発装置の生産,取得,所有,管理のみならず,貯蔵,研究,開発も対象とした.また,他の国家または*非国家主体' との関係で,上記に関する支援を与えることおよび受けることが禁止された.核実験に関しては,締約国自体の実験を禁止した上で,締約国に領域内でのあらゆる実験の禁止を義務付け,いかなる地域での核実験の支援も禁じた.放射性廃棄物に関しては,海洋に加え陸地への投棄も禁止した.南アフリカの過去の核兵器開発を踏まえ,核爆発装置の製造能力を持つ国はそれを宣言し,所有する場合,生産施設と合わせ解体,破棄するための規定も設けた.一方,平和利用確保のための*検認' や,*原料物質' または*特殊核分裂性物質' または原子力の*平和的利用' のための設備や資材の提供については,締約国は*国際原子力機関'(IAEA)との間で*包括的保障措置協定' を結ぶことが求められた.平和利用の開発,研究に関しては,経済,社会開発との観点から条文化した.また本条約の特徴として,*核セキュリティ' の観点から核物質や核施設に対する高度の保安と物理的保護や,相互の原子力施設への攻撃の禁止を規定した.

3 条約運用上の課題　2014年時点で50カ国が署名し37カ国が批准した.核保有国と同盟関係を持つ国は地帯内にはないが,締約国の領域での核爆発装置の配備を禁じる一方,ラロトンガ条約と同様,核搭載艦船などの通過や一時寄港は認めている.地理的範囲はアフリカ大陸すべてと付随する諸島であるが,英国領ディエゴガルシア島が含まれるか否かにつき,アフリカ諸国と,英国と米国の間で合意に至っていない.OAU内のアフリカ原子力委員会(AFCONE)が2011年に始動し,問題が生じた場合の報告と年次報告の受領と整理,情報交換,協議の調整や紛争解決,地帯内外との協力の推進などを行う.議定書1は,核兵器国に同地帯の締約国への核使用,その威嚇を禁止する*消極的安全保証' であり,議定書2は,同地帯内での核兵器国の核実験の禁止とそれを促す活動の禁止を求めている.両議定書とも米国を除き批准した.議定書3は,同地帯内に領域を持つスペインとフランスに条約の遵守を義務づけるものであり,後者のみ批准している.→トラテロルコ条約,バンコク条約,セミパラチンスク条約

［髙橋敏哉］

■**ヘルシンキ CBM 最終文書**　Document on Confidence-Building Measures and Certain Aspects of Security and Disarmament, included in Helsinki Final Act of Conference on Security and Co-operation in Europe

1 ヘルシンキ最終文書と信頼醸成措置　東西冷戦下の欧州における緊張緩和ムードの高まりのなか,1975年8月にフィンランド·ヘルシンキにおける*欧州安全保障協力会議'(CSCE)で採択されたヘルシンキ最終文書は,その後のヘルシンキ·プロセスと総称される一連の継続会議の起点となった.ヘルシンキ·プロセスでは3つのバスケットと呼ばれる主題について,それぞれバランスを考慮した進展がなされるよう,参加各国に要請がなされた.このうち欧州の安全保障に関する論点を扱った第1バスケットでは,北大西洋条約機構(NATO)側の提案に基づく*信頼醸成措置'(CBM)が参加国間の関係を律する諸原則に関する宣言とともに公約された.ヘルシンキ最終文書における信頼醸成措置

は,軍備増強の促進を正当化するような他国の軍事活動やその意図に対する不信感や誤解,恐怖心,あるいは誤算の生じる要因について,*透明性'の向上を通じてこれを軽減するとともに,将来の*軍備管理'に向けた環境条件を整備するための新たなアプローチだとされた.具体的には,欧州地域での25,000名を超える規模の軍事演習について21日前に事前通告を行うことが定められ,さらに任意の措置として,より小規模な軍事演習や部隊の移動であっても事前通告を行うとともに,軍事演習に他国からの監視員を受け入れることが奨励された.これらの措置は,透明性の向上を通じて,相手国の軍事活動やその意図の誤解に基づく武力攻撃事態発生のリスクと,奇襲による軍事攻撃と偶発的な戦争勃発のリスクをそれぞれ低減することが意図された結果であった.

2 信頼醸成措置のねらいと各国の思惑 ヘルシンキ最終文書における信頼醸成措置の解釈は東西両陣営でまちまちであり,ソ連側は信頼醸成措置自体に消極的であったのに対して,NATO側は東西両陣営間での将来の軍備管理・*軍縮'に向けた補助的な措置と位置付け,この範囲で積極的に推進した.その後,ソ連のアフガニスタン侵攻に伴い米ソ関係が悪化するなか,1980年のCSCEマドリード再検討会議で終結文書(マドリード・マンデート)を採択した.このとき,信頼醸成措置に新たに安全保障が加えられ,*信頼・安全保障醸成措置'(CSBM)へと変更された. [一政祐行]

■ヘルシンキ文書(1992年) Helsinki Document 1992

1 宣言の内容 1992年に開催された*欧州安全保障協力会議'(CSCE)の首脳会議において合意された文書であり,「ヘルシンキ宣言」と「ヘルシンキ決定」の2つの文書からなる.「ヘルシンキ宣言」は冷戦構造崩壊後に激変した欧州の国際環境を分析した政治宣言である.「ヘルシンキ宣言」では,欧州において全体主義が崩壊し,民主主義が進展した過程でCSCEが果たした役割を高く評価した.CSCEが尊重してきた人権と基本的自由の保護や民主主義の強化が,包括的安全保障の重要な基礎であることを確認し,CSCEの人的側面に関する取り決めがすべてのCSCE加盟国の関心事項であるとして,人権にかかわる問題は内政問題ではないと宣言した.そして,欧州において,経済停滞,社会不安,攻撃的民族主義,不寛容が広がり,人権と基本的自由の侵害が社会の安定を脅かしていることを指摘し,域内での武力紛争の発生に危機感を表明した.そしてこれらの新たな脅威にCSCEが対処するため,機構改革を行う必要性を宣言した.機構改革は「ヘルシンキ決定」において詳細に規定されている.

2 「ヘルシンキ決定」の成果 「ヘルシンキ決定」を受けて,CSCEの機構強化が進んだ.同決定では理事会をCSCEの中心的な意思決定機関と位置づけ,議長国の役割を明確化し,議長国を補佐するトロイカ制度(現議長国,前議長国,次期議長国による協議体)を導入した.また,少数民族問題がCSCE域内の紛争に発展することを防止するため,*早期警戒'の役割を担う少数民族高等弁務官(HCNM)を設置した.さらには,*軍備管理'・*軍縮'や*信頼・安全保障醸成措置'(CSBM)に関する協議の場として,安全保障協力フォーラム(FSC)を新設した.また,民主化に伴う経済問題や環境問題に関する討議の場として,経済フォーラム(Economic Forum)を創設した.さらに,民族紛争の深刻化をうけ,CSCEの人的側面に関する監視と支援機関である民主制度・人権事務所(ODIHR)の機能の強化に合意した.あわせて,早期警報や紛争予防,危機管理のための政治協議メカニズムを強化した.「ヘルシンキ決定」によって紛争予防や危機管理能力を高めたことで,民族紛争が発生する可能性のある地域の監視や紛争後の支援が,CSCEの主要な活動領域となった. [佐渡紀子]

ほ

■防衛装備移転３原則　Three Principles on Transfer of Defense Equipment and Technology

1　防衛装備移転３原則と運用指針　2014年4月1日に，第2次安倍晋三内閣は武器輸出3原則と21の例外措置を包括的に整理した，防衛装備移転3原則とその運用指針を発表した．防衛装備移転3原則は，1967年に佐藤栄作内閣が国会答弁で表明した武器輸出3原則と，1976年に三木武夫内閣が発表した政府統一見解，そして随時発表された例外化措置に代わるものである．防衛装備移転3原則では，第1原則として「移転を禁止する場合の明確化」を規定し，日本が締結した条約および国際約束の義務違反，国連安保理決議違反，そして紛争当事国（武力攻撃が発生し，国際の平和および安全を維持しまたは回復するため，国連安保理がとっている措置の対象国）に対する防衛装備の移転を認めないとしている．第2原則では，「移転を認め得る場合の限定並びに厳格審査及び情報公開」を規定し，移転の*透明性'と厳格審査を条件として，平和貢献・国際協力の積極的な推進に資する場合と日本の安全保障に資する場合の移転許可を規定している．第3原則では，「目的外使用及び第3国移転に係る適正管理の確保」として，原則的に移転に際して日本の事前同意の義務付けを規定した．

2　防衛装備移転３原則の運用指針　防衛装備移転3原則の運用指針では，日本の安全保障の観点から積極的な意義がある移転として，「米国を始め我が国との間で安全保障面での協力関係がある諸国との国際共同開発・生産に関する海外移転」と「米国を始め我が国との間で安全保障面での協力関係がある諸国との安全保障・防衛協力の強化に資する海外移転」としている．特に，安全保障面での協力関係として，物品役務相互提供協定（ACSA），米国との相互技術交流，米国からのライセンス生産品に係る部品や役務の提供，米軍への修理等の役務提供，そして救難，輸送，警戒，監視および掃海に係る協力に関する防衛装備の海外移転，としている．運用指針の最大の特徴は，日本の防衛生産基盤の維持を目的として2014年6月に発表された「防衛生産・技術基盤戦略」に基づいて，国際共同開発・生産への参加を規定したことである．民主党政権の野田佳彦内閣の時代に，政府は国際・共同開発への参加方針を打ち出しており，安倍内閣に代わった2013年4月にF-35の調達と国際兵站協力への参加を明言している．運用指針は，これら方針を継承するものになっている．

3　武器禁輸政策と*軍備管理'・*軍縮'　防衛装備移転3原則の下では，防衛装備や技術の海外移転が許可される場合でも厳格な審査が実施される．運用指針では，「仕向先及び最終需要者の適切性」と「当該防衛装備の海外移転が我が国の安全保障上及ぼす懸念の程度」を複合的に考慮するとしている．安全保障上及ぼす懸念の程度の判断基準は，「移転される防衛装備の性質，技術的機微性，用途（目的），数量，形態（完成品又は部品か，貨物又は技術かを含む．）並びに目的外使用及び第3国移転の可能性等」としており，審査では，過去に政府として海外移転を認め得るとの判断を行った実績がないときは国家安全保障会議幹事会，そして移転を認める条件の適用と，仕向先等の適切性，安全保障上の懸念の程度などについて特に慎重な検討を要する場合には，国家安全保障会議が審査を実施することになっている．防衛装備移転の許可の状況については，経済産業大臣が年次報告書を作成し，国家安全保障会議への報告を経た後に公表される．防衛装備移転3原則は，経済産業省が管轄する*外為法'(外国為替及び外国貿易法)の運用基準に過ぎないことを考えると，移転の判断において関係省庁との連携を重視する制度設計は，抑制的な政策が継続している証左となっている．［佐藤丙午］

■**妨害破壊行為**　sabotage

*国際原子力機関'(IAEA)*核セキュリティ・シリーズ文書' No.13(Nuclear Security Series No.13),『核物質及び原子力施設の物理的防護に関する核セキュリティ勧告(*INFCIRC/225'/Rev. 5)』(*Nuclear Security Recommendations on Physical Protection of Nuclear Material and Nuclear Facilities*(2011)),およびIAEA核セキュリティ・シリーズ文書No.14(Nuclear Security Series No.14),『放射性物質及び関連施設に関する核セキュリティ勧告』(*Nuclear Security Recommendations on Radioactive Material and Associated Facilities*(2011))においては，原子力施設または使用，貯蔵または輸送中の*核物質'，ならびに*放射性物質'関連施設または関連活動に対して行われる故意の行為であって，放射線被ばくまたは放射性物質のばら撒きによって職員や公衆の健康と安全または環境に直接的または間接的に危害を及ぼす恐れのあるものと定義される．国の核セキュリティ体制の目的は，*核セキュリティ'事案の有害な影響から，人々，財産，社会，環境を防護することであり，核セキュリティ事案にはこの妨害破壊行為も含まれ，国の核セキュリティ体制には，この妨害破壊行為から防護することも目的に含まれる．IAEAは，*物理的防護'システムの設計の基礎となる*設計基礎脅威'(DBT)に妨害破壊行為を企てる恐れのある潜在的*内部脅威'者および・または外部からの敵対者の属性および性格を含めることを勧告している．［濱田和子］

■**包括許可制度**　bulk export licenses

1　包括許可制度とその種類　包括許可制度とは，本来であれば*外為法'の規定により貨物の輸出および技術の提供の際に個別に実施されるべき許可申請手続きを，一括して行えるという特別な制度である．輸出貿易管理規則第2条の2および貿易外省令第7条において規定されている．包括許可には，①一般包括許可，②特別一般包括許可，③特定包括許可，④特別返品等包括許可，⑤特定子会社包括許可，といった種類がある．ただし，輸出令別表第3の2(国連武器禁輸国)および輸出令別表第4(懸念国)に掲げられる国や地域を経由または仕向地とする貨物の輸出については，いずれの包括許可についても適用することができない．またこれらの地域において技術の提供を行う取引，またはこれらの地域の非居住者に*技術提供'を行う取引についても包括許可制度を使って取引を実施することはできない．

2　包括許可制度の詳細　①一般包括許可は，通称ホワイト包括とも呼ばれる．ホワイト国(輸出令別表第3)を仕向地および提供地にした場合に限って適用できる許可である．対象となる貨物・技術は，経済産業省が規定する包括許可取扱要領の別表Aおよび別表Bにおいて「一般」と表記された欄に当たるものである．②特別一般包括許可は，特一包括とも呼ばれ，貨物・技術の機微度が低い品目について，非ホワイト国向けを含んだ一定の仕向地と品目の組み合わせに合致した場合に適用できる制度である．③特定包括許可は，継続的な取引関係を有する同一の相手との間における取引について，包括的に輸出または役務取引を許可する制度である．④特別返品等包括許可とは，防衛省向けに輸入した装備品やその部分品，すなわち*輸出貿易管理令別表第1'の1項該当貨物(＝武器)の不具合，異品等を返却するための貨物の輸出および技術の提供を包括的に許可する制度である．⑤特定子会社包括許可とは，日本企業の子会社向け(50％超資本)に対する特定の品目の輸出について，包括的に許可する制度である．ただし，リスト規制貨物の設計または製造に係る技術は，同包括許可をもって提供することはできないので注意を要する. これら, 包括許可制度は, 許可の要件, 許可に付する条件, 手続き, 有効期限等, さまざまな注意事項があるため, 包括許可取扱要領を事前に確認する必要がある. ［河野瀬純子］

■**包括的核実験禁止条約** Comprehensive Nuclear-Test-Ban Treaty : CTBT ［正称］包括的核実験禁止条約, ［署名］1996.9.24（ニューヨーク）, 未発効, ［日本］〈署名〉1996.9.24, 〈批准書寄託〉1997.7.8, 未発効

1 条約成立の過程と背景 1958年に, 当時実施されていた*核実験モラトリアム'の*検証'と条約化について米英ソが協議を開始し, また東西の地震専門家による検証手段の検討も行われたが, 意見の隔たりが大きく, 結局1963年に, 18カ国軍縮委員会(ENDC)で独自の検証制度を持たない, *地下核実験'を除く核実験を禁止する*部分的核実験禁止条約'(PTBT)に合意したのみであった. その後も協議は実質的に進展せず, 議論はジュネーブ*軍縮会議'(CD)に移されることになった. CDでは当初具体的な交渉開始の合意が成立せず, 1976年に設置された各国の地震学者を中心とする科学専門家グループによる核実験の地震探知の技術的な検討がまず先行する形となった. しかし, *冷戦'の終結により, 世界的に*核軍縮'に対する機運と期待が高まったこと, *イラクの核兵器開発疑惑'などにより, *核不拡散'政策の強化が急務となったこと, 技術の発達により, 必ずしも核実験を実施せずとも*核兵器'の維持や改良が可能であるとの認識が核兵器国側に広がったこと, また, 核実験による環境への影響への懸念が高まったことを背景に, 1993年にCDにおいて条約交渉の開始が合意され, 1994年から実質的な条約内容の交渉と草案の作成が開始された. 条約案の作成は1996年の会期中に終了したものの, 最終案にインドが賛成せず, CDでの採択は失敗した. しかし, 豪州を中心とする国々が, この草案をそのまま同年の国連総会に自国案として提出し, 圧倒的賛成多数で採択され, 署名, 批准のために開放されるという変則的な過程を経て, 現在に至っている.

2 条約の内容 条約の目的は, 核兵器に限らず, あらゆる核爆発装置を用いての核爆発実験を禁止することで, 核兵器の開発を抑制することである. 規制の抜け穴を防ぐために,「その他の核爆発」には安全性テストや*平和目的核爆発'も含むと解されているが, 戦時における核兵器の使用は含まない. また, 議論の混乱を避けるために「核爆発」の具体的な定義は含まれていない. ただし, 核爆発を伴わないコンピュータ・シミュレーションや*未臨界実験'などは条文上は禁止されていない. 条約の円滑な施行と締約国の履行状況の監視のため, 条約独自の国際機構と検証制度が設けられており, *国際監視制度'(IMS)を通して得られたデータは, 技術事務局の中の国際データセンター(IDC)で集積, 解析され, 各締約国に送付される. また, 検証の一環として, 各締約国が独自に*自国の検証技術手段'(NTM)を利用して収集したデータを使用することも認められている. 条約の履行に疑義が生じた場合は, 当該国との協議を経て, 執行理事会が必要と認めれば, *現地査察'が実施され, 現地で放射性核種や希ガスの検出を行い, 核爆発の有無を判定する. 締約国は現地査察が決定された場合, これを拒否することはできない. 条約の発効要件としては, CDで交渉に参加した国および*国際原子力機関'(IAEA)で一定レベル以上の原子力関連施設を国内に有するとされている国, 合計44カ国による批准が必要とされている. この規定は44カ国すべてに対して発効への拒否権を与えるものであり, 発効の遅延につながるとの懸念が条約の起草時から指摘されていた.

3 その後の展開と現状 2014年9月30日現在, 発効に必要な44カ国の内, 米国, 中国, エジプト, インド, イラン, パキスタン, イスラエル, 北朝鮮の8カ国がまだ未批准であり, インド, パキスタン, 北朝鮮は署名もしていない. すでに

批准した国々は,2年に1度開催される批准国会議で発効促進について検討を重ねている他,批准国会議と交互に,やはり2年に1度,発効促進に熱心な国々による*包括的核実験禁止条約フレンズ外相会合'も開催されているが,発効の見通しは立っていない.　[広瀬 訓]

■包括的核実験禁止条約機関 Comprehensive Nuclear-Test-Ban Treaty Organization : CTBTO

1 組織の概要 *包括的核実験禁止条約'(CTBT)第2条に規定されている条約の目的を達成するために設置される組織である.すべての加盟国が参加する締約国会議,51の理事国からなる執行理事会および国際データセンター(IDC)を含む技術事務局から構成されている.締約国会議は,包括的核実験禁止条約機関(CTBTO)の主要内部機関として,条約の範囲内のあらゆる問題を検討,決定する.執行理事会の理事国は地域ごとに割り当てられ,原子力や条約の*検証',分担金などの基準,輪番および選挙によって選ばれる理事国によって構成され,*現地査察'の決定を含め,条約の履行に伴う日常的な決定を行い,条約の執行機関としての機能を果たす.また,技術事務局は,条約の事務局としての役割の他,*国際監視制度'(IMS)を含む*包括的核実験禁止条約の検証制度'の管理,運営を担当することになっている.本部はオーストリアのウィーンに置かれ,世界各地の条約および議定書で規定された場所にIMSに関する施設が設置されている.

2 現状と課題 現時点では条約が未発効のために,CTBTOは発足しておらず,発効までの間,暫定的に,1996年11月19日に発足した準備委員会(Preparatory Commission)がその役割を果たしている.準備委員会には,締約国会議に該当する,すべての署名・批准国が参加する準備委員会本会議,執行理事会の機能を果たしている作業グループA(行財政問題),作業グループB(検証問題)およびアドバイザリー・グループ(Advisory Group),技術事務局の機能を果たしている*暫定技術事務局'(PTS)が設置され,現地査察の実施を除く検証制度の運営をはじめとして,すでに実質的にはCTBTOとしての活動を,ほぼ条約の規定通りに展開していると言っても良い.なお,準備委員会は,条約の発効促進もその目的としており,1999年から隔年で批准国による*包括的核実験禁止条約発効促進会議'が開催されているが,現在のところ,発効の実現へ向けて大きな効果があがっているとは言えない状況である.PTSの運営などにおいても,特に検証体制を中心に更新や改良の必要性が指摘されるなど,実際の運用を経て,いくつかの問題も発生しているが,条約自体が未発効のために大きな変更を行うことは難しく,今後どのような手順で組織の改善を進めてゆくかが課題となっている.　[広瀬 訓]

■包括的核実験禁止条約機関準備委員会 Preparatory Commission for the CTBTO

*包括的核実験禁止条約'(CTBT)の発効に備え,条約の定める*検証'制度の整備および,その普遍性を促進する目的で,1996年11月の同条約署名国会議で採択された準備委員会設立決議に基づき,オーストリア・ウィーンで発足した国際機関.*包括的核実験禁止条約機関'(CTBTO)準備委員会は全署名国からなる本会議と,*暫定技術事務局'(PTS)という2つの組織体で構成される.前者はさらに,職員規則や財務規則などの行財政事項を担当する作業部会A,*国際監視制度'(IMS)や国際データセンターの設置,現地査察整備など検証制度を担当する作業部会B,そして法律や財政,予算などの諸課題を審議する諮問委員会という3つの組織に分かれる.包括的核実験禁止条約機関準備委員会は条約発効後の第1回締約国会議の開催のほか,条約第14条に基づく*包括的核実験禁止条約発効促進会議'や,*包括的核実験禁止条約フレンズ外相会合'の開催などもその任務と

し,1997年以来,毎年2〜3回の各種の定期会合を開催している.2004年および2014年1月から8月にかけて,在ウィーン日本政府代表部の高須幸雄大使と小澤俊朗大使がそれぞれ準備委員会議長を務めた.　［一政祐行］

■包括的核実験禁止条約機関の技術事務局 Technical Secretariat of the CTBTO

*包括的核実験禁止条約機関'(CTBTO)の技術事務局とは,*包括的核実験禁止条約'(CTBT)第4条D項の規定に基づき,条約の実施について締約国を援助し,締約国会議および執行理事会が任務を遂行することを補佐し,また条約の*検証'およびその他の任務を遂行する機関である.特に条約の検証制度については*国際監視制度'(IMS)の運用を監督するほか,国際データセンターを保有し,IMSデータの受領・処理・分析・報告を行う.また,*現地査察'の要請を受領・処理し,執行理事会が現地査察要請を検討することを容易にする役割を担うほか,現地査察の実施準備,査察実施中の技術支援に加えて,現地査察の結果を執行理事会に報告を行う.これらの検証制度の運用指針となる運用手引書についても,技術事務局は執行理事会の承認を条件に,その作成と維持にかかる責任を負う.なお,包括的核実験禁止条約が未発効の間は,暫定技術事務局が*包括的核実験禁止条約機関準備委員会'を補佐する役割を担っており,条約発効後には,*暫定技術事務局'(PTS)が技術事務局へと円滑に移行することが期待される.

［一政祐行］

■包括的核実験禁止条約の検証制度 verification system of the CTBT

1 核実験の禁止と検証　*包括的核実験禁止条約'(CTBT)には主として地震波,海中を長距離伝播する水中音響,大気中を伝播する超低周波,大気中を浮遊する放射性粒子や放射性希ガスといった,*核実験'が行われた兆候を捉えるための*国際監視制度'(IMS)と,核実験が実施された後に実施される*現地査察'を基軸に,協議と説明,*信頼醸成措置'(CBM)の4つの*検証'制度が備えられている.IMSは地震・放射性核種・水中音波・微気圧振動からなる全世界321カ所の遠隔観測所のネットワークと,指定された16カ所の実験施設によって構成される.さらにIMSには,これらの観測所ネットワークからデータを収集・分析・蓄積・常時監視する目的で,*包括的核実験禁止条約機関'(CTBTO)のあるウィーンに国際データセンターが設けられる.IMSと国際データセンターの役割は24時間365日間,各観測所から送信される各種データの異常の有無を確認し,もし異常があればそれが人工的な事象か否かを識別することにある.しかし条約の遵守を巡る判断はあくまでも締約国に委ねられており,IMSと国際データセンターは違反事実の有無の判断は行わない.

2 核実験探知の取り組み　包括的核実験禁止条約は1994年からジュネーブ*軍縮会議'(CD)で交渉が行われたが,当時から核実験を探知・検証するために重要となる核爆発の定義に合意が形成できず,その代わりに現実的な解として,TNT換算で爆発規模1kt以上の事象を探知できる検証制度構築が目指された.この背景には,過去の核実験では,各国とも初回は概ね10ktから20ktの核爆発を行う事例が大半で,1kt程度の探知能力があれば,それらは概ね探知可能との考え方があった.実際に1998年のインドとパキスタン,そして2006年,2009年,2013年の北朝鮮による一連の*地下核実験'は,いずれも暫定運用中のIMSのネットワークが探知し,また国際データセンターではそれぞれの事象を解析し,これらは署名国のリクエストに応じて報告されている.なお,条約発効後はIMSネットワークのみならず,締約国は一般的に認められている国際法の原則に適合する方法で,*自国の検証技術手段'(NTM)によって知り得た情報も利用し,核実験の実施と疑われる事象について,現地査察の要請を行うことができる.

［一政祐行］

■**包括的核実験禁止条約発効促進会議** Conference on Facilitating the Entry into Force of the Comprehensive Nuclear-Test-Ban Treaty

*包括的核実験禁止条約'(CTBT)は，署名開放後3年を経過しても条約が発効しない場合，批准国の過半数の要請によって，発効促進のための会議を開催することを定めている(第14条2項)．この規定に基づいて1999年から隔年で発効促進会議が開催されており，これまで8回開催されている．1999年10月にウィーンで開催された第1回発効促進会議においては，日本は議長国として会議の成功に尽力した．その後，2年ごとに同会議は開催され，各国に対する早期署名･批准の呼びかけや*核実験モラトリアム'の継続などを盛り込んだ最終宣言を採択してきている．2013年9月に開催された第8回発効促進会議においては，未署名国･未批准国に対する早期署名･批准の呼びかけや核実験モラトリアム維持の重要性，CTBT*検証'体制の本来機能に加えた民生･科学分野における有用性を盛り込んだ最終宣言を採択した．日本からは岸田文雄外務大臣が出席し，各国に対し，核実験が行われた際の国際社会全体による協調的かつ強固な反対を呼び掛けることやモメンタムを捉えた政治的アクションの強化などの行動を呼びかけた．　[野口 泰]

■**包括的核実験禁止条約フレンズ外相会合** CTBT Ministerial Meeting

*包括的核実験禁止条約'(CTBT)フレンズとは，主に*包括的核実験禁止条約機関'(CTBTO)の所在するウィーンを中心に，CTBT発効促進活動を調整･推進するため，日本，豪州，オランダの呼びかけに応じて結成されたグループである．現在は右3カ国の他，カナダ，フィンランド，ドイツに加え，発効促進会議共同議長国(2013～2015年の共同議長国はインドネシアおよびハンガリー)がフレンズとなっている．2002年，日本，豪州，オランダが共催国となり第1回CTBTフレンズ外相会合を開催した．これまでに発効促進会議が開催されない年に，CTBT発効促進の機運を維持･強化するために開催されてきている．最近では第7回CTBTフレンズ外相会合が2014年9月26日ニューヨークにおいて開催された．岸田文雄大臣が議長を務め，潘基文(Ban Ki-moon)国連事務総長，ジョン･ケリー(John Kerry)米国務長官などが出席しCTBT早期発効を呼びかけた．　[野口 泰]

■**包括的保障措置協定** comprehensive safeguards agreement

1 包括的保障措置協定設立の背景 *国際原子力機関'(IAEA)は，1957年の設立以来，原子力資機材や施設が軍事目的に転用されないことを確保するための*保障措置'を適用するために，主に各国からの要請を受ける形で，それぞれ個別に保障措置協定を締結してきた．このような国毎個別に締結されてきた保障措置協定は，*INFCIRC/66型保障措置'と呼ばれる(あるいは，単に66型保障措置．呼称は，これら保障措置にかかる手続きの原則を定めた文書がIAEA加盟国に回覧された際の文書番号に由来する)．1970年に発効した*核兵器不拡散条約'(NPT)の第3条は，原子力が平和的利用から*核兵器'その他の核爆発装置に転用されることを防止するため，NPTに基づいて負う義務の履行を確認することのみを目的に，NPT締約国である非核兵器国に対し，IAEAとの間で保障措置協定を締結することを求めており，この条文を基にIAEAとの間で非核兵器国が締結することとなったのが，NPTに基づくIAEAとの保障措置協定，いわゆる「包括的保障措置協定」である(包括的保障措置協定は，その中に盛り込まれるべき要素や構成などがIAEA加盟国文書INFCIRC/153として回覧されたことから，一般に153型と呼ばれることがある)．

2 「包括的」と呼ばれる理由 このNPTに基づくIAEAとの保障措置協定が「包括的」保障措置協定と呼ばれる理由は，NPT第3条1項により，この保障措置が「非核兵器国の領域内もしくはその管轄下でまたは場所のいかんを問わずその管理の下で行なわれるすべての平和的な原子力活動にかかるすべての*原料物質'及び*特殊核分裂性物質'につき，適用される」と規定されていることによる．先述のNPT以前の66型保障措置においては，国がIAEA保障措置に置くよう提供した，あるいは移転に伴う2国間の個別の取決めなどに基づいて，保障措置下に置くよう義務づけられた資機材や施設などにのみ保障措置が適用されることとなっていたが，NPTの下では，2国間取決めの有無や移転の有無などに関わらず，上述のとおり，国内のすべての核物質(原料物質および特殊核分裂性物質．それらの定義は包括的保障措置協定の中で規定)が保障措置の対象とされている．このため，NPT第3条に基づきNPT締約国である非核兵器国が締結するIAEAとの保障措置は，フル・スコープ保障措置ないしは，包括的保障措置と呼ばれてきている．

3 包括的保障措置の概要　NPT締約国である非核兵器国が締結すべき包括的保障措置協定の内容などを定めたIAEA文書INFCIRC/153では，包括的保障措置の目的を，①核兵器その他の核爆発装置製造などへの核物質の転用を適時に探知し，また早期探知の危惧を与えることによりそのような転用を抑止することにあると規定し，そのための手段として，②核物質の「計量」を基本的に重要な保障措置手段として，「封じ込め」と「監視」を重要な補助的保障措置手段として活用する，としている．包括的保障措置はいわば申告された核物質の*計量管理'を主体とした帳簿管理により転用を探知する保障措置と考えることができる．他方で，そうした帳簿管理的手法では，申告が正確か否かについては充分確認することができるが，申告が完全なものであるか否か，すなわち，未申告の核物質がないかについては，包括的保障措置では充分に探知できないと考えられている．それゆえ，包括的保障措置の下でIAEAが導きだす結論は，申告済みの核物質に転用の兆候はない，ということのみであり，未申告の核物質・核活動の兆候がないとの結論は，*追加議定書'の実施があって初めて導きだされるものとされている．［樋川和子］

■包括同意　programmatic consent

米国の*2国間原子力協力協定'において，米国から移転された*核物質'や原子力資機材によって生産された米国起源の核物質を協定相手国が*再処理'することなどの活動に対し，一定の条件下で包括的かつ長期的に事前同意を付与することを指す．原子力の*平和的利用'における核拡散リスクを問題視するようになった米国政府は，1976年以降，事前同意の付与を個々の案件毎に厳格に審査した．これに対して米国起源の核物質を使用している日本や欧州が自国の再処理事業に支障を来すとして懸念を示したため，1982年に米国は包括同意方式を採用した．包括同意の対象は相手によって異なるが，*再処理'，再処理のための管轄外地域への再移転，再処理によって回収した*プルトニウム'の返還などがある．協定相手国は予めこれらの活動を行う施設のリストを提出し，それらの施設は米国との間で合意した*保障措置'，防護措置等の条件を満たす必要がある．包括同意の対象国は原則として，先進的な原子力計画を持ち，核拡散リスクがない国であり，これまでにスイス，スウェーデン，ノルウェー，日本，*欧州原子力共同体'(EURATOM)，インド，アラブ首長国連邦，台湾に付与された．このうち日本は，再処理，再移転，貯蔵への同意を付与され，プルトニウムの返還への包括同意付与を約束されるなど，同意の範囲が最も広い．［武田 悠］

■放射性降下物　radioactive fallout

核爆発や原子力関連施設の事故などで排出される放射性物質を含む塵状の物質のことである．「フォールアウト」，「死の灰」とも呼ばれる．*核反応'の際に反応しなかった核分裂性物質，核反応により生成された放射性物質，および核反応の際に放出された中性子により放射能を帯びた物質，が含まれた微小な粒子である．半減期の長い放射性物質を含むために，長期間にわたり放射能汚染を引き起こし，さらに，塵状のために天候や環境によっては，広範囲の汚染を引き起こす危険性がある．広島，長崎への原爆投下の直後に発生した黒い雨や*第五福竜丸事件'で，放射能障害の原因となった．*部分的核実験禁止条約'（PTBT）において大気圏内，地上および水中での*核実験'が禁止された大きな理由の1つは放射性降下物による環境汚染を防ぐためである．*核兵器'の使用に伴って発生する放射性降下物による汚染は，敵味方を問わずに当該地域における活動を阻害するために，軍事的に見て，一般的には望ましくない影響とされており，放射性降下物の発生の少ない*中性子爆弾'のようなタイプの核兵器も開発されている．また，放射性降下物の内容を分析することで，核反応に用いられた核分裂性物質の特性を把握することが可能である．　［広瀬 訓］

■放射線源　radioactive source

放射線が物質との間で起こす相互作用を利用して，癌の診断や癌細胞の破壊など，また，物質の厚さや密度，水位等のレベルの計測や構造材料の欠陥などの非破壊検査，さらには，ジャガイモの新芽が出ないようにするための農業用の放射線の照射など，放射線は，医療用，産業用，農業用など，さまざまな用途で利用されている．放射線源はその放射線を放出するソースのことであり，用途に応じてさまざまな放射線源が選ばれる．たとえば，癌細胞に集まる化学物質に γ 線を放出する放射性物質を付加して体内に投与し，どこに癌細胞があるのかを診断する線源としては，短半減期で体内組織に大きな影響を与えない線源（たとえばTc-99m）が選ばれる一方，構造材料などの非破壊検査や食料品の照射などには，材料の透過力に優れた強い γ 線を放出する放射線源（Ir-192，Co-60，Cs-137など）が使われる．これら放射線源も*汚い爆弾'などのテロに活用されるため，*核セキュリティ'の管理対象としてレベルに応じた物理的防護や実際に事案が発生した場合の影響の緩和策などをあらかじめ決めることなどが要求されている．　［直井洋介］

■放射線発散処罰法　Act on Punishment of Acts to Endanger Human Lives by Generating Radiation

［正称］放射線を発散させて人の生命等に危険を生じさせる行為等の処罰に関する法律，［施行］2007.5.11（平成19法律38）

1 制定の経緯　放射線発散処罰法は，2005年4月に国連総会で採択された「核によるテロリズムの行為の防止に関する国際条約」（以下「*核テロ防止条約'」）の実施を確保するため，制定された法律．核テロ防止条約は，放射性物質または核爆発装置等を所持，使用する行為等を犯罪とし，犯人の処罰，引渡し等について定めることとされており，テロ防止に関する国際条約のうち，2001年に米国で発生した9.11テロ以降，初めて採択された条約である．わが国でも従来から放射性物質の拡散等は法律により禁止されていたが，それは主に電力会社や放射線を扱う事業者を念頭に置いていたものであった．それとは異なり，放射線発散処罰法は，上記のような経緯から*核テロリズム'を防止すること主な対象として制定されたものである．

2 法律の内容　核テロ防止条約では，死または身体の重大な傷害，財産の実質的な損害等を引き起こす意図での放射性物質等の所持・使用や核施設の使用・損壊と放射線の発散等による脅迫を犯罪としている．従来，わが国における放射性物質等の発散についての規制は，「核原料物質，核燃料物質及び原子炉の規制に関する法律」と「放射性同位元素等による放射線障害の防止に関する法律」により行われてきた．これらは主に事業者を対象としたものであり，テロリストのような悪意を持って放射性物質等を使おうとする者の存在を前提としたものではなかった．

両法においては，正当な理由なく，原子*核分裂'の連鎖反応(核爆発)，不当な方法により放射線を発散させ，人の生命，身体または財産に危険を生じさせた者に対しては，10年以下の懲役に処することが定められており，未遂も処罰の対象とされている．放射線発散処罰法では，両法におけるこれらの規定を集約し，以下を処罰対象としている．①核燃料物質の原子核分裂の連鎖反応(核爆発)により，人の生命，身体または財産に危険を生じさせること，②放射線を発散させて，人の生命，身体または財産に危険を生じさせること，③ ①②の行為の予備(準備)行為，④ ①②の行為の目的での放射線を発散する装置等の製造および所持，放射性物質の所持，⑤ ①②④の未遂行為，⑥その他(放射性物質を用いた脅迫，強要)である．核テロ関連に限定してではあるが，予備(準備)行為，所持，脅迫，強要等も処罰の対象とし，量刑も上限で無期懲役と重い刑罰を科していることは放射線発散処罰法の大きな特徴であろう．　[小林直樹]

ほ

■暴動鎮圧剤　riot control agents：RCA

暴動鎮圧剤とは，一般的に，非致死性で国内の治安維持のために使用される化学物質をいう．クロロアセトフェノン(CN)，クロロベンジリデンマロノニトリル(CS)，ジベンゾンクサセピン(CR)などのいわゆる催涙ガスは典型的な暴動鎮圧剤である．暴動鎮圧剤が1925年の*ジュネーブ議定書'によって戦争における使用が禁止される*化学兵器'に含まれるか否かという問題に関して，これを肯定する英国，フランスその他とこれを否定するする米国の間で解釈上の争いがあった．英国は1970年に立場を変更しCSをジュネーブ議定書の対象外としている．ジュネーブ議定書の解釈をめぐる争いに決着をつけたのは1993年の*化学兵器禁止条約'である．同条約は，暴動鎮圧剤を「化学物質に関する附属書の表に掲げていない化学物質であって，短時間で消失するような人間の感覚に対する刺激又は行動を困難にする身体への効果を速やかに引き起こすものをいう」と定義し，国内の暴動鎮圧の目的に合致する種類と量である限り化学兵器には該当しないとしつつ，これを戦争の方法として使用することを禁止した．化学兵器禁止条約は締約国に対して暴動鎮圧剤の申告を義務づけており，2013年末時点で134カ国が申告している．　[阿部達也]

■補完的なアクセス　complementary access：CA

補完的なアクセスは，*追加議定書'第4項～第10項までに規定されている．未申告の*核物質'および原子力活動が無いことの確認を目的として，追加議定書の取極に従う申告内容の*完全性'を確認するため，および，すでに核物質が撤去され解体撤去される施設の状況確認のために実施される．*検認'対象は特定されず，提供された情報が示す状況を確認する．接近が可能な箇所は追加議定書にて包括的に合意されており，実施を拒否できない．機械的または系統的には行わないとされているが，一方でその回数の上限値も定められておらず，アクセスする場所も特定されていない．情報分析によって申告された情報の疑義が解消されない場合は，敷衍また追加説明を要請し，補完的なアクセスによる現場確認を介して疑義の解消が図られる．この疑義が解消されない場合は，解消されるまで継続される．接近する場所や確認する内容に，①核拡散に関して機微な情報が含まれる場合，②安全上または*核物質防護'上の要件により接近が困難な場合，および③所有権または商業的に機微な情報が含まれる場合には，管理立入を提起することができる．実施の事前通告は，基本的には24時間前とされ，査察が行われているサイトに関しては2時間前とされている．　[菊地昌廣]

■北東アジア非核兵器地帯　Northeast Asia Nuclear Weapon Free Zone

1　さまざまな構想　*冷戦'終結後，北東アジアにおける地域的安全保障に資する制度として, 北東アジア非核兵器地帯(NEA-NWFZ)のスキームに関する提案が行われるようになった. 1992年に, 米国のジョージ・H・W・ブッシュ(George H.W. Bush)大統領が, 韓国から軍艦, 陸軍のすべての戦術核兵器を撤去したと発表したことがその背景にある. 発端となったのは, 米国ジョージア工科大学のジョン・エンディコット(John Endicott)らの研究グループの提案である. 1995年, 彼らは朝鮮半島の板門店を中心に半径約2,000kmの円を描き, その中を「限定的」非核兵器地帯にするという円形地帯の提案をした. その後, その変形として長軸が米国アラスカ州の一部にまで伸びるような楕円形地帯案も提案された. 「限定的」という修飾語は, 非核化の対象を非戦略ミサイル用核弾頭に絞る意味でつけられた. その後, 金子熊夫, アンドルー・マック(Andrew Mack), 梅林宏道, 徐載晶, ピーター・ヘイズ(Peter Hayes)などによる諸提案が出た. 梅林宏道が1996年に提案した案は, 日本, 韓国, 北朝鮮が非核兵器地帯を形成し, 米国, ロシア, 中国が地帯への*消極的安全保証' を提供するというもので「スリー・プラス・スリー」構想と呼ばれる. 今日, この構想やその変形が現実案としてしばしば引用される. 2011年末, 米国の元高官モートン・ハルペリン(Morton Halperin)が, 北朝鮮の非核化を達成するための道筋として, NEA-NWFZの設立を含む北東アジア平和安全保障協定を提案したことによって, NEA-NWFZへの関心が大きく広がった.

2　関心の広がり　1999年の*国連軍縮委員会' による非核兵器地帯に関する報告書が示すように, 非核兵器地帯は構成する国の自由意思によって設立されるものであり, 構成国のいずれかが提案することによって国家間協議の正式の議題となる. その意味においてNEA-NWFZはいまだ正式の国際的議題になっていない. しかし, 研究者や非政府組織(NGO)の関心が持続するなかで, 日韓の政党や国会議員, また日本の自治体が構想への支持を高めている. 日本の民主党核軍縮議連(座長:岡田克也)は2008年に「スリー・プラス・スリー」構想に基づく条約草案を発表した. また2011年, 日韓の超党派の国会議員93名がNEA-NWFZ構想を支持する署名に加わった. *日本非核宣言自治体協議会' と*平和首長会議' の支持のもとに集められた543名の日本の自治体首長のNEA-NWFZ設立を支持する署名が, 2014年4月に田上富久長崎市長によって潘基文(Ban Ki-moon)国連事務総長に手渡された. 2013年7月, 国連軍縮諮問委員会は「NEA-NWFZ設立に向けた適切な行動を検討する」よう国連事務総長に勧告した. [梅林宏道]

■北米航空宇宙防衛司令部　North American Aerospace Defense Command: NORAD

米国とカナダの2国間の統合防衛組織で, 北米地域の①航空宇宙警戒, ②航空宇宙統制, ③海洋警戒を主な任務とする. 航空宇宙警戒とは, *宇宙空間' の人工物体を監視し, 航空機・ミサイル・宇宙機などによる北米地域への攻撃を探知・検証・警戒することである. 航空宇宙統制とは, 米国とカナダの領空の制空権や防空を確保することであり, 海洋警戒とは, 北米地域の海洋や航路における活動を探知・検証・警戒することである. 総じて, 24時間態勢で*人工衛星' などの監視を行うと同時に, *弾道ミサイル' や*戦略爆撃機', 艦船などによる北米地域への攻撃に備えている. NORADは, もともと*冷戦' 中のソ連に対する北米防空体制のための組織として, 1957年8月に米加両国によって設置が発表された. 当初の名称は北米防空司令部(North American Air Defense Command: NORAD)であったが, 1981年5月に北米防衛における宇宙の重要性を考慮して現在の名称になった. 一般に, 北朝鮮のミサイル発射や人工衛星打ち上げなどの情報を発表することで知られているが, 現在, *宇宙状況認識' (SSA)の観点から宇宙空間の総合的な監視を行っているのは, NORADではなく米戦略軍の統合宇宙作戦センター(JSpOC)

である.　[渡邉浩崇]

■**保障措置**　safeguards : SG

1　保障措置成立の背景　保障措置という用語が最初に使用されたのは,*国際原子力機関憲章'(IAEA憲章)である.IAEA設立のきっかけとなった米国ドワイト・アイゼンハワー(Dwight Eisenhower)大統領の「*平和のための原子力'」(Atoms for Peace)演説で,世界的な査察と管理制度の機能を国際原子力機関に持たせることを提案しているが,ここでは保障措置という用語は使用されていない.その後制定された憲章の第3条任務A5項に,「機関がみずから提供し,その要請により提供され,又はその監督下若しくは管理下において提供された*特殊核分裂性物質'その他の物質,役務,設備,施設および情報がいずれかの軍事的目的を助長するような方法で利用されないことを確保するための保障措置を設定し,かつ,実施すること並びに,いずれかの2国間若しくは多数国間の取極の当事国の要請を受けたときは,その国の原子力の分野におけるいずれかの活動に対して,保障措置を適用すること.」と記載されている.国内で最初にsafeguardsが「保障措置」と翻訳され使用されたのは,1956年ころ当時の日本原子力研究所で使用する燃料を米国から貸与を受ける時の細目協定である.

2　保障措置の変遷　原子力研究開発の初期段階では,核不拡散を推進する米国等の原子力先進国は,自国が供給した核物質や原子力関連資機材が受領国において軍事目的に転用されていないことの保証を求めた.受領国との間で*2国間原子力協力協定'を締結し,この中に保障措置に関する条項を含み,供給国は確認行為としての*査察'を実施した.IAEAにおいて保障措置協定のモデル文書が世界の原子力活動の進展とともに開発され,1961年に保障措置の基本制度を示したINFCIRC/26が,1964年にこれに大型原子炉施設の事項を追加したINFCIRC/26/Add.1が,さらに1965年に*INFCIRC/66型保障措置協定'で基本的な制度が確立され,1966年にそのRev.1で再処理設備に関する規定を加え,1968年にRev.2で転換施設と加工施設に関する規定を加えた文書が開発された.このINFCIRC/66/Rev.2には,憲章に規定されている2国間もしくは多数国間の取極からの要請による保障措置の実施が規定され,供給国と受領国はこの規定に従って検証機能をIAEAに移管した.INFCIRC/66/Rev.2は,憲章によるIAEAが供給した核物質や資機材と2国間もしくは多数国間の協定からの依頼による核物質や資機材が対象としている.*核兵器不拡散条約'(NPT)が成立した段階で,この精神に従って当該国内の領域内にあるすべての核物質を保障措置の対象と置く旨の*包括的保障措置協定'モデル文書(INFCIRC/153)が公開され,NPT加盟国はモデル文書に沿った保障措置協定をIAEAと締結した.この協定において資機材は対象外となり,そのかわり出自にかかわらず,核兵器ないしは核爆発装置の原料となる当該国内のすべての核物質を検証の対象とした.核物質を押さえることで核兵器ないしは核爆発装置の製造は阻止できるとの精神に立つものである.

3　新たな視点　包括的保障措置協定に基づく保障措置は,1990年代の当初までは良好に実施された.各国の施設で実施する査察行為を効果的かつ画一化するために保障措置クライテリアが開発され運用された.しかし,冷戦終了後のイラクや北朝鮮問題では,保障措置協定締約国から自国領域内のすべての核物質として申告された対象物が不十分であった事実が判明し,申告の*正確性'だけでなく,申告そのものに欠損がないかどうか,すなわち意図して申告しない,あるいは申告を失念した核物質や原子力活動がないかどうかの申告の*完全性'の検証も必要であるとの認識が,IAEA事務局および理事会において示され,*追加議定書'が開発された.IAEAは,追加議定書により申告の完全性を確認し,申告漏れがないことを確認し,包括的保障措置協

定によりその申告の正確性を確認して，NPT の約束履行を保証している．［菊地昌廣］

■保障措置実施報告書 safeguards implementation report：SIR

保障措置実施報告書とは，*国際原子力機関'(IAEA)が*保障措置'に係る活動を実施している国に対し前暦年に実施した保障措置活動について，IAEA 事務局長が毎年6月に IAEA 理事会に対して行う報告である．IAEA が保障措置協定等に基づき実施した*検認'活動，また*追加議定書'を発効させている国については，追加議定書に基づき IAEA が実施した活動を通して，IAEA が導いた保障措置結論が含まれる．保障措置協定違反があった場合にはその事例も報告される．［田崎真樹子］

■保障措置情報 safeguards information

保障措置情報とは，*国際原子力機関'(IAEA)が*保障措置'の実施に係り入手可能な情報である．具体的には，IAEA 加盟国が IAEA との保障措置協定に基づく義務に従って提出する情報(たとえば核物質*計量管理'報告や*設計情報')や，加盟国が*追加議定書'に基づく義務に従って提出する情報(たとえばサイト内建物報告，核物質を伴わない*核燃料サイクル'関連研究開発活動に係る情報および国際特定活動に関する情報)，加盟国が自発的に提出する情報(たとえば自発的報告)，IAEA が保障措置協定に基づき実施した*検認'活動を通じて得た情報(たとえば査察結果，設計情報の検認および環境サンプリング)や IAEA が追加議定書に基づく活動を通じて得た情報(たとえば*補完的なアクセス')，公開情報および IAEA が入手可能な情報，さらに第3国から自発的に提供される情報や保障措置関連の情報などが該当する．

［田崎真樹子］

■補助取極 subsidiary arrangement

補助取極とは，国際協定などで，協定の実施にかかわる細目などを規定するために，協定に付属する合意文書として作成されることがある文書を意味する．たとえば，*国際原子力機関'(IAEA)が*核兵器不拡散条約'(NPT)締約国である非核兵器国との間で締結している*包括的保障措置協定'は，その第39条にて，協定の規定する手続きの適用に関して IAEA がこの協定に基づく責任を効果的かつ効率的に遂行することを可能にするために，必要な限度において詳細に規定する補助取極を作成する，と規定している．この規定および補助取極に明示的に言及した協定上のその他の規定に基づき，包括的保障措置協定では，IAEA に報告する情報の提出期限や窓口，*査察員'が*査察'に際して従うべき保健上や安全上の手続き，締約国が保持すべき記録の詳細などについて IAEA と締結国との間で補助取極として合意文書を作成することとなっている．また包括的保障措置協定の補助取極は，同協定を改正することなく，IAEA と協定締約国との合意により，拡充しまたは変更することができることとされている．

［樋川和子］

■ホットライン協定 Memorandum of Understanding between the United States of America and the Union of Soviet Socialist Republics Regarding the Establishment of a Direct Communications Link：Hot Line Agreement ［正称］直接通信回線の確立に関するアメリカ合衆国とソビエト社会主義連邦との間の覚書，［署名・発効］1963.6.20(ジュネーブ)

*キューバ危機'は，米ソが相互に相手の意図を読み誤ることによって，核戦争が勃発する危険性が大きく高まることを示した．米ソはこの経験から，冷戦下においても両国間の緊密なコミュニケーションが不可欠であるとの認識を共有するようになった．1963年6月20日にジュネーブで締結されたホットライン協定では，このような問題意識に基づき，危機的な状況下において2国間の緊密なコミュニケーションを確保することが目指された．同協定によって，電

ほ

信やテレックスを用いてワシントン・モスクワ間を直接結ぶコミュニケーションラインを設置することが定められ，双方の言語で即時的なメッセージの送信ができるような体制が準備された．その後，1971 年9月 30 日にはワシントンにおいて改訂協定への調印がなされ，米ソは通信衛星システムによる直接コミュニケーションの体制を整備することに合意している．さらに 1984 年7月 17 日には，インテルサット(INTELSAT)衛星やファクシミリ，コンピュータによる送信システムを構築することによって，コミュニケーション環境を改善していくことを定めた協定が作成された．　［齊藤孝祐］

■**本土ミサイル防衛**　national missile defense : NMD

ほ

1 計画の始動　1993 年5月，ビル・クリントン(Bill Clinton)政権は，ロナルド・レーガン(Ronald Reagan)政権以降続けられてきた*戦略防衛構想'(SDI)に終止符を打ち，*戦域ミサイル防衛'(TMD)と本土ミサイル防衛(NMD)からなる*弾道ミサイル防衛'(BMD)計画を打ち出した．宇宙配備要素の計画を中止し，主に地上・艦船から発射される衝突破壊方式の迎撃システムの開発を優先するなど，すでに縮小傾向にあったSDIの実現可能性の高い部分に選択と集中を図ろうとするものであった．特にイラン・イラク戦争や*湾岸戦争'でスカッドが使われたように，比較的射程の短い*弾道ミサイル'がより現実的な脅威になっていると認識され，TMD の優先が掲げられた．*大陸間弾道ミサイル'(ICBM)などの長距離ミサイルを用いた米国本土への攻撃は現実性が低く，また迎撃も非常に困難であるため，NMD はより長期的な研究開発の対象にとどめられた．複数のシステムによる多層防衛が構想されていたTMDと異なり，NMD については，後に*地上配備ミッドコース防衛'(GMD)と呼ばれることになる単一の迎撃システムの開発が当面の目標とされ，NMD という言葉はこの迎撃システムとほぼ互換的に使われた．より先進的な*空中配備レーザー'(ABL)は，さらに長期的な課題とされた．

2 論争の激化　他方で，海軍戦域防衛(NTWD)など，比較的射程の長い中距離ミサイルを迎撃対象とする一部の TMD システムは，NMD に適用可能となりうる，また*弾道弾迎撃ミサイル制限条約'(ABM 条約)に違反しうるという懸念や批判が生じた．ロシアは NMD に加え，この点に強い警戒感を示し，米国の BMD 計画に反発した．クリントン政権はより重視する TMD 計画に支障が出ないよう，1997 年，ABM 条約違反にならない TMD の要件を明確化する*弾道弾迎撃ミサイル／戦域ミサイル防衛峻別合意'(ABM/TMD 峻別合意)をロシアと結んだ．他方，1994 年の中間選挙で共和党多数議会が成立し，NMD の積極推進を求める議会の圧力が強まることとなった．クリントン政権は 1996 年，翌年から 3 年間研究開発を進めた後，配備の是非を判断し，必要と判断された場合にはその後 3 年間で初期配備に入るという3+3 計画で妥協を図った．しかし議会は，弾道ミサイル拡散の脅威を従前以上に強調した 1998 年7月の「*ラムズフェルド委員会報告'」にも後押しされ，翌年5月には早期配備を求める NMD 法を可決するなど，さらに圧力を強めた．逆に，性急な開発方法など技術面での不安を指摘した「ウェルチ報告」も出され，一定の慎重姿勢を維持しようとする政権の立場を後押しした．コソボ紛争などで対米関係を悪化させていたロシアは，中国とともに，米国が配備の是非を決める 2000 年夏に向けて，反 NMD キャンペーンを活性化させた．「宇宙の軍備競争防止(PAROS)」の条約交渉開始を求めたのも，その一環であった．米露関係の悪化や，米本土の非脆弱化によるディカップリングの可能性増大を懸念した欧州諸国も，米国に慎重な判断を求めた．結局クリントン大統領は，2000 年9月，NMD の配備決定を次期政権に委ねる旨を発表する．

3 GMDとしての配備へ　同年 11 月の大統

領選挙では, NMD の積極的推進を掲げたジョージ·W·ブッシュ(George W. Bush)候補が辛勝した. 翌2001年5月, ブッシュ政権は, 防御力により力点を置いた相互*抑止' 態勢をめざすとして, TMD と NMD を区別しないミサイル防衛の大規模展開を打ち出した. その後, その障害となる ABM 条約の改廃についてロシアと協議するが, 9·11 事件後の同年 12 月, 合意に至らないまま条約脱退を通告する. *第2次戦略兵器削減条約' (STARTⅡ条約)は未発効に終わることが確定的となった. NMD という呼称は使われなくなったが, 本土防衛用の GMD の開発が条約上の制約なしに進められることとなった. 2002年12月には2004年までの配備開始が決定され, 2010年までに計30基が配備された. 偶発的な発射も含め, あくまで限定的な長距離ミサイル使用に対する本土防衛能力であるが, 2017年までに14基の追加も決まり, ロシア側の懸念は増しているようである. →米国のミサイル防衛システム　[石川 卓]

ま

■**マクマホン法**　Atomic Energy Act of 1946 : McMahon Act

米国の1946年原子力法のこと. 同年8月に成立. 法案を提出したブライエン·マクマホン(Brien McMahon)上院議員(コネティカット州選出, 民主党)に因み, マクマホン法と呼ばれる. 核の軍事利用, ならびに民生利用の両方を所管する原子力委員会(AEC)の創設と権限を規定した. 同法に基づき AEC は, すべての核分裂性物質, *原子爆弾' ならびにその部品, 核分裂性物質の加工, 生産, 利用のためのすべての施設と資機材のみならず, データ, 図面, 仕様書, 特許とその申請書を含む, 核, 原子力の利用に関わるあらゆる情報を独占的に取り扱う権限を持つこととされた.「破壊目的の原子力利用に対し, 効果的で強制可能な国際的な*保障措置' が確立されたことを議会が共同決議によって宣言するまでは, 工業目的の原子力利用に関する他の諸国との情報交換は行わないものとする」旨が明記された. 同法は同盟国に対しても, 工業目的の原子力利用に関する情報でさえ制限することを宣言した. 1954年8月に改定され, 一定範囲の機微情報の開示や協定国への核物質の提供, 原子力利用への民間企業の参入に道が開かれた.

[友次晋介]

■**マリ·イニシアティブ**　Mali Initiative

紛争地域に集積される膨大な数の*小型武器' は, 地域の開発·発展を妨害し, かつ不安定性を増大させる要因になる. また, これらの小型武器は人々の安全を脅かし, 国や地域の安全保障に対する深刻な脅威となる. こうした背景のもと, マリ共和国政府から国連に小型武器の違法取引阻止とその回収にかかる支援要請が行われたことを契機として, 国連総会で決議案「小型武器の違法取引の阻止およびそれらの回収のための諸国への支援」が1994年12月15日に全会一致で採択された(A/RES49/75G). マリ·イニシアティブと呼ばれる同決議は, サヘル·サハラ小地域諸国における小型武器の違法取引への国連の懸念を表したものであり, 具体的には小型武器流入の影響を受ける国々の要請に基づき, 国連アフリカ平和軍縮センターおよびアフリカ統一機構(OAU)の支援のもと, 国連事務総長が小型武器の違法取引とそれらの回収のために行う継続的な取り組みを後押し, すべての国連加盟国に対して小型武器の違法流通に対する各国国内規制措置の履行を懇請し, また小型武器流入の影響で発展が妨げられている国々に対して適切な支援を行うよう要請された.　[一政祐行]

■**マルタ首脳会談**　Malta summit meeting

*冷戦' 末期の1989年12月, 東欧社会主義諸国で民主化革命が進む中, マルタ共和国において米国とソ連との間で行われた首脳会談である. 12月2日から3日にかけてマルタ島沖に停泊するソ連の艦船内において行われた会談には, 米国側からジョージ・H・W・ブッシュ(George H.W. Bush)大統領, ジェームズ・ベイカー(James Baker)国務長官らが出席, ソ連側からはミハイル・ゴルバチョフ(Mikhail Gorbachev)共産党書記長, エドゥアルド・シェワルナゼ (Eduard Shevardnadze) 外務大臣らが出席した. 会談では, 両国の*軍備管理' と*軍縮' の問題, ソ連の経済問題, 東欧における民主化運動とドイツの再統一問題を含めた欧州における新しい政治秩序の構築などについての意見交換が行われた. 会談後には, 米国からゴルバチョフ書記長の主導するペレストロイカに対して支持が表明されるなど, 米ソ関係が対立から協調の時代へ入り, 双方が新たな秩序の構築に取り組む姿勢が両首脳から表明された. 本会談をもって, 東西冷戦が事実上終結するとともに, 第二次世界大戦後のヤルタ体制から米ソが協調する新たな国際秩序へと転換し始めたことが世界に向けて示された.

［榎本浩司］

■マルテンス条項　Martens Clause

1　条項の起源と内容　1899年の*ハーグ陸戦条約' の交渉では, 占領軍の権利に関する規定や, 占領軍に抵抗する被占領民に合法的な交戦者資格を付与することの是非をめぐって各国の見解が対立したため, 一時は条約の採択も危ぶまれた. この事態を打開するため, 交渉会議の議長を務めていたロシア代表のフリードリッヒ・マルテンス(Friedrich Martens)は妥協案として議長宣言案を提示し, これが次のような文言となって条約前文に盛り込まれ, 後にマルテンス条項と呼ばれるようになった.「より完備された戦争法の法典が制定されるまでは, 締約国は, 自らが採択した規則に含まれない場合でも, 人民及び交戦者が文明諸国間で確立された慣行, 人道の諸法, 公共良心の要求から生ずる国際法の諸原則の保護と支配の下に置かれ続けることを宣言することが正当であると考える」. その後, 1949年のジュネーブ諸条約では, 条約から脱退した国家も上記と同様の国際法の諸原則に従う義務があると明記された. さらに1977年の*ジュネーブ諸条約第1追加議定書' は, より一般的に第1条で, 同議定書を含む国際取極の対象外となるケースにおいても文民および戦闘員は「確立された慣習, 人道の諸原則および公共の良心に由来する国際法の諸原則」による保護を受けると規定した.

2　条項の意義　マルテンス条項は, *国際人道法' の精神を示す重要な原則と見なされている. しかし, その文言の意味は決して明瞭ではない. もともとマルテンスは妥協案として多様な解釈が可能な文章を提示しただけで, 会議でも文言の詳細が検討されることはなかった. この条項をめぐる主な論点は, それが単に国際慣習法の存在を確認しているに過ぎないのか, それとも,「人道の諸原則」や「公共の良心」を国際慣習とは別の新たな法源と位置づけているのかである. 1920年の常設国際司法裁判所規程および1945年の国際司法裁判所(ICJ)規程は, 条約と国際慣習法に加え「文明諸国によって認められた法の一般原則」を裁判所は適用すると規定しているが, 一般原則の内容や性質については学説も一致していない. 第二次世界大戦後にドイツの戦争犯罪を裁いた各国の法廷や国際法廷でマルテンス条項への言及がなされることもあったが, 同条項を独自の法源と認めた判決が下されることはなかった. 1996年にICJで*核兵器の威嚇・使用の合法性' が審理された際には, 一部の国が核使用は公共良心を含むマルテンス条項に反するため違法と主張したものの, 米英は同条項を単に慣習法の存在を確認したものと評価し, ロシアに至っては戦争法典が完備された現在において同条項を適用することは不可能と論じた. ICJ

の勧告的意見も，マルテンス条項に好意的に言及しつつも，同条項を核兵器の合法性を判断する論拠として採用することはなかった．同条項は 1980 年の*特定通常兵器使用禁止制限条約'(CCW)や 2008 年の*クラスター弾条約' の前文でも確認されているが，そこに実質的な意義を見いだすことは難しい．結局，マルテンス条項の意味するところは曖昧で，独自の法源を確立したものと断定的に評価することはできず，この条項のみに基づいて兵器や行為の合法性を判断することも不可能だと言える．　［福田 毅］

■マンハッタン計画　Manhattan Project

第二次世界大戦中の米国の*原子爆弾' の開発・製造計画．1939 年 8 月，アルベルト・アインシュタイン(Albert Einstein)が，*核分裂' の連鎖反応により強力な新型爆弾を製造できるとフランクリン・ルーズベルト(Franklin Roosevelt)大統領に進言したが，ナチスドイツの先行を恐れたルーズベルトが原爆開発を決定したのは 1941 年 10 月であった．1942 年 9 月，陸軍に組織された「マンハッタン工兵管区」(Manhattan Engineer District)でレスリー・グローブス(Leslie Groves)の指揮により，英国も加わり秘密裏に本格化した．テネシー州オークリッジでウラン濃縮，ワシントン州ハンフォードで*プルトニウム' 生産，ニューメキシコ州のロスアラモスではロバート・オッペンハイマー(Robert Oppenheimer)を中心に爆弾の設計・製造が行われた．1945 年に入りドイツが原爆を開発していないことが明らかになると，一部の科学者は対日戦での無警告使用に反対した．だが 1945 年 7 月 16 日にニューメキシコ州アラモゴードでの史上初の核実験に成功したのに続き，8 月 6 日にウラン型原爆を広島に，3 日後には長崎にプルトニウム型原爆が投下され甚大な被害をもたらした．人類史上前例のない規模の国家プロジェクトであり，*核兵器' の開発競争の起点ともなった　［金崎由美］

み

■ミクロ軍縮　micro disarmament

1 背景　ミクロ軍縮とは，国連のブトロス・ブトロス＝ガリ(Boutros Boutros-Ghali)事務総長が，1995 年に発表した『平和への課題・追補』の中で，提示した概念である．*冷戦' 終焉後，核戦争の脅威は後景に退き，1993 年には厳格な*化学兵器禁止条約' (CWC)が締結されていた．そうした状況の中で，人々の関心は*大量破壊兵器' (WMD)から，実際に多くの死傷者を出している通常兵器へと移りつつあった．国連が関与していた紛争においても，大きな問題となっていたのは，大量破壊兵器ではなく，むしろ大量に流通していた*小型武器' や対人*地雷' などの通常兵器であった．当時，紛争による犠牲者の 90 %以上は小型武器によるものであった．また，対人地雷も 22 分に 1 人の割合で死傷者を生んでいた．1 つ 1 つの兵器による死傷者は少ないが，小型武器や対人地雷などによる死傷者の累積死傷者数は，*核兵器' などの大量破壊兵器によるそれを上回る．小型武器や対人地雷は，「事実上の大量破壊兵器」とみなすことさえできる．このような問題意識のもと，ガリ国連事務総長は，小型武器や対人地雷のような通常兵器の軍縮を「ミクロ軍縮」と名づけ，大量破壊兵器の軍縮と同様に重要かつ緊急の課題として，国際社会が取り組むように訴えたのである．

2 問題の所在　1990 年代，小型武器や対人地雷の拡散は深刻な状況にあった．小型武器の取引額は兵器貿易全体の 3 分の 1 を占めているとの試算もあった．そのほとんどは発展途上国による購入であった．途上国が，それら兵器の購入に多大な資金を費やすことの経済，社会的コストは計り知れない. また, 小型武器や対人地雷の過剰な蓄積は, 紛争の激化や長期化につながり, 紛争終了後にも大きな社会問題であり続ける. ひとたび埋設された対人地雷は, 除去されない限り, 紛争終了後もそれを踏んだ人の足元で爆発し続ける. 事実, 対人地雷による被害者の7割以上は文民が占めていた. また, 社会に過剰に流通していた小型武器も, 紛争の和平交渉や紛争後の平和構築を困難にした. 紛争後の社会では, 犯罪が横行し, またそれを取り締まる政府も十分に機能していないことが少なくない. それゆえ, 小型武器などの回収はなかなか進まない. そうなると, 一般市民も自衛のために小型武器などの所有に頼らざるを得なくなる. その結果, 紛争終結後もこれら小型武器を用いた暴力がなかなか減少しなかった.

3 国際社会の取組み　ガリ国連事務総長による問題提起が1つのきっかけとなり, 過剰に蓄積された小型武器や対人地雷を回収・廃棄し, 将来における過剰蓄積を防止することが, 国際社会の喫緊の課題と考えられるようになった. とはいえ, 大量に流通しているこれらの兵器の回収を進めることは容易なことではない. また, これらの兵器の取引を監視することは, ある意味大量破壊兵器以上に困難である. それゆえ, これらの兵器が紛争地域へ流入することを阻止することは困難を極めた. 対人地雷については, 1996年に*特定通常兵器使用禁止制限条約'(CCW)第2議定書が改正され, 1997年には*対人地雷禁止条約'が形成された. これらの取組みによって, 対人地雷の使用が大きく減少するとともに, 地雷除去, 被害者支援の取組みも進展している. 小型武器についても, 国連において専門家パネルが設置され, 対策の検討が進められ, 2001年に開催された*国連小型武器会議'で, *国連小型武器行動計画'が採択された. この行動計画に基づき, グローバルなレベル, 地域レベル, 各国レベルにおいて, 国家と*非国家主体'の協働の下, 小型武器問題への対処が図られている.

[足立研幾]

■ミサイル技術管理レジーム Missile Technologies Control Regime : MTCR

1 MTCRの発足と目的　MTCRは, 1987年4月16日, 米国, 英国, フランス, 西ドイツ, イタリア, カナダ, 日本の先進7カ国(G7)をパートナー国として, *核兵器'の運搬手段となるミサイルおよびその開発に寄与し得る関連汎用品・技術の輸出を規制することを目的に発足した. *冷戦'下の米ソ間では核ミサイルの制限に関する条約が締結される一方, 核兵器と*弾道ミサイル'の拡散の懸念が高まりつつあったため, 米国がミサイル関連技術の供給能力をもつ西側諸国に呼びかけたことがその背景をなしていた. *湾岸戦争'を契機として, 1992年7月には, 核兵器のみならず*化学兵器', *生物兵器'を含む*大量破壊兵器'(WMD)を運搬することができるミサイルおよび関連汎用品・技術をも規制対象に含める形でガイドラインの改正が行われた(1993年1月適用開始). ガイドラインの第1項には, その目的として「大量破壊兵器運搬システム(有人航空機を除く)に寄与しうる移転を管理することによって, 大量破壊兵器(核兵器, 化学兵器, 生物兵器)の拡散の危険を制限することにある」とある. このことが示すように, MTCRの究極的な目的は, ミサイルそのものよりも大量破壊兵器の拡散防止にある.

2 レジームの特徴　MTCR発足当初7カ国であったパートナー国は, ミサイル関連技術の供給能力を持つ国へと徐々に拡大していき, 現在(2014年9月)では34カ国となっている. これらのパートナー国には, G8諸国, NATO加盟国, 太平洋安全保障条約加盟国, EU加盟国のすべてが含まれる他, かつてミサイルの拡散が懸念されていたブラジルやアルゼンチンも含まれている. また, 中国, イスラエル, ルーマニアは非パートナー国であるが, MTCRの主要な規制の遵守に同意している. MTCRは法的拘束力を有する国際条約に基づくレジームではなく, 大量破壊兵器運搬能力を有するミサイルの拡散を防止するという目的を共有する諸国が各国間で*輸出管理'の取組みを調整するための非公式・自発的な集まりである.いわば共通の関心を持つ国による紳士協定であり,MTCRパートナー国は,ガイドラインを指針として,ミサイルおよび関連汎用品・技術に関して合意された規制リストの品目について,全地域を対象として,自国の国内法令に基づいて輸出管理を実施することになる.したがって,MTCRのパートナー国であるということによって,他のパートナー国から関連技術を取得する権利が生ずるわけでも,逆に他のパートナー国に関連技術を移譲する義務が生ずるわけでもない.

3 MTCRの規制　MTCRの定める規制は,「ミサイル関連の機微な移転に関するガイドライン」と「設備,ソフトウェアおよび技術に関する付属書」からなる.ガイドラインには,MTCRの目的とMTCRパートナー国およびガイドライン遵守国に対する規制の指針が示されている.MTCRの付属書では,規制対象となる設備,物資,ソフトウェアおよび技術(以上を総称して品目という)を,カテゴリーⅠとカテゴリーⅡの2種類に区別して列挙しており,各品目の機微度に応じた規制が行われている.カテゴリーⅠは,主に大量破壊兵器の運搬と直接かかわりのあるミサイルなどの装備や技術であり,原則として輸出が禁止されている.これには,搭載能力500kg以上,射程300km以上の大量破壊兵器運搬システム(ミサイル,*ロケット',*無人航空機')およびこれを構成するサブシステム(ロケットの各段,再突入機,ロケット推進装置,誘導装置など)が含まれる.カテゴリーⅡは,主に汎用の製品や技術であるが,大量破壊兵器の運搬に関係するか否かが案件ごとに慎重に審査され,輸出の可否が判断される.これには,推進薬や構造材料,ジェットエンジン,加速度計,ジャイロスコープ,発射支援装置,誘導関連機器,また搭載能力500kg未満,射程が300km以上の大量破壊兵器運搬システム(ミサイル,ロケット,無人航空機)およびそのシステムを構成するロケットの各段,ロケット推進装置,飛行可能距離に関係なく一定量の噴霧器を搭載可能な無人航空機が含まれる.　[久保田ゆかり]

■ミサイル防衛庁 Missile Defense Agency : MDA

米国太平洋軍や米国北方軍など各種の米国統合軍と密接な協力の下で,ミサイル防衛についての研究,開発,調達といった全般を所掌する2002年設立の米国防省の内局である.本組織は,国防省の内局ながらバージニア州フォート・ベルボアに所在する.MDAのようにミサイル防衛を所掌する組織は,ロナルド・レーガン(Ronald Reagan)政権下の1984年に設立された「*戦略防衛構想'局(SDIO)」に遡る.SDIOはビル・クリントン(Bill Clinton)政権下の1993年,ミサイル防衛構想の縮小に伴い「*弾道ミサイル防衛'局(BMDO)」へと改称された.しかし1999年の「*本土ミサイル防衛'法(P.L.106-38)」において,*弾道ミサイル'の限定的攻撃に対する効果的なミサイル防衛システムが技術的に可能となった時点で直ちに配備することが米国の政策であると明記されたことが,MDA設立の契機となった.1985年から2001年までのSDIOおよびBMDOの平均予算額は34億ドルほどであったが,MDAが設立された2002年以降の平均予算額はそれまでの約2.4倍の82億ドルに増大している.さらに職員数は2003年に586人であったが,毎年右肩上がりを続け,2012年には2,300人に達している.

[田中慎吾]

■見なし輸出規制 deemed export control

1 見なし輸出とは何か　米国においては,日本のように*居住者・非居住者要件'ではなく,国籍に基づいて*技術移転規制'が実施されている.すなわち,米国内において,規制対象となる技術またはソフトウェア(ただし,ソースコードのみ)を外国籍者に開示することは輸出規制の対象とされている. これは, 当該移転行為が, 外国籍者の元々属する国に対して行われたと「見なす」ことからそのような名称となった. ちなみに, 米国から輸入した技術またはソースコードを, 当該輸入国内において外国籍者(米国籍以外)に移転することは,「見なし再輸出」と呼ばれ, *米国再輸出規制' の対象となるのでこちらにも注意を払う必要がある.

2 日本と米国の技術移転規制の違い *日本の輸出管理制度' においては, *外為法' 第25条およびその下位の政省令において技術移転規制について定められている. 具体的には法第25条では, 規制される技術につき国境を越えて持ち出し, 外国において非居住者に提供すること, および国内において非居住者に提供することを規制することが定められている. つまり, 日本においては外国人であっても, 日本企業の従業員であったり, 日本に入国後6カ月以上が経過した外国人は「居住者」となるため, 国内にいる限りにおいては技術移転に関して規制を受けることがない(ただし, 2009年の外為法改正において,「ボーダー規制」が導入され, こうした規制技術が国外での提供を前提に持ち出される際には許可の対象となることが定められた). 他方, 米国では, 居住者·非居住者という枠組みではなく, 国籍によって*技術提供' の管理が行われているため, 仮に米国内にある米国企業の従業員であっても, 米国籍を持たぬ者に技術移転を行う際は米国政府の事前許可が必要となる場合がある. この点が, 日本の制度との大きな違いである.

3 米国における見なし輸出の訴追事件 見なし輸出や見なし再輸出は, *米国の輸出規制' や再輸出規制においてのみ存在する概念であると言ってよいが, 米国のみならず世界中においてもその存在が広く認識されるきっかけとなったのは, 電子工学の権威ジョン·ロス(John Roth)元テネシー大学教授の訴追事件であろう. この事件は, テネシー大学のプラズマ科学研究所の所長でもあったロス教授(当時72歳)が, 外国籍(中国籍とイラン籍)の大学院生に対して規制対象の国防技術を移転したかどにより, 2009年7月に懲役4年の判決が下されたというものである. ロス教授は, 規制される技術データをこの大学院生らに再三に渡ってメールで送付していた. しかも, 大学側からは中国で予定されていた研究旅行の際に, 当該研究内容を発表することについて警告を受けていたという. この刑事裁判において検察側の大きなハードルだったのは,「有形の軍需品」がイランや中国に渡ったのではなく, メールや口頭での伝達による「無形技術の移転」だったという点である. 裁判において陪審員に見せられるような有形物が何もなく, その点において検察の主張が説得性に欠けるものであったと分析する専門家もいる. しかしながら本件は, 米国の大学構内にある規制技術が, 留学生に見なし輸出が行われたという点での初めての訴追ケースであり, しかも, 教授が敗訴したため, 以降の大学における輸出管理のメルクマールとなったといえる. [河野瀬純子]

■南アフリカの核廃棄 South Africa's nuclear abolition

南アフリカは*冷戦' 期に唯一アフリカで*核兵器' を保有した国である. *核兵器不拡散条約'(NPT)への参加を拒否し, 開発は秘密裡に進められた. 1993年にフレドリック·デ·クラーク(Frederick de Klerk)大統領は6つの核兵器を独自に製造し, 製造中の1つを含め解体したと発言し, 過去の核開発の事実が公式に明らかになった. 同国は1970年にウラン*濃縮' が可能であると明言し, 1970年代の前半に民生利用から核兵器開発に転じたとされる. 1977年には*核実験' の準備が確認され, 1979年には最初の実験が行われたと指摘された. イスラエルが核開発の支援をしたとされる. 1970年代末より, アパルトヘイト政策とあいまって同国は西側主要国から*経済制裁' を受けた. デ·クラークが首相になった1989年より核廃棄を進め,1991年にはNPTに加盟し,1994年には*国際原子力機関'(IAEA)の査察で解体が確認された.南アフリカの核廃棄の原因を,冷戦の終結に伴う核兵器の戦略的意味の喪失やアンゴラのキューバ軍の撤退と結びつける理解もあるが,時系列を追うと,国内政治的理由としてデ·クラークの核廃棄への意志,NPT体制参加への政治的経済的メリット,アフリカ国民会議政権への核兵器を含む主要軍備の移譲を警戒したことなどが指摘される.→ペリンダバ条約　[高橋敏哉]

■未臨界実験／臨界前実験　subcritical experiment/subcritical nuclear test

1 定義　核分裂性物質が臨界に達し,連鎖反応を引き起こす前の段階で反応を停止することで,核爆発を伴わずに実施される*核実験'のことである.*包括的核実験禁止条約'(CTBT)で禁止された核爆発に該当しないために,米露を中心に現在でも継続されている.法的,技術的に明確な定義が存在しているわけではなく,厳密にどの実験が該当するかは曖昧な部分がある.一般的には,核爆弾の起爆用高性能火薬が爆発した際と同様に,核分裂性物質を高温,高圧の状態にして,その反応や挙動を確認する実験とされている.核分裂性物質が臨界に達する前に停止し,核爆発には至らないのでこういう名称で呼ばれている.核爆発を行わずに*核兵器'の維持,改良を進めるために必要なデータを収集する目的で実施されているが,同時に核実験の再開に備えて,核実験の手順や技術を訓練するための模擬実験の性格を持つ場合もあるとされている.同様の性格を持つ実験として,正規の手順以外で核兵器の起爆用高性能火薬に点火,引火した場合に,核分裂性物質が連鎖反応まで到達せず,核爆発を未然に防ぐ設計が有効に機能ししてているかどうかを確認するための安全性テスト,少量の核分裂性物質を用いて,極小規模な反応に限定した流体核実験(hydronuclear test),あるいはウラン238や*プルトニウム'242のような非分裂性の同位体を用いる流体実験(hydrodynamic test),レーザーや強力なX線などを用いて超高温,高圧状態での核分裂性物質の物性を調べる,いわゆるZマシン実験を含む実験などは,広い意味で未臨界実験に含まれるとする見方もできるが,通常は別種の実験として扱われている.

2 現状と課題　現在のところ未臨界実験を実施しているのは主に米露と考えられており,核兵器保有国のみが核爆発を伴う実験無しで核兵器の維持,改良を続ける技術を開発,利用していることは,CTBT違反ではないが,CTBTの精神に反し,*核軍縮'の障害になるという批判も強い.しかし,このような実験は,核物理学の基礎的な研究に貢献するという側面もあり,そのような汎用性から一律の禁止は必ずしも望ましくないうえに,仮に禁止したとしても技術的に*検証'が困難であるとの問題がある.また,核実験の模擬実験的に地下で実施される場合には,外見的には*地下核実験'とほぼ同一であり,CTBTの*国際監視制度'(IMS)を混乱させるものであるとの指摘もなされている.[広瀬 訓]

■民間防衛　civil defense

国や時代により対象,範囲は異なるが,広義には敵の攻撃,災害の緊急事態からの市民,産業,公共インフラの損害を局限するための準備,対処,事後の復旧を指す.1978年発効の「*ジュネーブ諸条約第1追加議定書'」では警報の発令,救助,医療,消火など民間防衛の任務が明示された.*冷戦'初期から1970年代半ばまで米国の民間防衛は,核攻撃からの市民の保護とほぼ同義であったが,次第にさまざまな災害からの保護を含む包括概念に変容している.1957年11月有識者による「安全保障資源パネル」がドワイト·アイゼンハワー(Dwight Eisenhower)大統領に提出したいわゆる*ゲイサー報告'では,(コストの大きさなどから退けられたが)大規模な核シェルターの建設が提言された.リチャード·ニクソン(Richard Nixon)政権期の1972年には，武力攻撃と自然災害への対処の統合方針が示され，のちに連邦緊急事態管理庁(FEMA)にその責務を委譲する民間防衛準備庁が国防省内に創設された．またジョージ・H・W・ブッシュ(George H.W. Bush)大統領は1992年，あらゆる災害への対処(*オールハザード・アプローチ')をFEMAに命じた．日本では2004年，武力攻撃やテロからの市民の保護を目的とする「国民保護法」が成立した．→消極的防御

［友次晋介］

む

■無人航空機　unmanned aerial vehicle: UAV

1　無人航空機と国際安全保障　無人航空機は，遠隔操作される航空機の総称で，UAVやドローンなどの呼称が存在する．航空機の遠隔操作による偵察や攻撃は，20世紀以降，各国軍が試みてきたが，軍用で多用されたのは，遠隔操作の攻撃標機であるターゲット・ドローンであった．無人航空機は，用途に応じて軍用と民間用に分けられ，農薬散布用の遠隔操作機なども無人航空機に分類される．軍事用途では，20世紀の後半に米国やイスラエルが無人航空機を偵察や映像転送目的に運用してきたが，21世紀に入り，イラクやアフガニスタンにおける戦闘で米軍が攻撃目的に運用したことで特に注目を集めた．無人航空機には，固定翼機と回転翼機の双方が存在し，航続距離と飛行高度が異なる多様な種類が存在する．米国は無人機の『統合ロードマップ』(2011年)を発表し，無人航空機を飛行高度と重量に応じて5種類に分類している．しかし，これは国際的な基準ではなく，無人機の目的，飛行性能とサイズなどに応じて，各国ごとに異なる呼称が見られる．

2　無人航空機の軍縮　無人航空機をめぐる問題は，戦略，法制，道徳・規範の3つの領域で検討されるのが一般的である．さらに，無人航空機の開発に伴う国内空域管制をめぐる問題では，各国の航空法の規定が十分に対応できていないことから，法制上の問題を解決しない限り，十分な試験航行等ができない状態にあると指摘される．無人航空機には，事前に組まれたプログラムに従って航行するものに加え，遠隔操作で作戦運用される種類等があり，特に後者は情報の伝達や地上管制官による航法管理が重要になるため，一般的に無人航空機システム(UAS)と呼ばれる．攻撃機能を備えた無人航空機としては米国のMQ-9リーパー等が知られるが，作戦運用上，攻撃機能は選択肢の1つに過ぎない．無人機をめぐる道徳・規範上の問題として，攻撃に伴う付随的被害や，自衛権の発動要件の未充足等が指摘される．また，無人航空機が自律攻撃機能を装備した場合，国際法上の規制を遵守できるのか，という問題や，システムのエラー等で暴走する危険性が指摘されており，予防的に研究開発に制約を課すことも検討されている．この問題は，*自律型致死兵器ロボット'の問題とも共通している．

［佐藤丙午］

め

■目潰し用(失明をもたらす)レーザー兵器　blinding laser weapon

目潰し用(失明をもたらす)レーザー兵器とは，レーザーを敵戦闘員の目に照射することにより，眼球内の網膜に傷をつけて視力に障害を生じさせ，その戦闘力を低下させる兵器である．一般に，軍事用に用いられるレーザーは，目標と

の距離を計測する目的または爆弾等を誘導する目的で使用される場合ならびに高出力のレーザーを用いて航空機・ミサイル等を迎撃する目的で使用される場合が多いが，目潰し用レーザー兵器は比較的低出力のレーザーを用いるため，そのようなレーザー兵器などとは別の範疇に整理される．*ハーグ陸戦条約' 第23条ホ項「不必要ノ苦痛ヲ与フヘキ兵器」の禁止およびジュネーブ諸条約第1追加議定書第35条2項「過度の傷害又は無用の苦痛を与える兵器」の禁止にあたり，兵員を苦しめる目潰し用レーザー兵器がこの不必要に苦痛を与える兵器に該当するか否かが議論されている．特に，1980年代後半に*国連総会第1委員会' における対人レーザー兵器にかかる発言を受けて，1989年および1991年に*赤十字国際委員会' (ICRC)は戦場レーザー兵器に係る専門家会議を開催し，1995年には*特定通常兵器使用禁止制限条約' (CCW)の*失明をもたらすレーザー兵器に関する議定書' が採択(1998年発効)され，①永久に失明をもたらすように特に設計されたレーザー兵器の使用および移譲は，全面的に禁止されるが，②レーザー装置の正当な軍事的使用の付随的または副次的な効果としてもたらされる失明については禁止しないことが合意された．［竹平哲也］

■**メンドーサ協定**　Joint Declaration on the Complete Prohibition of Chemical and Biological Weapons: Mendoza Accord ［正称］化学兵器および生物兵器の完全禁止に関する共同宣言，［署名］1991.9.5

アルゼンチンのメンドーサでアルゼンチン，ブラジル，チリの外相が署名した，*化学兵器' と*生物兵器' に関する軍縮への普遍的取組みの促進と，地域的な信頼醸成を目的とした協定．前文で，化学・生物兵器の存在しない平和で自由な区域をつくる決意，これまでに3カ国が行った化学兵器不保持の一方的宣言，国際協定による化学兵器拡散防止の必要性などに言及し，本協定は*生物兵器禁止条約の信頼醸成措置' に寄与するものと位置づけた．本文では，化学・生物兵器の開発，生産，取得，貯蔵，保有，直接・間接の移転，使用を行わないこと(第1項)，*化学兵器禁止条約' の履行を確保するメカニズムを調査・検討すること(第2項)，化学兵器禁止条約の発効まで，国際法に従い，戦用化学剤の*前駆物質' と定義されたものの適切な監視手続を締約国内に設立すること(第3項)，化学兵器禁止条約の締結を促進し，原締約国となること(第4項)，経済・技術的発展と人々の福利のため平和的に化学・生物学を応用する権利(第5項)などを宣言した．のちにウルグアイ，パラグアイ，ボリビア，エクアドルが加入した．［杉島正秋］

も

■**モンゴルの非核兵器地位**　nuclear-weapon-free status of Mongolia

1　非核兵器地位の宣言　モンゴルのポンサルマーギーン・オチルバト(Punsalmaagiin Ochirbat)大統領は，1992年9月25日，第47回国連総会で自国を非核兵器地帯とすることを宣言した．モンゴルは，中国とロシア，2つの核兵器国に囲まれており，両国との紛争，または両国間の紛争に巻き込まれる等により，核の脅威を伴うリスクが生じる．一方，1992年12月，モンゴルに駐留するロシア軍は撤退を完了し，ロシアによる安全保障はその幕を下ろす．国境を核兵器国に囲まれたモンゴルは他国と連続した領域として非核兵器地帯を構成する事は現実的ではない．社会主義体制から自由主義体制への移行を終え，国名をモンゴル人民共和国からモンゴル国に改めた1992年，モンゴルは単独の国家からなる非核兵器地帯を宣言する．単独の国による非核兵器地帯の構築は，*国連軍縮委員会' 会議による1975年10月5日報告「非核兵器地帯の包括的研究」にその可能性が示唆されている. 単独の国家による非核兵器地帯を非核兵器地位と呼ぶ.

2 非核兵器地位の有効化　2000年2月3日, モンゴルは3章9条からなる非核兵器地位法(Law of Mongolia on its nuclear-weapon-free status)を制定, 第4条で, ①*核兵器' の開発, 製造, あるいは他の方法で取得, 所有もしくは管理, ②あらゆる意味での核兵器の駐留と輸送, ③核兵器の実験あるいは使用, ④核兵器級の放射性物質もしくは核廃棄物の投棄, 処分といった核兵器に関する活動を禁止する. 国連総会での宣言に法的拘束力は無く, 国内法の整備と並行して核兵器国を含む各国の支持を得るための活動が続けられる. 主な成果として, 1998年12月4日, 国連総会決議53/77Dでモンゴルの非核兵器地位の宣言が承認され, 2000年10月27日, 5核兵器国が, モンゴルが非核兵器地位を実現するために協力し, モンゴルに対する*消極的安全保証' を再確認するなどの共同声明を出す. 2012年9月17日には, 5核兵器国の国連常駐代表とモンゴル常駐代表は, 2000年10月の声明を再確認, モンゴルの非核兵器地位を尊重し, これに反するいかなる行為にも寄与しないとする並列政治宣言に署名する. →非核兵器地帯条約　[稲垣知宏]

■もんじゅ　Monju

*日本原子力研究開発機構' (JAEA)が福井県敦賀市に運営する電気出力28万KWの高速増殖原型炉であり, 日本の*核燃料サイクル' 政策の要となる施設である. 炉心は*プルトニウム'・ウラン*混合酸化物' (MOX)燃料を使用した炉心燃料集合体, 劣化ウランを使用したブランケット燃料等から構成され, 冷却材としてナトリウムが使用されている. プルトニウムの消費量に対する生成量の比率を意味する増殖比は約1.2である. 1985年10月に建設が開始され, 1994年4月に初臨界に達した. 1995年8月には初送電を行ったが, 同年12月に2次系主冷却系においてナトリウム漏洩事故が発生し, 以降約14年にわたって運転を停止した. 改造工事等を経て2010年5月に試運転を再開したが, 同年8月に炉内中継装置が落下するトラブルが発生し, 以来, 再び運転を停止している. 2014年4月に策定された「エネルギー基本計画」では, 廃棄物の減容・有害度の低減や*核不拡散' 関連技術等の向上のための国際的な研究拠点と位置付けられた. 再稼働に向けては, 2013年5月に原子力規制委員会により出された保守管理上の不備に関する措置命令の解除や新規制基準への対応などが必要となる.　[山村 司]

や

■ヤマハ無人ヘリ不正輸出事件　illegal export case of unmanned-helicopter by Yamaha Motor Co., Ltd.

1　ヤマハ発動機が経済産業大臣の許可を得ずに, 中国北京市の航空撮影をする企業で中国人民解放軍とも関係が深いとされる「北京必威易創基科技有限公司(BVE社)」に無人ヘリコプターを輸出しようとした疑いが発覚した. そのため, 2006年1月23日, 経済産業省が*外為法' 違反(無許可輸出)容疑で同社を刑事告発する一方, 静岡・福岡両県警の合同捜査本部が名古屋税関と合同で同社本社を家宅捜索した. ヤマハ発動機は2001年から産業用無人ヘリコプター9機を中国に輸出しており, 2005年12月に10機目をBVE社に輸出しようとした際に, 名古屋税関から書類不備が指摘され, 当該機の不正輸出は水際で回避されたが, 一部は中国軍にわたり軍事転用された疑いも持たれた. 当初ヤマハ発動機は, 輸出したヘリは遠隔操作するマニュアル式で規制対象には当たらないとしていた. しかし, 警察当局が押収品を検査したところ, ヤマハ発動機が輸出しようとした農薬散布に使われる無人ヘリコプター「RMAX Type IIG」は, 全地球測位システム(GPS)のほか, 同社が独自開発した自動運転装置(「ヤマハ姿勢安定制御装置(YACS)」)を搭載していたことが判明し, これにより自律式の高性能ヘリコプターであると結論づけられた.

2　外為法では, 噴霧器の取り付けができ, 燃料以外に20リットル以上の液体などが搭載可能で, 操縦者が機体を見なくても飛行を制御できる可視外飛行が可能な場合, *大量破壊兵器'(WMD)の運搬手段になるとして, 経済産業大臣の輸出許可が必要と定められている. ヤマハ発動機は輸出する際, 自律的な飛行は不可能で規制には該当しないと申告していたが, 合同捜査本部は, 押収品の飛行実験などから, 無人ヘリコプターは簡単な改造を加えると可視外飛行できると判断し, 無人ヘリを開発・販売していた同社スカイ事業部の部長と社員2人を逮捕した. しかし, 静岡地検は2007年3月22日付で, 処分保留で3人を釈放し, 起訴猶予とした. 処分保留の理由について, 同地検は「会社の業務の一環として行われたものであり, 反省している」と説明し, 違法性の認識については故意性の低さを認めた. 法人としてのヤマハ発動機は, *輸出管理' 体制を整えるなど「十分な反省に立って再発防止に取り組んでいる」として, 略式起訴され, 罰金100万円を納付した. その後, この事件のほか, 核開発に転用可能な3次元測定器を不正輸出した精密機器メーカー「ミツトヨ」の事件なども発覚したことを受けて, 軍事転用が可能な製品などの不正輸出や*技術提供' に対し, 外為法の罰則規定が強化された.　[久保田ゆかり]

ゆ

■唯一の目的(核兵器の)　sole purpose of nuclear weapons

1　概念の意味および内容　「唯一の目的」とは, 「*核兵器' の唯一の目的は核兵器による攻撃を*抑止' することである」という言い方で用いられている内容を意味する. すなわち, 核兵器の目的は核兵器による攻撃を抑止することに限定し, *化学兵器', *生物兵器' および通常兵器による攻撃を抑止することを目的としないことを意味する. 従来これらに関する議論は, *核兵器の先行不使用' (no first use)あるいは第1不使用という用語で行われてきた. これは, 核兵器を先に使用しないこと, すなわち核兵器は相手の核兵器が使用された場合にのみその反撃として使用するという意味である. 唯一の目的と先行不使用はしばしば同じ意味で用いられている. しかし厳格に区別すると, 前者は抑止という「使用の威嚇」の状況を示しているのに対し, 後者は「使用」の状況を示しているという違いがあり, 前者では核兵器を使用しないとは直接言っていないので, 核兵器の使用を制限する観点からすると一定のあいまいさが存在する. 最近の米国における議論, 特に米国政府の議論は常に「唯一の目的」という用語を用いて行われているのが特徴的である.

2　米国での議論　2009年にバラク・オバマ(Barack Obama)大統領が登場して以来, 彼は*核軍縮' に熱心であり, 戦略核兵器の削減を目指すとともに, 核兵器の役割を低減すべきことを強く主張し続けている. その観点から核兵器の先行不使用および唯一の目的の議論が活発に展開され, 米国政府内でも深く議論された. オバマ政権は, 2010年4月に*核態勢見直し報告'(NPR報告)を発表したが, その中で, 米国は, 米国または同盟国・パートナーに対する通常兵器または生物・化学兵器による攻撃を抑止するために, 米国の核兵器が役割を果たす狭い範囲の事態が残っているので, 現在のところ「唯一の目的」を採用する準備はできていないと述べた. しかし米国は「唯一の目的」を採用するという目標をもちつつ, 核兵器の役割を低減する努力を継続し, その政策が安全に採用できるような条件を確立するために努力すると述べている. 報告では, 核兵器による攻撃への抑止は, 核兵器の「基本的な役割」として記述されている. 「唯一の目的」という政策が採用されるためには, 米露および米中の戦略関係の改善が不可欠であろうし, 米国の同盟国による核兵器の役割を低減する努力も必要であろう. ［黒澤 満］

■憂慮する科学者同盟 Union of Concerned Scientists : UCS

憂慮する科学者同盟(UCS)は1969年にマサチューセッツ工科大学の教授陣と学生との協力により設立された400,000人を超す市民と科学者からなる, 国際的な非営利研究機関である. 本部はマサチューセッツ州ケンブリッジに所在し, ワシントンD.C., カリフォルニア, シカゴにも事務所がある. より健康的な環境と, より安全な世界を築くために, 幅広い科学的な研究, 教育啓蒙活動を行っている. 技術的, 科学的な分析と効果的な積極的支援を兼備させた活動を通し, *核兵器', *核テロリズム', 原子力発電所の安全問題, *弾道ミサイル防衛'(BMD), *宇宙兵器'の問題について積極的に研究し, 提言などを行っている. また, 地球温暖化を含む環境問題, 食品の安全問題などにも取り組む. メンバーには生物学者, 物理学者, 技術者, 政治学者, といった専門家の他にも企業家, 教員, 学生などといった幅広い層からの参加がある. 政治的な思惑や, 企業の利益を優先させることなく, 科学的根拠を基に人類が直面する喫緊の課題に取り組むことをモットーにしている. 米国にはUCSのように*軍縮', 不拡散問題に関する研究, 教育, 積極的支援に関する政策提言を作成し, 政府に対しても有益な提言を行う有力な研究機関が多数ある. 代表的な団体として, 原子力科学者を中心とした非営利団体で, 核廃絶に向けた運動や研究を進めている最古の団体である米国科学者連盟(FAS)や, 軍備管理協会(ACA)や, モントレーのジェームズ・マーティン不拡散研究所(CNS)などがあげられる. ［土岐雅子］

■輸出管理 export control

1 輸出管理の一般的な意味と意義 輸出管理という用語が現れるようになったのは, 第二次世界大戦直前に, 米国のフランクリン・ルーズベルト(Franklin Roosevelt)政権が国内の物資供給の逼迫への対応と日本への戦略物資の輸出規制を目的として制定した輸出規制法以後のことである. 第二次世界大戦終結後, 米国はソ連との冷戦が先鋭化するのに伴い, 米国が保有していた軍事技術の比較優位の維持と戦略物資の対ソ流出を恐れて1949年に同法を修正した法律を制定し, 輸出管理という用語が西側世界で流通していくことになった. 1949年に*ココム'(対共産圏輸出統制委員会)が結成されて以降, この用語はグローバルな広がりをもつようになった. 冷戦終結後は共産圏を対象としていた時代とは異なり, 米国が「*ならず者国家'(rogue states)」と呼ぶ国々やテロリスト集団のような*非国家主体'向けに, *大量破壊兵器'(WMD)や高度通常兵器および, その製造に必要な技術や物資の移転を規制する意味で用いられるようになって現在に至っている. また冷戦終結後, ココム解散後に成立した*ワッセナー協約'(WA)での通常兵器関連物資・技術の移転規制や*原子力供給国グループ'(NSG), 生物・化学兵器関連物資の移転規制のための多国間レジーム*オーストラリア・グループ'(AG)や*ミサイル技術管理レジーム'(MTCR)における多国間協調体制を通して輸出管理の国際ネットワークが形成され，これらの多国間の輸出管理レジームの規範を実践するために参加各国は足並みを揃えて国内の輸出管理法整備の強化に努めている．また，近年では人の移動のグローバル化に対応する措置として，米国では*見なし輸出規制' 制度が強化され，海外からの科学者や技術者，留学生の入国規制や軍事関連高度技術の開発施設へのアクセスを厳しく規制することで，輸出管理は新しい局面を迎えるようになっている．

2 輸出管理体制の可能性と限界　しかし，2006 年の米国司法省報告が明らかにしたように，皮肉にも最も流出を警戒してきた米国から中国とイランへの「見なし輸出」事例が最も多かったことは，水際での流出規制がいかに困難であったかを示してみせた．米国は世界で最も軍事関連ハイテク技術の基礎研究や応用研究の進んだ国である．最も厳しい「見なし輸出規制」の制度を備えた米国でさえ，最先端技術の国外流出が後を絶たない．また，国際輸出管理レジームで合意された輸出規制品目の国内規制制度も，盤石のものでないことは多くの流出事例によって示されている．ほとんどの国は輸出ライセンス制をとっており，輸出企業や輸出者は輸出規制当局（日本の場合は経済産業省）から輸出許可（ライセンス）を取得しなければならない．しかし，この制度をすり抜けて違法に輸出が行われることがしばしばである．日本を例にとると，北朝鮮の*弾道ミサイル' の製造に使われる規制物資の 90% は日本から調達されていることが，米国議会における脱北技術者による証言で明らかになった．北朝鮮向けの規制品目の移転に最も厳しいはずの日本からの大量流出に政府関係者が衝撃を受けたことは，輸出管理の厳しい制度とは裏腹に，水も漏らさぬ流出防止体制の構築がいかに困難かを示している．

3 *経済制裁' の一環としての輸出管理　同時に，輸出管理は経済制裁措置としての実効性を確保するための手段としての特徴をも有している．経済制裁には①特定の国に対する特定の国による単独制裁，②複数の国が有志連合を組んで行う制裁，③国連などの国際機関が集団で行う制裁の 3 つの種類に分けられるが，いずれの制裁措置にも貿易制裁が含められることがほとんどである．その際に，問題となるのが各国の輸出管理政策に濃淡の差が現れることである．とくに中進国や発展途上国の輸出管理システムが脆弱なため，制裁の実効性が確保できない場合が多い．　［山本武彦］

■**輸出者等遵守基準省令**　Order on Compliance Requirements for Exporters

従来，日本の企業や研究機関で実施されてきた輸出管理内部規定は，1987 年 9 月の通商産業大臣通達「輸出管理法規の遵守徹底について」に端を発し，その後，1994 年 6 月の「不拡散型輸出管理に対応した輸出管理法規の遵守に関する内部規定の策定又は見直しについて」，2006 年 3 月の「安全保障貿易管理に係る輸出管理の厳正な実施について」と，3 度にわたって大臣通達が発出された．しかしながらそれらいずれも政府から企業等への要請ベースであり，*輸出管理' は，企業や研究機関の自主的な管理に委ねられていた．そのような中，2009 年 10 月，*外為法' 第 55 条の 10 第 1 項の規定に基づき，輸出者等遵守基準を定める省令が公布された．同省令は，輸出者等が遵守すべき基準と，特定重要貨物等輸出者等が遵守すべき基準の二段構えになっており，該非確認（該非判定）責任者の選任や，組織内部において最新法令を周知・遵守するための必要な指導の実施，監査の実施，法令に違反した際の再発防止のための必要措置の実施等，複数の規定が定められた．この法令改正により，政府は輸出違反を犯していない企業であっても，輸出者等遵守基準を遵守していない企業に対して，指導，助言，勧告，命令および制裁をすることができるようになった．　［河野瀬純子］

■**輸出入・港湾関連情報処理システム**

Nippon Automated Cargo and Port Consolidated System : NACCS

輸出入・港湾関連情報処理システムは，輸出入・港湾関連情報処理センター株式会社が管理および運営を行うシステムであり，入出港する船舶・航空機および輸出入貨物について，税関や関係行政機関に対する手続き等を，オンラインで処理するものである．具体的には，航空機の入港，輸入貨物の空港到着から国内引取りまで，および，輸出貨物の運送引受けから航空機搭載までの一連の税関手続きおよび関連民間業務を一括でシステム処理をする．以前のNACCSでは，航空貨物の手続きなどを行うAir-NACCSと，海上貨物の手続きなどを行うSea-NACCSがそれぞれ独立のシステムとして稼動していたが，2008年10月のSea-NACCSの更改と，2010年2月のAir-NACCSの更改を機にシステムが統合され，新システムが2010年2月21日から稼動している．さらに，経済産業省が管理・運営を行う貿易管理手続きを処理する貿易管理オープンネットワークシステム（JETRAS）もNACCS貿易管理サブシステムに移管されており，港湾・空港における物流情報等を総合的に管理するプラットフォームシステムとして利便性の向上が図られた．また，輸出入通関時の貨物の管理においては，世界的に統一された商品分類コード，すなわち，輸出入統計品目番号（HSコード）が用いられる．　［河野瀬純子］

■輸出貿易管理令別表第1　The Export Trade Control Order Attachment List No.1

1　輸出貿易管理令と別表　*日本の輸出管理制度'は，*外為法'（外国為替及び外国貿易法）において原則が定められており，下位の政令，省令，通達において，具体的な手続き，規制品目や規制仕様などの輸出管理の詳細が規定されている．輸出貿易管理令は通称，輸出令と言い，貨物の輸出に関する規定が定められた政令である．ちなみに，*技術提供'に関する規定を定めた政令は*外国為替令'（通称，外為令）である．輸出貿易管理令には，別表が第1から第7まであり，たとえば別表第3においては「不拡散政策遵守国」として，いわゆるホワイト国の27カ国（2014年9月現在）が掲げられている．また，別表第3の2においては，国連安保理において武器禁輸が決議されている国・地域が掲げられており，別表第3の3においては，少額特例と呼ばれる輸出の際の特例の適用範囲が狭くなる貨物について規定されている．

2　輸出貿易管理令別表第1　輸出令の中でも別表第1は，外為法第48条第1項に基づく規制貨物および規制対象地域が規定されているため，日本の輸出企業や大学，研究機関にとって非常に重要な項目である．輸出貿易管理令別表第1は，さらに1から16の項に分かれて，規制される品目が規定されており，これらの品目のうち1から15項は法令上，特定重要貨物等と呼ばれている．1項は武器，2項は原子力関連品目，3項は*化学兵器'関連品目，3の2項は*生物兵器'関連品目，4項はミサイル関連品目，5項は先端材料，6項は材料加工，7項はエレクトロニクス，8項はコンピュータ，9項は通信関連，10項はセンサー・レーザー，11項は航法関連，12項は海洋関連，13項は推進装置，14項は軍需品目，15項は極めて機微な品目，16項は*キャッチオール規制'品目と分類されており，1～15項においては，具体的に規制される品目が250品目から300品目程度掲げられている．このように輸出貿易管理令別表第1には，規制される品目が掲げられているため，別名「規制リスト（規制品目リスト）」とも呼ばれる．なお，2項の原子力関連は，*原子力供給国グループ'（NSG）で定められた品目が，3項／3の2項は，*オーストラリア・グループ'（AG）で定められた品目が，4項は，*ミサイル技術管理レジーム'（MTCR）で定められた品目が，5項から15項は，*ワッセナー協約'（WA）において定められた品目が載っており，国際輸出管理レジームと対応した規制となっている．なお，輸出許可申請要否の判断を行う際には，輸出令別表第1およびその下位にある省令（貨物等省令）も確認する必要がある．

［河野瀬純子］

よ

■**傭兵の規制**　regulation of mercenaries

1 傭兵の法的規制に向けた動向　傭兵の歴史は紀元前にまで遡ることができるが，法的規制に向けた動きは長らく見られなかった．たとえば，1907 年の陸戦中立条約では，交戦者を支援するために徴兵機関を中立国内に設置することが禁止されたが，これは傭兵に対する懸念からではなく国家の中立義務から導き出された規定である．しかし，1960-70 年代のアフリカの紛争に多くの傭兵が関与し，それにより内政や治安の不安定化が助長されると，傭兵の規制を求める声が国際社会，特にアフリカ諸国の間で高まった．こうした声を受けて，1968 年には傭兵を非合法な存在と宣言する国連総会決議 2465（XXIII）が採択され，1970 年の友好関係原則宣言と 1974 年の侵略の定義に関する決議にも，傭兵行為への国家の関与を規制・禁止する文言が盛り込まれた．これらには法的拘束力はないが，1977 年の*ジュネーブ諸条約第 1 追加議定書' では傭兵の身分が規定され，さらに同年 7 月にはアフリカ統一機構（OAU）で「アフリカにおける傭兵の撲滅のための条約」が，1989 年 12 月には国連総会で「傭兵の募集，使用，資金供与及び訓練を禁止する条約」が採択された．

2 傭兵に関する国際法上の規定　追加議定書第 47 条は，傭兵には戦闘員または捕虜として扱われる権利が与えられないと規定した上で，次のすべての条件を満たす者を傭兵と定義している．その条件とは，武力紛争で戦うために現地または国外で特別に採用されていること，敵対行為に直接参加していること，主に私的利益獲得の願望により敵対行為に参加し，紛争当事者の軍隊における類似の階級・任務の戦闘員よりも相当多額の物質的報酬を約束されていること，紛争当事者の国民でないこと，紛争当事者の軍隊の構成員でないことなどである．追加議定書では傭兵行為自体は違法とされていないが，OAU 傭兵条約は，議定書とほぼ同様に傭兵を定義した上で，民族自決による安定または他国の領土保全を武力で妨害する目的で傭兵を保護，組織，資金供与，支援，訓練すること，これらの行為を自国の管轄領域内で容認すること，傭兵に入隊すること等を違法行為とし，死刑を含む最も厳しい刑罰を科すための立法を締約国に義務づけている．また，追加議定書の規定は国際紛争のみに適用されるが，国連傭兵条約では内戦への適用も可能とする傭兵の定義が追加されている．同条約も，傭兵の募集，使用，資金供与，訓練および傭兵による敵対行為などへの直接参加を違法行為と規定し，未遂や共犯も含め違反者を処罰するための立法を締約国に義務づけている．ただし，これら 3 条約の傭兵の定義には，私的利益獲得の願望といった証明困難な主観的要件が含まれており，また，紛争当事国の軍隊に編入すれば傭兵と見なされないといった抜け道も存在するため，実際に違法行為を認定することは容易ではない．また，国連傭兵条約には，締約国数が僅か（2014 年 9 月末の時点で 33 カ国）との問題点もある．なお，現代では，古典的な傭兵よりも民間軍事企業（PMC）の構成員の法的地位が問題となることが多いが，上記の枠組みでは PMC の活動の大半はカバーすることができない．

［福田 毅］

■**抑　止**　deterrence

1 定義と用法　報復あるいは反撃の威嚇により，攻撃の費用が利益を上回る（*懲罰的抑止' の場合），あるいは攻撃そのものが成功しない（*拒否的抑止' の場合）と思わせることで，その攻撃を思いとどまらせることを意味する．より狭義に，耐えがたい報復の威嚇によって，攻撃を思いとどまらせるという意味で使われることも少なくない.「抑止力」という言葉が，報復力のみを指して使われることもある.他方，攻撃・軍事力行使以外の行動を対象として，さらには軍事力行使の威嚇以外の方法を手段として，抑止という言葉がより広義に使われることもある.ただし，単に何らかの望ましくない行動を思いとどまらせるという意味の一般的な用語にとどまることも多い.このような多義性は，時に抑止をめぐる議論に混乱や誤解をもたらしてきた.抑止はさらに，自国への攻撃を抑止することを意味する基本抑止と，同盟・友好国への攻撃を抑止するという意味の*拡大抑止'とに分けられる.また平時における抑止を一般抑止，切迫した具体的な威嚇の実行，または有事における軍事力行使の拡大を抑止することを緊急抑止という.

2 戦略としての抑止　バーナード・ブロディ(Bernard Brodie)は*核兵器'を「*絶対兵器'」と位置づけ，*原子爆弾'の登場により軍事力の役割は戦争への勝利から戦争の防止に変わったと論じた.無論これは1つの見方にすぎないが，その後の米ソ間の*核抑止'の本格化・定着に伴い，抑止の重要性はより広く認められるようになっていったといえる.そうした中で，*軍縮'を究極の目標に据えつつも，抑止の安定化を図る*軍備管理'をより現実的な目標として優先するという傾向も見られるようになっていく.しかし軍縮の段階にはなかなか進めず，抑止はしばしば軍縮と対立すると見られることにもなる.なお，抑止は，抑止する側が威嚇を実行できるだけの軍事力を持ち，被抑止側が抑止側にその軍事力を行使する決意があると信じれば，成功しやすくなる.抑止の成否は，抑止側の能力と意思，被抑止側の認識にかかっているのである.非抑止側にある程度の合理性が求められることになるが，この点は抑止戦略の限界とされることもある.抑止側の意図を被抑止側に明確に伝えるべきか，逆に曖昧にしておくべきかは，議論が分かれるところである.また拡大抑止は，基本抑止に比べ，抑止側の決意に疑義が生じやすく，一般的により難しくなるといわれる.ただし，抑止の成功は証明できないため，その是非や要否をめぐる議論は神学論争のようになりやすい.

→相互核抑止　　［石川 卓］

■4賢人の提案　proposals by the four wise men

1 提案の内容　2007年1月に，ジョージ・シュルツ(George Shulz)元国務長官，ウイリアム・ペリー(William Perry)元国防長官，ヘンリー・キッシンジャー(Henry Kissinger)元国務長官およびサム・ナン(Sam Nunn)元上院軍事委員会委員長の4人による「核兵器のない世界」という提案が，『ウォール・ストリート・ジャーナル』に掲載された.その内容は以下の通りである.①*核兵器'は今日途方もない危険となっているが，歴史的な好機ともなっている.②*冷戦'期には核兵器は不可欠であったが，今ではますます有害になっており，効果も減少している.③北朝鮮やイランなど新しい危険な核時代に入りつつあり，核兵器がテロリストの手に渡る危険があり，彼らには*抑止'は効かない.④核兵器国の指導者が核兵器のない世界という目標を共同の事業とするよう，米国は働きかけるべきである.さらに具体的措置として，警戒態勢の変更，核兵器の大幅削減，前進配備用の戦術核兵器の廃棄などを提案している.この4人は冷戦期に米国の核戦略・核政策を作成し実施してきた中心人物であり，米国の*核抑止'政策を強く主張し支持してきた人々である.また2008年1月に同じ4人による「非核の世界に向けて」と題する提案が同紙に掲載された.これはプロジェクトの継続を訴えるとともに広い国際的支持があることを強調しており，基本的な主張は同様であり，2008年から取るべき具体的軍縮措置を列挙している.

2 提案の影響　この提案に対しては直後にミハイル・ゴルバチョフ(Mikhail Gorbachev)元ロシア大統領による積極的な支持の表明があっ

たのみならず，米国内では，過去9代における国務長官，国防長官，国家安全保障担当補佐官24名のうち17名が支持を表明している．元政府高官などによる同様の提案は，英国，イタリア，ドイツ，フランスなどにおいても提出された．大統領選挙期間中におけるバラク・オバマ(Barack Obama)上院議員は，当初は*核セキュリティ'の強化，核兵器の役割の低減，*包括的核実験禁止条約'(CTBT)の批准，*兵器用核分裂性物質生産禁止条約'(FMCT)の交渉，核兵器不拡散措置の強化などを強調し，「核兵器のない世界」を支持するものではなかったが，2008年9月には4人の提案を完全に支持し，世界中の核兵器の廃絶という目標を米国の核政策の中心的要素とすると述べている．大統領となったオバマは，2009年4月5日の*プラハ演説'において，「今日私は，核兵器のない世界における平和と安全保障を追求するという米国のコミットメントを，明確にかつ確信をもって述べる」とし，「核兵器のない世界」の追求を米国の外交政策の中心として進めていくことを明確にした．

［黒澤 満］

ら

■ライフサイエンス　life science

かつては狭義に，分子生物学またはその工学的応用である遺伝子工学に代表されるように，生命現象の本質を科学的に解明することを指した．最近では，科学技術等の発展により，研究成果が自然科学の領域にとどまらず，人の生命観や社会観に影響を及ぼすようになっており，そのあり方を巡り広く人文科学や社会科学を含め総合的に研究する，人間を主体とする学問となっている．特に，先端生命科学の領域においては，遺伝子解析と情報処理技術の進歩と相まって急速な発展を遂げている．なかでも遺伝子情報に基づき生命体を構築する*合成生物学'は，「創る生物学」と呼ばれることもある．将来的に，思想的・文化的・社会的側面から我々の生命観に大きく影響を及ぼす可能性があり，そのため，生命科学者だけでなく，他の専門領域や市民社会の中で理解を深めながら，健全な発展を進めることが求められている．こうしたなか，米国やオランダでは，*生物剤のデュアル・ユース'が懸念されるライフサイエンス研究に対して，審査体制を含む一定の規制枠組みへの動きがみられる．→オールハザード・アプローチ，バイオセキュリティ行動規範，鳥インフルエンザ問題

［田中極子］

■ラッシュ・バゴット協定　Agreement Relating to Naval Forces on the American Lakes: Rush-Bagot Agreement

［正称］アメリカ湖の海軍力に関する協定，［署名］1817.4.28-29(ワシントン)，［発効］1817.4.29

1812～15年の米英戦争の戦後処理協定の1つで，現在の米加国境に位置する五大湖(スペリオル湖，ミシガン湖，ヒューロン湖，エリー湖，オンタリオ湖)およびシャンプレーン湖における米英の海軍力に上限を設定した協定．米国は，1794年のジェイ条約(フランス革命後に悪化した米英関係の改善を目的とした条約)の交渉過程でも五大湖における軍縮を求めていたが，この提案を英国は拒否していた．その後，米英戦争で両国は，戦略上重要な五大湖とシャンプレーン湖の支配を目指し，海軍力を増強し戦闘を繰り広げた．終戦後，五大湖をめぐる軍拡競争の発生を懸念した米国は，英国に対して軍縮協定の締結を提案した．英国の側も，五大湖における戦力は外洋の支配を重視する英国海軍にとって価値は低いと判断し，交渉に応じた．米英戦争後には両国間の貿易も拡大し関係が改善に向かっていたこともあり，1817年に交渉は妥結，同年4月末に米国のリチャード・ラッシュ(Richard

Rush)国務長官代理と英国のチャールズ・バゴット(Charles Bagot)駐米公使がそれぞれ署名した覚書が交換された. この合意により, 米英それぞれの海軍力の上限は, オンタリオ湖とシャンプレーン湖では18ポンド砲1門のみを搭載した積載量100t以下の艦船各1隻, 他の4つの湖では同様の艦船計2隻とされた. [福田 毅]

■ラッセル・アインシュタイン宣言

Russell-Einstein Manifesto

1955年7月9日に英国の哲学者バートランド・ラッセル(Bertrand Russell)と米国の物理学者アルベルト・アインシュタイン(Albert Einstein)が中心となり, ほぼすべてがノーベル賞受賞者の11名により発表された宣言であり, 人類生存の観点から*核兵器' の廃絶を訴えるものである. 当時は米ソによる大規模な水爆実験が頻繁に実施されていた時期であり, 宣言は,「私たちが今この機会に発言しているのは, 特定の国民や大陸や信条の一員としてではなく, 存続が危ぶまれている人類, いわば人という種の一員としてである. …私たちには新たな思考法が必要である. …私たちは, 人類として, 人類に向かって訴える ── あなたがたの人間性に心を止め, そして他のことを忘れよ」と述べ, 戦争では核兵器が使用されるだろうから, 紛争の平和的解決をみいだすよう勧告している. 日本からは湯川秀樹が参加している. この宣言は1957年より*パグウォッシュ会議' に引き継がれており, 核兵器廃絶を中心とする科学者の社会的責任の問題として, 国際会議の開催などが実施されている. [黒澤 満]

■ラテンアメリカ核兵器禁止機関

Agency for the Prohibition of Nuclear Weapons in Latin America and the Caribbean : OPANAL(スペイン語表記の El Organismo para la Proscripción de las Armas Nucleares en la America Latina y el Caribe の頭文字から)

1　機関の設立　1967年の*トラテロルコ条約' によって, その履行義務を確保する目的で設立された条約機関であり, 本部はメキシコ・シティに置かれている(7条). 機関の決定は締約国のみを拘束する. 機関は条約に定める目的・措置・手続き・義務履行に関し, 締約国間の定期または特別の協議を行うことに責任を持つ. 機関は, 総会, 理事会, 事務局の主要機関から構成され, 他の補助機関の設置も認められる(8条). すべての締約国から構成される総会は2年ごとまたは特別の必要があるときに開催される. 総会は, 理事会および事務局長によって2年ごとに提出される報告・特別報告を受領し審議する. 理事会は4年の任期で選出される5理事国で構成される. 理事会は条約が与える任務および総会が与える任務を遂行し, 管理制度の適正な運用を確保する. 条約抵触の疑惑が発生した場合の*検証' のための管理制度は*国際原子力機関' (IAEA)の*特別査察' が中心である. 1992年の改正前は個々の締約国の査察申し立てに基づくOPANAL理事会自身の特別査察が認められていたが, 現在は理事会・事務局長は要請できるものの, 特別査察実施の権限は国際原子力機関にのみ与えられている. OPANALは, 管理制度の効率的運用のために国際原子力機関との間に協定を締結することができる(19条). 事務局長は, 本部所在国の国民以外から4年の任期で選出される(11条).

2　活動の状況　OPANALは, 条約の規定(29条3項)に従い批准書寄託国が11に達した1968年4月に活動を開始した. 条約が発効して以来, 特に冷戦終結後の*ブラジル・アルゼンチン核物質計量管理機関' (ABACC)の設置や長らく完全な形での条約批准を控えていたアルゼンチン, ブラジル, チリの政策転換以来, 核開発の疑惑といった条約の義務違反のおそれのある深刻な事態は生じていない. しかし, OPANALは条約違反の可能性を未然に防止すべく, 定期的・恒常的な活動を展開している. また条約締約国が提出した「トラテロルコ条約により設立さ

ら

れた制度の強化」と題する2013年12月の国連総会決議(68/26)の中で,2回にわたる*非核兵器地帯条約'の署名国会議で合意された事項をOPANALの構成国が実行に移す努力を継続すべきである,と述べられているように,国連総会をはじめ「核兵器の人道的影響に関する国際会議」など核軍縮に関する各種の国際会議でも例年積極的に発言を続けている.世界最初の非核兵器地帯条約であるトラテトルコ条約の実施機関として,他の地帯条約の締約国や地帯設置を検討する国々よって注視されている.［城 忠彰］

■**ラパツキー・プラン**　Rapacki Plan

中欧非核地帯案とも称され,非核兵器地帯創設に関わる世界最初の提案である.1957年10月2日,ポーランド外相アダム・ラパツキー(Adam Rapacki)は,国連総会で,東西ドイツが*核兵器'の製造や配備・貯蔵を断念するなら,ポーランドもそれに倣うとの声明を発した.その翌日にはチェコスロバキアが,そして5日には東独もラパツキー・プランに沿って非核化の用意があることを明らかにした.他方ソ連は,約2カ月後の12月になって東西ドイツ,ポーランド,それにチェコスロバキアの4カ国の非核化を骨格とするラパツキー・プランを支持する意向を明らかにした.ラパツキーの提案は,その後共産主義陣営から発せられるさまざまな欧州軍備管理案のさきがけとなった.ラパツキー・プランは英国内で関心が持たれたものの,米仏および西独はドイツの分断を固定化する恐れがあることや欧州全体の安全を保証する基盤としては非核地帯の範囲が狭すぎるとの理由で拒絶した.また米国は,欧州において優位にあるソ連の通常戦力やポーランドおよびチェコスロバキア以外の東欧に配備されたソ連の核戦力に規制を加えないで西独の核兵器を撤去することはさらに欧州の軍事バランスを崩すと主張し,ラパツキー・プランに反対した.ラパツキー・プランは3度の修正を経ながら約8年にわたって議論されたが,原案に戻った感の1964年の修正案を最後に次第に議論されなくなった.［小川伸一］

■**ラホール宣言**　Memorandum of Understanding Between India and Pakistan Relating to Confidence-Building Measures: Lahore Declaration ［署名］1999.2.21

1999年2月のインド首相によるパキスタン訪問時に発表された,印パ間の*信頼醸成措置'(CBM)に関する宣言.カシミールを含む両国間の問題の解決や対話促進,*核兵器'関連のリスク軽減策の履行を謳った宣言本体と,両国の外務次官間で合意された8項目の信頼醸成措置を定めた覚書から成る.覚書の項目は,①安全保障概念および核ドクトリンに関する協議の実施,②*弾道ミサイル'飛翔実験の相互通知,③事故や授権のない核使用リスク低減措置の履行とそれが発生した場合の通報,④*核実験'モラトリアムの継続,⑤海上事故防止協定締結に向けた努力,⑥既存の信頼醸成措置の履行状況に関する定期的な見直し,⑦既存の両国間のコミュニケーション・リンク(軍作戦部長間などのもの)の見直し,⑧多国間交渉の文脈における安全保障,*軍縮',不拡散問題に関する2国間協議の実施である.これらの措置の履行は,直後に発生したカルギル紛争の影響によって危ぶまれたが,協議・見直し事項は概ねその後の包括的対話などに引き継がれ,2005年10月の弾道ミサイル飛翔実験の通知に関する合意や,2007年2月の核兵器関連の事故に由来するリスク低減に関する合意へと繋がった.［栗田真広］

■**ラムズフェルド委員会報告**　Report of the Commission to Assess the Ballistic Missile Threat to the United States

米国に対する*弾道ミサイル'脅威に関して,連邦議会が設置した委員会が1998年7月に公表した報告で,正式には「米国に対する弾道ミサイルの脅威を評価する委員会」報告書という.同委員会の長は,次のジョージ・W・ブッシュ(George W. Bush)政権で国防長官となるドナルド・ラムズフェルド(Donald Rumsfeld)が務

ら

めた.1995年11月に公表された政府の国家情報評価(NIE)報告が,その後の15年間に既存の核保有国以外の国が米国に脅威を与えるような弾道ミサイルを保有することはないとの分析を示したのに対し,ラムズフェルド委員会報告はもっと厳しい評価を明らかにした.長距離弾道ミサイル能力を保有しようとする国は,いったん決断すれば,自主開発と外国からの支援・調達によって,5年以内に米国本土を攻撃する能力を持てるだろうとの見方を示したのである.その6週間後に,北朝鮮が*人工衛星'打ち上げ名目で弾道ミサイル・テポドン1を発射した.これによって,ラムズフェルド委員会報告の指摘が改めて信憑性を高め,*弾道ミサイル防衛'(BMD),特に*本土ミサイル防衛'(NMD)システムの強化論に弾みをつけた.→米国のミサイル防衛システム [吉田文彦]

■**ラロトンガ条約** South Pacific Nuclear Free Zone Treaty:SPNFZ Treaty, Rarotonga Treaty [正称]南太平洋非核地帯条約,[署名]1985.8.6(ラロトンガ),[発効]1986.12.11

1 条約の背景 ラロトンガ条約はオセアニアを中心とした南太平洋地域の*非核兵器地帯条約'である.この構想の契機は,同地域と周辺海域が1940年代から1960年代前半までは米国と英国,1966年から1996年までフランスの*核実験'の場となったことである.特に後者は,条約化への動きを促進させた.一方,*南極条約'の署名および発効,*トラテロルコ条約'締結への動きは,1960年代より豪州やニュージーランドの労働党,*反核運動'を進めるNGOを中心に非核兵器地帯構想を醸成していた.高まるフランスの核実験への抗議を背景に1975年に南太平洋フォーラム(SPF)は,ニュージーランドの提案を支持する形で同構想を明言し,同年国連総会での支持を得た.しかし,ニュージーランド,フィジー,パプア・ニューギニアが積極的な動きを取ったのに対し,この地域に領土を持ち安全保障上の利害を有する米国,英国,フランスは反対の立場を取り,豪州は曖昧な態度に留まった.1982年に豪州に労働党政権が誕生し,1984年にはニュージーランドも労働党政権に転じると急速に条約への機運が高まった.この地域への日本の放射性廃棄物投棄計画への懸念も条約を急がせた.1983年のSPFで豪州により同条約の提案がなされ,条約交渉が始まった.1985年に署名開放され,翌年に発効した.

2 条約の内容 2014年末時点で13カ国が批准している.先行したトラテルロコ条約と異なる特徴は,核爆発装置という概念を用い,軍事と平和目的の核爆発の両者を禁止した点にある.この立場は*ペリンダバ条約'および*バンコク条約'に継承された.締約国は地帯内外での核爆発装置の生産,取得,所有,管理と,上記に関し支援を受けること,ならびにいかなる国にも支援を与えることが禁止された.また締約国は*国際原子力機関'(IAEA)の*保障措置'に従わないかぎり,原料物質または*特殊核分裂性物質',または原子力の*平和的利用'のための設備や資材の提供は行えない.核実験に関しては,締約国は自国領域内でのあらゆる実験を禁止する義務を負い,いかなる国の核実験を支援することも禁止された.放射性廃棄物の投棄に関しては,同地帯内の海洋投棄を禁止した.一方,*検認'について同条約は地帯レベルでの制度を設け,SPFは年次報告を行うとともに,問題が生じた場合,報告書を締約国から受け取り,情報を締約国間で共有する.問題処理に関する特別委員会の下で*現地査察'が制度化され,特別査察官は,関連するあらゆる情報および場所への完全かつ自由なアクセスが認められる.

3 条約運用上の課題 同条約に関し問題となったのは,豪州およびニュージーランドと安全保障上密接な関係にある米国および英国の核戦力との関係である.この点,同条約は公海や排他的経済水域を除外し,締約国には領域内に限り核兵器国の核爆発装置の配備を防止することを定めた. この配備は広い概念であり, 貯蔵, 設置, 輸送なども含む. 一方, 配備に至らない核爆発装置を装備した艦船, 航空機の通過, 寄港は, 国際法を尊重しつつ個々の国家の判断に委ねる柔軟性を残した. そのためニュージーランドは 1987 年に独自に自己の領域での核爆発装置積載艦船等の通航を禁止した. また, 放射性廃棄物の陸地での投棄は禁止していない. 議定書 1 は, 同条約の核爆発装置の生産, 配備, 実験につき, フランス, 英国, 米国の地帯内の領域に適用するものであり, 議定書 2 は, 核兵器国が地帯の地位を尊重し, 地帯内国家に対して核爆発装置の使用および使用の威嚇を行わないという*消極的安全保証' を規定する. 議定書 3 は, 核兵器国の核実験の禁止範囲を拡大し, 公海を含む地帯内のすべての場所を対象とした. 英国とフランスはすべて批准, 中国とロシアは議定書 2 と 3 を批准しているが, 米国はいずれの議定書も 2014 年の段階で批准していない. →セミパラチンスク条約 ［髙橋敏哉］

■ランダム査察　random inspection

*国際原子力機関' (IAEA)*保障措置' 用語集で, ランダム査察は「ランダムに選ばれた日に施設又は施設外の場所で行われる査察」と解説されており, その種類として, ①無通告査察, ②短期通告査察, ③短期通告ランダム査察があげられている. ランダムとは, 査察箇所の選択と実施する査察日の選択, および, 実施の事前通告のあり方を示したものであり, 選択がランダムに行われ, 事前通告も無いあるいは短期通告であるという環境は, 被査察者に対して, 査察がいつどこの場所に対して発動されるかわからないという転用に対する抑止力が働く. *包括的保障措置協定' 第 84 項に, ランダムサンプリングの原理に基づき, 事前通告を伴わない*通常査察' の一部を実施する権限が既に示唆されているが, IAEA*査察員' の国内受け入れ(査証の発給)など, 無通告で通常査察を実施する環境が整備されていなかったことから, 事実上この条項に基づく査察は実施されることがなかった. *追加議定書' における*補完的なアクセス' 実施要請から, 査察員は数次査証の発給を受けることができるようになり, 無通告査察の事実上の運用を可能とする大きな環境の変化となった. ランダム査察は, *統合保障措置' 手段として, 期待されている. ［菊地昌廣］

り

■リケッチア　rickettsia

リケッチアは, グラム陰性菌と似た構造を持つリケッチア科の細菌である. マダニやシラミなどの媒介によって感染し, *ウイルス' と同じく細胞内でのみ増殖する. 臨床症状は, リケッチアの種類によってさまざまであるが, ウイルスによる感染症との違いは, 抗生物質を用いた治療が可能なところである. そのため, 早期に治療を行えば, 重篤化することはほとんどない. しかし, 人為的に散布された場合, 診断の遅れや抗生物質の不足などによって, 大きな被害につながる恐れがある. なかでも, 発疹チフスリケッチアは, 環境での安定性, エアロゾル感染の可能性, 高い罹患率などから*生物兵器' に使用される危険性が高いとされている. 致死率は, 感染者の年齢によって異なるが, 治療しなければ 10% から 40% といわれている. その他, 発疹熱リケッチア, 日本紅斑熱リケッチア, ロッキー山紅斑熱リケッチアなどが, リケッチア科に分類されている. 米国と旧ソ連が兵器化した Q 熱コクシエラも, かつては, リケッチア科に分類されていたが, 最近の遺伝子学的な解析によって, レジオネラ目コクシエラ科に変更となった. 現代の科学技術では, 抗生物質に対して耐性のあるリケッチアを人工的に創り出すことも可能となっている. それが大量に散布されれば, 大惨事になると考えられる. →合成生物学, バイオディフェンス, バイオテロリズム　　　　［天野修司］

■リスボン議定書　Protocol to the Treaty between the United States of America and the Union of Soviet Socialist Republics on the Reduction and Limitation of Strategic Offensive Arms: Lisbon Protocol　［正称］戦略攻撃兵器の削減および制限に関するアメリカ合衆国とソビエト社会主義共和国連邦との間の条約の議定書, ［署名］1992.5.23, ［発効］1994.12.5, ［失効］2009.12.5

1　議定書の背景と交渉　1991年7月に米国とソ連の間で*戦略兵器削減条約'(START条約)が署名されたが, ソ連の崩壊過程が加速され, 同年12月8日に独立国家共同体(CIS)の形成が宣言され, CISが核兵器の一元管理を行うことが合意された. START条約の対象となる戦略核弾頭は, ロシアに約8,750, ウクライナに約1,750, カザフスタンに約1,400, ベラルーシに約100配備されていた. 12月25日にソ連は正式に崩壊し, 12月30日にCIS諸国は, 核兵器の使用の決定はベラルーシ, カザフスタン, ウクライナの同意を得てロシア連邦大統領が行うというミンスク協定に署名した. 1992年に入り, ロシアとウクライナ, ロシアとカザフスタンの間で, *核兵器' の管理および移送の問題, ロシアのみをSTART条約の締約国とすることで議論が対立した. 同年5月にウクライナとカザフスタンはそれぞれ, 米国と協議し, START条約を批准し履行すること, 非核兵器国として*核兵器不拡散条約'(NPT)に加入すること, 7年以内に核兵器を撤去することに合意した.

2　議定書の内容と意義　議定書の内容は, ①ベラルーシ, カザフスタン, ロシア, ウクライナは, 条約との関連において旧ソ連の承継国として, 条約上の旧ソ連の義務を引き受ける, ②これら4カ国は条約の制限と規制を実施し, 条約の*検証' 規定を機能させる, ③条約の適用上, 「ソ連」はベラルーシ, カザフスタン, ロシア, ウクライナを意味する, ④これら4カ国は合同遵守査察委員会に参加する, ⑤ベラルーシ, カザフスタン, ウクライナは, できるだけ速やかに, 非核兵器国としてNPTに加入する, である. また議定書とは別に, ベラルーシ, カザフスタン, ウクライナは, それぞれ米国大統領への書簡において, START条約が実施される7年間にそれぞれの国家内にあるすべての戦略核兵器を撤廃することを約束しており, これらは法的拘束力あるものと考えられている. この議定書は, ソ連の崩壊による国際情勢の変化およびSTART条約の署名国の消滅にうまく対応するものであり, ベラルーシ, カザフスタン, ウクライナに独立国家としての地位を強化するという利益を与える一方で, 実質的にはロシアをソ連の承継国として唯一の核兵器国としての地位を確認するものである.　　　　［黒澤 満］

■リスボン文書　Lisbon Document

*欧州安全保障協力機構'(OSCE)の, 1996年にリスボンで開催された首脳会議の合意文書である. 「リスボン首脳会議宣言」「21世紀に向けた欧州の共通かつ包括的な安全保障モデルに関するリスボン宣言(モデル宣言)」「*軍備管理' 枠組み」「*安全保障協力フォーラム'(FSC)のアジェンダ」の4項目からなる. 「リスボン首脳会議宣言」は, OSCEの役割を再確認するとともに, 地域紛争への対応や軍備管理・*軍縮' に関する取組みの成果を総括した政治宣言である. 「モデル宣言」では, 欧州諸国が直面する安全保障上の脅威に対応するために, OSCEが重要な役割を担うことが再確認され, 武力の不行使や領土の一体性保持といった原則を尊重し, かつ, 民主主義, 人権, 基本的自由, 法の支配, 市場経済, 社会正義といった共通の価値に基礎をおく, 協調的アプローチをとることの重要性が強調されている. 「軍備管理枠組み」では, 欧州が直面する課題とリスクを明示し, 新たな軍備管理合意に盛り込まれるべき原則(適切な軍事力の検討, 情報交

り

換を通じた*透明性'強化, *検証'措置, 軍事力に対する規制)を確認した. そして軍備管理の役割(安全保障の不可分性の強化, 地域的な不安定要素の緩和等)が明示され, 多様な軍備管理合意を重層的・補完的に活用することで, 安全保障強化につなげることが確認された.「FSC のアジェンダ」では, 既存の軍備管理合意の履行, 地域的軍備管理, 重層的・補完的軍備管理の活用, 既存合意の再検討を FSC の重要なアジェンダと位置づけることが確認された.　[佐渡紀子]

■**リビアの化学兵器**　Libya's chemical weapons

リビアは2004年に*化学兵器禁止条約'に加入し, 24.7t のマスタード, 1,390t の*前駆物質'などを含む*化学兵器'の保有を申告した. マスタードの廃棄は2010年10月に開始したが, 2011年2月には処理施設の部品が壊れたため, 廃棄作業が中断した. このときまでにリビアが廃棄していたのは, マスタード51%, 前駆物質40%であった. 当時リビアに対しては国連の*経済制裁'が科されており, 交換のための部品の輸入ができなかったし, リビア内戦の影響もあって, 2012年4月29日の化学兵器最終廃棄期限を守ることができなかった. この間, 旧政権が*化学兵器禁止機関'に対して申告することなく隠し持っていたマスタードが発見され, 2011年11月と2012年2月に追加的な申告も行われた. 2011年の国連安保理決議2009によって対リビア制裁の部分解除がなされたことなどを受けて, 2013年4月に廃棄作業が再開され, マスタードの廃棄は2014年5月に完了した. 化学兵器禁止機関の締約国会議は, 2011年の決定によって, 最終廃棄期限を守ることのできなかった締約国に対して廃棄完了予定日を示すよう求めたが, リビアは2016年12月を廃棄完了予定日として報告した. →化学兵器の廃棄期限問題　[浅田正彦]

る

■**ルース・ニュークス**　loose nukes

管理体制が不完全なために, 悪意のある行為に用いられる可能性がある, 核兵器, 核物質, 関連技術のことを指す. 元々は1991年のソ連の崩壊に伴って生じた管理が脆弱な旧ソ連内の*核兵器', 関連物質および技術のことを意味した. ソ連崩壊の前後においては, 兵器級の*高濃縮ウラン', *プルトニウム'などの*核物質'を金銭目的で不法に持ち出す事案が発生し, また核兵器開発のノウハウを有する技術者の国外流出も見られた. この状況を懸念した米国は, 旧ソ連が保有する核兵器を含む*大量破壊兵器'(WMD)関連物質・技術の管理を改善し, 開発関連するインフラの安全な解体を支援することを主とする*協調的脅威削減計画'(CTR Program, いわゆるナン・ルーガー計画)を実施した. 現在は, 旧ソ連以外の国においても管理が厳格になされない, もしくは*内部脅威'者などによって悪用されるおそれのある核物質などを幅広くさす.　[濱田和子]

る

れ

■**冷　戦**　Cold War

軍事的な対峙, 経済封鎖, 宣伝・心理戦などあらゆる面で攻撃的な政策を応酬しながら直接的な交戦(hot war)が回避されている国際状況を言う.

1 発生･激化期　歴史的に西側からの侵攻を経験し強い不安全感を持つソ連が，第二次大戦末期ドイツ敗北後の東欧(とりわけポーランド)，バルカン地域に進出，勢力圏を確保しようとした．民族自決，民主化を掲げる米国･西欧は脅威を感じ，米国はトルーマン･ドクトリンを発し，マーシャル･プランによる西欧経済支援で対抗した．西側の支援によるドイツ再興に脅威を感じたソ連がベルリン封鎖に出ると，西側は北大西洋条約機構(NATO)を結成，欧州は東西に分断され，対立激化の悪循環を引き起こした．1950年の朝鮮戦争を機に冷戦はアジアにも拡大，米国は日本，韓国，台湾，東南アジア，中東に至る同盟網を形成，冷戦は急速に世界化，軍事化するとともに，米ソを2つの頂点とする2極構造も鮮明になった．米国は*大量報復戦略’を採用したが，1950年代末の国内のミサイル･ギャップ論争に見られるように双方の強い不安感から*軍備競争’が激化した．そういう中で台湾海峡危機，スエズ動乱，ハンガリー動乱，第2次ベルリン危機など一触即発の危機が続いた．

2 安定期　*キューバ危機’(1962年)が一連の危機の頂点であったが，米ソは核戦争一歩手前の緊張の中で相互に核戦争の意志はないとの心証を得て，*相互確証破壊’(MAD)と呼ばれる*核抑止’体制の下で緊張緩和に動いた．*柔軟反応戦略’が大量報復に変わる米の核抑止戦略となり，この体制を支える*部分的核実験禁止条約’(PTBT)，*核兵器不拡散条約’(NPT)が合意された．1969年にソ連との対立が決定的になった中国と米リチャード･ニクソン(Richard Nixon)政権が急速に接近したことが，これに不安を感じるソ連の対米接近も誘発し，デタント(緊張緩和)を現出した．米ソは*戦略兵器制限暫定協定’と*弾道弾迎撃ミサイル制限条約’(ABM条約)によって*相互核抑止’体制の安定化をはかった．しかし冷戦の根底には社会主義と自由主義という和解しがたい国内体制イデオロギーの対立があったから，米ソの直接対決にエスカレートする可能性の低い地域では影響力競争が止まなかった．ソ連はアフリカの内戦に積極的に介入，西側も対抗関与したから1970年代の冷戦は東西の第三世界における陣取り競争の様相を呈した．ソ連のアフガニスタン侵攻(1979年)の翌々年に発足したロナルド･レーガン(Ronald Reagan)政権が対決路線をとったことから「新冷戦」と呼ばれる緊張が再燃した．

3 終焉　1982年のレオニード･ブレジネフ(Leonid Brezhnev)書記長の死去後，高齢指導者の交代が続き，1985年にミハイル･ゴルバチョフ(Mikahail　Gorbachev)が書記長に就任した．停滞が深刻化していた経済の改革(ペレストロイカ)に乗り出した彼は，安定した国際環境を求めて西側との協調路線を追求した．1987年に*中距離核戦力条約’(INF条約)に合意，財政の重圧となったアフガニスタンからも撤退，1989年にはジョージ･H･W･ブッシュ(George H.W. Bush)米大統領との*マルタ首脳会談’で事実上冷戦に終止符を打った．1991年7月*戦略兵器削減条約’(START条約)に調印した．しかし国内改革は，計画経済の元締めとも言うべき共産党の権力基盤を動揺させた．またソ連改革は東欧諸国の急激な民主化，体制転換を引き起こした．危機感を強めたソ連保守派がクーデタを決行したが，その鎮圧過程でソ連は弱体化，すでに独立を達成していたバルト3国を含め，1991年12月，15の共和国に解体した．ここに2極的権力闘争，イデオロギー対立は最終的に終結した．これほどの緊張状態が米ソ，および東西主要国間の直接的な戦争に至らなかったのは，2度の世界大戦で戦争コストの大きさが身に染みていたこと，2極構造下では戦争は世界戦争に，しかも核戦争で共倒れに終わる可能性が高かったことが，大きかった．　　　　　　　［納家政嗣］

■レーザー濃縮法　laser enrichment method

レーザー濃縮はウランの*濃縮’にレーザー光を使う技術であり，金属ウランを蒸発させてそれにレーザーを当てて濃縮する原子レーザー法と，六フッ化ウラン($^{235}UF_6$)分子にレーザーを当てて選択的に$^{235}UF_6$を五フッ化ウラン($^{235}UF_5$)とフッ素に解離させ，固体となる$^{235}UF_5$を回収することで$^{238}UF_6$から分離する分子レーザー法がある．原子レーザー法の原理は次のとおりである．ウラン原子も他のすべての原子と同様，中央の核(正荷電)とそれを取り巻く軌道電子(負荷電)で構成されていることから，この原子をレーザー光によってウラン235同位体の原子の電子のみを取出し，ウラン238同位体からは取出さない場合，イオンと呼ばれる正に荷電した^{235}U原子と中性の^{238}U原子との混合物が得られる．この正に荷電した^{235}U原子は，電場または磁場によってこの混合物から取出すことができる．分子レーザー法は，その固有励起周波数の1つに調整されたレーザー光で照射すると励起することから，それらの周波数はその分子の振動モードに対応しており，$^{235}UF_6$分子のみを選択的に励起するレーザーを照射し，$^{235}UF_6$が$^{235}UF_5$とフッ素に解離するまで照射し，$^{235}UF_5$は，白色の固体微粒子となり捕集し濃縮される．レーザー法は分離係数が非常に高く濃縮効率が高い．

［直井洋介］

■劣化ウラン　depleted uranium : DU

ウラン235の含有率が，天然ウラン(0.7%)より低いウラン．ウラン*濃縮’工程の副産物，残滓(テール)として生じ，減損ウランとも呼ばれる．原子力分野では，軍事用*高濃縮ウラン’の希釈用原料，*高速増殖炉’(FBR)のブランケット燃料(ウラン238の割合が高く，核変換による*プルトニウム’増殖に適するため)，*低濃縮ウラン’製造のための再濃縮用原料，*軽水炉’用*混合酸化物’(MOX)燃料などに利用されている．原子力分野以外では，密度の高さを利用して，従来使用されていた鉛やタングステンに代わり，ロケットや航空機の動翼カウンターウェイト，列車や車両等の重心微調整用の重りとして使用されている．また，戦車砲の徹甲弾や装甲材として用いられている．劣化ウランは重金属であるため，他の重金属と同様，経口摂取した場合に重金属中毒の症状を引き起こす．湾岸戦争で使用された劣化ウラン弾が重大な健康被害を引き起こしたという主張もある．この主張については，それが重金属中毒によるものなのか，残留放射能による被爆によるものなのか明らかになっておらず，また劣化ウラン弾由来の健康被害自体を否定する議論も存在する．

［堀尾健太］

■劣化ウラン弾　depleted uranium ammunition

*濃縮’と*再処理’の過程で発生する劣化ウランを用いた弾薬を指す．硬く重い劣化ウランは，戦車の装甲や航空機のおもりなどにも使用されるが，弾薬，特に戦車等の装甲を貫くための徹甲弾に使用されることが多い．劣化ウラン弾には，標的に接触すると先端部分が先鋭化し(セルフ・シャープニング現象)，かつ，装甲貫通後には高温で燃焼するという特徴がある．これまでに米英仏露中パなどが劣化ウラン弾の生産を行い，これらにイスラエル，インド，ギリシャ，サウジアラビア，台湾，トルコ等を加えた計20カ国ほどが保有していると言われる．たとえば，米軍は，攻撃機のガトリング砲用の25ないし30mm砲弾や，M1-A1戦車の主砲用の120mm装弾筒付翼安定徹甲弾(APFSDS)に劣化ウランを使用している．劣化ウラン弾の主な問題点は，(天然ウランの約6割とはいえ)放射線を発すること，重金属としての化学的毒性を有すること，燃焼時に微粒子となり飛散することで，このため，環境汚染や健康被害(特に内部被曝)を引き起こすことが懸念されている．劣化ウラン弾が大量に使用された湾岸戦争や旧ユーゴ紛争では，紛争後に兵士や現地の人々の間で癌や白血病の発症，障害を持った新生児の誕生といった症例が見られた．しかし，劣化ウラン弾と健康被害・環境汚染の因果関係は科学的に証明されておらず，米国等は同弾の規制に消極的である．一方，欧州議会は2001年に劣化ウラン弾使用のモラトリアムを求める決議を採択し，ベルギ

れ

ーは同弾の使用や取得を禁じる国内法を2007年に制定した. 国連総会も, 劣化ウラン弾の健康と環境への「潜在的な悪影響」を考慮に入れ, 各国にこの問題に対する見解の提出を求める決議を2007年に採択し, さらに2012年の決議前文では同弾の使用に予防的アプローチ(確証がなくとも悪影響を及ぼす可能性がある場合には規制を行うこと)を適用するよう各国に要請している. ［福田 毅］

ろ

■老朽化化学兵器 old chemical weapons : OCW

1 老朽化化学兵器 老朽化化学兵器は, *化学兵器禁止条約' によれば, ① 1925年より前に生産された*化学兵器', ② 1925年から1946年までの間に生産された化学兵器であって, 化学兵器として使用することができなくなるまでに劣化したものと定義されている(第2条5項). これまでに, 豪州, オーストリア, ベルギー, カナダ, フランス, ドイツ, イタリア, 日本, オランダ, ポーランド, ロシア, スロベニア, ソロモン諸島, スイス, 英国, 米国の16カ国が申告を行っている.

2 老朽化化学兵器の申告 老朽化化学兵器は, 化学兵器禁止条約が自国について効力を生じてから30日以内, または老朽化化学兵器の存在を知ってから180日以内に申告しなければならない(検証附属書第4部(B)). その一方で同条約第3条, 第4条および検証附属書第4部の関連規定は, 1977年1月1日前に締約国の領域内に埋められた化学兵器であって引き続き埋められたままであるものまたは1985年1月1日前に海洋に投棄された化学兵器については, 当該締約国の裁量により, 適用しないことができる. これは条約交渉時に老朽化化学兵器廃棄のため大量に海洋投棄を行っていたロシアなどが強く反対したため, *化学兵器禁止機関' (OPCW)への申告の対象としないことが許容されたためである.

3 老朽化学兵器の処理 実際の処理については, 老朽化化学兵器の中でも① 1925年より前に生産された化学兵器の場合は, 自国の法令に従い毒性廃棄物として廃棄, またはその他の方法によって処分することが許容されている(第4部(B)第6項). 他方, ② 1925年以降に生産されたものは, 通常の化学兵器と同様に廃棄される必要があるが, 例外的な扱いも認められており, その点で「化学兵器として使用することができなくなるまで劣化した」ことを判断する明確なガイドラインがないとの問題がある. 実務上は, 老朽化化学兵器に該当する可能性のあるものを発見した締約国がOPCWに申告し, 廃棄計画を含めて執行理事会の承認を得た上で廃棄を行っている.

なお, オーストリアで2007年に発見された老朽化化学兵器については, 自国に処理施設がないことから, 執行理事会がオーストリアから所有権および管理権が移転しないことを条件とする国外での処理を承認したことを受けて, オーストリアからドイツのミュンスターにある化学兵器処理施設に輸送した上で廃棄した. ［福井康人］

■6者会合 Six-Party Talks

1 6者会合の形成 6者会合は, 2002年10月に北朝鮮の*高濃縮ウラン' 計画が発覚したことを受け, *北朝鮮の核開発問題' に対処するため, 米国と北朝鮮のほか, 中国, 韓国, 日本, ロシアが参加し, 平和的な方法による朝鮮半島の非核化を目指して開催された多国間協議である. *国際原子力機関' (IAEA)が北朝鮮の高濃縮ウラン計画を非難すると北朝鮮は反発を強め, 2003年1月に*核兵器不拡散条約' (NPT)脱退を表明した. IAEAはこの問題を国連安全保障理事会に付託する決議を採択したが，安保理では実質的な審議に至らなかった．米国のジョージ･W･ブッシュ（George W. Bush）政権は当時イラク問題を抱えており，北朝鮮の問題については北東アジア地域の多国間交渉による解決策を模索した．同年4月に米朝中3者会合が北京で開催され，この会合が地域的な枠組み構築への糸口となり，同年8月に第1回6者会合が開催された．6者会合は，第6回までの本会合や関連会合からなり，2003年から2008年まで断続的に開催され，場所については非公式の6者外相会合がシンガポールで行われたのを除き，すべて議長国･中国の北京で開催された．

2 交渉の成果と中断　北朝鮮は当初，寧辺の核関連施設を凍結することでその補償を求め，他方米国は*CVID' を主張したため対立したが，2005年9月19日，*第4回6者会合に関する共同声明' の採択までたどり着いた．共同声明においては，北朝鮮がすべての*核兵器' および既存の核計画の放棄と，NPTへの早期復帰を約束したことが明記された．北朝鮮が主張した原子力の*平和的利用' の権利はその発言を尊重することとし，適当な時期に*軽水炉' 提供問題について議論を行うことに合意し，また，北朝鮮には経済協力の推進が約束された．懸案だった高濃縮ウラン計画については，*朝鮮半島非核化共同宣言' に言及しつつ，これを遵守すべきこととされた．共同声明にはこうした核問題に加え，米朝，日朝，そして朝鮮半島における恒久的な平和体制についても盛り込まれた．この共同声明の実施のため，第5回会合で「初期段階の措置」（2007年2月13日），第6回会合で「第2段階の措置」（2007年10月3日）が合意された．この中で北朝鮮は，寧辺の3つの核施設の無能力化（disablement）と核計画の完全な申告を求められ，その見返りとして100万tの重油相当の支援を受け，かつ，米国が北朝鮮に対するテロ支援国家指定の解除を履行することとなった．2008年6月，北朝鮮は核施設の無能力化作業を開始し，核計画申告書を提出，同年10月には米国がテロ支援国家指定を解除した．しかし，同年12月に再開された第6回会合において，北朝鮮が提出した核計画申告書の検証方法について合意が得られず，一連のプロセスは中断されることとなった．　　　　［寺林裕介］

■ロケット　rocket

1 ロケットの原理　ロケットとは，自らの質量の一部を外に噴射し，その反動によって推進力を得るエンジン，またはこれを搭載して飛行する機体のことをいう．航空機と異なり真空中でも推進力を得ることができるため，地上から*宇宙空間' への物資の打ち上げおよび宇宙空間における加速や機体の姿勢の変更などの目的で使われる．噴射する物質はガスやプラズマの形態をとり，燃料と酸化剤の化学反応または電磁的な加速や*核反応' のエネルギーを用いるなど，さまざまな方法によってこれを発生および加速する形式のロケットがある．現在実用化されているロケットは液体または固体の推進剤による化学反応や電気的な加速による．地上から宇宙空間に*人工衛星' や人間を輸送する手段としてのロケットは秒速約7.8km以上まで加速することによって地球を周回する軌道に達し，秒速約11.2km以上で地球を脱出する軌道に投入することができる．現在実用化されている宇宙空間への輸送を行うロケットではその性能の限界から，燃え終わったロケットを切り離して次の段のロケットで加速する，いわゆる多段式ロケットが用いられる．

2 ロケットの歴史　西暦1000年ごろに火薬を用いたいわゆるロケット花火の形式で中国において武器として使われたことに始まる．近代の宇宙ロケットの理論的裏付けはコンスタンチン･ツィオルコフスキー（Konstantin Tsiolkovskiy）（1857-1935年）によってなされた．ロバート･ゴダード（Robert Goddard）（1882-1945年）は1926年に実験的な液体ロケットを飛行させ，この2人によってその後のロケットの発展への道が開かれた. 実用的なロケットとしては, ヴェルナー・フォン・ブラウン(Wernher von Braun)(1912-1977年)によって開発されたV-2という液体燃料ロケットが第二次世界大戦でドイツから英国へ弾頭を打ち込む兵器として使われたのが最初である. 戦後米ソの両国で, *大陸間弾道ミサイル'(ICBM)として開発が継続され, その後の米ソの*冷戦' は宇宙空間への飛行の競争の場となり, 1957年のスプートニクの打ち上げに始まり, 衛星打ち上げや有人飛行など, 宇宙ロケットの開発競争によって1969年アポロの有人月面着陸を実現するまでにロケットの技術は飛躍的な発展を遂げた. 弾頭を輸送し打ち込むことを目的としたロケットをミサイルという. 大陸間を輸送するのと軌道を周回するのではその能力は同じ程度で, ミサイルとして開発された機体を用いて非弾頭であるさまざまな目的の人工衛星を打ち上げるロケットに転じたものも多く, ミサイルと呼ぶかロケットと呼ぶかは輸送する荷物(ペイロード)による.

3 現在のロケット　宇宙への物資輸送のためのロケットは世界の10カ国以上で開発保有され, 地球周回軌道への輸送能力は10tの桁からごく小型のものまで, 軍事・非軍事の多様な目的に使われ, 地球周回軌道へのさまざまな目的の人工衛星や有人宇宙船の打ち上げ, 月や惑星の探査から太陽系の脱出まで宇宙空間を利用した広範囲の実用に供されている. また国際間の技術の拡散によって, いわゆる先進国のみならず発展途上の国を含む多くの国がロケットの打ち上げを目指す状況もある. さらに国家の事業として行われる宇宙活動から, 民間の事業者が自らの投資によってロケットを開発し, 国主導ではできない新たな宇宙活動も視野に入れた輸送事業を行う状況も作られつつある. ロケットは軍事的な目的から生まれたことと, その性能的な限界から, 機体を1回で使い捨てるという方式であることが, 宇宙への輸送が高コストである原因であった. 技術の発達によって航空機のような繰り返し運航が可能な再使用型ロケットへの転換が望まれ, 1981年に登場したスペースシャトルは部分的な再使用型のシステムとして就航し, 大幅な宇宙輸送コストの低減が期待されたが, 2011年に退役した. 再使用化による宇宙輸送のコストの大幅な低減はいまだ今後の課題である. ［稲谷芳文］

■ロシアの化学兵器　Russia's chemical weapons

ロシアは1997年11月に*化学兵器禁止条約' を批准し, 条約は同年12月に同国について発効した. 1998年1月に同国が提出した冒頭申告では, 約4万tの*化学兵器' の保有が申告された. その大部分がVX, サリン, ソマン, ルイサイトなどのいわゆる種類1の化学兵器であった. ロシアでは, 資金不足のため*化学兵器の廃棄' は予定通りには進まなかった. ロシアは, 米国の*協調的脅威削減計画' や*G8グローバル・パートナーシップ' などの支援を受けながら, 2002年12月になって*化学兵器の廃棄' を開始した. 2006年には, *化学兵器禁止機関' の締約国会議によってロシアの化学兵器は廃棄期限の延長が認められ, 最終的な廃棄期限は2012年4月29日とされたが, 廃棄作業の遅れは取り戻せなかった. 2011年末の段階でも約60%の廃棄が完了していたに過ぎず, 延長後の最終廃棄期限も守ることができなかった. 2011年12月の第16回締約国会議の決定によって, 最終廃棄期限時に未廃棄の化学兵器については可能な限り短期間のうちに廃棄を完了することが求められるとともに, 廃棄の完了予定日を含む廃棄計画の提出が求められ, ロシアは2015年12月を廃棄完了予定日として報告した. →化学兵器の廃棄期限問題 ［浅田正彦］

■ロシアの核政策・核戦略　Russia's nuclear policy and nuclear strategy

1 核使用政策の転換(1990年代)　*冷戦' の終結により, ソ連の核戦力を承継したロシアと米国の間の軍事的な緊張関係は大幅に緩和された. 緊張緩和を受けて, 1993年11月に公表された「軍事ドクトリン基本規定」では, 通常戦力においては, 旧ソ連時代の大規模侵略対処という前提から離れ, 地域対処レベルにとどめる方針が打ち出されることになった. その一方で, 核使用政策においては, それまでの先行不使用政策から, *核兵器不拡散条約' (NPT)上の非核兵器国には*核兵器' を使用しないものの, ①核兵器保有国と同盟関係にある非核兵器国による軍事攻撃の場合および, ②非核兵器国が核兵器保有国と共同してロシアに対する介入ないし軍事攻撃を実施または支援する場合, については核兵器の使用を留保する立場へと転換した. その後, ポーランド, チェコ, ハンガリーについて北大西洋条約機構(NATO)の拡大が現実化したことを受け, *抑止' 力としての核戦力の重要性が高まることになった. 1997年5月には, 戦略ロケット軍出身のイーゴリ・セルゲエフ(Igor' Sergeev)上級大将が国防相に任命され, 同年12月に公表された「国家安全保障構想」では, ロシア連邦軍の最重要課題は「核戦争および通常兵器による大規模戦争または地域戦争を防止するために*核抑止' 力を保持することである」とされた. 他方で, 核兵器の使用条件については, 武力による侵略のうち, 「ロシアの存立自体に対する脅威が生じる場合」に限定する方針が明示された.

2 核使用政策の推移(2000年以降)　コソボ情勢が悪化する中で, ロシアの反対にも拘わらず, また, 国連安保理決議を経ずに, NATOによるコソボ空爆が1999年3月に開始されたことや, ロシアのダゲスタン共和国におけるイスラム原理主義勢力のゲリラ攻撃やモスクワなどでの爆弾テロ事件を受けて行われたチェチェン共和国への軍事作戦に対する欧米諸国の非難を受けて, ロシアの国際情勢認識は厳しいものとなった. 2000年5月に正式に就任したウラジーミル・プーチン(Vladimir Putin)大統領は, こうした情勢認識を受けて国家安全保障構想および軍事ドクトリンを改訂した. これらの文書では, 抑止力としての核戦力の重要性が引き続き強調される一方で, 武力による侵略によって「他のあらゆる危機的状況の解決手段が尽きるか, あるいは効果がないと判断したとき」について核兵器の使用に言及した(国家安全保障構想). 核使用の条件に関しては, 「ロシアの存立自体に対する脅威」から「危機的状況」へと若干の緩和が行われたことになる. その危機的状況としては, ①ロシアまたはその同盟国に対して核兵器ないしその他の*大量破壊兵器' (WMD)が使用された場合, ②ロシアの安全保障が危機に瀕している状況において通常兵器を使用した大規模な侵略が行われた場合, ③ NPT上の非核兵器国が核兵器保有国と共同で侵攻してきた場合, またはそれを支援した場合, が挙げられた(軍事ドクトリン). その後, 米国による弾道弾迎撃ミサイル制限条約(ABM条約)からの脱退と同条約の失効により, ロシアは米国の*弾道ミサイル防衛' (BMD)計画に歯止めをかける制度的基盤を失った一方で, 9.11テロ後の米国による旧勢力圏への進出, NATOのさらなる拡大, ロシア周辺諸国における親露政権の転覆や国内システムの変革といった事態に直面することになった. このため, とくに2008年8月に勃発したグルジアとの戦争後は, ロシアの軍事力整備政策において, 通常戦力の装備更新とともに, 対米抑止力としての核戦力の近代化が優先課題とされるに至っている. 2010年2月の軍事ドクトリンは, ロシアおよび(または)その同盟国に対する核兵器ないしその他の大量破壊兵器が使用された場合および, ロシアに対する通常兵器を用いた国家の存立自体を脅かす侵略の場合における核兵器の使用を留保しており, 核使用の条件に関しては, 「危機的状況」から「ロシアの存立自体に対する脅威」へと回帰した. その一方で, 非核兵器国に対する*消極的安全保証' への言及は外されている. また, 軍事ドクトリンの改訂と同時に, 「核抑止の分野における2020年までの国家政策の原則」が策定された.この文書は,核兵器の使用について詳述しているとされるが非公開である.

3 ウクライナ危機後の展開　ウクライナ情勢を受けて欧米諸国との関係が不透明さを増すなか,2014年12月,軍事ドクトリンが改訂された.核兵器の使用についての言及は2010年版とほとんど変わらず,「ロシアおよび(または)その同盟国に対する核兵器ないしその他の大量破壊兵器が使用された場合および,ロシアに対する通常兵器を用いた国家の存立自体を脅かす侵略の場合」における核兵器の使用が留保されている.しかしながら,2015年3月にプーチン大統領が,国営テレビで放映されたドキュメンタリー番組の録画インタビューのなかで,クリミア自治共和国の「編入」(2014年3月)に際し「編入によって生じうるあらゆる事態に備えるよう軍に指示した.」と語り,「それは核戦力を戦闘準備態勢に移行する用意があったということか.」との質問に対して,「そうする用意があった.」と答えたことなどから,ロシアによる核兵器による威嚇に対する懸念が表明されるとともに,ロシアが実際には核兵器使用の敷居を下げている可能性が指摘されるに至っている.［岡田美保］

■ロシアのミサイル戦力　Russia's missile capabilities

1 戦略ミサイル　ロシアは,多様なミサイルを開発・保有している.なかでも,*大陸間弾道ミサイル'(ICBM)は,ロシアの戦略*抑止'力の中核と位置づけられており,ロシア軍には陸海空軍とは別にICBMを扱う兵科(戦略ロケット軍)がある.現在,戦略ロケット軍が装備しているミサイルは,1980年代に配備が開始された旧式のSS-18,SS-19,SS-25と,1990年代以降に配備が開始されたSS-27トーポリMとその改良型(ヤルス)に大別することができる.旧式のうちSS-18は1基当たり10発,SS-19は6発の弾頭を搭載できる多弾頭ミサイルであり,SS-18およびSS-19搭載分だけで*新戦略兵器削減条約'(新START条約)上の配備戦略弾頭数全体の4割程度を占めている.SS-25およびトーポリMは単弾頭ミサイルである.トーポリMの配備は2012年までに完了しており,移動式18基,サイロ式60基が配備されている.多弾頭(4発)のヤルスの配備は進行中で,2013年末時点で18基が配備済みである.また,ヤルスの軽量型として開発中のルベジが2015年以降に配備開始予定となっているほか,退役が進む旧式ミサイルSS-18の後継となる多弾頭ミサイルの開発が計画されている.*潜水艦発射弾道ミサイル'(SLBM)は,ICBMに次いでロシアの戦略抑止力を担っている.現在の主力は,旧式のSS-N-18と,2007年以降配備が進められているSS-N-23シネバであり,デルタIII型*弾道ミサイル搭載原子力潜水艦'(SSBN)にSS-N-18,デルタIV型SSBNにSS-N-23が搭載されている.デルタIII型,デルタIV型ともに,新型のボレイ型SSBNへの更新が進められており,2013年末までに2隻が配備に至っている.しかしながら,これに搭載する新型SLBMのSS-N-32ブラバの開発は難航しており,依然として実験段階を終了していない.ブラバの開発は1998年から開始され,2010〜11年の間に6度の発射実験に成功したことから,制式採用への期待が高まったものの,2013年9月の実験は再び失敗に終わった.空中発射*巡航ミサイル'(ALCM)AS-15は,*戦略爆撃機'Tu-160(1機あたり12発),およびTu-95MS(1機当たり6ないし16発)搭載される.2007年以降,ロシアは戦略爆撃機の長距離飛行を再開しており,北大西洋,北極海,太平洋などの空域で米国,ノルウェー,日本などの防空識別圏や領空付近への接近飛行を行っているほか,ベネズエラおよびニカラグアへ展開するなど行動範囲を拡大させているが,こうした訓練飛行の際,通常,AS-15は戦略爆撃機に搭載されていない.なお,新START条約においては,1機の戦略爆撃機に1発の核弾頭が搭載されているとみなす計数規定が採用されている.

2 戦術ミサイル　ロシアは,地上配備型ミサイル・システム,攻撃型原子力潜水艦,洋上艦艇搭載,中距離爆撃機,戦闘爆撃機などに搭載する戦術ミサイルを保有している.地上配備型については,*中距離核戦力条約'(INF条約)に従って射程500kmから5,500kmまでの地上配備型のミサイルが全廃されたことから,射程500km未満のSS-21トーチカおよびSS-26イスカンデルが主力となっており,ロシアの国境防衛の中核と位置づけられている.米ソ／露はともに,1991年から1992年にかけて,地上配備型ミサイル,地対空ミサイルおよび洋上艦艇・潜水艦に配備されている戦術ミサイルから核弾頭を撤去することなどを内容とする一方的宣言を発したが,ロシアの地上配備型の戦術ミサイルの一部には,核弾頭が搭載されているとの見方もある.

→ロシアの核政策・核戦略　［岡田美保］

■ロシアのミサイル防衛システム　Russia's missile defense capabilities

1 冷戦期の開発・配備状況　米ソは,*弾道ミサイル'の開発・配備を開始した第二次大戦直後から*弾道弾迎撃ミサイル'(ABM)システムに関心を持っていたが,ソ連はとりわけ米国の*大陸間弾道ミサイル'(ICBM)からの防御を重視して1948年から研究を開始した.1956年には最初のABMシステムAが開発段階に入った.システムAにおける迎撃ミサイルV-1000には,当初,高性能火薬を用いた弾頭が使用され,1961年に最初の迎撃実験に成功した.1961年から1962年にかけて実施された60km,150km,300kmの各高高度での1.2ktから300ktの威力の核爆発実験により,核弾頭を用いての迎撃とシステムA全体の整合性が検証され,最初のABMシステムA-35へと発展した.A-35における迎撃ミサイルとして,精度が低下しても有効に迎撃できるよう,爆発威力1Mtの核弾頭を搭載するA-350(ガロッシュ)が採用され,モスクワ周辺の4カ所のサイトに配備された.各サイトには,8基の迎撃ミサイル発射基を設置する発射区域が2カ所づつ設けられ,16基×4個サイトの迎撃ミサイルが首都を防御する態勢が整えられた.ガロッシュは2段式で,第1段階ミサイルは固体燃料,第2段階ミサイルは液体燃料を推進力としている.A-35の開発段階において,単弾頭ミサイルについては有効に迎撃できることが確認されたものの,*複数個別誘導弾頭'(MIRV)化されたICBMに対しては問題を残していることが認識された.改良型であるA-35Mは,1977年から開発されたもので,ジャマーや囮(デコイ)に対処する観点から,主に*早期警戒'レーダー部分に改良が加えられた.迎撃ミサイルにも改良が加えられ(A-350R),一部のサイトで1980年代初頭に配備された.現在,ロシアが配備しているABMシステムA-135の開発は1968年に開始された.A-135は,1ないし2発のICBMおよび35発未満のパーシングⅡタイプの弾道ミサイルの迎撃を想定して開発されたもので,1976年から1980年にかけて構成システムの実験が行われた.指揮統制設備を収容する大型のDon-2Nフェーズドアレイ・レーダーが建設されるとともに,大気圏内迎撃ミサイル53T6(ガゼル)および大気圏外迎撃ミサイル51T6(ゴーゴン)が開発され,1989年に稼働開始した.53T6および51T6は,当初,爆発威力10ktの核弾頭を搭載し,53T6は,モスクワ周辺に新たに建設された4カ所のサイトに計56基(12基×2カ所,16基×2カ所),Don-2Nレーダー・サイトに12基が配備され,51T6はA350Rが配備されていた2カ所のサイトに8基づつ配備された.51T6はすでに退役しており,53T6についても,核弾頭は取り外されていると見られている.

2 冷戦後の開発・配備状況　ABMシステムが有効に機能するためには,早期警戒レーダー網の整備・運用が鍵となるが,1990年代には,レーダー・サイトの一部がソ連崩壊によりロシア領外となり運用不可能となるなど一時混乱が生じた.ロシア領外で運用を継続したロシアのレーダーは,バルハシ(カザフスタン),バラノヴィチ(ベラルーシ),ガバラ(アゼルバイジャン)の3カ所であったが,ガバラについては租借料をめぐる交渉が妥結せず,2012年末に使用中止が決定された.ロシアは,ロシア領内の10カ所でレーダー・サイトを稼働しており,このうちアルマビルのサイトがガバラの機能を代替している.また,2009年以降,ロシア領内のすべてのレーダー・サイトで最新型のボロネジDMレーダーへの更新が進められており,2020年までに完了する計画である.2011年末には,早期警戒衛星・レーダー,捜索レーダー,迎撃ミサイル・システムなどの運用を統合的に進め,*弾道ミサイル防衛'(BMD)能力を強化する観点から「航空・宇宙防衛軍」が創設されている.迎撃ミサイルについては,米国や北大西洋条約機構(NATO)の進めるBMD計画が衝突破壊技術を用い,洋上配備型を推進するなどの技術的進展を見せているのに対し,ロシアでは非核弾頭の開発や地上配備型以外の開発において立ち遅れが見られる.

［岡田美保］

■ロシアの輸出管理制度　export control system of the Russian Federation

1　国際輸出管理レジームへの参加　ソ連は世界で最大の兵器輸出国の1つであり,1980年代初めまでには不拡散を目的とした輸出管理システムが構築された.しかし,ソ連の崩壊によって兵器の輸出額は激減し,また統一した*輸出管理'の体制も失われた.そして財政破綻の下,独立採算を強いられた省庁が手持ちの兵器を海外の顧客に売却する事例が発生し,他方,末端では横流しが横行した.こうしたことに危機感を覚えた米国は,ロシアを国際輸出管理レジームへ加入させることを急いだ.2国間協議の場を設け,当時,ロシアがインドに売却しようとしていた低温エンジンの商談を縮小させ,軍民転換の支援と引き換えに,*ミサイル技術管理レジーム'(MTCR)への参加を促した.この結果,ロシアは1995年,MTCRに,また翌1996年には,*ワッセナー協約'(WA)の創設にも参加することとなった.核兵器に関しては,ソ連は*原子力供給国グループ'(NSG)の設立当初からの参加国である.他方,2014年現在,化学・生物兵器に関する*オーストラリア・グループ'(AG)には参加していない.同様に,*武器貿易条約'(ATT)にも調印していない.

2　国内法の整備　ロシア自身にとっても,輸出管理体制の不在は危険なことであるという認識があり,1992年4月,大統領令によって規制品目リストに基づく輸出管理システムが暫定的に発足し,軍需品も汎用品もともに規制対象とされた.また,「ロシア連邦輸出管理委員会」が創設され,省庁間の調整が図られたが,結局,担当官庁の主導権争いが起こった.その後,1998年,軍需品の輸出審査は連邦法「ロシア連邦と諸外国の間の軍事技術協力について」により別系統とされ,翌1999年に,ようやく連邦法「輸出管理について」が制定された.汎用品や原子力関連物質等に関する輸出管理の手順が明確にされ,*キャッチオール規制'も実施されている.各省庁の役割分担が規定されたが,依然,輸出許可証の審査権限が分割されており,システムの運用は場当たり的であった.これを是正したのが2000年に就任したウラジーミル・プーチン(Vladimir　Putin)大統領である.2004年,現在の輸出管理制度が完成する.軍需品の輸出管理を行うのは連邦対外軍事技術協力局(FSMTC),汎用製品を扱うのは連邦技術・輸出管理局(FSTEC)とされた.ともに国防省の傘下に置かれている.両局は,それぞれ輸出入規制リスト案を関係機関との協力を得て策定し,大統領によって承認されたリストを基に審査を行い,輸出許可証を発行する.

3　輸出管理制度の問題点　このようにロシアの輸出管理制度は,制度的には厳格なものが確立してはいるが,依然,問題点が指摘されている.第1に,プーチン政権下で蔓延している汚職，犯罪組織の増大が，非合法な兵器移転の余地を残している．国民の法遵守への意識は高いとはいえず，賄賂やその他の不法なインセンティブによる汚職の蔓延がシステムの効率を低下させている．マスメディアやNGOの活動は政府によって規制されており，第3者機関による監視の機能を果たしていない．第2に，条約上の義務違反ではないが，輸出管理の目的精神に反するロシアの態度がしばしば批判の対象となっている．イランへの原子炉や兵器輸出がその例である．またロシアはイランの核兵器開発を阻止する国際的な取組みにも消極的であった．これらは，ロシアがイランと特別な関係を持ってきたため，その核開発や兵器保有に対する脅威認識が薄かったこと，また，ロシアがイランとの関係を対米政策での取引材料として政治的に利用することがあるためである．［小泉直美］

■六ヶ所再処理工場 Rokkasho Reprocessing Plant

1 日本の再処理 日本は使用済燃料を*再処理'し，抽出したウラン，*プルトニウム'を再利用する*核燃料サイクル'政策を採用してきた．動力炉・核燃料開発事業団(現*日本原子力研究開発機構')は茨城県東海村に日本初の再処理施設を建設し，米国籍の使用済燃料の再処理に関する米国の同意を取り付けるための日米再処理交渉を経て1977年に試運転を開始した．その後の本格運転を通じて*軽水炉'使用済燃料の再処理技術を実証し，これまでの累積処理量は約1,140tに達している．東海再処理工場の処理能力は210t／年と規模が小さく，日本の電力会社は1980年代以降，使用済燃料の大部分を英国，フランスの再処理施設に輸送し，再処理を委託した．

2 六ヶ所再処理工場の経緯，概要 こうした状況の中，商業利用を目的とした大型再処理プラントの操業主体として電力会社などからの出資により，1980年に日本原燃サービス株式会社が設立された(その後，1992年に日本原燃産業株式会社と合併し，日本原燃株式会社(JNFL)となった．)．JNFLは1992年に再処理事業の指定を受け，1993年に青森県六ヶ所村に日本初の商業用再処理施設の建設を開始した．六ヶ所村には他に同社のウラン*濃縮'施設，高レベル放射性廃棄物貯蔵施設，*混合酸化物'(MOX)燃料製造施設(2017年10月竣工予定)などが立地している．再処理施設に関しては，実際の使用済燃料を用いたアクティブ試験中のガラス溶融炉内への白金族元素の堆積等のトラブルなどにより完成時期は当初の予定より大幅に遅れ，現状では2014年10月に運転開始予定とされている．年間の最大処理能力は800tU，使用済燃料の最大貯蔵能力は3,000tUである．使用済燃料を硝酸溶液に溶解し，溶媒抽出によりウラン，プルトニウムを分離するピューレックス法が採用されている．せん断，溶解，分離，精製といった再処理の主工程に関わる技術はフランスのアレバ(AREVA)社(当時，COGEMA社)から導入される一方，ウラン・プルトニウム混合脱硝工程，ガラス固化工程については*日本原子力研究開発機構'(JAEA)が開発した技術が導入されている．同工場は現在，運転開始に向けた最終段階にあり，東京電力福島第一原子力発電所事故後，原子力規制委員会が策定した新規制基準への適合性確認申請を2014年1月に提出し，現在，原子力規制委員会による審査が行われている．［山村 司］

■ロンドン海軍軍縮条約 International Treaty for the Limitation and Reduction of Naval Armament ［正称］海軍軍備制限及縮少ニ関スル条約，［署名］1930.4.22(ロンドン)，［発効］1930.12.31，［失効］1936.1.31，［日本］〈批准書寄託〉1930.10.27，〈公布〉1931.1.1(昭6条約1)

1 条約の成立経緯 1927年のジュネーブ海軍軍縮会議の失敗後，1928年の*ケロッグ・ブリアン協定'(不戦条約)の締結により軍縮気運が高まり，補助艦制限に関する英米対立が解消されたことから，英国が招請して，1931年1月21日から4月22日まで英国，米国，日本，フランス，イタリアの5カ国によるロンドン海軍軍縮会議が開催された.議題は,*ワシントン海軍軍縮条約'の改定と補助艦(巡洋艦,駆逐艦,潜水艦)の制限であった.フランスは対伊優勢な補助艦の保有を要求し,イタリアは対仏同率を譲らず,結局,仏伊とも補助艦制限に参加しなかった.日本は,ワシントン条約後の戦艦の劣勢を補うために重巡洋艦と潜水艦を重視する軍事戦略から,補助艦総t数対米7割,重巡洋艦対米7割,潜水艦現有量7.8万tの3大原則を掲げて会議に臨んだ.

2 条約の内容　主力艦について,ワシントン条約での建造禁止期間を1931年から1936年末まで延長し,米国3隻,英国5隻および日本1隻を廃艦にすることで米英日の主力艦保有数を15隻,15隻,9隻とした.航空母艦について,ワシントン条約の定義(排水量1万t以上)を廃し,備砲口径6.1インチ以上で1万t以下の航空母艦の建造を禁止した.潜水艦について,2千t以下または備砲5.1インチ以下に制限した.ただし,3艦に限り2,800t以下で備砲6.1インチ以下の建造が許された.補助艦について,仏伊を除く英米日の3国間で合意が成立した(第14条~21条).重巡洋艦(備砲6.1インチ以上)は,米18万t,英14.68万t,日10.84万t(比率は10:8.1:6.02).軽巡洋艦(備砲6.1インチ以下)は,米14.35万t,英19.22万t,日10.05万t(10:13.4:7).駆逐艦は,米英15万t,日10.55万t(10:10:7).潜水艦は,米英日とも5.27万t(10:10:10).補助艦総t数は,米52.62万t,英54.17万t,日36.71万t(10:10.29:6.97)となった.日本は,条約内容が当初の方針と異なり,海軍軍令部からの強い反対があったものの,大局的見地から条約を受け入れた.また,不参加の仏伊の新艦建造により安全保障が影響を受けた場合,米英日は協定保有量を増加できるというエスカレータ条項が,英国の強い要望で挿入された.

3 その後の展開　本条約は1936年12月31日まで有効とされたが,新条約の作成のための会議が1935年に予定されていた.当時の国際社会は,世界恐慌を背景に,日本は1933年に満州事変の結果として国際連盟脱退を通告し,ナチス・ドイツも同年に国際連盟脱退を宣言し,国際協調が崩壊し始めた状況にあった.そのような状況下の1934年にロンドン予備交渉が米英日の3国間で行われた.日本は,1930年の国内政治状況と異なり,国際協調論より対米強硬論や軍縮離脱論が強まり,1934年12月29日に単独で*ワシントン海軍軍縮条約'の廃棄通告をした.その際,新軍縮条約について比率主義を排し兵力量の共通最大限とする方針が明示された.1935年12月に開催された第2次ロンドン海軍軍縮会議では,日本の主張する対米軍備平等権が英米両国に受け入れられず,日本はついに1936年1月15日にロンドン会議から脱退した.この結果,ワシントン条約およびロンドン条約が,規定に従い1936年末に失効し,日本は軍縮関連の無条約時代に入っていった.日本の脱退後も軍縮会議は継続し,1936年3月25日に米英仏の3国間で第2次ロンドン海軍軍縮条約が締結された.本条約は,1942年12月31日まで6年間有効で,建艦案の通告および情報交換に関する条項や主力艦や航空母艦などの制限条項が規定された.主力艦の備砲口径は14インチ以下に,航空母艦の排水量と備砲口径は2.3万t以下と6.1インチ以下に制限された.ワシントン条約締約国でロンドン条約の未批准国(日本を指す)があれば,制限を緩和するエスカレータ条項も規定された.　　［岩本誠吾］

わ

■ワシントン海軍軍縮条約　Treaty Between the United States of America, the British Empire, France, Italy, and Japan,

Signed at Washington, February 6, 1922
[正称] 海軍軍備制限ニ関スル条約, [署名] 1922.2.6(ワシントン), [発効] 1923.8.17, [失効] 1936.12.31, [日本]〈批准書寄託, 公布〉1923.8.17(大 12 条約 2),〈廃棄通告〉1934.12.29

1 条約成立の背景　第一次世界大戦後の戦勝国間, 特に米英日間で激しい海軍力の軍拡競争が, 太平洋海域で展開された. 米国は, 大戦中から世界最強の海軍をめざす膨大な建艦計画(1916 年建艦法)を実施し, 英国は, 艦隊再編により世界最強海軍国の維持を図り, 日本も 1920 年に「八八艦隊(戦艦 8 隻・巡洋艦 8 隻)」建造計画に着手していた. 他方, 各国とも, 軍拡による経済負担の増加と戦後の経済恐慌による財政の逼迫状況から, 軍備制限の気運が高まっていた. 1921 年 11 月 12 日から翌年2月6日まで米国で開催されたワシントン会議では, 海軍軍縮および太平洋・極東問題が議題とされた. 会議最終日に, 米国, 英国, 日本, フランス, イタリアの 5 大海軍国間の海軍軍縮条約が締結された.

2 条約の内容　条約は, 主力艦(戦艦)について, 老朽艦とともに建造中のものも廃艦とし, 1921 年から 10 年間の建造を禁止した. その合計基準排出量を, 代艦建造分を含み, 米英 52.5 万 t, 日 31.5 万 t, 仏伊 17.5 万 t(比率は 5:5:3:1.67:1.67)とし, 単艦排水量 3.5 万 t(パナマ運河の航行最大限 t 数)以上のものや口径 16 インチ以上の備砲を禁止した. 航空母艦について, 合計排水量を米英 13.5 万 t, 日 8.1 万 t, 仏伊 6 万 t(比率は 5:5:3:2.22:2.22)とし, 単艦排水量 2.7 万 t 以上のものや口径 8 インチ以上の備砲を禁止した. ただし, 2 隻に限り 3.3 万 t 以下の建造が許された. 航空母艦の備砲は, 6 インチ以上の砲を装備する場合, 5 インチ以上の砲を合計 10 門以下とした. 2 隻だけに認められた 3.3 万 t 以下の航空母艦において 6 インチ以上の砲を装備する場合, 5 インチ以上の砲を合計 8 門以下とした. 日本は, 防衛艦隊(日本)が攻勢艦隊(米国)に負けない条件としての対米 7 割を軍事戦略論として主張していた. しかし, フィリピン, グアムなど太平洋諸島の米軍基地の現状維持が約束され, 西太平洋および極東での海軍力の優位(制海権)が保障されたことから, 英米協調を優先して, 対米 6 割を受諾した. 条約の有効期限は 1936 年 12 月 31 日までとしたが, 1934 年 12 月 31 日以降に廃棄通告が行われた場合, 破棄通告の 2 年後に条約は終了する.

3 その後の展開　本条約は, 主力艦および航空母艦の保有総 t 数の制限を規定したが, 補助艦(巡洋艦, 駆逐艦, 潜水艦)の合計排水量や保有隻数の量的制限について合意に達することができず, 単に, 単艦排水量 1 万 t 以下, 備砲口径 8 インチ以下に制限することしか規定しなかった. そのため, 会議後, 条約の枠内で補助艦, 特に戦艦に準ずる主力戦闘艦艇である巡洋艦の建艦競争が激化した. 建艦競争を抑えワシントン会議で合意されなかった補助艦の隻数・t 数の制限を行うために, 1927 年6月 20 日から8月4日まで米英日の 3 国間でジュネーブ海軍軍縮会議が開催された. しかし, 重巡洋艦(1 万 t 以下, 備砲 8 インチ以下)および軽巡洋艦(7,500t 以下, 備砲 6 インチ以下)の保有制限について米英間の意見対立が解消せず, 成果なく会議は閉会した. 補助艦の制限問題は, その後, 1930 年のロンドン海軍軍縮会議へと至る. ロンドン軍縮会議後, 日本は, 軍縮条約の支持派(条約派)と反対派(艦隊派)の対立の中で, 対米強硬論とともに, 既存の軍縮条約の拘束から脱すべきとの見解が主流となり, 1934 年 12 月に条約の廃棄を通告し, 本条約は 1936 年末で失効した. 弩級や超弩級の戦艦建造は, ワシントン条約により一時的に停止していた. 1922 年から 1936 年までの 15 年間に及ぶ海軍軍縮の国際協調時代は, 「海軍休日」(Naval Holiday)と称された. しかし, 1937 年から無条約時代に入り, 米国のノースカロライナ級戦艦, 英国のキング・ジョージ 5 世級戦艦, 日本の戦艦大和・武蔵のように, 大艦巨砲主義が再び復活した.　[岩本誠吾]

■ワッセナー協約　Wassenaar Arrangement : WA

1　設立の経緯と制度の目的　*冷戦' 時代に西側陣営が築いた共産圏向け戦略物資・技術の移転規制体制であった*ココム'(対共産圏輸出統制委員会)が冷戦の集結によって存在理由を失ったことから, 1994 年3月末に解散することが決定され, それに代わる国際輸出管理制度として, オランダの町ワッセナーに集まった旧ココム構成国は, 冷戦後の国際秩序を安定させることを目的にした新しい国際輸出管理制度の創設を決めた. この町の名を冠してその後この国際制度はワッセナー協約と呼ばれるようになり, 現在に至っている. この新制度はとくに発展途上国・地域といわゆる拡散懸念国家向けに高度通常兵器およびその製造に用いられる物資や製造技術の移転を防止することを主要目的としており, ココムを冷戦型輸出管理システムと呼ぶのに対して不拡散型輸出管理システムと呼ばれるようになった. 冷戦終結後, 旧共産圏向け規制に代わって北朝鮮やイラク, イラン, リビアなどの拡散懸念国家向けの*大量破壊兵器' (WMD) や高度通常兵器の移転規制へと輸出管理の対象が変化したことに伴い, 米国が主導する国際輸出管理レジームは特定のブロックや国家を対象とした体制から, 国家を特定することなく発展途上地域やテロリスト集団などの*非国家主体' に高度通常兵器が移転することを防止する体制として機能している. 加盟国は, 2014 年度現在, 日本を含め 41 カ国.

2　活動の実態と構造的脆弱性　しかし, WA が通常兵器移転規制体制として効果的な機能を発揮してきたわけではない. WA 体制に内在するいくつかの問題点のうち, とくに注目されるのは, WA 体制の中核を構成する米国, 英国, フランス, ロシアが冷戦時代から現代に至るまで発展途上地域に武器輸出を競い合ってきた点である. なかでも米国は世界の武器輸出全体の 70 %近くを常に占め, 輸出された兵器が中東などでの武力紛争に用いられてきたことは, WA 体制の構造的矛盾を浮き彫りにしている. しかも, WA 体制は参加国による情報提供や輸出管理は加盟国の裁量行為として行われるのを原則としており, また WA 全体の意思決定方式はコンセンサス方式によっており, 決定事項は紳士協定の形式をとっていることから拘束力の極めて弱い体制として機能せざるをえない. 同時に WA 体制の根幹とも言うべき通常兵器の国際的移転に関する情報提供制度が自発的通告制度を基本としており, 戦車・軍用機・*無人航空機'・艦船・ミサイルなどの兵器の移転に関して 6 カ月ごとに通告することとなっているが, この通告制度自体, 大きな矛盾を孕んでいる. 米国が一貫して輸出実施の事前通告制度を主張しているのに対して, ロシアなどは輸出を行った後の事後通告制度の維持にこだわり, 武器輸出のシェア拡大を常に念頭に置いた姿勢を示してきた. しかし, 国際的に武器移転の透明性を確保し, 懸念国家や非国家主体への武器移転を監視する効果的なメカニズムを確保するには事前通告制度への切り替えと通告後の移転拒否制度の導入が不可欠と考えられるが, 武器輸出競争の当事者である輸出大国の合意を形成するのは容易ではない.

3　制度強化の模索　確かに, 現行制度では, ①汎用品について基本リスト品目に関して非加盟国に対する拒否案件の通報が年 2 回行われることや, ②機微リスト品目に関して非加盟国に対する拒否案件の通報が年 2 回行われる仕組みが機能している. ③また過去 3 年間の拒否案件と同様の案件の輸出許可に関する通報制度(アンダーカット事後通報制度)が確立されてはいる. 米国はとくに③について, 移転規制の厳格化という観点からこの制度を根本から修正するノー・アンダーカット政策を追求してきたが, これも利害が錯綜して強い抵抗にあっているのが現状である.　[山本武彦]

■湾岸戦争　Gulf War

1 経緯 1990年8月2日，イラクはクウェートに侵攻し，8日に併合を発表した．これに対して，国連安保理ではイラクに対しクウェートからの即時無条件撤退を求める国連安保理決議660，さらには*経済制裁'を実施する国連安保理決議661を採択した．米国は，サウジアラビアに米軍の駐留を認めさせ，他国にも働きかけ多国籍軍を湾岸地域に展開した．イラクは，国連からの勧告を無視してクウェートからの撤退を受け入れなかったため，同年11月29日，国連安保理は1991年1月15日を撤退期限とし，それが守られない場合には加盟各国に必要なあらゆる手段を取ることを容認する国連安保理決議678を可決した．撤退期限から2日後の1月17日，米軍を中心とする多国籍軍は，イラクへの空爆，「砂漠の嵐」作戦を開始した．2月24日には地上作戦「砂漠の剣」を開始，27日にはイラクのサダム・フセイン（Saddam　Hussein）大統領は敗戦を認め，3月3日に暫定休戦協定が結ばれた．4月3日に，クウェートへの賠償，*大量破壊兵器'（生物・化学兵器）の廃棄，国境の尊重，抑留者の帰還などを骨子とする*国連安保理決議687'が採択された．この安保理決議687のもと，イラクは*化学兵器'，*生物兵器'といった大量破壊兵器（WMD），射程150km以上の*弾道ミサイル'およびそれらの研究・開発プログラムや製造設備などの廃棄を国際的監視の下で無条件に受け入れることを義務付けられ，そのための実地査察に合意した．その手続きは，核開発については*国際原子力機関'（IAEA）が，生物・化学兵器については新たに創設される*国連イラク特別委員会'（UNSCOM）が担うことになった．

2 その影響 停戦後に*査察'に入ったIAEAの調査により，イラクが*核兵器不拡散条約'（NPT）やIAEAの保障措置協定に反して核開発を行っていることが判明し，しかも予想より進んでいたことが明らかになった．従来実施してきたIAEAの*保障措置'では，イラクの核開発を防止あるいは発見できなかったとして，保障措置制度を強化する契機となった．また，イラクが大量の化学兵器を保有していたことや，戦争において弾道ミサイルを使用したことなどから，核以外のWMDの拡散や，弾道ミサイルの拡散の脅威認識も高まることになった．さらに，湾岸戦争を契機に米軍がイスラムの聖地メッカ，メディナのあるサウジアラビアに駐留するようになったことに対し，イスラム教徒からの反発が高まった．*アルカイダ'の指導者ウサマ・ビン・ラディン（Usama bin Ladin）は，米軍の駐留を，米国同時多発テロを実行した理由として挙げている．　［秋山信将］

■ワンススルー　once-through

原子炉から排出される使用済燃料を*再処理'しないで，そのまま直接処分する政策．使用済燃料に含まれる*プルトニウム'やウランを回収して再利用する「*再処理'リサイクル」政策と対比する意味で使われることが多い．ワンススルーでは，*核兵器'材料となるプルトニウムが分離されないため，*核不拡散'，*核セキュリティ'の観点からは「再処理リサイクル」政策より有利とされている．また経済性でもワンススルーの方が有利とされている．日本では，すべての使用済燃料を再処理する「全量再処理」政策をとっているが，世界では，全量再処理政策をとっている国はロシア，フランスなど少数であり，米国，ドイツ，カナダなど多くの国がワンススルー政策を採用している．一方，韓国など，当面は長期貯蔵して将来は再処理路線も検討するという国もある．日本では，福島原子力発電所事故以降，*核燃料サイクル'政策の見直し議論が*原子力委員会'（AEC）で行われ，2012年6月21日の原子力委員会決定で，直接処分を可能とする取組を始めるよう提言が出された．その結果，日本でも直接処分の研究開発が開始されることとなった．現在，日本では使用済燃料の直接処分が法律上不可能であり，ワンススルーの実現には法改正が必要である．　［鈴木達治郎］

付　　録

a 事項索引

き

く

さ

す

そ

た

ち

つ

へ

ほ

ま

み

む

b 欧文略語等

A

A-135 475
A2/AD 325, 332
ABACC（ブラジル・アルゼンチン核物質計量管理機関） 5, 316, 346, 402, 462
ABL（空中配備レーザー） 144, 278, 398, 444
ABM（弾道弾迎撃ミサイル） 248, 286, 309–311, 314, 475
ABM 条約（弾道弾迎撃ミサイル制限条約） 22, 81, 85, 151, 153, 156, 233, 248, 275, 282, 283, 287, 288, 290, 292, 294, 299, 309, 311, 314, 416, 444, 468, 473
ABSA（米国バイオセーフティ学会） 377
ACDA（軍備管理・軍縮庁） 157
AEC（原子力委員会） 166, 209, 215, 412, 445, 481
AG（オーストラリア・グループ） 56, 76, 150, 303–305, 456, 458, 476
ALCM（空中発射巡航ミサイル） 239, 244, 286, 298, 415, 474
ALTBMD（能動的多層型戦域弾道ミサイル防衛） 52, 371
ANZUS（太平洋安全保障条約） 368
AREVA（アレバ社） 273, 477
ARF（ASEAN 地域フォーラム） 258
ASBM（対艦弾道ミサイル） 312, 325
ASCM（対艦巡航ミサイル） 244
ASEAN（東南アジア諸国連合） 3
ASEANTOM 3
ATCM（南極条約協議国会議） 353, 354
ATMEA 273
Atoms for Peace（平和のための原子力） 10, 40, 121, 136, 185, 186, 355, 413, 426, 427, 442
ATS（南極条約体制） 353, 354
ATT（武器貿易条約） 64, 153, 156, 178, 179, 204, 207, 208, 221, 281, 396, 476

B

BIS（産業・安全保障局） 418
BMD（弾道ミサイル防衛） 8, 22, 26, 33, 39, 50, 52, 87, 142–144, 151, 173, 217, 232, 245, 247, 256, 275, 277, 280, 290, 291, 295, 299, 301, 307, 308, 310, 313, 315, 324, 325, 347, 352, 365, 371, 382, 398, 417, 425, 444, 449, 456, 464, 473, 476
BMDR（弾道ミサイル防衛見直し） 307, 315
BN-600 116
BN-800 116
BPI（ブースト段階迎撃） 33, 35, 296, 398
BTWC（生物・毒素兵器禁止条約） 266
BWC（生物兵器禁止条約） 56, 59, 64, 67, 79, 139, 151–153, 165, 176, 184, 193, 261, 264–271, 281, 302–304, 343, 373, 376
BZ 67, 75, 343

C

CANDU 238
CANWFZ（セミパラチンスク条約） 194
CBEP（協力的バイオロジカル・エンゲージメント・プログラム） 264
CBM（信頼醸成措置） 21, 30, 45, 50, 53, 124, 156, 165, 178, 203, 204, 208, 257, 258, 268, 270, 271, 313, 323, 341, 421, 422, 430, 436, 463
CBM（生物兵器禁止条約の信頼醸成措置） 262, 267, 268, 270, 271, 453
CCD（軍縮委員会会議） 152, 265
CCL（規制品目リスト） 190
CCM（クラスター弾条約） 64, 146, 147, 151, 153, 193, 252, 281, 297, 302, 344, 380, 385, 447
CCW（特定通常兵器使用禁止制限条約） 57, 64, 146, 147, 156, 164, 188, 234, 241, 243, 246, 250, 251, 254, 281, 296, 343, 380, 381, 389, 406, 447, 448, 453
CD（軍縮会議） 15, 22, 25, 28–30, 33, 35, 42, 58, 64, 70, 84, 107, 152, 153, 205, 207, 214, 246, 295, 378, 383, 390, 403, 411, 434, 436
CDE（欧州軍縮会議） 46, 47, 257
CEP（半数必中界） 38, 135, 312, 384

CFE-1A 50
CFE-Ⅱ条約(欧州通常戦力条約適合合意) 50, 51, 249
CFE 条約(欧州通常戦力条約) 46, 49–51, 125, 151, 153, 156, 228, 248, 259, 329, 334, 351
CIRUS 15
CISTEC(安全保障貿易情報センター) 5, 223, 367
CMC(クラスター弾連合) 147, 251, 344, 394
CND(核軍縮キャンペーン) 84, 382
CoE(研究開発拠点) 163, 236
COGEMA 477
Committee 24 138
Comurhex 273
CPC(紛争予防センター) 46, 408
CPGS(通常戦力による迅速グローバル打撃) 232, 312, 332, 416
CSA(包括的保障措置協定) 430
CSBM(信頼・安全保障醸成措置) 18, 46–48, 58, 156, 257, 259, 408, 431
CSCE(欧州安全保障協力会議) 18, 45–47, 49, 50, 58, 124, 141, 203, 257–258, 329, 341, 394, 430–431
CSI(コンテナー安全保障構想) 87, 221, 304
CTBT(包括的核実験禁止条約) 15, 41–43, 64, 84, 88, 89, 91, 106–108, 140, 152, 153, 156, 165, 172, 183, 193, 228, 234, 243, 254, 277, 281, 302, 323, 360, 361, 363, 378, 383, 390, 401–403, 411, 434–437, 451, 461
CTBTO(包括的核実験禁止条約機関) 154, 165, 172, 207, 230, 435–437
CTR(協調的脅威削減計画) 140, 231, 467
CVID 236, 471
CWC(化学兵器禁止条約) 5, 6, 8, 11, 55, 56, 64, 67–69, 70–81, 125, 151–153, 165, 184, 193, 212, 215, 228, 250, 267, 279, 281, 302–304, 322, 342, 343, 363, 377, 381, 389, 414, 421, 440, 447, 453, 467, 470, 472

D

DARPA(国防高等研究計画局) 193, 254
DBT(設計基礎脅威) 275, 402, 433
DDR(武装解除, 動員解除, 社会復帰) 179, 211, 399
Denied Persons List(米国輸出管理規則違反禁止顧客リスト) 418
DF-3 324
DF-4 324
DF(東風)-5 324
DF-11 324, 341
DF-15 324
DF-21 324
DF-21D 325
DF-31 324, 385
DF-41 324
DH-10 325
DIE(設計情報審査) 276
DIV(設計情報検認) 276
DOD(国防総省) 372
DOE(エネルギー省) 43, 83, 116, 131, 140, 148, 166, 184, 219, 220, 413, 417

E

E3/EU+3 393
EBSA(欧州バイオセーフティ学会) 377
EC(欧州共同体) 205
ECOWAS(西アフリカ諸国経済共同体) 38
EMP 232, 295, 337
EMP 兵器(電磁パルス兵器) 35, 232, 337
ENDC(18 カ国軍縮委員会) 65, 121, 152, 434
ENMOD(環境改変技術禁止条約) 126, 250, 281
EU(欧州連合) 39, 53, 236
EURATOM(欧州原子力共同体) 10, 45, 48, 49, 55, 110, 111, 121, 300, 316, 356, 358, 362, 364, 412, 438
Eurodif 244, 273

F

FA(施設附属書) 173
FBR(高速増殖炉) 176, 182, 360, 409, 469
FMCT(兵器用核分裂性物質生産禁止条約) 31, 41–43, 64, 84, 106, 107, 152, 186, 363, 378, 383, 403, 410, 461
FSC(安全保障協力フォーラム) 46, 431, 466

G

G7 138
GBI(地上配備迎撃体) 52, 315, 318
GGE(宇宙活動の信頼醸成措置に関する政府専門家会合) 21–23
GICNT(核テロリズムに対抗するためのグローバル・イニシアティブ) 94, 97–99

GIF（第 4 世代原子炉システム・国際フォーラム） 82, 300
GLCM（地上配備巡航ミサイル） 81, 244, 320, 350
GMD（地上配備ミッドコース防衛） 318, 417, 444
GNEP（国際原子力エネルギー・パートナーシップ） 184, 306
GPALS（限定攻撃に対するグローバル防衛） 173, 291
GPS（全地球衛星測位システム） 29, 31, 38, 194, 244, 256, 295, 301, 308
GTRI（グローバル脅威削減イニシアティブ） 94, 148

H

HCOC（弾道ミサイルの拡散に立ち向かうためのハーグ行動規範） 125, 304, 312, 313
hexapartite safeguards project（遠心分離法濃縮施設保障措置プロジェクト） 343

I

IADC（国際機関間デブリ調整委員会） 26, 32
IAEA（国際原子力機関） 2, 3, 8, 10, 13, 17, 42, 43, 45, 49, 55, 61, 82, 83, 91–95, 98–100, 105, 106, 109–112, 116, 121, 125, 127–130, 134, 136–139, 154, 162, 165, 167–169, 175, 180–182, 184, 186, 187, 191, 193, 195, 198–200, 203, 205, 207, 215, 217, 219, 227, 228, 230, 235, 236, 243, 245, 249, 253, 263, 275–277, 302–304, 306, 316, 323, 328, 330, 331, 338, 339, 343, 345, 348, 349, 354, 355, 362, 370, 385, 388, 393, 400–402, 406, 410, 423, 424, 426, 427, 430, 433, 434, 437, 443, 451, 462, 464, 465, 470, 481
IALANA（国際反核法律家協会） 114, 190, 322
IANSA（小型武器国際行動ネットワーク） 179, 221, 388
ICAN（核兵器廃絶国際キャンペーン） 59, 120, 364, 382, 388
ICBL（地雷禁止国際キャンペーン） 57, 126, 147, 179, 251, 297, 344, 389, 394
ICBM（大陸間弾道ミサイル） 9, 15, 25, 44, 52, 85, 104, 135, 159, 171, 175, 194, 239, 248, 256, 257, 263, 280, 283, 285, 286, 288–290, 296, 298, 300, 307, 309–311, 313–315, 321, 323, 324, 341, 382, 385, 389, 397, 399, 414–416, 444, 472, 474, 475
ICNND（核不拡散・核軍縮に関する国際委員会） 106, 154
ICRC（赤十字国際委員会） 57, 85, 116, 117, 187, 229, 242, 243, 274, 453
IDC（国際データセンター） 362, 435
IED（即製爆破装置） 4
IFBA（国際バイオセーフティ学会連盟） 189
IFNEC（国際原子力エネルギー協力フレームワーク） 184
IHR（国際保健規則） 150, 192, 264
IMAS（地雷対策活動に関する国際基準） 252
IMS（国際監視制度） 172, 230, 361, 434–436, 451
INCSEA（米ソ海上事故防止協定） 156, 358, 420
INF（中距離核戦力） 81, 99, 157, 290, 319, 320, 350
INFCE（国際核燃料サイクル評価） 36, 182, 191, 306, 338, 369
INFCIRC/26 442
INFCIRC/153 437, 442
INFCIRC/153 Corrected 356
INFCIRC/225 17, 109, 112, 168, 182, 275, 348, 401, 433
INFCIRC/540（Corrected） 330
INF 条約（中距離核戦力条約） 81, 84, 99, 125, 153, 156, 165, 171, 228, 233, 244, 282, 290, 308, 319–321, 334, 350, 389, 415, 468, 475
INPRO（革命的原子炉および核燃料サイクル国際プロジェクト） 82, 91
INSSP（統合核セキュリティ支援計画） 338
INTERPOL（国際刑事警察機構） 236
IPPAS（国際核物質防護諮問サービス） 94, 182, 385
IPPNW（核戦争防止国際医師会議） 364
IRBM（中距離弾道ミサイル） 9, 40, 52, 81, 135, 139, 159, 307, 311, 315, 321, 323, 324, 332, 365, 378
IRRS（統合規制評価サービス） 385
ISMA（国際衛星監視機関） 180
ISP（会期間活動） 374
ISTC（国際科学技術センター） 140, 181

ISU(生物兵器禁止条約の履行支援ユニット) 236, 268, 270, 271
ITAR(国際武器取引に関する規則) 190, 413, 418
ITDB(不法移転データベース) 10
ITU(国際電気通信連合) 22, 189, 214
ITWG(核物質の不法移転に関する国際技術作業部会) 83
IUEC(国際ウラン濃縮センター) 180, 244

J

JAEA(日本原子力研究開発機構) 2, 83, 108, 148, 177, 220, 221, 360, 362, 454, 477
JAXA(宇宙航空研究開発機構) 24, 318
JDEC(共同データ交換センター) 141, 149, 425
JL-1 281
JL-2 281, 324
JSpOC(統合宇宙作戦センター) 27, 441

K

KEDO(朝鮮半島エネルギー開発機構) 134, 329, 424

L

LACM(対地巡航ミサイル) 244
LEP(延命プログラム) 176, 219, 280
LFUA(頻度限定無通告立ち入り) 45
LMO(遺伝子組み換え生物) 126
LUA(攻撃下発射) 82, 175, 291, 415

M

M-51 281, 404
MAD(相互確証破壊) 96, 102, 123, 124, 172, 225, 264, 275, 283, 284, 287, 291, 292, 310, 330, 468
MANPADS(携帯式地対空ミサイルシステム) 160, 208
MaRV(機動性再突入体) 296, 301
MBA(物質収支区域) 161, 224
MBFR(中部欧州兵力均衡削減交渉) 45, 49, 328, 334
MEADS(中距離拡大防空システム) 278
MFFF(混合酸化物製造施設) 116
MIRV(複数個別誘導弾頭) 16, 38, 281, 287-289, 296, 298, 301, 312, 313, 320, 324, 325, 397, 399, 416, 475
MLF(多角的核戦力構想) 1, 121, 305
MNA(多国間アプローチ) 136, 369
MOL(有人軌道実験室) 35, 295
MOX(混合酸化物) 116, 128, 140, 176, 220, 343, 358, 406, 409, 454, 469, 477
MRBM(準中距離弾道ミサイル) 9, 52, 135, 307, 311, 365, 371
MTCR(ミサイル技術管理レジーム) 150, 156, 244, 303-305, 312, 313, 423, 448, 456, 458, 476
MUF(在庫差) 143, 161, 224, 263, 331

N

NAC(新アジェンダ連合) 42, 119, 154, 255, 322, 382
NAD(海軍地域防衛) 278, 417
NAM(非同盟運動) 205, 270
NASA(国家航空宇宙局) 219, 318
NATO(北大西洋条約機構) 1, 48-50, 52, 58, 85, 96, 99, 104, 118, 121, 157, 172, 203, 238, 249, 278-280, 305, 314, 315, 320, 328, 334, 349-351, 371, 387, 389, 430, 468, 473, 476
NDC(国内データセンター) 362
NEA(原子力機関) 300
NEA-NWFZ(北東アジア非核兵器地帯) 441
NGO(非政府間機関) 39, 57, 58, 86, 126, 147, 179, 221, 251, 271, 273, 297, 354, 385, 394, 407
NMD(本土ミサイル防衛) 149, 173, 278, 311, 318, 417, 444, 464
NNPA(米国核不拡散法) 10, 136, 358, 412, 413
NNSA(国家核安全保障局) 219, 390
NPDI(軍縮・不拡散イニシアティブ) 64, 154, 213, 387, 388
NORAD(北米航空宇宙防衛司令部) 441
NPEG(G8核不拡散専門家グループ) 83
NPR 81, 87, 96, 118, 176, 247, 256, 280, 313, 389, 390, 402, 415, 456
NPT(核兵器不拡散条約) 1, 3, 8, 13, 17, 35, 40-42, 44, 49, 59, 61, 64, 70, 83, 84, 87, 96, 105, 107-108, 114, 117, 118, 129, 134-136, 139, 147, 151-153, 155, 156, 165, 170, 185, 193, 196, 199, 217, 227, 228, 234-235, 243, 245-246, 249, 253, 255, 257, 263, 275, 277, 279, 281, 286-288, 299, 300, 302-304, 306, 322, 323, 327, 329, 330, 339,

342, 346, 349, 355, 362, 378, 379, 383, 384, 388, 390, 393, 400, 402-403, 410, 424, 427-429, 437, 442, 443, 450, 466, 468, 470, 473, 481
NRTA(近実時間計量管理) 55, 128, 143
NSPD 17 304
NSABB(バイオセキュリティ国際科学諮問委員会) 346
NSG(原子力供給国グループ) 36, 54, 106, 136, 140, 150, 156, 167, 229, 303-305, 355, 400, 410, 456, 458, 476
NSS(国家安全保障戦略) 219, 289, 304, 336
NSSC(核セキュリティ支援センター) 163
NST(核・宇宙交渉) 81, 285, 290
NTI(核脅威イニシアティブ) 83, 369
NTM(自国の検証技術手段) 44, 51, 64, 165, 171, 232, 248, 257, 287, 288, 310, 321, 434, 436
NTWD(海軍戦域防衛) 278, 417, 444
NWFZ(非核兵器地帯) 388

O

OAS(米州機構) 160, 420
OAU(アフリカ統一機構) 205, 445, 459
OECD(経済協力開発機構) 271
OPANAL(ラテンアメリカ核兵器禁止機関) 345, 346, 388, 462
OPCW(化学兵器禁止機関) 5, 7, 54, 68-74, 77, 78, 80, 81, 125, 165, 200, 207, 212, 215, 236, 253, 322, 414, 467, 470, 472
OSART(運転安全調査団) 385
OSCE(欧州安全保障協力機構) 46, 47, 51, 53, 124, 125, 156, 160, 178, 208, 210, 257, 315, 408, 420, 466

P

P5 117
P5+1 13, 151, 393
PAA(段階的適応型アプローチ) 8, 52, 307, 315, 371, 417
PAROS(宇宙の軍備競争防止) 22, 30, 444
PHEIC(国際的な公衆衛生上の緊急事態) 192
PKO(平和維持活動) 212
PMC(民間軍事企業) 459
PMD(軍事的用途の嫌疑のかかる活動の側面) 14
PNE(平和目的核爆発) 15, 317, 345, 428, 429, 434
PNET(平和目的核爆発条約) 89, 125, 141, 153, 234, 317, 401, 428
PNI(大統領の核兵器削減イニシアティブ) 279, 297, 330, 390
PPWT(宇宙空間における兵器配置防止条約案) 22, 25, 29
pre-emptive nuclear attack(先制核攻撃) 161
PSI(拡散に対する安全保障構想) 2, 87, 130, 151, 156, 161, 194, 221, 304, 312, 400
PTBT(部分的核実験禁止条約) 66, 84, 88-90, 140, 151, 153, 165, 234, 243, 281, 302, 317, 379, 390, 400, 425, 429, 434, 439, 468
PTS(暫定技術事務局) 183, 230, 362, 435, 436
Pyroprocess(乾式プロセス) 225

Q

QDR(4年期国防計画の見直し) 335, 371

R

RDD(汚い爆弾) 401
RMA(軍事における革命) 150
RNEP(堅固な地中貫通型核兵器) 163

S

S-300 278
S-400 278
S-500 278
SAGSI(保障措置実施に関する常設諮問委員会) 138
SALT(戦略兵器制限交渉) 264, 283, 287, 288, 309, 310, 422
SALT Ⅰ 287, 288
SALT Ⅰ暫定協定(戦略兵器制限暫定協定) 87, 153, 156, 233, 287, 288, 291, 292, 310, 398, 468
SALT Ⅱ 35, 285, 287, 288
SALT Ⅱ条約(戦略兵器制限条約) 44, 156, 239, 285, 287, 288, 340, 398
SCC(常設協議委員会) 248, 310, 311
SDI(戦略防衛構想) 33, 35, 66, 81, 85, 142, 143, 157, 173, 278, 286, 290, 309, 310, 314, 320, 365, 414, 416, 444, 449
SIPRI(ストックホルム国際平和研究所)

8, 208, 260
SLBM(潜水艦発射弾道ミサイル) 9, 16, 37, 38, 44, 85, 104, 116, 135, 175, 176, 225, 239, 248, 256, 257, 280, 283, 285, 286, 288, 289, 298, 301, 305, 309, 310, 312, 314, 323, 324, 332, 382, 389, 397, 399, 403, 404, 415, 474
SLCM(海上発射巡航ミサイル) 244
SM-2(スタンダード・ミサイル-2) 39, 417
SM-3(スタンダード・ミサイル-3) 8, 39 52, 239, 278, 307, 315, 365, 417
SMD(海上配備ミッドコース防衛) 278
sole purpose(唯一の目的) 96
SORT(戦略攻撃能力削減条約) 84, 87, 153, 156, 165, 257, 281, 282, 299, 301, 398
source material(原料物質) 108
special fissionable material(特殊核分裂性物質) 108
SRBM(短距離弾道ミサイル) 8, 16, 40, 52, 134, 307, 311, 315, 323, 324, 365, 371, 378, 385
SS-18 301, 340, 397, 474
SS-19 301, 474
SS-25 341, 385, 474
SSA(宇宙状況認識) 27, 202, 261, 441
SSAC(国内計量管理制度) 109, 129, 138, 139, 145, 161, 193, 263, 356
SSBN(弾道ミサイル搭載原子力潜水艦) 15, 37, 280, 298, 305, 312, 474
SSCA(国内計量管理制度) 362
SSMP(備蓄弾頭維持管理計画) 219, 390, 415
SSN(宇宙監視ネットワーク) 26
SSR(治安部門改革) 399
START(戦略兵器削減交渉) 35, 285, 286, 283, 341, 468
START II条約(第2次戦略兵器削減条約) 42, 281, 298, 301, 398, 445
START条約(戦略兵器削減条約) 84, 86, 116, 125, 151, 153, 165, 171, 228, 231, 239, 281, 282, 285, 290, 298, 301, 341, 398, 466, 468
STRATCOM(戦略軍) 232

T

TCBM(透明性・信頼醸成措置) 21, 23
TEL(輸送起立発射機) 135, 381
TENEX 180
THAAD(終末高高度地域防衛) 39, 239, 278, 307, 417
TLAM-N(トマホーク巡航ミサイル) 280
TLE(条約制限兵器・装備) 50, 51, 248
TMD(戦域ミサイル防衛) 173, 277, 311, 318, 417, 444
TNCD(10カ国軍縮委員会) 152
TTBT(地下核実験制限条約) 89, 125, 141, 153, 156, 234, 317, 401, 429

U

UAV(無人航空機) 254, 394, 449, 452, 480
UCP(統合軍計画) 232
UCS(憂慮する科学者同盟) 295, 456
UNCOPUOS(国連宇宙空間平和利用委員会) 20, 22, 24–27, 30, 32, 34, 201, 202, 213
UNDC(国連軍縮委員会) 204, 207, 209, 214, 215, 294, 441, 453
UNIDIR(国連軍縮研究所) 206, 218
unitary weapons(ユニタリー兵器) 377
UNMAS(国連地雷対策サービス) 212, 213, 252
UNMOVIC(国連監視検証査察委員会) 11, 196, 201, 202, 228, 302
UNODA(国連軍縮部) 22, 189, 206, 207, 271
UNSCOM(国連イラク特別委員会) 11, 195, 201, 202, 228, 265, 339, 481
UNSCR 1540 Committee(国連安保理1540委員会) 236
URENCO 45, 244

V

V-2 307, 312, 472
VEREX 267, 269
VX 55, 67, 75, 78, 343, 414, 472

W

W76 176
WA(ワッセナー協約) 54, 60, 150, 156, 160, 224, 325, 333, 456, 458, 476, 480
WESTPAC(西太平洋ミサイル防衛構想研究) 365
WHO(世界保健機関) 18, 66, 115, 189, 192, 236, 346, 374, 377
WINS(世界核セキュリティ協会) 83,

Z

b 欧文略語等

　　　　　　　　　　　　　94, 271, 388
WMD（大量破壊兵器）　　1, 2, 4, 11, 14,
　　16, 25, 28, 30, 32, 35, 47, 53, 54, 57,
　　61, 63, 67, 87, 107, 113, 115, 132, 133,
　　135, 137, 138, 140, 149, 152, 153, 157,
　　161, 163, 167, 181, 194-196, 198, 199,
　　201, 202, 206, 207, 209, 214, 215, 217,
　　219, 221, 224, 226, 231, 236, 245, 247,
　　　256, 262, 281, 294, 301, 302-304,
　　312-314, 317, 319, 322, 325-328, 332,
　　334-336, 344, 352, 367, 383, 400, 408,
　　415, 417, 447, 448, 455, 456, 467, 473,
　　　　　　　　　　　　　　　480, 481
WTO（ワルシャワ条約機構）　　49, 50, 58,
　　　　　　　　　　　　　157, 249, 328

ZOPFAN（東南アジア平和自由中立地
　　帯）　　　　　　　　　　341, 383, 388

c 人名索引(和文)

アイゼンハワー Dwight Eisenhower 10, 40, 58, 104, 121, 156, 159, 185, 186, 219, 220, 304, 305, 355, 412, 426, 427, 442, 451
アイビンス Bruce Ivins 309
アインシュタイン Albert Einstein 163, 379, 447, 462
秋山一郎 69
秋山昌廣 361
アクスワージー Lloyd Axworthy 58
アサド Bashar Assad 253
麻原彰晃 54, 318
アナン Kofi Annan 196
アフマディネジャード Mahmoud Ahmadinejad 148, 216, 363
アリベック Ken Alibek 262, 266, 376
イクレ Fred Ikle 339
石井四郎 265, 351
ウィリアムズ Jody Williams 58, 251
ウォーナー John Warner 124
ウォルツ Kenneth Waltz 19
ウズムジュ Ahmet Üzümcü 69
ウ・タント U Thant 65
梅林宏道 441
エケウス Rolf Ekéus 69, 201
エバンス Gareth Evans 106, 154
エリツィン Boris Yeltsin 247, 262, 265, 298, 358, 424
エルバラダイ Mohamed ElBaradei 43, 98, 101, 253, 306, 369
エルランデル Tage Erlander 260
エンディコット John Endicott 441
岡田克也 122, 386, 441
オチルバト Punsalmaagiin Ochirbat 453
オッペンハイマー Robert Oppenheimer 447
オバマ Barack Obama 19, 33, 52, 65, 93, 96, 144, 151, 176, 184, 219, 220, 247, 256, 278, 280, 307, 315, 335, 337, 387, 390, 402, 410, 411, 413, 415, 416, 418, 455, 461
小渕恵三 138
オフチンニコフ Yuri Ovchinnikov 376
オマール Mullah Omar 336
オルブライト David Albright 226
オルブライト Madeleine Albright 352
小和田恆 83
カーグ Sigrid Kaag 69
郭貴勲 Kwak Kwi-hoon 224
カーター Jimmy Carter 43, 289, 412, 424
金子熊夫 441
カバクチュラン Libran Cabactulan 42
河岡義裕 346
川喜多愛郎 66
川口順子 106, 154
カーン Abdul Khan 105, 129, 197, 306, 370, 400
ガーン Jake Garn 128, 340
ガンディー Indira Gandhi 15
カント Immanuel Kant 36
岸信介 122, 357
キッシンジャー Henry Kissinger 56, 110, 402, 460
金日成 135, 424
金正日 359
キャメロン David Cameron 289
クリントン Bill Clinton 15, 33, 87, 96, 157, 173, 236, 247, 278, 283, 311, 318, 352, 390, 410, 416, 423, 424, 429, 444, 449
クリントン Hillary Clinton 20, 220
グローブス Leslie Groves 447
ゲイサー Rowan Gaither 159
ケネディ John Kennedy 155, 156, 233, 238, 305, 414
ケリー James Kelly 134
ケリー John Kerry 437
ケレンベルガー Jakob Kellenberger 117
ケロッグ Frank Kellogg 162
玄葉光一郎 20
小泉純一郎 359
ゴダード Robert Goddard 471
コヘイン Robert Keohane 263
ゴルバチョフ Mikhail Gorbachev

81, 99, 286, 297, 321, 334, 446, 460, 468
佐藤栄作 55, 123, 362, 386
ザンガー Claude Zangger 228
サンチェス Óscar Sánchez 396
シェワルナゼ Eduard Shevardnadze 421
シャノン Gerald Shannon 411
シュルツ George Shultz 402, 460
シュレシンジャー James Schlesinger 43
ジョリオ＝キュリー Jean Joliot-Curie 274
ジョンソン Lyndon Johnson 55
鈴木善幸 386
スーター Ian Soutar 139
スターリン Iosif Stalin 323
スナイダー Glenn Snyder 6, 142, 330
セーガン Scott Sagan 19
ゼルボ Lassina Zerbo 230
徐載晶 441
田上富久 441
ターナー Ted Turner 83
ダナパラ Jayantha Dhanapala 302, 379
ダレス John Dulles 304
タンネンワルド Nina Tannenwald 102
ツィオルコフスキー Konstantin Tsiolkovskiy 471
デ・クラーク Frederick de Klerk 450
デュナン Henry Dunant 274
テラー Edward Teller 103
ドゴール Charles de Gaulle 403
トート Tibor Tóth 230
朝永振一郎 379
ナイ Joseph Nye, Jr 101, 263
ナン Sam Nunn 83, 124, 140, 402, 460
ニクソン Richard Nixon 43, 55, 123, 265, 309, 310, 422, 451, 468
ニッツ Paul Nitze 159
ネルー Jawaharlal Nehru 15
パウエル Colin Powell 12
バーグ Paul Berg 3
ハーター Christian Herter 357
鳩山由紀夫 122, 386
バトラー Richard Butler 201
バヌヌ Mordechai Vanunu 8
ハーバー Fritz Haber 79
パール Richard Perle 150, 340
バルーク Bernard Baruch 382
ハルペリン Morton Halperin 441
パルメ Olof Palme 141
潘基文 Ban Ki-moon 383, 437, 441
バンディ McGeorge Bundy 233
ヒトラー Adolf Hitler 272
ビン・ラディン Usama bin Ladin 4, 336, 481
フィルテル Rogerio Pfirter 69
フィンク Gerald Fink 395
フォード Gerald Ford 289
フォン・ブラウン Wernher von Braun 472
福田康夫 106
フーシェ Ron Fouchier 346
藤山愛一郎 122
ブスターニ Jose Bustani 69
フセイン Saddam Hussein 11, 262, 336, 339, 481
プーチン Vladimir Putin 282, 473, 476
ブッシュ George H.W. Bush 12, 33, 35, 58, 104, 134, 173, 286, 291, 297, 330, 421, 441, 446, 452, 468
ブッシュ George W. Bush 1, 11, 22, 33, 35, 52, 87, 96, 144, 156, 163, 176, 184, 197, 201, 210, 219, 220, 232, 236, 239, 278, 282, 299, 304, 306, 307, 310, 311, 318, 332, 335, 336, 352, 371, 395, 398, 400, 417, 445, 463, 471
ブット Ali Bhutto 378
ブット Benazir Bhutto 130
ブトロス＝ガリ Boutros Boutros-Ghali 179, 209, 447
フーバー Herbert Hoover 272
ブラッシェ Gerard Brachet 32
ブリアン Aristide Briand 161
ブリクス Hans Blix 203, 302
プリーストリー John Priestley 84
フルシチョフ Nikita Khrushchev 323
ブレア Tony Blair 12, 289
ブレジネフ Leonid Brezhnev 289, 468
ブロディ Bernard Brodie 82, 276, 460
ヘイグ Alexander Haig 131
ヘイズ Peter Hayes 441
ヘッカー Siegfried Hecker 226
ペリー William Perry 402, 429, 460
ポッター William Potter 155
ボドマン Samuel Bodman 184
ホフマン Wolfgang Hoffman 230

d 人名索引(欧文)

担当項目一覧
（[担当者]50 音順）